中国保险业发展“十一五”规划研究成果汇编

（上册）

吴定富　主　编
李克穆　副主编

中国金融出版社

责任编辑：肖丽敏
责任校对：刘　明
责任印制：丁淮宾

图书在版编目（CIP）数据

中国保险业发展“十一五”规划研究成果汇编（Zhongguo Baoxianye Fazhan “Shiyiwu” Guihua Yanjiu Chengguo Huibian）/吴定富主编；李克穆副主编．—北京：中国金融出版社，2007.5

ISBN 978-7-5049-3997-5

Ⅰ.中…　Ⅱ.①吴…　②李…　Ⅲ.保险业—经济发展—研究—中国　Ⅳ.F842

中国版本图书馆CIP数据核字（2006）第026844号

出版发行　中国金融出版社
社址　北京市广安门外小红庙南里3号
市场开发部　(010)63272190，66070804（传真）
网上书店　http://www.chinafph.com　(010)63286832，63365686（传真）
读者服务部　(010)66070833，82672183
邮编　100055
经销　新华书店
印刷　保利达印务有限公司
尺寸　185毫米×260毫米
印张　56.25
字数　1334千
版次　2007年5月第1版
印次　2007年5月第1次印刷
定价　160.00元（上下册）
ISBN 978-7-5049-3997-5/F.3557

适应构建和谐社会新要求
科学规划“十一五”保险业发展

中国保监会主席　吴定富

（代序）

保险业“十一五”规划研究成果交流，对科学制定保险业“十一五”规划、推动中国保险业发展是非常有意义的一件事。以全面推进保险业“十一五”规划为主题，举办第二届中国保险业发展改革论坛，也是保险业落实党中央、国务院精神，在制定“十一五”规划纲要时，把服务构建社会主义和谐社会与全面建设小康社会一同规划、一同部署的具体体现。

一、构建社会主义和谐社会对保险业改革发展提出了新的更高要求

实现社会和谐，建设美好社会，始终是人类孜孜以求的社会理想。十六届四中全会提出构建社会主义和谐社会，并作为加强党的执政能力建设的重要内容，既是对中国改革开放和现代化建设经验的科学总结，也是在新的国内外形势下提高党的执政能力、贯彻落实科学发展观、更好地推进中国经济社会发展的重大战略举措。社会主义和谐社会是全体人民各尽所能、充满创造活力的社会，是全体人民各得其所、利益关系得到有效协调的社会，是民主法治、社会管理体制不断健全的社会，是人与自然和谐相处、安定有序的社会。构建社会主义和谐社会，以发展增和谐、以改革促和谐、以公平求和谐、以稳定保和谐，要靠全社会各行各业的共同努力，并切实体现于各项具体工作当中。

保险业在构建社会主义和谐社会中大有可为。从本质上讲，保险是一种市场化的风险转移机制，是一种市场化的社会互助机制，是一种用市场办法从容应对各类灾害事故和突发事件，妥善安排人的生老病死的社会管理机制。对于我们在完善社会主义市场经济体制过程中构建和谐社会，保险的意义和作用不言而喻。2003 年 12 月，我们以现代保险功能为主题，在湖北召开了第一届中国保险业发展改革论坛，总结保险实践，推动了保险功能理论的重要创新。大家共同认识到：现代保险具有经济补偿、资金融

通和社会管理三大功能。通过风险管理和经济补偿，可以大大增强家庭、企业和社会应对突发事件的能力，提高全社会的创新活力；通过养老和健康保障，可以解决人们生活的后顾之忧，提高整个生命周期的生活品质，保障社会稳定，促进社会的持续协调和谐发展；通过发挥社会管理功能，不断开拓服务领域，可以推进社会管理体制改革，有效协调各种利益关系，以最市场、最经济、最持久的方式，整合社会管理资源，形成社会管理和社会服务的强大合力。

现代保险本身具有的功能说明保险业天然地可以为构建和谐社会发挥作用，说明保险业可以为高效构建社会主义和谐社会提供重要的制度保障。我们有幸从事这样一个属性“和谐”、顺应改革方向的行业，就必须担负起使命和责任，为构建社会主义和谐社会作出新的更大的贡献。

二、“十五”以来保险业改革发展的成就与我们的体会

“十五”期间、特别是十六大以来，保险业始终把加快发展作为首要任务，以改革开放为动力，以结构调整为主线，以市场体系建设为基础，坚持防范和化解风险，努力为经济和社会发展全局服务，保险业的面貌发生了巨大变化。一是体制改革取得重大突破。随着市场化改革不断深入，有序竞争的市场格局初步形成。国有保险公司完成了股份制改造，中国人保、中国人寿和平安保险公司先后在海外成功上市；二是保险业务快速发展。“十五”以来，全国保费收入年均增长28.3%。2004年，保险公司总资产首次突破1万亿元；三是风险防范能力不断提高。监管理念日趋成熟，监管手段不断丰富，监管组织体系日趋健全，保险公司的风险防范意识和水平逐步提高；四是对外开放有序推进。到2004年年底，中国加入世贸组织过渡期结束，外资公司经营区域限制取消，业务范围进一步扩大。外资保险公司的进入，带来了先进的技术和管理经验，提高了中国保险业的整体发展水平，中国保险业将在更大范围、更广领域和更高层次上参与国际合作与竞争；五是保险理论创新取得重大进展。对中国保险业所处的发展阶段、主要矛盾和首要任务作出了科学判断，丰富了保险功能理论，在保险业发展目的、发展目标和发展模式等诸多问题上作出了理论回答。

回顾这些年保险业的改革发展，我们深深体会到，必须始终坚持把加快发展作为保险业的首要任务，必须始终坚持把改革创新作为发展的强大动力，必须始终坚持把防范和化解风险作为保险业的生命线，必须始终坚持把为经济和社会发展的全局服务，为最广大人民群众和投保人的利益服务作为保险业的出发点和落脚点。

在肯定成就的同时，我们也要清醒地看到，中国保险业仍处于发展的初级阶段，与构建和谐社会的新要求相比，还存在一些不适应的问题。主要表现在：保险业的发展与国民经济和社会发展的大局不相适应；保险的功能没有得到充分发挥，产品和服务与广大人民群众日益增长的保险需求不相适应；保险市场秩序不规范的问题依然存在，与社会对保险业诚信形象的要求不相适应。产生这些问题的原因是多方面的，既有市场竞争不充分、体制不顺、经营机制不活的问题，也有保险监管需要进一步改善和加强等原因，其中多数是长期的、深层次的问题，我们必须精心谋划、通盘考虑，以规划为蓝图一以贯之，一抓到底，坚持不懈地加以解决。

三、全面落实科学发展观，科学规划“十一五”保险业发展

2004年年初，全国保险工作会议明确提出启动保险业“十一五”及中长期发展规划编制工作以来，保监会做了许多前期准备工作，制订了规划工作的总体方案，明确了规划工作的实施步骤，选择了17家科研院所开展20个重点课题的前期研究，并同国家发改委等有关部委沟通联系，争取了多方面的支持和帮助，为规划工作开了一个好头。2005年要全面完成规划编制，任务还很艰巨。目前，规划工作正按计划进行，规划研究取得了初步成果。今天，各课题组专家将向大会报告他们对“十一五”保险业重大问题的真知灼见，为保险业改革发展建言献策。

在新的形势下，回答和处理保险业发展面临的新情况、新问题，进一步明确保险业为谁发展、怎样发展和发展一个什么样的保险业等重大问题，必须深入研究，通过编制规划提供有力指导，促进保险业全面协调可持续发展。

十六届三中全会提出的全面、协调、可持续的科学发展观，是我们当前和今后开展各项工作的指导方针。树立和落实科学发展观关系党和国家工作的大局，关系中国特色社会主义事业的长远发展。保险业“十一五”规划工作必须自觉地以科学发展观为统领，前瞻性地分析保险业发展趋势、科学把握保险业发展规律、创造性地推进保险业加快发展，对保险业抓住重要战略机遇期，不失时机地跨上一个新台阶起到重大指导作用。为此，规划要体现三个精神：

一是时代精神。保险业“十一五”规划必须把握时代脉搏，反映时代特征，顺应时代潮流，解放思想，与时俱进。当前，经济全球化趋势不断加强，世界保险业保持较快发展。随着各项创新涌现，保险经营理念、组织结构、技术手段、服务功能、业务流程和市场监管等都在不断调整。中

国经济社会进入一个新的发展阶段，社会消费结构不断升级，人们对住宅、汽车、文化教育、医疗卫生、养老保障等改善生活质量的需求将明显上升，保险将成为人们防范转移风险和安排未来生活的一个重要手段。在这样一个大的背景下，规划必须提出相应对策措施，顺应时代发展变革的潮流。

二是大局精神。要把保险业“十一五”规划工作放在国民经济和社会发展的大局中来研究，放在为实现“翻两番”战略目标服务的大局中来研究，放在构建社会主义和谐社会和全面建设小康社会的大局中来研究，围绕保险业怎样发展才能符合人民的需要，怎样改革才能有利于提高行业竞争力，怎样监管才能有效防范和化解风险、保护投保人的利益，怎样对外开放才能促进保险业整体发展水平的提高，要从宏观上对未来发展原则、思路、目标和措施进行科学的统筹规划，明确发展方向、发展道路和重点领域。

三是创新精神。保险业正处在快速发展过程中，回过头来看，保险业现在的格局在几年前是很难想象的。如果缺乏改革的能力、创新的能力和引领发展的能力，我们就不可能取得今天这样的成就。在规划工作中，我们必须有创新的勇气，大胆借鉴国际经验，大胆提出改革和发展的新思路；必须有创新的能力，开拓进取，努力体现时代性，把握规律性，富于创造性。特别是要通过规划，力求在农业保险、责任保险、医疗保险和养老保险等方面取得重大进展，实现保险业的突破性发展。

搞好保险业“十一五”发展规划，必须统一思想、高度重视、精心组织，通过规划充分体现科学发展思路，提出创新措施，开创保险业发展的新局面。下一步要努力抓好三项重点工作：一要在现有工作基础上，认真吸收和利用20个规划课题的初步研究成果，注意总结和借鉴保险业“十五”规划及国家其他行业规划的有益经验，夯实规划的基础；二要发挥好保险公司、保险监管部门和学术理论界的积极性和创造性，进一步动员和组织保险业内外一切可以调动的力量，营造良好氛围，形成规划工作的合力；三要主动争取国家宏观部门对规划工作的指导和支持，主动加强与国家规划、相关专项规划的协调衔接，深入开展规划重大问题的调研，努力提高规划水平。通过大家的共同努力，把规划编制过程变成一个统一思想的过程、一个科学决策的过程、一个制定宏图的过程，一个鼓舞斗志的过程。总之，努力使这次规划编制成为业内外集中智慧、群策群力、共同谋划保险业美好未来的过程。

构建和谐社会和建设小康社会对保险业改革发展提出了新的更高的要求，保险业肩负的责任越来越重。让我们坚持科学发展观，以编制“十一五”发展规划为契机，扎实工作，加快发展，为构建社会主义和谐社会和全面建设小康社会发挥更大作用，努力完成历史赋予我们的光荣使命。

（本文节选自吴定富主席2005年3月19日在第二届中国保险业发展改革论坛暨中国社科院保险与经济发展研究中心成立揭幕仪式上的讲话）

目　录

（上　册）

中国保险供求变动与总量预测模型研究

中国保险业对外开放的环境分析与战略构想

保险业新增长点的培育和开发研究

保险市场体系建设研究

商业保险在国家社会保障体系中的作用研究

保险业系统风险的预测、防范化解机制研究

中国保险监管创新及监管体系建设研究

综合经营趋势下的保险发展与监管

财产保险市场发展研究

人身保险市场发展研究

保险中介市场发展研究

中国保险资金运用问题及投资制度创新

（下　册）

中国保险公司法人治理结构研究

中国保险产业组织研究

中国保险法律体系建设：完善制度　优化环境

保险业信息化及相关制度建设研究

保险业政策支持体系研究

保险业重点领域的政策支持体系研究

保险文化建设研究

中国保险供求变动与总量预测模型研究

武汉大学课题组

课题负责人：魏华林

课题组成员：蔡秋杰　杨　霞　李　毅　汤国辉　向　飞

第一章　中国保险需求研究

保险需求是指在特定的历史时期，一定的价格水平下，人们对保险商品的需要量。保险需求可以根据不同的划分标准进行分类。通常的分类方法有下列几种：按照需求主体的不同，保险需求可以分为企业保险需求、家庭保险需求和个人保险需求；按照需求客体的不同，保险需求可以分为人身保险需求和财产保险需求；按照需求形式的不同，保险需求可以分为实物需求和无形需求。实物需求是指由于约定的风险事故发生，投保后可获经济补偿和给付而产生的需求；无形需求是指由于投保可获心理安全而产生的需求。就社会而言，实物保险需求是局部的、少量的，而无形保险需求则是经常的、大量的。按照需求实现与否，保险需求可以分为现实保险需求和潜在保险需求。现实保险需求是指消费者在保险市场上已经实现了的购买量，其产生必须具备两个条件，一是购买欲望，二是购买能力；而潜在保险需求是指消费者有支付能力但无强烈购买动机的需求，或者相反的情况。潜在需求在一定条件下可以转化为现实需求。

由于人身保险和财产保险本身存在较大差异，其影响因素也有所不同，因此本课题的研究将保险需求从总体上划分为人身保险需求和财产保险需求两部分。另外，课题中也对现实保险需求和潜在保险需求进行了划分，因为前者为我们了解保险需求现状、分析其中存在的问题提供了重要支持，后者是我们进行保险需求预测、创造条件开拓保险需求以及扩容保险市场的依据所在。

衡量一国保险需求的常用指标主要包括三个：一是保费收入的总量；二是保险密度，即按全国人口计算的平均每人交纳的保费；三是保险深度，即保险收入占当年国内生产总值的比重。保费收入、保险密度与保险深度的值越大，表示保险需求越大。在本研究中，我们对保险需求的衡量主要采用保费收入，同时也采用后两个指标进行补充说明。

第一节　保险需求的状况分析

一、人身保险需求总量上升，险种结构不够合理

(一) 人身险需求的总量波动上升

自 1979 年 4 月国务院批准恢复国内保险业务，1982 年正式恢复办理人身保险业务以来，中国人身险业务的发展至今已有 20 多年。在这期间，中国人身险需求增长迅速，以保费收入衡量，已经从最初 1982 年的 1.59 亿元增长到 2004 年的 3 228.25 亿元 (参见图 1－1)。

1988年后，随着被抑制的需求释放完毕，加上受到通货膨胀以及银行利率上调的影响，中国人身险需求逐渐进入正常发展阶段。将中国人身险业务恢复二十多年以来需求的变化以曲线表示，并主要关注20世纪90年代后期至今的发展变化，可以直观地从图1-1中看到，需求的增长变化有几个突出的时点及相应的事件：

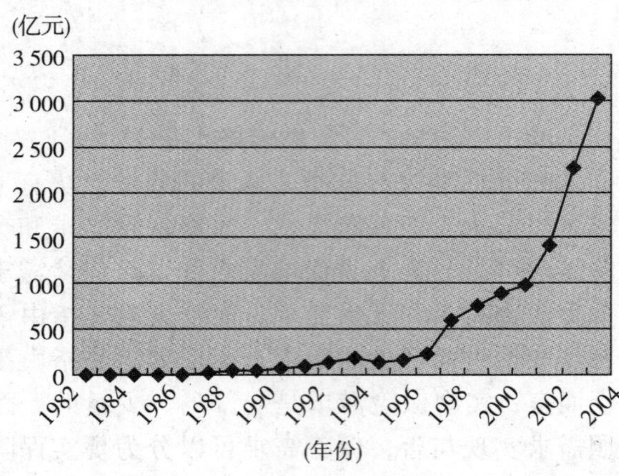

图1-1　1982~2004年人身险保费收入

资料来源：《中国统计年鉴》、《中国保险年鉴》。

1. 1992年后人身险需求有明显的增长

1992年，个人营销方式由美国友邦保险公司引入中国，1996年以后，逐渐成为寿险的主要营销方式。这一供给方式的创新极大地拉动了人身险的需求，1992~1999年，人身险需求从21亿元增长到872亿元，年均增长率达到70.29%，比同期GDP的名义增长率19.24%高出51.05个百分点；人身险密度从1.79元增加到69.27元，人身险深度从0.09%上升到1.06%。

2. 1994年左右人身险需求有明显的减少

1994年左右，人身险需求降低的原因有二：一是保费收入统计口径的改变（储金业务不再计入保费）；二是受高通货膨胀率和高利率的影响，退保率上升，投保率下降。

3. 1997年人身险需求显著增长后放缓，但20世纪90年代末到21世纪初的几年内，人身险需求增长速度较快

究其原因，主要在于供给方面的创新：一是人身险营销渠道的创新——银行保险的发展；二是人身险产品的创新——新型寿险产品的出现。人身保险需求总量2000年为989.56亿元，占保险总需求的61.68%；2001年为1 424.04亿元，占保险总需求的67.42%；2002年为2 274.64亿元，占保险总需求的74.48%，较2000年占比提高12.8个百分点。2003年，人身保险需求继续快速增长，保费收入为3 010.99亿元，首次超过3 000亿元，比2002年增长32.36%，占保险总需求的77.59%。但是，由于“非典”和各大保险公司对业务发展策略和业务结构的调整，2003年的人身险需求增长速度与2002年59.73%的增长速度相比，明显放缓。2004年，加上升息等因素的影响，人身险

需求增长更慢，仅为7.2%。

不可否认，20多年来中国人身险需求的增长十分迅速，尤其是1997年后，一直在保险需求中占据主导地位，但是相对于中国巨大的人口、储蓄资源而言，中国的人身险需求总量还非常之小。2004年，中国人身险保费收入占居民储蓄存款余额的比重仅为2.56%，保费收入占居民储蓄存款余额的比重为3.42%，而在发展中国家保费收入占储蓄存款的比重平均为7%左右，在发达国家这一比例平均为15%左右①。而且，中国人身险需求的地区分布结构不合理，东部领先、中西部相对落后的特征十分明显。我们对1998～2003年人身险保费收入前六位的地区进行排序，可以发现，全国人身险需求最大的前六位地区仍然是北京、上海、江苏、浙江、山东、广东，只是排名略有变化，这四省两直辖市全都地处东部地区，经济较为发达。2003年，江苏、上海、北京、山东、广东（含深圳市）、浙江6个地区常住人口的地区生产总值（GDP）合计为57 323.63亿元，占全国国内生产总值的49.12%；人身险保费收入合计为1 453.04亿元，占全国人身险保费收入的48.27%②；中部地区河南、河北、湖北、湖南等省的人身险需求也增长较快，基本处于全国前十位内；西部地区的四川省虽然需求较大，但由于基数较小，在全国人身保险市场中所占份额仍较低。

（二）人身险需求的险种结构失衡

中国人身险需求的险种结构不合理，表现为寿险需求占绝大部分，且其中需求动机以投资成分居多，而保障考虑不足，健康险和人身意外伤害险的需求较小，如2004年健康险保费收入仅占人身险保费收入的8.05%。

1. 人寿保险

从中国人身险需求的发展状况看，寿险一直在其中占绝大部分。例如，2001年寿险占人身保险需求的比重为90.46%，2002年为91.1%，2003年为74.29%。2004年寿险保费收入为2 851.30亿元，上述比重达到了88.32%。

但是，人们对寿险各险种的需求并不相同，表现为各险种的发展速度有所不同。受数据统计口径的限制，我们对1982～1996年寿险各险种需求的分析主要针对占人身险市场份额最大的人保公司的简易人身险、养老金险和其他险种。1997～2004年则采用全国数据，特别是2001年后主要对传统寿险和新型寿险险种的需求进行分析。

1982年，中国正式恢复办理人身保险业务，当时由人保提供的主要险种有简易人身保险、团体人身意外伤害保险及养老年金保险。这些险种主要满足的是团体对其职工的投保需求，后来又扩展到各种医疗健康保险、子女教育保险、婚嫁保险、团体人寿保险。我们将人保的简易人身险、养老金险和其他险种在寿险中的占比用图描绘出来（参见图1－2），可以发现对这些险种的需求的变化轨迹：在寿险发展之初，简易人身险和养老金险是主力险种，保费收入占寿险总保费的90%以上，1984年，两者分别为17.70%和81.80%，共占99.5%；随着新险种的开发，两者所占的比重逐渐降低，

① 丁昶：《中国人身保险产品发展报告（2003）》。唐运祥在《做大做强保险业的几点思考》（中国保险网，2004年11月30日）中也指出，2003年，中国保费收入占居民储蓄余额的比重低于2002年7.4%的世界平均水平。

② 吴定富：《中国保险业发展报告（1979～2003）》，140页，北京，中国经济出版社，2004。

1993年两者分别占15.11%、21.01%，其他险种占63.88%。1994年后，由于统计口径的变动，简易人身险的比重又大幅上升，1994～1996年分别为68.94%、70.38%和76.95%。养老金险的比重在20%～27%之间，其他险种的比重下降到3%～5%之间。但是各险种比重并非直线变化，简易人身险经历了一个由低到高再到低的过程。1987年，棋保费收入占寿险的53.0%，1993年下降到15.11%，降到低谷；养老金险比重在下降过程中稍有波动，1987年下降到39.18%，1991年又上升到46.80%，1993年再次下降到21.01%，以后又有所上升①。1994年后，各险种构成有较大变化，主要由于统计口径变动所致。

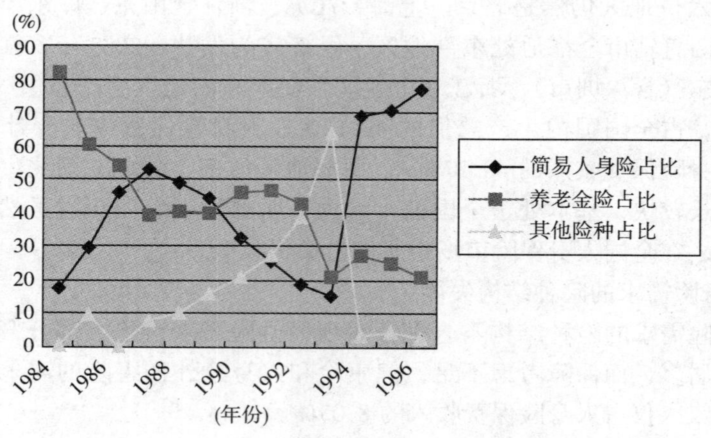

图1－2　1984～1996年寿险各险种占比

资料来源：《中国统计年鉴》。

1996年、1997年后，寿险公司主要推出利差返还型险种。1999年10月，以投资连结险的诞生为标志，中国寿险产品的创新开始取得突破，此后万能险、分红险纷纷涌现，从而带动了寿险需求的快速增长。从2001～2003年，寿险的需求不断增长，其中各险种的需求增减不一：新型寿险中，分红保险的需求增长最为迅速，从2001年的19.15%增长为2002年的49.3%、2003年的55.48%，同时，投资连结险和万能寿险的需求分别从2001年的7.49%、2.83%下降为2002年的3.05%、1.50%。2003年，新型寿险产品的保费收入累计为1 750.22亿元，同比增长41.74%，占人身险保费收入的58.15%。其中，分红产品保费收入累计为1 670.01亿元，同比增长47.54%，占人身险保费收入的55.48%；投资连结产品保费累计为73.04亿元，同比增长6.03%，占人身险保费收入的2.43%；万能产品保费收入累计为16.93亿元，同比增长－50.25%，占人身险保费收入的0.56%（参见图1－3）。

2. 健康保险

中国的健康保险开办较晚，发展较慢，如1987年医疗保险储金收入仅348.7万元，1989年为506.2万元，而且健康险多为其他寿险的附加保险。鉴于1996年前的健康保

① 楚军红：《通货膨胀与中国的人寿保险》，84页，北京，北京大学出版社，1998。

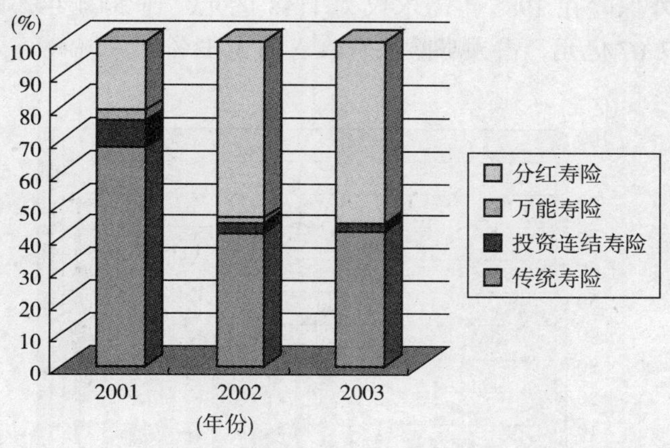

图 1-3　2001~2003 年新型寿险各险种占比

资料来源：《中国保险年鉴》。

险的保费收入数据无法获得，我们主要分析 1997 年之后健康保险需求的状况。1997 年健康险需求为 13.631 4 亿元（人保数据），2003 年健康保险的需求增长到 241.92 亿元，2004 年增长到 259.88 亿元。尤其是 2003 年，健康险（按传统口径）增长相对较快，同比增长 97.58%，占人身险需求的比重为 8.06%。

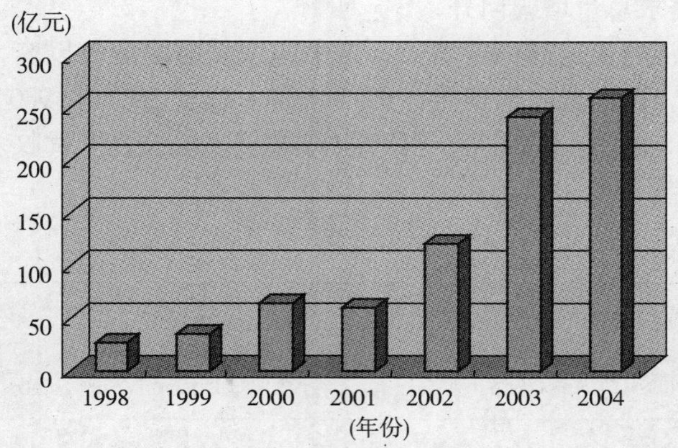

图 1-4　1998~2004 年健康保险保费收入*

资料来源：《中国统计年鉴》、《中国保险年鉴》。

* 1997 年及以前为人保数据，1998 年为中资保险公司数据，1999~2004 年为全国数据，图 1-5 同。

虽然商业健康保险随着社会保障体制改革的变化，在中国有着旺盛的需求，医疗和养老并列为目前中国老百姓最关注的两大问题，但是健康保险的需求一直没有得到满足，在人身险保费收入中的占比直到 2003 年、2004 年才达到 8%左右。而且 2003 年健康险需求快速增长受突发性事件即“非典”的影响很大：健康险业务在疫情最严重的 5 月、6 月，保费规模分别达 18.71 亿元、26.76 亿元，同比增速分别为 110.82%、182.70%，分别大大高于 1~4 月平均月保费 12.78 亿元和增速 69.67%的水平。

3. 人身意外保险

中国人身意外保险在1985年需求仅为1.48亿元，到2004年，中国意外险保费收入已经增长到117.07亿元，占人身险保费收入的3.63%。

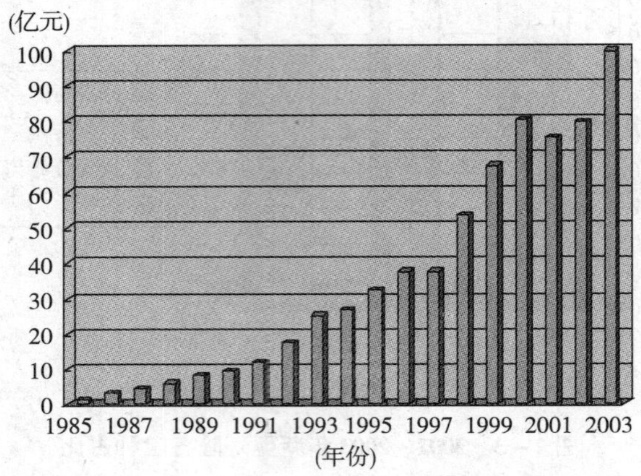

图1-5　1985~2003年人身意外伤害保险保费收入

资料来源：《中国统计年鉴》、《中国保险年鉴》。

二、财产保险需求增幅回升，三大传统险种主导

(一) 财产险需求总量增幅回升

伴随着中国经济的快速和稳定增长，自中国恢复财险业务以来，20多年里中国财产险需求增长迅速，以保费收入衡量，财产险需求总量已经从1980年的4.6亿元增长到2004年的1 089.8亿元。2004年，财产险需求较快增长，保费收入突破1 000亿元，同比增长25.4%（参见图1-6）。

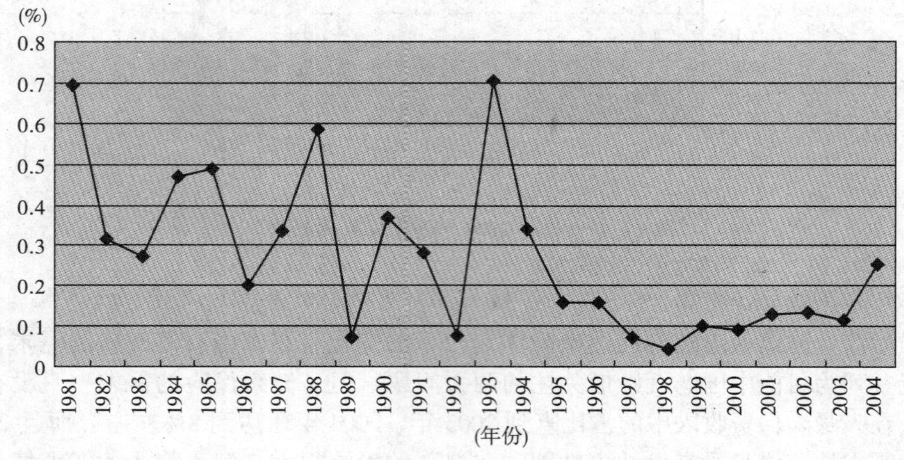

图1-6　1981~2004年财产险保费收入增长率

资料来源：《中国统计年鉴》、《中国保险年鉴》。

从财产险需求的增长速度看，增长率一直有所波动。保险业恢复的初期，由于在计划经济体制下人们的生老病死全部由国家包揽，人身险需求不旺盛，因而财产险需求一直主导保险需求。1992 年邓小平南巡讲话后，国内经济环境空前活跃，直接拉动次年财产保险业务成为整个 20 世纪 90 年代增长幅度最高的年份。但是，1997 年开始的经济“软着陆”和整顿经济环境使得财产险进入低增长[①]，人身险需求首次超过财产险需求，当年财产险保费的增长率仅为 7.4%，接近历史最低水平，大大落后于人身险需求的增长速度。近几年来，由于企业经济效益的好转以及住房改革的深入，财产险需求的增长速度有所提高，2000～2002 年分别为 9.06%、12.80% 和 13.26%。2003 年，财产险需求由于供给方面车险费率下调，业务结构战略调整和“非典”的影响，增长速度略有下降，但仍高于同期国内生产总值的增长速度。2004 年，得益于国民经济平稳较快发展，尤其是汽车消费和固定资产投资的增长，财产保险业务快速发展。

（二）财产险需求的险种结构失衡

财产保险业务恢复以来，家庭和企业对各险种的需求发生了一定的变化，反映在各险种的保费收入在财产险总保费收入中占比的变化。我们以财产险的主要险种企业财产险、车险、货运险和家庭财产险为例，其需求走势大致如下（参见图 1－7）。虽然三险种的需求变化趋势有所不同（即车险的占比比恢复初期大幅上升，其他两险种的占比则在下降），但是车险、货运险和企财险三者的总和长期以来保持 80% 左右的份额，占绝对主导地位。2003 年，三大险种占财产险总保费收入的占比也在 75% 以上。

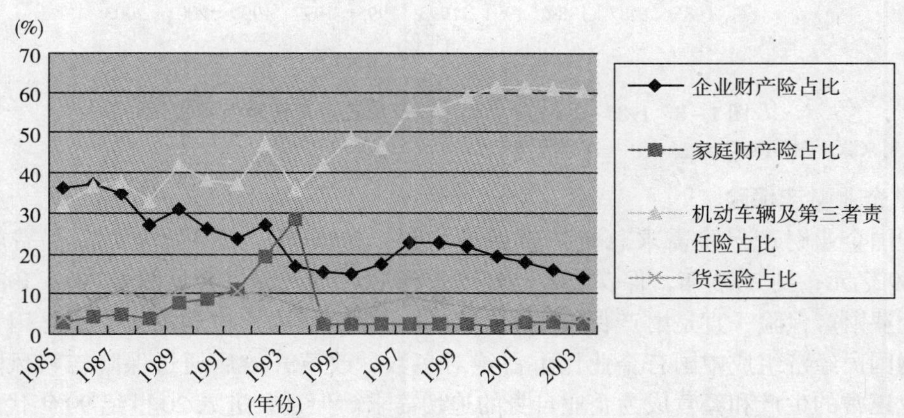

图 1－7　1985～2003 年财产险各险种占比[②]

资料来源：《中国统计年鉴》、《中国保险年鉴》。

1. 机动车辆及第三者责任保险

从机动车辆及第三者责任险的需求走势看，受中国交通运输业的发展以及汽车数量增加的影响，从保险业恢复之初至今其需求基本呈现上升趋势。以保费收入衡量，

① 吴定富：《中国保险业发展报告（1979～2003）》，106 页，北京，中国经济出版社，2004。

② 1997 年及以前为人保数据，1998 年为中资保险公司数据，1999～2003 年为全国数据，图 1－8、图 1－9、图 1－10 同。

1985年，人保的运输工具及责任险的保费收入为9.0984亿元，而2003年全国车险的保费收入已经达到540.14亿元（参见图1－8）。

从20世纪80年代后期至今，机动车辆保险的保险费收入在财产险保费收入中占绝对比重，是财产保险公司最为重要的险种。具体而言，从1987年开始，运输工具及责任险的保费收入开始超过企业财产险，在财产险保费收入中的占比约为37.77%，比企业财产险多2个多百分点。此后，车险在整个财产险保费收入的比重一直维持在40%左右。1997年后，车险需求大幅增加，其保费收入在财产险保费收入中的占比保持在60%左右，2003年达到60.51%。值得注意的是，2003年，由于费率条款改革，车险出现整体费率水平下降的情况，但车险需求仍保持了一定增长速度。

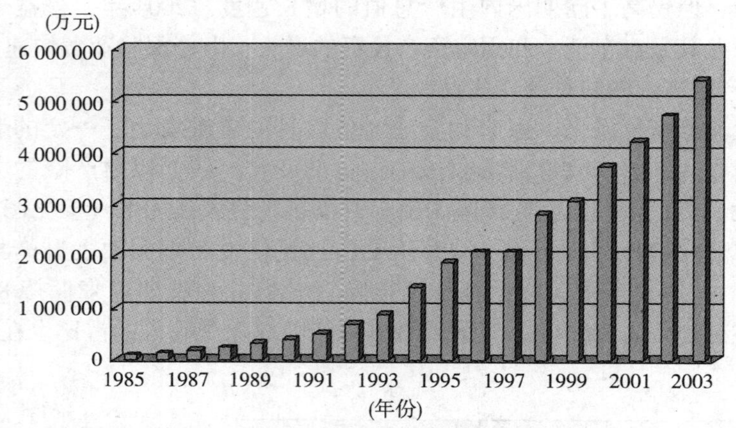

图1－8　1985～2003年机动车辆及第三者责任险保费收入

资料来源：《中国统计年鉴》、《中国保险年鉴》。

2. 企业财产保险

中国企业财产保险需求总量一直保持增长，1985年，人保的企财险保费收入为10.0569亿元，到2003年，保费收入已经增长到124.95亿元（参见图1－9）。1986年以前，企业财产保险一直是财产保险的头号险种，保险费收入位居第一。这是因为当时在中国国民经济组成中国有企业比重占绝对多数，改革开放后通过保险转移风险以保障企业正常的生产和经营成为企业自身的迫切需求。但是，进入20世纪90年代后，一方面由于部分企业尤其是国有企业经营效益的下降，需求降低；另一方面由于现有企业财产险产品的条款还不能满足企业的保险需求，特别是不能满足中小企业的保险需求，缺乏个性化的企业财产险产品，企业财产险发展缓慢。目前，企业财产险在整个非寿险中的占比由20世纪80年代的30%左右下降并稳定在20%左右，企业财产险仍然是需求最大的主要险种之一。

3. 货物运输保险

中国货运险需求的绝对量一直在增长。1985年，人保的货运险保费收入为1.2079亿元，到2003年全国的货运险保费收入已经增长到40.82亿元（参见图1－10）。但是，它在财产险中的占比却有所下降，从最初的10%左右下降并稳定在目前的5%左右，

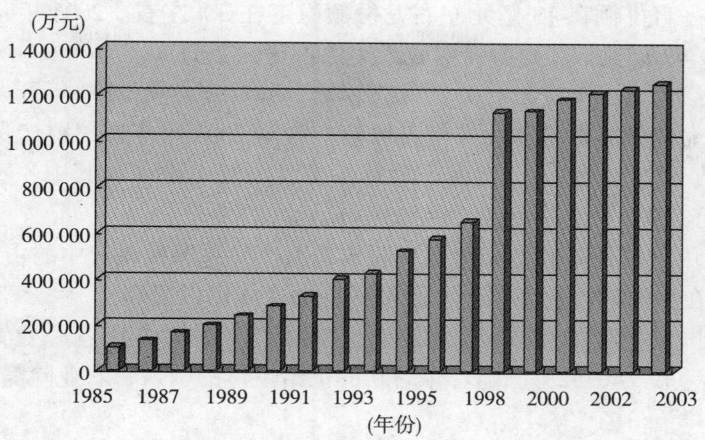

图 1－9　1985～2003 年企业财产险保费收入

资料来源：《中国统计年鉴》、《中国保险年鉴》。

2003 年在财产险保费收入中的占比为 4.57%。

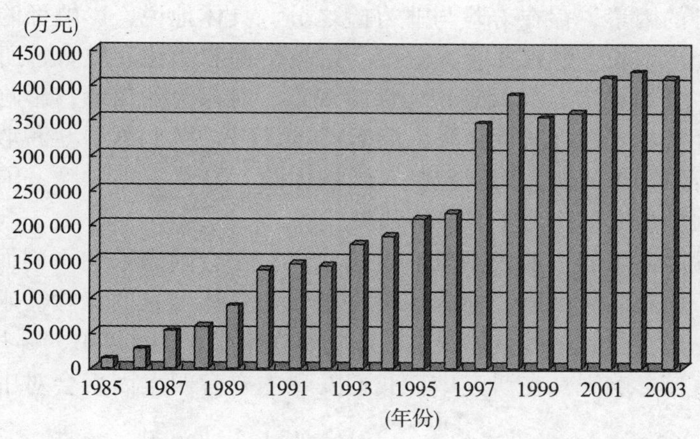

图 1－10　1985～2003 年货物运输险保费收入

资料来源：《中国统计年鉴》、《中国保险年鉴》。

4. 其他险种

除去车险、企业财产险和货物运输险，企业和家庭对财产险中的其他险种如家庭财产保险、责任保险、保证保险、信用保险、农业保险、建筑安装工程及责任险等的需求相对而言较小。

实际上，与一般居民最直接相关的就是家庭财产险，发达国家的家庭财产险普及率达到 70%。中国家庭财产保险的开展时间几乎与国内财产保险业务的发展同步，但 20 多年来需求却一直不大，在财产保险中所占比例不高。家庭财产保险的保费收入占财产保险总保费收入的比重，1985 年为 3%，1990 年上升到 8.71%，1993 年达到 71 亿元的顶峰，占总保费收入的 19%。然而，1994 年后，家庭财产险的保费比重呈下降趋势，保费收入一直徘徊在13亿元左右，份额稳定在3%左右。2003年，家庭财产险的保费收入为19.42亿元，在财险保费收入中的占比为2.18%。

根据修改后的《保险法》有关“第三领域”的规定，从2003年开始，财产保险公司也可以经营短期健康保险和意外伤害保险。截至2003年年底，财产保险公司共实现“两险”保费收入25.47亿元，占财产险总保费收入的2.85%，其中，短期健康险保费收入1.87亿元，意外伤害险保费收入23.6亿元。

2003年，中国责任险和信用险保费收入在财产险总保费收入中的占比约为3.9%和0.93%，其潜在保源的转化率仍需要政策的推动才能得以提高。

此外，中国农业险的需求从1985年起在财产险中的占比就一直只有1%～2%，2003年这一比重仅为0.52%。随着今后新的供给主体的引入，农业险需求有望增长。

第二节　保险需求的影响因素分析

现代保险研究成果显示，影响保险需求的因素可以分成一般因素和特殊因素。一般因素是指那些影响所有保险需求的因素，没有寿险与非寿险之分；特殊因素是指影响具体保险险种的因素，存在寿险与非寿险之分。具体地说，影响保险需求的十大一般因素包括：经济增长、财富及收入分配、宗教信仰和文化、教育、所有权及法律性质、产品提供、分销渠道、风险意识、保险规章、对保险的信赖；影响寿险需求的五大因素包括：经济稳定性（通货膨胀，汇率）、储蓄率、人口统计、税收受益、退休金制度；影响非寿险需求的四大因素包括：强制保险、自然灾害风险、国家在健康保险与职工赔偿保险中所起的作用、索赔的裁决。

这些影响保险需求的一般因素具有普遍意义，不会因国家的不同而不同，是适用于不同国家、不同地区的因素。中国保险需求作为具体国家的保险需求，除了受上述因素影响之外，还会受到一些具体因素的影响。在未来5～10年中，哪些因素会对中国保险需求产生直接影响呢？在研究中，我们发现主要有四大因素会对中国保险需求产生重大影响。

一、“两大目标”的实现——全面小康及和谐社会

（一）全面建设小康社会发展目标对保险需求的影响

党的十六大提出了全面建设小康社会的宏伟目标。为了达到全面小康社会的目标，中国的经济总量必须大幅度增加，到2020年，经济总量将比2000年翻两番，这意味着中国经济将在今后的十几年中保持年均7.2%的高速增长率。在2005年刚刚结束的人大会议上，政府工作报告也确定2005年的GDP增长率为8%。而且，全面小康从保险的角度可以简单理解为全面富裕，即具有保险购买力的人群全面产生。可以说，全面小康社会建成之时，就是保险需求全面实现之日。经济总量的增加、高速的增长率以及全面富裕必将为中国保险需求的增长奠定坚实的基础。

（二）构建和谐社会对保险需求的影响

胡锦涛主席提出的和谐社会有五大特征，其中一个就是与自然的和谐。从保险的

角度来看，构建和谐社会的任务包括两个：一个是解决人与自然之间的不和谐问题；另一个是解决人与人之间的不和谐问题。而不和谐就意味着风险，不和谐的存在就是风险的存在。人与自然之间的不和谐，主要表现为自然灾害形式的风险；人与人之间的不和谐，主要表现为意外事故风险和社会风险。自然灾害、意外事故、社会风险等都是保险经营的对象。因此，国家构建和谐社会，将对保险业产生两个方面的变化：一是引起政府和民众对自然灾害、意外事故、社会风险等风险问题的重视，并增加这方面的投入；二是为保险业带来发展机遇，保险业在构建和谐社会中可以发挥自己特有的作用，作出自己特有的贡献。这些无疑都会增加社会对保险的需求。

二、消费结构和消费方式的变化

随着中国经济的发展而出现的消费总量的增长、消费结构的升级和消费方式的转变，也将促进保险需求的增加。2003 年，中国的人均国内生产总值达到 1 090 美元，首次突破 1 000 美元大关，部分城市和地区的人均 GDP 已经达到 3 000 美元以上。根据国际经验，这一阶段人们的消费需求将开始升级，生活要求出现多样化，对住宅、汽车、文化教育、医疗卫生等改善生活质量的需求将明显提高。而国际保险发展历史资料显示，人均 GDP 在 2 000 ~ 10 000 美元，保费增长率可以达到 15% ~ 20%。具体而言，当人均 GDP 达到 1 000 美元时，住房开始成为人们追求生活质量的第一目标；当人均 GDP 达到 3 000 美元时，小汽车开始成为人们的首选目标。住房、汽车等现代家庭财产与其他家庭财产相比，价值大、风险高，这些财产的风险保障问题，便成为人们家庭生活不得不思考、不得不安排的问题，必将带动相应的保险需求。

而且，目前中国消费经济中一个很突出的现象，就是中产阶级作为社会的一个中间阶层正在快速形成。根据前几年中国保险消费市场的一个调查，人身保险的投保率走势呈倒“U”字形曲线，即两头低、中间高。按照居民月收入水平，若以月收入在 2 000 ~ 4 000 元划线，月收入在 2 000 元以下的消费者和月收入在 4 000 元以上的消费者，购买人身保险的比例都偏低，只有月收入在 2 000 ~ 4 000 元的消费者，购买保险的比例较高。究其原因在于，月收入 2 000 元以下者购买保险的经济实力有限，而 4 000 元以上的消费者购买保险的效用出现递减。因此，中间阶层的壮大可以视为促进保险消费的主要力量，是中国未来一个时期有很大增长潜力的潜在保险资源。

三、家庭金融资产、储蓄

人身保险商品与居民储蓄具有替代性。一般来说，当银行储蓄利率上升时，人身保险的需求会相应减少；反之，当银行储蓄利率下降时，人身保险商品的需求会相应的增加。但是，这种规律也会因外部条件的变化而有所变化，在中国，保险意识的变化就是一个影响今后人身保险需求变化的不确定因素。目前，在安全保障方面，大多数中国人的文化意识仍建立在“伦理本位”的传统文化的基础上，表现为以家庭、家族为核心选择化解风险、解除危机的方式。人们愿意并且习惯用储蓄的方式，应付未来不确定事件的发生，对银行储蓄的偏好高于对保险的偏好。最近有一份市场抽样调查资料显示，当问到城镇居民储蓄的目的时，排在第一位的回答是“以备意外的急用”，排在第二位的是“为了孩子将来上学”。这表明，人们储蓄的目的主要是为了防范风险。如果人们能够意识到保险与银行储蓄之间具有替代性，甚至用保险方式防范风险效果更好，那么保险需求就会随之大幅增长。

近年来，中国人身保险快速发展的主要因素之一就是城镇居民金融资产的大量增加。随着家庭金融资产的增加，中国的人身保险深度也在不断提高，2002 年、2003 年和 2004 年分别达到了 2.0%、2.3%和 2.4%。虽然与诸多国家和地区相比①，中国还有很大的差距，但与 20 世纪 90 年代初期不足 0.5%的数字相比，则是有了显著增长。

另一方面，居民储蓄余额代表的是居民可支配收入中，用于消费后的剩余购买力，实际上是居民为推迟消费所做的一种准备。而保险消费则是居民消费的一个组成部分，在这个意义上，居民储蓄可视为一种潜在的保险需求。2004 年，居民储蓄存款余额总量已近 12.62 万亿元，说明中国人身保险业有巨大的发展空间。

四、人口因素

人口因素对中国保险需求影响的深度和广度超过世界上任何一个国家，具体表现在两个方面：一是人口总量。2004 年，中国的总人口达到 12.9988 亿，其中城市人口 5.4283 亿，众多的人口提供了广阔的潜在保险需求市场；二是人口老龄化。2000 年第五次人口普查的结果显示，中国 65 岁以上人口占全国总人口的比重已经达到 6.96%，老年负担系数达到 9.92%；而 2004 年，65 岁以上人口已占全国总人口比重达 7.6%，老年负担系数也增长到 10.72%。人口老龄化将增加对寿险尤其是养老、年金保险商品的需求。但目前有资料显示，中国的现实保险需求还不旺。中国内地公民购买个人保险的比率只有 20%；参加养老保险的劳动人口占总人口的比率只有 3%；购买家庭财产保险的比率只有 7%；购买企业财产保险的比率只有 15%；投保汽车责任保险的比率只有 20%~30%。这些数据同时也显示了未来中国保险需求的巨大潜力。

第三节 保险需求的模型预测

一、预测方法回顾

（一）基于计量模型的预测

这种预测方法首先需要建立相应的计量模型，然后根据以往数据估计出参数，最后进行预测。

从目前的资料看，国内外学者在模型形式和变量的选择上较为类似，往往首先选

① 根据 2004 年第 3 期 Sigma 对 2003 年全球保险业的统计：2003 年人身保险深度，世界平均水平为 4.59%、其中美国 4.38%、英国 8.62%、德国 3.17%、法国 5.99%、日本 8.61%、韩国 6.77%、南非 12.96%、中国台湾 8.28%、中国香港 6.38%。

取保险需求的影响因素作为解释变量，保险需求作为被解释变量，然后建立多元线性回归（包括原数据的线性回归和双对数形式的线性回归）或者面板数据模型，选用时间序列、截面数据和面板数据得出模型的参数估计值。具体如表1-1所示：

表1-1　保险需求模型回顾

作　者	数　据	解释变量	被解释变量	模型形式
Beenstock, Dickinson 和 Khajuria（1986）	10个OECD国家1970～1981年的截面数据	收入、寿命期望、利率、社会保险	寿险需求	面板模型
Browne 和 Kim（1993）	1980年、1987年45个发达和发展中国家的截面数据	国民收入和财富、抚养率、政府在社会保障上的支出、通货膨胀率、保险价格、宗教	寿险需求	多元线性回归
Outreville（1996）	48个发展中国家1986年的截面数据	个人可支配收入、一国金融发展水平、预期通货膨胀水平和市场结构	寿险需求	多元线性回归
Beck 和 Webb（2003）	68个国家1961～2000年的面板数据	人均收入水平、通货膨胀率、教育水平、老年人口和年轻人口分别占劳动人口的比率、寿命期望、银行系统发展水平	寿险需求	面板模型
Outreville（1990）	55个发展中国家1983年（部分1984年）的截面数据	经济、金融发展水平	非寿险需求	多元线性回归
Browne，Chung 和 Frees（2000）	1987～1993年OECD国家的面板数据	收入、财富、外资份额、法律体系	非寿险需求（主要是汽车险和普通责任险）	面板模型
Esho, Kirievsky, War 和 Zurbruegg（2004）	1984～1998年不同法系国家的面板数据	法律因素、风险厌恶程度、损失概率、价格	非寿险需求	面板模型
孙祁祥、贲奔（1997）	1980～1994年数据	银行存款、金融政策（虚拟变量）、经济体制和宏观经济背景（虚拟变量）	保险需求	多元线性回归
张浩（2001）	1985～1999年数据	国民生产总值、居民储蓄存款、金融机构存款利率	保险需求	多元线性回归
徐爱荣（2002）	1980～2001年数据	国内生产总值、物价指数、对外开放（虚拟变量）	保险需求	多元线性回归
张奎（2003）	1980～2003年数据	国内生产总值	保险需求	逻辑曲线
吴江鸣、林宝清（2003）	1980～2002年数据	收入、通货膨胀、市场模式（虚拟变量）、品种创新（虚拟变量）	保险需求、产险需求、人身保险需求	多元线性回归

续表

作　者	数　据	解释变量	被解释变量	模型形式
肖文、谢文武（2000）	1980～1998年数据	国内生产总值、市场开放和降息（虚拟变量）	寿险需求	多元线性回归
阎建军、王治超（2002）	1985～1997年数据	国内生产总值、名义利率、社会保障水平	寿险需求	多元线性回归
赵海娟（2003）	1984～2000年数据	国内生产总值、通货膨胀、社会保险、银行利率	寿险需求	多元线性回归
陈之楚、刘晓敬（2004）	1990～2001年数据	收入、储蓄、恩格尔系数、利率趋势、社会保障	寿险需求	多元线性回归
《中国保险业发展报告2003》	2001年分地区的截面数据	国内生产总值、固定资产投资	产险需求	多元线性回归

建立以上计量模型后，只要对解释变量进行预测，将其结果代入模型就可得到被解释变量的预测值，即保险需求的预测值。

例如，徐爱荣[①]（2002）基于上述模型，假定2002～2006年GDP名义年均增长率为8%，物价指数每年上涨0.8%，得到2002～2006年的保费收入预测值分别为2 070.755亿元、2 311.836亿元、2 573.052亿元、2 856.021亿元、3 162.489亿元。

吴江鸣、林宝清[②]（2003）基于上述模型，假设GDP名义年均增长率为10%，加权个人可支配收入年均增长率为9%，通货膨胀率2003～2007年分别为－2%、－1%、－1%、0%和0%，得到的预测结果如下：2003～2007年总保费收入分别为3 106.01亿元、3 497.95亿元、3 927.02亿元、4 378.73亿元、4 875.62亿元；人身险保费收入分别为2 312.87亿元、2 618.62亿元、2 950.01亿元、3 290.99亿元、3 662.66亿元；财产险保费收入为798.94亿元、877.42亿元、963.73亿元、1 058.51亿元、1 162.77亿元。

（二）基于其他相关指标的预测

这类预测没有建立相应的计量模型，而是利用相关指标的预测结果，或与某些国家和世界平均的同期发展水平对比，进行大致估算。例如，在进行健康保险需求潜力的预测时，按照医疗卫生服务费用总支出预测结果的一定比例进行测算。唐运祥（2004）[③] 在分析中国保险需求潜力时，主要依据中国保险业的关键指标与世界平均水平的比较，包括保险密度和保险深度、保费收入占居民储蓄余额的比重、保源转化系数、投保率、保险占消费支出的比重、保险赔款占灾害损失的比重等。

（三）专业机构预测

麦肯锡公司预测，中国健康险市场在2004～2008年的5年间将快速发展，市场规

① 徐爱荣：《中国保险市场需求潜力市场分析》，载《上海统计》，2002（5）。

② 吴江鸣、林宝清：《中国保险需求模型的实证分析》，载《福建论坛》（经济社会版），2003（10）。

③ 唐运祥：《做大做强保险业的几点思考》，载《中国保险报》，2004－11－30。

模有望达到 1 500 亿 ~ 3 000 亿元。

波士顿咨询公司预测（BCG.2004 年 3 月 10 日发布的调查报告），未来 5 年中国人寿保险市场还会以年复合增长率 20%的速度持续增长。

DATAMONITOR 在 2003 年和 2004 年对中国保险需求的预测结果如表 1 – 2 所示：

表 1 – 2　DATAMONITOR 对中国保险需求的预测

	2003 年对保险市场的预测			2004 年对寿险及养老金市场的预测		
	美元（百万）	人民币（百万）	增长率（%）	美元（百万）	人民币（百万）	增长率（%）
2002	36 500.7	302 478.3	43.2			
2003	46 785.4	387 706.0	28.2	32.2	267.0	32.1
2004	55 886.0	463 122.2	19.5	38.0	314.6	17.8
2005	63 658.8	527 534.5	13.9	50.0	414.1	31.6
2006	70 250.4	582 158.5	10.4	60.0	497.0	20.0
2007	75 909.1	629 051.5	8.1	75.1	622.2	25.2
2008				90.0	745.5	19.8

资料来源：Insurance in China，Industry Profile，Datamonitor ，November 2003. 其中，2002 年的数据为实际数据，其他为预测数据。Life insurance & Pensions in China，Industry Profile，Datamonitor，November 2004. 其中，2003 年的数据为实际数据，其他为预测数据。

总结以上国内外学者的研究成果，我们认为基于计量模型的预测相对而言更加准确，他们对保险需求影响因素和模型的选取对我们有较好的借鉴意义，而基于其他指标的需求估算以及专业机构的需求预测可以作为补充或验证。在分析时，由于人身险需求和财产险需求的影响因素存在较大差异，我们将分别对二者进行预测，使用的软件为 Eviews 4.0。

二、人身保险需求的模型预测

在人身险预测方面，我们主要采用的是多元回归模型，在多元回归前首先对各时间序列及其差分序列进行了平稳性检验，以避免未检验而可能导致的伪回归现象。

(一) 数据和方法的选取

我们运用多元回归方法建立模型。样本区间为 1982 ~ 2003 年；被解释变量为人身险需求，用人身险保费收入（Premium）代表；解释变量为人均可支配收入（DI）（以历年城镇和农村人口在总人口中的占比为权重，对城镇和农村人均可支配收入进行加权平均），通货膨胀率（Inflation）（GDP 平减指数），教育（Edu）（平均每万人中大学生数），利率（IR）（依据调息时间加权平均 1 年定期存款利率），社会保障① ［包括 SS（离休、退休、退职人员保险福利费用）和 SS1（国家财政用于抚恤和社会福利支出）］，人口死亡率（Mortality）以及虚拟变量（D1）（1992 年前取 0，之后取 1，代表营销方式转变对人身险需求的影响）。

① 由于仅有 1989 年以后的社会保障基金收支数据，故无法使用该变量。

1982～1996年人身险保费收入数据取自江生忠主编的《中国保险业发展报告(2003)》，1997～2003年人身险保费收入数据取自《中国保险年鉴》。其他数据均取自《中国统计年鉴》，其中GDP平减指数根据年鉴数据计算得到。

（二）模型的建立

为了减小变量的波动性，我们将数据分别取对数，记为：LnPremium、LnDI、LnSS、LnSS1、LnInflation、LnEdu、LnIR和LnMortality。由于在经济模型中，非平稳序列之间经常发生伪回归现象而造成结论无效，因此我们对以上序列及其差分序列进行平稳性检验，结果如表1－3所示：

表1－3　人身险需求相关序列的平稳性检验

变量	检验类型	ADF值	临界值（5%）	是否平稳
LnPremium	(t，c，4)	－4.40	－3.71	是
LnDI	(t，c，1)	－2.97	－3.66	否
D（LnDI）	(0，c，2)	－3.15	－3.04	是
LnSS	(0，c，0)	－2.45	－3.01	否
D（LnSS）	(t，c，0)	－4.68	－3.66	是
LnSS1	(0，0，0)	9.35	－1.96	否
D（LnSS1）	(0，0，0)	－1.10	－1.96	否
D（LnSS1，2）	(0，0，0)	－6.79	－1.96	是
LnInflation	(0，c，1)	－2.02	－3.02	否
D（LnInflation）	(0，0，0)	－1.13	－1.96	否
D（LnInflation，2）	(0，0，3)	－3.53	－1.96	是
LnEdu	(0，c，0)	4.47	－3.01	否
D（LnEdu）	(0，0，0)	－1.24	－1.96	否
D（LnEdu，2）	(0，0，0)	－5.97	－1.96	是
LnIR	(0，0，1)	－0.84	－1.96	否
D（LnIR）	(0，0，0)	－2.22	－1.96	是
LnMortality	(t，c，5)	－6.08	－3.73	是

说明：检验类型括号中第一项t表示含有趋势项，0表示不含趋势项；第二项c表示含有截距项，0表示不含截距项；第三项表示滞后阶数，为0即为DF检验。

临界值为5%显著水平下的Mackinnon值。

D（·）表示一阶差分序列，D（·，2）表示二阶差分序列。

选取原平稳序列和差分后的平稳序列，使用最小二乘法进行多元线性回归，在不违反经济学意义的前提下逐一剔除不显著的变量，得到最终的结果如下：

$$LnPremium = 157.027 - 5.007D(LnDI) - 80.942\mathrm{Ln}Mortality + 1.475DI$$
$$(5.067) \quad (-1.286) \quad (-4.960) \quad (2.008) \qquad (1.1)$$

调整后的R^2为0.86，整个方程的拟合优度较好。从方程的显著性检验即F检验的结果看，回归方程是显著的。从解释变量回归系数的t检验的结果看，*D*（*LnDI*）不显著，而其他解释变量较为显著的，但考虑到收入对寿险需求的影响不宜从模型中剔除。从 D.W. 检验的结果看，模型也不存在自相关。

这一结论与 Mossin（1968）的结论相似，他认为保险是一个次级商品，随着人们(具有递减的绝对风险厌恶的人）个人财富的增加，其愿意支付的保费就越少。实际上，不同的既有收入水平下的收入增长会导致寿险需求的不同增长速度。Ward 和 Zurbruegg（2002）通过比较 OECD 与亚洲国家的情况，发现收入水平越高的国家，保险消费对收入的增长越不敏感，OECD 国家对寿险产品需求的敏感度只有亚洲国家的三分之一，亚洲国家的寿险需求收入弹性远远高于 OECD 国家。原因主要在于，较高的收入水平会极大地提高消费者的自保能力，从而减少对寿险的需求。模型中死亡率对寿险需求的影响系数为负，表明死亡率越高寿险需求反而越低，预期寿命是人们在购买寿险时考虑的主要因素之一。

（三）基于模型的预测

从模型的预测准确度看，Theil 不等系数为 0.086，CP（协变率）为 0.968，说明模型的预测能力较强。我们依据模型预测 2004 ~ 2010 年人身险保费收入，步骤如下：

第一步，对 2004 ~ 2010 年 DI 和 Mortality 的值进行预测。

假定 2004 年的 GDP 增长率为 9.4%，2005 ~ 2010 年保持年均 7.2%的增长率，通常个人可支配收入的增长率低于 GDP 增长率，在此假设为略低于 1%。Mortality 根据万年变化率，假设每年递减 0.01%。

第二步，将对 DI 和 Mortality 的假定预测值代入模型，得到 2004 ~ 2010 年寿险保费收入的预测值 LnPremiumf，再换算得到 Premiumf。

表 1－4　人身险需求多元回归模型预测结果

年份	DI	Mortality	LnPremiumf	Premiumf
2004	5 412.42	6.39	7.971324	2 896.69
2005	5 747.99	6.38	8.200761	3 643.72
2006	6 104.36	6.37	8.327735	4 137.04
2007	6 482.83	6.36	8.454899	4 698.03
2008	6 884.77	6.35	8.582264	5 336.17
2009	7 311.627	6.34	8.709836	6 062.25
2010	7 764.947	6.33	8.837608	6 888.50

模型预测的结果显示，在未来 6 年时间里，中国人身保险需求仍将保持快速增长的势头，年均增长率在 15.6%左右，增幅比较平稳。

三、财产保险需求的模型预测①

（一）数据和方法的选取

① 需要说明的是，全保会已经公布了 2004 年保险业的相关数据，为与前面一致，我们的模型数据仍截至 2003 年。这是因为，一方面模型预测的是财产险需求的长期变化趋势，个别数据影响不大；另一方面，基于模型对 2004 年保费收入的预测结果可以用来检验模型的预测能力。

我们选择1980～2003年为样本区间，由于财产险各险种的影响因素存在较大差异性，对财产险需求的整体规模进行预测时，我们选取的变量仅包括财产保险需求（以历年财产险保费收入代表，记为PREMIUM）、收入GDP和固定资产投资Investment。而且，考虑到它们之间的相互作用关系，我们拟进行协整检验并建立向量误差修正模型。将上述变量数据统一用1978年为基期的GDP平减指数① 进行调整，取对数后作为模型中使用的变量值，记为LGDP、LPremium和LInvestment。

1980～1996年的Premium数据取自江生忠主编的《中国保险业发展报告（2003）》，1997～2003年的Premium数据取自《中国保险年鉴》。GDP和Investment数据取自《中国统计年鉴》，GDP平减指数根据《中国统计年鉴》数据计算得到。

（二）模型的建立

1. 序列的单位根检验

由于在经济模型中，非平稳序列之间经常发生伪回归现象而造成结论无效，因此我们首先对时间序列LGDP、LPremium和LInvestment进行平稳性检验，结果如表1－5所示：

表1－5　财产险需求模型相关序列的平稳性检验

变量	检验类型	ADF值（带＊为PP值）	临界值（5%）
LGDP	（t，c，3）	－3.49	－3.66
D（LGDP）	（0，c，1）	－3.63	－3.01
LPremium	（t，c，2）	－3.46＊	－3.62
D（LPremium）	（t，c，2）	－5.58	－3.65
LInvestment	（t，c，2）	－2.39＊	－3.62
D（LInvestment）	（0，c，2）	－3.55	－3.02

结果表明，LGDP、LPremium和LInvestment序列均不平稳，而其一阶差分序列都是平稳的，即都满足一阶单整，记为：LGDPt～I（1），LPremiumt～I（1），LInvestment～I（1）。

2. 向量自回归（VAR：Vector Autoregression）模型

VAR模型通常用于相关时间序列系统变量相互关系的分析和随机扰动对变量系统的动态影响。由于我们重点分析GDP、固定资产投资和财产险保费收入之间的关系，因此将一般的VAR模型简化为仅含内生变量LGDP、LInvestment、LPremium以及外生变量常数C、虚拟变量市场经济体制改革D1（我们以1993年11月十四届三中全会通过《关于建立社会主义市场经济体制若干问题的决定》为标志，并考虑政策滞后期，设1980～1994年为0，1995～2003年为1）的形式：

$$LPremium_t = \sum_{i=1}^{p} A_{i,1} LGDP_{t-i} + \sum_{i=1}^{p} B_{i,1} LPremium_{t-i} + \sum_{i=1}^{p} D_{i,1} LInvestment_{t-i} + C_{t,1} + E_{t,1} D1 + \varepsilon_{t,1}$$

① 由于固定资产投资价格指数只有1991年后的，因此价格指数统一使用GDP平减指数。

$$LGDP_t = \sum_{i=1}^{p} A_{i,2} LGDP_{t-i} + \sum_{i=1}^{p} B_{i,2} LPremium_{t-i} + \sum_{i=1}^{p} D_{i,2} Investment_{t-i} + C_{t,2} + E_{t,2} D1 + \varepsilon_{t,2}$$

$$LInvestment_t = \sum_{i=1}^{p} A_{i,3} LGDP_{t-i} + \sum_{i=1}^{p} B_{i,3} LPremium_{t-i} + \sum_{i=1}^{p} D_{i,3} Investment_{t-i} + C_{t,3} + E_{t,3} D1 + \varepsilon_{t,3} \quad (1.2)$$

其中，A_i、B_i、D_i 和 E_t 为待估参数矩阵，该模型内生变量有 p 阶滞后，可称为 VAR（p）模型。我们采取赤池信息准则（Akaike Information Criteria，AIC）和施瓦茨准则（Schwarz Criteria，SC）最小的原则，并根据样本数量确定 VAR 模型的滞后阶数为 2 阶，模型估计得到的方程如下：

$$\begin{bmatrix} LPremium_t \\ LGDP_t \\ LInvestment_t \end{bmatrix} = \begin{bmatrix} 0.165 & 2.043 & -0.227 & 0.414 & -1.227 & 0.175 \\ -0.006 & 1.178 & 0.087 & 0.037 & -0.128 & -0.191 \\ -0.320 & 2.363 & 0.726 & 0.153 & -0.887 & -0.636 \end{bmatrix} \begin{bmatrix} LPremium_{t-1} \\ LGDP_{t-1} \\ LInvestment_{t-1} \\ LPremium_{t-2} \\ LGDP_{t-2} \\ LInvestment_{t-2} \end{bmatrix} + \begin{bmatrix} -5.279 \\ 0.314 \\ -5.700 \end{bmatrix} + \begin{bmatrix} -0.276 \\ 0.020 \\ -0.076 \end{bmatrix} D_1 \quad (1.3)$$

模型中各方程的拟合优度均达到 0.99，VAR 模型的整体检验结果也很好，可以据此检验 *LGDP*、*LInvestment* 和 *LPremium* 序列是否具有协整关系。

使用 Johansen 协整检验并使用 AIC 准则和 SC 准则最小的原则选择协整检验的形式，最终确定序列有线性趋势而协整方程仅有截距项的形式，滞后阶数为 p－1 即 1 阶。

表 1－6　Johansen 协整检验结果

Hypothesized No. of CE（s）	Eigenvalue	Trace Statistic	5 Percent Critical Value	1 Percent Critical Value
None**	0.680453	44.78990	29.68	35.65
At most 1*	0.516501	19.69116	15.41	20.04
At most 2	0.154940	3.703648	3.76	6.65
Hypothesized No. of CE（s）	Eigenvalue	Max－Eigen Statistic	5 Percent Critical Value	1 Percent Critical Value
None*	0.680453	25.09874	20.97	25.52
At most 1*	0.516501	15.98751	14.07	18.63
At most 2	0.154940	3.703648	3.76	6.65

特征值轨迹检验和最大特征值检验都显示，在5%的水平下该模型有两个协整关系。将协整关系经过标准化后的协整系数写成数学表达式，并分别令为VECM1和VECM2，则

$$\begin{aligned} VECM1 &= LPremium - 1.466LInvestment + 8.001 \\ VECM2 &= LGDP - 7.753LInvestment - 3.215 \end{aligned} \tag{1.4}$$

3. 向量误差修正（VECM：Vector Error Correction）模型

向量误差修正模型是包含协整约束条件的VAR模型，主要应用于对具有协整关系的非平稳时间序列建模。以上我们确定的VAR模型有两个协整关系，基于此建立VECM，模型得到的相应方程如下：

$$\begin{bmatrix} \Delta LPremium_t \\ \Delta LGDP_t \\ \Delta LInvestment_t \end{bmatrix} = \begin{bmatrix} 0.259 \\ 0.056 \\ 0.031 \end{bmatrix} - \begin{bmatrix} 0.360 \\ 0.012 \\ 0.141 \end{bmatrix} D_1 + \begin{bmatrix} -0.339 & 1.680 & -0.328 \\ -0.008 & 0.301 & 0.132 \\ -0.095 & 1.237 & 0.518 \end{bmatrix}$$

$$\begin{bmatrix} \Delta LPremium_{t-1} \\ \Delta LGDP_{t-1} \\ \Delta Investment_{t-1} \end{bmatrix} - \begin{bmatrix} 0.471 \\ -0.012 \\ 0.205 \end{bmatrix} VECM1_{t-1} + \begin{bmatrix} 0.977 \\ 0.112 \\ 1.601 \end{bmatrix} VECM2_{t-1} \tag{1.5}$$

可以将向量误差修正模型分成两部分考虑：前面反映的是*LGDP*、*LPremium*和*LInvestment*滞后一期的短期变动对当期*LGDP*、*LPremium*和*LInvestment*变动的影响；后面的误差修正项VECM反映*LGDP*、*LPremium*和*LInvestment*的长期均衡关系，但$VECM1_{t-1}$、$VECM2_{t-1}$的部分系数为正，存在一定偏离均衡的趋势。

（三）基于VAR和VECM模型的预测

VECM模型的整体检验效果较好，我们基于此进行财产保险需求的预测。Eviews4.0中提供了静态预测和动态预测两种方法：静态预测使用各序列滞后期的实际值计算第t期预测值，最多预测超出样本期的未来第一个值（由于2004年的保费数据已经公布，这里不再进行静态预测）；动态预测利用各序列的每期预测值而非实际值进行迭代计算，可以对超出样本期间的未来值进行预测，但可能会导致模型拟合误差的扩大。我们根据VECM模型的动态预测得到的结果为：2004～2010年，*LPremiumF*1分别为9.623153亿元、9.721877亿元、9.831183亿元、9.938459亿元、10.03827亿元、10.12913亿元和10.21547亿元。

*LPremiumF*1等于名义财产险保费收入用GDP价格平减指数调整，再取对数。因此，只要对2004～2010年的GDP平减指数进行预测，就可以得出相应的名义财产险保费收入预测值，以公式表示即：

$$LPremiunF1 = \ln\left(\frac{PremiumF}{Deflator\ of\ GDP}\right) \Rightarrow PremiumF = e^{LPremiumF1} * (Deflator\ of\ GDP) \tag{1.6}$$

以2004～2010年平均通货膨胀率约为2.5%为例，外生变量*D*1均取值1，得出相应的名义财产险保费收入预测值如表1－7所示。

（四）其他模型

由于国内生产总值和固定资产投资存在一定的共线性，它们在被用来解释财险需求时导致所提供的信息出现“重叠”，从而导致参数估计的稳定性降低。因此，我们以下删除 GDP 或固定资产投资这一变量，分别讨论 GDP 和财产险需求之间的关系，固定资产投资和财产险需求之间的关系。

表 1－7　基于财产险需求模型的预测结果

年份	通货膨胀率假设值	GDP 平减指数假设值	名义保费收入预测值
2004	4%	359.875	1 109.59
2005	3%	370.672	1 296.37
2006	3%	381.792	1 526.30
2007	2%	389.428	1 781.93
2008	1%	393.322	2 069.77
2009	2%	401.188	2 425.97
2010	2%	409.212	2 824.33

说明：GDP 平减指数假设值根据通货膨胀率假设值计算得到，通货膨胀率＝（当期 GDP 平减指数/上期 GDP 平减指数）－1。名义保费收入预测值根据公式（1.6）计算得到。

和以上步骤及预测假设相同，只考虑 GDP 时，2004～2010 年的名义财产险保费收入预测值为 1 019.12 亿元、1 178.11 亿元、1 359.13 亿元、1 558.53 亿元、1 770.2 亿元、2 030.95 亿元和 2 333.84 亿元；只考虑固定资产投资时，2004～2010 年的名义财产险保费收入预测值为 960.84 亿元、1 087.81 亿元、1 223.9 亿元、1 366.84 亿元、1 512.82 亿元、1 687.1 亿元和 1 884.18 亿元。

三种模型预测的财产保险需求增幅顺序是：只含有固定资产投资的模型，预测的平均增幅为 11.9%；只含有 GDP 的模型，预测的平均增幅为 14.8%；既含有 GDP 又含有固定资产投资的模型，预测的平均增幅为 16.9%。

需要强调的是，以上关于中国保险需求预测的结果是一个参数，而不是一个定数。其原因在于，采用模型对保险需求总量进行预测时存在两个问题：一是模型预测需要的条件很多是假设条件；二是模型本身也是对现实作出的一种假设。因此，模型预测结果不一定能够代表中国未来 5 年真实的保险需求。

第二章 中国保险供给研究

保险供给是指在一定时期内、一定的费率水平上，保险市场上各家保险企业愿意并且能够提供的经济保障。长期以来，人们对保险产出本身缺乏明确的定义和精确的测度，因此，对保险供给能力的准确计算也很困难。但是，我们知道，保险供给与保险人的风险承担能力正相关，而风险承担能力取决于保险人的资本和盈余承保能力。从这个角度来讲，保险供给能力取决于投资人愿意拿出来承担风险的总资本和资本承担风险的密度。

实践中，人们主要运用以下指标来反映整个保险市场的供给能力：一是保险市场结构和企业数量，具体指标包括市场集中度指标和企业数量指标；二是投入保险经营的资本规模和资产规模；三是保险经营资本所承担的风险的密集程度，本报告选用偿付能力指标和部分财务指标来予以衡量。

此外，由于保险市场的现有供给能力由各家保险企业的供给能力构成，而各家保险企业的经营状况直接决定了其供给能力，因此有必要考察各保险公司的经营状况。

第一节 保险供给能力的总量分析

一、保险市场集中度较高

从公司数量来看，截至2003年年底，中国共有保险公司61家，其中，产险公司24家（政策性保险公司1家）、人身险公司32家、再保险公司5家。而1996年，美国有保险公司5 162家，英国814家，德国690家，中国香港220家。中国每百万人拥有的保险公司数量不到0.05，远低于发达国家和地区保险市场水平①，市场主体偏少。

从市场集中度来看，截至2004年年底，在财产保险市场，最大的4家公司的市场份额为86.94%，在人身险市场，最大的4家公司的市场份额为83.15%。而从国外看，1998年，日本前5家非寿险公司占有市场份额为53.6%，寿险公司为60.4%；韩国前5家非寿险公司为71.5%，寿险公司为78.7%；马来西亚前5家非寿险公司为27.9%，寿险公司为70.7%②。因此，尽管中国保险市场主体不断增加，市场集中度不断降低，但从国际经验来看，市场垄断程度依然过高。

（一）中国保险市场集中度的总体分析

---

① 美国为3，中国香港为2，日本为0.3。

② 资料来源：裴光：《中国保险业竞争力研究》。

我们采用最常用的绝对集中度指标贝恩指数（Bain Index）和赫芬道尔指数（Herfindahl Index）来衡量中国保险市场的集中度。贝恩指数最常用的指标是 CF_4 和 CR_8。考虑到中国保险市场的集中度可能较高，我们拟采用 CR_1 和 CR_4 指数。赫芬道尔指数，简称 H.I 指数，是产业内全部企业市场份额的平方和。贝恩指数和赫芬道尔指数各有优劣。因此，如表 2－1 所示，我们综合采用了两种指数。

表 2－1　1980～2004 年中国保险市场集中度

年份	财产保险市场集中度			人身保险市场集中度		
	PCR_1	PCR_4	PH.I	LCR_1	LCR_4	LH.I
1980	1.0000	1.0000	1.0000	1.0000	1.0000	1.0000
1981	1.0000	1.0000	1.0000	1.0000	1.0000	1.0000
1982	0.9961	1.0000	0.9961	1.0000	1.0000	1.0000
1983	0.9977	1.0000	0.9954	1.0000	1.0000	1.0000
1984	0.9974	1.0000	0.9948	1.0000	1.0000	1.0000
1985	0.9972	1.0000	0.9944	1.0000	1.0000	1.0000
1986	0.9971	1.0000	0.9942	1.0000	1.0000	1.0000
1987	0.9951	1.0000	0.9903	1.0000	1.0000	1.0000
1988	0.9944	1.0000	0.9888	1.0000	1.0000	1.0000
1989	0.9920	1.0000	0.9841	0.9997	1.0000	0.9994
1990	0.9909	1.0000	0.9819	0.9995	1.0000	0.9991
1991	0.9694	0.9985	0.9401	0.9919	1.0000	0.9838
1992	0.9365	0.9982	0.8791	0.9838	1.0000	0.9680
1993	0.9206	0.9984	0.8508	0.9749	0.9992	0.9506
1994	0.8784	0.9980	0.7791	0.9450	0.9935	0.8942
1995	0.8284	0.9942	0.7006	0.8486	0.9983	0.7291
1996	0.7735	0.9846	0.6211	0.6401	0.9751	0.4702
1997	0.7830	0.9829	0.6330	0.6187	0.9751	0.4443
1998	0.7903	0.9820	0.6427	0.7058	0.9800	0.5361
1999	0.7935	0.9810	0.6462	0.6863	0.9755	0.5179
2000	0.7705	0.9703	0.6128	0.6512	0.9744	0.4818
2001	0.7407	0.9680	0.5731	0.5720	0.9683	0.4158
2002	0.7088	0.9577	0.5316	0.5660	0.9458	0.3899
2003	0.6753	0.9212	0.4824	0.3735	0.9076	0.2649
2004	0.5894	0.8694	0.3788	0.4687	0.8315	0.2750

注：资料来源于 1996～2004 年《中国保险年鉴》和 1980～2004 年《中国金融年鉴》整理计算得到。2004 年前，友邦、美亚、民安按分公司计算，造成 2004 年较前 H.I 变化较大。

1. 中国财产保险市场仍属极高寡占Ⅰ型市场结构

图 2－1 反映了中国财产保险市场的绝对集中度 CR_1、CR_4 和 H.I 指数。从图中可以

看出，CR_4 指数一直处于非常高的水平。2004 年的 CR_4 指数为 0.8694，同时 H.I 指数为 0.3788，远远大于 0.05 的水平（当市场有 20 家产险公司，且市场份额相同时的 H.I 指数）。CR_1 指数为 0.5894，即中国人民保险公司占 67.53%的市场份额。根据贝恩对垄断程度的划分①，可以判断目前中国财产保险市场属于极高寡占Ⅰ型市场结构。

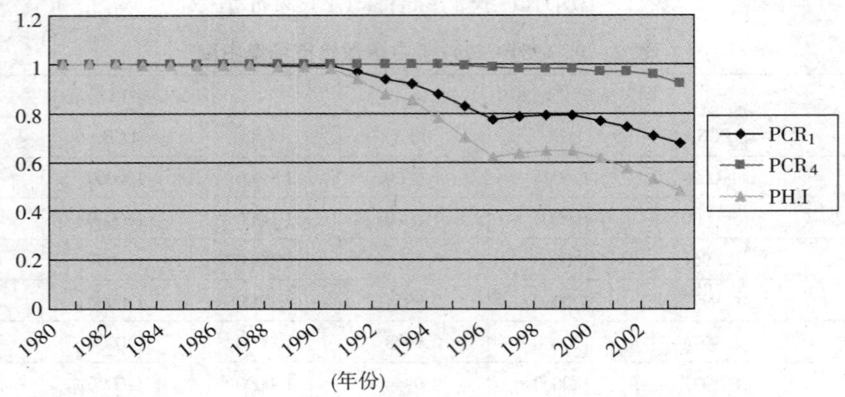

图 2-1　中国财产保险市场的绝对集中度 CR_1、CR_4 和 H.I 指数图

再分析指数的走势，可以发现中国财产保险市场结构变化更具体的情形。H.I 指数 1980～1990 年一直维持在 0.9819 以上，基本接近于 1，同时 CR_1 和 CR_4 指数一直维持在 0.9909 的高水平上，说明这段时间中国财产保险市场是由中国人民保险公司独家垄断。1991～1996 年 H.I 和 CR_1 指数呈现出快速下降的趋势，1996 年，H.I 和 CR_1 指数分别下降到 0.6211 和 0.7735，但 CR_4 指数为 0.9846，这说明中国财产保险市场已经走出了中国人民保险公司独家垄断的市场格局，处于极高寡占Ⅰ型市场结构，同时，占市场份额最大的中国人民保险公司又处于市场绝对垄断的地位。1997 年以后的财产保险市场结构变化不大，仍然维持着极高寡占Ⅰ型市场结构，只不过处于第一位的中国人民保险公司的市场份额下降到了 67.53%。

2. 中国人身险市场仍属极高寡占Ⅰ型市场结构

图 2-2 反映了中国人身险市场的绝对集中度 CR_1、CR_4 和 H.I 指数。中国人身险市场 1980～1988 年一直由中国人民保险公司一家经营。此后，随着一些保险公司的陆续成立，市场竞争日趋激烈。这期间全国人身险市场的 CR_1 和 H.I 指数呈现出迅速下降的趋势，分别由 1989 年的 0.9997 和 0.9994 下降到 1997 年的 0.6187 和 0.4443，出现了一个低点，这主要是因为中国人民保险公司经营的人身险业务的市场份额逐年大幅度的下降。1997 年，人身险市场份额占前 3 位的保险公司分别为中国人寿 61.87%、平安保险 21.63%和太平洋保险 11.84%。此时，中国人身险市场进入了极高寡占Ⅰ型市场结构。

---

① 贝恩将 CR_4 的值位于（－∞，30%）、（30%，35%）、（35%，50%）、（50%，65%）、（65%，75%）和（75%，+∞）的市场结构分别命名为竞争型、寡占Ⅴ型、寡占Ⅳ型、寡占Ⅲ型、寡占Ⅱ型和寡占Ⅰ型。

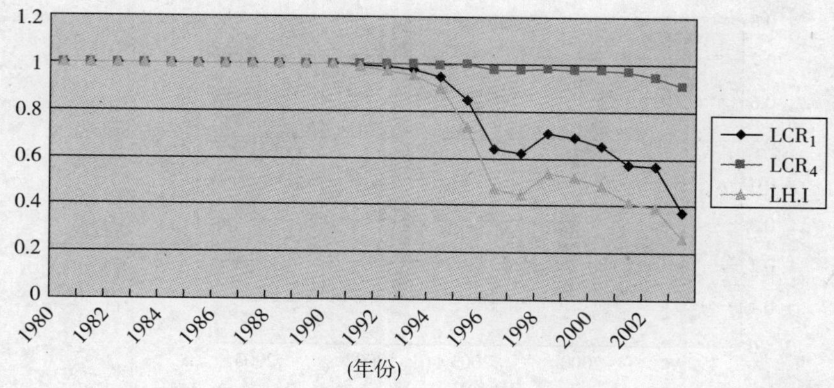

图 2－2　中国人身险市场的绝对集中度 CR_1、CR_4 和 H.I 指数图

此后，中国人寿保险公司的市场份额在 1998 年有所反弹，随后又趋于下降。虽然不断有新人寿保险公司的成立以及太平洋人寿和平安人寿的相继分业经营以及大量的外资及合资寿险公司的成立，但是截至 2002 年，市场份额仍然为中国人寿一家独大的局面，不过其所占市场份额 1998 年之后显著下降到 2002 年的 56.60%，同时 H.I 指数下降到 0.3899。2003 年，由于上市后的中国人寿保险股份有限公司和国寿集团在业务上的独立核算，导致了 CR_1 和 H.I 指数的急剧下降，但中国人身险市场仍然是极高寡占Ⅰ型市场结构。

（二）中国保险市场集中度的分险种分析

1. 财产险各险种的市场集中度呈下降趋势

图 2－3 和图 2－4 分别通过 CR_4 和 H.I 指数反映出中国主要财产险险种市场集中度的变化趋势。从 CR_4 指数来看，1999～2003 年，货运险、机车险、企财险和责任险市场上最大的 4 家公司所占市场份额呈明显的下降趋势，但是市场结构仍然均为极高寡占Ⅰ型。从 H.I 指数来看，货运险、企财险和机车险的市场集中度接近，并且低于责任险的市场集中度。

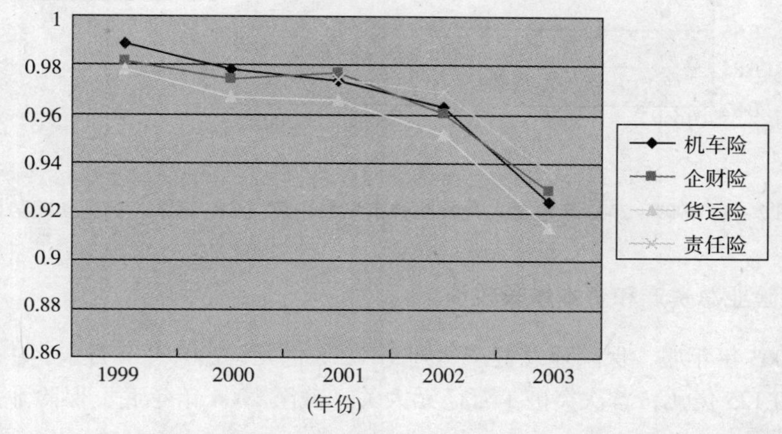

图 2－3　1999～2003 年主要财产险险种市场集中度（CR_4 指数）的变化趋势图

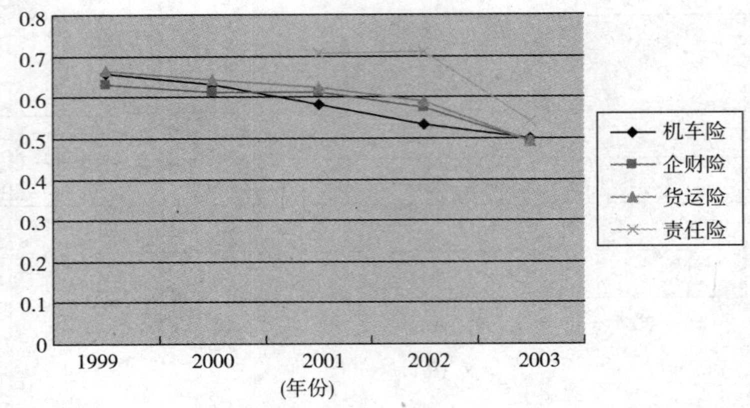

图 2－4　1999～2003 年主要财产险险种市场集中度（H.I 指数）的变化趋势图

2. 人身险各险种的市场集中度呈下降趋势

图 2－5 和图 2－6 分别通过 CR_4 和 H.I 指数反映出中国主要人身险险种市场集中度的变化趋势。从 CR_4 指数来看，1999～2003 年，非传统寿险、健康险、意外险和寿险市场上最大的 4 家公司所占市场份额基本上呈下降趋势，但是市场结构仍然均为极高寡占Ⅰ型。值得注意的是，非传统寿险和健康险市场上最大的 4 家公司所占市场份额要明显低于意外险和寿险市场。从 H.I 指数来看，健康险的市场集中度最低，非传统寿险次之，而寿险和意外险的市场集中度最高，且比较接近。

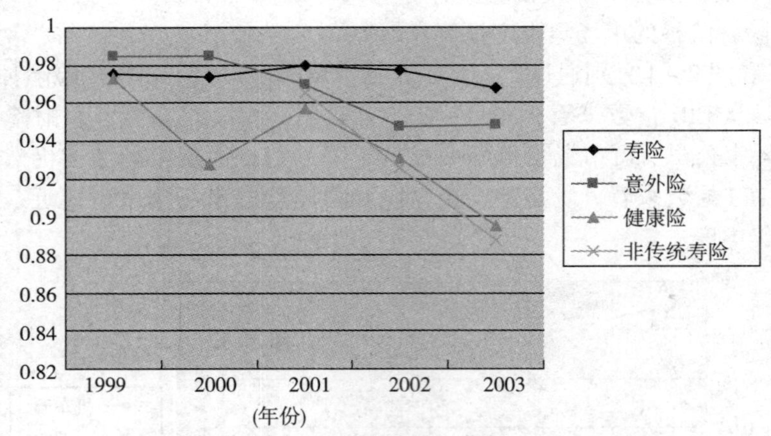

图 2－5　1999～2003 年主要人身险险种市场集中度（CR_4 指数）的变化趋势图

二、保险业总资产和资本增长较快

截至 2003 年年底，保险业总资产达到 9 122.8 亿元；2004 年 4 月末，中国保险业总资产达到 10 125 亿元，首次突破 1 万亿元大关；截至 2004 年年底，保险业总资产达到 11 853.6 亿元。

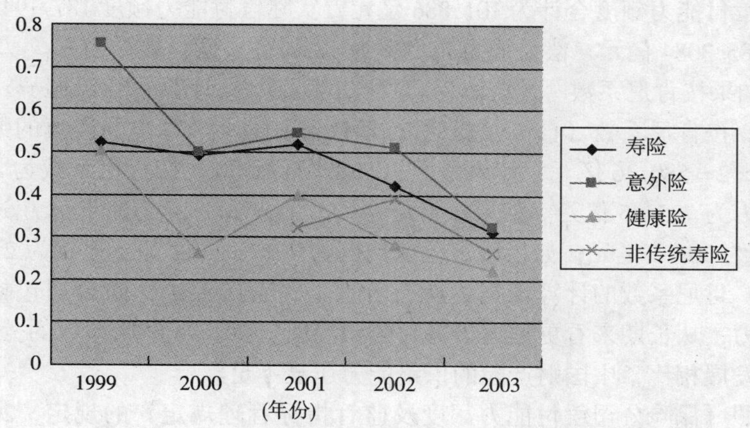

图 2-6　1999~2003 年主要人身险险种市场集中度（H.I 指数）的变化趋势图

截至 2003 年年底，中国产险公司总资产达 1 137.9 亿元，所有者权益为 290.18 亿元，其中，实收资本为 217.36 亿元，公积金为 59.89 亿元（见表 2-4，均不含再保险公司和信用保险公司数据，下同）。

截至 2003 年年底，中国寿险业总资产为 6 388.03 亿元（为了分析的需要，未采纳人寿保险集团和瑞泰人寿数据，下同），所有者权益为 772.64 亿元①，实收资本（股本）为 450.93 亿元，其中，中资 313.02 亿元，占 69.42%；外资为 137.91 亿元，占 30.58%。

三、保险经营资本所承担的风险较密集

我们用偿付能力指标和部分财务指标来衡量保险经营资本所承担的风险的密集程度，结果表明：中国财产险的供给能力还显不足，中资寿险公司尤其是除中国人寿、平安寿险等之外的不少全国性寿险公司需要补充资本金；外资公司的资产负债率低于中资公司，而盈利能力强于中资公司。

（一）偿付能力指标分析

按照《中华人民共和国保险法》第九十九条的规定，“经营财产保险业务的保险公司当年自留保险费，不得超过其实有资本金加公积金总和的四倍”。如果不考虑再保险因素，2003 年年底财产险供给能力为（217.36 + 59.89）×4 = 1 109 亿元；如果考虑 20%的分保比例，则按《保险法》计算出的财产险供给能力为 1 386.25 亿元。2003 年，中国财产险保费收入为 890.40 亿元（扣除再保险公司和信用险公司数据后，为 881.86 亿元）；如果不考虑再保险因素，2003 年，财产险保费收入为《保险法》规定的供给能力上限（最高自留保费）的 79.5%，离供给能力上限差 227.14 亿元；如果假定分保比例为 20%，离供给能力上限差 504.39 亿元。

如果按照《保险公司偿付能力额度及监管指标管理规定》的规定，2003 年年底产

① 人寿股份和平安人寿分别有少数股东权益 320 亿元和 11 亿元，未包括在内，下同。

险公司最低偿付能力额度合计为101.886亿元，实际偿付能力额度187.1943亿元，偿付能力溢额为85.3084亿元，偿付能力充足率为183.7%，偿付能力尚好。

但是，如果按肯尼系数[①]（自留保费/所有者权益）计算，结果迥异。如果不考虑再保险因素，按肯尼系数（自留保费/所有者权益）为2计算出的谨慎的财产险供给能力为290.18×2=580.36亿元，如果考虑20%的分保比例，按肯尼系数为2计算出的财产险供给能力为725.45亿元。如果按肯尼系数计算，2003年保费收入超过供给能力达51.95%，大约301.5亿元；如果假定分保比例为20%，那么超出比例为21.56%，大约156.41亿元。肯尼系数的计算依据为所有者权益，考虑到了保险公司包括利润水平在内的经营能力，从长期来看更贴近于保险公司经营实际。从肯尼系数的分析可以看出，与财产险的发展相比，中国财产险的供给能力还显不足。

如果按照《保险公司偿付能力额度及监管指标管理规定》的规定，2003年年底寿险公司最低偿付能力额度合计为268.8675亿元，实际偿付能力额度648.2386亿元，偿付能力溢额为379.3711亿元，偿付能力充足率为241.10%，比2002年年底有明显改善，偿付能力尚好，原因在于权重很大的中国人寿上市成功，募集了大量资金。

由于中国人寿刚上市且市场份额最大，我们对数据进行筛选比较，我们还对寿险资产负债状况作全国性公司、中外资公司横向比较。如果不考虑人寿股份数据，寿险总资产负债率从87.85%上升到95.21%，明显上升；全国性寿险公司总资产负债率从88.79%上升到97.76%，明显偏高，如果再不考虑平安寿险数据，则高达99.26%。中资寿险公司资产负债率为88.38%，实收资本占所有者权益比为52.28%；外资寿险公司资产负债率为69.7%，实收资本占所有者权益比为138.89%。这表明，中资寿险公司，尤其是中国人寿、平安寿险等之外的不少全国性寿险公司需要补充资本金，而外资保险公司由于开业较短，大多亏损（见表2-2）。

表2-2　寿险公司资产负债状况分类别比较

单位：%

类别	资产负债率	实收资本/所有者权益
全部寿险公司	87.85	58.36
全部寿险公司（不含人寿股份）	95.21	123.6
全国性寿险公司	88.79	50.23
全国性寿险公司（不含人寿股份）	97.76	121.54
全国性寿险公司（不含人寿股份、平安寿险）	99.26	436.41
中资寿险公司	88.38	52.28
外资寿险公司	69.7	138.89

注：根据《中国保险年鉴（2004）》数据计算。

（二）财务指标分析

① 肯尼系数可以用于衡量产险公司的偿付能力指标，也称作承保能力比率，由保险新闻记者罗杰·肯尼提出，故称作"肯尼系数"。美国非寿险界通常认为，合适的肯尼系数应该小于2。

我们选取 1999～2003 年的数据（均来自各期《中国保险年鉴》），分产寿险[①] 和中外资，来计算并分析保险业的资产负债和盈利能力状况。

1. 资产负债状况

1999～2003 年，中国保险业的资产负债率分别为 89.17%，89.83%，92.38%，92.78%，85.83%。其中，中资公司合计分别为 89.55%，90.25%，92.7%，93.24%，86.46%；外资公司合计分别为 66.96%，68.2%，76.21%，72.41%，64.41%。可以看出，中资公司的资产负债率在 2003 年有明显的下降；外资公司的资产负债率明显低于中资公司（见图 2－7）。

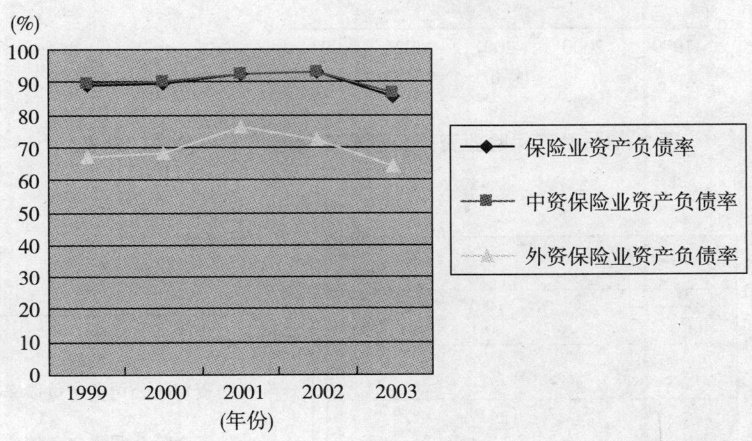

图 2－7　保险业资产负债率变化趋势图（分中、外资）

1999～2003 年，中国财产保险业的资产负债率分别为 80.83%，83.5%，83.45%，83.94%，74.5%。其中，中资公司合计分别为 81.31%，84.15%，84.11%，84.55%，75.68%；外资公司合计分别为 34.15%，30.48%，30.46%，33.11%，36.95%。可以看出，由于人保上市，使得中资产险公司的资产负债率在 2003 年有明显的下降；最近几年，外资产险公司的资产负债率有一定的增长，但仍然偏低（见图 2－8）。

1999～2003 年，中国寿险业的资产负债率分别为 93.45%，92.88%，95.78%，95.78%，87.85%。其中，中资公司合计分别为 93.82%，93.21%，96%，96.23%，88.38%；外资公司合计分别为 75.44%，78.14%，85.99%，78.54%，69.72%。可以看出，由于人寿上市，使得中资寿险公司的资产负债率在 2003 年有明显的下降，降到 90%以下；而外资寿险公司的资产负债率低于中资公司（见图 2－9）。

将图 2－8 和图 2－9 比较可以看出，产险公司的资产负债率小于寿险公司。外资公司由于开业相对较晚，其资产负债率小于中资公司。2004 年，由于权重较大的人保和人寿上市成功，使得相关的资产负债率均有明显下降。

---

① 1999～2002 年的平安保险数据按权重各 0.5 分别计入产、寿险。1999～2000 年的太平洋保险数据按权重各 0.5 分别计入产、寿险。中华联合（兵保）的数据全计入财产险。财产险的承保利润率未计算 1999～2002 年的平安数据以及 1999 年、2000 年的太平洋数据。2003 年数据不含保险集团、再保、信保等。

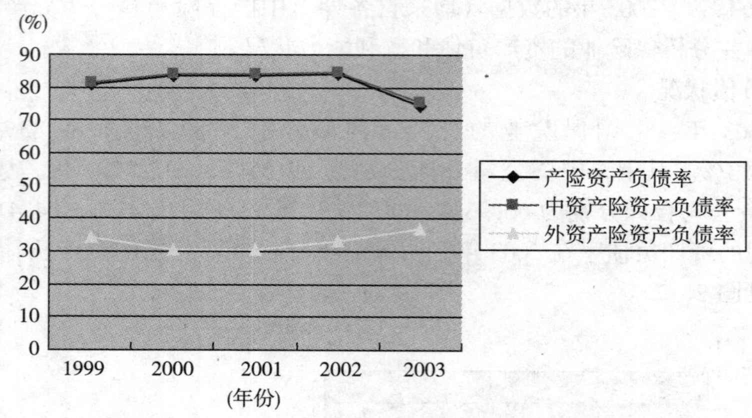

图 2-8　财产保险业资产负债率变化趋势图（分中、外资）

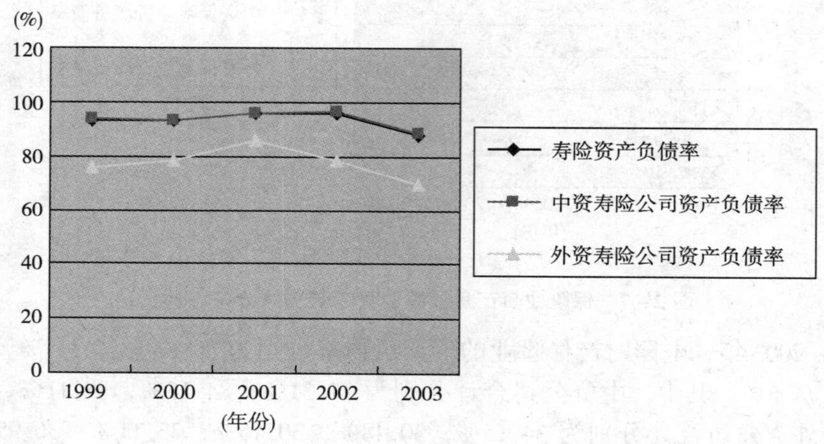

图 2-9　寿险业资产负债率变化趋势图（分中、外资）

2. 盈利能力状况

1999～2003 年，中国保险业的资产净利润率分别为 1.15%，1.1%，0.47%，0.96%，1.9%。其中，中资公司合计分别为 1.23%，1.19%，0.54%，1.08%，2.1%；外资公司合计分别为 -3.34%，-3.92%，-2.95%，-4.68%，-3.33%。可以发现，中资公司以及整个保险业的资产获利能力在 2002 年和 2003 年均有明显的上升，而外资公司的相应比率均为负（见图 2-10）。

1999～2003 年，中国财产保险业的资产净利润率分别为 2.36%，1.85%，3.32%，3.06%，1.83%。其中，中资公司合计分别为 2.35%，1.82%，3.31%，3.08%，1.72%；外资公司合计分别为 3.08%，4.23%，4.24%，1.47%，6.2%。我们发现，除了 2002 年外，外资产险公司的资产获利能力整体上要高于中资产险公司（见图 2-11）。

1999～2003 年，中国财产保险业的承保利润率分别为 3.02%，1.54%，3.97%，

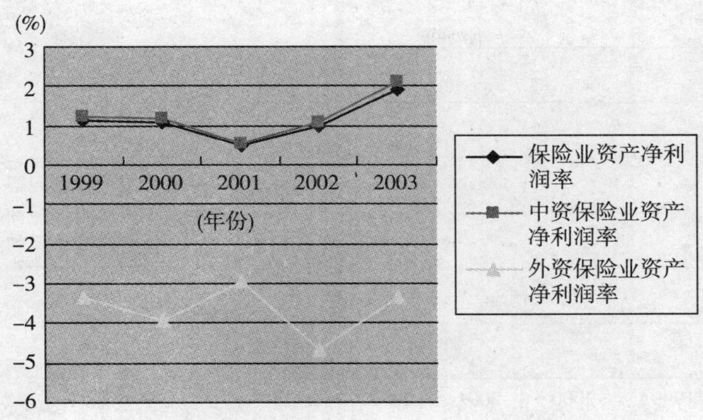

图 2-10 保险业资产净利润率变化趋势图（分中、外资）

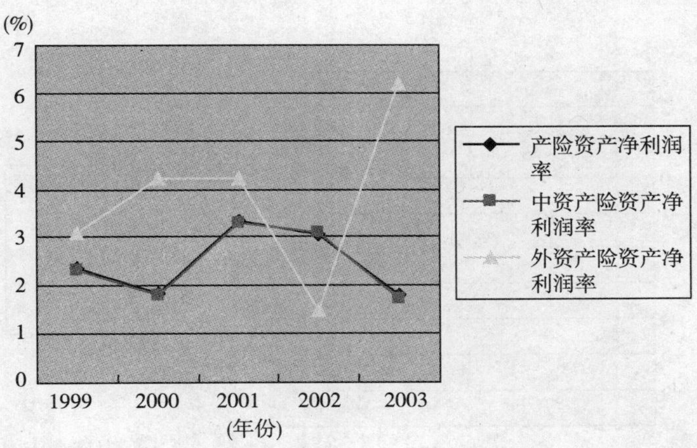

图 2-11 财产保险业资产净利润率变化趋势图（分中、外资）

3.99%，2.59%。其中，中资公司合计分别为 3.01%，1.49%，3.93%，3.99%，2.52%；外资公司合计分别为 4.06%，6.68%，8.75%，3.3%，10.12%。我们发现，除了 2002 年外，外资产险公司的承保获利能力整体上要明显高于中资产险公司（见图 2-12）。

1999~2003 年，中国寿险业的资产净利润率分别为 0.48%，0.73%，-0.58%，0.21%，1.92%。其中，中资公司合计分别为 0.59%，0.88%，-0.59%，0.36%，2.21%；外资公司合计分别为-5.31%，-6.16%，-4.64%，-5.8%，-5.03%。我们发现，2003 年，中资寿险公司以及整个寿险业的资产获利能力有了明显的提升，而外资公司由于开业不久，仍处于亏损阶段（见图 2-13）。

可以看出，无论是财产险还是寿险，中资公司占据了净利润的绝大部分，尤其在寿险中，由于开业不久，外资公司每年总体亏损。1999~2002 年，产险公司占据了行业利润的大部分，但是，2004 年中资产险公司盈利能力比往年有所下降，而由于人寿

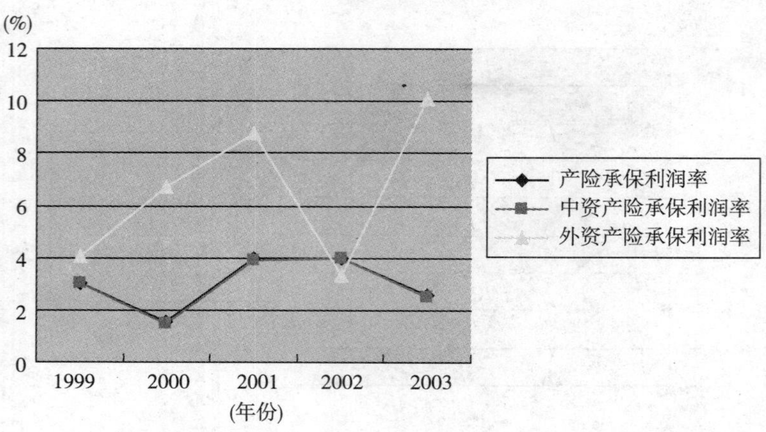

图 2－12　财产保险业承保利润率变化趋势图（分中、外资）

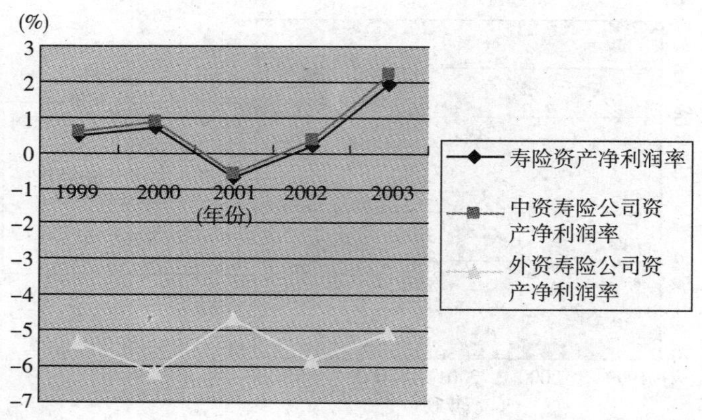

图 2－13　寿险业资产净利润率变化趋势图（分中、外资）

股份和平安人寿的利润分别为 58.57 亿元和 17.25 亿元，使得寿险业占据了行业利润的大部分（见图 2－14）。

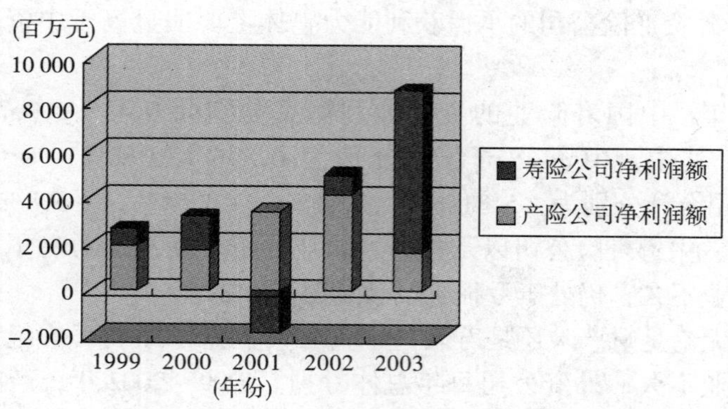

图 2－14　产寿险净利润比较图

第二节　保险供给能力的现状[①]

保险供给能力受到诸多因素的影响。我们选取资产负债率、资产净利润率和资本利润率衡量寿险公司的供给能力；选取资产负债率、资产净利润率（净利润/平均资产）、承保利润率（营业利润/保费收入）、资本利润率（净利润/所有者权益）和最大承保能力来衡量产险公司的供给能力。结果表明，中国寿险公司和产险公司的盈利能力偏低，而采用不同标准对产险公司最大承保能力分析会得出不同结论。

一、寿险公司供给能力分析

2003年年底，寿险公司平均资产负债率为87.85%，低于产险公司。其中，有6家公司的资产负债率超过100%，为太平洋人寿和美国友邦保险公司的5家分公司。除人寿股份外，其他成立较早的全国性公司的资产负债率均超过90%。

2003年，寿险公司的资产净利润率为1.92%，除了人寿股份、平安人寿、太平洋人寿、泰康人寿和新华人寿外，其他寿险公司资产净利润均为负。其中，人寿股份和平安人寿资产净利润率较好，分别为3.56%和2.12%。

2003年，寿险公司的平均资本利润率为9%，与同期的美国人寿健康险公司的资本利润率接近[②]。这主要是由于权重最大的人寿股份和平安寿险的资本利润率较高，其中，人寿股份为9.38%，而平安寿险高达31.22%。而其他公司，除了新华人寿和泰康人寿为2.95%和3.61%外，其他均为负，资本利润率不佳。

二、产险公司供给能力分析

（一）财务比率分析

2003年年底，产险公司平均资产负债率为74.5%，资产负债率最高的公司约为82.07%，资产负债状况良好。其中，开业较早的中资公司的资产负债率大多在65%～80%，而除了中银深圳，其他的外资产险公司的资产负债率都在50%以下。

2003年，产险公司平均资产净利润率为1.83%。盈利的产险公司有18家，其中，中资7家，外资11家；亏损的产险公司有8家，其中，中资4家（太平、大众、华安和新开业的大地），外资4家。在中资公司中，太平洋产险最高，为4.13%，太平最低，为－23.25%；外资公司中，三井住友最高（安联广州有一笔权重很大的汇兑收益，不考虑），为17.94%，美国联邦最低，为－11.46%。

2003年，产险公司平均承保利润率为2.59%。承保利润（营业利润）率为正的产险公司有17家，其中，中资7家，外资10家；承保利润率为负的产险公司有9家，其中，中资4家（太平、大众、华安和新开业的大地），外资5家。由于开业当年费用较

① 由于篇幅所限，本部分略去了图表，只给出了结论。

② 入选2003年美国财富1 000强的人寿健康险股份公司有20家，平均资本利润率为9%；相互公司有10家，平均资本利润率为8%。数据来自Fortune（Vol149，7，2004）。

高，因此不考虑当年开业的大地、安联广州、利宝重庆和日本财险，在中资公司中，华泰承保利润率最高，为13.81%，太平最低，为-27.97%；外资公司中，三井住友最高，为56.3%，民安海口最低，为-12.54%。

2003年，产险公司的平均资本利润率为6.4%，与美国财产意外险公司相比偏低①。在中资公司中，高于财产保险业平均水平的公司有人保、中华联合、太平洋产险、平安产险、永安。其中太平洋产险最高，为12.06%；排在最后的为华安、太平和大众，为-72.5%、-51.75%和-33.55%。外资公司中，不考虑安联广州，最高的为三井住友，为23.47%；其次为美亚上海，为12.58%；再次为民安深圳，为10.42%。

（二）最大承保能力分析

我们依据《中华人民共和国保险法》第九十九条的规定来计算2003年产险公司的最大承保能力。结论显示，产险公司均基本符合《保险法》第九十九条的规定，绝大多数产险公司均有较大的承保空间。其中，人保、大地（新开业）、太平、太平洋产险、华泰、大众均有超过10亿元的承保空间，尤其人保上市扩充资本后，还有超过160亿元的承保业务空间。

但是我们发现，由于亏损，使得11家公司的所有者权益已经小于资本金和公积金的和，因此，需要重新计算这些公司的最大承保能力。我们用所有者权益来替代资本金和公积金之和，经过计算，我们发现华安的自留保费过多。

我们如果选择肯尼系数来衡量产险公司的自留保费，会发现情况完全不同。中资公司中，除了大地（新开业）、太平、华泰外，其他公司的肯尼系数均大于2。其中，华安最高为4.544；中华联合、平安产险和天安在3~4之间；人保、太平洋产险、大众和永安在2~3之间。而外资公司的肯尼系数均小于2，明显低于中资公司。如果按照肯尼系数为2的标准来衡量，大多数中资公司自留保费偏多。

显然，法定最大自留保费和按肯尼系数为2计算的最大自留保费差异很大，我们选择一种介于这两者之间的方法来计算最大自留保费。根据保险公司财务稳定性的相关原理计算，平安产险和华安的自留保费偏多，分别为按财务稳定性系数为0.1计算的最大自留保费的112.69%② 和136.32%。其他的产险公司均还有一定的承保空间。

第三节　保险供给能力的预测

一直以来，保险供给的测度和预测缺乏一个科学和准确的计算方法。通常，人们用风险承担能力来间接衡量保险的供给能力，而风险承担能力取决于保险人的资本和盈余承保能力。我们知道，保险供给能力可以从两个角度来分析，一是从现有资本状况来衡量承保规模的适度性，这在上一部分中已有所体现；二是根据承保规模来判断资本的充足性，本部分的保险供给能力预测采取这种思路。

① 入选2003年美国财富1 000强的财产意外险股份公司有35家，平均资本利润率为13%；相互公司有7家，平均资本利润率为7%。资料来自 Fortune（v149，7，2004）。

② 未考虑平安集团的因素。

也就是说，在一定的情景假设下，我们可以通过保险的现有资本量和盈余变化状况来简单预测未来的资本状况（实际保险供给能力），而基于承保规模的预测，并按照相关惯例或者法律规定来预测所需的资本量（最低保险供给能力），两者之差就是所需资本缺口（保险供给能力缺口）。

一、资本、所有者权益和实际偿付能力额度的表达式

为了预测的简单起见，我们假定，在进展年间，保险业的经营比率、获利能力以及资产负债状况均保持不变。令 C_i 表示第 i 年末的实收资本、资本公积与盈余公积之和；Q_i 表示第 i 年末的所有者权益；P_i 表示第 i 年的保费收入；R_i 表示第 i 年的未分配利润增加额；A_i 表示第 i 年末的总资产；E_i 表示第 i 年末提取的盈余公积金；r_1 表示年末净利润与总资产之比；r_2 表示资产负债率；m_1 表示当年未分配利润占净利润的比；m_2 表示当年的盈余公积提取比率；x_i 表示第 i 年末的实际偿付能力额度；α 为分保比率；β 表示要求的偿付能力充足率；其中 $i=2003+$进展年数，进展年为 1，2，…7。

我们可以用 r_1、r_2、m_1、m_2 表示每年 C、Q 和 x 的值（单位均为亿元人民币，下同）。我们知道，$Q_i=C_{i-1}+R_i+E_i=C_{i-1}+m_1r_1A_i+m_2r_1A_i=C_{i-1}+(m_1+m_2)r_1A_i$ 并且 $Q_i=A_i(1-r_2)$，那么有：$C_{i-1}+(m_1+m_2)r_1A_i=A_i(1-r_2)$

因此，$A_i=\dfrac{C_{i-1}}{1-r_2-(m_1+m_2)r_1}$

进一步，有：

$$C_i = C_{i-1}+E_i = C_{i-1}+m_2r_1A_i = C_{i-1}\frac{1-m_1r_1-r_2}{1-(m_1+m_2)r_1-r_2} \tag{2.1}$$

$$Q_i = C_{i-1}+E_i+R_i = C_{i-1}+(m_1+m_2)r_1A_i = C_{i-1}\frac{1-r_2}{1-(m_1+m_2)r_1-r_2} \tag{2.2}$$

我们假定每年增加的资产和负债均为认可资产和认可负债，则有：

$$x_i = x_{i-1}+R_i+E_i = x_{i-1}+C_{i-1}\frac{(m_1+m_2)r_1}{1-(m_1+m_2)r_1-r_2} \tag{2.3}$$

二、财产保险供给能力的预测

（一）预测方法

1. 法定最大自留额方法

按照《保险法》规定，有：

$$C_i \geqslant \frac{1}{4}(1-\alpha)P_i$$

将式（2.1）代入，有：

$$C_{i-1}\frac{1-m_1r_1-r_2}{1-(m_1+m_2)r_1-r_2} \geqslant \frac{1}{4}(1-\alpha)P_i \tag{2.4}$$

很明显，不等式右边为最低供给能力，左边为实际供给能力。

2. 肯尼系数方法

按照肯尼系数的要求，有：

$$Q_i \geqslant \frac{1}{2}(1-\alpha)P_i$$

将式（2.2）代入，有：

$$C_{i-1}\frac{1-r_2}{1-(m_1+m_2)r_1-r_2} \geqslant \frac{1}{2}(1-\alpha)P_i \quad (2.5)$$

同样，不等式右边为最低供给能力，左边为实际供给能力。

3. 偿付能力额度方法

按照最低偿付能力额度的保费法要求，有：

$$\frac{x_i}{[(1-\alpha)P_i-0.055(1-\alpha)P_i-1]\times 16\%+0.18} \geqslant \beta$$

将式（2.3）代入，有：

$$x_{i-1}+C_{i-1}\frac{(m_1+m_2)r_1}{1-(m_1+m_2)r_1-r_2} \geqslant \beta\{[0.945(1-\alpha)P_i-1]\times 16\%+0.18\} \quad (2.6)$$

同样，不等式右边为最低供给能力，左边为实际供给能力。

（二）指标的选取

r_1 用 1999～2003 年财产保险业资产净利润率的算术平均值近似代替，为 2.484%；γ_2 选取 1999～2003 年财产保险业的平均资产负债率，为 81.244%；m_1 假定为 50%；m_2 选取法定盈余公积提取比例，为 10%；P_i 选用本课题第一部分同时考虑 GDP 和固定资产投资时的保费预测数据；α 选取 23%；β 选取 100% 和 150%；C_0 为 277.25 亿元人民币。

（三）预测结果

我们用 C_i 的值来表示资本预测值，我们用 A_i 的值来表示资产预测值（具体结果见表 2－3）。

表 2－3　财产险资本和资产的预测结果

单位：亿元

年份	2005	2006	2007	2008	2009	2010
资本预测值	285.285	289.389	293.553	297.776	302.060	306.406
资产预测值	1 628.897	1 652.332	1 676.104	1 700.218	1 724.679	1 749.492

如果不考虑财产保险业进展年的新增资本和固定资产折旧，那么按不同方法计算的最低供给能力缺口分别见表 2－4、表 2－5 和表 2－6。比较各种方法，按照缺口的多少由大到小排序为：肯尼系数方法、法定最大自留额方法、偿付能力额度方法（偿付充足率 100%）。

需要指出的是，预测结果依据 2003 年年底的财产险供给能力状况，未考虑集团的资本状况以及新批产险公司的资本量。我们知道，假定全部资产为认可资产，会导致按偿付能力额度预测的实际供给能力放大，而这与考虑新增资本所带来的盈余会有部分抵消。所以，财产险需补充的资本可以用缺口减去新增资本近似得到。

此外，我们这里假定分保比例为 23%，如果分保比率上升，供给能力缺口会相应下降，所需补充的财产险资本也会减少。

表 2-4　按法定最大自留额方法计算的财产险供给能力缺口

单位：亿元

年份	2005	2006	2007	2008	2009	2010
实际供给能力	285.285	289.389	293.553	297.776	302.060	306.406
最低供给能力	249.551	293.813	343.022	398.431	466.999	543.684
供给能力缺口	35.734	-4.423	-49.469	-100.655	-164.939	-237.278

表 2-5　按肯尼系数方法计算的财产险供给能力缺口

单位：亿元

年份	2005	2006	2007	2008	2009	2010
实际供给能力	305.487	309.882	314.341	318.863	323.451	328.104
最低供给能力	499.103	587.626	686.043	796.862	933.999	1 087.367
供给能力缺口	-193.615	-277.743	-371.703	-477.999	-610.548	-759.263

表 2-6　按偿付能力额度方法计算的财产险供给能力缺口（β=100%）

单位：亿元

年份	2005	2006	2007	2008	2009	2010
实际供给能力	211.471	236.098	261.078	286.419	312.123	338.198
最低供给能力	150.949	177.718	207.479	240.991	282.461	328.840
供给能力缺口	60.523	58.380	53.599	45.428	29.662	9.358

三、人身保险供给能力的预测

令 y_i 表示第 i 年末长期人身业务法定偿付能力额度；P_i^T、P_i^O、P_i^H 分别表示第 i 年中投资连结类产品、其他寿险类产品以及健康险类产品的保费收入；l_1、l_2、l_3 分别表示投资连结类产品、其他寿险类产品以及健康险类产品保费占寿险总保费的比率；e_1^T、e_2^T 分别表示投资连结类产品的费用因子和利润因子；e_1^O、e_2^O 分别表示其他寿险类产品的费用因子和利润因子；q_1、q_2 分别表示投资连结类产品和其他寿险类产品的当年给付率（包括各种给付和退保金）。我们同样假定每年增加的资产和负债均为认可资产和认可负债。为了计算的方便，我们还假定定期死亡保险归入其他寿险类产品。此外，我们不考虑分保因素。

（一）预测方法——偿付能力额度方法

按照最低偿付能力额度的保费法要求，有：

$$\frac{x_i}{y_{i-1}+[P_i^T(1-e_1^T-e_2^T)-q_1P_i^T]\times 1\%+[P_i^O(1-e_1^O-e_2^O)-q_2P_i^O]\times 4\%+[(P_i^H-100)\times 16\%+18]}\geqslant\beta$$

我们知道，$P_i^T=l_1P_i$，$P_i^O=l_2P_i$，$P_i^H=l_3P_i$，并将式（2.3）代入，有：

$$x_{i-1}+C_{i-1}\frac{(m_1+m_2)r_1}{1-(m_1+m_2)r_1-r_2}\geqslant\beta\{y_{i-1}+l_1(1-e_1^T-e_2^T-q_1)P_i\times 1\%$$
$$+l_2(1-e_1^O-e_2^O-q_2)P_i\times 4\%+[(l_3P_i-1)\times 16\%+0.18]\}\quad(2.7)$$

很明显，不等式右边为最低供给能力，左边为实际供给能力。

（二）指标的选取

r_1 用 1999～2003 年寿险业资产净利润率的算术平均值近似代替，为 0.532%；r_2 选取 1999～2003 年寿险业的平均资产负债率，为 93.148%；m_1 假定为 50%；m_2 选取法定盈余公积提取比例，为 10%；P_i 选用本节第一部分的寿险保费预测数据；β 选取 100%；l_1、l_2、l_3 采用 2003 年的数据，分别为 2.43%、89.51%、8.06%；C_0 取 948.104 亿元（含国寿集团数据，不含瑞泰人寿数据）；x_0 为 268.868 亿元；y_0 取 38.727 亿元（未考虑分保因素，为近似值）。

我们假设 e_1^T、e_2^T 分别为 3% 和 1%；e_1^O、e_2^O 分别为 5% 和 3%；q_1、q_2 分别为 35% 和 35%（为 2003 年数据）。

（三）预测结果

我们用 C_i 的值来表示资本预测值。根据会计恒等式，寿险资产预测可以从对负债预测和所有者权益预测相加而得[①]。我们用每年的预测保费减去给付、预定费用和预定利润，就可得到当年的负债增加额，然后将以往进展年增加额相加，即为负债预测额；所有者权益的预测值用 Q_i 的值表示（具体结果见表 2－7）。

表 2－7　寿险资本和资产的预测结果

单位：亿元

年份	2005	2006	2007	2008	2009	2010
资本预测值	963.602	971.446	979.353	987.325	995.362	1 003.464
资产预测值	10 048.5	12 228.74	14 703.57	17 513.51	20 704.74	24 329.84

经过计算，如果偿付能力充足率选定 100%，到 2010 年年底，寿险供给能力缺口约为 33 亿元（见表 2－8）。需要指出的是，预测结果依据 2003 年年底的寿险供给能力状况，未考虑集团的资本状况、现有寿险公司的资本增量（增加资本金、发行次级债等[②]）以及新批寿险公司的资本量。我们知道，假定全部资产为认可资产会导致按偿付能力额度预测的实际供给能力放大，而这与考虑新增资本所带来的盈余会有部分抵消。所以，寿险需补充的资本可以用缺口减去新增资本量近似得到。

表 2－8　按偿付能力额度方法计算的寿险供给能力缺口（β＝100%）

单位：亿元

年份	2005	2006	2007	2008	2009	2010
实际供给能力	741.264	788.346	835.811	883.662	931.903	980.536
最低供给能力	414.179	505.584	609.394	727.316	861.299	1 013.557
供给能力缺口	327.085	282.762	226.417	156.346	70.604	－33.021
偿付能力充足率（%）	178.97	155.93	137.15	121.50	108.20	96.74

① 寿险资产的预测不同于财产险资产的预测。尽管对于产险公司，当期的未到期准备金提转差会增加负债，从而资产相应增加，但中国财产险的构成主要为一年期业务，因此，这种效应对于我们未来 5 年的财产险资产预测结果的影响有限。而寿险则完全不同，大多数的人身险准备金均为长期，且每年的准备金余额是累加的，故应该通过每年的迭代来进行预测。

② 泰康人寿和新华人寿分别发行了 13 亿元和 13.5 亿元的次级债，根据次级债的规定，次级债虽然不一定能够带来长期供给能力的增加，但可以减少供给能力缺口。

第三章　中国保险供求均衡机制研究

所谓保险供求均衡，指的是在一定费率水平下保险供给与保险需求恰好相等的状态。保险供求均衡是保险供给与保险需求通过保险价格相互作用的结果（保险供求的互动），它只是一种理想状态或者只是暂时的。在保险供求互动过程中更多出现的是保险供过于求或供不应求，从而导致保险供求缺口的产生。

第一节　保险供求的互动关系与保险供求均衡

一、保险供求的互动关系

保险供给与保险需求向来都是相互依存、相互作用的。一方面，保险供给随着保险需求的变化而不断变化，并在这种变化中不断满足保险需求。这又分为两个层次：一是纵向的，即针对特定领域的风险不断扩大承保范围，表现为某一保险产品承保单位数的增加；二是横向的，即针对不同领域的风险不断拓展新的承保领域，表现为新的保险产品的出现。另一方面，保险供给也能拉动保险需求，推动和引导潜在保险需求向现实保险需求的转化，从而促进保险需求的发展。保险需求的存在是保险供给实现的前提，而保险供给又是保险需求得以实现的条件。

但是，保险需求与保险供给的互动很大程度上要受到社会风险总量水平的限制。因为保险承保的是风险，而风险又是客观存在的，保险供求的互动只能在一定社会发展阶段所具有的社会风险总量水平下进行，不可能超越其外。在一定程度上讲，整个社会的风险总量（当然，随着技术的进步和社会经济的发展，社会风险总量水平也在不断发展变化）决定着保险业的最大市场规模。社会上客观存在的风险总量有多少被人们明确意识到，在意识到的风险中又有多大比例是人们愿意或可能采用保险方式来进行转嫁的，即是潜在保险需求总量，而这种潜在的保险需求又决定着保险供给的最大规模。

从这个意义上讲，保险供给是不能创造保险需求的，因为它不可能创造出新的风险，风险是客观存在的，它所能做的只是在现有风险总量水平下如何不断满足人们转嫁或分散风险的需求，并创造条件推动保险在各种可供选择的风险管理手段中的使用，使保险现实需求与潜在需求在更大可能程度上接近，从而最终使保险渗透到国民经济和人们社会生活的各个领域。站在全社会风险总量的角度，保险供给只能被动适应保险需求；而从提高人们的风险意识和推动人们将保险作为分散风险的手段上看，它又是主动的。

二、保险供求互动关系中的供求矛盾：以保险危机为例

保险需求与保险供给是相互作用，相互影响的，但两者并不总是和谐、均衡发展的。在某一时点上，保险供求互动关系可能会呈现出供给约束型或需求约束型的特征。当保险供给不能适应保险需求时，就表现为供给的约束；当保险供给能力超过了该时点的保险需求时，就表现为需求的约束。这样，保险供求不均衡也就出现了。这种不均衡性表现为保险供求的矛盾，这一矛盾严重时还会导致保险危机的出现。

（一）第一次保险危机：保险供给不能适应保险需求

从18世纪至20世纪初长达200年的时间里，保险的经营始终恪守私人经营模式，即经营保险的机构是私人或者团体的，以追求利润最大化为目的。这样，保险承保对象受到了很大的限制，对于过去没有出现过的风险以及经过计算赚不到钱的风险，保险公司不予承保。特别是随着工业革命的影响，资本家拼命扩大生产规模，拼命捞取利润，加紧了对工人的剥削，工人的劳动条件开始恶化，伤害增加、伤亡增多，加之因失业、退休等要素的存在，导致了工人收入的减少，乃至丧失。然而，私营保险的经营者对这些状况漠不关心，因为在他们看来，工人健康状况不好，交不起保险费而且伤害、伤亡、失业等风险造成的损失机会是不可预测的。这样，工人也就没有办法通过传统的保险形式获得保障。工人们只好表示愤怒和抗议，工人罢工此起彼伏，造成了严重的社会问题。严峻的社会现实考验着资本家，也考验着保险经营者。人们对保险的功能产生了质疑，认为如果保险不能解决风险保障问题，那么保险的功能和作用何在？

这样，保险供求矛盾激化，存在了200多年的保险业第一次遇到了危机。这次危机主要表现为传统的保险供给形式不能适应新的、巨大的保险需求，保险供求关系呈现出明显的供给约束型特征。当时，不管是保险公司还是国家主管部门都认识到，必须联合起来提供某种形式的保险供给来缓解这种严重的保险供求矛盾，必须对保险、对保险制度进行改革。

当时保险市场上出现了一种新的保险形式——工人保险，它提供对收入损失和医疗费用的保障。“工人保险”在19世纪末20世纪初是一个十分流行的概念，后来“社会保险”概念出现以后才将之逐渐替代。这样，第一次保险危机以增加新的保险供给的方式得以解决。

（二）第二次保险危机：保险供给条件阻碍了保险需求

保险供给与需求不断相互作用、相互影响，到了20世纪七八十年代，随着新技术革命浪潮的出现，美国乃至西方世界的国民经济和社会结构发生了巨大的变化，在经济形态上，由过去的工业经济形态转变为服务经济形态，而且大量的人口由农村逐步集中到城市，产生了大城市。这直接导致了巨灾损失的可能性增大。

当巨灾损失发生以后，保险经营者就要进行大额赔付；而大额赔付会引起保险经营亏损。于是，保险公司开始提高保险费率，提高承保标准，缩减保险责任范围。如果再加上通货膨胀因素的影响，这种不良后果最后必然会转嫁给被保险人，从而引起被保险人的不满；反之，如果保险公司不这样做，则其将承担大量的亏损，导致其压缩承保，甚至退出保险市场。最后的结果是，保险市场的供给减少，供不应求的局面开始出现。可以说，这种矛盾主要表现为较为严格的保险供给条件阻碍了保险需求，保险市场通常会相应进入"紧缩市场"时期。

美国20世纪80年代中期的责任保险危机就是典型的紧缩市场事件。当时商业责任保险费率大幅上升，保险供给缩减，大量的责任保险需求难以在保险市场上得到满足。这引起了学者们的广泛关注，促使他们对这一问题以及对保险费率波动、保险可获得性等问题进行深入的研究。20世纪80年代末、90年代初发生巨灾造成的巨大损失进一步引发了学者们对再保险市场定价的波动性和对原保险市场在遭受巨大的、波及整个行业范围的损失之后相关问题的研究（见 Harrington，2004）。研究成果从不同角度解释了紧缩市场以及紧缩市场与宽松市场周期性交替出现的原因，但对紧缩市场上严格的保险供给条件阻碍了保险需求以及加剧了保险供求的矛盾这一方面则有着共同的看法。

第二节　保险供求互动关系的特征

一、保险供求互动关系的一般特征

保险供给与保险需求不断相互作用、相互影响。一般而言，两者互动的结果是"承保周期"的出现，保险供求危机是保险供求互动产生矛盾的极端情况。

起初，保险业的利润或利润预期较高，保险公司纷纷进入保险市场并扩大保险供给，盈余的不断积累也扩大了保险公司的承保能力。随着保险供给的不断增加和市场竞争的日趋激烈，保险费率趋于下降，承保标准降低，保险责任范围扩大，这引起保险需求的增加，保险市场进入了"宽松"时期。但与此同时，保险业的盈余逐渐减少，甚至会出现较大的承保损失。保险公司逐渐倾向于减少供给并提高保险费率，承保标准变得严格，保险责任范围缩小，甚至一些保险公司退出市场。很多投保人需求的保险保障无法在传统保险市场上买到，保险市场进入了"紧缩"时期。但与此同时，利润又趋于回升，从而又开始了新一轮的周期性循环。保险承保周期以保险费率和保险供求的周期性波动为其主要特征。

图3-1是美国1929~1990年财产/意外险业的综合比率①，其中，横轴是年份，纵轴是综合比率。从图中可以明显地看出承保的周期性变化。从1926~1984年，有9个明显的周期：1926~1932年；1932~1940年；1940~1946年；1946~1951年；1951~1957年；1957~1964年；1964~1969年；1969~1975年；1975~1984年。

而且，与其他行业相比较，保险业的承保周期更为明显，参见图3-2。利润的变化可以看做承保周期变化的结果，而且还能在一定程度上反映保险供给的意愿。从图中可以看出，宽松市场在经济收缩之前就已经出现，而紧缩市场则在经济复苏之后很

① 由于衡量保险费率的变化或保险供给量的变化较为困难，人们通常用综合比率（赔付比率加费用比率）来度量承保周期。综合比率反映了已赚保费与保险责任范围内的损失和费用的关系，一定程度上反映了承保利润的高低。如果保费的上升快于损失和费用的增加，综合比率就会下降，反之则会上升。

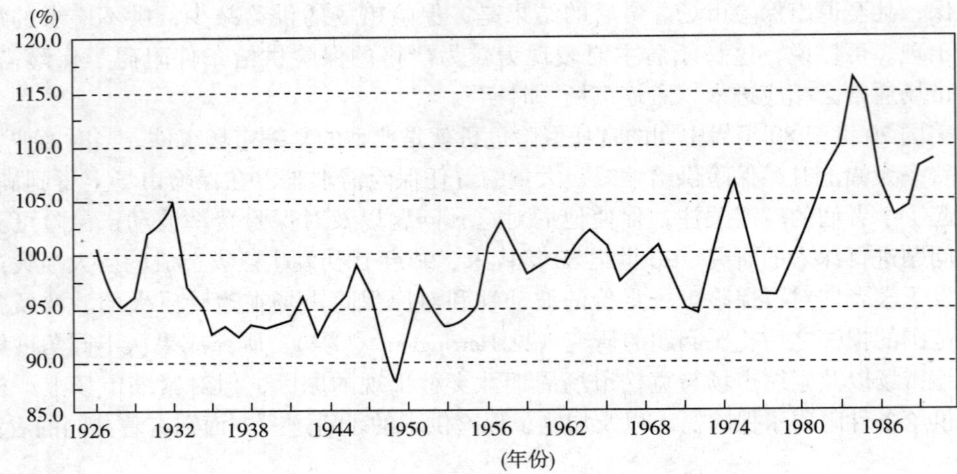

图 3－1　美国财产/意外险业的综合比率（1929～1990 年）

资料来源：Cummins, J. David, Scott E. Harriongton, and Robert W. Klein, et al., 1992, Cycles and Crises in Property/Casualty Insurance: Causes and Implications for Public Policy. *Journal of Insurance Regulation*, 11: 50－93.

久还在持续。保险周期表现出了相对的独立性和较大的波动性。

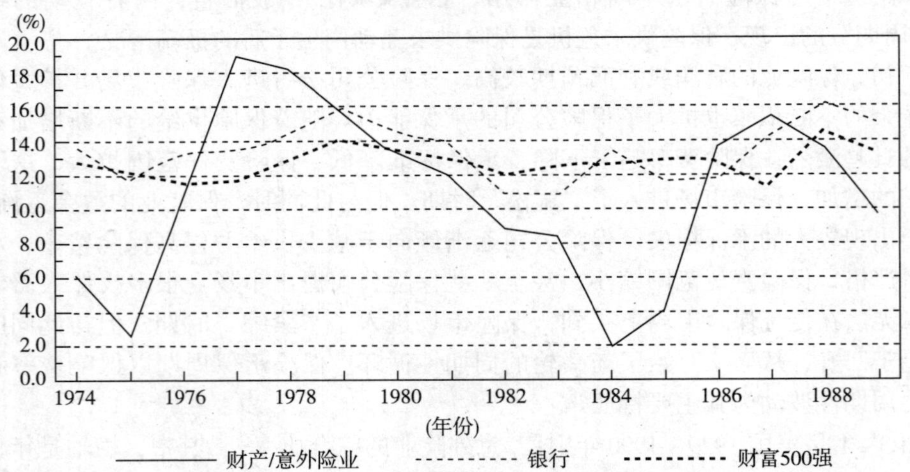

图 3－2　财产/意外险业，银行，财富 500 强企业净资产收益率（1974～1989 年）

资料来源：Cummins, J. David, Scott E. Harriongton, and Robert W. Klein, et al., 1992, Cycles and Crises in Property/Casualty Insurance: Causes and Implications for Public Policy. *Journal of Insurance Regulation*, 11: 50－93.

许多研究表明，美国财产意外保险业的承保周期服从一个二阶自回归过程，周期的时间长度平均为 6 年（Cummins and Outreville，1987；Venezian，1985；Doherty and Kang，1988；Smith and Gahin，1983）。Cummins and Outreville（1987）验证了除美国之外的 13 个国家的承保周期现象，Tennant and Weiss（1997）在此基础上进一步考察了多个国家的承保周期。Chen，Wong，and Lee（1999）对于亚洲一些国家的承保周期进行了考察。他们从各个不同的角度验证并解释了承保周期的存在性。不同时期、不同保险业务的承保周期所呈现出的特点不同，一些经济和制度变量影响所有的业务，但也有一些只影响特定保险业务的因素。保险业的这种周期性特征可以追溯到其发展的初期，周期性特征在保险业的发展演进中扮演着重要角色（Cummin，Harrington，and Klein，1992）。

二、中国保险供求的互动发展及其特征

（一）“六五”时期：保险供给与需求互动关系的恢复性发展阶段（1981～1985年）

随着1959年国内保险业务的停办，中国保险供给和保险需求都受到了强行抑制。中国保险业在1980年恢复以后，计划经济体制下被压抑了长达二十多年的保险供给和保险需求都得到了释放。在“六五”时期，中国保险业获得了高速增长，保险供给与保险需求的互动关系得到了恢复。保险需求是一种释放性的增加，同时也有经济发展的推动作用。面对保险需求的巨大空间，保险供给更多表现出的是一种被动适应的状态。在这一时期，保险供给能力及其状况在事实上左右着保险业发展的轨迹，它为保险业的发展设置了一种增长的上限，当保险供给能力快速增加、从业者的积极性得到激发时，保险业的增长也就迅速。在这种情况下，由于保险供给能力难以在短期内得以快速增加，大量的保险需求得不到满足，保险供求缺口是巨大的。因而，在这一时期，从保险供求的关系来看，是保险供给约束型的一种发展。

（二）“七五”时期：保险供求矛盾背景下保险供求互动作用的加强（1986～1990年）

1986～1990年是中国的“七五”计划时期，保费年均增长率为35.33%。这一时期的增长速度较第一阶段有所放缓，但增速仍较高，这主要是由于经济改革的推动作用。随着中国经济体制改革的深入进行，社会物质财富不断增加，各行各业都得到了快速发展，这都促进了中国保险需求的增加，成为推动保险市场扩张的原动力。此外，随着《保险企业管理暂行条例》的颁布实施，法律环境的逐步改善也在很大程度上促进了保险需求。

与快速增加的保险需求相对应，保险供给在这一时期也得到了迅速增强。经过5年的发展，到1990年年底，保险机构发展到近4 000家，从业人员增长到84 750人，当年处理赔案302万件，已决赔款高达68亿元。但面对巨大的保险需求，保险供给基本上仍处于调整和适应的阶段，保险供给能力仍为保险业的发展设置了上限，并在很大程度上左右着保险业发展的轨迹。但是，与“六五”时期不同的是，保险业发展轨迹中保险需求的作用得到了一定程度的表现：随着经济改革的进行，保险需求呈现出一种动态的增加性，从而不断改变着保险业发展的空间，在这一空间内保险供给不断调整、不断扩张，保险供求的缺口也在不断的动态变化。在保险供求矛盾的大背景下，保险供求的互动作用得到加强。

（三）“八五”时期：保险供给对保险需求的推动和引导作用得以发挥（1991～1995年）

在这一时期，中国保险需求表现出了相对的独立性，与经济增长脱离了直接明显

的关系，保险业内部的一些因素开始发挥了主导作用。这一时期，保险供给已经脱离了单纯的适应保险需求的状态，供给能力在不断增加，而且通过供给方面的创新引导和推动着保险需求的发展。一方面，这一时期经济发展和人们保险意识的提高扩大了保险需求，保险供给要适应这一需求，而且毫无疑问，从整体上讲，保险供给仍不能满足保险需求，保险供求缺口仍然较大；但是，另一方面，保险供给在适应保险需求的同时，通过自身的创新和营造新的制度环境，也在推动和引导着“新”保险需求，影响着“保险”在人们处理风险的各种手段中的相对地位。所以，可以说，直到“八五”时期，中国保险需求和保险供给才真正实现了互动。

（四）“九五”时期：在保险供求矛盾背景下保险供求在更加深入、更加规范层次上的互动（1996～2000年）

这一时期，中国保险需求受利率下调等外界因素的影响较为明显，呈现出一定的波动性。“九五”时期保险供给主体大大增加。1996年年底，全国共有保险公司21家，而到2000年则发展到32家。这一时期的保险供给一方面在满足由于经济增长和人们保险意识的提高带来的保险需求的增加；另一方面，保险产品和经营管理、技术创新也在逐步增多，保险供给在更深层次上推动了保险需求的发展，特别是1995年《保险法》颁布之后，随着产寿险的分业经营和保险市场体制改革的深入，保险市场环境日益完善，保险供给与保险需求在更加规范、更加深入的层次上实现了互动发展。

在“十五”时期的前几年里，保费收入实现了快速增长。从2001年12月11日中国正式成为世界贸易组织成员国起，中国政府开始履行保险市场对外开放承诺，保险市场进入了全面对外开放时期。同时，中国保监会也加大了对国内保险市场的培育速度，批准一批符合条件的原区域性中资保险公司，改建为全国性保险公司，新的保险机构不断成立。与此同时，保险需求也更加理性和成熟。

但在现阶段，中国保险供给仍难以适应国民经济和社会发展的保险需求，保险供求的缺口较大。一方面，保险现实需求较大，但现阶段保险供给仍难以有效地满足这一需求，保险供求之间的结构性矛盾突出；另一方面，保险潜在需求也是巨大的，但保险供给方面的创新和竞争力仍较弱，不能有效推动和引导保险潜在需求向现实需求的转化。因而，迫切需要提高保险供给能力和保险服务水平，促进保险供求的协调均衡发展，充分发挥保险的各项功能服务经济建设，提高人民的生活水平。

第三节　采取积极措施，促进保险市场的供求均衡

实现保险供求的良性互动和均衡发展，有赖于保险供给和保险需求两个方面：一方面，就保险供给而言，要不断提高供给能力，以适应和满足不断变化的保险需求；另一方面，也要采取措施刺激保险需求，不断提升保险需求的层次空间，并创造条件推动和引导潜在保险需求向现实需求的转化，为保险业的发展营造广阔的需求空间和良好的需求环境。

一、提高保险供给能力，满足并引导保险需求

保险供给能力的高低不仅直接决定着保险需求的满足程度，还影响着有效保险需求的大小以及潜在保险需求向现实保险需求的转化。目前，中国的保险需求巨大，但保险供给能力较低，突出表现为保险业的核心竞争力和创新能力较低，保险业的资本缺口较大。保险供给难以有效地满足保险需求，保险供求之间的结构性矛盾突出。在这种情况下，保险供给对保险需求的推动和引导作用就更加难以发挥，甚至其自身的状况在一定程度上阻碍了人们在各种风险处理手段中对“保险”的选择和应用，保险对国民经济的应有贡献没有得到充分发挥。

目前，重要的是增加保险业的资本总量。对于市场上现有的公司而言，为了应付未来的保费增加，有必要增加资本金，其中那些偿付能力状况较差的公司的资本金的增加就更加迫在眉睫。具体措施包括上市、增资扩股和发行次级债。增加保险业资本的另一条途径是增加市场主体。中国保险市场的集中度高，市场份额主要被几家大的保险公司所占有，由于这几家公司总的资本数额相对有限，相应地，所提供的保险产品数量就有限，而其他企业即使拥有大量的闲置保险资本，具有向市场提供更多保险供给的愿望，但因为分销体系、销售成本、市场认同度等因素的影响，市场份额较低，难以将保险供给愿望转化为有效的保险供给。所以，中国保险市场的高集中度会限制保险供给的数量。此外，由于集中程度高，市场易被几家主要的保险企业所支配，会导致产品服务创新的动力不足，从而使得中国保险供给种类难以多样化，质量很难提高。因此，调整中国保险市场集中度，有利于保险供给数量的增加、种类的丰富和质量的提高。

此外，还要求保险供给发挥更大的主观能动性，不断加大保险创新的力度，提高保险业的创新能力和竞争能力；进行保险供给方面的改革，包括条款费率的改革、产品结构的调整、保险市场结构的调整、实施差异化和专业化经营以及保险公司治理结构的改革等。但这些改革都要以能否更加有效地满足和引导保险需求为基本出发点和落脚点。只有适应了保险需求，才能有的放矢，才能从根本上解决问题。

二、营造良好的保险需求环境，促进潜在保险需求向现实需求转化

保险需求是保险供给得以实现和发展的前提，良好的保险需求环境和巨大的保险需求潜力为保险供给的发展提供了广阔的舞台。但是，将巨大的潜在的保险需求转化为现实的保险需求，从而实现保险业的大发展，不是也不可能是一种自发的过程。一般而言，潜在保险需求向现实需求的转化有三种形式选择：一是自然转化；二是引导转化，包括保险意识宣导、保险信息传递、保险功能折射等；三是强制转化，如某些强制性责任保险等。

就目前中国的状况而言，潜在保险需求巨大，但同时人们对保险也存有一定的信念危机，这在很大程度上影响了保险供求的良性互动。目前，可以采取引导转化的形式，以优质的保险服务树立保险业的良好社会形象，大力宣传普及保险知识，增加人们对保险的信任感。目前，最重要的是要在全社会倡导“全民风险意识”。只有风险意

识增强了，与风险意识相联系的保险意识才能够树立起来。风险意识、保险意识是中国潜在保险需求向现实保险需求转化的前提条件。

另外，也要重视强制转化这一形式的重要作用，特别是针对目前中国民众法律责任意识和保险意识比较淡薄的情况，可以考虑在适当的时候，选择适当的行业或领域推行强制保险，以此满足和扩大保险需求，提高社会法律责任意识。对于关系到社会公众利益、消费者切身利益、企业员工权益等的责任保险，以强制保险的方式向社会推行，这既是国际保险市场上的习惯做法，也是满足中国保险需求的迫切需要。

瑞士是世界上保险业最发达的国家之一，它的保险密度是 5 660 美元，排在世界第一位。究其原因，有两个可供借鉴的做法：一是倡导全民保险意识；二是推行法定保险。在瑞士，不仅养老保险、医疗保险、失业保险属于法定保险，就连火灾保险也被列入法定保险范畴。将法定保险作为每个公民的基本义务，每个具有劳动能力的人，必须购买这些保险。长此以往，就慢慢形成了一种深入人心的、自觉遵守的保险消费习惯。瑞士的成功经验值得我们借鉴。

中国保险业对外开放的环境分析与战略构想

北京大学课题组

课题负责人：孙祁祥

课题组成员：孙祁祥　李心愉　郑　伟　朱南军　锁凌燕

刘　涛　雒庆举　寇锦玮　刘　杰

第一章 “十五”期间中国保险业对外开放的分析

自20世纪80年代起，中国开始允许一些外资保险公司在华设立代表处，由此揭开了保险业对外开放的序幕。1992年，国务院选定上海作为第一个保险对外开放试点城市，标志着保险业的开放进入初期准备阶段之后的试点阶段。此后，开放试点范围逐渐扩大。2001年，中国加入世贸组织之后，保险业的对外开放更是呈现出一个新的局面。

本文将全面总结“十五”期间，特别是加入世贸组织以来的三年中，保险业对外开放的成绩与经验、揭示其中存在的问题，以期为制定中国保险业“十一五”期间的对外开放战略提供重要的依据。

第一节 中国保险业对外开放的基本状况

自1992年美国友邦首家获准在华营业之后，外国保险资本陆续进入中国市场。至2000年年底，已有9家外资保险公司和11家中外合资保险公司获准在中国经营保险业务。2001年12月11日，中国正式加入世界贸易组织（WTO），在加入世贸组织的协定书中，保险业在企业设立形式、经营地域、业务范围、法定分保、营业许可发放等方面作出了具体的开放承诺。三年来，中国政府严格履行了加入世贸组织的承诺，外资在中国保险市场中的地位日益提高。

一、外资介入中国保险业的主要形式

目前，外资介入中国保险业主要有设立分公司、新设中外合资公司和作为战略投资者参股中资保险公司三种形式[①]。截至2004年年底，已经有来自14个国家或地区的外国保险公司在中国保险市场设立分支机构或成立合资公司。已有分公司在中国开业的外资保险公司17家，其营运资本总额为42.032亿元人民币，其中，有13家财险公司、1家寿险公司、3家再保险公司；合资保险公司20家，其注册资本总额为87.32亿元人民币，外方资本约为43.765亿元，占合资公司注册资本总额的50.12%，这20家合资公司全部为寿险公司。这些外资保险公司的数量占中国保险公

① 根据加入世贸组织协议，外国保险公司进入寿险领域只能通过建立中外合资公司的形式，因此，加入世贸组织之后新成立的外资寿险公司均为合资公司，现有的外国独资寿险分公司均是在加入世贸组织之前获准进入中国的美国友邦的分公司。

司总数[①]的53.6%[②]。

表1-1列出了2004年年底中国已开业外资保险公司的总体状况。图1-1显示的是这些形式的公司外方资本母国/地区分布情况。从这两张图表可以看出，美国、英国、德国已经成为中国保险业最重要的外资来源国，而美国的资本投入量最高，控制/拥有的公司数量也最多。

另外，截至2003年年底，有8家中资保险公司——平安（集团）、新华人寿、泰康人寿、华泰财产、太平人寿、太平保险、生命人寿、民生人寿吸引了外资战略投资者参股，外资所拥有的股份比例分别为23.74%、24.9%、25%、22.13%、74.95%、55.04%、24.9%、5%，据此计算，外资参股中资公司带来的资本金总额已经达到29.78亿元[③]。在中国潜在巨大市场的吸引下，还有来自众多国家和地区的相当数量的外资保险公司在排队等待进入。截至2004年年底，共有18个国家和地区的124家外资保险机构在华设立了188个代表机构和办事处[④]。

表1-1 2004年年底中国已开业外资保险公司总况

组织形式	业务类型	主体数量（家）	注册资本金/营运资本金（亿元）	外方资本（亿元）	外方资本母国/地区（主体数量）
设立分公司的外国保险公司	产险	13	26.032	26.032	美国（3），中国香港（2），日本（3），瑞士、英国、韩国、德国、法国（各1）
	寿险	1	7	7	美国（1）
	再保险	3	9	9	德国（2），瑞士（1）
合资公司	寿险	20	87.32	43.765	美国（6*），英国（3），加拿大（2），法国（2），德国、澳大利亚、意大利、日本、荷兰、瑞典、中国台湾（各1）
小计	–	37	129.352	85.797	14个国家和地区

资料来源：中国保监会。

*其中，太平洋安泰的原合资方——美国安泰保险有限公司的国际业务已经被荷兰国际集团收购，海康人寿保险有限公司的外方股份也被荷兰AEGON保险集团收购，本文仍按最初资本属性视其来自于美国。

① 2004年年底，中国已开业的保险公司共有69家，其中不包括各保险集团公司。

② 参股中国保险业的外资公司类型多样，包括保险公司、跨国投资公司等，其母国/地区包括美国、中国香港、日本等，也包括一些离岸金融中心。寻求这些资金的来源地变得相对困难，而这些外国公司与采用其他两种形式介入中国保险业的外资保险公司的投资动机也有很大差异，故本文在研究中国保险业外资来源国时未考虑“参股”形成的资本。资料来源：根据吴定富：《中国保险业发展改革报告（1979~2003）》，中国经济出版社，2004年版的相关数据整理而得。

③ 根据吴定富：《中国保险业发展改革报告（1979~2003）》，中国经济出版社，2004，以及陈文辉：《2003中国人身保险发展报告》，中国财政经济出版社，2004年版的相关数据整理而得。

④ 资料来源：中国保监会。

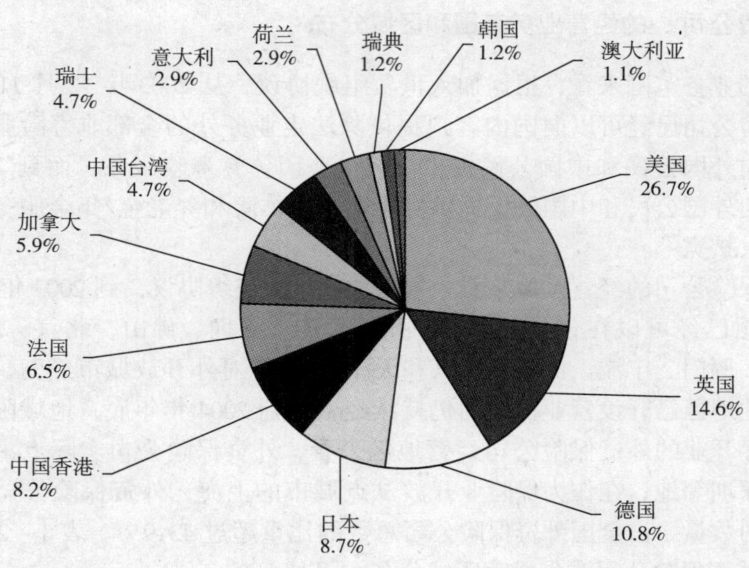

图 1－1　2004 年年底中国已开业外资保险公司资本金母国/地区分布情况

资料来源：中国保监会。

值得注意的是，外资保险公司在中国设立合资公司时，大都倾向于选择非保险企业，特别是以实业经营为主的中资大型企业集团作为合资伙伴。资料显示，2004 年 8 月底前在国内开业的 18 家合资寿险公司中，仅有 4 家的中方股东为中资保险公司，其余的中方股东则包括海尔集团、首都机场、五矿集团、中粮集团等。这一事实揭示出了外资保险公司强烈的市场导向性。选择中资保险公司作为合资伙伴，外资公司需要解决不同企业文化的融合、不同经营管理理念及模式的协调等问题，更有可能面临合资企业与其中方股东的市场利益发生冲突的风险；而选择财力雄厚、具有良好商誉及/或具有国资背景的大型非保险中资企业作为合资伙伴，外资公司不仅可以规避上述风险，而且可以为合资公司迅速获取客户资源、扩大影响力、树立良好形象等提供强有力的支撑。特别是在过渡期结束以后，外资方可以通过中方股东巨大的员工规模和优良的品牌效应，迅速打开和扩大团体保险的市场。

另外，从“十五”期间的开放实践来看，由于加入世贸组织协议规定外资介入中国寿险领域只能采取成立合资公司的形式，外方股份比不得超过 50%，但却没有限制非寿险领域的公司组织形式，其结果是，加入世贸组织后成立的寿险合资公司，外方股份均达到最高限 50%，而在非寿险领域，到目前为止并没有合资公司成立，外资企业无一例外地采取了成立分支机构的形式。这足以说明外资公司进入中国市场心情之迫切、愿望之强烈。

二、外资公司[①] 的经营业务范围和区域分布

从经营的业务范围来看，根据加入世贸组织协议，从2003年12月11日起，在华的外资非寿险公司已经可以向国内客户提供除法定业务外的全部非寿险服务；合资寿险公司可以向外国公民和中国公民提供个人（非团体）寿险服务。而到2004年年底，它们还可以向外国公民和中国公民提供健康险、团体险和养老金/年金服务，其经营业务范围将大大扩宽[②]。

从外资保险公司的经营区域来看，根据加入世贸组织协议，到2003年12月11日，外资保险公司已经可以在包括上海、广州、大连、深圳、佛山、北京、成都、重庆、福州、苏州、厦门、宁波、沈阳、武汉和天津的15个对外开放城市经营，而加入世贸组织前在其他地区已开设营业机构的仍持续经营；到2004年年底，地域限制将会全面取消。从实际开业的外资保险公司经营地区来看，外资保险公司实际上主要集中在上海、广州、深圳等地；在作为保险业开放试点城市的上海，外资保险公司的数量已经超过中资公司数量，占全国外资保险公司总数的比重超过43.9%。表1-2列出了截至2004年年底外资保险公司在华经营区域分布的情况。

表1-2　2004年年底外资保险公司在华经营区域分布

序号	经营区域	寿险		产险	小计
		外资保险公司分公司	合资公司	外资保险公司分公司	
1	上海	1	10	7	18
2	广州	1	3	2	6
3	深圳	1	1	3	5
4	北京	1	3	0	4
5	天津	0	2	0	2
6	大连	0	1	1	2
7	苏州	1	0	0	1
8	重庆	0	0	1	1
9	海口*	0	0	1	1
10	成都	0	0	1	1
	小计	5	20	16	41

资料来源：中国保监会。不含外资再保险公司。未计入外国保险公司支公司和合资公司的分公司。

*指香港民安保险有限公司海口分公司，设立于加入世贸组织之前（1988年）。

三、外资公司的经营业绩

随着对外开放力度的加大，外资保险公司的数量不断增加，其业务规模也迅速扩

① 本节未考虑外资再保险公司。

② 2003年10月，中怡保险经纪有限责任公司成立，这是外国保险经纪公司（美国怡安保险（集团）公司）首次获准在中国设立营业机构，标志着中国的保险经纪业务领域也已正式对外开放。

大。截至2004年年底，外资公司总资产达293.68亿元，占中国保险公司总资产的2.48%；保费收入占全国保费收入总额的比重从2003年的1.73%提高到2.27%[①]。在上海、广州、深圳等外资保险机构相对较为集中区域的保险市场上，外资公司的市场份额更是大大高出全国平均水平。以上海为例，2004年，外资公司在上海地区市场的份额高达15%[②]。可以说，外资公司的增长势头十分强劲，扩张也非常迅速[③]。

第二节　中国保险业对外开放的成就与经验

经验表明，相对于其他新兴市场来说，中国保险业的开放力度较大，开放速度较快，开放起点较高。例如，泰国的加入世贸组织协议书（1995年）中只允许外资公司以收购泰国现有保险公司股份或新建合资公司的形式进入泰国市场，外方股权份额不得超过25%[④]，3年后（1998年）对加入世贸组织承诺的修订也没有对这一规定作出修改[⑤]；而中国在加入世贸组织之时即允许外资在寿险、非寿险合资公司中的股份比例分别达到50%、51%，并且允许外资非寿险公司设立分公司、加入世贸组织2年后还可以设立独资的子公司，放开业务范围和经营区域的时间跨度也不过3年。这意味着在整个产业还非常弱小，中资保险企业尚未成熟之际就迎来了来自国外发达保险业的激烈竞争。3年来的实践表明，对外开放给中国保险业带来的，不仅是严峻的挑战，更有巨大的历史机遇；中国保险业的对外开放取得了重要的成绩，并积累了宝贵的经验。

一、对外开放所取得的成绩

我们可以从发展和改革两个方面总结出保险业对外开放所取得的重要成绩。

（一）开放提高了发展的质量

通过吸收、利用外资，不仅提高了中国保险业的资本存量，而且大大提升了中国保险业存量资产的质量。伴随外国资金进入中国的，还有大量能够有效提高资产质量的创造性资源，例如人才、先进技术和经验、技术开发与使用能力、管理能力、对客户需求的理解能力等，这些资源对改善中国保险业的资产质量作出了重要的贡献。

其一，来自发达保险市场的外资保险公司通过各种形式介入中国保险业后，直接形成了高质量的增量资产；其二，由于外资公司在精算、险种设计、管理、营销、服

---

① 资料来源：中国保险监督管理委员会网站。

② 资料来源：上海保监局网站。

③ 2003年，外资公司个人寿险新契约保费收入占上海地区总保费收入的比重是19.42%，相对于2002年的31.55%明显下滑，而当年上海地区中资保险公司新业务增长迅速。这可能反映出2003年上海中资保险公司占据了竞争优势，但是否表明中资公司竞争力的根本性改善，还有待进一步研究。资料来源：陈文辉：《2003中国人身保险发展报告》，中国财政经济出版社，2004。

④ 新设公司的成立必须经过泰国内阁的批准。这些规定同样地适用于产、寿险业。参见Thailand Schedule of Specific Commitments，Supplement 1 Revision，General Agreement on Trade in Services，GATS/SC/85/Suppl. 1/Re，4 October，1994。

⑤ 参见Thailand Schedule of Specific Commitments，Supplement 3，General Agreement on Trade in Services，GATS/SC/85/Suppl.3，26 February 1998。

务等方面带来了一系列的新观念和先进技术，从而提升了中资保险企业的生产率和创新能力，一个显著的例子就是个人营销、银行代理等销售模式的引入极大地促进了中国寿险业的发展；其三，也是最为重要的是，许多外国保险公司为了能在中国市场取得经营上的成功、树立良好的公众形象，纷纷与中国的科研机构或其他组织合作或独力从事创新含量较高的研发活动，使得中国的保险业可以利用外资公司的技术开发能力形成自身的生产力①。

（二）开放“倒逼”改革，由此大大推进了保险业体制改革的进程

开放消除了保险服务业的贸易壁垒，外资的进入迅速增加了保险业经营主体，而外资公司强劲的增长势头不仅吸引了更多的外商投资者竞相进入，而且给中资公司带来了竞争压力和示范作用。开放的外在力量促进了不适应市场经济运行的旧体制的逐步改革，从而为中国保险业创造了良好的改革环境。这主要表现在以下几个方面：

第一，开放大大增加了中国保险市场的竞争性，产、寿险业前三大保险公司的市场份额分别从2001年的96.1%、95.3%下降到2004年的79.87%、75%②，市场集中度各分别下降了16.9%和21.4%。相对于产险市场而言，外资主体进入较多的寿险市场的集中度下降幅度更大。

第二，外资直接参与并推动了中国保险业所有制多元化的过程，加大了国内经济体制改革的力度、广度和深度，推动了符合市场经济要求的企业经营、管理体制和经营理念的形成，保险业的增长模式正在从粗放型向集约型转变。

第三，开放促成了市场导向型的法律框架和监管体制的形成。加入世贸组织之后，中国政府对《保险法》及一系列保险行政规章及规范性文件进行了相应的修订，并制定了《外资保险公司管理条例》，形成了较为完备的、与国际接轨的保险法律体系。而伴随市场发展和开放步伐的加快，保险立法的速度也明显加快；同时，中国保险监管也逐渐制度化、规范化，并逐步与国际接轨，监管方式从单纯的行政审批、事前监管逐步向事中监控和事后监督转变，偿付能力成为监管的主要内容。

总而言之，广泛的对外开放带来了资本与技术要素的迅速增加，促进了良好的竞争环境的形成，从而有效支撑了中国保险业的增长与发展。“十五”期间，中国的保险密度从2000年的15.9美元上升到2003年的36.3美元，分别是同期世界水平的3.96%、7.76%；保险深度也从2000年的1.85%上升到2003年的3.33%，分别是同期世界水平的24.0%和41.73%③，中国保险业与国际保险业的差距显著缩小。

二、保险业对外开放的重要经验

“十五”期间，特别是中国加入世贸组织以来，保险业的对外开放不仅取得了显著的成绩，同时也积累了一些重要经验，为保险业自身未来的发展以及其他金融行业的

① 例如，瑞士再保险公司就与北京师范大学合作完成了《中国自然灾害系统地图集》，收录了近500年来中国主要的自然灾害的地理气象资料，全面展示了中国的灾害分布格局，为保险公司涉足地震、洪水等巨灾保险市场提供了有力的风险评估依据。

② 资料来源：中国保监会网站。

③ 资料来源：根据 Swiss Reinsurance Company，Sigma World Insurance Data 整理。

发展提供了有益的借鉴。

首先，在对外开放的过程中，积极进行行政审批制度、条款费率制度、企业所有权体制等方面的改革，由此激发了保险企业的经营、创新活力，这些都为中资保险公司利用开放机遇、尽快发展壮大自己创造了良好的外部环境。

其次，注重引进外资公司的专长经营领域，在开源的同时有效提升了资源配置效率。例如，2003 年，中国引入了在养老产品方面有特长的瑞典斯堪的亚公共保险公司和在农业保险方面有特长的法国安盟保险公司，这类举措有利于促进中国保险业产品结构的优化。

最后，也是最为重要的是，开放过程的可控性避免了外资对国内市场带来过多的负面冲击。加入世贸组织协议承诺的保险业开放力度较大，但中国还是守住了一些重要的关口，例如拒绝了外方提出的每年必须开放若干家外资保险公司的要求，而只承诺按审慎原则审批准入。这样，在主动开放的大原则下，监管部门仍然掌握了主要的审批权限，以此方式控制了开放的实际进程。

第三节　中国保险业对外开放中存在的问题

尽管中国保险业在对外开放中取得了显著的成绩和经验，中资保险公司也得到了长足的发展，但不可否认的是，在这个发展过程中，也存在一些值得我们反思的问题，这可以从两个角度来观察：一是实施既有开放政策所带来的客观结果；二是开放过程中市场主体的行为方式。观察这两个方面的问题无疑可以为我们今后进一步对外开放提供一些有益的经验。

一、从实施既有开放政策所带来的客观效应来分析

（一）保险业区域开放的路径加深了保险业发展的区域不平衡

“十五”期间，中国保险业呈现出空间比例失调、地区差距显著的局面。从保费总量来看，2003 年，保费收入规模在全国排名前 6 位的省市保费收入占当年全国保费总收入的 46.34%，处于最后 10 名的省市保费收入总和仅占全国的 10% 左右；保费规模超过 100 亿元的 15 个省市中、西部内陆地区省份悉数落榜①。从市场竞争程度来看，中西部地区保险市场远远落后于东部地区。例如，2003 年，上海人身险市场上前 4 名保险公司的市场份额为 64% 左右②，已经具有了一定竞争型结构的特征；而部分西部内陆省份的寿险市场仍然保持中国人寿“一家独大”的局面。

中国保险业之所以呈现出区域发展不平衡的局面，一个至关重要的原因是中国经济发展的区域不平衡，但不可否认的是，保险业区域开放的路径也在某种程度上加深了这种不平衡。我国保险业的开放在地域分布上，基本上是先经济特区，再到沿海开

① 资料来源：根据 2003 年各地国民经济和社会发展统计公报整理而得。

② 资料来源：陈文辉：《2003 中国人身保险发展报告》，中国财政经济出版社，2004。

放城市，然后逐步向内地省会城市和经济中心城市辐射①，而“十五”期间新增的保险公司大都是外资公司，这就导致保险经营主体数量在东部沿海地区迅速增加，而在中西部地区则变化不大。中西部地区保险市场的竞争程度、进而市场开拓的努力和创新活力均远低于东部地区，增长乏力。

（二）对外开放促使高端市场竞争加剧，低端市场发展相对缓慢

“十五”期间中国保险业的高端市场竞争加剧，低端市场发展相对缓慢，而这一局面与进入中国的外资所天然具有的强烈的市场导向性不无关系。必须承认的是，利润更为丰厚的高端市场恰恰是外资保险公司最为青睐、投入力度最强的板块，因此，对外开放无疑大大加剧了高端市场的竞争。在高端市场上，各公司为了扩大市场份额，付出的营销努力更多，产品开发的力度也更大。然而，在中西部地区，保险经营主体大多为大型全国性公司的分支机构，大公司对发达地区经营的重视必然会导致它们对中西部地区经营的相对忽视，因此，面临相对不利的需求环境的中西部经营主体往往很难得到总公司提供的资金和人才补充，研发能力不足。在这种情况下，不发达地区的保险经营主体一方面很难对适合本地区实际情况的险种进行及时的开发和完善以创造利润，另一方面又要追求经营绩效，于是纷纷效仿发达地区、引进更适合发达地区客户特征的新产品，导致各地区险种雷同。其结果是，市场上与中西部地区产业结构的实际相符合以及更适合低端客户的保险产品发展缓慢，这不仅不利于提高保险业的整体效益，而且会反过来制约中西部地区保险市场的发展。

二、从对外开放过程中中资市场主体的行为方式来分析

（一）注重“模仿”和“输血”，对“创新”和“造血”重视不够

国际经验表明，通过对外开放，本国企业可以通过对进入国的企业在经验和技术方面的学习与模仿而实现跨越式的发展，但是，如果单纯地注重“模仿”，更有甚者，如果只是注重对形式的模仿，忽略实质性的东西，忽视“创新”，将导致本国企业在与外资公司竞争时总是存在一个无法逾越的技术差距，这也可以说是“十五”期间中国保险业对外开放中的一个主要问题。一个显著的例子就是，中资公司在借鉴国外个人营销模式时，将“个人营销”的内涵简单地诠释为利用个人代理人进行产品销售，而忽略了它所要求的高质量服务及高素质的营销人员，其结果是导致其营销队伍素质普遍低下，忽视或无力为客户提供必要的服务。

本国企业的长远发展必然要依靠其自身创新能力的提高，但在中国的对外开放实践中，这一点却为中资保险企业所轻视。它们大都将注意力集中在可以迅速扩大业务规模、实现增长的产品销售等方面，在这些方面吸收国外先进经验的速度和力度都很大，而在对其长远发展至关重要的长远发展战略、人才储备、经营管理、服务等方面却关注不够，致使其“造血”机制相对不够完善。

（二）核心竞争力的培育等问题没有得到应有的重视

面对强大的外资竞争对手，中资公司的相对优势在于其覆盖广、数量多的经营网

① 国元证券研发中心：《加入 WTO 与中国金融开放》，中国经济信息网。

点、大规模的营销队伍、前期累积的保单资源和客户资源以及熟悉国内市场等优越性，但是这些优势并不能为中资企业提供进入不同市场的潜力，不能为客户创造巨大的消费者价值，培养并非竞争对手所难以模仿和复制的企业的核心竞争力。然而，对外开放以来，现有的中资企业却大多是在短暂的保护期内，依赖这些简单、短期的竞争优势，在其已有的、雷同的营销渠道和最易触及的客户及险种上进行激烈的竞争，以扩大市场规模、占据有利地势。其结果是各公司险种结构严重趋同，容易被占领的主要市场中竞争激烈，同时市场细分不足，很多保险需求又得不到满足。

第二章 “十一五”期间中国保险业对外开放所面临的国际环境

随着过渡期的结束，中国保险业将迎来它的第三个对外开放阶段。与1992年和2001年的前两次相比，这一阶段的对外开放将体现出新的特点：即由有限范围和领域内的开放转变为全方位的开放；由以试点为特征的政策性开放转变为在法律框架下可预见的、与世贸组织成员之间的相互开放。在新的开放过程中，我们只有全面了解世界保险业发展的新特点和新趋势，清醒地认识这些新特点和新趋势对中国保险业的经营所提出的新要求，才能更好地利用对外开放给中国保险业带来的新的发展机遇。

第一节 国际保险业的发展特点

从20世纪90年代初开始，加速发展的经济全球化历史进程已经把越来越多的国家和民族卷入世界市场和国际经济联系之中。从全球化的视角分析，世界保险业在近10年的发展中呈现出以下重要特征：

一、世界保险业发展迅速，作用显著

在全球经济增长的带动下，从20世纪90年代至今，世界保险业发展迅速，在整个世界经济中的作用日益突出。1990年，全球保费收入仅为14 060亿美元，2003年增加到29 407亿美元，虽然在20世纪90年代中后期有增幅缓慢甚至下滑的现象，但这一时

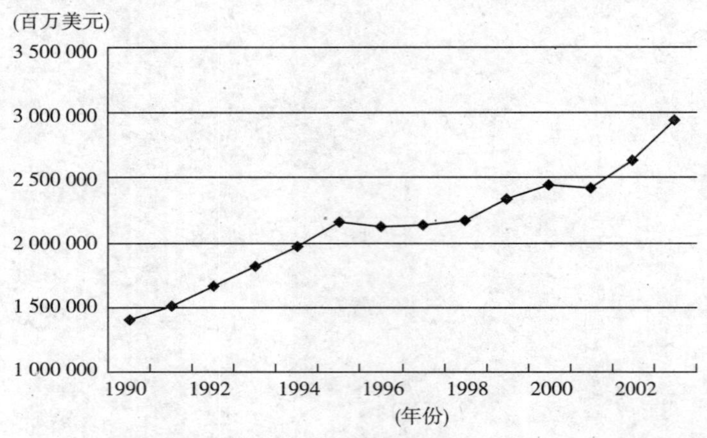

图2－1 1990～2003年世界保费收入

资料来源：瑞士再保险公司，Sigma数据库。

期内实现了年均6%的增长速度，呈现出持续增长的势头（见图2-1）。同时，伴随保险业的快速发展，其在世界经济中的地位进一步提高，作用进一步加强。从保险密度看，进入20世纪90年代以后，世界保险业保险密度出现快速增长的局面，尽管在90年代末也有所波动，但却实现了从1990年265.3美元到2003年464.7美元接近两倍的增长（见图2-2）。从保险深度看，1990年，世界保险业的保险深度为6.5%，2003年达到7.98%，增长了22.58%（见图2-3）。

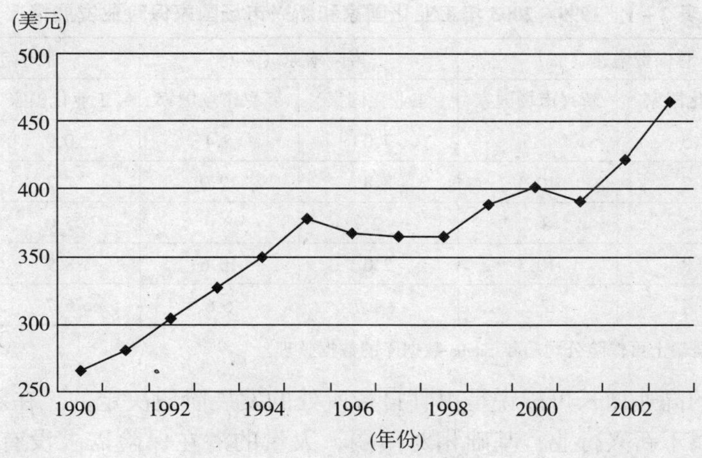

图2-2 1990~2003年世界保险密度

资料来源：瑞士再保险公司，Sigma数据库。

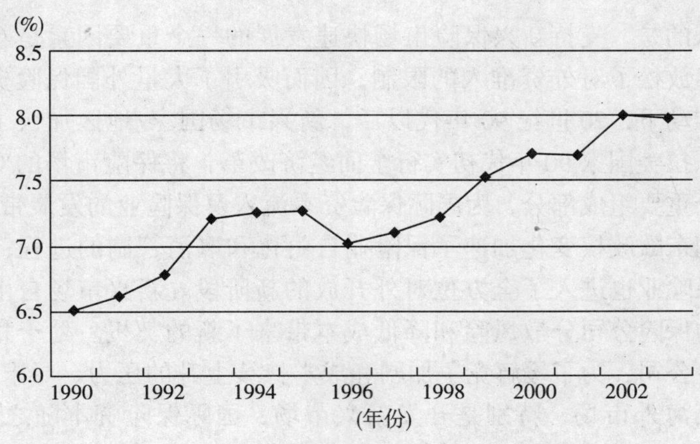

图2-3 1990~2003年世界保险深度

资料来源：瑞士再保险公司，Sigma数据库。

二、新兴市场成为新的增长极，但全球保险业的空间格局并未改变

（一）新兴保险市场自由化进程加速，成为全球保险业新的增长极

目前，新兴市场国家/地区的保险市场发展势头强劲，成为世界保险业最具活力、

最具吸引力的新“增长极”。自1990年以来，新兴市场保费收入平均增长率约是发达国家的两倍。如表2-1所示，即使在保费收入增幅差距最小的2000年，新兴市场国家总保费收入的增长速度也比工业化国家高4个百分点，在2001年，两者差距则高达8个百分点。若仅看寿险市场，新兴市场国家的高增长态势更是显著，2001年和2003年，在工业化国家的寿险市场出现负增长的情况下，新兴市场国家的寿险市场仍分别保持了高达8%和6.6%的增速。

表2-1　1999~2003年工业化国家和新兴市场国家保险业发展情况

年份	总保费增速（%）		寿险增速（%）		非寿险增速（%）	
	工业化国家	新兴市场国家	工业化国家	新兴市场国家	工业化国家	新兴市场国家
1999	4.5	4.5	7.0	5.4	0.9	3.3
2000	6.2	10.3	8.8	12.0	2.2	7.7
2001	0.2	8.2	-2.7	8.0	5.0	8.6
2002	4.8	10.3	2.0	10.6	8.9	10.0
2003	1.4	7.2	-1.7	6.6	5.7	8.5

资料来源：根据瑞士再保险公司历年Sigma数据库的数据整理。

新兴市场的高速增长可以说是由其自身所处的发展阶段决定的。在新兴市场国家/地区，保险业属于新兴行业，基础相对薄弱，大量的潜在保险需求没有得到满足，随着经济的持续发展、国民收入水平的不断提高，有效的保险需求就会形成，保费收入会随收入水平的提高而迅速增加，表现出较高的保费收入弹性，保险产业因之进入高速增长期。

但不可否认的是，支持新兴保险市场快速发展的一个重要因素是新兴市场自由化进程加快，普遍放松了对外资准入的限制，因而吸引了大量外国保险资本的参与。在经济全球化的推动下，20世纪90年代以后，新兴市场国家/地区加快了保险市场开放的步伐。例如，拉美国家90年代初实行全面经济改革，将保险市场的对外开放作为其改革工程的一个重要组成部分，为国际保险资本流入及保险业的发展带来了新的契机；亚洲金融危机和东欧政权变化加速了保险业自由化和取消管制的进程；2001年中国加入世贸组织，保险业也进入了全方位对外开放的新阶段。新兴市场自由化进程的加快给工业化国家的保险公司分散风险和降低成本带来了新的契机。处于相对饱和的发达市场的成熟保险公司，为了缓解竞争加剧和成本持续上升的压力、寻求新的利润来源，纷纷致力于开拓海外市场，特别是开发新兴市场，国际保险资本随之向亚洲、东欧、南美和非洲等发展中的国家和地区的保险市场流动。

（二）全球保险业的空间格局并未改变

然而，世界保险市场的空间格局一直没有发生明显的改变。成熟的发达国家保险市场虽然已经接近饱和，增长速度逐渐放缓，但其绝对主导地位并未动摇。几乎包括世界上所有发达国家的世界经济合作与发展组织（OECD），其保费收入占全球总保费的比例在过去10年内有微弱的下降，但截至2003年年末，依然高达92%左右，西方七国（G7）的市场份额也维持在78%左右（见图2-4）。

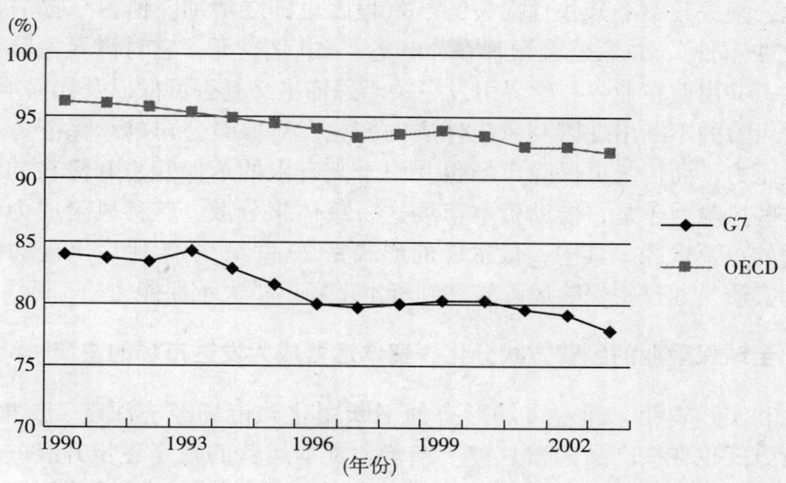

图 2-4 1990~2003 年 OECD 和 G7 保费收入占全球保费收入的比重

资料来源：瑞士再保险公司，Sigma 数据库。

三、资本市场日益成为保险业创新发展的重要依托

作为保险业重要的资金运用渠道之一，资本市场天然地与保险业有着密切的联系。特别是随着保险业竞争的加剧，承保利润空间遭到挤压，发达国家保险业的综合赔付率多年来在 100% 以上的水平高居不下，保险投资已经成为保险业和保险公司生存与发展的生命线，因此，资本市场对保险业发展的重要性日益提高。更重要的是，作为资金密集型行业，保险业已经不仅仅是传统意义上的、单纯提供经济保障的行业，它已经演变成为在现代信用经济中扮演重要角色的非银行金融中介，在这一背景下，资本市场不再只是保险业融资和投资的主要场所，而且更成为其创新发展的重要依托。

（一）资本市场为保险产品创新提供了现实条件

保险公司要生存、要维持盈利，就必须不断对产品组合作出改进，考虑放弃处于衰退期的产品，不断开发新的险种，满足不断变化的、多样化的消费者需求，包括消费者规避通货膨胀风险的需求、对高收益的要求等，而资本市场正是保险业不断推出创新产品的重要基础条件。例如，在美国、英国、澳大利亚等寿险市场发展较为成熟的国家，创新型的投资连结寿险已经成为最强劲的增长源，市场份额高达 30% 以上①；而毋庸置疑的是，将盈利模式和消费者价值构筑在投资上的投连险的开发与发展，是以高效运作的资本市场为重要依托的。

（二）资本市场成为保险业重要的创新型风险转移渠道

经济全球化在为各国带来利益的同时，也带来了许多潜在的风险。经济集中度和关联度的提高，增加了经济发达地区和世界经济遭受巨大财产损失和金融危机冲击的可能性；伴随着经济社会的发展，在新型风险不断产生的同时，许多风险的性质也发

① 资料来源：李建伟：《国际保险业发展特征与趋势》，载国研网。

生了变化，损失频率上升并且损失的严重程度也随之增加。值得一提的是，2001 年发生的“9·11 事件”，总索赔额预计在 400 亿～450 亿美元，它对世界保险和再保险行业影响深远，并由此在业界、学界引发了关于恐怖主义是否可保以及如何承保的争论。

新型风险的不断出现以及风险性质的变化，对保险公司的承保能力和偿付能力造成了巨大压力，而传统再保险市场也受限于其有限的承保能力和潜在的信用风险，无力承担这些风险。于是，借助资本市场这一载体来分散、转移风险成为保险公司进行风险管理的重要途径。其中，最主要的形式是 20 世纪 90 年代后出现的保险风险证券化，它的实质是通过将保险风险转移到资本市场以扩大承保能力。

四、全球保险业的经营方式分化，资本运营成为发达市场的主流

理论和实践表明，随着市场形态的不断变化和市场经济深度、广度的不断升级，企业经营方式也在按产品经营、资产经营和资本运营的顺序逐步升级。保险企业也不例外。目前，新兴市场国家/地区的保险业正处于成长初期，企业多以研制、开发和生产多品种、适销对路的险种产品为经营的核心内容，主要是通过扩大销售量、提高产品的适销性和服务质量、增加险种等方式实现收入和利润的最大化，即其主导经营方式为产品经营，处于经营方式演进链条的低端。

而发达市场的保险主体显然已经实现了经营方式的升级，国际范围内的资本运营已经成为其主流经营方式，成熟的大型保险公司通过资本的流动、组合和交易，提升财务实力，实现资源的最优配置，进而实现其价值最大化的目标。

发达市场保险公司的经营方式向资本运营转变，首先始于 20 世纪 90 年代的并购与重组狂潮。这一趋势可以从两个层面来看：第一，从业务领域层面来看，发达市场保险企业发起的并购活动涉及的范围十分广泛，不仅包括直接保险领域、再保险领域、保险中介服务领域之内和之间的并购，而且包括保险与银行、证券等其他金融行业的混业并购，这体现了发达国家保险业意图通过金融服务多元化，满足客户多方面的金融服务需求，实现客户资源、资金、信息、培训、管理技术和人才在子公司之间的共享，更好地分散风险，以期降低成本、提高效益的目的；第二，从地域层面来看，面对全球经济一体化、全球经济增长以及竞争态势，发达市场的保险企业积极调整其经营战略，其资本运营已经突破国界，跨国投资与并购成为其开拓海外市场、追逐增长其利润的主要途径。如美国的通用再保险公司收购了德国科隆再保险公司，美国纽约人寿兼并墨西哥第三大人寿保险公司蒙特利（Seguros Monterrey）等。通过保险资本的跨国界流动与组合，保险资源实现了全球配置，在更大的范围内优化了机构设置，开辟了更广、更有效的营销渠道，实现了信息和资源在更大范围内的共享。

同时，基于提高经营效率和资本回报方面的考虑，发达保险市场的经营主体内部也出现了资本重组或改变业务经营合作方式的现象。例如，2005 年 1 月 31 日花旗集团同意将旗下的旅行者人寿保险公司及其他国际保险业务出售给美国大都会人寿保险公司，其主要考虑就是撤出其不具竞争优势、资本回报不能达到其预期要求的业务领域。再如，越来越多的保险公司选择将自身不具优势的业务外包，借助外部专业服务商的专业化优势，降低经营成本，提高核心竞争力。这一特点在保险公司资产管理业务方

面表现得尤为突出。根据 Sigma 估计，到 2001 年年末，美国的保险公司大约有 3 000 亿美元的投资外包，占其可运用资金的 8%左右①。

五、监管重点更为突出，国际合作不断加强

在全球化背景下，无论是一贯对保险业采取强势监管的国家/地区还是采取相对弱势监管的国家/地区，为了提高监管效率、激发市场主体活力、促进保险创新的不断发展，都不同程度地出现了放松监管的总体趋势，但“放松”并不意味着“放任”，各个国家/地区的监管重点更为突出，主要表现在：第一，重点监管领域有所调整，保险监管开始由事前监管向事后监管、由条款费率监管为主向以偿付能力监管为核心转变，其中最突出的是取消费率管制；第二，出于防范行业风险的考虑，各国对再保险，特别是跨境再保险的监管有加强的趋势。

此外，保险资本和服务的国际化所引致的保险监管国际化日益成为各国监管界和业界关注的焦点，除了需要解决监管的协调化和相互认可问题，跨国保险企业在世界不同地区钻法律空当、通过国际避税谋求自身利益甚至从事洗钱等国际犯罪的问题促使保险监管的国际合作不断加强。如何确保各国监管机构辖区内的所有保险机构均得到有效监管，成为保险监管国际化的核心问题。1994 年成立的国际保险监督官协会已经在加强各国监管机构之间的交流、协调各国保险监管政策、制定某些国际标准等方面发挥了独特的作用。此外，欧盟、经济合作与发展组织国家以及美国等国家和地区都已开始了推动保险监管协调化的努力。

第二节　国际保险业的发展趋势

综观上述世界保险业发展的现状和特点，本课题组认为，在未来 5 ~ 10 年，世界保险业的上述特点仍将延续，特别地，其发展还将继续呈现以下重要趋势：

一、世界保险业将随着全球经济增长继续快速发展

2004 年，世界经济延续了其复苏的趋势，世界主要经济体都具备了充足的增长动力。2005 年，世界经济增长明显加快，发达国家和发展中国家的经济增长速度都将继续增加。随着国际政治局势趋于缓和，各经济体扩张性宏观政策效应的进一步显现，世界经济的增长趋势将持续下去。另据世界银行预测，只要国际金融市场，特别是日本和欧美市场没有大的动荡，2002 ~ 2008 年全球经济可望年均增长 3%左右。世界经济将进入新一轮的增长期，经济、消费和投资活动都将发生结构性的变化，保险需求也将大大提升。在全球化的大背景下，居民和社会对安全保障的要求会更高，对社会保障和商业保险的需求将会更加强烈，从而推动保险业持续快速地增长。

① 资料来源：瑞士再保险公司：《Sigma》，2002（5）。

二、亚洲新兴市场将继续保持高增长，并成为国际资本的首选投资地

随着新兴市场国家经济环境的进一步改善，其保险市场将继续保持高速增长的趋势，而亚洲新兴市场的发展态势尤为强劲。2003 年，亚洲 GDP 比上年平均增长了 3.3%，在经济增长的带动下，东亚和南亚的保险市场呈现出勃勃生机，寿险保费收入上升 10.2%，非寿险保费收入增长 8.8%。

这种持续增长的趋势将使未来的亚洲新兴市场成为国际保险资本进入的首选地，而亚洲新兴保险市场的对外开放则为国际保险资本的进入创造了宽松的条件，特别是中国加入世贸组织后十分有利的对外开放环境和巨大的市场潜力，将使中国保险市场成为国际保险资本争夺的最重要的市场。首先，从保费规模来看，图 2－5 显示，中国仅次于韩国名列第二①。从保费收入增长速度来看，2003 年中国保费收入增长率为 25.5%，在所有这些国家及地区中遥遥领先；其次，中国经济的持续增长为保险业的发展提供了保证，拥有巨大潜力的中国保险市场必将成为最为令人瞩目的市场，而目前许多国外大型保险公司纷纷登陆中国，就充分说明了国际资本对未来中国保险市场的良好预期；最后，全面对外开放为中国保险业发展创造了良好的条件。按照加入世贸组织协定，2004 年年底中国将取消地域限制，保险业从此走向全面开放，国际保险资本将以更大的规模进入中国市场。

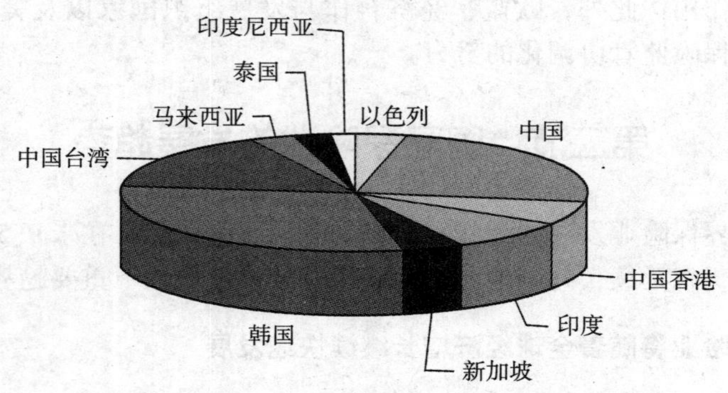

图 2－5　2003 年亚洲各主要新兴国家/地区保费收入

资料来源：瑞士再保险公司，Sigma 数据库。

三、创新仍将是保险企业提高核心竞争力的主要手段

国际保险资本的全球流动，新兴保险市场的崛起，将导致更加激烈的竞争。在激烈的竞争中，保险公司将更加注重通过培养核心竞争优势来提高企业的核心竞争力，而组织创新、业务创新和技术创新仍将是培养企业核心竞争优势的主要手段。

（一）日趋频繁的控制权交易将是组织创新的主要形式

① 此处仅考虑亚洲新兴市场，因此未计入日本。从 2003 年亚洲各国/地区的保费规模来看，中国位居第三，前两名分别是日本和韩国。

未来5~10年，保险企业间的控制权交易将更加频繁，而这类交易将主要集中在以下几个层面：第一，成熟市场内部。可以预计，有利于发挥规模效益、实现资源共享和优化配置的资本运营仍将是成熟保险市场的主流经营模式，成熟市场主体之间的并购活动以及资本重组将持续活跃；第二，新兴市场与成熟市场之间。新兴市场的发展潜力对国际保险资本形成了巨大的吸引力，成熟市场的大型保险公司往往选择并购的方式进入新兴市场，因为通过这种方式不仅能降低进入门槛，而且可以在较短时间内熟悉东道国的经营环境以及行业发展状况，降低经营风险，加快公司本土化进程。

（二）非传统风险转移（ART）将在业务经营中发挥不可替代的作用

与以往相比，当今和未来社会所面临的风险以及风险管理的内容正在并将继续发生深刻的变化。一方面，保险业的承保容量有限；另一方面，市场又迫切需要为这些风险提供保障，由此刺激和推动了非传统风险转移方式的发展。自保、自保公司、风险自留集团、资本市场等非传统风险转移（ART）将在保险公司的经营中发挥越来越重要的作用。

1. 自保公司在商业风险转移中的作用将大大提高

一项有关自保公司的市场调查显示，许多大公司现已拥有自保公司，从表2－2可以看出，1998~2001年，自保公司保持了10%的增长水平，是表中所列的几种风险转移方式中增长最快的方式。在所有的自保公司中，单一母公司的自保公司占全球自保公司的70%，主要为《财富》1 000家大公司所拥有，另外的30%是群体母公司式的自保公司。可以预见，一方面，随着市场并购的不断加剧，大型跨国公司将不断涌现；另一方面，考虑到成本、保险市场的承保容量以及税收等方面的因素，未来将会有越来越多的商业公司选择成立自保公司，自保公司在商业风险转移中的作用必将大大提高。

表2－2　非传统风险转移市场的规模

非传统风险载体	实际增长率（1998~2001年）
自　保	2%
自保公司	10%
风险自留集团	3%
共保集团	1%
总　计	7%

资料来源：瑞士再保险公司：《Sigma》，16页，2003（1）。

2. 保险风险证券化将成为化解风险、提高承保能力的重要手段

在世界范围内，巨灾发生的频率和损失程度呈现不断上升的趋势，这使世界保险业的承保能力相形见绌；但从资本市场的角度看，全球保险市场可承受的巨灾损失上限仅占国际资本市场市值的1%~2%①。资本市场有条件成为承担巨灾风险的主要载体。自20世纪90年代初安德鲁飓风发生后巨灾债券市场应运而生以来，巨灾证券化在

① 资料来源：《论保险业在资本市场的创新工具——资产证券化》，载《保险研究》，2003（8）。

保险业中已经得到了一定的发展，事实证明，利用保险风险证券化确实是提高保险公司承保能力的有效途径。可以估计，随着资本市场和金融工具的日益成熟，巨灾证券化的作用将得到更为充分的发挥，而且未来的证券化将不仅仅局限在巨灾方面，甚至可以渗透到保险业务的很多方面，例如利用证券化转移寿险公司年金类产品面临的长寿风险也会逐渐加大。

此外，ART产品的范围不断扩展，目前已发展出有限风险产品、多年期/多险种产品、多触发原因产品、应急资本、证券化与衍生工具等新型的风险融资方式。可以预见，随着未来风险性质的变化，将会涌现出越来越多的新型非传统转移方式。

（三）从事第三方管理将愈加成为保险公司专业化经营的一大特色

保险公司的各个经营环节，包括产品开发、保单分销、保单管理、资产管理及理赔管理，都存在潜在的专业供应商，它们为外包提供了外部条件。目前，越来越多的保险公司选择将自身不具备优势的业务外包，借助外部专业服务商的专业化优势，降低经营成本，提高核心竞争力。在未来的业务外包中，预计将出现几个重要趋势：

第一，“跨国跨境外包”将会成为未来业务外包的一大特色。这种外包方式将使各保险公司能够在更大范围内选择和享受专业化服务，从而更大幅度地降低成本。

第二，“信息技术外包”将成为各大保险公司的首选。根据YANKEE集团最近的报告表明，在财富500强企业中，几乎每一家都会考虑签订信息技术外包合同。外包商在美国的客户从大到小依次为金融部门、电信部门、公共设施、航空公司、保险公司。在营销方面，专业代理公司和经纪人将发挥更大的作用，代理人的角色将由传统的个人保险代理人向财务顾问转变，通过向客户提供财务咨询等增值服务来获取利润。

第三，保险公司不仅将自己的业务外包，同时也接受其他公司或其他行业外包业务，承担起第三方管理者的角色，而且这种趋势会在未来进一步加强。例如，在世界范围内，政府主办的公共养老供给日益不足，各国均鼓励个人和企业养老金计划。养老保险计划和商业年金产品具有相似的精算技术，而保险公司在资产负债匹配管理、保单管理与服务等方面积累了丰富经验，是养老保险计划理想的管理人。因此，保险人以第三方管理人的身份参与企业和个人的养老安排，必然是未来保险业经营的重要内容之一，尤其在那些正在进行社会保障制度改革的国家，保险业必将在其中发挥重要的主导作用。

（四）信息技术将成为保险公司技术创新的主要手段

以计算机信息处理技术和电子通讯技术为代表的高新技术对保险业产生了深远影响，改变了保险行业传统的销售方式、服务方式、业务流程，创新了保险企业的管理模式。信息技术的影响主要体现在以下几个方面：一是提高了保险服务质量。信息技术在保险业的应用，使保险业务经营突破了时空的限制，提升了业务处理的自动化水平，电子商务的发展使网上投保、网上缴费成为现实，由此大大提高了服务质量和服务效率；二是降低了服务成本。自动化程度的提高减少了保险公司分支机构的设置和雇员数量，从而节约了大量的成本；三是提高了保险公司的管理水平，增强了风险控制能力。

电子商务对保险业的影响可谓意义深远①。瑞士再保险公司在2000年一份报告中预测，到2005年，美国有将近70%的人使用互联网，这一比例在欧洲将达到45%左右。在金融全球化、网络化的冲击下，“网络保险”作为一种全新的经营理念和营销方式应运而生。网络保险不仅仅是一种营销渠道的创新，而且影响了保险的整个业务流程。保险公司不仅可以通过网络宣传公司的产品和服务，为顾客提供广泛的选择；而且可以提供咨询、投保、索赔等保险服务。保险中介则可以通过网络为保险公司、再保险公司以及客户提供超越地域限制的交易场所。电子商务最大的优点在于能降低成本。据Sigma估计②，在美国保险市场上，假设长期内保险公司都尽量开发和利用所有的电子商务机会，网上销售将在个人保险市场上获得10%～20%的份额，在理赔成本方面大约节约19%，在业务管理费用方面大约节约30%，在销售费用上大约节约30%，而在赔款上则大约节约5%。

四、新兴市场国家与发达国家监管的国际合作将进一步加强

经济全球化的继续发展必然带来保险业国际化的发展。为维护全球化保险市场的安全与稳定，各国保险监管机构加强合作是大势所趋，其中，新兴市场国家与发达国家的合作将是未来政府监管合作的主要内容。

首先，新兴市场国家的保险监管制度需要与国际接轨。在全球化的背景下，新兴市场国家的保险业要想在国际竞争中立稳脚跟，必须达到国际认可的标准，而这必然对监管制度的国际接轨提出要求。

其次，对跨国集团以及跨国业务的监管合作将成为合作的重点。随着国际保险资本流向新兴市场，新兴市场与发达市场之间的业务越来越频繁，要保护投保人的利益就迫切需要东道国和母国监管机构之间加强信息共享和交流，提高监管效率。

第三节　新形势下中国保险业对外开放面临的主要问题

在经济全球化和中国对外开放的大背景下，世界保险业发展的现状、特点和趋势，无不深刻地影响到中国保险业的发展，并带来和引发一系列的问题。我们只有充分认识这些问题，并立足于中国保险业的实际情况，才能抓住经济和保险全球化的机遇，充分发挥对外开放的积极作用，促进中国保险业的良性发展。

一、世界保险业的发展状况对中国保险市场的直接影响

（一）市场冲击

如前所述，中国保险业目前的整体水平与外国公司相比差距较大。在2004年年底过渡期结束、市场全面对外开放以后，中资保险公司在险种设计、精算水平、核保技术、售后服务等方面，特别是在经营管理水平、风险管理技术、资金运用能力、产品

① 资料来源：瑞士再保险公司：《Sigma》，6页，2000（5）。

② 资料来源：瑞士再保险公司：《Sigma》，24页，2000（5）。

创新能力、对客户需求理解力方面与发达市场成熟保险公司的差距将会更明显地暴露出来。尽管中国已初步形成中外资保险公司并存、中资公司占据绝大多数市场份额、多家保险公司竞争发展的市场格局，但具有雄厚资金实力、先进保险技术和丰富管理经验的外国保险公司的进入将使中国保险市场强势主体增加，竞争进一步升级。因此，市场冲击是未来中国保险业将要直接面临的严峻考验。

（二）人才的短缺和流失

人才问题是未来开放国际环境和中国开放条件下亟待解决的另一重要问题，它主要表现在以下两个方面：其一，人才短缺问题。人才不足，尤其是高素质的保险专业人才匮乏，是制约中国保险业发展的一个重要因素。今后，随着中国新的保险企业的设立以及外国公司陆续进入中国后的本土化要求，对高素质的保险管理人员、精算人员、营销人员等的需求将愈加强烈，人才短缺问题将日益严重；其二，中资保险企业人才的流失问题。从已进入中国保险市场的外资保险公司来看，除少数专业人员，如核保、精算人员外，一般都要采取本土化策略，中资保险企业面临着优秀专业人才流失的压力。受体制因素、发展路径等方面的制约，中资保险公司尤其是国有股份保险公司的员工综合福利待遇不如外资保险公司具有竞争力，在外资保险公司高薪、高职、良好的培训体系、灵活的升迁机制以及先进的人才管理方式的吸引下，中资企业人才流失问题会愈加严重。尽管人才的流动对人力资源的合理配置和市场发育多有益处，但在一定程度上对原本就缺乏人才的中资保险公司来说影响却是负面的。在这场竞争中，中资保险企业如果不能尽快地完善人才培养、使用和激励机制，优秀人才的外流将会直接削弱其市场竞争力。

（三）风险因素增加

随着经济全球化步伐的加快，中国保险业将面临更加复杂的经营环境，风险因素将大大增加。首先，国际保险资本从成熟市场流向新兴市场，虽然有利于促进保险公司产权的合理流动和保险业资源的有效配置，但同时也会造成保险公司控制权的频繁易手，影响保险公司经营的稳定性，而相对而言，中资保险公司又非常缺乏资本市场的运作经验；其次，长期来看，随着保险业对国际资本市场的依赖程度进一步加深，中资保险公司将不再局限于利用国内资本市场进行投资和分散风险。尽管国际资本市场比国内资本市场更加成熟和市场化，但对于相对缺乏市场化运作经验和投资风险控制能力的中国保险公司而言，面临的却可能是更大的风险；最后，从国际保险公司的业务发展趋势来看，外包将成为保险公司提高竞争力的重要手段，而业务外包的一个重要前提条件是社会具有普遍的诚信精神。在中国目前的社会信用状况下，保险公司进行大量的业务外包如第三方资产管理等，将面临巨大的信用风险。

总而言之，在开放和国际化的环境中，保险企业面临的风险种类大大增加，处理这些风险的难度也将显著上升，需要保险公司具备更高的、全面的风险控制能力。

二、世界保险业发展的状况对中国保险业的经营环境提出了新的要求

（一）高度发达的资本市场

如前所述，未来保险业与资本市场的关联度将越来越紧密，而中国却没有一个完

善成熟的资本市场来满足保险业的需求，支持保险业的发展。从投资方面看，中国证券市场缺乏成熟的机构投资者，结构失衡。在股市扩容急需大量资金的情况下，这种市场结构的缺陷导致长期以来证券市场缺乏理性投资理念，短期炒作和投机盛行，市场稳定性差，风险大量蕴藏，不适于追求安全稳健的寿险资金；债券市场容量相对又太小，与寿险资金庞大的资金规模不相称，而较低的债券收益率又使得债券投资的吸引力有限。因此，保险公司通过证券市场实现资金升值的效果并不理想。从筹资方面而言，国内保险公司尚无一家在国内证券市场上实现股权资本的筹集，只有个别保险公司发行了次级债，但发行规模有限，并且所筹资金不能够计入核心资本。总体而言，中国资本市场还未成为保险公司的重要筹资场所。至于保险公司借助资本市场这一载体分散、转移风险，中国尚处于对这类问题的初步研究及基础设施建设阶段。显然，证券市场的不完善性不仅影响到保险的资金融通和投资功能，也影响到保险市场承保能力的扩大及保险保障功能的发挥。

（二）高效运作的大型企业

如前所述，20 世纪 90 年代以后，世界保险业的大规模并购导致保险公司的规模越来越大，相对于国外已有的大型金融集团而言，中国保险企业将由于规模较小而处于十分不利的竞争地位。由于中国保险公司盈利水平普遍不佳，短期不可能通过自我积累获得发展所需的大量的资本金，而利用资本市场、通过上市融资扩大规模，却又受自身偿付能力和盈利水平及资本市场发展状况的制约。目前，只有中国人寿、中国人保和平安保险 3 家中国最大的保险公司实现了在海外资本市场上市。而在国际保险业并购浪潮迭起之际，中国保险界仍未出现通过并购导致保险公司规模迅速扩大的事件。企业规模偏小且无法有效扩大成为中国保险公司（尤其是成立不久的众多中小保险公司）走向全球、提高国际市场份额的掣肘因素。

更为重要的是，目前中国保险企业的经营效率普遍较低，在国际保险企业的竞争压力下，中国保险公司不仅需要努力控制经营成本，更需要加快经营机制的转换。首先，有效的公司治理结构是提高公司经营效率的重要前提，而这必须以清晰的产权制度为保障。因此，加快国内保险企业的产权制度改革，引入国外资本和国内民营资本参与企业股份制改造、促进产权多元化、加快已改制企业内部治理结构的完善成为当务之急；其次，保险企业需要大力提高内部经营管理水平，建立灵活高效的运营机制以及合理的薪酬激励措施，以应对外资保险公司进入所带来的市场冲击和人才冲击。最后，中国保险业的主导经营方式仍为产品经营，企业规模的扩大主要通过承保业务的扩张进行。但是，如果在追求业务扩张的过程中片面追求短期的保费收入规模和市场份额，忽视业务质量、业务结构、产品创新和长期可持续发展，极易积累巨大的经营风险，并由此严重危害到其长期经营效率。因此，中国保险公司还需要认真思考做大与做强的关系问题，慎重选择发展战略。

（三）高科技含量的信息技术

在信息技术高度发达的当今社会，保险公司之间的竞争在很大程度上表现为保险技术的竞争。国内保险公司尽管在内部管理的计算机化和内部联系的网络化方面取得了一定成绩，但是在营销和理赔管理方面仍与国外有很大差距。例如在营销方面，国外保险公司已经开始通过数据采集、统计和分析，挖掘客户的潜在消费需求，进行个性化营销，而国内保险公司仍在采用传统的“人海式”、“地毯式”的销售手段，这使得国内保险公司难以较快提升其服务质量和服务效率。因此，如何利用信息技术创新以适应新形势下的国际保险业经营特点、提高保险市场运作效率也是中国保险业面临的一个重要问题。

（四）高效率的保险监管

未来保险跨国并购、混业并购以及由此导致许多金融控股集团产生的趋势将给中国保险监管带来一系列新的问题：一是混业经营的监管问题。虽然目前实践中中国的银行、保险、证券已经开始了相互渗透和相互融合，但这种融合还停留在交叉销售、服务融合等金融一体化的较低层面上，主要还是实行分业经营及相应的分业监管。这种监管模式显然难以适应未来保险业跨国和混业并购带来的金融混业经营趋势；二是资本管制问题。保险业，特别是人寿保险，聚集了大量的长期资金，对资本市场具有举足轻重的作用，而且具有很强的社会性。外国保险公司依靠其带来的有限外资，可以在中国国内保险市场上通过收缴保费的形式聚集几倍数量的资金，如何有效处理保险资金境内外流动所带来的潜在控制风险，如何避免外资公司对会计利润的人为操纵、避免其利润汇回行为对其国内经营分支机构偿付能力的危害都是影响到中国宏观经济中货币政策和财政政策的运用，乃至国家经济安全的重要问题，这些都对中国目前的监管能力和水平提出了巨大的挑战。

第三章 “十一五”期间中国保险业对外开放的战略构想

第一节 “十一五”期间中国保险业对外开放的基本背景

“十一五”时期将是中国国民经济和社会发展的重要战略机遇期。从国内来看，整个国民经济将继续保持增长势头，政治、社会各项改革将稳步推进，党中央和国务院已经做出了完善社会主义市场经济体制的战略部署，下达了构建和谐社会的战略要求，提出了全面建设小康社会的战略目标。完善的社会主义市场经济体制要求市场在资源配置中的基础性作用得到更大程度的发挥。一国在突发灾难事件后主要依靠财政手段还是保险市场来帮助恢复经济，是判断一个经济体的特质的重要标准：前者还是一个政府主导型经济，后者才是真正的市场经济。构建社会主义和谐社会，同建设社会主义物质文明、政治文明、精神文明是有机统一的，我们要通过发展社会主义社会的生产力来不断增强和谐社会建设的物质基础，通过发展社会主义民主政治来不断加强和谐社会建设的政治保障，通过发展社会主义先进文化来不断巩固和谐社会建设的精神支撑。综观上述任务，保险业无疑可以从“发展社会主义社会的生产力来不断增强和谐社会建设的物质基础”这个方面来作出自己的贡献。和谐社会要求企业生产和人民生活享有基本的安全保障，社会公众享有基本的生存和发展权，一个从计划经济向市场经济过渡的社会，如果没有保险业及时填补转轨过程中的保障真空，这个社会就不可能是一个和谐的社会。全面小康是经济更加发展、人民生活更加殷实的小康，缺乏保险业保驾护航，国民经济不可能更加发展，人民生活不可能更加殷实，这样的小康不可能是可持续的全面小康。

国内经济社会发展的基本形势为“十一五”时期中国保险业的改革发展提供了难得的机遇，同时也提出了更高的要求。中国经济改革开放和中国保险业恢复发展的20多年的实践经验告诉我们，如果没有对外开放，中国保险业的改革发展不可能取得今天的成绩，中国保险业也不可能取得今天在国民经济和社会发展中的重要地位。

从国际环境来看，和平与发展仍是时代主题，可以争取较长时期的和平国际环境和良好的周边环境。在保险领域，世界保险业发展迅速，在整个世界经济中的作用日益突出。新兴保险市场发展势头强劲，是世界保险业最具活力、最具吸引力的新的“增长极”，其中亚洲保险市场的发展趋势尤为强劲，这种持续增长的趋势将使未来的亚洲保险市场成为国际保险资本进入的首选地。在亚洲保险市场中，虽然目前中国市场的影响力还很有限，但“十一五”期间中国可预见的有利的对外开放环境和巨大的市场潜力，将使中国成为国际保险资本争夺的最重要的市场。

因此，可以预见，“十一五”期间中国保险业面临的国内国际环境总体上是有利的。充分把握“十一五”这一重要战略机遇期，统筹保险业的对外开放和对内改革，促进中国保险业持续快速健康发展，是完善社会主义市场经济体制的要求，是构建和谐社会的要求，是全面建设小康社会的要求，也是国民经济和社会发展更上一个新台阶的要求。

第二节 “十一五”期间中国保险业对外开放的基本原则

面对国民经济和社会发展新阶段的形势和任务，中国保险业必须继续坚定执行对外开放的基本政策。“十一五”期间，中国保险业对外开放应坚持以下三个基本原则：

第一，以“服务国民经济和社会发展”为宗旨。服务国民经济和社会发展是中国保险业对外开放的一个根本宗旨。保险业的对外开放不是为了开放而开放，也不是仅仅为了保险业的发展而开放，而是为了服务国民经济和社会发展的大局。“十一五”期间中国保险业对对外开放要提高认识，开放不是简单地为了履行保险业加入世贸组织的承诺，而是要通过开放达到服务国民经济和社会发展的根本目的。

第二，以“提高保险产业国际竞争力”为主题。提高中国保险业的国际竞争力是中国保险业对外开放的主题。欲达到服务国民经济和社会发展的目的，中国保险业必须提高国际竞争力，而提高国际竞争力在市场封闭的状态下是不可能实现的，必须依靠对外开放。保险业对外开放、引进外资保险公司，不是为了挑战内资保险公司；开放中对外资的过渡性限制，也不是为了束缚外资保险公司。况且，随着外资合资、参股主体的增加，内外界限将变得相对模糊。如果说，“十五”期间中国保险业的对外开放是以通过“模仿”来适应国际保险业的经营环境作为“主题”的话，那么，“十一五”期间保险业对外开放的主题则是通过“创新”来提高中国保险业作为一个整体的国际竞争力。

第三，以“利用开放促进改革与发展”为主线。利用对外开放促进中国保险业的改革与发展是中国保险业对外开放的一条基本主线。如果说，从“八五”到“十五”期间中国保险业的开放与改革更多的是一种“改革接纳开放、开放倒逼改革”的关系的话，那么，“十一五”期间中国保险业将更多地呈现出“改革需要开放、开放促进改革”的特点。通过十几年的“试点开放”和“过渡期开放”，我们可以清楚地看到，对外开放已经成为中国保险业改革发展的重要推动力量。“十一五”期间，中国保险业欲追求更高层次、更高质量的发展，必须充分利用对外开放带来的各种有利机遇和契机，充分发挥对外开放在促进中国保险业改革与发展方面的积极作用。只有这样，才能提高中国保险业的国际竞争力，才能更好地为国民经济和社会发展服务。

判断一项政策或一种行为是否服务了国民经济和社会发展、是否提高了保险产业国际竞争力、是否促进了开放与改革良性互动，有时是很复杂、很困难的。对于这些问题，要深入而不是表面地看，要全局而不是局部地看，要辩证而不是片面地看，要动态而不是静态地看。

第三节 “十一五”期间中国保险业对外开放的总体思路及政策建议

“十一五”期间，随着对外开放过渡期的结束，中国保险业将迎来它的第三个对外开放的浪潮。与1992年的“试点开放”和2001年加入世贸组织由此开始的“过渡期开放”相比，“十一五”期间中国保险业对外开放将呈现出“主动全面开放”的新格局，即由有限范围和领域内的开放，转变为全方位的开放；由以试点为特征的政策性开放，转变为在法律框架下可预见的、与世贸组织成员之间的相互开放；由被动开放转变为主动开放。由此可见，“十一五”期间的对外开放将由在“十五”期间对外开放基础上逐渐积累的“量变”催生出一个新的“质变”。

关于“十一五”期间对外开放是否会对中国保险业带来较大的负面冲击的问题，本课题组的基本判断是：风险虽存但可控。我们的基本理由是：第一，从国际经验看，外国保险人垄断东道国国内市场的情况非常鲜见，即使在那些外国保险人占相当份额的市场，也没有证据表明出现了明显的负面影响，而且相反，这些市场上的产品和服务往往相对质优价廉[①]；第二，从市场力量看，随着中国保险业市场化进程的推进和市场主体多元化格局的形成，单一外资主体和外资总体的市场份额增长必定会受到市场竞争的强有力约束；第三，从政府防线看，保险监管机构可以依托国家主权和国际规则，对外资主体进行监控和督导，防止其不正当的市场行为。因此，如果处理得好，对外开放可能产生的负面影响是可以减轻和避免的，风险是可控的。

进一步来看，课题组认为，“十一五”期间，中国保险业的对外开放不仅不必畏前畏后，而且应当更加积极主动，为将中国保险市场培育为一个国际化程度较高的保险市场奠定基础。中国改革开放20多年，有人抱怨当初“市场换技术”的策略没有成功。实际上，对于这个问题应当深入一步看[②]。商务部的有关研究报告指出，跨国公司来华经营的根本动机是追求利润，跨国公司是否将技术特别是核心技术转移到中国来，主要基于市场竞争状况，这种竞争不仅是外资企业和国内企业的竞争，而且更多地表现为跨国公司之间的竞争。因此，如果中国市场国际化、国内竞争国际化，那么，跨国公司就必须向中国进行技术转移。具体到保险业，道理是相同的。如果我们只是引进少量的外资保险公司，那么，由于市场竞争不充分，这些外资公司就没有动力和必要来转移保险经营管理的一些核心技术。但如果我们继续坚持对外开放的政策，依据加入世贸组织承诺积极主动开放市场，逐步使中国保险市场成长为一个国际化程度较高的保险市场，那么迫于市场竞争压力，外资保险公司就会将越来越多的核心经营管理技术转移到中国来，以增强自己的竞争能力。而与此同时，由于中资保险公司有着很强的学习能力，不出国门就可以学到国际先进的技术经验。将这些方面的因素整合

① Harold Skipper：《International Risk and Insurance》，113～114页，1998。Skipper提到的外国保险人占相当份额的市场有：阿根廷、澳大利亚、奥地利、加拿大、智利、丹麦、中国香港、墨西哥、荷兰、英国和波兰。

② 参见商务部研究院跨国公司研究中心：《跨国公司在中国报告》，2005。

起来，无疑可以加快提升中国保险业作为一个整体的国际竞争力。

在以上分析的基础上，课题组提出，“十一五”期间中国保险业对外开放的总体思路是：坚持以“服务国民经济和社会发展”为宗旨，坚持以“提高保险产业国际竞争力”为主题，坚持以“利用开放促进改革与发展”为主线，在“十五”期间对外开放积极成果的基础上，在中国政府有关保险业加入世贸组织承诺的框架下，进一步解放思想，更加积极主动地实施对外开放，为将中国保险市场培育为一个国际化程度较高的保险市场奠定基础。

第四节　“十一五”期间中国保险业对外开放的基本策略

“十一五”期间，为了促进中国保险业的改革与发展，为了提高中国保险产业的国际竞争力，为了更好地服务国民经济和社会发展，课题组认为，应当采取以下四项基本策略，即“内外发展和谐化”、“区域政策差异化”、“风险防范长效化”和“监管合作制度化”。

一、内外发展和谐化

不论哪个产业的对外开放，其主要矛盾都是“内外”关系，保险业也不例外。在这个问题上，我们建议秉持“内外发展和谐化”的思路。此处“内外发展和谐化”包括两个层面的和谐：一是内资公司和外资公司之间的和谐；二是国内资本和国外资本之间的和谐。

（一）内资公司和外资公司之间的和谐

对于内资保险公司和外资保险公司，遵循国民待遇的原则，在基本的法律法规和政策实施上应当平等对待。一方面，改善外资保险公司的“次国民待遇”，尽量减少法律法规中的歧视性条款和金融监管中的歧视性行为；另一方面，尽快取消外资保险公司的“超国民待遇”，统一内、外资保险公司的税种和税基标准，做到税负平等，但对政府鼓励的中外资保险公司，可以采取特殊政策。

（二）国内资本和国外资本之间的和谐

对于中外合资保险公司中的国内资本和国外资本，以及有外资参股的中资保险公司中的国内资本和国外资本，鼓励和谐共处、充分发挥“加法效应”（即“一加一大于二”的效应）。对于中外合资保险公司，鼓励合资双方充分发挥各自的比较优势，取长补短，优势互补，求同存异，高效磨合。对于有外资参股的中资保险公司，鼓励充分借鉴利用外资股东在资金、技术、经验、人才等方面的优势，处理好引进、消化、吸收、创新之间的关系，尽快做大做强。

二、区域政策差异化

中国保险业恢复发展 25 年，特别是对外开放 13 年来，东部沿海地区的保险业有了长足发展，相比之下，中西部地区和东北老工业基地的保险市场相对落后。这种相对落后是整个国家经济发展区域结构非均衡的结果。在“十一五”中国保险业新的对外开放时期中，外资保险公司进入中国将没有地域限制，但我们认为，出于商业利益的考虑，外资公司仍然会将业务集中在经济相对发达、基础设施相对健全、人均收入较高、“簇群效应”明显的东部地区。在这种情况下，我们应当采取差异化的区域政策，鼓励保险业，特别是有专长的外资保险公司积极参与到国家西部大开发、中部崛起和东北振兴的重大战略之中。

（一）中西部地区

在国家实施西部大开发和中部崛起战略的背景下，保险业应制定相应的区域发展战略，调整区域结构，实现中国中、西部地区保险业的跨越式发展，更好地为国家区域发展战略服务。增加中西部地区保险经营主体数量，加快外资保险公司进入中西部的市场准入审批，在税收上采取优惠政策。

（二）东北老工业基地

振兴东北老工业基地是国家实施经济协调发展的重大战略举措，为把握历史机遇，保险业在东北老工业基地的发展要体现新思路、迈开新步伐，积极参与工业调整改造、农业产业升级和社会保障改革，充分发挥保险的经济补偿和资金融通等重要作用。有侧重地引进外资保险公司进入东北地区开展商业养老保险、商业健康保险和农业保险业务。推动保险企业参与地方企业年金试点，争取包括针对年金试点企业、个人和保险公司的税收优惠支持。

为增强中西部地区和东北老工业基地对保险企业、特别是外资保险企业的吸引力，应积极考虑争取给予该区域保险企业合理的税收优惠政策，放宽该区域外资保险公司组织形式方面的限制。对于外资保险公司进入中西部地区和东北老工业基地，保险监管机构可以考虑在审批时设立“绿色通道”，在同等条件下优先审批。

三、风险防范长效化

任何行业的对外开放，都可能会遭遇这样那样的风险，保险业作为金融业的一部分，其在对外开放中可能面临的风险（如外资支配风险、外汇流失风险、危机传染风险）更加引人关注。在考虑对这些风险进行防范时，应当着眼于建立风险防范的长效机制，而不只是满足于“救火”式的短效行为。“十一五”期间，在风险防范长效化方面应当重点做好三个方面的工作：一是时刻把握一个核心，即偿付能力监控；二是努力构建两面坚实有效的“金融风险防火墙”；三是切实建立“三位一体”的多维监管模式。

（一）一个“偿付能力监控核心”

外资保险公司在中国建立经营机构，需要注入注册资本或营运资金，这反映在中国国际收支平衡表中是资本项目项下的外汇流入；外资保险公司的利润汇出或与母国公司因再保险或其他交易而向外付费，属国际收支平衡表中经常项目项下的外汇流出。在保险业对外开放的前期，外汇流入较多，后期外汇流出可能逐渐增多。对于这个问题，应当辩证地看。其一，后期的外汇流出不一定超过前期的外汇流入，抵消之后不一定是外汇净流出；其二，即使是外汇净流出，如果引入外资保险能够为境内企业提供较低成本的保险产品和服务，那么较低的保险成本反映到企业生产中是较低的生产成本，较低生产成本的产品更具出口竞争力，出口增加可能带回更多的外汇流入，因此，保险业的局部外汇净流出对国家整体国际收支则可能是正面的影响。

从保险业的角度看，对于正常合理的外汇流出，不必担心，也不应限制；需要重点防范的是不正常、不合理的“外汇流失”风险，如少提或虚提准备金、虚报注册资本、资本外逃等。对于这类外汇流失风险，关键是要时刻把握对保险公司偿付能力的核心监控，保证保险公司依法按时足额提取各项准备金，在任何时候都具备实实在在的充足的偿付能力。

（二）两面“金融风险防火墙”

“十一五”期间，应努力构建两面坚实有效的“金融风险防火墙”。一面是“金融混业风险蔓延防火墙”；另一面是“国际金融危机传染防火墙”。

首先，混业经营使金融风险蔓延的可能性和破坏性大大加强。金融风险蔓延表现为两种形态：一是宏观形态，即在金融行业之间蔓延；二是微观形态，即在金融服务集团内部蔓延。金融风险蔓延的两种形态存在着紧密的联系，微观形态的金融风险蔓延可能会引发宏观形态的金融风险蔓延。同时，宏观形态的金融风险蔓延也会引发微观形态的金融风险蔓延。混业经营是世界金融业发展的一大趋势，实施对外开放的中国也在顺应这一发展趋势。许多在国内经营的保险公司，特别是外资保险公司，本身都是金融控股集团下设的一家子公司，在混业经营的金融控股公司内部，银行子公司、证券子公司或其他子公司的经营风险可能会蔓延到保险子公司，因此，构建“金融混业风险蔓延的防火墙”十分必要。在这方面，国内“一行三会”（中国人民银行、银监会、证监会、保监会）制度化的监管合作十分重要。

其次，随着经济全球化和金融国际化的发展，国家与国家之间、市场与市场之间，金融危机传染的可能性大大增加，国外保险业或银行证券业的危机很可能通过跨国经营或国际金融市场等渠道传递给国内保险业。一方面，如果“十一五”期间中国资本项目开放，那么国际金融风险可以通过影响中国证券市场进而影响包括保险公司在内的证券市场的机构投资者，通过影响人民币汇率进而影响包括保险业在内的整个中国金融业；另一方面，即使“十一五”期间中国资本项目不开放，国际金融危机传递的渠道仍然存在。一是通过跨国保险公司和跨国金融控股集团进行传递，如外国保险公司或外国金融控股集团经营失败传递给其设在国内的分支机构；二是通过国际资本市场进行传递，如国际金融风险通过传递给在国际资本市场上投资的中国保险公司，进而传递给中国保险业。因此，“国际金融危机传染防火墙”的构建必不可少。在这一方面，对保险公司外汇账户、海外融资和海外投资等的监管显得尤为重要。

（三）“三位一体”的多维监管模式

市场可能失灵所以需要政府监管，政府可能失灵所以政府不能无所不管。中国保险业对外开放中的风险防范，无疑需要政府，但光靠政府又是不够的。从逻辑链条看，这种风险防范的层次依次为公司内控、行业自律、社会监督、政府监管、司法管辖。越靠链条前端，风险防范的成本越低；越靠链条后端，风险防范的成本越高。从保险业监管（不包括公司内控和司法管辖）的角度看，应当适应行业特点，按照各方获取信息的比较优势，切实赋予行业协会和社会公众一定的管理和监督权利，最终形成政府监管、行业自律、社会监督（特别是媒体监督）三位一体的整合监管模式，确保对中国保险业对外开放中可能出现的各种风险能够做到有效的监控与防范。

四、监管合作制度化

“十一五”期间，保险业在对外开放进程中将会进一步出现更多的创新模式或创新行为，对于创新事物的政策沟通协调，不仅需要深化国内不同政府部门之间的部际合作，也需要加强有关各国保险监管部门之间的国际化合作，并且需要加快国际化保险监管人才的培养和引进。

1. 深化国内部际合作

“十五”期间，保险监管机构与其他政府部门之间的部际合作，如“一行三会”的金融监管合作、与劳动和社会保障部等国家有关行业主管部门的合作、与财政部等国家宏观职能部门的合作、与有关地方政府的合作，都取得了一定的进展。但总体而言，这种合作还处在零星随机的合作阶段，“十一五”期间，应将这些合作引向更加全面、深入和制度化的平台上。建立制度化合作平台的最大好处在于降低各种政策协调的“交易费用”。可以考虑建立若干“部际协调工作小组”，在有关问题上由工作小组代表保险监管机构与有关部委或地方政府保持经常性接触、联系和协调。通过建立制度化、可操作的部际监管合作平台，为中国保险业的对外开放和改革发展争取更有利的政策环境，使中国保险业能够更快地提高国际竞争力，更好地为国民经济和社会发展服务。

2. 加强国际监管合作

中国保险业的对外开放是在经济全球化和跨国金融集团蓬勃发展的大背景下展开的。如果各国保险监管机构之间信息沟通不畅、监管合作不力，则可能给某些自律不强的跨国保险公司提供可乘之机，它们可能利用所占有的信息优势，用同样手段在不同国家或地区的市场上从事同类违规行为，或通过错综复杂的跨国交易来规避监管。“十一五”期间，应积极利用国际保险监督官协会等国际组织，充分把握主办2006年国际保险监督官协会年会的有利时机，搭建切实有效的国际保险监管对话机制和合作平台，探索建立不同层次的与外资保险母国监管机构定期会晤的机制，如考虑设立一年一度的“中外保险监管合作论坛”，邀请有关外资保险母国监管机构领导人参加，为中国保险监管机构与有关国家或地区保险监管机构之间进行良好的信息沟通和监管合作搭建长期的制度性平台。

3. 加快国际化监管人才培养

中国保险业的对外开放是在国内保险业与国际保险业有差距、国内保险监管水平和国际保险监管水平有差距、政府监管能力提升速度与保险产业创新发展速度有差距的背景下展开的。“十一五”期间，这种差距将继续存在，因此，欲从容应对中国保险业对外开放中出现的各种问题，首要任务是加快国际化保险监管人才的培养和引进，如加大力度引进学有所成的留学归国人员加入保险监管队伍；与有关机构合作，加大力度派遣现有监管人员到境外监管机构、高等院校、保险公司和国际组织进修学习，提高专业素养和监管能力等。

参考文献

1. 北京保险学会:《中国保险前沿问题研究》，北京，中国金融出版社，2003。

2. 陈秉正:《国际保险业的九大趋势》，载《中国保险》，2002（2）。

3. 陈文辉:《2003 中国人身保险发展报告》，北京，中国财政经济出版社，2004。

4. 池晶:《论世界保险业的金融化趋势》，载《保险研究》，2000（7）。

5. 杜墨:《国际保险业发展的新特点及启示》，载《保险研究》，2003（3）。

6. 江生忠:《2004 年中国保险业发展报告》，北京，中国财政经济出版社，2004。

7. 江小涓:《中国的外资经济——对增长、结构升级和竞争力的贡献》，北京，中国人民大学出版社，2002。

8. 商务部、国家统计局:《2003 年度中国对外直接投资统计公报（非金融部分）》。

9. 吴定富:《中国保险业发展改革报告（1979～2003)》，北京，中国经济出版社，2004。

10. 张向箐、吴建伟:《挑战与探索——跨国金融企业竞争战略全景透视》，北京，中国出版集团东方出版中心，2004。

11. 赵卫星:《全球保险业并购动因、影响及启示》，载《金融研究》，2004（5）。

12. Harold D. Skipper. Jr 等:《国际风险与保险——环境管理与分析》，机械工业出版社，1999。

13. Stephen Hall. *Industry Outlook*: *Better Times May be ahead in 2004*, *Resource*, LOMA, January 2004.

14. Thailand Schedule of Specific Commitments, Supplement 1 Revision, General Agreement on Trade in Services, GATS/SC/85/Suppl.1/Re, 4 October, 1994.

15. Thailand Schedule of Specific Commitments, Supplement 3, General Agreement on Trade in Services, GATS/SC/85/Suppl.3, 26 February 1998.

16. Swill Re. Sigma, Series.

保险业新增长点的培育和开发研究

首都经济贸易大学金融学院课题组

课题负责人：庹国柱

课题组成员：朱俊生　段家喜　王国军　李文中
张晓红　张欲晓　王平生　董　蓉
赵皖平　和　蓉　李　瑶

第一章　养老保险增长点的培育与开发

2000年以前，基本养老保险制度之外的补充养老保险由社会保障部门和商业保险公司分别提供。由社会保障部门管理的补充养老保险称为“企业补充养老保险”；由商业保险公司经营的补充养老保险称为“商业团体养老保险”，前者实际上是政策性保险，后者才是纯粹的商业保险。2000年，国务院42号文件将由社会保障部门管理的补充养老保险更名为“企业年金”，但管理方式和内容不变。2004年，劳动和社会保障部《企业年金管理办法》和《企业年金基金管理办法》出台，要求社会保障部门管理的企业年金一律交由保险公司或者专业的养老金公司、投资基金、信托公司、银行等金融机构进行商业化运营。

商业团体养老保险、企业年金和商业个人年金三者之间的关系如图1－1所示：

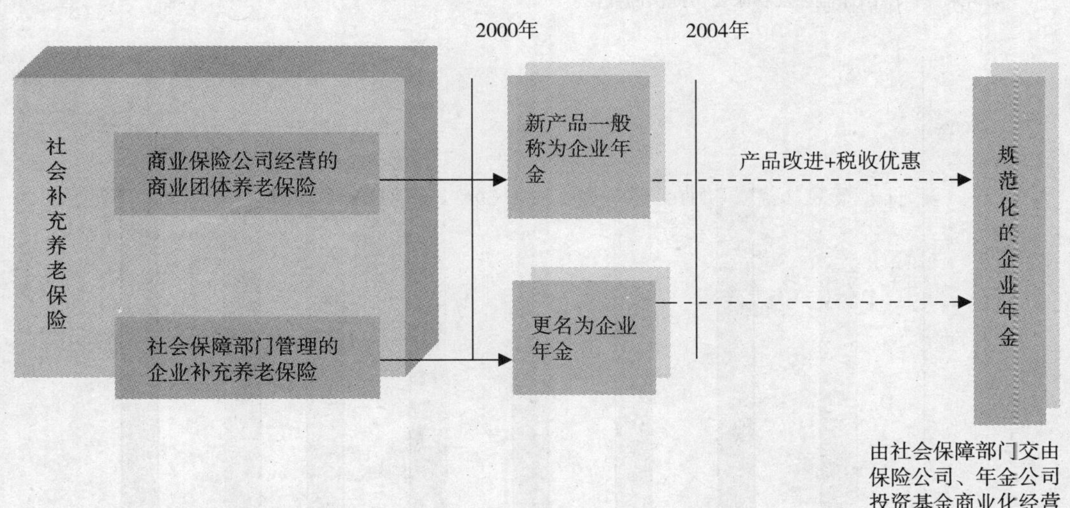

图1－1　商业团体养老保险和企业年金的关系

第一节　养老保险发展的现状和存在的问题

近年来，无论是团体养老保险，还是企业年金，抑或个人年金，都得到了较快的发展。团体养老保险的保费从2000年的88.4亿元增至2003年的234.26亿元，计划成员数达到633.5万人，团体养老保险占寿险保费收入的份额约为14.3%。

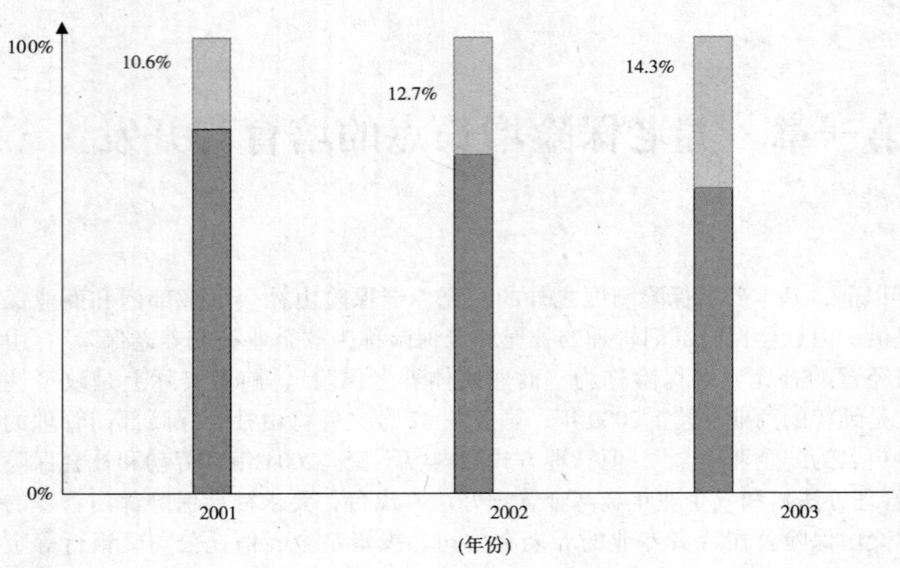

图 1－2　团体养老保险的发展态势

资料来源：中国保监会及各家公司提供的数据。

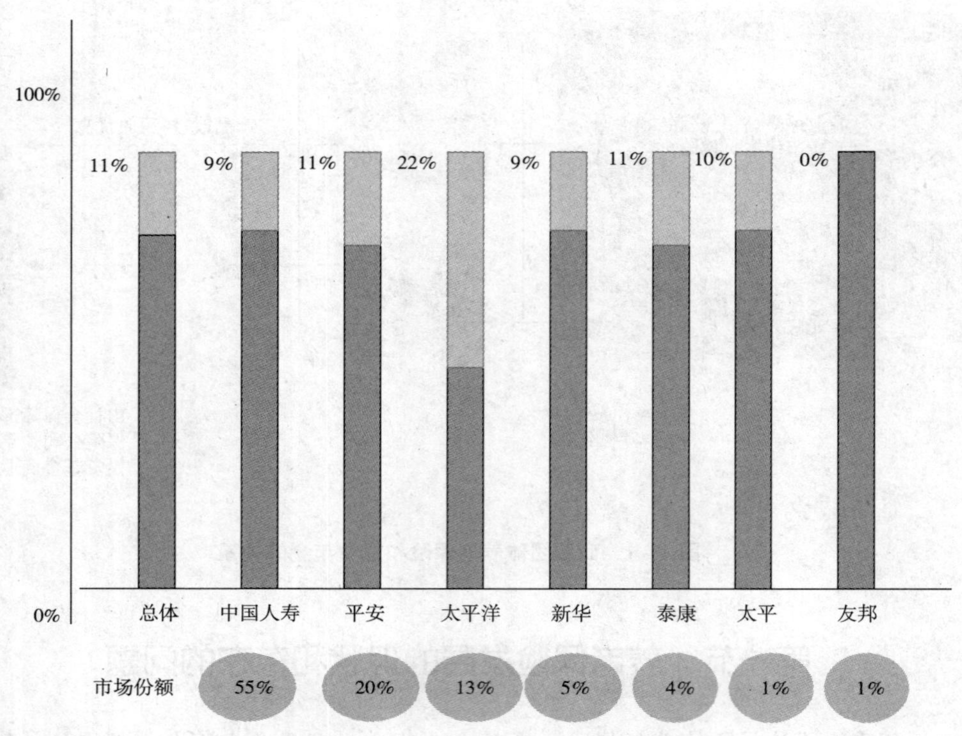

图 1－3　各家公司团体养老保险的情况

资料来源：中国保监会及各家公司提供的资料。

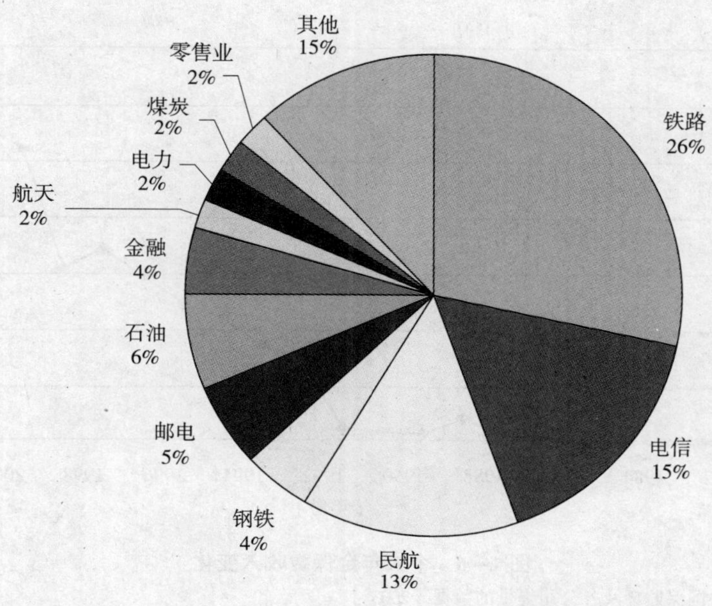

图 1-4 团体养老保险行业分布

资料来源：中国劳动和社会保障部提供的资料。

从总体上看，我国企业年金的现有发展水平比较低。目前我国企业年金资产仅占GDP的0.22%，覆盖范围仅为基本养老保险的5%，而且中国企业年金的发展不平衡，建立年金计划的企业大都是优势性行业和企业，特别是垄断行业。

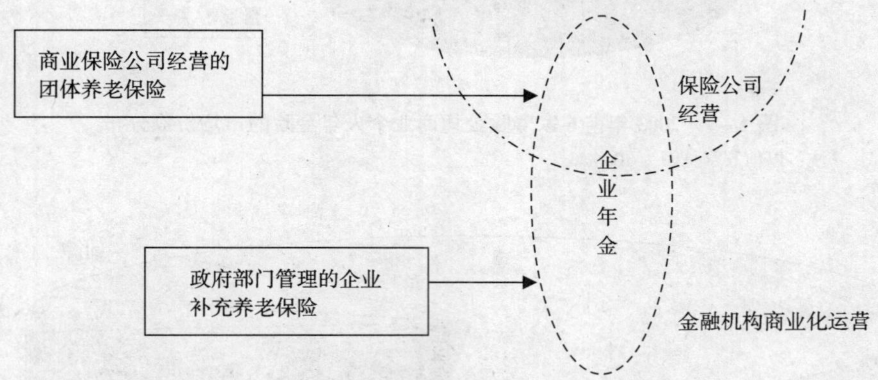

图 1-5 中国企业年金发展示意图

个人养老保险业务保持了快速增长的发展势头，但占寿险公司保费收入的比例仍然很低。2003年，个人年金险的保费收入约为170亿元人民币，仅占寿险公司保费收入的4.4%。而且个人年金发展很不均衡，经济发达的城市占据了个人年金大部分的市场份额，个人年金的地域分布也比较集中。北京、上海、重庆等15个城市的个人年金的保费收入占到全国个人年金保费收入的近50%。

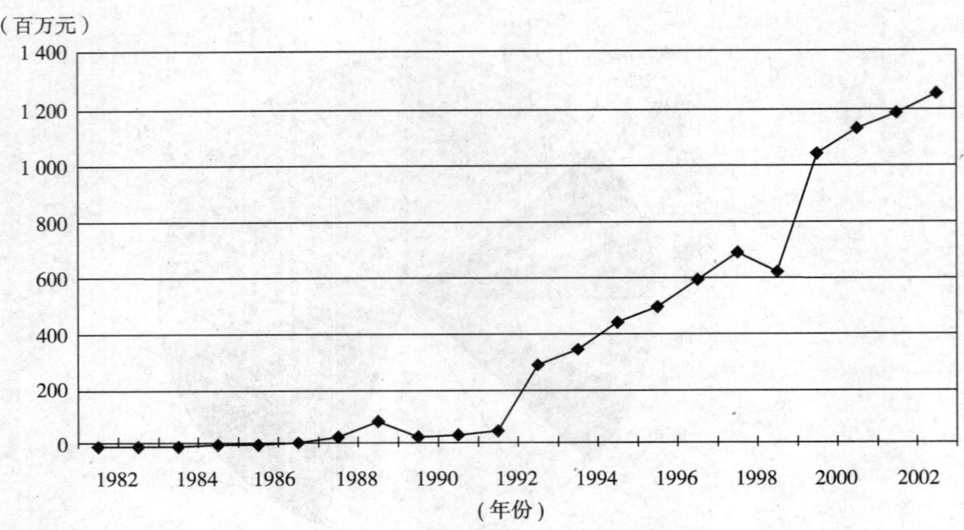

图 1－6　个人年金保费收入变化

资料来源：中国保监会及各公司提供的数据，2003。

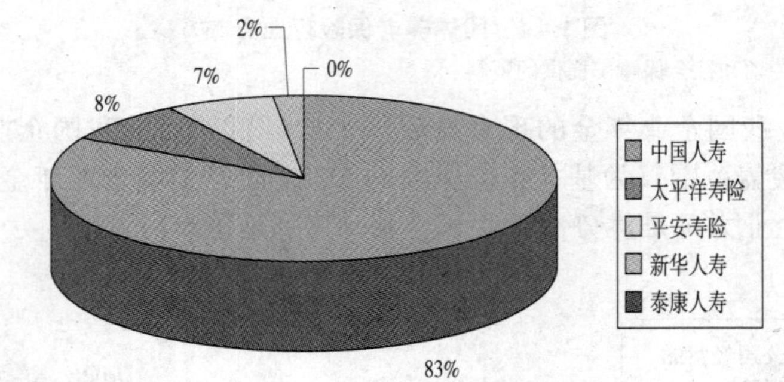

图 1－7　2003 年前 6 家寿险公司商业个人年金险的市场份额分布

注：以前 6 家总额为 100%。

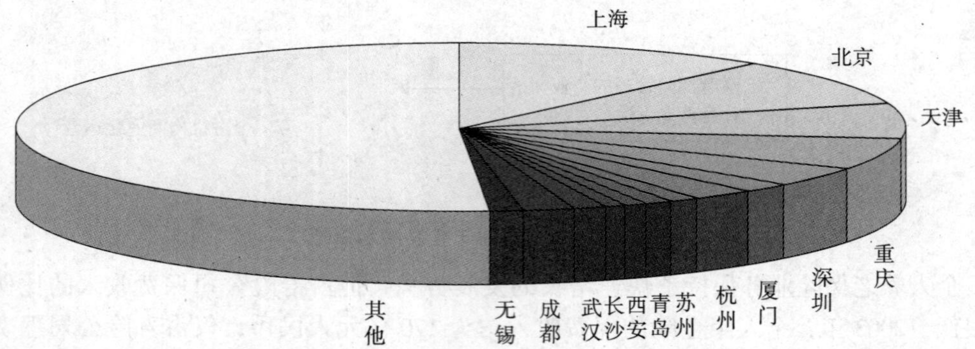

图 1－8　个人年金保费收入的地域分布

资料来源：中国保监会及各公司提供的数据。

在发展的同时，养老保险还存在不少问题：除了规模偏小、不透明、不规范的共性问题之外，团体养老保险还存在险种雷同、人情展业、政策制约、结构单一等问题。企业年金的发展存在缺乏基本法律规范、政策支撑体系薄弱、管理不规范、投资低效，渠道狭窄、风险高、人才匮乏等问题。商业个人年金发展面临的主要问题是税收优惠政策缺失、规模偏小、产品单一以及投资低效等。

第二节 为什么养老保险将是新的增长点——发展潜力分析

一、社会养老保险改革为商业养老保险发展提供了广阔的空间

（一）社会养老保险的覆盖面低

社会养老保险低覆盖、低水平及其改革取向为商业养老保险提供了广阔的发展空间。截至2003年，全国参加城镇基本养老保险的人数为15 490万人，相当于城镇人口的30%；其中参保职工11 638万人，参保职工人数相当于城镇就业人口的45%。就是说城镇人口的70%以及农村人口的95%以上尚处于缺乏社会养老保障的状态。

（二）社会养老保险的财务压力大

城镇社会养老保险的可持续发展面临较大困境。自20世纪90年代后期以来，全国企业养老保险保费收入即使在个人账户“空账运行”的情况下，大部分省市区都一直收不抵支，且年度赤字规模持续扩大，只能依靠各级政府的财政补贴。2002年，中央财政共向其补助408.2亿元。这种资金上的巨大缺口使得目前确定的“统账结合”的养老模式基本上难以顺利实现。

（三）社会养老保险的实际替代率低

更重要的是，目前我国社会养老保险的真实替代率很低，迫切需要企业年金和商业养老保险去提高养老保障水平。据我们对一些改制企业、事业单位、国有企业的调查，其实际替代率为20%～50%左右。在这种情况下，我们的城镇基本养老保险将难以达到人们基本养老需求的制度设计目标。迫切需要发展企业年金和商业养老保险，以提高养老保障水平。

表1-1 课题组对某改制企业员工养老金替代率测算（姓名省略）

职务	职称	在职合计（元/月）	退休合计（元/月）	替代率（%）
副局	高工	6 374	2 589	40.6
副院级	高工	7 616	3 197	42.0
正局	研究员	6 705	2 990	44.6
副局级	研究员	6 519	3 004	46.1
	工程师	4 081	1 908	46.8
	高工	4 909	2 338	47.6
	工程师	3 679	1 763	47.9
	工程师	3 786	1 823	48.2
副局	研究员	6 123	3 009	49.1

续表

职　务	职　称	在职合计（元/月）	退休合计（元/月）	替代率（%）
正处级	高工	4 576	2 255	49.3
	高工	4 536	2 285	50.4
	处级调研	4 707	2 390	50.8
	高工	4 257	2 255	53.0
高级工	辅助生产岗	3 061	1 636	53.4

表 1－2　某国有企业员工养老金替代率测算

岗　位	在职合计（元/月）	退休后合计（元/月）	替代率（%）
总经理	7 846	2 483	32
项目经理	7 438	2 294	31
副总经理	6 276	2 328	37
三总师	6 276	2 143	34
主任工程师	4 591	1 730	38
部门经理	4 393	1 825	42
部门副经理	3 515	1 524	43
工长	3 416	1 571	46
一岗职工	3 294	1 413	43
二岗职工	3 204	1 343	42
质检员	3 200	1 428	46
三岗职工	3 214	1 273	41
材料员	2 824	1 115	39
四岗职工	2 714	1 223	45
电工	2 529	1 089	43
水暖工	2 493	1 143	46
机械操作手	2 185	969	44

二、人口结构的变化对养老保障提出了巨大的需求

目前，我国老年人口呈现四个特点：

（一）老年人口基数大

60 岁以上老年人口是世界老年人口总量的 1/5，是亚洲老年人口的 1/2。

（二）老年人口增长速度快

在不到 20 年的时间里，我国人口年龄结构就基本完成了成年型向老年型的转变。

（三）高龄化趋势明显

到21世纪中期，我国80岁以上的高龄老年人数将是现在的7倍，不少于8 000万人，占60岁以上老年人口的1/5。

（四）人口老龄化和人口高龄化还将导致百岁老人的增加

到2050年，中国百岁以上老年人口将达到47万多，成为世界上百岁以上老年人口最多的国家。

目前的社会养老保障的现状与人口状况将使中国面临养老资源缺乏的巨大风险。企业年金和商业养老保险可以在很大程度上弥补社会养老保障的不足，弥补政府在养老领域部分退出而导致的养老保障的缺位。

三、养老保险的大发展是保险业发展到一定阶段的必然规律

从国际保险业发展的规律看，养老保险的大发展也是保险业发展到一定阶段的必然规律。美国寿险保费收入占人身保险保费收入的比重，从1970年的59.0%下降到1997年的28.4%。相应地，年金保费收入从10.1%提高到48.7%，几乎占了人身险保费收入的半壁江山。加拿大寿险业发展的情况也有类似规律，20世纪70年代以后，年金保费的增长幅度快于寿险保费收入增长，到1980年，年金险保费收入的绝对额第一次超过寿险保费，此后，年金险一直保持相对较快的发展。英国的情况也比较类似，以1992年公布的资料来分析，寿险保费收入占人身险保费总收入的44.5%，同期年金保费占人身险保费总收入的55.5%，其中，个人退休年金占比28.5%，职业退休年金占比23.8%。

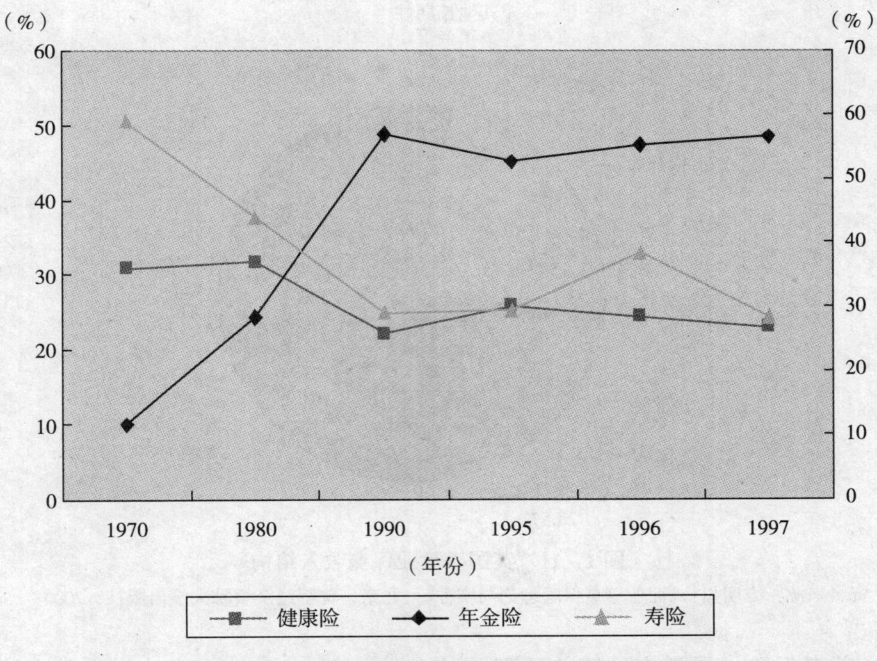

图1-9　美国寿险业险种保费收入占比变化

资料来源：方明川：《商业年金保险理论与实务》，北京，首都经济贸易大学出版社，2000。

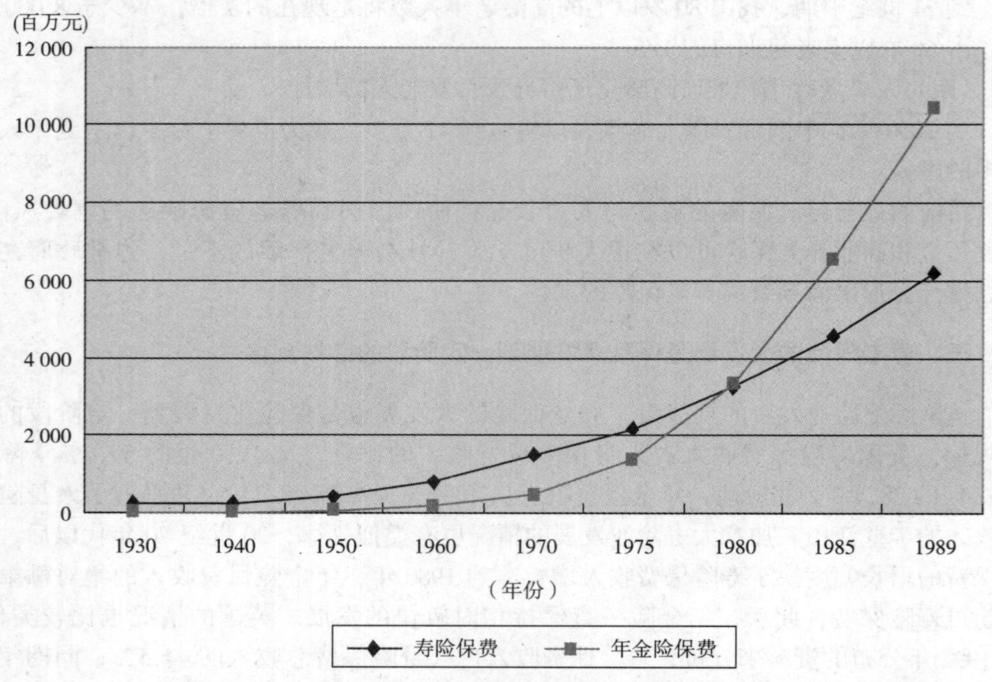

图 1－10　加拿大寿险业险种保费收入占比变化

资料来源：方明川：《商业年金保险理论与实务》，北京，首都经济贸易大学出版社，2000。

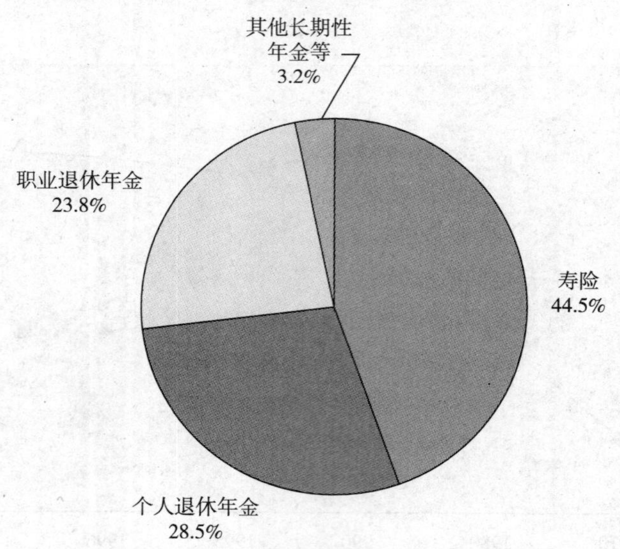

图 1－11　英国寿险业保费收入结构

资料来源：方明川：《商业年金保险理论与实务》，北京，首都经济贸易大学出版社，2000。

四、养老保险发展潜力的简单预测

从简单的国际比较看，我国养老保险发展空间非常大。发达国家的养老保险通常占人身保险保费收入的50%，以此为依据静态地看，2004年我国人身保险保费收入为3 228.2亿元，如果养老保险占50%，则理论上养老保险的保费收入应该为1 614.1亿元，如果再考虑到“十一五”期间人身保险将保持较快速度的增长，“十一五”期间养老保险的理论上的保费收入将更多。当然，由于我国养老保险的发展尚属于起步阶段，税惠政策尚没有落实，“十一五”期间难以达到像上述西方保险发达国家的保费规模，但仍然为养老保险的未来发展提供了广阔的想象空间。

第三节　保险公司发展企业年金面临的挑战

保险公司发展养老保险虽然有巨大的空间，但就企业年金这一块，尚有一些障碍，面临某些挑战。按照中国加入世界贸易组织开放保险业的承诺，2004年年底是中国放开外资和合资保险经营商业团体保险的最后期限。合资保险公司和独资寿险公司都积极筹备参与团体养老保险的竞争。团体养老保险的竞争将更加激烈。

《企业年金试行办法》及《企业年金基金管理试行办法》实施以后，商业保险公司经营的团体养老保险将在税收优惠政策的激励下，逐渐过渡到规范的企业年金制度。

另外，《企业年金管理试行办法》不再排除境外金融机构或中外合资金融机构参与中国企业年金市场。鉴于上述情况，我国团体养老保险的发展的前景已经非常明朗：原来经营团体养老保险的公司将面对更加激烈的竞争，新对手不仅包括外资和合资寿险公司，还包括其他在企业年金制度改革中与寿险公司有替代性的金融机构，比如中资或外资的专业化年金管理公司、信托公司和基金公司等。

但就目前而言，保险公司发展企业年金面临的障碍主要是：

首先，企业年金运作的信托模式对保险公司提出挑战。第一，市场竞争主体更加多元化；第二，保险公司不再能通过契约的模式经营企业年金，这对保险公司一直以团体养老保险的形式提供企业年金业务造成非常大的冲击；第三，专业养老金公司的经营前景目前尚不明朗。因为，保监会批准设立专业养老金公司不过是给新生儿颁发“准生证”，但能不能上“户口”还得经过劳动和社会保障部的批准。部门之间的利益协调在很大程度上决定了专业养老金公司的生存空间。

其次，目前规定的企业年金只能采用缴费确定计划（Defined Contribution Plan，DC计划）也使保险公司丧失了以给付确定计划（Defined Benefit Plan，DB计划）提供企业年金产品的可能性。

最后，企业年金税收优惠政策的继续缺失制约了企业年金规模的进一步做大，使得理论上对发展潜力的美好预测暂时难以转化为现实需求。

第四节　培育与开发养老保险新增长点的政策建议

一、允许企业年金运作模式多样化

从经济学角度考察，信托模式是契约模式的专业化分工。而成本存在着规模经济的临界点，在临界规模之前，契约模式可以获得规模经济；超过临界规模，信托模式的优势将会逐步体现。

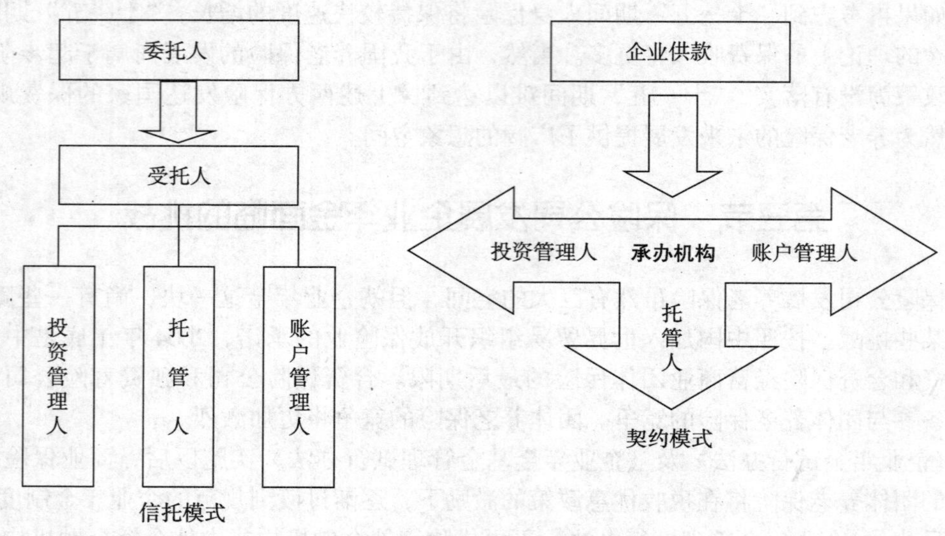

图 1－12　企业年金运作模式示意图

实证分析表明，如果企业年金采用信托模式，随着年金受益人年缴费水平的降低，管理费费率将上升，管理成本呈升高趋势。在一定假设条件下，年金受益人所交管理费的费率分别为相当于基金净值的 3.097%（受益人年缴费 4 008 元）、2.3485%（受益人年缴费 8 016 元）、2.598%（受益人年缴费 6 012 元），三者的平均值（平均管理费率）是 2.681%。可见，在基金规模较小的情况下，管理成本相对较高，信托模式规模不经济；相反，契约模式具有比较优势。

有学者认为，信托型与我国目前资本市场的条件和经济环境更相匹配（郑秉文，2004），其重要理由在于采取信托型具有更有效的保障收益性，同时信托型对资本市场的发展具有较大催生和刺激作用。但我们的分析却表明，在基金规模较小，管理成本较高的情况下，信托型恰恰难以保障收益。（于小东，2004）的分析表明，养老金基金对一个国家股票市场真正产生影响往往要求基金达到一定的临界规模，至少要达到 GDP 的 5%，而目前我国企业年金的存量规模仅为 GDP 的 0.4%。企业年金对于资本市场近期不会发生实质性的影响。

可见，两种运作模式都有其自己特定的适用范围，可以允许同时并存，并在相互之间展开竞争。因此，比较理性的选择是，我国企业年金以信托型为基本模式，采用包容契约型产品的办法，走结合型新路，创造性地推动和发展企业年金。

因此，我国企业年金的健康发展需要尊重市场规律，尊重市场运作方式的多样性，允许契约模式和信托模式同时并存和竞争。

保险公司既可以采取契约模式，提供保险合同型产品服务，也可经有关部门授予资格后成为受托人，提供信托型产品服务。保险公司一方面在继续以保险合同形式提供企业年金服务的同时，要积极争取企业年金基金托管主体的资格。从国际经验来看，保险公司理应成为企业年金最重要的托管主体之一。保险公司完全可以通过发起设立养老基金管理公司的方式胜任企业年金受托人角色。这种养老基金管理公司在资产上与保险公司相分离，企业年金账户独立，完全可以避免来自保险公司其他业务的不良影响。

表 1－3　由企业外部机构管理的资产在不同投资机构间的分布比例（%）

投资机构	美国（1983 年）	英国（1978 年）	加拿大（1981 年）
银行信托部	36	49.2	—
专业信托公司	—	—	38.6
保险公司	36	33.3	28.8
投资代理机构	28	15.5	32.6
其他	—	2	—
合计	100	100	100

资料来源：Richard Lee Deaton. The Political Economy of Pensions: Power Politics Social Change in Canada, British and United States.

二、应当允许给付确定计划（DB 计划）与缴费确定计划（DC 计划）并存与竞争

DC 计划的保险金给付水平最终受制于积累基金的规模和基金的投资收入，其保险金保障的适度性最终取决于一国的金融市场条件和基金投资绩效，雇员要承担年金基金的投资风险。而 DB 计划的保险金给付水平则取决于退休前职工的收入水平和就业年限，在没有全面建立起物价指数调节机制前，面临通货膨胀风险。可见，从理论上分析，DC 计划和 DB 计划各有利弊，应该相互补充。

对于 DC 计划而言，只有当资本交易市场完善，有多样化的投资产品可供选择时，年金资产管理公司才能从投资中获取既定的收益，保证对年金持有人给付养老金和对投资收益的兑现。但我国目前的投资环境很差，在较长的时间内，我国股票市场的系统风险都较大，难以成为企业年金的理想投资场所，不足以使 DC 计划能够充分发挥出它在理论上可以具备的各种优势。

有学者的实证分析表明，在目前的金融市场，在取得无风险的较高收益和按上限支付的管理费率的假定条件下，年金受益人的最终收益率大部分低于直接存银行或购国债的投资收益率（黄文清，2004）。只有在高回报投资组合取得高收益情况下，并且受益人年缴费额在 6 012 元以上时，最终收益率才可能比直接存银行或购国债的投资收益率高出 0.2%～0.5%。显然，如果实际的平均缴费水平低于假定条件，则平均管理费率更高，受益人可能得到的最终收益更低。即使经过企业年金市场化运作得到高出受益人直接存银行或购国债平均收益率 50% 的收益，受益人最终平均收益率（2.11764%）也可能低于受益人直接存银行或购国债的平均收益率（3.1982%）。在这种情况下，如果一开始就大量推出 DC 计划，保险公司的资产组合将被迫推向股票市场，将承受更高的风险。与此相反，DB 计划和我国金融市场的发育状况基本上还是适

应的，应当是首选。

另外，从我国社保制度正处于转轨时期的特定国情来看，很多年龄大的职工面临着积累时间短的问题，常规的DC计划显然无法满足这部分人群对企业年金的需求，只能为他们建立DB计划。同时，有些企业也愿意通过DB计划作为职工稳定的福利，借此来鼓励和吸引职工长期留在企业。

因此，企业年金制度要遵循自愿性和多样化的市场原则，允许DC计划和DB计划的共存和竞争，鼓励实行各种混合型计划，增强制度的适应性，以满足多样化的养老需求。进一步，在企业年金市场的开始阶段，鉴于金融市场和保险公司资产风险管理的现实情况，应当首先考虑DB计划。随着金融市场的完善、投资工具的增多、监管能力的增强、保险公司风险管理能力的提高，才能更多地考虑DC计划。

三、争取适当的、富有弹性的税收优惠政策

市场各方都主张尽快落实对企业年金的税收优惠政策。主要理由有两个方面：一是企业年金税收优惠符合国际惯例；二是通过税收优惠政策来推动我国企业年金发展是一条成本很低、收益很高的道路。

表1-4　部分国家企业养老计划税制类型比较

国　家	税制类型	附　注
美国	EET	
加拿大	EET	
英国	EET	对一次性领取免税
荷兰	EET	
瑞士	EET	意大利EET对其他形式储蓄投资也免税
法国	EET	只对国家强制的现收现付计划（pay-as-you-go）的缴费及投资环节免税
匈牙利	EET	
德国	EET	雇主以空账缴费的现收现付计划
瑞典	TE（T）ETT	基金积累计划（Support Fund），对一次性领取免税
丹麦	E（T）T	
日本	（E）T（T）	只限于对房地产投资收益征税
新西兰	TTE	对待遇确定计划只部分免税，对一次性领取免税
澳大利亚	TTT	领取环节税率较低
俄罗斯	Tax	
捷克	Credit	以政策直接出资（Tax Credit）形式给予鼓励

注：（1）瑞士、法国、澳大利亚3国的企业养老保险是国家法定强制实行的；

（2）瑞典、丹麦、新西兰、澳大利亚4国在税制改革（分别在1991年、1984年、1987年和1992年）之前是EET税制；

（3）匈牙利、俄罗斯、捷克3国为经济转型国家，其余11国均为OECD国家；

（4）E即Exempt，代表免税；T即tax，代表征税。

资料来源：K.Philip Davis.1995.Pension Funds.

表 1－5　美国税收优惠退休金计划的节税收益比较

例 1：税率为 15%				例 2：税率为 40%		
一般储蓄账户（TTE）		退休金计划（TET）	退休金计划（EET）	一般储蓄账户（TTE）	退休金计划（TET）	退休金计划（EET）
缴费额	1 000	1 000	1 000	1 000	1 000	1 000
税额	150	150	0	400	400	0
税后	850	850	1 000	600	600	1 000
领取时价值	2 280	2 696	3 172	1 212	1 903	3 172
退休税率	0	0.15	0.15	0	0.4	0.4
领取时课税	0	277	476	0	521	1 269
净领取额	2 280	2 419	2 696	1 212	1 382	1 903
比一般储蓄多		139	416		170	691
增值百分比		6%	18%		14%	57%

储蓄账户的利率和投资收益率都是 8%，雇员 15 年后退休，实行不变税率；一般储蓄账户需要每年课税。

资料来源：林羿：《美国的私人退休金体制》，84～87 页，北京，北京大学出版社，2002。

表 1－6　部分国家政府在企业养老保险税收减免隐性支出的比较

国家	年份	占公共养老保险政府财政支出的百分比（%）	占 GDP 的百分比（%）
澳大利亚	1984	25	1
爱尔兰	1985	22	1.3
美国	1989	20	1.1
英国	1989	40	3.3
南非	1992	—	2.5

资料来源：K.Philip Davis. 1995. Pension Funds.

但我们的分析却认为企业年金的税收优惠政策应该非常谨慎。从现实情况来看，目前企业年金的发展还很有限，其覆盖面很低，作为养老保障体系的一个支柱还相距很远。对于养老保障来讲，企业年金更多地扮演的是“锦上添花”的角色，而不是“雪中送炭”。富裕企业的员工，本来在职收入就高，再加上建立企业年金计划，退休时还可以额外得到一笔养老金收入，已经客观上扩大了行业间、企业间、城乡间的居民收入差距。在这种情况下，再给企业年金计划以税收优惠政策，无疑是非常不公平的，与当前公共财政的税收职能也不吻合。因此，一方面，从社会公平角度考虑，现阶段全面推行税收优惠政策，提高税收优惠标准是不合适的；另一方面，实行企业年金税收优惠会带来即期财政收入损失，财税部门会有很多顾虑。EET 的征税模式会给政府带来即期的财政压力，因而这种征税模式在财政状况不佳的国家很难实行。如新西兰 1990 年就放弃 EET 模式并转而实行 TTE 模式，其真实目的就是希望使税收收入提前实现，以弥补眼前的财政赤字。

一方面，税收优惠政策缺失，企业年金市场的需求主体动力不足；另一方面，从财政收入的损失和社会公平角度考虑，目前也不适宜实行较大幅度的税收优惠政策。企业年金市场在税收优惠政策上面临“两难困境”。

这里实际上有一个企业年金建立时机或者条件的问题，也就是企业年金在社会和经济发展的不同阶段，它的性质和社会意义是不同的。社会贫富差距较大时，建立企业年金制度仅仅可以发挥员工福利计划的作用，这时不宜实行税收优惠政策，如果实行税收优惠政策也只能是低税收优惠政策；只有到社会和经济发展到一定阶段，社会贫富差距比较小的时候，企业年金不仅是企业薪酬计划的组成部分，而且成为社会保障制度的一部分，对它的税收优惠才是可行的、合理的，才会带来社会公平的结果。这个问题需要另行研究。

因此，要调整思路，争取适当的、富有弹性的税收优惠政策。现阶段指望立刻实行 EET 的税收模式是不太切合实际的，可以考虑实行 EET、TEE 等税收模式，这样不至于对即期的财政收入造成大的冲击，能够比较容易为财税部门乃至中央政府所接受，也有利于年金计划参与人享受投资收益部分税收递延。这可能是目前非常务实的选择。

同时，为了发挥税收政策的导向作用和最大限度地保证企业年金的市场化运作，税收优惠政策可以富有弹性。如可以对企业年金的投资收益给予有条件免税，即对企业年金基金的投资收益免税要附带限制性条件，如对投资期限达不到一定期限（如不足 30 个交易日）的短线投资收益要课税，以抑制企业年金的短期逐利行为。对企业年金的长线投资收益免税，以利于企业年金基金的积累，培育理性的机构投资者。又如，在企业年金发展的初期给予更多的税收优惠，以鼓励企业和个人缴费的积极性，尽可能地扩大企业年金的覆盖面；等企业年金逐渐发展成熟，可适当降低税收优惠的幅度，更多地利用市场机制调节。

四、在自愿和强制之间寻求适当平衡

企业年金制度从根本上说是企业薪酬福利制度和员工福利计划的重要组成部分，必然要服从于企业的整体发展战略，这种微观的分散决策采取自愿原则比较合适。另外，我国是一个劳动力过剩的国家，“强资本弱劳工”的趋势日渐明显。在这种情况下，指望企业在自愿前提下普遍建立企业年金计划是不切实际的。较好的办法是在强制与自愿之间寻求适当平衡。如自愿性计划也要遵循政府对处置风险的种种最低规则，也可以通过某些利益诱导机制（税收优惠或其他政策）；一定条件下的强制性计划也要建立在集体谈判基础之上，综合考虑多方面利益的博弈均衡；加强对员工关于企业年金的教育和培训，提高参与这个自愿性计划的热情和积极性。

表 1-7　市场经济条件下的薪酬福利结构

薪酬结构	主要类型	主要特点
现金形式的货币收入	固定型的货币收入形式有工资、津贴、住房补贴、子女教育补贴，浮动型的货币收入形式有绩效奖金等	短期激励；侧重对管理职位的激励
非现金货币收入	股权（ESOP）、期权（ESO）、股票增值权（SARS）、留任奖金（Retention Bonuses）等	长期激励；培育员工、高层管理人员对企业的忠诚度并鼓励创造性劳动；侧重对个人能力和贡献的激励
非现金货币收入	团体寿险、企业年金	提供在职时的医疗、人身意外伤害保险保障以及退休后的养老保障；培养员工对企业的忠诚度；鼓励员工为企业长期服务
非货币收入	休假、在职消费、职位提升等	满足精神、闲暇、社会需要

五、充分发挥保险业的先发优势和专业优势，积极应对其他金融机构的竞争

保险业开展了20多年的养老保险业务，在市场培育、方案设计、资产管理、资金运用和年金发放等方面进行了探索和创新，积累了经验。保险业拥有精算技术、销售与投资能力、长期资产负债匹配管理能力，能提供多样化的保险产品，为企业提供包括计划设计、账户管理、投资等在内的“一揽子”服务。

保险公司要充分发挥先发与专业优势，不断拓展服务领域，努力成为企业年金市场的主力军。要充分利用行业优势，为企业提供“一揽子”的员工福利计划；要发挥长期资产负债匹配管理的优势，制定长期资产负债管理策略，实现资金安全与稳定增值。并利用其精算技术优势，为年金计划发起企业提供精算咨询和方案设计服务。商业保险公司提供的年金产品和一些投资类保险产品还是企业年金计划中养老金基金组合计划的重要选择之一。采取以收入流的方式领取相对于一次性支取更有利于提供稳定的养老保障，因此，比较好的选择是将企业年金转为保险公司所提供的商业年金。

同时，为应对其他金融机构的竞争，保险公司要在产品、销售、内控机制、投资、信息系统等方面练好内功。

产品是开展养老保险业务的载体。保险公司应在完善现有养老保险产品的基础上，加强市场和消费者行为研究，发掘和创造市场需求点，建立完善的养老保险产品体系。

保险公司应积极利用现有的市场优势，进一步加强销售与服务网络建设，建立健全销售渠道体系，完善客户服务体系，提高销售与服务能力。

保险公司应根据养老保险业务的特点建立有效的内控制度、单独的业务核算体系、规范的风险决策监督体系，并注重发挥精算在长期风险评估和防范中的作用，不断完善长期资产负债匹配管理机制。

保险公司应加强对养老保险投资的研究，积极探索符合养老保险特点的投资渠道、投资工具和投资策略，建立健全投资决策机制和风险管控体系，在确保资金安全的前提下，提高资金的长期收益。

强大的信息管理系统是实现养老保险专业化运作的平台，保险公司应积极开发或引进先进的养老保险信息管理系统，建立完善的业务处理、账户管理和投资管理信息系统。

六、加强风险管控

一方面，企业年金是员工在退休之后的“养命钱”，这一性质决定了企业年金基金具有强烈的低风险偏好，对它的管理应是低风险导向的，使年金资产在相对安全的前提下实现保值增值；另一方面，企业年金的风险控制链相对较长。养老金计划涉及面非常广，既涉及养老金计划发起人的激励机制和复杂的利益分配机制，又涉及计划外部管理、委托代理、契约管理、投资运营、资本市场环境、政府监管等诸多错综复杂的关系网络，将会面临生命风险、通货膨胀风险、投资风险以及道德风险等多样化的风险。如果缺乏系统动态和综合的风险管理思维和战略思维，会造成养老金计划管理的风险失控，产生难以估计的后果。

保险公司要加强信息平台建设，积极开发或引进先进的业务管理信息系统，不断完善账户管理系统，提高账户信息透明度，充分满足养老保险及其企业年金缴费、投资、查询、领取等各个环节的要求。要通过信息管理系统的建设，搭建专业化经营的基础平台，提升风险管理与控制的能力。

保险公司要制定养老保险及其企业年金专业人才的培养规划，加强人才培养，要重点培养高级管理人员和精算、核保、客户服务等专业人才。保险业在长期资产管理及固定收益类投资组合方面有优势。保险公司要努力提升其投资管理能力，加强资金运用的风险控制。

七、促进市场细分，充分发挥保险业的社会管理职能

保险业应加大养老保险业务结构调整力度，大力发展期缴的、长期的和保障功能比较明显的产品。要充分发挥保险业在养老保险体系第三支柱建设中的作用，加强市场和消费者行为研究，满足不同收入水平层次居民的养老保险需求，为人民群众的长期生活稳定提供财务安排。

第二章　健康保险增长点的培育与开发

第一节　中国健康保险发展现状分析

一、业务规模不断增长，但发展依然滞后

20 世纪 90 年代以来，中国健康保险市场规模呈现出快速增长、份额扩大的趋势。但中国健康保险发展依然滞后，这首先表现在健康保险在人身保险总保费收入中的比例较小，2003 年，中国健康保险保费收入占人身保险总保费收入的 7.94%；其次还表现在，与整个医疗保险市场相比，健康保险覆盖面较小。从费用分担方面看，2002 年，全国人口需要自行负担的医疗费用至少为 1 600 亿元，而 2002 年全国商业健康保险的保费收入仅为 122.45 亿元，它所能分担的医疗费用微不足道。从保障人群方面看，估计全国仍有 80%以上的人口没有任何形式的健康保障。而购买了商业健康保险的人数还不到全国人口的 3%，其中，还有相当比例同时是社保的参保者，对于非社保成员，其购买商业健康保险的比例就更小。

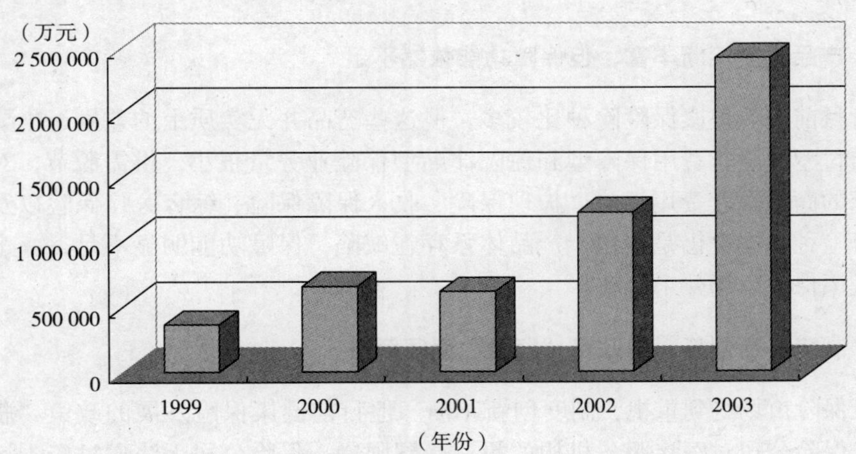

图 2－1　1999～2003 年中国健康险保费收入增长情况

二、市场结构不断优化，但依然呈现寡头垄断特征

一个以中资寿险公司为主，多种形式主体共同参与的市场体系初步形成。各类供

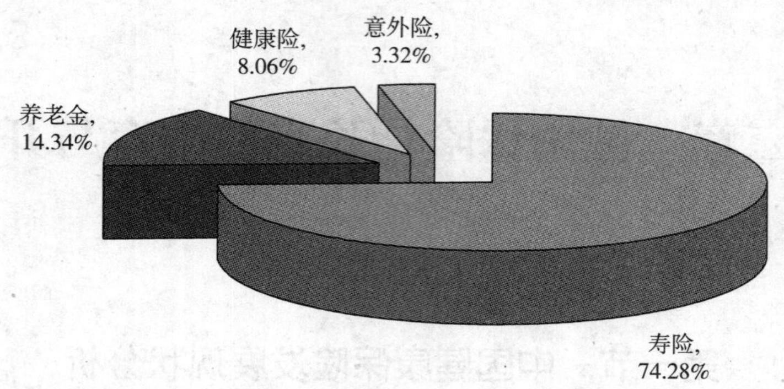

图 2-2　2003 年人身保险各类业务占比情况比较

给主体的健康保险业务都保持了一定增长，但各公司的市场份额的分配却很不均衡，市场结构呈现高度的寡头垄断特征。

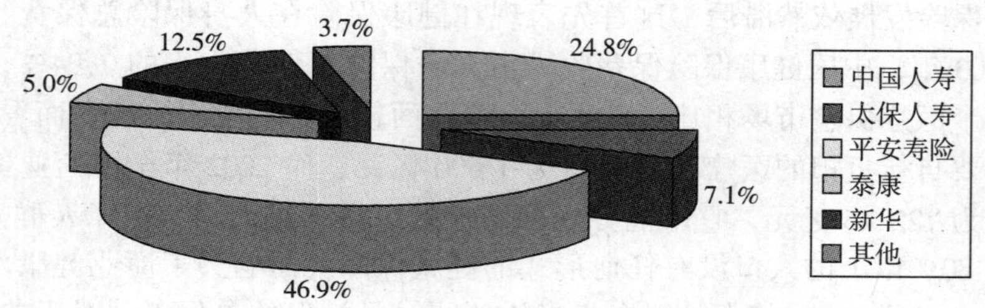

图 2-3　2003 年各保险公司健康险保费收入占比

三、产品类型不断丰富，但保障功能依然不足

尽管目前商业健康保险险种比较多，但这些产品并无实质上的差别，主要是简单的定额给付型保险，费用保障型和住院津贴型保险业务量很小，供需脱节，对于存在极大需求的高额医疗费用保险、护理保险、收入保障保险、综合医疗保险以及专项医疗服务等险种基本上仍是空白。产品体系存在缺陷，保障功能明显不足，一个真正意义上的健康保险市场并未启动。

四、制度不断创新，但政策“瓶颈”亟须解决

健康保险市场受到重视，制度创新不断。但目前健康保险发展的政策“瓶颈”依然存在，保险公司对医疗服务机构的投资受到限制，保险公司无法通过资本运作，实现与医疗服务机构的深层次合作，道德风险与第三方付费问题依然是阻碍商业健康保险快速发展的“拦路虎”。

五、健康保险专业化经营步调加快，但公司竞争能力有待提升

2003 年年初，保监会出台了《关于加快健康险发展的指导意见的通知》，提出健康

保险专业化经营的理念，要求保险公司建立专业化的经营组织，引导行业健康保险快速发展；2004年，中国人民健康保险公司、正华健康保险公司等专业健康保险公司获准筹建，健康保险专业化经营迈出实质性步伐。

但综合性、独立性的健康保险经营模式尚未形成，保险公司缺乏有关疾病和医疗费用的数据积累，精算基础不牢固，公司核心竞争力明显不足，长期经营战略摇摆。在未来的3~5年内，专业健康保险公司的生存与发展将接受市场的考验，这些专业公司能否塑造核心竞争力，并成为健康保险市场的领导者，还需要各方的不断努力。

第二节　健康保险发展中的矛盾及原因分析

目前，中国健康保险发展的矛盾依然表现为市场供需之间的矛盾，有效供给受到制约，人民群众的健康保障需求没有得到有效满足。

一、缺乏对第三方的有效制约机制

之所以健康保险的有效供给受限，重要原因之一是缺乏对第三方的有效制约机制，第三方付费机制决定了健康保险经营的困难。在目前的经营模式下，保险公司没有与医疗服务提供者形成“风险共担、利益分享”的机制，医疗服务者分享了健康保险的利益却没有承担相应的风险，保险公司对医疗费用风险难以有效地控制，承担了健康保险经营的全部风险。

保险公司、患者、医院三方特征及信息不对称，导致了健康保险机构在健康保险系统中的控制能力有限，也决定了健康保险经营的困难和风险。

在这种背景下，保险公司有效防范医疗费用风险的方法，就是大力发展事故型的保险，而限制发展医疗费用型保险，这是一种被动规避医疗费用风险的方法，也是重大疾病保险在中国发展较快的原因之一，并最终扭曲了市场。

二、社会医疗保险制度的“挤出效应”

许多地方的社会医疗保险存在很大的弹性，责任有不同程度的扩大，而且公务员的医疗保险制度改革依然裹足不前，这都限制了商业健康保险的发展。尤其是目前中国大部分地方政府都在基本医疗保险的基础上举办形式不同的补充健康保险，如北京的大额互助健康保险、上海市的地方附加健康保险、九江和镇江的大病统筹方案。这种由社会保障部门通过强制参保、以基本健康保险的方式来经营的补充健康保险，一方面增加了用人单位的负担，也将抑制其购买商业健康保险的能力；另一方面是利用行政手段排挤市场竞争，无疑会挤占商业健康保险发展的空间。

三、政策法规环境不配套

通过多年的努力，中国社会医疗保险制度改革的总体思路以及商业健康保险的发展战略初步清晰，但政策环境依然不明朗。

第一，政府对补充医疗保险的发展定位不明确，导致社会保险机构与商业保险公司从各自行业利益出发，互相争办补充医疗保险业务，互抢医疗保险资源，造成了目前医疗保险市场上的混乱局面。

第二，现阶段，政府还没有制定有利于指导中国公共医疗保障体系发展的长远规划及其相关实施细则，商业健康保险的发展也就缺乏制度保证。尤其是保险公司向医院等医疗服务提供机构的投资受到限制。

第三，有关财政税收政策严重滞后。首先，虽然财政部为鼓励发展补充医疗保险而给予了“4%”的财务优惠政策，但税前列支比例过低而弱化了现有的政策作用，且缺乏专门的会计科目对补充医疗保险业务进行专项财务核算；同时，对于参加商业健康险的单位和个人以及经营健康保险业务的保险公司缺乏相应的税收优惠政策。

第四，健康保险市场的监管存在法律空白，现有的监管制度框架难以为市场的健康可持续发展保驾护航。

四、供给方经营与风险管控的能力滞后

长期以来，中国商业保险公司的健康保险经营，一直没有自己明确的定位，健康保险从未成为公司经营的主业，而是寿险的附属，公司经营和风险管控能力没有得到实质性的提升，表现在：一是基础数据缺乏、健康保险精算技术滞后；二是保险公司对投保人的道德风险和逆选择控制能力弱；三是险种设计与定价较少考虑区域差异。

第三节　其他国家和地区健康险经营状况及启示

一、各种医疗保障制度下的商业健康保险发展空间

如前所述，一个国家或地区商业健康保险的发展与该国或地区医疗保障制度密切相关，其公共医疗保障制度会对商业健康保险产生一定的“挤出效应”。从大的方面说，医疗保障制度可以分为国家医疗保障制度、社会医疗保障制度和商业健康保险制度三种。

从理论上说，实行国家医疗保障制度的国家，其商业健康保险会受到很大程度的抑制。但由于国家医疗保障制度提供的服务质量不高、保障水平不高、等待期长等缺陷，许多国民在国家免费提供的医疗保障之外另行购买商业健康保险，以提高其健康保障水平。如加拿大实行国家医疗保障制度，全体国民都享受免费的医疗保险，但健康险保费收入仍然占寿险保费总收入的22%左右。

表2－1　加拿大人寿保险和健康保险保费收入情况

单位：百万加元

年份	人寿保险			年金保险			健康保险			总收入
	个人	团体	占比（%）	个人	团体	占比（%）	个人	团体	占比（%）	
1995	6 385	2 065	30	7 021	5 723	45	1 066	6 226	25	28 666
1996	6 807	2 180	30	7 054	6 232	45	1 087	6 388	25	29 748
1997	7 260	2 273	28	9 923	7 146	50	1 109	6 668	22	34 379

在社会医疗保障制度安排下，社会医疗保险虽然覆盖面广，但往往保障水平不高，商业健康保险仍然存在很大的发展空间。如中国台湾地区 1995 年 3 月 1 日正式实施全民健康保险，覆盖人群达全地区人口的 60%，占应参保人群的 96%。但其全民健康保险计划的实施并未影响商业健康保险的发展，1995 年后，商业健康保险的保费收入每年都以超过 30% 幅度迅速增长。同时，风险控制比较好，整体赔付率并不很高。

表 2－2　中国台湾地区商业健康保险业务概况

单位：百万新台币

年份	个人	占比（%）	团体	占比（%）	总额	占比（%）	寿险总收入
1995	18 198	5.87	1 357	0.44	19 555	6.31	310 238
1996	23 894	6.67	2 782	0.78	26 676	7.45	358 415
1997	32 888	7.78	2 926	0.69	35 814	8.47	422 618
1998	44 090	9.01	2 960	0.61	47 050	9.62	489 220
1999	58 406	10.47	3 111	0.56	61 517	11.03	558 074

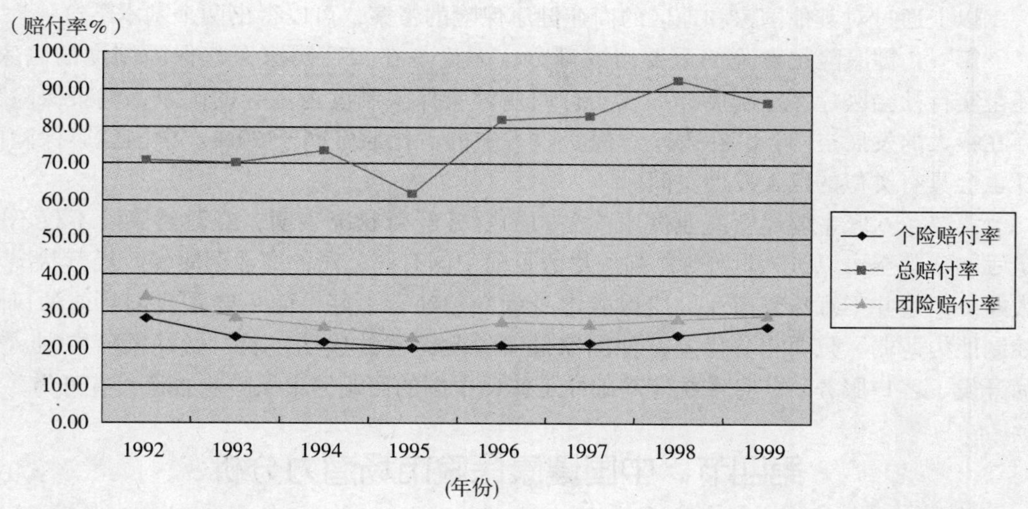

图 2－4　台湾健康保险的赔付情况

在商业健康保险制度安排下，政府只为少数特定人群（如军人、老年人、残疾人、低收入者）提供医疗保障，其他通过购买商业健康保险提供医疗保障，商业健康保险非常发达。如美国是典型的以推行商业健康保险为主的国家，商业医疗保险覆盖人群超过总人口的 60%，商业健康险保费收入约占寿险总保费的 20%。

二、国外八家以经营健康险为主业的公司发展状况

2002 年，共有八家以经营健康险为主业的公司入选《财富》杂志所评选的全球保险 500 强。从整体上看，这些公司的财务状况良好，盈利能力较强。

表 2-3 入选 2002 年《财富》500 强的以经营健康险为主业的公司

排名	公司名称	中文名	所在国家	营业收入（百万美元）
167	United Health Group	联合健康	美国	25 020
227	Cigna	信诺	美国	19 915
228	Aetna	安泰	美国	19 878.7
272	Well Point Health Networks	富点保健网络公司（卫而彭保健网）	美国	17 338.5
381	Anthem		美国	13 282.3
451	Humana	优门	美国	11 261.2
453	Pacific Care Health Systems	太平洋健保	美国	11 156.5
497	Health Net	健康网公司	美国	10 201.5

资料来源：《财富》中文版及台湾阔网——华尔街。

三、对中国商业健康保险发展的启示

以上通过对其他国家和地区的商业健康保险的考察，可以得出两个基本结论：

第一，健康险是寿险的重要组成部分，无论是在实行国家医疗保障制度的国家，还是实行社会医疗保险制度，抑或实行商业健康保险制度为主导的国家，健康保险都存在很大的发展空间，其在寿险总保费收入中的占比通常高于 20%。中国健康保险同样也会具有类似的巨大发展空间。

第二，八家主要经营商业健康险公司的财务经营状况表明，经营健康险不仅不一定亏本，甚至可以进入世界 500 强。尽管目前中国有些公司的商业健康保险经营状况不太好，但这并不意味着商业健康保险本身就必然经营不好，而主要是我们目前的风险控制能力薄弱。只要充分借鉴其他国家健康保险经营的成功经验，做好风险控制、产品开发、客户服务、信息系统等基础性工作，中国的商业健康保险业必将大有可为。

第四节 中国健康保险市场潜力分析

研究分析表明，中国健康保险市场的潜力巨大，但这一巨大潜力市场的开发与培育需要付出更多的努力。能够在多大程度上将潜在的需求转化为现实的市场，还受到宏观社会经济环境、社会医疗保险制度改革、保险供给与竞争能力的提升等多方因素的影响。

一、影响未来健康保险市场的因素分析

（一）中国社会医疗保险制度框架及其改革

中国医疗保险制度改革的总体方向是调整政府与市场在体系中的空间，使得政策、市场与个人的责任达到公平与效率上的平衡。在“十一五”期间，中国经济制度仍处于转型时期，但市场化取向将日益明显，市场在体系中的作用将会不断提升，因而个

人对风险的承担责任将不断加重。而且，随着改革的深入，居民对基本医疗保险制度的预期将得到进一步释放，潜在的对健康保险的需求也将不断转化为现实的购买力。

（二）人口高龄化与老龄化

从世界各国的情况来看，老年人是医疗服务市场的主要消费者。在未来的一段时期，经济发展依然是主题，由于经济欠发达和老年人口基数太大等原因，政府财政缺乏解决老年医疗的有效途径和财政能力，这就需要商业保险发挥其积极的作用。在未来的3~5年内，中国老年护理市场将会呈现梯度发展格局，在经济较发达的大中城市，如上海、北京等，市场化程度较高，发展会较快；而在经济落后的中西部和农村地区，老年护理会更多地依赖家庭来解决。

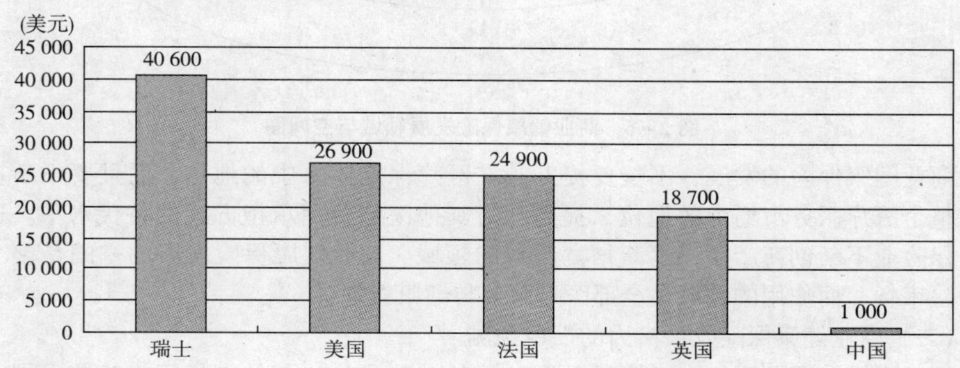

图2-5　部分国家由成年型转变为老年型时的人均GDP

资料来源：中国城市规划设计研究院学术信息中心：《城市居住社区老年设施研究》，2001。

（三）医疗技术的进步对健康保险市场的发展会产生正反两方面的影响

这种影响其一是会提升对健康保险市场的需求；其二是会增加公司对医疗费用控制的难度，公司在经营过程中会面临医疗技术进步所引起的医疗费用上涨的风险。

（四）商业保险制度、服务与产品的发展

所有寿险公司都能看到医疗服务市场和健康保险市场蕴含的无限商机，但这一市场在多大程度上得到开发和培育，还取决于商业保险制度、服务与产品的发展，取决于商业保险在多大程度上能够符合社会经济发展的需要，在多大程度上能够满足人民群众的需要。

从短期来看，中国健康保险市场处于初级阶段，制度与产品的创新能够使得公司形成竞争优势，并有可能获得高于社会平均水平的利润，这种高于社会平均水平的利润会吸引一定量的资本向健康保险市场领域流动，进而增强行业的市场供给能力。从长期来看，随着竞争的加剧和资本的流动，利润水平将会下降，并趋向于社会平均利润水平，但这样一个成熟市场的形成需要10~20年的时间。

二、“十一五”期间健康保险市场潜力

（一）商业健康保险的发展空间与领域

商业健康保险的发展空间在于六个方面：公共医疗保险中规定的个人自付比例部

分和医疗费用超封顶线部分；社会统筹医疗保险不保的特殊药品；社会统筹医疗保险不保的诊疗项目；社会统筹医疗保险不保的医疗服务设施和非指定医疗机构；社会统筹医疗保险的未覆盖人群。

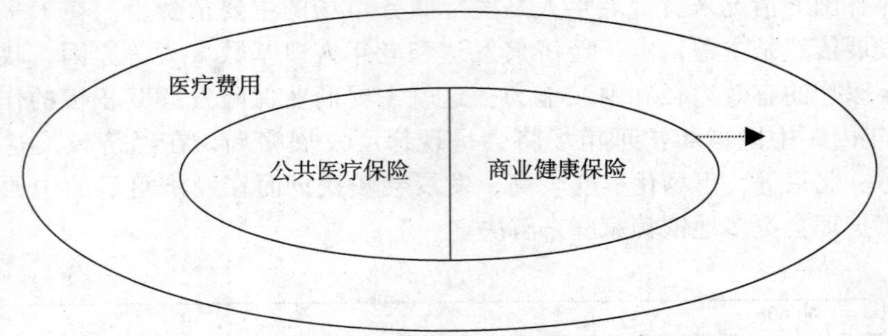

图 2－6　商业健康保险发展领域与空间图

商业健康保险的发展，不仅要提升其在医疗保险体系中的地位，而且要不断提升其在整个医疗服务市场中的地位，提高其对其他医疗费用承担方式的替代水平。这就需要保险业不断创新产品，不断拓宽服务的领域。商业健康保险发展的空间是整个医疗保险市场，而作用的领域是全部医疗服务与健康管理。

（二）商业健康保险发展潜力的简单预测

据麦肯锡公司预测，中国健康保险市场在 2004～2008 年的 5 年间将快速发展，市场规模有望达到 1 500 亿～3 000 亿元。从简单的国际比较看，中国健康保险发展空间非常大。发达国家的健康保险通常占人身保险保费收入的 20%，以此为依据静态地看，2004 年，中国人身保险保费收入为 3 228.2 亿元，如果健康保险占 20%，则理论上健康保险的保费收入应该为 645.64 亿元，如果再考虑到“十一五”期间人身保险将保持较快速度的增长，“十一五”期间健康保险的理论上的保费收入将更多。

第五节　健康保险新增长点培育与开发的政策建议

一、加大制度创新，建立风险共担、利益分享的激励约束机制

（一）放开健康保险公司投资渠道，试点医保一体化

争取在《保险法》修改的时机，放宽专业健康保险公司投资渠道，允许专业健康保险公司投资医院等与保险主业相关联的产业，保险公司通过参股或控股等方式，参与医疗机构管理，形成医疗服务提供者与保险机构的一体化，真正实现“风险共担、利益共享”的激励机制。

（二）灵活运用保险机制，强调个人的责任

强调投保人在保费缴纳、费用控制和风险分担等方面的责任，有效利用相对免赔额、绝对免赔额等保险技术手段，改革费用预付制，使用费用后付制，通过患者垫付就诊费用来控制医疗服务浪费。对于团体客户，探讨经验费率的可行性，形成投保人

对医疗费用节约的分享，并以此激励节约医疗费用。

（三）引入外资专业健康保险公司

通过合资或独资的形式，有计划地引入国外专业健康保险公司，在未来3年内争取引入2~3家，以激活国内健康保险市场，实现外资经营技术向中资公司的转移。

（四）创新人才激励与使用机制，加强健康保险专业人才培养

在专业化人才队伍的建设方面，一是可以从国外引进人才，或与国外公司开展合作，聘请顾问，以解近期的人才短缺之困；二是各公司要建立自己的造血机制，建立与健康险相关人员的专业培训体系和考核系统，对他们进行系统的培训；三是要通过人身保险从业人员资格考试体系的平台，塑造专业化的健康保险队伍。

二、推进专业化经营，提高保险公司经营与服务水平

（一）要建立专业化经营的组织架构

专业化经营的组织架构有多种形式，既可以是专业健康保险公司，也可以是集团下的专业子公司，还可以是公司内的一个业务管理系列。

表2-4　各种健康险经营模式比较

经营模式	附加寿险模式	事业部模式	子公司模式	专业健康保险公司模式
优势	初期经营成本低，可有效利用各种共享资源	可进行专业化管理，既可共享资源又相对独立	经营者积极性高，有利于专业化管理	经营者积极性高，有利于专业化管理，容易扩大规模
不足	不利于专业化管理，有关业务部门间协调较差	需与其他事业部协调，不利于业务规模的扩大	不利于共享资源，需与母公司协调关系	筹建费用高，经营初期成本高，利润压力大

事实上，各种经营模式都各有其优势和不足，没有适合所有保险公司的标准模式，保险公司应根据其规模、发展目标、市场定位和战略选择适合自己的经营模式，而且中国各地区之间发展不平衡，也应该鼓励市场的多样性，关键在于赋予所选择的组织形式充分的技术开发、业务管理、产品开发等的权限和职能，彻底改变健康保险业务依附于寿险业务的状况。

（二）要建立专门的核保和核赔体系

鉴于健康保险的风险控制特点，各保险公司应建立专门的健康保险核保和核赔体系；制定和实施健康保险核保人与核赔人的管理办法；加快研发和使用健康保险专用的核保、核赔手册等专业技术工具；要进一步发挥行业的力量，着手制定疾病表。

（三）建立专业化的信息管理系统

专业化的信息管理系统不仅是实现健康保险专业化运作的基础和平台，而且对健康保险的风险控制和长远发展至关重要。传统的寿险业务管理系统集中解决的是业务流程、人机界面、系统集成等商用系统的共性问题。由于健康保险业务的复杂性、保险事故发生的频繁性，需要有效的过程管控系统，单纯的业务流程管理已远远不能适应健康保险的风险管控需要。

保险公司可以通过自主开发或引进信息管理系统，建立和完善与健康保险业务相适应的信息管理系统，特别是通过完善健康保险的核保核赔管理系统和数据统计分析

系统，满足业务发展和服务的需要。

（四）完善专业管理制度体系的建设

保险公司一是要加强内控制度的建设；二是要建立专业的精算体系，注重积累精算数据，加强精算评估，科学厘定产品费率，防范产品开发风险；三是要提升精算师在经营管理中的地位与作用。

三、提高产品开发能力，拓宽健康保险服务领域

健康险业务的增长，需要适销对路的产品，没有既能满足消费者需求又能使保险公司有盈利的产品，就谈不上健康险的增长。为此：

（一）须加强对市场的研究，梯度推进市场开发

保险公司要加强对市场的研究，分析不同地区、不同收入和风险群体的健康保险需求，并根据公司的经营管理水平、机构布局和风险管控能力等来确定市场定位。由于中国地域辽阔且经济发展不平衡，对于新设的公司，可以采取先城市、后农村，东、中、西部依次推进的策略，梯度进行健康保险市场的开发与培育；对于已完成机构布局的老公司，可以通过调整产品和营销策略，加快不同地区市场的开发。

（二）要建立完善的健康保险产品体系

就目前情况来看，保险公司应当根据现有技术水平和外部环境优先发展亏损风险小、需求空间大的险种。门诊费用和高档医疗消费是公共医疗保险的真空地带，门诊医疗费用较难控制，而住院医疗保险由于医疗费用数额大、发生率低、医疗方案相对较易于监控，因而，保险公司应当优先开发住院医疗产品，谨慎开发包含门诊医疗的综合医疗保险产品。此外，从保险期限上来看，保险公司应当注重开发逐年续保的产品，这种产品相对于其他长、短期险种来说风险更小。随着保险公司经营经验的积累和外部条件的逐渐成熟，逐步开发门诊医疗保险和住院医疗保险，在保单中增加保证续保条款等。有条件的公司，要积极探讨长期护理保险的开发。

（三）总结与开拓第三方管理业务

保险公司能够发挥其专业优势，为社会医疗保险提供咨询、精算和管理等第三方服务。过去，许多公司在第三方管理服务方面也做了大量的探索，也积累了一些经验。加强第三方管理业务的开拓，能够达到"一石二鸟"的效果，一方面，能够拓宽保险业的服务领域；另一方面，能够促进建立保险业与社保、卫生等部门之间的沟通机制，提升保险业的社会形象。

四、加强对医疗服务提供者的管理，控制医疗费用风险

控制医疗费用风险也是推进健康保险快速发展的重要"瓶颈"之一。在健康保险的风险控制中，医疗服务提供者起着决定性的作用，在近期内，保险公司可能没有条件对医院进行直接投资，建议采取以下措施加强对医疗服务提供者的管理：建立定点医院制度、实施合同医生制度、相机审查医疗服务以及实现社保机构、保险公司与医疗服务提供者的网络的对接等。

五、加大政策协调力度，为健康险的增长创造良好的外部环境

（一）理顺政府在医疗保险体系中的地位与作用

政府的首要责任是提供合理的制度安排，包括医疗保险体系框架、政策及法律，保证医疗保险市场运行的规则性和秩序性；其次才是提供与经济发展水平相适应的公共医疗保险，并为医疗保险制度的运行与改革提供财政支持。

政府应现实地将其介入医保体系的“广度”界定为城镇职工，在经济条件允许时，可逐步扩大其保障范围到全体居民；“深度”界定为提供公共医疗保险保障，而不是更高层次的“补充医疗保险”，但政府应当寻求更加符合市场规律的、有效率的方式来解决公共医疗保险保障水平以上的医疗保障。

（二）积极争取税收优惠政策

税收优惠政策对于健康保险的发展来说比较重要。应当在深入研究的基础上向政府积极争取。一是应允许经营健康险业务的保险机构享受以下税收优惠：保费收入免征营业税，利润免征所得税；二是应允许参加商业健康保险的投保人，其缴纳的保费和获取的保险金享受以下税收优惠：若企业团体投保的保费支出部分，可以在一定额度内列入成本，在税前列支；个人缴纳的保费部分，不征收个人所得税，且个人获取的健康保险金也不征收个人所得税。

（三）探索补充健康保险的商业化经营模式

近几年，政府鼓励商业保险公司积极参与企业补充医疗保险的市场运作，这应当是补充医疗保险的发展方向，已经在厦门等地取得成功经验。这些地方的社保机构与保险公司就补充医疗保险业务开展合作，由社保机构通过招标的形式选择保险公司作为承保公司，并将其经办的补充医疗保险费用逐步转移给承保公司运作；社保机构要与保险公司就有关医疗保险的条款、费率、理赔等权利和义务签订合同；社保机构可以作为保险公司的代理机构收取一定的手续费，以弥补在与保险公司合作过程中产生的相关费用。有必要倡导和推广这种经营的各种模式，即逐渐将政府解脱出来，也给保险公司提供了更广阔的用武之地。

六、加强监管，保证市场的可持续发展

发展健康保险业务是件利国利民的好事，但同时又会面临较高的经营风险。因此，在强调发展的同时，加强健康保险业务监管显得非常重要。有必要采取的监管举措包括：

（一）制定《健康保险法》

（二）建立健康保险业务的偿付能力监管体系

在研究分析大量基础数据的基础上，借鉴国外经验，建立中国健康保险业偿付能力监管指标体系，完善偿付能力风险的预警机制。

（三）积极开发健康保险业信息监管系统

保证监管数据采集的及时性、准确性，为强化健康保险业偿付能力监管提供可靠的数据支持。

（四）加强对健康保险市场行为的监管

在健康保险开发的初级阶段，市场竞争中难免会出现这样或那样的问题，监管部门要加大现场与非现场检查的力度，高起点规范市场。

第三章　责任保险增长点的培育与开发

国外一般将保险业的发展划分为三个阶段：第一阶段是传统的海上保险和火灾保险（后来扩展到一切险财产保险）；第二阶段是传统的人寿保险；第三阶段就是责任险。保险业由最初承保有形财产的风险，扩展到承保人身风险，最后随着社会经济的发展而必然性地承保各种无形标的的风险。因此，责任保险将会随着社会和经济的发展越来越受到社会各界的重视，它的较大较快发展应该是合乎逻辑的，它是社会经济和法律建设逐步发展和完善的结果，更应该是保险业参与社会管理工作的直接表现。

第一节　中国责任保险发展的现状及其存在的问题

近年来，责任保险的保费收入的年增长速度较快，1999～2003年的平均增长速度为19.95%，是整个财产险保费收入增长速度的1.52倍。但责任保险的保费收入占整个财产保险的保费收入的比重一直比较低，1999～2003年，平均占比只有4.14%。2004年，主要由于工伤保险对雇主责任保险业务的冲击，中国责任保险业务共实现保费收入32.88亿元，同比减少1.95亿元，负增长5.59%；责任险保费收入仅占财产险保费收入的3.02%，同比减少0.99个百分点。

责任保险发展滞后，一方面是因为责任保险产品有效需求不足。责任保险产品具有特殊的经济学特性，即具有一定的“正外部性”，责任保险产品的边际社会收益要大于投保人所获得的边际收益，产生了边际外在收益。或者说，责任保险是一种“准公共产品”，因此，市场机制对其供求关系调节会产生“市场失灵”现象，如果由市场价格来决定责任保险产品的需求量，那么这个需求量肯定低于社会所必要的需求量，导致对责任保险产品需求不足。

另一方面是因为责任保险产品有效供给不足。突出表现在产品开发设计不能切合市场需求，市场认可度偏低，其深层次的原因在于责任保险经营技术的特殊性。责任险承保具有极强的专业性、特殊性，如果不当承保，会给保险人带来巨大风险，国外常常见到因管理不善、定价或市场策略失误导致保险人破产的实例。这使得保险人不敢轻易进行责任保险业务的创新，开发提供新的产品和服务。

第二节　责任保险在国（境）外的发展

为了进一步论证责任保险的发展前景，有必要对国（境）外责任保险发展及其趋势作一些分析。

一、国境外责任保险的发展概况

在保险业发达的国家，责任保险已经在整个财产保险乃至整个保险业中取得了举足轻重的地位。当前，就国际平均水平来说，责任保险占到整个财产保险业务的10%左右，在发达国家责任保险更是占到财产保险业务的20%以上，欧洲国家一般达到30%~40%，美国有些年份甚至达到50%左右。

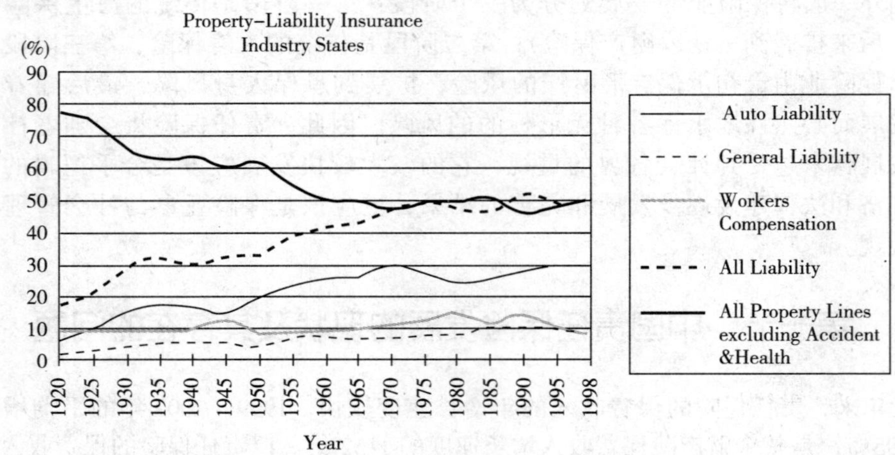

图3-1 美国的财产保险和责任保险的发展状况

图例说明：

实线表示所有财产类保险（不包括责任险和意外险）的市场份额在1920~1998年间缓慢下降。

重虚线表示所有责任类保险市场的份额在1920~1998年间缓慢上升，并在20世纪80年代末超过财产类保险的市场份额。

资料来源：AM.BEST.

二、国（境）外责任保险比较发达的原因

（一）政府重视责任保险在社会公共安全管理体系中的重要作用

在美国、日本等发达国家和地区，保险业，尤其是责任保险在公共安全管理体系中一直扮演着重要的角色，并被纳入社会公共安全管理统筹规划之中。

（二）比较健全而严格的司法制度

综观世界各国，责任险的发达与否无不与该国的民事损害侵权法律制度的完善程度有着密切的关系，这包括：（1）比较完善的法律、法规体系；（2）有利于被侵害人的归责原则；（3）发达的法律服务体系；（4）对部分民事损害责任实行强制保险；（5）严厉的违法惩处措施等。

三、国（境）外责任保险的法律成本在不断增长

综观世界各国，经济发展和民事法律制度的进步是推动责任保险发展的两个重要

的原动力。但是，种种迹象表明，法律制度也有可能将成为制约责任保险进一步发展的重要因素。研究表明，一般责任理赔与保费收入的增速都远高于其总体经济的增速。根据长期数据推算，理赔的增速是名义 GDP 增速的 1.5 ~ 2 倍。造成这一结果的最为重要的原因就是社会发展与法律变革①。

第三节　责任保险为何能成为未来的增长点

一、责任保险成为增长点的理由

如前所述，同发达国家和地区相比，中国的责任保险业务很不发达，甚至近期出现了业务萎缩的趋势。这是经济发展水平、政府的重视程度、法律制度建设进程、广大民众的保险意识和保险公司的经营管理技术等各方面的因素共同作用的结果。但是，根据国际经验，随着中国进入社会转型期，必将会迎来一个责任保险业务快速发展的时期。概而言之，国民经济的快速发展，将为责任保险提供广阔的发展空间；中国法制的不断健全和完善，为责任保险的发展提供了有力保障；政府职能的转变，为责任保险的发展创造了良好环境；保险业自身的改革和发展，为责任保险的发展打下了坚实基础；加入世贸组织后经济一体化进程加快，将激发责任险需求，加速供给。

特别地，责任保险的培育和开发有利于减少社会摩擦，使社会关系更加和谐。责任保险具有较强的社会管理功能，可以保护弱者权益，减少社会纠纷，起到社会润滑剂的作用。责任保险可以在促进安全生产、保护广大消费者的合法权益方面发挥其独特的作用。责任保险与安全生产有着密切的内在联系，两者在最终目的上具有高度的一致性，都是为了更好地保护人民群众的生命财产安全和合法权益，促进经济社会和人的全面协调发展，客观上具有紧密结合、良性互动的内在需要和动因。把安全生产工作与责任保险结合起来，积极发展工伤事故社会保险和商业责任保险，既可以促进安全生产工作，又可以拓展保险业的领域，充分发挥保险业保障人民群众利益、促进经济发展的社会功能。

二、"十一五"期间中国责任保险发展的重点

在"十一五"期间，首先是机动车第三者责任保险、雇主责任险，其次是公众责任险和医疗责任保险，产品责任保险也应该同样具有很大的发展空间。这主要基于以下几个方面的考虑：第一，机动车第三者责任保险和雇主责任保险具有良好的发展基础；第二，政府相关部门的高度重视更有利于推动机动车责任保险、雇主责任险、火灾公众责任险及医疗责任险的快速发展；第三，出口贸易的快速发展为产品责任保险提供了较为广阔的潜在市场。出口贸易的快速发展必将促进中国产品责任保险的快速发展。

① 行健：《全球责任保险法律成本增加》，http：//www.china-insurance.com。

三、“十一五”期间中国责任保险业务发展预测

从简单的国际比较来看，中国责任保险发展空间非常大。发达国家的责任保险通常占财产保险保费收入的20%，责任保险特别发达的国家这个比重更是高达40%。以此为依据静态地看，2004年，中国财产保险保费收入为1 089.9亿元，如果责任险占20%，则理论上责任保险的保费收入应该为217.98亿元，如果责任险占40%，则理论上责任保险的保费收入更是高达435.96亿元，如果再考虑到“十一五”期间财产保险将保持较快速度的增长，“十一五”期间责任保险的理论上的保费收入将更多。

表3－1　“十一五”期间责任险业务发展及其占财产险业务的比重预测

单位：万元，%

年份	2004	2005	2006	2007	2008	2009	2010
责任险业务[1]	424 062.48	519 893.64	641 787.72	797 845.73	998 894.23	1 259 442.62	1 598 984.53
责任险业务[2]	329 455.05	364 811.23	436 048.49	555 424.33	720 918.04	937 432.67	1 221 141.78
三责险业务	824 948	3 712 267	4 277 273	4 928 274	5 678 358	6 542 604	7 538 388
财产险业务	9 836 447	1 386 9390	15 691 828	17 753 735	20 086 575	22 725 951	25 712 141
责任险业务比重[1]	4.31	3.75	4.09	4.49	4.97	5.54	6.22
责任险业务比重[2]	3.35	2.63	2.78	3.13	3.59	4.12	4.75
三责险业务比重	8.39	26.77	27.26	27.76	28.27	28.79	29.32

注：责任险业务是按照第一种预测方案所得到的责任险保费收入；责任险业务是按照第二种预测方案所得到的责任险保费收入。

我们还对“十一五”期间责任保险的发展规模做了两个方案的测算（第一种方案是以平均发展速度对未来几年责任保险每年的发展规模进行预测；第二种方案是考虑到政府将采取一系列政策措施来促进责任保险的发展，并结合过去几年该险种的发展趋势对未来几年该责任险的发展速度作适当调整后进行的预测），结果（机动车第三者责任险除外）如表3－1、图3－2和图3－3所示。

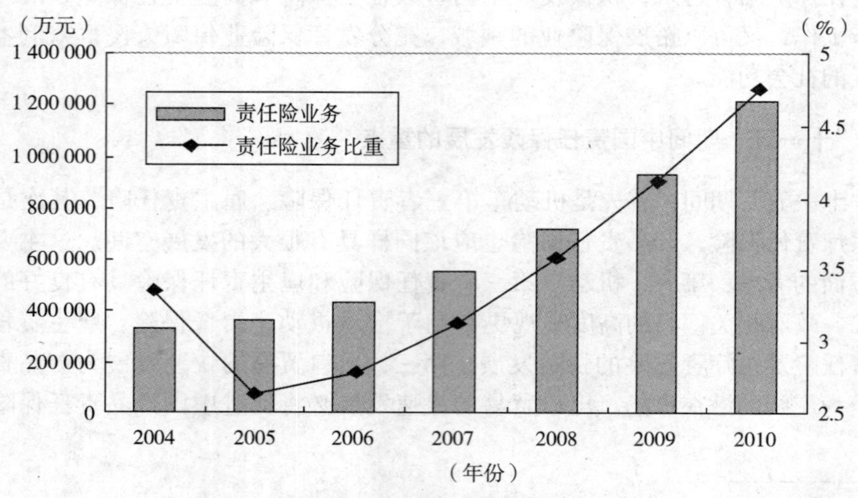

图3－2　责任保险发展预测

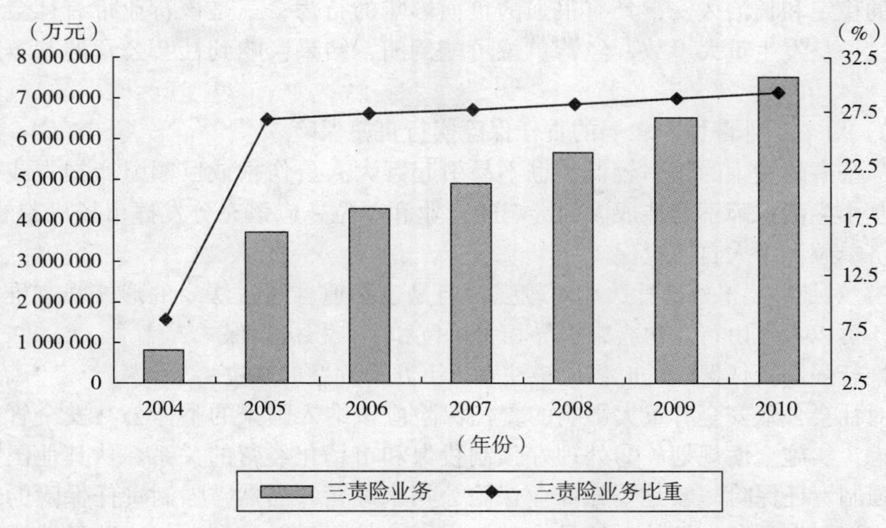

图3-3　三责任险发展预测

第四节　培育和开发中国责任保险的政策建议

就目前中国的保险市场看，产险公司应努力跳出传统的经营模式，通过开拓非车险业务来促进产险业务的发展，将责任险作为财产保险的新的增长点来培育。而且，发展责任保险是一项综合性的系统工程，不仅需要保险业自身的努力，更需要政府职能部门和社会各界达成共识，共同努力，大力支持，创造一个有利于责任保险发展的良好环境和氛围。具体来说，应该主要从以下几个方面采取措施：

一、加强与责任保险相关法律的立法工作

首先，各种民事法律风险的客观存在和随着生产力的发展而日益增大是责任保险迅速增长的基础。其次，有必要通过立法程序强制部分行业和部门投保相应的责任保险。由于责任保险的“正外部性”抑制了有效需求，因此，为了能够很好地保护社会公众的利益，维护社会公共安全，发挥社会管理功能，同时促进责任保险业务的快速增长，有必要强制某些行业和部门投保相应的责任保险。最后，推行强制责任保险仅依靠法律和行政法规是不够的，还需要颁布相应的可操作性强的实施条例或细则，加强对强制责任保险业务操作的规范、指导、检查和对违规行为的惩处。

二、实现强制责任保险和自愿责任保险的合理结合

（一）对“正外部性”很强的责任保险要逐步实行行政强制或法定保险

具体包括以下领域：一是保险事故发生后容易引起大面积的伤亡情况或重大财产损失，对社会公共安全形势具有重大影响的行业；二是事故发生的频率很高，即使不一定会一次造成巨大人员伤亡或财产损失，但是一定时期内这种事故累积仍然会影响

到社会的稳定和长治久安，具有很强的负面影响的行为；三是该行业带有社会公共设施性质，一旦发生重大事故，经营单位可能倒闭，结果影响到社会公众的基本生活保障。

（二）对“正外部性”较弱的责任保险实行自愿保险

对那些事故发生的频率较低，也不易引起巨大人员伤亡或巨额财产损失或者对社会公众基本生活保障不会造成大的影响的行业和单位，应该充分发挥市场机制的作用，由各经济单位和个人自愿投保。

（三）对那些“正外部性”相对较强，但是也不适合通过法令的形式强制推行的责任保险，可以考虑由行业协会来引导相关单位和个人积极投保

在推行强制责任保险的时候应该注意以下几个问题的解决：

①对社会公众安全有重大影响的责任保险应该纳入国家的整体公共安全管理系统综合考虑，实施全面规划。②处理好强制投保和市场化经营的关系。从其他国家经验来看，强制责任保险一般是委托商业保险公司来经营。当然，强制责任保险的经营从总体上应该不以盈利为目的，但具体到公司而言是不反对盈利。与这一经营原则相适应，需要建立对应的社会救助基金；同时鼓励保险公司加强经营管理和技术创新，获取一定的利润。③处理好强制责任保险与保护民族保险业的关系。对于经营技术比较成熟的险种，可以不允许外资保险公司介入；但对于国内经营技术比较落后的强制责任保险业务，则可以考虑邀请少数几家资质好的中外合资保险公司参与经营，以实现先进技术的转移。

三、加大对责任险的宣传力度，营造良好的社会发展环境

首先，政府相关部门和保险公司都有必要利用真实的事例和具体的数据宣传强化民众的法律意识和维权意识；其次，保险公司有必要对潜在的客户群加大保险知识的宣传，帮助他们分析其面临的风险，使他们认识到责任保险对保障其生产经营的稳定性的重要意义和投保责任保险的必要性。

四、加大责任保险产品的开发和创新力度，针对不同产品，实施差异化营销策略

首先，保险公司要根据市场定位开发潜在客户群所需要的保险产品，实行差异化经营；其次，要时刻关注市场环境的变化，根据环境变化捕捉市场机会；最后，保险公司在责任保险产品开发的过程中，要与政府部门加强沟通，着眼于为政府公共安全管理服务。

此外，新产品的开发可以借鉴国外经验。中国责任险与国外相比，发展时间较短，各险种基础数据较少，产品开发基础较弱，应科学地借鉴国外成功的产品开发经验，再根据国内的实际情况加以改造，使之符合中国国情和市场需求，这对责任险的发展将起到事半功倍的效果。

从某种程度上说，国内责任保险发展滞后与销售渠道的不发达有直接的关系。要根据不同类型的责任保险产品选择合适的销售渠道，提高销售效率，更好地拓展市场。这要从产品的复杂程度、保费规模、件均保费、销售人员的专业素质、销售成本等多

个角度进行比较和研究。

五、保险公司要转变观念，加强责任保险的经营管理，积极争取有关部门的支持与配合

首先，保险公司必须从传统的思维模式和经营模式中跳出来，要从保险业服务国民经济全局的高度来看待责任保险的发展；其次，保险公司必须认识到，随着竞争的加剧和各种环境条件的改善，责任保险在中国将是保险业的一个新增长点；再次，保险公司要加强对责任保险业务的风险管理工作；最后，针对责任保险业务的特殊性，保险公司在财务处理上应该将其独立核算，借鉴国外经验将核算周期改为 3 年，并根据其风险的特殊性提取相应的准备金。

由于责任保险业务的技术含量要求很高，涉及众多的行业和领域，这就要求保险公司必须加强与这些行业主管部门和技术服务部门的联系，得到它们的认可和支持，还要争取执法部门和监管部门的支持和推动。

第四章　农村保险增长点的培育与开发

党的十六届三中全会通过的《中共中央关于完善社会主义市场经济体制若干问题的决定》提出了“统筹城乡发展、统筹区域发展、统筹经济社会发展、统筹人与自然和谐发展、统筹国内发展和对外开放”五个统筹的要求。其中，培育和开发农村保险就是实现统筹城乡发展、建设和谐社会的重要路径。

国内保险业务恢复26年之后，中国保险业发展的一个突出问题就是，保险业的空间布局不合理，城乡保险市场发展严重不平衡，农村保险市场发展严重滞后。为统筹城乡发展，保险公司必须要开发和培育农村保险市场。同时，随着市场竞争主体的增多，城市保险市场的竞争日趋激烈，利润日益削减，从长远战略考虑，保险公司同样有必要着手考虑培育和开发农村保险市场。

农村保险业务的培育与开发，从根本上说要解决两个问题：一是农村地区保险的发展潜力究竟有多大？能否成为中国保险业未来的新增长点？二是分析制约农村保险发展的因素，探讨使其成为新增长点的发展思路、路径、模式以及政策支持与环境要求等。

这里讨论的农村保险包括农业保险以及县乡镇居民和农村居民养老保险、健康保险、意外保险等人身保险。

第一节　理论分析：中国农村经济发展新阶段的保险需求

经过20多年的改革与开放，中国农村正在由传统农业逐步向现代农业转变，阻碍农村经济和农业发展的风险因素及其风险事故的发生频率发生了变化，迫切需要完善风险保障制度。但目前在体制转轨的过程中，政府在保险供给方面的作用已大大削弱，保险公司都将“发展战略”的重点放在大中城市，还大幅度收缩在农村的保险机构和业务，合作保险也已基本上消亡，计划经济时期本来就很脆弱的农村保障链条在新阶段面临着断裂的危险。因此，急需建立适应农村发展新阶段要求的保险保障制度。

1995年以来，由于农业投入的持续增加和技术的不断创新，中国农业综合生产能力不断提高，农村经济由农产品供不应求的短缺阶段过渡到了结构性、地域性相对过剩的新阶段，加上加入世贸组织的影响，中国农业、农村经济发展出现了许多新特点，面临着新的发展要求。目前，中央特别重视“农业、农村和农民”问题，2004年《中共中央国务院关于促进农民增加收入若干政策的意见》主要解决的是农民收入增长问题；2005年《中共中央国务院关于进一步加强农村工作提高农业综合生产能力若干政策的意见》则抓住了当前农业发展的关键问题，反映了中央政府实施工业反哺农业、城市带动乡村的全新的经济发展思路。这些新特点、新要求和新形势决定了商业保险公司进行农村保险发展战略调整的必要性和可能性。

一、农业增长、经营方式的变化需要引入适应工业化、产业化要求的风险管理模式与保险技术

从国际农业发展的规律来看，农业的增长方式和经营方式总是与一定的风险管理模式和技术相联系的。

（一）农业增长方式由劳动密集型为主向资本、技术密集型方向转化，对知识、资本、信息、技术等要素的依赖性日益增强，高新技术农业得到发展，单位农产品的价值提高

（二）由于农业工业化、标准化程度的提高，农业经营由粗放经营走向集约化经营，经营规模与产业化程度不断提高，农业企业对适应工业化生产特点的保险产品有了很大的需求

（三）在新阶段，农业不仅具有物质生产与供给功能，还扩展到了提供生态、观赏、教育等服务的功能，农业由为工业净输出的阶段发展到了需要由工业反哺的阶段，特别是加入世贸组织对国内农业的冲击，使农业安全与农业生态环境保护的作用变得更为敏感和重要，政府对农业保险的作用更为关注

（四）在新阶段，农业市场化程度急速提高

随着中国农业国际化程度加深，结构调整的压力和市场风险进一步加大，农村经营者会转变风险意识，向国际惯例靠拢，逐步寻求商业化的保险方案；政府也会增强对农业风险管理的意识及增加相应投入；同时，引入国际化的农业风险管理经验，将增加商业保险公司学习的机会，提高农业风险的管理技术。

二、农村市场化、城市化程度提高，需要扩展农村保险范围

在新阶段，随着市场经济的发展，农村经济传统的自给自足模式被打破，资源流动加速，非农产业飞速发展，城市化水平迅速提高，农村保险的范围在延伸。

（一）农民收入水平整体上大大提高，特别是现金支付能力提高，服务性消费支出增加

农村市场存在巨大的保险消费潜力，而且容量大。因此，商业保险公司应尽早研究，积极介入。

（二）在新阶段，中国农村经济结构出现了质的变化

第二、三产业发展迅速，居于主导地位，农业总产值在农村经济中的比重持续下降，而且三次产业之间的关联度日益增强。今天的农村保险市场可能不久后就是城市保险市场，今天的农民就是未来的产业工人，农业、农村保险的范围已经随着农业、农村概念的变化向第二产业、第三产业、小城镇范围延伸。因此，在新阶段，商业保险公司也有必要从城乡、工农一体化的角度来考虑农村、农业保险战略，研究大农村、大农业概念的保险产品、服务的供给。

（三）在城市化、市场化加速的新阶段，城乡融合、产业融合的趋势使商业保验公

司可以借鉴在中心城市及对其他产业保险的经验，在农村城市化过程中将城市中的常规险种推向农村，减少探索、实验的成本；同时，对产品进行适应农村发展特点和要求的适应性改造，配以适当的营销模式，开辟农村保险市场

三、农民阶层与区域分化加速，风险差异加大，需要进行保险市场细分

在现阶段，中国农业、农村结构调整力度加大，大量农民从农业、农村转移出来，据2003年的统计，有1.2亿农民进入乡镇企业或外出打工。同时，由于城市化速度加快，约有2 000多万农民失去土地，成为“失地农民”，而且这种劳动力的转移趋势还在加速，农民的收入来源呈现多元化；另外，由于区域经济发展水平的差异，农民收入的区域差异也越来越大，在新阶段，农民出现了阶层、职业、区域的分化。因此，在中国农村保险市场容量激增的同时，也需要适合不同阶层、不同职业、不同消费水平的保险产品供给，保险公司要针对不同的需求主体与需求水平进行市场细分，提供差异化产品。

第二节　问卷调查结果：中国农村的保险需求特点

为深入研究农村保险的需求和供给状况，我们曾在陕西和福建两省的六个县进行了入户调查，得到了一系列有一定代表性的数据。从农村保险需求的角度来看，两省六县的调查结果表明，尽管农民收入水平比较低，风险保险保障意识比较落后，但农村保险市场尚没有得到很好开发，保险供给主体缺乏，让农民了解保险和投保的渠道很少，适合农村居民的保险商品也不多，因而他们的保险需求还得不到满足。为适应课题的需要，山东省保监局又进行了样本为1 000户的问卷调查。根据对山东省调查问卷的分析，得出几点结论：

第一，保险认知与评价。农村居民对商业保险的功能、作用、市场主体等有一定程度的了解，但获得保险知识的渠道较单一，多来源于电视广告宣传或保险公司业务员及亲朋好友介绍，较为片面。同时，农村居民对商业保险及其从业人员的信任度不高，认为保险公司、保险监管机关的功能作用应进一步发挥。

第二，保险消费行为。农村居民保险消费呈现以下几个特点：一是农村保险的渗透率较低，购买方式比较单一。很少有被调查户购买了保险，购买保险的大多是通过上门推销的保险公司业务员购买。二是高学历、高收入的农民对保险的认同度较高，购买保险的户数占被调查户的比重与学历和收入呈正相关关系。三是农村居民对购买保险的经济承受能力有限。大多数被调查农户可以承担的年缴费为500～1 000元，没有购买保险的主要原因之一是没有钱。四是已买险种以人身险为主，多数是给家庭的主要劳动力和子女购买。五是购买农业保险的极少。六是购买行为不够理性。主要表现是已买保险的居民户中出于需要主动购买的非常少见，很多居民买了保险到现在也不了解所买险种的保险责任和条款。

第三，保险消费趋势。一是农村保险市场潜力巨大，大多数农民有购买保险的意愿。二是观念及对保险的信任程度和经济实力是影响农村居民购买保险的两大因素。

几千年来农村自给自足的生产生活方式对农民的意识形态、消费习惯等影响很大，在一定程度上使农民养成了养儿防老、自担风险的习惯，加上面向农村市场的保险宣传工作不够，农民在解决家庭后顾之忧方面主要依靠自己、儿女和亲朋好友，较少考虑购买保险。同时，较低的收入水平也制约了农村保险消费，农民家庭需要的是相对而言低保费、低保障的险种。特别地，很多农民对保险不信任，这一方面是对保险缺乏了解，另一方面是以前人保举办建房保险，甚至是民政部门举办农村社会养老保险过程中的不规范经营行为造成的负面影响。三是农村居民对险种的需求较为集中，目的明确。养老险、医疗健康险、子女教育险、人身意外伤害险、家财险、农业保险是农民家庭的需求重点，农民希望通过购买合适的险种，来缓解未来面临的养老、医疗、子女教育等支出所带来的经济压力，也希望购买适当的种植、养殖等农业险种，分散农业生产所面临的巨大的自然风险和市场风险。四是在选择保险公司时，大多数农村居民较为关注保险公司的知名度和产品及服务质量，购买渠道方面希望通过保险公司正式员工上门推销的方式购买保险，同时希望保险公司提高人员素质，加强职业道德教育。

第三节　农村与农业保险供给不足

2004 年，中国农业保险业务共实现保费收入 3.77 亿元，同比减少 0.88 亿元，负增长 18.86%，农险保费收入仅占产险业务保费收入的 0.35%和全国保险业保费收入总额的 0.087%，远低于农业生产总值占 GDP 14.8%的比例。按全国 2.3 亿农户计算，户均投保费用不足 2 元。事实上，中国农业保险体系尚未建立，整个农业部门都还处在比较原始的风险管理的层次。

尽管各地农业保险试点如火如荼，但 2004 年农业保险保费收入却不升反降，这充分地暴露了农业保险发展亟须解决的深层次问题：一是在介入农业保险业务时，商业保险公司对自身的定位模糊；二是制度模式的选择没有充分考虑中国的国情；三是对农业保险经营主体的适宜性考虑不够；四是除上海等个别地方外，对农业保险的补贴政策缺失；五是如何建立一种合理有效的监管机构和监管制度没有引起足够重视；六是农业保险缺乏有效的巨灾风险分担机制；七是农业保险尚没有立法。

不仅是财产保险，农村人身保险也同样供给不足。主要表现在以下几个方面：

第一，保费规模小。2004 年年底，全国县域人身保险业务收入 1 128.35 亿元，占全国人身保险保费收入的 34.95%，较上年增长了 10.84%；县域地区人身保险密度为 122.47 元，仅为全国人身保险密度（248.35 元）的 49.31%；县域地区人身保险深度为 1.35%，仅为全国人身保险深度（2.36%）的 57.20%。

第二，保险覆盖率低。2005 年 3 月，零点调查公司的“中国城乡居民医疗保障享有情况调查”结果表明，享有商业医疗保险的城市和小城镇居民分别为 36.5%和 23.5%，而农村居民只有 9.4%。

第三，保险的社会管理功能发挥不充分。农村养老、教育、防病基本停留在家庭层面，通过商业保险机制纳入社会管理体系的微乎其微。国家卫生服务调查结果表明，

2003年，79.1%农村人口无任何医疗保障，农村患者未就诊比例为45.8%；农村医生诊断应住院而未住院患者的比例为30.3%；农村自我医疗患者比例由1998年的23%增加到31%。过去5年农村居民年均收入水平增长了2.4%，而年均医疗卫生支出增长了11.8%。2003年，农村居民次均就诊费用和次均住院费用分别为91元和2 649元，平均一次住院费用相当于一个居民一年的总收入。每次农村面临天灾人祸，造成重大人员伤亡时，基本上都是自己承担或是亲朋好友帮助，保险发挥的经济补偿功能极为有限。

显然，目前真正为农民提供的保险保障仍然非常不足。农村保险的巨大供需缺口不适应新阶段农业、农村经济发展的要求。

农村、农业经济发展新阶段的到来给商业保险公司提供了开拓市场的机遇。我们认为，由于在新阶段部分发达地区农村经济及农民的消费水平、消费倾向已在与城市经济、城市居民的消费水平、消费倾向靠近，出现了商业保险运作的新空间。商业保险公司要善于寻找新的增长点，改变供给策略，尽早开拓这一市场，既支持农业、农村经济的发展，又有利于自身的强大。

第四节　农业保险新增长点培育与开发的政策建议

尽管目前农业保险新一轮试点正在全国各地如火如荼地开展，也的确令人感到高兴，但这些试点的可持续发展却有赖于一系列政策环境、制度基础和经济社会条件。与之相关的一些问题有必要及早加以明确或解决，以便于新一轮试验的健康顺利地发展。

一、科学界定商业性农业保险和政策性农业保险的边界

我们的研究表明，农业保险既包括商业性业务，也包括政策性业务。只有那些关乎国计民生和对农业和农村经济社会发展有重要意义，而商业性保险公司又不可能或不愿意从事经营的农业保险项目，才有可能纳入政策性保险经营。就是说，从宏观层面上讲，政策性农业保险项目必须有较强的政策意义；而从微观层面上讲，这些保险产品因其成本高、价格高在竞争的保险市场上难以成交。符合这些条件的农业保险项目或产品主要包括：多风险农作物保险；主要家畜家禽死亡保险。这两大类农业保险项目都难以进入竞争的商业保险市场。

不符合上述特征和条件的保险项目和产品，也就是商业性农业保险，主要包括：某些单风险农作物保险；范围较小价值较高的设施农业、精细农业的单风险保险或某些综合风险保险；一些特殊饲养动物的疾病和死亡保险（特种养殖保险）。

一般来说，商业性的农业保险和政策性农业保险有着本质的区别和严格的经营边界。因此，商业性公司目前介入农业保险业务必须有明确的定位，从大的方面说可以有两种选择：一是经营商业性的农业保险；二是在政策性农业保险框架内，在政府财政和行政支持下进行商业化运作。如果商业性保险公司在政府补贴等相关的配套政策尚不具备的条件下贸然经营政策性农业保险业务，可能会重蹈原来人保公司经营农业

保险的覆辙。对此，商业性公司必须要清醒地认识，必须尊重政策性保险经营的为在规律。

表 4-1　原中国人民保险公司 1982～2003 年农业保险经营状况表

单位：万元，%

年份	保费收入	赔款支出	净赔付率（%）	管理费用（以毛保费的 20%计）	管理费用（以毛保费的 30%计）	总赔付率 1（管理费用以毛保费的 20%计）	总赔付率 2（管理费用以毛保费的 30%计）
	(1)	(2)	(3)=(2)÷(1)	(4)	(5)	(6)=[(2)+(4)]÷(1)	(7)=[(2)+(5)]÷(1)
1982	23	22	95.7	4.6	6.9	116	126
1983	173	233	134.7	34.6	51.9	155	165
1984	1 007	725	72.0	201.4	302.1	92	102
1985	4 332	5 266	121.6	866.4	1 299.6	142	152
1986	7 803	10 637	136.3	1 560.6	2 340.9	156	166
1987	10 028	12 604	125.4	2 005.6	3 008.4	146	156
1988	11 534	9 546	82.3	2 306.8	3 460.2	103	113
1989	12 931	10 721	82.9	2 586.2	3 879.3	103	113
1990	19 248	16 723	86.9	3 849.6	5 774.4	107	117
1991	45 504	54 194	119.1	9 100.8	13 651.2	139	149
1992	81 690	81 462	99.7	16 338.0	24 507.0	120	130
1993	82 990	96 849	116.7	16 598.0	24 897.0	137	147
1994	50 404	53 858	106.9	10 080.0	15 121.2	127	137
1995	49 620	36 450	73.5	9 924.0	14 886.0	93	103
1996	57 436	39 481	68.7	11 487.6	17 230.8	89	99
1997	71 250	48 167	67.6	14 250.0	21 375.0	88	98
1998	61 721	47 681	77.3	12 344.2	18 516.3	97	107
1999	50 820	35 232	69.3	10 164.0	15 246.0	89	99
2000	45 200	30 700	67.9	9 040.0	13 560.0	88	98
2001	39 800	28 500	76.4	7 960.0	11 940.0	92	102
2002	34 064	25 041	73.5	6 812.8	10 219.0	94	104
2003	23 585	20 840	88.4	4 717.0	7 075.5	108	118
合计	761 163	664 932		152 232.6	228 348.9		
平均			87.4			107	117

注：此表的数据包括自办业务、代办业务与合办业务数据。

资料来源：《中国保险史》编审委员会：《中国保险史》，中国金融出版社，1998；《中国人民保险公司保险业务统计资料汇编》。

二、选择适合中国政策性农业保险发展的制度模式

针对中国的实际，我们提出四种可供选择的政策性农业保险的制度模式：

第一，政府主办政府组织经营的模式；

第二，政府支持下的合作互助经营的模式；

第三，政府支持下的相互保险公司经营的模式；

第四，政府主导下的商业保险公司经营的模式。

第一种模式是借鉴美国20世纪90年代以前的模式设计的；第二种模式是借鉴日本模式和我国中华联合财产保险公司在新疆生产建设兵团的实践设计的；第三种模式是参考刘京生博士的论证和创意设计的；第四种模式是借鉴美国现行运作模式设计的。

根据中国实际，对于广大的农村分散经营的个体农户，比较适宜第四种模式，即在政府主导的框架下让商业保险公司唱主角。因为中国最大的财产保险公司中国人民保险公司有较长时间、较大范围的试验实践，又有一大批农险专业技术人才，积累了比较丰富的经营和管理农业保险（主要是商业性农业保险）的经验，他们也有相当广泛的分销代办网络，再加上其他有意于农业保险政策性经营的财产保险公司的加盟，比较容易铺开。只要政府的政策到位，扶持措施得力得当，让他们既有利又承担风险，在政策框架下充分发挥市场化操作的优势，成功的希望是很大的。

当然，对于具有农垦系统背景的地区，可以考虑采用第二种模式，即政府支持下的合作互助经营的模式，这种模式的范例就是新疆生产建设兵团持续了18年的农业保险模式。因为农垦系统有长期的集体式的农业生产经营和管理的传统和较强的组织力量和能力，缺乏的主要是政策支持和保险经营和管理技术。实施这种模式是最便捷而且是比较容易成功的。而在广大农区，面对极其分散规模狭小的农户，大多缺乏自组织能力，农民也缺乏合作意识和动力，组织合作互助的基础十分脆弱，加之极容易受行政长官的强力干预，专业性技术性较强的农业保险要农民自己来做，实在勉为其难。所以，在这些广大的地区必须通过保险公司和政府来推行农业保险。

对于政策性农业保险制度模式，还有一个要不要事先确定全国性的整体框架的问题。现在全国各省、市、自治区分散决策建立农业保险制度，由各地根据本地实际自行选择制度模式，自行决定什么时间建立这种制度，这种因地因时制宜的政策是正确的。但是，各地分散决策要不要在事先就确定一个全国统一的便于整合的框架，值得研究。中国是在没有立法也没有任何行政规章的条件下开始了新一轮农业保险的试验。但保监会提出指导各地开展农业保险的五种模式有重大的差异，如果这五种模式将来都有，那么如何整合和统一，现在就应有所筹划，哪怕是粗线条的，否则，将会带来麻烦甚至损失。农业保险制度的设计必须未雨绸缪，最大限度地减少和消除制度变迁的成本。

三、选择合适的政策性农业保险的经营主体

首先，对于专业农业保险公司，必须解决其股份制保险公司如何与政策性农险业务相匹配的问题。股份制的专业公司需要从这种专业性经营中获取经营利润，而政策

性农业保险显然是不能盈利的，原因很简单，政府的补贴不能成为资本获利的来源。但如果不许盈利，那么这些公司的股东的股本就是公益性质的，类似各种公益或奖励基金，而这和资本追逐利润的本质显然是背道而驰的。

其次，发挥相互保险公司理论上具有的优势需要具备一系列的假设条件，不满足这些假设条件，就难以实践，即使付诸实施，也难以显现其优越性。

再次，对于地方财政兜底的政策性农业保险公司，问题主要是“地方”的大小。农业保险的风险单位很大，对单个的投保农户来说，大部分农业灾害都具有较大的相关性。因此，要在空间上分散风险必须要在较大范围从事保险经营，否则在大灾面前，地区和县市恐怕是难以“兜底”的。因此，将“地方”限定在省、市、自治区比较好。

最后，外资或合资公司经营农险没有实质性的意义。外资保险公司农业险经营的技术及管理经验无论多先进，农业保险固有的高风险、高费用、高成本，预期利益相当有限，需求有限的特点不可能改变，那么这种经营很难有出路。如果从事政策性经营，又会遇到接受补贴和盈利意愿的矛盾。

四、争取并落实政府对政策性农业保险的补贴政策

政府对政策性农业保险的补贴至少包括补贴多少、补给谁、如何补三个问题。要在政府补贴与农民愿意参与（在自愿投保条件下）之间寻求平衡是一个经济学问题。墨西哥的专家们曾经研究过该国的农业保险补贴问题，结果显示，在自愿投保险的条件下，保费补贴若低于40%，农民是不愿意参加的。中国需要多少保费补贴呢？我们曾经作过一个测算，在一系列假定前提下，保费补贴一年需要81亿元。这些假定是：全国只承保小麦、水稻、玉米、棉花四种作物的多风险保险和奶牛一种家畜的死亡保险；按2000年的播种面积和奶牛存栏数计，有一半作物投保，一半成年牛和青年牛投保；四种农作物的保障产量按平均产量的70%和产品价格都按市价的70%计；农作物保险的纯保费率以5%计，成年和青年奶牛的纯费率按6%计；农作物纯保费补贴30%，奶牛纯保费补贴25%；经营管理费补贴按纯保费的20%计。这里的保障水平和农产品价格确定得都比较低，比如奶牛的价格2003年比2000年已经上涨了40%，农产品价格也上涨了20%～30%。这就是说，在这些假定条件按照现在的情况调整之后，承保的作物和家畜家禽种类再增多，补贴额还会增多，而如果采取自愿保险方式，承保面比上面假设的小，也可能不需要那么多钱，所以就这个问题需要专门研究。

对于补给谁、如何补的问题，首先，确定对农业保险业务的补贴范围，制定补贴规则；其次，需要确定保险公司做了多少符合政策性规定的农业保险业务，然后才能进一步确定该为每一类符合政策性要求的业务提供多少补贴以及这个补贴在中央和省市自治区之间如何分担。而这都应由谁来确定，又由谁来核定，必须事先明确。上述与补贴相联系的一系列工作是由保监会来代办还是其他部委操作的问题必须早作决定。

“以险补险”的间接补贴方式值得推敲。第一，政策性农业保险所需要的补贴需要多少商业性财产和人身保险项目来满足，实际上是一个难题；第二，如何核定一家保险公司的政策性和商业性两类保险业务的盈亏？由谁去核定？核定的原则如何确定？从中国实际和各方面暴露出来的制度缺陷来看，对这些问题必须事先有一个规则和解

决办法，不然等公司出问题之后再讨论就不好办了；第三，给这些政策性公司多少商业性业务，还涉及商业保险市场的平衡性和公平性的问题。

五、完善农业保险巨灾风险保障机制

农业保险风险的发生具有地域性和高度集中性的特点，很容易形成巨灾风险。农业保险巨灾风险给保险公司的经营造成很大压力。因此，应综合采用再保险、设立农业保险风险保障基金以及巨灾风险证券化等措施，积极探索农业保险巨灾风险的保障机制。

（一）再保险

通过立法的形式对农业保险的巨灾风险提供再保险支持，进行政策性补贴也是国际上通行的做法。中国应及时进行农业保险立法，建立农业保险再保险机制。例如，国家财政补贴农业保险巨灾风险再保险费率，补贴再保险经营主体经营农业巨灾再保险业务的管理费用等。同时，应大力培育再保险市场，增加再保险的有效供给。

（二）设立农业保险风险保障基金

经营农业保险业务的保险公司，除了通过再保险分散农业巨灾风险外，也可通过成立一个机构进行巨灾分保，分担风险。例如，在全国设立一个农业保险风险保障基金，农业保险风险保障基金的成立可以考虑采取由国家财政支持和经营农业保险业务的公司相互筹集等方式多方共同筹集，对农业保险巨灾风险业务从政策上扶持，提供再保，运用市场化的方式分担农业保险公司的巨灾风险。

（三）农业保险巨灾风险债券化

受诸多因素的制约，目前在中国推行巨灾风险证券化不现实。但因发展巨灾债券所需要的条件比其他工具要低得多，它只需要一定发展水平的资本市场、较好的监督管理、一定数量的机构投资者、有关的服务机构等，这些条件在短期内中国可以基本具备。因此，中国经营农业保险业务的保险公司可尝试发展农业保险巨灾债券来应对巨灾风险。

六、加快农业政策性保险立法的进程

农业保险作为“准公共产品”，其经营具有自身的特殊性，需要既有别于商业保险又有别于社会保险的专门的法律法规体系。目前，保监会启动新一轮的《保险法》修改，但在其修改征求意见中，仍然没有提到农业保险问题。

事实上，从国外农业保险立法的背景和农业保险制度变迁乃至农业经济发展的历史视角考察，农业保险的产生和发展作为一种诱致性的制度变迁，其立法的意义远超出一般的商业规范性法律制度。

通过立法实施农业政策性保险是一个国家宏观政策的重要组成部分，立法要恰当地反映宏观政策的目标和要求。从国外的实践看，各国举办农业保险的政策目标有两类：一类主要是推进农村社会保障（社会福利）制度的建设，同时兼顾农业发展；另一类主要是促进农业稳定发展。一般来说，发达国家的农业保险属于前一种，发展中国家的农业保险属于后一种。中国农业保险立法同样要恰当地选择立法目标，在目前的经济发展阶段，发展农业保险主要是通过制度化的风险管理机制促进农业稳定发展。随着经济的发展，应通过农业保险这个政策手段推进农村社会保障制度的完善。

同时，立法的有效性有赖于由该法确定的利益诱导机制。举办农业保险要获得成功，就必须利用利益诱导机制，使保险人（农业保险公司）愿意和至少能够维持经营，在政府的政策资金投入支持下，达到自我积累、自我发展，也使被保险人能够承担和接受自己所分担的价格份额。实践证明，不仅利益诱导机制对自愿保险是必要的，对法定保险也不可缺少。如果违背经济规律，忽视甚至损害投保农民和保险机构的直接利益，立法就不可能得到真正贯彻，行政强制也难长久奏效。

七、优化对政策性农业保险的监管

政策性保险的监管与商业性保险的监管无论监管内容和监管规则都有很大差异，作为商业性保险监管部门的保监会能否单独担当监管重任以及如何监管政策性农业保险则是一个值得探讨的问题。

政策性农业保险和商业性保险的一个重要区别在于，前者是非营利性的，而后者是追求盈利的。经营主体目标的差异决定了监管部门监管理念的根本不同。对于商业性保险，监管部门要在保险公司追求盈利和保障投保人以及被保险人利益之间实现动态平衡，力求兼顾两者的利益；而对于政策性农业保险，监管部门最根本的任务是促进农业保险作为政府的政策工具实现其政策目标。由同一部门监管两类不同性质的业务，监管目标和理念的二重性将有可能引发政策性农业保险和商业性保险业务之间管理的冲突。

同时，和一般的商业性保险相比，政策性农业保险更为复杂，这也对其监管提出了更高的要求。政策性农业保险的复杂性不仅体现在其展业、承保、防灾减损、理赔等业务经营层面，更主要的是体现在其政策性本质所要求的跨部门协调上。例如，为实现政策目标，政策性农业保险要促进政府农业产业结构调整，但农业产业结构调整政策主要由农业部和发改委制定。又如，政策性农业保险要对保费和管理费用补贴，而这种补贴投入主要由财政部来决定。这就要求政策性农业保险监管部门具备和各相关部门良好的沟通能力。

因此，中国政策性农业保险如果继续由保监会来监管，就需要法律对保监会的职能进行扩充，专门成立比较强大的政策性农业保险监管部门，加强各方面的人员配备，使其能够有效协调国家各有关部委对于农业保险的政策。如果不能满足这些条件，则有必要考虑在适当的时候，以目前的保监会政策性农业保险监管部门和人员为基础，联合农业部、财政部、国家发改委等有关部委，单独成立专门的政策性农业保险监管机构，以适应政策性农业保险的快速发展。

中国采取的是政府官员决策，部委具有相当大的决策权力，不仅仅是个执行机关。一项跨部门的政策的决策，相关部委之间的协调成本很高，各部委的政策不免有相互摩擦和掣肘之处。因此，无论是未来继续由保监会监管政策性农业保险，还是适时成立单独的监督机构，最关键的问题都是要能很好协调各有关职能部门的关系和政策，这是中国政策性农业保险健康发展的前提。

第五节　县域人身保险业务的发展潜力

一、县域业务发展的前景和意义

（一）发展县域人身保险市场是保险公司为构建社会主义和谐社会应承担的社会责任

党和政府为实现全面建设小康社会的奋斗目标，在2004年和2005年两个中央“一号文件”中，对“三农”推出了一系列优惠政策，体现了最广大劳动人民的根本利益，是“三个代表”思想在县域经济的伟大实践。加强县域寿险市场的培育和发展，既是保险业落实科学发展观、促进“三农”问题解决的内在要求，也是逐步满足县域地区日益增长的保险需求的客观要求。发展好县域人身保险市场是保险业顺民意、谋民利、得民心、解民忧的具体行动。作为社会稳定器，保险可以解决农民的生活与生产后顾之忧，促进社会的协调稳定有序，巩固建设小康社会的成果；作为经济推动器，保险可以通过风险管理和损失补偿为县域居民的生、老、病、死、残提供有力保障；作为社会管理手段，保险业可以参与新型农村合作医疗、可以解决失地农民养老保障问题及种养两业风险管理问题。

（二）发展好县域人身保险市场是保险公司落实科学发展观的要求

科学发展观是指导保险业发展方向的总体方针，其实质内涵是快速协调发展，要求城乡统筹发展，全面发展；其核心内容是做大做强，要求保险业广泛服务于包括农业在内的各行各业，保障包括农民在内的社会各个阶层，覆盖到包括农村在内的所有地区；其本质是以人为本，要求保险业发展要从人民群众的需求出发，促进城乡人民的全面发展，实现包括农民在内的人民群众的根本利益。党的十六届三中全会通过的《中共中央关于完善社会主义市场经济体制若干问题的决定》提出了“统筹城乡发展、统筹区域发展、统筹经济社会发展，统筹人与自然和谐发展、统筹国内发展和对外开放”五个统筹的要求，其中，培育和开发县域人身保险市场就是实现统筹城乡发展的重要路径。目前，中国农村保险市场发展严重滞后、产品单一、服务水平不高，农民的风险保障需求得不到有效满足，保险的职能和作用在农村地区没有得到应有发挥。只有通过加快发展县域人身保险才能改变目前城乡两个市场不均衡的问题，才能真正实现保险市场的统筹发展，科学的发展观才能真正落到实处。

（三）发展好县域人身保险市场是支持和保障县域经济发展的需要

县域经济在中国经济社会中占有重要地位，中国县域国土面积达896万平方公里，超过国土总面积的93%，人口总数达到9.35亿，占全国总人数的73%。县域保险市场是县域经济重要的有机组成部分，县域保险的发展状况决定着中国绝大多数人口的保险保障状况，决定着中国保险业在国民经济中的地位。如何为县域经济和农村做好保险服务是保险业始终绕不过去的重大问题。发展好县域保险市场，为县域经济生产与生活提供风险保障，就能够支持和保障县域经济的发展。尤其在广大农村地区，金融市场严重滞后、消费观念落后，通过发展县域保险市场，能够推动农村地区金融市场的完善，通过充分发挥保险业的资金融通功能，为县域经济的发展提供建设资金。

对于保险公司自身发展来说，开发和培育县域保险市场，具有以下几点意义：

1. 发展好县域人身保险业务是保险公司实现业务结构调整的需要

目前，保险公司业务主要集中在城市市场，城市市场基本成熟，县域市场发展相对滞后，处于拓荒阶段。随着市场竞争主体的增多，城市保险市场的竞争日趋激烈，利润日益摊薄。从长远战略考虑，县域保险市场是一个潜在的市场，公司在保持城市保险市场发展的基础上，尽早着手考虑培育和开发县域保险市场。这样，能够促进公司业务结构的调整。

2. 发展好县域人身保险业务是保险公司做大做强的客观要求

农村市场是保险市场的重要有机组成部分，城乡发展不平衡是制约当前保险业协调发展的"瓶颈"。保险业既要"锦上添花"，更要"雪中送炭"；不仅要为发达地区服务，更要为欠发达地区服务；不仅要为优势行业服务，更要为一般行业服务；不仅要为中高收入群体服务，更要为一般大众服务。做大做强保险业，就要满足人民群众生产生活保障的需求，服务人民群众生活质量的提高，促进人民群众整体素质的提升。

当前，我们正处于县域经济发展的战略机遇期，相对于县域经济的发展，县域寿险业务发展的整体水平还比较低，面对9亿人口日益增长的保险需求，县域寿险的发展前景十分广阔。如果中国保险业没有9亿农民的参与，不能惠及9亿农民，就不可能真正做大做强。虽然县域寿险业务是中国保险业的薄弱环节，但随着以城带乡、以工促农、城乡互动，统筹城乡发展，通过工业化、城市化、市场化等途径，把县域经济纳入全国统一的市场化和社会化轨道，县域经济将得到快速发展。县域寿险市场蕴藏着广阔的发展空间，积极培育和发展县域寿险市场，对于中国保险业来说既是责任，也是机遇。近几年，中国人身保险业将寿险营销机制引入县域地区，使人身保险业务不断上升。实践证明，开发县域寿险业务是中国保险业做大做强的一条不可忽视的途径。

3. 发展好县域人身保险业务是保险公司积极探索有中国特色保险业发展道路的需要

在中国这样一个以农村为主、以农民为主的农业大国，若没有发展好农村市场，整个保险市场就没有真正发展起来，也就不是一个有中国特色的保险市场。行业的持续发展就缺乏一个广大的群众基础，做大做强保险业就会沦为"纸上谈兵"。

4. 发展好县域人身保险市场是提升保险公司核心竞争力的需要

2004年12月，中国保险业全面对外开放，民族保险业面临巨大的挑战。不失时机地大力开发和培育县域寿险市场是迎接挑战、拓宽竞争空间、扩大市场份额的一项重要战略措施。从中国寿险市场的发展现状看，自1996年以来，中国人身保险业务以年均30%左右的增速高速发展，城区人身保险市场的开发已达到一定的水平。而中国的实际国情是，县域人口占绝大多数，乡镇经济近年来发展势头良好，是今后一个时期寿险业重要的新的竞争领域。可以预测，国际保险业进军中国初期，看好的目标和业务发展的重点是大中城市，然后逐步渗透，若干年后才可能考虑县域。"凡事预则立，不预则废"，如果我们现在还不下决心去打基础，开发县域阵地，今后将会处于被动的境地。

二、县域业务发展潜力的简单测算

对于县域保险，如果大力开拓业务，使之达到目前全国保险业的平均发展水平（我们采用保险深度指标来衡量保险业的发展水平），则县域保险业务的发展空间非常大。2004 年，全国保费收入 4 318.1 亿元，同年 GDP 为 136 515 亿元，保险深度为 3.16%；同时，2004 年中国县域 GDP 约为 75 300 亿元，约占全国 GDP 的 55%。假设县域保险达到全国保险的平均深度，则县域保险业务的保费收入在理论上可以达到 2 379.48 亿元。

同样，2004 年全国人身保险保费收入为 3 228.2 亿元，人身保险深度为 2.36%，如果县域人身保险达到全国人身保险的平均深度，则县域人身保险业务的保费收入理论上可以达到 1 777.08 亿元。

我们进一步建立了县域保险保费收入与县域地区 GDP 之间简单的计量经济模型，使用全国 32 个省市自治区的数据样本进行回归，得到一元线性方程如下：

$$Y = 5\,414.090 + 139.616X$$

$$t = (0.182)\ (14.664)$$

$$R^2 = 0.874 \quad DW = 2.083$$

2003 年，全国县域经济 GDP 增长率为 14.28%（高于全国 11.55% 的增长率），其中，东部地区县域经济 GDP 增长率为 15.03%；中部地区为 12.84%；西部地区为 14.82%。鉴于此，我们假设 2005～2006 年县域地区 GDP 的平均增长速度为 15%。预测结果如表 4－2 所示：

表 4－2　县域保险发展潜力预测

年份	2005	2006	2007	2008	2009	2010
县域地区 GDP（亿元）	92 253.01	106 091	122 004.6	140 305.3	161 351.1	185 553.8
县域人身保费收入（亿元）	1 288.54	1 481.74	1 703.92	1 959.43	2 253.26	2 591.17

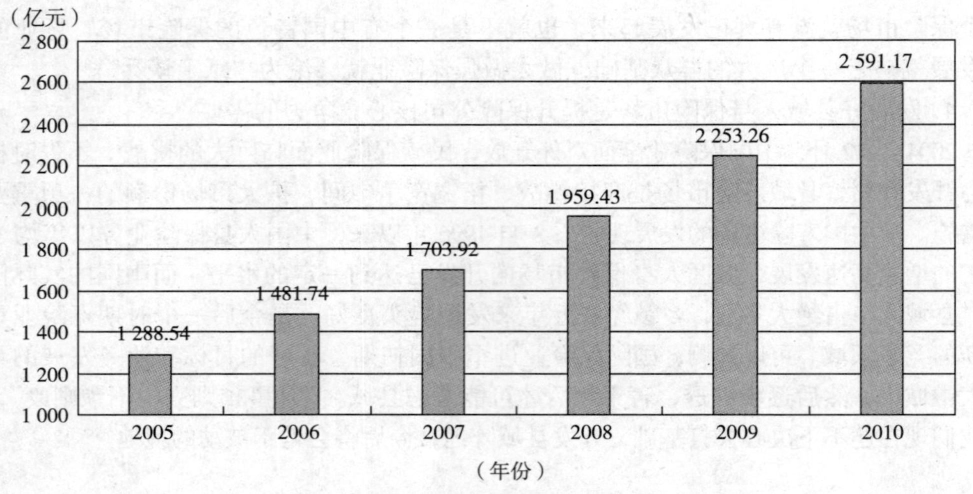

图 4－1　县域保险发展潜力

第六节　促进县域保险业务发展的政策建议

一、增加对县域保险的有效供给

农村保险市场尚没有得到很好开发，保险供给主体缺乏，让农民了解保险和投保的渠道很少，适合农村居民的保险商品也不多，因而他们的保险需求还得不到满足，即目前农村保险供给存在较大的缺口。因此，保险公司必须重视县域保险市场的培育和开发，改变商业保险经营机构设置的不适应性，在农村开办更多的营销服务部，开拓广阔的县域保险市场。

二、有必要成立专门的机构，建立适应县域公司发展战略的组织架构，负责研究、指导、协调县域保险的发展

三、要重点突出、循序渐进地进行农村销售网点布局

在发展县域保险业务时，没有必要全面铺开，可以采取“中心建点，辐射周边”的工作思路，即确立依托重点城镇，辐射周边乡村的农村营销服务部建设模式。

四、要开发适合县域保险发展的产品

有必要对现在的客户进一步细化，要进一步加强对农村市场和农村各类收入群体的分析，在此基础上研究他们的不同需求，找准农村客户购买保险产品的需求点。首先，县域保险产品应该具有明显的保障功能，要能提供给农民医疗、养老、意外、死亡、残废等保险保障，那些没有明显保障功能的，类似于储蓄存单的保险在农村销售不太适合；其次，县域保险产品的保险金额要适当。保险金额太低，不能满足县域保险客户的保障需求。保险金额太高，又会超出客户的经济承受能力。因此，提供和客户缴费能力相匹配的保障水平非常必要；再次，县域保险产品的内容要简明，条款要通俗。一方面，和城市相比，县域保险客户的整体文化素质相对较低，平时获取保险知识的渠道比较少，内容简明、条款通俗的保险产品容易被接受。另一方面，县域保险营销人员的整体文化素质也相对较低，对产品的解释能力相对有限，过于复杂的产品容易诱发误导行为；最后，产品的设计要切合县域保险客户的实际情况。例如，农村地区人群收入不稳定且普遍较低，有时无力按时缴纳续期保费而导致保单失效，所以，设计推广缴费较低或者缴费期相对灵活的产品会更加受到农村客户的欢迎。

五、努力加强农村代理人机构和队伍建设，完善和创新农村客户服务体系

六、加强县域业务的风险控制

不能盲目地全面铺设农村营销服务部，农村营销服务部的数量必须和县支公司的业务管理和风险控制能力的提高相适应，以避免出现对营销服务部管理失控的风险。

七、树立良好的信誉

保险公司的信誉是县域保险能否顺利发展的关键问题。从整体上看，农民利用现代保险机制转嫁健康风险的意识还很薄弱，购买保险的理念还很脆弱，此时周围参加保险的人对保险以及保险公司的感性认识将直接影响其购买意愿。

八、要争取相应的政策支持

采取财政支持政策，用财政资金补贴县域寿险业务费率或直接补贴经营主体；给予税收支持，如免除“三农”保险经营主体的营业税和所得税；加强和有关部门的协调，在征得政府有关部门的支持下，适度减轻农村代理人的税赋负担，提高他们的展业积极性；组织全行业力量编制农村居民的生命表，加强对农村疾病模式变化的研究；实施与县域保险特点相适应的机构审批政策；实施区别于城市的代理人从业资格认证制度等。

参考文献

1. 北京大学中国保险与社会保障研究中心课题组：《构建个人经济保障体系迫在眉睫》，载《中国证券报》，2004－06－02。
2. 陈文辉：《中国人身保险发展报告》，北京，中国财政经济出版社，2004。
3. 崔少敏、文武等：《补充养老保险——原理运营与管理》，北京，中国劳动社会保障出版社，2003。
4. 费尔德斯坦·J. 保罗：《卫生保健经济学》，北京，经济科学出版社，1998。
5. 高书生：《社会保障：我们该走哪条路》，载《中国证券报》，2004－01－13。
6. 胡琳琳、胡鞍钢：《从不公平到更加公平的卫生发展：中国城乡疾病模式差距分析与建议》，载《管理世界》，2003（1）。
7. 劳动保障部法制司、社会保险研究所、博时基金管理有限公司：《中国养老保险基金测算与管理》，北京，经济科学出版社，2001。
8. 劳动保障部社会保险研究所、博时基金管理有限公司：《中国企业年金制度与管理规范》，中国劳动社会保障出版社，2002。
9. 江生忠：《中国保险业发展报告》，北京，中国财政经济出版社，2004。
10. 李卫平、张里程：《农村医疗保障调查报告——农民健康保险意愿访谈分析》，载《中国经济时报》，2002－12－20。
11. 李曜：《养老保险基金——形成机制、管理模式、投资运用》，北京，中国金融出版社，2000。
12. 孙祁祥：《空账与转轨成本——中国养老保险体制改革的效应分析》，载《经济研究》，2001（5）。
13. 孙祁祥：《中国保险业：矛盾、挑战与对策》，北京，中国金融出版社，2000。
14. 吴定富：《中国保险业发展改革报告》，北京，中国经济出版社，2004。
15. 杨燕绥：《企业年金理论与实务》，北京，中国劳动社会保障出版社，2003。
16. 中国保险学会《中国保险史》编委会：《中国保险史》，北京，中国金融出版社，1998。
17. 朱玲：《政府与农村基本医疗保健制度选择》，载《中国社会科学》，2000（4）。
18. 左学金、胡苏云：《城镇医疗保险制度改革：政府与市场的作用》，载《中国社会科学》，2001（5）。
19. 包国华、匡华：《欧美国家产品责任立法分析》，载《港澳经济》，1995（8）。
20. 北京保监局：《关于北京市医疗责任保险发展情况的报告》，载《中国责任保险论坛》，2004（6）。

21. 曹刚：《推行强制火灾公众责任险刍议》，载《安防科技》，2004（7）。
22. 邓小辉、李好好：《论董事与高级职员责任保险制度》，载《外国经济与管理》，2002（8）。
23. 段昆：《美国的劳工赔偿保险》，载《中国保险》，2002（2）。
24. 段昆：《美国的无过失汽车保险》，载《保险研究》，2001（11）。
25. 段求平、方仲友：《香港汽车保险市场概况》，载《保险研究》，1994（3）。
26. 冯建妹：《雇佣人归责原则初探——兼与肖燕同志商榷》，载《政治与法律》，1994（3）。
27. 葛曼：《德国工伤保险的特点及成功之处》，载《中国劳动》，1998（3）。
28. 郭策：《德国工伤保险考察随想》，载《劳动安全与健康》，1998（6，7，8，9）。
29. 蒋驰：《台湾的劳工保险制度》，载《上海保险》，1995（12）。
30. 姜沣格、刘勇：《论雇佣人赔偿责任》，载《株洲工学院学报》，2003（1）。
31. 李长春：《德国工伤保险的基本原则》，载《劳动安全与健康》，1998（3）。
32. 李义松：《美国、德国产品责任法比较研究》，载《江苏公安专科学校学报》，2000（6）。
33. 刘静、李爱国：《简论法国产品责任法》，载《中外法学》，1998（5）。
34. 彭德智：《商机无限：责任保险大有可为——中国责任险市场的现状、问题与发展策略》，载《中国责任保险论坛》，2004（6）。
35. 沈贵明、陈书鹏：《英国产品责任的归责制度》，载《河南省政法管理干部学院学报》，2001（5）。
36. 深圳保监局：《深圳市医疗责任保险市场分析及发展对策》，载《中国责任保险论坛》，2004（6）。
37. 苏仲鹏：《台湾强制汽车责任保险》，载《中国保险》，2001（7）。
38. 唐强、李飞：《医疗责任保险在美国举步维艰》，载《中国保险报》，2003－10－23。
39. 万楚雄：《产品责任保险与〈产品质量法〉》，载《经济师》，2003（3）。
40. 王晨：《揭开“责任危机”与改革的面纱——试论经受挑战的美国严格产品责任制度》，载《比较法研究》，2001（1）。
41. 王凯：《借鉴英国道路交通法完善我国机动车辆强制保险制度》，载《上海保险》，2004（1）。
42. 汪莹：《从美国汽车保险谈我国汽车保险改革》，载《华东经济管理》，2004（3）。
43. 吴斌、钱雁华：《雇主责任归责原则之比较研究》，载《杭州商学院学报》，2004（3）。
44. 香港民安保险深圳分公司：《充分借鉴国际成熟经验　积极在国内推广雇主责任保险》，载《中国责任保险论坛》，2004（6）。
45. 熊进光：《美国工作场所性骚扰的雇主民事责任问题研究》，载《法制论丛》，2004（2）。
46. 尹黎民：《直面工伤保险和雇主责任险》，载《上海保险》，2004（3）。
47. 殷兆龙：《国外产品责任法对几个重要问题的规定（上）》，载《世界标准化与质量管理》，1994（2）。
48. 殷兆龙：《国外产品责任法对几个重要问题的规定（下）》，载《世界标准化与质量管理》，1994（3）。
49. 张桂红：《美国产品责任法的最新发展及其对我国的启示》，载《法商研究》，2001（6）。
50. 张拴林：《美国机动车辆第三者责任强制保险法规窥察》，载《上海保险》，1999（10）。
51. 周慧文、陈真：《美国工伤保险政府管制的初步分析》，载《财经论丛》，2004（1）。
52. 祝磊：《美国产品责任法归责原则的嬗变》，载《社会科学研究》，2003（2）。
53. 庹国柱、王国军：《中国农业保险与农村社会保障制度研究》，北京，首都经济贸易大学出版社，2002。
54. 庹国柱、李军：《国外农业保险：实践、研究和法规》，西安，陕西人民出版社，1996。
55. 庹国柱、C.F.Framingham：《农业保险：理论、经验与问题》，北京，中国农业出版社，1995。
56. 庹国柱、李军：《我国农业保险试验的成就、矛盾及出路》，载《金融研究》，2003（9）。
57. 庹国柱、朱俊生：《企业年金投资：形势判断、国际经验和策略选择》，载《首届企业年金和保险发展论坛》，2002（4）。
58. 庹国柱、朱俊生：《如何选择政策性农业险的制度模式》，载《国际金融报》，2004-09-15。
59. 庹国柱、朱俊生：《政策性农险制度模式宜统分结合》，载《中国保险报》，2004-09-14。
60. 庹国柱、朱俊生：《谁能承受监管政策性农业险之重》，载《国际金融报》，2004-09-24。
61. 庹国柱、朱俊生：《农险经营主体应量力而行》，载《中国保险报》，2004-09-21。
62. 庹国柱、朱俊生：《政策性农业险如何财政补贴》，载《国际金融报》，2004-09-29。
63. 庹国柱、朱俊生：《质疑我国政策性农业险经营主体》，载《国际金融报》，2004-10-15。
64. 庹国柱、朱俊生：《农保补贴方式应尽快确立》，载《中国保险报》，2004-10-12。
65. 庹国柱、朱俊生：《建立我国政策性农业保险制度问题探讨》，载《首都经济贸易大学学报》，2004（6）。
66. 庹国柱、朱俊生：《建立我国政策性农业保险制度的几个问题（上）》，载《金融教学与研究》，2004（5）。
67. 庹国柱、朱俊生：《建立我国政策性农业保险制度的几个问题（下）》，载《金融教学与研究》，2004（6）。
68. 庹国柱、朱俊生：《在调整改革中稳健地发展》，载《河南金融管理干部学院学报》，

2005（1）。
69. 庹国柱、朱俊生：《展望2005年的中国保险市场》，载《中国商业保险》，2005（1）。
70. 庹国柱、朱俊生：《如何选择政策性农业险的制度模式》，载《国际金融报》，2004－09－15。
71. 庹国柱、朱俊生：《政策性农险制度模式宜统分结合》，载《中国保险报》，2004－09－14。
72. 庹国柱、朱俊生：《探究政策性农业保险》，载《国际金融报》，2004－09－08。
73. 庹国柱、朱俊生：《政策性农险需合理界定经营范围》，载《中国保险报》，2004－09－07。
74. 庹国柱、朱俊生：《关于企业年金几个问题的探讨》，载《北大赛瑟论坛·2004》，2004。
75. 庹国柱、朱俊生：《发展企业年金政府如何定位》，载《国际金融报》，2004－06－23。
76. 庹国柱、朱俊生：《企业年金应避免出现“养老真空”》，载《国际金融报》，2004－06－23。
77. 庹国柱、朱俊生：《企业年金计划的强制性与自愿性》，载《国际金融报》，2004－06－23。
78. 庹国柱、朱俊生：《关于企业年金》，载《中国保险》，2003（7）。
79. 庹国柱、朱俊生：《关于企业年金若干问题的探讨（下）》，载《中国劳动保障报》，2003－07－17。
80. 庹国柱、朱俊生：《关于企业年金若干问题的探讨（上）》，载《中国劳动保障报》，2003－06－12。
81. 王国军：《商业养老保险研究报告》，载《北京大学中国社会保障和保险研究中心课题分报告》，2004（8）。
82. 王国军：《医疗保险、费用控制与医疗卫生体制改革》，载《中国卫生经济》，2000（2）。
83. 王国军：《浅论我国保险业的资源配置效率》，载《金融时报》，2000－08－02。
84. 王国军：《投资类寿险的回顾与前瞻》，载《金融时报》，2001－06－28。
85. 王国军：《医疗保险该从何处入手》，载《中国信息报》。
86. 段家喜、王国军、庹国柱：《北京市社会医疗保险制度的评价及创新》，载《北京金融》，2001－02－07。
87. 王国军：《中国保险业的深层次问题与发展战略初论》，载《当代财经》，2002（6）。
88. 段家喜、王国军：《谁来关注农村医疗保险》，载《中国保险》，2002（8）。
89. 王国军：《New Economy and Insurance Innovation》，载《21世纪亚洲发展之路学术论坛论文集》，2003。
90. 王国军：《保险业：声誉，监管和保险功能》，载《金融理论与实践》，2004（1）。
91. 朱俊生：《中国意外伤害保险发展报告》，载《保险经理人》，2004（10）。
92. 朱俊生：《意外险市场走势》，载《中国保险》，2004（10）。

93. 朱俊生：《意外伤害保险怎样在中国站稳》，载《国际金融报》，2004－11－26。
94. 朱俊生：《商业健康保险研究报告》，载《北京大学中国社会保障和保险研究中心课题分报告》，2004（8）。
95. 朱俊生：《商业意外伤害保险研究报告》，载《北京大学中国社会保障和保险研究中心课题分报告》，2004（8）。
96. 朱俊生：《〈企业年金试行办法〉推敲》，载《证券时报》，2004－05－13。
97. 朱俊生：《美国健康险的未来》，载《国际金融报》，2004－02－04。
98. 朱俊生：《美国正视健康险危机》，载《国际金融报》，2004－03－15。
99. 朱俊生：《谁来弥补新办法的不足?》，载《国际金融报》，2004－04－07。
100. 朱俊生：《中国企业年金5月谋略解读》，载《国际金融报》，2004－04－07。
101. 朱俊生：《“新企业年金”凸显三大亮点》，载《中国证券报》，2004－04－06。
102. 朱俊生：《企业年金方案设计的原则与案例》，载《保险经理人》，2004（2）。
103. 朱俊生：《强制汽车责任险即将实施　车险条款再遇变局》，载《保险经理人》，2003（12）。
104. 朱俊生：《经营三者强制险难题不少》，载《中国保险报》，2003－11－12。
105. 朱俊生：《责任保险亟待发展》，载《中国保险报》，2003－10－08。
106. 朱俊生：《论建立多层次农村健康保障体系》，载《人口与经济》，2002（2）。
107. 朱俊生：《国外商业医疗保险风险控制机制》，载《中国保险报》，2002－10－31。
108. 朱俊生、庹国柱：《商业健康保险与农村健康保障》，载《市场与人口分析》，2004（4）。
109. 朱俊生：《如何选择商业医疗保险》，载《中国保险报》，2001。
110. 朱俊生：《责任险——财险公司创新的敲门槌》，载《证券日报》，2003－08－30。
111. 朱俊生：《责任保险不应分业经营》，载《中国保险干部管理学院学报》，2002（1）。
112. 朱俊生：《完善企业年金投资的制度安排》，载《国际金融报》，2003－04－29。
113. 朱俊生、庹国柱：《论农村商业健康保险的发展》，载《安徽保险》，2004（4）。
114. 朱俊生、庹国柱：《农业保险曙光在前》，载《保险经理人》，2004（8）。
115. 朱俊生、庹国柱：《2004中国保险市场回顾》，载《中国保险》，2005（1）。
116. 朱俊生、庹国柱：《农业保险发展的新动向》，载《安徽保险》，2004（6）。

保险市场体系建设研究

复旦大学保险系课题组

课题组负责人：徐文虎　徐培华
课 题 组 成 员：张仕英　林　琳　叶明华

第一章　中国保险市场体系现状分析

随着中国社会主义市场经济体系的建立和完善，作为其主要组成部分的保险市场体系也在逐步完善之中。经济全球化、金融一体化的趋势，对保险市场体系的建设提出新的更高的要求。从系统论的观点来看，完整的保险市场体系由各个相互联系、互为配套的保险市场子系统共同构成，而完整的子系统又是由各个元素按照一定的关系相互联系、互为协调共同组成的。

第一节　保险市场体系的构成

一个完整的系统由各个相互联系的子系统构成。在保险市场中，根据划分的标准不同，子系统有不同的分类方法，可以根据保险交易的层次、销售渠道、承保标的、发展水平等划分为不同的子系统。组成保险市场的元素主要有保险市场的主体和客体。保险市场的元素相互作用构成保险市场的子系统，子系统之间相互联系共同构成完整的保险市场体系。在保险市场体系中，各个元素之间、各个子系统之间、元素与子系统之间，相互间都有联结的运行纽带，即内在的运行机制，这些在时时处处发挥作用的运行机制便是供求机制、价格机制和竞争机制。

一、保险市场体系中的主要元素

保险市场的元素主要包括保险市场的主体和客体，主体主要是指保险人、投保人、保险中介人和保险监管机构，客体主要是指各种保险产品和服务。

（一）保险人

保险人根据资本的构成状况可分为国有保险公司、股份制保险公司、外资保险公司、合资保险公司等；根据经营的范围可以将保险公司分为非寿险保险公司、人寿保险公司和再保险公司；此外，根据业务经营区域的大小可以将保险公司分为全国性保险公司和地方性保险公司。

（二）投保人

根据中国2002年新修订的《保险法》，投保人是指与保险人订立保险合同，并按照保险合同负有支付保险费义务的人。过去中国的保险市场一度是供方市场，现在随着保险业的深入发展，逐步转化为需方市场，投保人的保险需求决定了险种的结构和服务的结构。

（三）保险中介人

保险中介人是近些年在中国保险市场上开始活跃起来的新生力量。据统计，目前中国保险业务来源有74.5%是通过保险中介人，但大多还是通过保险营销员和兼业代理，专业代理占有率较低。其中，经纪公司在财产险业务来源中的比率不足3%。成熟的保险市场的重要标志之一就是保险业要集约化经营，保险人与中介严格分工，使保险人、投保人和保险中介人三方相互协作，共同构成保险市场有机的整体。

（四）保险监管方

作为政府在保险市场上发挥作用的是从国家到地方设立的保险监管机构部门。在2003年之前，中国保险监管主要侧重于市场行为监管，随着2003年《中国保险公司偿付能力额度及监管指标管理规定》的颁布，中国开始转向以偿付能力为核心的监管方式，并且随着世贸组织进程的完全放开，中国的监管原则及监管方法逐步与国际接轨。

（五）保险产品和服务

保险经营是通过有形保险产品承载无形保险服务。保险产品的创新和保险服务的完善是保险经营的重点。目前，中国保险产品主要有传统型保险产品和创新型保险产品。相比于传统型保险而言，分红型保险有利于规避利率风险，具有投资理财的功能。

二、保险市场体系的子系统

投保人、保险人、保险中介人和保险监管各方之间的相互制约、相互作用构成了保险市场的子系统。根据不同的划分标准可以将保险市场体系分为不同的子系统：

（一）根据承保方式分为：原保险市场和再保险市场

原保险市场，保费收入持续高速增长，并且已经进入稳步增长时期。1980～2003年，中国保费收入从4.6亿元增加到3 880.4亿元，年平均增长30%左右。在再保险市场，1980年中国人民保险公司恢复国内保险业务，办理再保险的险种逐步增加。2003年，再保险市场呈现稳步上升趋势，特别是商业再保险迅速增长，全国商业再保险费支出98.64亿元，同比增长84.4%，占全部国内再保险总量的37.4%，比上年增加了14个百分点。2005年是实施法定再保险的最后一年，随着法定再保险的全面取消，2006年中国的再保险业务将全面实行商业运作，这是中国再保险市场向成熟的市场化迈进的重要标志。

（二）根据销售渠道分为：有形保险市场和无形保险市场

传统的保险业务主要通过代理人营销机制（个人代理和兼业代理），例如银行兼业代理或邮政兼业代理，这种传统销售方式形成有形的保险市场。随着网络在经济社会中的运用和人们生活中的普及，通过网络销售保险形成无形的保险市场。与传统保险相比，无形保险市场有其独特优势：一方面，通过网络可以推进保险公司加速发展，减少险种选择、保险计划设计和销售产生的费用，有利于提高保险公司经营效益。据有关数据统计，通过网络向客户出售保单或提供服务比传统方式节省近71%的费用。另一方面，由于网络的覆盖面较广，网络保险可以充分拓展业务范围，为投保人提供更丰富的信息和更周到的服务，如信息咨询、保单变更等。

（三）根据承保标的分为：寿险市场和非寿险市场

在保险市场上，寿险与非寿险的发展，既有它们各自的特点，又有一些共性的表现。它们的发展，既受企业经营决策、经营理念和实力的影响，也受外部经济形势与市场需求的制约。它们在20世纪90年代以来的发展态势见下图。

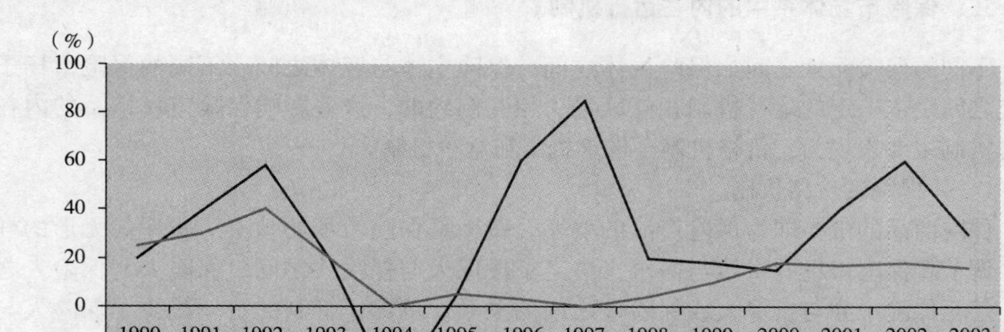

图1-1 1990~2003年，中国寿险和非寿险的实际保费收入增长率

资料来源：Sigma，2004（5）。

纵观1990~2003年这14年，中国寿险市场和非寿险市场有不同的发展轨迹。寿险市场的发展波动较大，在1997年的时候保费收入增长率达到80%，而1993~1994年保费收入的增长率跌落为负值，当然，这可能与当时较高的通货膨胀环境有关。非寿险一直保持比较平稳的发展态势，增长率的波峰值和波谷值之间差别不大。非寿险和寿险虽然承保的标的不同，但是二者之间的发展是紧密联系的。在经济良好发展时期，人们收入水平上升导致人寿保险和家庭财产保险都处于上升阶段，同时，社会上的工商企业在经营较好时，企业财产保险往往也处于上升阶段。另外，有比较完备的员工人身保障，这也有利于企业经营的稳定，从而带动财产保险的发展。

（四）根据发展水平分为：发达地区保险市场和欠发达地区保险市场

中国保险市场的一个显著特点是市场的地域倾斜性和差异性。根据中国不同地区保险发展的水平，可以将中国保险市场分为发达地区保险市场和欠发达地区保险市场。具体来说，东部保险市场的发展水平高于中西部保险市场，区域保险市场的发展水平高于县域保险市场的发展水平。也有根据地区不同，具体细分为东部相对较发达市场和中西部中等发展市场和边远欠发展市场。从保险商品的本质来说，保险属于非必需品，所以，收入水平是影响保险需求的重要因素。总体来说，中国城市的收入水平高于农村，东部的整体收入水平高于中西部，这种由于地域空间的差别和收入水平的制约，必然会导致不同地区有不同程度的保险需求。同时，对险种的需求也不尽相同。例如，在县域保险市场，其保障型寿险产品的需求大，而投资型寿险产品的需求小。目前，中国区域保险市场已经有了一定程度的发展，与之相比，县域保险市场则显得相对不足。发展县域保险市场已成为保险业支持“三农”的重要课题，这同时又是服务国民经济全局的需要，也是实现保险业可持续发展的需要。

三、保险市场体系中的内在运行机制

不同的保险元素之间如保险主体之间、保险主体与客体之间、不同的保险市场子系统之间是依一定的运行机制相互联系、相互制约的，这些影响保险市场体系的内在运行机制主要表现为：价格机制、供求机制和竞争机制。

（一）保险的价格机制

保险商品的价格即为保险产品的费率，费率是保险市场的核心。费率像无形的杠杆，调节着保险市场的供给与需求，决定了投保人与保险人之间、保险人与保险人之间，甚至保险中介与投保人或保险人之间的关系。例如，管制的费率减少了保险人与保险人之间的价格竞争；市场化的费率增强了保险人之间的竞争，但是对监管的强度和监管的灵敏度提出了更高的要求。而在影响投保人和保险人之间的保险的价格机制的作用主要表现在价格效应方面：保险商品一般被认为是非必需品，因此，当替代效应和收入效应发生作用时，必然伴之于保险服务的提高和保险商品的差异化和多样化。

（二）保险的供求机制

保险市场上的供求机制要求保险商品的供给能满足有效的保险需求。保险市场上的供求关系联系了保险市场上的各种元素，它主要体现了投保人与保险人之间、保险人与保险人之间、保险人与再保险人之间相互影响、相互制约的关系。具体来说：其一，它要求保险商品和服务能满足消费者的需求，随着人们收入水平的上升，社会养老和医疗保障体系的改革、西部大开发的进展，要求保险人提供的产品和服务是动态发展的、不断创新的，以满足不同时期，不同地域的保险需求；其二，它要求保险人之间按照市场供求规律提供产品和服务，例如，它对保险人进行市场细分、产品定位、服务完善都提出新的要求；其三，保险的供求机制与价格机制及竞争机制之间相互作用，共同影响整个保险市场体系。例如，随着保险市场深入发展，有效的保险需求日益被供给满足，这时供给方之间的竞争就凸显出来。

（三）保险的竞争机制

保险的竞争机制主要体现为保险人之间、保险中介方之间，或者保险子系统之间的相互关联、相互制约。具体来说主要有：其一，保险人之间的竞争对整个市场体系会产生多方影响，例如，供给的增加、竞争的加剧导致保险市场由供方市场走向需方市场，产品的结构、监管的方式都要求新的调整；其二，保险中介之间的竞争更好地沟通了保险的供需方，新的保险需求被发展、被满足；其三，子系统之间的竞争，例如，意外伤害保险由寿险市场走向产寿险共同经营的格局，将会对寿险与非寿险子系统产生影响。从20世纪90年代至今，中国保险市场的竞争机制大大地加强，竞争的结果促进了保险公司改善经营效率、提高了保险服务的质量、促进了保险资源向更有效率的方向流动。

第二节　中国保险市场体系的问题分析

在中国保险市场体系中，不同的子系统有各自不同的问题，例如，车险费率市场

化的问题。但是，也有一些各个子系统相同的问题，例如，市场主体不健全的问题。同时，不同的子系统之间也有相互作用相互制约的问题，以下将对这些问题进行分析。

一、中国保险市场体系中的共性问题

中国的保险市场经过多年的发展，取得了很大的进展。但是，在快速发展的过程中也暴露出一些问题，不论是原保险市场还是再保险市场，有形保险市场还是无形保险市场，寿险市场还是非寿险市场，发达地区保险市场还是欠发达地区保险市场都有一些相同的问题需要关注，具体来说主要是：其一，市场主体不健全，市场机制还没有发挥充分作用。相对于发达国家，中国的保险市场起步较晚，市场的主体，不论是原保险公司还是再保险公司，不论是寿险公司还是非寿险公司，积极竞争的市场三体还没有形成，通过竞争和供求来调节资源有效流动的机制还没有健全。其二，保险产品有待创新，保险服务有待完善。中国保险市场上虽然有传统型产品及投资分红型等产品，但是各家公司产品雷同，出现个别险种产品的过剩和个别产品险种的不足，同时，营销的理念还有待提高。其三，不同保险子市场发展不平衡。原保险市场发展比再保险市场迅速，寿险市场发展远远快于非寿险市场，区域保险市场发展快于县域保险市场，有形保险市场有了很大发展而无形保险市场还处于起步阶段。其四，保险立法和保险监管有待完善。由于中国保险市场还处于发展的初级阶段，市场上有很多不规范的行为，例如，保险营销中的诚信问题、不正当竞争问题等，这要求保险加强立法和监管。同时，中国正尝试从市场监管向以偿付能力为核心监管的转移，但是，在这个转移过程中，如何平衡市场监管和偿付能力监管是一项重要工作。

二、中国保险市场体系中各子系统的个性问题

由于各个保险市场子系统有各自不同的发展特点，也有不同的个性问题，以下分别对不同的保险市场子系统中的问题进行分析：

（一）原保险市场与再保险市场

中国原保险市场存在如下一些问题：其一，原保险市场结构不合理，主要表现在垄断程度高、保险商品单一。由于垄断程度高、缺乏竞争，带来险种少，服务质量受限制；其二，保险公司的经营机制不成熟。中国的保险公司不仅在资产规模上，而且在资金运用上也与国际的保险公司相去甚远。一直以来，中国的保险公司普遍存在片面追求业务扩张，较少关注承保的质量以及公司自身风险的防范和化解现象。中国的再保险市场虽已形成，但尚属初级阶段，不够发达。1996 年以前，境内没有一家专业再保险公司，尽管再保险业务的重要特点是国际性，没有专业再保险公司也可以向境外分保，然而，作为一个发展中的保险大国，没有自己的专业再保险公司是一个严重缺陷。过去由于一直注重于法定分保，商业再保险发展相对滞后，因而国内保险人对国际再保险的依存性较高。

（二）有形保险市场与无形保险市场

一直以来，中国注重有形保险市场的建设，但是，有形保险市场暴露出很多不足之处：其一，不诚信问题严重。尤其是代理人不规范不诚信的行为影响了有形保险市

场的整体形象。其二，无法及时有效地提供保险信息。与无形保险市场相比，有形保险市场传递信息和处理信息相对滞后。而对于以电话、网络等为平台建立起来的无形保险市场，在中国的发展才刚刚起步。以网络保险为例，据中国社会调查事务所最近在京、津、沪、穗等6都市对1 000人的专项问卷调查显示，46%的被调查者不知道网络保险。在积极发展无形保险市场的同时，我们也要看到其不足：其一，无形保险市场，不论是电话方式或者网络方式，安全性始终是投保人和被保险人最担心的问题；其二，无形保险市场相比于有形保险市场更容易滋生投诉、理赔方面的欺诈行为；其三，一些适合采用传统模式销售的险种难于移植到网上或电话方式，如医疗保险、企业财产保险等险种消费者仍希望通过传统的投保方式进行投保。

（三）寿险市场与非寿险市场

中国寿险市场经过快速发展之后，进入相对平缓时期，这时期面临的主要问题有：其一，严重的利差损。自1996年以来，中国先后多次下调银行存款利率，而此前所销售的寿险预定利率较高，这导致较大的利差损，增加了寿险公司偿付能力风险；其二，投连险的发展一波三折。1999年第一个投连险产品问世，出现消费者疯狂抢购的状况。但由于投资收益的低下以及代理人销售的误导行为，最终导致2001年全国范围的退保；其三，商业健康保险的发展空间大，但有效供给不足。国务院发展研究中心在全国60个城市的保险需求调查显示，居民对健康保险的预期需求高达77%，但是由于医疗保险的高风险性，商业医疗保险的供给不旺盛。中国的非寿险市场近几年一直处于低迷时期。2001年，中国开始实行车险的费率市场化试点，2003年实现全面市场化，一度出现车险市场的价格自杀行为。此外，中国财产险的险种结构老化，不能满足多样化的需求，同时新的非寿险需求有待开拓。

（四）发达地区保险市场与欠发达地区保险市场

中国保险市场发展水平不平衡，区域保险市场比县域保险市场发达。中国县域保险市场落后主要是由于农村地区损失率高。首先，中国农业受灾的比例每年大约在40%以上，比一般发达国家高出10%～20%。与此相反，在中国城市，一般企业财产和家庭财产的损失率仅为1%～2%。其次，农村收入水平一般较低。1997～2003年，全国农民人均纯收入的增幅已连续7年没有超过5%，仅相当于同期城镇居民收入年均增长幅度的一半。再次，中国目前的保险服务主要集中在地市和省会城市，适合农民的保险产品很少，农村的保险市场还处于拓荒阶段。长期以来，受保险人经营理念和县域居民保险观念等多方面因素的制约，加上县域居民缺乏表达自身保险需求的有效手段，造成县域保险的现实供给和有效需求不足。

三、中国保险市场体系中各子系统之间相互联系的问题

各个保险子系统有其各自的问题，但是在整个保险市场体系中，子系统之间是相互关联、相互制约的，所以，一个子系统的问题会对其他子系统产生影响。以下将对上述子系统之间的关联问题进行分析。

（一）原保险市场和再保险市场的相互影响

例如，随着费率市场化的推进，原保险市场的价格自杀行为会影响再保险的接受

方，使得可能的偿付能力危机从原保险市场波及再保险市场；另一方面，再保险的发展滞后也会影响原保险市场的承保能力。当再保险供给不足，原保险人的新型产品无法找到相应的再保险人分保时，则势必影响原保险人的承保能力及新产品开发。

（二）有形保险市场和无形保险市场的相互影响

有形保险市场和无形保险市场都是保险人进行经营的平台，它们从本质上说应该互补，共同促进保险人的发展。但是，如今有形保险市场中的一些问题影响了无形保险市场的建设。例如，有形保险市场中的诚信问题制约无形保险市场的发展，因为无形保险市场是以电话或网络方式搭建起来的，它需要更大的诚信，而目前不诚信行为损害保险人整体形象，制约无形市场的建设。同理，网络保险中的欺诈行为以及不安全隐患问题也影响着有形市场中保险人与投保人之间诚信关系的建立。

（三）寿险市场和非寿险市场的相互影响

寿险市场和非寿险市场应该是平衡发展、相互促进的，但是，不利的问题也会相互影响另一个市场的建设。例如，投资连结保险，最初影响寿险市场，但是如今非寿险公司也推出投资类产品，寿险投连险中的不诚信问题及退保问题也波及非寿险市场。而非寿险市场中利率市场化过程中的问题也将是中国寿险费率市场化中可能面临的，例如，价格自杀，又如，短期意外伤害保险，原来由寿险公司经营，现在非寿险公司也可以经营，这种产品的交叉经营势必导致竞争加剧，增加保险公司经营的难度。

（四）发达地区保险市场和欠发达地区保险市场的相互影响

首先，对于处于不同发展阶段的保险市场，必须承认它们之间的差异，在经营过程中区别对待。例如，保险人不应一张保单保全国，而应该比较当地实际情况有所修正；其次，不同市场受不同发展规律支配，要尊重科学的发展规律，减少不必要的市场内耗，更好地协调不同发展阶段的保险市场之间共同发展，发达地区保险市场中成熟的经验和方法可以为欠发达地区保险市场所借鉴，同时，发展中的不足也应当在欠发达地区保险市场中引以为戒。

第三节　建立和完善中国保险市场体系的迫切性

在目前形势下，中国保险市场体系建设面临新的机遇与挑战：经济全球化的快速发展要求中国的保险公司要积极进行自我调整，走向国际保险市场；世贸组织的规则要求中国要积极完善当前的保险市场体系，尽快与国际保险市场接轨；同时，金融一体化以及国内保险市场与资本市场、货币市场的互动发展都从客观上对中国保险市场体系的建设提出新的要求。

第一，经济全球化与世贸组织规则迫使中国保险市场体系与之接轨。经济全球化与加入世贸组织使中国保险经营的内外部宏观环境发生重要变化。就国内环境来说，随着市场主体的健全，要求保险人具有更强的竞争力；要求保险产品和服务具有差异化、多样化、个性化；同时，要求保险人更注重自身的品牌塑造。随着保险市场体系的完善，市场上将不仅仅是保险产品和服务的竞争，更是保险品牌的竞争。随着外资保险公司不断进入中国保险市场，提高了国内保险市场竞争的激烈程度和经营层次，使国内市场呈现出国际化趋势，同时对国内保险监管提出了更高要求。国际环境方面，在全球化背景下，中国保险人必须走出国门，走向全球化的保险经营格局。随着中国企业走向国际市场，为其提供风险服务的保险人也应当配套地走向国际市场，这有利于我们到国际市场上学习先进的经验和技术，同时也有利于巩固国内市场的业务。总体上看，经济全球化与加入世贸组织对中国保险业而言机遇与挑战并存，中国保险市场体系必须加快调整，抓住有利的发展契机。

第二，市场经济体系的完善要求中国保险市场体系与之相适应。保险市场体系是社会主义市场经济体系的重要组成部分，它对整个社会主义市场经济体系的稳定起着重要作用，有利于市场经济体系的稳定、协调和可持续发展。随着中国社会主义市场经济体系的日益完善，必然从客观上要求保险市场体系的建设与之相适应；同时，保险市场体系的完善，又有利于社会主义市场经济体系的完善。尤其是要充分发挥保险作为社会“稳定器”和风险防范与管理的功能和协调机制，对于建设一个健康发展的社会主义和谐社会和全面小康社会具有至关重要的意义。

在市场经济体系建设中，人们的生活水平显著提高，不同的企业组织日益成为市场竞争的主体，这都会促使对风险管理的需求日益上升，因此，要求保险人能调整自己的产品、服务，以满足市场经济建设中对保险的要求。而中国目前保险市场体系中存在的问题影响了整个市场经济体系的完善，例如，农业保险发展的滞后、商业补充医疗保险发展与医疗保障制度改革不匹配等问题，都对中国目前保险市场体系的完善提出新的挑战与要求。

第三，金融一体化的趋势要求中国保险市场体系发展到位。从总体看来，过去中国分业经营的模式有效地保障了金融安全，维护了金融稳定。但是，现今国际上金融一体化的浪潮正在形成。金融一体化使金融机构具有明显的规模经济和范围经济，从而提高金融机构的经营效率和竞争力，降低运营成本并分散金融风险。在金融一体化下，金融机构能够满足消费者不同的金融产品需求，在给消费者带来实惠的同时，也拓展了自己宝贵的客户资源。因此，以金融控股公司为代表的综合性金融集团逐渐占据了国际金融市场的主导地位。这种金融一体化对中国保险市场体系的完善提出了新的要求。例如，金融一体化要求中国保险监管结构必须加强与银行及证券监管的协调与沟通、完善保险人的治理结构、完善保险产品与服务等。因此，金融市场的变化和一体化趋势，要求建立适应这种变化的机制和功能的保险市场体系。

第四，与资本市场协调发展要求中国保险市场体系与之配套。为了更好发挥保险的金融功能和作用，中国保险业必须与资本市场形成良性互动，以求共同发展。与资本市场的互动和发展不仅有利于发挥保险的金融功能和作用，而且与资本市场的合作也将为保险市场主体的壮大及抗风险功能的完善起到重要作用。中国人民银行所作的一项居民储蓄动机问卷调查显示，在银行储蓄中，以养老、教育、防病、失业等为储蓄动机的比例达44.5%，这说明，在8.7万亿元居民储蓄中，约有4万亿元与保险业具有较大的相关性和替代性。显然，保险业在金融资源配置中发挥作用有着巨大的空间；另一方面，加入世贸组织后，保险业不但要化解过去累积的利差损、不良资产等潜在风险，还将直接面对国际同业的竞争，如不尽快改善投资结构，提高投资收益水平，保险业将会面临更大的系统性风险。因此，与资本市场的协调发展要求完善中国的保险体系，例如，健全保险公司信息披露，提高保险投资运作的能力等。

综观中国保险市场体系建设的道路，中国在保险市场主体的培育、保险市场子系统的配套与协调、保险市场机制的建立和健全以及保险产品的创新、保险服务的提升等方面都有一定程度的发展。但是，与国外保险市场体系相比，尤其是与保险发达的欧洲保险市场体系和美国保险市场体系相比，中国目前的保险市场体系还处于发展阶段，不论是保险的需求方，还是保险的供给方都还有很多不成熟的方面，与发达国家还有较大差距。因此，用科学的发展观指导中国当前保险市场体系的建设，抓住“十一五”期间中国保险发展的有利时机，加快保险市场体系的发展，以期在2010年促中国保险市场体系建设迈向更高台阶。

第二章 “十一五”期间中国保险市场体系建设的总体思路

党的十四大已明确提出，中国经济体制改革的目标，是建立社会主义市场经济体制，即实现从传统的计划经济向社会主义市场经济的转变。所谓市场经济，即市场对资源配置和经济活动起基础性调节作用的经济。市场经济最重要的标准就是以市场机制作为配置社会资源的基本手段，或者说，是以市场为导向的对资源进行优化配置的方式。简言之，就是由市场上的供求力量来决定商品的价格水平，由价格作为信号，反映资源的稀缺程度，并反馈给生产者和消费者，从而调节生产的规模与结构，实现社会资源的合理配置与优化配置。同时，由于市场失灵等原因，一定程度上的政府干预是必要的，也是有效的。在市场经济中，保险作为无形产品，属于商品范畴。

参照世界发达国家和地区，如美国、欧洲、日本、中国香港等的保险市场发展经验，可以看出一个趋势：市场进一步开放，使得市场机制发挥更多的作用；各市场进一步融合，特别是保险市场与资本市场的协同发展；偿付能力的监管进一步加强与细化，防范金融企业的偿付风险。尽管中国保险业正在经历深刻变化，但是我们必须看到，中国保险业仍处于并将在一个较长时期处于发展的初级阶段。制定中国“十一五”期间保险市场体系建设的总体思路，我们必须从当前实际出发，不能脱离这个阶段，也不能超越这个阶段。所以，我们将立足于初级阶段这个事实，以国际市场为背景，以国内市场为依据，以市场及市场经济为理论基础，联系保险行业本身的现状，并吸收和借鉴国外先进经验，探讨建设中国保险市场体系的总体思路。

中国保险市场体系建设的总体思路可以表述为：从构建完善的保险市场体系要求出发，进一步健全市场主体与客体，充分运用市场机制，协调企业、市场、政府的关系，积极发挥风险防范与管理的功能，为建设一个健康发展的社会主义和谐社会和全面小康水平的社会，积极发挥保障安全、稳定运行的作用。首先是遵循保险市场机制，即遵循价值规律调节下的供求机制、价格机制和竞争机制，促进社会资源的合理配置；其次考虑到保险行业的外部性及保险市场严重的信息不对称，政府在保险市场体系中扮演了重要的角色，关键是政府的职能如何进行合理的界定。

第一节 健全供求机制，调节保险市场供求关系

保险需求是指在一定时期之内，市场上消费者愿意并且有经济支付能力的保险需求量。中国保险业自 1980 年恢复以来一直处于超常规的发展状态中。一方面，社会人口结构、家庭结构、居民的消费结构都发生了显著的变化，越来越多的风险要由个人

和企业自主承担；另一方面，城镇居民人均可支配收入持续增加，使得人们可以把转移风险的愿望得以转换为有效的需求。但是，中国保险市场的供求依然存在两个方面的问题。

一是有效需求暂未满足。所谓有效需求，是指有支付能力有购买动机的保险需求。有效需求未满足的主要原因在于保险供给的不完善。从总体上看，中国保险业提供的险种十分有限，产品同构现象严重，而且中国保险险种的更新率很低。从 20 世纪 80 年代的 30 多种发展到约 600 多种，这种速度远低于国外保险市场的发展水平。

二是潜在需求有待激活。这里的潜在需求指消费者有支付能力但是无强烈购买动机的需求。作为一个拥有 13 亿人口并处于快速发展时期的国家来说，中国保险市场发展的潜力十分巨大。中国居民具有强烈的动机为子女教育、购买住房、养老、预防意外事故等进行储蓄。而这其中大部分的动机都可以通过保险机制来进行满足。同时，中国居民也具有巨大的购买能力。截至 2003 年年底，中国城乡居民储蓄存款总额已达到 11 万亿元。另外，随着巨灾风险与巨额风险的增加，独立企业制度的确立，企业对于保险的需求趋于多元化。

保险市场的有效需求不足，主要原因有两个：一是保险市场诚信体系建设滞后，部分居民对于保险缺乏信任感。二是保险产品开发落后，不能设身处地地从消费者的角度出发，推出适合市场需求的险种。所以，针对以上情况，保险业必须首先采取措施完善诚信体系建设，取信于民，提高整个行业形象；其次，以客户为中心，不断进行产品创新，推出适合市场需求的新险种。这样才能进一步刺激市场需求，达到保险市场上供求的均衡。

健全供求机制的思路也具体表现在各个子系统上。针对原保险市场，主要增加各种需求层次的保险产品，并丰富保险产品的营销渠道，降低保险交易成本。比如为三农政策服务，可开发更多的保险产品满足农村和农民的保障需求，让欠发达地区的保险市场与发达地区的保险市场协同发展；为经济建设服务，可以开发更多的建工险、意外险满足家庭和企业的保险需求；针对再保险市场，可以发展更多的专业再保险公司，促进市场竞争，并进一步打破部分保险公司的惜分思想。

第二节　遵循价格机制，促进保险费率的市场化

价格机制是指商品的价格在供求力量的推动下围绕着商品价值上下波动。与一般的消费品不同，保险业提供的产品是以非物质形态存在的，对被保险人在保险责任范围内的风险所导致的损失进行赔付的一种承诺。这种承诺的兑现取决于风险的发生与否，有一定的偶然性。保险的价值主要体现在对于投保人的经济补偿与经济保障。在承保损失发生后进行的经济赔偿给投保人带来了切实的利益；如果承保期间没有发生承保风险，保险的存在也对投保人带来了心理上的安慰与稳定，同样提高了投保人的效用，体现了其存在的价值。

同时，保险商品的生产也有别于一般商品，它建立在大数定律的数理基础上，根据风险发生的频率和损失程度科学地厘定费率，然后通过直销、代理、经纪等销售渠

道销售出去，收取保险费形成对投保人的负债，并在损失发生时对保险范围内的损失进行赔付。由于保险商品的特殊性，各国保险市场上费率的厘定可分为三种：法定费率、公定费率及市场费率。法定费率是由国家保险监督管理部门按照法律法规制定；公定费率是由保险行业自律组织根据保险行业内部协商制定；市场费率是根据市场供需变化，保险公司自行制定的保险费率。

综观中国保险业发展的历程，可以发现保险业的逐步市场化。其中一个表现就是保险费率，也即保险价格日趋市场化。20 世纪 90 年代后期，规定主要保险条款和费率必须由保险监管部门统一制定、统一修订，各省市分公司厘定新险种费率必须报请批准。个别险种还严令执行全国统一颁布的条款和费率，不得上下浮动。在这种情况下，保险市场上的费率并不能反映真实的供求关系，保险价格也无法起到应有的合理配置资源的信号作用。所以，到了 2002 年修改《保险法》的时候，将相关条款改为“关系社会公众利益的保险险种、依法实行强制保险的险种和新开发的人寿保险险种等的保险条款和保险费率，应当报保险监督管理机构审批……其他保险险种的保险条款和保险费率，应当报保险监督管理机构备案”。并在部分地区实行机动车辆险及航意险险种费率市场化的试点后，进一步推向全国全面实行。尽管初期带来了一些问题，但这样的举措最终促进了保险公司对于信息平台建设的重视和对于价格的敏感性，同时也间接促进了社会交通体系的完善与被保险人对于风险的重视。

另一方面，从世界范围来看，多数的商业保险和再保险业务不存在费率管制，但是，在一些国家也存在不同形式的事先批准和事后否决等制度。一般来说，与社会政策紧密相关的险种（如：机动车辆第三者责任险）通常受到更多的费率管制。所以，在“十一五”期间，有更多的保险险种费率都将进一步实现市场化，发挥配置资源的功能；同时，某些险种的费率也会存在一定的管制，重点是要区分清楚哪些险种需要不同形式的管制。

第三节　完善竞争机制，提高保险市场运行效率

市场机制的动力来自于竞争机制。竞争驱使着生产者和经营者为了自身的生存和发展，为了“利润最大化”，不断改进生产技术、经营管理以及销售服务，尽可能多地吸引顾客，赚取利润。市场机制正是通过优胜劣汰的竞争，迫使企业降低成本、提高质量、改善管理、积极创新，从而达到提高效率，优化资源配置的结果。1988 年之前，中国保险市场属于典型的垄断市场。随着中国保险体制的不断改革，市场主体多元化格局的出现，中国保险市场结构基本上属于寡头垄断型。国外大部分保险市场结构都是垄断竞争型或寡头垄断型。这与保险市场本身的特性有关。如：保险精算的数理基础——大数定律，要求风险在时间及空间上分散，规模经济与范围经济要求保险资本金的聚集。所以保险业在一定程度上具有一定的垄断性。在“十一五”期间，保险市场的竞争性会增加，市场结构将逐步由寡头垄断型向垄断竞争型转变。

那么，对于一个垄断型的市场，能否引入有效的市场竞争机制呢？根据美国经济学家鲍莫尔在 1981 年提出的可竞争理论（Theory of Contestable Market），在垄断市场机构

运用市场机制是可以提高经济效率的。只要政府放松进入管制壁垒，保持市场进入与退出的自由，只要不存在特别的进出市场成本，新企业进入市场的潜在竞争压力就会迫使任何市场结构条件下的原有企业提高效率，并遵循可维持定价原则，以防止潜在的竞争者进入市场。根据这种理论，中国保险业要实现有效竞争的重要途径就是完善市场进入机制，降低人为的进入壁垒，并建立完善合理的市场退出机制。这一规律对原保险市场与再保险市场同样适用。

第四节　合理界定政府职能，保障保险市场的健康发展

市场经济的本质特征，就是依靠市场机制来实行社会资源的合理配置。通过价格机制与竞争机制的作用，迫使市场微观主体以利益为导向，增强竞争能力，从而促进社会资源配置的优化。但竞争必须有效，否则也很难取得良好的效果。从规范的市场经济体制来看，有效的市场竞争必须以竞争的公平与有序作为保证。市场竞争的公平性要求法律、法规和政府有关政策平等对待不同的市场主体。在市场准入、生产要素获取、享受法律保护和政策支持等方面，为各类企业创造平等竞争的市场环境。市场竞争的有序要求有符合市场经济要求的“游戏规则”，这种规则既包括正式的法律、法规，也包括非正式的行业规范、国际惯例等。同时，市场主体必须严格遵守这样的规则，为此，必须严格制止欺诈、造假、低价倾销和价格卡特尔等不正当竞争行为。也就是说，市场需要一种秩序作为有效竞争的保证，而这种秩序的制定和执行就成了政府的一项重要经济职能。另外，在规范经济学的“公共利益”监管理论中，监管是为了服务于公共利益而存在。监管的目标是实现经济效率最大化，包括防止和纠正“市场失灵”，从而保护消费者的利益。在许多发展中国家，政府监管还有另外一个目标，即促进本国保险业的发展，确保民族保险为整个国民经济的发展作出贡献。总结起来，政府干预保险市场的方式，可以大体分为：制定规则，依法监管和税收。

政府制定的市场规则主要包括法律、法规和有关政策。立法机构通过颁布法律建立广泛的保险法律体系，同时制定负责执行保险法律的行政机关应当遵守的一般标准及其职责范围。当然，除了保险法律体系，保险市场中的主体还受到其他相关法律的约束。由于受保险法发展及客观经济形式所限，中国保险法规体系还不健全，还没有可操作性较强的《保险法实施细则》、《再保险管理办法》等配套法规。再加上现有法规中有些条款规定得过于原则，可操作性不强，无法可依的现象在保险业中比较普遍。因此，继续完善法规体系是“十一五”期间政府的一项重要任务。值得注意的是，中国加入世贸组织，实质上是加入了一个世界公认的规则和秩序。世贸组织的核心问题是在“公平交易、自由竞争”基础上的一系列协定，即大家共同遵守的“游戏规则”。这就意味着政府制定的规则还得符合国际规则。

《保险法》规定，“国务院保险监督管理机构依照本法负责对保险业实施监督管理”。中国的监督管理机关即中国保险监督管理委员会，它按照《保险法》的有关规定对商业保险市场实行监督和管理。监管的主要内容可分为市场行为监管与偿付能力监管。国际上保险监管的发展已逐步过渡到以偿付能力监管为中心的监管模式，而中国

目前保险市场中垄断力量还非常强大，市场竞争还在从无序到有序的过渡之中，一定程度的市场行为监管是必不可少的。但随着市场的规范，可以预见，中国保险市场的监管模式也将逐步转变到以偿付能力监管为中心，同时减少对于市场行为的监管。

政府对于税收杠杆的使用，主要是为了增加财政收入、促进经济目标的实现以及促进某些社会目标的实现。为了促进保险市场的发展或者促进某些市场（比如再保险市场）优先发展，有必要运用税收杠杆来进行调节。

在“十一五”期间，我们要立足于完善价格机制与竞争机制，建立统一开放、竞争有序的保险市场，优化保险资源配置，完善保险市场体系的微观基础，促进保险业持续发展。在此基础上，合理界定政府职能，做到“有所为，有所不为”，共同促进中国保险市场健康发展。

第三章 “十一五”期间中国保险市场体系建设的目标

完善保险市场体系的最终目标是建立统一开放、竞争有序、健全健康、良性运转的保险市场，充分发挥保险的各项职能，做大做强中国保险业，从而促进社会主义市场经济的发展与繁荣，有效运用保险在社会和谐中的“稳定器”、“推进器”和“安全网”的功能，为建立社会主义和谐社会，实现全体人民的共同富裕作出贡献。一个完整、成熟的现代市场体系是由市场的主体、客体、空间等要素复合而成的，是这些要素的有机统一。另外，考虑到保险市场仅仅是中国社会主义市场体系中的一个子系统，所以，保险市场体系的完善离不开相关市场体系的同步协调发展。在确立“十一五”期间中国保险市场体系建设的目标时，我们将围绕这四个方面进行考虑。

第一节 主体多元化，完善保险市场主体结构

市场主体即市场交换活动的当事人，经济活动的基本承担者。就市场经济而言，其主体有家庭、企业、政府三者。这三者既是商品的供给者，又是商品的需求者。这里要强调的是，政府作为市场的主体，是作为经济组织的政府，而不是作为行政组织的政府。政府作为商品交换的当事人，它参与市场活动，同其他市场主体公平竞争。一个完整的保险市场体系中，其主体包括：保险人、投保人和保险中介人。鉴于保险人在市场体系中的重要作用，特别是考虑到目前中国保险市场的现状，我们将从组织形式及资金来源方面重点讨论保险人，包括提供原保险服务的原保险人和提供再保险服务的再保险人。

一、保险公司在数量和形式上获得很大发展

“十五”期间，中国保险公司不仅在数量上有了大幅的增加，而且组织形式日趋多样。各种专业保险公司，如农业保险公司、健康保险公司、养老保险公司也相继开始批准设立，昭示了中国保险业在下一个五年中百花齐放的趋势。“十一五”期间，可以继续放开对保险公司组织形式的限制。按照现行《保险法》的规定，保险公司的组织形式只能是两种：国有独资保险公司和股份有限保险公司。目前，国际上通用的保险公司形式很多，除国有独资保险公司及股份有限保险公司外，还有相互保险公司、自保公司、保险合作社和个人保险等，虽然股份有限保险公司是国际保险市场上最主要的保险公司的组织形式，但是相互保险公司在日本、美国和英国的保险市场上也占有重要的地位。据 Sigma 杂志统计，1999 年世界 10 家大保险公司中有 6 家是相互制保险

公司，50家大保险公司中有21家是相互保险公司；2003年《财富》世界500强中，有11家相互制人寿与健康保险公司，2家相互制财产与意外保险公司。如果组织形式的限制不能放宽，将在一定程度上阻碍保险市场的发展。令人欣慰的是，据《中国保险报》报道，经国务院同意，第一家相互制保险公司——阳光农业相互保险公司正在筹建之中，这势必为中国保险市场引入新的组织形式作出有益的探索。另外一种比较重要的组织形式为自保公司，它是由非保险企业的母公司全资拥有的保险子公司，主要的职能是为母公司及其子公司提供保险（一般为财产风险和责任风险）和风险管理服务。自20世纪60年代，自保在全世界范围内掀起一场革命以来，促使各商业组织寻求一条更为合理、有效地安排、组合、分散现代商业风险的途径。1996年，注册登记的自保公司达3 600家。美国500强企业中有80%拥有自己的自保公司。

二、再保险市场必须重点发展

“十一五”期间，随着中国部分企业的做大做强，实现国际经营，对于自保的需求也会逐步增加。随着法定分保的逐渐淡出和世界三大再保险公司的加入，中国再保险市场逐渐打破了一家垄断的局面。国际再保险市场不仅有专业再保险公司、再保险集团，还有原保险公司兼营再保险业务和一批专属再保险公司积极参与。所以，“十一五”期间，中国的再保险公司可以进一步鼓励采取其他形式。比如可以首先考虑鼓励发展横向的再保险体系，建立再保险联合体，以降低对外部市场的依赖，短期内解决市场容量问题。2006年起的“十一五”期间，中国加入世贸组织后的保护期已过，保险市场必将全面开放，因此内资保险公司和外资保险公司必将大量开设。根据均衡发展的原则，到2010年年底，保险公司数量将超过200家，除了有产寿险保险公司外，还将有许多专业的特色保险公司，如农业保险公司、工程保险公司、健康保险公司、专业再保险公司等。“十一五”期间，政府有关部门要制定政策鼓励各保险公司优先在国内保险市场安排再保险，采取措施吸引国际知名的再保险公司开设分支机构或组建中外合资再保险公司或设立子公司开展再保险业务，设立内资再保险公司，总体上将达到20家左右专业再保险公司的市场规模，同时吸引一定数量的国际再保险的分入业务在中国再保险市场安排分保。可以率先将部分经济发达的城市或地区建成中国的再保险交易中心，如上海、北京。在交易市场内交换各种分入分出业务，成为国内外再保险集散中心和枢纽，逐渐形成以再保险交易中心辐射全国和亚太地区的再保险网络。

三、采用多种途径增加保险公司的资金来源

一个完善的保险市场体系中，保险公司不仅组织形式多样，而且在资金来源上也是途径众多。“十五”期间，国有保险公司的成功改制，标志着以现代股份制为主要特征的混合所有制成为中国保险企业制度的主要形式。保险公司可以通过上市、发行债券等方式进行融资，为解决保险业快速发展中的资金压力，改善偿付能力提供了新的途径。但是，我们同时发现，外资保险公司的准入与中国保险业的发展并不同步，而且往往快于同期中资保险机构的发展。中国加入世贸组织后，至2005年有关保护期和过渡期将届满，“十一五”期间中国保险业将对外资全面开放，外资不但可以合资的形

式，也可以独资的方式进入中国；外资保险公司经营地域也将放开，可以从东南沿海城市向中西部发展；经营范围放开，可以经营除法律法规禁止的一切业务；国外再保险公司也将进入市场；外资保险中介也将大举进入中国市场；同时，保险业也对内资全面放开，国内资本只要符合《保险法》和有关法规的要求，都可以开设保险公司，可以预测，"十一五"期间将会出现更多的外资和内资的保险公司。目前，民营资本已经较多地进入了保险中介业，可制定政策采取措施让民营资本直接进入保险行业。民营资本进入保险行业可以通过受让国有股份、参与新设保险公司、原有保险公司增资扩股时参股、全部民营资本设立保险公司等多种形式，允许自然人以直接或间接的形式投资保险业。

四、充分发挥保险中介人的作用

保险中介人在保险消费过程中起辅助作用，其中，保险经纪人、保险代理人、保险公估人在保险中介市场占有主导地位。除此以外，广泛的保险中介人还包括各类保险专业服务机构，如保险精算师事务所，为保险公司提供寿险和非寿险的保险精算服务；保险产品研发机构，为保险市场研发适合市场需求的保险新产品，供保险公司选用；保险会计师事务所，为保险公司提供会计、审计服务；保险律师事务所，专门从事有关保险事务的法律咨询、非讼法律服务、代理诉讼等；保险纠纷调解机构，专门从事保险民事纠纷调解工作，有利于提高保险纠纷的处理效率；保险资信评估机构，给保险市场的各方当事人提供有关保险公司、保险代理公司、保险经纪公司等公司的资信评估服务，有利于保险业各公司提高自己的资产质量、改善经营管理；保险数据信息中心，将分散在各公司的数据加以收集、整理、分析和处理，使之成为促进全行业发展、防灾防损、理赔处理有参考价值的数据资料，还可为社会提供可靠的数据信息服务，充分发挥保险业社会管理功能；保险咨询顾问服务机构，专门为保险消费者提供各种保险投保咨询、各类保险业务咨询、保险理财顾问等服务；保险人才培训机构，专门从事保险公司在职人员的培训和新进保险业人员的资格考试培训，可以充分发挥高等院校专业力量，完善保险业各类人才的培训、资格考试制度。

2004年，中国保险市场通过中介收取的保费收入达2 902.7亿元，占总保费收入的67.2%。随着中国市场经济的完善与保险市场的发展，中介市场将扮演越来越重要的角色。提高中介市场的素质与完善中介市场的结构，将进一步促进保险市场的良性运转。因此，"十一五"期间，中国保险中介市场除了增加保险经纪人、保险代理人、保险公估人的数量并提升其质量外，还应进一步大力开发各类保险专业服务机构。

第二节　调整产品结构，完善保险市场客体结构

市场客体即市场上被用来交换的东西，既可以是实物，也可以是服务；既可以是有形的，也可以是无形的。保险产品的存在并不仅仅体现为一张保险单，更重要的是保险服务，特别是风险管理的服务。按照承保标的的不同，一般将保险产品分为人身与健康保险、财产与责任保险。所谓完善保险市场的客体结构，就是要增加保险市场

的供给，开发出各种各样的产品，提高保险服务质量，以满足市场对于保险服务的需求。

一、保险市场需求潜力巨大

中国的保险市场潜力巨大。在此作一个简单的预测。20多年来，中国保险市场经历了超常规的发展，平均发展速度超过了35%。2003年，中国的保险费收入达3 880.4亿元，按20%的发展速度进行预测，到2005年，中国的保险费收入将达到5 587亿元，2010年的保费收入将达到1.4万亿元。按照25%的分出率来计算，2005年的国内再保险需求将达到1 400亿元，2010年的国内再保险需求将达到3 500亿元。这些数据还不包括国际分入的保费。中国的经济正处于重大变革时期，大量的保险需求也会应运而生。随着人口老龄化趋势的发展，各种建筑工程纷纷上马，各种公共责任、职业责任、产品责任频频发生，中国保险市场上现存的保险产品是远远满足不了需求的。

二、开发和提供多样化产品与服务，满足多层次的保险需求

“十五”期间，中国保费收入有了大幅提高，但产品结构的矛盾依然突出。中国保险市场的产品数量虽然很多，但产品的同质性很高；保险产品自主创新能力不强；寿险保障型产品发展相对缓慢；“三农”保险和医疗保险的发展远远不能满足社会需求。中国各地区经济社会发展不平衡，人们的收入水平和生活环境存在较大差异，必须提供多样化的产品和服务，才能满足人们多层次的保险需求。“十一五”期间，要积极发展县域保险市场，开发适合县域消费、保费低廉、保障适度的保险产品，并根据县域市场的特点探索新的销售和服务方式，支持国家“三农”政策。另外，“十一五”期间，要通过调整产品结构，大力发展养老保险和健康保险，使保障型产品和投资型产品协调发展，提高全社会的保障水平；积极发展责任保险，为人民生产和生活提供更多的保障。为了完善保险市场的客体结构，除了要调整产品结构外，还要注意保险产品与服务的创新。保险公司应密切注意国际发达市场的发展动向，积极引进吸收一些先进的经验和技术，开发出满足中国国民需要的保险产品来。比如，运用保险证券化产品以期通过资本市场转移过于集中的风险；运用“一揽子”的综合保单为客户提供周全的服务。所以，在“十一五”期间，完善市场客体结构就意味着保险公司增强主动性，紧跟市场需求，特别是针对不同地区、不同层次、不同行业的目标客户，设计各种各样的保险产品和服务，在赢得机会赚取利润的同时，也更好地发挥保险的职能。

尽管从世界范围来看，保险市场的竞争性日益增加，但是当单纯依靠市场无法满足广泛的保险需求时，可以由政府直接提供社会所需要的险种。尤其是那些不易分散的风险，如农作物保险、地震保险、洪水保险、核责任保险，政府在这些领域应该大有可为，进一步健全保险市场的客体结构，满足市场需求，发挥保险在社会管理方面的职能。

第三节 实现梯度转移，优化保险市场空间结构

一、中国保险市场梯度发展的特点

市场空间即市场主体与市场客体活动的范围，可分为地方市场、区域市场、国内市场、国际市场等。现代市场体系内的每一个空间组成部分在规模、范围、结构和作用方面均既有区别，又有联系。中国幅员广阔、人口众多，作为一个发展中国家，不仅东部地区、中部地区和西部地区彼此间的经济发展水平差别很大，而且在同一地区内部经济资源状况、经济技术水平、市场发展水平等也相差甚远。由于保险的需求与经济的发达程度、人民的生活水平是密切相关的，鉴于中国经济发展严重不平衡的客观现实，宏观上可把全国保险市场细分为东部相对较发达市场、中西部中等发展市场和边远欠发展市场。每一个市场的市场规模、保险主体、营销方式、利用外资以及保险意识等状况都存在较大的差别。东部市场保费收入高，广东、上海、北京、浙江、江苏五省市的保费收入就占全国的40%；保险经营主体数量多，组织形式多样；代理人销售、银行代理、通信、网络等销售方式共存；利用外资比较早比较多，较快地应用了先进的经营管理经验和营销模式，成为绝大多数保险公司的总部所在地；市民对保险的需求也较高，是目前中国保险业发展的一级梯度。而中西部市场在保费收入上处于中等水平；保险经营主体不断增加，中外合资保险公司的分支机构不断从沿海辐射过来；开始接触先进的管理经验和营销模式；已经在一定程度上培育了市民的保险意识，可以认为是中国保险业发展的二级梯度。在边远欠发展市场，保费收入很低，例如西藏、青海、宁夏和海南四省区的总保费收入占全国的1%左右；没有外资进入；经营手段和营销方式传统落后；市民保险意识还未开发，属于中国保险业发展的三级梯度。

二、采用梯度转移策略，促使中国保险市场协调发展

“十一五”期间，不同发展水平的地区可以根据发达程度，制定与各地区的经济及社会发展现状相适应的发展目标和模式，不断优化市场布局。同时，为了资源最优利用以及中国保险业的协调发展，可以采取梯度转移的策略。所谓梯度转移，是指根据每一梯度的实际情况，先让有条件的高梯度地区引进掌握先进的技术，然后逐步依次向处于二级梯度、三级梯度的地区推移。对外开放以来，东部地区通过引进外资，引进了先进的管理经验和经营理念，使东部的保险业实现了跨越式的发展，用20年的时间走过了国外保险业上百年的发展路途，有效地发挥了保险业在经济发展和社会稳定中的功能。东部市场对国外的先进经验经过20多年的吸收并经过融会贯通，逐步形成了有中国特色的、适合中国国情的经验。通过东部市场向中西部市场和边远市场提供融会贯通后得到的经营管理经验、市场开发经验、产品开发设计和服务手段等技术支持、人才的交流等，可以大大缩短中西部地区自己的摸索实践的时间，减少失误，降低内耗，使资源得到最大程度的利用，以更快的发展速度实现中西部保险业的跨越式

发展，实现全国保险市场的协调发展。

第四节　实现保险市场与其他市场协调发展

一、保险市场与其他市场密切联系

就整个市场体系而言，保险市场仅仅是其中的一个子市场。保险公司作为金融机构的一种，是保证现代市场经济能够正常运转的支持系统，其主要功能在于为交易双方提供中介服务，以降低交易成本，特别是信息成本。保险机制主要通过经济补偿、融通资金的作用，对于整个市场经济体系的健康发展与维持社会的稳定都举足轻重。首先，商业保险作为社会保障体系的重要组成部分，在完善社会保障体系方面发挥着重要作用。其次，保险公司从开发产品、制定费率到承保、理赔的各个环节，都直接与灾害事故打交道，不仅具有识别、衡量和分析风险的专业知识，而且积累了大量风险损失资料，为全社会的风险管理提供了有力的数据支持。保险公司能够积极配合有关部门做好防灾防损工作，并通过采取差别费率等措施，鼓励投保人和被保险人主动做好各项预防工作，降低风险发生的概率，实现对风险的控制和管理。再次，通过保险应对灾害损失，不仅可以根据保险合同约定对损失进行合理补偿，而且可以提高事故处理的效率，减少当事人可能出现的各种纠纷。由于保险介入灾害处理的全过程，参与到社会关系的管理之中，逐步改变了社会主体的行为模式，为维护政府、企业和个人之间正常、有序的社会关系创造了有利条件，减少了社会摩擦，起到了“社会润滑剂”的作用，大大提高了社会运行的效率。最后，保险公司经营的产品实际上是一种以信用为基础、以法律为保障的承诺，在培养和增强社会的诚信意识方面具有潜移默化的作用。同时，保险在经营过程中可以收集企业和个人的履约行为记录，为社会信用体系的建立和管理提供重要的信息资料来源，实现社会信用资源的共享。所以，对于建设与完善社会主义市场经济体制而言，保险市场是极其重要的一环。“十一五”期间，我们要继续完善保险的各项职能，为建设与完善社会主义市场经济体制服务。

二、重视保险市场与货币市场、资本市场的互动发展

我们要看到，保险市场的发展必然不能独立于其他市场而孤立发展。从 20 世纪 80 年代开始，保险和金融之间的关系变得越来越密切。随着保险公司的上市和投资理财型保险产品的发展，保险市场对资本市场的依存度增加；随着保险资金广泛投资于债券、股票和证券投资基金，保险公司日益成为资本市场重要的机构投资者，保险市场对资本市场的作用和影响越来越大；随着利率市场化的推进，利率变化对保险产品的生产和经营将产生重要影响；随着金融综合经营的深化，银行、证券和保险之间竞争与合作的范围将更加广泛，并向深层次发展。所以，在保险市场与其他市场的协调发展中，我们要特别重视保险市场与资本市场、货币市场的互动发展。

“十五”期间，随着保费收入的大幅增加，保险可运用资金也同步增长。截至 2004 年年底，保险公司总资产为 11 854 亿元，保险资金运用余额达 11 250 亿元。“十五”期

间，保险资金的运用渠道日益拓宽，不仅可以投资于银行存款、买卖政府债券、金融债券，而且可以投资于证券基金及股票市场。各种管理条例也纷纷出台，如：《保险外汇资金境外运用管理暂行办法》、《保险机构投资者股票投资管理暂行办法》等。我们相信，“十一五”期间保险资金运用的渠道将进一步开放。但事实上，保险资金能否真正发挥融资功能，能否在保持安全性的前提下提高资金运用效益，在很大程度上依赖于中国的货币市场与资本市场的完善程度。同时，保险公司开始利用证券市场和金融工具设计产品。巨灾风险和巨额风险的增加，使得保险业的承保能力相对不足。一些财产与责任保险公司开始运用 ART 产品，通过资本市场转移风险。与此同时，由于对利率的敏感性，一些寿险保险公司把重点从传统产品投向了投资导向的产品，如变额年金、分红保险、投资连结保险等。随着金融保险产品和服务的融合及金融一体化趋势的发展，各种金融中介机构开始联合经营。如银行保险业、金融服务集团的出现，带来了资源更为有效的配置。不同金融中介机构的合并使得规模经济和范围经济成为可能。大多数国家对这种联合经营几乎没有任何限制，但在中国依然要求保险业进行分业经营，更不用说保险业与金融业的混业经营。如何尽快地完善监管制度，营造时机和条件，逐步发展为允许金融保险混业经营，并同时防范可能的风险，这是我们在“十一五”时期发挥保险市场必然要面对的问题。

健全的保险市场是保险业发展的基础。保险市场的协调发展，就是市场各个方面的发展相互适应、共同发展。不仅要考虑原保险市场、再保险市场及中介市场的协调发展，还要加快中西部欠发达地区保险市场的发展，促进各个保险区域协调发展；不仅要考虑保险市场内部各个子系统的协调发展，还要考虑保险市场与资本市场、货币市场等其他市场协调发展。

第四章 “十一五”期间中国保险市场体系建设的重点与措施

在“十一五”期间，中国保险业的主要任务仍然是在坚持科学发展观的基础上把中国的保险业做大做强。科学发展观要求中国保险业要走可持续发展之路，尤其强调要在加快发展的同时，促进保险市场主体客体协调发展，建立统一开放、竞争有序、健康健全、良性运转的保险市场，这不仅要完善保险市场的微观主体，还要培育保险市场发展所需要的各种外部环境，理顺保险市场体系的运行机制，促进各类市场协调发展。

第一节 健全法律法规，保障保险市场的正常运作

市场经济是法制经济，加入世贸组织后，中国保险市场主体将日趋多元化，保险市场竞争也将日益激烈，而保险市场体系正常运行的前提是要有科学的保险法律体系为保障。因此，为实现保险市场体系健康、快速发展，必须建立完善的法律法规体系。

一、健全中国保险法律体系

面对日新月异的保险市场的发展与繁荣，我们必须学习先进国家的经验，查漏补缺，制定并完善相应的法律法规。

（一）健全与诚信相关的法律制度

保险业的特质决定了诚信是保险业的立业之本，但是在中国保险业发展过程中，社会信用基础薄弱，保险信用法规建设滞后，以致保险诚信管理制度的建设缺乏有效的法律依据，致使中国保险业出现信用缺失的现象，严重影响了保险业的行业形象，阻碍了保险业的正常发展，诚信缺失已成为中国保险业必须面对的严峻挑战。在“十一五”期间，保险诚信法律法规体系建设恰逢其时，党的十六届三中全会提出了要“建立健全社会信用体系”，北京、上海、深圳、福建等省市正在进行社会信用体系建设试点。保险业作为诚信要求更高的行业，要率先建立和完善诚信体系，重塑保险业的行业形象，夯实保险行业运行的基础，都要求有完善的保险诚信法律法规作为保障。

通过建立和完善与诚信相关的法律制度，从法律高度保护诚实守信行为，严厉惩戒毁约失信行为，使保险双方当事人诚信行为的收益大于不诚信的收益，诚信的成本小于不诚信的成本。通过诚信法律制度的保障，在整个保险市场中形成一种诚实守信的保险交往关系。只要保险双方的任何一方有违反诚信的记录，在日后的保险活动中，都将受到法律的惩罚，严重不守诚信者将被淘汰出局，使保险诚信体系真正建立在法

制化的轨道上。在"十一五"期间，应当尽快制定《中国保险业征信管理办法》、《中国保险业信用评价体系制定与管理办法》、《保险信息披露法》等法律法规，为中国保险业诚信体系的建设提供法律保障。

（二）完善中国的保险业法

随着中国保险市场的开放，保险市场将不断出现新的问题，面对着新的挑战。要使保险市场能够平稳健康的发展，就要求制定相应的法律法规进行管理规范。对于市场主体来说，保险市场上除原有的国有独资公司和股份有限公司外，还会不断出现新的保险公司形式，如相互保险公司、专业自保公司等，可以修改相应的法律法规或者制定专门的《相互保险公司管理规定》和《专业自保公司管理规定》等进行规范。作为一种制度创新出现的金融控股公司，可以制定专门的《金融控股公司法》或在《公司法》增设有关的内容。而在规范市场竞争方面，可以制定《保险业竞争秩序法》，保障公平有序的竞争环境。

（三）完善保险专业服务机构管理法律法规

随着中国保险市场的全面开放和市场转型，保险专业服务机构将在保险市场出现并发挥越来越重要的作用。市场上将会出现为保险公司提供寿险和非寿险精算服务的保险精算师事务所；研发适合市场需求的保险新产品以供保险公司选用的保险产品研发机构；专门从事有关保险事务的法律咨询、非讼法律服务、代理诉讼等的保险律师事务所；专门从事保险民事纠纷调解工作的保险纠纷调解机构；给保险市场的各方当事人提供有关保险公司、保险代理公司、保险经纪公司等公司的资信评估服务的保险资信评估机构；将分散在各公司的数据加以收集、整理、分析和处理，使之成为全行业发展、防灾防损、理赔处理有参考价值的数据资料的保险数据信息中心；专门为保险消费者提供各种保险投保咨询、各类保险业务咨询、保险理财顾问等服务的保险咨询顾问服务机构等。保险监管部门要事先做好立法准备，建立《保险咨询公司管理办法》、《保险公司信用评级机构管理办法》、《保险精算机构管理办法》、《保险产品研发机构管理办法》、《对保险专业服务机构的注册登记制度、资格保证制度及担保制度的规定》等法规。但由于这些行业在中国没有丝毫的实践基础，对于其发展过程中会出现的问题无法进行较好的估计，因此，要随着行业的发展逐步进行完善。

二、对现有保险法律制定实施细则，提高现有法律法规的实用性

中国现有法律法规大多不配套，缺乏具体的实施细则，导致实践中产生了很多问题。《保险法》是中国保险业发展和监管的基本大法，但它只是规定了一些原则性和框架性的内容，还必须有《保险法实施细则》来进行补充和充实。对中介人行为的管理方面，尽管有《保险法》的相关条文以及专门的《保险代理机构管理规定》和《保险经纪机构管理规定》，但由于没有相应的实施细则，给法律的实施造成了困难，法律法规的效用就没有办法完全发挥，因此要制定《保险代理人行为准则》和《保险经纪人行为准则》等细则。

三、加快保险法律法规的出台，争取政府优先政策支持

中国保险业的立法跟不上保险业发展的速度，但法律法规的保障对中国保险市场的健康发展是必不可少的，因此，中国要加快保险法律法规的出台。为此，中国保监会应当努力与政府相关部门沟通，对保险的立法争取优先的政策支持。同时，保险行业的发展也离不开整个社会法律法规的完善，尤其是金融业、信息业等相关行业，中国保监会也要关注这些相关行业的立法建设。

第二节　与其他管理机构合作，为保险市场体系的发展创造良好的外部环境

第一，加强与银行、证券等相关金融行业合作，为保险业发展创造良好的金融环境。银行、证券和保险等各个金融行业的相互渗透与融合是一个世界性的潮流，由此带来的联合金融监管也日益成为必要的现实选择。现阶段中国实行的是分业经营、分业管理的制度，但随着保险竞争的加剧和保险信息化的发展，保险与银行、证券相互渗透的趋势更加明显，由此可能会导致监管交叉和监管真空问题。对此，保险监管部门要加强与银行业、证券业等监管部门的协调和合作，充分发挥银行、证券和保险业监管机构联席会议制度的作用，定期进行业务磋商，交流监管信息，解决混业经营条件下的分业监管问题，必要时通力合作，防范金融风险在银行、证券和保险机构之间蔓延和扩散，共同维护中国金融体系的安全与稳定。

第二，加强相关行业之间矛盾的协调，为保险市场体系发展提供良好的外部环境。当前，部分行业、行政管理部门从各自利益出发，制定了各自的管理规章，有些给保险公司的经营活动带来了影响和不协调。中国保监会作为全国商业保险主管机关，在独立履行职责的前提下，要注意政策措施上的相互协调，解决部门冲突与法规冲突，杜绝政出多门现象，为保险业的健康发展创造良好的外部环境，同时共同树立和维护政府部门的良好社会形象。

第三，加强与其他行业监管和管理机构的合作，为保险市场体系发展提供良好的诚信环境。不论是改革保险公司治理结构、规范保险市场竞争，还是发展保险中介市场和再保险市场，都需要一个比较优良的市场信用环境。加强与其他管理机构的配合，协助规范会计师事务所、审计师事务所、律师事务所等中介机构的行为，共同防止中介机构与保险公司的经营者联手作弊，提供虚假信息。

另一方面，保险业要积极进入中国信用体系的建设进程，利用中国信用体系的建设成果，共同提高中国市场经济的信用环境。首先，要建立保险征信制度，政府通过建立保险征信机构，或者加入社会征信体系的方式，强制要求保险企业和代理人向这些机构提供诚信数据，并保证这些数据的真实性。通过征集、整合保险企业与个人等市场交易主体的信息信用资料，把孤立、分散的信用资料全面汇集起来，建立起一个社会诚信信息网络。同时，确定这些信息的披露内容和办法，扩大信息的披露范围和频度，通过新闻媒体、互联网等多种形式将保险公司的基本背景情况、财务数据、受

处罚情况、偿付能力等信息对外公开，以便交易各方获取信用信息，减少交易风险，增加信用市场的透明度，同时也便于发挥社会监督作用，打击和抵制失信行为，推动诚信制度的建立。

在建立征信制度的基础上，进一步建设中国的信用评级制度。对保险市场主体的资信状况进行科学、准确的信用风险评级，如对保险公司的偿付能力和保险公司、保险中介人及投保人、被保险人的道德信用水平等进行综合评定，以确定信用等级。通过信用评级制度的建设及信息披露，能够区分和评判保险行为主体的信用状况，将有不良信用记录者列入“黑名单”，把失信者缺乏诚信的形象公诸于众，使保险消费者能够选择有良好诚信记录的保险公司及保险代理人，促使保险市场主体始终诚实守信用，认真履行保险合同规定的义务。保险业通过建立征信和信用评级制度，一方面利月社会信用体系的建设成果；另一方面也补充和完善了中国的社会信用体系，达到保险业和整个中国经济运行环境优化的“共赢”。

第三节　完善保险监管，保证保险市场体系的健康发展

一般来说，一国保险监管通常包括以下内容：

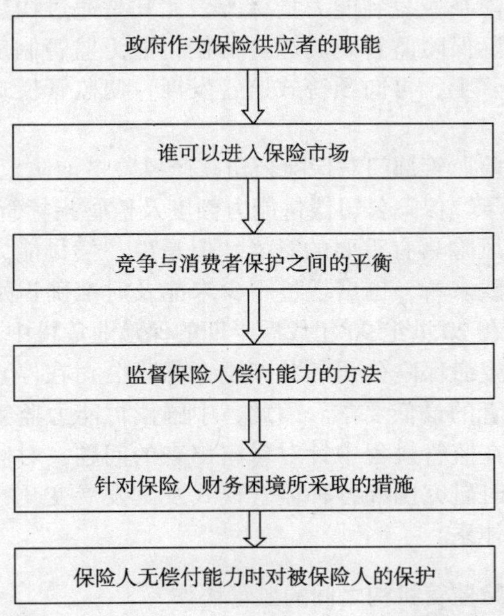

不同国家的保险监管总是涵盖了上述监管内容，并根据本国具体的市场发展阶段和特点发展出各自的特色。中国保险监管也基本上建立了上述的监管内容体系，但在不同的市场发展阶段下，保险监管部门制定的政策措施的侧重点要有所不同，同时，为规范市场体系的正常有序发展而采取的监管模式、目标和内容也应有所不同。在“十一五”期间，中国保险市场必将向开放型过渡并日臻成熟完善，随着市场格局和监管对象的变化，要求保险监管目标和模式以及采取的政策措施必须进行适度的调整。

监管机关既要引导市场适度健康发展，又不能限制市场主体的经营管理权。在加强谨慎监管的前提下，继续推进对外开放政策，积极引进外国保险机构，逐步丰富中国保险市场，允许业绩较好的保险机构展示它们的优势，创造保险市场全面开放的竞争氛围。

一、根据不同的市场发展水平，采取不同的监管模式和目标

中国保险市场目前形成了东部相对较发达市场、中西部中等发展市场和边远欠发展市场的状况，三个地区市场间收入水平、风险观念、保险意识水平、地域文化、消费习惯等差异，形成了不同的保险需求和不同的保险市场发展水平。保险监管部门应该根据各个市场的发展程度，考虑保险机构设立时间、数量和速度，不断优化市场布局。同时，允许各个地区根据各自市场发展状况，在严格遵守保险业基本法律法规的前提下制定各个地区的实施细则。

二、完成保险市场体系的指标和指数建设

构建保险监管指标体系，量化监管具体内容，并将其法制化，既提高了保险监管效率，又增强了保险监管力度，是保险监管技术的重要变革。通过建立保险业发展信心指数、预警指数，保险企业盈利能力指标等，尤其是通过构建一套既符合中国保险业发展实际，又符合国际保险监管发展趋势的偿付能力监管制度体系，借此将宏观监管重心转移到评价式监管上，再向预警式监管发展，使监管模式转变为以信息制度为基础的经常性监管。

偿付能力监管是保险监管部门对保险公司破产风险事前防范的主要手段。2003 年，中国保监会发布并实施了《保险公司偿付能力额度及监管指标管理规定》，对加强和改善保险监管、有效防范风险具有重要的意义。但是以“偿付能力额度”为主要内容的静态指标体系从国外实践来看，也出现过不少未能及时准确识别保险公司真实偿付能力的案例。例如，日本在 20 世纪 90 年代后半期的保险业危机中，几家破产公司如东京生命保险公司、千代田生命保险公司和共荣生命保险公司在停止营业前几个月，偿付能力充足率都超过了监管的最低要求。因此，中国偿付能力监管指标体系仍然需要根据实践情况加以改进。在监管过程中针对暴露出来的问题，对监管指标及其正常范围标准及时加以修正，同时研究国外各种监管模式及其发展变化，制定符合中国实际的动态偿付能力监管指标体系。

三、加强与境外保险监管机构之间的监管协作

“十一五”期间，中国保险业将更加开放，与世界保险业联系更加紧密，保险监管要适应这一趋势，加强与境外保险监管机构之间的信息和监管协作。在“十五”期间，中国保监会已经开始与国际监管机构之间的协作。2004 年 10 月 5 日，中国保监会主席吴定富率团出席国际保险监督官协会 2004 年年会，并代表了中国保险监管机构在协会年会上作了首次演讲。2004 年 11 月 26 日，《中国保险监督管理委员会与香港特别行政区保险业监督保险监管合作协议》正式在北京签署，该协议广泛涉及了保险监管法规

交流、信息支援、高层互访与合作等多方面内容，在“十一五”期间，这种联系与协作将更广更紧密。中国保监会应尽快与在中国境内设有保险机构的境外监管当局建立稳定的监管协作机制，参照东道国与母国监管责任划分的国际惯例，加强监管信息交流，协调实施对跨国保险机构的有效监管。同时，在国际交流中认真学习世界各国同行们的成功经验和有效做法，研究借鉴国际保险监督官协会近年来制定的对各国具有普遍指导意义的保险监管原则、标准和建议，并结合中国国情，制定出一套既符合中国保险业实际，又能与国际接轨的保险监管制度，规范中国保险业的协调持续发展。

第四节 积极培育再保险市场

再保险市场是整个保险市场重要的组成部分，成熟的再保险市场是原保险市场得以稳健、持续发展的重要保证。原保险市场业务容量的增长必然要求有充足的再保险为其提供分散风险的途径。但由于中国再保险市场一直以法定分保业务为主，商业再保险业务量较小，国内再保险市场结构单一，监管不完善，远远不能适应法定分保比例取消以后中国保险市场的整体高速发展的需要，必须采取措施进行主动积极培育。

世界上比较发达的再保险市场主要有伦敦再保险市场、欧洲再保险市场、纽约再保险市场、东京再保险市场、中国香港再保险市场等。经过较长时期的发展，这些国际再保险市场已经建立起了完善的市场主体、市场中介和交易平台以及丰富的再保险产品、先进的再保险承保技术水平、有效的市场环境和监管环境。这些再保险市场虽然在再保险的安排方式和组织形式上各有特点，但也具有一些共性：

第一，原保险业发达。伦敦、纽约、欧洲、日本等都是原保险业高度发达的市场，原保险和再保险的关系在这些市场上体现得淋漓尽致。原保险是再保险的前提和基础，再保险是原保险的后盾和保证。

第二，再保险市场主体众多，业务竞争激烈。除传统的保险公司兼营再保险业务、专业再保险公司、再保险集团外，近十几年来还出现了一股专属保险公司新势力。

第三，再保险方式和安排多样化、复合化。再保险交易从临时比例分保，发展到比例合同分保，以后又发展了多种形式的非比例再保险。随着科技应用，保险标的金额增大，风险更加集中，临时再保险与非比例再保险经常配合使用。此外，最近几年互惠交换业务的方式已渐近盛行，逐渐成为合同再保险的附带方式。

第四，再保险产品日益增多，创新能力强。随着世界再保险市场的发展和风险管理技术的提高，传统再保险出现了许多新的变化，产生了融资再保险，涌现出了大量自保公司。同时，保险证券化趋势也越来越明显。既可以让保险公司套期保值，也可以使投机者从保险风险中获利的保险期权应运而生。近几年来，世界再保险市场由于遭受风暴、地震等自然灾害以及恐怖主义事件损失惨重，巨灾证券化成为许多再保险公司采取的有效手段。

第五，再保险营销具有独特性。再保险的营销与原保险不同，再保险的安排中既有固定期限的合约，也有不固定期限的合约。在开放式合约下，原保险人与再保险人建立长期持续合作，通过经纪人的中介沟通之后，二者之间将长期依赖、互相合作。

一般而言，再保险人有比较固定的合作伙伴。诚然，这种长期合约的基础是彼此最大诚信。就中国目前保险市场而言，加强再保险经纪人体系的确立及保险诚信原则的强调对再保险市场的建立都是至关重要的。

第六，再保险技术要求的严格性。自“9·11”恐怖袭击之后，世界范围内的地震、洪水等其他自然灾害的损失也无以计数，这严重影响了保险业与再保险业的经营。再保险是对原保险人的风险进行二次分散，因此，科学合理地对巨灾及巨额风险进行预测并相应提出有效的防灾防损的建议措施是再保险人的一项职能，这种职能从根本上要求再保险具有很好的处理风险的技术水平。

根据国际发达再保险市场发展的经验，中国再保险市场的建设需要不断完善市场主体、市场中介、交易平台、再保险产品、承保技术、市场环境和监管环境等环节，这需要长期不断的努力，在“十一五”期间，再保险市场的建设重点应当集中在以下几个方面：

一、增加再保险主体数量，逐步形成多家并存、充分竞争的再保险市场

首先，要鼓励成立专业再保险公司，保险监管部门特别应在政策上扶植国内现有的在资金、技术、人才等方面已有实力的一些保险集团成立专业再保险公司。其次，鉴于目前世界各大再保公司均以直接或间接的方式参与了国内再保业务，可以鼓励引进外资再保险公司，学习其先进经营管理技术，加快国内再保险在管理和技术上与世界先进水平的接轨。再次，可以建立国内各保险企业间的横向分保关系。目前，国内各企业间的横向分保还是小规模的，不稳定的，需要加以完善，可以采取成数分保、溢额分保、互惠交换业务等方式，在更大范围内充分分散风险，并增加彼此的业务量，避免净保险费收入的减少，维持同业间公平合理的竞争秩序。

二、建立多层次的再保险交易体系

再保险交易方式主要有三种：一是通过互惠业务的交换；二是专业再保险公司与再保险分出公司直接进行业务联系；三是通过再保险经纪人来办理。分保互惠交换业务一方面可以减少保险人在国外建立分支机构的必要，从而降低经营成本；另一方面也分散了风险，提高了承保能力。由专业再保险公司与再保险分出公司直接进行业务联系，也即通过再保险公司雇员直接销售再保险。与再保险经纪人相比，其推销成本较为低廉，交易双方发生异议与纠纷时沟通更为及时方便。再保险经纪人作为交易中介是目前再保险交易中最为重要的一种形式，发达国家有一半以上的分保业务是通过再保险经纪人建立的。中国在发展再保险市场时，要鼓励这几种交易方式同时发展，建立多层次的交易体系，寻求最低的再保险交易成本。

三、完善再保险市场的监管体系

再保险是保险的保险，所以一般国家对于再保险的监管相对于原保险业务来说是比较宽松的。一方面，绝大多数发达国家已经大体确立了再保险自由转让的原则。原保险人和再保险人有自由选择合伙人及确定合同再保险关系的数额和内容的权利。再

保险合同双方在办理再保险业务、结算、汇款、资本投入时有最大限度的自由。但是另一方面，各国仍然作出了各种不同的限制性规定，要求国内外再保险人必须遵守。在美国，再保险公司受到和原保险公司完全一致的偿付能力监控，它们要向州监管部门提交月报和年报，接受政府和独立金融检察机构检查，缴纳许可费，而且必须遵守保险公司法和公司监管的有关法规；在英国，再保险被看作是保险业的一个部门，保险监管是一种包括核发许可证、财务监察及对再保险公司活动的日常监管在内的综合系统。这种制度按对直接保险公司规定的指标来对再保险人的财政稳定性进行监管。

根据中国加入世贸组织时的承诺，中国法定分保业务至2005年年底全部取消。但中国现行法律对商业分保却鲜有规定，仅在《保险法》中规定了再保险业务的原则以及自留额的限制。中国保监会2002年发布了《再保险公司设立规定》，对再保险公司的业务类型、营运资金标准和设立要求作出了规定。但是，中国的法律在对再保险组织的管理规定上则较为薄弱，没有任何法律、法规明确说明再保险公司是否应遵守保险公司的规定，也不存在对其偿付能力不足的处理规定，使再保险公司的经营活动缺乏有效的法律依据。

逐步健全和完善中国再保险业规章制度是加强监管的基础。在“十一五”期间，中国保监会应根据国内再保险的实际情况，并参考国际再保险的习惯做法，尽快制定相应规章制度，尽快完善监管法律体系，使执法者有法可依。内容可以涵盖市场准入条件、再保险机构组织形式、再保险机构注册资本、营运资金和保证金、再保机构的业务经营范围、再保机构资金运用范围以及再保业务自留比例等。监管重心主要在于确保再保险公司的偿付能力以及规范再保险市场的行为。逐步建立以适度竞争的再保险市场为导向、以商业再保险监管为主、符合国际惯例并体现中国特色的再保险监管体系。

四、加快培养专业型再保险人才

再保险市场发展的核心在于高素质、专业化的人才。从国际再保险市场的发展趋势来看，再保险业务的技术含量越来越高，再保险人才除了应具备保险知识之外，还要有更多的风险管理、工程技术、财会等多方面的知识，才能适应风险发展和再保险业务的需要。如瑞士再保险公司的责任保险管理部就设有一个专门研究刚出现不久或一直悬而未决的风险研究小组，小组成员遍布各海外分公司。研讨的项目包括电磁辐射（家用电器、手机）的潜在危害、遗传性海绵体脑部疾病（疯牛病，人类已有被感染的）、转基因食品、药品、室内空气污染（装修涂料、洗澡水蒸气引起肺部感染）、工作中的重复性动作造成肢体损伤、器官移植风险、与计算机有关的风险、饮用水质量问题、全球气候变暖所带来的危害、过量消费烟酒造成的不良后果、抗生素可能引发的风险、基因克隆的潜在危害、纳米技术的潜在风险、地铁风险、智能化物体所引起的风险、工作压力对人体的损害、废弃物的处理、大气污染（如飞机的噪音和空气污染）、新闻媒体的风险、私人空间的侵犯（如个人资料的盗用）、商业道德及信誉方面的风险以及几十年来一直困扰西方，特别是美国保险人的石棉索赔案等。而中国的再保险市场，在人才与技术方面的投入尤为不足。目前中国几乎没有自己的巨灾和巨额责任再保产品，有关巨灾的保险只占可保风险数额的3%左右，而其中的70%要靠国际再保险市场来消化。

在“十一五”期间，首先可以采取措施从外部引进先进的技术与管理，比如通过将国外著名再保险公司和经纪公司请进来，听它们介绍国外保险市场的动态，传授实务经验；其次，要加快人才使用制度改革，运用现代企业对人力资本的使用方法，用期权等方式把再保险专业人才与企业的利益联系起来，使之共进退；再次，要加强再保险职业教育水平，尽快培养再保险经营人才，实行国内培训与海外培训相结合，完善多层次、多形式的培训体系，逐步造就一支具有国际水准的再保险人才队伍。还有一条比较行之有效的办法是鼓励保险公司与科研部门或大专院校联手，互惠互利共同发展。如1999年4月，瑞士再保险公司与北京师范大学合作成立了中国第一个“自然灾害风险与保险研究中心”，以加强对中国自然灾害的系统研究，从而促进和推广保险技术在减灾中的应用。双方还共同收集了从12世纪至今的中国历史、地理及气候等各类数据，合作绘制了一张“中国巨型电子灾难地图”，这张地图将为中国的保险公司大胆涉足地震、洪水等巨灾保险市场提供有力的风险评估依据。

五、在上海建立国际再保险中心

在“十一五”期间，中国应该在上海开始建立国际再保险中心。再保险中心的建设不仅有利于中国再保险业密切同国际再保险界的联系，从而尽快缩小中国再保险业和国际再保险业的差距，而且有利于将上海建设成国际金融中心这一宏伟目标的早日实现。上海国际再保险中心的建设必须从实际出发，分阶段、按步骤地发展。“十一五”期间，上海应首先着手于无形交易中心的建设，领先日本、中国香港、新加坡等东亚交易中心；长期内再考虑建立再保险交易的有形场所。从市场需求来看，上海再保险中心首先要满足国内的再保险需求，再逐步吸引亚太地区以至全球的再保险需求；从市场供给来看，上海再保险中心短期内要鼓励国内原保险公司建立横向再保险体系。其次，培育与完善国内再保险市场主体，鼓励各保险公司优先在国内保险市场安排再保险。再次，以各种形式引入国际再保险公司，完善市场竞争机制。从再保险交易方式来看，上海再保险中心可以鼓励国内保险公司互惠交换业务的发展，利用现有资源建立直接的再保险业务联系，最后逐步完善再保险经纪人体系。

第五节　发展巨灾风险证券，有效分散风险，增强保险市场体系的稳定程度

随着全球范围内发生巨灾事件的频率不断上升，巨灾损失也越来越严重，由巨灾带来的保险赔付金额也日益庞大，使得仅依靠传统的保险和再保险方法来分担巨灾损失越来越捉襟见肘。而巨灾风险证券化通过运用各种创新性金融工具及其变换、组合，实现保险市场与资本市场的有机结合，利用资本市场的力量来分散巨灾风险，这成为解决保险和再保险公司承保能力不足的一条有效出路。中国是世界上自然灾害较为严重的国家之一，保险业面临着潜在的严重的巨灾风险压力，为此，在“十一五”期间，

必须加强对巨灾风险问题的研究，早日构筑起中国的巨灾风险防范体系，增强保险市场体系的稳定程度。

巨灾风险证券化的主要工具有：巨灾保险期货、巨灾保险期权、巨灾债券、巨灾互换、看跌巨灾股权、意外准备金期票等。根据发达保险市场的经验，巨灾风险证券化需要有高效、成熟的资本市场以及完善、明确的法律法规。由于受保险业发展水平低、资本市场不完善、法律法规不完备等因素的制约，全面发展巨灾风险证券化是不现实的，应该根据中国保险市场和资本市场的发展状况分阶段进行。

一、适应资本市场发展状况，首先发展巨灾风险债券

发展巨灾风险债券所要求具备的条件相对巨灾风险期权要低得多，只需要有一定发展水平的资本市场、较好的监管制度及一定数量的机构投资者和有关的服务机构，例如，债券评级机构、巨灾风险评估机构等，这些条件在“十一五”期间基本上就可以具备。

巨灾风险债券化可以从洪水风险债券化开始。洪灾是对中国危害程度很高的巨灾，每年中国都有很多地区受到洪灾侵害，但是商业保险很难解决这个问题，由于存在逆选择问题，保险公司不愿意承保。通过发行巨灾风险债券可以较好解决这个问题，保险公司可以针对具有洪灾发生情况相同、地理位置相近、业务类似等共同特点的巨灾风险发行巨灾债券。这样，合同期限内“触发条件”未发生，保险公司的巨灾风险暴露情况在计划之内，投资者便可以获得丰厚的回报；如果合同期限内“触发条件”发生了，保险公司可以用投资者的资金来对付索赔。

开展洪水风险债券化必须要注意确定三个问题：一是合理确定“触发条件”。“触发条件”是指发生什么样的巨灾风险或风险程度如何时，投资者的受益将发生变化(利息或本金的部分或全部不能收回)。确定合理的“触发条件”直接关系到债券化的成功运作和有效性。对于年年发生水灾的地方，可以将其“触发条件”定得高一些。二是合理确定债券期限，洪灾发生率低的债券期限可以长一些，洪灾发生率高、损失严重的债券期限应短一些。三是确定合理的回报率，债券回报率要和投资者承担的风险大小相匹配。回报率太高，保险公司蒙受损失，回报率太低，则难以吸引到投资者。

二、完善相关的法律法规，保证巨灾风险证券化健康发展

对于巨灾风险证券化的发展，相关法规的制定和明确是十分重要的。美国芝加哥交易所首次推出巨灾保险期货时，大部分州基本上都没有明确的法律规定，导致财产保险公司进行保险期货交易不受法律保护，市场参与积极性不高，加上产品本身存在的问题，最终不得不取消此项业务。吸取其经验教训，中国保险市场发展巨灾风险证券时，要做好充分的法律准备。由于巨灾风险证券化涉及的领域已经突破保险业，不能简单地适用于当前的保险业政策及法规，在“十一五”期间，应将保险业自身行业特点和资本市场特性相结合，对现有的政策法规作出相应的调整或补充。

三、实施“走出去”策略，在国际资本市场发行巨灾风险证券

中国对巨灾风险管理的需求越来越急迫，《防洪法》及《防震减灾法》都明确表示国家鼓励并扶持开展相关保险业务。然而，由于国内保险市场承保巨灾风险能力有限，资本市场制度又不完备，因而独立发展巨灾风险证券化还有一定的困难。在“十一五”期间，在不断建立和完善国内巨灾风险证券化所需条件的同时，可以采取“走出去”策略，在条件比较成熟的国际资本市场发行巨灾风险证券，利用国际资本市场筹集资金，分散风险。采取“走出去”策略，可以首先考虑在中国香港特别行政区资本市场上发行巨灾风险证券。虽然香港地区地理位置优越，历年来少有因天灾人祸所造成的巨大损失，且本地保险业面对巨灾风险能力不大，但香港地区资本市场发展完善，证券、债券、期货、期权交易制度成熟，并且法律监管架构健全，正为中国内地巨灾风险证券化提供了坚实的资本后盾与技术支援。

四、条件成熟后全面发展巨灾风险证券化

根据中国资本市场目前的发展水平和发展速度，10～15 年中国的资本市场就可以达到发达国家发展巨灾风险证券化时的成熟程度，届时中国全面发展巨灾风险证券化的条件成熟，可以借鉴它在发达市场的发展、完善过程以及其他国家引进的过程，全面构筑中国的巨灾风险防范体系。

第六节　深化保险企业改革，完善保险公司治理结构

随着中国最后一家国有独资保险公司——中华联合财产保险公司股份制改革的启动，国有保险公司股份制改革任务已经全面完成，但是要建立符合市场经济发展要求的现代保险企业，还必须完善公司治理结构。

公司治理结构实际上就是一种监督和制衡机制，通过制度安排来合理配置股东、董事会及经理层三个主体之间的责任和权力关系。自 20 世纪 80 年代以来，公司治理结构在实践中逐步形成了两种有代表性的治理模式：英美的市场监控型与德日的股东监控型。

英美等国的公司治理模式中，股东大会是公司最高领导机关，股东选举董事，董事会在公司治理中处于核心地位，拥有选择和任免公司高级管理人员、审批重大的投融资决策、监督公司高管人员等权力。采取这一治理结构模式的公司对公司高管人员的激励与约束机制通常与公司业绩挂钩，并有发达、完善的资本市场作为依托，由此履行市场监控的职能，比如通过股价的波动影响公司高管人员的收入等；活跃的经理人市场的存在也提供了对不称职经理层进行及时更换的可能。

在德日等国中，公司治理模式主要是以公司大股东的内部监控为主。股东大会是公司的最高领导机关，股东选举监事，监事会选举董事，董事会处于公司治理的核心地位。董事会与监事会共同构成双层的监督管理架构。在这一治理模式下，公司一般有主要的投资者，他们拥有公司显著的股份，管理层则要接受这些大投资者的直接监

督与控制，这些大投资者又往往进行交叉持股，掌握了公司的大部分利益，他们比较有激励动力和能力去积极收集信息以及监督、控制公司的经营管理层。

这两种治理模式在其发展过程中都存有不足，但也各有其优势。德日的公司治理模式在20世纪80年代因公司竞争力的提高受到推崇，90年代以来则因发生了一系列的损害股东利益的关联交易、内幕交易受到质疑，从而暴露出这种公司治理机制的不足：有关信息披露、内幕交易控制、小股东利益保护等方面的措施比较薄弱，而且资本市场与经理人市场的发展也滞后于英美等国。进入90年代之后，美国新经济的成功使英美国家的公司治理模式受到推崇，但这一情况持续到2002年，美国遭受安然、世通、环球电讯等公司丑闻后，这种公司治理机制的缺陷也引起关注：如何确保公司董事的尽责，独立董事与外部审计师客观公平作用如何体现，相关利益方的保护与诉讼机制如何健全等。目前，全世界范围内公司治理机制进入了一个通病诊断的时期，各个国家与地区以及国际性组织都在纷纷制定并颁布良好公司治理的准则与指引，并且不断完善本国的公司治理结构。

2003年5月，欧洲经济合作与发展组织保险委员会完成了保险公司治理指导意见第二稿的征求意见和修订工作，确立了以下几个基本原则：一是强调公平、尽责和透明的核心原则。保险公司自身经营的特点和审慎监管的要求，决定了保险公司除满足于一般公司治理结构的要求外，治理结构还应着重解决风险管理技术、合规经营、问责制、信托关系方的权利与职责、经营人员资格认定、补偿机制等问题。在保险公司治理结构框架下，透明度和披露以及董事会、利害关系人、精算师和审计师各自的作用，应当相互独立，以便更清楚地界定各自的功能和责任。二是确立了保险公司董事会、管理层和监督机构等公司治理机构的责任。三是明确了保险公司的首要目标和经营责任。保险公司治理结构和机制的建立，在安排上应当反映出保险业自身的特点，即保护保单持有人、受益人和股东的利益。保险公司有效的治理应当能够向公司董事会和经理层提供适当的激励机制，以体现符合被保险人和公司股东利益的公司经营目标。四是保单持有人应当有权通过监管机构或法院等法定的补偿机制获得迅速的补偿。同时，应当鼓励其他补偿渠道的建立，如公司内部争端解决机制、独立的仲裁机构等，这有利于增强公众对保险业的信心和维持保险市场的高效运作。

其他国家也逐步完善董事制度，确立了“董事会中心主义”的治理结构模式。从国家的立法和权威机构及公司的治理章程中，都肯定了董事会处于公司治理的核心地位原则，例如美国的《示范公司法》、德国的《股份法》、英国金融服务局制定的公司治理的行为准则等。为支持董事会中心主义，各国都不断建设与完善董事制度。董事制度是关于全体董事的一套选拔、管理、激励等方面的规范性要求。尽管不同国家与公司对董事制度有不同风格的条款与规定，但实质上都遵循了比较划一的标准与准则，即关于独立性、尽责标准、监督义务等方面的基础内容。从公司治理趋势来看，董事会结构会发生变革，以后越来越多的董事会将实行战略性招募，对于独立董事来说，其职责会有刚性的标准，内部董事数目逐渐减少，由专门独立董事充任的各种委员会功能日渐丰富并且会急剧增多，这在审计、任命、薪酬、评估等方面表现明显。从董事会功能来看，董事会将更深入地参与到董事的录用、评价、继任计划和其他关键性的治理程序中。董事会将获知更多的相关信息，并将在战略的评价、跟踪和实施方面发挥更积极的作用。

由公司治理结构发展过程来看，并不存在惟一最优方式，关键是随着市场与企业的变化与发展，对公司治理模式本身进行重新审视与调整。中国保险公司治理结构应当立足于中国国情，并充分吸收借鉴他人经验做法持续地进行借鉴与改善。在“十一五”期间，中国保险公司治理机构建设应当着重以下几个方面工作：

第一，引入多元化的投资主体，优化保险公司股权结构。公司治理结构与公司股权结构的状况密切相关，优化股权结构是完善公司治理结构的基础。发达保险市场中保险公司运作的实践表明，公司股权集中度与治理有效性之间的关系呈现倒U字形曲线，即股权过度集中和过度分散都不能实现有效治理。在“十五”期间，中国完成了国有独资保险公司改制任务，但仍存在着股权结构过分集中的状况。在“十一五”期间，需要适当分散股权，构建多元化的股权结构。具体来说，在保险控股集团公司的股权设计方面，可以引入国有机构的战略投资者，最好的选择是与保险业务密切相关的国有商业银行、国家邮政机构参股，使其股权实现以国有资产为主体的多元化。此外，可以在政策允许的范围内适当地吸引一些外资与民营资本参与投资。通过股权的转让和置换等措施形成少数几个利益相互独立的大股东的相互制衡，既保留了股权相对集中的好处，又能有效地限制大股东的掠夺行为，这既能保证国家对保险业这个重要产业的有效控制力，同时也可以有效保障其他股东的合法权益。

第二，完善保险公司董事会制度，建立董事会科学的决策体系。完善公司董事会制度是中国保险公司治理结构建设的关键之一。董事会制度的实施，其最重要的意义在于以组织决策代替个人决策，完善的董事会制度必定能提高决策的科学性，加快保险企业的健康发展。要完善董事会制度，首先要使董事会的构成多元化。根据国外对董事会构成规模与公司绩效的研究，相对大型的上市公司其董事会规模应维持在8～15人比较合适。为发挥董事会的战略功能及保护其他中小股东的利益，董事会的组成应该多元化，可以从社会中介机构挑选独立人士，如审计师、律师、大学教授等出任董事，更好地保护中小股东的利益。其次，要完善董事会的结构与决策程序，确保董事会对公司的战略性指导和对经理人员的有效监督。提升董事会绩效的措施应当集中在促进监督的程序上，比如举行只有外部董事出席的年会，定期评议公司经理和董事们的业绩，公开披露董事会及外部董事的报告等。再次，要建立专业委员会的决策运营机制。专业委员会可以加强董事会工作的专业性，从组织程序上保证董事会工作机制的顺利进行，从而实现科学决策的目的。因此，可以在董事会下面建立风险管理委员会、稽核委员会、薪酬和人事提名委员会等专业委员会，增强决策的科学性。

第三，明确和强化监事会职责，充分发挥监督职能。从保险公司运营实际来看，对监事会的相关职责的确定除了满足《公司法》规定外，还必须有明确的治理指引来规定，主要考虑：对保险公司董事会、高级管理层履行职责的情况进行监督，对其违反公司利益的行为进行纠正，对他们进行离任审计，检查、监督保险公司的财务活动，对保险公司的经营决策、风险管理和内部控制等进行审计并指导保险公司内部稽核部门的工作等。

第四，进一步建立和完善信息披露制度，加强股东对保险公司的监督。增加保险控股公司和集团公司业务经营的透明度，建立和完善公司的信息披露制度。具体来说，可以强制要求建立审计部或类似的部门；建立信息披露程序及披露标准，及时向股东大会公开或向独立董事报告；独立董事应定期向有关部门或派出机构递交公司经营的合规性督导报告，及时准确地披露与公司有关的任何重大问题。

第七节　完善保险市场退出机制

保险市场退出机制，主要是指运用保险市场体系组成要素之间的相互作用，推动无法继续生存下去的保险市场主体，以适当的方式退出保险市场体系的过程及规则。完善的市场退出机制是保险市场的必备条件，更是反映保险市场成熟程度的重要标志之一。一个成熟而规范的保险市场体系，必然是一个有进有出、优胜劣汰、动态调整、良性循环的市场体系，这样的市场体系健康完善并充满活力，能够实现有效运转和资源的最优配置，也更具有可持续发展能力。

自改革开放以来，中国尚无一家保险公司退出市场，保险市场只进不出的局面持续至今。但是，随着中国加入世贸组织，保险公司数量的增加、市场经营的国际化趋势、费率市场化的推进，以及保险经营与金融市场的联动效应，保险公司破产的概率将大大增加。中国《国民经济和社会发展第十个五年计划纲要》明确提出，要完善市场退出机制，积极疏通和逐步规范企业退出市场的通道。中国保监会主席吴定富也在2004年全国保险工作会议上明确指出，要在完善保险市场准入机制的同时，逐步建立和完善保险市场退出机制。随着中国加入世贸组织承诺的逐步兑现，中国保险业将在更大范围、更深层次上参与经济全球化过程，全球保险行业正面临较大挑战，市场动荡不安、竞争激烈、中国保险业承保率较低、资本缺少、在全球竞争中处于相对弱势，这对中国建立保险市场退出机制提出了迫切的要求。

一、制定科学系统的保险市场退出标准

根据中国《公司法》、《保险法》、《保险公司管理规定》等法律法规规定，中国保险公司的市场退出主要有解散、依法撤销和破产三种方式。但是这些法律并没有就市场退出标准进行具体规定。为此，要建立市场退出机制，就必须对退出标准进行细化和补充，制定科学系统的保险市场退出标准。其中，关于偿付能力的相关规定以及关于严重违法、违规行为的界定等问题应是考虑的重点。

二、制定稳妥的保险市场退出方式

保险业因其经营对象特殊、社会联系广泛而具有其他行业所不具备的强大的影响力。因此，保险公司的市场退出应当慎重实行。对经营出现问题的保险公司，应当立足整顿、合理救助，将收购、兼并和重组等市场退出方式作为当前的优先选择，以减少震动和处置成本。

三、完善保险保障基金的运作

成熟的保险市场上一般都成立了保险保障基金，一般通过对开展保险业务的保险公司收取当年纯保费一定比例（一般在 0.5% ~ 2%）作为资金来源，主要对偿付能力严重不足、有财务危机的尤其是临近破产的被援助对象予以援助和监控，并在援助对象倒闭时给保单持有人财务补偿。中国借鉴发达国家的先进经验，于 2004 年 12 月 29 日颁布了《保险保障基金管理办法》，并自 2005 年 1 月 1 日起施行。中国保险保障基金采取强制加入的形式，由所有经营保险的机构按照保费收入和经营业务种类共同缴纳；为保障基金的安全性、收益性和流动性，保险保障基金的资金运用限于银行存款、买卖政府债券和中国保监会规定的其他资金运用形式，在保险公司被撤销或者被宣告破产且其清算财产不足以偿付保单利益时，对保险合同的保单持有人在规定的范围内提供救济；通过建立保险保障基金，确保破产成本能够在社会承受能力的范围内得到化解，以便在保险人出现偿付能力危机时保护保单持有人的利益，将其损失降至最低。但是保险保障基金的具体运作方式和职能权限没有清晰规定，产、寿险保障基金是否分别建立并独立运作，是否实行差异化的保险保障基金计提标准，在《保险保障基金管理办法》中均没有涉及，因此，该制度还存在明显的缺陷。在“十一五”期间，中国要继续完善保险保障基金的运作，完善保障基金的结构设计、责任范围、资金管理及动用保障基金的条件等项内容，在提供对保险公司财务安全的激励与保险公司破产时保护投保人的利益之间找到更好的平衡。

保险市场体系是由市场的主体、客体以及由它们组成的子系统通过一定的运行机制复合而成。一个成熟的保险市场体系要求有成熟的市场主体与客体，要求有同步协调发展的市场子系统，还要求联系各个市场元素和子系统之间的市场运行机制顺畅。构建完善的保险市场体系，“十一五”期间的重点是进一步健全市场主体，使多元化的主体具有经营能力、诚信形象、竞争活力，使其产品和服务具有创新性、差异性和适应性，并与企业品牌相互融合与促进。同时，充分运用市场机制，调节并发挥各主要元素和各子系统的功能、作用与相互联系，促使它们协调运行。健全和完善各类保险法律、法规，提高保险监管的科学性，规范并促进保险市场的健康发展。保险市场体系的核心功能是风险防范与管理，积极培育再保险市场，发展巨灾风险证券，健全保险市场退出机制。以上这些重点措施的落实，将有利于保险市场体系的合理建设，对防范风险、化解风险，建设社会主义和谐社会作出重要的贡献。

我们深信，在“十一五”期间，通过这些重点措施的实施，中国的保险市场体系将会更加完善和成熟，运行更加顺畅，实现良性健康的发展。

商业保险在国家社会保障体系中的作用研究

复旦大学保险研究所课题组

课题组负责人：徐文虎　陈冬梅
课 题 组 成 员：陈冬梅　沈　婷　王　伟

第一章　商业保险在国家社会保障体系中的作用机理

第一节　国家社会保障体系概述

现代社会，公民获得保障的主要途径是通过政府组织的强制性社会保障或者参加企业团体福利计划、商业保险和个人储蓄，使其在年老、疾病、失业以及遇到其他不测的情况下，能够获得经济援助及有关服务。政府主办的社会保障属于强制性保障机制，而团体福利计划、商业保险和个人储蓄等形式则是企业和个人在政府相关政策支持下的自愿行为。各种保障机制共同构成中国国家社会保障体系。其共同目的是帮助公民化解风险和保证生活稳定，从而有助于维持整个社会政治经济的稳定。

具体来讲，中国国家社会保障体系按照各项保障机制的保障程度以及覆盖的范围可以分为三个层面：

第一层面是政府提供的最低层次的保障，包括社会保险和社会救济、社会福利、优抚安置、社区服务等方面，它的资金主要来源于税收和强制性缴费方式，并将其按照一定的标准向符合条件的保障对象发放。这属于社会产品的再分配，体现社会公平，但同时社会承受能力较低，保障对象收入替代率也较低，属于基础型社会保障。

第二层面的保障，就是在第一层面的基础上较高层次的保障。由保障对象所在企业和个人共同出资，采用团体福利计划的形式，由商业保险和社会保险机构等采取自愿和市场化运作模式，辅之以政府税收等优惠措施，实现保障水平和出资规模的相对应，以提高整个社会的保障程度和范围，促进社会的稳定和减轻政府负担。它兼顾效率和公平，属于成长型的社会保障。

第三层面的保障，是在前两个层面的基础上，满足社会比较富裕的人们对更为舒适生活的高层次社会需要，因此是属于高端的社会保障。这部分保障资金来源于个人出资购买商业保险公司的相应的保障产品和储蓄来满足，属于享受型的社会保障。

从国家社会保障体系的构成来看，商业保险不仅是国家社会保障体系的重要组成部分，提供众多的享受型保障产品选择；同时由于保险行业所具有的精算、风险管理以及资产运营和管理优势，可以为基础型社会保障提供技术和管理支持，是成长型社会保障倡导者和主要承担者，在国家社会保障体系建设中发挥更加重要的作用。

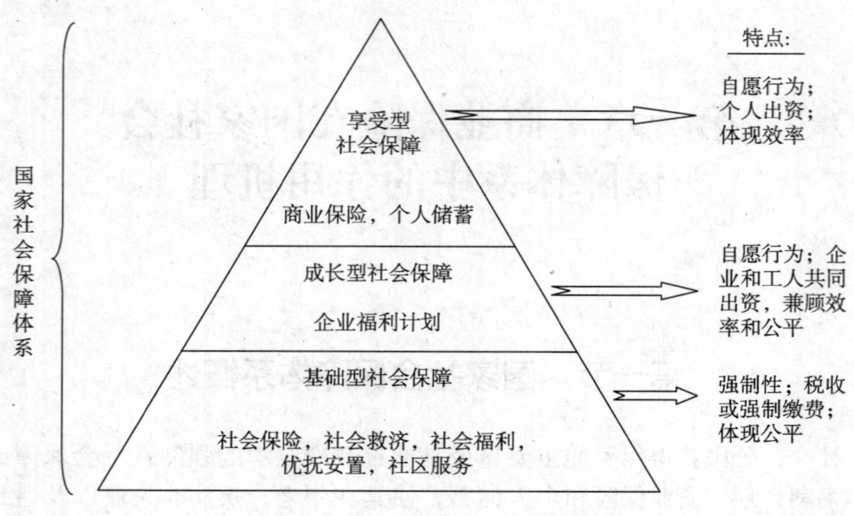

图 1－1　国家社会保障体系结构图

第二节　在社会保障体系建设中值得关注的问题

第一，政府是社会保障制度建立和推行的主体，并不意味着政府承担全部社会保障职责；通过引入平等的市场环境、有效政府监管与市场竞争机制，将有利于社会整体保障水平的提升，实现保障制度公平和效率的统一。

政府的作用和市场环境建设将成为国家社会保障体系建设中亟需解决的问题。不可否认，政府在社会保障建立和运作中发挥着重要作用，譬如现代社会保障制度是19世纪80年代德国俾斯麦政府首先确立的，并且国家提供的社会保障仍发挥着重要的作用。西欧等国家推行的“福利国家”政策带来了种种富贵病，包括本地工人的怠惰化、日益依靠外地劳工和非法移民、产业外移、政府的低效率和严重的财政负担等。同时，政府推行大规模社保缺乏有效的监管机制，也不能很好控制运作和投资中的风险，容易产生政府腐败、贪污等问题。

人们对个人利益最大化的追求，导致政府只能在较低的水平上向广大劳动者提供最低保障，而人们对较高层次保障需求只能依靠市场来解决。在社会保障制度改革发展过程中，“小政府，大市场”原则逐步得到人们认同。许多政府正逐步将应由市场做的事情转移给市场，以实现更高的效率，同时强化立法力度和监管职责。但这并不是说在社会保障体系建设中政府要完全退出。政府应该在社会福利、社会优抚以及社会救济等领域发挥主导作用，为广大劳动者提供“低水平、广覆盖”的社会基本保险，以实现公平原则。伴随着人们保障需求的增加，多层面的国家社会保障体系建设日益重要，这既是一项宏大的系统工程，也是一项长期的战略举措，应该由社会各方面的资源共同完成。但我们也要看到，市场经济主体是追求经济效益最大化的个体，而社会保障制度本身更加侧重社会效益，如何在实现社会保障公平和效率统一的基础上实现经济主体经济效益和社会效益的统一，最根本的是建立健全的法制环境和平等的市场环境，保证包括商业保险公司在内的各类机构能够与政府相关部门平等地参与市场竞争，在税收、补贴等方面获得相同的优惠，将更有利于社会保障市场的长期健康发展。

第二，国家社会保障体系中，不同层面社会保障具有不同的效率和公平的权衡；对具体项目来讲，不同保障项目具有不同的产品属性，由此决定了具体运行机制的选择。

从国家社会保障体系构成来看，三个层面的社会保障呈现金字塔形。从最下面的基础型社会保障，到中间层次的成长型社会保障，到顶部享受型社会保障制度，呈现出覆盖面逐步减少，保障程度逐步提高的趋势。基础型社会保障通过国民收入再分配为全体公民提供最基本保障，依靠政府立法强制推行且无参加条件限制，体现社会公平，具有公共产品的性质；成长型社会保障将保障范围缩小到企业或行业层面，兼顾效率和公平；而享受型社会保障则是个人出资，完全体现效率，从本质上属于私人产品。因此，不同层面的社会保障机制适宜采用不同的运行机制。由于基础型社会保障很大程度上属于国民收入再分配，应由政府在法律约束下强制实行；而成长型和享受型社会保障机制是企业和个人自愿行为的选择，更加注重效率的提高，市场化运作则是最佳的选择，为社会提供多种方式的产品选择。

第三，社会保险和商业保险相互结合、分工合作，共同提高劳动者的保障水平和保障制度运行效率。

商业保险和社会保险是国家社会保障体系中的主要内容。由于商业保险和社会保险在经营目的上的不同，造成两者在保障对象、权利义务关系、资金来源、实施方式等方面存在差异。但相比较而言，社会保险和商业保险存在更多的共同点。它们同属于广义保险范畴，是由多数社会成员根据合理分摊风险和灾害损失的原则建立后备基金，用于对少数遭遇灾害事故并造成经济损失的成员给予适当的经济补偿，以保障社会生产正常进行和社会成员生活安定，并最终实现社会稳定和经济繁荣的一种互助型社会经济形式；从历史来看，社会保险制度是在商业保险已有较大发展的基础上产生的。虽然社会救济历史悠久，但社会保险制度的诞生要比人寿保险晚了近300年；从经营技术角度看，保险基本原理和规则，如大数法则和平均数法则，被广泛运用到社会和商业保险领域；在基本运营机制上，两者都是通过筹集参保对象的保险基金或提取责任保险资金加以有效运作，实现保值增值，从而更有效地保障被保险人的利益；同时，商业保险和社会保障作为风险管理工具，能为广大劳动者提供多种类、多层次的保障。

社会保障和商业保险相结合，可以实现劳动者保障水平的提升。政府实施的社会基本保障由于受到经济实力的限制，只能争取为全部劳动者提供最低生活水平的保障。与此同时，商业保险在盈利性的前提下，可以创造出更多满足人民需要的保障性产品。公民可以在基本保障基础上，根据自身情况购买保障性产品，满足自己对高素质生活的追求，实现个人保障水平的提升。

第三节　从国外社会保障建设实践看商业保险的重要作用

国外社会保障体系发展实践表明，商业保险和其他社会保障制度，特别是与社会保险之间呈现一种互制互动、相互促进的关系，并随着社会政治、经济状况的变化表现出不同的组合形态。近年来，随着人口出生率的下降和人均寿命的提高，各国原有的社会保障制度相继出现一些问题，例如，社会保障支出过重、高福利带来了低生产效率、现收现付制长期不可持续等。为此，各国纷纷进行社会保障制度改革，建立多层面的社会保障体系，政府侧重提供低水平的基础型社会保障，体现公平；而在成长型和享受型保障领域则积极引入市场机制和商业化运作，提高运行效率。商业保险与其他社会保障制度相互渗透和融合日益加深。具体主要体现在：

第一，商业保险公司承担起部分国家某些基础型社会保障产品经营和管理职责。随着商业保险公司自身规模的扩大和产品开发能力的增强，商业保险能够根据社会需求开发出适应不同层次社会公众需求的各个层面社会保障产品。特别是在社会基本保障方面，国外商业保险积极地参与到社会基本保障的运作之中，提供精算、风险控制等技术性服务，甚至成为部分基础型保障产品的提供商和经营者。譬如，智利保险公司成立专门13家养老金管理公司，负责养老保险基金的收缴、投资运营和保值以及养老金的发放；在美国，有22个州的工伤保险完全由保险公司经营，另外有23个州的工伤保险可以由保险公司和州政府进行竞争经营；在新加坡、中国香港、葡萄牙、摩洛哥等国家和地区，通过保险公司提供强制性雇主责任保险建立工伤保险制度；瑞典的工人自愿性失业保险则由工会和商业保险公司负责管理。

第二，商业保险是成长型保障产品的创导者和市场重要参与者，并能够提供多样的配套服务。由于商业保险在保险精算、资产运用、缴费记录管理等方面所具有的专长，以及服务网点多、产品推广和配套服务日益完善，商业保险公司在企业团体福利领域具有明显优势。从历史来看，企业补充养老保险计划最初一般是由人寿保险公司提供全过程服务，例如，美国的职业年金计划以及日本的企业养老金制度都是由商业保险机构首先承办，随后为其他金融机构所学习和模仿的。目前，商业保险仍在企业年金计划中占据重要地位，[①] 并能为参加者提供形式多样、及时具体的配套服务。譬如美国纽约人寿保险公司是美国担保养老服务的最大提供者，为公司客户提供包括以其自身资产担保的养老保险产品、委托/相互基金养老服务等多样保险产品；同时，它还向美国、中东、非洲和日本等地提供国内/国际股票、债券的投资组合设计和管理服务；向工人宣传介绍养老计划、帮助个人和企业记录养老资产组合变动以及通过成本估计和计划设计来精确地预计未来养老负债水平并提供相应的养老资产管理服务。

第三，商业保险能够有效管理各类社会保障资金，实现资金保值增值。商业保险是集风险控制和投资管理技能的专业化机构。一方面，商业保险公司利用风险管理技术对风险进行分散、转化，最大限度地保障社会公众的利益；另一方面，保险公司尤

① 在美国，由人寿保险公司承担的职业养老保险计划，其资产规模占到美国职业养老计划总资产的1/4。

其是寿险公司由于其产品特征、资产结构、稳健持续经营、对长期资本投资管理的丰富经验等优势，可以对各类社会保障资金进行合理高效的资金运用，实现其保值增值，非常适合承担保障资金管理人的角色。例如，美国许多著名的保险公司，如美国国际管理集团、大都会人寿保险公司、普天寿险公司等，都是公立养老保险计划和企业年金的主要基金管理人。[①]实践证明，由保险公司或基金管理公司等私营机构管理基本养老保险基金，其运作效率比政府或公营机构有较大幅度提高，实现了基金的安全性和较高的投资收益。

第四，商业保险提供了多样化的保障产品，有助于提升社会保障程度和效率，减轻政府社会保障支出和维持保障机制的平稳运行。随着经济发展和人们收入的增长，社会成员对退休后生活水平的要求不断提高，但社会基本保障标准较低，难以满足社会的需求。商业保险具有品种丰富、经营灵活的特点，可以满足多样化、多层次的社会保障需求。如在养老保险领域，保险公司可以提供包括固定年金、变额年金、开放式养老金账户在内的多种养老金产品。在医疗保障方面，商业健康保险也处于非常重要的地位。在美国，由商业健康保险提供保障的人群占全国总人口的60%以上，其医疗费用支出超过全国医疗费用总支出的50%；在法国，80%以上的家庭拥有由商业保险公司等机构提供的健康保险计划。

商业保险公司参与社会保障建设可以大大减轻政府在社会基本保障财政支付方面的负担。据经济合作发展组织（OECD）对10个成员国的研究发现，政府在社会保障方面的支出和寿险保费之间存在反比关系。也就是说，个人购买商业寿险可在一定程度上替代政府在社会保障方面提供的福利，减轻国家社会保障支出压力。

社会保障机制具有强制性，而商业保险具有选择性。通过商业保险实现社会保障机制的平稳衔接，能明显地提升参保者的福利水平。比如，新加坡、智利等实行个人账户国家，参保职工达到退休年龄后，可对其公积金账户或个人账户部分或全部进行自由支配。商业保险公司提供的养老金保险产品，如新加坡大东方人寿保险公司的“公积金终身养老金保险”就是政府强制保障的替代选择。相比而言，商业保险公司由于在保险基金的营运上往往较政府机构更加灵活有效，可以提供更高的收益水平，[②]从而提升参保者的保障水平。

第四节　中国商业保险参与社会保障体系建设的历史回顾

在中国，商业保险参与社会保障体系建设开始于20世纪80年代初。历史证明，中国保险业已经承担并且有能力承担部分社会保障制度的职责，利用其高效的市场化运作，提高社会保障体系整体效率，并得到政府和人民的肯定和认可。

第一，改革开放初期，商业保险机构承担了社会保障部分职能，弥补了中国社会

① 作为美国最大的401（k）计划经营者的信安保险集团，拥有个人和团体客户超过1 000万。普天寿险公司负责经营的企业退休金规模达到3 148亿美元。

② 据统计，新加坡商业保险公司为储蓄性保险提供7%左右的年利率，而公积金局设定年利率仅为4%左右。

保障体系中的漏洞，并为现行社会保障体系建设作出了特殊贡献。计划经济体制下只有劳动保险，没有社会保障。改革开放初期，由于社会保险事业尚未恢复，商业保险开办了各种包含社会保险性质的险种，承担了大量的社会保险职能，完成了很多国家交办的社会保险的任务。如商业保险与财政部、民政部曾经联合举办了黄河非工程险洪水保险计划，增强黄河河泛区人民抵御洪水的能力；1985 年，中央财经领导小组正式决定由中国人民保险公司经办城镇集体企业养老金保险；1984 年、1986 年和 1987 年，上海市人民政府和上海市人大常委会先后发布政府规章和地方性法规，明确规定由商业保险公司承办中外合资企业中中方职工的养老保险，并对制度的建立、保险费的筹集、保险待遇、保险金的发放等事项作了详细规定。同时，中国的商业保险公司还代表国家出席有关社会保险的国际会议，代表国家参加有关社会保险的国际组织，并积极组织有关研讨会、培训班，加强保障理论研究，培养社会保障方面的各类人才。

第二，中国政府在实践中逐步肯定了商业保险在社会保障体系中的重要地位。1993 年，十四届三中全会《关于建立社会主义市场经济体制若干问题的决定》确定了建立多层次社会保障体系的战略方针，并明确提出将发展商业性保险业务作为社会保险的补充，这标志着商业保险业被正式纳入中国社会保障体系的整体建设进程之中。此后，国务院相继发布了《关于建立统一的企业职工基本养老保险制度的决定》、《关于建立城镇职工基本医疗保险制度的决定》和《关于印发完善城镇社会保障体系试点方案的通知》等一系列养老和医疗保险制度改革的重要文件，中国多支柱的社会保障体系框架初步确立。2003 年，党的十六届三中全会《关于完善社会主义市场经济体制的决定》明确提出，“加快建设与经济发展水平相适应的社会保障体系”，“鼓励有条件的企业建立补充保险，积极发展商业养老、医疗保险”，确立了保险业在构建中国社会保障体系中的重要地位，并被列入中国宪法修正案。

第三，中国保险业非常重视并积极参与社会保障体系建设和开展相应的理论研究，推出一系列深受人民群众欢迎的保障性产品。随着中国市场的进一步开放和相关政策的出台，商业保险参与社会保障运作的外部环境日益宽松，商业保险机构参与社会保障体系建设的步伐加快。瑞典斯堪的亚公共保险公司、中国人民健康保险股份有限公司、太平养老保险股份有限公司以及中国平安养老保险公司等专业性公司的获准设立或者通过审批，将进一步完善中国保险市场体系。近期《关于加快健康保险发展的指导意见》、《企业年金基金管理试行办法》以及《关于企业年金基金证券投资有关问题的通知》等政策文件的相继出台，更有利于商业保险参与社会保障管理和经营。同时，各商业保险公司也积极参与社会保障体制改革试点工作。如辽宁省将社会保障部门经办的企业年金业务逐步交给太平人寿保险公司管理。此外，一些保险公司还参与了天津、厦门等地的补充医疗保险试点。目前，中国有各类养老保险产品 110 多个，健康保险产品 300 多个；2003 年，商业性养老保险业务保费收入 430 亿元，健康险保费收入 240 亿元。

第二章　商业保险在国家社会保障体系中的作用、功能与定位

中国商业保险的历史和国际发展经验都告诉我们，商业保险可以承担社会保障职能，在建立多层次国家社会保障体系时，必须充分发挥商业保险的作用。

第一节　商业保险能为第一层面社会保障体系提供相关的技术支持

第一，提供精算技术。商业保险公司的精算力量能为社会基本保障计算出精确的缴款额，力争以最低的成本达到社会基本保障设定的水平。

第二，提供商业化运作经验。在基本养老方面，国外很多的保险公司都是公立养老保险的主要基金管理人；在基本医疗保险方面，美国的保险公司承保了很多州的工伤保险，新加坡等国通过商业保险公司提供强制保险。

第三，实现与社会保险的对接。商业保险可以为社会养老保险基金提供账户管理、养老金发放，或者职工在退休时，可将个人账户中的积累全部或部分取出向人寿保险公司购买终身年金保险。

第二节　商业保险能在第二层面社会保障体系中发挥主导作用

随着世界性老龄人口的快速增长，人类寿命的不断延长，国家基本保障基金日渐入不敷出，世界各国都越来越重视以养老保险为主的社会保障体系的改革和完善，商业保险在其中起到了主要作用。在美国私人养老金市场，商业保险份额占据了40%的比例；在澳大利亚养老金市场，商业保险份额占到30%。

一、商业保险公司可以在企业年金管理中发挥主导作用

与寿险产品相比，企业年金与寿险年金产品有相通之处，区别就在于企业年金可以享受国家税收优惠，而寿险年金产品没有税收优惠。但是，相同的产品设计、管理机理以及保险公司所拥有的寿险年金产品管理经验使保险公司与其他从事企业年金产品的金融机构相比，更具有不可比拟的优势。

首先，保险行业拥有其他从事企业年金管理机构所没有的核心竞争力。保险业在中国保监会的领导下，得到监管部门有力的政策支持。中国新版“生命表”即将推出，

为保险公司设计企业年金产品提供了宝贵的数理信息，是设计、策划优质企业年金计划必不可少的基础工具，也为保险业制定优越于其他金融部门企业年金计划奠定了基础。

其次，保险公司有能力设计不同品种的企业年金产品来满足不同需求。中国经济金融市场条件、社保制度正处于转轨时期的特定国情以及各市场企业员工年龄结构差异等，都要求中国企业年金产品要具有多样性。这表现在：

（一）保险公司拥有DB计划所要求的强大精算能力

DB（Defined Benefit）计划是通过精算调整缴费额来实现预先约定退休金数额或退休金计算公式的退休金计划。DB计划更符合年龄较大、积累时间较短、个人账户积累金不太多的职工；同时，DB计划对金融市场的要求相对低一些。从1921年美国大都会寿险公司签发第一份年金合同，保险公司开始进入企业年金领域，保险公司在DB计划方面因其稳健性和强大的精算能力具有了不可替代的优势，而正因为DB计划的大力推广也促使了美国养老金市场的发展，并推动了其资本和金融市场的发展，从而也为DC计划的兴起创造了条件，因此，也可以说，DB计划是养老市场中不可逾越的一个选择。美国从20世纪20年代开始推行DB计划，直到20世纪90年代DC计划才开始盛行，同时，目前DB计划在美国仍然是养老体系中的主力军。截至2000年年底，据美国有关部门统计，美国全部企业年金计划的资产已达到8.3万亿美元，DB计划总资产仍高达4.97万亿美元，而DC计划资产为3.25万亿美元。当前，中国年龄较大的职工积累少，养老体系正处于新旧交替中，金融市场也未成熟，系统性风险很大，在“十一五”期间这些问题也不可能全盘解决，因此，DB计划同样是中国发展企业年金不可跳越而且是应该重点发展的产品。而由于商业保险公司在DB计划上的不可替代的优势，商业保险公司势必在中国企业年金DB计划发展中进而在年金基金发展中发挥首要作用。至于该计划由雇主承担的较大风险，也可以通过保险公司创新DB计划来探索化解。比如，在预定的雇主供款额波动的一定范围内由雇主承担，范围外由雇员自身承担或调整预先设定的退休金数额，这些都离不开保险公司精算力量的运用。

（二）保险公司也能提供DC计划的企业年金产品

DC（Defined Contribution）计划的保障金额主要根据个人账户中基金积累的规模和基金投资效益，在职工退休时据以发放养老金。这个计划主要由雇员承担风险，同时，对金融市场要求较高，最终发放的养老金水平可能高于预计的水平也可能低于预计的水平，也就是说，雇员的退休金水平是根据领取养老金时个人账户中的积累和投资收益来决定的，这个计划对年轻或风险偏好者较适用。美国的DC计划伴随着股票市场的繁荣而兴盛于20世纪90年代，并且得到了快速发展，虽然近年来股票市场回落，但DC计划仍然是企业年金主要的发展趋势之一。预计在“十一五”期间，由于企业年金计划和资本市场的相互推动，中国的金融市场的情况会有所改善，DC计划也会逐渐成为中国年金基金主要的形式之一。中国保险公司多年来积累起来的资产投资管理经验同样可以在DC计划的发展中发挥很大的作用。

表 2-1　DB 计划和 DC 计划

	DB（Defined Benefit）收益确定型	DC（Defined Contribution）缴费确定型
收益	确定 通过精算调整缴费额来实现预先约定退休金数额或退休金计算公式	不确定 根据个人账户中基金积累的规模和基金投资效益，在职工退休时据以发放养老金
缴费额	不完全确定	确定
适应对象	都适合 对年龄较大、积累时间较短、个人账户积累金不多的职工	对年轻或风险偏好者更适用
对市场要求	对金融市场要求相对较低，可以依靠精算通过调整缴费额来达到预期的收益目标	对金融市场尤其资本市场的要求较高；成熟的资本市场是其存在的客观基础
对现阶段我国的适应性	建议成为中国现阶段年金基金发展的首要发展计划，以应对中国金融市场不成熟、系统性风险较大的现状	随着 20 世纪 90 年代国外资本市场兴旺而兴起的，也是国际上年金计划的主要发展趋势之一；中国可以也应该逐步发展
商业保险可以发挥的作用	除享受税收优惠外，与寿险产品相同；商业保险在此类计划上具有不可比拟的优势	长期的资产负债匹配和管理经验使商业保险已逐渐具备开展此项计划的能力

（三）保险公司还能提供混合型年金计划

即通过精算设计一个基本退休金给付，在此基本保障之上的保障水平则由个人积累额和投资权益而定。在美国，这种混合型年金产品是年金发展的新方向，如混合型的 GIC、担保投资合同等。保险公司设计的此类年金产品可以保证其拥有灵活性和便携性。个人账户应该可以随人走，基本给付额则可通过保险公司丰富的寿险产品来协调。“十一五”期间，中国商业保险公司可以在发展 DB、DC 计划的基础上创新出更多满足不同需求的混合型年金产品。

（四）保险行业拥有成熟专业的监管机构对企业年金产品进行监督、管理

保监会的监管技术、监管水平和能力已日益得到肯定，对寿险年金产品监管的经验也逐步完善。保监会即将出台的《养老保险管理暂行办法》对养老保险准备金的提取、资本金大小、监管、营销资格的认证准则等都有明确、严格的规定，为靠政策推动、安全性要求高的企业年金又增加了一道保护层。

（五）保险公司独具的强大营销力量可以推动企业年金基金的扩展

在有资格参与企业年金的金融机构中，保险公司拥有的营销队伍最大，这一强有力的优势是保险业独有的。销售能力是衡量金融机构发展企业年金业务竞争力的重要指标，它直接影响资产管理的规模。从国际经验看，强大的销售力量是保险公司在发展企业年金方面最明显的优势。从智利、巴西等国家发展企业年金的经验看，销售费用在养老金管理开支中占的比例很高，节约销售费用就可节约年金基金的管理费用，而管理费用的高低决定年金基金的竞争力。保险业经过十多年的培养积累才拥有目前

的规模，其他金融机构在这方面无法与保险公司相比，从而使保险公司在销售企业年金基金时具有了超然和独特的地位。

（六）保险公司所具有的资产负债匹配和投资盈利能力能有效化解企业年金产品管理长期性的风险

企业年金的目的是用于受益人的养老，企业年金产品管理期长，一般都有二三十年的投资期，只有科学配比年金基金的资产与负债才能有效规避资产风险，保证资金的流动性和给付能力。寿险产品与企业年金产品有相似之处，大都也是在二三十年后受益人才开始领取保险金，所以也培养了保险公司对资产与负债匹配管理的能力。同时，企业年金基金作为广大人民群众的养老养命钱，只有很低的风险承受能力，所以，对于企业年金首先要考虑的是基金的安全性和流动性，在此基础上，实现基金资产的长期、稳定和适度增值。这也与商业人寿保险基金的特点一样，商业人寿保险公司的“审慎”投资原则与企业年金基金管理的“谨慎人”原则相符。契约型年金产品的优势由此也凸显出来。因为相比较信托型企业年金产品而言，契约型年金产品得到更全面和更专业的管理和监督，对年金基金所有人的利益更有保障。所以，由商业保险公司管理企业年金基金在基金的保值、增值和资金风险控制方面有着自身固有的优势。

（七）保险公司可以多角色、多功能地参与到企业年金基金管理中

以美国、英国、中国香港特别行政区为代表，遵循英美法规定，对企业年金实行受托人管理制度。商业保险公司可通过出资成立养老金管理公司成为企业年金的受托人，经营管理企业年金资产；可以担任账户管理人，为企业年金提供信息记录、政策咨询和账户查询服务等。近年来，保险公司对不少产品已具有专业管理和服务的经验和流程，从而增强了保险公司具备作为企业年金账户管理人的优势。在“十一五”期间，保险公司还可以成立中介服务机构——精算咨询公司、营销部等，以多种角色参与到企业年金基金管理中。世界上很多国家都强制要求养老金资产年金化，也就是不允许资产管理人将养老金一次支付给退休者，而须由保险公司按年金方式来向退休人员支付养老金。在这些国家里，保险公司成为年金资产的发放人。这是因为保险公司可以为年金基金管理提供多种服务，包括：提供年金设计、风险评估、计划设立、帮助企业和个人记录养老资产组合的变动、通过成本估计和计划设计来精确地预计将来的养老负债并提供与其相应的养老资产、有效投资获取投资收益、企业年金推广、年金发放等。

（八）商业保险公司可以为企业年金管理提供风险再分散的渠道

在美国市场上主要有三种养老服务，其中之一是有担保的养老产品。纽约人寿资产管理部管理着约230亿美元的资产，年销售额38亿美元，是美国担保养老服务的最大提供者，其形式有以公司总账户资金来担保，也有对独立账户中的资产提供一个最低收益担保。在加拿大也有分1～5年不等的担保基金。这些担保养老服务都是为规避养老金风险而设立的。中国《企业年金基金管理试行办法》也对规避企业年金风险作了规定，其第五十八条规定：“投资管理人从当期收取的管理费中，提取20%作为企业年金基金投资管理风险准备金，专项用于弥补企业年金基金投资亏损。”这些说明企业年金投资管理风险存在再分散的政策要求，并由此引发相应的市场需求。商业保险作为风险管理专家，可以通过聚集大量同质风险单位，经过再保险安排，为企业年金基

金运作的安全性再增添一道屏障。

综上所述，保险业拥有开展企业年金管理的核心竞争力和强大独到的优势，从国际成熟市场看，保险公司也是企业年金基金的主要供应商，而中国保险业已具有成为企业年金基金主要提供者和推动者的条件。日前，沈阳市劳动和社会保障局已将约2 000万元的年金账户移交给太平养老保险股份有限公司；大连市与该公司的企业年金协议移交的合同也即将签署，涉及金额达2亿多元；辽宁省社会保险事业管理局将管理的1 800多万元的企业年金资产委托给太平养老保险股份有限公司管理，该司还拟订了辽宁省直属企业的企业年金计划转移衔接方案。

截至2003年年底，中国建立企业年金计划的企业有2万多家，近700万人参加了企业年金计划，积累资金规模在500亿元左右；从企业年金市场发展看，预计在企业年金市场全面推开后，每年的新增规模在800亿～1 000亿元，10年后将达到10 000亿元。面对巨大的企业年金市场，保险公司必须制定完备的应对措施来保证保险业在企业年金市场的竞争力。在争取公平政策待遇、宣传推动参与企业年金的理念转变、促进相关法制建设、依法依规则行事、体制改革等方面都需要探索和努力。

二、健全商业健康保险，提高我国人民医疗保障福利

当今社会生活节奏和压力越来越大，患病率不断上升，慢性非感染性重大疾病比重增加，而治疗手段在提高，医疗费用也随之大幅增长。随着中国医疗保障制度改革的不断深化，政府对医疗保障的承担程度逐步降低，人们自身负担的医疗费用的压力越来越沉重。参加基本医疗保险的病人，个人负担医疗费的平均比例是32%，像癌症的治疗费用，个人一般要负担一半左右。在欧美国家，由商业健康保险提供保障的人群占全国总人口的60%以上，其医疗费用支出超过全国医疗费用总支出的50%，这说明，商业健康保险在医疗服务补偿方面的作用是非常大的。目前，中国已开发出住院保险、重大疾病保险、意外伤害医疗保险、手术保险、综合医疗保险等险种，但还远远不能满足市场需求。保监会吴定富主席在“保险业参与构建社保体系基本思路”的讲话中指出，三个重点领域之一的就是农村保险领域。商业保险要为农民和农村的社会保障填补空白，探索建立农村新型养老医疗保障体系。所以，在“十一五”期间，商业保险应该在医疗保障领域发挥更大的作用，以促进中国商业健康保险市场的变革。

（一）我国医疗体制改革给商业健康保险留下了巨大的市场空间

1. 现有医疗保障覆盖面偏小，需要商业健康保险的广泛参与

就目前而言，中国所推行的医疗保险制度虽以“低水平、广覆盖”为主要特征，但实际上，其覆盖的层面只局限于城镇在岗职工和乡镇企业职工。据估计，约有76%以上的全国人口没有参加任何医疗保险，特别是占据人口7成以上的广大农民，被排除在国家基本医疗保障制度之外，为此，2002年10月，全国农村卫生工作会议提出建立以大病统筹为主的新型农村合作医疗制度，实行农民个人交费、集体扶持和政府资助相结合的筹资机制，支持广大农民以各种形式获得基本医疗保障，鼓励农民参加商业健康保险。广大农民再加上部分被划分在社会医疗保障范围之外的城镇居民和其他人群，都需要通过商业健康保险来解决对医疗保障的需求。据测算，城镇补充医疗和

农民基本医疗的保费潜力高达千亿元人民币。

2. 现有医疗保障程度低，需要商业健康保险的有力补充

国务院《关于建立城镇职工基本医疗保险制度的决定》（以下简称《决定》）中规定，社会医疗保险统筹基金的起付标准原则上控制在当地职工年平均工资的10%左右，最高支付限额原则控制在当地职工年平均工资的4倍左右。起付标准以下的医疗费用从个人账户上支付或由个人支付。起付标准以上，最高限额以下的医疗费用主要从统筹基金中支付，个人也要负担一定比例。可见，因为这个体制没有财政兜底，即便包含在医保体制内的人员也只能享受到基本医疗服务，对个人支付段大病、重病的医疗需求就得不到满足，仍然需要商业健康保险的补充保障。

3. 我国居民对商业健康保险需求日趋旺盛

随着中国医保体制改革的逐渐深化，中国居民医保意识也在逐步改变。过去生、老、病、死都依靠在国家身上的观念已有了根本性的转变。同时，随着医疗手段、医疗水平和技术的不断提高，医疗费用也呈持续上升态势。据统计，1982~1996年，中国医疗费用年均增长24%，大于GDP的增长水平，而且这个趋势还在持续，人们寻求基本医疗保障以外的高质量、多层次的健康保障的意识越来越强烈。根据对中国50个主要城市调查的结果显示，有超过76%的受访者表示将在未来3年内购买商业健康保险，这表明中国城镇居民已具备了追求温饱之外的更高层次的人身健康的心理需求。

4. 我国居民对商业健康保险有支付能力的有效需求增强

随着中国国民经济持续发展，中国国民生产总值有了很大的提高。1978~2002年，中国国内生产总值增长了27.3倍，居民收入也得到了成倍的增长，同期农村居民人均收入增长了17.5倍，城镇居民人均可支配收入增长了21.4倍。不仅城镇居民，而且农村居民特别是长三角、珠三角等经济比较发达地区农村，收入水平较高的农民对商业健康保险的购买力也得到提高，而这一势头在经济持续发展的"十一五"期间将得到进一步增强。

5. 发展我国城镇居民商业健康保险具有国家税收政策的支持

国务院在《决定》中规定："超过最高支付限额的医疗费用可以通过商业性医疗保险等途径解决"；还规定，为了保持一些特定行业职工现有的医疗消费水平，在参加基本医疗保险的基础上，允许有条件的企业建立职工补充医疗保险，保险费在职工工资总额4%以内部分从应付福利费中列支，应付福利费不足部分作为劳动保险费直接列入成本（费用）。这些政策成为"十一五"期间商业健康保险大力发展的政策支持因素。

（二）我国商业健康保险发展存在的一些障碍

1. 我国商业健康保险投保率偏低，对医疗保障所起的作用偏小

虽然存在巨大的市场潜力，但中国商业健康保险的发展仍然很不充分，这可从健康保险的保险密度和保险深度反映出来。2002年，中国商业健康保险保费收入为121.55亿元，人均健康保费支出约为9.38元，不到同期全国平均保险密度237.6元的5%；健康保险费总收入占GDP的比重只有0.116%，与同期美国市场（13%~14%）和德国、澳大利亚市场(8%~9%)以及日本、英国市场（6%~7%）等相比，差距何其巨大。

2. 我国商业健康保险险种单一，不能满足市场的实际需求

国际保险市场主要有四大类健康保险产品，分别为医疗费用给付类、失能收入损失补偿类、长期护理保障类和疾病给付类。但当前，中国健康保险市场上的健康险产品主要为重大疾病保险，住院保险大多也是主险的附加险，对有很大市场需求的医疗门诊费用保险，保险公司大都裹足不前。同时，现有的健康险产品条款内容大多雷同，没有个性，不能满足各具特色保户的不同需求。单一雷同的健康险险种相对中国广大又具多样性的市场显得势单力薄，很难大有作为。

3. 我国商业健康保险服务理念淡薄，不利于健康保险市场壮大

在美国，商业健康保险公司得以发展的关键是为保险人提供包括保险服务和医疗服务在内的全方位服务。美国保险公司通过健康维持（Health Maintain Organization）等组织，对被保险人提供包括预防、咨询、介绍医生和医院、结算费用等一系列医疗服务，安排病人到最近的、条件最适宜的医生处或医院就诊。可以说，目前中国商业健康保险产品的提供者尚缺乏这种服务意识，类似服务的提供几乎是空白。随着商业健康保险对外资保险公司的开放，在“十一五”期间，这种状况应有所改变。

三、推行团体福利计划，丰富第二层面保障体系

在国外，保险公司除为企业提供年金计划外，通常还提供团体福利计划，这对愿意为员工提供多方位保障的企业是极佳的选择。团体福利计划内容众多，保险公司通过提供包括伤残保险、死亡保险、意外保险、医疗保险、团体寿险等多方位的保障覆盖企业及其员工在职期间或直至退休后面临的各种风险，其受保人员还能扩展到职工家属（配偶、子女或父母）。美国、加拿大、阿根廷等国都有配偶保险计划；在美国，还有“幸存者计划”，该计划规定在一定条件下，在雇员过世后为其配偶提供雇员生前薪金一定比例的津贴。“十一五”期间，随着中国经济的发展，各种社会形态、家庭结构将会陆续出现，商业保险公司应敏锐地抓住各种机会开发相应的保险产品。团体福利计划因大量销售、集中管理，符合风险分散的保险原理，所以费用较低，核保简单，广大投保人可以较低费率得到比较全面的保障。在中国工伤事故日渐增多、个人意外险投保率不高、医疗制度改革的今天，团体福利计划可以化解社会、雇主及个人相应的风险，并能担当起一定的社会管理职能，市场潜力很大。团体福利计划还能与保险企业的企业年金产品结合在一起，以较优费率增加企业年金产品的吸引力。通过借用团体福利中的团体寿险，可以为混合型年金产品提供最低的收益保障。为了实现其可携带性，美国专门为此设置了一个转换权，规定终止雇佣关系的雇员在一定时间内可将团体寿险申请转换成相应的个人形式保单。在中国，保险公司也有类似规定，这样既保障了雇员的权利，又不影响其流动性，同时平滑了个人账户积累制下退休金数额不确定的风险。“十一五”期间，通过团体福利计划与企业年金的相互发展、相互融合与相互补充，可以形成养老、医疗、意外、死亡等多角度风险管理，并填充了社会基本保险水平之外的需求，以权利、义务相对应的方式进一步提高社会保障的程度和范围，从而与社会基本保障相呼应，成为社会基本保障的有力补充。

第三节　商业保险在第三层面社会保障体系发展具有广阔空间

第一，商业保险可以满足人们更高端的养老保障需求。随着生活水平和生活质量的不断提高，人民寿命的不断延长，较低的社会保障越来越难以满足需求。这些空缺需要人寿保险来填补。据对 OECD 国家的研究发现，寿险保费与国家社保支出成反比关系，人们购买寿险产品的支出越多，政府负担就越轻。为此，中国寿险公司适应人们的要求推出了丰富多彩的养老产品，如变额年金、固定年金、开放式养老金账户等，以满足人们多样化和更高层次的养老保障需求。可以预见，“十一五”期间，将有越来越多的高端消费群出现，对高端商业养老保险的需求也会更大。

第二，商业保险可以为人民生活的各个方面提供风险保障。随着人民财富的增加，私有财产的安全性也成为人们关注的焦点。从个人来说，家庭财产保险正悄然兴起，并逐步扩大到家庭责任保险，贵重物品、现金、艺术品等保险也在探索中；教育产业化程度和教育费用的提高，也使民众的子女教育日渐成为一项重大开支，商业保险公司对此开发了不少相关险种，在一定程度上满足了人们这方面的要求。当然，教育产业化的进程还将提高个人教育开支，保险公司可以进一步参与到教育基金的管理领域，如果能够推动国家设立教育基金，由商业保险公司管理基金将更理想；住房改革推动了居民购买自有住宅的浪潮，商业保险可提供商业住房贷款综合保险，包括贷款的保证保险和房屋保险，对住房信贷资金的安全以及帮助居民早日实现购房计划起到积极作用。

第三，商业保险可以成为社会风险管理和控制的最佳和最大的提供者。从整个社会角度来看，需要商业保险发挥作用、履行职能的地方也很多。全球气候变暖，灾害性天气引发的事故频发，建立和完善中国巨灾风险管理的机制非常必要，商业保险能在其中起到重要的风险管理和损失补偿作用。在国外，恐怖事件危险分散也正成为保险业的研究对象。以民事损害赔偿责任为标的的责任保险是商业保险参与社会管理的一个重要方面。近年来，中国重大生产经营事故频仍，给国家、经营者和个人都造成了巨大的物质和精神损失与伤害，各种责任险产品，如公众责任险等的开发和维护，能有效地对此类风险造成的损失予以弥补。此外，还有出口信用保险、政治风险保险等有关社会管理的保险产品也可以为社会服务。

第三章 “十一五”期间充分发挥商业保险在国家社会保障体系中的作用的对策

第一节 应首先营造公平竞争环境，突破原有体系和关系

各国社会保障制度改革总的发展趋势，是从政府统包和单一的社会保障制度，转变到多层次的社会保障；从政府垄断运作，转变到运用市场机制，加强宏观调控，鼓励和支持商业保险公司竞争经营；从政府是社会保障的提供者转变为社会保障制度的规范者和监督者。根据中国目前的社会发展状况及国力水平，在社会保险与商业保险如何协调发展的运作模式上，应坚持社会保险低保障、广覆盖、非营利性的特点，而将众多的社会保障需求交由商业保险来承办。要充分发挥商业保险在社会保障体系中的作用，其前提条件是要创造一个有利于商业保险发展的社会环境。

第一，保监会承担企业年金中年金阶段的监管职责，提高保险行业的地位。保险公司的养老金计划分两个阶段经营：退休前的养老基金的积累阶段和退休后的年金发放阶段。在后一个阶段，年金承办机构承担投资风险和死亡风险，对这些风险进行管理属于传统保险范畴，必须实行责任准备金和偿付能力监管。保监会争取将各类金融机构在年金阶段的资产管理都纳入保监会监管范围。

第二，开展有关的重大课题研究、召开相关专题的国际国内的高层研讨会，促进人们转变观念。国家第二支柱以上的保障体系的推广是建立在自主、自愿的基础上的，但是这也是国家社会保障体系改革和建设的重要政策，需要广大企业和民众意识的提高和配合，为此，政策的推广、宣传和教育是极其重要的。因而要积极搞好有关商业保险的理论指导和舆论宣传，组织激励官方和民间的相关研究。要在加入世贸组织过渡期基本结束、进一步加大开放保险市场力度的关键时刻，运用各种手段加强对保险知识的宣传，特别是要把保险业独特的经济保障职能向社会讲清楚，努力使参加商业保险成为广大人民群众和社会组织的自觉行动。

第三，成立由政府、社会保障机构、商业保险机构联合组成的研究部门，开展有针对性的对策研究，使公平竞争环境的创造落到实处。各部门可以联合研究第一层面的社会保险产品和第二层面、第三层面的企业年金、健康保险等，使社会保险和商业保险相互补充和配合；联合研究长期资产管理、长期经验死亡率等亟须解决的问题。

第二节　有关部门共同建立相应法律法规并规范运作

第一，多方参与制定“游戏规则”。社会保障制度具有公共产品或准公共产品的特点，即具有社会性、非竞争性和非排他性。社会保障的社会性特征是指社会保障制度的最终目的是为全体公民提供风险分散和转移机制，但由于国家只拥有有限的经济实力以及人们对个人利益最大化的追求，导致政府只能在较低的水平上向广大劳动者提供最低保障。人们对较高层次保障需求只能依靠市场来解决。同时，市场由于社会保障的非竞争性和非排他性，不能有效地提供社会最优水平的保障选择，加之市场机制本身是一种自发性、短期的调节，容易造成资源的浪费，这要求政府给予保障市场化运作者必要的支持和帮助，同时要加强监管。在更高层次上，要引入平等的法制环境和市场环境，保障包括商业保险公司在内的各类机构平等参与市场，实现社会保障制度公平和效率的协调统一。

目前，企业年金准入资格考试、评估等都由劳动与社会保障部一家垄断，不具有代表性，建议由政府出面协调建立有代表性的组织架构。建议增加财政部、卫生部参与企业年金、商业健康保险等“游戏规则”的制定。保险监管部门要进一步加大支持和引导保险业发展的力度，划清商业保险与社会保险的界限，预警越位行为的发生，制定公平的“游戏规则”，不断完善各项法律法规，积极推进各项市场化改革，探索保险管理体制和资金运用体制的改革，不断完善监管方式，努力提升商业保险行业的整体竞争力。

第二，出台各项配套制度和实施细则，使其具有更强的操作性。国际上发达国家企业年金发展非常迅速，并成为社会保障体系的重要支柱的一个重要原因就是从法律上加以规范。1965 年，加拿大制定了《标准待遇法》；1959 年，瑞典制定了《补充年金法》；1974 年，美国国会通过了《雇员退休年金保障法案》，德国通过了《企业补充养老金法》，中国也应尽快出台各项法律制度。另外，《企业年金试行办法》和《企业年金基金管理试行办法》仅仅规定了企业年金的开展模式和具体运作环节，但对于市场相关主体的资格认定、各有关机构参与市场运作的具体方式和角色定位以及如何监督管理市场运作等配套制度和实施细则尚未出台，使得保险公司难以找到好的市场切入点。

第三节　争取税收优惠，促进商业保险与社会保险的协调发展

第一，在税收政策方面给予商业保险与社会保险同样的税收政策。凡是社会保障机构享有的优惠政策，商业保险公司及其他参与机构也都应平等享有。国家应从政策上鼓励和支持商业保险和社会保障机构平等竞争，保证政策透明，不搞幕后交易。例如在上海，企业缴纳补充养老保险费只有经过市社保局批准才能在税前扣除，且缴纳标准为不超过本期或上年职工工资总额的 5%（经济效益好的企业，经社保局批准，可适当提高缴费比例）。如果商业保险机构经营企业补充养老保险也想在税前扣除，则必

须取得市社保局的同意。社保局既是经办方，又是审批方，如何肯与商业保险公司公平竞争呢？因此，国家应从政策上明确商业保险公司在发展企业年金中的主体地位，享受与其他竞争主体相同的税收优惠政策。

第二，对企业和个人参与商业保险给予的税收优惠政策力度应更大。不少企业希望建立企业年金制度，但认为目前的优惠比例太低，政策支持力度太小而最终选择放弃，可参考《企业年金试行办法》中的有关规定：企业缴费可以税前列支，最高为上年度职工工资总额的1/12；对企业给职工办理补充养老保险及其他保障型寿险时，可以将其部分费用摊入成本；对个人用自己的收入为自己或家庭成员投保储蓄性养老保险等寿险时，可降低应征收所得税或免征部分个人所得税，并对交费的投资收益部分予以免税；对于商业保险公司涉足农业保险、被征地农民等方面的承保，可给予适当的财政补贴；健康险业务经营公司可以申请免征营业税，对长期经营保险业务的保险公司和专业健康保险公司实施所得税减免；企业购买补充医疗保险费在工资总额4%以内的部分可以直接列入成本，实行税前列支；对购买商业健康保险的个人也能给予一定比例的所得税减免；对寿险公司的资金运用及投资也应有相应的优惠政策，充分利用寿险资金支持国家经济建设。

第三，采用国际通用的EET税收优惠模式。企业年金涉及三个环节的税种：缴费阶段的企业所得税、个人所得税；积累阶段的增值受益税、利息税；领取阶段的个人所得税、遗产税。不少国家允许企业和个人的年金缴费从税前列支、延迟税负；而OECD国家，多采用EET税制（税前扣除体制）以鼓励企业年金和健康保险的发展。目前，中国的企业在职工的基本养老、医疗、失业、工伤、住房等方面承担了许多责任，现在又要承担近20%替代率的企业年金，如果没有国家税收优惠支持，企业将难以承受。建议中国也采用国际通用的EET税收优惠模式，尽快将《关于完善城镇社会保障体系的试点方案》中对企业年金规定的税收优惠政策在全国范围内推广到所有类型的企业，尽快推进企业年金市场的形成。

表3－1　部分国家企业年金计划税制类型比较

国　家	税制类型	附　注
美国	EET	
加拿大	EET	
英国	EET	对一次性领取免税
荷兰	EET	
瑞士	EET	
法国	EET	只对国家强制的现收现付计划（Pay-As-You-Go）的缴费及投资环节免税
德国	EET TE（T）	基金积累计划（Support Fund），对一次性领取免税
瑞典	ETT	
丹麦	E（T）T	只限于对房地产投资收益征税
日本	（E）T（T）	对待遇确定计划只部分免税，对一次性领取免税
澳大利亚	TTT	领取环节税率较低
俄罗斯	TTT	

第四，税收优惠政策不必搞全国“一刀切”，各地可根据实际情况设置自己的税收优惠政策。各地经济和社会发展极不平衡，应因地制宜，实事求是，尽快出台各地的税收优惠政策，并要求各级地方税务机关严格执行。

第四节　保险企业应练好内功，抓住机遇，实行专业化经营

第一，保险公司应积极参与企业年金和健康保险业务。从企业年金的业务链来看，包括三个环节：销售、投资管理、行政管理和服务。除了保险公司，其他的金融机构也在伺机以各种方式进入企业年金市场。例如，银行可以开发“个人养老储蓄专项存款”等产品，证券公司可以在传统的代客理财业务的基础上开发养老基金业务。在销售环节，保险公司有较大的优势，但银行也有众多的网点；在投资管理环节，资产管理公司有较强的技术优势。而目前保险公司的资金运用还受到一定局限，银行还可以通过开拓货币和外汇市场提高资产回报率。行政管理和服务方面，虽然目前保险公司已经有部分业务，但是商业银行也可以进行托管。与社会保险机构相比，商业保险公司在实践经验、市场分析、客户资源、专业人才和产品开发等方面都具有一定的优势。保险公司要充分利用这次机会，积极参与，发展壮大自己，以科学发展观为指导，优化内部环境，充分发掘潜力，在竞争中脱颖而出。

第二，保险公司只有始终坚持自己的特色，才能在竞争中占据主动地位。保险公司独具的强大营销力量可以推动企业年金基金的扩展。在这个过程中，要培育一支销售企业年金的精英营销队伍。营销队伍的培育成本很高，保险业经过十多年的培养积累才拥有目前的规模。在有资格参与企业年金的金融机构中，保险公司拥有的营销队伍最大，这一强有力的优势是保险业独有的。通过对营销人员的再培训，提高他们的专业知识，结合他们的营销特长，承担起企业和民众企业年金知识的传播者和教育者（他们也是中国保险意识提高的耕耘者和贡献者），通过营销人员积极开发企业年金客户，保险公司的企业年金基金规模和市场份额将快速增长，保险业在企业年金基金管理中的地位和发挥的作用也能得到更大的提高。为此，保险业要加快对企业年金营销人员和营销机构的资格认证，在利用已有的营销优势力量的基础上尽早培养一支合格、优秀的企业年金的营销推广队伍。

保险公司所具有的资产负债匹配能力能有效化解企业年金产品管理长期性的风险。企业年金产品管理期长，一般都有二三十年的投资期，只有科学配比年金基金的资产与负债，才能有效规避资产风险，保证资金的流动性和给付能力。企业年金资产作为长期资产，要求有较高的投资收益，但目前保险公司的投资渠道和基金、信托等行业相比还缺乏优势，政府应该在保证资金运作安全的前提下，对于寿险公司资产的投资渠道进一步放宽。

商业保险具有灵活性的特点，具有强大的产品开发能力，可以在基本养老、医疗保险之上，根据社会各层次的不同需要设计出不同的产品来满足社会需要。保险公司还可以最大限度地进行商业化运作，保证养老保险资金的收益最大化。

第三，保险公司可借机修炼内功，走专业化经营之路。企业年金和养老金业务、健康保险业务是专业化程度非常高的业务，需要专业人员和专业公司来运作。譬如建立专业养老金公司、年金公司、资产管理公司、专业健康保险公司等，培养各类专业人才，钻研探索专门的风险管理技术，如复杂费率厘定、大案和专案管理、承保选择等，应注重建立相关信息库，并在此基础上逐步尝试开发各种适应市场的年金和健康保险产品，满足人们全方位的保险需求。同时，商业保险公司应针对不同层次农村地区的需求开发不同产品，厘定农民可接受的费率，在国家政策、财政措施的支持下积极推广农村医疗保险。

尽管保险公司已积累了丰富的资金管理经验，但目前的管理体制仍不能完全适应企业年金管理的投资管理要求，亟待改革保险资金管理体制，尽早成立专业化的资金管理公司，进一步提高保险公司对企业年金的资产管理能力，以适应企业年金迅速发展的需要，提高广大消费者对社会养老保险体系的信心。

第四，保险公司实行有步骤、分阶段的竞争策略。企业年金、健康保险制度的建设是一个系统工程，牵涉方方面面。保险公司一定要有长远眼光，制定长期的发展战略，既不要跟在社会保障机构后面亦步亦趋，也不要一哄而上，恶性竞争，最终陷于被动局面。据《保险监管参考》刊载的调查报告表明，由于同行业之间的恶性竞争，有的地方保险公司企业年金业务管理费用不断下降甚至为零，利润也大幅下降，要极力避免这种现象的发生。

社会保险与商业保险具有同一的经济保障作用，在功能上相互影响，相互促进。在第一层面保障方面，从国外实践经验看，商业保险在社会保障中的参与力度在提升，作用日益提高。在社会基本保障方面，商业保险业主要体现在参与社会保障日常管理、实现社会保障资金保值增值及实现个人保障平稳衔接等方面，这有助于政府减轻财政压力，提高保障机制运营效率，也有助于提高个人的保障水平；在第二层面保障方面，商业保险机构由于其本身在保险精算、资产运用、缴费记录管理、养老金支付等方面专业化，因而能为企业提供独立运作、专业化管理和适度保障的全程服务；在第三层面保障方面，商业保险机构可以发挥主导作用，体现在能弥补社会保障供给上的不足，为参保者提供更高的保障程度和更多的保障产品选择，丰富和完善整个社会保障体系等方面。从中国保障发展历史来看，商业保险在改革开放初期比较成功地承担起部分社会保障职能，为改革开放的顺利进行提供了良好的条件。党和政府充分肯定了保险业在社会保障中的重要作用，一再重申发挥商业保险在社会保障中的补充作用。近年来，中国保险业在快速发展中积极参与社会保障体系建设。随着中国保险业在保险产品、保险技术和保险经营管理等方面不断完善和提高，保险业参与保障体系建设的各类专业化机构纷纷建立，并在局部地区开展了社会保障体制改革试点工作。同时，我们也要看到，在中国社会主义市场经济逐步建立和完善过程中存在许多问题，比如基本养老保险体制过渡问题、农村养老和医疗保障问题、失地农民和低收入人群的保障问题等，因而迫切需要建立完备的社会保障体系。在这个过程中，商业保险能够并且应该参与到社会保障体系的建设中，履行社会管理职能，主动为国家和政府分忧，保障改革开放和社会经济发展的顺利进行。“十一五”期间，要充分发挥商业保险在社会保障体系中的作用，最重要的是创造一个有利于发挥商业保险优势的公平竞争的外部环境，在政策和法规层面对社会保险和商业保险一视同仁，保证商业保险始终在法律法规的指导下运作，争取各种税收优惠。作为保险公司，要因势利导、抓住机会，培育一支销售企业年金的精英营销队伍，加强资产负债匹配管理，修炼内功，走专业化经营之路。

保险业系统风险的预测、防范化解机制研究

国务院发展研究中心金融研究所课题组

课 题 负 责 人：张承惠
课 题 组 成 员：吴振宇　郭　迈　邱建伟　杨　琳　黄立军

第一章　中国保险业发展状况和外部环境判断

第一节　中国保险市场的现状

自1980年以来，中国保险保费收入年均增长率达到30%以上，是世界上增长最为迅速和最有发展潜力的市场。但是由于发展时间相对很短，保险市场还处于幼稚阶段，无论是市场广度还是市场深度都很不够。具体来看，一是保险市场尚处于初级发展阶段，整体规模偏小，保险业务覆盖范围很有限，保险公司提供的产品和服务远不能满足国民生活福利和经济保障的需要，保险业对国民经济和社会发展的贡献度还较低；二是保险体系尚不完善，保险代理人、经纪人、损失理算人等中介机构发育相对滞后，行为不够规范，导致整个保险体系的社会分工水平很低，综合效率不高；三是随着保险业务的发展，社会、法律环境的约束因素逐渐凸显，保险市场发展越来越受到外部环境的限制，持续高速发展的难度加大。

另一方面，近年来，恶性竞争成为中国保险市场的普遍现象。由于保险公司产品单一、雷同且缺乏竞争力，为追求保费规模的快速增长，几乎所有的保险公司都或多或少地通过高返还、高手续费、高佣金、低费率等手段在市场上争揽客户。在过度竞争的同时，保险市场的垄断程度却很高。2003年，前三位最大产、寿险公司的保费收入占比分别为产、寿险市场的92%和86%。尽管2004年比重下降为80%和75%，但与发达国家保险市场相比，垄断程度仍然过高[①]。

这种现实环境给中国保险业发展和保险监管带来双重矛盾：一是国民经济和社会发展需要保险业加快发展，但受现有市场条件和环境制约，保险业务的过快发展又会给保险业带来较大风险；二是过高的市场垄断固然会降低市场运行效率和监管的有效性，抑制保险市场的发展速度，但在市场主体缺乏自律能力和产品创新能力的情况下，市场主体数量的过快增加又会使恶性竞争进一步加剧，同样不利于保险市场发展。

第二节　中国经济的高速增长期还将保持一段时期，保险业发展的机遇与风险并存

未来5~15年将成为中国经济发展的一个十分重要时期。在这一时期内，经济将持续快速增长，中国将逐步完成全面小康目标。目前，中国正处于新一轮上升周期，经

① 例如，2003年日本产险业和寿险业前三家保险公司的市场占比仅为41.1%和45.7%。

济总量显著扩大，工业化和城市化加速，人民收入水平进一步提高。与此同时，世界经济也将保持稳定增长趋势，这些都给保险业带来了新的发展机遇。

另一方面，国内国际的不确定、不可测因素也在增加。从国内看，人口、资源和环境与经济增长方式粗放的矛盾以及体制缺陷与发挥经济增长潜力的矛盾、社会结构剧烈变动和社会事业发展滞后的矛盾日趋激化。金融混业经营不仅将带来更多的竞争者，也带来了更大的风险；国际上竞争和贸易摩擦加剧，霸权主义、恐怖主义对全球经济干扰加大，台海局势等区域不稳定因素凸显，这些因素对中国保险业的健康发展均构成直接或间接的挑战。

总之，保险业在面临巨大发展机遇的同时，也面对着巨大的风险。如果不注意防范和化解风险，保险业的发展将很难持续，还可能爆发危机；而不加快发展，保险业的历史包袱又很难消化，风险也会加大。如何处理好发展与风险防范的关系，抓住机遇战胜挑战，这是摆在我们面前的重要课题。

第三节　加入世贸组织后外资保险机构带来的挑战与冲击将逐渐加大

到2004年年末，中国保险业对外开放的过渡期已经结束。目前对外开放的城市已经增加到15个，进入中国的外资保险公司达到39家，外资公司的保费收入从1992年的不足30万元增长到2004年的近100亿元，年均增长率达到238%。2004年，外资公司保费收入增幅达到45.3%，比中资公司高出34个百分点。尽管外资公司保费收入占比还不大[①]，但外资公司的强大竞争实力已经凸显。从目前情况看，外资保险公司的经营手法相当谨慎，产品相对单一，目标消费群集中于中产阶层以上的高端客户。同时，由于中国保险市场的空白较多，加上中资保险公司经过20余年的发展，在市场上已占有一定的优势，因此，在短期内，外资保险机构对中资机构还不构成严重冲击[②]。

尽管如此，外资机构在部分领域对中资保险公司的竞争压力已不容忽视。目前突出表现在三个方面：一是人才竞争。随着外资公司的快速进入，中资公司的骨干被成批“挖角”的事件频频发生，给中资公司带来惨痛损失；二是在部分城市，外资公司的市场份额迅速上升（如上海、广州外资寿险公司的市场份额分别达到15.3%和8.2%）。而这些城市往往又是中国经济金融最发达、影响力最大的地区；三是团体险的业务竞争。2004年12月11日之后，中国的健康险、团体险和养老金市场对外资完全放开。而在此之前，外资公司已经做了充分准备。根据加入世贸组织协议，中国加入世贸组织时即允许外资寿险公司设立持股不超过50%的合资寿险公司。从现有合资寿险公司情况看，绝大多数外资公司都选择在某一垄断行业具有资源优势和市场控制力的大型中央国企作为合作伙伴，并力图在合作协议中加入当股权管制放松后强制中方股东出让股权的条款。团险市场放开后，这些合资寿险公司一方面可以充分利用合作

---

① 初步统计，2004年外资公司保费收入占比为2.3%。

② 我们在广东调研过程中，一些大的中资保险公司反映还没有感到外资机构的竞争压力。

伙伴的垄断资源开展业务，另一方面又可以利用其不懂保险业务的特点掌控经营管理权，并在条件合适时成为控股方。显然，在外资公司逐步熟悉中国市场和各项基础条件夯实之后，中资机构肯定会面临外资机构的正面竞争，这种冲击波有可能在3~4年之后就会到来。

第二章　中国保险业面临的主要风险及其与系统风险的关系

第一节　中国保险业的主要风险

一、保险业风险的一般分类

保险风险分类有多种方法。根据国际通用分类，我们将保险风险分为资产风险、负债风险、资产负债匹配和经营风险四类，参见图 2-1。

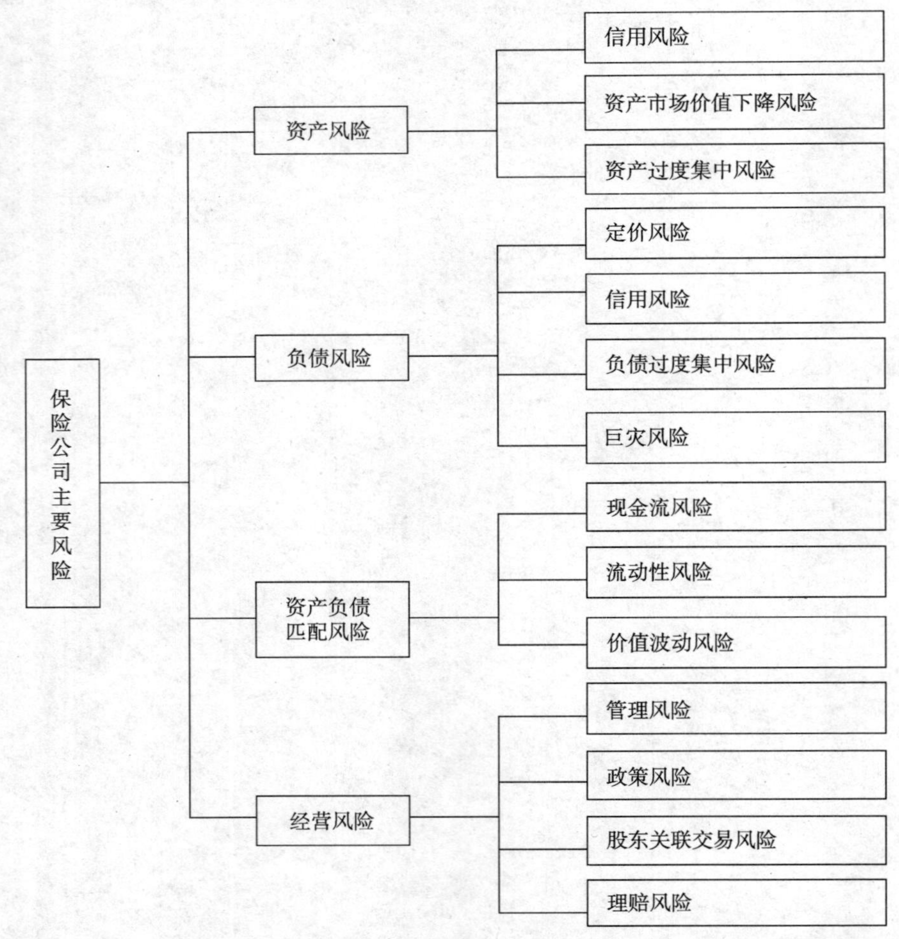

图 2-1　保险业风险分类

在这四类风险中，资产类风险大多属于可控风险，可以通过投资多元化、改善投资结构、再保险以及改进财务制度和评估方法来加以规避。[①] 负债类风险在一定程度上也是可控的，但这类风险多由外部因素引起，在防范和化解风险时更多地需要保险业外部环境的配合。资产负债匹配风险的化解重点在于调整资产结构、改善投资管理，需要同时在内部管理和拓展投资渠道两方面下工夫。尽管经营风险受外部因素影响较大，但这些风险基本上是可以预测或识别的，通过完善企业内部风险管理机制和弭化监管可在很大程度上减少这类风险。

二、当前中国非寿险业的突出风险

中国非寿险业的风险主要集中在负债风险和经营风险上。包括：

（一）定价不足风险

这类风险主要由保险公司精算水平不高和过度竞争造成，具体表现为赌博性承保、超出承保能力承保、降低承保条件承保、以赔促保、赠与保险等不规范承保行为。而中国保险市场不成熟、投保率不高、缺乏足够的历史数据导致大数法则难以发挥作用则是产生定价风险的客观因素。由于定价水平明显偏低，因而保费收入很难覆盖风险。2003 年，财产保险业务承保金额为 290 851 亿元，同比增长 23.19%，而财产险保费收入增幅仅为 11.53%，[②] 前者比后者高出 11.6 个百分点。同时，平均费率在连续 5 年下滑之后又创新低，全年为 3.07‰，较上年 3.29‰下降了 0.22 个千分点。目前，中国财产险、运输险的费率已经远远低于国际市场费率，一些大型项目的保险费率甚至低到万分之一。例如，深圳地王大厦这样投资额高达 40 多亿港元的巨型保险标的，保费仅收取了 20 多万元人民币；再如有的公司承保飞机责任险，对整个机场所收取的保费只有 280 万元；还有的公司为了完成业务指标或多提业务费用，置风险于不顾，将屡保屡亏的险种都予以承保。费率过低将使保险公司经营的稳定性受到极大影响，其不良后果有：

一是保费收入偏低，使得企业无法按照风险管理要求提足准备金，加大了承保风险。

二是加大了公司资金运用的压力，往往会诱使经营者靠金融市场的投机行为获取高额收益来弥补承保业务损失，违背了保险资金稳健运作的原则。而中国金融市场的不健全性和高风险性会使这种投机行为面临极大的风险。

三是使得企业难以通过分保将超出自身能力的风险转移出去，特别是难以向国际保险市场转移风险。结果是只能依靠侥幸而不是科学管理来维持保险公司的经营。一旦出现规模较大的灾害，必定有相当数量的保险公司难以承受。

四是使得企业无力拓展新领域和新业务。2003 年，在非寿险公司险种结构中，企业财产险和机动车辆及第三者责任险两个主要险种的市场份额高达 76.5%，国外已成

① 但在金融市场环境不够健全、金融商品种类较少、保险公司投资能力较低以及保险资金投资管制过多时，资产风险将难以规避。

② 资料来源：中国保监会统计数据。

为主力险种的责任险在中国保险市场仅占4%的份额。如前所述，业务过度集中于少数险种会导致风险。但在费率过低的情况下，经营传统业务已十分吃力，企业很难有余力去开拓新市场。

（二）信用风险

近年来，各种保险欺诈案件层出不穷，且手段和方式也在逐渐技术化和隐蔽化。以车贷险为例，广东保险行业协会的统计数据显示，截至2004年10月，广东各非寿险公司车贷险平均赔付率高达4 546%，个别公司甚至高达8 543%，所有开办此项业务的保险公司基本都陷入亏损。从已发生的保险索赔案来看，故意拖欠、蓄意诈骗者居多数。另据北京各非寿险公司的保守估计，目前约有20%的车险赔款属于欺诈。2000～2003年，因骗赔造成的保险损失约有13亿元[①]。此外，信用风险也包括保单持有人、再保险人到期应付款违约的风险。

（三）理赔风险

目前，有些保险公司第一现场查勘率不高，理赔人员缺乏相关法律、会计、医学、汽车等专业知识，不能合理定损，使保险公司实际履行的责任大于保险合同规定的责任。因缺乏严密的核保制度和核保管理系统而导致保险资金流失。

（四）负债过度集中风险

如表2－1[②]所示，中国非寿险业的业务集中度是相当高的。在主要险种中，第一大险种机动车及第三者责任险的比重连续保持在60%以上，第二大险种企业财产险占比降到14%，其余险种的市场份额均在5%以下。不久前新《道路交通安全法》出台，不少地方执法部门将机动车第三者责任险认定为该法所指的强制保险，将保险公司作为交通事故案件的被告或共同被告，采用先予执行的方式裁定保险公司先行支付事故相关费用。此举立即对一些保险公司产生重大冲击，负债过度集中的风险已经显现。

表2－1　财产险主要险种市场占比变化对比

单位：%

险种＼年份	2003	2002	2001
企业财产险	14.37	15.74	17.69
家财险	2.23	3.04	2.74
机动车辆及第三者责任险	62.13	60.60	61.33
货运险	4.70	5.36	5.90
建安工程及责任险	1.42	0.98	0.91
责任险	4.01	4.73	4.02
信用险	0.96	0.95	0.43
保证保险	0.23	1.18	0.61
农业险	0.53	0.61	0.48
其他	9.42	6.79	5.89

注：2003年"其他"项包括短期健康险和意外险。

① 《经济参考报》，2004－04－14。

② 资料来源：《中国保险年鉴2004》。

三、中国寿险业的突出风险

目前，中国寿险业在资产、负债和资产负债匹配方面都存在较大风险。

（一）现金流风险

由于新业务大量减少和大量保单退保而造成的风险。由于资产和负债的长期特性，这类风险对寿险公司的影响远大于非寿险公司。2003年，部分寿险产品大量退保，而新增保费增长缓慢，潜在现金流风险正在加大。

（二）投资风险

《保险法》颁布以前，中国保险公司的投资管理不仅不科学，而且非常混乱。保险公司大量投资于三产、房地产、拆借，结果造成呆账、逾期贷款比重高，投资效益低，资金大量沉淀。1995年以后，这类投资活动得到抑制，但又出现新的信用风险：保险公司将购买的国债委托给证券公司或其他机构理财后，由于这些机构经营失败或违约造成资产损失。特别是近两年来，股票市场一路下行，证券业风险已经波及保险资产。2004年10月中央银行上调利率前后，国债等债券收益率明显下降，而2004年保险公司持有债券比重已达到总资产的38%，投资风险显然还在加大。投资效益低下直接影响到保险公司的偿付能力和经营的稳定性，成为中国保险公司发展的最大障碍。

（三）利差损风险

据测算，1999年以前的保单会导致中国寿险业利差损每年增加约20亿元，到2004年年底，寿险业利差损总额将超过720亿元，占到行业总资产的9%左右。即便各寿险公司将全部业务盈余都用于弥补利差损，也需要10年的化解时间①。若投资收益不理想，化解时间还会延长。

尽管在进入升息周期后利差损的压力会有所减轻，但由于1999年以前保单平均预定利率高达7%、保单平均期限长达35年，无论是升息周期的长度还是升息幅度都很难使利差损自然消除。这意味着，在未来10年左右，中国寿险业特别是老公司都将背负沉重的历史包袱。问题的严重性还在于：由于保险公司普遍存在财务数据失真现象，真实的利差损风险可能被大大低估。

（四）资产负债匹配风险

由于缺乏有效的风险控制机制，中国寿险业资产负债失配问题相当突出。特别是一些公司为追求高速增长，在寿险产品定价时，往往不能全面考虑资产的期限、收益、利率、汇率未来的可能变动等因素，而仅从市场竞争的角度出发，甚至简单模仿其他公司的产品定价。2004年4月，寿险公司总资产约8 100亿元，总权益约550亿元，负债约7 550亿元。资产的平均久期仅约3.62，大大低于负债的平均久期（10.34）。据有关部门测算，目前5年以内的资产负债匹配程度高于50%，但5年以上中长期资产与负债的匹配程度却远低于50%，资产负债失配状况已相当严重。

① 李建伟、杨琳：《我国保险业的风险与对策》，载《国务院发展研究中心调研报告》，2004。

四、寿险业和非寿险业的共性风险

（一）资产过度集中风险

当保险公司资产高度集中于某一单项资产或某一类别资产上时，资产价值的波动极易给保险公司带来风险。这类风险本应通过资产多元化途径规避，但在目前保险资金投资渠道仍在很大程度上受到管制的情况下，保险公司的资产多元化将很难实现。2003 年，中国保险公司 9 122.8 亿元的总资产中，银行存款就占了 49.9%，集中度显然过高。2004 年这一状况虽有改善，但改善的程度还十分有限。

（二）管理风险

部分公司的增长模式仍相当粗放，包括有章不循、违章操作、重要凭证管理混乱；总公司对分公司等分支机构控制不力而导致企业财务信息失真、资金流失或串账使用；对责任未能准确评估和核算，导致准备金提取不足等问题还比较普遍。因管理失控，一些公司应收保费和未决赔款漏洞很大，成为主要风险源。

（三）股东风险

目前，大股东利用控股地位侵占企业资金的潜在风险已经出现。而外资保险公司通过再保险等关联交易的形式向海外关联企业转移利润以逃税避税的做法，也有可能导致其在华设立的分公司或子公司偿付能力不足①。此外，目前许多热衷于保险公司的民间投资者并不懂保险。成为股东之后，他们很难有耐心等待数年才获取投资收益②，而股东的分红压力往往是造成经营者短期行为的重要原因。

第二节　保险系统风险分析

一、保险系统风险定义

在经济学意义上，系统风险是指由市场主体的外部因素造成而无法通过市场主体自主行为消除的风险。系统风险主要源于政治政策、经济周期等外部因素的变动。非系统性风险则主要由市场主体的市场行为造成，也称作经营风险。

2004 年年末，黑龙江高级法院在一起证券民事终审案中首次对股市系统风险作出定义：系统风险是指对证券市场产生普遍影响的风险因素，其特征在于系统风险因共同因素所引发，对证券市场所有的股票价格均产生影响，这种影响为个别企业或行业所不能控制，投资人亦无法通过分散投资加以消除。

上述两种定义都将系统风险归结于市场主体的外部因素所引致。但是应当看到，不成熟市场与成熟市场存在很大差异，引起系统风险的原因也不尽相同。在目前中国保险市场上，不能忽视制度缺陷对系统风险的影响。由于保险公司治理、市场制度、监管制度等方面存在缺陷，保险公司的个体行为有时也会对整个保险行业产生影响，

---

① 例如，2003 年美国友邦在中国设立的 7 个分公司中，就有 5 个公司的所有者权益为负。

② 寿险公司通常需要 7～8 年才能进入获利期。

成为发生系统风险的基础性因素。通过改善制度环境、提高保险企业的行业自律能力、规范市场竞争秩序，将有助于化解和防范系统风险。

基于以上考虑，我们将“对保险市场产生普遍不良影响、足以引起多个保险公司发生连锁反应陷入经营困境，并使投保人利益受到损害的风险”定义为保险系统风险。

二、中国保险业系统风险分析

如前所述，目前中国保险业在资产、负债、资产负债匹配和经营管理四个方面都不同程度地存在着现实风险和潜在风险。但这些个体风险是否会转化为系统风险、在什么条件下发生转化等问题还需要进一步分析。

（一）非寿险业系统风险分析

中国非寿险产品具有两个基本特点：一是主要为1年以内的短期险，保险公司的保障责任期限很短；二是以团体险为主，个人险比重不高。基于这两个特点，非寿险业的资金运用多为短期投资，基本不存在资产负债匹配问题。同时产生大面积退保的可能性很低，一旦发生经营危机社会影响也相对较小。因此，与寿险业相比，非寿险业的长期风险不大，一般不会因某一个公司的经营失败而产生连锁反应。

但是，这并不意味着非寿险业不存在爆发系统风险的可能性。目前中国非寿险业的突出问题是费率过低和经营管理粗放，这两个问题带来的直接后果是责任准备金提取不足，特别是法定以外的准备金如任意公积金、资本公积金、保险保障基金的计提情况不容乐观。近几年中国自然灾害发生频率不高，同时因保险公司承保责任险的比重不大，频频发生的石油天然气井喷、煤矿瓦斯爆炸等重大事故并未给保险业造成重大损失。但是这种“老天帮忙”的情况不可能一直持续下去，随着非寿险业的发展，责任险的比重也会不断提高。从全球范围看，随着环境的继续恶化，自然灾害发生的频率和损害程度都在加大。2001年美国“9·11”事件后，全球恐怖袭击事件愈演愈烈，人为重大灾害开始给保险业带来威胁。由于巨灾风险在国际上再保险基本不可能，而国内的巨灾风险转移机制又没有建立，一旦发生巨灾，保险公司将立即陷入困境。

基于上述分析，我们的判断是：对于非寿险业来说，目前最可能引致系统风险的外因是巨灾风险，内因则是承保风险。这两类风险一旦在高峰期相遇，很可能会引发系统风险。

（二）寿险业系统风险分析

中国寿险业的基本特点有三点：一是寿险自身特点决定了产品大多为1年期以上的中长期产品；二是以个人客户为主要服务对象；三是在前些年高速发展时期，为追求规模扩张，推销了大量趸缴的投资型产品。2003年，投资连结产品和分红产品的市场占比达到58%，传统寿险产品比重只有30%。这三个基本特点使得寿险公司的经营活动必然面对以下问题：

第一，寿险资金的长期性使得外部环境对企业经营的影响巨大，而中国资本市场的不健全性（包括资本市场规模过小、可交易金融商品种类不足、市场秩序紊乱、制度缺陷严重、市场缺乏活力和效率等）必然会大大影响寿险资金的投资效益和安全性。这种不健全性在短期内还看不到改善的前景。

第二，寿险产品的长期性使得资产负债匹配程度对寿险公司影响重大。无论是期限、利率方面的不匹配，还是由市场汇率、利率等因素波动引起资产价值变动而产生的与负债价值不匹配，都可能给公司带来不能及时将资产变现支付到期赔付的风险。

第三，与期缴产品相比，趸缴产品比重过大不利于保险公司建立稳定的现金流。同时，从内含价值角度分析，投资型的银行保险产品尽管保费占比较大，但对内含价值量的贡献却非常小。因此，寿险产品结构的不合理往往会掩盖保险业的潜在风险，最终影响保险公司的偿付能力。

第四，以个人客户为主的服务特性使得寿险公司业务比较容易受到退保等行为的冲击，同时寿险公司经营失败的社会成本也较高，对寿险业的社会形象会产生较大冲击。

基于上述分析，我们的判断是：从中长期看，最可能引发寿险业系统风险的因素是投资失败和资产负债失配；从短期看，最可能引发系统风险的因素是现金流风险。同时，寿险业的系统风险明显大于非寿险业，对外部环境变动的敏感度也更高，需要加以充分重视。有专家认为，中国寿险业遇到的第一个冲击波可能出现在2006～2008年。因为在2003～2004年间，3～5年期的趸缴投资类业务增长迅速，2006～2008年这类产品到期后，保险公司将面临集中兑付压力。受资本市场状况影响，届时达不到投保人预期收益率的情况将相当普遍，因此，到期的资金在兑付后大多会流出保险市场之外，从而使寿险公司的现金流风险急剧增加。

三、个体风险向系统风险转变的条件

保险公司面对的各种风险，可能在顺利的经营环境中被掩盖，但是一旦遇到某些因素的冲击，就可能被诱发成为系统性的风险。目前对保险公司影响最大的外部因素包括：

（一）经济周期变动

国际经验证明，经济衰退会引发保费收入下降、因对保险公司经营能力信心不足而大量退保、赔付率上升等风险，从而给保险业带来沉重打击。如果中国经济出现增长率减慢、失业率增加、恶性通货膨胀等情况，将直接影响到保险业。一旦出现保险公司保险费收入增长率下降甚至负增长、退保率攀升现象，就很容易造成保险公司的现金流困难和偿付危机。

（二）金融市场形势恶化或境外金融危机传导

因保险公司一般都会将资产大量投资于股票、债券和房地产，金融市场商品价格的大幅下跌会使保险资产大幅缩水，偿付能力不足。低利率、房地产市场价格下跌则会造成资金回报率大幅下降，使保险公司形成大量不良债权。同时，由于外部条件变化对资产负债的不对称冲击，也会造成严重的流动性不足。此外，由于金融行业之间存在高度的关联性，其他金融行业一旦出现危机也会很快传导至保险业。

（三）政治因素和经济政策的较大调整

利率上调将降低保险公司持有的金融商品价格，影响投资收益率；汇率变动不仅

将直接影响保险公司外汇资产价值，还会影响到涉外保险业务的承保和公司财务状况①。此外，其他看似无关的因素往往也会对保险业务带来较大冲击，例如2004年，中纪委第四次全会部署清理公款为个人购买商业保险工作之后，造成大量团体险退保，此举成为当年保险公司保费增幅下降的重要因素；再如新《道路交通安全法》出台后，立即给非寿险业的车险业务带来很大冲击。中国正处于一个经济结构和社会结构的变动时期，今后类似情况可能还会发生。

（四）信心危机

目前，保险公司保单代理人为销售利益而误导欺诈顾客的现象屡禁不止，不仅损害保单持有人的利益，而且不利于保险业的形象树立。一旦出现比较重大的事件如保险公司大股东进行违法关联交易，加上媒体夸大性炒作，很可能会导致公众对整个保险业的信任危机，引发退保潮，或者造成正常展业困难，最终转化为整个行业的系统风险。

① 1998～1999年期间，日元对美元汇率由131上升为105时，日本保险公司持有的美元资产遭受了重大损失。

第三章　国外经验教训

第一节　国际保险业系统性风险的特点[①]

20 世纪 90 年代以来，国外保险业系统性风险呈现出以下三个特点：

第一，主要风险逐步由承保风险转向投资风险。20 世纪 70 年代至 90 年代中后期，全球保险市场面临的主要风险是承保风险和保险分支机构风险。1969 ~ 1998 年，美国共有 638 家保险公司破产，其中，因承保风险而引致破产的公司占破产总量的 41%；1990 ~ 1998 年，法国破产保险公司中有 45% 是因外国母公司破产引致，27% 是承保风险引致。

20 世纪 90 年代后期以来，随着全球利率波动性加大和资本市场的振荡加剧，国际保险业面临的主要风险转向投资风险。美国 1996 ~ 2000 年的统计数据显示，投资风险占比为 53%，承保风险占比下降为 20%。1997 年亚洲金融危机爆发后，保险公司的财务状况因该地区资产价格大幅下降而严重恶化，那些大量投资于亚洲股票、债券和房地产市场的保险公司更是明显增加。

第二，巨型灾害成为非寿险业面临的最大风险。20 世纪 80 年代以后，各种自然和人为灾害发生的频率和严重程度不断上升，地震、洪水、风暴、瘟疫、恐怖袭击等问题越来越严重。2003 年，世界共发生了 380 起重大灾害，总损失近 700 亿美元[②]。同时，灾害损失呈现出巨大化趋势。如美国发生的停电事件造成 68 亿美元的损失；中南欧和东欧由于干旱造成 139 亿美元损失；韩国“鸣蝉”飓风造成 60 亿美元的损失。2004 年 12 月 26 日，印度洋地震引发的海啸造成死亡人数超过 15 万，经济总损失达到 1 050 亿美元[③]。

伴随着巨型灾害的发生，保险公司经营风险显著加大。美国在 1992 年遇到的“安德鲁”飓风造成保险损失 160 亿美元，次日便有 10 家保险公司宣布破产。Insurance Services Office，Inc.1996 年的研究显示：当飓风和地震等巨灾造成的总保险损失达到 500 亿美元时，整个保险市场将有 36% 的保险公司倒闭。英国 20 世纪 80 年代末发生的众多自然灾害和 90 年代初市场萎缩对该国非寿险业造成重创，引发了一次破产浪潮，破产公司数量占非寿险公司总数的百分比从 80 年代末以前的不到 0.5%，增大到 1% ~

---

① 详见分报告六。

② 瑞士再保险公司：《Sigma》，2004。

③ 《中国保险报》，2005 – 01 – 05。

2.5%。法国的非寿险市场在90年代初也发生了非寿险保险公司危机，1990~1998年出现了12起破产。只有德国保险市场由于自20世纪30年代以来就推行非常严格的监管措施，因而并未在全球保险业面临困境的时期出现保险公司破产的情况[①]。

第三，投资风险和资产负债匹配风险成为寿险业所面临的最大的系统性风险。随着各国资产证券化步伐的加快和国际金融市场的发展，各种金融商品包括房地产、抵押贷款的投资产品在寿险公司的资产结构中占比提高，国际投资环境对寿险业经营绩效的影响愈发加大。特别是一些业务增长过快的寿险公司，为保证到期给付，不得不大量投资于垃圾债券、房地产和抵押贷款等高风险、高回报的投资产品。20世纪80年代以后，国际投资环境恶化，债券市场和不动产市场价格暴跌，由此导致因投资失败而破产的寿险公司数量快速增加。例如，美国在1975~1983年，年均破产寿险公司不足5家，而在1983~1988年，年均破产寿险公司上升为10家，1999年更上升为17家。

自20世纪80年代以来，越来越多的寿险公司因资产负债不匹配面临破产压力或破产，其典型代表是日本。1986~1990年的泡沫经济时期，日本股市和房地产价格飞涨。这一时期，日本寿险公司无视资产负债之间匹配的内在要求，一味追逐高额投机利润，一方面大量销售高预定利率保单；另一方面大量增加对房地产和股票等高风险投资品种的投资。1990年泡沫经济破灭后，股市和房地产价格急剧下滑，引致资产价值大幅降低，资产与负债之间的价值差距愈来愈大，整个寿险业陷入严重的资产负债不匹配，并由此导致7家寿险公司和1家出售大量储蓄性保单的非寿险公司相继破产倒闭。

第二节　值得引起中国保险业重视的问题

进一步的分析表明，造成国际寿险业重大系统风险的原因主要有：

第一，过于追求扩张造成规模失控和经营成本过高。在泡沫经济时期，日本不少寿险公司由于过于追求规模扩张，无视风险大量销售高预定利率保单，造成明显的销售过度。例如，1987年日产公司的总资产为6 964亿日元，到了1989年，其总资产便扩张为16 270亿日元，3年内规模扩张了2.3倍。在日产公司，利率高达5.5%的个人年金商品占总资产的比重一度达到49%。泡沫经济崩溃进入“超低利率时期”以后，日本法定利率水平逐年降低，1995年9月以后更是降到0.5%的极低水平，造成该公司每年利差损达到300亿日元之多。美国也出现了类似情况。1980~1990年，CA、NY、第一资本、诚实银行四家美国大型寿险公司的保费收入增长率远远超过行业平均增长率，达到后者的7~10倍。

第二，投资失败。为了弥补利差损，日本寿险公司积极进行海外信托投资活动，购买了大量外国债券，这些债券在1993~1995年日元升值期间价值大跌。泡沫经济崩溃以后，日本股市由38 000余点的顶峰跌至1998年的15 000点左右，造成保险公司持有的股票价值大跌，同时保险公司在国内的房地产投资也因地价下跌而遭受巨大损失。在众多投资活动均失败以后，有的公司不惜铤而走险，从事高风险的投资活动如金融

① 参见分报告六。

衍生商品的交易，不幸也归于失败。一方面是高预定利率保单累计负债的不断增大；另一方面是资产价值的急剧降低，资产与负债之间的价值差距越来越大，最终导致偿付能力严重不足而破产。上述四家美国寿险公司则大量投资于垃圾债券[①]，在垃圾债券市场崩溃之后，这四家公司终因投资失败而破产。

第三，政府监管不力。早在泡沫经济时期各寿险公司拼命推销高风险商品时，日本监管部门采取了积极鼓励态度。保险公司在推销商品时说得天花乱坠，未能充分揭示风险，使得投保者事后产生对保险公司的不信任并造成大量法律纠纷。对此，监管部门无疑是负有责任的。日产公司 1993 年便陷入了债务危机，当年实际亏损额达 961 亿日元。在这种情况下，监管部门不是采取积极措施加以处理，而是默许日产公司出售优良资产粉饰决算，将问题掩盖起来。4 年后，在优良资产卖光、日本股市走弱的情况下，日产公司终于无计可施走向倒闭，其损失也由 961 亿日元激增至 3 000 亿日元。

更进一步看，政府监管不力只是表象，问题的实质在于日本的金融体制存在着本质性缺陷。第二次世界大战后几十年中，日本金融体制长期延续着官僚主导和护送船队的特点。在这一体制下，保险市场准入和市场行为受到严格管制，保险公司缺少经营自主权，保险商品和经营方式没有特色，形成全行业的趋同化，在市场已趋于饱和的情况下只能就规模展开竞争。政府的过度保护和管制不仅使保险公司缺乏竞争能力，也使得公司缺乏有效治理，经营者行为失控，最终导致风险不断累计并在外部环境发生逆转时爆发危机。

即便在美国等市场经济相对健全的西方国家，保险监管机制也存在缺陷，主要表现在：未能有效控制保险公司的投资风险，缺乏对关联交易监控，信息系统滞后等。

中国保险业和保险市场正处于发展初期，引起国际保险业系统风险的上述问题在中国均不同程度地存在，需要引起充分重视。

第三节　国外防范系统风险的做法

一、非寿险业的应对措施

基于非寿险业的主要风险是承保风险和投资风险。国外采取了以下应对措施：

1. 以提高费率、增加资本金、增加准备金提取、采用有利于保护保险业的保险条款等方式提高保险公司的承保能力和减少保险责任；

2. 用再保险、保险证券化等手段将风险外部化；

3. 采取各种措施降低风险发生概率，帮助投保人预防风险。如发展高新技术，降低温室气体排放，缩小化学燃料的使用规模，强制实行更高的建筑标准等。

二、寿险业应对措施

基于寿险业的主要风险是投资风险和资产负债匹配风险，国外寿险业主要采用了

① 持有垃圾债券占总资产比重分别为 36%、40%、63%和 64%。

以下措施：

1. 调整投资策略，减少对风险较高金融产品以及信贷的投资比例，增加对风险较低的固定收益资产的投资，降低资产风险；

2. 修正经营策略，积极开发销售与利率挂钩的保险产品，降低负债风险。

三、行业整合

近年来，随着经营环境的变化，国际保险业加快了结构调整。这种调整的主要内容，一是通过行业内的兼并收购，增加资本实力，降低经营成本，提高抗风险能力①。近年来保险公司大规模兼并重组案例屡屡见诸于报端，例如，1998 年，美国花旗集团与旅行者保险公司合并，2000 年，英国商联保险集团兼并诺威亭联合保险公司，2003 年，日本东京海上火灾保险公司收购日新火灾海上保险公司，等等；二是通过与其他金融行业如银行、资产管理业、证券业的融合，实现优势技术和市场的互补，进一步提高竞争实力，扩大业务范围，降低经营风险；三是将新技术引入保险经营和管理活动，提高公司内部各个部门数据处理和信息传递的效率，从产品设计、承保、理赔、投资等各个环节把握风险；四是加快保险组织结构调整和险种结构调整。

通过上述措施，保险业界的资源得到优化配置，保险企业的抗风险能力明显加强，保险业的整体素质也得到提高。

四、提升保险公司风险管理水平

国外保险公司普遍推行了全面风险管理模式，通过建立健全风险管理组织体系、推行多元化和风险适度的投资策略、开放新型金融商品、采用现金的资产负债匹配管理和投资风险管理模型技术等方式，提升公司自身的风险管理水平，降低了经营风险。

五、加强和改善保险监管

1992 年，美国数家大型寿险公司破产倒闭以及其他公司陷入财务困境的事件，使得美国保险总监协会对寿险公司提出了风险基准资本金②（RBC）的新要求，1993 年，该协会又出台了非寿险公司风险基准资本金要求。若保险公司未达要求，监管部门便会对之采取更严厉的监管措施③。1992 年，美国保险总监协会还要求寿险公司增设两种准备金账户——资产评估准备金（防范资产贬值风险）和利息维护准备金（防范利率风险），以保护被保险人免受保险公司投资失误造成的财务危机的伤害。此后，欧盟、日本和新加坡都借鉴美国的做法制定了本国的风险资本要求。之后的研究表明，财务分析与偿付能力跟踪系统（FAST）比 RBC 系统更具有优势，而现金流模拟又比 FAST 系统在预警偿付能力不足风险方面准确性更高。因此，近年来，美国、加拿大、澳大

---

① 1990～2001 年，全球有 1.3 万亿美元被用于收购保险公司，总交易次数近 1 万件。

② 即对保险人经营中存在风险所需资本金的预测值。

③ 例如，有两家规模相似的保险公司，一家经营大胆而另一家保守，按照原规则两家公司的最小资本要求相同；而在风险基准资本金规则下，前者要比后者多保留 150% 的资本和盈余。

利亚等国开始要求保险公司进行现金流检测和情景分析，监管方式呈现出由静态偿付能力监管向动态偿付能力监管转变的趋势。

随着经济全球化和金融自由化的推进，各国保险监管模式已经由过去较为常见的严格管制、事先监管的模式转向充分市场竞争和事后监管的方向。显然，这种监管模式的转变会带来更大范围的市场竞争，对保险公司的经营能力和市场适应力都提出了更高的要求。

有人将这种国际监管模式的变化简单归之为“放松监管”，并以学习国际通行做法为由建议中国监管部门模仿，对此，我们不能苟同。应当看到国外监管模式的变化至少有两个前提条件：

第一，放松对市场行为的管制（包括降低市场准入门槛、保险费率自由化等）是建立在保险市场成熟和相关金融市场高度发达基础上的。这种成熟既体现在投保人对保险商品的认知度较高、保险中介机构高度发达而使得保险市场的信息不对称程度较低上，也体现在市场优胜劣汰的竞争机制较为健全、保险公司完全对自己的经营行为负责上。而相关金融市场的高度发达和规范又使得保险公司的经营环境相对宽松和透明，减少（但不是消除）了外部风险因素。

第二，在保险市场发达的国家早已全面推行了偿付能力监管，目前正在由静态偿付能力监管转向动态偿付能力监管。较高的监管能力和行业自律水平使得保险监管部门得以及时发现风险并加以处置。因而，在一定意义上，监管不是放松了而是更严格了。

第四章　现有风险管理状况及问题分析

第一节　保险企业内控机制存在的问题

第一，短期利益动机强，风险意识淡薄。20 多年来，中国保险公司一直采取数量扩张型战略，公司经营普遍存在着重数量轻质量、重市场份额轻利润、重短期利益轻长期利益的倾向。保险公司的管理层特别是各分支机构的管理层具有非常明显的短期利益动机，风险管理意识淡薄，往往为了追求保费增长率而常常纵容保险代理人误导甚至欺骗消费者。为了扩大市场规模，付给代理人过高销售费用的情况也很常见。

第二，缺乏有效公司治理，管理粗放，风险控制机制很不健全。中国保险公司产权结构长期以国有独资和国有控股为主体，所有者缺位问题相当突出。近年来，中资保险公司通过现代企业制度改造和引进战略投资者，产权结构得到优化，股份制成为保险公司的基本企业形态。尽管如此，现有中资保险公司的治理还存在较大缺陷，与现代企业制度相比仍有较大差距。具体表现在企业缺少内部制衡机制、内控制度很不健全、内部人控制和道德风险时有发生。

在风险管理方面问题还比较多，如风险管理技术水平低，准备金提取方法与国际通行做法相差很大；风险管理体系不健全，有的保险公司还没有设专门的防灾防损部门，从事风险评估、风险控制的人力财力配备严重不足；授权经营制度有待健全，等等。

第三，信息化建设不足。一是信息化建设投资偏低。2003 年，全年中国保险行业的保费收入是 3 000 多亿元，而在 IT 技术上的投入约为 13 亿元人民币，还不到保费收入总额的 1%；二是未实现集中化。目前仅有几家全国性保险企业建立了数据集中系统，而其他大多数保险企业尚未完成数据集中工作；三是在所有保险公司的信息系统中，业务系统和财务系统之间缺乏有效联系。业务数据变化不能自动实时地反映在财务系统中，从而为某些违法违规行为提供了空间。

第四，缺乏人才。由于保险市场发展十分迅速，保险专业人才不足问题日益突出。特别是在保险公司总体人员结构中，精算、高级保险管理以及投资管理等高素质人员尤其短缺，而这些关键性的人员却恰恰在很大程度上决定了保险公司的市场竞争能力和风险管理能力。

近年来，人才匮乏与保险业快速发展的矛盾越发尖锐。过去两年之中，批准成立 300 多家分支机构，2004 年又新增 18 家新公司。这些总、分公司同时筹建、陆续开业，预计需要新增两万多名内勤员工，而国内保险业的内勤从业人员总数仅 15 万左右。目前，保险业盛行的“挖墙脚”风潮一方面带走了公司客户资源，造成了业务流失，甚至泄露公司机密，影响队伍的稳定；另一方面，相互“挖墙脚”的行为抬高了人力成本，造成行业人力成本大幅度提高，不利于保险业的长远发展。

第二节　保险监管存在的问题

近两年来，有关监管部门在改善保险监管上做了不少工作，例如，陆续出台《保险公司偿付能力额度及监管指标管理规定》、《保险机构开业信息化建设验收指引》、《保险公司非寿险业务准备金管理办法（试行）》、《保险资金运用风险控制指引》等重要法规，推动国有保险公司改革，拓展保险公司资金运用渠道，建立健全保险保障基金制度等。这些工作对防范和化解保险系统风险起到了积极的作用。但是我们也要看到，与发展健康、成熟保险市场和提高中国保险业抗风险能力的要求相比，现有监管理念、监管体系和监管制度还存在很大差距。

第一，法律法规不健全。随着保险业的快速发展，保险法再度滞后，出现很多空白。例如，保险集团公司、保险控股公司、相互保险公司、自保公司、政策性保险公司、保险资产管理公司的定位及监管；保险公估公司、兼业保险代理机构、专属保险代理机构、个人经纪人、保险营销员的定位与规范；保险行业协会的职能和作用；保险资金运用模式的创新和投资渠道的拓宽；保险业不正当竞争行为的认定及监管，等等。

第二，监管偏于宽松，缺乏行业自律机制。首先，监管措施还比较笼统，缺乏针对性和指导性，难以有效干预偿付能力额度不足的公司；其次，偿付能力管理规定中许多措施可操作性不强。比如，停止一些行政审批项目、建议调整企业资产结构、加大对高管人员薪酬及在职消费的监督管理等措施，实际执行都存在许多困难；最后，对存在问题、风险较大的公司监管部门态度不够坚决，削弱了偿付能力监管的政策力度，为以后严格推行偿付能力监管增加了难度。

由于自律监管的范围和内涵要远远大于他律监管，因此，保险行业协会在保险业监管中应起到非常重要的作用。但是由于目前保险行业协会组织体系建设不完整，人员结构不合理，权威性不够，因而不能有效发挥行业协会自我管理、自我服务、自我监督的功能。

第三，风险转移和投保人保障制度尚不完善。鉴于保险公司退市的社会成本过高，因而，建立起相应的稳定机制显得尤为迫切。但目前中国统一的保险保障基金制度刚刚建立，还不够完善。不久前，保监会发布的《保险保障基金管理办法》对原有保险保障基金进行了重大改革，从资金集中管理、统筹使用等方面对之进行了规范。但现有保险保障基金提取办法还有待进一步完善，如单纯以保费收入作为衡量标准的计提办法极易诱发道德风险，在市场竞争的机制下，与非稳健经营保险公司相比，稳健经营的保险公司将处于不利地位。再如寿险保险保障基金与非寿险保险保障基金没有分立，不利于发挥保障基金的风险监控职能。

目前，中国尚未建立起成熟、完备的巨灾保险保障体系，导致保险公司不敢开发设计新型巨灾保险产品，现有产品也存在保障面窄、保障程度低等问题，影响了保险职能的发挥。同时，随着各种灾害发生频率的增大，保险公司的潜在风险也在增加。

第五章　“十一五”期间改进监管、防范和化解保险业系统风险的政策建议

第一节　调整监管理念，树立科学发展观

在中央明确提出科学发展观以前，中国经济建设领域长期将“发展是硬道理”视为“增长GDP是硬道理”。因而，在保险领域，以保费论英雄的思维方式曾经延续了很长时期。不仅保险公司，就连监管部门一度也存在着一味追求保费高增长的倾向。在保费增长与风险防范出现矛盾、增长与效益不可兼得时，监管部门往往放松监管、迁就保险公司的违规行为，客观上导致了市场风险的积聚。

科学发展观的实质是统筹兼顾，协调各方关系，实现经济社会更快更好的发展。我们要树立和落实科学发展观，就必须处理好发展与效益、发展与风险控制、发展与市场规范这三大关系，使中国保险业能够在有效益的前提下发展，在安全的基础上增长，在健康的市场环境中壮大，真正实现保险业和保险市场的可持续发展。

一、不以规模和速度论英雄，提高保险公司的效益和核心竞争力才是发展中国保险业的核心任务

多年来，中国保险业走过了一条外延式的发展道路，追求数量扩张的增长方式使得表面上看保费收入迅速增加，实际上潜在风险可能更快地积聚；另一方面，从评价保险业抗风险能力的各项指标来看，中国保险业与发达国家保险企业的差距还相当大，参见表5-1。

表5-1　2003年世界500强中排名前五位保险公司与中国保险业财务状况比较①

单位：亿美元

项目	保费收入	总资产	净资产收益率（%）	总资产收益率（%）	资本充足率（%）
五家公司平均值	475.56	5 452.30	9.53	0.55	5.53
中国保险业	469.21	1 103.13	5.47	0.16	3.00

由上表可见，尽管中国保险业的保费收入与五大公司平均值基本相同，但总资产仅为五大公司平均值的1/5，其余3项指标仅为五大公司平均值的一半或1/3左右，表明中国保险业的整体抗风险能力偏低，市场竞争力较弱。应当看到，跑马圈地式的竞

① 李建伟、杨琳：《我国保险业的风险与对策》，载《国务院发展研究中心调查研究报告》，2004（163）。

争方式无助于竞争力和抗风险能力的提高，一旦遇到风波就连辛辛苦苦挣来的市场份额也会丢掉。国际国内的经验教训都已经证明：竞争实力才是保险业的立身之本。因此，无论是政府部门还是保险企业，都应将培养企业竞争力和谋求企业经营的高效益为目标，树立“永续发展”理念，将外延式的增长模式真正转变为内涵式的增长模式。

二、在中国保险市场发展过程中政府应逐步由侧重于保护保险公司等机构转向为侧重于保护客户利益

计划经济体制下政府的调控对象是企业，在对企业施加行政命令的同时也为企业提供了保护。在市场经济体制下，政府在企业—消费者的关系中，应当重点保护消费者而不是企业。这是因为：

（一）从维护市场公平的角度出发，政府应当保护弱者

在一般的市场交易过程中，消费者由于信息不对称而通常处于弱势地位。保险市场的特殊性使得保险产品的信息不对称更加严重：很多保险合同只有律师才能完全看懂；保险是无形产品，只有当损失发生以后消费者才能评价产品优劣，但损失已经造成且无法补救；保险核算和精算都具有极强的技术性，普通消费者无法衡量或监督保险公司的偿付能力。

（二）对企业的过度保护无助于提高企业竞争力，反而会抑制企业活力，诱发经营者的道德风险

日本的实践证明，政府“重规模、轻效益，重保护、轻竞争”的保险产业政策在很大程度上成为日后引致保险业系统风险的重要原因。

（三）保护企业的做法会带来新的不公平，特别在对外开放的情况下更是如此

在外资机构大量进入中国保险市场之后，如果对外资机构也实施保护，显然有违我们的本意；如果仅对中资机构实施保护，又会招致外资机构的批评。

对保险企业实施保护的一个常见理由是保险业具有一定的外溢效应（也可称为社会职能）。但是应当注意到，这种外溢效应并不是保险企业本来的经营目标，我们更不应该强制商业性保险公司忽略正当有效的经营目标来实现社会目标。因为这样做的后果会造成人为补贴，对其他投保人带来新的不公平（例如对某些保险公司通常拒绝承保的险种，如艾滋病保险、案件高发区财产保险等，如果政府要求保险公司给予承保，政府势必要为保险公司提供某些显性或隐性的支持措施）。另一个不良后果是模糊了政府和商业性保险公司的职能界限，不利于政府实施监管措施。

三、在开放市场的过程中应注意把握节奏，加强引导

与其他消费市场相比，保险市场是一个相对特殊的市场：因为保险产品特别是寿险产品延续时期长达几十年，所以产品定价不可能采用普通消费品通常采用的事后定价方式，而只能在事前定价。也就是说，产品价格在获得最终成本之前就被制定出来。这种定价方式在相当程度上降低了价格竞争的作用。对于投保人来说，价格过高当然会损害其利益；但价格过低也不见得有利：保险公司因丧失偿付能力，在发生保险事故后会想方设法减少应承担的责任，结果同样会损害被保险人利益。由于完全无控制

的价格竞争在保险市场一般起不到提高市场效率的作用，因此，政府必须对保险产品价格进行适度监管，以保证能够形成公平、充分、无歧视的保险费率。

随着市场主体数量的增多，在缺乏创新能力和特质服务的情况下，保险公司必然会以价格为手段展开竞争。这种竞争在一定限度内尚可刺激保险公司改善经营管理，降低成本支出，但一旦失控转变为恶性竞争，则无论对保险公司还是对被保险人都将有害无益。加入世贸组织以后，中国保险市场开放速度较快，新设立的内资和外资保险公司数量有了较大增长。这种状况一方面改善了市场竞争结构，有助于克服中国保险市场较高垄断程度和有效竞争不足问题；但另一方面，如果保险企业数量增加过快，也可能会加剧目前已经存在的恶性价格竞争和人才竞争。

总之，保险市场开放对监管部门的监管艺术提出了更高的要求。如何在开放的前提下把握好市场主体的进入节奏、引导保险企业展开良性竞争、有效监管保险产品费率以提高市场效率，是需要政府有关部门长期关注的课题。

第二节　明确监管重点，建立优胜劣汰的市场机制

根据中国保险业和保险市场的现状，我们认为，保险监管应以化解保险业的现实风险和防范潜在风险显性化为重心，将提高保险公司偿付能力作为保险监管的最重要目标，逐步将监管重点由偿付能力监管和合规性监管并重转向全方位的偿付能力监管，进一步强化对保险企业资本金和资产负债表的审慎监管，提高监管机构和保险企业的风险评估和风险管理能力。

与此同时，要进一步完善市场准入制度，建立市场退出制度，真正建立起优胜劣汰的市场竞争机制。一方面，要修订和完善市场主体的准入资格制度，提高对新设立公司高管人员素质、在职人员培训、信息系统建设、内部风险管理制度建设等方面的要求，提高市场主体的质量；另一方面，凡是不符合标准的市场主体必须进行整改，经营不善或严重违法违规的保险机构必须受到惩处，直至退出市场。需要指出的是，中国保险市场的恶性竞争问题之所以久治不愈，与缺乏市场退出机制是分不开的。在不存在生存压力的情况下，所有者对经营者的监督往往流于形式，不计后果的高风险活动泛滥便成为自然结果。建立优胜劣汰机制就是要使保险公司感受到强大的市场压力，进而自发地产生改善服务和经营管理、严格控制风险的动力。

需要指出的是，缺乏市场退出机制是中国金融市场的普遍性问题，也是长期计划经济体制的遗留问题。我们认为，与银行和证券业相比，保险业的市场退出成本相对较低。这是因为：(1) 目前保险业对社会影响相对较小，不像银行业几乎覆盖了全体国民，证券业牵涉到7 000万股民甚至更多居民；(2) 中国保险业对外开放程度较银行业和证券业为高，目前，外资（合资）保险公司的数量已经超过中资保险公司。这种市场主体结构使得在出现保险公司破产时，对民众的冲击力比封闭市场要小得多；(3) 保险保障基金已经建立多年，在三个行业中是最早的，不久前又率先规范运作。因此，可以考虑在保险领域首先建立和实施市场退出机制。

第三节　全面建设风险监控体系，强化风险控制能力

一、完善偿付能力监管制度

2003年，保监会发布并实施《保险公司偿付能力额度及监管指标管理规定》，这一制度框架的建立无疑对加强和改善保险监管，有效防范风险具有重要的意义。但从制度本身和实施情况来看，还存在一些不足之处需要加以改进。

（一）完善偿付能力监管指标体系，提高识别偿付能力的准确性

监管方法和监管指标的科学与否，直接影响到偿付能力识别的准确性并进一步影响监管的效果和成本。现行以“偿付能力额度”为主要内容的指标体系尽管具有计算比较简便的特点，却忽视了资产方状况，特别是未能充分考虑市场、利率、信用等外部条件变动的影响，因而，将直接影响风险评价的准确性。

从国外实践来看，即便在采用风险资本作为偿付能力监管指标的发达国家，由于静态偿付能力监管体系自身的缺陷，也出现了不少未能及时准确识别保险公司真实偿付能力的案例。日本在20世纪90年代后半期的保险业危机中，大部分经营失败的保险公司在宣布破产和重组前，仍报告利润、对投保人给付和给股东分红。几家破产公司在停止营业前几个月，偿付能力充足率都超过了监管的最低要求。2000年3月财政年度末，东京生命等三家破产保险公司的偿付能力充足率都超过了200%的最低要求。但仅仅6个月后，共荣公司和千代田公司便宣布重组，很快东京生命随之宣布破产。美国也出现过类似情况。如本该在1986年破产的执行寿险公司因监管漏洞而拖延至1991年才破产，导致更多的保户遭受损失。

表5-2　部分日本寿险公司的偿付能力充足率①　　　　单位：亿日元

公司名称	2000年3月31日	偿付能力充足率/最低充足率要求（%）	2001年3月31日	偿付能力充足率/最低充足率要求（%）
日本生命	1 096	5.48	778	3.89
第一生命	866	4.33	682	3.41
朝日生命	733	3.67	543	2.72
明治生命	731	3.66	667	3.34
三井生命	677	3.39	493	2.47
住友生命	676	3.38	551	2.76
东京生命	447	2.24	—	
千代田生命	263	1.32	—	
共荣生命	211	1.06	—	

① 资料来源：《中国保险监管与精算实务》，北京，中国人民大学出版社，2003。

基于此，现行偿付能力监管指标体系需要根据实践情况加以改进。一是要针对暴露出来的问题，对监管指标及其正常范围标准及时加以修正；二是要注意跟踪国外各种监管模式及其发展变化，研究制定符合中国实际的动态偿付能力监管指标体系，特别是资产价值评估动态系统，在条件成熟时开展动态偿付能力监管试点。

（二）加强偿付能力监管的实施力度

要将偿付能力状况作为衡量保险公司经营水平的最重要指标，使偿付能力监管贯穿于保险公司经营活动的全过程。凡是不符合偿付能力要求的，坚决以公开信息披露、限期整改、增加现场检查次数和报告频率等方式，迫使保险公司股东和经营者将保证公司偿付能力作为重要任务，在产品核算和制定竞争策略时充分考虑风险，提高自律水平。

（三）完善分类监管制度

《保险公司偿付能力额度及监管指标管理规定》将偿付能力充足率低于100%的保险公司列入重点监管对象，并规定了偿付能力充足率小于30%、30%～70%和70%～100%三类情况的处置办法，从而为分类监管开启了良好的开端。但就现行分类办法来看还显得过于简单。一是分类的上限止于偿付能力充足率小于100%的保险公司，但国外经验教训已经证明，达到监管部门最低偿付能力额度要求的保险公司并不充分安全；二是在现行偿付能力评价标准尚不够科学严谨的情况下，分类管理评价标准仅限于偿付能力是不够的，应该将保险公司的资产质量、经营活动的风险程度、风险内控制度等作为附加标准，使监管的分类更为科学合理。

（四）抓紧研究对上市公司、外资公司、集团公司关联交易监管办法的研究，避免出现监管漏洞

根据国际经验，关联交易是掩盖保险公司真实经营状况和风险状况的主要因素和导致保险公司破产的重要原因，而关联交易往往又因难以发现和准确定性而成为监管漏洞。为解决这一问题，建议有关部门一是要抓紧研究制定《保险公司关联交易管理办法》，明确违规关联交易的定义和处罚办法；二是要加快监管部门的信息化建设，建立科学的统计指标体系和风险管理信息系统，避免因信息传递滞后和风险信息不足而影响对问题公司的识别，延误监管措施的实施；三是要加强与其他监管部门之间的沟通和协调，以便监管部门能够及时掌握有关保险公司的投资活动信息，防止保险公司利用不同监管部门之间的监管差异逃避监管。

二、建立符合国际标准的风险核算制度，准确计提准备金

责任准备金是否充足直接影响到保险公司的偿付能力。目前，中国保险公司的财务分析制度尚不健全，准备金精算评估方法落后。例如，非寿险业中只有人保、平保等少数公司采用国际通行的1/365法计提准备金，其他公司大多仍采用1/8法甚至1/2法。在现有评估方法基础上计提的准备金和测算的偿付能力往往不能反映真实风险状况，需要尽快加以改进。不久前，保监会颁布了《保险公司非寿险业务准备金管理办法（试行）》，为建立与国际接轨的准备金管理制度开了一个好头，下一步应尽快出台配套的实施细则，并推动全面实施。

三、推动保险公司建立和完善内部风险管理体系，提高保险公司的风险意识和风险防范能力

（一）加强对股东和高管人员的风险教育

与其他行业相比，保险业不仅在定价方式、营销管理、会计制度等方面差异较大，而且具有投资回报慢、行业风险潜伏期长的特点。随着中国保险市场开放幅度的加大，保险公司已经成为投资者特别是民营企业家关注的投资领域。由于这类投资者通常不熟悉保险业务，往往很容易沿用在其他行业投资的惯性思维来对待保险投资回报，因此，建议保监会参照对培训上市公司董事会秘书的做法，对中资股东和高管进行保险风险管理培训，促使其树立风险意识，转变经营观念。

（二）借鉴国外通行做法，督促保险公司建立专职风险管理部门

目前，已经建立专职风险管理部门并赋予其全面管理风险职能的保险公司还不多，多数公司或者只是在稽核部门增设风险管理职能，或者虽设置了风险管理部门却没有授予其足够的独立性，导致其难以在公司定价决策、投资决策、开发新品决策和内部管理等方面推行风险管理。同时，保险公司中普遍存在重显性风险管理、轻隐性风险管理；重内生风险管理、轻外生风险管理的倾向。为此，建议监管部门花大力气推行全面风险管理的组织建设、风险信息系统建设和制度建设，建立风险内控机制检查标准，并将风险内控机制是否完善作为监管的重要内容。

（三）督促保险公司加强对保险分支机构的管理

鉴于目前对分支机构管理粗放的现象比较普遍，一些分支机构负责人为了追求增长率常常纵容保险代理人误导甚至欺骗消费者。监管部门应督促保险公司改进和加强对分支机构在展业、财务管理、理赔等环节的监控，进一步完善考核体系。同时，应积极吸收国际成熟的管理技术，实现分公司中技术层面与管理层面的分离，从制度上保证使分公司经理无法为了追求高市场份额而擅自降低费率。

四、加强对保险公司投资活动的监控，及时发现投资风险

随着保险投资管制的逐步放松，保险资金的投资范围和领域不断拓宽，投资品种趋于多样化。国际经验证明，保险投资风险往往构成保险公司最大的风险源。无论是发达国家还是发展中国家，都有过许多因投资失败而导致保险公司破产的案例。因此，监管部门不仅要加强对保险公司投资活动的跟踪监控，严格实施对保险公司的投资比例管理，研究制定投资风险评价指标；而且应当督促保险公司尽早建立投资风险度量系统，强化对投资活动以及资产负债匹配的管理。

五、加强对市场竞争活动的监控和引导

（一）改善监管部门的信息服务

由于缺乏足够的历史数据和某些行业数据采集困难是导致产险业定价偏差和费率偏低的客观因素，建议保监会在帮助保险公司收集行业信息方面强化服务和引导。例如，可以考虑设立专门信息平台，负责收集和分析研究有关保险的各项行业信息，并

免费向保险公司提供。

（二）尽快开展风险评估标准的修订工作

据保险公司反映，目前费率表是十年前制定的，已基本没有作用，生命表不仅更加陈旧而且采用的是国外数据，也需要尽快完成修订。工业、建筑、消防等方面的风险标准或者基本没有，或者不能适应保险业需要。而国外对标准工作十分重视，如“国际工业风险等级标准”将工业风险分为4级，制定有7 000多条标准；美国、英国等发达国家均对消防设有国家标准。

风险评估标准的欠缺和陈旧，直接影响到保险产品的定价和准备金提取。由于标准制定不仅工作量很大，而且需要保证权威性，单个保险公司是难以操作的。建议由保监会牵头，组织其他有关部门和社会力量开展标准的制定和修订工作。

此外，目前未到期准备金、未决准备金、赔付率等财务指标的计算方法尚不统一，各公司计算方法五花八门，影响了指标的真实性和准确性，建议尽快予以统一。

（三）有效推行最低费率监管机制

可以考虑由保险协会制定不同保险产品的行业最低费率，由监管部门监督执行。特别要警惕一些新成立的小公司由于品牌、服务上无优势，通过恶性自杀性竞争抢占市场的行为。同时，要将最低费率的执行情况作为评价保险公司经营风险的量化指标之一。

（四）关注保险公司的服务水平

借鉴发达国家的监管经验，将保险公司的客户服务水平作为监管内容，研究制定相关考核指标，要求各公司定期汇报。对客户投诉多、保险欺骗行为严重的保险公司应给予公示和惩处。

（五）采取有效措施控制过度人才竞争

随着新设立保险公司数量的增加，保险业界的“挖墙脚”行为愈演愈烈，已经给不少保险公司造成了人才危机，并直接影响到保险的行业形象和整体效益①。为抑制过度人才竞争，建议保监会采取以下措施：

1. 明确规定保险公司自有人才和自己培养人才的比例，不达标者不得开业或设立新的分支机构；

2. 规定人才培训支出的比例要求；

3. 在一定期限内跳槽超过一定次数的高管和代理人，由保险行业协会列入“黑名单”，并允许在协会成员内部达成不予录用的共同约定。

六、修订行政审批事项标准

应改变目前在审批上侧重硬条件而忽视软条件的状况，在保险公司增设分支机构、开办新业务、推出新产品等重要事项上，将偿付能力、公司治理水平、风险管理体系建设、市场表现等因素纳入作为重要的审批依据，提高行政审批的科学性。

---

① 香港保险业因人员大量流动，导致总保费收入下降。

七、进一步完善保险保障基金制度

不久前出台的《保险保障基金管理办法》中明确了补偿限额和补偿范围，确立了基金的独立性。但基金的具体运作方式和职能权限尚不清晰，产、寿险保障基金是否分别建立并独立运作，是否实行差异化的保险保障基金计提标准在《办法》中均没有涉及，因此，该制度还存在明显的缺陷，建议进一步加以改进。

八、建立巨灾风险防范机制

如前所述，中国保险公司应付巨灾风险的能力极低。一旦发生巨灾风险，很可能会引发系统风险。为此，有关部门应抓紧巨灾风险防范机制的研究，充分借鉴国外成功经验，通过财政、税收等部门的通力协作，力争在1~2个领域（如农业、地震或洪水）首先开始建立巨灾风险防范机制的尝试。同时，可以在保险业内部开展建立共保联盟的试点工作。

第四节　建立风险度量、风险预警和危机处理机制

第一，对风险现状进行量化分析。如果没有对保险业现实和潜在风险的准确把握，很难准确判断中国保险业风险的状况和程度，也无法制定化解风险的具体政策措施。现有风险研究对保险业风险定性描述多，定量分析很少，全行业利差损、准备金缺口、应收保费和未决赔款等重要数据多数不清或不够真实。由于风险量化技术并不复杂，已有一些模型可以直接使用，但获得真实、全面的保险公司基础数据却十分困难，建议监管部门组织力量对此进行专门研究。

第二，建立预警指标体系。建议监管部门在中国保险业和保险市场的发展状况和借鉴国际保险界经验教训的基础上，建立起自己的系统风险预警指标体系。例如，可以考虑将以下指标作为预警信号：

保费增速超出平均增速过高（国际经验证明这类保险公司往往容易出现偿付能力危机）；保险公司持有的高风险资产占比迅速增加（可能引发该类公司的投资风险）；金融市场出现剧烈变动（可能引发大面积投资风险）；资产负债失配超过一定限度（提示可能出现偿付能力问题）；一个经营年度的资本变动幅度过大（提示准备金可能不足）等。具体选择哪些指标和指标的波动范围，还有待于进行深入研究。

第三，风险度量和报告。风险检查、风险评估和风险报告目前在中国保险监管中还没有制度化，在检查目标、检查内容、检查期限、风险度量方法、风险报告组织等方面均缺乏规范，需要尽快研究建立相关制度。在制度建设初期，可以考虑先选择重点地区、重点企业试行风险评估监测和预警信息发布制度。

第四，危机处理机制。由于危机的突发性和巨大的破坏性，有无一套良好的危机处理体制，会造成截然不同的后果。“非典”风波之后，不少部门都研究制定了突发事件处理预案，包括事件处理程序、处理办法、分级标准等。但总的来看，现有处理机

制还不够细致，针对性和操作性也不强。建议保监会对此进行深入研究，针对事件发生时可能出现的问题（如媒体夸大性宣传、股东责任、问题公司的处置办法）等制定出更加细致、可操作性强的危机处理机制。

中国保险监管创新及监管体系建设研究

中国人民大学财政金融学院课题组

课题负责人：张洪涛

课题组成员：刘曼红　许飞琼　王　颖　戴稳胜　许　荣　胡　波　徐　徐　王彦峰　楼平丽　张秋瑜　李　清　曾　文　吴　梅　王鸣佳　王　伟　陈　栋　王　佳　闵　锐

第一章 “十五”期间中国保险监管回顾

第一节 “十五”期间中国保险监管总体情况

一、保险监管组织进一步完善

(一) 保险监管组织架构基本完善

1998年，中国保监会成立，中国的保险监管开始走向专业化和规范化的新阶段。为了对全国保险市场实行统一监管，保监会在全国设立了31个派出机构，2001年初步建立了全国统一的保险监管组织体系。2003年，中国保监会调整为国务院正部级事业单位，并在大连、青岛、宁波等计划单列市设立保险监管局。2003年，新“三定”方案将中国保监会的内设职能机构由10个增加到14个。与原部门设置相比较，保监会新增设了四个部门：发展改革部、资金运用监管部、统计信息部、派出机构管理部，这四个部门在统合保险监管资源、协调行业平衡发展等方面，起到了极为关键的作用，为中国保监会深入开展监管工作提供了有力支持。

(二) 保险监管队伍建设不断加强

“三定”方案使中国保监会的人员编制从100人增加到400人。在数量增加的同时，监管人员的专业素质也得到了加强。保监会通过从高等院校的应届毕业生及面向社会公开招聘等多种方式，录用了一批保险、法律、计算机、会计、外语、精算等方面的工作人员。与此同时，加强对在职人员的培训，借助社会力量，有针对性地对现有监管人员进行培训。监管力量的充实，人员素质的提高，为监管工作的开展奠定了坚实的基础。

二、保险监管机制不断创新

(一) 保险监管方向更加明确

十六大以来，保监会结合中国保险业实际，积极探索具有时代特点和中国特色的保险发展道路，加深了对中国保险业定位、发展与功能等基本问题的认识，保险监管理念不断创新。一是做出了中国保险业仍处于发展初级阶段的重要判断；二是根据中国经济社会发展的现状，提出了当前保险业的主要矛盾是发展水平与国民经济、社会发展和人民生活的需求不相适应；三是进一步发展了保险功能理论，提出现代保险具有经济补偿、资金融通和社会管理功能，为保险业全方位、多层次、宽领域挖掘发展潜力、拓宽发展空间提供了理论指导；四是提出了保险业科学发展观的本质是以人为本，核心内容是做大做强。

（二）监管方式不断改进

一是监管透明度得到提高。保监会通过健全和强化保险经营的披露制度，及时公布政策法规、重大监管举措、行政审批事项和保险业统计数据，强制性要求保险公司定期向市场披露有关财务及经营状况；二是积极推动保险创新。保险监管部门在日常监管中鼓励保险公司进行产品、销售和服务创新，不断发掘和培育新的业务增长点，加强风险管理服务，把服务渗透到保险消费的各个环节；三是加强现场和非现场监管；四是加强了与银监会、证监会的协调与合作，达成了在金融监管方面分工合作的备忘录，为保障金融业稳健运行和健康发展奠定了制度基础；五是加强行业自律。进一步明确了保险行业协会在市场经济条件和保险业快速发展的新形势下的职能定位，并加强了与保险行业协会、保险学会的联系和沟通，保险业自律监管建设取得很大进展。

三、保险监管水平进一步提高

（一）保险监管法律体系进一步完善

中国保监会先后颁布了众多的监管规章，制定了《保险公司管理规定》、《保险代理机构管理规定》、《保险经纪公司管理规定》、《保险公估机构管理规定》、《外资保险公司管理条例实施细则》等规章；不断出台各种配套法律法规，制定了《中国保险监督管理委员会行政许可实施办法》、《保险公司偿付能力额度以及监管指标管理规定》等。这标志着保险法制化进程进一步加快，保险监管法制水平得以提高。

（二）市场行为监管进一步加强

保监会下发实施了《财产保险公司分支机构监管指标》、《人身保险新型产品精算规定》等文件，规范保险产品和业务的发展；编写了寿险现场检查手册，统一现场检查的标准和程序；根据保险市场存在的突出问题，有重点、有针对性地开展专项检查，认真妥善处理信访投诉，整顿和规范市场秩序；积极推进行政审批制度改革，全面清理不符合《行政许可法》规定的行政许可，共取消了108项审批项目；加快了配套制度的建立，不断完善审批程序，严格时限要求；以市场为取向的监管体制不断完善，逐步推进车险条款费率市场化改革和航空意外险改革，为保险公司留下了更多的创新空间，引导保险公司尊重市场规律，注重产品开发和客户服务，实现产品服务的多元化和费率的合理化，更好地满足社会需求。

（三）保险偿付能力监管取得阶段性成果

中国保险监管由市场行为监管逐渐向偿付能力监管转变，取得了阶段性的成果。中国保监会颁布了《保险公司最低偿付能力及监管指标管理规定》，对保险公司经营状况进行跟踪和分析，指导和督促保险公司适时监测自身经营管理情况，及时调整经营策略，保证公司的最低偿付能力水平。出台了《保险公司非寿险业务准备金管理办法（试行）》，实施更为审慎和规范的责任准备金提取标准；出台了五项《保险公司偿付能力报告编报规则》，提高了保险公司偿付能力评估的科学性和准确性；建立了保险公司偿付能力季度报告制度和专业化的财务分析制度；对偿付能力不足的公司发出监管意见书，要求限期整改。

（四）保险监管内容进一步充实和完善

“十五”期间，保险监管内容进一步充实和完善：

1. 加强了保险机构监管

保险监管机构通过逐步建立和完善市场行为准则，及时监督检查保险公司的经营状况，促进了保险业的合法经营和公平竞争。

2. 加强了保险业务监管

主要体现在完善业务监管的内容，明确了业务范围监管、保险条款和费率的监管、保险合同监管的内容和要求。

3. 加强了资金运用监管

根据保险业的发展状况，加强保险市场与资本市场的互动，强化了对保险资金运用的监管，规范了对保险外汇业务的操作管理，强化保障资金运用安全性的监管。

4. 加强了保险财务监管

保监会完善了对保险公司的财务检查制度、财务核算制度以及财务分析的比例和方法。

（五）加强了与港澳地区及国际的保险监管合作

1. 加强了与港澳保险监管机构的合作

保监会与香港、澳门特别行政区签订了保险监管合作协议，建立了“粤港澳深”保监机构四方联席会议机制，充分利用港澳和内地保险业的天然互补优势，开展了互惠互利的合作，共同维护保险市场秩序，打击地下保单。

2. 加强了与国外保险监管机构的合作交流

中国保监会先后与新加坡、德国、美国、韩国等国家保险监管机构签署了监管谅解备忘录，2003年，美国保险监督官协会代表团访华，2004年，保监会主席吴定富率团出席国际保险监督官协会（IAIS）年会，推动了中国与国际保险监管的全面合作，为完善监管高层对话机制及未来更深更广层次的合作交流确立了基本的交流框架。

第二节 “十五”期间保险监管存在的问题

“十五”期间，受制于保险业总体发展水平、市场结构和经营机制等因素，保险监管工作仍然存在以下一些问题。

一、监管法制建设相对滞后

“十五”期间，中国保险监管法规建设还很不适应形势发展的需要，执法不严的现象在很大程度上仍然存在。一是《保险法》颁布以来，中国保险业发生了巨大变化，出现了许多新的情况和问题。同时，现行法规中存在不少与世贸组织原则不符的内容，亟须对法律进行修改、补充和完善；二是调整专门保险机构和专门业务的监管法律还不健全；三是规范和约束保险监管机构及其工作人员行为的规章制度还不够完善，如《保险违法行为处罚办法》、《个人代理人管理办法》等迟迟未能出台，日常监管中常常出现无法可依的现象。

二、监管水平和质量有待提高

“十五”期间，中国保险监管手段仍主要依靠行政手段，还没有充分发挥现代信息技术的作用，尚未建立一套科学的量化监管指标体系，难以对保险公司的偿付能力、风险状况进行科学的监测和预警；保险监管关注更多的仍是日常性监管工作任务，缺乏数量化、专业化的监管标准；信息披露不充分，缺乏透明度，监管者与被监管者之间存在严重的信息不对称，保险监管过程中的技术含量不高。

三、偿付能力监管尚需落实

中国保险业防范化解风险的手段和措施还不够完善，市场行为与偿付能力并重的监管原则在实践中还有一定差距。除了诸多历史和客观因素之外，部分监管人员对市场行为监管的方式和手段比较习惯，而对偿付能力监管的内容、标准和要求相对陌生；对静态的、现场查处做得比较多，而对动态的、持续的非现场分析做得比较少；对个别具体经营行为的定性查处比较重视，而对公司整体状况和保险体系风险程度的定量分析和评价工作起步较晚，经验不足。

四、监管队伍建设仍显不足

中国保险监管的历史毕竟较短，对市场经济和开放经济条件下保险监管理念、技术和手段的了解、认识和掌握程度有限；不少人的观念中还保留有计划经济和封闭经济体制下政府行为模式的烙印；监管人才短缺，在数量上，目前全国的保险监管人员数量还不及美国纽约一个州的监管人员数量，这些人员中，既懂保险又懂法律、工程、精算等专业知识的监管人才更是匮乏。

五、监管体系不够健全

（一）中国保险行业自律监管作用还很有限

行业自律的作用未得到充分发挥，这在很大程度上制约了统一、规范与国际接轨的保险市场的建立。

（二）监管外包工作还未有效开展

中国对如何利用外部中介机构实行保险监管缺乏相应的制度和法规，监管外包工作比较薄弱。

（三）社会监督还有待加强

目前，中国在利用保险评级机构、新闻媒体、独立审计等机构发挥监督作用方面做得还很不够。

（四）保险信息不够公开和透明

保险机构的资产负债状况和经营业绩缺乏必要的透明度，对信息披露还没有明确的规定和要求，保险机构报表、数据等信息资料的公允性和真实性缺乏有效的监督机制。

六、监管文化建设亟需加强

保险监管文化是保险监督管理机构在对保险行业进行监管过程中形成的监管理念、监管制度和监管行为的总和。“十五”期间，保险监管理论研究在总体上滞后于保险业改革发展的实践，研究力量比较薄弱，研究人才相对短缺，研究体制不健全，没有形成符合中国保险市场实际的保险理论体系。

第二章 “十一五”期间保险监管创新及监管体系建设总体思路

第一节 保险监管面临的形势和挑战

随着改革开放的不断深入，中国经济呈现快速增长趋势。经济规模不断扩大，运行质量不断提高，固定资产投资大幅增长，对外经济快速发展，居民收入稳步提高。2003 年，国内生产总值突破 11 万亿元，达到 116 694 亿元，是 1997 年以来增速最高的一年；中国人均国内生产总值达到 1 090 美元，首次突破 1 000 美元。根据全面建设小康社会的宏伟目标，到 2020 年，中国经济总量将比 2000 年翻两番，这意味着中国经济在今后的 15 年中将保持较高的增长速度，中国经济进入一个新的发展阶段，中国保险业迎来一个空前的战略机遇期。

2003 年，保险业实现保费收入 3 880.4 亿元，同比增长 27.1%；保险密度达到 287.44 元，保险深度为 3.33%；保险公司总资产为 9 122.8 亿元，同比增长 41.5%。2004 年，全国保费收入 4 318.1 亿元，同比增长 11.3%；保险密度 332 元，保险深度 3.4%。截至 2004 年年底，保险公司总资产达 11 853.6 亿元。经济增长是决定保险业发展的根本因素。从世界各个工业化国家的发展进程来看，当人均 GDP 由 800 美元向 3 000美元过渡时，这个国家的经济发展将进入一个高速增长期。“十一五”期间，企业效益将显著提高，居民收入稳步提高，城乡居民储蓄将不断增加，保险需求主体总体支付能力不断增强；西部大开发、振兴东北老工业基地等发展战略的提出，2008 年北京奥运会和 2010 年上海世界博览会等重大国际活动的举办，为保险业提供了难得的发展机遇和广阔的发展空间；中国人保、中国人寿和中国再保险等国有保险公司股份制改造取得重大进展，初步建立了现代企业制度，保险业的竞争力进一步增强；自加入世贸组织以来，按照世贸组织的要求，中国保险市场开放程度不断加深，市场准入机制不断完善，市场主体不断增加，民族保险业保护措施逐步取消，市场竞争日趋激烈；保险企业将不断强化效益观念，不断加大结构调整力度，加快产品和服务创新。与此同时，国家宏观调控体系建设、国有资产管理体制改革和金融监管体系建设将取得重要进展，促进非公有制经济发展的政策措施将进一步落实，保险业发展的政策体制环境不断完善，有利于进一步推动保险业的发展。

保险业的快速发展对保险监管提出了新的要求。在保险业的发展过程中，保险监管将确立全新的发展思路，不断加强监管调控职能，加大风险防范的监管力度，加强监管基础建设，不断完善监管体系，保险监管创新和监管体系建设面临良好的机遇。

同时，在保险业快速发展的形势下，中国保险监管创新和监管体系建设也将面临巨大的挑战：

挑战之一：监管理论研究如何体现时代特征

中国保险业虽然已经取得了很大的发展，但保险理论研究仍然比较薄弱。保险监管理论研究不够深入，理论研究和实践发展存在脱节，没有形成一套较为成熟、系统、符合中国实际的保险监管理论体系，与快速发展的保险业不相适应。在“十一五”期间，保险监管理论如何跟上时代步伐，体现时代特征，为保险监管实践提供相应的理论指导，逐步建立适合中国国情的监管模式，是保险监管面临的挑战。

挑战之二：监管工作如何突出重点

目前，中国保险监管在认识上与市场经济的要求还有一定差距[①]。随着中国保险业的不断发展，保险监管重点将逐渐转移到宏观调控、营造竞争氛围、防范行业风险等方面。由于现行保险法律制度不完善、保险监管技术化、信息化水平不高等因素的影响，保险监管部门能否及时调整监管重点，不断创新监管机制，提高监管的有效性，是保险监管面临的挑战。

挑战之三：如何处理好促进发展和防范风险的关系

一方面，随着保险市场主体的迅速增加，市场竞争日趋激烈，保险业在产品、销售和服务等方面的创新力度进一步加大；另一方面，保险业面临的风险也不断增大。金融业的相互渗透和融合经营的趋势越来越明显，金融创新的成本和风险不断增大；由于资本市场不完善和保险资产管理水平等因素的制约，资金运用中的风险控制难度不断加大；中国保险监管正逐步从市场行为监管和偿付能力监管并重向国际上通行的以偿付能力为核心的监管模式过渡，但保险偿付能力监管制度目前还不完善，尤其是在数据积累、统计分析等方面的基础还很薄弱，市场行为监管占用了大量的监管资源，投入到偿付能力监管领域的力量不足。如何处理好促进发展和防范风险的关系，以监管促发展，既不过于严厉，以至于扼杀保险业的持久创新能力，阻碍保险业的发展，又不过于宽松，使市场处于无序状态，使保险监管在防范、预测和评估风险等方面的主动性难以发挥，是保险监管面临的挑战。

挑战之四：如何适应市场的深度开放形势

随着“十一五”期间中国保险市场的深度开放，一些实力强大的外资金融保险公司，特别是具有巨大市场影响力的全球性跨国公司将陆续进入中国保险市场，这将使中国保险监管面临如何应对大型跨国保险公司滥用市场影响力的倾向和可能性等问题。跨国公司凭借其雄厚的资金实力和全球融资能力、先进的经营管理技术、强大的研发能力、丰富的资本市场运作经验，将可以更为充分地发挥其竞争优势，从而可能比内资公司具有更强的市场影响力，并具有更强的规避监管的能力，也对保险监管提出了

① 主要表现为：(1) 对监管的功能认识不够，保险监管更多的是关注日常性监管工作任务；(2) 对依法监管认识的被动化，对保险动态、市场需求的跟踪研究不够，对市场出现的问题，还不能及时提出针对性和操作性较强的意见和办法；(3) 对监管创新的内涵认识不足，对监管创新理解片面化。受这些认识的影响，中国的保险监管更多地关注对保险经营主体行为的监管和对单个违法主体的处罚。

全新的挑战。

挑战之五：监管体系如何完善

中国保险监管制度和体系还存在一些不合理的因素，严重制约了监管效率的提高。例如，监管队伍的知识结构还不够优化，宏观研究、精算、法律和财务分析等方面的专业人才队伍还比较缺乏；保险监管的透明度较低，社会公众难以及时、准确、完整地获得关于保险公司、保险产品、保险市场的重要信息，监管机构与保险公司尚未建立信息交流和共享的平台，数据统计口径不统一；保险监管部门与银行、证券监管机构的协调机制还没有完全制度化，监管协调还不够顺畅；保险行业自律的作用还没有充分发挥；行业协会、会计、法律、精算等机构在保险监管中还没有发挥应有的作用等。如何完善以市场为导向的监管体系，建立具有中国特色的监管制度，不断提高监管效率，对保险监管提出了挑战。

第二节 保险监管创新和监管体系建设的指导思想和原则

我们认为，“十一五”期间保险监管创新和监管体系建设的指导思想是：

一、切实转变政府职能

从本质上讲，政府职能的转变就是向全面市场化的转变。保险监管机关转变政府职能主要体现以下方面的要求：(1) 加强宏观经济调控，着力创造一个有效的良好的市场环境。保险监管机关应当切实寓服务于监管之中，通过制定相应的经济政策来推动结构优化，培养和扶持具有国际竞争力的企业，改革行政审批制度、打破行业垄断、填补法律空白、培育和发展自律性中介组织等手段，为保险业创造的良好的发展环境；(2) 服务于做大做强中国保险业的大局，推动保险业的发展。保险监管机关应当采取有效措施，推动保险企业核心竞争力、保险产品自主创新能力和保险市场协调发展能力的提高，推动保险企业开发个性化产品，并以差异化的服务创新，不断满足广大人民群众和经济社会发展对保险的需求，更好地服务于全面建设小康社会；(3) 建立健全防范化解风险的长效机制，防范系统性风险。保险监管模式要逐步向以风险为基础的动态监管模式转变，强化对保险公司治理结构和内控建设监管，防范金融风险，维护金融稳定；(4) 坚持以人为本，把为最广大人民群众服务作为保险业发展的根本目的，把不断满足人民群众的保险需求作为保险工作的出发点和归宿，广泛服务于社会的各个阶层和人们生活的各个方面，重视对弱势群体的保护，维护被保险人的利益。

二、不断提高执政能力

加强党的执政能力建设，是十六大根据新世纪新阶段党所面临的新形势新任务而作出的一项战略决策。保险监管工作必须以邓小平理论和“三个代表”重要思想为指导，把思想理论建设放在首位，牢固树立立党为公、执政为民的理念，不断进行理论创新；要从国情出发，研究保险市场的发展和运行规律，研究以人为本的社会运行规律，构建和谐社会；坚持和健全民主集中制，在保险监管领域培养造就优秀领导人才，认真开展批评与自我批评，把各级监管机构的领导班子建设成为坚强的领导集体；深化干部人事制度改革，努力形成科学的干部选拔任用机制和干部管理监督机制；加强和改进党的作风建设，着力解决党的思想作风、工作作风、领导作风和干部生活作风方面的突出问题；努力建设学习型政党，不断提高全体党员和领导干部综合素质。

三、不断提升监管效率

目前，中国的保险监管仍然存在有效性差的问题。为了提高监管的有效性，保险监管应当切实进行全方位、深层次的改革，而不是单纯的重新划分现有部门的职责、设立新的部门，要建立一种全新的监管文化，形成新的监管理念、信念和行为方式，确保实现监管政策目标。监管措施的制定要立足于中期目标和长期目标，既要突出现实性，也要体现一定的前瞻性，从法律法规、监管程序、监管报告、人事制度和培训酬薪制度等方面，对监管过程的每个方面和各个环节都制定相关的程序和制度，落实有关工作要点，使监管工作、分析和决策过程标准化，加强责任制度建设，以保证法律法规和监管政策执行的一致性。

按照以上指导思想，“十一五”期间，保险监管工作应当适应市场发展的要求，贯彻以下四个原则：

（一）坚持依法监管原则

不断完善保险监管法制，依法进行监管。要建立良好的法律制度环境，把监管工作建立在严密、系统的法律法规之上，使监管依法进行，并以此保障监管的权威性、严肃性、强制性和统一性。

（二）坚持成本效益原则

保险监管制度设计要求遵循监管成本最小化与收益最大化的原则；在制定和实施监管政策、措施的过程中，要充分考虑可能对竞争、效率和金融创新产生的影响，采取灵活、有应变能力的、前瞻性的监管政策和措施；建立有效的监管协调机制（包括内部协调、外部协调和国际协调等），坚持相互配合，协调动作，形成监管合力，既避免监管真空又防止重复监管，切实提高监管的有效性。

（三）坚持防范风险原则

保险业是经营风险的特殊行业，稳健经营是其基本的目标。保险监管机关必须进行系统的风险预防和监测，监管重点应放在保险企业运营全过程的风险评估、风险控制和风险处置上；要逐步由市场准入监管向持续性监管转移，尽快建立保险经营过程的风险监管以及建立退出机制的持续性监管；要经常对保险经营管理活动的规范性和有效性进行监督，将保险机构整个的经营活动过程进行持续监督管理，综合配套地运用各种手段，科学地建立风险管理监管指标体系，对保险企业风险管理进行识别、计量、监测和控制；要突出保险公司公司治理结构和内部控制的地位，以科学的态度，遵循市场经济的规律，完善法人治理结构，健全内部控制制度。

（四）坚持市场约束的原则

要强化市场约束的监管作用，提高保险企业经营的透明度，让保险企业直接面对市场的监督和压力。通过建立规范的信息披露制度、信用评级制度，充分发挥保险行业协会及会计师事务所、精算师事务所、律师事务所等市场中介机构的作用，发挥社会的监督作用，使保险监管机构全面及时地了解保险业经营过程中的各种情况和问题，以便有的放矢地采取监管措施。

（五）坚持保护消费者利益的原则

保险监管机关应当正确认识保护消费者权益的重要意义，建立专门机构促进消费者权利保护，同时，要采取有效手段，对供给者的行为进行必要的制约，严肃查处欺诈、误导等违法行为，促进保险公司树立诚信意识，提高服务质量，保护消费者的知情权、自主选择权、公平交易权、隐私权、接受优质服务权、监督权等合法权益。

第三节　保险监管创新和监管体系建设的总体思路

面对新形势、新挑战，保险监管部门应当确立全新的发展思路，不断推动保险监管创新和保险监管体系建设。我们认为，“十一五”期间保险监管创新和体系建设的总体思路是：以科学发展观为指导，抓住保险业发展的战略机遇，坚持寓服务于监管之中，实现服务和监管的协调统一；坚持以人为本，体现保险监管的重点与差别，强调监管的有效性；以加快保险业发展为第一要务，加强保险监管功能、监管内容和方式、监管基础制度等方面的创新，切实把监管职能和监管重心转移到主要为市场主体服务和创造良好发展环境上来；不断完善监管体系，实现监管资源的合理配置，从而使保险监管更好地服务经济建设和社会发展全局，为全面建设小康社会作出贡献。

一、保险监管创新的总体思路

保险监管创新工作应当“突出一个中心任务，推动三方面创新”。

（一）突出一个中心任务

要把加快行业发展作为首要任务，不断发挥保险监管职能，加强宏观调控、政策引导和扶持、监管服务等方面的工作，营造良好的竞争环境，鼓励市场主体不断创新，实现做大做强中国保险业的宏伟目标。

（二）推动三方面创新

1. 监管功能创新，充分发挥监管机构的调控职能，促进行业发展；

2. 监管内容创新，防范行业风险，维护国家金融安全；

3. 监管基础制度创新，切实提高监管效率。

保险监管创新工作既要立足中国实际，也要借鉴国际经验，循序渐进，稳步推进。一方面，要在原来保险监管的范围和领域内，继续完善监管职能，加强监管创新；另一方面，对于保险监管原来没有涉及的领域，要切实转变观念，勇于探索，加大创新力度，力争取得三个方面的突破：

第一，发展多元化保险组织，扩大保险监管职能，推动相互保险公司的发展，将自保、互助保险等保险组织纳入统一的保险监管范围；

第二，实现监管方式的根本转变，由过去“保驾护航式”的监管方式向推动市场“优胜劣汰”的监管方式转变；

第三，要抓住保险公司治理结构建设这一关键环节，加大监管力度。

二、保险监管体系建设的总体思路

保险监管体系建设要从国际保险监管实践和中国保险业的实际出发，加大保险公司内控制度建设力度，加强政府监管，加快保险业自律组织体系建设，加强社会监督，最终建立企业内控、政府监管、行业自律、社会监督管理“四位一体”的立体监督管理体系。

第三章 “十一五”期间保险监管创新及监管体系建设政策建议

第一节 推动监管功能创新，促进行业发展

“十一五”期间，中国保险业将面临极为难得的发展机遇，监管部门应充分认识加快保险业发展的必要性、紧迫性，不断推动保险监管功能创新。保险监管功能创新的主要任务是规划市场发展、政策引导和扶持、提供服务等。

一、调整市场主体结构，构建中国特色保险市场体系

保险监管部门应当根据保险业的发展情况，不断增加市场主体，完善市场主体结构，坚持专业化、综合化和集团化并重的原则，建立统一、开放、竞争有序的保险市场体系，构建可竞争性市场。

（一）培育和发展具有国际竞争力的大型保险企业集团

鼓励股份制保险机构和区域性保险机构通过增资扩股、发行可转换债券等获取与其经营能力相匹配的资本规模，尽快组建具有国际影响的跨国金融保险集团；要以资本为纽带，鼓励保险公司通过市场兼并、重组等方式，组建大型保险集团甚至金融服务集团；要实现投资主体多元化，吸引有实力的民营资本、外资参与设立保险公司；鼓励保险公司在非产权与资本层面的业务合作及不同地域间的合作，加快保险业的市场化进程。

（二）鼓励发展专业化保险公司

随着市场竞争的加剧，中国保险市场将不断进行细分，集中于某一类专门业务、集中于某些局部区域的保险公司逐渐崛起。保险监管部门应有侧重地批设专业化保险公司，优先发展养老保险公司、健康保险公司、农业保险公司、责任保险公司、专业保险代理公司等。从国外的经验来看，专业性保险公司业务经营的主要特点是：管理成本高，精算难度大，对产品开发、营销、理赔、风险控制等方面的技能要求比较高。保险监管机关可以根据专业保险公司的特点，对专业保险公司的设立发布相应的指引性文件，在设立条件上对专业化保险公司采取不同于综合性公司的规定，如资本金要求、高管人员要求等；制定和出台相关专业法规和管理办法，规范从业人员资格和市场准入专业标准，突出体现专业保险公司在技术、管理、风险控制等方面的专业性。

（三）履行加入世贸组织承诺，有计划地引入外资保险公司

在履行加入世贸组织承诺的前提下，保险监管机关应当有步骤地放松外资保险公

司的准入限制。在开放的地域上，引导外资保险公司有秩序地从沿海城市逐步向内地、农村发展，尤其要鼓励和支持外资保险公司到西部和东北老工业基地等地区开展保险业务；在开放的业务上，重点引进在健康保险、农业保险和巨灾保险等方面有专长的外国保险机构；在外资保险公司的设立形式上，逐步从中外合资经营为主过渡到中外合资保险公司、外国保险公司分公司、外商独资公司共存的格局；加强对外资保险公司的管理，规范外资保险公司的投资利润汇出，规范外资保险公司与其关联公司之间的业务往来，实行更加严格的财务和偿付能力管理。

（四）发挥保险中介职能，有步骤地审批各类保险中介机构

对保险代理人、保险经纪人、保险公估人进行分类管理，采取不同的准入政策。

1. 鼓励专业代理机构的发展

随着保险公司效益观念的不断强化，保险公司的核心技能将进一步集中于产品开发设计、资本运用、风险管理等方面，而将展业等职能逐步分离给保险代理机构。专业代理机构的专业技术水平较高，管理比较规范，容易与保险公司建立长期的战略合作关系，应进一步加大其发展力度。

2. 严格审批兼业代理机构

对兼业代理机构审批应当相对慎重，主要集中于那些有较宽销售渠道和营销网络、管理比较规范的机构，如银行、邮政、铁路等部门。

3. 大力发展保险经纪公司

4. 适时发展保险公估公司

二、发展多元化保险组织，创立统一监管体制

经济发展的层次性带来保险需求的多元化，从而需要多元化的保险组织形式以满足不同层次的保险需求。从各国的保险组织形式看，股份公司、相互保险公司、保险合作社是三种主要的保险组织形式。中国法律对股份保险公司、国有独资公司以外的其他保险组织形式缺乏规定①。“十一五”期间，保险监管部门应当鼓励多元化组织形式的发展，逐步建立完善的监管体制。

（一）推动相互保险组织的发展

相互保险公司是当前世界保险市场上的主流组织形式之一，在全球保险市场上占有重要地位。目前，互助合作类保险组织在中国已有所发展，如中国船东保赔协会、中华全国总工会下设的中国职工互助会等，发展互助类保险组织已具备一定的基础。2005年1月11日，经中国保监会批准，中国第一家相互制保险公司阳光农业相互保险公司正式挂牌开业。“十一五”期间，保险监管部门应当采取有效措施推动相互保险公司的发展：

1. 加快立法步伐

目前，法律冲突和缺位成为相互保险合法化的最大障碍。在现行《公司法》、《保

① 《保险法》第一百五十六条仅原则规定：“本法规定的保险公司以外的其他性质的保险组织，由法律、行政法规另行规定。”

险法》的法律框架内，保险监管部门应当就相互保险公司的发展问题积极同有关部门进行协商，早日就相互保险公司的法律定位、监管要求等达成共识。在此基础上，可以考虑修订《保险公司管理规定》，增加有关相互保险公司的规定，或者单独制定有关相互保险公司管理办法，对这些保险组织的融资结构、治理结构模式、成员组成等进行严格规范。

2. 逐步建立健全相互保险的管理、监督体系

相互保险公司是封闭式的保险组织形式，主要依靠会员自我管理，其运作、经营的社会透明度较低。建立健全一套适合相互保险运作的监督管理体系十分必要。考虑到相互保险公司与股份公司的不同特点，对相互保险公司的监管主要应当考虑营运资金的筹措、经营目标、经营管理、分配机制、保单持有人权利保护、解散、清算等方面的问题，体现相互保险公司在保险合同、准备金提留、偿付能力计算等方面的特殊性。

（二）将自保、中国职工保险互助会等保险组织纳入统一的监管范围

鉴于中国保监会尚未就自保、职工保险互助会等保险组织的管理问题进行专门规定[①]，还没有充分掌握社会开展自保、互助保险的信息数据及其他相关情况。建议由保监会牵头，组织有关部门对自保、互助保险做专题调查研究，对中国保险业借鉴这些运作方式提出具体的可行性建议，推动自保、互助保险等保险组织的统一规范运行。修订《保险法》、《保险公司管理规定》等法律法规，对自保、互助保险组织的设立资格和运作方式、业务往来、再保险、偿付能力等作出严格规定，制定全面、可行的业务监管指标、财务监管指标和资金运用监管指标等。此外，监管部门还要重视协调好自保、互助保险等与商业保险的关系，促进二者间的有序竞争，促进保险业的稳定发展。

三、转变“保驾护航”式的监管方式，推动市场竞争

随着中国保险市场的不断发展，保险监管部门应当通过引入公平竞争市场规则，为保险市场创造公平竞争的环境，使市场竞争逐步充分；采取有力措施，防范和制止反竞争的行为，最大限度地消除各种垄断、限制交易、不公平竞争等妨碍市场效率的因素。

（一）保险监管机关应在保险竞争立法和执法中发挥重要作用

由于保险业的特殊性，国家对保险业的市场准入、保险条款、保险费率、偿付能力、资金运用等实行特别监督管理。在保险业的竞争调控问题上，保险监管机关应当发挥积极作用。通过参与国家竞争法律制度的制定，协调相关竞争执法部门的关系，力争在对反竞争行为的调查、定性、处罚等方面享有一定的权力，使中国保监会能够

① 目前，自保公司已成为全球保险市场上一支很重要的力量。按照国际标准，中国目前为止还没有一家专业自保公司。但是，许多大型企业为了有效转移风险，降低保险成本，也试图建立专属的自保组织，专业自保公司的雏形——企业安全生产保证基金已经出现。此外，全国总工会也组建了中国职工保险互助会，为职工提供健康、意外保险等险种。

在保险竞争领域的立法和执法中发挥重要作用。

（二）加强对保险公司并购行为的管理

随着中国保险市场的全面开放，保险竞争主体不断增加，竞争日趋激烈。保险公司为增强资金实力和扩大市场份额，将不断采取收购、兼并和重组等方式，通过国内、跨境和跨领域合并，实现集团化经营。

保险监管机关应加强对保险公司并购行为的管制。一方面，尽快规范保险公司的并购行为。目前，保险监管部门已经提出“允许保险公司依法兼并、收购，实现股权有序流转”的思路。在这一思路下，保险监管机关应抓紧研究保险公司的竞争态势，抓紧做好各项基础性准备工作，积极稳妥地推进保险业的战略性并购；要根据保险业的实际情况，参照中国现行法律法规特别是中国证监会发布的有关并购规则，在适当的时候制定《保险公司并购管理办法》，就并购的原则、方式、内容、程序等作出规定；对于跨保险行业的并购，保监会应加强与中国人民银行、银监会、证监会等部门的协调与合作，提高监管质量和效率；在法律规定的范围内，与其他金融监管部门联合修改并购方面的限制性条款，发挥行业协会的指导协调功能，规范保险业并购；鼓励保险业参与国际保险市场的并购。另一方面，由于保险公司兼并可能形成一些大的垄断集团，从而对市场竞争结构产生较大的影响，保险监管机关应根据《公司法》、《反垄断法》的有关规定，研究和分析保险垄断集团对保险业乃至国民经济的影响和发展趋势，提出相应的解决对策，要本着有利于保险业竞争的原则，加强与反垄断主管机关的协调与配合，按照法律规定的职责和分工，处理保险集团的垄断问题。

（三）加强对不正当竞争行为的管制

主要包括三个方面的内容：

1. 规范共保行为

在中国保险业的发展过程中，保险公司采取过多种共保形式分散经营风险，例如：核共保体、航天共保体、航意险共保体、新车共保等。共保有利于降低保险费率、提高承保能力和效率、提升保险技术水平，但共保同时也可能存在限制竞争的问题。因为，共保经营可能要求参与方采用统一的条款、费率，限制对方的权利，还可能通过划定市场份额，限制参与方的进入和退出。发达国家对共保的规范，主要是通过权衡其积极和消极影响来实现的。就是既要鼓励保险人通过联合承保充分发挥共保对保险业发展的积极意义，又要限制共保可能产生的妨碍市场竞争的消极影响。保险企业之间的协议、联合决定或一致行为，如果具有阻止、限制以及歪曲保险市场内部竞争的意图或影响的，原则上为非法。保险监管机关对共保中可能出现的限制竞争行为应予以重点监管，并根据法律的规定采取相应的措施。在具体的操作上，建议借鉴欧盟经验，对那些属于保险人未曾承保过的全新风险，采用共保的方式具有明显的促进社会稳定和科技进步意义的，予以鼓励；但对那些常规性的风险业务，若干拥有较高市场份额的保险人再行以共保的方式进行承保，则应当禁止[①]。通过对共保行为进行分类规范，保险监管机关可以及时发现并采取有效措施制止因共保行为产生的限制竞争行为。

2. 加大执法力度，制止不正当竞争行为

在中国保险业的发展过程中，保险机构之间恶性竞争的情况不断发生，有的保险公司为拉客户、抢业务，采取不正当手段进行竞争，如大幅度压低保险费率、扩大保险责任、支付高额手续费、降低免赔额、变相回扣等。保险监管机关要加强社会监督，建立健全相应的执法体系，加大现场监管力度，及时查处恶性竞争行为。

3. 重视和加强对大型保险企业滥用市场支配地位的监管

保险监管机关在培育具有国际竞争力的保险企业的同时，也应对具有市场支配地位的企业进行重点监控，防止大型保险企业通过制定不公平价格、采取歧视行为、拒绝交易、强制合同等行为，滥用优势地位，损害其他竞争者和消费者的利益。

四、加强政策引导，促进保险业均衡布局

全面建设小康社会，实现经济和社会发展的协调发展，决定了中国的产业、地区布局必须均衡发展。保险监管部门应利用好政策引导和政策扶持，促进保险业布局的均衡发展。

（一）鼓励和支持保险公司到西部和东北老工业基地等地区开展保险业务

保险监管机关可以通过制定区域性保险发展规划，促进保险公司在产品、服务、营销模式等方面的创新，化解老工业基地改造过程中的存量风险和增量风险，为东北老工业基地振兴战略提供有针对性的保险保障；积极协调与财政、税收等部门的关系，为到这些地区开设保险公司或分支机构的企业提供一定的政策优惠，鼓励在东北地区率先进行险种的改革和创新试验，不断提高保险公司进入西部和东北老工业基地等地区开展保险业务的积极性。

（二）发展农村保险市场

1. 鼓励保险公司开发农村、农民、农业急需的大众性保险产品，特别是对发展比较慢、生活水平较低的农村，重点开发一些能够保证生产正常进行且费率较低、农民急需的险种，从而促进农业的发展

2. 针对一些地方自然灾害比较多，如洪涝灾害、地震等开发灾害保险

3. 积极发展农村养老、医疗保险等具有保障性较强的产品，开发针对流动农民工的保险

4. 开发针对农业再生产过程中各种软件要素（如科技、市场风险等）的保险产品，

---

① 欧盟委员会在 2003 年 2 月 27 日通过的《关于在保险业某些协议、决定和协同行为中适用欧洲共同体条约第 81（3）条的规定》中对共保现象作出了两种不同的规范：整体豁免和个案审查。对那些承保新风险的共保体，可以在三年内整体豁免反垄断法上的义务，也就是说反垄断法对这类共保体三年不适用。此处所要求的新风险系指全新的风险类型，也即共保参与方未曾承保过的风险。对那些业已存在的共保体只要符合下列两个条件也可以享受反垄断法豁免的待遇：一是非再保险共保体所拥有的保险市场份额不得超过 25%；二是再保险共保体所拥有的保险市场份额不得超过 20%。见唐运祥：《中国非寿险市场发展研究报告（2003）》，209 页，北京，中国经济出版社，2004。

不断推进农业产业化进程，完善农产品市场体系

五、强化监管服务职能，推动保险创新

保险创新是保险服务于全面建设小康社会的必然要求。创新是解决保险业发展中问题的根本途径，是提高中国保险业国际竞争力的重要手段。

（一）坚持市场化取向改革，推动监管方式的创新

保险监管机构应坚持市场化改革，不断创新监管方式，要按照《行政许可法》的要求依法行政，在目前事后监管的基础上加强事前、事中监管，突出对市场和公司风险的识别、判断、预警和监控，使监管从治标监管转变为治本监管。

（二）推动保险产品和服务创新

保险监管机构应充分考虑需求结构变化和宏观经济因素的影响，支持保险公司推出适应社会需求及引导需求的新险种，形成以社会需求为导向的保险产品创新体系，以满足社会不断增长的保险需求。鼓励保险企业不断创新服务方式，丰富保险服务的内涵，把服务渗透到保险消费的各个环节。保险监管部门应重点做好以下工作：

1. 改革产品报备制度

监管部门应鼓励新产品在中国市场上的开发和发展，并加以必要的引导和规范，增加消费者对新兴产品的理解和接受程度，保护消费者的合法权益；在技术和经营理念等方面引导市场主体，促进新型产品的健康发展；对保险产品采取动态的审批或报备制度，对不同产品采取不同的监管手段，对于包括新型产品在内的有关规定较为完善的产品，采用备案制。对创新产品采取严格的审批制度和产品论证制度，待具有一定的市场经验和相应的管理规定后则可以逐步放宽。

2. 鼓励重点领域的创新

保险监管部门要引导保险企业开发健康保险产品，丰富产品结构，扩大保障范围；加大利率敏感型险种的开发力度，增强保险产品在防御经济波动风险的能力；推动年金市场发展，完善养老保险体系；加大短期寿险品种的开发与销售力度，调整保险产品期限结构；努力开拓新的责任保险领域，对一些高危行业和公众聚集场所，有必要会同有关部门通过立法，建立强制责任保险制度；发展农业保险市场，优化产品的区域结构。

（三）鼓励保险企业创新经营机制

保险监管机关应鼓励保险公司运用电脑、网络等先进信息传递技术、进行信息收集、险种设计、费率厘定、风险识别和监督管理等；要综合运用各种监管手段，不断加强与其他金融监管机构的协调，促进保险组织的创新。

第二节　加强监管内容创新，防范行业风险

保险业是金融体系的重要组成部分，是经营风险的特殊行业，也是社会性、公众性很强的行业。“十一五”期间，保险监管应不断创新监管内容，尤其要重点加强对保险公司的风险监管，切实将防范行业风险与促进保险业发展结合起来。

一、加强保险公司治理结构监管

在经济全球化和金融一体化的新形势下，企业间的竞争日益表现为企业制度间的竞争，其核心就是公司治理结构①。“十一五”期间，保险监管部门要尊重市场经济规律，引导企业不断深化改革，按照资本充足、内控严密、运营安全、服务和效益良好的要求，完善公司治理结构，逐步规范经营行为，建立一个决策科学、运营规范、管理高效的保险经营实体，从而有效地防范经营风险，促进保险市场持续、稳定、健康发展。

（一）促进保险公司强化效益观念

投资必须获得回报，丰富的资本来源是公司生存和发展的基础。保险企业要增强使命感和责任感，自觉遵守市场经济基本规则，强化效益观念，促使企业贯彻“以市场为导向，以客户为中心”的理念，强化市场观念，尊重价值规律，效益第一，始终追求更低的经营成本、更高的管理效率和更好的服务水平。

（二）加强对控股股东的监管

为了防止控股股东对保险公司的过度控制，导致中小股东利益受损，应当明确规定控股股东对保险公司和其他股东负有诚信义务，不得利用其控股地位谋取不当利益，或损害保险公司、其他股东和其他利益相关者的权益。保险监管机关应当限制上市公司董事及经理人员兼任控股公司职务，从而减少控股股东对保险公司经营的过度干预；加强对股东大会的决策程序的监管，在提名和选举董事时引入累积投票制和差额选举，最大限度地提高公司治理效果。

（三）加强制衡机制的监管

保险监管机关要监督股份制保险公司建立股东大会、董事会、监事会以及管理层之间的权力制衡机制，增强董事会的独立性，建立和完善公司内部权力机构、决策机构、监督机构和经营管理者的制衡机制；推动上市公司董事会设立审计、报酬、提名、风险管理等委员会，明示各委员会的工作内容、程序；优化董事会成员结构，完善保险公司高级管理人员任职资格管理办法，明确保险公司董事长和总经理的职责；进一步提高保险公司经营的透明度，建立和完善信息披露制度；督促保险公司建立和完善赔偿责任追究机制，建立相应的董事和高级职员责任保险制度，使公司的董事会、独立董事和管理人员切实承担其责任，为股东谋取最大利益。

（四）明确监事会与独立董事的职能

目前，在保险公司的治理结构中，同时存在监事会与独立董事两个组织。这两个组织同时承担监督职能，极易发生职权的重叠。解决这个问题的前提是清晰界定两者的职能。保监会应当逐步探索，并通过发布相关指引文件、交流和借鉴等方式，逐步寻求解决这一问题的有效方案。现有股份有限公司中，同时存在董事会与独立董事的，

① 中国保险公司治理结构还存在很多问题，体现为：股权结构不够合理，董事会制度不健全，信息披露制度不健全，缺乏有效的激励和约束机制。参见吴定富：《完善保险公司治理结构 推进体制改革和机制创新》，新华网 www. xinhuanet. com，2004－05－10。

必须明确二者职能与分工；没有设立独立董事的，建议在强化监事会职能的前提下，不设立独立董事，避免发生职权重叠。

（五）加强对其他利益相关者的保护

现代股份制公司的目标是多元的。股东利益最大化仅是现代股份公司的目标之一。随着社会经济的发展，银行及其他债权人、职工、消费者、供应商、社区等利益相关者的合法权利也日益受到重视。不对这些利益相关者的权利进行保护，有违现代公司治理理念。因此，保险监管机关应当督促保险公司与利益相关者积极合作，制定相关利益保护规定，切实维护其他利益相关者的利益，共同推动保险公司持续、健康地发展。

二、加强偿付能力监管

（一）加强偿付能力监管的基础制度建设

1. 改进保险公司的财务报表制度，保证业务数据和监管报表的真实性

应制定统一的统计口径及对各个科目的具体说明；制定填制报送数据和报表的责任追究规章，从制度上保证业务数据和报表的准确性、及时性和真实性；指定具备资格的会计师事务所等中介机构对保险公司的年度报表进行审核。

2. 建立一个科学的为保险公司、保险监管部门和社会公众认可的监管信息系统

根据保险公司的组织形式、业务种类、险种结构和业务规模、资产和负债状况等情况，充分考虑影响保险公司偿付能力的各种风险因素，参考国际通用的风险系数值，根据中国的实际情况进行调整，从而对保险公司的偿付能力作出总体评价。

（二）进一步完善精算师制度

建立精算财务报告制度，推动精算师从管理负债发展到管理资产，进而对资产负债进行匹配管理；建立精算师责任制度，明确精算师对公司内部财务精算制度负责，及时报告公司在偿付能力方面存在的问题；鼓励保险公司聘请海外精算师，引入竞争机制，加快中国精算师制度建设步伐。

（三）重视动态偿付能力监管

对保险机构偿付能力的监管应该考虑其未来发展趋势，即在考虑保险公司资产和预期保费收入的基础上，判断其各项准备金是否足够履行将来的赔偿、给付义务和支付营业费用；积极借鉴国外经验，根据中国实际情况设计一套动态的偿付能力监管模型。

三、加强资金运用监管

（一）坚持从严监管

在目前以至将来一段时期，监管层应该对保险公司资金运用监管将采取较为严格

的监管模式[1]；同时，由于中国保险公司资金运用的渠道正在不断拓宽，因此监管层还需要积极探索与保险资金运用渠道拓宽相适应的监管方式和手段，建立动态的保险资金运用风险监控模式；要全面推行保险业资产负债管理，建立投资决策、投资交易和资金托管三分离的“防火墙”制度；保监会与有关部委和监管部门要加强交流合作，加大监控力度，切实防范系统性风险。建议保监会对保险资金运用进行全面、系统的监管，从机构审批、市场准入、投资规则建立等方面实施严格监管，并对保险资金运用中违规机构和个人给予严厉处罚，保障资金投资的安全。

（二）建立资金运用的动态监管体系

在国际保险市场，大多数保险业务和资金运用业务发达的国家都采用现金流测试（CFT）、动态偿付能力测试（DST）等积极的动态的监管方式。随着中国保险公司资金运用渠道的拓宽，资金运用面临的系统性风险的降低，保险资金运用的监管方式逐步由静态监管向动态监管转化。因此，借鉴其他发达国家的保险资金监管经验，中国保监会应争取建立与保险资金运用相适应的动态监管体系，力争使保险公司将资金运用交易数据与保监会的动态监管系统相连接，从而实现对保险资金运作、交易的实际监督控制，以达到动态监管的目的。

（三）重视保险资金运用监管信息化的基础建设

其重点是建立标准化的数据口径和报表体系，把保险资金全部纳入监测范围；在此基础上进一步建立资金运用数据库，并纳入保监会的中央数据系统；要逐步建立保险资金动态监管模式，及时了解资金运用情况；要建立保险资金运用风险预警体系，充分利用现代信息技术设置风险预警的量化指标体系，做到对风险早知道、早化解。

（四）实行保险资金运用的分类监管

根据各类保险公司的资金运用水平、公司治理机制等业务水平的不同，实施分类监管。对法人治理结构有缺陷、管理薄弱、风险控制能力较差、经常出现违规行为的公司实施重点监控，组织力量进行不定期的专项检查；要把资金运用新渠道的市场准入与保险公司的风险控制能力挂起钩来，风险管控能力差的，不能进入新的投资领域、特别是风险较高的领域，对内控制度健全、风险控制较好的公司在投资的比例和范围等方面适当放宽限制。

（五）加强对保险资金运用的调控和指引

监管部门要针对金融市场的结构特点和发展趋势，按照分散风险的原则，确定保险资产的配置方向和重点；要根据金融市场的变化和宏观调控政策，科学地设定保险投资范围和投资比例；要根据未来发展的需要，研究新的投资品种或工具。

（六）加强与银监会、证监会以及中国人民银行等其他金融监管部门合作，共同研究完善投资环境，实施综合监管

---

① 这主要是由于中国资本市场自身还存在股权分置等诸多制度性缺陷，上市公司尚未建立完善的公司治理机制，市场化投资环境尚不具备，这些因素都将导致保险公司的资金运用可能面临较大的系统性风险。此外，从较长时期看，中国资金运用监管模式应该逐步转向宽松，最终建立以保险公司的偿付能力为核心的保险资金运用监管模式，而对保险公司具体投资行为不再作过多的规定和干预。

四、建立保险业经营失败的救济制度

与普通的工商业相比，保险业的经营风险更大，这主要是由于保险经营对象的风险性、保险成本未来的不确定性以及保险责任的连续性等特点决定的。保险业经营不善，陷入经营困境甚至破产所带来的财富损失、恐慌和信心危机等负面影响是巨大的。如何采取有效措施缓解保险公司因经营失败所带来的冲击，是保险监管面临的新课题。

（一）采取有效措施恢复经营困难保险公司的经营能力

保险监管机关应及时调研新情况、新问题，在时机成熟时发布相应的规章，明确规定对陷入困境的保险机构的管理问题，确保监管机关拥有足够的权力有针对性地处理有关问题，如确认保险机构无力偿还债务的标准、通过重组恢复偿债能力的条件、可以采取的补救措施等，通过采取整改措施，帮助其摆脱经营困境，恢复正常的经营活动。这不仅有助于保监会依法对所有保险企业进行全面监管，而且有利于保监会从维护社会利益的角度出发及时采取措施，降低保险公司破产所带来的负面影响。

（二）建立保险市场主体的退出机制

保监会应当积极同有关机关协调和沟通，争取保险监管机关适度介入保险企业的破产程序。从立法趋势看，保险公司破产原则上不适用《破产法》的规定。保监会应积极参加国务院立法，根据中国保险业的发展状况，制定符合保险业实际的破产规则；同时也要根据《破产法》、《民事诉讼法》的有关规定，会同最高人民法院、财政部、国有资产管理委员会等相关部门，就保险公司破产中的具体问题（如：诉讼程序、税收处置、国有资产保全等）协商相应的解决办法；不断完善相应的配套制度，规定对投保人、被保险人利益保护的具体办法；规定破产保险公司未满期保险合同的处理问题；规定保险合同的转移、业务转让及委托财产管理；规定对经营失败保险公司进行清理及清算的具体程序、措施及处理等。通过保险监管机关对破产保险公司的适当介入和管理，使符合法定破产条件的保险公司能够有秩序地退出市场，尽可能减少保险公司破产对社会造成的冲击和震荡。

（三）继续重视和发挥保险保障基金的作用

2005 年 1 月 5 日，中国保监会发布《保险保障基金管理办法》，构建了中国保险业防范和化解风险的一道重要防线①。保险监管机关应当在现行法律框架内，加强对保障基金进行管理和运作，建立有效的保险市场退出机制，更好地保护保单持有人的利益。

第三节　加强监管基础制度创新，提高监管水平

推动保险业的发展、提高保险监管效率，需要从基础制度入手。“十一五”期间，保险监管部门需要继续强化保险基础制度创新，夯实保险基础建设，从而提高监管水平，促进保险业的发展。

① 《保险保障基金管理办法》的出台，改变了过去保险保障基金的保障面过窄，且都由各个保险公司自行管理、保障基金的功能发挥不尽充分等情况。

一、加强保险监管法制化建设

（一）提高保险监管法制水平

建立适合中国保险业实际，符合国际惯例的保险监管法律体系。保险监管立法的主要工作：

1. 围绕保险监管的中心和重点，按照世贸组织透明度的要求，不断提高保险法规制定工作的透明度，重大保险监管规章出台前要公开向社会征求意见，广泛听取各方意见，确保监管立法符合国情民情

2. 不断加强同其他相关部门的协调和配合，确保有关监管措施的制定符合法律规定，符合中国保险业的实际情况，具有系统性和可操作性。地方派出机构应当加强同地方立法机构的协调，在地方性保险立法中发挥积极作用，为保险立法和执法工作创造良好环境

3. 加大对保险监管法律制度的研究力度，实现立法工作的科学化、专业化，使保险监管规章的制定反映中国的实际和国际发展趋势

（二）保险监管立法应当突出重点

随着中国保险业的不断发展，保险监管将发生比较大的转变。保险监管立法要顺应形势需要，充分反映保险业的发展变化，突出以下几个方面的内容：

1. 完善保险基本法

配合全国人大做好《保险法》修改的研究论证工作；配合最高人民法院、最高人民检察院制定有关保险的司法解释，推动《保险法》司法解释的早日出台。

2. 完善保险组织方面的立法

保监会应力争就相互保险组织、自保组织的法律地位、市场准入要求、管理制度等方面作出专门规定，通过发布指引性文件等方式引导保险公司加强治理结构和企业内控建设。

3. 完善保险公司偿付能力方面的立法

4. 完善保险产品的审批管理办法，制定较为完整统一的《保险条款费率审批与管理办法》，改善保险公司的产品创新环境，推动以社会需求和消费者为导向的保险产品创新体系的形成

5. 完善保险竞争方面的立法

制定适合保险业实际情况的反垄断、反限制竞争、反不正当竞争等规则，不断完善保险公司、保险中介组织的退出规则。

二、提高保险监管的信息化、技术化水平

（一）加强信息披露制度建设

保险监管部门应建立相应的信息披露制度，要求保险公司及时报送财务报表，监管部门应定期在权威刊物公布保险公司的财务情况，对保险公司的重大事件进行公开披露；发挥保险机构内部控制和同业自律、社会监督机制的约束功能，建立保险信息共享制度，允许社会公众查询不涉及保险公司商业机密的保险信息；要参照国际惯例，

改革现行的保险会计制度，统一保险公司的会计科目，以谨慎原则为基础，改革风险资产记账和备抵准备金提取方法，充分反映资产风险和贬值程度。

（二）完善保险监管办公自动化系统及决策支持系统的信息化建设

加强监管机构内部硬件建设，完善办公自动化系统和办公决策支持系统，实现公文和信息的无纸化传输；同时，大力开发保险监管的各类监管软件系统，例如，非现场监管报表系统、偿付能力监管和预警系统、信息采集系统、保险机构备案审批系统、中介人信息化管理系统等；实现各种数据的集中快速处理，改善信息传递方式和速度，增加信息的透明度和准确性；使用各类监管软件系统，充分利用以复杂数学方法为基础的监管评价模型及各类分析方法，对数据进行细化，计算各种监管指标，完善其预警和预测功能。

（三）建立保险监管资料信息库

加大力量建立全国性的保险财务、保险监管数据标准，完善为保险监管、保险从业者和社会公众提供有效信息的数据库群，包括档案数据库、机构信息数据库、产品信息数据库、代理人信息数据库等信息资源库，支持保险公司偿付能力测试与风险预警的测试，建立保险公司高级管理人员的市场行为档案和公司的投诉信息库。

（四）加强各级保险监管机关网络建设

加强保险监管网站建设，政务公开，促进公众对保险监管办事程序、保险法律法规政策的了解和监督。

1. 加强官方网站建设

保监会网站除了包括业界动态、要闻阅览和一些公告等内容外，还应增加个性化服务。

2. 加强与各地保监局联网，从而避免重复投入，又能达到信息共享

（五）强化安全保密体系建设

保险监管部门应该将信息网络安全的规划和建设贯穿于信息化的规划和建设过程中，要通过设置“防火墙”、系统备份和数据备份等方式建立有效的网络安全保障体系，对硬件故障、系统软件错误、计算机病毒的潜在威胁加以控制和预防，并制定安全保密的有关规章制度，以保证监管的顺利进行。

（六）加强保险信息化管理人才建设

通过摸索，建立起一支保险信息化人才培训体系，对他们进行有针对性的信息化知识培训，从而提高监管人员的信息技术应用水平，为信息化监管的发展营造良好的人才环境。

三、建立规范统一的保险财务统计指标体系、报表体系和报送制度

（一）借鉴国际惯例，结合中国实际建立规范统一的保险统计指标体系、报表体系和报送制度

中国保险统计指标、报表及报送制度的设计要符合国际惯例，也必须考虑中国的经济、文化背景和保险业的实际发展情况，以便使相关制度的建立符合中国的实际情况。保险统计指标体系必须既能反映外资保险机构的经营状况，同时又能区别中资机

构的境内经营状况与境外经营状况；统计指标、报表及报送制度必须既考虑历史稳定性和可比性，又具有前瞻性，在概念、分类、核算范围等方面为今后的补充和发展留有相当的余地；必须既能满足保险业国际比较和国际交流的需要，同时又要在国际比较和国际交流过程中不断完善。

（二）综合SNA和MFS的特点设计保险统计指标体系

中国自1993年起采纳的SNA体系是目前世界上通用的国民经济核算体系，在部门分类、交易分类、流量和存量核算等方面都有一套成熟的理论。MFS是在SNA的基础上发展起来的，在分类和核算上给予了进一步的细化。保险统计指标体系在整体框架上可以参考上述两个指标体系，与SNA其他账户在基本概念、基本分类、核算口径等方面保持一致，并结合保险活动自身特点给予细化。同时，作为货币金融统计体系的一个重要组成部分，保险统计指标体系还必须与中国现行的货币金融统计指标体系保持一致。

（三）采取有效措施提高保险统计从业人员素质

为了提高保险统计人员的素质，可行的措施是依托高校资源建立起保险统计从业人员资格考试，委托相关院校开发保险统计从业人员培训教材，组织现有从业人员参加培训和考试，提高从业人员的统计素养，并不断吸纳通过资格考试的应届高校毕业生加入从业队伍。

第四节　完善保险监管体系，提高监管效率

从国际经验来看，保险监管体系是一个包括监督者、管理者、被监督管理者及其相互作用的完整的动态的体系。一个完整的监管体系包括内部控制和外部监管的统一。中国保险监管体系建设的发展方向是构建企业内控、政府监管、行业自律和社会监督管理相结合的“四位一体”的体系。

一、加大保险企业内部控制体系建设力度

内部控制系统的完善与否，影响到保险公司经营风险的大小和内控制度功能的正常发挥。目前，中国保险公司的内控制度仍不健全、不完善，监管部门应积极推动促进保险公司建立完善、完整性的内部控制系统。

（一）促进内部控制系统的完善和创新

监管机构应当按照国际保险业通行标准，就风险控制的制度体系、制度建设、制度管理、组织体系等发布指引性文件，提出对保险公司内控建设的指导原则和标准，制定内控建设近期和长远规划，规范业务操作，指导保险企业加强内部控制。

（二）监督内部控制系统的执行

1. 要把好市场准入关

在批准市场准入时，把保险公司内控制度是否健全及是否有完善的内部管理体系作为批准设立新公司以及分支机构、增加业务范围的必要条件。

2. 要加强对保险公司内控制度的日常监管

可以要求公司董事会进行适度的审慎监督，如确立承保风险的标准、投资和流动性管理的定性及定量标准等。

3. 要建立考核和责任追究制度

监管机构应把相关人员对保险公司的内控制度建设的情况作为考核其工作业绩的重要内容。同时，要完善追究失职人员的责任机制，建立激励机制，以促进保险公司相关负责人积极地促进和完善内控制度的建设。

（三）加强内控制度的监督评审

监管部门应结合保险机构的经营实际和各地市场状况，研究制定保险公司内控的监管重点（业务、财务、投资）及标准，将保险公司内控的薄弱环节和薄弱地区作为监管重点对象，对保险公司分支机构各项内控制度的建设和执行情况进行系统的检查和测评，促使其及时改进。通过对保险公司内控建设和运行状况的检查和评估，深入调查核实保险公司内控体系的完善情况，针对公司内控建设和运行中存在的问题，努力研究具体解决方案，保障公司内控制度的建设和落实，推动公司内控制度建设的发展。

（四）促进内控制度建设的信息交流

保险监管机构应当为各保险公司的内部控制系统提供信息交流平台，为保险公司的内控制度建设提供充分的信息资源和渠道。通过经常性地组织保险公司间内控体系建设交流，增加保险公司间交流与合作的机会，互相学习，并营造一种竞争的氛围，促进保险公司内控体系建设的共同发展。

二、完善保险监管组织

“十一五”期间，保险监管机构应当不断进行改革，从而在整体上改善和提高监管水平，支持和推动保险业的发展。

（一）继续完善保监会的组织架构

保监会是否可以考虑设立独立的部门，或者在现有部门中增设相应机构，加强以下工作：

1. 建立反洗钱、反欺诈机构

从国外保险业的发展来看，洗钱、欺诈伴随于保险业的发展过程①。目前，中国保险市场上也普遍存在洗钱、欺诈行为②。建议保监会借鉴国外反洗钱、反保险欺诈的经验，设立专职反洗钱、反欺诈的部门。该机构建立初期，可以考虑将其下设于法律部门，以后根据其工作情况逐步独立出来。反洗钱、反欺诈机构的主要职能是：进行反洗钱、反欺诈宣传，发布反洗钱、反欺诈指导文件，督促保险企业加强反洗钱、反欺诈工作；自行或者与保险行业协会合作建立全行业保险欺诈数据库，以便各保险公司

① 2001~2002 年，美国已定罪的保险欺诈案件数量从 2001 年的 1 931 起上升到 2002 年的 2 535 起，增长了 31 个百分点。其中，佛罗里达州以 458 起案件名列榜首；纽约州 389 起，较 2001 年增长了 85 个百分点。

② 以保险欺诈为例，有的保险客户采取虚报冒领，一次事故、多次诈赔，制造案件、诈骗保金，先出事故、后买保险等方法进行保险欺诈；有的个人或非保险组织非法从事保险活动，或盗用保险人名义招摇撞骗，或与保险公司工作人员内外勾结骗取保险金等；此外，有的客户利用购买保险实现洗钱的目的。

能够信息共享，减少骗保骗赔；对涉嫌洗钱、欺诈的行为进行初步调查，配合政法机关，对于构成犯罪的洗钱、欺诈行为进行严厉制裁。

2. 建立消费者权益保护机构

为了有效保护投保人的利益[①]，促进保险市场的健康发展，保监会是否可以设立相应的消费者权益保护机构。该机构的主要职责是：积极介入保险合同的审批和备案工作，建立相应的信息披露制度，减少保险市场存在的信息不对称等问题；与其他消费者权益保护机构、行业协会等进行协调，共同促进对保险消费者的保护；加大执行力度，依法惩治失信行为，鼓励、引导诚信行为。

（二）充分发挥派出机构的作用

派出机构是中国政府监管体系的重要组成部分，是各地保险业健康发展的有力保障。要最大限度地发挥派出机构的作用，应该加强以下几个方面的工作：

1. 适当扩大派出机构的自主权

考虑到中国是一个幅员辽阔的国家，各地经济发展水平以及保险市场发展很不平衡，适当扩大派出机构自主权，不但可以提高派出机构的积极性，促进保险监管，又可以充分考虑不同地区的实际情况，因地制宜开展本地监管业务，提高监管效率。

2. 加大对辖区保险业的规划和调控力度

加强调查研究，制定和组织实施辖区内保险业发展规划，引导和促进保险业全面、协调、可持续发展。

3. 加强派出机构的微观监管功能，提高监管政策执行力度

加强对具体的行政申请事项进行审批，对保险主体的准入退出、经营活动以及市场行为进行监管，对辖区保险市场运行情况进行分析，对辖区保险风险进行监测。

4. 建立科学的派出机构考核评价体系

该体系的建立可着重考虑保险机构持续发展能力、运行环境，风险度等指标。

5. 积极推进派出机构人才战略，建立高素质监管队伍

三、加强与不同金融监管机构的协调与合作

在经济全球化、保险国际化以及保险业自身发展的趋势下，银行、证券、保险的混业经营趋势日益明显，这就要求建立不同金融监管机构之间的协调机制，加大综合监管的力度。

（一）明确分工，增强监管合力

联合银监会、证监会，建立监管协作制度，成立不同层次的联席会议制度，建立固定业务协调制度；明确各监管部门的职责分工，从机构监管转向功能监管，防止监管漏洞和重复监管；要按照机构风险的特点确定处理风险的监管牵头人，保险公司出现风险并波及其他金融机构时，由保监会牵头，银监会和证监会配合解决。

---

① 保险商品的消费者购买的是一个对未来不确定事件的承诺（提供赔偿或保障），这种承诺是一种信用，被保险人交纳保费在前，遭受风险损失后能否得到赔偿则取决于保险人履行合同的愿望和能力。在这种情况下，损害消费者利益的行为难以避免。

（二）突出重点，建立高效监管机制

从目前金融业趋势看，建立金融控股公司是中国未来金融混业经营的一个主要方式。建议保监会从以下几个方面加强与其他金融监管机构的协调与合作：

1. 建立主监管制度

为了防止集团内金融行业间风险感染，堵塞监管漏洞，应指定某一监管机构为主监管部门。主监管部门的具体身份应根据金融控股公司的具体业务性质和不同业务相对重要性来确定，建议以单项业务收入占总业务收入的比例来确定主营业务，或者要求其在申请成立的时候注明主营业务。以保险业务为主的金融控股公司应以保监会为主监管部门，保监会建立对有实质性、重大影响的高级管理人员的资格审查制度，进一步完善同银监会、证监会之间的定期、非定期信息通报制度，将对控股公司的监管信息及时通报相关的监管机构。

2. 实施严格的资本充足率监管

保险监管不但要考虑以保险业务为主的控股公司及子公司作为单一机构的资本充足率，还要将金融控股公司视作一个整体来考核。保监会应在合并报表的基础上，运用适当方法剔除在整个集团层次上资本的重复计算和以债务投资的部分，准确计算出整个集团真实的自有资本金和对外负债，按照相应的资本充足率要求进行考核和监管。

3. 加强金融控股公司内部的关联交易监管

保监会在关联交易监管上应该权衡成本与收益，采取多元化的措施：指导和督促金融控股公司建立内控机制，促使其按照法律的规定规范关联交易；要求金融控股公司对关联交易进行披露，尤其是那些对金融控股公司的财务健康带来不利影响的关联交易；金融控股公司在从事关联交易之前，应该按照章程规定的有关程序，向股东大会披露，重大交易如大笔资金援助等应向保监会请示，完成后向公众披露，并对其进行定期评价。

（三）全面推进信息标准化建设，建立信息共享机制

加强同银监会、证监会之间的信息共享机制，建立固定的资料和信息交流机制；要充分利用银监会和证监会现有数据，汇聚整理保险资金运用监管所需的数据信息，掌握保险资金运用的合规性和风险度，建立风险预警系统；定期、不定期同银监会、证监会举行会议，提前了解货币市场和证券市场的政策取向和变动，防止保险资金的大面积套牢和亏损。

四、加强与港澳地区保险监管机构的协调与合作

（一）努力协调不同区际之间的法律冲突

内地进一步向港澳地区开放保险业，使内地对香港、澳门地区的开放进程快于世贸组织规定的进程，各方在保险监管方面的法律法规矛盾越来越突出。在这种情况下，保监会应进一步加强同港澳地区监管部门的合作协调，对内地和港澳地区之间的法律冲突进一步进行研究，采取有效措施，协调不同区际之间的法律冲突，促进内地和港澳地区保险市场的健康发展。

（二）确立相关合作和执法机制

在“十一五”期间，保监会应当不断总结成功经验，加强与港澳地区保险监管机构的协调与合作[①]。一是尽快与港澳地区保险监管机构建立制度化的联系机制，具体内容包括监管当局的定期磋商机制、定期交流信息机制等；二是建立联合执法机制，加大对“走私保单”的打击力度，包括各方加强宣传、港澳地区加强对本地保险机构的监管、设立有奖举报制度、加大惩处力度等。

五、加强保险监管国际合作

在全球化的背景下，各国金融市场与国际金融市场紧密连接，加强监管的国际合作和协调日显重要。“十一五”期间，保监会应从以下几个方面加强保险监管国际合作：

（一）建立立体型合作机制

主要包括两个方面的内容：

1. 建立高效的保险监管国际合作模式

主要方式有：（1）进一步加强在国际保险监督官协会中的地位，遵守国际保险监督官协会的各项规约和制度，积极参与并促进国际保险监督官协会的工作；（2）参与签署《多边备忘录》，以便与其他成员机构协同打击跨境违法交易、市场操纵等违规行为；（3）签署《双边谅解备忘录》，通过谅解备忘录或其他成文的合作安排增进监管机构之间的信息交流。

2. 明确保险监管国际合作的主要领域

主要内容应当包括：（1）对当事人或机构的核查。核查内容一般有：当事人或保险机构的背景资料、涉嫌违规违法情况、破产或接受调查情况、有关业务行为及跨境违规经营情况；（2）提供有关信息。彼此提供有关信息是国际监管协作的重要内容之一，包括提供有关法律或其他文件资料，请求有关机构出具证明待查文件的真实性、合法性材料以及提供有关当事人或保险机构在该国的有关信息；（3）完成有关事务性工作，如联系、约见有关当事人或保险机构，进行直接调查、取证或询问，向有关当事人或机构转交有关资料等。

（二）拟定和实施合作工作程序

由于各国法律的多样性和市场发育程度的差异性以及监管架构的地域性，在国际保险监管协作中，必须有大体统一的合作通道和工作程序。因此，建议保监会加强与国外保险监管机构的磋商，研究国际保险违法违规案件协查工作原则、调查工作指引、案卷资料移交程序、调查工作底稿编制标准、办案人员往来与享受豁免权利等为主要内容的工作程序，并在时机成熟时，通过保监会或者国务院、全国人大等机构，以法律文件的形式确定这些工作程序，为双边或多边合作备忘录奠定基础。

（三）建立信息共享机制

---

① 目前，广州、深圳保监办与香港、澳门地区监管局建立了“四方联席会议机制”，中国保监会与澳门特别行政区金融监管局签署了加强监管的合作谅解备忘录，与香港特别行政区保险监管当局签署了《保险业监督保险监管合作协议》。这为加强大陆与港澳地区的保险监管合作，打击非法保险活动奠定了制度基础。

加大对区域性保险监管合作制度的研究力度，逐步建立与国外保险监管机构的信息共享机制。

1. 建立必要的信息资料库

2. 建立监管机构获得这些资料的路径

3. 通过有关法律来规定此类资料的保密性和使用限制

（四）建立多元化的人才交流机制

1. 选拔人员到国外保险监管机构学习，开拓保险监管人员的全球化视野，培养具有国际监管经验的人才

2. 聘请国外有经验的保险监管人员来中国监管部门访问或工作

3. 建立固定的交流制度，比如研讨会等，对国际保险市场以及监管中出现的新问题、新情况进行研究和探讨，提出具体的建议、意见等

（五）建立与国际接轨的保险监管法律体系

加强对国外保险监管法律制度的研究，在权限范围内，加强保险监管规章的制定工作，同时积极向全国人大、国务院提出立法建议，逐步建立与国际接轨的保险监管法律体系。

六、监管外包化

“十一五”期间，保险监管机关应充分利用专业化、社会化的第三方力量和行业协会自律组织的力量，优化监管资源配置，有力地提升保险监管体系整体运作效率。

（一）发挥社会中介机构的监管辅助作用

利用会计师、审计师、律师、精算师等社会中介人员加强监管工作，这对保险公司、保险监管部门以及整个保险市场等多方来说，既是一种创新，同时也是保险监管发展的一种必然趋势。

1. 发挥会计师事务所在监管中的作用

其主要工作包括：（1）通过注册会计师和审计师的外部审计，对保险公司财务状况和内控制度进行检查，对保险公司向保险监督管理部门报送的各种报表进行审计，参与保险公司清算过程。（2）加强外部评价。监管部门应有目的地引导、要求注册会计师事务所作为独立的第三方，在提供公司财务数据的同时，与精算师合作，提供有价值的经验数据，对保险公司经营情况进行综合评价。（3）协助保险监管。监管机构可利用注册会计师、审计师的专业优势和社会信誉，从更多的渠道了解保险公司的财务状况和经营管理情况，掌握保险公司在实际运作中存在的问题及其产生的原因，在更高层次上从事对公司偿付能力的检查，防患于未然。

2. 发挥律师事务所在保险监管中的作用

（1）在规范检查过程中，聘用律师事务所作为独立第三方提供法律咨询（如在审批保险条款等事务中），为监管行为提供法律意见和法律依据，其费用支出由各公司承担，其行为向监管部门负责；（2）在对保险公司业务的有效性、合法性和文书、合同等进行认定时，委托律师事务所作为专业机构，出具验证笔录，为检查结果的准确性提供保证；（3）在清算的过程中提供法律意见，有效保护债权人、被保险人的合法权

益，保证权利人公平受偿，维护社会稳定。

3. 发挥精算师在保险监管中的作用

(1) 尽快完善中国的保险公司精算师制度，修订现有的精算报告体系，引入公司准备金和资产充足性的分析报告制度，要求精算师出具其所在公司的一般性精算报告和经过分析整体财务状况的公司精算报告；(2) 建立精算行业协会，规范精算师的职业标准，提高精算师的执业水平，并引导精算行业协会与国际精算组织、再保险公司的技术合作，进一步推动中国精算技术同国际接轨；(3) 在条件成熟时，考虑借鉴和学习英国的经验，要求每个保险公司聘请一名“委任精算师”[①]，该精算师对监管部门负责，具有相当独立性，其主要职责是协助监管部门监管保险公司的产品定价、财务状况以及偿债能力等，从而保护公众利益，提高监管的效率和水平。

(二) 推进保险行业自律

保险行业自律监管是保险监管体系的重要组成部分，保险监管机关要不断采取有效措施加强行业自律建设。

1. 不断完善和加强保险自律组织建设

一是明确自律组织运行原则。探索行业协会发展的新思路，通过试点赋予行业自律组织必要的权力；发布保险行业协会管理办法，明确保险行业协会的法律地位、主要职能、法律责任等，从而推动行业协会的全面健康发展；在决策机制上，自律组织应体现会员公司的意志，比如，在组建理事会时，由全体会员公司民主共同选举产生；完善理事会议事规则，按民主程序制定决策；所有会员公司（无论公司规模大小）都拥有平等的选举权和被选举权。二是加强自律组织自身建设，逐步实现人员的专业化和管理手段科学化，鼓励和支持行业协会建立资源共享网络，以便自律组织应用科学的管理手段，和会员公司共同享有信息数据，提高自律监管的效率。

2. 充实保险自律组织的职能

一是授权统一和规范设立行业标准。保险监管机构可授权自律组织根据实际情况，制定保险行业包括产险、寿险和再保险在内的具体质量标准、技术规范和服务标准，制定从业人员道德和行为准则，并督促会员共同遵守。二是授权制定指导性条款。保险监管机构应发挥行业自律组织自身优势，授权其制定某些险种的指导性费率和条款，以便引导保险市场发展方向，更好地控制和预防保险公司和保险中介人的违法行为和不规范行为，避免会员间恶性竞争，维护保险市场秩序。另外，监管部门还可以考虑和行业协会共同就一些专业性公司比如农业保险公司、责任保险公司、专业保险代理公司等的成立或者运营标准制定出相关标准和规定。三是授权审批中介人员从业与执业资格。

3. 探索建立保险纠纷裁决机制

① 在英国，指定精算师是专门对保险公司（主要是寿险公司）的偿付能力负责的精算师，由英国保险监管当局——金融服务局（FSA）指派给保险公司，对所在公司的偿付能力进行监督。当公司的偿付能力指标不能达到或预计将来不能达到法定要求时，指定精算师有责任向公司董事会和 FSA 提交报告。从这个意义上说，指定精算师担任了类似监管者的角色。

保险监管部门可考察借鉴国外经验[①]，培养专门的纠纷解决人员，设立专门保险市场的纠纷处理机构。(1) 做好客户投诉的纠纷处理工作。设立相应的机构受理并裁决客户投诉，按照有关规则，会员单位应无条件接受裁决结果，投诉的保户可以接受也可以不接受裁决结果，或选择另外的途径解决，从而保护被保险人的利益；(2) 解决会员之间的纠纷。应发挥纠纷处理机构不同于行政管理机关的特点，通过协调争议双方的分歧，充分磋商，找到一个彼此都可接受的方案，及时化解纠纷，从而为会员公司平等竞争、共同发展创造条件；(3) 根据中国现行仲裁法律制度的规定，通过与专业仲裁机构的合作，成立保险合同纠纷专业仲裁庭。建立保险合同纠纷仲裁机构，有利于缩短纠纷解决的时间，降低纠纷解决的成本，提高案件处理效率，从而切实保障被保险人的利益。

4. 授权参与立法工作

保险监管机构应充分发挥自律组织会员公司代言人的身份，使其代表组织内成员的利益和意志，与国家有关机关沟通联系，反映保险业界对保险立法和执法状况的意见，对保险业有关法律、政策和行业规划等方面的问题提出意见和建议。

5. 授予自律组织其他权力

保险监督管理机构可以充分发挥自律组织的优势，授予其一定的权力[②]；对于违反协会章程、自律公约和管理制度以及损害投保人和被保险人合法权益、参与不正当竞争的会员，保险自律组织除按章程或自律公约的有关规定，可采取警告、公开谴责等措施外，监管部门可授予其对该会员公开通报批评、扣罚违约金等权力，从而维护整个保险市场的发展秩序。

（三）加强社会监督管理

1. 发挥保险评级机制的监督作用

保险监督管理机构应加强和保险行业协会的合作，利用保险评级机制，通过引入国际标准，测定保险公司的投资风险、信用风险、承保风险和表外风险程度，利用保险公司的各种财务指标对其偿付能力进行动态模拟监测，对达到风险临界点的保险公司起到预警作用，并定期向社会公布评级结果，从而增强保险公司自我约束能力。

2. 发挥媒体的监督作用

保险监管需要进一步重视发挥好大众传媒的作用：一是在报纸、杂志等发行量大的媒体上普及保险知识，提高公众的保险意识；二是在学术期刊上开展行业内及其他与保险业相关行业间就某些重要问题的交流、研讨；三是积极与新闻媒体联系，突出保险业热点、焦点问题，宣传保险监管政策；四是牢牢把握舆论导向，正面引导社会舆论，维护保险业的公平竞争和稳健发展。

---

① 英国、美国等保险业发达的国家在解决涉及保险纠纷问题上，拥有专门的保险市场纠纷处理机构，用以处理客户和会员公司，以及会员公司之间的纠纷，在实务中收到了很好的效果。

② 例如，定期评价会员的经营服务标准和信誉等级的权力；定期对会员单位进行考核和检查的权力；定期披露违规经营和违法行为的权力；表彰优秀从业人员和公司，宣传先进事迹和典型经验。

主要参考文献

1. 吴定富:《中国保险业发展改革报告》,北京,中国经济出版社,2004。
2. 中国保险监督管理委员会:《国际保险监管研究》,北京,中国金融出版社,2003。
3. 马永伟:《各国保险法规制度对比研究》,北京,中国金融出版社,2001。
4. 张洪涛、郑功成:《保险学》,北京,中国人民大学出版社,2002。
5. 张洪涛:《中国保险发展报告(2003)》,北京,中国人民大学出版社,2003。
6. 张洪涛:《中国保险发展报告(2004)》,北京,中国人民大学出版社,2004。
7. 唐运祥:《中国非寿险市场发展研究报告(2003)》,北京,中国金融出版社,2004。
8. 陈文辉:《2003 中国人身保险发展报告》,北京,中国财政经济出版社,2004。
9. 江生忠:《中国保险业发展报告(2003)》,天津,南开大学出版社,2003。
10. 袁宗蔚:《保险学——危险与保险》,北京,首都经贸大学出版社,2000。
11. 裴光:《中国保险业监管研究》,北京,中国金融出版社,1999。
12. 裴光:《中国保险业竞争力研究》,北京,中国金融出版社,2002。
13. 李玉泉:《保险法》,北京,法律出版社,2003。
14. 房永斌、孙运英:《保险法规监管》,北京,中国人民大学出版社,2004。
15. 周延礼:《上海保险监管体系发展规划研究》,北京,中国金融出版社,2004。
16. 孟昭亿:《中国保险监管制度研究》,北京,中国财政经济出版社,2002。
17. 中国保险监督管理委员会上海办公室:《网络经济条件下的保险信息化》,北京,中国金融出版社,2002。
18. 史文青:《中国商业保险监督管理问题》,北京,经济科学出版社,1999。
19. 张忠军:《金融监管法论——以银行法为中心的研究》,北京,法律出版社,1998。
20. 江生忠:《中国保险产业组织优化研究》,北京,中国社会科学出版社,2003。

附件　保险监管制度国际比较

保险监管制度，是在既定的约束条件下，为达到保险监管的某种预期目标，而作出的监管法规、监管组织机构、监管内容、监管方式等方面的制度安排。受经济发展、金融体制、法律传统等因素的影响，不同国家和地区的保险监管制度各有特色。进入21世纪以来，保险业的发展呈现出新的特点：保险创新力度不断加大，保险业竞争格局发生了显著变化，保险业的全球化和混业经营成为一种趋势，这些因素直接推动保险监管制度的不断变革。研究和借鉴国际保险监管的成功经验，对于构建具有中国特色的保险监管制度具有重要的现实意义。

一、保险监管主要内容

由于经济发展状况、社会背景、法律体制等方面的不同，各国保险监管的内容也有所不同，但至少都包括以下几个方面内容：①机构监管，包括准入、退出监管以及保险组织类型监管；②保险业务监管，如保险条款和费率监管；③偿付能力监管；④财务监管；⑤保险资金运用监管等。

（一）保险机构监管

保险机构监管主要是指对保险市场上各市场主体准入、退出监管以及保险组织类型监管。

1. 保险市场准入监管

大多数国家都实行开放本国保险市场的做法。保险监管机构通过市场准入监管，营造竞争环境，鼓励市场竞争，打破寡头垄断。英国、中国香港、新加坡的保险监管部门对于外国保险服务业提供的市场准入采用了开放的原则，对外资充分开放本地保险市场。同时，对外资保险公司给予国民待遇。

美国在市场准入方面略有不同。美国国内保险公司的市场准入监管差别不大，保险公司只要具备一定的法律条件、财务条件、技术条件等，即可获得许可经营业务。在外国保险公司的市场准入方面，由于美国实行州保险监管体制，各州保险监管法律存在差异，各州的市场准入监管措施因而有所不同，特别是对跨境提供保险服务有所限制。

日本的保险市场准入监管则经历了一个从严格到宽松的演进过程。在1996年10月日本颁布新《保险业法》之前，大藏省一直执行严格的市场准入规则，外国保险公司很难进入。即使对那些已进入日本市场的外国保险公司，其业务范围、经营种类等也受到严格限制。1996年《保险业法》颁布后，日本仿效美国对保险公司实行以偿付能力为中心的监管，强调信息公开，保险市场由相对封闭转为相对开放，但长期的严格监管政策使外国公司在日本本土开展保险业务仍然较困难。

2. 保险市场退出监管

当保险公司因各种原因解散时，保险监管要介入保险组织的破产、清算等过程，从而保护被保险人的利益，稳定社会秩序。保险监管的作用主要体现在以下方面：

(1) 规定保险组织解散的原因

日本《保险业法》第一百五十二条规定，保险公司由于下列原因，得解散之：①存立期限届满或发生章程规定的原因；②股东大会或职工大会的决议；③公司合并；④保险契约全部转移；⑤公司破产；⑥经营保险业务许可证被吊销；⑦解散的判定。英国《保险公司法》则规定，当发现保险公司无法履行义务时，政府贸工大臣有权要求公司采取该大臣认为适当的一切措施，以保护被保险人的利益。政府贸工大臣还有权要求法院勒令有欺诈行为的公司停业。

(2) 规定被保险人的保护

保险组织解散后，一般都成立被保险人保护委员会。该委员会的主要作用是：①帮助有困难的保险人；②保证破产清算的保险组织完全履行强制保险的责任，并保证在非强制保险方面，被保险人将收到一定数额的赔偿金，在未到期人寿保险情况下，则要保证保险的继续。此外，在保险公司出现经营危机时，保险监管机构还有权采取其他措施。美国各州保险署认为保险公司存在严重的财务问题时，会干预保险公司的业务活动以维护保险公司的偿付能力。视保险公司财务危机的严重程度，监管人员可以对保险公司进行整顿或采取积极的监控措施。如果这些措施无效，监管人员可对保险公司进行兼并或拍卖。

(3) 规定保险组织的清算程序

一般来说，保险组织的清算可分为普通清算和特别清算两种。普通清算是指法院或债权人不直接干预保险组织的清算，仅是在保险监督管理机构的监督下，由保险组织自己进行的清算。普通清算不一定经过司法程序，但是，如果清算中发现保险组织有破产原因的，应立即提出破产申请，转为破产清算程序；所谓特别清算，是指由法院和债权人直接介入的清算。特别清算必须按照破产法的规定进行，剩余财产用于偿还债务。

(4) 建立完善的保险保障基金制度

建立科学的保险保障基金制度，是完善保险市场退出机制的重要内容。保险保障基金制度建立以后，保险业可以建立起较为完善的风险自救机制，提高依靠行业自身力量防范化解风险的能力，从而保证保险企业经营失败后妥善处置危机，切实保护投保人和被保险人的利益，维护保险市场稳定。中国台湾地区称保险保障基金为安定基金。台湾地区《保险法》规定，为保障被保险人之权益，并维护金融之安定，财产保险业及人身保险业应分别提拨资金，设置安定基金。安定基金之动用，以下列各款为限：①对经营困难保险业之贷款；②保险业因承受经营不善同业之有效契约，或因合并或变更组织，致遭受损失时，得请求安定基金予以补助或低利抵押贷款；③保险业之业务或财务状况显著恶化不能支付其债务，主管机关依法律规定派员接管、勒令停业派员清理或命令解散时，安定基金应依主管机关规定之范围及限额，代该保险业垫付要保人、被保险人及受益人依有效契约所得为之请求，并就其垫付金额代位取得该要保人、被保险人及受益人对该保险业之请求权；④其他为保障被保险人之权益，经主管机关核定之用途。

美国各州均通过法律规定了本州保险保障基金的保障范围，州与州之间的规定大致相同。保障范围一般为：直接的人寿保险保单、健康保险保单、年金合同以及这些保单的附属合同。不保障的范围一般为：再保险合同、保险人在合同中未予以保障的部分或者由保单持有者承担的部分、投资收益中超过利率调整条款规定的部分。

3. 保险组织类型监管

各国通常在其保险法律中规定了保险人可以采取的保险组织形式。从各国来看，股份保险公司和相互保险公司是最常见的两种组织形式。还有一些其他组织形式，如国有独资保险公司、保险合作社、非公司式的相互保险组织形式（如交互保险社）、劳合社等，除保险合作社外，这些保险组织形式只在少数国家存在。另外，自保公司也是提供保险服务的一种重要组织结构。各国对保险组织形式监管规定差异很大。英国、澳大利亚、荷兰的保险组织形式有股份公司、相互保险公司、保险合作社、劳合社；美国的保险组织形式有股份公司、相互保险公司、保险合作社、劳合社、自保公司；法国的保险组织形式有股份公司、相互保险公司、互助保险公司；日本、韩国的保险组织形式有股份公司、相互保险公司、保险合作社和外国保险公司。

保险中介组织也属于机构监管的范围。各国都制定了相应的法规与行为准则来规范保险中介机构，对保险中介组织的资格要求、培训、销售行为、客户保障和纪律处罚进行详细的规定。美国对保险中介的要求比较严格，对保险中介机构的业务开展、展业水平等方面做了特别规定，并在全国设有管理中介机构的专业协会，在各州也有管理保险中介的机构，同时，还通过行业自律来规范中介行为；英国对中介的行为准则规定非常细致，从职业道德、公众利益、财务资源、内部管理等方面都作出了全面详细的规定，要求保险中介机构必须谨慎、勤奋地为客户服务，必须以坦诚合作的态度与管理机构交往；德国对保险中介的规定比较宽松，没有特别守则与规定，只要通知贸易注册局的当地办事处，无须批准或注册，即可从事中介业务。

（二）保险业务监管

1. 保险合同与费率监管

在保险监管实践中，并非所有的保险合同费率都会受到同等程度的严格监管。一般来说，保险合同、费率与社会公众和社会经济的发展关系越密切，监管就越严格。

美国大多数州实行事前审查和批准的费率监管方式，即保险公司的费率在实施前必须获得州保险署批准，另一些州在费率方面允许保险公司自由竞争来确定最佳费率。财产和意外保险公司可以自行设计保单和厘定费率，但前提是公司采用的保单和费率必须符合所在州的有关规定；而对人寿和健康保险公司，也必须按照规定将其要出售的新保单报经本州保险监督局批准或备案才能实施。而且，如果这种产品含有证券特性，还应当报经美国证券交易委员会（SEC）批准。

德国监管机关则统一了保险合同和危险分类，对保险合同实行标准化管理。规定所有保险公司都必须按监管部门规定来确定各自费率，其中，风险保费由行业平均损失率确定，预计管理费用由上一年的实际费用来参考确定；日本对保险费率的监管比较严格，一般采取事先批准的制度；而中国香港地区对于保险人的保险合同和费率均采取自由和不干预政策；新加坡允许保险公司自主决定费率，但保单格式则需要审批。保险公司的一般条款，提前一个月报备即可，但投资联结产品需要报批。

2. 保险竞争监管

为了实现经济民主，维护公平竞争的交易秩序，保护消费者的合法权益，各国都对保险业的竞争行为加以规范，并对反竞争行为加以严格管制。欧盟委员会认为“保险人要像其他行业一样尊重竞争规则”。欧盟竞争法规制的主要反竞争情形有三种：

(1)《欧盟条约》第八十五条规定的阻碍、限制或歪曲竞争，影响成员国之间贸易的企业间协议、团体决定以及协同经营行为

(2)《欧盟条约》第八十六条规定的一个或多个在共同体或其相当部分地域具有优势地位的企业滥用其优势地位

(3) 欧盟部长理事会制定的4064/89兼并规则中规定的与共同体市场不相符的企业之间的聚合行为或集中程度

对于反竞争行为，欧洲委员会在欧盟部长理事会委任下，有权检查潜在侵害、阻止现存侵害终结。成员国竞争机构主要监管国内市场，对委员会许可范围的竞争事件予以司法解决。

(三) 偿付能力监管

1. 偿付能力监管的两个层次

(1) 正常层次的监管

如果在正常年度没有巨灾发生，只要监督保险公司厘定适当、公平、合理的费率，自留与其净资产相匹配的承保风险，提足各项准备金，使保险基金增值保值，保险公司就能有足够的资金应付赔偿或给付，维持其偿付能力。

(2) 偿付能力额度监管

在非正常年度，很可能发生巨额赔款或给付，使实际经历的赔偿或给付超出预定的额度，投资收益也可能偏离预定的目标，而且费率的测算和准备金的提取是基于一些经验假设，本身也会产生误差，这就要求保险公司实际资产减去负债后的余额经常保持在最低的法定偿付能力额度之上，以应付可能产生的偏差风险。

2. 美国偿付能力监管模式

美国偿付能力监管模式是两个层次全方位的监管，政府既监管条款、费率，又监管最低偿付能力额度。偿付能力监管主要通过基于各类保险监管报表分析的非现场检查和现场检查来实现。手段主要有四个：

(1) 保险监管信息系统 (IRIS)

(2) 财务分析和偿付能力追踪系统 (FAST)

(3) 风险资本 (RBC) 方法

(4) 现金流分析

3. 英国偿付能力监管模式

英国采取第二层次偿付能力额度监管模式。保险条款、费率由市场调节，政府不

直接干预保险公司的承保和资金运用。主要做法有：

(1) 保险公司必须维持与其承担的风险相一致的最低法定偿付能力额度

(2) 寿险业务的风险由其准备金和风险保额来衡量，非寿险业务的风险由其保费收入或赔款支出来衡量

(3) 保险公司的实际偿付能力额度为其认可资产与认可负债的差额

1996年前的日本和欧共体保险市场化前的德国主要是第一层次监管。除一些特别保险外，保险市场都执行统一的保险条款和费率，禁止保险市场价格竞争，政府不监管保险公司的最低偿付能力额度。

4. 世界偿付能力监管的趋势

总体来看，世界上主要国家偿付能力监管的趋势主要有：

(1) 强化第二层次监管、弱化第一层次监管

偿付能力额度已经成为世界各国偿付能力监管的核心内容，尽管形式上有所差异，但本质是一致的，即要求公司资产和负债相匹配，要求公司具有与其经营风险相一致的自有资金

(2) 投资风险成为偿付能力管理和监管的重点

在保险业的发展过程中，由于竞争激烈、承保能力过剩导致费率下降，出现承保利润为零，甚至出现承保利润为负的现象，保险资金运用成为保险公司的重要利润来源。为了防止保险公司大量持有风险程度较高的资产，各国逐渐加强对投资风险的监管

(3) 动态偿付能力测试和监管成为一种趋势

(四) 财务监管

各国保险监管都比较注重对财务能力的监管，主要做法是：通过建立保险风险评价、预警监控系统，对可能出现问题的保险公司及时警告并督促其解决这些问题；正确划分保险公司的资产类型，合理界定保险公司的实际资产和负债，保持一定的资产负债比率；对保险公司的财务状况实行某种程度的公开，接受社会监督。

美国各州的保险监管机关要求保险公司提供法定年度财务报表，并通过一系列的工具对保险公司的财务状况进行评析，以避免公司偿付能力不足。这些工具主要包括：保险监管信息系统、财务分析与偿付能力跟踪系统、基于风险的资本监控系统、各种常规及非常规的现场稽核等。

(五) 资金运用监管

各国保险监管机构对资金运用的监管主要是资金运用方式、资金运用的限制两个方面。

美国各州监管部门都制定了严格的投资范围、保险资金运用的结构和可接受与不可接受的投资种类等，其目的在于促使保险公司追求流动性、安全性、盈利性的最佳组合，维护被保险人和债权人的利益。允许保险公司投资的对象为：美国政府债券、州或市政府债券、加拿大债券、抵押贷款、高质量的公司债券、限额的优先股和普通股等。同时，规定通过各种形式运用的资金占其总资产的比重不得超过一定比例。

与美国的做法不同，英国对资金运用的监管比较宽松。英国监管当局对保险公司

投资领域及投资比率没有任何直接的规定，保险公司在达到保险基金的要求后，可以按自己的需要来自行决定资产投资结构和投资比率。监管当局只对保险公司所使用的资产负债管理方法进行规定，同时根据《金融服务法》来监控保险资金托管人的投资行为，并在必要时采取有针对性的行动。

韩国限制对特定投资对象的过度依赖，引导资产适当分散，并限制对无担保贷款或非上市公司等高风险项目的投资或低流动性项目的投资。具体管制方式包括：分不同项目的资产管制、对高风险性特定资产的投资限额管制、对同一人投资限额管制等。保险公司可投资资产一般为债券、股票、贷款和银行存款等。

二、保险监督管理体系

保险业是高风险的特殊行业。为促进保险业持续、健康、稳定发展，有效防范和化解保险业风险，维护被保险人的合法利益和社会公平，大多数市场经济国家和地区构建了企业内控、政府监管、行业自律为辅助、社会监督管理“四位一体”的监管体系。

（一）企业内控体系

为了减轻保险监管的压力和负担，许多国家都非常重视对保险公司内控的管理。例如，美国各大保险公司都实行严格的内部控制制度。由美国几家大的保险公司首先接受开始实行的组织控制委员会（Committee Of Sponsoring Organizations，COSO）模型，已成为美国保险业进行内部控制的基准。COSO 模型描述了环境控制、风险估计、控制活动、信息与交流以及监控五种相互关联的控制因素。

国际保险监督官协会发布的《保险监管核心原则》也指出，保险监管机构应当监督经董事会核准和采用的内控制度，在必要时要求其加强内控；可以要求董事会进行适度的审慎监管，如确立承保风险的标准、为投资和流动性管理确立定性和定量的标准。

（二）政府监管体系

各国或地区政府保险监管体系都是根据各自的政体和国情建立起来的，彼此差异较大，主要可以分为一级多头、两级多头、集中单一三种监督管理模式。

1. 一级多头监督管理模式

这种监管模式是管理权集中于中央，同时在中央一级有两个以上的保险监督管理机构进行辅助监督管理。采取此种监管体制的有英国、法国、德国、韩国等。如德国的保险监管机构是财政部领导下的联邦保险监督局，由保险监督官负责。规模较小或地方性的保险机构，财政部授权由地方政府负责监管；法国则根据保险业务性质的不同，保险监管由不同的政府机构管理，直接承保业务由商业部负责，再保险业务由财政部负责；英国的保险监管制度采用“公开性自由”原则，贸工部下属的保险局专门负责保险监管的日常工作，通过立法规定保险人偿付能力的最低标准和计算方法，保险人必须公开接受监督。此外，大量的保险行业自律组织协助贸工部对保险业进行监管，并发挥着极其重要的作用。

2. 两级多头监督管理模式

这种体系的特点是中央监管机关和地方监管机关是相互合作的平行关系，而不是隶属的上下级关系，多见于地方享有较为独立的立法权与行政权的联邦制国家，如美国和加拿大。美国保险监管体制是以全国保险监督官协会和全国注册代理人和经纪人协会理事会为两级，以各州保险局为多元的监管体制，对保险业实行联邦政府和州政府双重监管制度，联邦政府和州政府拥有各自独立的保险立法权和管理权，但重心在州政府一级；加拿大的保险监督管理机关有联邦保险部和各省完全独立的保险部，联邦保险部管理外国保险公司及在联邦政府注册的本国保险公司，各省保险部负责在当地注册和只做当地业务的保险公司，获得联邦特许的保险公司有时还须获得其所在省的保险部的准许才能开业。

3. 集中单一的监督管理模式

采取这种体制的大多是保险市场相对集中的国家或地区，如日本、新加坡、中国台湾等。日本对保险市场一贯采取严格的监督管理。由大藏省[①] 负责监管日本保险行业，在大藏省内设有银行局，银行局下设有保险部（后将监管职能分离出来成立金融监督厅）具体负责对保险公司的监督工作。此外，为了保证保险公司的健康经营，银行局下设的监察部负责对其经营行为和财产进行检查。大藏省还设有保险审议会和汽车赔偿责任审议会作为咨询机构；新加坡的保险监管机构是保险部，保险部隶属于金融管理局[②]（MAS），保险监管除了致力于偿付能力外，还保证保险公司公正的经营方法，即保险公司在和他们的保户和索赔人打交道时是否公正、平等，包括保险合同、保险费率、广告和理赔等。

尽管各个国家或地区的政府保险监管体系有所不同，但是监管效率较高、效果较好的监管体系在设立时存在着一些可资借鉴的共同特点。

（1）政府监管体系设计与本国国情紧密结合

比如美国、加拿大由于地域广大和实行联邦制，所以保险监管体制就是二级的；日本、英国的面积相对较小，而且有中央集权的传统，所以保险监管权力就集中在中央；另外，英国等传统资本主义国家，保险业历史悠久，市场机制成熟，其监管就较为宽松，行业自律相对发达。

（2）政府监管体系运转需要完备的法律制度保障

各国的监管机构根据本国保险法律法规所赋予的权力和职责对保险业进行监管，无论是由各州或各省自行立法的国家，还是由国家统一保险立法的国家，其保险监管都是在法律法规的框架和标准之下，在特定的权限和范围之内实行监管。比如在美国，虽然是由各州分别立法，但各州保险立法在全国保险监督官协会的协调下彼此内容基本一致。

（三）保险监管协调体系

① 1998年日本成立金融监督厅，从大藏省手中接管对银行业、证券业、保险业的监督权力，2000年，更名为金融厅。为了确保金融监督官的独立性，金融厅长官由日本首相直接任命，即一级二元制。

② 新加坡的保险监管机构是金融管理局，它是新加坡政府执行货币政策、汇率政策、管理国家外汇储备和货币发行并对银行、证券、保险等金融业进行统一监管的机构。

1. 不同金融监管机构之间的协调机制

目前，金融服务业混业经营的趋势已越来越明显。这种融合趋势必将导致新的金融产品创新以及经营行为创新，使以保险监管为主业的保险监管部门面临更加复杂的市场和监管对象，不得不将监管的视野扩大到保险公司以外的整个金融市场。为此，各国普遍建立了相应的保险监管协调机制，从而适应金融混业经营的发展趋势。

1999年，美国允许通过控股公司内部的银行、证券、保险等子公司向客户提供全方位金融服务，美联储成为金融控股公司的基本监管者。在这一监管模式下，金融控股公司的银行类分支机构和非银行分支机构仍分别保持原有的监管模式。为了避免重复监管，减轻被监管者负担，保险监管部门加强了与其他金融监管部门的合作，通过建立信息共享和合作等机制，如成立论坛、签订合作备忘录等，强化对金融控股公司和关联交易的监管。

英国通过改革建立了统一的监管框架，对于金融控股公司，包括保险公司为主干企业的金融服务公司，统一由金融监管局的一个集团公司部监管，而对于单一保险公司，则仍然由保险监管部监管。

2. 国际保险监管协调机制

随着经济生活的全球化和国际分工的发展，金融服务的国际化趋势日益显现。在科学技术进步的推动下，随着世界经济和贸易的发展，保险业的竞争逐步走向全球化。跨国公司的发展使得保险公司不得不实现全球化经营。1997年，世界贸易组织成员国达成协议，将金融服务贸易纳入服务贸易总协定GATS的法律框架中，为各国进一步开放保险市场奠定了基础。为此，各国建立了相应的国际保险监管协调机制，参照东道国与母国监管责任划分的国际惯例，加强监管信息交流，协调实施对跨国保险机构的有效监管，确保任何国家、任何形式的保险公司都无法逃避监督，从而适应金融全球化的发展趋势。

（四）监管外包体系

保险监管外包体系主要包括保险行业自律组织和社会监督管理体系。

1. 保险行业自律组织

保险行业自律重在内部监管。行业自律具有经常性、及时性、专业性、低成本性的特点，能有效地促进保险业的规范运作和健康发展，提高保险业整体素质。目前，很多国家都建立了相应的自律监管体系，从而配合政府对保险业的监管。

英国监管机构通过立法规定保险人偿付能力的最低标准和计算方法，保险人必须公开接受监督，但是其他的方面都主要靠保险人的自律。英国的行业协会用以自律的行业规则不仅为保险人所遵守，而且也为社会公众所认可。行业协会不仅规范保险人的市场行为，而且还解决保险人和被保险人就赔偿发生的纠纷。保险业自律组织负责各自不同的管理范围，主要机构有：劳合社理事会、英国经纪人委员会、保险推事局、保险人协会、寿险组织协会和个体保险仲裁服务公司等，在政府宏观管理的要求下产生，并对保险宏观监管起辅助作用。

2. 社会监督管理体系

社会监督管理就是利用社会各方的力量对保险业进行监督管理。一方面，社会监督管理来自于各个方面，如广大客户、媒体、社会团体、各级政府部门、非客户公众等方面。通过各方的社会监督，保险公司的行为规范更趋科学合理，依法合规经营、承担社会责任的压力变成了企业发展的动力，对于改进保险监管效率具有非常重要的意义。在社会监督体系中，保险信用评级机构、独立审计机构、社会媒体等发挥的作用很大。在社会监督管理体系中，通过保险信用评级制度，可以利用保险市场公开的信息和部分保险企业内部的信息，为保险监管机构提供监管依据；通过充分发挥媒体的作用，可以使社会监督管理成为保险监管的重要补充力量；另一方面，社会中介机构是重要的监管辅助力量。随着保险经营的复杂程度不断提高，新型的保险品种不断推出，营销创新力度不断加大。为此，必须强化保险监管。由于政府监管资源有限、任务繁重，发达市场经济国家比较注重发挥保险监管机构以外的独立第三方（如注册会计师、审计师、律师等）的专业力量进行监管，在一些特定的领域寻求中介机构的专业支持等方式加强保险监管，从而降低监管成本，提高监管效率。例如，发达市场经济国家都注重发挥保险精算师在监管中的作用。精算师通过数理分析和随机模拟等手段，来定量分析事件发生中的不确定性，从而在保险业务中发挥监督管理作用。

（五）保险监管的基础性制度

各国保险监管机构认识到，要提高保险监管的效率，必须建立相应的基础性制度。从各国的保险监管实践来看，基础性的制度体系主要包括以下几个方面：

1. 保险监管法律体系

完善的保险法律体系是有效的保险监管的基础和前提，这一体系涵盖了保险基本法、代理人、经纪人、公估人、再保险、保单持有人保护、投资监管、偿付能力监管、反垄断、反不正当竞争、保险欺诈、外资保险公司等多个方面。

2. 保险监管信息系统

通过实现技术装备的现代化，建立保险监管信息系统，完善公共信息服务系统，及时发布监管信息，从而提高监管透明度，并进而提高监管效率。如，全美保险监督官协会[①]（NAIC）拥有一个由近5 000家保险公司、最近10年的年度财务信息以及最近两年的季度财务信息组成的信息库，并且某些年度信息数据可以追溯到20世纪70年代中期。各州保险监管者及NAIC官员可通过各类应用系统取得数据，并制成规范报告或税务状况报告，以满足特定的要求。

3. 保险公司信息披露制度

保险市场本身的信息不对称为信息披露提供了内部动力，开放的市场环境为信息披露提供了外部压力。国际会计准则委员会框架（IASC）将需要保险信息的决策者分为监管机构、顾客和投资者。监管机构注重对定期的财务报告进行分析；普通顾客则关注评估机构对财务报告的意见；投资者更关注公司的盈利性和长期稳定增长。美国

① 保险监督官协会（National Association of Insurance Commissioners），是对美国保险业执行监管职能的部门。它是一个非营利性组织，由美国50个州、哥伦比亚地区以及四个美国属地的保险监管官员组成。NAIC成立于1871年，其目的是协调各州对跨州保险公司的监管，尤其着重于保险公司财务状况的监管，同时，NAIC也提供咨询和其他服务。

在保险市场实行强制性信息披露制度，专门制定了《消费者保险信息和公平法案》以保护投保人的知情权。同时，在美国境内营业的保险公司每年必须向保险监管机构提交公司财务审计报告和精算报告。在20世纪90年代之前，日本保险监管当局出于稳定保险市场的目的，往往不公开保险公司的内部信息。新保险法规定了强制性信息披露制度，要求保险公司将自己从事的业务内容、财务状况等编制成经济信息公开资料，并向社会公众公开。

综合经营趋势下的保险发展与监管

国务院发展研究中心金融研究所课题组

课题负责人：夏　斌
课题组成员：夏　斌　陈道富

第一章　中国保险综合经营的现状及其基本特点

第一节　各种类型的保险综合经营

当前，中国已经存在各种形式的，涉及保险机构的跨行业投资，既包括仅仅拥有各种类型保险机构的保险集团，也包括不仅拥有保险机构，还拥有其他金融机构或者实业投资的金融集团和混合性集团，还包括目前还没有组建成集团形式，但已经实现跨行业投资的各种金融机构。

一、金融集团与混合型集团

目前，中国拥有保险机构（不含保险代理）的金融集团有：中信集团、光大集团等；既拥有保险机构，又拥有其他金融机构的混合型集团有：山东电力集团、海尔集团、山东泛海集团、东方实业集团、新希望集团、华能集团、万向集团等，其中，山东电力集团、华能集团等还成立了专门的公司，管理旗下的金融机构。

二、保险集团

中国当前有6个保险集团，即中国人保控股、中国人寿（集团）、中国再保险（集团）、中国保险（控股）、中国太平洋（集团）、中国平安保险（集团）。

这6个保险集团分别代表三种运营模式。其中，中国人保控股、中国人寿（集团）、中国太平洋（集团）实现了产寿险综合经营；中国平安（集团）除拥有产寿险综合经营外，目前还拥有平安银行、平安证券与平安信托等金融机构，属于保险业务和其他金融业务的综合经营，实际上已成为金融集团；中国保险（控股）公司则实现了金融保险与实业的综合经营。

三、跨行业投资的金融机构

中国《保险法》虽然严格限制产、寿险兼营，但随着中国保险市场的开放，已允许保险公司，包括产险公司和寿险公司，与外国保险公司合资设立具有法人资格的寿险公司，这实际上是产险公司以转投资的方式向寿险业渗透。如大众保险公司与德国安联保险公司集团，合资设立安联大众人寿保险有限公司，天安保险公司与美国恒康人寿保险公司合资设立恒康天安人寿保险有限公司等。

此外，一些银行也通过各种途径进入保险行业。如交通银行于2001年在香港特别行政区设立了中国交通保险公司；招商银行出资与美国信诺保险联合组建了招商信诺；

中国工商银行间接入股太平洋人寿和太平洋保险等。

第二节　各种层次的保险综合经营

一、混合性保险产品

产品层次上的综合经营，包括三种类型：

一是在开发新的保险保障功能基础上，实现对保险保障功能的全面覆盖。如，太平洋保险推出的“太平盛世家庭综合保险组合”，实现了对投保人家庭财产的全面保障；又如新华人寿推出“全家福家庭保障计划”，该计划集健康、教育、养老、理财等于一身。

二是不再局限于保险保障功能，而是在此基础上强化了储蓄、理财等功能。如新华人寿的“创世之约”，平安的“世纪理财”等，都具有“收益当先，账户自选”等显著的理财特点；泰康人寿推出的“放心理财”，实现了同一产品下连接多个风险收益各不相同的子账户，实现了集基金、储蓄、保障于一体的全方位理财平台。

在财险产品方面，也形成了保障功能与理财功能相结合的趋势。2001 年，华泰保险公司首先推出“华泰居安理财型家庭综合保险”，2002 年，太平洋财产保险公司推出“安居理财型综合保险”，投保人在按支付保额获得一年期的财产保障的同时，到期后还可以返还支付的保障金，同时获得 2.25%的保险增值金。

三是在确保基本保障功能的前提下，引入风险相对较小的收益分配方式。例如，各公司开发推出的分红保险产品。此外，还有一些保险机构与银行合作，在银行推出的各种理财卡上，附带保险功能，或者赠送一定的保险金额。

二、不同金融机构之间的业务合作

保险与其他金融机构的合作也在不断深入，如银行保险，近两年来银行保险成为保险业发展的主力军，部分保险公司与银行已经建立战略伙伴关系，全面开展长期合作；如保险代销基金产品。保险与信托公司的合作也在不断深入，如在年金市场上使用信托机理等。

三、组织管理上的集中

在组织管理上，保险的综合经营也在不断探索。如平安保险公司在上海建立数据中心，还正在努力将各子公司转换成为销售平台，投资、风险管理与数据分析均集中在总部进行等。

总之，中国市场上已经出现各种类型、各种层次的保险综合经营。

第三节　专业化与综合化共存

分业与混业、专业化与综合化是辩证统一的，有效率的混业、综合经营是建立在成熟的专业化、分业经营基础之上的。只有主业做深、做专，综合化发展才有坚实的基础，而适时适度的综合化发展反过来又可促进主业的进一步专业化，提高效率。

当前，中国保险业的发展也呈现出专业化与综合化共存的局面。一方面，中国的分业经营越来越深入，各种类型的专业性保险公司不断涌现，如寿险公司、财险公司、再保险公司及各种代理公司纷纷从原来混业经营的保险公司中独立出来。而且，中国还根据保险经营的特点，成立了专门从事保险投资的保险资产管理公司，2004 年年初还批准成立了互助制农业保险公司等，一些保险集团还积极筹划成立专业性企业年金公司，如正在筹备的太平养老保险公司和平安养老金保险公司，中国人寿企业年金领导小组和项目工作小组也正在积极筹备中国人寿养老金保险公司；另一方面，各种保险集团不断设立，当前已有 6 家保险集团，不同保险机构、保险机构与其他金融机构之间的合作不断深入，各种混合型产品也不断涌现。

第四节　保险资金运用多元化基本上没有开展

现行《保险法》明确保险资金只能投资于银行存款、债券和基金，保险公司目前不能直接投资新的实业项目。因此，作为保险价值链进一步延伸的实业，保险公司基本上没有开展。如与养老保险相关的养老产业，养老院、老年护理中心、老年社区等；与健康险业务发展相关的健康产业，定点医院、体检中心、康复中心、疗养院等；与财产险相关联的汽车服务业以及面向产寿险客户的全国连锁的紧急救援系统等。

在《保险法》实施以前，一些保险公司已经进入部分实业，这些实业项目和相关下属企业的经营目前虽然仍正常运转，但普遍存在管理不善、不良资产比例较高、盈利能力差等问题。这与资产本身的质量较差有关，也与实业投资不受重视有关，基本上以清收变现为主。

第五节　外资保险集团的综合经营优势明显，发展迅速

目前，已经进入中国和准备进入中国的各国保险产品提供商，多是大型金融控股和保险集团。尽管外资金融机构在中国也必须遵守分业经营的规定，但是由于这些机构都是金融控股集团，在缺乏有效监管协调的情况下，有可能通过各种安排，以法律允许的各种方式开展业务，发挥其混业经营优势。而中国金融机构受政策限制，在组织形式、资本、业务、人才、知识等方面不具有混业经营的优势。

事实上，目前有部分综合性的海外金融集团已通过各种渠道分别进入中国的保险、证券、银行等金融领域，甚至实业投资领域。如汇丰于 2004 年 8 月收购中国第五大银行——交通银行 19.9%的股权；2002 年 10 月以 46.8 亿港元入股平安保险后，2004 年 6 月再增持 12 亿港元，成为平安保险的第一大股东；汇丰还成为中国的国债承销商，2005 年的结算量达 296.97 亿元。又如 ING 集团，其在华的银行业务已经盈利，目前又取得两张寿险许可证：太平洋安泰人寿与首创安泰人寿，还成立了合资基金管理公司——招商基金管理公司。而且 ING 房地产转变业务形式后，在上海和北京管理 3.4 亿

美元的财产，当前ING又瞄准了中国的养老金市场。

更为重要的是，外资保险集团进入中国寿险业，虽然不能设立独资寿险公司，但一般寻找在中国具有一定市场控制力的、大型企业集团合作，合资设立寿险公司，这些企业集团有些甚至没有金融从业经验。在签订的有关合资合同中，也往往要求中资在政策放开时，必须向外资出让控股股权。这样，外资保险集团除了具有自身在金融领域综合经营的优势外，还充分利用了中国实业集团与保险集团之间的联动关系，在实业与保险业之间实现综合经营。中国现已成立的18家合资寿险公司中，有14家是大型企业集团，没有人寿经营经验，只有两家是人寿公司，两家是财险公司。而已批准筹备的另两家合资寿险公司中，一家是中国三星人寿保险股份有限公司，由韩国的三星生命保险株式会社与中国航空集团合资；另一家由中国东方航空集团与台湾的国泰人寿保险股份有限公司合作。

表1－1　合资保险公司中外方股东构成情况

次序	公司名称	股东背景	中方股东背景
1	金盛人寿保险	法国安盛保险集团、中国五矿集团	中国五矿集团成立于1950年。1992年，五矿集团被国务院确定为全国首批55家企业集团试点和7家国有资产授权经营单位之一。1999年，中国五矿集团公司被列入由中央管理的44家国有重点骨干企业。
2	瑞泰人寿保险	瑞典斯堪的亚公司，北京国有资产管理有限责任公司	北京市国有资产管理有限责任公司成立于1992年，是北京市政府直接管理的专门从事国有资产产权经营和资本运作的大型国有独资公司。截至2002年年底，公司通过投资参控股，掌控和影响的资产超过2 500亿元。公司共有投资参、控股企业70多家。作为2008年奥运会两大体育场馆——国家体育场和国家游泳中心的业主，公司在加快奥运场馆建设的同时，逐步加大向轨道交通、高速公路和城市基础设施等项目投资，为北京城市现代化建设贡献力量。
3	中美大都会人寿	美国大都会集团、首都机场集团公司	首都机场集团公司以原北京首都机场集团公司为基础，联合北京首都国际机场股份有限公司、天津滨海国际机场、中国民航机场建设总公司、金飞民航经济发展有限公司、中国民航工程咨询公司，于2002年12月28日正式成立。
4	中英人寿保险	Aviva、中粮集团	中国粮油食品进出口（集团）有限公司于1952年在北京成立，是一家集贸易、实业、金融、信息、服务和科研为一体的大型企业集团，横跨农产品、食品、酒店、地产等众多领域。自1994年以来，一直名列美国《财富》杂志全球企业500强。
5	信诚人寿保险	英国保诚集团、中国中信集团公司	中信公司目前拥有44家子公司（银行），其中包括设在中国香港、美国、加拿大、澳大利亚、新西兰等地的子公司；公司还在东京、纽约、鹿特丹设立了代表处。
6	中宏人寿	加拿大宏利人寿、中国对外经济贸易信托投资公司	中国对外经济贸易信托投资公司是中化公司的核心成员之一。中化公司是中国最大的外贸企业之一，现已成为在全球具有相当影响力的综合型国际企业集团，1989年至今，连续被美国《财富》杂志评为全球500强企业之一，在全球最大的贸易型企业中名列第11位，列同年中国企业500强排名第5位，2003年公司营业收入达189亿美元。
7	中意人寿	意大利忠利保险、中国石油天然气集团	中国石油天然气集团公司为中国特大型企业集团，是以石油天然气为主营业务，集油气上下游、内外贸、产销一体化经营的国有控股公司，是中国销售额、资产总额和利润最大的企业之一。

续表

次序	公司名称	股东背景	中方股东背景
8	首创安泰	荷兰保险、北京首都创业集团	首创集团是立足北京、面向全国的大型投资运营企业，目前下辖房地产、市政基础设施、金融服务、工业科技、商业贸易和旅游酒店六个产业经营集团。拥有各类全资、控股和参股企业142家。
9	海尔纽约人寿	美国纽约人寿、青岛海尔投资	海尔集团是海内外享有美誉的大型国际化企业集团，2003年实现全球营业额806亿元。
10	海康人寿	荷兰AEGON保险集团、中国海洋石油总公司	中国海洋石油总公司注册资本500亿元人民币，现有职工2.4万人，控股3家上市公司、1家非上市信托公司以及8家子公司，资产总值1 167亿元，净资产676亿元人民币。
11	招商信诺人寿	美国信诺北美人寿、招商局关联企业	招商局全资、控股和重要参股企业现达250多家，其中包括14家上市公司。
12	广电日生	日本生命保险相互会社、上海广电（集团）有限公司	上海广电是中国电子信息行业中处领先地位的信息产品制造商和信息服务提供商，在世界各地有雇员27 000名，成员企业120家，直接投资企业33家，包括2家上市公司，与众多国际著名公司建立30多家合资合作企业，2001年集团销售收入383亿元，利润23亿元，出口创汇18亿美元。
13	光大永明人寿	加拿大永明人寿、光大集团	中国光大集团是中央管理的国有重要骨干企业。目前，中国光大集团在境内拥有中国光大银行、光大证券有限责任公司和光大永明人寿保险公司等金融机构，也是申银万国证券公司的第一大股东。在香港拥有光大控股、光大科技、光大国际三家上市公司，并通过光大控股参股港基银行。集团以全资、控股、参股等形式管理着60多家直属企业，充分利用境内外市场拓展业务。
14	恒安标准人寿	英国标准人寿、天津泰达投资控股有限公司	泰达控股是天津经济技术开发区国有资产授权经营机构，是在天津经济技术开发区总公司、泰达集团、建设集团三大企业集团基础上统筹组合而成的大型国有控股公司，公司总资产达400余亿元人民币，全资、控股、参股企业90余家。
15	太平洋安泰人寿	荷兰国际集团、太平洋保险集团	
16	中保康联人寿	澳大利亚康联集团、中国人寿	
17	恒康天安人寿	美国恒康人寿、中国天安保险	
18	安联大众	德国安联保险集团、中国大众保险	中国大众保险是由国内二十多家资产雄厚、效益优秀的大中型企业参股组建的商业性保险公司。
19	CNP	法国国家人寿、中国邮政总局	

第六节 保险集团对各子公司的管理能力较弱，整合效果不明显

中国当前保险集团，除平安集团外，大部分都是为了满足分业经营的要求，而在法律上设置成控股集团形式。因此，对于各保险控股子公司还没有建立严格的内部控制制度。目前，有些集团公司，如人寿保险公司、中国人保集团等，虽然也从集团角度提出了综合经营的发展战略，但仍还停留在远景规划阶段。

同时，由于受《保险法》等严格限制，一个保险集团下的各保险公司业务联系基本没有开展，处在各自为战阶段。虽然平安集团已经开始了保险业资源整合的尝试，但从整个保险业来看，保险集团的整合效果并不明显。

第七节 保险与其他金融机构合作层次低，缺乏必要的制度、技术支持

以银保合作为例。由于目前法律还不允许银行与保险在股权上合作，虽然近期有些银行与保险公司签订了全面战略合作协定，但大多数银行与保险公司之间，主要是通过签订代理协定开展业务合作的。这些代理协议一般为一年一签的短期协议，具有很强的随意性，很难保证保险公司未来稳定的保费收入来源，合作还仅仅只是浅层次合作。

一方面，由于代理网点稳定性差，保险公司不愿加大对银行代理业务的基础性投入，包括人员培训、技术支持、产品开发等，使银保合作的创新难以在深层次上展开；保险公司也不重视开发和建立银行代理保险的售后服务网络系统；而且由于中国各银行之间的技术、设备水平参差不齐，因此，目前银行与保险公司之间电脑联网程度低，双方所有网点无法全面联网，代理业务通过原始的手工操作，效率甚至低于一般保险代理机构。

更为重要的是，大多数保险公司把更多精力投入维护银行关系上，不重视对银行业务人员的培训，网点柜员缺乏系统的寿险知识和展业技巧，代办人员不了解或不甚了解产品的条款内容及宣传要求，在对客户说明讲解过程中，经常发生错误或误导，导致退保或产生纠纷。

另一方面，由于合作的短期性，加上网点资源是现阶段发展银保合作的基础，因此，保险公司在与银行合作过程中十分被动。保险公司不惜成本，竞相提高手续费率，甚至出现贴补费用进行恶性竞争。而银行除了手续费收入外，还向保险公司提出更多的要求，如购买其代销基金、协助营销其他金融产品、举办各种培训等。另外，虽然银行高级管理层从总体战略考虑，愿意在目前传统存贷业务利润不佳的情况下拓展中间业务，但是银行中层及基层管理者从自身利益出发，以存款的多少作为考核基层工作的重要指标，增加保险代理业务并不能增加存款，银行基层人员办理保险业务的积极性受到一定的影响。

第八节　混合型产品风险较大

保险机构根据中国的实际情况，开发了一些具有跨行业特征的混合产品，如投资连结产品、车贷险、房贷险等，但由于精算、恶性竞争等原因，这些产品隐藏着巨大的风险，部分产品最后不得不叫停。如保险公司在1998年推出车贷险，一度非常火爆，但到了2003年，由于各种原因，赔付率过高，最后都先后停办了；又如房贷险，该险种是一次性收取全部保费，保险公司也是一次性向银行支付全部手续费。由于恶性竞争，8%的代理费被许多公司抬高到了20%，甚至30%，如此高的手续费，保险公司经营房贷险至少要5~6年才能持平，可现在由于升息等原因，购房者往往在3~4年后就提前还清贷款，保险公司多支付的代理费没法追回。

第二章　保险综合经营在中国迅速发展的主要原因

保险综合经营在中国迅速发展，除了为适应分业经营而被动调整外，还是保险业发展的内在要求，是中国保险业应对内外环境变化的理性选择。中国保险业逐步放松监管、电子网络技术与风险管理水平的提高等，是使保险综合经营成为可能的因素之一。

第一节　外部环境的变化促使保险机构走向综合经营

综合经营一方面表现为引入产业、公众资本，甚至引入其他金融机构的资本；另一方面表现为保险业务之间，保险业务与其他金融业务之间相互交叉，综合经营。保险业选择综合经营，是在中国当前特定的历史时期的理性选择，是在“内忧外患”环境下的应对策略。

一、“内忧”包括的四个方面内容

（一）中国保险业市场发展至今，出现了“垄断与过度竞争”并存的局面，如何在这样的市场环境中争取或者保持竞争优势，对各个保险公司都构成了挑战。

（二）在过去的经营活动中，尤其是在当时没有明确分业经营、经济高速发展时期，保险公司积累了较多的不良资产，包括利差损、投资实业、贷款等不规范混业行为导致的不良投资等。在这样的历史背景下，中国严格执行分业经营，现在虽然有所突破，但仍然对保险公司的综合经营有较多的束缚。

（三）随着保险业在中国的高速发展，中国加强保险机构清偿能力监管，有相当保险公司清偿能力不足的问题开始浮现，需要补充资本金，再加上历史遗留的不良资产等问题，仅仅依靠保险业自身的利润积累，已经不能适应消化不良资产和支撑高速增长的需要，迫切需要引入新的资本。

（四）随着保险业的发展，积聚的资金越来越多。到2003年年底，中国的保险资金运用余额已达到8 738.54亿元，但各保险公司的资金运用回报率大体上仅为4%左右。而且随着保险经营思路的拓展，投资连结保险、分红保险等储蓄型保险产品的迅猛发展以及企业年金市场、养老金市场的开拓，保险企业与其他金融机构产生了激烈的竞争。原先在经济高速增长时期销售的具有较高内含收益率的保单也给保险资金运用带来了沉重的负担。拓宽保险资金运用渠道，提高保险资金运用效率，控制保险资金运用过程中的各种风险，包括道德风险与操作风险，成为保险业进一步迅速发展的迫切要求。

二、“外患”

“外患”主要是指中国加入世贸组织之后，外资根据加入世贸组织协议大举进入中国市场，利用自己的混业经营优势以及成熟的保险市场运作经验，充分借助中国大型企业集团的潜在市场控制力，对中资保险机构形成了巨大的威胁。

正是在这种背景下，经过近几年保险机构分业经营，保险机构的风险管理能力有所提高，专业化水平得到了较大的提升，保监会逐步放松管制，提出“做大做强”保险业的发展战略，对保险业的综合经营采取了较为积极的态度。这样，保险机构在进一步加强专业化的同时，设立保险集团，在保险领域开展综合经营，应对当前的经营环境。

具体来说，保险行业选择综合经营的外部原因是：

（一）分业经营政策

中国的保险公司在组建初期并不区分财险与寿险，甚至可以经营其他非保险业务。但由于当时中国保险机构的专业化水平较低，缺乏其他专业领域的知识与管理经验，产生了大量的不良资产。正是认识到在金融机构专业化水平不高的情况下，开展综合经营隐藏着巨大风险，因而，国务院要求各金融机构分业经营。1995 年的《保险法》充分吸收了保险业发展过程的经验教训，严格贯彻分业经营的思想。

1995 年《保险法》颁布后，在保险行业内部，确立了财产保险和人身保险业务严格分业经营的体制。为了贯彻落实《保险法》的分业规定，1996 年，经国务院同意，中国人民银行批准原中国人民保险公司改组为中国人民保险（集团）公司，下辖 3 个专业子公司，即中保财产保险有限公司、中保人寿保险有限公司和中保再保险有限公司。1998 年又撤销了中国人民保险（集团）公司，并将其下辖的 3 家子公司分别改组为：中国人民保险公司、中国人寿保险公司和中国再保险公司。2000 年，经国务院和中国保监会批准，中国太平洋保险公司改组为中国太平洋保险集团公司，下设中国太平洋财产保险公司和中国太平洋人寿保险公司。

由此，中国保险集团的设立，在很大程度上是源于“分业经营”政策的贯彻执行，是政府当局从保险业等金融行业发展过程中的经验教训，以及保险机构的风险管理能力等实际情况出发，从防范风险的角度加以确立的。保险集团的设立，初期更重要的是为了在形式上满足国家的强制要求。

（二）垄断与过度集中的市场结构

当前，中国保险市场的显著特征是“垄断与过度竞争”并存。一方面，保险市场的集中度偏高。2003 年最大的三家产、寿险公司的业务分别占到产险市场份额的 92% 和寿险市场的 86%。另一方面，中国又存在“过度竞争”，存在一定程度的恶性竞争因素。随着保险经营主体的不断增加，保险市场竞争越来越激烈。保险公司，特别是中资保险公司的产品单一且雷同，为单纯追求保费规模的快速增长，一些保险公司跑马占荒，采取高返还、高手续费、高佣金、降低费率等违规手段来抢占市场份额，甚至公司之间相互诋毁，部分地区市场秩序比较混乱。2003 年以来，非寿险市场因恶性竞争导致费率一再下滑，已经影响到国际市场分保，特别是一些大型项目分保不出去，仍由保险公司承担，或由内地几家保险公司共同承担。

（三）外资进入

随着加入世贸组织承诺的逐步兑现，外资保险机构进入的领域越来越多，且发展迅速，中资公司面临的竞争挑战日益严峻。外资保险公司保费收入从1999年的18.2亿元增长到2003年的67.3亿元，5年之内增长了2.7倍；外资保险公司总资产从44亿元增加到197.8亿元，5年之内增长了3.5倍。

从中外资保险公司的市场份额看，虽然2003年年底中资公司仍占据98%以上的市场份额，外资公司占比不到2%，但外资公司发展迅速，同比增速超过中资公司。2003年，外资寿险公司保费收入增速超过中资寿险公司保费收入增速近15个百分点；而且外资在效益较好企业的财产险、责任险和货运险等份额较高，分别达到2.94%、5.98%、4.93%。

从中外资公司的营销模式看，外资寿险公司个人营销保费收入占比达到90%，中资寿险公司则不到60%。

从外资公司进入较早的上海、广州、深圳市场看，2003年外资寿险公司在广州、上海、深圳的个人新单契约市场份额已达到35%、20%、15%左右；外资财险公司在经济发达的直辖市和计划单列市的市场份额达到4.07%。

更为重要的是，大量进入中国的外资保险机构，大多数是世界500强企业，且大部分在国外都开展混业经营，不但拥有综合经营的丰富经验，而且有更多的渠道规避中国法律对综合经营的监管，实现实质综合经营。为了应对外资大举进入对中国保险行业的冲击，各中资保险机构也纷纷开始研究综合经营，并在法律允许的范围内开始试验。

（四）放松金融监管，在保险综合经营方面有所突破

如果说环境变化使得保险综合经营成为必要，分业经营政策是导致保险机构选择集团模式的消极政策原因，那么放松金融监管，尤其是突破保险综合经营方面的严格限制，则为保险综合经营提供了积极的政策空间。

具体来说，近几年中国在以下几方面放松了金融管制，并在一定程度上突破了严格的分业经营限制。

1. 拓宽保险机构的资金运用渠道

如1998年10月，中国人民银行批准保险公司参与银行间债券市场；经国务院批准，保险公司可以在中国保监会申请、国务院批复的额度内购买信用评级在AA+以上的中央企业债券，并可在沪深两市证券交易所交易上市债券；1999年10月27日，国务院批准保险公司可以通过购买证券投资基金间接进入股票二级市场，保险公司可以在二级市场上买卖已上市的证券投资基金和在一级市场上配售新发行的证券投资基金；2004年10月24日，保监会和证监会联合发布了《保险机构投资者股票投资管理暂行办法》，允许保险机构投资者在严格监管的前提下直接投资股票市场。

2. 在保险机构经营范围上，保监会允许财险公司经营人身意外险与健康险

3. 在股东资格与对外投资上，允许保险机构成立保险资产管理公司，专门管理保

险资产；同时，放宽对保险机构的股东资格限制，允许产业资本投资保险机构

当然，中国其他金融行业出现综合经营趋势，成立了各种类型的金融集团，使保险业重新思考综合经营应对外部环境挑战的可能性；中国信息网络技术的发展，则为保险业综合经营创造了技术条件；金融综合经营的理论研究，尤其是相关多元化研究，为保险综合经营提供了理论与舆论基础。

第二节　保险业自身发展的内在要求

保险业自身发展的内在要求，实际上是保险选择综合经营的经济原因。综合经营符合保险业自身发展的要求，在当前阶段，能进一步为保险业降低成本，减少风险，提高收益。

一、降低保险业内在风险，提高保险收益

从控制经营风险角度看，一方面，保险经营的理论基础是“大数定律”，随着相同类型投保人数量的增多，保险精算结果与实际经营成果就越接近，经营风险就越小；另一方面，大部分保险品种之间的独立性较强，即相关性较低，通过多元化能进一步较为显著地降低保险经营的波动性。从资产运用的风险来看，中国目前的资产管理机构的风险管理水平不断提高，运营也不断规范，但仍然存在不少问题，如券商挪用客户国债问题，基金管理公司的治理结构尚不完善，存在一定的道德风险等，保险集团通过成立自己的资产管理公司，能获得更多的手段控制经营者行为，控制道德风险。

如果考虑到保险业风险的特殊性，即逆向选择与道德风险在保险活动中大量存在，那么，通过保险综合经营，通过相关多元化能在降低保险风险的同时提高保险收益。具体来说，一是可以掌握单个客户综合的信息资料，便于分析确定优良客户群体，加强展业的针对性，提高效率；二是可以在一定程度上控制保险欺诈等行为，如保险集团拥有定点医疗机构，可控制部分不符合保险条件的客户参保，同时在一定程度上降低不可控的医疗机构与患者串通，非法使用保险资金；三是可以降低整体保险理赔支出，如保险公司可以通过自己成立的急救中心、康复中心等，加强对客户健康的日常检查，提前治疗，降低演变为大病后需要的大额医疗费支出，从而降低理赔支出。

二、“以客户为中心”的营销理念盛行

现代保险业竞争日趋激烈，“以产品为中心”的营销思路越来越不能适应保险业发展的需要，保险公司纷纷转向“以客户为中心”的营销理念。随着经济活动的日益复杂，单一的金融产品与金融服务已无法满足客户的金融需求了，需要提供一系列金融产品与金融服务，才有可能实现客户的金融需求。这就意味着保险公司必须通过提供多样化的金融产品和金融服务来满足客户的差异性需要，增加对客户的吸引力。

“以客户为中心”提供“一揽子”金融产品与服务，意味着范围经济发生作用。具体来说，不通过客户自我组合实现其金融需求，而通过保险公司来实现，能实现范围经济的原因主要是：

(一) 对信息搜寻成本的降低

客户由于缺乏专业知识，且所需要的业务量不大，单个的搜寻必然导致成本加大。由保险机构统一提供，可以大量减轻客户的搜寻成本。当然，搜寻工作也可以由保险经纪公司开展，但涉及不同保险公司不同产品之间的协调问题，成本仍然不小，而且可能无法完全满足客户需求。

(二) 节约重复开发客户的费用

可节约不同保险公司为同一客户，甚至同一金融需求投入重复的开发、维护费用，降低了成本。

(三) 专业化程度加深

不论什么类型的保险公司，都涉及保险的展业、产品设计、资金运用等环节，通过综合经营，可以将相同类型的环节通过一个专业公司运作，进一步提高专业化水平，提高效率。

三、专业化发展的必然要求

中国保险业的专业化出现两种趋势：一是各种专业保险公司不断出现，如养老保险公司、农业保险公司等；另一个是保险运作环节的专业化公司开始出现，即功能的专业化经营，如保险资产管理公司及保险代理、经纪公司，还有一些没有成立专门公司，而是采取各种中心的形式，如数据中心、客户中心、产品设计中心等。

总之，中国保险领域的专业化程度越来越强。专业化与客户需求综合化的矛盾越来越突出，功能的专业化经营与现有保险公司管理体系的矛盾也越来越突出。专业化的深入意味着分工的细化，而且分工的标准也在发生变化，以产品为中心的分工模式逐步被以功能为中心的分工模式所取代。分工细化意味着整体协调难度加大，需要专门的机构加以综合，分工模式的改变意味着原有的单个公司协调的方式，已不再适应发展需要，需要一个更综合的协调机构。因此，不论是分工细化，还是分工模式转变，都要求有一个新的综合性协调机构。保险综合经营正是在这种要求下产生的。也就是说，保险综合经营与专业化经营并不矛盾，而是相辅相成，缺一不可。缺乏综合经营机构，专业化必然导致各自为战，重复浪费等现象，而缺乏专业化的综合经营，也必然导致空中楼阁，缺乏运营的基础。

可见，保险综合经营在中国产生并逐步发展，并不是简单顺从国际保险业综合经营与国内金融综合经营的大趋势，而是具有深刻的环境、政策与经济原因，是监管部门、保险经营主体从中国当前实际出发，应对内外挑战，适应保险业内在发展规律的策略之一。更进一步，这些导致保险综合经营在中国产生与发展的原因，还将在相当长时期在中国存续，因此，保险综合经营也将在中国继续存在并得到进一步的发展。

当然，保险综合经营在中国存在并发展的历史必然性，并不排斥其他经营方式在中国的存在与发展。随着中国保险经营环境的变化、保险管理水平的提高、技术的进步等，保险综合经营的具体形式与层次还会不断发生变化。我们还应清醒地认识到，由于受中国经济、金融发展程度的制约，保险机构专业化经营和风险管理水平的限制等，中国当前保险综合经营中仍然存在大量问题需要解决。

第三章　当前中国保险综合经营存在的主要问题及其产生原因

第一节　当前中国保险综合经营存在的主要问题

1995 年《保险法》颁布实施以前，中国并没有强制要求保险公司只能经营保险业务，也没有要求财险业务与寿险业务必须由不同的保险公司经营。由于当时没有明确的法律法规，保险公司的专业知识、风险管理水平不能满足综合经营的要求，尤其是在实业投资、发放贷款等方面，保险公司综合经营最终导致了巨大的风险。1995 年《保险法》出台后，确立了保险业分业经营的基本原则，财险公司与寿险公司相互独立，其他实业投资也逐步剥离与退出，混业经营出现的混乱与风险基本得到控制。

随着中国保险业的发展，保险业自身的发展逐步走向了综合经营。中国目前的保险综合经营还处于相当初级的萌芽阶段，有些保险集团，如人寿、人保等，仅仅是被动的应对分业经营的要求，在法律形式上设立保险集团，目前基本上没有开展综合性业务，集团的协同效应并没有发挥；但有些保险集团，如平安从保险业发展的要求出发，一开始就注重保险综合经营，有意识地建立保险集团，而且保险公司也从业务发展需要出发，主动与其他金融机构建立联系，甚至开始涉足保险相关的实业领域。保险综合经营由于正处于初级阶段，本身存在较多的问题，上文已有较多描述。目前，从宏观角度观察，中国保险综合经营暴露出以下问题：

一、保险综合经营过程中的垄断问题

保险公司，尤其是新成立的中外合资寿险公司，为了迅速占领市场，取得基本业务量，降低展业成本，往往利用股东在某个领域的市场支配力，强制或不公平地开展业务。如 2004 年年初，中美大都会人寿意欲通过合资公司首都机场公司，垄断航意险，最后以大都会加入航意险共保联盟结束。之后，又暴露联合保险经纪公司通过其具有教育部背景的合资股东，垄断“学平险”销售事件。从中国保险公司的发展情况来看，无论是此前成立的中外合资保险公司，还是最近获得牌照的内资合资保险公司，大多与国家级垄断型企业合资形成。无论是中外合资还是内资合资，合资垄断行业保险资源的操作模式大致相同，即与具有行业垄断特征的国家级企业或者事业单位成立合资的保险公司、保险代理公司或保险经纪公司；在保险经营过程中，采取行政或者商业手段，借助所控制的人力和渠道，要求行业内部人员购买相关保险公司的保险，或者通过相关公司购买保险。这种方式压制了真正的市场竞争，损害了消费者的利益。

近期，合资寿险公司的保费收入与净利润数据值得我们充分的关注。从保费收入看，合资寿险公司成立当年的保费收入往往都很高，大部分公司开业首年的保费收入达到几千万元，如海尔纽约8 180万元，首创安泰6 076万元，中英人寿3 440万元，中意人寿3 200万元，光大永明3 080万元等，开业最早的信诚人寿，首年的保费收入更过了亿元大关，达到1.2亿元，第2年的保费收入同比增长也较快，接近100%的增长率，但随后其增长率逐年下降。从净利润看，2003年，中国寿险业整个行业盈利200 557万元，而合资寿险公司则亏损40 507万元，如果将独资寿险公司——美国友邦计算在内，则亏损额达到56 988万元，内资保险公司全年盈利额为257 545万元。

表3-1　部分合资寿险公司首年保费收入

单位：亿元

公司名称	注册地	成立时间	首年保费时间	新增保费收入	续缴保费收入	总保费收入
中保康联人寿保险有限公司	上海	2000年8月	2001年	5.99	0.70	6.69
中宏人寿保险有限公司	上海	1996年11月	1997年	6.91	0	6.91
金盛人寿保险有限公司	上海	1999年4月	2000年	26.50	3.5	30.00
安联大众人寿保险有限公司	上海	1998年10月	1999年	4.88	0	4.88
太平洋安泰人寿保险有限公司	上海	1998年10月	1999年	28.58	0	28.58
恒康天安人寿保险有限公司	上海	2000年11月	2001年	5.26	0	5.26
中意人寿保险有限公司	广州	2002年2月	2002年	32.00	0	32.00
信诚人寿保险有限公司	广州	2000年9月	2001年	120.00	0	120.00
中英人寿	广州	2003年1月	2003年	34.40	0	34.40
海尔纽约			2003年	81.80	0	81.80
首创安泰			2003年	60.76	0	60.76
光大永明			2002年	30.80	0	30.80

表3-2　合资寿险公司保费收入增长情况一览表

单位：%

公司名称	2003年	2002年	2001年	2000年	1999年
中宏人寿	21.11	46.46	81.76	71.93	100.00
太平洋安泰	36.19	113.38	158.72	179.31	866.67
安联大众	35.66	122.02	102.49	459.63	
金盛人寿	33.95	45.25	113.33	500.00	
信诚人寿	78.77	76.53			
中保康联	197.66	88.93			
恒康天安	106.44	329.38			
中意人寿	174.14				
光大永明	446.77				

注：1. 数据来源：历年《保险年鉴》。

2. 首年数据由于开业时间不同，可能具有的代表性不强，但第二年的增长率更有实际意义。

二、关联交易导致利益输送问题

中国保险机构之间、保险机构与其他金融机构之间的联系还不密切，但仍然大量存在关联交易。关联交易本身并不意味着对公司利益的损害，但如果因关联交易导致利益输送，或者由于关联交易导致公司风险过度集中，就将引起公司利益的损害。如新华人寿公司与德隆系之间的委托理财，一些股东通过股东贷款、应收账款等，抽走保险公司的资金。

三、不同金融机构之间的风险传递问题

目前，与中国保险机构发生风险传递的金融机构主要是银行和证券公司。银行代理销售保险，一方面，保险公司利用银行较高的信誉销售保单；另一方面，由于银行的工作人员没有受到良好的保险知识培训，简单将保险产品与储蓄产品相比较，存在一定的误导行为。在保险事项具体发生时，可能出现实际补偿或者收益与银行当时宣传的有一定差距，会给保险公司的信誉造成较大影响，甚至引起退保现象。因此，通过代理行为，银行与保险公司之间存在风险相互传递的渠道。

证券公司与保险机构之间的风险传递，目前主要是通过委托理财行为产生的。保险公司往往委托证券公司购买国债，甚至有些保险机构默许证券公司挪用其账户下的国债资金，通过国债回购等方式进行运用，提高收益率。当股票市场、债券市场出现波动，或者证券公司的经营出现困难时，保险公司的经营将受到一定影响。中国已经出现部分保险公司委托证券公司理财，最后导致理财本金无法收回的现象。

四、风险管理与控制问题

从微观层面看，中国目前的保险集团在风险管理与内部控制方面存在以下问题：

第一，各金融机构风险管理基础性工作尚未完善，各种基础数据缺乏，风险管理还处在较为初级阶段，有些金融机构甚至没有风险管理部门，有些虽然设置了风险管理部门，但仍然隶属于总经理，从部门出发、以个人判断为主的风险管理模式仍然是目前较为普遍的方式；

第二，中国系统性风险较高，风险管理手段较为缺乏，风险管理理念还未深入人心；

第三，各保险机构治理结构不完善，存在一定的内部人控制问题。

第二节　导致中国保险综合经营问题的主要原因

导致当前中国的保险综合经营出现以上问题的原因是多方面的，主要是以下几点：

第一，综合经营的内在风险。保险公司选择综合经营，一方面意味着分工的进一步细化，提高效率；另一方面则意味着资源整合，实现范围经济，而资源整合必然要通过关联交易实现。因此，综合经营的必然结果是导致保险机构关联交易的增加。关联交易的增加相应增强了集团内金融机构之间实质、非实质联系，则风险在集团内不

同金融机构之间的传递可能性加大。虽然集团可以通过不同金融机构风险的独立性分散风险，但无法分散系统风险，这意味着将加大风险爆发的突然性与影响力。当然，保险综合经营必然导致规模的扩大和经营范围的增加，对市场的支配力增强，这就增加了保险集团、金融集团利用市场支配力谋取利益的动机，即增加了垄断倾向。我国保险综合经营目前已经暴露出关联交易增多、利益输送现象有所发生、垄断事件开始涌现等问题。导致这些问题原因源于保险的综合经营本身。

第二，金融综合经营立法与监管落后。一方面，综合经营内在风险意味着综合经营本身存在缺陷，需要通过立法与监管来纠正。具体来说，需要通过立法与监管部门的监管实践，来控制保险综合经营的风险外溢，限制保险集团内关联交易的性质与规模，防止保险风险的集中、大规模爆发。同时，还要限制保险综合经营产生的市场支配力，维护公平竞争的市场环境。目前，中国对金融综合经营的立法与监管实践刚刚开始，尚没有出台专门的立法，监管也仅仅有了框架性的监管备忘录，还不能有效防止保险综合经营过程中产生的上述问题。

另一方面，中国现有的法律、法规体系是各部门从部门实际出发制定的，缺乏系统的安排，因此，法律法规之间，尤其是部门法规之间存在一定的不协调，也有一定的空白，如缺乏反垄断法，对股东资格、对外投资散见于各部门法规，甚至有些内部掌握。从法律本身，中国保险综合经营完全符合现有的法律规范，即其地位完全合法，但其经营活动又超越了现有法律框架的规范范围，游离于监管视野之外。目前，对于保险综合经营还没有相应的统计指标与监管指标，监管活动已经落后于保险业发展实践。

第三，金融业、保险业发展程度不高。金融业、保险业发展程度不高导致的问题主要体现在微观领域，影响综合经营的收益与效率。如银行业信息系统不统一及保险业的信息建设滞后，导致银行与保险业之间的合作缺乏技术平台；又如由于受证券市场发展、法律法规建设的影响导致证券化目前在中国还没有推广，保险业巨灾风险的证券化也没有开展等；再如，由于中国客户信息的收集、整理水平还不高，金融基础数据共享性差，保险机构开发的混合型产品，往往隐藏着风险，有些最终导致了停办。

同时，我们还应看到，当前中国的保险综合经营还处于初步发展阶段，虽然各种层次的综合经营已经产生，但大部分尚处于较为低级的代理合作、混合产品开发阶段，股权合作、组织结构变革等，开展得并不普遍，与综合经营相联系的资源整合工作，也尚未开展。加上中国法律法规对保险的混业经营、保险资金的投资仍有严格的限制，因此，中国保险综合经营当前暴露的问题并不多。但是，随着产业资本逐步进入保险领域，保险机构与其他金融机构之间在股权、业务、资金等的联系更加密切，保险资金运用渠道的拓宽，保险集团、金融集团的逐步增多，与保险机构相关的关联交易将逐步增多，交易的渠道也将逐步增多，因关联交易导致的风险集中与利益输送问题将更加突出。而随着保险集团、金融集团资源整合的逐步深入，市场影响力逐步增大，其垄断行为也可能会逐步增多。

第四章　中国保险综合经营的发展趋势

第一节　中国保险综合经营的发展趋势

保险综合经营在中国的发展具有客观必然性，但由于中国国情的特殊性，中国的保险综合经营还存在各种各样的问题，其发展趋势既会表现出国际上保险综合经营的共同特性，也会表现出具有中国特征的，与国际保险综合经营趋势不完全一致的特性。具体来说，未来5~10年，中国保险综合经营将可能出现以下趋势：

一、保险综合经营将成为中国保险经营的主要形式，综合经营形式也将逐步发展

保险综合经营在中国的产生与发展具有客观必然性，导致保险综合经营的各种因素，如垄断与过度竞争并存的格局、"以客户为中心"的服务理念、信息技术、监管水平与风险管理能力的不断提高等，在未来几年内还将不断加强。

保险综合经营也将不再局限于简单的相互代理，而向开发混合产品、战略合作、设立合资、控股公司等高级形式发展。如银保合作实现由销售代理向"长期战略合作联盟"过渡；设立专业银行保险公司，有条件的保险公司开办与保险业务相关联的类银行业务，通过金融控股公司方式参与银行业务等；设立专业养老金管理公司拓展养老金特别是企业年金管理业务；以独立账户方式拓展资产管理业务；成立保险基金管理公司等。

二、资产管理是保险综合经营的主要方向

中国委托理财市场发展潜力巨大。2004年年底，中国居民的储蓄存款高达12.62万亿元，其中定期储蓄就达8.34万亿元。2004年年底，企业存款也达到8.94万亿元。中国还出现了各种基金，这些基金由于设立不久，目前年资金运作、结余规模还不大，但随着中国社会保障体系等市场化改革的逐步深入，其年运作资金、结余资金规模都逐步增大。2004年，各地社会保险基金总收入5 600亿元，总支出4 600多亿元，累计结余基金达4 300多亿元。建立不久的企业年金2004年达到了500亿元，截至2004年9月，居民为购买住房提取的住房公积金累计5 016亿元，余额3 467亿元。巨额的机构资金需要取得长期稳定的投资收益，委托理财市场存在巨大的发展前景。

从中国金融实践来看，各金融机构都将委托理财业务作为业务突破和综合经营的核心，目前都在抢占委托理财市场。专门从事委托理财业务的金融机构有信托、基金管理公司。2004年，中国信托机构共发行396个信托计划，筹资380亿元，基金管理公

司发行55只基金，筹资1 862.5亿元。2004年，银行通过开展个人理财业务共筹集资金480多亿元，代理业务量则高达10 000亿元左右，证券公司通过委托理财、集合理财从事委托理财业务；保险机构通过投资连结产品、分红产品等涉足委托理财市场。

保险机构争夺委托理财既有必要，又有优势。一方面，随着竞争加剧，保险机构的承保利润不断下降甚至为负，资产管理成为现代保险业重要利润来源。从保险机构的发展来看，不论是独立账户的增长，还是争夺养老金、企业年金市场，抑或是保险资金投资领域的放宽，都需要进一步拓展资产管理业务；另一方面，保险机构在发展委托理财方面有相当优势。中国居民储蓄中预防性动机存款的有效运用，要求结合保险特征的资产管理业务。

从当前保险业资产管理的发展趋势看，未来5年可能在以下方面有所突破：

（一）保险资产管理公司的数量将不断增多，与投资有关的研究、风险控制进一步加强

（二）保险资产管理公司将向综合理财平台过渡

（三）保险集团将参股或设立基金管理公司

（四）具有保险特征的理财产品越来越丰富

三、拓宽用足销售渠道是保险业抢占综合经营的制高点

相对于其他金融企业，保险业的最大优势在于销售。一方面，2004年年底，寿险公司代理人达到140万人，代理机构427家，经纪机构68家；另一方面，综合销售风险小、规模效应明显。将销售改造成“一站式”服务的百货公司形式，有助于提高客户对保险销售终端的依赖度与忠诚度。

保险业虽然有很强的代理销售网络，但代理人的素质较低，还不能满足委托理财的要求。为了用足保险业的销售渠道，应在销售领域引入高级人才，改变薪酬办法，将简单的保险代理转变为客户的“理财策划师”。

在未来5年，保监会应考虑允许大型保险集团与银行共同发起设立从事保险销售的专业银行保险公司；允许保险公司介入基金销售领域，逐步放开保险公司的代理业务资格，设立专业性综合销售公司。

四、专业化分工越来越细是保险综合经营的显著特征

专业化与集团化共存发展包含三个方面的含义：①中国未来5~10年，保险市场将出现专业保险公司与保险集团共存的局面，既有大型、超大型保险集团，又有小型的、专门从事某个保险险种的专业保险公司，两者不会完全相互替代。②虽然保险集团在集团层面呈现出综合性，但集团内的专业性，比成立集团前的独立公司专业性更强。即保险集团的专业化与综合化共存并进一步增强。③从整个保险业来看，保险集团将成为主体，单个专业化保险公司成为保险集团有益的补充，而独立运作的、综合性保险公司将逐步减少。形成这种判断的原因是：

（一）中国目前的保险业已经表现出专业化与集团化共存的局面

（二）中国各主要财寿险公司纷纷研究保险集团化运作，并正在积极运作

已成立保险集团的，也在进一步研究如何完善保险集团的架构，提高对保险集团各子公司的管理，增强协同效应，控制风险。小型专业性公司出现了分化，既有“三年”现象，又有部分专业公司快速发展。

（三）从经济学角度分析，社会发展和经济效率的提高在于社会分工的发展

分工意味着专业化，但分工要能提高社会效率，必须保证分工后仍具有相当规模效应，同时存在有效率的分工协调机制。一方面，在市场规模较小的环境下，分工意味着业务量的下降，专业化导致效率提高有限，可能出现分工不经济；另一方面，虽然市场规模较大，但分工后各专业之间的协调成本过高，也必然导致分工最终没有促进社会效率的提高。中国保险市场较大，发展潜力巨大，因此，分工导致业务量下降，影响专业化效率的现象基本不会产生；中国保险业的市场化程度逐步提高，通过市场协调各分工主体，效率不断提高，保险集团除了可通过市场手段协调各子公司的分工，还可以通过公司治理等手段进一步协调分工，因此，分工导致协调成本的上升也将逐步降低。这样，分工程度较高的保险集团各子公司以及专业性子公司将获得效率，在市场竞争中具有优势；那些分工较弱，采取综合性经营的保险公司将逐步丧失竞争力。中国未来5~10年，保险业中专业化强的公司具有竞争力，即保险集团与专业化子公司将成为中国保险业的主要形式，而且保险集团由于可以充分利用两种协调手段，可以进一步深化分工，效率更高，因此将成为保险经营的主体方式。

（四）从国际上成熟国家保险综合经营的经验来看，当前专业化与集团化共存也是普遍现象

五、控股集团是保险综合经营的主要形式

集团化运作可以采取事业部制、母子公司制与控股公司制。从中国的法律等实际看，在相当长时期内，控股公司形式将是中国保险集团化运作的主要方式。这主要基于以下三点判断：

（一）法律上的限制

分业经营将是中国今后相当长时期内采取的基本原则，相关法律法规也将从该基本原则出发进行规范，事业部制开展保险综合经营在中国不具有法律基础；另外，从中国目前的法律法规体系来看，也不允许保险采取母子公司的形式。中国为了完善金融机构的治理结构，防止内部人控制以及大股东对金融机构过分干预，往往对金融机构的股东持股比例有严格限制。因此，保险集团只能采取金融控股形式，甚至不会采取绝对控股形式，相当部分会采取相对控股形式。

（二）清偿能力不足以及资本金缺乏将是中国保险业未来几年发展面临的主要矛盾之一

近几年中国保险业发展迅速，有部分保险公司已经出现清偿能力不足现象，再加上历史上形成的利差损问题尚未解决，部分还需要通过各年盈利加以冲销，因此，保险公司对资本金的需求相当旺盛。通过母子公司实现集团化经营，意味着保险公司无法充分利用社会上的资本，发挥资本杠杆的作用。因此，保险公司从节约资本金的角度，也将会选择控股公司制。

（三）建立法人风险隔离，提高保险集团整体风险承受能力及单个子公司控制风险的积极性

一方面，通过独立的控股子公司实现综合经营，可以在不同子公司，以及母公司与子公司之间建立法人风险隔离，防止个别子公司的风险损失超过整个保险集团的风险承受能力，将部分风险转嫁给债权人以及社会；另一方面，保险公司的发展历史不长，各项制度还不完善，尤其是精算技术、风险管理能力还比较薄弱，单个保险机构的风险水平还比较高，因而需要独立核算，分清责任，督促其自身加强风险管理。

第二节　当前影响中国保险综合经营进一步发展的主要因素

保险综合经营在中国的继续发展具有客观必然性，但当前阶段的发展仍然受到中国法律政策环境、金融环境以及人才环境等制约，影响了其进一步快速发展。具体来说，影响中国保险综合经营进一步发展的因素有：

一、跨行业投资的法律与监管存在空白与冲突

中国的金融法律体系主要是以行业为主线建立的，如《商业银行法》、《证券法》、《保险法》，而且每一部法律都有一个专门的监管部门与其对应，不论是法律体系，还是监管组织体系，均处在严格的分业状态。更重要的是，法律出台后，监管部门的监管主要是基于本行业特点制定的，行业之间的联系、协调考虑得较少，促使不同行业法律和监管一致，防止套利行为的规定基本没有。具体而言，在以下几方面存在欠缺：

（一）在股东资格与对外股权投资限制上，缺乏整体考虑

有些规定较为模糊，有些甚至没有规定，由监管机构具体把握，没将因相互持股而可能导致的监管套利纳入立法考虑之中。例如，按照目前有关法律对股东资格的限制，工商企业、信托公司具有投资任何金融机构的资格，财务公司、租赁公司等对外投资的限制较宽松，但银行、证券、保险的投资对象就受到了严格限制。

（二）不同行业开展相同业务的法律依据不同，相同业务采取不同形式运作，受到的监管宽严程度也不同

例如，委托理财产品，如果由信托公司开展，则依据《信托法》，资金信托还必须满足200份合约与5万元最低投资额的限制；如果由证券公司开展，仅根据《证券法》，依据《合同法》的理念规范但不受这些规定制约；商业银行开展委托贷款则由《商业银行法》规范；保险公司开展的投资分红保险由《保险法》规范。同样的，一项业务通过某种方式不能开展，但通过其他方式或与其他金融机构合作就可以开展。例如，商业银行不可以进行项目贷款，至少比例受到严格限制，但通过委托贷款就可以开展这项业务；又如，信托公司的资金信托不可以超过200份，因此，受整体融资规模的限制，每份合约的投资金额很大，但可以委托投资公司先进行募集，而后整体购买信托凭证。

（三）金融机构之间的“防火墙”制度还没有建立

金融集团下的金融机构在开展业务过程中，存在利益冲突、相互传染的风险，因

此，“防火墙”对于整个金融集团的安全、稳健具有重要意义。但中国的法律对金融机构之间的“防火墙”还未有实质性规定，目前主要通过分业经营、银行贷款控制、证券公司内部投资银行部与自营业务分离等规定来实现。原来的关联交易仅是会计处理要求，现在银监会加强对银行关联交易的管理，保监会也开始在业务管理上重视关联交易问题。但随着金融集团的建立，金融机构之间的合作与融合逐步加深，仅仅依靠这些已经不够了。

二、监管部门对于金融创新的态度

金融控股集团在中国是一项全新的事业，只有在组织、业务、流程、产品等方面不断创新，才有可能不断推进。不但监管部门对于金融控股集团的法规对金融集团的发展有重要意义，其对创新的态度对金融集团业务开展等也具有重要影响。

20世纪80年代中后期以及90年代初期，中国的金融创新主要是政府主导的。政府部门从监管需求角度，提出的一些带有强制性、半强制性的制度创新。例如，健全公司治理结构的相关制度，引进独立董事制度，加强内部风险控制等制度；又如，政府批准成立一批新的金融机构，对金融企业在组织与股权结构方面的创新给予承认，如成立中信控股公司等。但随着我国金融改革的逐步推进，金融机构的独立法人地位逐步加强，以金融机构为主导和推动的金融创新逐步增多。

当市场出现了大量监管部门不得不面对的新的组织架构和新业务现象，如金融控股公司、MBO时，与这些业务紧密相关的法规却迟迟难以出台，现有的法规对此又没有解释，在没有规定就是不允许的习惯逻辑下，金融机构对其中的灰色地带只能畏手畏脚、偷偷摸摸地干。对于一些有益的金融创新，由于监管部门事先研究不足，或不同监管部门协调不够，又怕不予以阻止，规模做大后不好收拾，不得不先采取叫停措施。更经常出现的现象是，对有些创新活动，有的监管部门往往先采取默许和观望的态度，不给予明确的说法，却观其发展，保留对其进一步采取行动的主动权，对市场创新预期的形成极其不利。监管部门对创新的这种态度不利于金融控股集团的业务推进。

保监会近期对于金融创新采取较为开放的态度，一些产品创新已经引入备案制，但之前对于保险行业的发展相对保守，没有批设新的保险机构，对保险产品也采取严格的审批制度。保监会对保险公司的资金运用、对外股权投资等虽有明确规定，但由于缺乏研究等，对今后可能放开的投资领域缺乏明确态度，而这一部分的准备需要较大的资金与调整，影响面较大，因此，各保险机构往往处于研究、规划阶段，不敢进入实质性准备。已经进入中国的外资保险公司，往往都是综合经营的保险集团，在国外有充分的综合经营经验，且相当一部分还分别进入中国的多个金融领域，一旦综合经营的政策有所松动，它们能立即调整到位，而中资保险公司由于准备不足，将不能较快地调整，从而影响其竞争力。

三、人才，尤其综合性人才的缺乏

金融领域的专业性较强，且中国各种金融机构开展业务的时间都不长，因此各领域虽然已经培养了部分专业人才，但能够同时精通多个金融领域的综合性人才极度缺乏。金融控股公司作为金融机构的管理机构，需要有熟悉多个金融领域的人才来运作，人才的缺乏是目前金融控股集团向前推进的另一个难题。在当前保险机构发展迅速、新设机构较为集中的情况下，保险人才的缺乏表现得尤为突出。

四、金融机构的不良资产、资本金以及治理结构问题

在金融机构层面上，影响金融控股集团在中国向纵深发展的因素主要有以下几点：

（一）不良资产问题

不良资产问题已经成为中国金融机构面临的不得不解决的重大问题之一。不论在其他机构进入金融业，还是金融机构自身运作，不良资产问题都已经成为主要的障碍之一。

（二）资本金充足问题

由于资产质量、再融资渠道以及经营收入分配等均不尽如人意，因此，资本金不足就成为金融机构进一步扩张规模的“瓶颈”。金融机构有强烈动机扩充资本金，但由于受到法律法规的限制以及投资主体对资金安全的担忧等，资本金问题将仍然是今后一段时期制约金融机构进一步发展的因素。

（三）股权结构以国有股为主，官本位思想较为严重

虽然中国经过多年的努力，金融机构商业化程度不断提高，但由于金融机构目前仍然以国有股权为主，地方政府对金融机构的干预较深，金融机构运作机制仍然不畅。

（四）治理结构有待于进一步提高

第五章　保险综合经营趋势下的挑战

第一节　对监管部门的挑战

第一，《保险法》有关规定的空白与冲突。目前，中国的《保险法》与保险综合经营有关的空白与冲突，主要表现为两个方面：

一是在《保险法》中，没有确立保险专业机构的法律地位，如保险资产管理公司、养老金公司、健康险公司等；对于保险的控股公司，在法律上也没有明确是否是保险机构。

二是保险公司对外股权投资仍受到严格的限制。《保险法》第一百零四条指出："保险公司的资金运用，限于银行存款、买卖政府债券、金融债券和国务院规定的其他资金运用形式。保险公司的资金不得用于设立证券经营机构和向企业投资。"虽然对保险资金运用留下了空间，但从目前实际运行来看，保险机构的对外股权投资，尤其是对保险领域外的金融机构、实业的股权投资限制是相当严格的。

第二，原有的监管模式与指标不能完全适应保险综合经营的风险监控。现有的监管模式、指标是在严格分业经营背景下，以单个保险机构为主设计的，随着保险综合经营的发展，保险风险的来源、发生机制、影响机制发生了变化，原有的监管模式与指标已不能完全适应保险综合经营的风险监控。具体来说，保险综合经营将在以下方面对保险监管带来挑战：

一是保险集团的清偿能力问题。现有的清偿能力是以单个保险机构为基础计算的，当涉及保险集团时，由于存在保险机构之间的相互投资、关联交易增多等现象，原有的计算方法不能真实反映保险集团的清偿能力。

二是利益输送与风险传递。建立保险集团的根本目的是实现协同效应，必然引起关联交易。由于保险集团结构较为复杂，透明度不高，存在较多的利益主体，利益冲突的可能性加大，因此发生利益输送的可能性加大，监管难度加大。同时，由于存在利益输送的可能性、透明度不足，保险集团内不但会有"接触性"风险传递，还可能发生"非接触性"风险传递。这是保险监管需要认真面对的新现象。

三是风险爆发的突然性与集中性。保险集团风险爆发与单个企业相比，具有突然性与集中性，因此，需要投入更多的精力监测保险集团的风险状况，将保险集团风险爆发的危害性降低到系统能够承受的范围。

第二节　对保险集团的挑战

保险综合经营对保险集团而言，不仅意味着风险分散、收益增多，还带来许多挑战，只有处理好这些挑战，综合经营才能提高保险集团的竞争力。

第一，内部控制难度与成本加大。保险集团相对于保险机构，委托代理链条延长，利益主体增多，透明度降低，不但给监管部门的风险监控增加了难度，也给保险集团自身的内部控制增加了难度。更为重要的是，保险集团将趋向控股模式，不但存在总公司与控股子公司之间的利益冲突，而且对于控股子公司而言，还存在控股股东与小股东之间的利益冲突，保险集团利益最大化与控股子公司股东利益最大化有可能出现分歧，内部控制难度进一步加大。

从保险业实践来看，对分支机构的管理一直是个薄弱环节，操作风险较大。保险控股公司对控股保险机构的管理手段，远远少于保险公司对分支机构的管理手段。如何在充分利用股东会、董事会的基础上加强对控股保险机构的管理，成为保险集团成功实现综合经营的关键之一。

第二，风险管理难度与成本加大。目前，由于保险集团下各保险机构之间的联系较少，风险传递不严重，而且保险集团中后台集中、“一站式”服务的进程尚未完成，保险风险的集中特征不明显，保险综合经营的特殊风险还不多，保险控股公司对保险集团整体风险监控的要求还不强烈。但随着保险集团综合经营程度的加深，紧迫性越来越强，风险管理的难度将也越来越大。

更为严重的是，中国单个保险机构的风险管理体系尚不完善，一些保险机构甚至没有专门的风险管理部门，一些保险机构虽然已经建立了独立的风险管理部门，但或处于基础制度的设计阶段，或还没有实质性发挥作用；风险管理的基础数据极其缺乏，市场上也缺乏相关的避险工具。能否有效地管理保险集团综合经营的风险是保险综合经营健康持续发展的另一关键因素。

第三，资源整合难度加大。保险集团综合经营的最终目的就是通过资源整合实现协同效应。资源整合得好，能产生“正”的协同效应，整合不好，只能产生“负”的协同效应。保险集团资源整合的难度体现在三个方面：

一是各功能板块的独立性增强，如何协调各功能板块的关系成为保险集团资源整合首先需要面临的问题。保险综合经营与其他金融控股集团不太一样，不是简单将不同类型的金融机构整合到一个集团下，而是要根据其中的投资功能，将原来的部门变成独立法人实体。功能板块的独立性增强后，就涉及如何从部门之间协调到机构之间协调的过渡问题。

二是出现了中小股东利益问题。保险集团要发挥资本节约，必然会选择控股形式，这就会引入中小股东。如何协调集团整体利益与单个保险机构的利益是保险集团资源整合过程面临的另一个问题。

三是资源整合过程中如何处理好利润内化与市场竞争效率之间关系。保险集团资源整合的一个重要方面是延长价值链，实现利润内化，从而会运用一定的行政手段，与通过市场竞争提高效率相比，有可能导致效率的下降。因而，保险集团应平衡好利润内化与市场竞争之间的关系。

第六章　在控制风险基础上积极推进保险综合经营

第一节　对中国保险综合经营应持有的基本态度

第一，应积极鼓励中国保险综合经营以金融控股模式发展。首先，应该看到，中国此次出现保险综合经营，与1995年前保险综合经营相比已经发生了很大的改变。保险专业化水平比以前已经有了很大的进步，虽然设立了保险集团，有些还从属于金融集团，但各保险机构的业务范围仍然局限于保险领域，财产险与寿险仍然严格分开，甚至还因保险业务、资金运用等的特殊性，出现了更专业化的子公司，如资产管理公司、养老年金公司、农业保险公司、出口信用保险公司等。

各保险机构逐步重视风险管理，开始着手设立专门的风险管理部门，有些还设置了资产负债管理委员会等。保险综合经营已经不再仅仅是一个主体下的混业经营，而是通过不同机构，存在法人风险隔离机制，同时还加强了不同金融机构的合作。保险综合经营的风险已经逐步降低，而且随着保监会及其他监管部门监管能力的提高，相互之间协作的程度加深，保险综合经营的风险也逐步可控。

其次，在现实生活中，中国已经存在各种层次的保险综合经营，而且根据中国现有的法律体系，保险综合经营完全可以合法存在。因此，保险综合经营已经不是保监会允不允许存在的问题，而是如何应对的问题。保险综合经营在中国的产生与发展具有深刻的主、客观原因，这是中国保险业应对当前“内忧外患”环境的必然选择。因此，我们应该顺应保险综合经营的发展趋势，积极鼓励保险综合经营在中国的继续发展。这样，一方面有利于将金融集团纳入监管视野；另一方面可使金融机构不需要偷偷摸摸开展合作业务，可公开采取有效的风险防范措施，降低风险。

当然，根据中国金融发展的现状，中国还不应允许各种形式的保险综合经营，主要应鼓励金融控股模式。

第二，保险集团的监管应兼顾风险防范与市场公平。对保险控股集团的监管，主要是基于两类理由：一是保险集团存在风险外溢现象，从而可能对金融系统甚至经济系统产生危害；二是保险集团可能会导致市场力量的不均衡，从而损害竞争的公平性及投资者等弱势群体的权益。从根本上来说，这两方面的监管都是为了保证保险集团风险与收益的对应。保险集团的运作可能会扭曲股东与债权人、集团与社会以及不同客户、客户与集团之间风险与收益的对应关系。因此，监管的根本目的，就是纠正这些错误的风险收益关系，为保险集团提供一个有效、正确的激励机制。

对于保险集团存在的内部风险传递，原则上来说，只要不会产生外部性，就完全可以交由金融控股集团自身进行控制。但由于存在这种风险传递，加强了金融机构之间风险的相关性，原有的审慎监管措施已不能完全有效反映金融机构的风险。因此，对于金融机构内部的风险传递，特别是对于导致内部风险传递的各种途径，包括有形的与无形的，监管部门要充分关注，并要求保险集团有适当的管理政策、框架与措施。

从风险爆发形式上看，由于保险集团通过多元化经营在集团层面上分散了一部分风险，因此，集团风险一旦爆发，可能具有更大的冲击力。多元化虽然能分散部分非系统性风险，但不能分散系统性风险，而且，由于部分管理与利益冲突，甚至还会导致非系统性风险的积聚，从而引起风险的集中性爆发。这对金融系统的危害是致命的。

由于保险集团经营规模庞大，在金融系统中所占的比重较大，特别是与一些实业联合形成产融结合，较容易形成垄断，损害投资者、消费者利益。这种市场力量的失衡，又可分为两种类型：一是保险集团与其他金融机构之间；另一个是保险集团与中小投资者、客户之间。一般来说，监管部门只要维护中小投资者的合法权益，就基本能保证金融市场竞争的公平性。但由于保险集团特殊的组织模式破坏了原有机构之间的力量均衡，有可能利用自身的垄断力量损害其他机构的权益，因此，对于保险集团，除了要防止其对中小投资者的侵害之外，还应防止其在金融市场上形成垄断势力。

以上风险在中国大量存在，因此，对中国保险集团的监管，也应该包括两类：一是审慎监管；二是投资者保护、反垄断等维护市场环境的监管。

第二节　积极鼓励有良好风险管理措施的保险创新

保险综合经营在中国的发展过程，必然要伴随着大量金融创新，包括组织、制度、产品、流程、管理等方面的创新。因此，监管部门对待创新的态度对中国保险综合经营的发展具有极其重要的影响。

为了保持金融体系的稳定和活力，对待市场的各种金融创新活动，监管当局不能采取消极态度，而应该积极应对，以保证宏观监管制度与微观金融创新相适应，从而把金融创新的风险控制在可控范围内。

为此，监管部门首先要正确认识金融创新与金融风险之间的关系。创新本身确实会带来一定的风险，但如果因此而不创新，就难以进一步改善整个金融体系的安全与效率。在防范风险与鼓励创新关系上，对于在当前极易大规模引发金融风险、尚未建立风险控制措施的新业务行为要坚决制止，但对于有利于增强金融机构盈利能力，有利于直接改善风险控制的新业务行为要坚决支持。

同时，监管部门还要提高对创新与违规的识别能力。在严格要求金融机构遵纪守法的同时，对金融机构提出的每一项新动议、新业务方案，不能简单拿现行制度进行衡量，相一致就批准，相抵触就不批准，也不能以自身研究准备不足而不批准，或者采取默认态度，允许其打擦边球，任其发展，搞糟了再亡羊补牢。应该要及时、认真研究，对于符合市场经济的发展方向，体现帕累托改进效应，又基本符合金融稳定原则的产品创新，予以积极扶植。如果确实由于监管经验、部门间协调或者制定新制度时间来不及等原因，或者一时看不准或者一时难以普遍推行的，只要条件许可，可允许其先局部试点。

第三节　设置“防火墙”是控制综合经营风险的有效途径

第一，明确界定保险集团。当一个实体（实业或者金融机构）拥有两个或者两个以上保险机构（含代理机构）时，必须向保监会申报，作为保险集团监管。“一个实体”并不一定是独立法人，既可以是集团内不同法人，也可以是母子公司，甚至可以是控股公司。“拥有”既包括绝对控股、相对控股，也包括拥有实质控制力。“保险机构”既可以是保险法人实体，也可以是在中国境内经营的非法人实体，如分公司或者代表处。保险机构是否应包括代理机构，取决于保险监管的能力，在初期可不含代理机构。

第二，减少保险集团结构的复杂性，增加其透明度。对保险集团结构的要求，一方面是为了防止其利用复杂、不透明的结构损害各方利益，增加无形风险传递，从而降低金融系统的稳定性；另一方面是防止保险集团利用不受监管实体逃避金融监管，将保险集团完全置于监管当局的视野之内，特别是当保险集团与实业之间存在紧密联系时，更应如此。控制保险集团的结构对防止保险集团内产生过多的利益冲突也有一定的帮助。与复杂性相对应的，是金融控股保险集团的透明度，这里主要指其结构的透明度，包括对监管部门的透明与投资者、存款人、客户等市场参与者的透明。

中国现阶段可以要求：

一是集团内不允许出现交叉持股与反向持股。

二是向监管当局、市场主体详细披露股权结构、组织结构、管理结构、主要业务及主要管理人员情况及变动情况。

第三，重视对保险机构与保险集团清偿能力的审慎监管。清偿能力的审慎监管是保险监管的核心。在保险市场发展初期，保险监管更多地关注市场行为监管和市场的培育及发展，随着保险市场的成熟，这些问题都可以通过市场本身和行业自律的方式解决，监管的重心逐步转移到清偿能力的审慎监管上。

保险综合经营的发展，给传统的清偿能力审慎监管带来了一系列问题。完全沿用传统的清偿能力监管方法监管综合经营下的保险机构与保险集团，必然会导致一部分风险不受监控，因此，需要对原有的清偿能力审慎监管进行修正。在清偿能力监管上，主要是防止资本的重复计算，避免保险机构、保险集团过度负债经营。具体来说：

一是不但要计算单个保险机构的清偿能力，还需要计算集团的清偿能力。

二是保险集团、金融集团清偿能力的计算，应在合并报表的基础上，剔除各项未并表的对外投资。具体计算方法，可借鉴巴塞尔银行监管委员会提出的金融集团资本充足率的三种计算方法。

第四，加强对保险集团关联交易的监管。保险集团与单个保险机构的另一个区别在于，保险集团将更多地考虑整个集团的利益，从整个集团的利益调度资源；而且保险集团委托—代理链延长，利益冲突增多。与此相联系的，保险集团的关联交易增多。关联交易是保险集团进行资源整合实现利润最大化的必然结果，但关联交易一方面加强了保险集团内金融机构之间的实质联系，加大了风险传递；另一方面可能引发利益输送。利益输送既可能是集团行为，目的是实现集团利益最大化，也可能是个人行为，目的是实现个人收益最大化。因此，有必要加强对保险集团关联交易的监管。具体来说：

一是明确关联交易的定义。虽然在财务上对什么是关联交易已有规定，但在保险领域，何种交易构成关联交易尚未具体明确。监管部门应根据保险行业的特点进一步明确关联交易的定义。

二是进一步加强关联交易的信息披露。

三是直接禁止有失公允的关联交易。

四是要求保险集团董事会下设关联交易委员会，专审关联交易。对于关联交易规模的限制，通过风险集中度进行量化监管。

第五，加强对风险集中度的监管。风险集中爆发是保险集团风险之一。为了控制保险集中爆发对整个金融系统的破坏程度，降低风险的集中度，应限制保险风险的集中度。风险集中度使用对某个对象的风险敞口额/资本来衡量。风险敞口可以采用可能的风险损失衡量，可通过关联交易额与资产或负债的风险系数乘积获得。在比例限制上，既要区分保险机构、保险集团的风险集中度，还要区分集团内风险集中度、集团外风险集中度。具体来说，一是规定保险机构以及保险机构所在的保险集团，对集团外单个机构、集团大额风险敞口的集中度限制；另一个是保险机构对集团内的金融机构、非金融机构风险敞口的集中度限制。可用表 6 – 1 来表示：

表 6 – 1　风险集中度控制

监测对象	风险敞口：集团内	限制比例（占相应清偿能力的比例）（仅供参考）
保险机构	金融机构	25%
	非金融机构	15%
	整体合计	35%
监测对象	风险敞口：集团外	限制比例（占相应清偿能力的比例）（仅供参考）
保险机构　保险集团	单个机构	25%
	集团	35%
	整体合计	50%

第六，对保险集团资源整合的规范。保险集团内的风险传递，不仅通过关联交易传递，还通过其他资源整合方式，如共同营销、共用办公场所、相互提供支持等。因此，为了控制保险集团内的风险过度传递，除了应该限制保险集团的关联交易外，还应该加强对集团资源整合的规范。当然，加强对资源整合的规范，也有防止保险集团利益输送与垄断行为的目的。在原则上，应鼓励保险集团的资源整合，要求保险集团

在资源整合时，应向客户详细说明各保险机构在服务过程中的责任，并且在服务过程中，不应出现强制搭售、泄露客户隐私信息等。

第七，注重对保险集团监管的动态性。对保险集团的监管，应该注重动态性，特别是事先关注保险集团的风险状态，不能使对保险集团的监管成为“救火”活动。目前，中国可以借鉴美国的CAMEL评级系统或澳大利亚的PAIRS系统来核定保险集团承受风险的大小，并考虑金融集团资本总额与分布，以及保险集团风险管理水平，评价保险集团发生经营失败的可能性。根据评价结果，将保险集团分为低风险、中低风险、中高风险、高风险、极端风险五个等级。核定保险集团承受风险大小时，应至少考虑以下因素：信用风险、市场风险、保险风险、操作风险、流动性风险、法律政策风险、经营风险以及风险传递风险等。金融集团资本总额与分布应考虑的因素是：所有者权益、次级债、盈利能力、外部资本的可获得性、资本分布的合理性等。风险管理的评估因素包括：治理结构、高管人员、操作人员、财务管理状况、风险管理、合规性、外部审计等。

监管机构应通过评级活动事先掌握保险集团的风险变化状况以及导致风险等级变化的主要原因，采取及时有效的措施要求保险集团改正，甚至对其采取监管措施。重要的是，监管机构还应把风险评定的结果及时反馈给保险控股公司，督促其及时、有效地作出改进，发挥保险集团自身的风险管理能力。

此外，不同保险机构、保险集团经营失败对整个市场的冲击程度是不一样的，规模大、投保人数多、期限长风险传递严重的保险机构/集团，经营失败对市场的冲击程度大，因而保险监管部门应更加关注，并采取较为严厉的措施防范；而那些规模小、投保人数少、期限较短、较为独立的保险机构/集团，即使经营失败，对市场的冲击也不大，保监会可不需要投入那么多精力实时关注。具体来说，保险监管部门可根据保险机构/集团的风险保费、可运用资产规模、承保人数、负债久期等指标，并适当考虑风险传递的严重程度，将保险机构/集团经营失败对市场冲击的严重程度分为：低、中、高、极端四种。结合对保险机构/集团经营失败可能性评级的结果：低、中低、中高、高、极端，确定保险监管部门的监管态度。

表 6－2　保险公司经营评绩和监管

	低	中低	中高	高	极端
低	正常	正常	关注	整改	重组
中	正常	正常	关注	整改	重组
高	正常	关注	关注	整改	重组
极端	正常	关注	整改	重组	重组

第八，危机的紧急处理机制。相对于单个保险机构，保险集团发生危险时，其对整个金融系统的影响将大大增强。原先只是一个保险机构的风险，如果处理不恰当，就可能演变成为整个保险集团的问题。因此，对危险保险机构的紧急处理机制，是防范金融危机，确保金融系统稳健的重要防线。

紧急处理机制应包括两部分：一是当保险集团中的某个保险机构发生危险，如流动性产生困难，发生集体退保等现象时，如何界定保险集团在此事件中应尽的义务；二是当某个保险机构确实需要退出市场时，保监会以及央行如何配合，实现稳妥退出。

对于第一个问题，在银行领域已有部分安排，如在《防范和处置金融机构支付风险暂行办法》、《股份制商业银行公司治理指引》中就明确指出，“金融机构开始出现支付风险时，应立即召开董事会或股东大会，并通知中国人民银行当地分支行派员参加，研究确定支付风险的自我救助方案。首先，应要求由股东增加出资额。对于向股东、董事、监事、管理人员、信贷业务人员及其关系人发放的贷款或投资，以及向这些人员投资或者担任高级管理职务的经济组织发放的贷款、投资或拆放资金，不论是否到期，一律予以清收。对于拆放或存放同业的资金，一律予以清收。其次，还可以将未到期的债权转让给其他金融机构，并及时收回债权本金及合法利息，双方签订协议，更换相应的债权合同。投资股权的转让也可以照此办理”。保监会可参照该思想，要求保险机构的股东在保险机构发生支付困难、资本金不足时增加出资。

当然，以上的安排只是针对单个金融机构，特别是银行金融机构的。对于保险集团，当集团内某金融机构发生危机时，应将需提供救助的对象范围扩大到控股公司以及集团内的其他金融机构；而且在批准设立保险控股公司时，就要求保险控股公司在集团中的金融机构发生支付风险或资本不足时提供补充流动性和资本的应对方案。

对于第二个问题，监管机构应该事先制定信息共享机制和救助分工机制，以免到时乱了阵脚。

财产保险市场发展研究

北京工商大学保险系课题组

课题负责人：王绪瑾

课题组成员：李　怡　汪福安　方　燕　郭竟成
丁小燕　田　波　孟彦君　殷延辉
邱　彬　洪　哲　王　韧　卓　宇
肖志光　徐东炜　戴丽丽　赵妍慧

第一章 中国财产保险业发展的现状与存在的问题

第一节 中国财产保险业的发展现状

一、中国财险市场发展的总体态势良好

（一）中国财险市场发展概况

2004年，中国财产保险取得较大发展，财产保险保费收入近十年来增长幅度首次超过人寿保险。经过25年的发展，中国财产保险的保费收入从1980年的4.6亿元增加到2004年的1 089.9亿元，平均增长率为25.59%，高于15.26%的同期国内生产总值平均增长率；财产保险的保险深度与密度都以较快速度大幅度提高，财险密度从1980年的0.48元增加到2004年的83.84元，财险深度从1980年的0.10%提高到2004年的0.86%。2004年，财产保险保费收入突破1 000亿元，达到1 089.9亿元，同比增长25.4%，呈现出加速增长的特点（见图1－1）。

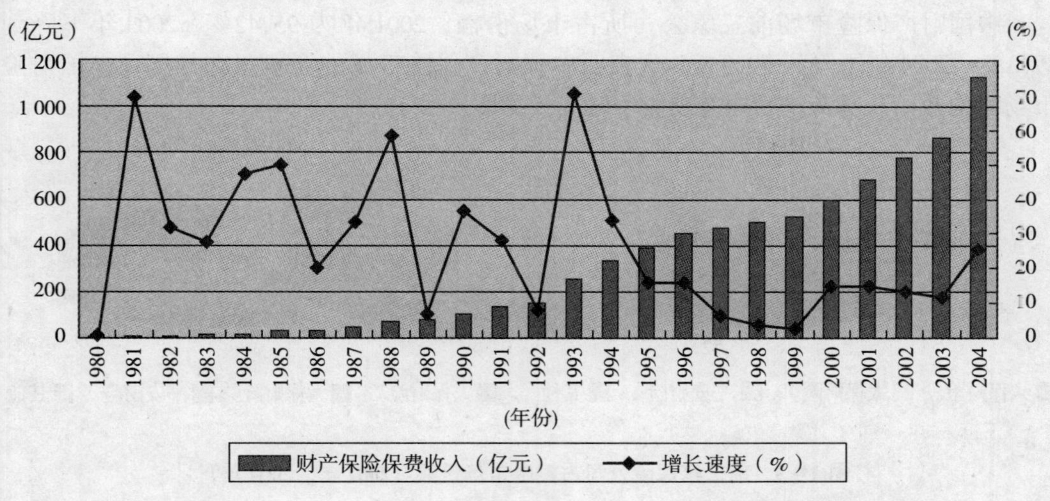

图1－1 1980～2004年财产保险保费收入与增长率

（二）“十五”期间中国财险市场发展的总体特征

目前，中国财险市场的总体特征呈现为：一方面，财险市场整体发展比较迅速，市场创新开始活跃；另一方面，中国财险市场仍处于低水平均衡的起步阶段，市场发展水平较低。从长期看，财险市场增长速度比较稳定，赔付率较稳定，反映出中国财

险市场价格偏高，抑制了保险需求，制约了财险市场的规模，但同时也意味着市场潜力巨大。

二、中国财产保险市场体系建设取得巨大成就

(一) 财险市场主体建设加快，对外开放的广度和深度进一步加强

1. 市场主体数量不断增加，市场集中度逐步下降

截至2004年年底，中国财产保险市场共有保险公司31家，其中，中资保险公司12家，中外合资及外国保险公司分公司15家，再保险公司4家（见图[①] 1－2）。

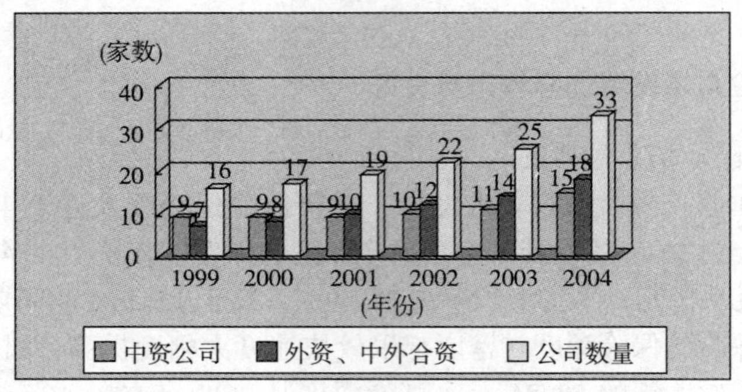

图1－2　1999～2003年财产保险市场经营主体数量变化

中国财产保险市场前三家公司所占市场份额，2001年为95.42%，2003年下降到89.3%，2004年下降到79.9%。这表明中国财产保险市场的竞争正在加剧，中国财险市场结构开始从寡头垄断向垄断竞争转变（见图1－3）。

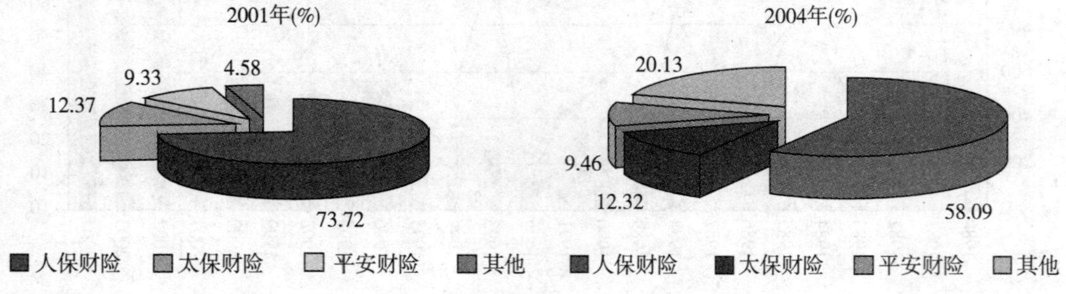

图1－3　前三家保险公司占财险市场份额（2001年、2004年）

2. 国有财险公司股改基本完成，财险市场透明度上升

自2003年以来，中国人民保险公司、中国再保险公司分别进行了股份制改造。例如，中国人民财产保险股份有限公司于2003年11月6日在香港交易所主板正式挂牌交

① 公司数量的统计口径采用《中国保险年鉴》资产统计栏的公司数量，2004年数据为年底前批准成立的财产保险公司数量。

易，成为中国首家完成股份制改造并成功在境外上市的中资金融保险企业，并引入了美国国际集团作为战略投资者。

商业财险公司的股份制改造，为完善公司治理结构、按照现代企业制度管理公司创造了有利条件，也为中国财险业“走出去”、直面国际竞争创造了条件。

3. 财险市场实现全面对外开放

加入世贸组织之后，中国积极履行入世承诺，外资保险公司开始大量涌入。截至2004年年底，外资财产保险公司已经发展到14家，占据了中国财产保险公司总数的一半以上，经营区域从上海扩大到广州、北京、武汉等15个城市，业务范围进一步扩大；外资财产保险公司保费规模增长迅速，根据2004年统计资料显示，外资财产保险公司保费收入达到13.6亿元，同比增长43.65%，远远高于全国同期财产险保费收入25.4%的增长水平。

（二）财险市场体系建设实现创新发展

1. “十五”期间一个完整的多层次的财险市场体系已经初步形成。一是中国财险原保险市场发展稳定；二是财险中介市场发展迅速：2003年，保险代理机构代理财产险的保费收入为29.74亿元，占全国财产险保费收入的3.42%；保险经纪公司财产险的经纪保费收入为26.70亿元，占全国财产险保费收入的3.07%；保险公估公司的公估服务费收入4 848.95万元，比2002年增长25%；三是再保险市场初步建立。

2. 中国财险市场在组织形式创新上出现各种有益的探索。一是专业财险公司开始出现。2004年3月，上海安信农业保险股份有限公司成为中国第一家专业性的股份制农业保险公司。二是相互制保险公司开始建立。2004年11月，阳光农业相互保险公司筹建，这是中国第一家相互制农业保险公司，填补了中国尚无相互制保险公司的空白。三是各大型企业的自保组织大量涌现。1998年，中国石油与中国石化组建企业自保；2000年，中国海洋石油公司等大型国有企业开始建立自保基金。四是互助保险有一定形式的发展。1993年，黑龙江垦区开始实行农业风险互助；1994年，中国成立了中国渔船船东互保协会。

3. 民营资本开始逐步进入中国财产保险市场。2003年，华安财产保险股份有限公司民营资本股权比例达到87%，成为中国第一家民营财产保险公司，财险市场经济成分多元化得到一定程度发展。

总之，“十五”期间，一个组织形式多样化、经济成分多元化、经营模式多样化的财产保险市场体系逐步形成。

三、财险市场产品体系创新趋势明显，财产保险的功能初步发挥

（一）财险市场经济补偿的基本功能不断增强

特别是表现在一些重大灾害事故发生后，财险公司的赔付在灾后重建、恢复正常的生产生活秩序方面发挥了重要作用。2004年，中国各财险公司共支付赔款和给付567.52亿元，为实现经济补偿功能发挥了重要作用（见表1－1）。

表1－1　中国财险公司近年赔款、承保、资产情况汇总表①

单位：亿元

年份	赔款支出	承保金额	资产总额
2001	331.08	193 000	770.52
2002	402.81	236 094	967.74
2003	476.32	290 851	1 135.8

（二）财险市场的资金融通功能日益凸显

财险市场资金融通功能的突出体现是传统险种创新趋势明显，非寿险投资型产品开始出现。非寿险投资型保险产品是财险市场上的新鲜事物，是财险产品与资本市场、货币市场融资工具有效结合的切入点和融合点，能扩大财险资金的投资融资功能。

截至2004年8月，在11家中资财产保险公司中有5家开展投资型保险业务，共7个产品，市场规模为80亿元。这一规模和非寿险市场总体规模相比，占比还很小。因此，非寿险投资型保险产品发展和成熟还需要一段时间的磨炼，但发展前景很好。

（三）财险市场的社会管理功能初步体现

1. 农业保险初步发展，提高了财险的覆盖面，促进了农村经济发展

目前，中国农业保险试验范围遍及全国，先后试验和开发了60多个保险险种；进行了农业保险组织经营制度的多种尝试，积累了宝贵经验。

2. 责任保险的重要性得以强调，其社会管理功跑初步体现

近年来，随着保险社会管理功能的强调，责任保险在中国财险市场上得到了一定的发展，责任保险在公民和消费者的人身受到伤害或经济利益受到侵害时给予及时的经济补偿的作用得到进一步发挥。

截至2003年4月，保监会共受理各保险公司备案的各类责任保险险种253个，保险责任涉及社会生活的各个领域。特别是最近一个时期，各种责任保险新险种大量涌现，例如，空中交通管理责任保险、出口产品责任保险、监理责任保险、风景名胜区责任保险、美容师责任保险、暴力冲突责任保险、儿童计划免疫接种责任保险、火灾公众责任保险、医疗责任保险等。这些责任保险新险种将进一步促进中国财险业社会管理功能的发挥。

3. 信用保证保险稳定发展，完善了中国信用环境

信用保证保险是中国财险市场上的小险种，但其在改善中国信用环境、促进商贸活动开展的作用非常突出。

以信用保证保险的龙头险种为例，2003年，中国出口信用保险有了高速发展：保险金额增长率超过了143.6%，达到了55亿美元，对出口的渗透率已经超过3%，有力

① 资料来源：《中国保险年鉴（2001～2004）》。资产总额根据各家财产保险公司资产加总得到，其中2001年、2002年平安数据根据2003年平安财险与平安寿险资产的比例估算而得。

地促进了中国对外贸易的发展。2003 年，中信保还为多项大型高科技出口项目提供保险支持；为农产品出口收汇提供保障；全面保障对劳务合作中各个环节的风险，有力促进了对外劳务合作的发展；推出出口票据保险，推动银行为出口企业提供更为便捷的融资；以债权转股权方式开展国家间债务重组，实施资源性还款保障下的卖方信贷。这些措施都极大地推动了国家各项经济政策的实行，充分发挥了保险的辅助社会管理功能①。

同时，保证保险也有新发展。2004 年 6 月，新的汽车贷款保证保险推出，保险公司根据《关于规范汽车消费贷款保证保险业务有关问题的通知》对车贷险业务进行了规范。

四、财险市场风险防范体系开始建立

（一）中国再保险市场体系初步建立

1996 年 6 月，中保再保险有限公司成立。1999 年 3 月，中国再保险公司组建成立，标志着中国在再保险市场上有了独立的供给主体。2003 年，中国再保险公司改制为中国再保险（集团）公司，同时，成立了中国再保险财产保险股份有限公司，中国保险市场出现了专门的财产再保险公司。

同时，外国再保险公司开始进入中国财产再保险市场。2003 年，全球前三大再保险公司——慕尼黑再保险公司、瑞士再保险公司、通用科隆再保险公司全部进入中国再保险市场。中国财产再保险市场结束了独家垄断经营的格局，财产再保险市场正在逐步形成。

（二）中国财险市场巨灾分散的其他渠道

中国巨灾风险的分散渠道一是国家直接补偿；二是巨灾以基本条款形式列入财产保险承保责任，由直接保险公司内部自行消化；三是国际分保中的巨灾再保险。中国财险市场仍处于起步阶段，在承保巨灾风险上还力不从心。

（三）中国财险市场风险防范体系初步建立

除完善企业内控、加强市场行为监管等措施外，中国保监会还公布了《保险公司非寿险业务准备金管理办法》，为推动中国偿付能力监管、防范风险进一步创造了条件。“十一五”期间，中国财险市场开始坚持以公司内控为基础，以偿付能力监管为核心，以现场检查为重要手段，以资金运用监管为关键环节，以保险保障基金为屏障，构筑行业风险防范的五道防线。

五、财险公司的经营理念由重规模向规模与效益并重转变

随着中国财险市场的对外开放，外资保险公司的先进理念不断影响中国本土财险公司；同时，中国人保和平安保险集团相继在海外上市，都使得中国财险公司的经营理念有了较大转变，开始由只偏重规模向规模与效益并重转变。反映在经营成果上，

① 出口信用保险对中国出口支持作用的实证分析过程详见附录四。

公司经营利润明显增强（见表[①] 1－2）。

表 1－2　2001～2003 年中国财产保险公司经营状况

单位：亿元，%

年份	保费收入	资产总额	费用总额	利润总额	保费收入费用率	资产利润率
2001	688.00	770.52	183.67	33.74	26.70	4.38
2002	778.30	967.74	201.24	26.10	25.86	2.70
2003	869.40	1 135.80	222.21	31.46	25.56	2.77

第二节　中国财产保险业发展中存在的主要问题

一、财险市场供给不能完全满足国民经济和社会发展的需要

首先，中国财产保险深度水平与国际水平相比明显偏低，财产保险占中国经济总量的比重较低，与国民经济发展水平不匹配，见表 1－3。

表 1－3　2003 年世界非寿险市场保险深度情况

全球	3.48%	新兴市场	1.48%
工业化国家	3.98%	中国	1.03%

其次，中国财险市场的赔付额近年来虽有了很大提高，但是相对于中国经济发展水平以及中国财产损失的程度来说，赔款支出占总损失的比重较低，财产保险的保障功能尚未得到充分发挥，见表 1－4。

表 1－4　1999～2003 年财产保险赔款支出与主要灾害损失对比

单位：亿元

年份	火灾损失	交通损失	自然灾害损失	总损失	财险赔款支出	财险赔款支出/总损失（%）
1999	14.33	21.24	1 962	1 997.57	280.24	14.03
2000	15.22	26.69	2 045	2 086.91	305.9	14.66
2001	14.03	30.88	1 942	1 986.91	331.08	16.66
2002	15.44	33.24	1 717.40	1 766.08	402.81	22.81
2003	15.91	33.70	1 884.20	1 933.81	476.32	24.63

二、财产保险市场体系需进一步完善

目前，中国财险市场体系还存在很多不足，突出矛盾体现在：

（一）多层次的市场体系发展不均衡

再保险市场发展严重不足；财险中介市场的发展亟待规范；财险公司的专业化水

① 资料来源：根据《中国保险年鉴（2002～2004）》汇总计算得出。

平有待提高。

（二）多样化的市场组织形式优势没有得到充分的优势互补

保险合作社发展缓慢；相互保险公司发展刚刚起步；自保公司与商业保险未能有效结合；财险市场主体专业化特征不明显。

（三）还未充分实现经济成分的多元化

民营经济在财险市场中的作用还没有得到充分发挥。

三、中国财险市场结构性矛盾较为突出

目前，中国财险市场低水平均衡是结构性矛盾所致，主要症结体现在：

（一）规范有效的市场竞争格局尚未形成

市场主体相对较少；市场集中度仍然很高；市场竞争仍处于低水平竞争阶段：竞争模式以模仿为主，缺乏创新；竞争手段以价格竞争为主，手段单一；市场主体经营“重市场，轻效益”；恶性竞争现象仍然比较普遍。

（二）险种结构失衡

财险业务过分集中在机动车辆及第三者责任险、企业财产保险两大险种上。而农业保险、责任保险、信用保险及其他个性化的险种占的比重很小；财产保险产品结构单一，形式不够全面；国内财产保险产品开发滞后，产品开发力量过于集中在传统险上，产品差异化不足，险种创新慢。

（三）财险市场区域发展不均衡

中国财产保险市场发展不均衡的表象体现在：财产保险市场在经济区域的发展不均衡；东西部发展不均衡；城乡分布不均衡。这种不均衡表象实质上反映的是中国财产保险市场的内在不平衡，即产品、费率的地区无差异性；组织形式的地区无差异性；保险服务的地区无差异性；营销方式、渠道无差异性。

四、财险市场产品功能有待深层次、全方位开发

（一）传统型财险潜力仍未充分挖掘，功能发挥不足

国内财险市场产品集中在机动车辆、企财险和货运险等几个少数险种上，2003年，传统财险的市场份额达到78.73%，在财产保险市场仍占据着绝对的主体地位。从表面上看，车险所占比重较高，但实际上车险潜力没有完全挖掘，其他险种覆盖面不够；同时，发展空间很大的农业保险、责任保险、信用和保证保险等险种却开办得较少，仅占财险业务总量的10%以下，产品结构单一，缺乏竞争力（见图1－4）。

（二）农业保险发展中存在着很多制约因素

这主要体现在：一是农业保险的供求存在总量矛盾和结构性矛盾，农业经营者对农业保险的有效需求不足。二是农业保险的市场化经营陷入困境。三是农业保险经营模式的选择存在现实难题：商业性保险公司模式难以为继；政策性保险公司模式可持续发展能力弱；相互制保险公司模式抵御风险的能力较弱、资源整合能力较差，面临着规模效益与民主管理的两难选择。这些使得目前“三农”保险的发展还远远不能满足社会需求。

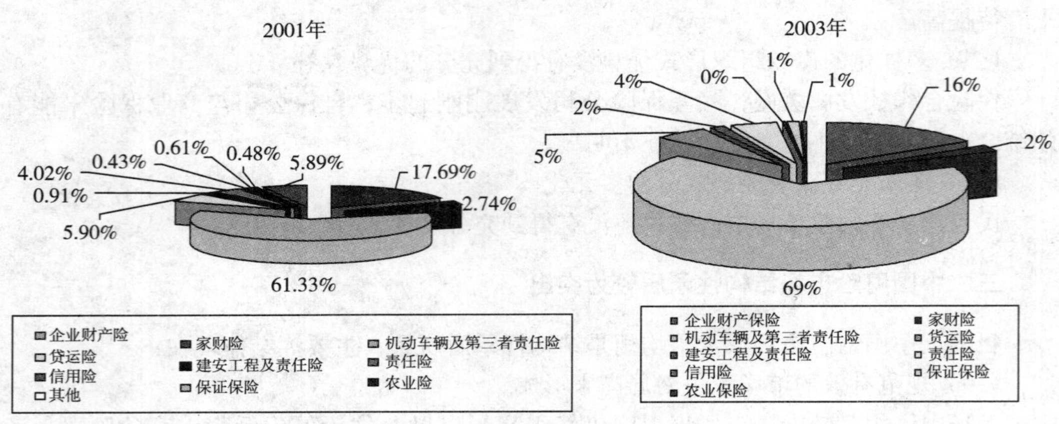

图1-4 财产保险各产品的市场份额（2001年、2003年）

（三）责任险作用发挥还不够充分

这主要体现在：一是责任保险的社会管理功能发挥不足。中国责任保险业务仅占财产保险业务的4%左右，远低于国外保险业发达国家30%左右的比例；责任保险在保护公民权益和消费者利益方面的重要作用没有充分发挥。据统计，中国大型商场和娱乐场所中，90%以上的经营者都没有投保公众责任保险；责任保险在公共安全应急机制中的作用发挥不够。2004年以来发生的重庆开县"井喷"事故、北京密云"重大游园"事故和吉林中百商厦特大火灾等重大事件中，责任保险发挥的作用很小。二是"责任保险脆弱"成为中国财险市场发展中的"瓶颈"：产品责任保险发展滞后；公众责任保险缺位，保险保障水平较低；雇主责任保险的发展"任重而道远"；职业责任保险在中国尚处于调研与试办阶段，业务面非常狭窄；机动车辆第三者责任强制保险未能及时与已经实施的《道路交通安全法》相协调。三是责任保险潜在风险较大。

（四）信用保证保险整体发展水平低，险种种类发展不平衡

这主要体现在：一是机动车辆贷款保证保险、住房贷款保证保险暴露出新的风险。二是信用保证保险整体在财产险种中的占比太小。三是相关法律、法规制度不健全。目前没有关于信用保证保险的专门立法，更没有专门关于各类信用保证保险具体险种的法律法规。四是信用保证保险没有明确的法律地位和明确的监管机构。五是信息来源渠道单一，相关数据短缺，尚未建立独立的信用风险评估体系。

（五）非寿险投资型保险刚刚起步

非寿险投资型保险产品存在的突出问题是规模小、风险高、产品单一、结构失衡、技术落后。目前，中国的投资型非寿险产品涵盖面比较单一；保险期限相对比较短；非寿险投资型产品存在着利率风险、运营风险以及财务、会计和税收管理风险的诸多风险。

五、中国巨灾风险的分散体系未能有效建立

（一）再保险市场与原保险市场发展不匹配

中国再保险市场体系的问题主要体现在：一是市场主体数量相对较少。二是中国

再保险市场的承保能力严重不足，无法满足中国原保险市场的分保需求。三是法定分保与商业分保业务比例失衡，商业分保在中国再保险市场所占的比重过小，中国原保险市场商业分保保费支出绝大部分都流入国际再保险市场。四是中国再保险市场风险防控能力不足，一旦出现巨灾事故或者经营管理中出现问题，极容易导致中国再保险市场的全面崩溃，从而影响中国财险市场的稳定。

（二）中国巨灾风险的分散体系未能有效建立

我国是自然灾害和重大事故的频发国，巨灾引起的经济损失呈上升趋势，但保险损失仍然很小，说明巨灾风险保险严重不足（见表1－5）。主要困境在于：一是中国原保险公司资本规模不足，经营实力不足，尚不具备巨灾赔付能力，巨灾风险分散能力有限。二是中国再保险市场发展滞后，再保险公司业务供给严重不足。三是“9·11”事件之后，国际再保险市场承保能力严重短缺，通过国际分保化解巨灾风险的渠道不畅。这些都使得中国巨灾保险市场存在着巨大的供求缺口，给社会、国家财政带来了巨大压力。

表1－5 近年中国重大事故灾害例举

年份	事故灾害	地区	损失
1998	洪水	长江、松花江、珠江、闽江流域	直接经济损失2 000多亿元
2002	地震	甘肃玉门	受灾人数6.55万人
2003	井喷	重庆开县	死亡191人，直接经济损失6.4亿元
2004	洪水	广西	死亡27人，直接经济损失9.2亿元

（三）新业务增长与风险防范机制不匹配

随着中国财险市场的不断发展，创新业务开始活跃，与创新业务相匹配的风险防范机制还没有有效建立。这些风险主要集中在：

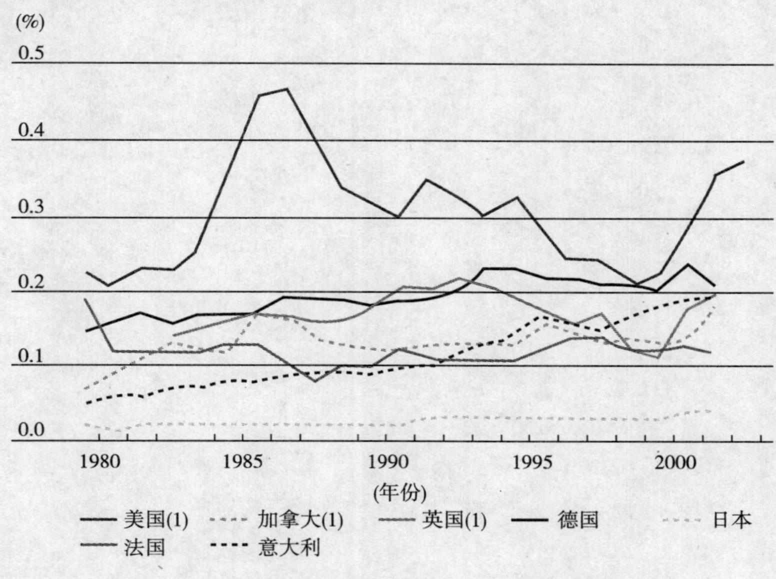

图1－5 世界主要国家责任保险风险防范情况对比

一是投资风险，中国投资环境的不成熟导致财产保险投资风险较高，制约了财产保险公司利润率的提高以及投资型非寿险产品的开发。

二是信用风险，信用保证保险的风险累积问题较严重。

三是责任保险风险，从国际经验来看，责任保险的风险防范水平已成为直接制约其发展的“瓶颈”问题（见图 1－5）。

第二章 “十一五”期间中国财产保险发展面临的条件和环境分析

第一节 “十一五”期间中国财产保险发展的国际经济环境分析

国际经济环境是国际财产保险市场（或称非寿险市场）发展的大环境，也是一国国内财产保险市场的基本宏观环境。近年来，国际经济环境对中国财产保险市场的发展产生了重要的影响。

一、国际经济回暖

当前，世界经济已经进入了一个新的增长期。2003 年以来，全球经济和贸易出现较快的增长趋势，美、日、欧三大经济体快速复苏。国际经济的回暖给国际财产保险市场的发展提供了良好的经济环境，国际财产保险市场保持了较快的增长速度，2003 年世界非寿险保费增长率为 6.0%。如图 2－1 所示，各国经济的持续增长促进了非寿险市场的较快增长①。

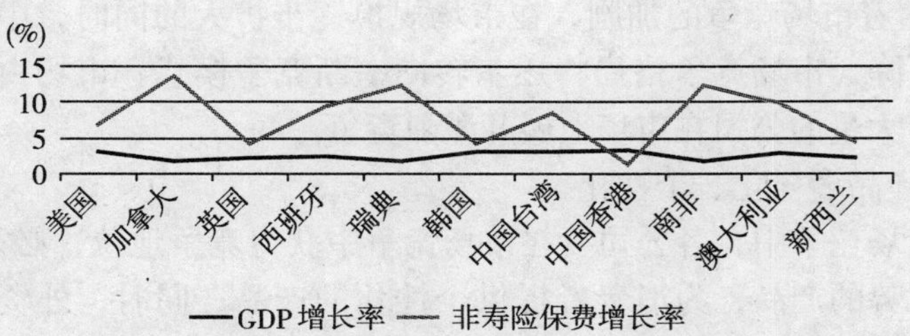

图 2－1 2003 年世界主要国家（地区）GDP 与非寿险保费增长率比较

二、经济全球化

经济全球化是 21 世纪初世界经济的最基本特征，在经济全球化趋势的影响和推动下，全球保险业以全球资本的整合为基本特征，正面临着一场前所未有的变革。在 20

① 资料来源：瑞士再保险，Sigma 2004（3）。

世纪末21世纪初，全球保险资本进行了一系列大规模的兼并和重组，形成了一批大型的保险集团，保险资本在全球范围内形成了大规模的集聚。以控股公司为特征的跨国保险集团成为世界保险市场主要的组织形式；金融、保险、证券进一步融合；寿险、非寿险、再保险综合经营、分业监管成为世界保险发展的主流。伴随着大量跨国保险集团的出现以及经济全球化影响下各国资本向世界各国加速扩张渗透，世界各国主要保险集团都开始向全球范围内扩张，世界一体化的保险市场和世界范围内的保险业竞争格局正在加速形成。

对于中国保险业来说，随着经济全球化的逐步推进以及中国加入世贸组织，财产保险市场即将面临全面开放，大量外国公司和外国资本已开始进入中国保险市场。截至2004年10月，中国财产保险市场共有保险公司31家，其中，中资保险公司12家，中外合资及外国保险公司分公司15家，再保险公司4家，其中有3家为外资再保险分公司。2003年，外资公司财产险保费收入9亿元，市场份额为1.04%，其中，外资财险公司在上海、广东地区市场份额分别为8.87%、2.55%[①]。

随着财产保险市场的开放和外资财产保险公司的逐步进入，中国财产保险市场发展将发生巨大的变化：

（一）市场竞争进一步加剧

外资财产保险公司的大量进入，将会导致各家保险公司为了争夺市场份额而展开激烈的竞争。为此，各个公司将采取费率、服务、产品差异化等战略和手段在市场上进行竞争，最大限度地争夺有限的保险消费市场。

（二）市场竞争格局发生变化

市场竞争的结果必将会导致市场竞争格局的变化，从而改变目前中国保险市场上几家大公司寡头垄断的竞争局面。2003年，中国保险市场上最大三家产险公司的市场份额达92%。随着市场竞争的加剧，在市场规模逐步扩大的同时，中资保险公司的市场份额将逐步下降，市场竞争格局将逐步转向垄断竞争模式，市场由几家主要公司主导的同时，将有大量的公司在市场上展开激烈竞争。

（三）保险产品多样化、个性化

在激烈的市场竞争中，各公司要在市场竞争中获得竞争地位，必须进行市场定位，开发具有竞争优势的产品，为消费者提供个性化的产品；同时，外资公司的进入，必然会带来先进的产品开发技术，为保险市场产品的丰富提供技术支持。因此，财产保险市场的开放将会导致保险产品的多样化、个性化。

（四）保险服务质量提高

随着竞争的不断深入，保险费率、产品的竞争空间将会相对有限，而且随着居民收入水平的不断提高，消费者对于保险服务的要求越来越高。因此，服务质量的竞争将成为市场竞争的主要手段。如对消费者提供理财咨询，为消费者分析、选择合适的保险产品，满足个性化的服务要求，减少理赔手续，缩短理赔时间，这些都是保险服务的主要内容，也是目前中国保险业有待提高的地方。

---

① 资料来源：吴定富：《中国保险业发展改革报告（1979～2003）》，北京，中国经济出版社，2004。

三、金融自由化

经济全球化会进一步加大世界市场的开放与融合，特别是各国金融市场将会全面融合，各国金融市场的差异将会进一步缩小，从而形成一个全球性的金融市场。伴随着金融自由化的发展，各国金融市场也在发生着前所未有的变化：金融价格自由化，取消存款利率限制，松动利率管制；业务经营的自由化，金融机构的业务相互渗透；市场准入自由化，放松外国金融机构进入的限制；资本流动自由化，放松外国资本进入的限制。这些一方面将会导致国际资本的扩张，另一方面会导致金融的一体化。对于保险业的发展来说，金融自由化一方面会导致保险企业资本通过并购等手段实现资本的国际化扩张，另一方面会导致保险、银行、证券等金融业的一体化经营。资本的国际化扩张对保险业的影响，在前面关于经济全球化对财产保险业发展的影响中已经提到，下面主要分析金融一体化对财产保险业发展的影响。

（一）一体化经营有利于实现规模经济

一体化经营主要是通过组建金融集团的形式，然后在不同子公司之间进行业务合作来实现。包括为客户提供“保障+投资+储蓄”的多功能理财产品；为消费者提供包括信用卡、基金、外汇、保险、债券以及汽车、房屋贷款等在内的“一揽子”金融服务。经营一体化通过增加销售，大幅度降低交易费用和交易成本，从而实现规模经济。

（二）一体化经营有利于产品创新

通过金融、保险、证券等行业的相互结合，可以根据各自不同的特点，取长补短，针对消费者不同的消费需求，开发出个性化的产品，为消费者提供各式“金融套餐”，同时满足消费者在投资、保障、储蓄等各方面的需求。

（三）一体化经营给财产保险业带来巨大的潜在风险

一体化经营在实现业务合作的内部化从而有利于节省交易成本的同时，也会造成其经营风险的内部化。一个行业或一个子公司的经营状况会影响到另一个行业或整个集团的经营状况。一体化经营会提高单个产业的风险承受能力，但同时也意味着风险的集团化、巨灾化。一旦集团经营不利、监管能力不强、技术水平不足，就可能影响各产业的协调发展，甚至出现各产业之间相互阻碍，不但会增加内部摩擦，还会扩大集团内部风险。

（四）一体化经营容易导致监管真空

一体化经营导致金融集团内部同时经营保险、银行、证券等业务，在金融集团内部存在许多合作、关联业务，其业务性质很难直接进行区分；同时，保险、银行、证券等产业其监管要求、监管目标、监管工具、监管内容等都大相径庭；在实行分业监管的条件下，如果各监管部门之间缺乏有效的沟通，很难对集团整体的风险状况全面地把握，对其进行全面监管时容易导致重复监管和监管真空。

四、知识经济和信息技术的发展

知识经济在全球范围内的发展，推动了信息技术的发展，其给财产保险市场的发展带来的重大影响主要表现在以下几个方面：

（一）推动了网络保险业务的发展

随着知识经济和信息技术的发展，互联网技术得到了广泛推广，使保险业通过网络来提供保险服务成为了可能。网络技术在保险业中的运用，有助于降低保险业务成本，提高险种销售、管理和理赔等各个环节的效率。据有关数据显示，网络交易成本可以将保单销售成本降到传统销售手段的10%。另据Sigma杂志的一份研究报告显示，现代信息技术可以使个人保险节约12%的交易成本，使商业保险节约9%的成本。因此，世界各国开始广泛采用网络技术作为保险销售的一种新的销售渠道。各保险公司通过与网络公司签约，利用网络公司的资源、技术优势为其提供网上保单销售、承保、咨询等各种服务，有的保险公司甚至投资建设自己专门的网络部门，网络保险业务得到了很大的发展。据有关部门预测，未来5年通过网上销售的保险业务的比例将会达到20%左右。

（二）推动财产保险业务创新

知识经济和信息技术的发展带来了科学技术和手段的不断进步，这为保险业务创新提出了更高的要求，同时也提供了可靠的技术支持。

1. 知识经济的发展将使人才成为市场竞争的手段，这要求保险公司进行管理制度和人才机制的创新，将人才的培养、利用、考核作为管理工作的重点。

2. 网络保险的发展将迫使保险公司进行营销制度的创新，改变以往传统的保险推销模式。

3. 要求实现保险产品的创新，使保险产品符合网络保险的要求，实现保险产品功能的多样化。

4. 科学技术的发展，还要求实现管理手段的创新，改变传统的管理模式，运用先进的技术手段进行日常的业务经营与管理，如将网络化管理运用于投保、核保、单证、售后服务等一系列日常工作的管理，既可以防范风险，又可以节约成本。

（三）带来新的业务增长点

知识经济是以科学技术含量高、技术创新积极、高科技手段层出不穷为主要特征。如空间技术、信息网络、生物工程等，在开发、运用、发展的过程中不可避免地将会带来风险。因此，知识经济本身就是一种可保资源，保险公司可以开发相应的险种将这些风险可保化，从而形成新的业务增长点，推动保险业务的发展。

（四）冲击现有保险技术

知识经济、信息技术是以高科技、多创新为特点的，因而，要求保险业保险技术手段的现代化、保险管理手段的科学化以及保险险种、条款等的不断创新。目前，中国财产保险业仍然比较落后，普遍存在技术、设备落后以及管理水平低、高素质人才缺乏、险种缺乏创新等特点，这些都是与知识经济和信息技术的要求相冲突的，如果不加以尽快改进，很大程度上将制约中国财产保险业的发展。

第二节　中国财产保险市场发展的国内经济环境分析

国内经济环境是一国财产保险业发展的土壤，是财产保险业发展最直接的影响因素。改革开放以来，中国经济的快速健康发展使中国财产保险业的发展在短短的20多年内取得了巨大的成就。党的十六大提出，21世纪头20年对中国来说，是一个必须紧紧抓住并且可以大有作为的重要战略机遇期。这是一次环境更好、层次更高、基础更牢、动力更大的战略机遇期，对于财产保险业来说，这也是一个实现新一轮发展的大好契机，对今后的长远发展具有决定性意义。2004年，党的十六届三中全会提出了要加强党的执政能力建设的方针，其中，强调要加强党驾驭社会主义市场经济的能力，加强党构建社会主义和谐社会的能力。这些都为财产保险业在未来的发展上树立了战略性的指导思想，也提供了发展的大好经济社会环境①。

一、国民经济保持快速增长

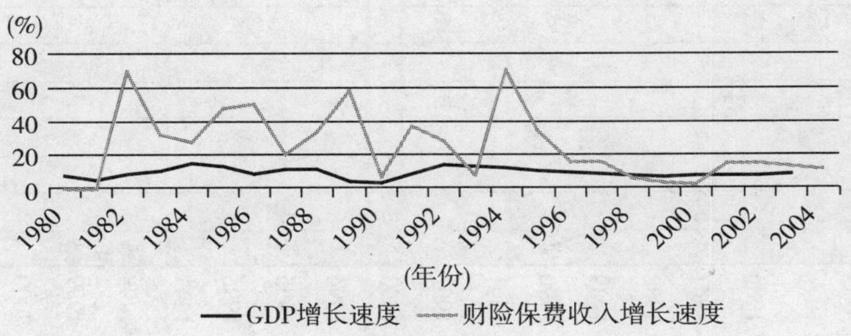

图2-2 1980~2003年中国GDP增长率与财险保费收入增长率比较

如图2-2所示，自1980年以来，国内生产总值从1980年的4 517.8亿元增加到2003年的116 528.5亿元，年平均增长率为15.2%（如果考虑通胀因素，增长率约为9.6%）；2004年，全年国内生产总值达到136 515亿元。国民经济的持续健康发展促进了中国财产保险业的快速发展。一方面，国民经济的发展将会提高保险的现实购买力；另一方面，随着国民经济的增长带来经济规模的扩大、社会财富的增加，风险载体增多，风险总量提高，对财产保险的需求增加。

在实证分析中，我们用GDP来衡量中国国民经济发展水平（取对数后用lnGDP表示），用中国财产保险费收入作为衡量中国财产保险业发展的主要指标（用Baofeic.表示，取对数后用lnBaofeic.表示）。② 通过计量实证分析，Granger因果关系检验表明，随着滞后阶数的增加，尤其是5~6年的滞后阶数以后，中国GDP对财产保险业发展的影响越明显。这说明5~6年前中国GDP发展状况对于当期财产保险业的发展影响十分明显，即中国国民经济对于财产保险业发展的影响有5~6年的时滞，这是由于GDP的增长通过分配领域以及流通领域传导到财产保险业需要一定的时间。建立的一元线性回

① 各部分具体实证分析过程见附录一、二。

② 衡量一国财产保险业发展程度的指标有很多，包括财产保险深度、密度以及保险金额、赔偿金额等。但是由于财产保险费是表示一国财产保险业在供求双方均衡下的发展水平，而且国际上一直将其作为衡量一国保险业发展水平的最主要指标，所以本课题选用财产保险费作为衡量中国财产保险业发展水平的指标。

归模型显示，lnGDP 每增长 1 个单位，就会带动 lnBaofeic. 增长 1.36 个单位；方程调整后的拟合优度仍然很高，说明方程的拟合效果非常好。

十六大提出全面建设小康社会的宏伟目标，到 2020 年，经济总量将比 2000 年翻两番，这意味着中国经济在今后的十几年中将保持年均 7.2% 的增长速度。宏观经济的快速发展将带动中国财产保险市场的快速发展，这为中国财产保险业的发展提供了难得的机遇。

二、人们生活水平大幅度提高

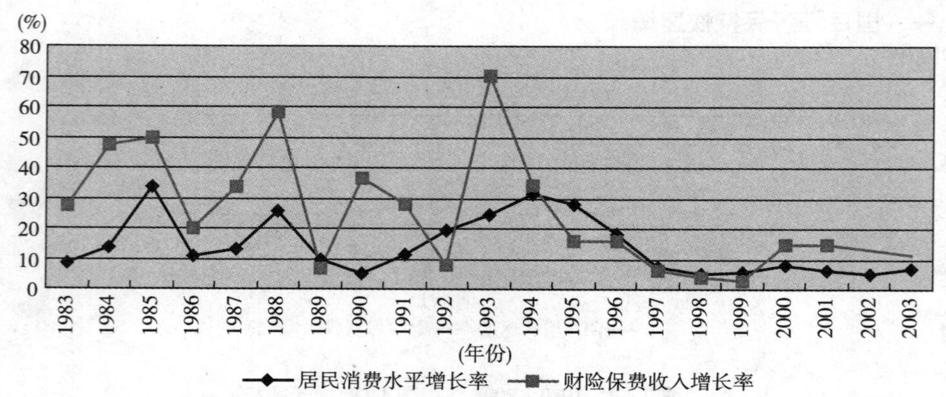

图 2-3　1983～2003 年居民消费水平增长速度与财险保费收入增长速度比较

2003 年，中国人均国内生产总值突破 1 000 美元大关，经济社会进入一个新的发展阶段，财产保险业必将随着人们消费结构升级和生活质量改善获得更大发展。从图 2-3可以看出，中国居民消费水平增长与财产保险市场保费收入增长呈正相关趋势，这是由于居民消费水平的提高，人们对财产保险产品的购买能力也得到了提高，同时也刺激了对财产保险产品的需求。通过计量实证分析，Granger 因果关系检验表明，随着滞后阶数的增加，尤其是 5～6 年的滞后阶数以后，中国居民消费水平对财产保险业发展的影响越明显。这说明，5～6 年前中国消费水平对于当期财产保险业的发展影响十分明显，即中国居民消费水平对于财产保险业发展的影响有 5～6 年的时滞。建立的一元线性回归模型显示，lnComs. 每增长 1 个单位，就会带动 lnBaofeic. 增长 1.52 个单位；方程调整后的拟合优度仍然很高，说明方程的拟合效果非常好。

三、对外开放成绩卓著

自 1978 年中国实行改革开放政策以来，中国对外开放成效卓著。截至 2003 年 12 月，中国累计批准成立外国投资企业 465 277 家，合同外资金额 9 431.30 亿美元，实际使用外资金额 5 014.71 亿美元；1985～2003 年对外贸易额达到 53 259.60 亿美元，其中，进口贸易额 25 559.2 亿美元，出口贸易额 27 700.1 亿美元，实现贸易顺差 2 140.6 亿美元。国外投资的大量引进和巨额的贸易顺差，不仅给中国提供了大量的外汇资金，同时也拉动了中国经济的增长。

对外开放政策对于中国财产保险市场的发展具有很大的推动作用。第一，对外开放政策的推进，有力地促进了中国经济的快速增长，外国资本大量投资于中国基础设施建设，也增加了中国财产保险业的可保资源；第二，财产保险产品往往成为政府改善投资环境、吸引投资的一个重要手段；第三，投资者自身为了保障投资安全也会有针对性地购买保险产品，从而促进财产保险需求；第四，对外开放政策极大地促进了中国国际贸易的发展，为中国出口信用保险、货物运输保险等保险产品的发展提供了更为广阔的空间。

通过计量实证分析，Granger因果关系检验表明，随着滞后阶数的增加，尤其是5～6年的滞后阶数以后，中国国际贸易水平对财产保险业发展的影响愈加明显。这说明，5～6年前中国国际贸易水平对于当期财产保险业的发展影响十分明显，即中国国际贸易水平对于财产保险业发展的影响有5～6年的时滞，这是由于国际贸易水平的提高通过增强贸易相关主体的风险管理意识，到影响财产保险业需求需要一定的时间。建立的一元线性回归模型显示，lnTrade．每增长1个单位，就会带动lnBaofeic．增长1.02个单位；方程调整后的拟合优度仍然很高，说明方程的拟合效果非常好。

四、国有企业改革取得初步成效

国有企业改革对中国财产保险市场发展的主要影响：一方面，随着国有企业改革的推进，企业变成以市场为导向、自主经营、自负盈亏的主体，企业为了防范潜在风险带来的损失，会选择保险产品为其提供保险保障，从而刺激了财产保险产品需求；同时，国有企业改革使许多企业实现扭亏为盈，企业效益提高将增加对财产保险产品的需求；另一方面，国有企业的改革促使企业投保进行成本效益分析，企业将有选择性地进行投保，并对产品价格、理赔、服务等提出更高的要求。

五、固定资产投资成为国民经济的主要推动力

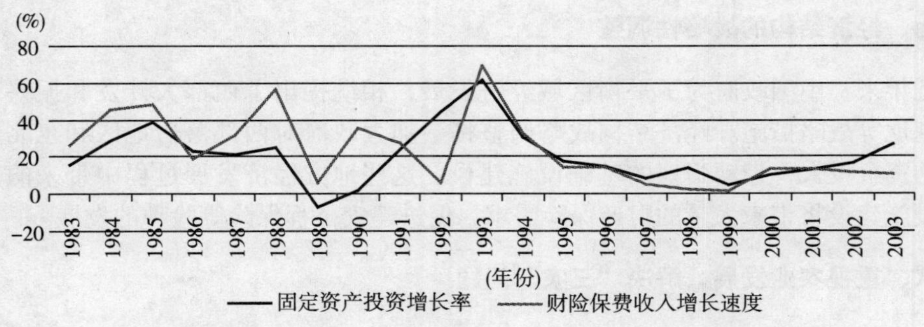

图2－4　1983～2003年固定资产投资增长率与财险保费收入增长率比较

从图2－4可以看出，中国固定资产投资近年来保持了快速的增长，截至2003年，中国固定资产总额达55 117.9亿元。固定资产投资的增长在拉动中国经济增长的同时，为中国财产保险业的发展提供了良好的宏观经济环境，促进了中国财产保险业的发展。

同时，固定资产投资的增加，将带来基础设施的大规模建设，基础设施建设和使用过程中自然灾害、意外事故等风险载体，将给财产保险市场带来大量的可保资源。特别是对于建筑工程保险、安装工程保险、桥梁、道路公众责任险等险种的发展具有很大的促进作用。

在实证分析中，固定资产投资用 Inv. 表示，取对数后用 lnInv. 表示。通过计量实证分析，Granger 因果关系检验表明，随着滞后阶数的变化，中国固定资产投资水平对财产保险业发展的影响一直不是很明显。这表明，中国建筑工程保险、安装工程保险、责任保险等与固定资产投资密切相关的财产保险险种的功能发挥还不是很充分，需要在下一个 5 年计划里着重引导发展。建立的一元线性回归模型显示，lnInv. 每增长 1 个单位，就会带动 lnBaofeic. 增长 1.17 个单位；方程调整后的拟合优度仍然很高，说明方程的拟合效果非常好。

六、金融市场不断发展，金融化程度不断提高

随着中国国民经济的发展，中国金融市场也得到了很大的发展，货币化程度不断提高。2003 年，中国金融市场资产总量达 16 万亿元，货币化程度达到 1.88。金融市场的不断发展给中国财产保险业的发展起到了很大的推动作用，其主要表现在：金融市场的发展为财产保险业资金运用提供了有效的投资渠道和投资工具，从而提高资金运用效率，而资金运用效率的提高又会降低保险费率，从而进一步促进财产保险需求。

在实证分析中，我们用货币化程度（即 M_2/GDP）来衡量中国金融深化水平（用 Fin. 表示）。通过计量实证分析，Granger 因果关系检验表明，随着滞后阶数的变化，中国金融化程度对财产保险业发展的影响一直不是很明显。这主要是由于财产保险资金投资自身特点以及现行保险投资法律法规的限制，使得中国货币市场、资本市场与财产保险业的互动程度还比较低。建立的一元线性回归模型显示，Fin. 每增长 1 个单位，就会带动 lnBaofeic. 增长 1.26 个单位；但方程调整后的拟合优度很低，说明方程的拟合效果非常不好。

七、经济结构的战略性调整

近年来，中国政府为了平衡区域经济发展，相继提出了西部大开发和振兴东北老工业基地等战略措施。经济结构战略调整将会加大政府对西部落后地区和东北老工业基地的资金投入，带动当地的基础设施建设。这些地方经济发展过程中带来的大规模基础设施建设将带来大量的财产保险需求，促进建安工程保险等险种的发展。

八、重视农业发展，解决“三农”问题

新一届政府明确将解决“三农”问题作为工作重点之一。财产保险业更应该响应国家政策，抓住历史机遇，借鉴国外成熟经验，结合中国具体国情，积极探索各种农业保险的组织形式，开发农业保险产品，切实为解决“三农”问题服务，充分发挥现代财产保险的社会管理功能。

除了上述影响因素以外，在“十一五”期间，中国财险市场的发展环境因素还包

括以下几个方面：一是随着中国法制化进程的加快，中国法律法规对财险市场影响力增强，比如责任保险的发展空间会得到大大拓展。二是金融一体化趋势较明显，这对于中国财险业的发展既是挑战也是机遇。三是投资环境改善，为财险公司走效益道路和险种创新创造了条件。四是政府部门风险管理意识提高，为财险业发展创造了有利的政策环境。五是区域、城乡经济发展不平衡与地区风险差异较大，要求财险公司进行差异化经营。六是国民保险意识增强，为财产保险市场的发展创造了条件。

第三节　中国财产保险市场发展的区域环境分析

第一，区域经济发展不平衡。由于长期受计划经济以及各地区地理位置、经济资源分布不均的影响，中国区域经济发展不平衡，东部地区经济比较发达，西部地区经济发展比较落后。2003 年，中国 GDP 排名前五位的省份占全国 GDP 的比重达 46.92%，而排名后五位的省份所占比重仅为 2.5%，可见中国区域经济发展严重不平衡。其中，排名前五位的省份有 4 个分布在东部沿海，而后五位有 4 个在西部地区，可见中国经济发展东西部不均衡。这要求中国财产保险业在未来发展中要结合地区经济水平，因地制宜，开发险种，细分财产市场。

第二，城乡经济发展不均衡。中国城乡经济发展不均衡，城乡居民收入差距较大，而且还有继续加大的趋势。2004 年前三季度，全国城镇居民家庭人均可支配收入为7 072元，而前三季度农民现金收入人均 2 110 元，仅相当于城市居民的 29.84%。根据有关专家关于收入分配的研究结论，目前中国最富有的 10%家庭与最贫穷的 10%家庭人均可支配收入差距将超过八倍。中国城乡经济发展很不均衡，要求中国财产保险业在未来的发展中要分析城乡差异，在城市针对居民、企业的新需求，开发新型财产保险产品；而在有条件的农村地区，应积极探索农村保险的发展模式，服务农村经济发展。

第三，区域经济发展各具特点。由于经济发展的传统约束不同以及自然化环境约束、资源约束和政策引导等因素的影响，中国区域经济发展各具特点。中国的经济发展呈现典型的区域化特征，全国几个大的经济区域之间存在较大的差异，集中体现在经济水平、经济结构、意识形态等方面。例如，目前中国东部沿海经济发展主要以轻工业为主，东北老工业基地主要以资源开采及重工业为主，西部地区主要以农牧业为主，区域经济发展呈现多样化的特点。这要求中国财产保险业要结合地域经济发展特色提供符合地方经济特色需求的财产保险保障，服务地方经济发展。

第四，地区风险差异比较大。中国地域辽阔，东西南北横跨幅度比较大，气候、地形差异较大，导致中国地区风险差异较大。具体表现为灾害种类分布具有地域差异性，即不同的地区具有不同的灾害种类。例如，中国的南方容易遭受水灾；北方通常干旱少雨，常常为旱灾所困；沿海地区往往更多受到台风和暴雨的袭击。即使是在同一区域，灾害种类也有显著的差异。例如，在西部地区中，西南地区易遭受地质灾害与洪水灾害；而西北地区往往更多受到干旱影响。这要求中国财产保险业要切实针对中国地区风险的特殊性来细分保险市场，积极研究并推出满足地方风险防范需求的差异化财产保险产品。

第三章 “十一五”期间中国财产保险发展的总体思路、规划和目标

第一节 “十一五”期间中国财产保险发展的总体思路

“十一五”期间中国财产保险发展的总体思路是：营造环境、释放潜力、鼓励创新、理性繁荣[①]，初步建立与国民经济和社会发展相协调的、充满活力的财产保险市场。

第二节 “十一五”期间中国财产保险发展的总体规划

“十一五”期间中国财产保险发展的总体规划，为：

一是以规模增长为核心的粗放型增长模式彻底转变为以发展为基础、效益为核心的集约型增长模式；二是继续深化国有保险公司的改制，完善财产保险公司的公司治理结构，使保险公司成为真正的市场竞争主体；三是继续鼓励多种经济成分进入财产保险市场，鼓励竞争，合理安排市场主体空间布局，促进中国财产保险市场结构向垄断竞争型转变；四是加大财产保险产品和服务创新，积极防范和化解行业风险，使现代财产保险具有的社会管理、资金融通和经济补偿三大功能得到充分发挥；五是在财产保险产品的发展上，要坚持“完善保障型、挖掘投资型、开发衍生型”的思路。

第三节 “十一五”期间中国财产保险发展的总体和分解目标

一、“十一五”期间中国财产保险发展的总体目标

“十一五”期间，中国财产保险保费收入年平均增长率力争稳定在15%[②]，到“十

① 理性繁荣的内涵：健康、可持续、质量并重。

② 通过建立计量模型预测出中国财险“十一五”期间的保费增长率是14.23%，根据到中国人民财产保险股份有限公司的调研，中国人民财产保险股份有限公司、中国平安财产股份有限公司过去的增长率大致为10%，“十一五”期间的保费增长率预测估计为10%。而随着新批财险公司以及分支机构开始展业，它们在经营的初期还应以加强产品营销及进行规模扩张为主，所以，这类公司的保费增长率预计在30%左右。因此，我们预测“十一五”期间中国财险的保费增长率在15%左右。

一五”期末，中国财产保险保费规模将突破 2 500 亿元人民币；财产保险公司的利润水平将有质的提高，并且趋于稳定；财产保险密度将达到 140 元；财险深度要达到 1.2%。

二、“十一五”期间中国财产保险发展的分解目标

“十一五”期间中国财产保险发展的分解目标包括以下几个方面：

第一，经营方式集约化。“十一五”期间，国有财产保险公司的股份制改革将进一步深化；各财产保险公司治理结构将随着现代企业制度的逐步建立而不断完善；财险公司的经营方式逐步转到以提高公司经营效益、提升公司价值、争取股东利益最大化、培育和增强公司核心竞争力的集约型方式上来。

第二，竞争主体多元化。随着中国加入世贸组织承诺的履行，外资财产保险公司进入中国，同时国内多种经济成分进入财产保险行业，中国财产保险市场主体进一步增加，财产保险市场结构基本形成垄断竞争型格局；同时，中国财产保险市场的诚信建设将达到全新的水平，随着保险经纪人、公估人以及信用评估机构等财产保险市场中介方技术的提高，其作用日益明显。

第三，产品结构多样化。财产保险产品结构根据中国地域差别更加细分，产品同质现象得到明显改善，投资性非寿险产品、衍生型非寿险产品将获得发展和完善，多层次、多元化的保险需求将不断满足；非寿险精算制度将建立并逐步完善，财产保险产品定价的科学性、合理性、公平性和透明性不断提高；集家用财产保险、商用财产保险以及人身意外伤害保险、健康保险等多种保险责任为一体的一体化财产保险产品将逐步得到探索开发。

第四，空间布局合理化。将出现以专注于细分目标市场的，经营如汽车保险、健康保险等非寿险产品的专业化非寿险公司；财产保险市场主体的空间布局将随着财产保险市场的不断细分而趋于合理。

第五，组织形式丰富化。股份制公司仍将作为财险公司组织形式的主流，此外还将出现针对不同专业险种特点的相互制保险公司、保险合作社等多种财险组织形式，财险公司的组织形式将日益丰富，财产保险的各项基本功能将得到更好的发挥。

第六，市场准入与退出制度化。一方面，要不断完善中国财险市场主体的准入制度，严格把关，杜绝行业投机行为，打击不正当竞争，鼓励“打造百年老店”的稳健审慎经营理念；另一方面，尽早建立完整的市场退出制度，对于严重违规的市场主体，要在保证公开、公正的前提下使之退出市场，防止系统性市场风险的发生，维护财险市场的健康持续发展。

第七，公司治理规范化。继续引导财险公司推进公司治理进程，最重要的是合理安排股权结构，完善董事会决策机制，强化人力资源激励约束机制，建立透明的公司信息披露机制；另外，要充分发挥公司独立董事和监事会在公司经营管理监督体系中的作用。

第八，风险防范体系化。随着再保险、巨灾保险机制的完善以及保险保障基金制度的建立，财产保险业管理风险、防范化解行业自身风险的能力将大大提高。要从保

险公司风险防范、行业协会相互约束、监管机构强化监管的角度搭建中国财险市场的风险防范体系。

第九，监管视野前瞻化。财产保险市场的法规体系及监管机制将进一步完善，偿付能力监管制度建设日趋完善。财险监管当局应当拓宽监管视野，初步建立起完善的财险市场风险预警体系和与之相应的先进监管手段体系。“十一五”期间，监管部门应当初步具备将市场风险控制在潜伏期之内的能力。

第四章　“十一五”期间中国财产保险发展的政策建议

为了实现“十一五”期间中国财产保险发展的总体战略规划和总体目标，建议采取以下政策措施，以促进“十一五”期间中国财产保险的发展，真正实现中国财产保险业做大做强。

第一节　促进中国财产保险市场体系完善

第一，构建均衡的市场体系。一方面要加快再保险市场发展；另一方面要提升财险中介市场水平，加快中介市场的立法，建立中介行业协会，打造保险中介集团，积极培养高素质财险中介专业人才。第二，要根据经济特点，促进多种市场组织形式共同发展。要加快农村保险合作社的发展；在风险特质行业积极开展相互保险；鼓励大型企业自保的同时，加强企业自保与商业保险的有效结合。第三，适应产权改革需要，以多种形式吸引民营资本进入财险市场。第四，继续完善股份制公司的治理结构，切实解决国有股份制财险公司所有者缺位问题，规范企业主体市场行为。

第二节　优化财险市场结构，解决财险市场的结构性矛盾

第一，建立完善的市场准入与退出机制，激发财产保险市场活力。要适当放宽并规范财险市场的准入，建立透明的市场准入信息披露机制，完善市场退出的指标体系，明确市场退出制度。第二，要规范市场竞争。通过完善法律法规体系，加强行业自律来规范市场行为；同时，鼓励市场创新行为，促进市场有效竞争，实现产品创新、服务创新、营销体制创新和公司内部机制创新。在“十一五”期间，基本完成中国财险市场模式由寡头垄断型向垄断竞争型的过渡。

第三节　完善财险市场产品体系

“十一五”期间，财险市场产品体系的发展思路可以总结为：完善保障型产品，挖掘投资型产品，开发衍生型产品。

一、完善保障型产品

完善保障型产品的基本思路是广覆盖、深发展。

(一) 深度发展传统财险产品

对于车险、企财险、家财险、货运险、工程险等传统产品要采取深发展的思路。横向产品创新，满足交叉领域需求；纵向产品创新，刺激潜在市场需求，不断完善产品保障功能、要改进营销方式、提高服务质量，循序渐进调整传统险费率，引导其逐步市场化。财产保险公司也可以逐步探索将家用财产保险、商用财产保险和健康、意外伤害保险等保险责任纳入同一保单，实现财产保险产品的责任功能的一体化。

运用计量经济学的 ARMA 模型可以对短期内传统财产保险的保费收入发展作出比较准确的预测。表 4－1 显示“十一五”期间中国传统财产保险险种的发展仍相当乐观。

表 4－1　“十一五”期间传统险保费规模预测表①

单位：亿元

年份	企财险	家财险	车险
2005	138.1261	26.57484	647.9417
2006	144.0656	28.64746	694.8124
2007	150.0771	30.69824	774.3258
2008	156.8698	32.86643	836.9412
2009	164.1742	36.24739	934.3148
2010	171.7168	40.59073	999.9378

(二) 发展覆盖面广的新型财险产品

1. 对新型财险产品采取广覆盖的发展思路

(1)“一个支持、两个纳入、三个加强”发展责任保险

经过 20 多年的发展历程，中国的责任保险虽然取得了一定的成果，但是与其他险种相比，还是一块尚未开垦的处女地。随着中国加入世界贸易组织，与世界经济大发展联系日益紧密，中国在大力发展责任保险的同时，还应当注重风险的防范，责任保险发展要从单纯注重量的增加，转变为注重内在质量的提高。总体来看，中国责任保险的发展方向可归纳为：“一个支持、两个纳入、三个加强”。

一个支持。由于各类有关责任的法律法规是责任保险产生的法律基础，因此，促请人大加强各行业法规立法工作是当务之急。监管部门和国家有关部门要共同努力，支持责任保险相关法律、法规的立法工作，从维护人民群众利益的角度研究发展责任保险的法律环境；保险行业要联合起来，通过各种途径，积极促进各级人员加强各行业涉及民事损害赔偿责任的各类法律法规的建设工作，为发展责任保险提供广泛的法律基础。

两个纳入。一是将部分责任保险纳入强制投保系统。在国外，很多工业化国家通过立法规定雇主责任险、公众责任险是开展经营活动的必需条件。中国 2004 年年初首次以法律形式规定了机动车辆第三者责任险的强制投保，开创了法定责任保险的先河。

① 预测结果具体推导过程见附录三。

我们可以借鉴国外的经验，将部分责任保险纳入强制投保系统，例如，雇主责任险属于弱势群体的受雇人的权利遭受侵害后，就可通过雇主责任险的强制性安排获得补偿；再如，律师职业责任保险、医生职业责任保险，这些人员的工作性质决定了工作失误所造成的损失后果严重，将这类责任保险纳入强制投保系统，对于分散风险、稳定社会有着至关重要的作用。二是将责任保险纳入地方政府的公共安全应急机制建设。运用市场机制分散巨灾风险，通过风险预警、信息披露、抢险救援和查勘理赔，充分发挥责任保险在防范风险、稳定社会方面的积极作用。

三个加强。一是在积极开拓责任保险业务的同时，从保险监管、险种设计、业务经营、内部管理等方面加强风险防范的力度，避免出现类似美国的石棉诉讼案、产品责任事故、工伤诉讼等责任索赔激增、责任保险发展失控的局面。我们可以通过国际再保险、共同保险、政府计划以及作为最终风险承担者的社会保障体系来吸纳一些风险。二是加强责任险产品的创新。我们可以将公民个人、家庭、单位可能遇到的损害赔偿责任一一列出，提供“一揽子”责任保险计划；还可以借鉴国外经验，在充分考虑各种风险因素的前提下，推出“物业责任险、环境责任险、住宅瑕疵责任险”等新型险种。三是加强对保险专业人才的培养。发展责任保险对保险市场开发人员、险种设计人员、核保核赔人员都有很高的要求，我们应加大力度培养法律方面的人才，同时扩大与外资保险公司的交流范围，注重培养专门的精算人才，引进先进的承保技术。

（2）多渠道发展农业保险

发展中国农业保险应借鉴国外先进经验，要树立农业保险制度的完善是一个长期过程的思想；从公共经济学角度，确立农业保险属于准公共产品的属性，具有利益外溢的特征；实行农业保险强制和自愿相结合的原则；建立相互社会模式时需要建立多层架构。

下一阶段要大力发展中国农业保险。要完善中国农业保险立法，选择恰当的立法目标和标的，明确政府在农业保险中的作用，确立有效的利益诱导机制；要改进中国农业保险监管方式，树立法律监管和社会监管的意识，对农业保险采取合理、适当的监管强度，增设政策性农业保险监管机构和人员；在农业保险发展模式的选择上，要坚持从中国国情出发，结合20多年来中国农业保险发展的实践和探索，建立以多层次体系、多渠道支持、多主体经营，商业运作为主、相互保险与合作保险相补充的具有中国特色的农业保险制度。根据不同地区发展的特点，采取不同的农业保险模式，由点到面，逐步推广。政策性农业保险公司应将其职能定位于贯彻实施国家对农业保险的各项政策，而不直接参与农业保险的原保险业务；要大力发展中国的农业相互保险公司；建立农业风险管理基金，确保农业保险发展的资金支持；要多方激励农民的农业保险行为；加强保险公司在农业保险中的作用。具体的政策建议体现在以下几个方面：

第一，完善中国农业保险立法。中国农业保险立法一是要选择恰当的立法目标和标的；二是要明确政府在农业保险中的作用，农业保险的几种可操作性模式均离不开政府支持；三是要确立有效的利益诱导机制。

第二，全面宣传和动员，营造支持农业和农业保险发展的氛围。政府在农业保险中的角色定位在引导、协调、保护、规范和服务五个方面，为农业保险提供制度环境和效率基础。

第三，改进中国农业保险监管方式。一是树立法律监管和社会监管的意识；二是对农业保险采取合理、适当的监管强度；三是增设政策性农业保险监管机构和人员，确保各种类型的农业保险机构规范运转，健康发展。

第四，建立国家农业保险公司。

第五，建立农业风险管理基金，确保农业保险发展的资金支持。

第六，多方激励农民的农业保险行为。一是增加农民收入；二是提高农业规模经营程度，增强农民对农业保险的依赖性；三是提高农业保险中农民“搭便车”的成本；四是进行制度创新，提高农业的生产效率。

第七，加快农业保险专业人才的培养。一是通过国际合作培养高级人才；二是通过各类科研、国内合作培养中层管理人才；三是通过各类短期培训培养基层农业保险人才。

(3) 将信用保证保险作为创新型险种加以大力发展

“十一五”期间，中国信用保证保险的总体思路是全面落实十六届三中全会精神，树立全面、协调、可持续的发展观，以社会信用体系的完善为基础，以出口信用保险为龙头，坚持完善市场体系，规范市场秩序服务，严格风险防范和化解，充分调动一切积极因素，认真研究信用保证保险发展的外部环境，抓住机遇，鼓励创新，把发展信用保证保险作为中国财产保险新的利润增长点。一是争取政府加大对信用保证保险的政策支持力度，尽快加强信用保证保险方面的法制建设；二是扩大对信用保证保险的宣传力度，倡导信用文化，强化社会信用意识；三是加强对信用保证保险的政府监管和风险防范；四是尽快完善个人征信及数据库系统，为企业信用风险管理提供便利。一般信用保证保险的发展措施是：

一是完善信息数据库，推动国家信用体系的建立。针对央行的企业和个人信用体系目前只能满足银行监管和商业银行贷款查询需要的缺陷，中国保险业首先要建立起行业内部的“黑名单”，在此基础上建立所有投保人和被保险人的信用档案，与央行的信用体系相结合，建立全国统一的企业和个人信用信息基础数据库，形成覆盖银行、保险的基础信用信息服务网络。

二是促进政策性保险和商业性保险在不同领域内的分工协作、同步发展。第一要大力支持政策性出口信用保险发展；第二要鼓励商业性保险机构经营贷款保证保险、国内贸易信用保证保险、工程履约保证保险，根据社会需求和特定信用环境强化产品、服务创新，不断改进现有险种，推出新产品，满足不同层次的社会群体对信用保证保险的需求。

三是发展与农村信用保证险险种，促进农村经济的发展，特别是发展农产品出口信用保险，为农产品出口收汇提供保障，为中国农产品走出国门提供支持。

四是在风险可控的前提下，谨慎发展贷款保证保险。经济大国发展只有走内需主导型增长道路，才能掌握经济发展的主动权。积极完善与贷款配套的信用保证险品种，严格风险防范和控制，促进中小企业和出口企业的融资便利，扩大以车贷险和房贷险为主的信用支持型消费信贷规模，推进国家产业政策的落实。

五是加强信用保证保险人才的培养，建立具有国际水平的信用保证保险人才队伍。要通过引进、培训、交流等多种方式，联合保险公司和高校开展信用保证险的理论和实践研究，加大人才培养的力度，为中国信用保证保险业的发展提供坚强的人才保证和广泛的智力支持。

2. 中国出口信用保险采取短期险实行商业化运作、分阶段改革，长期险继续采用政策支持模式的发展思路

具体发展措施有：

（1）配合“市场多元化”战略和“走出去”战略，支持出口企业开拓新兴市场

2002年，中国出口产品向俄罗斯、东欧等新兴市场拓展的力度逐渐加大，这些新兴市场都蕴藏着巨大的风险，需要更有效的保险支持。

（2）配合相关农业政策，支持中国优质农产品出口

在各国农产品市场贸易保护严重的情况下，帮助中国农产品跨过绿色贸易壁垒，为农产品出口创汇提供保障，积极支持中国农产品出口。

（3）配合搞活中小企业

随着企业出口权放开，外贸经营主体大幅增加，民营企业出口高速发展，成为中国出口贸易新的增长点；出口信用保险要注重为中小企业出口提供出口便利和融资支持，保证中小企业的发展有一个平等的税收、外贸环境政策。

（4）积极推进西部大开发，振兴东北老工业基地

一方面鼓励和支持外资保险公司到中国西部和东北老工业基地开展保险业务；另一方面，通过信用保证保险，特别是出口信用保险，引导中西部地区发挥其综合优势，加快中西部地区的改革发展，振兴东北老工业基地，鼓励重点地区的出口贸易，促进保险市场产品结构和区域结构的调整。

（5）配合出口退税制的进一步推行

随着出口退税率的下降，世贸组织规则在中国的正式实施，各项鼓励贸易发展的政策都受到限制，出口信用保险将成为促进出口贸易发展最主要的政策措施。

与出口信用保险相配套的海外投资保险应当支持企业扩大海外投资，开发境外资源。通过提供信息咨询、融资担保、海外投资保险等多种形式的优质服务，协助中国比较有实力、有优势的企业到境外开展加工装配业务和能源开发业务，加强中国与相关国家的经贸关系，为扩大中国的国际影响发挥积极作用。

二、将投资类非寿险产品作为中国财产保险业发展的新兴力量

中国的非寿险投资型产品处于起步阶段，未来如何发展在一定程度上取决于政府在政策、法律方面的认可和扶持。投资类非寿险产品的发展要坚持创新与风险防范并重、强化信息披露、积极发展以低风险载体为主的浮动利率产品的总体思路。

各财险公司要拓宽思路，发展多种新型非寿险保险产品，增加投资者选择，加强研究国际新型非寿险产品市场发展的状况与趋势，不仅发展注重投资收益的投资型非寿险保险产品，还要发展向投资者提供多样化保险保障的储金性非寿险保险产品，满

足消费者对新型非寿险产品的多样化选择。

（一）积极进行产品创新，但产品覆盖的范围要适度

一是产品开发要坚持与利率挂钩的保底投资收益，收益率稍高于同期的银行储蓄产品；

二是浮动利率产品是主流，避免经济形势的波动导致的利率风险与退保、解约风险；

三是适当开发差异化产品，在重视保障储蓄型产品开发的同时，也重视保障投资型产品的开发，从而适应不同层次客户的需求；

四是在“十一五”期间，主要开发以家庭财产保险标的与人身意外伤害标的为载体的非寿险投资型产品，考虑到消费者的购买动机和对储蓄产品的替代，储金型家财险产品市场潜力有限，储金型意外伤害险可以重点发展；

五是大力发展团体投资型家庭财产保险与意外伤害保险；

六是财险公司不断提高自身产品开发以及精算技术。

（二）结合中国宏观经济状况与资本市场特征，主动进行风险管理与控制

一是重点开发浮动利率产品；

二是投资组合以稳健型为主要方向，对股票市场投资的比例严格限制；

三是财产保险公司一方面需要完善内部管理制度，另一方面需要在资本运作方面建立核心能力；

四是必须从政策或法律上延长财险期限；

五是完善风险准备金的提取制度。

（三）强化信息披露的监管

（四）积极进行财务与税收制度的配套改革，建立有利于非寿险投资型产品发展的财务税收制度

三、开发衍生型财险产品

开发衍生型财险产品的总体思路是：关注国际发展趋势，加强研究，适时开发。要以建立中国巨灾保险、地震保险制度为契机发展中国的衍生型财险产品，这需要政府大力支持和全社会共同努力；要不断探索巨灾证券化等衍生型财险产品的可行性和适用性，并积极进行试点，扩大中国财险的覆盖面，进一步发挥财险产品的基本功能。

第四节　加强市场基础建设

一、加强基础数据建设

中国财险市场的发展离不开基础数据的支持。

一是产品开发数据的收集。建议在保监会的指导下，由行业协会组织各公司收集整理各险种的基本数据；对于地区差异比较大的基础数据的统计，可以请求当地政府有关部门协助。

二是建立公司经营业绩、投资状况的披露渠道，以便于监管和维护股东和投保人的利益。

二、构建完善的财险市场风险防范体系

完善财险市场风险防范体系的思路是：构建良好的风险评估数据系统是基础，强化企业内控是关键，加强保险监管是保障，完善再保险市场是当务之急，建立和完善巨灾防范体系是关注方向。具体包括：

（一）加快再保险市场发展，构建完善的再保险市场体系

1. 积极培育再保险市场主体。一是完善国内的专业再保险公司；二是鼓励现有大规模保险公司或银行、证券等金融集团投资发起或共同出资成立再保险公司；三是引进国际上有规模的再保险公司；四是通过兼并、分设、发起成立等形式组建包括原保险、再保险、银行、证券等公司在内的金融集团，打造再保险市场的航空母舰；五是加强发展再保险联合体。

2. 鼓励直接保险公司间的互惠分保；建立巨灾风险共保体；培养专业化的再保险人才；加快再保险产品的开发研究。

3. 落实国内分保优先，支持民族再保险业发展。

4. 加强再保险法律法规建设，加强再保险业务监管。

5. 建立中国巨灾再保险超赔体制。

6. 培育和规范再保险经纪人市场。

20世纪90年代初以来，财务再保险在发达的再保险市场得到实际应用，其核心思想是：分出公司自留很小的业务量，付出大量的分保费，如果赔款很少，则几乎可以全部返回保费；如果赔款很大，则支付的分保费也很多。从长期来看，财务再保险中的分保赔款最终全部由分公司以分保费支出；若没有赔款发生，则保费全部返还分公司。分保接受人实际上是在大额赔款发生时提供融资服务，并不最终占有承保利润或承保亏损，但可以充分利用现金流量。这种分保方式对再保险双方来说是非常公平的，国内公司可以加紧学习和研究，并适当加以利用。

（二）建立和完善其他巨灾风险防范体系和机制

一是尽快构建国内再保险市场体系，深化巨灾再保险；二是要尽快成立巨灾再保险基金和组织；三是结合灾害学研究，让巨灾再保险有章可循；四是应根据中国资本市场的发展状况，分阶段实现巨灾风险证券化；五是短期内先发展巨灾风险债券化，条件成熟后全面发展巨灾风险证券化。

第五节　优化中国财产保险业的空间布局

中国财产保险业区域发展非常不均衡，有必要统筹区域发展，优化保险业空间布局。基本的思路是：差异化经营，服务当地经济，并辅以适当的政策倾斜。差异化经营包括组织形式的差异化、服务的差异化、产品的差异化、营销渠道的差异化；适当的政策倾斜包括税收政策、市场准入政策、投资政策。具体建议包括：

一是在财产保险市场准入、财产保险税收优惠以及财产保险资金运用等方面对西部地区和东北老工业基地进行相应的政策倾斜；二是引导财产保险行业增强服务地方经济的大局意识，策应地方经济发展战略；三是针对不同地区社会经济的发展水平以及财产保险业的发展水平，因地制宜实行不同区域的分类监管细则；四是结合不同地区社会和经济发展特色，鼓励成立区域性保险公司，加大对地方经济的支持力度；五是针对不同的地域需求设计不同的财产保险产品；六是加强财产保险人力资源在空间布局上的开发与培育。

第六节　积极应对国际化竞争，提升整个财产保险业的实力

一是要引导国内财产保险市场建立健康有序的开放体系。包括提高内资财产保险公司竞争力的政策性扶持，对国内财产保险市场对外开放的节奏进行合理控制，对中西部地区财产保险市场对外开放的政策性倾斜；二是要循序渐进发展混业经营，建立金融混业集团。包括鼓励保险集团发挥现有优势，优化产寿险混业经营的效率，适当时机放开金融混业经营的限制，发展真正意义上的金融集团，根据发展情况建立与之适应的组织结构；三是通过战略联盟和跨国并购鼓励国内财险公司“走出去”。

附件　“十一五”财产保险发展专题实证研究的相关数据、表格、公式和模型

一、中国宏观经济与财产保险业发展相互影响实证分析

（一）中国宏观经济发展对财产保险市场发展的推动作用

国内经济环境是一国财产保险业发展的土壤，是财产保险业发展的最直接影响因素。正是由于改革开放以来中国经济的快速健康发展，才使中国财产保险业的发展在短短的20多年中取得了巨大的成就。自1980年恢复国内财产保险业务以来，中国财产保险业发展的国内经济环境因素概括起来主要包括以下几个方面：

1. 国民经济保持快速增长

在实证分析中，我们用GDP来衡量中国国民经济发展水平（取对数后用lngdp表示），用中国财产保费收入作为衡量中国财产保险业发展的主要指标（用Baofeic. 表示，取对数后用lnbaofeic. 表示）[①]。通过计量实证分析，Granger因果关系检验表明（如表1所示），随着滞后阶数的增加，尤其是5~6的滞后阶数以后，中国GDP对财产保险业发展的影响越明显。这说明5~6年前的中国GDP发展状况对于当期财产保险业的发展影响十分明显，即中国国民经济对于财产保险业发展的影响有5~6年的时滞，这是由于GDP的增长通过分配领域以及流通领域传导到财产保险业需要一定的时间所致。

表1　因果关系检验表

Granger因果检验	滞后阶数	F值	相伴概率
lngdp不引起lnbaofeic.	1	0.40849	0.53079
lngdp不引起lnbaofeic.	2	0.63269	0.54476
lngdp不引起lnbaofeic.	3	2.60555	0.10000
lngdp不引起lnbaofeic.	4	2.27226	0.14096
lngdp不引起lnbaofeic.	5	8.64660	0.01029
lngdp不引起lnbaofeic.	6	18.31110	0.01836

一元线性回归模型显示，lngdp每增长1个单位，就会带动lnbaofeic. 增长1.36个单位。方程调整后的拟合优度仍然很高，说明方程的拟合效果非常好。具体如下：

---

① 衡量一国财产保险业发展程度的指标有很多，包括财产保险深度、密度以及保险金额、赔偿金额等。但是由于财产保险费是表示一国财产保险业在供求双方均衡下的发展水平，而且国际上一直作为衡量一国保险业发展水平的最主要指标，所以本课题选用其作为衡量中国财产保险业发展水平的指标。

lnbaofeic. = 1.363609006 * lngdp - 9.02148426

35.08446 - 22.44874

ADJ - R^2 = 0.983212　AIC = -0.466322　SC = -0.367136　DW = 0.356105

2. 人们生活水平大幅度提高

在实证分析中，中国居民消费水平用 Cons. 表示，取对数后用 lnCons. 表示。通过计量实证分析，Granger 因果关系检验表明（如表 2 所示），随着滞后阶数的增加，尤其是 5~6 的滞后阶数以后，中国居民消费水平对财产保险业发展的影响越明显。这说明 5~6 年前的中国消费水平对于当期财产保险业的发展影响十分明显，即中国居民消费水平对于财产保险业发展的影响有 5~6 年的时滞，这是由于居民消费水平的提高传导到财产保险业需要一定的时间所致。

表 2　因果关系检验表

Granger 因果检验	滞后阶数	F 值	相伴概率
lncons. 不引起 lnbaofeic.	1	1.07525	0.31349
lncons. 不引起 lnbaofeic.	2	0.75938	0.48512
lncons. 不引起 lnbaofeic.	3	1.12606	0.37738
lncons. 不引起 lnbaofeic.	4	0.87730	0.51419
lncons. 不引起 lnbaofeic.	5	11.34680	0.00514
lncons. 不引起 lnbaofeic.	6	7.084270	0.06834

一元线性回归模型显示，lnCons. 每增长 1 个单位，就会带动 lnBaofeic. 增长 1.52 个单位。方程调整后的拟合优度仍然很高，说明方程的拟合效果非常好。具体如下：

lnbaofeic. = 1.51597291 * lncons. - 5.763775652

31.27597 - 16.59702

ADJ - R^2 = 0.978962　AIC = -0.240628　SC = -0.141443　DW = 0.364677

3. 对外开放成绩卓著

通过计量实证分析，Granger 因果关系检验表明（如表 3 所示），随着滞后阶数的增加，尤其是 5~6 的滞后阶数以后，中国国际贸易水平对财产保险业发展的影响越明显。这说明 5~6 年前的中国国际贸易水平对于当期财产保险业的发展影响十分明显，即中国国际贸易水平对于财产保险业发展的影响有 5~6 年的时滞，这是由于国际贸易水平的提高，到增强贸易相关主体风险管理意识，再到影响财产保险需求需要一定的时间所致。

表 3　因果关系检验表

Granger 因果检验	滞后阶数	F 值	相伴概率
lntrade 不引起 lnbaofeic.	1	0.01282	0.91112
lntrade 不引起 lnbaofeic.	2	0.00884	0.99121

续表

Granger 因果检验	滞后阶数	F 值	相伴概率
lntrade 不引起 lnbaofeic.	3	0.21093	0.88689
lntrade 不引起 lnbaofeic.	4	0.51801	0.72508
lntrade 不引起 lnbaofeic.	5	8.92400	0.00951
lntrade 不引起 lnbaofeic.	6	17.37390	0.01979

一元线性回归模型显示，lntrade 每增长 1 个单位，就会带动 lnbaofeic. 增长 1.02 个单位。方程调整后的拟合优度仍然很高，说明方程的拟合效果非常好。具体如下：

lnbaofeic. = 1.016455256 * lntrade - 4.256407948

43.73127 - 19.86736

$ADJ - R^2 = 0.989133$ AIC = -0.901219 SC = -0.802033 DW = 1.000027

4. 固定资产投资成为国民经济的主要推动力

在实证分析中，中国固定资产投资用 Inv. 表示，取对数后用 lnInv. 表示。通过计量实证分析，Granger 因果关系检验表明（如表 4 所示），随着滞后阶数的变化，中国固定资产投资水平对财产保险业发展的影响一直不是很明显。这表明中国建筑工程保险、安装保险、责任保险等与固定资产投资密切相关的财产保险险种的功能发挥还不是很充分，需要在下一个五年计划里着重引导发展。

表 4 因果关系检验表

Granger 因果检验	滞后阶数	F 值	相伴概率
lninv 不引起 lnbaofeic.	1	0.03571	0.85224
lninv 不引起 lnbaofeic.	2	1.70812	0.21462
lninv 不引起 lnbaofeic.	3	2.90434	0.07849
lninv 不引起 lnbaofeic.	4	1.62521	0.25002
lninv 不引起 lnbaofeic.	5	1.51388	0.31188
lninv 不引起 lnbaofeic.	6	2.31502	0.26212

一元线性回归模型显示，lninv. 每增长 1 个单位，就会带动 lnbaofeic. 增长 1.17 个单位。方程调整后的拟合优度仍然很高，说明方程的拟合效果非常好。具体如下：

lnbaofeic. = 1.165659991 * lninv. - 5.654587028

28.13826 - 14.79719

$ADJ - R^2 = 0.974130$ AIC = -0.033895 SC = 0.065291 DW = 0.326201

5. 金融市场不断发展、金融化程度不断提高

在实证分析中，我们用货币化程度（即 M_2/GDP）来衡量中国金融深化水平（用 Fin. 表示）。通过计量实证分析，Granger 因果关系检验表明（如表 5 所示），随着滞后阶数的变化，中国金融化程度对财产保险业发展的影响一直不是很明显。这主要是由于现行保险投资法律法规的限制，使得中国货币市场、资本市场与财产保险业的互动程度还比较低。

表 5　因果关系检验表

Granger 因果检验	滞后阶数	F 值	相伴概率
fin. 不引起 lnbaofeic.	1	1.92997	0.18171
fin. 不引起 lnbaofeic.	2	1.24139	0.31703
fin. 不引起 lnbaofeic.	3	2.12910	0.14982
fin. 不引起 lnbaofeic.	4	1.22505	0.36575
fin. 不引起 lnbaofeic.	5	1.14063	0.43111
fin. 不引起 lnbaoFeic.	6	2.33854	0.25937

一元线性回归模型显示，fin. 每增长 1 个单位，就会带动 lnbaofeic. 增长 1.26 个单位。方程调整后的拟合优度很低，说明方程的拟合效果非常不好。具体如下：

lnbaofeic. = 1.255397023 * fin + 3.542909896

1.256092　2.937506

ADJ - R^2 = 0.026776　AIC = 3.593648　SC = 3.692834　DW = 0.072783

（二）中国财产保险市场发展对经济和社会发展的促进作用

1. 财产保险市场发展可以保障社会再生产的正常进行

Granger 因果关系检验表明（如表 6 所示），随着滞后阶数的增加，中国财产保险发展水平对国民经济发展的影响越不明显。而一年前的中国财产保险发展对于当期国民经济的发展影响十分明显，说明财产保险的发展在短期内对于 GDP 的发展作用还是相当明显的，但是从长期来看效果不佳，这和财产保险业大多是一年期的短期保险的特性是相吻合的。

表 6　因果关系检验表

Granger 因果检验	滞后阶数	F 值	相伴概率
lnbaofeic. 不引起 lngdp	1	8.96644	0.00778
lnbaofeic. 不引起 lngdp	2	0.68173	0.52074
lnbaofeic. 不引起 lngdp	3	1.95677	0.17440
lnbaofeic. 不引起 lngdp	4	1.63079	0.24873
lnbaofeic. 不引起 lngdp	5	1.12455	0.43736
lnbaofeic. 不引起 lngdp	6	0.74464	0.65400

一元线性回归模型显示，lnbaofeic. 每增长 1 个单位，就会带动 lngdp 增长 0.72 个单位。方程调整后的拟合优度非常高，说明方程的拟合效果很好。具体如下：

lngdp = 0.721623098 * lnbaofeic. + 6.674640702

35.08446　62.42403

ADJ - R^2 = 0.983212　AIC = -1.102709　SC = -1.003523　DW = 0.349104

2. 财产保险市场发展能够促进国际贸易的发展

Granger 因果关系检验表明（如表 7 所示），随着滞后阶数的变化，中国财产保险业发展程度对国际贸易的影响一直不是很明显。这说明与国际贸易关系很紧密的国际货物运输保险、运输工具保险以及出口信用保险等财产保险险种的发展水平比较低，这也基本反映出了中国出口信用保险公司成立历史比较短，出口信用保险功能发挥还有待加强这一现实情况。在下一个五年计划里应该大力发展这些相关险种。

表 7　因果关系检验表

Granger 因果检验	滞后阶数	F 值	相伴概率
lnbaofeic. 不引起 lntrade	1	2.75680	0.11416
lnbaofeic. 不引起 lntrade	2	1.46552	0.26221
lnbaofeic. 不引起 lntrade	3	0.86920	0.48383
lnbaofeic. 不引起 lntrade	4	0.73598	0.59025
lnbaofeic. 不引起 lntrade	5	2.05458	0.20315
lnbaofeic. 不引起 lntrade	6	3.25778	0.18005

一元线性回归模型显示，lnbaofeic. 每增长 1 个单位，就会带动 lntrade 增长 0.97 个单位。方程调整后的拟合优度非常高，说明方程的拟合效果很好。具体如下：

lntrade = 0.9736289901 * lnbaofeic. + 4.238523521

43.73127　36.62121

ADJ－R^2 = 0.989133　AIC = －0.944265　SC = －0.845079　DW = 1.003097

3. 财产保险市场发展能够促进居民消费

Granger 因果关系检验表明（如表 8 所示），随着滞后阶数的增加，中国财产保险发展水平对居民消费的影响越不明显。而一年前的中国财产保险发展对于当期国民经济的发展影响十分明显，说明财产保险的发展在短期内对于促进居民消费水平的作用还是相当明显的，但从长期来看，效果不佳，这也和财产保险业大多是一年期的短期保险的特性是相吻合的。

表 8　因果关系检验表

Granger 因果检验	滞后阶数	F 值	相伴概率
lnbaofeic. 不引起 lncons.	1	10.41630	0.00467
lnbaofeic. 不引起 lncons.	2	2.16639	0.14910
lnbaofeic. 不引起 lncons.	3	1.14920	0.36907
lnbaofeic. 不引起 lncons.	4	1.77152	0.21858
lnbaofeic. 不引起 lncons.	5	0.75951	0.60980
lnbaofeic. 不引起 lncons.	6	0.91450	0.57868

一元线性回归模型显示，lnbaofeic. 每增长 1 个单位，就会带动 lncons 增长 0.65 个单位。方程调整后的拟合优度非常高，说明方程的拟合效果很好。具体如下：

lncons = 0.6464255775 * lnbaofeic. + 3.868259266

31.27597　36.00207

ADJ－R^2 = 0.978962　AIC = －1.092983　SC = －0.993797　DW = 0.359309

二、国民经济对财产保险需求影响实证研究

下面将针对中国财产保险市场潜在需求向现实需求转换困难，有效需求不足的现象，对中国的财产保险需求影响因素进行回归分析。我们将财产保险保费收入（F）作为财产保险需求的衡量指标，根据财产保险需求的理论影响因素，选取以下因素进行回归分析：

1. 国内生产总值（G）

社会经济与收入水平是影响财产保险需求的重要因素。由于国内生产总值可以综合反映社会经济的发展程度与国民收入的水平，所以在模型中我们采用国内生产总值作为变量进行分析。

2. 通货膨胀率（T）

通货膨胀率的变化与财产保险商品的实际价格呈反方向变化关系，将影响消费者对保险产品的购买需求。本模型中所用的通货膨胀率是指消费者价格指数。

3. 固定资产投资（GD）

全社会固定资产投资包括基本建设投资、更新改造投资、房地产开发投资及其他。固定资产投资是直接影响财产保险需求的因素，财产保险需求应该与固定资产投资正相关。

其他一些因素对财产保险需求的影响也相当大，但由于无法量化或者是由于财产保险标的不统一的原因，使其无法纳入财产险需求模型。这些因素包括保险意识、强制性保险因素或经济体制因素、科技因素、保险供给品种以及质量和服务水平。但在我们进行有效需求的定性分析时，要将它们考虑在内。建立数学模型及数据如下：

$$F = c1 + c2G + c3T + c4GD \tag{5.1}$$

式中，F 为全国财产险保费收入；G 为国内生产总值；T 为通货膨胀率；GD 为全社会固定资产投资额。

表 9　中国财产保险保费收入及 GDP、通货膨胀率、全社会固定资产投资变化表（1984～2002 年）　　单位：亿元

年份	F	G	T	GD
1984	19.3	7 171	1.7	1 833
1985	28.7	8 964	9.3	2 543
1986	34.5	10 202	6.5	3 120
1987	46.0	11 963	7.3	3 791
1988	72.9	14 928	18.8	4 753
1989	78.1	16 909	18.0	4 410
1990	106.8	18 548	3.1	4 517
1991	136.8	21 618	3.4	5 595
1992	147.4	26 638	6.4	8 080

续表

年份	F	G	T	GD
1993	251.4	34 634	14.7	13 072
1994	336.9	46 759	24.1	17 042
1995	390.7	58 478	17.1	20 019
1996	452.5	67 884	8.3	22 913
1997	486.0	74 462	2.8	24 914
1998	499.6	78 345	-0.8	28 406
1999	512.1	81 910	-1.4	29 854
2000	598.4	89 404	0.4	32 918
2001	685.4	96 500	0.7	37 213.49
2002	779.8	104 790.6	-0.8	43 499.91
2003	869.40	116 603.2	1.2	55 566.61

运用 Eviews 软件进行的回归分析结果如表 10 所示：

表 10 模型参数表

Dependent Variable: F				
Method: Least Squares				
Date: 01/22/05 Time: 09:14				
Sample: 1984 ~ 2003				
Included Observations: 20				
F = C（1）+ C（2）* G + C（3）* T + C（4）* GD				
	Coefficient	Std. Error	t - Statistic	Prob.
C（1）	-33.657870	11.598660	-2.901875	0.0104
C（2）	0.004779	0.000710	6.727627	0.0000
C（3）	1.057975	0.653858	1.618050	0.1252
C（4）	0.006433	0.001640	3.922326	0.0012
R - squared	0.995754	Mean dependent var		326.635000
Adjusted R - squared	0.994958	S.D. dependent Var		272.21360
S.E. of regression	19.329320	Akaike info Criterion		8.937979
Sum squared resid.	5 977.959	Schwarz criterion		9.137126
Log likelihood	-85.379790	Durbin - Watson stat.		1.367364

$$F = -33.65787 + 0.004779G + 1.057975T + 0.006433GD$$

$$(-2.901875)\ (6.727627)\ (1.618050)\ (3.922326)$$

变量 G 与 GD 通过 99% 的 t 统计检验，而通货膨胀率通过了显著水平为 90% 的 t 统计检验，总体样本也通过了 99% 的 F 统计量检验，拟合优度也达到了 0.9958，回归结果良好。

根据以上结果我们做如下分析：

（1）全国财产保险保费与国内生产总值正向相关，且显著性非常大，说明经济发展水平和国民收入水平是财产保险需求的重要决定因素。

（2）财产保险保费与通货膨胀率正相关

在通货膨胀最严重的1988年、1989年、1993年和1994年，财产险保费收入的增长率相对较高；而在通货膨胀率较低的年份，如1998年、1999年，财产险保费的增长速度有所减弱。但通货膨胀率的t统计量与GDP相比差距很大，说明其显著性远没有国内生产总值强。也就是说，T对F的影响没有G大，但也是一个不可忽视的影响因素。

（3）财产保险保费收入与固定资产投资存在正相关关系，且从t统计量可以看出，这种相关性很强。由于财产保险是以物质财产及其有关利益、责任和信用为保险标的的保险，因此，固定资产投资的增加必然会导致财产保险保费收入的增加，其减少也必然导致财产保险保费收入的减少。

三、“十一五”期间传统财产保险各险种保费规模发展趋势预测

通过第二部分的分析可知，对于“十一五”期间传统财产保险各险种的市场表现预测无法用定性规律得出判断，只能采用定量分析的方法。我们采用计量经济学的ARMA模型（计量经济学中一类常用的时序模型，是一种精度很高的时序短期预测方法），但由于样本的数量会对模型的精确度产生影响，故本模型采用1985～2003年传统财产保险各险种保费收入的数据（如表11所示）。

表11　1985～2003年中国传统财产保险各险种保费收入情况

单位：亿元

年份	企业财产保险	家财险	机动车辆及第三者责任保险
1985	10.06	0.78	9.10
1986	12.82	1.52	12.65
1987	16.17	2.14	17.39
1988	19.61	2.67	23.93
1989	23.82	6.07	32.85
1990	27.85	9.30	40.95
1991	32.45	15.12	50.67
1992	40.05	28.69	69.79
1993	42.37	71.17	89.26
1994	51.98	8.45	140.88
1995	57.53	9.34	189.72
1996	78.48	9.98	210.50

续表

年份	企业财产保险	家财险	机动车辆及第三者责任保险
1997	108.64	12.33	267.18
1998	112.64	12.17	280.98
1999	112.98	12.26	306.42
2000	118.00	13.00	373.00
2001	126.05	18.88	420.80
2002	122.71	23.70	472.35
2003	124.95	19.42	540.14

（一）企业财产保险

通过对上述19年间企业财产保险数据的自相关—偏自相关分析图的分析，对数据进行了一阶逐期差分，根据差分后结果建立模型，模型的参数估计结果如表12所示：

表12　模型参数表

Dependent Variable：QC				
Method：Least Squares				
Variable	Coefficient	Std. Error	t – Statistic	Prob.
AR（1）	1.095686	0.141799	7.727034	0.0000
AR（6）	–0.061671	0.243330	–0.253446	0.8051
MA（1）	0.599513	0.290062	2.066841	0.0656
R – squared	0.942546	Mean dependent var.		86.833 08
Adjusted R – squared	0.931055	S.D. dependent var.		36.90181
S.E. of regression	9.689444	Akaike info criterion		7.579125
Sum squared resid.	938.853 3	Schwarz criterion		7.709498
Log likelihood	–46.264 32	Durbin – Watson stat.		2.105179
Inverted AR Roots	1.05	0.68	0.12 – 0.55i	0.12 + 0.55i
	–0.44 + 0.29i		–0.44 – 0.29i	

从上述估计结果可以看到，模型的拟合优度达到了94.3%，修正拟合优度也达到了93.1%，AIC和SC的值分别为7.579和7.709，模型拟合效果良好。应用上述模型对“十一五”期间企业财产保险保费收入规模的趋势进行预测，预测的结果如表15所示，趋势如图1所示。

（二）家庭财产保险

通过对上述19年间家庭财产保险数据的自相关—偏自相关分析图的分析，对数据进行了一阶逐期差分，根据差分后结果建立模型，模型的参数估计结果如表13所示。

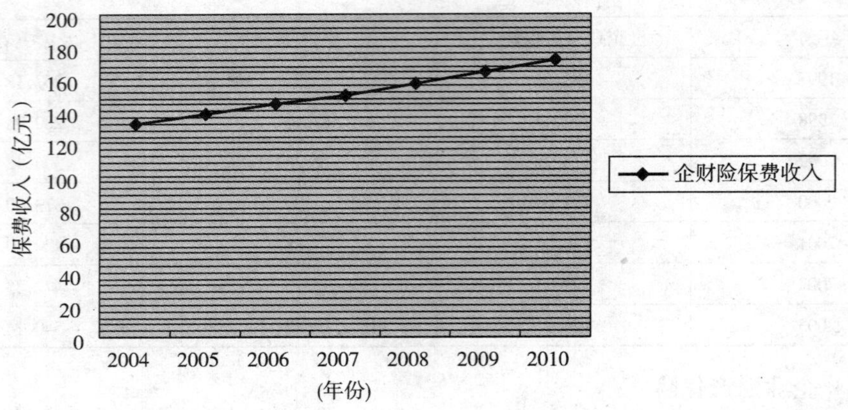

图 1　企财险保费收入趋势

表 13　模型参数表

Dependent Variable：JC				
Method：Least Squares				
Variable	Coefficient	Std. Error	t - Statistic	Prob.
AR（1）	0.980193	0.176514	5.553064	0.0005
AR（8）	0.213557	0.057631	3.705554	0.0060
MA（2）	1.018700	0.039895	25.53448	0.0000
R - squared	0.943024	Mean dependent var.		19.15455
Adjusted R - squared	0.928780	S.D. dependent var.		17.89489
S.E. of regression	4.775607	Akaike info criterion		6.191920
Sum squared resid.	182.4513	Schwarz criterion		6.300437
Log likelihood	- 31.05556	Durbin - Watson stat.		1.985526
Inverted AR Roots	1.09	0.72 - 0.49i	0.72 + 0.49i	0.09 + 0.78i
	0.09 - 0.78i	- 0.50 + 0.56i	- 0.50 - 0.56i	- 0.74

从上述估计结果可以看到，模型的拟合优度达到了 94.3%，修正拟合优度也达到了 93.0%，AIC 和 SC 的值分别为 6.192 和 6.3，模型拟合效果良好。应用上述模型对“十一五”期间家庭财产保险保费收入规模的趋势进行预测，预测的结果如表 15 所示，趋势如图 2 所示。

（三）机动车辆及第三者责任险

通过对上述 19 年间机动车辆及第三者责任险数据的自相关—偏自相关分析图的分析，对数据进行了一阶逐期差分，根据差分后结果建立模型，模型的参数估计结果如表 14 所示。

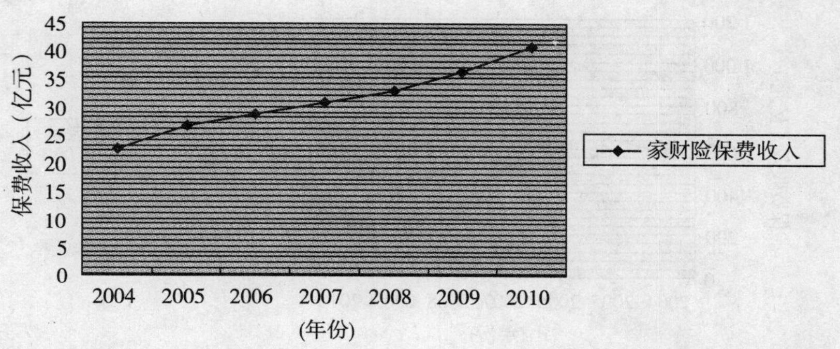

图 2　家财险保费收入趋势

表 14　模型参数表

Variable	Coefficient	Std. Error	t - Statistic	Prob.
AR（2）	1.300620	0.186702	6.966277	0.0004
AR（10）	- 0.237547	1.023443	- 0.232106	0.8242
MA（4）	- 0.940643	0.063214	- 14.880270	0.0000
R - squared	0.985136	Mean dependent var.		340.1211
Adjusted R - squared	0.980182	S.D. dependent var.		119.6130
S.E. of regression	16.83889	Akaike info criterion		8.746461
Sum squared resid.	1 701.290	Schwarz criterion		8.812203
Log likelihood	- 36.35907	Durbin - Watson stat.		1.484573
Inverted AR Roots	1.08	0.92	0.53 - 0.59i	0.53 + 0.59i
	0.00 + 0.77i	- 0.00 - 0.77i	- 0.53 + 0.59i	- 0.53 - 0.59i
	- 0.92	- 1.08		

从上述估计结果可以看到，模型的拟合优度达到了 98.5%，修正拟合优度也达到了 98.0%，AIC 和 SC 的值分别为 8.75 和 8.81，模型拟合效果良好。应用上述模型对“十一五”期间机动车辆及第三者责任险保费收入规模的趋势进行预测，预测的结果如表 15 所示，趋势如图 3 所示。

表 15　“十一五”期间传统险保费规模预测

单位：亿元

年份	企财险	家财险	车险
2005	138.1261	26.57484	647.9417
2006	144.0656	28.64746	694.8124
2007	150.0771	30.69824	774.3258
2008	156.8698	32.86643	836.9412
2009	164.1742	36.24739	934.3148
2010	171.7168	40.59073	999.9378

注：由于 ARMA 模型是针对短期预测的模型，因此年度越后精确性越低。

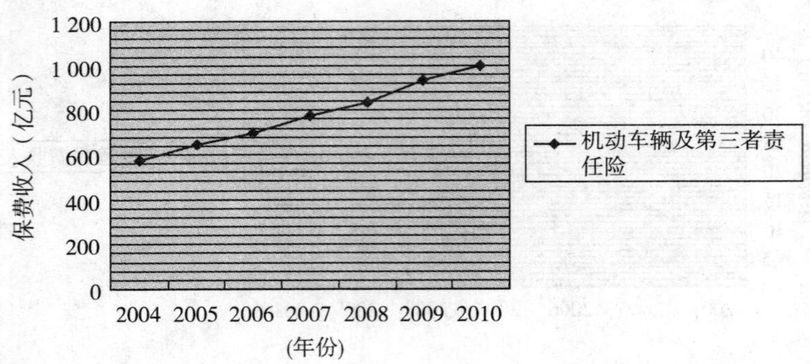

图 3　机动车辆及第三者责任险保费收入趋势

四、“十一五”期间中国财险保费规模的预测模型

下面利用 ARMA 模型对 1984 ~ 2004 年的财产保险市场保费规模建立模型 AR（1）、MA（6）进行分析，模型分析结果如表 16 所示：

表 16

Dependent Variable: F				
Method: Least Squares				
Date: 03/11/05 Time: 17:53				
Sample（adjusted）: 1985 ~ 2004				
Included observations: 20 after adjusting endpoints				
Convergence achieved after 7 iterations				
Backcast: 1979 ~ 1984				
Variable	Coefficient	Std. Error	t - Statistic	Prob.
AR（1）	1.146517	0.013400	85.56234	0.0000
MA（6）	-0.859613	0.070139	-12.25578	0.0000
R - squared	0.991370	Mean dependent var		380.1200
Adjusted R - squared	0.990891	S.D. dependent var		310.9778
S.E. of regression	29.67994	Akaike info criterion		9.713459
Sum squared resid	15 856.18	Schwarz criterion		9.813033
Log likelihood	-95.13459	Durbin - Watson stat		1.869415
Inverted AR Roots	1.15			
	Estimated AR process is nonstationary			
Inverted MA Roots	0.98	0.49 -0.84i	0.49 + 0.84i	-0.49 -0.84i
	-0.49 + 0.84i	-0.98		

从以上的分析结果中可以看出，模型的拟合优度比较好，AIC 和 SC 值也比较好。

利用此模型对2005~2010年财产保险保费规模进行预测，预测结果如表17所示：

表17 “十一五”期间财产保险保费规模预测

年份	保费规模（亿元）	增长速度（%）
2005	1 250.971	
2006	1 408.814	12.62
2007	1 614.996	14.64
2008	1 850.319	14.57
2009	2 145.68	15.96
2010	2 432.31	13.36

“十一五”期末，财产保险市场的保费规模将达到2 432.31亿元，“十一五”期间的平均增长速度为14.23%。

五、出口信用保险对中国出口促进作用的实证分析

自20世纪70年代以来，许多西方经济学家从实证的角度对国家的出口贸易与国民经济增长进行了研究，并得到了正面的论证，出口增长率与国民经济增长率之间存在明显的正相关关系。本文研究的是出口信用保险的发展对于出口贸易的促进作用。经过排除，得到影响出口的因素主要是国民经济发展、汇率的变动和出口信用保险。本文建立的出口信用保险对出口贸易贡献率的模型如下：

$X = \beta 0 + \beta 1GDP + \beta 2ECI. + \beta 3ER.$

其中，GDP代表国内生产总值[①]，ECI代表出口信用保险保费收入，ER代表汇率。

中国出口信用保险从1989年才开始开展，以《中国保险年鉴》和《中国统计年鉴》上的实际数据作为样本数据，用最小二乘法回归得到：

当取1989~2003年的数据计算时[②]，t（12，a=0.05）=1.7823

$X = 5\ 445.142 + 0.400767GDP + 525.5320ECI. - 2\ 656.347ER.$

$\qquad\qquad 10.95954 \quad 2.317157 \quad -3.5004985$

$R^2 = 0.985633$，$F = 182.9492$

表18 模型参数表

Variable	Coefficient	Std. Error	t－Statistic	Prob.
GDP	0.400767	0.036568	10.959540	0.0000
ER.	－2 656.347	758.8484	－3.500498	0.0081
ECI.	525.5320	226.8003	2.317157	0.0491

① 取国内生产总值作为变量，虽然出口本身也是支出法计算的国内生产总值的一部分，但是在计算国内生产总值中取的是净出口，而且中国近年来的对外贸易增长主要是加工贸易的大出大进带来的，因此，取国内生产总值作为变量不会对模型造成实质性的影响。

② 缺乏1994~1996年的保费收入，因此只取了12个样本。

续表

Variable	Coefficient	Std. Error	t - Statistic	Prob.
C	5 445.142	3 549.165	1.534204	0.1635
R - squared	0.985633	Mean dependent var.		14 260.02
Adjusted R - squared	0.980246	S.D. dependent var.		10 923.17
S.E. of regression	1 535.242	Akaike info criterion		17.77197
Sum squared resid.	18 855 753	Schwarz criterion		17.93360
Log likelihood	- 102.6318	F - statistic		182.9492
Durbin - Watson stat.	1.573923	Prob（F - statistic）		0.000000

当取 1997 ~ 2003 年的数据计算时，t（7，a = 0.05） = 1.8946

X = －1 674 561 + 0.387354GDP + 1 043.959ECI. + 200 170.7ER.

8.780589　3.672920　2.703866

R^2 = 0.996678，F = 299.9939

表 19　模型参数表

Variable	Coefficient	Std. Error	t - Statistic	Prob.
GDP	0.387354	0.044115	8.780589	0.0031
ER.	200 170.7	74 031.29	2.703866	0.0735
ECI.	1 043.959	284.2314	3.672920	0.0349
C	- 1 674 561	614 785.7	- 2.723813	0.0723
R - squared	0.996678	Mean dependent var.		21 776.60
Adjusted R - squared	0.993355	S.D. dependent var.		7 706.904
S.E. of regression	628.2263	Akaike info criterion		16.01924
Sum squared resid.	1 184 005	Schwarz criterion		15.98833
Log likelihood	- 52.06733	F - statistic		299.9939
Durbin - Watson stat.	2.146627	Prob（F - statistic）		0.000325

从回归结果来看，R^2 和 F 值在 12 个样本和 7 个样本时都通过了检验，并且总体显著性和拟合度都非常高。回归结果各变量下方的数据是相应的 t 统计值，从结果可以看出，国内生产总值和出口信用保险的发展对出口贸易的促进作用显著。在 12 个样本的模型和 7 个样本的模型中，β2 分别为 525.532 和 1 043.959，也就是说，出口信用保费收入每增加一单位，带动的出口增加至少在 500 倍以上，近年来更是超过了 1 000 倍。

两个模型在结论上存在差异之处是：在 1989 ~ 2003 年的样本检验中，汇率未通过检验；在 1997 ~ 2003 年的样本检验中，汇率通过了检验。表明 1997 年以来汇率促进出口的作用越来越显著。这是因为 1996 年出口退税税率的下调、1997 年亚洲金融危机的爆发以及 2001 年“9·11”事件都对中国的外贸环境造成了严重的影响，导致了中国对外贸易效益的下滑，而美元持续走低带动的人民币实际贬值对出口的影响也不容忽视。

参考文献

1. 王绪瑾：《保险学》，北京，经济管理出版社，2004。
2. 易丹辉：《数据分析与 EVIEWS 应用》，北京，中国统计出版社，2002。
3. 马薇：《协整理论与应用》，天津，南开大学出版社，2004。
4. 李子奈、叶阿忠：《高等计量经济学》，北京，清华大学出版社，2000。
5. 中国统计年鉴编辑部：《中国统计年鉴（1982~2002）》，北京，中国统计年鉴出版社。
6. 肖文、谢文武：《经济增长和政策因素对保险业发展的影响及其内在传导机制分析》，载《浙江社会科学》，2000。
7. 王祺、陈梅、张立华：《对影响我国保险产业发展宏观因素的实证分析》，载《江西财经大学学报》，2003。
8. 于殿江、郭楠：《我国城镇居民保险需求的实证分析与政策含义》，载《山东大学学报》，2003（6）。
9. 江生忠：《中国保险业发展报告》，北京，中国财政经济出版社，2004。
10. [美] 所罗门·许布纳、小肯尼思·布莱克、伯纳德·韦布：《财产和责任保险》，北京，中国人民大学出版社，2002。
11. [日] 植村信保：《日本财产保险业的变化及对策》，北京，机械工业出版社，2005。
12. 庹国柱、王国军：《中国农业保险与农村社会保障制度研究》，北京，首都经济贸易大学出版社，2002。
13. 栾存存：《我国保险业增长研究》，载《经济研究》，2004（1）。
14. 孙祁祥、贲奔：《我国保险业产业发展的供需规模分析》，载《经济研究》，1997（3）。
15. 李广众、王美今：《金融中介发展与经济增长：中国案例研究与国际比较》，载《统计研究》，2003（1）。
16. 李广众、陈平：《金融中介发展与经济增长：多变量 VAR 系统研究》，载《管理世界》，2002（3）。
17. 庹国柱、李军：《我国农业保险试验的成就、矛盾及出路》，载《金融研究》，2003（9）。
18. Damian Ward Ralf Zurbruegg Does Insurance Promote Economic Growth? Evidence from OECD Countries，The Journal of Risk and Insurance.2000，Vol.67，No.4，pp. 489~506.
19. 张迎利：《保险社会管理功能的实现路径》，载《中国保险》，2003（12）。
20. 俞玉林、倪琦珉：《保险投资基金：拓展保险融资的又一途径》，载《中国保险》，2004（3）。

21. 钟运良：《充分发挥人民保险职能作用　积极做好新形势下防灾工作》，载《内蒙古保险》，1997（5）。
22. 李有祥：《创新保险监管，促进保险社会管理功能的发挥》，载《上海保险》，2003（12）。
23. 谢文华：《发挥保险职能作用　促进道路交通安全》，载《保险研究》，2003（11）。
24. 黄洪：《发挥现代保险功能　努力促进“五个统筹”》，载《金融与经济》，2004（2）。
25. 孙祁祥、朱南军：《保险功能论》，载《湖南社会科学》，2004（2）。
26. 乔林、王绪瑾：《财产保险》，北京，中国人民大学出版社，2003。
27. 许兴铭：《保险与市场经济》，载《唯实》，1997－08－09。
28. 孙祁祥：《创造六大和谐环境保证中国保险业的可持续发展》，载《经济科学》，2003（5）。
29. 中国保监会武汉保监办课题组：《对保险功能的再认识》，2003（11）
30. 王祺、陈梅、张立华：《对影响我国保险产业发展宏观因素的实证分析》，载《江西财经大学学报》，2003（1）。
31. 李朝鲜、梁燕：《对中国保险市场的影响因素分析》，载《北京工商大学学报》，2001（9）。
32. 李斌：《发挥保险业在宏观经济调控中的稳定器作用》，载《金融与经济》，2000（7）。
33. 郝演苏：《发展保险启动消费加速经济发展》，载《保险研究》，2002（5）。
34. 赵侯泉、刘志荣：《国民经济核算中的保险——兼论保险的分配作用》，载《统计研究》，1998（3）。
35. 姚海明：《论保险在经济发展中的作用与贡献》，载《江西财税与会计》，2002（1）。
36. 李自评、杨世馨：《论现代保险在现代社会经济中的地位和作用》。
37. 王凯、邓金华：《浅析保险运行与国家宏观经济政策的关系》，载《西南金融》，2002（5）。
38. 黄海骥：《我国保险业发展的环境制约及保险监管机构在改善环境方面的作用》，载《上海保险》，2004（4）。
39. 朱增镳：《发展保险业为全面建设小康社会服务》，载《保险研究》，2004（3）。
40. 石印：《积极把握世博会契机　充分发挥现代保险业三大功能》，载《上海保险》，2003（6）。
41. 李金辉、宋玲：《论保险功能的演进和发展》，载《上海保险》，2004（2）。
42. 彭金柱、蒲海成：《论现代保险的社会管理功能及其实现途径》，2004（4）。
43. 高舜嘉：《论充分发挥保险的资金融通功能》，载《厦门特区党校学报》，2004（1）。
44. 宋福兴：《浅谈企业改制对财产保险业的影响及对策》，载《上海保险》，1998（9）。
45. 薛梅：《经济全球化浪潮中的中国保险业》，载《中央财经大学学报》，2003（10）。
46. 唐运祥：《论经济全球化与内地保险业的发展》，载《保险研究》，2002（4）。
47. 谢敏、于永达：《保险消费心理及其影响因素》，载《保险世界》，2003（4）。

48. 胡秋明：《论我国农业保险发展的制度创新》，载《财经科学》，2004（5）。
49. 王铎：《浅析影响我国保险市场发展的因素》，载《运城高等专科学校学报》，2000（8）。
50. 杨惠：《我国保险市场开放的环境分析和策略》，载《湖南商学院学报》，2000（1）。
51. 王春华：《保障收汇　促进出口——析短期出口信用保险的功能》，载《金融广角》，2003（8）。
52. 熊长金：《出口贸易的“助推器”——出口信用保险》，载《外汇实务与知识》，2001（2）。
53. 范方志：《出口信用保险及中国的选择》，载《深圳职业技术学院学报》，2003（4）。
54. 杨国铭：《出口信用保险是化解外贸出口风险的有效办法》，载《国际商务研究》，1999（5）。
55. 陈锦红、张小蒂：《出口信用保险与贸易出口》，载《特区经济》，2002（7）。
56. 陈锦红、邓娟：《发展出口信用保险　促进我国对外贸易》，载《商业研究》，2003（10）。
57. 王晓音：《论企业财产保险火灾事故发生特点及防范对策》，载《上海保险》，2000（10）。
58. 何绍慰：《论试中小企业的发展与保险的关系》，载《内蒙古财经学院学报》，2003（2）。
59. 张虹：《我国企业财产保险中存在的问题及对策》，载《财经理论与实践》，1998（5）。
60. 虞晓芬、亓琳、王德光：《澳洲住宅抵押贷款保险业务概况》，载《保险研究》，2001（4）。
61. 彭家瑚、罗雄：《保证保险难以保证贷款安全——当前汽车消费贷款保证保险业务中存在的主要问题及改进建议》，载《企业经济》，2003（8）。
62. 戴甲芳：《发展我国住房抵押贷款保险的有关构想》，载《中国房地产经营》，2003（10）。
63. 贾海茂：《积极发展我国汽车消费贷款保证保险》，载《中国金融》，2003（10）。
64. 王建文、施建刚：《建立住房抵押贷款保险制度　促进房地产市场的发展》，载《建筑管理现代化》，2002（2）。
65. 虞晓芬：《美国的住宅抵押贷款保险体系及借鉴》，载《中国房地产金融》，2000（11）。
66. 陈可：《我国汽车消费贷款保证保险市场前景分析》，载《企业经济》，2004（2）。
67. 廖俊平、朱嘉红：《我国住房抵押贷款保险市场的缺陷与完善》，载《城市开发》，2004（5）。
68. 辛立秋：《我国住房抵押贷款保险问题及对策》，载《物流科技》，2003（4）。
69. 王和、皮立波：《对新形势下我国农业保险的再认识》，载《中国金融》，2003（11）。
70. 吴俊丽：《国外农业保险对中国发展农业保险的启示》，载《北京农业职业学院学报》，2003（3）。
71. 龙文军、郑立平：《农业保险与可持续农业发展》，载《中国人口、资源与环境》，2003（1）。
72. 任延旭：《农业保险现实与选择》，载《农村财政与财务》，2002（2）。
73. 梁世夫：《农作物保险的作用和实务主要观点综述》，载《南都学坛》，2003（7）。
74. 王佐光：《论发展雇主责任保险业务》，载《保险研究》，2000（8）。
75. 吕成道、杨沈勇、徐静：《论我国责任保险市场的开发》，载《保险研究》，2000（7）。
76. 韦松：《论医疗责任保险的发展》，载《保险研究》，2003（7）。
77. 李少芳：《实现责任保险业务快速发展的探讨》，载《保险研究》，2004（6）。
78. 徐军：《我们需要职业责任保险》，载《会计之友》，2001（9）。
79. 乌跃良：《责任保险在中国的发展趋势探讨》，载《东北财经大学学报》，2002（9）。
80. 陈璐：《政府扶持农业保险发展的经济学分析》，载《财经研究》，2004（6）。
81. 王绪瑾：《财产保险索赔与理赔》，北京，人民法院出版社，2004。
82. 王绪瑾：《中国保险市场的现状问题与对策研究》，载《现代服务产业研究文集》，北京，经济科学出版社，2004。
83. 刘婉娜：《当前中国消费市场形势与政策取向》，载《宏观经济管理》，2004（4）。
84. 邹明红、陆善勇：《利用资本市场促进中国保险业发展的思考》，载《广西大学学报》，2004（4）。
85. 姚庆海：《论保险业在社会管理中的八大功能》，载《保险研究》，2004（2）。
86. 韦生琼：《保险政策与财政政策的关系探讨》，载《财经科学》，2001（4）。
87. 韦生琼：《论货币政策与保险政策的关系》，载《财经科学》，2002（5）。
88. 肖文：《银行降息对寿险业的影响及供求模型分析》，载《浙江大学学报》，2001（5）。
89. 王国良、顾维明、宋全华：《论电子商务对保险业发展的推动作用》，载《保险研究》，2000（10）。
90. 郭颂平、粟榆、曾晓佳：《试论知识经济对保险创新的影响》，载《河南金融干部学院学报》，2003（1）。
91. 董波、刘玉祥：《保险企业应对知识经济的挑战与创新战略》，载《黑龙江金融》，2000（6）。
92. 唐金成：《论知识经济时代保险业的发展》，载《内蒙古保险》，1999（3）。
93. 徐光宇、郑毅：《论知识经济时代与保险创新》，载《海南金融》，1999（2）。
94. 孙百力：《知识经济时代：网络保险的新机遇》，载《辽宁经济》，2000（3）。
95. 范媛媛：《保险企业在金融一体化下的风险及其对策》，载《广东财经职业学院学报》，2003（2）。
96. 吉宏、彭莉戈：《金融自由化和全球化对中国保险业的影响及对策》，载《山西统计》，2003（12）。
97. 王绪瑾：《中国保险市场的研究》，载《北京工商大学学报》，2003（1）。

98. 王绪瑾：《中国保险法修订及其若干问题研究》，载《北京律师大讲坛》，北京，人民法院出版社，2004。
99. 王绪瑾：《论中国大陆的保险监管》，载《保险专刊》，1998（12）。
100. Wang Xujin，Fei Anling，Lin Yijia. A Comparative Study on the Insurance Investment. The Fifth Annual Conference of Asia - Pacific Risk and Insurance Association，July 15 ~ 18，2001.
101. WangXujin，Fei Anling，Li Na. On the Trend of the Chinese Insurance Market Structure. The Sixth Asia - Pacific Risk and Insurance Association Annual Conference At Shanghai，China. July 21 ~ 24，2002.
102. Wang Xujin，Fei Anling，Li Na. Trends in the chinese Insurance Market Structure The Journal of Risk Management and Insurance. Volume 7（2002）(Thailand).
103. Wang Xujin，Fei Anling，Zhuo Yu. Research on the Editing of Chinese Insurance Law and Relative Problems. The Seventh Asia - Pacific Risk and Insurance Association Annual Conference（Thailand）. July 21 ~ 24，2003.
104. Wang Xujin，Fei Anling，Zhuo Yu. China' s Entry into the WTO and Its Impact on Chinese Insurance Industry. The 8th Asia - Pacific Risk and Insurance Association Annual Conference (Korean). July 18 ~ 21，2003.
105. 王绪瑾：《海外保险投资方式比较研究》，载《金融研究》，1998（5）。
106. 王绪瑾：《论我国保险经纪人的合同行为》，载《保险研究》，1999（5）。
107. 王绪瑾：《论保险第三领域的兼营》，载《中国证券报》，2002 - 11 - 04。
108. 王绪瑾：《保险条款费率期盼改革》，载《中国证券报》，2002 - 10 - 14。
109. 王绪瑾：《中国保险市场模式的历史选择》，载《中国保险报》，2003 - 02 - 11。
110. 马永伟：《各国保险法规制度对比研究》，北京，中国金融出版社，2001。
111. 唐运祥：《2002 年中国非寿险市场发展研究报告》，北京，中国经济出版社，2003。
112. 王福新：《非寿险市场供给与需求分析》，中国保险网，2004。
113. 刘茂山：《国际保险学》，北京，中国金融出版社，2003。
114. 吕宙：《竞争力——中国保险业发展战略选择》，北京，中国金融出版社，2003。
115. 杨学进：《出口信用保险规范与运作》，北京，中共中央党校出版社，1995。
116. 杨学进：《出口信用保险国家风险评价》，北京，经济科学出版社，2004。
117. 穆林林：《出口信贷与保险》，北京，中国对外经济贸易出版社，1996。
118. 中国保险年鉴编辑部：《中国保险年鉴（1999 ~ 2003）》。
119. 中国农业年鉴编辑委员会：《中国农业年鉴（1999 ~ 2002）》。
120. 国家统计局农村社会经济调查总队：《中国农村年鉴（1980 ~ 2002）》，北京，中国统计出版社。

人身保险市场发展研究

中国社会科学院金融研究所课题组

课题负责人：李　扬

课题组成员：王国刚　郭金龙　阎建军　张金林

第一章　中国人身保险市场发展的现状与问题

第一节　“十五”期间人身保险市场发展回顾

“十五”期间，中国人身保险市场突飞猛进，为保险业进一步做大做强中国保险业奠定了良好的基础。

在保险监管部门支持下，1999 年，市场主体——寿险公司开始调整产品结构，开发新的产品，推出分红、投连、万能等新型产品，促进了人身保险市场的快速增长。新型产品的快速发展对于防范和化解“利差损”风险，满足不同层次客户的保险需求，优化人身保险市场保险产品结构，推动保险公司提高经营管理水平，扩大保险业对宏观经济的影响起到了积极作用。2001 年全面启动银行代理，开创了人身保险市场营销渠道和产品的双重创新。从 2002 年第三季度开始，银行代理业务已经全面超过团险业务。

从 2004 年上半年开始，中国寿险业进入了一段调整期。整个寿险市场正酝酿着转型。主要表现在以下几个方面：一是客户需求的层次提升和多样化。二是市场主体的多样化。一方面，专业养老险公司、健康险公司获批；另一方面，平安等大型寿险公司逐步走向金融控股集团，外资主体不断增加，各种兼职、专职的保险代理机构更是层出不穷，一个多层次、多形态的市场体系逐步成形。三是产品差异化和营销模式升级。人身险产品创新不断，努力摆脱简单、雷同的设计，更注意细分目标客户群；同时，人海战术的营销方式日益消退，多家公司进行了营销模式的创新，试图用理财顾问这样的服务形式争取高端客户。此外，在监管方面，保监会先后出台了多项法律法规，进一步减少了行政审批项目，放宽经营和资金运用限制，促进行业发展。

第二节　人身保险市场发展现状

第一，保费收入增长放缓，市场转型趋势明显。经过连续多年的高速增长，2004 年中国人身保险市场进入了一段调整期。2004 年，全国保费收入 4 318.1 亿元，同比增长 11.3%。其中，人身险保费收入 3 228.2 亿元，同比增长仅为 7.2%。

第二，市场体系初步建立，竞争程度日益激烈。中国人身保险市场已经形成了一个以国有控股公司和股份制寿险公司为主，中外寿险公司并存，产险公司参与竞争的新格局。2004 年 12 月 11 日，中国保险全面对外开放之后，外资保险公司全面参加中国保险市场竞争，市场主体将会大规模增加，竞争程度日益激烈。就市场主体结构而言，大型金融控股集团浮现，新的寿险公司、健康险公司和养老险公司获批，外资公司分支机构扩张，各类专职兼职代理加盟。主要市场主体纷纷完成了上市和集团化运作，专业性的资产管理公司、养老保险公司、健康保险公司、农业保险公司等新型的专业化的保险主体相继出现。多层次的市场体系正在形成，但人身保险市场仍是寡头垄断的竞争格局。

第三，产品结构日益庞杂，差异化产品开发机制正在建立。各保险公司积极调整经营管理思路和业务结构，加大新产品开发力度，不断提高服务水平。从险种结构上看，2004 年上半年，寿险、健康险和意外险分别占 89.22%、7.63%、3.15%，寿险和健康险（占人身险总保费收入的 97%）增速较 2004 年明显下降。针对特定客户群开发和销售的差异化产品增多，产品开发和销售渠道创新结合得日益紧密并努力增加服务附加值，寿险业进入“后产品”竞争时代。

第四，销售渠道结构出现多元，营销效率逐步提高。人身险销售渠道呈现多元化趋势，销售渠道的多元化降低了经营风险，为消费者带来了便利，也有利于推动保险业务的持续发展。应该说，保险公司与银行基本上是“双赢”的，银行代理业务是人身保险业务增长的重要拉动力量。但总体上双方合作尚处于初级阶段，银行作为兼业代理机构，参与程度较低，银行保险亟待新的合作模式，营销效率有待提高。

第五，区域保险差距加大，差异化、均衡发展战略不断推进。2003 年，中国保费收入东部地区一路领先，中部地区快速增长，西部地区继续保持良好的发展态势。经济决定金融，保险业的发展与当地经济的发展水平、市场经济体制，特别是居民的收入水平和人们的思想观念具有密切的相关度。目前，中国经济发展水平很不平衡，市场化程度参差不齐，东部地区明显领先于中西部内陆地区，且地区之间的差距仍在扩大，这必然给各地区的保险业发展带来深刻的影响。

第六，监管体系日益健全，监管方式不断改进。监管手段和评价体系更加规范，偿付能力额度监管已成为寿险监管方向，寿险行业的评价体系正在向效益性、持续性转变，未来将建立以内涵价值为主线的风险防范体系。此外，作为软监管环境的公众舆论、媒体监督等也逐渐发挥了相应的作用，使得监管环境更加明朗。

第三节　中国人身保险市场存在的问题

第一，市场主体结构有待完善、有序竞争机制有待建立。中国目前共有 31 家人身险主体在参与经营业务，但人身险市场仍呈现相对集中的寡头垄断格局。专业保险中介机构所占市场份额非常有限，一个由保险公司、被保险人、保险中介机构三个方面构成的成熟的保险市场体系尚未真正形成。

第二，产品结构不太合理，流动性风险显现。当前的人身险业务结构和业务质量，无论是传统产品还是新型产品均值得关注。在传统产品方面，固定预定利率的寿险业务销售难度较大，且存在利率升高后的退保风险；意外险业务的费率逐年下降，经营利润逐步下滑；由于受外部环境和专业化程度较低的制约，健康险业务的经营风险一直较高；养老金业务的税收优惠政策尚未取得明显突破，业务发展还面临不少困难。在新型产品方面，趸缴业务比例过高，质量不高；保障型保险产品开发不够，不仅不利于寿险公司提高经营效益和可持续发展，也不利于投保人形成正确的保险意识；投连和万能产品业务发展逐步萎缩等。由于在前期粗放型经营的经营方式下，保险公司忽视保险产品结构匹配，更多关注保费收入，并希望以不断扩张的业务、强劲的保费现金流来掩盖风险的存在。因此，在人身保险转型过程中要注意调整产品结构，注重有效益的发展，以逐渐解决流动性风险问题。

第三，销售模式有待突破，效率亟待提高。近年来，银行代理业务发展迅猛，但与迅猛发展的规模不相适应的是银行保险产品单一，各公司产品具有高度的同质性，基本以分红、两全保险为主，同银行自营的产品趋同。另外，趸缴业务比例过高，偿付压力大，给寿险公司带来了巨大的资金运用压力。在资本市场不健全、资金运用效率低的情况下，人身保险市场系统风险加大。另外，保险市场需求日趋复杂化，与银行简单的业务结构已经不相协调。因此，银行与保险公司的合作模式亟待突破，需进一步深化。个人代理渠道近年来虽然在不断完善，并逐步走向成熟，但作为一个特殊行业的个人代理人，目前仍存在诸如法律地位不明确、队伍整体素质较低、管理较为粗放等问题。从目前人身保险市场多层次、个性化需求来看，大力发展保险经纪人、保险公估人市场，拓展新的营销模式提高营销效率势在必行。

第四，资金运用效率低下，风险管理机制有待健全。保监会规定保险资金投资于国债、银行储蓄、金融债券和股票等，它在一定程度上保证了基金的安全；但由于中国资本市场长期低迷，这些投资收益率低，很难保证保险基金的增值，而且还导致在通货膨胀中被动地贬值。因此，应该拓展新的资金运用通道，如直接或间接与实体经济相连，允许投资国家重大项目等。

中国保险资金运用的管理体制、风险管理机制都还没有建立起来，特别是资产负债匹配管理以及风险的动态监测体系还没有建立起来，这无疑给中国保险行业的整体发展带来了巨大的不稳定性。

第五，公司治理结构不健全，资本金及偿付能力不足，存在一定的系统性风险。中国人身保险市场国有保险公司发展动力不强，内部管理责权不清晰，约束机制较弱，经营机制不灵活，股份制改革基本流于形式。股份制保险公司也存在治理结构问题，例如，公司决策机制不健全，决策过程中缺乏应有的权力制衡机制，大股东独断决策等问题依然存在。人身保险公司存在偿付能力不足问题，主要表现在资本金不足，业务结构不合理，存在流动性风险。因此，应加快公司治理结构改善，支持符合条件的保险公司在境内外上市，尽快建立健全防范化解风险的长效机制，如支持符合条件的公司上市、建立保险保障基金等。

第六，保险税收政策不配套。目前，中国现行的保险税收政策不能适应保险业发展的要求。保险税率结构不合理表现在保险主体税率结构和险种税率结构两个方面。从主体税率结构看，一是中国保险业的税赋水平高于世界其他国家的同类行业；二是中国保险业与其他行业之间税赋没有明显差异，不同于世界各国采取较为宽松的税收政策扶持保险业发展；其三，内外资企业税赋不统一，造成了内资保险公司与外资保险公司税后留利的巨大差异。从险种税率结构看，没有分险种设置税率，这在世界上是不多见的。国际保险业的通行做法是不同险种设置不同的税率，它反映了风险不同，风险转嫁成本也不同的客观要求。中国保险税率结构不合理将严重削弱中资保险公司在开放环境中的竞争能力。此外，中国尚未建立保险的税延及抵扣税等税惠政策，它对保险业在金融行业激烈竞争环境中的成长和发展是不利的。

第七，监管机制有待完善。随着中国保险业的发展及保险产品和技术的不断创新，对中国保险监管提出了新的要求。中国目前实行市场行为监管与偿付能力监管并重并将逐步向偿付能力监管过渡的监管体制，但在实践中市场行为监管占用了大量的监管资源，效果并不明显，一些违法违规行为屡禁不止；而相应投入偿付能力监管领域的力量又显得不足，监管的实效不高，监管力度和透明度也不强，监管法制建设相对滞后。对保险市场出现的问题缺乏有力的法律武器加以规范，在保险监管实践中常常出现一些违法行为找不到处罚依据以及对同一违法行为出现不同处罚结果的情形，不利于保险监管权威的树立。

第八，保险市场诚信建设有待加强。中国人身保险市场存在的最大问题仍然是市场诚信不足。居民金融资产中（储蓄）有较大部分是具有"自保"性质的资金，它在一定程度上反映了居民对商业保险人的诚信度持怀疑态度，甚至怀疑商业保险公司的生存能力，从而阻碍了一部分人将这种需求转化为现实的投保行为。

第二章 "十一五"期间人身保险市场面临的条件和环境分析

第一节 中国经济发展及其对人身保险市场的影响

马斯洛认为，人们的需求具有层次性，它随着人们收入水平的提高而逐步提升。运用马斯洛需求层次论进行分析，随着消费者收入水平的不断提高，消费者的保险需求逐步成为现实，并随着保险产品、服务的创新而最终得以满足。人身保险市场发展与消费者收入水平密切相关，自然与经济发展水平及收入分配结构相关。

一、中国经济的持续快速增长为人身保险市场的发展奠定了坚实的基础

从全球保险市场的发展历史看，各国保险市场的发展规模与其经济规模密切相关。理论上，在其他条件不变的情况下，一国的保险市场规模与其经济规模呈正相关的关系。很多学者都对此做了实证研究，也得到了充分的证明（Campbell R.A.，1980；Browne、J.Kim、Kihong，1993；Truettn B、Truett，1990；粟芳，2000；白雪、杨振宇，1999；俞自由、粟芳、纪兵，2001）。他们研究的结论是：经济水平越发达，保险需求就越大，保险市场就越发达。经济快速增长必将带来保险市场的快速增长，经济发展是保险市场发展的前提和基础。

自1979年实行改革开放政策以后，中国经济迅速发展，取得了举世瞩目的经济成就，1980~2004年，年均GDP增长速度超过9%，2004年中国人均GDP超过1 200美元，标志着中国从低收入国家进入中低收入国家行列，宏观经济运行进入了经济周期的上升阶段。与此同时，中国也成为世界上发展最快的保险市场。中国经济的快速增长为中国寿险市场乃至整个保险市场的发展打下了坚实的基础（见表2-1）。

二、中国居民收入快速增长和消费结构变化推动人身保险市场需求增加

从理论上讲，国民收入尤其是人均可支配收入的高速增长，能够推动保险需求的增加。国际经验表示，人均收入在1 000~5 000美元往往是经济结构、社会结构、利益结构大调整大变化的时期。国家统计局调查显示，截至2003年年底，中国人均GDP达到1 090美元，国内居民的财富积累达到了消费升级的临界点。重视金融理财服务，运用更合理、有效的方式和方法来规避和转移风险、提高自己的福利水平逐渐成为人们的共识。

表 2-1　1980~2004 年中国寿险市场业务增长情况表

年份	保费收入（亿元）	寿险保费收入（亿元）	占当年保费收入比（%）	寿险同比增长（%）	GDP（亿元）	人均 GDP（元）	保险深度（%）	保险密度（元）
2004	4 318.1	3 228.2	74.8	7.2	136 515	10 501	3.16	332.2
2003	3 880	3 011	77.59	32.41	112 977	9 030	3.33	297
2002	3 053	2 274.8	74.48	59.74	103 553.6	8 184	2.98	238
2001	2 109.4	1 424.04	67.42	42.15	95 727.9	7 651	2.2	168.98
2000	1 595.9	1 001.82	62.24	13.18	88 254	7 086	1.8	127.67
1999	1 393.2	885.15	61.33	15.18	80 579.4	6 551	1.67	110.58
1998	1 247.3	768.5	60.34	28.32	76 967.2	6 038	1.56	99.94
1997	1 087.4	600.24	55.53	80.33	73 142.7	6 054	1.45	87.66
1996	758	332.85	38.5		66 850.5	5 576	1.1	61.93
—	—	—	—	—	—	—	—	—
1980	4.6	—	—	—	4 517.8	460	0.1	0.47

资料来源：（1）根据《统计年鉴》、《中国保险年鉴（1980~2003）》等资料整理。

（2）国务院新闻办 2005 年 1 月 25 日新闻发布会上国家统计局局长李德水讲话。

三、居民收入差距的拉大和中产阶层成长将继续影响人身保险消费的扩张

在不同的经济发展水平下，收入分配的政策对消费者的保险需求会产生不同的影响结果。在低收入国家中，收入分配的不公平会增加一部分人对保险产品的需求，从而使社会的保险总需求增加；在中等收入国家中，收入分配的不公平会减少一部分人的保险需求，而其他人的保险需求又有被完全满足的潜在性，所以社会的保险总需求会下降；而在高收入国家中，由于消费者的保险需求几乎都被完全满足了，所以收入分配的变化对保险需求的变化影响不大（粟芳，2004）[①]。

中国在总体经济发展方面取得显著进步的同时，以基尼系数衡量，社会结构分化明显，贫富差距也在扩大。近年来，基尼系数的逐年递增表明中国的收入不平等状况日趋严重。根据世界银行统计，2000 年，城乡高收入户占总户数的 2%，中低收入户占 18%，低收入户占 80%[②]。作为低收入国家，中国收入分配不公平的现状会增加一部分人对保险产品的需求，从而使社会的保险总需求增加。

此外，21 世纪初的 10~20 年将是中国中产阶层形成的重要时期。中产阶层对住房、汽车、旅游和教育的需求，正日益成为中国经济增长的重要源泉。与此同时，中产阶层有较强的个人金融资产管理及保险等金融服务需求。据西方发达国家经验，中产阶层的消费需求弹性较大，保险意识和保险需求较为强烈，是人身保险市场开发的

① 粟芳：《收入分配的公平性与保险市场发展的关联分析》，载《财经研究》，2004（1）。

② 《世界经济发展指标（1999~2001）》。

重要对象。“十一五”时期，随着中国中产阶层力量的壮大，人身保险市场将具有巨大的发展潜力。同时，由于收入层次的多样性，保险需求也出现多元化情形。

四、区域经济发展不平衡及“二元结构”对人身保险市场空间布局产生直接影响

在中国经济发展过程中长期以来存在两个突出的特征：一是区域经济发展的不平衡，胡兆量教授认为，中国是世界上社会经济发展不平衡程度最大的国家①。南北差异是中国最重要的地区差异；东西之间差幅大，反差强。二是城乡差距不断扩大，二元经济结构问题突出。

地区经济发展不平衡难以改变，将影响不同地区人身保险市场的有效需求。首先，从寿险市场发展的角度看，发达地区和落后地区具有不同的特点和问题。发达地区的侧重点在于提高技术管理和服务水平以服务赢得市场；落后地区侧重点在于队伍和业务规模，靠人力和产品开发市场。这就需要市场主体在制定经营管理的方针和政策时有较好的适应性，满足不同地区发展策略的需要，既要实现业务管理的不断集中，又要在具体的经营权限方面给经营单位一定的灵活度。

其次，由于城乡差距的扩大，因而在需要加强大中城市业务发展的同时注意农村保险市场的开发。城乡差距的不断扩大，把寿险市场客观上分为了两个不同发展水平的市场——城市市场和农村市场。中国中小城市和县城及建制镇发展速度很快，截至2001年年底，城市数量达662个，县城及建制镇20 374个，城镇人口4.8亿。这是一个天地广阔的市场，通过市场延伸就可以加大对中小城市和县城及建制镇寿险市场的开发，中国人寿已经先行一步，基础很好。这客观上也为其他公司进入农村市场做好了准备。

区域经济发展不平衡及保险需求的分层，客观上使人身保险市场的区域性特征明显，对人身保险市场的空间布局以及产品差别化、服务及营销战略产生影响。

五、中国“十一五”时期经济仍有较强增长潜力，有利于人身保险市场的发展

2004年，中国经济尽管出现了结构性通货膨胀，但政府相继出台一系列政策措施，实行“结构导向的宏观调控政策”，对宏观经济进行了调控，经济运行基本正常。经初步核算，全年国内生产总值达136 515亿元，同比增长9.5%；全年城镇居民人均可支配收入9 422元，比上年实际增长7.7%；农民人均纯收入达到2 936元，实际增长6.8%，是1997年以来增长最快的一年②。同时，中国保险业尤其是中国人身保险市场正进行着一场发展模式、业务结构的转型和变革，从粗放型向集约型、从重市场规模向追求规模、效益结合变革。“十一五”期间，随着中国宏观经济调控政策的实施和效果的显现，中国经济仍将稳定快速发展，国民收入水平和财富将进一步增加，居民消费水平和层次不断升级，为人身保险市场的发展奠定了坚实的基础。

“十一五”时期（2006~2010年）是中国现代化建设和全面建设小康社会承上启下

---

① 胡兆量：《中国区域发展导论》，北京，北京大学出版社，2002。

② 国务院新闻办2005年1月25日新闻发布会上国家统计局局长李德水讲话。

的重要时期，是中国经济发展的黄金时期之一，机遇大于挑战。理由是：

（一）年均经济增长率仍将保持在7%以上，在世界经济中的位次将明显上升

世界各主要研究机构普遍对21世纪初期中国经济发展持较为乐观的态度。“十一五”时期经济增长的动力依然强劲，潜力依然巨大。首先，以汽车和房地产为代表的新一轮消费结构升级正方兴未艾，农村消费市场的启动为今后一个时期中国经济的增长增添巨大的动力；其次，中国政府投资和民间投资都会保持较快增长。“十一五”期间，北京“奥运会”项目、上海“世博会”项目相继进入建设高潮。以政府投资为主导、以“南水北调”工程为代表的一批国土整治和生态环境建设项目也将进入全面开工阶段；再次，随着经济全球化的发展，中国在国际竞争中的比较优势日益增强，正在成为全球制造业的重要生产基地，并将在东亚产业分工中居于枢纽地位；最后，中国市场经济体制的进一步完善将使整个社会的交易成本明显下降，国有企业改革的进一步深化和多种所有制的共同发展也将为生产力的快速发展提供强大的动力。

（二）市场经济体制将日趋完善，与世界经济体制的接轨将基本完成

“十一五”时期将是中国市场经济体制建设的重要时期。“十六大”提出进一步发挥市场在资源配置中的基础性作用，健全统一、开放、竞争、有序的现代市场体系。随着中国加入世界贸易组织过渡期的结束，中国的市场经济体制正在成为与全球市场经济体制有着共同规则的、规范的市场经济体制。与此同时，中国市场经济体制的完善也离不开资本市场的建设和改革开放。在循序渐进原则的指导下，“十一五”时期在利率市场化、资本市场的发展和对外开放以及资本项目下的对外开放等方面也将取得重大的进展。

（三）经济和社会两大目标将共同发展，社会各项事业将全面进步

“十一五”时期必将是一个经济、政治和文化共同发展，社会各项事业全面进步，经济发展和人口、资源、环境相协调的发展时期。“十一五”时期正是中国从工业化中期阶段向后期阶段过渡的时期，走新型工业化道路，以信息化带动工业化，实现可持续发展，将是这一时期经济发展的总的指导思想。在经济发展的同时将更加重视就业问题、社会保障问题、劳动力素质问题和公共服务体系的建设等问题。

当然，“十一五”时期中国经济发展也会面临一些问题，有的还可能比较突出。从国内看，面临一些长期结构性矛盾和一些短期问题的约束：第一，经济发展将会受到制成品市场有效需求不足、资源性产品短缺的共同约束；第二，地区差距、城乡差距和不同阶层间的收入水平差距仍然会明显地存在；第三，就业和社会保障的压力巨大。从国际上看，随着中国经济地位的不断上升，国际政治经济摩擦加大。随着中国经济的增长和中国作为东亚地区与美欧等发达经济体的贸易枢纽，将使诸如人民币汇率问题、经济和贸易摩擦等问题更加突出。不过，我们通过不断深化改革，加强沟通与协调，坚持用发展的办法来解决这些问题，中国经济发展的总体趋势和总体水平依然会得以保持。“十一五”时期经济持续快速发展确保了人身保险市场的发展空间。

第二节　中国社会发展状况及其对寿险的影响

一、人口老龄化趋势给人身保险市场发展带来机遇与挑战

（一）中国人口结构现状及其变化趋势

中国人口基数庞大，人口发展呈现以下特点：其一，人口自然增长率呈下降趋势，绝对数量仍在逐年递增。其二，人口的老龄化速度加快。与发达国家相比较，中国人口老龄化的特点是“未富先老”。其三，城市化。从城市化发展规律来看，城市化率在30%～70%的时期是城市快速发展的时期。中国已进入这个时期。其四，家庭结构趋于小型化，家庭户数明显增加。其五，处于人口红利阶段。人口红利是指人口结构处于劳动年龄人口最充分的阶段，经济增长能获得格外的供给源泉。中国目前就处在人口红利阶段，每年供给的劳动力总量是1 000万，劳动人口比例较高。

（二）人口结构及其变化对人身保险需求产生重大影响

人口的增长与寿险需求有正相关关系。中国人口将保持缓慢增长，伴随着经济发展及居民收入的增长，会有更多的潜在消费者因购买力的增加而可以将潜在的保险需求向现实转化。

人口结构的变化将深刻地影响保险需求。国外研究表明，人口老龄化与保费存在正比关系。人身保险需求与该国或该地区的受抚养人数和赡养人数成正比关系。国内研究表明[①]，目前中国各地区抚养率与寿险保费呈负相关关系；而赡养率与寿险保险正相关。中国的抚养率有逐年下降的趋势，而同期赡养率趋于上升，但人口老龄化程度过高会抑制经济发展，在一定程度上会影响人身险市场的发展速度。此外，人口的经济区域结构失衡会加剧保险业在地区间发展的不平衡。

总之，人身保险以人的寿命为标的，一个国家或地区的人口数量、年龄结构和经济水平都会影响金融服务业尤其是寿险业的经营现状和未来的市场开发，因而寿险公司必须适时调整自己的产品，以适应目标市场人口数量及年龄结构的变化。

二、中国城市化进程将拉动人身保险市场扩展

城市化是乡村变为城市的一种复杂过程。从经济地理的角度来看，这一过程包括第二、第三产业向城市集中，农业人口向非农业人口转化并向城市集中，以及已有城市向外围地区扩展，并引起区域内部城市地域经济形态向更高层次发展，最终形成区域经济的一体化。

（一）中国的城市化及其预期

改革开放以来，在中国工业化中期经济高速发展的带动下，目前中国已进入城市化加速发展时期；但与世界城市化水平相比，中国城市化水平偏低，城市化低于世界平均水平。目前，世界城市化平均水平为47%，中国只有39.1%。2050年，中国城市

① 南开大学风险管理与保险学系关于人口结构与保险需求关系的研究。

化水平将达到60%~70%。

（二）中国的城市化对寿险的影响

城市化对区域产业结构有序演变的拉动作用，主要表现在对产业结构演变的需求因素的影响上。由于非农业人口总量的增长和人均收入水平的提高，引起区域需求总量的增长和结构的高度化以及中间产品需求量的扩大。

根据农业部最近发布的数据，中国现在大约有9 500万农民工，他们既不能享受国家社会保障中的养老保险、医疗保险及失业保险，也极少有人为自己和家人购买必需的商业人身保险、医疗保险等。保险主体应针对这一特殊阶层进行产品创新，可考虑先推出他们当前急需的养老保险、医疗保险和意外伤害保险，使其得到最基本的保障。在此基础上再考虑推出子女教育保险、失业保险、家庭财产保险等。这样既有利于扩大保险业务，也有利于保证人们生活的安定和社会的稳定。

三、中国的社会保障改革与人身保险市场相互促进

（一）中国社会保障改革现状

中国多层次社会保障体系初步形成，社会保障状况逐年改善（见表2－2）。其中社会救济和社会优抚以及社会福利主要是针对中低收入群体或其他特殊群体；参加养老保险、医疗保险和失业保险的人数增长较快。

表2－2　中国社会保障基本情况

项　　目	单位	1998年	1999年	2000年	2001年	2002年	2003年
一、社会救济和社会优抚							
城镇居民最低生活保障人数	万人	184	257	403	1 171	2 065	
农村居民最低生活保障人数	万人		266	300	305	408	
国家抚恤补助优抚对象人数	万人	447	445	442	451	459	
二、社会福利事业							
收养性单位	个	42 131	40 430	40 491	39 338	38 875	
国有	个	2 288	2 561	2 816	3 327	3 082	
集体	个		37 419	37 295	35 077	34 797	
民办	个		453	380	934	996	
收养性单位床位	万张	105.8	108.9	113	124.4	125.1	
国有	万张	18.7	21.2	22.1	25.8	26.1	
集体	万张		85.9	87.8	93.8	92.7	
民办	万张		1.7	3.1	5.1	6.3	
年末收养人数	万人	80	82.7	85.4	89.3	92.6	
国有	万人	15	16	17.2	19.1	19.6	
集体	万人		65.6	66.3	66.8	68.7	
民办	万人		1	1.9	3.4	4.3	

续表

项　　目	单位	1998年	1999年	2000年	2001年	2002年	2003年
三、社会福利企业							
单位数	万个	5.1	4.5	4.1	3.8	3.6	
残疾人数	万人	85.6	79	72.5	69.9	68.3	
四、社会保障							
参加基本养老保险职工人数	万人	8 476	9 502	10 448	10 802	11 129	15 490
参加基本养老保险离退休退职人数	万人	2 727	2 984	3 170	3 381	3 608	3 852
参加失业保险人数	万人	7 928	9 852	10 326	10 269	10 182	10 373
参加基本医疗保险人数	万人	1 878	2 065	3 787	7 286	9 401	10 895
农村社会养老保险投保人数	万人	8 025	6 461	6 172	5 995	5 462	5 428

资料来源：《中国统计年鉴（2004）》。

（二）社会保障与商业保险相互促进、协同发展

社会保障和商业保险共同构成了一国的保障体系，两者在一定程度上具有替代性，它们的地位和作用既有区别又互动互制，且随着社会政治、经济状况的变化有所不同。中国正处于经济转型时期，客观上要求有一个健康、和谐的社会环境。但中国的社会保障制度起步较晚，体系尚有待健全，要有效维护社会稳定、全面建设小康社会，就需要保险在社会保障体系中发挥重要的作用。

社会保障制度的改革打破了传统的福利保障制度，人们不得不考虑在衣食住行、生老病死方面的保险和风险保障，这在无形中提高了人们的保险意识和保险需求，为商业保险的发展提供了一个良好的社会基础和发展空间。

第三节　中国金融结构及金融环境变化对人身保险市场的影响及其对寿险的影响

一、中国金融结构的优化亟待人身保险市场的快速发展

（一）金融结构内涵及变动

1. 金融结构内涵

我们认为，金融结构实际上包含宏观和微观两个层面。在宏观层面上，金融结构可以概括为金融产业结构、金融机构结构、金融工具与金融资产结构、金融业务国际结构四个方面。在微观层面上，金融结构是从金融机构内部角度进行考察，分为金融机构的资产结构、业务结构以及不同业务领域收益在总收益中的比重三个方面。

2. 金融结构变动

从宏观层面看，金融结构处于不断高级化的动态发展进程中。首先，金融业由最初比较单一的银行信贷发展到现代的银行业、证券业、保险业、信托业四业并举阶段，是金融产业的升级与发展；其次金融机构结构不断丰富；再次，由于金融创新，金融

工具、金融产品日益增多，金融资产的存在形式日益多样化；最后，随着金融全球一体化的增强，国际业务成为重要的甚至是主导的业务。

在宏观金融结构不断发展与完善的同时，金融机构的资产、业务、收益结构等微观层面也发生着持续的变革；由于金融业的快速发展，微观金融结构始终处于持续复杂的变动之中。

（二）中国三大金融市场结构变化及其改革取向

1992～2003年，中国的银行、证券和保险三大市场结构发生了一定程度的变化：

（1）金融机构各项贷款融资占绝对地位；（2）股票市场融资前阶段总体呈增长态势，但增长速度过慢，特别是近几年存在着明显下降的趋势，表明该市场并没有得到顺利发展；企业债各年融资规模波动较大，很不稳定，表明该市场很不成熟；（3）保险市场近年来发展很快。

1996～2003年，年平均增长近30%。截至2004年8月，保险公司总资产已超过11 000亿元。社会保障基金超过了1 300亿元；企业年金作为补充保险，规模达500亿元左右。保险保障总资产共计已超过13 000亿元。

发展保险市场能改善金融结构，提高金融系统抗风险能力。从金融结构来看，发达的股票市场和健全的保险市场有利于降低整个金融系统的风险，提高系统稳定性。金融市场的风险主要是信用风险，但股票市场过小容易引发金融动荡并进一步引发整个经济的动荡；由于保险市场是股票市场的重要支撑，因而对股票市场具有稳定和协调功能。

银行机构的大量负债其实是具有保险保障性的。据保监会调查显示，中国银行储蓄存款近40%是具有储蓄动机的资金；但它们存放在银行部门其实又达不到存款目的。这表明中国居民保险意识淡薄、人身保险产品开发深度不够。

保险市场发展有助于提升经济运行质量。研究表明，金融结构的提升有助于高质量的经济增长。中国长期以来实行以银行信贷为主体的银行主导型金融结构，要解决这种单一金融结构办法之一就是超常规推进保险资金进入股市，特别是寿险资金超常规、大规模地参与资本市场建设，实现两者的互促发展。所谓超常规推进保险资金入市，一是在入市规模上要大力扩张，二是在入市方式上要多样化，三是要大力提高保险资产管理水平。

二、中国金融运行环境变化及其对人身保险市场的影响

"十一五"时期是中国推进金融体制改革、完善金融市场运行机制的重要时期，利率市场化改革是这一时期金融改革的主要内容。

（一）利率水平的高低影响寿险产品定价，影响保险市场需求

利率是资金的价格，费率是保险商品的价格。人寿保险费率依据预定死亡率、预定利息率、预定营业费用率三个要素确定，因而寿险经营从一开始就引入了利率因素，而且贯穿于寿险经营的全过程。长期性人寿保险具有保障和投资的双重功能，当利率发生波动时，会产生替代效应和价格效应：利率上升，寿险商品价格下降；利率降低，寿险商品的价格上升。由于寿险业仍处于初级发展阶段，广大居民的保险意识远没有

储蓄意识强烈，大多数据居民更多地是看重寿险保单的储蓄功能而非保障功能，他们在投保时往往将保单的预定利率与银行利率相比。因此利率对寿险产品的需求影响很大。

（二）通货膨胀率与寿险业务收入呈负相关关系

通货膨胀对寿险影响的价格效应、收入效应和替代效应三种效应都会抑制寿险需求，导致寿险保费收入增长速度放慢及退保数量增加，并影响人们对寿险业的信心。

中国在1993~1995年曾经历了两位数的通货膨胀，由于缺乏对通货膨胀的抵抗力，寿险产品被冷落，1994年寿险保费收入增长速度由1993年的124.09%下降到13.45%，成为20世纪90年代以来的最低点（见表2-3）。近几年，中国的通货膨胀率一直保持在较低的水平，这对增加寿险产品需求有一定的积极作用。

表2-3　1990年以来通货膨胀率与寿险保费增长情况对比一览表

年份	通货膨胀率	寿险保费收入增长	年份	通货膨胀率	寿险保费收入增长
1990	3.1%	11.0%	1997	2.8%	82.0%
1991	3.4%	29.0%	1998	0.8%	92.0%
1992	6.4%	49.0%	1999	1.4%	17.0%
1993	14.7%	9.0%	2000	0.4%	13.0%
1994	24.1%	67.0%	2001	0.7%	44.0%
1995	17.1%	13.0%	2002	-0.8%	60.0%
1996	8.3%	34.0%	2003	1.2%	32.0%

资料来源：中国人民银行、中国保监会1990~2004年统计公报。

（三）"十一五"时期中国利率和通货膨胀预测

改革开放以来，特别是1993年以来，随着经济市场化程度的逐步提高，GDP增长率、通货膨胀率、利率三者之间的关联度越来越高，利率逐步发挥了抑制通货膨胀或促进经济增长的作用，利率的杠杆效应正不断得到加强。

1. 预期通货膨胀状况

根据《中国人民银行法》规定，中央银行货币政策的首要目标是保持币值稳定和促进经济增长。2001~2020年，中国人民银行将坚持稳健的货币政策，这意味着中国人民银行将始终实行零通胀或低通胀政策。按国家规划的预期物价调控目标，2001~2010年，中国年通货膨胀率（社会商品零售价格上涨率）为1.5%~2.5%，考虑到经济周期的影响因素和这一时期中央银行货币政策效力的相对有限性，我们预计这一期间通货膨胀率在个别年份最高时可能达到5%~7%，10年平均水平可以控制在3%~4%。

2. 预期利率水平

国际经验及世界不少经济学家的研究结果表明，对正在实行市场经济的发展中国家来说，一个既能抑制通货膨胀又能促进经济增长的最佳一年期储蓄存款实际利率水平为0~2%。国际货币基金组织（IMF）经济专家MaxwellFry先生曾根据对21个实行新兴市场经济的国家和地区的GDP增长、通货膨胀与利率历史数据的分析和研究，建立了 GDP 增长与实际利率之间的关系模型，其表达式是：

DYY = 4.451 + 2.592SR

其中，DYY 为 GDP 增长率，SR 为实际储蓄利率。

运用该模型，假设未来 10 年内中国 GDP 年增长率为 6.5%，则实际年利率水平为 0.8%，按前述预测的年通胀率 3% ~ 4% 测算，预期名义利率年平均值将为 3.8% ~ 4.8%。

综合考虑，“十一五”时期，人民币利率将保持相对稳定，但结构性加息压力仍然存在。“加息”是否持续主要观察三个因素：物价（包括 CPI 和 PPI）、资金供求状况和本外币利差。

第四节　中国人身保险市场政策环境分析

经济增长是中国保险业快速发展的内生动力，而政策、法律环境则是影响保险市场发展和保险公司市场行为的外部约束条件和制度性因素。综观世界保险市场发达的国家，建立良好的法律体系必不可少。中国应当培育这样一种法律环境，使市场参与者遵守，保险市场的游戏规则特别是要增强市场的透明度。

一、人身保险市场法律环境有待进一步改善

（一）中国人身保险法律制度体系

保险法规体系包括三大支柱：其一，专业性保险法律制度；其二，相关法律法规；其三，国际性保险法规。这些规章制度要保证中国保险市场的平稳正常运行，还必须随着市场的发展不断被修订。

（二）法制化建设取得进展，中国保险市场的法律环境日趋完善

据不完全统计，加入世贸组织至今，中国先后发布近 20 个保险法规，涉及市场准入和经营管理标准，保险资金使用原则，各种保险产品的精算、销售和信息披露要求；还有一批保险法规正在制定和修订。

（三）保险市场法律体系的进一步完善

1. 完善立法

以《保险法》为基础，起草、制定和调整单行保险法律法规；特别要结合保险市场全球化、自由化和金融一体化、新技术革命，增加相关法律条款以规范新形势下的保险活动。

2. 增加透明度，培育保险法律服务业，建立多层次、全方位的保险法律监督机制

3. 建立执法与违法惩戒机制

市场经济体制的确立和完善，尤其是保险市场主体的多元化格局，为中国保险业法律制度的创新提供了契机，可以在制定相关制度时参考工业化国家的模式，但同时应结合中国的特殊情况，及时对相关制度加以调整。

二、人身保险市场税收政策的制约

中国保险税制是1983年国家实行利改税后逐步建立起来的，对保险业的特殊性考虑不够。根据现行税法，国家除对保险业征收营业税和企业所得税两种主体税种外，还征收城建税、印花税、房产税、土地占用税等小税种。

（一）对保险业征收营业税统一执行8%的税率

相对其他服务业来说，总体税负偏重，制约了保险业的长期发展。为此，国家从2001年起，每年下调1个百分点，分3年将保险业的营业税从8%降低至5%。

（二）中国未实行寿险公司和财险公司分险种纳税的税收制度

在具体计税时中国税法规定，应纳税所得额可以扣除赔款支出、经营费用、营业税金及附加等项目；允许列支的费用依据中国收入和费用配比的会计原则，但作为扣除项目的各种准备金缺乏合理的提取标准，无法像美国那样，可将公司合理预计的损失（或者或有损失）予以扣除。

我们认为，以保费收入作为营业税税基的做法值得商榷。因为保险业不同于其他行业，是聚集风险与分散风险的行业，保费收入中相当部分作为公司负债具有许多不确定因素；而中国又是一个多灾害国家，财险公司的赔付率较高。保险业营业税税基确定未考虑行业的特殊性。

（三）减轻农牧业生产的负担

对农业保险免征营业税和印花税，对具有社会保障功能的一年期以上的返还性人身保险业务减免所得税、营业税和印花税，对中国人民保险公司和中国进出口银行办理的出口信用保险业务免征营业税，这些税收优惠体现一定的政策性导向。

（四）外资保险公司在税率、税基、税种、退税和再投资免税上都能享受种种优惠

比如所得税税基，中资保险公司计税工资有最高限额的限制，职工福利费按计税工资的14%计算扣除，而外资保险公司的职工工资可据实从成本中列支；中资保险公司提取坏账准备金的比例为年末应收账款余额的0.3%～0.5%，呆账准备金为年初放款余额的1%，而外资保险公司则按年末放款余额或应收账款余额的3%提取坏账、呆账准备金。再从税种上看，中资保险公司要缴纳城市维护建设税，外资保险公司则免征城市维护建设税。这使本来就比较脆弱的民族保险业在竞争中更是处于劣势。

针对中国现行保险税收体制中存在的问题，改革势在必行：一是公平税负，统一中、外资保险公司所得税和其他税种；二是立法完善税种，通过税收调节；三是对购买商业保险产品的投保人给予税收减免，对一些投资、养老型保险产品实行递延税制度，鼓励更多的人购买商业保险。

第五节　保险全面对外开放及其对人身保险市场的影响

2004年12月11日加入世贸组织过渡期基本结束后，中国保险市场将全面开放，“十一五”期间中国保险市场将面临全新的格局，机遇与挑战并存。

一、机遇

加入世贸组织有利于中国保险业持续、健康、快速发展。

（一）带来新的管理经验和技术，加快与国际接轨的步伐，提高行业整体经营管理水平

（二）国外保险公司完善的内控制度、审慎的经营原则对中国的保险业起到示范作用

（三）通过平等竞争，促进中资保险公司产品创新和服务质量的改善

国际保险业的全球化、自由化、结构变革和创新，对中国保险业的发展也将带来积极影响，将促进中国保险业的国际化进程；在与外资保险公司的同台竞争中，中资保险公司将不断发挥比较优势和后发优势，缩短与保险业发达国家之间的差距。

二、挑战

外资保险公司的市场适应能力正在逐步增强，竞争优势日益显现，经营与发展潜力不容忽视。

（一）对保险监管部门的影响

中国保监会严格按照世贸组织原则和加入世贸组织承诺，完善有关法律法规制度，转变政府职能，加快保险业对外开放：一是促进保险监管透明度的提高。按照世贸组织透明度的要求，中国保监会提高了保险法规制定和监管过程的透明度，加强监管工作的程序化和规范化建设；二是完善保险法律法规制度以满足保险业快速发展和监管的需要，努力做到有法可依、执法必严、依法监管；三是加快保险业的国际化。加入世贸组织促进了中国保监会学习国际保险监管准则，借鉴国际保险监管的技术和经验，促进了监管国际化，提高了监管水平。加入世贸组织还促进了中国与国际保险业的交流与合作，提升了中国保险业的经营管理水平。

（二）对中资保险公司的影响

外资保险公司引入先进的保险专业技术和管理经验，促进了中资公司经营管理水平的提高；市场竞争使中资公司转变经营观念和经营机制，促进了中国保险业的良性发展。中资公司长期以来片面追求保费规模、跑马圈地的思想，受到外资公司效益优先的经营理念的冲击；外资公司通过市场竞争和规范经营，促进了中资公司效益观念、风险观念的增强，逐步树立可持续发展和不断提高综合竞争力的长期经营观念；在竞争中，中资保险公司开始学习和借鉴外资保险公司的集约型集中统一管理模式，更好地控制保险经营风险，实现公司的有效管理；中资公司改变了原来广设网点、人海战术的展业手段，逐渐重视通过改进信息技术和加强产品创新来提高经营管理水平，改善服务质量，并逐渐重视建立独特的企业文化。

在对中资保险公司的经营产生积极影响的同时，外资公司对中资公司确实产生了一定的冲击，失去了一部分市场份额和优秀人才；但中资公司绝对保费收入却实现了快速增长，保险市场的“蛋糕”越做越大，实现了“双赢”。

对外开放是中国的基本国策。实践证明，保险市场对外开放对提高中国保险业整

体水平，加快保险业发展起到了积极作用；因此，要继续推进保险业对外开放，充分利用国际国内两个市场、两种资源，提高保险业国际化水平。

“十一五”期间，中国保监会应认真对待如下工作：一是认真履行加入世贸组织的承诺。按照承诺的时间进度和开放范围，逐步取消外资保险公司经营地域的限制，允许外资保险公司向居民个人提供健康险、团体险和养老金（年金）服务；建议出台《〈外资保险公司管理条例〉实施细则》，规范外资保险公司的准入和经营行为，依法保障保险业对外开放政策的贯彻落实。二是更好地发挥外资保险公司的作用。重点引进在健康保险、农业保险和巨灾保险等方面有专长的外国保险机构，鼓励和支持外资保险公司到中国西部和东北老工业基地等地区开展保险业务，促进中国保险市场产品结构和区域结构的调整。三是支持“走出去”战略。允许具备条件的中资保险公司到国际资本市场融资，通过资本运作等多种方式，主动参与国际竞争；在支持保险公司到境外开展业务的同时，做好对境外中资保险机构的监管与服务工作。

中国保险监督管理委员会应致力于保险业发展与市场开放的研究，把完善保险法律法规制度、积极培育保险市场以及加强市场整顿和风险防范作为工作的重点，为中外保险公司的公平竞争创造一个良好的法制和监管环境，最终建立一个经营主体多元化、运行机制市场化、经营方式集约化、政府监管法制化、从业人员专业化的开放的保险市场。

“十一五”期间中国经济社会将持续稳定发展、居民收入水平大幅提高和消费结构升级正在形成，它将为中国人身保险市场的发展奠定坚实的经济基础；但中国经济运行仍将存在两个突出的特征：一是区域经济发展不平衡，二是城乡差距不断扩大；这种二元经济结构一方面使人身保险市场出现新的机遇，保险市场产品创新和区域结构调整动力加大；另一方面，人身保险市场还将面临产品差别化和区域布局的压力。随着人口结构的老龄化趋势明显，社会保障制度改革将进一步深化，这一方面将给人身保险市场以拓展空间；另一方面，短时期内将存在商业保险与社会保障发展的冲突。中国金融资源配置和结构还不够合理，但宏观金融环境基本稳定，利率保持相对稳定的同时结构性加息压力还将存在；利率市场化进程加快，汇率水平短期将保持稳定，但汇率形成机制将出现变革，金融环境对于人身保险市场发展仍将十分有利。由于存在金融行业竞争问题、保险风险防范问题、保险税收政策调整问题，人身保险应该确立自身的市场地位，把握人身保险的行业特点，发挥人身保险的核心竞争力；保险市场国际化已成现实，人身保险市场的国际竞争将加剧，中国人身保险市场面临人才、技术和市场份额的竞争，但发展机遇大于挑战。

第三章 “十一五”期间中国人身保险市场供需分析

第一节 “十一五”期间中国人身保险市场总体趋势

随着连续多年的高速增长、两大人身险公司海外上市并向利润主体转变、重构营销渠道以及替代品的激烈竞争、保险监管向偿付能力监管的转变，2004年人身保险市场进入调整期。

伴随着2004年、2005年的调整，“十一五”期间中国人身保险市场将进入新的发展时期，市场将出现向买方市场转化、区域梯度发展、走创新之路、结构转型与优化、稳健增长（按照16%左右的速度）的总体趋势。

一、向买方市场转化

在买方市场中，消费者有充分的选择权，资源能够按照消费者偏好得到有效配置，企业之间为争夺市场份额必然展开充分竞争，产品不断创新。目前的市场仍然不能被称为买方市场，因为产品仍不能充分满足消费者的需求服务水平也较低，消费者对保险公司的信任度不够。人身保险市场的基本矛盾仍然是保险供给尚不能满足消费者日益增长的多样化需求。

（一）供给者大量增加市场向买方市场转化

随着人身保险市场对外资公司全面开放业务和经营区域，市场供给主体数量和产品的相互替代在“十一五”期间都将实现竞争。2003年年末，全国寿险公司31家，2004年新批30余家，算上2005年新批公司，“十一五”期间，全国寿险公司将达上百家，再加上银行、保险、证券、基金等金融机构目标客户相互交叉，“十一五”期间中国人身保险市场的竞争将十分剧烈，以需求为导向下顾客将得到量体裁衣的风险理财服务。向买方市场转化有两个标志：消费者对透明性、保单主导性的要求将得到部分满足。

（二）从产品导向的经营理念向顾客导向的经营理念转型需要较长时期

买方市场的形成仍有待“十一五”之后，因为市场退出机制、尤其是国资公司退出机制的建立需要不断探索；消费者充分信息的获得有待于直销渠道、中介渠道和评级机构的长期建设；降低单个供给者的外部性影响，进而减少“多米诺骨牌效应”，有待于偿付能力监管体系和保险保障基金的逐步完善；减少欺诈，提升消费者对保险服务的信心，从而降低市场交易费用，有待于法制建设以及市场诚信体系建设。

总之，“十一五”期间供给者需要更加贴近消费者，增强保险服务对消费者的亲和力；需要加强相关制度建设，以减少信息不对称及外部性影响，并降低市场交易费用。

二、区域发展的梯度扩散效应进一步显现

中国人身保险发展的“增长极”是上海、北京、广东、江苏等发达城市或省份。上述增长极具备三个优势条件：一是有足够创新能力的企业和企业家群体；二是有一定的规模经济效益；三是有利的经济发展环境。2004 年以前，人身保险业的快速发展得益于这个“增长极”的极化效应。

2004 年人身保险市场发展最快的是内蒙古等中西部省份，这表明随着中西部环境的改善和部分人群进入中产阶层以及中外资公司加大开发力度，人身保险市场发展正逐步有次序地由高梯度地区向低梯度地区多层次转移和推进。

“十一五”期间，随着中西部省份制度环境与开放环境的持续改善、中产阶层的持续扩大以及中外资公司寻求二三线城市及县域农村细分市场，区域发展的梯度扩散效应将更加明显，这将有利于促进中西部省份人身保险市场持续增长。

三、保险创新决定企业竞争优势和生存

20 世纪 90 年代以来，中国人身保险业就开始了不断的创新。友邦带来了代理人体制创新，然后是以万能寿险和变额寿险为代表的产品创新以及银行保险销售创新，三次大创新为人身保险业打开巨大的发展空间。为适应越来越激烈的市场竞争环境和日新月异的人身风险管理新需求，“十一五”期间，中国人身保险业将不断地在经营理念、保险产品、组织形式、管理技术、客户服务、营销方式等方面进行全面的创新，人身保险业在整个社会经济发展的大格局中将继续发挥应有的作用。

四、结构转型与优化

“十一五”期间，随着向买方市场转化，人身险市场结构将转型并出现局部优化，包括消费结构转型、供给主体结构优化、产品结构优化、保费结构优化、组织结构优化。

（一）消费结构转型

家庭对人身保险保障范围的需求重点将从“死亡保障”向“养老及医疗保障”转型；企业对人身保险保障范围的需求重点将从团体补充养老保险向企业年金转型。

从“十一五”起始，受人口老龄化和社会保障制度加快改革步伐的影响，中国养老保险将开始一个几十年的大规模发展时期。

（二）供给主体结构优化

由于市场准入限制完全放开，市场集中度将明显下降，由寡头垄断市场向垄断竞争市场转化。

随着对外开放力度的加大，外资保险公司的数量不断增加，保险产品供给主体明显增加。2001 年，产、寿险市场前三大保险公司的市场份额分别从 96.1 %、95.3 %下降到 2003 年的 91.7 %、86.6 %，市场集中度各分别下降了 4.6%和 9.1%，相对于产险市场而言，外资主体进入较多的寿险市场的集中度下降幅度更大。

（三）产品结构优化

产品服务追求差异化和市场细分，更加贴近消费者需要，产品透明性增强，对消费者的亲和力有所增强。国家政策的调控和支持、奥运会申办成功、社会分工的多元化及相关法律法规的健全、人口结构变化导致的家庭结构变化、农村市场的开拓等，都对现有寿险产品结构提出较大的调整要求各保险主体着眼未来市场需求，积极推行保险产品结构优化。

（四）保费结构优化

期缴型产品将占据优势，5年期以上产品的市场份额明显增加。

（五）组织结构优化

人身险公司的治理结构进一步优化、人身险控股集团的法律制度安排缺位问题得到解决。

保险公司上市也将进一步完善公司治理机制，建立真正意义上的股东大会、监事会、董事会，建立规范的委托代理关系，并改善董事会的组成结构和功能。比如，包括中国在内的很多国家的证券监管部门都要求上市公司董事会中设立独立董事，由于独立董事在利益上与管理层的牵连比内部董事要小得多，更能代表股东的利益来监督管理层的经营活动。

五、保费收入稳健增长：增长速度16％左右

多项实证分析都表明中国人身险保费规模与人均GDP、人口结构并无显著相关关系。这一方面是由于人身险保费收入占国民收入的比例太小；另一方面是由于中国保险市场处于急剧的制度变迁时期，难以用模型对保费规模进行直接估算。

但是，国内最新研究成果表明，可以对人身险发展速度进行直接估算，并进而间接估算人身险保费规模。结合国内最新研究成果，我们可以用人身险市场饱和度、人均GDP超1 000美元对人身保险需求的积极影响、人口老龄化与社会保障程度、城市化、行业供给能力变化、寿险价格变化对人身险发展速度进行因素分析，并结合2004年业务结构大调整，预测“十一五”期间人身险发展速度。

（一）因素分析

1. 中国人身险市场远未饱和，巨大的潜在需求有待释放

虽然经过多年发展，但2004年中国人身险市场的保险密度仅为332.2元，保险深度仅为3.16%，两项指标在世界保险市场均处于下游，更远低于工业化国家人身险平均保险密度1 569美元，平均保险深度5.2%的水平（见表3－1）。2004年，即使国内寿险市场相对发达的北京市，人均有效寿险保单还不到一张，而经济发达的国家如日本，人均保单达到5张以上。由于一系列因素导致了市场有效性不足，买方市场尚未形成，消费者对人身险产品的认可度较低，巨大的潜在需求仍有待释放。

2. 人均GDP超1 000美元对人身保险需求产生积极影响

中国人均GDP 2003年达到1 000美元。“十一五”时期是全面建设小康社会承前启后的关键时期，到2010年，中国人均GDP很可能突破1 600美元，发达地区人均GDP会突破5 000美元。国际经验表明，在人均GDP从1 000～3 000美元的特定时期，人们

的消费需求特征与马斯洛需求层次理论相符合，将超越基本生活需求，向住房、汽车等长期消费品转移，部分消费者会负债消费；这种家庭资产负债结构的变化，使得家庭受人身风险的影响越来越大，人身保险在家庭生命周期规划中的作用也将日益突出。

表 3-1　2003 年相关国家人身险市场保险密度与保险深度

国别	保险密度（美元）	保险深度（%）
中国	36.1	3.3
台湾地区	1 050.1	8.28
香港特别行政区	1 483.9	6.38
韩国	873.6	6.77
日本	3 002.9	8.61
美国	1 667.5	4.38
英国	2 617.1	8.62
德国	930.4	3.17
法国	1 767.9	5.99
瑞士	3 431.8	7.72

资料来源：2003 年 Swiss Re Sigma Report.

3. 中国已经进入人口老龄化社会

第五次人口普查结果显示，2000 年，中国 65 岁及以上人口占全国人口的 6.96%，说明中国已开始步入老龄化社会；到 2010 年这一比重将上升到 7.96%。人口老龄化会逐步改变人们消费及储蓄结构，提升人们养老的危机意识；老年人群体是一个各种慢性病高发的群体，这不仅对医疗保险提出了更高的要求，而且由于家庭保障功能的日趋弱化，老年人护理问题也日益突出，老年照料护理类的险种将拥有广阔市场。

“十一五”期间，一系列针对企业年金的税惠措施预计将出台，这将极大促进企业年金的发展，保守估计规模每年也在 1 000 亿元，养老金公司必将在企业年金的发展中发挥巨大作用。

老龄化问题比较严重的发达市场国家，对人身保险的需求正在从死亡保障型产品向养老储蓄型产品转化；这是因为消费者需要老年后仍保持较高生活质量，故人身险产品服务的重点相应也从“死亡”转移到“生存”。

中国一方面死亡保障型产品远未饱和，仍有很大潜力；另一方面养老储蓄型产品刚刚起步，因此发展空间巨大。

4. 城市化

“十一五”期间每年有不低于 1 500 万的新增城镇人口，他们没有土地保障，社会保障程度较低或没有，因此新增城镇人口尤其是失地农民急需养老保险、医疗保险和意外伤害保险，以便满足保障、储蓄或投资等需求。

5. 农村人身险市场有很大的开发潜力

目前，中国人身保险服务主要集中在大中城市，适合农民的人身保险产品很少，农村人身保险市场还处于“拓荒”阶段。由于中国绝大部分人口是农民，农村必然是未来人身保险市场竞争的主战场之一。有关统计显示，2004 年中国人寿县域保险取得了长足发展，有110个县支公司的保费收入超过亿元，县域业务实现保费804亿元。随着适合农村市场新产品的不断涌现，潜在需求将会转化为现实需求。

6. 区域发展的梯度扩散效应有利于促进人身保险市场持续增长（详见总体趋势部分的论述）

7. 行业供给能力显著增强

其原因分析详见以下第二节。鉴于人身险需求被动性消费的特点，行业供给能力的显著增强将明显刺激市场需求，提升市场发展速度。

8. 寿险价格变化

竞争激烈和管理水平提高将使得寿险价格（费率）进一步降低，这无疑将扩大市场需求。

近年来，美国费率计算所制定的参照性费率重要性日趋降低，取而代之的是各保险公司可以根据市场状况独立厘定费率。从20世纪60年代的比率法到80年代对比率法的进一步改进，西方国家运用定量分析方法逐渐引入了偿付能力监管体系，通过对资本金的要求和各种财务比率来确保保险公司的偿付能力。因而对保险费率进行政府管制的理论依据变得难以成立，保险费率市场化已势不可挡。因此，“十一五”期间费率市场化改革将是主基调，寿险价格下降不可避免。

（二）估算人身险保费收入增长率

2004年，人身险行业各主要市场主体主动收缩短期趸缴业务，开始进行向中长期、期缴业务发展的结构调整，并实现7.2%的人身险保费收入增长率，为“十一五”期间的平稳发展奠定了基础。

“十一五”期间中国GDP年增长率预计将在8%以上，考虑到中国人身险市场远未饱和，再考虑到中国人均GDP达到1 000美元后对人身保险需求的积极影响和期缴业务平稳增长的特点，“十一五”期间中国人身险保费收入增长率仍将高于8%的GDP年增长率。

“十一五”期间人身险行业多项基础制度建设的到位将带来行业营销能力和创新能力的提升，行业外部环境变化将提供多种机遇，大量老牌外资寿险公司进入将激发市场活力，上述多种积极因素在“十一五”期间同时发挥作用，将扭转2004年缓步前行格局，人身险保费收入将按照16%左右的速度适度增长（即使不考虑其他增长点，我们保守估计城市化因素、县域保险市场发展因素会为行业带来每年8个百分点的增幅）。

第二节　“十一五”期间中国人身保险市场供给能力变化分析

根据企业经济学，可以把保险市场供给能力划分为承保能力、渠道服务能力、营销能力和创新能力。

“十一五”期间，中国保险业增强供给能力将面临一系列机遇和挑战，总的来说，机遇远大于挑战。

一、供给方面面临的机遇

“十一五”期间促进中国保险市场供给能力增强的因素主要有：日益完善的资本市场，寿险营销渠道的专业化与职业化建设基本到位，人才“瓶颈”取得突破；行业创新能力提高；外资寿险公司良性竞争将激发市场活力；卫生医疗体制改革力度推动健康险供给能力提高；银行保险公司将释放银行保险的巨大潜力；资本市场变革与保险资金运用模式创新，有助于人身险业在资产管理领域形成核心竞争力。

（一）资本市场的支持

随着两家中国人身险公司在海外上市，“十一五”期间将有一批人身险公司在海内外上市融资，或者发行次级债或可转债。中国人身险公司的融资渠道呈现多样化，这有利于充分利用资本市场筹集资金，以提高承保能力与偿付能力。而且国内非上市保险公司多为中型企业，这些规模适中、具有强大增长潜力的企业正是国外投资者，特别是香港地区投资者追捧的对象，这也为中资保险公司海外上市提供了良好的条件。

（二）外资地域限制将会全面取消

“十一五”期间，外资寿险公司将大力开拓中国市场，尤其是二三线城市市场，良性竞争将激发市场活力。

（三）卫生医疗体制改革

卫生医疗体制改革，尤其是医院产权制度改革步伐加快，允许卫生医疗体制以外资金进入，将使得医院和保险公司可能寻找到一个“双赢”之路，从制度上减少健康险业务的道德风险及其他风险，促进健康险的蓬勃发展，释放对上万亿元规模健康险的潜在需求（国务院发展研究中心最近公布的全国50个城市保险需求调查结果显示，49.9%的城市居民考虑在未来3年里购买商业保险，其中预期购买健康保险的比例高达76%。医疗健康险成为老百姓最需要的保险种类）。

（四）金融改革

“十一五”期间在混业经营的背景下，银行保险公司可能推出，银行保险公司这一制度创新有望解决银行代理中利益分配与专业水准的提升问题，使得银行代理迈上可持续发展的轨道，人身保险的渗透力和扩张力将大大增强；这将从体制上释放银行保险的巨大潜力，从渠道上进一步增强保险公司的营销能力。

（五）保险资金运用取得新突破

“十一五”期间，通过借鉴国际上机构投资者在基础设施投资、实业投资的投资经验，寿险基金能够找到符合国情的保险资金有效运用机制，有助于寿险业在资产管理领域形成核心竞争力，促进寿险业投连险和企业年金业务的发展，并增强寿险公司经营的稳定性，提升消费者对寿险的信任。

（六）人身险行业创新能力的加强

创新将促使行业发展。20世纪90年代以来中国寿险业走的是创新发展之路：随着市场主体日益增加，竞争日益激烈，到2003年年末，全国寿险公司已达到31家，其中，中资9家，中外合资17家，外资分公司5家；2004年年底加入世贸组织承诺的兑现以及中国金融业混合发展局面形成，“十一五”期间人身险公司将超过百家，人身险市场的竞争更加激烈。

经济学理论表明，在充分市场竞争条件下，创新必然是众多公司生存发展之道。“十一五”期间，市场必然出现重大创新，每一次大创新，都必将促使行业大发展。

（七）寿险营销渠道的专业化与职业化

“十一五”期间中国人身险营销渠道的首要任务是满足消费者人身保险和持久消费理财规划的需求。这就要求营销队伍有较高的专业水准，能综合运用风险管理、证券和房地产投资以及税收和金融等各方面专业的理财知识，树立以客户利益为导向、持续不断地为客户提供优质服务的意识。

目前的营销渠道及人员还不能满足上述要求，但是出现了一些好的苗头。例如，2004年某些外资公司已经成功引进国外流行的专业化代理营销体制和电话营销方式，建立起专业、高效的营销团队；有的公司在公司营销体系中引进专业双轨制，并通过加大营销渠道管理、培训力度、确保专业化代理人的收入较丰厚，更好地为消费者服务。

另外，人身保险从业人员资格考试制度将在“十一五”期间发挥作用，从业人员职业生涯教育以及资格管理纳入了制度化轨道；随着寿险规划师考试的推出，中国将培养一批具有国际水准的注册寿险理财师；营销渠道的专业水准会大幅提升，寿险营销渠道将能够突破目前的人才“瓶颈”，为消费者进行恰当的寿险金融规划，并增强公众对寿险的信任感。

（八）中介人体制创新

随着保险代理公司和经纪公司更加专业化、规范化、客户和保险公司间的信任将增强，这有利于行业供给能力的扩大。

二、供给方面面临的挑战

“十一五”期间保险供给能力面临的挑战有：年金资产管理业务尚未形成核心能力；商业健康险“叫好不叫座”；保险投资的有效运作机制尚未形成；提升人身险营销人员风险金融规划能力；银行保险的产权安排；防范恶性竞争等。

（一）企业年金市场的核心竞争力

保险业在企业年金资产管理业务上尚未形成竞争优势。为了在外资到来前抢占市场份额，中资保险公司提前打起了价格战；随着市场的进一步开放和保险主体的增多，企业讨价还价能力将进一步提高，价格下调压力会进一步加剧。如何在扩大市场份额的同时保持盈利，将是对中资保险公司极大的考验。

另外，随着各项政策法规的制定与落实，企业年金市场将会涌现更多的竞争主体，如基金管理公司、证券公司、信托投资公司、商业银行等，它们的出现将进一步促进年金市场的竞争。潜在竞争者的挑战也不容忽视。

（二）县域保险市场的发展需要保障体系、金融体系的配套制度建设

目前，农村社会保障事业发展中的关键问题是责任归属不清。“尽管现行的社会保障制度在形式上已经具备了政府、企业、社会、个人责任共担的轮廓，但这个轮廓太不清晰、太不具体，从而损害了各主体方的积极性”。具体到当今的农村，社会保障主

体各方的责任尤其模糊，国家是农村社会保障制度建设的主导，集体仍然是农村社会保障建设的主干，这种制度基础对发展县域保险市场是严峻的挑战。

（三）商业健康险目前是“叫好不叫座”

如何突破医疗卫生体制的障碍，寻求医院和保险公司的“双赢”之道。中国目前虽然对商业健康险给予了一定的税收优惠政策，但范围不广，力度不够，对商业健康险尚需形成“一揽子”多层次的税收优惠政策体系，这是商业健康保险面临的体制挑战。

（四）如何形成保险投资的有效运作机制

保险资金投资管理体制的专业化、规范化和市场化程度有待提高；保险资金尝试基础设施投资、实业投资、机构投资者关系投资等方式，面临一系列制度障碍。

修改后的《保险法》虽然给以后的资金运用留出了一定空间，但规定得过于简单，缺乏可操作性，同时也过于严格，不利于目前保险投资的发展，并且总体上缺乏前瞻性。

（五）如何提升人身险营销人员全面金融规划的能力

寿险产品从设计、投保、核保、理赔都具有很强的专业性和技巧性，使得寿险营销的培训工作极为关键。但保险公司的培训效果并不理想。这一方面是由于业务员的素质良莠不齐，培训无法做到因材施教；另一方面是由于培训的讲师多为业绩较好的业务员，其理论功底其实不强，并不能胜任优秀培训工作者的工作。

另外，保险公司激励机制的不科学、公民保险知识的贫乏、保险意识的淡薄、保户对保险的误解和非议也是寿险营销中存在的问题。

（六）银行保险的产权制度安排

在中国银行保险业务高增长的背后存在较多的问题：银行保险合作双方对银行保险的意义认识不够；银行保险产品不够丰富；银行保险的技术“瓶颈”未得到有效突破。

银行保险作为一种制度安排，如何寻求“双赢”之道、促进银行保险发展，也是保险业面临重要挑战之一。

（七）费率自由化

费率放开以后，保险公司必须加强偿付能力建设，加强行业标准化建设，上述制度建设需要艰苦的探索。

承保业务和投资业务是现代保险业生存和发展的两个重要支柱。近年来，由于竞争日趋激烈，世界保险业承保业务利润普遍下降，甚至出现了亏损的趋势，但其经营依然相当稳定，其原因就是较高的投资盈余弥补了承保亏损，提高了公司的竞争实力。在中国目前的资本市场环境下，如何提高投资收益率、加强偿付能力建设将是摆在广大寿险经营者面前的主要问题之一。

第三节 “十一五”期间中国人身保险市场需求变化特点

“十一五”期间，消费者对人身险保单功能以及保障范围的需求都会发生一系列变化，消费者对保单功能的需求将呈现多层次、多元化、个性化、灵活度等特点；家庭、企业、政府对人身保险保障范围的需要也各有特色。

一、“十一五”期间消费者对保单功能的需求变化特点

“十一五”期间，消费者对保单功能的需求将是多层次、多元化和高灵活度的，保险公司、监管者必须针对这种需求特点进行战略调整。

（一）对保单功能需求的多层次性

中国经济今后相当长一段时期仍将面临区域发展不平衡、居民收入差距偏大和城乡二元结构的问题，消费者对保单功能的需求呈现多层次特点。

1. 区域发展不平衡对消费者需求多层次性的影响

由于人的预期寿命越长对养老金的需求越旺盛，教育程度越高越容易接受人身保险，基本购买力越强对人身保险的需求越旺盛，在人类发展指数较高的地区人身保险消费水平必然较高，因此中国东部地区的发展指数将远远领先于西部。全国人身保险消费水平按照发展指数必然呈现梯度结构。

2. 居民收入差距偏大对消费者需求多层次性的影响

中国在总体人类发展方面取得显著进步的同时，以基尼系数衡量，贫富差距也在扩大；清华大学人文社会科学院 2004 年全国基尼系数统计结果为超过 0.5。国际经验表明，当基尼系数超过 0.4 时，国家越过了贫富差距警戒线。

据统计预测，目前中国中产阶层人口已有 1 亿，未来五年内将达两亿（中国国家信息中心，2001）。贫困阶层、中产阶层与富裕阶层对人身保险的需求存在较大差异，市场必然是分层的。贫困阶层需要价格低廉的保障型产品；中产阶级对保障型、储蓄型、投资型产品的需求较均衡；富裕阶层在拥有一定的保障型和储蓄型产品的基础上，对投资型产品的需求较旺盛。

3. 城乡二元结构对消费者需求多层次性的影响

1989～2003 年，中国城乡差距进一步扩大，城镇人均可支配收入与农村人均纯收入的差距由原来的两倍差距扩大到四倍（见图 3－1 示）。城乡差距的不断扩大，把寿险市场客观上分为两个不同发展水平的市场——城市市场和农村市场。

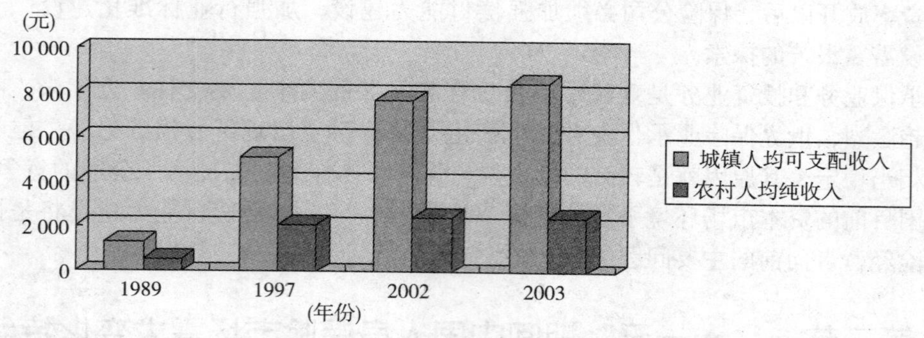

图 3－1　中国城乡居民可支配收入情况

资料来源：《中国统计年鉴 2004》。

农村对人寿、养老及健康保险的需求有自己的特点，多功能的养老金账户，尤其是能够对农民的生产生活急需提供灵活贷款支持的养老金账户，深受农民欢迎，这是由于农村缺乏正式的信用安排支持。

（二）“十一五”期间消费者需求的多样化

1978年开始的市场化导向的经济改革，使得人们摆脱了对单位、国家的依附，同时也承担了包括人身风险在内的各种风险；哪里有风险，哪里就有市场，这正是人身险业快速发展的原因。家庭管理生老病死风险的需求与生命周期规划的需求、家庭资产负债管理的需求紧密联系在一起，决定了对人身险产品的需求是多样化的，包括保障需求、流动性需求、投资性需求、长期规划需求等。能够同时满足消费者多样化需求的人身保险产品将减少客户的交易费用和时间成本，在竞争中取得优势，这符合范围经济和规模经济的原理。

（三）“十一五”期间消费者需求的个性化

每个家庭或个人对生老病死风险的效用感受不同，其资产负债状况及获取收入的能力也不同，其生命周期的发展状况及发展规划也有差异，从而决定了消费者需求的个性化。消费者需求个性化将使得市场进一步细分，也使得中小型公司能够在细分的市场谋取生存之地；消费者需求的个性化也给渠道的专业化提出较高要求，寿险规划师将获得市场青睐。

（四）消费者要求保单更具灵活性

传统寿险保单保费支付僵化，保险金额固定，不能灵活满足消费者需要。随着市场竞争更有效地发挥作用，寿险公司应在灵活满足消费者需求方面做文章。

灵活性需求是指在经济环境及消费者生命周期状况动态变化的条件下，消费者的理财需求的动态变化；消费者要求保单保费可以灵活支付，保险金额也可以灵活调整，投资账户灵活转换，一张保单可以灵活适应消费者未来多样化且不确定的理财需求。

二、对保障范围的需求变化特点

（一）家庭对人身保险保障范围的需求变化特点

“十一五”期间，中国将面临日益严重的人口老龄化问题；依据国际经验，家庭对人身保险保障范围的需求重点将从“死亡保障”转移到“养老及医疗保障”。

目前，以养老、教育、预防疾病和意外事故为动机的银行储蓄存款接近4万亿元；但是多项城镇居民保险需求调查表明，居民的金融意识在转变，人们已经逐渐体会到，“存钱”不仅不能防老，而且也不够治病，更不够防范死亡风险，供养妻儿老小，人们对养老险、健康险的需求尤为旺盛；家庭结构的小型化也使得老年人护理保险市场广阔。所以，“十一五”期间，家庭对人身保险的潜在需求量十分巨大。潜在需求转化为现实需求有赖于现代保险意识的普及以及一系列保险创新及配套政策的到位。

（二）企业对人身保险保障范围的需求变化特点

此前典型的“企业办社会”、大而全小而全的企业显然无法适应社会主义市场经济的需要，必须采取适当措施剥离企业承担的社会功能，从而使得企业轻装前进，进行专业化经营。剥离出的养老金、医疗险以及员工福利计划的需求都可以通过商业保险公司提供的产品得到满足。

中国的民营企业正面临提升国际竞争力和长期持续经营等一系列难题。人身保险特别是年金与其他长期性安排一起，会增强员工、经理层、股东三方的信任度，从而提高对员工的凝聚力，增强企业长期竞争力。根据世界银行等多家机构预测，“十一五”期间企业年金市场规模保守估计每年不低于1 000亿元。

关键雇员保险、合伙人保险等也能帮助企业维持财务稳定和经营稳定，增强企业可持续发展能力，提升企业价值。依据发达市场经验，通过适当引导，民营企业对关键雇员保险、合伙人保险等险种的需求将得到释放。

（三）政府对人身保险保障范围需求变化特点

从中国建设社会保障体系的要求来看，国家已经决定改变此前承担的无限责任而改为有限责任，提供的基本养老和基本医疗都是低水平广覆盖的；为完善社会保障体系，政府需要商业保险公司有所作为，尤其是在企业年金、企业补充医疗保险、农村养老及健康保险、社保基金市场化管理等领域。

第四节　“十一五”期间人身险公司盈利模式变化分析

第一，走内涵式发展之路。“十一五”期间将有一批保险公司在海内外上市，投资者会对经营利润和内含价值指标提出严格要求，这决定了上市保险公司将走内涵式增长之路。

2004年，人身险行业内含价值报告制度正式启动，为全面科学地评价寿险公司经营成果构建了制度平台，有望促使行业盈利模式向长期化提升。这是因为，内含价值的计算不是依据资产规模，而是依据当期保险公司的净资产以及已生效保单未来利润的贴现值。内含价值作为保险公司统一的评价标准，其利润导向有助于引导行业走内涵式发展之路。

第二，盈利模式多元化。“十一五”期间人身保险公司将市场细分、风险的识别与定价、营销渠道、投资管理、经营规模等组合成多个盈利模式。多元化的盈利模式表现为：有的公司只经营投连险，有的公司只经营养老金，有的公司则把营销渠道外包，甚至有的公司把精算设计外包等。

第四章 “十一五”期间中国人身保险市场发展的总体思路、发展目标、重点领域及政策建议

第一节 “十一五”期间中国人身保险市场发展的指导思想

科学发展观是统领中国经济社会发展的长期指导思想，发展是行业的主旋律。同时，人身保险业的风险标的是人身风险，更要以人为本，发挥在生命周期规划中的优势，有效提升家庭消费倾向和生活水平，使之广泛服务于社会各阶层和人们生活的诸多方面。

因此，“十一五”期间中国人身保险市场发展的指导思想是：以科学发展观为指导，切实落实以人为本的理念，围绕着“管理人身风险、生命周期规划、提升生活品质”，创造性地扩大人身保险覆盖面，更好地服务于经济社会的和谐发展。

第二节 “十一五”期间中国人身保险市场发展的总体思路

“十一五”期间中国人身保险市场发展的总体思路是：坚持市场化取向，深化改革，完善保险经营和保险监管体制；建立统一开放、有序竞争的现代人身保险市场体系；大力进行产品创新和配套制度建设，走内涵式发展之路。

深化体制改革的目的是使消费者能够获得充分信息，减少单个市场参与者的外部性影响，降低市场交易费用，从而让市场机制发挥应有的作用，市场与政府各居其位。

第三节 “十一五”期间中国人身保险市场发展目标

第一，市场体系建设目标：形成买方市场，发挥市场对资源配置的基础性作用。“十一五”期间应加速培育保险主体，包括有步骤地增设保险公司和保险中介机构（包括保险经纪公司、保险代理公司、保险公估公司）。一是在保险公司中，不仅要发展民族保险业，而且要有步骤地发展外资保险公司，形成多主体的垄断竞争型保险市场；二是对现有国有保险公司进行改革，对有条件的国有保险公司进行股份制改造；三是应当适时发展相互保险公司、保险合作社，逐步形成以股份保险公司为主体，国有保险公司、相互保险公司和保险合作社相结合的多种保险组织形式；四是在保险市场模式选择上，应当采用垄断竞争型市场模式，促使买方市场的形成，充分发挥市场对资源配置的基础性作用。

第二，人身险公司治理目标：形成内部制衡有力、外部约束到位的公司治理结构。保险公司治理结构的制度建设，应该在《公司法》、《保险法》以及有关法律、法规、规章规定的框架内进行，不能与现行的法律、法规、规章的有关规定相抵触。考虑到中国已经加入世贸组织，有关的法律制度将与国际惯例接轨。中国保险公司治理结构的制度建设应随着有关法律、法规的变化而有所调整。

第三，保险监管体制建设目标：完成偿付能力监管体系建设，理顺监管政策传导机制。

第四节 “十一五”期间中国人身保险市场发展的重点领域与政策建议

第一，深化经营体制创新，探索适应不同区域、不同业务领域的企业组织形式。在医疗健康险领域，探索与医院进行合作的多种方式；在银行保险领域，与相关部门磋商，成立专业化的银行保险公司；在农村保险领域，探索新的组织形式。

第二，完善偿付能力监管体系，构建市场化监管平台。参照巴塞尔银行监管框架，考虑以风险资本（RBC）监管为第一支柱，以公司风险管理（ERM）体系监管为第二支柱，构建事前监管与事后监管的协调体系。

第三，建立健全人身保险公司现代企业制度，推动公司治理结构进一步完善。建立现代企业制度、完善公司治理结构是树立和落实科学发展观的必然要求。解决公司资本约束、提高公司偿付能力和健全公司治理结构是当务之急。虽然“十五”期间中国人身险公司现代企业制度建设（资本结构、治理结构）进一步完善，但是仍然没有做到内部制衡有力、外部约束到位，在公司股东、经理层、职工三方之间依然没有形成互信的氛围、不能形成创造长期价值的合力。“十一五”期间，要通过在公司治理结构中引入职工治理权、消费者治理权、机构投资者治理权，进一步探索符合中国国情的有效公司治理模式。要通过政府监管与职工监督相结合，加强对大股东和高层经理的监督。国有保险公司要进一步推行政企分开，探索市场化的经理人选聘制度，取消经理人的行政级别，推动定期及离任审计。

第四，加大产品创新力度，满足市场多元化、多层次保险需求。中国保险监督管理委员会主席吴定富指出，各保险公司要坚定信心、抢抓机遇，全面推进保险产品创新工作：一是把握难得历史机遇，坚定产品创新信心。当前，中国经济发展正处于一个重要关口，人们的消费需求开始升级，生活要求出现多样化，对养老保健、医疗卫生、文化教育、汽车、住宅等改善生活质量的需求明显提高，这为保险产品创新提供了广阔的空间；二是良好的市场环境为产品创新奠定了坚实基础，产品创新能力将成为保险企业能否在竞争中发展壮大的重要因素，产品创新在保险公司经营中的重要性日益突出；三是技术和经验的积累为产品创新提供了必要保障。

第五，完善保险价格形成机制，应对利率市场化发展趋势。理论上，保险费率的定价选择有两类：一是边际成本定价；二是平均成本定价。建立保险费率定价机制不仅仅要考虑保险经营过程中的实际赔付率和费用率，在金融市场、证券市场、保险市场开放的今天，我们更应考虑资金价格、投资价格、再保险价格、资产价格、劳动力价格、中介价格等，而这些要素在以往定价机制中并未得到考虑。在人寿保险的定价机制中，人寿保险公司应该特别关注资金价格和投资价格对投资型产品保险费率的直接影响；在保险公司股份制改造后，还应特别注意上市公司的资产价格和市值价格，不断完善保险价格形成机制，应对利率市场化发展趋势。

第六，积极推动农村保险市场发展。在农村养老保险领域，探索把农村商业养老保险账户转变为农民个人发展账户的可能性，使得农村商业养老保险不仅具备养老保障功能，还可以保单贷款为农民提供小本生意、住房及教育等方面的融资，更好地贴近农民需求，服务于农村和谐发展。

在农村合作医疗保险领域，推动“政府主办、保险公司运营”局面的形成，推广部分保险公司参与农村合作医疗保险市场化运作的经验。

在寿险与健康险领域，开发适合县域尤其是农村消费、保费低廉、保障适度的产品。

探索适合县域尤其是农村消费的相互制或合作制保险组织，鼓励根据县域市场的特点探索新的销售和服务方式。

与各级政府协调，完善促进县域保险市场尤其是农村保险市场发展的配套政策措施，争取税收、保障、其他金融部门的支持。

第七，推动职业教育及人才队伍建设。人才缺乏严重制约人身险行业进行结构调整，人才缺乏严重阻碍行业的长期可持续发展，人才缺乏也使得大量被动、潜在的需求无法转化为现实需求。

“十一五”期间，在大力推动人身险从业人员资格考试体系的基础上，进一步推动寿险规划师考试体系和品牌建设，将寿险规划师队伍建设成为与精算师队伍一样的精兵强将，考虑将中国寿险规划师与国外寿险规划师或金融规划师对接。

第八，资金运用要有新思路。从人身险原理和发达市场经验看，利用负债的长期性形成的投资优势构成了人身险公司的核心竞争力之一，但是在中国，由于资本市场发展的滞后，系统风险过高，人身险公司资金运用效率低下，严重阻碍了人身险市场的可持续发展。“十一五”期间要积极创新资金运用模式，比如探索机构投资者关系投资、基础设施项目投资的有效方式，寿险基金要作为积极的机构投资者参与到资本市场的建设当中，与相关各方共同努力降低市场系统风险。

第九，大力加强行业诚信建设。诚信是人身保险业的生命线。人身保险业诚信建设总体目标是建立健全由保险信用评价体系、公司治理体系、保险法律制度体系、保险从业人员教育体系、保险市场监督体系五部分组成的保险信用体系。

要搞好信用信息基础建设，构筑保险信用评价体系；完善公司治理结构，促进保险公司为追逐长远利益恪守信用，改变短期化思维；强化失信惩戒机制，发挥法律和市场对失信的双重处罚；培育保险业的诚信文化，把诚信变成从业人员一种自觉的行动；充分发挥政府、市场、行业协会、新闻舆论等各个方面的力量，形成全方位的诚信监督体系。

附表

附表1 城乡居民家庭人均收入及指数

年份	农村居民家庭人均纯收入		城镇居民人均可支配收入	
	绝对数（元）	指数（1978年=100）	绝对数（元）	指数（1978年=100）
1978	133.6	100	343.4	100
1990	686.3	311.2	1 510.2	198.1
1991	708.6	317.43	1 700.6	212.37
1992	784	336.15	2 026.6	232.91
1993	921.6	346.91	2 577.4	255.13
1994	1 221	364.36	3 496.2	276.83
1995	1 577.7	383.67	4 283	290.34
1996	1 926.1	418.2	4 838.9	301.56
1997	2 090.1	437.44	5 160.3	311.85
1998	2 162	456.21	5 425.1	329.94
1999	2 210.3	473.54	5 854	360.62
2000	2 253.4	483.48	6 280	383.69
2001	2 366.4	503.79	6 859.6	416.3
2002	2 475.6	528	7 702.8	472.1
2003	2 622	536.4	8 472	476.4
2004	2 936	—	9 422	—

资料来源：(1)《中国统计摘要2003》。

(2) 国务院新闻办2005年1月25日新闻发布会上国家统计局局长李德水讲话。

附表 2　城乡居民家庭人均消费支出情况

年份	农村居民家庭		城镇居民家庭	
	人均生活消费支出（元）	恩格尔系数（%）	人均生活消费支出（元）	恩格尔系数（%）
1978	116.06	67.7	311.16	57.5
1990	584.63	58.8	1 278.89	54.2
1991	619.79	57.6	1 453.81	53.8
1992	659.21	57.6	1 671.73	53
1993	769.65	58.1	2 110.81	50.3
1994	1 061.81	58.9	2 851.34	50
1995	1 310.36	58.6	3 537.57	50.1
1996	1 572.08	56.3	3 919.47	48.8
1997	1 617.15	55.1	4 185.64	46.6
1998	1 590.33	53.4	4 331.61	44.7
1999	1 577.42	52.6	4 615.91	42.1
2000	1 670.13	49.1	4 998	39.4
2001	1 741.09	47.7	5 309.01	38.2
2002	1 834.31	46.2	6 029.88	37.7
2003	—	45.6	—	37.1

资料来源：《中国统计摘要 2003》。

附表 3　中国人口基本情况

指标	单位	1982 年	1990 年	1995 年	2000 年	2001 年	2020 年	2003 年
总人口	万人	101 654	114 333	121 121	126 743	127 627	128 453	129 227
按性别分								
男性人口	万人	52 353	58 904	61 808	65 437	65 672	66 115	66 556
女性人口	万人	49 302	55 429	59 313	61 306	61 955	62 338	62 671
按城乡分								
城镇人口	万人	21 480	30 195	35 174	45 906	48 064	50 212	52 376
乡村人口	万人	80 174	84 138	85 947	80 837	79 563	78 241	76 851
人口比重								
男性人口	%	51. 5	51. 5	51	51. 6	51. 5	51. 5	51. 5
女性人口	%	48. 5	48. 5	49	48. 4	48. 5	48. 5	48. 5
城镇人口	%	21. 1	26. 4	29	36. 2	37. 7	39. 1	40　53
乡村人口	%	78. 9	73. 6	71	63. 8	62. 3	60. 9	59. 47
出生率	‰	22. 28	21. 06	17. 12	14. 03	13. 38	12. 86	12. 41
死亡率	‰	6. 6	6. 67	6. 57	6. 45	6. 43	6. 41	6. 4
自然增长率	‰	15. 68	14. 39	10. 55	7. 58	6. 95	6. 45	6. 01
各年龄段人口比重								
0～14 岁人口	%	33. 6	27. 7	26. 6	22. 9	22. 5	22. 4	22. 1
15～64 岁人口	%	61. 5	66. 7	67. 2	70. 1	70. 4	70. 3	70. 4

资料来源：《中国统计年鉴 2004》。

附表4　未来20年中国城市化规模与速度的预期时间表

单位:%，亿人

年份	总人口	城市化水平年提高0.5个百分点			城市化水平提高0.6个百分点			城市化水平年提高0.8个百分点		
		城市化水平	城镇人口	乡村人口	城市化水平	城镇人口	乡村人口	城市化水平	城镇人口	乡村人口
1999	12.59	30.9	3.9	8.69	30.9	3.9	8.69	30.9	3.9	8.69
2000	12.71	31.4	3.99	8.72	31.5	4	8.71	31.7	4.03	8.68
2001	12.82	31.9	4.09	8.73	32.1	4.11	8.7	32.5	4.17	8.65
2002	12.93	32.4	4.19	8.74	32.7	4.23	8.7	33.3	4.3	8.62
2003	13.03	32.9	4.29	8.75	33.3	4.34	8.69	34.1	4.44	8.59
2004	13.14	33.4	4.39	8.75	33.9	4.46	8.69	34.9	4.59	8.56
2005	13.25	33.9	4.49	8.76	34.5	4.57	8.68	35.7	4.73	8.52
2006	13.36	34.4	4.6	8.76	35.1	4.69	8.67	36.5	4.88	8.48
2007	13.47	34.9	4.7	8.77	35.7	4.81	8.66	37.3	5.02	8.44
2008	13.57	35.4	4.81	8.77	36.3	4.93	8.65	38.1	5.17	8.4
2009	13.68	35.9	4.91	8.77	36.9	5.05	8.63	38.9	5.32	8.36
2010	13.79	36.4	5.02	8.77	37.5	5.17	8.62	39.7	5.47	8.32
2011	13.89	36.9	5.13	8.77	38.1	5.29	8.6	40.5	5.63	8.27
2012	14	37.4	5.24	8.76	38.7	5.42	8.58	41.3	5.78	8.22
2013	14.1	37.9	5.34	8.76	39.3	5.54	8.56	42.1	5.94	8.17
2014	14.21	38.4	5.46	8.75	39.9	5.67	8.54	42.9	6.09	8.11
2015	14.31	38.9	5.57	8.74	40.5	5.8	8.51	43.7	6.25	8.06
2016	14.41	39.4	5.68	8.73	41.1	5.92	8.49	44.5	6.41	8
2017	14.52	39.9	5.79	8.73	41.7	6.05	8.46	45.3	6.58	7.94
2018	14.62	40.4	5.91	8.71	42.3	6.19	8.44	46.1	6.74	7.88
2019	14.73	40.9	6.02	8.7	42.9	6.32	8.41	46.9	6.91	7.82
2020	14.83	41.4	6.14	8.69	43.5	6.45	8.38	47.7	7.07	7.76

资料来源：《中国城市发展报告2003》，数据整理：国研网数据中心。

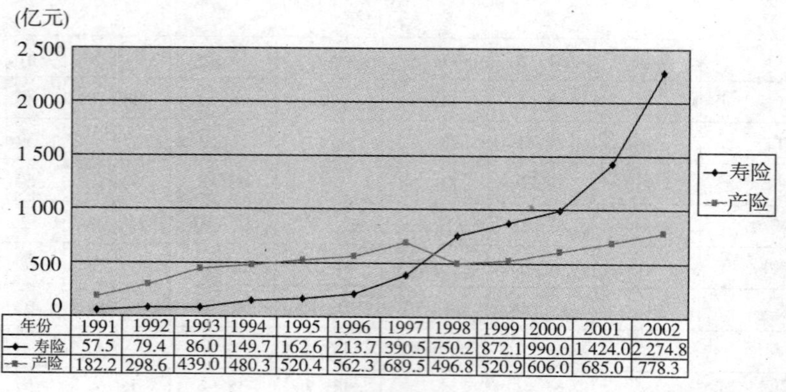

附图1　中国人身保险与财产保险市场比较

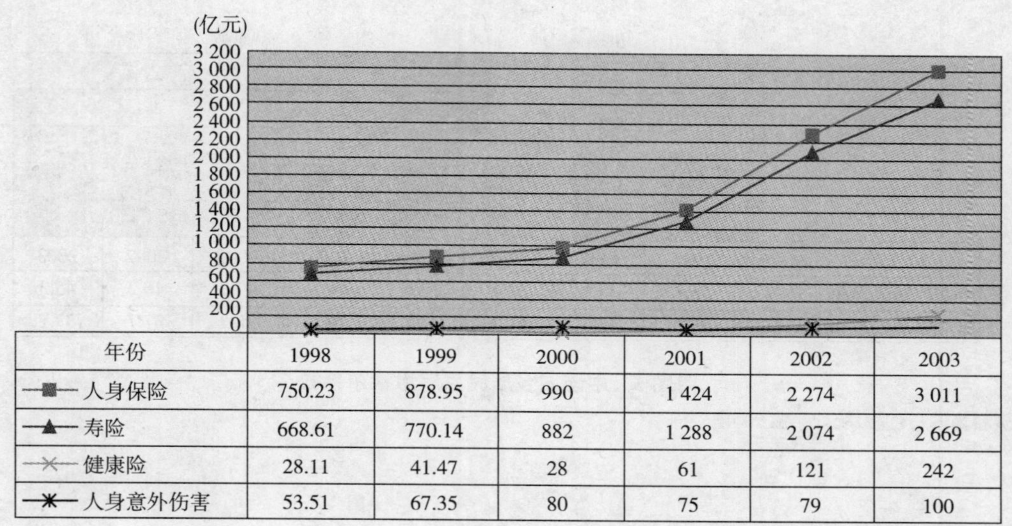

年份	1998	1999	2000	2001	2002	2003
人身保险	750.23	878.95	990	1 424	2 274	3 011
寿险	668.61	770.14	882	1 288	2 074	2 669
健康险	28.11	41.47	28	61	121	242
人身意外伤害	53.51	67.35	80	75	79	100

附图 2　1998 ~ 2003 年人身保险费收入及其结构

资料来源：《保险统计年鉴 2004》。

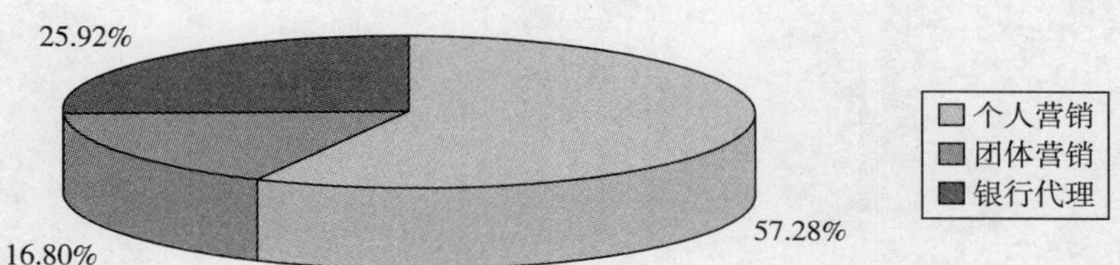

附图 3　2003 年人身险各类销售渠道占比情况

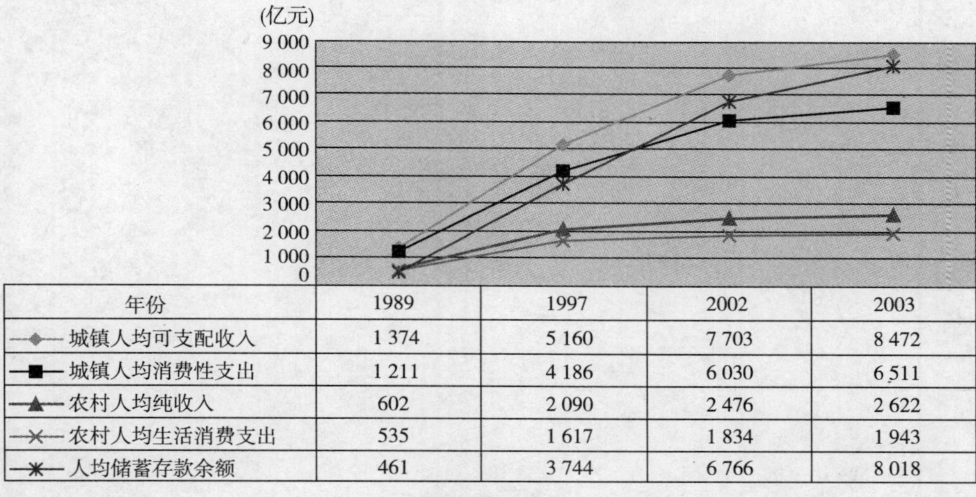

年份	1989	1997	2002	2003
城镇人均可支配收入	1 374	5 160	7 703	8 472
城镇人均消费性支出	1 211	4 186	6 030	6 511
农村人均纯收入	602	2 090	2 476	2 622
农村人均生活消费支出	535	1 617	1 834	1 943
人均储蓄存款余额	461	3 744	6 766	8 018

附图 4　1989 ~ 2003 年城乡居民收入支出情况

资料来源：《中国统计年鉴 2004》。

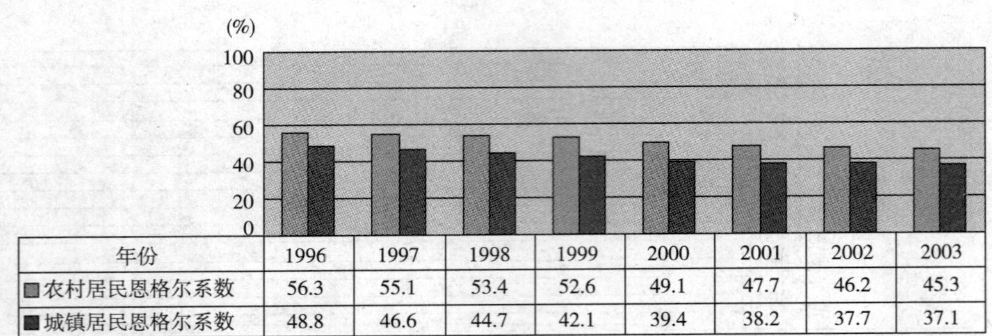

年份	1996	1997	1998	1999	2000	2001	2002	2003
农村居民恩格尔系数	56.3	55.1	53.4	52.6	49.1	47.7	46.2	45.3
城镇居民恩格尔系数	48.8	46.6	44.7	42.1	39.4	38.2	37.7	37.1

附图 5　中国城乡居民家庭恩格尔系数

资料来源：《保险统计年鉴 2004》。

保险中介市场发展研究

中南财经政法大学新华金融保险学院课题组

课题负责人：刘冬姣

课题组成员：袁 辉 姚壬元 王 柱 周红雨 朱英桃 邹东山 余 洋 余 辉 黄 鹏 杨 培

第一章　保险中介市场发展的理论阐释

理论思维是战略思维的前提和基础。理论思维要求我们在分析和解决保险中介市场问题时要上升到理论角度和高度，能够从理论的层面去认识问题，并把实践经验上升到理论的高度，从而获取对保险中介市场内在本质及其发展规律的认识。

第一节　产业经济学理论视角下的保险中介市场

产业经济学是揭示产业活动和产业发展规律性的一门学科。产业经济学理论经历几个阶段的发展和完善，现已形成了以“产业组织理论”、“产业联系理论”和“产业结构理论”为主体的理论体系。根据产业经济学理论，保险业作为介于微观企业与宏观经济单位（国民经济）之间的具有同一属性的企业的集合，其发展应遵循产业发展的规律，即保险产业的发展应在专业化分工与协作的基础上，建立完整的产业链和完善的市场体系，各链条和各个市场之间形成相互制约、相互依赖、相互促进的紧密关系。

一、保险中介是保险产业内部分工的产物

在保险业发展的历史进程中，保险公司一直作为保险产业的主体从事保险产品的开发、销售等一系列经营活动。保险产品的特点决定在其销售过程中需要大量的专门人员进行产品的说明与解释，保险公司既要面对不断增加的保险推销工作，又要处理大量的内部管理工作，完全依靠自己的力量既不经济，也不现实，于是出现专门代理保险公司进行展业宣传的保险代理人。保险代理人以专业、灵活、高效的营销手段宣传保险并收集保险信息，弥补了保险公司营业网点少、营销人员不足的缺陷，降低了保险经营的成本，拓展了保险人的业务空间，满足了保险公司在广度和深度上拓展业务的要求，保险公司可专注于保险产品的开发和业务管理，保险代理人则专注于保险产品的销售，两者分工合作，实现保险规模的扩大。

与此同时，作为保险商品的购买者——投保人，面对不断增加的保险公司和专业性强、品种繁多的保险产品，凭借有限的保险知识已难以做出合理的投保选择，于是出现了专门为投保人提供投保服务的中介人——保险经纪人。保险经纪人熟悉市场上各家保险公司的产品，了解承保原则及索赔程序，具备娴熟的保险技术和广泛的市场关系，因此，保险经纪人的参与可使投保人避免投保行为的盲目性。

此外，随着经济规模的不断扩大，承保的风险单位越来越大，标的类型越来越多，承保技术和损失原因也日趋复杂，保险纠纷相应增加，于是出现专门从事风险查勘、

鉴定、估损工作的保险公估人。保险公估人作为“超然”的中介人，对风险状态、事故损失进行客观、公正、科学、合理的评判，可以缓解保险双方当事人的矛盾，维护保险人和被保险人的良好关系。

于是，在保险产业内部便形成了涵盖保险公司、保险代理人、保险经纪人、保险公估人在内的多类市场主体，各类市场主体在保险产业发展中各司其职，推动保险产业的发展。

二、保险产业内部分工形成保险产业链

根据产业发展理论，产业链是建立在产业内部分工和供需关系基础上的一种产业生态图谱，包括生产链以及在生产链基础上的价值链、技术链等。根据保险产业链的特点，保险中介在保险产业链中属于横向协作链，具有产业配套功能，表现为：

保险代理人是保险公司展业环节市场化延伸后形成的，与保险公司是“产销链”关系。在保险业发展的初期，保险公司集产销于一身，既是保险产品的生产者，又是销售者，在保险经营过程中既无分工，也无协作。而在保险“产销链”中，保险公司作为保险产品的生产商，保险代理人作为保险产品的销售商。

保险公估人是保险公司理赔环节市场化延伸后形成的，与保险公司之间是“业务链”关系。即保险公司完成保险经营“上游”阶段的承保和业务管理工作，保险公估人完成保险经营“下游”阶段的理赔工作，一些保险公估人还可承担承保时风险评估工作。这种业务链形成后，对于协调保险买卖双方的关系起到了重要作用。

保险经纪人则是投保人购买保险行为市场化延伸后形成的，为投保人提供投保服务。伴随保险产业化发展，保险产品的复杂性和投保人专业知识的有限性必然要借助他人的知识和技术作出投保选择，从而产生对保险经纪服务的需求。于是，投保人购买保险产品可通过保险经纪人实现。

三、保险产业链对保险业发展的作用

现代产业理论表明，产业中的利益主体可以通过一定的行为来改变市场结构和改善经济绩效，产业链的完善程度和演化规律在产业发展过程中起着十分重要的作用。一旦链条缺失，将阻碍产业发展。保险产业化就是保险产业中各利益主体通过契约式、合作式或纵向一体化将保险产业各环节有效连接起来，通过权利、利益的转移和再分配，将外部利润（来自于规模经济、外部性、降低风险和交易费用）内部化，促进产业规模的扩大。具体作用是：

（一）吸附作用

保险中介的形成和发展，可有效地将人力、资本、技术资源吸引到保险产业。从现实发展来看，许多保险业发达的国家和地区的保险从业人员中，绝大多数是保险中介从业人员，而在保险行业资本中，保险中介资本，特别是保险经纪公司资本规模占有一定比重。此外，保险中介人作为“符号分析专家”，给保险业带入了过硬的专业技术。

（二）扩张作用

保险中介的发展可通过吸引人力、资本、技术资源，有效地扩张保险产业规模，扩张保险的社会作用。国内外保险中介对保险业务发展的贡献率在50%以上。以中国台湾地区保险代理人签单保费收入的市场占有率为例，1997年以来一直保持在53%以上，曾一度高达88.34%，极大地扩张了保险业务规模，现代保险业的发展已离不开保险中介。

（三）增效作用

保险市场信息具有典型的不完全、不对称性，保险市场的决策者不得不加大信息搜寻成本。一方面，保险公司在对投保方信息掌握不充分的情况下，不得不投入更多的费用去收集、整理或分析有关信息，以防范道德风险的产生和保险交易成本上升；另一方面，投保方在对保险险种信息掌握不充分时，可能做出错误的投保选择，支付的保险费难以获得最佳的保险效用。保险中介人利用自己的专业优势及掌握的信息为双方提供服务，可有效地增大保险运作的透明度和公平性，降低信息搜寻成本。

必须注意：保险中介产业链作用的发挥是以完备的保险产业链为前提的，产业体系中任何环节发育不全或发展滞后都会影响到其他市场乃至整个市场体系功能的发挥，从而影响产业的正常发展。因此，在保险业发展的进程中，必须高度重视保险产业链的协调发展，使保险产业链各环节之间保持相互匹配的关系，保证保险企业与保险中介在技术水平、管理水平上的匹配，保证在保险产业链的每一个节点上有相当数量的企业，以平衡保险产业链之间的供求关系。

四、实证检验——发达国家保险业的发展与保险产业链的形成

保险业发达的国家和地区，无一不形成完备的保险产业链。考察英国保险业的发展不难发现：英商的业务经营习惯和劳合社的特殊地位成就了保险经纪业，伦敦市场上保险代理人的发展加快了火灾保险的发展步伐，建筑物火灾保险及其损失评估与理赔催生保险公证业，保险代理成为英国人寿保险发展的助推器，详见表1-1。由此可见，保险中介的产生与发展伴随着保险业务发展，保险中介与保险业务的产业配套与协作推动了英国保险业的发展。

表1-1　英国保险业务发展与保险中介产业链的关系

	保险业务的发展	保险中介发展
15世纪	早期保险业发展（海上保险）	经纪人开展业务
17世纪	火灾保险发展	代理人、公证人制度产生并发展
18世纪早期	人寿保险发展	保险代理制度逐步完善
18世纪末至20世纪中期	保险业务海外扩张	保险经纪、代理、公证在海外发展
20世纪中期以后	保险业的成熟发展期	保险经纪、代理、公证制度进一步完善

第二节　保险市场理论视角下的保险中介市场

保险市场是保险交换关系的总和，包括市场要素、市场关系、市场结构、市场机

制等范畴。与保险产业化要求相适应的保险市场不是一个单一的市场，而是由一系列保险子市场构成的相互联系、相互制约的有机统一体。保险中介市场就是保险市场体系中的子市场，是保险中介服务交换关系的总和。保险中介人主要包括保险代理人、保险经纪人和保险公估人，他们中介于保险买卖双方之间，从事服务、协调、评价等中介工作。长期以来，我们习惯于将保险中介作为保险市场的主体之一，忽视了保险中介自身也具有相应市场要素及其作用机制。

一、保险中介市场要素分析

保险中介市场有特定的市场要素，包括主体要素、产品要素和技术要素。

保险中介市场的主体要素主要是买方和卖方（按照狭义的市场定义），保险代理服务的卖方是各类保险代理人，而买方是保险公司。保险经纪服务的卖方为保险经纪公司，买方为投保人。保险公估服务的买方可能是保险公司，也可以是投保人。

保险中介市场的产品要素就是保险中介市场买卖的对象，即保险中介服务，主要包括保险代理服务、保险经纪服务和保险公估服务。保险市场中介服务具有低成本、高效率的特点。

保险中介市场的技术要素即为保险中介服务，具有高技术含量，源于中介人拥有的专业知识和采用的高新技术。在市场经济发达的国家，中介人被称之为“符号分析家”。

二、保险中介市场关系分析

在保险中介市场上，围绕保险中介服务的买卖，形成多元化的保险中介关系。

（一）保险代理人与保险公司、投保人关系分析

保险代理人与保险公司的关系从不同角度分析，有不同的性质，形成不同的关系。

1. 从产业链的角度看，保险公司与保险代理人的关系是保险产品的生产者与销售者之间的关系

保险公司作为保险商品的生产者，主要承担产品开发、核保、核赔和业务管理等保险业务的经营、管理工作，而保险代理人则专门从事保险产品的销售工作，两者之间是保险产业“产销链”中的产销分工协作关系。基于这种产销关系，两者应充分合作，保持产销的协调发展。保险公司应根据各种销售信息，完善、调整保险产品结构，保险代理人应广泛收集市场信息，准确掌握保险产品的信息，为保险公司进一步开发保险产品提供必要的、充分的信息。两者还应从保险产业的利益出发，共同维护市场，并合理分配保险产业利润，即在代理佣金标准的制定上，体现产销各方的利益。

2. 从市场的角度看，保险代理人与保险公司的关系是保险中介服务的买卖关系

保险代理人提供保险中介服务，保险公司购买保险中介服务，双方都是平等、独立的经济主体，在各自经营业务活动中独立承担法律责任。基于保险中介服务的买卖关系，保险代理人与保险公司之间应按照市场的规则买卖保险中介服务。在中介服务价格——佣金或服务费的制定上，按价值规律、供求规律和竞争规律的要求，实现市场化运作。为防止中介服务价格市场化被滥用，可采取行业自律或政府管理机构监督

的方式，确保建立公平的保险中介服务的买卖关系。

3. 从法律角度看，保险代理人与保险公司的关系是委托代理关系

保险代理人所从事的代理活动具有民事代理的一般特征：保险代理人在保险人的授权范围内，以保险人的名义进行代理活动。根据各国保险人的授权范围，一般都是代销保单、代收保费、代为查勘和理赔等。基于两者之间的委托代理关系，必须强化保险代理人和保险公司的法律意识，充分运用保险代理合同规范双方的行为。法律上，保险代理人的活动被视为保险人的活动，保险代理人以保险人的名义从事授权范围内活动的后果，即所产生的权利义务关系，由保险人承担。在授权范围内，保险代理人有权进行独立的意思表示。根据中国《民法》的有关规定，保险代理人在行使代理权过程中必须履行应尽的职责，不得滥用代理权，不得进行无权代理，不得进行复代理，也不得利用代理形式进行违法活动，代理人不履行职责给被代理人造成损害时，代理人应当承担民事责任。

4. 保险代理人与投保人之间是服务关系

即保险代理人代表保险公司，为投保人提供投保服务。基于这种关系，保险代理人应代表保险公司，为投保人提供专业化的服务。而投保人对此也应支付相应的费用，这笔费用包含在所缴纳的保险费中，由保险公司以佣金的方式付给保险代理人。

（二）保险经纪人与保险公司、投保人关系分析

1. 从保险业务关系角度看，保险经纪人与保险公司是关系紧密的合作伙伴

保险经纪人的工作可消除社会对保险的偏见和顾虑，吸引更多的人投保；同时，保险经纪人通过分析投保人的保险需求，与保险人进行信息沟通，促使保险人根据市场的发展和变化，不断推出新的保险产品，使更多潜在的保险需求变为现实的保险需求。因此，保险经纪人也是保险人重要的销售渠道。

2. 从法律角度看，保险经纪人与投保方是委托代理关系

保险经纪人是投保人或被保险人利益的代表者，受投保人的委托，为投保人选择保险人和保险产品，办理投保手续，并在出险后为投保人或受益人代办检验、索赔等工作。基于委托代理关系，投保方应向保险经纪人付费。根据惯例，这种费用也不是投保人直接支付给保险经纪人，而是包括在缴纳给保险公司的保险费中，由保险公司支付给保险经纪人。

3. 从市场角度，保险经纪人与投保方也是保险经纪服务的买卖关系

投保人向保险经纪人购买保险经纪服务。从技术角度看，保险经纪人是投保人的风险管理专家，为投保人提供防灾、防损或风险评估、风险管理咨询服务，对有特殊需求的客户，保险经纪人还可以提供风险转让、转包、出租、担保和项目融资，建立健全索赔机制，编制应急计划，建立设备及车辆管理系统以及应用金融工程技术，利用资本市场转移风险等服务。对于保险服务之外的各类服务，投保方一般直接支付费用。

（三）保险公估人与保险公司、投保人的关系分析

1. 从社会分工和产业链角度看，保险公估人与保险公司是保险市场分工协作后，形成的业务链关系

保险公司提供产品开发及其管理工作，保险公估公司提供理赔以及承保风险认定工作。

2. 从市场角度看，保险公估人与委托方之间是公估服务的买卖关系

保险公估人是公估服务的卖方，委托方（买方）可以是保险公司或投保方，服务费一般由委托方支付。保险公估人有别于其他保险中介人。除专属于保险公司的公估人外，一般意义的保险公证（估）人是保险市场上不代表保险公司、投保人双方任何一方利益的保险中介人，有着真正的“中立”身份。他们独立开展业务，其市场行为具有独立性、合理性、公平性和公正性。

三、保险中介市场供求关系分析

（一）保险中介市场需求分析

保险中介市场需求是在一定的价格水平上，保险商品的生产者和消费者从保险中介市场上愿意并有能力购买的保险中介服务的数量。保险中介市场需求受多种因素影响，主要包括：

1. 保险市场的发育程度

保险中介是保险市场专业化分工的产物，保险市场越发达，保险市场主体就越需要具有专业技术知识的保险中介人为其提供服务，对保险中介的需求也就越大。同时，保险市场越发达，其市场范围越广，保险中介服务的规模效应就越大。因此，发达的保险市场对保险中介的需求旺盛。

2. 保险中介服务的价格和保险商品价格

保险中介人收取的佣金或手续费（中介服务的价格）与保险中介服务的需求呈反方向变动：价格上升会带来保险中介服务需求的减少，价格下降会导致保险中介服务需求的增加。与此同时，保险商品与保险中介服务是互补品，当保险商品价格下降时，人们对保险商品的需求增加，同时对保险中介服务的需求也会增加；反之，则需求减少。

3. 经济体制和文化观念

不同经济体制和不同传统文化对保险中介的需求有重要影响。与自给自足的自然经济相比，在市场经济发达的国家和地区，人们普遍愿意通过付费、借助他人的技术、手段实现自己的需求，因而对保险中介服务的需求相对较大。

此外，保险消费者的收入水平，特别是保险经纪人的收入水平也影响着保险中介服务的需求，当消费者收入水平提高时，其财富增加，面临的风险增大，同时其付费能力增强，将会增加对保险中介服务的需求；反之，对保险中介服务的需求将会减少。

（二）保险中介市场供给分析

保险中介市场供给是在一定的价格水平上，保险中介人愿意并且能够提供的保险中介服务的数量。保险中介供给受保险中介服务需求因素的制约，此外还受到以下因素的影响：

1. 价格水平

保险中介服务的价格决定着保险供应的盈利空间，从而影响着市场向保险中介领

域引导和配置的资本流向和数量。保险中介供给与其价格水平呈正相关关系。

2. 保险中介资本实力和保险中介技术

资本实力决定了保险中介服务的能力，与保险中介供给呈正相关关系；同时，保险中介技术影响着保险中介服务的供给。

3. 市场结构

市场结构从三方面影响保险中介服务的供给：一是保险业的发展程度，保险业的发展有利于提高保险中介供给水平；二是竞争程度，高度垄断的保险中介市场结构将不利于保险中介供给的增加；三是开放程度，开放的保险中介市场有利于增加保险中介供给。

4. 市场的规范程度和政府的监管取向

竞争无序的保险中介市场会抑制保险中介需求，从而减少保险中介供给；而竞争有序、行为规范，则会使保险中介市场效率提高，从而刺激保险中介需求，扩大保险中介供给。而政府监管则从多方面影响保险中介供给：一是关于市场结构模式的选择；二是具体的产业政策、财政、金融政策，适当的产业扶持、税收优惠和金融鼓励政策有利于保险中介供给的增加；三是监管的方法和程度，科学灵活的监管能够维持有序、公平的竞争，有利于保险中介供给的增加，过分的控制则会束缚保险中介人，不利于保险中介供给的增加。

（三）保险中介市场的供求均衡分析

保险中介市场的供求均衡是在一定价格水平下，保险中介供给恰好等于需求的状态，即保险中介供给与需求达到均衡。

需要指出的是：保险中介市场供求均衡包括供求的总量均衡与结构均衡。保险中介市场供求的总量均衡是保险中介供给规模与需求规模的平衡。保险中介市场供求的结构均衡是保险中介供给的结构与需求的结构相匹配，包括保险中介供给的服务种类与需求种类的适应性、价格与需求者付费能力的适应性以及保险中介产业与保险产业结构的适应性等。保险市场供求均衡是相对的，并总是在市场机制规律的作用下，在不均衡——均衡——不均衡——均衡中发展。

四、保险中介市场机制作用分析

根据价值规律，保险中介服务的价值是由生产该商品的社会必要劳动时间决定的，保险中介人与保险中介服务的需求方之间应实行等价交换。价值规律作为市场的一种自发力量，其作用机制是：一方面，通过保险中介服务的价格（佣金）围绕价值的上下波动，自发地调节保险中介资本和保险中介人员的流动，即当保险中介服务的佣金低于其价值时，保险中介资本和保险中介人员便流出保险中介市场；当保险中介服务的佣金高于其价值时，社会资本和保险中介人员便流入保险中介市场，从而调节保险中介市场供给；另一方面，由于事实上存在的保险中介服务的个别劳动时间和社会必要劳动时间的差别，必然促使保险中介人提高保险中介服务的效率，降低成本，最终带来保险中介服务的社会成本的下降，社会效益提高。

供求规律是市场机制发挥作用的重要规律，其作用机制是：当保险中介服务的需求量大于供给量时，保险中介服务的价格上升，形成卖方市场，此时各种资本，包括人力资本、货币资本、技术资本等流入该行业，保险中介主体日益增多；当保险中介服务的供给量大于需求量时，保险中介服务的价格下降，形成买方市场，表现为保险中介服务过剩，行业平均利润率下降，各种资源流向其他部门，部分保险中介人退出市场；供求规律通过对供需双方力量的调节达到市场均衡，从而决定市场的均衡价格。

竞争规律也是市场经济中的重要规律，其作用机制是通过不同保险中介主体、同一中介主体内部的竞争，促使每个中介主体不断提高经营管理水平和服务质量，改进服务态度和服务方式，实现社会整体效益的提高。与此同时，由于存在竞争中优胜劣汰、适者生存的外部压力，保险中介人为了生存和发展，必然会追求成本最小、收益最大。于是，信誉好、竞争力强的保险中介人将发展壮大，信誉差、竞争力弱的保险中介人将被市场淘汰。

由此可见，保险中介市场机制规律的作用就是实现保险中介资源的优化配置。

第二章　中国保险中介市场发展的实证分析

中国保险中介市场伴随着中国保险业的曲折发展而起伏跌宕，既验证了保险产业化发展的一般规律，也昭示着未来保险中介市场的发展。

第一节　中国保险中介发展的历史演进

在中国保险业发展的历史进程中，保险中介“随波逐流”，凸显出与保险业务发展的联动关系。保险中介的发展可追溯到新中国成立前，在新中国成立后，又经历了建国后头10年和1979年之后两个发展阶段。

一、旧中国保险中介市场的发展情况

（一）洋行代理和买办代理是旧中国早期的保险中介形式

19世纪初，英国和欧美国家的保险业得到了迅速的发展，外商保险公司伴随着帝国主义入侵而进入中国。1805年，中国境内的第一家保险公司谏当保安行（Canton Insurance Society）成立后，美、法、日等国的保险公司相继在中国设立分支机构。直到19世纪40年代，这些外商保险公司都是采取通过洋行代理方式开展保险业务。1838年，设在广州的洋行约55家，从事保险代理业务的外籍人员20人，代理15家外商保险公司的保险业务①。1842年《南京条约》签订后，洋行纷纷集资设立保险公司，从而告别了保险代理人身份而以保险人的身份出现在保险市场上。为有效推销保险单，外商保险公司又物色了大批买办，并利用招股方式吸收华商入股，买办代理成为当时主要的保险代理方式。买办代理的发展使在华外商保险公司的保险费收入大幅度增加。

（二）保险中介伴随民族保险业的发展而进一步发展

中国民族保险业产生后，保险中介得到了进一步发展。1865年5月25日，上海义和保险行的设立打破了外商保险公司独占中国保险市场的局面，标志着中国民族保险业诞生。1875年12月，清政府洋务派官僚设立了保险招商局，并按照当时保险业务经营的惯例，委托轮船招商局代理船舶保险和货物运输保险，轮船招商局成为“兼业代理人”。20世纪初叶，华兴、华成、联保、水宁、华安等华商保险公司相继成立，民族保险业的阵营基本形成，一些原来为外商保险公司代理保险业务的公司纷纷终止了与外商保险公司的代理关系，而作为民族保险公司的保险代理人。1926年，交通银行、金城银行等联合投资创办了“安平保险公司”，开始了银行办保险的历史。1937年，全

① 中国保险史编审委员会：《中国保险史》，18页，北京，中国金融出版社，1998。

国共有 40 家保险公司，1 688 家保险代理处[①]。

随着保险市场上保险公司数量的增加，保险经纪人（当时称为保险掮客）也相继出现，他们以佣金为主要收入来源，当时被称为"拍窭"。与此同时，还出现了专门从事财产损失的检验、估损和核价事务的保险公证行。1936 年，国民党政府颁布了《上海火险经纪人之登记与管理规章》，1944 年又颁布了《保险代理人、经纪人、公证人登记领证办法》，但由于当时社会动荡，未能发挥应有的作用。

二、新中国保险中介市场的发展情况

（一）新中国成立至 1979 年

自 1949 年 10 月 20 日中国人民保险公司成立到 1952 年底，民族资本保险业的社会主义改造完成，国内保险市场统一，中国人民保险公司垄断保险市场的局面出现，此时，保险经纪人和保险公证人相应减少。20 世纪 50 年代初，中国人民银行规定在中国人民保险公司尚未设立机构的地区，由中国人民银行成立特约代理处，办理强制保险业务（财产强制保险和船舶强制保险），手续费为实收保费的 1%，并规定不得另行支付代理佣金及代理人佣金[②]。到 1952 年年底第一次停办国内保险业务时，全国保险代理网点3 000多个。1955 年后，保险经纪人完全退出历史舞台，保险代理人成为惟一的保险中介人。自 1958 年国内保险业全面停办到 1979 年，中国保险代理人逐渐萎缩。

（二）1979 年恢复国内保险业务至 2000 年

1979 年恢复国内保险业务后，中国人民保险公司采取了"多渠道、广代理"的方式，委托单位和个人代理保险业务。20 世纪 80 年代中后期，随着保险市场供给主体的增加，保险商品的推销成为各家保险公司十分关注的问题，普遍开始利用代理人员（当时称为保险代办员）推销保险业务。1990 年年底，中国人民保险公司已拥有25 000名专职代理人和13 000多个专职代理机构[③]。1992 年后，美国友邦保险公司在上海利用保险代理模式拓展业务，被许多公司仿效，保险代理人队伍迅速扩大。1995 年《保险法》实施，标志着中国保险中介人有了明确的法律定位。1995 年年底，中国保险中介市场上专业代理人约 4 万人，兼业保险代理人员近 20 万人。1996 年 2 月 2 日，中国人民银行根据《保险法》，颁布了《保险代理人管理暂行规定》，将保险代理人分为专业代理人、兼业代理人和个人代理人，规定了保险代理人的资格、各类保险代理人的业务范围、执业管理等。同年，成功举行全国第一次保险代理人资格考试。随着保险代理管理的不断完善，保险代理市场逐步规范。

与此同时，保险经纪人也悄然出现在国内保险市场上。1993 年，英国赛奇维克保险与风险管理咨询（中国）有限公司成立。同年，深圳经济特区 16 家保险经纪公司相继开业，至 1994 年增加到 20 家。广州等地也成立了保险经纪公司。但由于当时没有相应的法律法规，不正当竞争行为时有发生，一定程度上扰乱了保险市场的秩序。《保险

---

① 中国保险史编审委员会：《中国保险史》，79 页，北京，中国金融出版社，1998。

② 中国保险史编审委员会：《中国保险史》，261 页，北京，中国金融出版社，1998。

③ 刘冬姣：《保险中介制度研究》，北京，中国金融出版社，2000。

法》颁布以后，这些保险经纪公司逐渐从保险市场上退出。1998年2月16日，中国人民银行根据保险市场对保险经纪人规范的客观要求，颁布了《保险经纪人管理规定(试行)》，并于1999年5月15日举行了中国第一次保险经纪人资格考试。之后，中国保险经纪公司开始逐步规范。

由于保险纠纷的增多，保险公估人也开始出现。1993年3月8日，上海诞生了新中国成立后的第一家公估行——上海东方公估行，为客户开展有关保险标的的查勘、鉴定、估价和定损理算事宜。此后，又陆续出现了天津北方公估行、山东公估行、南京公估行、厦门公估行、上海大洋物产公估有限公司（即后来的上海大洋公估行）等保险公估人。1994年后，保险公估业在规范中发展，一些新的公估公司进入公估市场，但由于存在多头管理等问题，保险公估业的发展相对缓慢。

第二节 “十五”期间中国保险中介市场发展成就与功绩

2001年以来，中国保险中介快速发展，初步形成了完整的保险中介市场体系和保险中介监管法规体系和管理框架，保险中介产业链作用初步显现。

一、保险中介市场发展取得的成就

(一) 保险中介主体迅猛发展

目前，中国已经形成了由保险中介机构、保险兼业代理机构和保险营销员为主的多种形式的保险中介主体，并在“十五”期间得到了相应的发展。

1. 保险中介机构迅速增加

2001年，全国只有61家保险中介机构，截至2004年12月31日增加到1 298家（见图2-1)。保险中介机构的增多，加大了保险中介在保险市场上的影响力，为保险产业化发展奠定了基础。

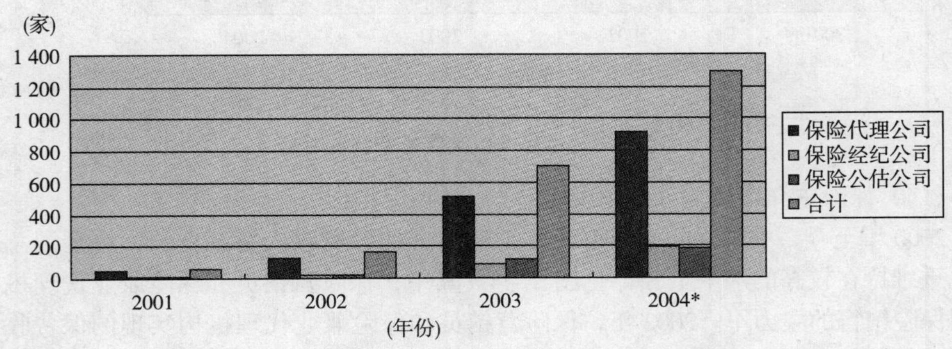

图2-1 2001年以来批准开业的保险中介机构数量

*2004年批准设立保险代理公司938家，终止17家；批准设立保险经纪公司199家，终止2家；批准设立保险公估公司181家，终止1家；共计批准专业保险中介机构1 318家，终止20家。

2. 兼业保险代理机构增长趋于稳定

2001年以来，银行、铁路、邮政等行业纷纷发展保险兼业代理业务，并将其作为新的利润增长点，兼业代理保持良好的发展势头，2001年兼业代理机构为64 887个，2004年增加到114 935个（见图2-2）。

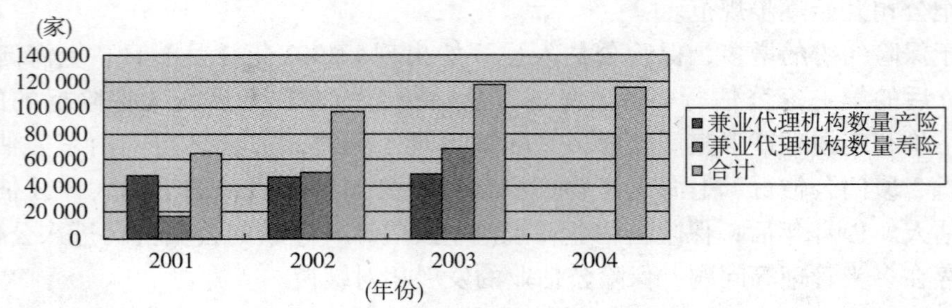

图2-2 2000年以来兼业代理机构数量

注：2004年的分类数据缺失。

3. 保险营销员队伍不断壮大

2000年以来，中国保险营销员队伍不断壮大，地域分布广泛，遍及全国31个省、市、自治区。2001年保险营销员为96.75万，截至2004年12月31日达到134万人（见图2-3）。

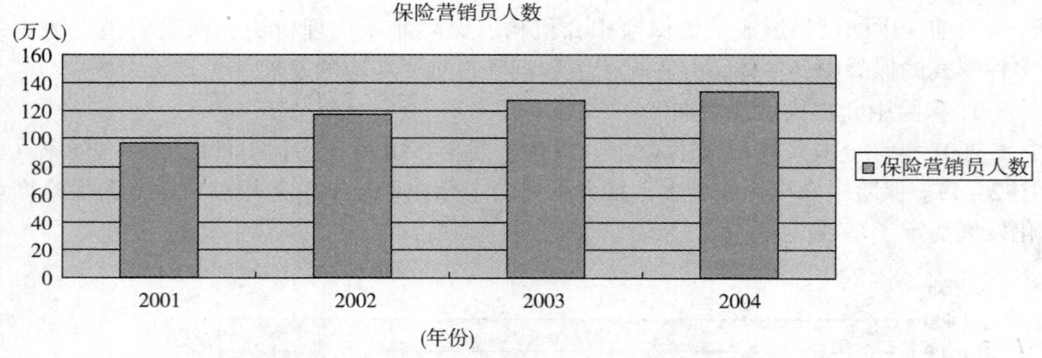

图2-3 2001年以来保险营销员数量

（二）保险中介市场业务持续发展

2000年至今，中国保险中介市场各主体实现的保费收入持续增长，占全国总保费的比重维持在较高的水平上，详见图2-4。其中，保险营销员和保险兼业代理机构是中国保险销售的主力军。2002年，保险营销员和保险兼业代理机构实现的保费收入占全国总保费的62%，2003年为72.06%，2004年为64.23%。保险代理公司和保险经纪公司的业务呈现上升的趋势，但比重较小，2002年两者实现的保费收入占总保费收入的1.44%，2003年为2.49%，2004年为2.99%。

（三）中国保险中介市场监管进一步规范

1. 中国保险中介监管的法律法规体系进一步完善

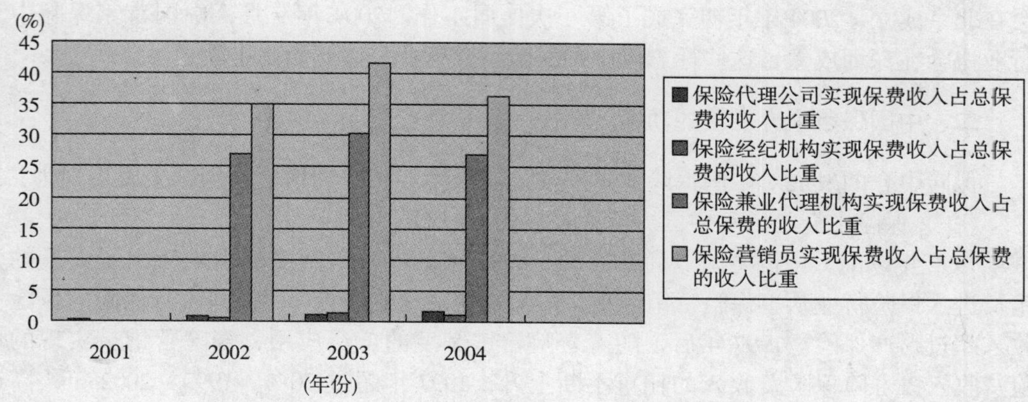

图 2-4　2001 年以来各保险中介机构主体保费收入占总保费收入的比例

注：2001 年保险兼业机构和保险营销员保费收入数据缺失。

2000 年以来，中国保监会不断根据市场发展的要求，出台了一系列保险中介管理规章和规范性文件。2001 年，为了强化对保险中介机构的管理，保监会制定了《保险代理机构管理规定》、《保险经纪公司管理规定》、《保险公估公司管理规定》，颁布了《关于保险中介公司聘请会计师事务所进行外部审计有关问题的通知》；2002 年，为加强保险中介人员的执业管理，保监会颁布了《关于核发保险中介从业人员执业证书的通知》；根据银行保险迅速发展的要求，2003 年保监会与中国人民银行联合颁布了《关于加强银行代理人身保险业务管理的通知》；2004 年，为强化行业自律，加强对保险中介人员的管理，保监会又颁布了《中国保监会关于加强保险行业协会建设的指导意见》、《关于进一步落实保险营销员持证上岗制度的通知》、《保险中介从业人员职业道德指引》。截至 2004 年年底，已形成以《保险法》为核心，由 6 项规章和 16 项规范性文件构成的中介法规体系，为进一步加强保险中介监管、规范保险中介行为、促进保险中介市场发展提供了法律基础。此外，在中国保监会现行 35 项规章中，有关中介的规章达 6 项，占比 17.14%，在 57 项规范性文件中，有关中介的文件达 16 项，占比 28.07%，充分反映保险中介监管在保险业监管中的地位。

2. 中国保险中介监管理念已逐渐形成

近几年来，中国保险中介监管的指导思想在探索中不断趋于成熟，监管理念和监管水平均有较大提升，在依法监管、科学监管、监管与自律等方面进行了积极的探索。例如，加强中介从业人员执业资格的管理和后续教育，保证从业人员素质；逐步理顺保险营销体制，通过强化保险公司对营销员和兼业代理点的管控，实现直接监管向间接监管转变；稳步发展保险中介机构，完善保险中介市场；不断健全保险中介从业者的市场准入和退出机制等，并把建立一个主体健全、功能完善、诚信自律、竞争有序的保险中介市场体系作为监管目标。

3. 保险中介自律进入起步阶段

2002 年 3 月 26 日，中国保险中介领域的第一个自律性组织——保险中介工作委员会在北京成立，2004年年初完成了第一次换届工作。2004年9月，中国首家保险中介行业协会在深圳成立，这些标志着中国保险中介行业自律开始走上轨道。

二、中国保险中介发展的功绩

保险中介的发展对中国保险业发展发挥了吸附、扩张和增效作用，主要表现为：

（一）保险中介是启动中国寿险业发展的“杠杆”

1992年以前，中国寿险业尚未启动，1992年个人营销制度的引入吸引了大量的营销员进入保险行业从事保险营销活动，短短5年后（1997年），中国人身保险的保险费收入超过财产保险。1997年后，随着寿险营销制度的广泛应用，寿险营销员实现的保险费收入占寿险保险费收入的比重不断上升，1997年超过30%，1999～2002年，高达75%以上，近年来，仍维持在50%以上（见图2－5）。保险营销员制度的引入启动了中国人寿保险的发展，推动了21世纪之初中国新型寿险产品的销售。此外，保险营销员的宣传和推销，也是启动社会公众的保险意识的“杠杆”。

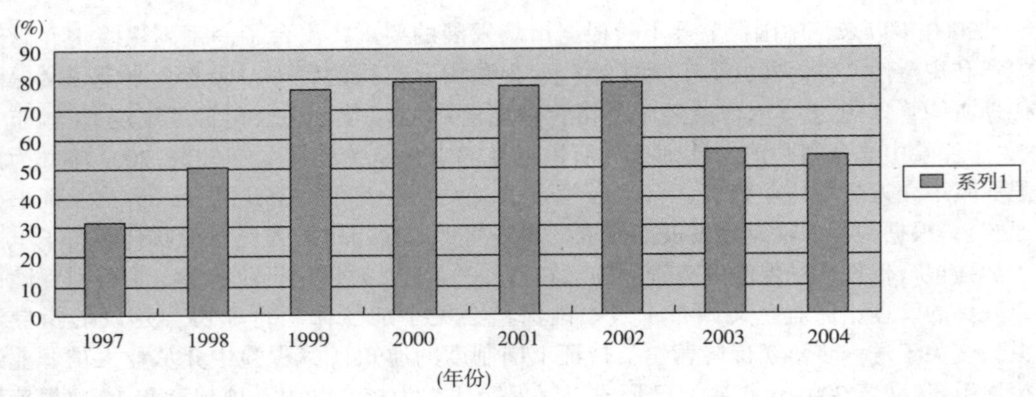

图2－5　寿险营销员实现的保费收入占人身保险保费收入的比重

（二）保险中介是带动中国保险业高速发展的“引擎”

自1979年恢复国内保险业务以来，中国保险费收入以年均30%以上的速度增长。深入分析实现保费收入的渠道不难发现，近年来保险中介是实现保险费收入的主渠道。由于大量保险中介人、保险中介资本及其技术进入保险行业，带动保险业务的快速发展，2000年以来，通过保险中介获取的保险费占中国保险费的比重一直维持在65%以上，2004年近75%（见图2－6），保险中介无疑成为带动保险业高速发展的“引擎”。

（三）保险中介是保险业开展金融综合经营的“渠道”

近年来，随着国际市场金融一体化进程的加快，中国银行与保险的联系也越来越紧密，保险业的金融综合经营也拉开了序幕。银行保险就是在中国现行法律框架下，保险业开展金融综合经营的一条渠道（见图2－7）。近年来，银行保险保费收入占总保费收入的比重占15%以上。

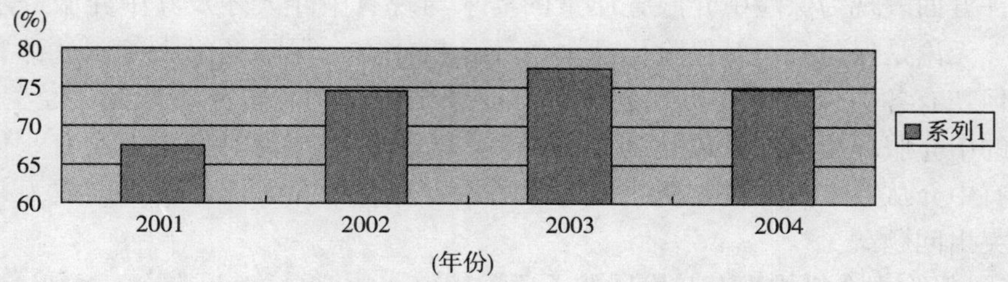

图 2-6　保险中介获取的保险费占中国保险费的比重

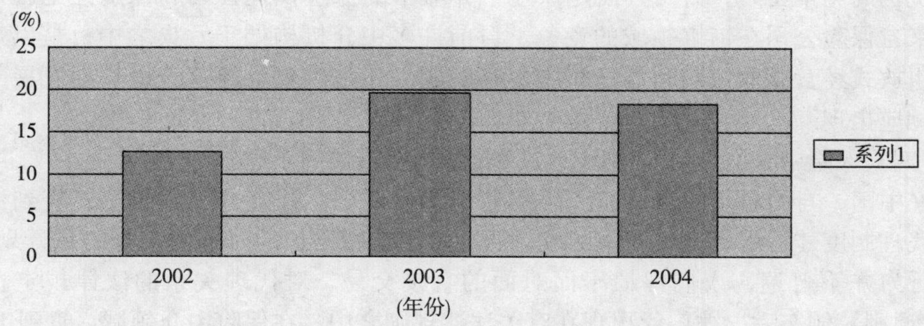

图 2-7　银行保险保费收入占总保费收入的比重

第三节　目前中国保险中介市场发展中存在的主要矛盾、问题及其原因分析

一、目前中国保险中介市场发展中存在的主要矛盾

从总体上看，中国保险中介市场得到了快速发展，对中国保险业的发展起到了巨大的推动作用，但与保险产业化、保险中介市场化发展的要求还有一定的差距。目前面对的主要矛盾便是保险中介发展与保险产业化发展要求不相适应的矛盾，具体体现为：

（一）保险产业中产销利益分割中的矛盾

保险中介与保险公司之间的根本利益存在一致性，但保险中介进入保险市场，标志着保险产业内部利益的再分配，无论是首都机场的代理风波还是新车保险中心成立后的市场反响，都是保险公司与保险中介之间在利益分割中矛盾的表现。随着保险中介业，特别是保险中介机构的迅速发展，这一矛盾将更加突出。妥善处理利益再分配中的矛盾是保险产业化发展中必须解决的重要问题。

（二）保险中介市场需求与供给之间的矛盾

供求矛盾是市场发展中的主要矛盾之一，在保险中介市场发展中，这一矛盾尤为突出。一方面表现为保险中介服务质量的需求与现有中介人才及其中介服务水平之间的矛盾。无论是保险公司对保险代理服务还是投保方对保险经纪服务质量都有较高的需求，但现有各类保险中介机构规模小、业务结构单调、服务质量低、经营成本高，所提供的中介服务质量都难以达到要求；另一方面，表现为对保险中介专业化人才需求与现有中介从业人员专业素质之间的矛盾，专业化中介人才的匮乏已成为一个业内关注的突出问题。

（三）保险中介机构生存与发展的矛盾

从长远来看，生存与发展是统一的，但在中国保险中介市场发展初期，保险中介行业面对双重竞争的压力：一方面是面对中介业内部的竞争，特别是强大的国际保险中介机构的竞争压力；另一方面是保险中介业中的保险代理公司和保险经纪公司还要面对来自保险公司在销售领域的竞争。目前许多中介机构处于亏损之中，是以短期行为、粗放式经营获取短期利益，解决生存问题，还是以规范经营获得长期发展的矛盾必然相应出现。

（四）保险中介的发展与中国传统文化和消费习惯的矛盾

在中国，自给自足的自然经济长期处于统治地位，社会分工不发达，直到清朝末年，代理制度才得以诞生。新中国成立后，由于在相当长的时期内实行的是计划经济，代理行为并不普遍，人们习惯于面对面的直接交易。对代理关系的法律规定也是在《民法通则》颁布后，才广泛出现在有关法律规则之中。在保险中介领域，直到1995年《保险法》的颁布，才对保险中介人有相应的法律定位。在“十一五”期间，伴随着市场经济的发展，保险消费者的市场行为虽然会发生变化，但难以得到根本改变，这将影响到保险中介服务的需求。

二、目前中国保险中介市场存在的问题

由于上述矛盾的存在，在保险中介市场发展之中必然存在相应的问题，其中，突出的是保险中介诚信问题、保险中介关系问题和保险中介发展环境问题，这些问题都体现在保险中介的各个领域。

（一）保险中介机构发展中存在的问题

中国现有的保险中介机构中，大多数都是2003年后批设的，成立时间比较短，结合保险中介机构抽样调查[①] 的相关结果，不难发现中国保险中介机构存在的问题。

1. 中国保险中介机构资本规模小、盈利能力弱

目前，中国保险中介机构资本规模普遍偏小（见图2－8）。在接受调查的代理公司中，72.58%的资本规模在500万元以内；在接受调查的公估公司中，这一比例更是高达100%；由于现行规定对保险经纪公司资本规模要求较高，在接受调查的公司中，90.91%的规模在1 000万元以上。此外，保险中介机构资本积累和扩充能力弱。被调查的保险中介机构中，77.59%的公司处于亏损状态，其中亏损50万元以上的公司高达

① 我们于2004年11～12月对现有的保险中介机构进行了问卷调查。本次调查共发出问卷109份，回收有效问卷62份，回收率56.88%。

17.24%，45.28%的公司人均中介业务规模不足10万元，人均中介业务规模不足20万元的达到了66.04%。

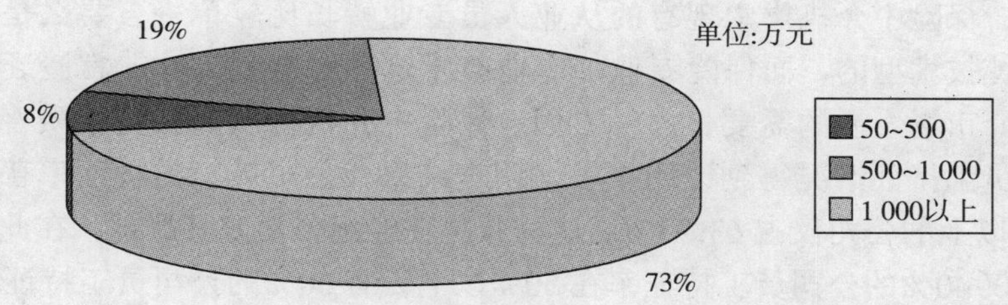

图2-8　被调查中介公司资本规模情况

2. 中国保险中介机构业务发展不稳定

从2001年以来入围全国同类机构业务前列的机构看：2001年以来，保险代理公司中仅1家（上海祥生）三次入围前十名，另有7家两次入围前十名；在经纪公司中，有3家连续四次入围前五名，有2家连续3次入围前五名，有1家连续两次入围前五名；在保险公估公司中，有2家连续3次入围前五名，有2家连续两次入围前五名（见表2-1）。可见，占绝对业务比重的保险代理公司业务发展极不稳定。

表2-1　2001年以来入围行业前列的公司变动情况

公司类型	入围四次	入围三次	入围两次
代理公司（取前十名）	0家	1家	7家
经纪公司（取前五名）	3家	2家	1家
公估公司（取前五名）	—	2家	2家

注：2004年为第二季度数据，2001年公估公司排名的数据缺失。

此次调查的情况也能进一步说明该问题。在收回的62份调查问卷中，曾经入围历年业内排行榜（代理公司前十名、经纪公司前五名、公估公司前五名）的公司共有15家，占接受调查公司总数的24.19%，但其中连续四次均入围的仅有3家，且集中在经纪公司，另外有一家公估公司近3次连续入围，余下的11家公司则只是间断地一次或两次入围年度（或2004年上半年度）排行榜；在本次调查过程中，某经纪公司在2004年第二季度统计中尚处于全国经纪保费前十名，但在我们发出本次调查的11月份，该公司已转让，这离该公司成立仅14个月，这也从另一个方面反映出中国保险中介机构业务发展的不稳定。

3. 保险中介公司股权变动和高管人员变动相对频繁，中介业务中存在着一定程度的违规经营行为

调查结果显示：有35.48%的公司在成立后发生过股权变更；有33.87%的公司成立后董事长或总经理发生过1~2次的变更；20.97%的公司存在董事长和总经理兼任的情况；12.90%的公司董事长和总经理存在兼职情况。对于多数成立不足一两年的公司而言，频繁的高层变动、经营管理层的兼任和兼职无疑会影响公司的稳定发展，频繁的股权变更也凸显了保险中介资本的不稳定。此外，保险中介机构经营水平良莠不齐，

在实际过程中弄虚作假、恶性竞争、操控市场价格等违规经营行为仍然存在。

4. 专业人才匮乏，从业人员素质不高

一方面，保险中介机构中现有的从业人员专业特长比较单一，要么是保险专业型的，要么是纯技术型的，而保险专业加专业技术这种综合型人才非常匮乏，无法满足中国保险中介市场发展的需要；另一方面，保险中介机构从业人员素质普遍不高，这可以从公司员工持证情况得到说明。根据调查结果，公司员工的持证率普遍较低：持证率在50%以上的公司仅占63.93%。这种状况在经纪公司尤其严重，在此次调查的经纪公司中，仅40%的公司员工持证率在50%以上，有30%的公司员工持证率在25%以下。

5. 保险中介机构发展的外部环境有待进一步完善

调查中，17.74%的中介机构认为目前环境较好，而高达82.26%的公司认为整体环境一般或很差。另外，中国保险中介机构发展的公共信息支持体系尚未建立。调查发现，对于需要何种公共信息支持，选择最多的是法律法规和产业政策，然后是市场价格数据与趋势和宏观经济数据，所选比例依次为86.89%、80.33%、73.77%、50.82%。

（二）保险营销员发展中的问题

中国保险营销员对中国保险业发展功不可没，但也存在许多突出的问题。结合本次调查[①] 分析如下：

1. 保险营销员身份不明确，权益保护不充分

中国目前存在大量的“营销员”（特别是在寿险领域），在对寿险公司营销员的调查中，与保险公司签订委托代理合同的约为74%，签订劳动合同的极少。作为个人代理人，他们却接受员工式的管理；未签订委托代理合同的，不是员工（雇员）身份，他们无法享受相应的社会保险和福利。

2. 高流失率和高流动性并存

有资料显示，中国共有700多万人通过了保险代理人（其中主要是保险营销人）资格考试，但现在中国的保险营销员总人数不到150万，脱落率在60%～80%之间。在本次调查中，从事保险代理一年以上的占调查人数的65%，其中，在2家及以上的公司从事过代理工作的占20.06%，反映保险营销员的流动性较大。权益保护不充分无疑是高流失率的一个重要原因。

3. 保险营销员营销行为的短期化，职业认同感较低

在展业过程中，短期行为与职业认同感低相互影响，部分营销人员为追求销售业绩和自身利益，采用误导、欺诈投保者的行为，串通被保险人或受益人欺骗保险公司，甚至侵吞保险费，擅自印制保单进行诈骗。与此同时，高达51.56%的人认为保险营销员的社会地位偏低，63.82%的保险营销员希望成为保险代理公司的正式员工（不是做某家保险公司不签订劳动合同的业务员），反映出保险营销员对归宿感的渴求。

① 我们于12月对武汉市7家寿险公司的代理人进行了问卷调查，本次调查共发出问卷4 500份，回收有效问卷3 245份，回收率为72.11%。

4. 保险营销员的管理有待加强

对保险营销员的准入管理有待加强。目前，保险监管部门任务繁重，对于数量多、管理难度大的保险营销员往往是鞭长莫及。保险公司在市场占有率的驱动下，招聘保险营销员也具有很大的随意性。一些不经过专业培训，或者不经过严格的保险专业培训就匆忙上岗，另外，对保险营销员的执业管理有待加强。目前，保险公司保险营销员的持证率普遍不高，本次调查表明，持有资格证书的占被调查者的73.10%。

（三）兼业代理发展中存在的问题

兼业代理在发展过程中，但也存在许多值得关注的问题，主要是：

1. 兼业代理机构的业务管理和代理行为不规范

在业务管理方面，有的兼业代理机构或者未建立代理业务台账，或者建立了，但其真实性、完整性不足；保费结算不及时，个别兼业代理机构拖欠、挪用保费严重；同时，代理手续费结算方式违规，存在坐扣手续费或在账外核算代理手续费问题，有的甚至以“会议费”、“房租费”等名义向保险公司变相收取代理手续费。在代理行为方面，存在四个突出的问题：一是超范围代理。即超出保险监管部门核准的业务范围代理保险业务。二是垄断经营。个别兼业代理机构利用自身的垄断地位，强制他人投保非强制性险种。三是个别兼业代理机构为保险公司走账，助其谋求小集团利益。四是违规代理，包括“无证代理”、“空壳代理”。

2. 保险兼业代理机构良莠不齐，监管难以得到有效实施

兼业代理机构中，有的资信度较低、管理不规范，甚至有的是空壳公司。在监管中，由于兼业代理机构数量多、分布广、行业复杂，监管部门难以实施经常性、覆盖面广的动态监管。同时，兼业代理机构的许多违规问题是以主业的财务、业务渠道作掩护，目前采取的监管手段和技术水平达不到要求，监管机关的稽查只能监管代理保险部分，不能涉及主业，从而形成了监管真空。

3. 兼业代理机构以业务为筹码索要高额手续费，加剧保险公司之间的恶性竞争

兼业代理机构与保险公司未建立长远的、利益共享的战略伙伴关系，兼业代理机构为了获得更多的代理收入，多以手续费的高低作为选择合作伙伴的标准，利用保险业务为筹码索要高额手续费，加剧保险公司的恶性竞争。

三、中国保险中介市场存在问题的原因

中国保险中介市场发展中存在的上述问题是众多原因共同作用的结果，既有保险业内部的原因，也有外部原因。运用保险产业化发展理论和保险市场发展理论，则可归纳为两个方面：

（一）中国目前尚未树立“保险产业链”观念，保险中介关系未理顺

1. 寿险营销员与保险公司的关系未理顺

寿险营销员与保险公司的关系未理顺有其历史渊源。中国保险营销员是伴随1992年友邦保险公司寿险营销模式的引入而发展起来的。这些保险销售人员为保险公司销售保险产品，以佣金为收入来源，在较高的首期佣金的激励下，个人营销员数量迅速

增加，良莠并存。为加强管理，上海保险监管部门在全国率先实施资格考试制度。1995年《保险法》实施后，中国人民银行于1996年2月2日出台了《保险代理人管理暂行规定》，将保险代理人界定为三个类别：专业代理人、兼业代理人和个人代理人，并推出了全国统一的保险代理人资格考试。1997年11月30日，中国人民银行又出台了《保险代理人管理规定》（试行）进一步规范对保险代理人员的监管。按当时的法律管理框架，寿险营销员归并在个人代理人类别接受相应的管理，参加保险代理人资格考试。2002年，保险中介从业人员基本资格考试规定保险代理人员、保险公司营销人员也应参加保险代理从业人员基本资格考试，这在一定意义上进一步淡化了个人保险代理人与保险营销员之间的区别。

在实际管理中，一些保险公司并未完全按照个人保险代理人的管理办法对保险营销员进行管理。目前，中国保险营销员实际上是由不同身份的人组成的群体：其中有的是与保险公司签订了委托代理合同的个人保险代理人，也有极少数与保险公司有劳动关系，还有一部分是身份不明确的“边缘人”。同时，从一些已经签订委托代理合同的保险代理关系来看也不规范，有的在委托代理合同中加上了劳动合同的内容，如规定见习期、福利保障、提供教育培训、遵守公司内部规章制度等。也有的保险代理合同本身较规范，但执行不规范，未真正用代理关系调整其与个人保险代理人之间的权利义务关系。

中国寿险营销员身份之争不仅是一个理论问题，也是一个现实问题，即一旦发生纠纷，就会产生所依据的法律的争议：若是民事代理关系，则适用民事代理的法规进行规范；若是劳动合同关系，适用劳动法规进行规范。

2. 保险公司与兼业代理人代理关系被误解

从法律角度看，保险公司与兼业代理人之间也是典型的委托代理关系。中国一些地区新车保险中心成立后，市场反响强烈，许多人都认为成立新车保险中心是保险公司垄断市场，表明保险公司与车商之间的委托代理关系被严重误解。事实上，新车保险中心只是保险公司销售方式的改变，即由代销转为直销，保险公司收回授权。按照委托代理关系，是否授权和是否接受委托是双方的一种权利，任何一方不得强迫对方授权或接受委托。

3. 保险公司与保险代理公司形成竞争关系

目前，中国许多专业代理公司业务艰难，保险公司与专业代理公司之间不是合作关系，而是竞争关系。对于处于起步阶段的保险代理公司而言，保险公司规模大、实力雄厚，根本不是其竞争对手。这种现状对中国保险业的产业化发展和专业化发展是极为不利的。因此，当务之急是一方面理顺保险公司与保险代理公司的关系；另一方面，积极培育保险中介机构主体，通过政策和法规指引，引导保险公司经营理念和经营模式转变，引导保险产业化、专业化发展。

4. 保险委托代理关系中，相对人（被代理人）的利益可能与中介机构出资方利益相冲突

保险公司是保险代理人的被代理人，当保险代理机构的大股东是投保方时，保险代理机构是代表被代理方——保险公司的利益还是代表资本方——作为投保人的股东

的利益，就存在冲突。特别是中国目前许多代理机构的代理业务主要来自股东时，被代理人的利益能否得到保护就存在置疑。与此类似，当保险经纪公司的大股东是保险公司时，被代理方——投保人的利益可能与中介机构出资方利益相冲突。

（二）中国保险中介市场机制作用未充分发挥

到目前为止，中国对保险中介的研究、运作及其管理，主要是建立在将保险中介人作为保险市场的一方当事人的层面上，并未将其纳入保险中介市场，市场机制的作用在保险中介领域未得到有效的发挥。主要表现为：

1. 中国保险中介市场上价值规律作用被“挤出”

目前，中国保险中介服务的价格（保险代理服务和保险经纪服务的佣金）不是根据保险中介人提供保险中介服务的社会必要劳动时间决定的，而是由需求方——保险公司决定的，保险中介服务的价格表现为保险公司在保险产品定价中预定的佣金比例。保险公司对保险产品的定价（费率厘定），是根据中国有关管理规定，将保险代理和经纪服务所需支付的佣金开支，以附加费的形式预先确定下来，作为费率的构成部分，并未充分考虑保险中介人提供保险中介服务的成本。

以保险代理人佣金价格形成为例，中国现行对保险代理服务的佣金标准的政策规定主要是《保险公司财务制度》第四十六条规定及财政部 1996 年对中国人民保险公司《关于报送〈个人代理、营销业务财务管理和会计核算办法〉的函》中会计核算办法问题的批复和中国保监会于 1999 年年初的规定：个人寿险保单支付的直接佣金不得超过 4%、期交保费方式的直接佣金总额占保费总额的比例不得超过 5%。各家保险公司根据这些规定，确定不同险种的代理佣金比例。这种定价方式完全未考虑保险代理人——保险中介服务供给方的实际成本，没有体现不同保险代理人、不同险种的保险中介服务成本的差异性，明显有悖于价值规律的要求，对保险中介市场发展的制约作用凸显。事实上，专业代理、兼业代理和个人代理所提供的保险代理服务的特点不同，成本构成也不相同，统一按一种标准定价，挤出了价值规律作用的空间，使保险中介服务的价格不能作为一种利益引导机制和市场状态信号，未充分发挥其在引导和均衡保险供求关系方面的功能。

保险中介市场价值规律的“挤出”必然会引起市场失灵。一方面，保险中介价格不能发挥“信号”作用；另一方面，保险中介人在价格决定中的“无所作为”，在追求最大化利益时，就可能做出对保险公司不利的选择，包括截留保险费、充当“保险人”而将保险公司作为自己的再保险公司等。

2. 供求规律在保险中介市场难以发挥作用

中国保险中介资源的流动并不完全是由供求规律调节实现的，保险中介供给与需求呈现结构上的不均衡。目前，保险公司对个人保险代理人和兼业保险代理人的需求旺盛，对专业保险代理人需求相对不足。从个人保险代理人来看，保险公司的人海战术陷入“增员——脱落——再增员——再脱落”的怪圈，体现了其对个人代理人的旺盛需求。而个人代理人的高流失率则是对这一需求的回应。根据广西保监局对“营销员高脱落”原因的分析，其中既有考核体制、内部管理、增员素质的原因，也有实习期佣金、税赋政策的原因。据调查，营销员在实习期月平均收入（以前 6 个月平均收入计）基本在250～400元之间，前6个月总收入为2 400元；前6个月的支出为展业费600元（=100元×6）、培训及教材费100元、考证费140元，合计支出为840元。则该营销员前6个月总的纯收入为1 560元（=2 400元－840元），月均纯收入260元，远低于南宁市现行的职工最低工资标准（460元）。可见，保险中介服务价格与价值的背离是导致供求失衡的一个重要原因。

对个人代理人的巨大需求与中介机构的艰难处境形成鲜明的反差。中国保险代理机构近年来虽快速增长，但保险专业代理公司处于艰难的起步阶段，并没有成为保险市场销售的主要力量，业务规模在保险费收入中不到2%，这与保险公司对保险代理公司提供的中介服务需求不足有密切的关系。中国中资保险公司尚处初级发展阶段，经营理念相对传统，忙于经营技术、市场活动和生存发展培育，注重保险业务的“自产自销”，或由自己能高度掌控的个人保险代理人、或由具有客户优势和信息优势的兼业代理人“代销”，可见，中国保险产业化发展观念的缺位成为供求失衡的重要原因。

3. 竞争规律在保险中介市场的作用未充分发挥

在中国保险中介市场上，存在着不同的保险中介主体，如保险代理人、保险经纪人，他们作为保险买卖关系的中间人，都是以投保人的投保需求为基础，他们之间必然存在一定程度的竞争；在同一保险中介内部，也存在不同形式的保险中介人，如在保险代理人中，有保险代理公司、兼业代理人、个人保险代理人，他们之间为争夺共同的客户，必然有激烈的竞争；此外，在同一保险中介内部不同的利益主体，如保险代理公司之间、保险经纪公司之间及个人保险代理人之间，也存在着激烈的竞争。然而，在中国保险中介市场上，竞争规律并未发挥应有的作用，主要表现是：

（1）不正当竞争表现突出

根据《中华人民共和国反不正当竞争法》的规定，不正当竞争行为是指损害其他经营者的利益，扰乱社会经济秩序的行为。目前，在保险中介内部不同的利益主体，如保险代理公司之间、保险经纪公司之间、个人保险代理人之间存在着竞争，其中，个人代理人之间的竞争尤为激烈，不正当竞争表现突出，如互相诋毁所代理的公司形象、相互攻击所代理的保险产品等。保险代理中的不正当竞争行为具有侵权方式的复杂性和手段的隐蔽性等特点。从侵权方式的复杂性上看，既有单独侵权，如代理人利用不正当竞争方式来损害其他保险代理人的利益，也存在联合侵权，如保险公司和特定代理人联合侵犯其他保险公司的利益，或保险代理人与第三人（如个别企业主管或财务负责人）串通，侵害保险公司和客户的利益。从侵权手段的隐蔽性看，有的个人保险代理人代客户签名、诱导客户作不真实的告知等，投保人往往难以识别。保险代理实践中各种不正当竞争行为不仅危及保险代理秩序，损害竞争对手的利益，还会严重损害投保人或保险公司的利益。

（2）不充分竞争依然存在

竞争不充分即竞争的弱化，意味着存在一定的垄断行为。目前，中国保险中介领域的垄断现象主要表现在行业垄断，主要体现在兼业代理业务中，许多兼业代理人利用对特定行业的控制，使得其他代理人无法介入。

第三章 “十一五”期间中国保险中介市场发展战略

根据现代管理理论，战略研究的核心在于客观评价目前所处的发展态势，科学预测未来的发展方向，采取有效的措施来实现预期的目标。为此，制定“十一五”保险中介市场发展战略应以上述理性思维为基础，从长远性、全局性、根本性上去把握保险中介市场的自身特点和发展的规律性，解决三大问题：首先是确认中国保险中介市场发展的现状及其所处外部环境；其次是确立保险中介市场发展的战略目标，定位“十一五”保险中介市场发展的指导思想和战略目标；第三是确定“十一五”保险中介市场发展的战略重点和战略措施。

第一节 中国保险中介市场发展的战略依据

一、目前中国保险中介市场所处的发展阶段

上述有关分析表明，中国目前保险中介市场的发展态势是：保险中介近年来快速发展，对保险公司的业务发展起到了巨大的推动作用，但保险中介市场仍然处于发展的初级阶段。表现为：(1) 保险中介市场的整体发展水平较低。(2) 保险中介专业人才和管理人才稀缺。(3) 保险中介主体不稳定，保险中介行为不规范。(4) 保险中介法规制度建设有待进一步完善。(5) 保险中介市场内部发展不均衡。

二、中国目前保险中介市场存在四个亟待解决的问题

(一) 保险中介诚信问题

保险中介诚信是一个关系到保险中介行业发展的重大问题，也是关系到保险业发展的重大问题，目前中介诚信的缺失尤为突出，亟待解决。

(二) 中介人才匮乏问题

专业中介人才的匮乏是制约保险中介发展的突出问题。

(三) 保险中介关系的调整问题

目前多元化的保险中介关系被一元化或模糊化，亟待向清晰的多元化关系回归。

(四) 保险中介发展的环境问题

急需建立适合保险产业化发展氛围的环境。

三、“十一五”期间中国保险中介市场发展面临的环境

（一）保险中介资源在全球范围内配置

保险中介市场在国际化、全球化的背景下发展。“十一五”计划的第一年，即2006年，中国保险市场的开放处于深度开放的后过渡期，第二年，即2007年，中国保险业迈出五年的“保护期”，国外保险经纪公司和其他保险中介机构将以各种形式成为中国保险中介市场的参与者，国际上先进的保险经营规则和理念将全面传播到国内，这些将为中国保险中介业加快与国际中介市场接轨提供了良好的机遇。

（二）中国保险中介市场发展的基础条件进一步改善

1. 中国市场经济体系进一步完善

市场中介是市场经济发展的产物，与市场经济的发育程度高度相关。在市场经济发达的情况下，交易范围、交易规模迅速扩大，交易复杂程度大大提高，社会分工协作日益细致，市场经济体系的进一步完善，必将产生通过他人代为进行民事活动的需求，从而推动中国市场中介的发展。

2. 保险公司的集约化经营为保险中介的发展创造巨大的空间

伴随着中国市场经济的发展，中国保险业必然得到相应的发展，而保险业的发展必然为保险中介业拓宽空间；随着国民风险意识和保险意识的不断增强，投保人对风险管理和保险需求的程度和层次也将逐步提高，对专业化保险中介服务的需求必然会相应扩大；随着中国保险市场上保险人数量的进一步增多，在市场竞争和自身生存发展的压力和动力的双重作用下，保险公司必然会转变经营观念，按照市场经济条件下的专业化分工规则，集中精力抓好核保、精算、险种开发、成本控制、保险资金运用与管理等工作，而将部分展业、理赔工作让位于保险中介。

3. 与保险中介相关的法律制度将进一步健全

《民法》、《经济合同法》、《劳动合同法》以及社会保障制度、财税制度等将进一步完善，这将为保险中介市场的发展创造良好的外部环境。

第二节　保险中介市场发展的指导思想和总体思路

“十一五”期间，中国保险中介市场发展应以科学的发展观为指导，以保险产业化发展为导向，借鉴国外保险中介发展的经验，充分发挥市场机制的作用，采取分步实施战略，促进保险市场体系的完善。

一、坚持科学的发展观

发展观是关于发展的本质、目的、内涵和要求的总体看法和根本观点。不同的发展观有着不同的发展模式、发展道路和发展战略。科学发展观是“十一五”期间中国社会经济发展的根本指针，也是中国保险中介市场发展的指针。坚持科学发展观必须坚持协调发展、可持续发展和以人为本的发展理念。

（一）保持保险中介市场与保险市场的协调发展

在保险中介市场发展的过程中，应充分发挥市场机制的作用，坚持保险中介市场与保险市场协调发展的原则，从中国保险中介市场的现实出发，立足于服务保险市场发展的全局，不断提高保险中介的服务水平，并通过保险中介市场的发展促进保险市场体系的完善。

（二）坚持可持续发展

可持续发展是一种内涵型、质量型、精密操作型的高层次发展模式，因此，实现保险中介市场的可持续发展应注重培育保险中介主体的两种能力：一是内部的发展能力，它主要由保险中介市场发展系统的人力、物力、科学技术和系统内的协作联合组成，是由保险中介发展系统的结构与功能所决定的发展能力；二是外部发展能力，包括政治、经济、社会和文化等方面。应在未来的发展中，立足于上述两种能力的培育，实现保险中介的可持续发展。

（三）坚持以人为本的发展思想

以人为本，就是一切从人们的需求出发，促进人的全面发展，实现人们的根本利益。以人为本是保险中介市场科学发展观的核心和本质，是保险中介活动的出发点和归宿，也是保险中介行业为全面建设小康社会服务的内在要求。保险中介市场的交易对象是一种典型的服务——中介服务，无论在保险中介服务之中还是在对保险中介业的管理之中，都应牢固树立以人为本的发展思想，培养和造就高素质的保险中介队伍，为保险买卖双方服务。

二、以保险产业化发展为导向

以保险产业化发展为导向，就是要将保险中介发展纳入保险产业化发展战略，立足于建立科学的保险产业链关系，制定保险中介政策，调整保险中介关系。

（一）按照保险产业化发展的要求，在保险中介市场发展中，必须坚持市场观

“十一五”期间，中国保险市场将进入世贸组织后的发展时期，运用市场手段之外的手段在中国中介业发展中将难有作为。因此，应充分运用市场机制提高保险中介市场资源配置效率。

（二）按照保险产业化发展的要求，在保险中介发展中，应立足于建立保险产业链关系，牢固树立服务观、创新观和效益观

首先，保险中介人服务于保险市场的买卖双方，即为保险买卖双方提供中介服务，保险中介市场的发展必须服务于保险市场的发展，并通过自身的业务创新、服务创新和技术创新促进保险业的发展。此外，保险中介的发展还应树立效益观，并坚持在谋求发展和提高中介服务质量的基础上讲效益，真正实现内部经济效益和外部社会效益的统一。

三、充分借鉴国外保险中介市场发展的经验

各国在保险中介发展中分别建立了各具特色的保险中介模式，从总体上看，以下三个方面的经验值得借鉴。

（一）根据保险中介发展环境和条件选择保险中介模式

保险业发达的国家，都是根据市场环境、保险业发展阶段、业务性质特点选择中介模式。如美国形成了以保险代理人为主体的中介市场模式；英国是以保险经纪人为主体的保险中介模式；日本也采取了以保险代理人为主的保险中介模式，但与美国的代理制有明显的不同。各种中介市场体系都与本国的经济、社会、文化及保险业发展环境相适应，对保险业务的发展起到了重要的推动作用。

（二）根据保险业及保险中介的发展不断丰富和完善保险中介制度

各国保险中介制度是在长期实践中逐步完善起来的，以下三项制度内容值得我们充分借鉴：

1. 科学的资格认定、等级考核和培训制度

各国根据各自保险市场的要求设置了多种类、多层次的资格认定与等级考试制度，建立了完善的保险中介人培训体系。

2. 严格的保险中介行为规则

各国普遍建立担保制度、反不正当营业行为制度、佣金以及财务信息披露义务和客户投诉制度。由于个人中介人管理难度大，各国保险监管机关都要求个人中介人参加职业责任保险或者交纳营业保证金。

3. 合理的保险中介人组织形式和薪酬支付形式及标准

各国的保险中介人的组织形式主要有个人中介和承担有限责任的中介公司两种。中介人佣金一般是由当事人自由协商、自律或由监管机关进行监督。佣金有由首期和续期佣金向均衡佣金发展、比例提取向服务费制发展的趋势，一些保险公司还探索制定保险中介人参与保险公司利润分配的制度。各国都将保险中介人的薪酬与其资格等级制度相结合，以调动保险中介人提高自身业务素质的积极性。

（三）建立政府监管和行业自律相结合的保险中介市场管理体系

各国除了由保险监管机构对保险中介人进行监督和管理外，还通过不同的方式建立了有关保险中介人注册登记、颁发执照、佣金支付、广告宣传的各项法律和制度。此外，各国都设有相应的行业自律组织，制定行业自律条例及守则，负责从业资格的审查、考试的组织、佣金的管理及日常行为的监督，同时建立保险中介人信息档案库，并接受社会公众对保险中介人的查询和投诉。

第三节　保险中介市场发展的战略步骤和战略目标

由于中国保险中介市场发展处于初级阶段，因而保险中介市场发展的战略目标既要有现实可行性，又要有前瞻性。战略目标应分阶段推进，将保险中介市场发展目标界定为终极目标和中间目标。战略步骤安排可从规范保险中介市场要素和完善保险中介市场发展环境入手，在“十一五”期间实现中间目标，通过2~3个五年规划逐步实现终极目标。

一、中国保险中介市场发展的终极目标

中国保险中介市场发展的终极目标是通过建立完善的中介市场体系，促进保险产

业的发展。完善的保险中介市场体系有其特定的内涵：

（一）完善的保险中介市场体系是多层次市场体系

多层次标志着有多元化的、与保险中介需求相适应的保险中介供给体系。根据中国国情，应建立以保险代理人为主体，辅之以保险经纪人、保险公估人的保险中介模式。各类保险中介人都应以公司法人形式为主，自然人形式为辅。保险代理模式应以专业代理机构为主体，个人代理人、兼业代理人并存。

（二）完善的保险中介市场体系是开放的市场体系

开放标志着中介市场的进入和退出的规范化，保险中介资本的多元化。鉴于保险中介机构一般资本金要求较低，主要是技术、人才相结合的组织，可借鉴其他市场中介机构的组织形式，采用合作制、合伙制及有限公司制等多种企业组织形式，吸引更多的资本进入保险中介市场。

（三）完善的保险中介市场体系是具有科学调控体系的市场体系

包括完善的保险中介法规、科学的监管和有效的自律。在科学的规章基础上，运用有效的监管方式和手段，与保险中介自律相结合，保证保险中介市场健康发展。

二、“十一五”期间保险中介市场发展的目标

如果说保险中介市场发展的终极目标需要两个乃至三个五年计划才能实现，那么“十一五”期间的发展目标则应是实现终极目标的阶段性目标——中间目标。根据保险中介市场发展的现实起点和未来终极目标，“十一五”期间应实现以下五大中间目标：

（一）保险中介行为（服务）的规范化

规范的保险中介市场行为是完善的保险中介市场的标志。只有规范的中介市场行为才能保证其中介服务的质量，才能以此刺激保险中介服务的需求，为其未来发展拓展空间。“十一五”期间，应加大规范保险中介市场行为的力度，力争实现保险中介行为（服务）的规范化，为完善的保险中介市场体系创造良好的自身条件。

（二）保险中介服务价格市场化

保险中介服务价格市场化是保险中介市场化发展的必然结果，也是市场机制作用的具体体现。通过市场机制确定保险中介服务的价格，可有效地协调保险中介市场关系，防止出现价格外的寻租现象。未来五年，应着力于建立完善的中介服务价格体系，使保险中介服务的价格成为引导和均衡保险中介服务供求关系的信号。

（三）保险中介市场供给主体的多元化

保险中介市场供给主体类型的多元化，应涵盖保险代理人、保险经纪人和保险公估人，保险代理应以专业代理机构为主体，个人代理人、兼业代理人并存并保持协调发展，法人形式与自然人形式的中介人协调发展；保险中介机构资本的多元化，鼓励多元化资本的进入，扩充保险中介资本规模；保险中介机构形式的多元化，允许多种法人形式的中介机构并存。

（四）加快保险中介从业人员的职业化、专业化进程

完善的保险中介市场要求从业人员既具备全面的专业知识和较高文化素养，又熟悉保险市场，深谙保险中介技术及操作流程，有严格的职业标准和良好的职业形象。

保险中介从业人员的职业化和专业化是建立完善的保险中介市场体系的基础条件，难以一蹴而就。因此，“十一五”期间，应着力于加快保险中介人员专业化、职业化的进程。

（五）提高保险中介监管的科学化程度

监管的科学化包括监管理念、监管法规、监管手段和技术的科学化。根据中国目前的现状，应致力于进一步提高科学化程度。在监管理念方面，应以保险产业化发展为指导，贯彻科学发展观，重视监管与自律协调，发挥政府的“无形之手”与市场“有形之手”在保险中介市场发展中的作用。在法规制度建设方面，加快与保险中介发展相关的管理规章及其实施细则的制定，协调现有规章制度之间的矛盾；在监管手段和技术方面，应充分运用现代信息技术。

第四节　保险中介市场发展的战略重点和战略措施

根据中国保险中介市场仍处于发展起步阶段，保险产业链不协调这一现实，为实现上述战略目标，“十一五”期间应围绕以下六大战略重点，制定相应的战略措施。

一、加强保险中介市场的诚信建设

市场经济是信用经济，诚信是保险中介生存之本。面对目前保险中介领域的信用缺失问题，“十一五”期间，应将保险中介市场诚信建设作为战略重点之一。可采取的战略措施是：

（一）加快保险中介市场信息化建设的步伐，建立保险中介人信息披露制度

诚信问题产生的客观基础就是信息不完全和信息不对称，通过保险中介市场信息化建设，广泛收集管理保险中介市场的相关信息，并通过信息披露减少信息不对称性，从而均衡保险中介市场各方的信息优势与劣势，减少保险中介市场信息优势可能产生的不诚信行为，保护买卖双方的利益。

保险中介市场信息化建设可从以下几个方面着手：保险管理部门应加快建立全国保险中介监管信息系统，规范保险中介市场信息指标体系；保险协会（保险中介协会）建立保险中介市场信息库，负责收集保险中介人的信息资料，并接受保险人、社会公众网上查询或电话查询；保险中介机构、保险公司应根据全国保险中介监管信息指标体系建立保险中介人信息档案，并与保险协会（保险中介协会）的保险中介信息库联网，保证信息的充分流动与信息共享。在信息化建设中，应与“黑名单”制度的完善相结合，有效发挥“黑名单”的警示作用。

（二）建立保险中介机构的资信评估制度

建立保险中介机构的信用评级制度，有利于强化保险中介机构对自身信誉形象的培育，使信誉形象不好的保险中介机构被自动淘汰。

具体实施办法是由社会上权威的资信评估机构作为评估主体，对各类保险中介机构进行资信评级，评估的内容不同于一般企业围绕筹资和偿债能力进行评估，而是重点围绕企业信誉，包括高级管理人员的素质、从业人员的专业技术能力、履约情况、

市场业务量占有率等。对达不到信用等级的保险中介公司，限制其业务或责令其终止业务。同时，对保险中介机构的信用评级结果及其相关信息进行披露，接受社会监督。

（三）加强道德教育，强化保险中介管理规定的执行力

在保险中介市场诚信建设中，还应加强道德教育。诚信问题产生的主观原因可归纳为道德因素，通过道德教育和职业教育提高道德水平。与此同时，强化保险中介行为管理规章的执行力，避免有法（规）不依、执行不力的问题，确保有令必行，有禁必止。

二、强化保险营销员管理

（一）保监会制定保险营销员管理规则

目前，保险营销员是多种身份营销人员构成的群体，包括个人代理人、保险公司的销售人员和两者之外的“边缘人”，他们都从事保险营销工作，其行为规范有共性，因此，应出台以各类保险营销人员为管理对象的管理规则，避免出现管理“真空”。

具体管理规章可借鉴中国台湾地区对保险业务员的管理办法，在保险营销员的身份与资格、教育培训、行为规范、奖惩办法等方面进行规范，保证保险营销员的规范发展。

（二）保险公司应进一步规范对保险营销员的管理

由于目前保险营销员主要是由保险公司进行管理，因此，保险公司对各类保险营销员应从以下四个方面入手加强管理：

第一，建立保险营销员风险预警系统，从续保、收费效率、新单质量等方面进行跟踪，将可能存在违规行为的保险营销人员纳入预警范围，对可能存在问题的保险营销人员进行预警提示和追踪查处，以尽早发现风险隐患；

第二，建立科学的绩效考核机制，引导分支机构在队伍建设上走精兵强兵之路，在队伍培训上遵循人才培养的客观规律，加大培训投入，重视基层营销管理人才的培养；

第三，设置合理的增员标准和科学的增员机制，运用科学的甄选手段，把好营销员的“入门关”与“质量关”，不搞“全员增员”，不搞单纯的“人头奖励”，将新增人员“量”与“质”（持证率、转正率、留存率等）的考核结合起来作为“增员奖”的发放标准；

第四，探索寿险营销员的佣金分配制度改革。

高首期佣金分配制度是寿险营销员的短期行为的制度诱因之一，因此，应探索建立均衡佣金制度，延长佣金给付时间，以强化寿险营销员的长期服务意识，引导其职业化发展。这种改革既符合国际市场中介佣金改革的潮流，也可作为中国解决高流失率的有效手段。

（三）切实保护保险营销员的利益

在强化对保险营销员管理的过程中，应注重对保险营销员利益的保护。绝大多数保险营销员与保险公司不是劳动合同关系，保险营销员是接受员工式的管理，无法享受员工式的待遇，不能依据《劳动法》享受劳动保险和社会保险中的基本养老、基本

医疗保险，利益的缺位必然引起高流动性和短期行为，不利于中介职业化发展。

为此，应运用多种方法保护保险营销员的利益，尤其是在对保险营销人员的身份定位中，可进行以下探索：

方法之一是保险公司成立专属代理公司，将一部分保险营销员剥离出来，成为代理公司雇员，从事保险销售工作。该种转型方式既可作为保险公司进行集团化经营战略的有机组成部分，又可以在不影响原保险公司业务的情况下，实现保险营销员的平稳转型。目前，新华人寿保险公司的探索值得推广。

方法之二是成立保险代理公司、保险经纪公司，引导保险营销员流向保险代理公司和保险经纪公司，成为这些中介公司的员工。由于保险公司失去了对原有业务的掌控，因而，对保险公司的业务有可能产生一定的影响，因此这种方式只能根据市场的发展需求循序渐进。

在这两种探索中，由于保险营销员与代理公司（中介公司）签订劳动合同，有固定的底薪，同时享有国家规定的社会福利保障，可有效解决因为身份问题无法获得劳动保险和社会保险权益问题。

三、理顺保险中介关系

理顺保险中介市场有关各方的关系，是实现保险产业化发展必须解决的重要问题，应以保险中介理论为指导，建立多元化的保险中介关系。

（一）强化保险中介市场的“买卖关系”意识

保险中介服务的供求双方围绕保险中介服务的买卖，形成中介服务的买卖关系。根据市场机制规律，应高度重视中介服务价格的市场化，使保险中介服务价格能充分反映中介服务的成本、质量，发挥中介服务价格的信号作用。

（二）建立保险产业中的“横向协作链关系”

由于保险公司与保险代理人在保险产业链中的产销关系，因此，应在利益分割中兼顾产销双方的利益；在保险经纪人与投保人的协作中，应充分保护投保方的利益。

为进一步强化横向协作链关系，可采取资本融合方式。鉴于保险代理人代表保险公司的利益从事保险代理活动，保险经纪人代表投保方的利益，因此，应鼓励保险公司资本与保险代理公司资本的融合，投保人的资本与保险经纪公司资本融合，使两者之间形成更加紧密的利益关系，强化保险产业链。与此同时，为避免保险中介公司陷入同时代表资本方利益与代表中介业务利益的矛盾处境而背离其特定的中介地位，应对保险公司资本与保险代理公司的资本融合、投保人与保险经纪公司资本的融合进行公示，使其接受社会监督。

（三）进一步完善保险中介领域的“委托代理关系”

对于保险公司与保险代理人、投保人与保险经纪人之间的委托代理关系，应严格按照代理合同进行规范。在代理合同中，应明确授权范围、时效和代理双方的权利义务，特别是在个人代理人的合同管理中，避免将劳动合同规范的内容纳入代理合同，使代理合同成为规范委托代理关系的依据。

四、积极培育中介机构主体

随着中国保险中介产业化发展，保险中介机构将成为保险中介市场的重要力量。为此，“十一五”期间应将对中介机构的培育作为一个战略重点，具体措施可从加强中介机构法人治理、内控制度建设和完善保险中介市场的准入、退出制度两方面入手。

（一）加强中介机构公司治理和内控制度建设

中国保险中介机构处于发展的起步阶段，普遍存在公司治理不健全、内控制度缺失、经营者的行为缺乏监督和制衡机制、业务发展延续粗放式经营模式、财务管理不严格、缺乏良好的用人机制、员工稳定性不足等问题。这些都是公司治理和内控制度不健全的必然结果。强化保险中介公司的内控制度建设可采取以下三项具体措施：

1. 保监会制定《保险中介机构公司治理指引》和《保险中介机构内部控制指引》，督促保险中介机构建立和健全公司治理和内部控制制度

使保险中介企业的所有者、董事会、监事会和高级经理人员形成一定的制衡关系，确保相关法律规定和规章制度的贯彻执行；确保保险中介机构发展战略和经营目标的全面实施和充分实现；确保风险管理体系的有效性；确保业务记录、财务信息和其他管理信息的及时、真实和完整。

2. 明确现阶段中国保险中介机构风险控制的重点

目前，中国保险中介机构处于起步阶段，也是快速发展阶段，潜伏着一定的风险。风险控制的重点应放在业务风险、财务风险和道德风险的控制三个方面。

在业务风险控制方面，应严密控制风险集中的关键环节，按照专业化管理要求，根据中介业务风险程度制定管理规范，加强单证、收费管理，防范业务经营中的操作风险。

在财务风险控制方面，建立完善的稽核审计体系，完善专业监督检查制度；严格按照现行规定，建立独立账户，减少发生保险中介机构挪用、侵占客户资金或代收保费的风险；建立垂直领导的内部审计、内部稽核审计、效能监察等制度，完善内控制度体系。

在道德风险控制方面，严格贯彻《保险代理从业人员职业道德指引》、《保险经纪从业人员职业道德指引》和《保险公估从业人员职业道德指引》，通过经常性的职业道德教育和深入细致的思想政治工作，提高中介从业人员的道德水准和政治素质，从源头上控制道德风险的发生。

此外，还应借鉴国际先进经验，运用现代科技手段，逐步建立覆盖所有业务风险的监控和评价预警系统，并进行持续的监控和定期评估。

（二）进一步完善保险中介市场的准入和退出制度

在市场准入方面，应注重资本金、人员、管理制度这三个主要方面：一是资本金必须真实、足额、到位；二是高级管理人员和从业人员必须符合要求；三是必须有严格规范的管理制度。保险中介机构直接面向社会公众，服务质量和信誉极为重要，这就要求必须有严格的内部管理和执业规范。这既是机构自身生存发展的需要，也是维护市场秩序和保护投保人和被保险人利益的需要。

在市场退出方面，应将重点放在市场退出条件的制定和实施方面，确保解散条件、撤销条件和破产条件符合保险中介行业特点。同时，保证退出机制透明、畅通。只有保持透明畅通的退出渠道，将经营不规范、不能适应市场竞争规则的保险中介机构淘汰出市场，发挥市场的自我清洁功能，才能建立一个进退有序、良性循环的市场。

五、加快保险中介职业化和专业化进程

保险中介从业人员职业化意味着有一支高素质的保险中介队伍，有明显的保险中介职业特征和严格的职业标准和品行规范。从人才素质的角度来讲，职业化就是为了达到职业要求所要具备的素质和追求成为优秀职业人的历程。职业化与专业化是紧密联系在一起的。由于职业化和专业化需要相应的时间，不可能一蹴而就，因此，“十一五”期间应采取以下战略措施，加快保险中介职业化和专业化进程：

（一）建立保险中介人等级资格考试制度

在现有资格认定制度的基础上，应尽快建立等级资格考试制度。由于不同的保险中介人从事的业务不同，销售的保险产品性质不同，面对千差万别的客户群，销售方式和手段也存在很大差别，单一的资格认定不能满足实际要求，有必要实行等级资格考试制度：

对保险代理人而言，应实行分类等级资格考试。首先，有必要实行产险和寿险两种类别的资格考试。其次，对从事寿险代理的保险代理人实行分级资格考试，即从事一般寿险产品销售代理的代理人只需取得初级寿险代理资格即可；从事投资类保险产品销售代理的代理人在取得初级代理资格之后，还必须取得高级代理资格。

对保险经纪人也应实行分级考核。由于技术水平和服务水平是保险经纪人最具实力的竞争手段，因而，对保险经纪人实行分级考核，有利于促进保险经纪人整体素质的提高。可实行初级经纪人资格和高级经纪人资格制度。初级资格保险经纪人，可以受企业或客户的委托，根据客户实际情况和需求进行产品询价、制订保险方案，为客户提供合适的产品和服务；高级资格保险经纪人，还应该针对企业和客户的特点，提供“一揽子”的风险保障计划和服务，甚至还可以为企业提供风险评估与风险管理计划。

（二）建立职业责任保险制度

要实现保险中介的职业化发展，必须有效控制保险中介职业风险。无论是以法人形式存在的中介机构还是以自然人形式存在的保险中介人，都面临责任风险。一般职业风险的控制是实行职业责任保险和担保金制度。在中国目前的经济条件下，由于担保金制度受交费能力和积累规模的限制，因此选择实行职业责任保险，转嫁中介职业责任风险。

（三）加强保险中介人持续培训制度建设

保险中介人员的素质直接关系到保险中介的健康发展。因此，建议一方面将保险中介高管人员纳入保险机构高管人员培训计划之中；另一方面督促保险中介机构自身加强对其员工的业务培训和职业道德教育，提升员工整体素质。将保险中介人持续培训制度与保险中介人等级资格考试制度相结合，是实现保险中介职业化和专业化的重要保证。

六、强化保险中介行业自律与监管

“十一五”期间，中国保险中介市场仍处于初级发展阶段，必须加强管理。在中介行业自律与监管方面可采取以下战略举措：

（一）设立并充分发挥中介自律组织的作用

中国的保险同业协会基本属于保险人协会。虽然2002年3月已经成立了保险中介工作委员会，但各地尚未成立保险中介人协会。因此，为提高市场规范程度，“十一五”期间，应根据各类保险中介人的发展情况，在有条件的地区分别设立保险代理人协会、保险经纪人协会和保险公估人协会作为保险行业协会的分会或成员，负责保险中介人的自律管理和协调保险中介人与国家、保险人、投保人等多方的关系。国外保险中介发展的实践表明，保险中介同业协会能有效弥补政府宏观监控和保险公司微观管理的不足，通过市场和同业舆论对保险中介行为加以调节和引导，克服和制约同业间恶性竞争带来的不良后果，保持中介市场稳定发展。

（二）理顺保险中介市场监管与自律的关系

市场管理的目的就是要提供公平竞争的市场环境，提高市场透明度，以确保信息通畅。为此，必须建立一套严格的政府监管与行业自律监管相结合的中介市场管理体制。在目前中国保险中介市场尚未发育完善的条件下，市场监管主要依赖于保险监管部门，应继续加强这方面的管理力度。同时也不可忽视行业自律的作用，行业自律是政府监管的重要补充，是保险中介制度正常运行的重要保证。自律组织不仅应通过制定一系列的行业自律条例及守则、从中介人的业务专业水平、销售职业道德、日常行为规范等方面来对其加以约束，而且还可以负责对保险中介人从业资格的审查、考试的组织、佣金的管理及日常行为的监督，配合保险监管部门发挥应有的作用。

在“十一五”期间，只要以科学的发展观为指导，顺应保险产业化和保险中介市场化发展的要求，保险中介将有效地发挥“吸附作用”、“扩张作用”和“增效作用”，成为做大做强中国保险业的重要“助推器”。

参考文献

1. 吴定富:《中国保险业发展改革报告》，北京，中国经济出版社，2004。
2. 刘冬姣:《保险中介制度研究》，北京，中国金融出版社，2000。

中国保险资金运用问题及投资制度创新

中国国际金融公司研究所课题组

课题负责人：周　光
课题组成员：周　光　毛军华

第一章 问题的提出

近两年来，保险资金的运用一直是理论界和保险业的共同话题和关注焦点。随着中国保险业的迅速发展，可运用的保险资金的总规模不断扩大，如果不能以较高的投资收益弥补潜在的、日益增大的承保亏损和利差损，保险业将面临被动局面。随着中国加入世贸组织、外资保险公司的进入及产生的竞争，也迫切要求中国保险公司提高保险资金的投资收益，从而能够降低保费、减轻保户负担、提高自身应付风险和承保的能力，进而提高竞争力。

从对比的角度看，发达国家的保险保障制度相应发达，居民储蓄率普遍低于10%，而中国“银行大、保险小”，保险业发挥的金融作用不够。据调查，银行储蓄中以养老、教育、防病、防失业为动机储蓄约占一半，这些长期资金与保险需求具有很强的相关性和可替代性。随着中国的工业化进程和国民经济的发展，保险业在金融资源配置中有发挥作用的巨大的空间，这也要求保险业具备资源优化配置的能力。

第二章　中国保险资金运用存在的问题分析

自 1980 年国内保险业务恢复以来，中国保险资金的运用在初期无投资或忽视投资，保险公司的资金基本上进入了银行，形成银行存款；1987～1995 年，保险资金大量进入房地产、有价证券、信托，甚至借贷，无所不及，形成大量不良资产，表现为一种无序投资；1995 年以后，随着《商业银行法》、《保险法》、《证券法》的先后颁布，金融行业形成了分业经营、分业管理、金融各子市场分割的严格分业模式，此后逐渐放开对保险行业投资的限制保险资金运用进入逐步规范阶段。

目前中国的保险资金运用存在的明显问题，主要体现在：

一、保险资金的收益率明显偏低

有关统计数据显示，2002 年全国保险业保费收入达 3 053 亿元，比上年增长 44.3%。但保险资金运用却不理想，收益率呈下降趋势：2001 年保险资金平均收益率为 4.3%，2002 年减少至 3.14%，2003 年有所好转，但 2004 年上半年又出现下滑。保险资金运用收益率不高的主要原因是由于外部环境的约束和政府的管制以及保险资金运用渠道狭窄并且存在较大的风险。

当前中国保险资金的运用限于银行存款、买卖政府债券、买卖金融债券、买卖中国保监会指定的中央企业债券、国债回购、买卖证券投资基金。但到目前为止，中国保险公司的资金运用主要还是银行存款。由于利率深幅下挫，尽管最近有所上升，但银行存款的利率仍不能满足保险资金增值的需要。政府债券是保险资金的另一个主要投放渠道，而债券市场风险凸显，交易所二级市场价格波动幅度接近 20%；在中国的证券市场，由于结构性和市场基本面的原因，正经历漫漫熊市，各证券投资基金价格大幅下跌，对各保险公司的业绩影响很大。

二、资金运用规模迅速扩大，资金运用压力明显增大

2002 年，保险业实现保费收入3 053.1亿元，总资产达6 494亿元，保险资金运用余额达5 799亿元，同比分别增长 44.7%、41.4%和 56.6%。在资金运用规模不断扩大的同时，资金运用的集中度也不断提高。例如，中国人寿的资金集中度从 2001 年的 77%提高到 2002 年的 88%。保费的快速增长以及资金集中度的提高，导致资金运用的压力增大，巨额资金需要寻求出路。数据表明，目前除了协议存款、债券、基金等投资品种之外，保险业未得到有效利用的资金高达1 641亿元，占可运用资金余额的 28.3%。

三、保险资金运用的潜在风险不断积累

现有资产组合的利率风险较高。从目前保险公司投资的资产结构看，银行存款、债券加上回购在总资产中的占比高达91.52%，这些固定利率产品利率敏感度很高，受货币政策和利率走势的影响十分明显。

资产负债失配现象严重，存在着较大的再投资风险。保险资金中80%以上为寿险资金，寿险资金中约70%以上是10年以上的中长期资金。保险负债的特性要求资金运用在期限、成本、规模上与其较好地匹配，以满足偿付要求。由于现有投资工具缺乏、投资品种单一、投资期限较短，资产与负债失配现象十分严重，姑且不考虑收益率失配的因素，期限失配的状况粗略估计也在50%以上。各家保险公司目前办理的协议存款大部分是5年期，到期日集中度过高，存在再投资风险。

系统性风险正在集中放大。由于投资渠道受限，保险资金运用集中在几个有限的品种上。协议存款占全部可运用资金的比例超过50%；保险业在基金市场的投资达300多亿元，约占基金市场现有规模的1/3；债券的中长期品种大部分为保险资金持有。由此可见，单一品种在保险资金组合中的占比过高，占市场规模比例过大，系统性风险呈上升趋势，一旦发生市场波动，保险投资的安全和收益将受到严重影响。

四、基础管理的压力开始显现

在资金压力不断增大、市场风险不断涌现的情况下，保险公司在资金运用中的投资决策、风险控制、人才队伍以及信息技术系统等方面都经受了检验，保险公司现有的资金运作体系在市场反应能力、风险控制、管理效率等方面也受到了严峻考验。

第三章　探索中国保险资金的运用渠道

保险公司在理论上可以选择资本市场上的任何投资工具，但在具体实践中则要选择那些收益性、风险水平以及流动性和保险公司最相适合的投资工具。

保险公司的投资应以稳健为主，故债券成为保险公司首选的投资工具，债券投资在各发达国家的保险资金投资组合中均占有相当的比重。债券具有高流动、低风险的特征，但其收益不高。其中，政府发行的债券风险最小，没有信用风险，但是政府债券无法回避利率风险，在二级市场交易的长期政府债券尤其如此，而且政府债券的收益率较低，因而其在保险公司投资组合中的地位应低于收益较高的公司债券。但由于保险公司对流动性的要求日益增强，政府债券在保险公司的投资组合中依然必须保持一定的比例。公司债券存在一定的信用风险，但是由于其收益稳定且较高，故在保险公司的投资中占有重要地位。目前，中国的公司债券市场极度萎缩，可供投资的品种相当有限，而且中国企业债券市场发展速度慢于股票市场和国债市场，但随着资本市场的不断成熟和国家政策的引导，企业债券将会有更大的发展空间。可以预见，随着企业债券市场的发展，公司债券将成为保险公司投资组合的一个重要部分。

由于保险资金特别是寿险资金的长期性，贷款是比较适合保险公司的投资品种。一般贷款和公司债券一样，属于固定收益的债务，能获得稳定的利息收入；可以和借款者建立稳定的良好的客户关系，促进保险业务的发展；通过和借款者协商贷款利率、期限等，可以进行资产和负债的匹配。为确保贷款的偿还，保证保险资金的安全，一般采用抵押贷款的方式，其利率高于银行存款，收益较高且稳定。因此，在日本和德国的保险资金投资组合中，贷款占相当大的比重。但抵押贷款没有重要的二级市场，投资者一般持有到债务期满，流动性风险大。寿险贷款中有一种特殊形式即保单贷款，以寿险合同为依据对投保人进行贷款，这种贷款的安全性较有保障。中国目前经济处于高速成长期，贷款应当成为保险资金的一种重要投资方式。

国内各保险公司对于允许保险资金通过各种途径进入证券市场甚至直接投资二级市场的呼声很高，保险公司的资金已被允许投资证券基金和参股基金管理公司。但从国外的经验来看，股票从未成为保险公司的主要投资工具，这主要是由于其收益不稳定、现金流量难以预测、风险大。对于寿险业，由于需要稳定的收入、确定的现金流以满足到期的给付，因此各国对寿险公司投资股票都进行限制。近年随着寿险公司负债的变化，特别是利率敏感型产品的开发，以及金融机构间竞争的加剧，寿险公司对流动性强和收益性高的资产需求增强，所以寿险公司对股票的投资呈上升趋势。如美国寿险公司为变额年金、变额寿险以及养老金账户设立的分离账户的资产就是以股票为主，但分离账户的投资不受保险公司投资法规的限制，分离账户的风险由保户自己承担。

中国目前的证券市场还有其特殊情况，尚不成熟。一方面，目前多数上市公司为国有控股或国有法人控股，企业治理制度落后，企业持续盈利能力差，分红少，每年国家收取的印花税总量和交易费总量就超过上市公司股票分红总量，投资价值偏低；另一方面，由于市场分割，同股同权的股票在各个市场的价格差别较大，同时国有股全流通的问题悬而未决，不同的解决方案对二级市场股票市场价格的影响截然不同，使得二级市场的股票定价缺乏一个适当的参考标准，政策风险大、不确定因素多。保险资金在投资于高风险的股市时，应先注重安全性，在此基础上追求稳健合理的盈利，切忌头脑发热、盲目攀比，以免最终留下大量不良资产。

第四章　探索中国保险公司资金的运作模式

从国外保险公司的资金运用模式来看，内设投资管理部模式已被扬弃，专业化经营管理或委托管理模式是保险资金运用的主流。所以尽管国内保险公司资金运用尚处于起步阶段，资金运用渠道较为狭窄，但各家公司资金运用体系建设的起点要高，为专业化经营奠定了坚实基础。

近年来，随着可运用资金的增加以及各保险公司对资金运用重视和认识程度的提高，不少保险公司已成立了资金运用的最高决策机构——资金运用管理委员会，但其职能并没有真正落实，保险资金运用的许多体制安排和重大事项主要依靠部门层次推动，资金运用业务仍不顺畅。因此，一方面必须启动和落实公司资金运用管理委员会的各项职能，对有关资金运用的体制安排等战略性事项作出决策，为资金运用业务的顺畅进行提供良好的基础框架；另一方面，资金量大的寿险公司或产、寿险合营公司可以成立专业的资金运用子公司或独立的专业化资金运用部门，产险公司、再保险公司和小型寿险公司可委托专业公司进行资金运用工作，以便提高投资效益，避免投资失误。

同时，保险公司还应当加大对基础设施的投资力度，建设一流的资金运用系统；改革内部劳动用工体制，吸引一流人才；狠抓内部规章制度建设，规范业务运作，以保障整个投资业务运作平台有足够的软硬件支撑。

第五章　保险资金运用的风险控制及政府监管

综观中国近年来在保险资金运用中面临的种种困境，无论是来自于政府对保险资金投资过严的限制，还是来自于保险公司资金运用中的低效益及其潜在投资风险，如果没有保险资金运用的制度创新，以较高的投资收益弥补潜在的、日益增大的承保亏损及利差损，中国保险业将面临空前的被动局面；此外，如果不能有效控制保险资金运用过程中的风险，中国保险业的发展依旧面临较大的投资风险。因此，保险资金运用的风险控制应当立足于中国保险产业长期发展战略，重构保险资金运用的决策思维。

一方面，保险公司应逐步改革和完善保险资金运用的组织与制度建设，探索新的保险资金运用管理模式；应当在对保险公司面临的系统与非系统风险、市场风险、经营性风险、环境风险进行系统风险分析的基础上，全面推行保险资金运用的风险管理策略；在金融混业经营和混业监管的发展趋势的背景下，必须尽早制定银行、证券、保险对保险资金运用的混业监管规则和相应的政策法规，并加快保险投资人才和风险管理复合型人才的培养。

另一方面，政府在放宽对保险投资的限制、赋予保险公司更大的投资自主权的同时，要强调保险资金运用的多元渠道及其风险控制体系，形成政府主导的保险资金运用和风险控制机制。例如，保持相应比例的保险资金投资于政府特种债券、长期基本建设债券、西部开发债券等。在目前中国金融市场不够发达、严重不规范的现实背景下，保险资金的相当比重投资于政府债券并获得政府产业政策方面的某种优惠，对保险资金运用的风险控制具有重要意义，亦有助于保险业的稳健和可持续发展。例如，允许保险资金投资于一些政策性贷款，建立指数化债券投资项目、住房抵押投资项目等。政府政策扶持的投资项目纳入保险投资组合策略，将会不同程度地减轻投资风险，减轻资本市场波动对保险投资的负面影响。

中国保险业发展“十一五”规划研究成果汇编

（下册）

吴定富　主　编
李克穆　副主编

中国金融出版社

目　录

（上　册）

中国保险供求变动与总量预测模型研究

中国保险业对外开放的环境分析与战略构想

保险业新增长点的培育和开发研究

保险市场体系建设研究

商业保险在国家社会保障体系中的作用研究

保险业系统风险的预测、防范化解机制研究

中国保险监管创新及监管体系建设研究

综合经营趋势下的保险发展与监管

财产保险市场发展研究

人身保险市场发展研究

保险中介市场发展研究

中国保险资金运用问题及投资制度创新

（下　册）

中国保险公司法人治理结构研究

中国保险产业组织研究

中国保险法律体系建设：完善制度　优化环境

保险业信息化及相关制度建设研究

保险业政策支持体系研究

保险业重点领域的政策支持体系研究

保险业人才队伍建设研究

保险文化建设研究

中国保险公司法人治理结构研究

西南财经大学课题组

课题负责人：卓　志

课题组成员：熊海帆　薛　梅　舒廷飞

吴　洪　高海霞　曾召友

第一章　保险公司法人治理结构的含义与相关理论

第一节　法人治理结构的定义

理论界对公司治理进行系统研究始于20世纪80年代，由于公司治理结构是一个复杂的概念，因而对其描述也众说纷纭。

布莱尔（1995）认为，狭义的公司治理，是指有关公司董事会的结构、功能、股东的权力等方面的制度安排；广义的公司治理，是指有关公司控制权或剩余索取权分配的一整套法律、文化和制度性安排，这些安排决定公司的目标、谁在什么状态下实施控制、如何控制、风险和收益如何在企业不同成员之间分配等问题。

林毅夫等（1995）认为，所谓的公司治理结构，是指所有者对一个企业的经营管理和绩效进行监督和控制的一整套安排。

费方域（1996）认为，公司治理是一种关系合同，是一套制度安排，它给出公司各相关利益之间的关系框架，对公司目标、总的原则、遇到情况时的决策办法、谁拥有剩余决策权和剩余索取权等定下规则。更简单地说，公司治理结构的关键在于作为所有者的委托人如何激励和约束代理人，以确保企业经营效率和决策效率，完善的公司治理结构应该为企业代理人提供适当的激励机制去追求符合委托人利益的目标，从而发挥激励代理人更加有效地利用资源的作用。

张维迎（1998）认为，公司治理结构是这样一种解决股份公司内部各种代理问题的机制：它规定着企业内部不同要素所有者的关系，特别是通过显性和隐性的合同对剩余索取权和控制权进行分配，从而影响企业家和资本家的关系。

吴敬琏认为，所谓公司治理结构，是指由所有者、董事会和高级经理人员三者组成的一种组织结构，在这种结构中上述三者之间形成一定的制衡关系。通过这一结构，所有者将自己的资产交由公司董事会托管公司；董事会是公司的最高决策机构，拥有对高级经理人员的聘用、奖惩及解雇权；高级经理人员受雇于董事会，组成在董事会领导下的执行机构，在董事会授权范围内经营企业。

还有人认为，公司治理结构是一套制度安排，用以支配若干在企业中具有重大利害关系的团体（包括投资者、经理人员和职工）之间的关系，并从中实现经济利益。公司治理结构包括：如何配置和行使控制权；如何监督和评价董事会、经理人员和职工；如何设计和实施激励机制等。

第二节　法人治理结构的一般理论综述

一、委托代理理论

委托代理理论是公司治理结构的最基本的理论基础，最早由伯勒和米恩斯于1932年提出。他们认为，经营权和所有权的分离正成为美国公司发展的主流趋势，这种变化使得公司经营效率提升的同时，也使公司的经营者背离股东意愿行事成为可能，从而产生所谓“经营者强，所有者弱”的问题，其原因是契约的不完全和各方利益的不一致，而直接的原因在于“出资人由于缺乏相应知识或是缺乏信息披露，事实上无法决定（合约规定外的新状况发生时）如何去做，这就使得经理人事实上掌握了剩余控制权以及分配和处置资产的权利”。

在伯勒和米恩斯之后，委托代理理论有了许多新的发展：

奥利弗·哈特（Oliver Hart，1995）在他的专著《公司治理理论和启示》中，将代理问题的主体进一步扩大为企业的所有组织成员，并以此为出发点明确地提出了委托代理情况下公司治理的理论框架。他认为，只要以下两个条件存在，公司治理问题就必然在一个组织中产生：第一个条件是代理问题，确切地说是组织成员（可能是所有者、工人或消费者）之间存在利益冲突；第二个条件是，交易费用之大使代理问题不可能通过合约解决。

委托代理理论有两个基本假设：委托人和代理人的目标函数不一致；委托人对代理人的行为不易观察。委托代理问题的出现源于企业所有权和经营权的分离。委托代理理论认为，经营者不仅有自己的效用函数，而且追求的就是其自身的利益，他们的利益通常与企业所有者的利益不相一致，他们只有在有利于自己的时候才会顾及所有者利益。

在委托代理关系中存在的问题，一般来自两个方面：信息不对称和不确定性。委托代理理论认为，所有者和经营者之间的信息是不对称的。在两权分离的条件下，经营者可以利用私人信息的优势采取机会主义行为谋求个人利益。所有者和经营者之间在缔约前后的信息同样是不完全的。缔约前，经营者知道自己的经营态度和能力，而所有者却不知道，一般只知道他们总的分布情况；缔约后，经营者知道自己是否尽了力，是否在按所有者的利益谋划和决策，但所有者又不知道，因为经营者的行为与经营绩效之间的关系是不可直接量化、不容易被证实的，或者，即使可以，成本也高得不可接受。因此，在这种情况下，经营者往往更多地倾向于自己效用的最大化满足，而损害所有者的利益。

同时，该理论中还涉及内部人控制问题。委托人为了控制内部人控制问题的发生或尽量减少这种现象的发生，不得不对代理人的行为进行必要的监督或通过默许经营者拥有部分内部人控制权等以获取不对称的信息，从而改善企业的经营效率。因此，在委托代理关系中就会产生一定的代理成本。通常这种代理成本在代理理论中被界定为：①委托人的监督成本，即委托人激励和监控代理人，以图后者为前者利益尽力的成本；②经营者的在职消费，包括日常开销和休闲；③代理人的担保成本，即代理人用以保证不采取损害委托人行为的成本，以及如果采取了哪种活动，将给予赔偿的成本；④剩余损失，它是委托人因代理人代行决策而产生的一种价值损失，等于代理人决策和委托人在假定具有与代理人相同信息和才能情况下自行决策之间的差异等。通过支付代理成本，从而形成有效监督经营者，使经营者个人目标尽量符合所有者的目标函数，使企业的利润和资产总值达到最大的机制。

二、利益相关者理论

利益相关者是指与企业生产经营行为和后果具有利害关系的群体或个人。对企业而言，其利益相关者一般可以分为三类：资本市场利益相关者（股东和公司资本的主要供应者）、产品市场利益相关者（公司主要顾客、供应商、当地社团和工会），以及组织中的利益相关者（所有公司员工，包括管理人员和一般员工）。公司根据对其依赖程度作出权衡，优先考虑某类利益相关者。

最先由贝利、米恩斯和多德等人提出的利益相关者理论对股东利益至上有不同的看法。贝利和米恩斯在其名著《私有财产与现代公司》一书中曾指出："以所有者为一方和以控制者为另一方，之间形成了一种新的关系。这一关系涉及公司的参与者股东、银行债权人、某种程度上还包括其他债权人。"利益相关者理论的关键点在于对所有者在公司中地位的弱化，即指利益相关者理论否定"公司是由持有该公司普通股的个人和机构所有"的传统核心概念。利益相关者理论认为，公司不应该是由股东主导的"分享民主"的企业组织制度，公司本质上是一种受产品市场影响的企业实体，股东的利益并非靠表决权来维护，而是要依赖于证券市场、产品市场和经理人市场的保护。债权人、管理者和公司其他雇员等给公司贡献出特殊资源的人也是公司的所有者。

从长远看，利益相关者理论与股东价值最大化的要求并不冲突。利益相关者理论本质上是希望企业通过关注其他与企业发展息息相关的因素（管理层、雇员、政府、消费者、供应商等），谋求企业的长远发展。因为企业终究是社会中的企业，正如经济增长不能等同于经济发展一样，股东价值的最大化同样不能等同于企业的发展，股东价值最大化仅仅是企业发展的一个层面上的指标。

在实践中，20世纪90年代以来，利益相关者共同治理已经成为现代发达国家普遍的管理实践，1999年经济合作与发展组织（OECD）从改善各国企业治理结构绩效的角度重申了共同治理的原则和指导思想。公司是不同的利益相关者之间缔结的一个契约网，是不同数量的专业化投资而形成的一个契约联结，有的相关利益者投入物质资本，有的投入人力资本，从而获取比单个经济主体经营生产所得利益更为丰厚的合作收益。通常我们把物质资本投入者称为企业的所有者，人力资本投入者则称为公司的经营者或员工。在利益的驱动下，必然使物质资本的提供者选择与人力资本投入者的结合，从而前者掌握企业的所有权，后者获取对企业的经营权，两者在同一契约中分别实现各自的经济利益。

三、激励与约束理论

对于两权分离下委托代理关系中高昂的代理成本，一方面需要设计对经理人的激励计划；另一方面依靠企业内部和外部的各种约束机制对经理人的行为进行限制。激励理论主要从公司内部出发，认为有效的激励机制能够使得经理人员的利益和所有者利益在一定程度上趋同，从而避免经理人员和所有者由于利益冲突导致的代理成本过高，管理层持股计划（MBO）成为激励理论的一个具体应用。为了保持公司高级经理层的稳定，促使他们除了保持一个良好的声誉和业绩外，愿意承担一定的风险，不断地为股东博取更大的价值，利用股权或期权激励可以给他们带来高收益，分享股东一部分剩余索取权是行之有效的办法。从经理层来看，如果他们的薪酬只是基本工资和对已完成业绩的年度奖励，他势必只追求短期的利益，若要使他为公司的长远发展考虑，就必须有相应的激励手段。股权或期权就是着眼于未来，把经理层的可能收益与他对公司未来成绩的贡献联系起来。

经理人激励计划通常是一个薪酬包，它由基本工资、奖金、福利计划和长期激励计划四个部分组合而成。其中关键部分是长期激励计划，其形式主要有股票、期权等。理论上来说，当经理人员从自利行为获得的收益不足以弥补由于公司业绩下滑导致长期激励计划损失时，该激励计划就是有效的。当然，激励计划的基础是要建立一个公正并且被法律承认的评价经理人表现的指标体系。这个体系必须能够区分经理人表现的好坏并且成为激励计划实施的标准。

第二章　国外保险公司法人治理结构分析
——基于大陆法系与英美法系的比较

第一节　德国安联集团（Allianz Group）的公司法人治理

德国安联集团是世界领先的保险和金融服务集团，在全世界70多个国家和地区开展业务，范围包括寿险和健康险、财产险和责任险、再保险领域中所有险种以及风险管理咨询，并在全球范围内为机构和个人投资者提供资产管理服务。安联拥有全球信用等级评审机构，如标准普尔（Standard & Poor）和美国保险评审机构A.M.Best所评定的高等信用评级。安联集团在2003年度全球500强中排名第十一位。极富大陆法系国家公司法人治理特色的德国安联集团为中国保险公司提供了学习和借鉴经验。

一、安联集团对公司法人治理的理解和评价

安联集团认为，公司法人治理结构应由一定的法律传统、行业规范、公司法人治理准则等条件决定。优秀的公司法人治理结构应更多关注股东利益，提高董事会和监事会的效率和增强信息透明化。《德国公司法人治理准则》和国际上普遍接受的公司法人治理准则一直是安联集团采用的标准。集团董事会和监事会每年都提交《公司法人治理准则实践报告》，并对悖逆《德国公司法人治理准则》的经营行为作出解释。安联集团坚信：成功的公司法人治理结构不仅需要遵守完善的公司法人治理准则，还需要在优秀的公司法人治理文化和个人诚信的基础上在公司和股东及其他利益相关者间建立一种透明、信任的关系。

二、安联集团的内部治理结构

根据《德国股份公司法》规定，安联集团公司法人治理结构中股东大会、监事会和董事会的具体安排如下：

（一）股东大会

安联集团股东大会的权力主要有：选举监事会；批准监事会和董事会的决定；决定安联集团利润分配方案；增减资本；修改或增添附加公司条款。

德国的保险公司往往是由监事会而非股东大会任命公司年度审计责任人。凡不愿意参加股东大会的股东都可以采用网络或者签署委托授权协议把投票权转让给安联集团指定的代理人譬如银行、专门的股东协会等。

股东大会通常由监事会主席或其指定的一名监事主持召开。监事会和董事会成员必须亲自出席大会，重要事项决定一般采用简单多数的投票原则。在要求采用资本多数原则时，决议的通过同样要依法获得足够支持。

（二）董事会

根据德国法律，要求选举一至两名董事和一名总经理作为企业集团的法人代表。德国安联集团董事会负责管理公司日常经营事务，并对外代表公司。董事会主席做总体规划而董事则具体负责各项主要业务。

在安联集团的法人治理模式中，董事会薪酬安排是非常引人注目的一项制度。董事会成员的薪酬由监事会人力资源委员会决定，并分成固定薪酬和浮动薪酬两部分，具体分配经全体监事会定期讨论决定。

安联集团董事会固定薪酬和浮动薪酬的比例大致是1:4至3:4，具体取决于股票当期价格。固定薪酬一般会参考外部工资环境和职务级别，另外包含了职业保险和一些必要的在职消费；浮动薪酬主要分成三个层次：年度绩效奖金、三年绩效奖金和股票激励，分别和不同时期的任务完成情况挂钩并有上限。股权激励包含了股票增值权（Stock Appreciation Rights）和限制性股票计划（Restricted Stock Units）。1999年，安联引入股票增值权，即董事获得该计划授予日到支付日之间股票价格增值的部分权利，其实质是一种股票期权计划，相当于安联董事会成员获得“虚拟”股权。安联集团股价在支付日的表现直接影响到实际奖金的数量。在实股激励下，被激励人都要承担亏损风险，而在股票期权计划中董事会成员在股权贬值时可以放弃期权，不承担股权贬值风险。

表2-1　不同股权激励计划比较

	股票溢价收入	能否放弃	股权表决权	当期资金投入	享受贴息
实股激励	Yes	Yes	Yes	Yes	No
期股激励	Yes	Yes	No	No	Yes
股票期权激励	Yes	No	No	No	Yes

另一方面，2003年安联集团又推出了限制性股票计划（Restricted Stock Units），即在退休前五年向董事会成员进行股票配送，其实质是要求董事和经理在公司服务时间超过一定时期就被授予股票。安联集团全球的高级经理被允许参加股权激励计划，2003年共有550名来自28个国家和74家公司的高级经理参加了限制性股票计划，当年股票增值权和限制性股票计划分别达到1 508 209个单位和542 141个单位。计算股票增值权和限制性股票计划的参考标准是每年股东大会后连续10个交易日安联集团股票的平均收盘价。履行股票增值权计划必须满足两个条件：其一，行使股票增值权时，安联集团股票的表现至少在连续五个交易日的表现好于道琼斯欧洲股票（600）指数；其二，行使股票增值权时，即期的安联集团股票价格必须比股东大会后安联集团股票连续10个交易日的平均收盘价高20%以上。安联集团正在逐步考虑对股票增值权中加入看涨期权（Call Option），让董事会掌握实行股票增值权的主动。而限制性股票计划的根本目的是为了增加安联集团价值，具体办法是保持公司主要经理人员、董事的稳定性，并让他们的薪酬同安联集团股价联系起来，从而使股东和管理者间的利益尽可能一致化。安联集团限制性股票计划目前在参与者距退休五年时执行。具体支付形式公司提供两种方案供选择：第一，按执行前连续10天安联集团股票平均收盘价支付等额现金；第二，采用一定比例送股或者以其他等价的有价证券方式给付。

最后，安联集团退休特殊补助是董事会所有成员的一笔固定金额福利，但是任何增加福利的要求都要经过监事会的批准，并对工龄要求做相应调整。

（三）监事会

1. 安联集团监事会的主要职责

(1) 任免董事权

安联集团监事会任命董事会成员，同时任命一名董事为董事会主席。当董事违反董事义务，没有能力执行自身职责，或股东大会丧失了对他的信任时，监事会有权撤销任命和更换董事会主席。此外，董事的薪酬由监事会决定。

(2) 监督权

包括财务监督权和业务监督权。监事会有权检查公司财务状况，可以查阅公司账簿等财务会计资料，可以委托监事或专家检查公司财务。监事会可以随时要求董事会报告公司的重要业务执行情况；董事会有义务定期向监事会报告关于公司的经营方针、盈利能力、营业过程、资金周转、人事事务的状况和对公司或其子公司重要的交易等情况。

(3) 特定交易的批准权

虽然公司法将经营决策权赋予了董事会，监事会不得以任何方式插手公司的实际管理，但公司章程明确规定，对于某些特定的交易，董事会必须事先得到监事会的批准后才能进行。

(4) 特殊情况下的公司代表权

公司的代表权原则上属于董事会，但在特殊情况下，监事会代表公司。例如，董事与公司之间产生诉讼或董事与公司交易时。值得一提的是安联集团和其他德国保险公司中的监事会一样，监事会还有权选择公司外部审计师。

2. 安联集团监事会成员的特点

根据德国劳工协同制度法律（Codetermination），监事会成员必须由员工和股东代表共同组成。安联集团的监事会一共由20名成员构成，其中10名是安联集团的员工，另外10名监事是安联股东大会选举的代表。2003年4月29日，股东大会选举产生监事会主席Dr. Henning Schulte – Noelle，他是股东一方的代表，曾担任过原安联集团董事会主席；监事会副主席Norbert Blix是安联集团Versicherungs公司雇员；其他员工代表主要来自Versicherungs公司和德累斯顿银行（Dresdner）；其他部分监事分别是安联集团子公司的董事会主席、ThyssenKrupp公司监事会主席、西门子（Siemens）公司高级主管、前安联集团董事、贝尔（Bayer）公司监事会主席、博世集团（Robert Bosch）监事会主席和三名分别来自不来梅大学、伦敦经济学院和民意测试研究机构的经济学或金融学教授。

3. 安联集团监事会的职能委员会及其功能

监事会一般下设多个职能委员会以实现更加高效专业化的运作。安联集团监事会下设四个委员会，即常务委员会（Standing Committee）、人事委员会（Personnel Committee）、审计委员会（Audit Committee）和仲裁委员会（Mediation Committee）。并且监事会主席分别在常务委员会、人事委员会和仲裁委员会中担任负责人；监事会成员可以同时兼任多个委员会的委员职位；除仲裁委员会外，其余三个委员会都经常举行例会，保持相互间的交流。

4. 安联集团监事会薪酬特征

安联集团监事会的薪酬由每年公司股东大会决定，并取决于以下几个因素：公司规模变化、监事在公司中承担的责任和经济地位，但最重要的是股票分红状况。监事会薪酬含底薪4 000欧元加上根据股利计算得到的浮动薪酬，其计算办法是：以每年安联集团股东大会的股利分配额为基础，以15分（0.15欧元）为基数，股利分配额超过15分的以每分500欧元计算，不足15分的年度就没有浮动薪酬。假设某年股利分配为17分，浮动薪酬即为按超出15分基数2分折合成1 000欧元等额安联集团股票。安联集团实行了监事会津贴上限制度，监事会主席和其他监事的其他各种奖金上限分别是基本薪酬的三倍和两倍，而基本薪酬一般以底薪为准。安联集团为监事提供必要的工作补助津贴、这部分收入的增值税支付及保险保障。

表2-2　安联集团监事会成员薪酬分解

单位：欧元/年

固定薪酬：4 000欧元	浮动薪酬：15分为基数
监事会主席	2倍基数
监事会副主席	1.5倍基数
人事委员会和常务委员会委员	1.25倍基数
人事委员会和常务委员会负责人	1.5倍基数
审计委员会委员负责人	45 000欧元
审计委员会委员	30 000欧元

三、安联集团内部治理结构的经验

（一）董事会

第一，董事会是安联集团的对外代表之一，其股票交易要及时披露并获得股东大会批准，其目的是让董事关注安联集团长远利益。

第二，安联集团董事长是从公司内部长期层层考核提拔上来的，这有别于英美公司更依赖于发达的经理人市场。法律背景的董事长Michael Diekmann自1988年就加盟安联集团，先后在安联集团的Versicherungs公司、North Rhine－Westphalia公司、安联集团亚太区公司工作，并从1998年进入董事会作为一般董事先后负责过安联集团亚太、中东、中东欧、非洲和美洲业务，是安联集团自己亲手培养的业务精英。安联集团的这种内部选拔机制有利于激励经理的积极性，让公司的重要管理工作掌握在熟悉公司经营状况的人手里，能够减少短期经营行为。

第三，安联集团董事会薪酬体系是一个相对完整的激励机制和保障机制，其最大的亮点是代表未来趋势的股权激励计划。安联集团股权激励的基本特征是：“收益共享，风险共担”，即董事会在获得股权潜在溢价收益的同时，也承担了股价下跌的风险。这势必引导被激励人努力工作，以积极稳健的方式管理企业，避免追求过高风险。较高比例的可变薪酬及其实现形式的多样化，有利于发挥董事会管理积极性，提高公司业绩的同时避免短视心理，因为相当部分收入要在退休前才能领取。股权激励还有利于公司在不支付现金的情况实现低成本的高效激励。

（二）监事会

第一，监事会是股东权益和员工权益相互制衡约束形成的。德国劳工协同制度法律很大程度上保护了员工利益，在安联集团监事会中员工占据一半席位保证了员工在公司重要决策上的发言权。

第二，德累斯顿银行（Dresdner）在安联集团公司法人治理结构中占有重要地位，共有四名代表占监事会20%的席位。安联集团保险公司在收购德国第三大银行——德累斯顿银行（Dresdner）后，成为世界第四大金融集团，同时拥有保险、资产管理与银行三项核心业务。安联集团将按照金融控股公司的方向发展。

第三，安联集团比较注重发挥学者在集团重大决策问题上的咨询和顾问作用，监事会中来自学术界的监事多达三名。为了保障监事会工作的独立性，德国公司法人治理准则规定，不能有超过两人以上的前董事会成员在监事会中任职。但是在安联集团实践中，监事会吸纳了其他公司董事会成员和两名安联集团前董事或董事长。另外，监事可以同时兼任其他公司监事或监事会主席，只要不超过规定的数量。根据德国公司法人治理准则，安联集团没有像多数英美公司那样设立独立监事。

第四，安联集团监事会的薪酬安排是一个综合制衡机制。监事会薪酬的绝大部分浮动薪酬主要由股东大会决定派发的股利构成，体现了监事会向股东大会负责的思想。监事会的浮动薪酬体现了以公司长期利益为导向的薪酬激励制度，对监事会确定的基本“股利要求”激励监事会必须提高公司每股收益。公司长期绩效和监事会个人收益密切联系，减少了管理中的短期行为。奖金上限体现了效率和公平原则，减少了公司内部收入差距，这也是德国公司的一惯做法，根本原因是存在着强大的劳资协同经营制度和工会力量。

第二节　美国AIG集团（American International Group，Inc）的公司法人治理

美国国际集团（AIG）是誉满全球的国际性美资保险及金融服务机构，也是美国最大的工商保险机构及实力最雄厚的人寿保险机构之一，并早已跻身标准普尔500家大公司和道琼斯成分股。2003年，AIG集团在《福布斯》杂志公布的全美各类公司500强中高居第四位，在“全球500强企业”排行榜中名列第34位。除此之外，美国国际集团在中国保险市场上也取得了令世人瞩目的骄人成绩：AIG旗下的产险子公司——美亚保险（上海）分公司1998年获标准普尔授予的“AAA”最高公司及财务实力评级，并且友邦保险在上海地区的市场占有率已接近20%。

可以认为，AIG取得的令人注目的经营业绩得益于它完善的公司内部治理结构。

一、美国国际集团（AIG）公司法人治理结构简介

美国国际集团体现出保险公司特色的公司法人治理结构特征。美国国际集团的董事会通过制定《AIG公司法人治理准则》让董事会及其职能委员会更加高效地行使各自的职责，最大限度地实现股东利益及公司法人治理的目标。此外，美国国际集团公司法人治理的重要内容还包括《董事独立性标准》、《审计委员会准则》、《提名委员会准则》、《薪酬委员会准则》、《董事、经理、高级财务人员商业行为道德规章》和《雇员

行为规章》。美国国际集团的董事会定期检查各项公司法人治理规章执行情况，并不断对公司法人治理准则进行改进和完善；所有的工作完全按照美国证券交易委员会（SEC）和纽约证券交易所（NYSE）的规定及时通过公司主页对投资者发布。

由于美国公司不设监事会，所以董事会在其内部法人治理结构中所占地位十分突出。

（一）董事会的构成及特点

美国国际集团董事会实行的是单层董事会制度，共有15名董事：董事长是AIG首席执行官（CEO）Greenberg，五位副董事长分别是：美国驻联合国前任大使兼瑞士信贷第一波士顿副董事长、两位AIG首席营运官（Co – Chief Operating Officer）、AIG首席行政官兼首席财务官（Chief Administrative officer and Chief Financial Officer）和AIG人身保险高级副董事。其他董事还包括原AIG合伙人、花旗集团前副董事长、原Molson公司CEO，美国前国防部长Cohen、哈佛大学经济学教授兼美国经济研究所主任、原美国商务代表兼Hills公司CEO、原保诚保险集团副总裁、美国自然历史博物馆主席、全美证券交易商协会和纳斯达克股票交易所（NASDAQ）前董事长。AIG董事构成体现出三个显著特点：

第一，以CEO为代表的高级经理在董事会中占据了非常突出的地位。CEO不仅兼任了董事长，而且五位副董事长除只有一位不是AIG的高级经理，其余都由首席营运官、首席行政官和首席财务官等占据。

第二，外部董事比重较大且政治色彩较浓。AIG董事会不仅包括了美国前任国防部长，而且还有原政府商务代表和纳斯达克股票交易所的原董事长。这种较强的董事会政治背景有利于加强AIG和政府、证券市场管理者的沟通，便于政治经济突变前做到“先知先觉”及时调整集团经营方向。

第三，董事会积极引入学者型外部董事，重视理论研究前瞻性的特点，提高集团管理水平。

（二）董事会职能委员会的特点

美国国际集团董事会的职能委员会包括：审计、提名和公司法人治理委员会、薪酬委员会、执行委员会、财务委员会。其中，外部董事占据了绝大部分席位，内部董事基本是普通董事。例如，审计委员会共有五名董事，全由外部董事担任；提名和公司法人治理委员会四名董事也全是外部董事；薪酬委员会四名董事中内部董事只有一名；执行委员会有五名外部董事，其中的内部董事是AIG的首席执行官Greenberg；而财务委员会中内部董事和外部董事在人数上平分秋色各有两名。

表2－3　AIG集团董事会构成比例

委员会名称	外部董事比例	内部董事比例
审计委员会	100%	0
提名和公司法人治理委员会	100%	0
薪酬委员会	100%	0
执行委员会	83.3%	16.7%
财务委员会	50%	50%
各委员会平均值	87%	13%

较高的外部董事比例有助于树立投资者信心，对AIG集团股票价格有利好的推动

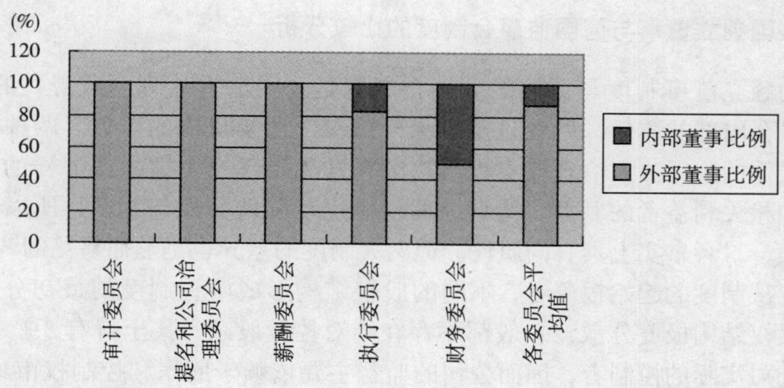

图 2－1　AIG 董事会职能委员会情况

作用。外部董事在并购过程中能够显著地增加股东的利益。因为一旦发生外部收购，不仅经理及其他高管人员地位受到影响，外部董事也会丢掉董事职位。所以，AIG董事会十分注重外部董事的管理功能。

（三）董事独立性的标准

公司董事的相对独立性是美国公司法人治理结构的标志特征。依照纽约证券交易所（NYSE）对上市公司的要求，AIG 的董事只有在以下几种情况中止三年以后才被认为能够保持独立性：

第一，本人或者直系亲属担任 AIG 集团经理；

第二，除了董事津贴或者其他延期支付的报酬（即定期支付的报酬）以外，董事或者其直系亲属每年从 AIG 集团接受超过 100 000 美元；

第三，该董事或其直系亲属受雇于现任或前任 AIG 集团外部或内部审计人；

第四，该董事或直系亲属和任何现任 AIG 经理同时在其他公司供职（在其他公司中是同事关系）；

第五，该董事或其直系亲属在和 AIG 集团存在密切贸易关系的公司中担任经理，并且该公司每年和 AIG 集团交易金额超过 100 万美元或占到该公司年收入总额的 2%以上。

同样根据纽约证券交易所（NYSE）上市公司标准，以下情况被认为不妨碍董事独立性：

第一，作为 AIG 董事在其他非关联公司中担任经理、雇员、持有该公司 10%以上股份；或者是在和 AIG 集团有交易关系的公司中任职但是该公司和 AIG 的交易在过去三年中交易额不足 100 万美元或不到该公司年收入额的 2%；

第二，在营利性公司、非营利性公司或其他机构任董事，同时该公司或机构和 AIG 存在业务往来或者接受过 AIG 的捐赠；

第三，担任慈善组织董事或接受 AIG 集团或 Starr 基金捐赠（未向特定雇员捐赠）金额不足 100 万美元或不超过该慈善组织公布的最近一年年收入的 2%；

第四，董事购买 AIG 集团股票、债券、保险和其他产品或服务符合一般操作程序，即等同于非董事购买的条件。

二、美国独立董事与德国监事会制度的比较分析

美国的独立董事制度与德国的监事会制度是公司法人治理（监督）的两种模式，前者是董事会内部的监督，后者是董事会外部专门监督机构的监督。两种模式的目的均在于用最低的公司法人治理成本去解决公司法人治理当中这样或那样的问题，以保证投资人和相关利益者的利益。为此，两种制度均强调分权与制衡，所以在基本职能与作用方面，二者事实上具有同质性。但两大制度的差异也是显而易见的①：

首先，从制度的起始根源看，不同的股权结构形成两种制度的最初分野。美国股份公司的股权结构极度分散，一般都不存在绝对控股股东，甚至持有3%～5%的股份也能成为公司实际的控制者，因而公司的监督主要依赖于股东和控制权市场。一方面，股东通过股东大会监督公司的董事会和经理层，或者在公开、有序的股票市场上“用脚投票”，对公司经营管理者施加压力；另一方面，美国存在竞争充分的经理人市场，会对公司的在业经营者产生压力，从而起到监督与督促的作用。与美国公司相比，德国的股份公司股权集中程度很高，公司一般都有控股股东或大股东。更为重要的是，大公司并不主要通过证券市场融入资金，而是倾向于向银行借贷资金，即使是发行的股票也要由银行认购。因而，德国的证券市场只能附属于垄断性的金融资本市场，在银行业的影响下发挥着资金融通作用，主银行构成公司法人治理结构的主导，而没有发达的证券市场和控制权市场（经理人市场）的监督，同时中小股东的投票权也通常是由受托管理其股票的银行来行使。

其次，从法人治理结构的具体安排来看，董事会和监事会在两种制度中处于不同的法定地位。由于美国公众公司以其“股权民主化”为显著特点，因此董事会制度形成“一元制”的法人治理结构的核心——董事会享有公司高级经营管理人员的选聘权和日常重大经营决策权。德国则不然，它是典型的“二元制”的法人治理结构体系，企业内部的监事会同企业外部的大银行密切相关，形成其法人治理的突出特点——银行向其放有贷款或持有股份的公司派驻代表，参与公司的监事会，对董事会聘任及经理层决策施加实质性影响。所以，德国的董事会是相对次于监事会的治理机构。也就是说，美国的公司治理结构是股东大会选举董事会，由董事会选任或解聘经营者，实现对经理层的监督制约，其措施是确保董事特别是独立董事的外部性和独立身份，以构筑一个超越经理层之上的战略机构，并在该机构中通过具体分工，对经理层进行事前预防（提名机制）、事中控制（薪酬机制）和事后监督（审计机制）；而德国公司治理的特点是股东大会选举产生监事会，监事会选任董事，名义上两者并立，实现业务监督和业务执行的分离。但在事实上，监事会的地位高于董事会，以确保其不受董事会和经理层的牵制，独立履行对公司业务开展及财务运行的监督职能。

最后，从企业外部配套制度来看，美国完善的股东诉讼制度也是一种有效的机制。它可以切实保障中小股东利用法律武器维护自身的合法利益，从而确保“股东利益最

① 彭真明、江华：《美国独立董事制度与德国监事会制度之比较——也论中国公司治理结构模式的选择》，载《法学评论》，2003（1）。

大化”原则的尽量实现。在这样的制度辅助下，股东会、董事会（包括独立董事）、经理人和广大中小股东等相关利益者在理论上可以相互制衡，维持一个有效的现代公司治理机制。

第三节　国际大型保险集团内部母子公司、总分公司关系概述

一、一般情况

从全球保险业分业组织模式的实践情况来看，符合保险分业经营规定的模式主要有集团控股模式、专业公司控股模式和专业分设模式三种。集团控股模式又可细分为集团分业模式和控股分业模式（见图 2－2 和图 2－3）。

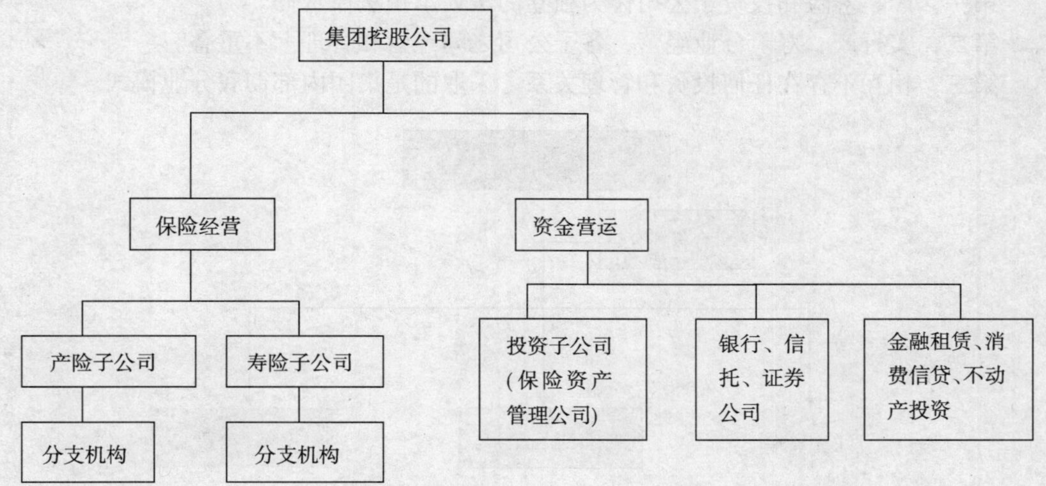

图 2－2　集团控股模式的一般组织结构

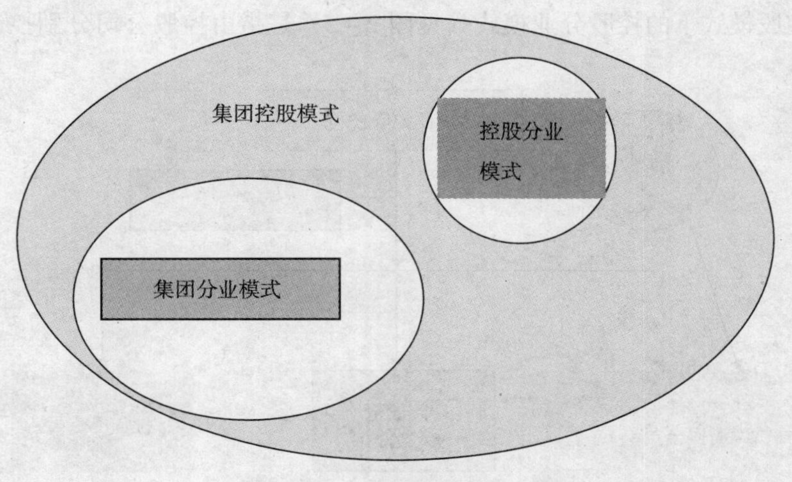

图 2－3　集团控股模式分类

集团控股模式具有明显的制度优势，代表了国际保险业组织模式的发展方向。根据McKinsey公司2002年的研究报告，全球资产规模前20名的保险公司中有15家采用了集团控股模式，其中包括法国安盛集团（AXA Group）、德国安联集团（Allianz AG Holdings）、美国国际集团（AIG）、瑞士信贷（Credit Suisse）、英国皇家太阳联合保险集团（Royal&Sun）、英国保诚（Prudential）等著名跨国保险集团。集团控股模式的主要特征是：集团公司不经营具体业务，而是集中精力研究制定整个集团的战略规划、投资管理、组织架构、风险控制和人力资源规划等重大问题，并协调监管下属机构落实相关的政策法规。

集团控股模式下的集团分业模式（见图2－4）是指集团公司全资拥有产、寿险子公司和投资子公司的分业模式。集团分业模式被各国政府鼓励和国际上多数保险公司采用，包括著名的美国AIG集团。其主要特征有：

第一，产、寿险和投资子公司作为独立的法人承担法律责任。

第二，实行产、寿险分业经营，各子公司之间经营和管理上不重叠。

第三，相互不存在任何投资和管理关系，采取的是集团内部彻底分业模式。

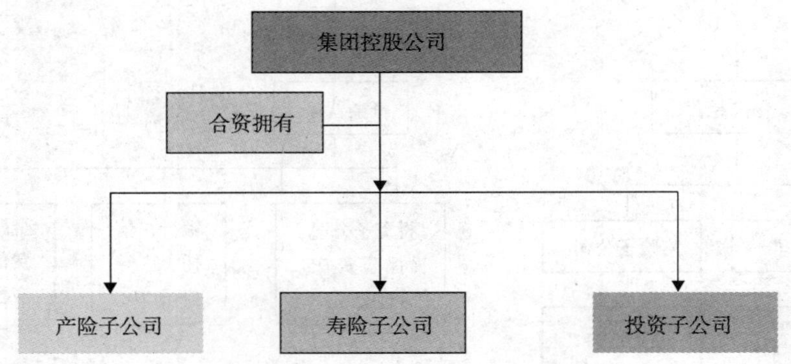

图2－4　集团分业模式组织结构

集团控股模式下的控股分业模式（见图2－5）是指由控股公司分别控制产、寿险

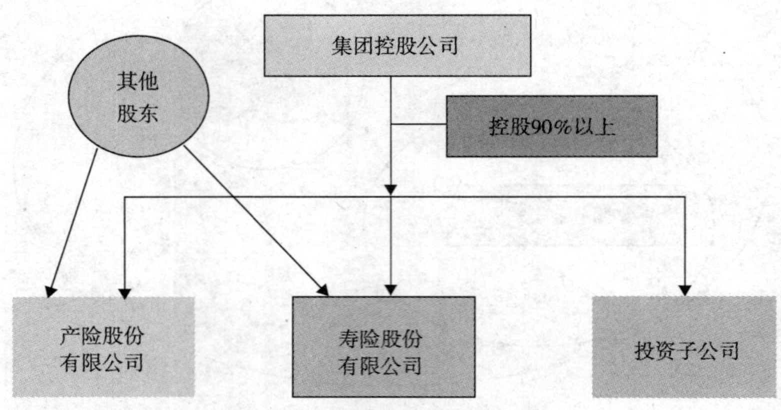

图2－5　集团控股分业模式组织结构

公司95%以上股份的分业模式，同时控股公司还拥有投资子公司。控股分业模式也是一种被各国保险公司广为采用的分业模式，譬如德国安联集团（Allianz AG Holdings）、法国安盛集团（AXA Group）和瑞士信贷（Credit Suisse）等。

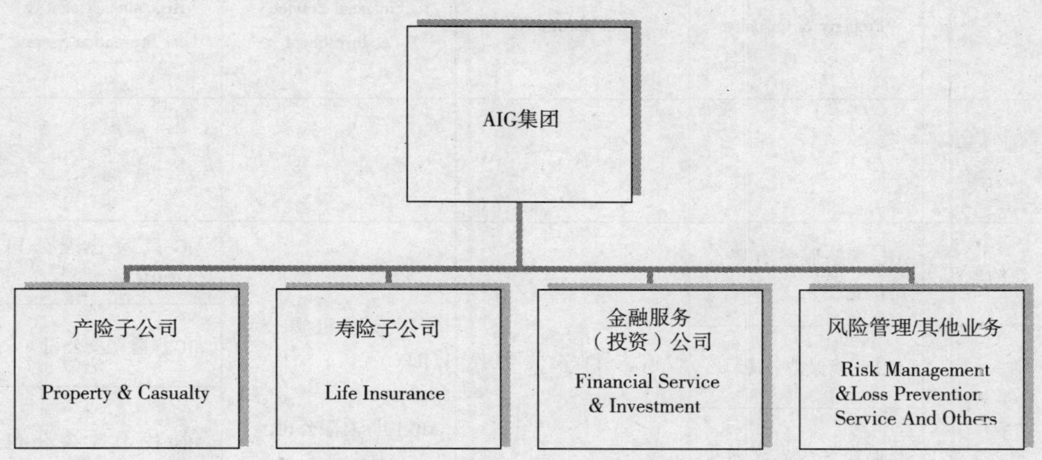

图2-6　AIG集团的内部组织架构（集团分业模式）

表2-4　AIG集团内部子公司关系①

	产险子公司 Property & Casualty	寿险子公司 Life Insurance	金融服务（投资）公司 Financial Service & Investment	风险管理/其他业务 Risk Management & Loss Prevention Service
东亚地区（中国）	美亚保险（AIU）	美国友邦（AIA）	泛大西洋再保险公司	
东亚（日、韩）	美国家庭保险公司（American Home Insurance Company）	美国人身保险公司（AL-ICO）	AIG国际服务有限公司	
	JI意外及火灾险公司（JI Accident & Fire Insurance Co.ltd.）	美国明星人身保险公司（Star Life Insurance ltd）	Techmark服务有限公司	AIG国际不动产投资有限公司
		AIG爱迪生人身保险公司	AIG日本证券公司	
			AIG国际投资公司（AIGGIG）	

① http：//www.aigcorporate.com/corpsite/AIG公司主页信息整理得到，2005-01-26。

续表

	产险子公司 Property & Casualty	寿险子公司 Life Insurance	金融服务(投资)公司 Financial Service & Investment	风险管理/其他业务 Risk Management & Loss Prevention Service
北　美（美国）				
纽约地区	AIG索赔服务有限公司(AIGCS)	AIG人身保险公司(美国)	国际金融租赁公司(ILFC) Banque AIG AIG国际有限公司	AIG风险管理公司(AIGRM)
	AIG环境保护公司			AIG风险融资公司
	匹兹堡全美火灾保险公司			AIG技术服务公司(AIGTS)
	美国通用保险公司(美国家庭保险,韩国)		AIG国际投资公司(AIGGIG) 帝国AI信用公司 AIG消费信贷集团公司(CFG)	
亚特兰大地区	AIG航空保险公司			
	AI运输保险公司			
波士顿地区	Lexington保险公司			
休斯敦地区				
路易斯安那	Audbon保险公司			
夏威夷地区	AIG夏威夷保险公司			
北　美（加拿大）	美亚保险公司AIU	AIG加拿大人身保险公司	帝国AI信用公司 AIG国际投资公司	
英国	AIG欧洲有限公司	美国人身保险公司(ALICO)	AIG国际投资公司(欧洲)(AIGGIG) 帝国AI信用公司	泛大西洋再保险公司

续表

	产险子公司 Property & Casualty	寿险子公司 Life Insurance	金融服务（投资）公司 Financial Service & Investment	风险管理/其他业务 Risk Management & Loss Prevention Service
西　欧 （法国）	AIG 欧洲（法国）公司	美国人身保险公司 （ALICO）	Banque AIG	泛大西洋再保险公司 AIG 贸易公司
西欧（瑞士）	AIG 欧洲公司	美国平安人身保险公司（瑞士）有限责任公司	AIG Private 银行	
东南亚（新加坡、中国香港、中国台湾）	美亚保险公司 AIU	友邦保险公司 AIA	AIG Private 银行	泛大西洋再保险公司
		南山人寿保险公司（中国台湾）	AIG 金融产品公司	
			AIG 投资有限公司（亚洲）	
			AIG 消费信贷集团公司	
			AIG 金融有限公司（中国台湾）	
			AIG 证券投资与信托有限公司	
			美国国际信用卡有限公司	
			AIG 国际投资有限公司（亚洲）	
中东欧 （俄罗斯）	AIG（俄罗斯）保险公司	AIG 人身保险公司	AIG 投资银行	
波兰	AIG（波兰）保险公司	ALPMICO 人身保险公司	AIG 信贷公司	
			AIG 波兰银行	

二、安联集团控股分业模式经验总结

作为大陆法系国家的保险集团，安联集团（Allianz Group）采用的是集团控股分业模式下的分权化管理（Decentralized Management），倚重本土化经营，依托当地子公司为全球 70 多个国家和地区的6 000万客户提供全面周到的个性化金融服务。安联集团根据业务规模和本地特点把全球划分成六大市场，分而治之。

从最近十年来看，安联集团控股模式下全球经营战略可归纳为：力争成为集保险与金融投资服务于一体的综合性金融企业。总体而言，安联集团仍然是以银行作为集团金融支柱，实行全能银行制下集团混业管理结构，不断兼并收购，延伸集团经营的领域，巩固产、寿险业务在世界的领先优势。在大陆法系允许相互持股的背景下，安联集团作为世界级的投资者，拥有西门子、巴斯夫、大众汽车等世界著名工业集团的股份，同时也投资于德意志银行、德累斯顿银行等著名金融机构；另外，安联集团还是全球300多家公司的主要股东。近年来，安联集团积极发展资产管理业务，安联保险公司通过兼并美国皮姆科资产管理公司、美国 Nicholas Applegate 及 Oppenheimer Capital LLc 金融管理公司，使之近一半资产都来自于“第三支柱”的金融业务。同时，安联公司在收购德累斯顿银行后使自己变成一家打破行业界限，能够从事保险、银行以及证券、基金等各种投资活动的全能型金融企业，涉足保险、建房储蓄、消费信贷、资产管理以及养老金投资等各项金融业务。

三、欧美其他大型保险企业集团（集团控股模式下）内部运作经验总结

（一）集团内各级公司明确职能、准确定位

在集团控股模式下，集团公司是整个集团的管理中心，而各专业子公司或下属公司是集团的利润中心和经营中心，必须接受集团公司的领导。因此，集团公司本身的管控能力是整个保险集团取得良好运作绩效的关键。

集团公司的管控一般可分成两个层次：一是能够保证各子公司经营和管理能够统一在总公司的整体战略之下，并实现集团内部最大限度的资源共享机制；二是集团公司（总公司）要有极强的防范、控制风险能力，并能够及时对前台（子公司）风险准确识别和采取对策。具体办法一是化整为零成立相对独立的地区事业部；二是集中统一管理，建立相对集权的总公司集中管控制度①。

（二）人事管理和资本资产管理

西方部分保险集团的实践表明，在集团控股模式下，集团公司（总公司）主要负责资本和资产管理，制定重大的人事制度，起草公司发展战略并监督其实行情况。具体而言：

1. 在资产和资本管理上，集团公司负责批准公司预算、作出有利的资金分配方案、集中子公司资金作统一投资管理。

2. 在人事管理方面，集团公司负责考核和任命中、高层经理，建立完善的人力资源评估体系，实行以业绩为中心的薪酬计划。

3. 在计划监督上，要成立专门委员会检测子公司经营状况，建立子公司负责人随时“传唤”制度，对子公司的重大经营行为所可能引发的风险向总公司风险管理委员会作出解释。

4. 各子公司经理和部门经理有责任向集团分管领导和分管部门负责人定期提交业务、财务和人事方面的数据分析报告，并对数据真实性负有责任。

（三）健全的风险管理组织体系

保险公司的经营业绩由两部分构成：一是承保绩效，二是投资绩效。随着国际保

① 马明哲：《挑战竞争》，北京，商务印书馆，1999。

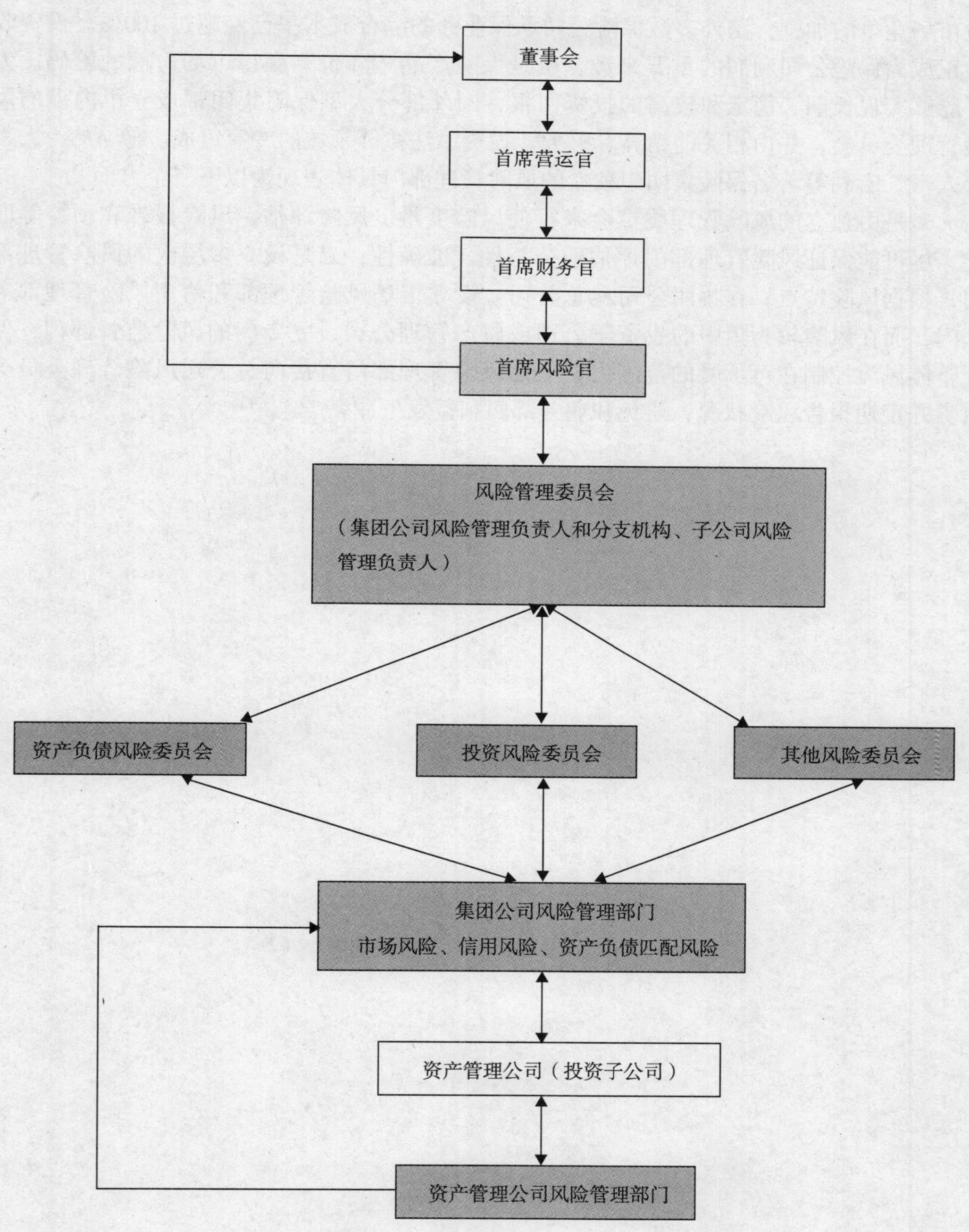

图 2－7　国外大型保险集团内部风险管理组织结构

险市场竞争的加剧，国外多数保险公司承保业务的综合成本率已经超过100%。投资收益正成为保险公司利润的重要来源，也是保险产品“降价”赢得市场份额的筹码。为了能够实现长期、稳定和较高的投资回报，国外部分大型保险集团都成立了内设的风险管理委员会，并由相关的精算、财务、投资、法律等领域的专家组成。像AIG、大都会人寿、宏利等著名保险集团中独立的风险管理部门具体表现为以下三个方面①：

一是由独立的风险管理委员会来行使风险度量、风险评估、风险报告和预警等职能，尽可能保证风险管理部门评估的公正性、准确性；二是设立多层次的风险管理部门，根据风险特点，在集团公司（总公司）设立市场风险管理部和信用风险管理部等部门，而在风险较为集中的投资子公司或资产管理公司设立专门的风险监督部门，保证整体风险控制在可承受的范围内；三是风险管理部门直接向总公司风险管理委员会负责并定期报告风险状况，避免和业务部门利益发生冲突。

① 王一佳等：《寿险公司风险管理》，398~399页，北京，中国金融出版社，2003。

第三章　转型前及其至今中国保险公司法人治理结构状况

第一节　中国保险公司法人治理结构的演进历程

中国保险公司治理模式的转型可以有多种不同的界定方法。在此处，我们界定“转型”为：社会主义市场经济制度目标的确立。在时间上，“转型”是以1992年中国共产党第十四次全国代表大会召开为标志。以此作为转型标志，有如下几点原因：第一，我们认为，保险公司治理的推进步伐在相当程度上受到国家宏观经济政策的影响。以此作为转轨的标志，符合中国整体经济发展的轨迹和特征。第二，在保险领域，“转型”表现为有意识的自觉的公司治理进入保险公司视野。这与1992年以前以人保为主体的保险业的无意识治理是有明显区别的。第三，保险领域的治理模式由行政型治理开始向现代公司型治理模式转变。

从时间上来看，我们把中国保险公司（法人）治理结构的历程分解成下面的图示：

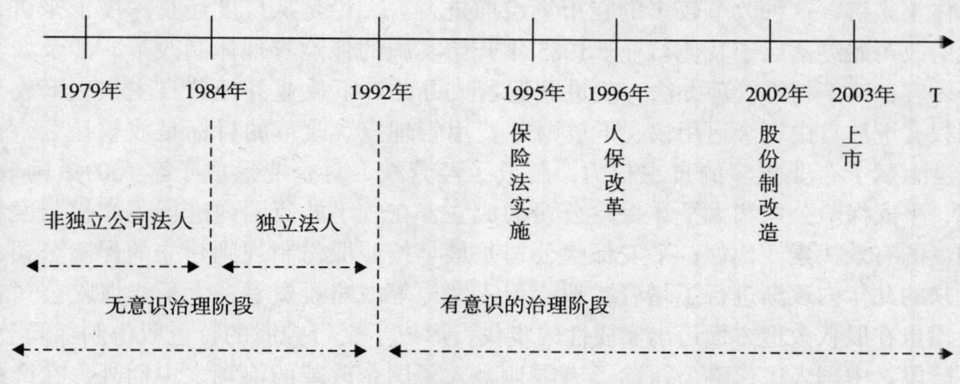

图3-1　中国保险公司法人治理的演化

一、1949～1984年：集权的行政型治理阶段

在这个阶段，中国人民保险公司具有财团法人所具有的一般特点，如有注册资本金，有经营人员、场所，并按照章程确立了相应的组织构架，而且考虑到国有资产出资人的监督问题而设置了董事会；但是由于其财产的拨付性质及人员机构的任命特征，这个时候的人民保险尚算不上独立的公司，这个时候的治理，并未进入公司治理所界定的范围之内。由于中国人民保险公司具有财政拨付的资本金，我们仍然可以把它当

做独立的法人（机关或者事业单位法人）来看待。因此，这个时期的保险公司治理结构更多地具有行政治理色彩。

公司（法人）治理的前提是公司制度的建立。公司制度最基本的标志是有独立产权。两权分离是公司治理产生的背景。我们认为，从1979年保险业恢复经营到1984年中国人民保险公司从中国人民银行分离，是中国人民保险公司建立公司治理的产权基础的重要阶段。其间的几次重大政策调整，都包含了“放权让利”以及“政企分开”的时代主题。我们可以看到，随着中国人民保险公司在产权上的独立性逐步增强，经营权受到上级干预的程度也在减弱，这些都为下一阶段实施公司治理提供了良好的制度背景。

二、1984～1992年：行政型治理向企业型治理转化阶段

以1984年1月1日中国人民保险公司从中国人民银行分离为标志，保险业的法人治理进入了一个新的时期，具有独立财产、独立人事、独立经营权、独立人格的企业法人实体建立起来。其间诞生了新疆兵团保险、平安保险、太平洋保险等许多地方性保险公司，进一步推动了企业型法人治理结构的演进。虽然中国人民保险公司仍然未能摆脱前一阶段所具有的行政治理特色，但是，由于在国企改革的进程中引入了竞争，企业独立与政府机关的前期背景，人保的行政型治理色彩在进一步减弱。

这一阶段同样是国有企业改革的风生水起的时期，两步“利改税”，“拨改贷”，承包经营责任制，以“产权明晰、权责明确、政企分开、管理科学”为目标的现代企业制度要求的提出等，推动了国企改革的汹涌浪潮。虽然保险业的改革也在逐渐深入，但总体上来讲，这种改革较多的在市场层面进行。无论是从广度还是深度上来讲，保险业的改革始终落后于其他行业。1985年开始实施的保险管理体制改革，涉及如下方面的内容：改革核算管理办法、改进利润留成办法、下放业务经营自主权、下放干部管理权、下放自由资金运用权、下放财务费用管理权。改革的目标是放权让利，在一定程度上赋予企业更多的自主权力，解放了经营权，对企业形成了客观的激励效果。其间，平安保险公司和太平洋保险公司的成立，在较小的范围内进行了产权制度和企业制度的有效探索。比如，平安保险公司是最早按照股份制规则建立的保险公司，并在后来的几年内逐渐进行了增资扩股、引入摩根等战略投资者；太平洋保险公司在这一阶段也在股权改造方面迈出实质性的步伐，形成了交行控股的特色股份制保险公司。这一阶段，中国人民保险公司除了有限地融入了国企改革的浪潮之中而外，在产权结构上并没有特别值得关注的措施和步伐。

三、1992～2002年：公司型治理阶段

1992年召开的中国共产党十四大提出了建立社会主义市场经济体制的任务。“产权清晰”成为现代企业制度的一个重要要求。从1990年开始，公司治理理论逐渐被引入中国，用于对国有企业效率低下的探讨和研究。正是由于这两个原因，从1992年起，国有企业开始有意识地按照发达国家公司治理的经验和先进的公司治理理论进行调整和改造，新的思路和新的尝试层出不穷。中国保险业的公司治理也在这个时候真正步

入觉醒阶段。

太平洋保险公司自1991年成立以来一直把股权多元化作为产权改革的重要工作。由开始的交行全资公司到1992年引入战略投资者，形成了交行控股局面；再到1995年完成股份制改造，其股东范围扩大到包括交行及其下属公司、地方财政和大中型企业共287家单位的股份制企业。前文已经提到，平安保险公司也于20世纪90年代初期开始股份制改造道路。1990年中国远洋运输集团参股，1991年深圳市财政局参股平安保险公司，1992年实施员工持股计划，1994年更是结盟美国摩根银行和高盛投行，到1996年，平安共引进51家新股东，形成了产权多元化格局。股权多元化不仅充实了保险公司资本，而且更重要的是优化了产权结构，稀释了国有股份的比重，加强了机构和法人股东对于国有股份的牵制，从而有利于在"产权清晰"的基础上构建现代企业治理结构。

1993年中国《公司法》颁布实施，其最为核心的作用就是对现代企业制度做了诠释，并结合中国实际提出了约束性要求，公司治理的一些基本原则[①]首次以法律规范的形式提出。1995年10月《中华人民共和国保险法》（以下简称《保险法》）的实施对保险公司的治理也提出了一些原则性的要求（见后）。1996年，按照《保险法》要求，人保建立了集团经营方式，以实现分业经营。1998年，中保集团完成短暂的历史使命后被撤销，分立出中国人民保险公司、中国人寿保险公司和中国再保险公司。一系列的企业内部体制改革也随之推行，企业治理结构按照现代法人治理结构的要求进行了调整。1999年十五届四中全会强调了要对企业的产权主体进行改造。

四、2002年至今：现代公司治理阶段

2001年，中国加入世贸组织给中国保险业的竞争注入了新鲜活力，2002年，中国保险业开始了与现代公司治理的接轨。中资保险的股份制改造全面启动，保险公司上市的纪录一个一个被打破，公司治理领域出现新的动向。监管层对于保险公司风险管控的意识也在逐步增强，公司治理被提高到一个战略层面予以推动。据悉，中国保险业的公司治理指引性监管文件即将推出。短短两年间，国有保险公司在改革和治理方面突然发力，在融资和改造上走在国内保险业的最前沿。

早在1999年十五届四中全会之后，对国有保险公司进行股份制改造的呼声就不绝于耳。但这一讨论经历了漫长的三年，一直到2002年才付诸实施。人保、人寿和再保险公司都实施了引入战略投资者的行动，大规模进行股改。迫于资本金压力，其他中资保险公司也纷纷提出股改方案。2003年是中国保险业的上市年，中保、人寿和平安先后在香港证券交易所和纽约证券交易所公开上市。由于面向全球募集资金，公司治理被推到战略层面，接轨的速度和力度也创下了纪录。

① 胡鞍钢、胡光宇：《公司治理：中外比较》，29页，北京，新华出版社，2004。

第二节　转型前中国保险公司治理结构的特点与评价

1992年以前的中国保险业在治理状况上具有比较明显的特点。为了与1992年后的治理结构区别，我们把这一时期称为无意识治理阶段。此前中国人民保险公司具有浓厚的国家保险公司性质，一方面承担一定的社会政治任务，另一方面在逐渐进行企业化改造，承担积累资金的任务。但是，转型前保险企业数量是极其有限的，竞争根本无从谈起。没有市场竞争的压力，企业治理机构的理性运作就不可能有动力。同时，由于公司治理理论尚未引入，这个时期的后半段，即便存在平安保险公司和太平洋保险公司在股权多元化模式上的不懈探索，法人治理在本质上都是自发的、无意识的。因为它们的股权多元化目的并不在于优化公司治理结构，而是迫于扩大资本的需要。

李维安、武立东（2002）[①] 对国营（有）企业的治理结构提出了一个简化的模型，并认为这类企业主要治理特点为政企不分，治理行为行政化。我们认为，这个模型可以作为高度计划经济制度下大型国有企业的一般模式。作为国有企业的一个特例，转型之前的中国人民保险公司和这个模式高度契合。而且，我们认为在保险行业，行政型治理的特征更为明显。

产权上缺乏独立性是该时期治理的基本命题。虽然有名义上的注册资本，但是由于经营上并无明确的利润指标，盈利上缴和亏损贴补制度使得注册资本制度形同虚设。中国人民保险公司的所有工作人员都具有干部身份，高层领导由中国人民银行任命，去留不由公司决定，所以人力资本也缺乏独立性。这一状况在1984年人保独立之后有所改观。

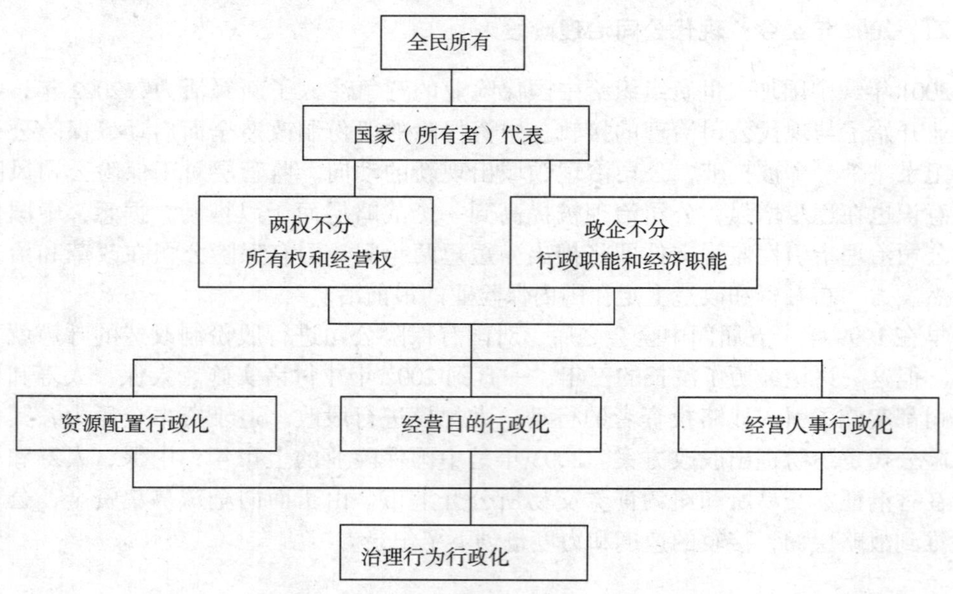

图3-2　1992年之前的国有（国营）保险公司治理模式

---

① 李维安、武立东：《公司法人治理教程》，上海，上海人民出版社，2002。

总体来讲，转轨之前的保险公司治理存在如下较为明显的特征：

第一，内部治理行政化。保险业由于其特殊性一直被认为是关系国计民生的重要行业，所以政企不分的程度保险业要始终高于其他行业。保险企业职工同时也是国家干部，高级管理人员由政府任命，使得他们在具体经营中必须把上级机关的指示、意见和想法纳入目标约束。随着改革开放进程的逐渐推进，行政型治理逐渐弱化，但在转型之前始终是保险公司法人治理的一个主要特征。

第二，外部治理内部化。中国人民保险公司作为事业性法人，由于两权不分，政企不分，政府和上级机关在公司的经营决策和人员配备以及资源调配上具有绝对权力。因此，在现代企业制度下由企业自己作主的决策行为在很大程度上受到主管机关的支配。外部治理内部化是计划经济时期中国保险业主要的治理特征之一。

第三，治理结构不健全、三权配置不合理。政府是所有权代表，同时又通过董事会参与决策权，甚至把权力范围延伸到经营权领域。这种政府参与保险公司内部治理的情况极大地干扰了三权的合理配置，客观上形成对于经理层的夺权，国营（有）企业的多重目标也就成为题中之意。同时，转型之前保险公司监事会几乎没有起到应有的作用。

第三节　转型期（后）保险公司治理结构的特点与评价

这一阶段的保险公司法人治理结构出现了多样化趋势，包括国有保险公司治理模式、新兴股份制保险公司治理模式以及不断出现的外资保险公司治理模式。总体来说，转型后保险公司治理结构的调整呈现加速和深化态势，不但在产权领域的治理成为理性选择，内部治理和外部治理的各种理论成果也开始在实践中得到初步尝试。

股份制保险公司成为转型后公司治理领域的主角。20世纪90年代中期以前，平安保险公司和太平洋保险公司通过股权多元化对产权进行合理调整，并于1995年前后取得了阶段性成果，此后便开始尝试对现有的公司治理结构进行优化和改造。这个阶段，股份制保险公司的内部人控制和激励机制设计成为一个突出问题。如何建立有效的激励—约束机制是这一阶段股份制公司重点关注的问题。1992年，平安保险公司率先实施员工参股计划，这是首次对人力资本作为利益相关者的认可和大胆尝试。员工持股计划的实施是一种比较有效的激励措施，使得员工尤其是经理层可以分享剩余索取权和剩余控制权，提高了积极性和生产效率。1997年，平安保险公司聘请著名管理咨询公司麦肯锡对公司构架和管理战略按照国际准则进行重构，这一措施大大增强了平安保险公司在国内保险业的治理结构效率。2000年，平安保险公司引入汇丰银行作为战略伙伴，在股权结构上进一步优化，建立了国际化的高管队伍；同时平安保险公司在激励制度上也大胆创新，对高管和高级技术人员进行虚拟期权奖励。这些富有创新意义的措施形成了当时保险业在治理结构上的主要亮点。

以人保为代表的国有独资保险公司在治理结构的调整上没有迈出太大的步伐，这一选择受制于国有企业政府背景。更为要害的是，保险业长期以来被列为关系国计民生的重要行业，因而在所有制及企业经营体制的改革步伐上必须谨慎。随着合资保险公司的增多，它们富有外方股东特色的治理模式也在一定程度上丰富了中国保险业的治理实践，但由于外资公司大多处在初创时期，治理上的问题并未凸显出来。

跟转型之前比较，转型后的保险公司治理特征出现了下面的一些变化：

一、公司治理进入有意识阶段

正如前面的讨论所看到，1992 年之前，中国保险公司的法人治理尚处于盲目和自发状态。公司既没有认识到公司治理的重要性，也没有把公司治理理论自觉地运用于实践。因此，虽然此前都符合现代公司制度的表面特征，但是事实上远离公司实质。20 世纪 90 年代前后，公司治理理论逐渐被引入中国，成为引导国有企业改革方向的重要理论依据。理论和实践的共同推进使得保险业尤其是新兴股份制保险公司大胆地尝试用公司治理理论来解决诸多企业困境。应该说，这两种境界是有区别的。前者是处于自发状态的产权改革，后者则是自觉地吸收公司治理最新成果。效果也是有目共睹，平安保险公司和太平洋保险公司在短短几年间就从人保手中争夺下近 20%的市场份额，公司治理结构的调整和优化功莫大焉。

二、从行政型治理转向现代型公司治理

转型之前，中国人民保险公司在国家保险体系中占有特殊地位，垄断经营和行政干预普遍存在，以红头文件来控制和开发保险资源的情况比较普遍。前面谈到，由于特殊的产权结构、多重的经营目标、资源的配置方式等因素，造成了政企不分、所有权和经营权的混同，企业治理的行政性不可避免。在市场经济体制推行以后，行政型治理弱化，表现在：第一，保险经营主体增多，竞争加剧，行政型治理的弊端日益显现出来；第二，经济体制改革的核心之一是转换企业经营机制，国有保险企业的两权分离加速。它们在行政依托上已经今非昔比，必须依靠完善经营机制而不是依靠垄断来参与竞争。这样的转变是深刻而显著的，在 1992 年以后，股份制保险公司一直引领着公司治理领域的方向，并且不断地冲击国有保险公司看似强大的堡垒。

三、委托代理问题成为公司治理的核心

转型之前，特别是在 1984 年以前，国营企业（中保）两权不分，企业既负担着经营任务又承担行业管理和政治任务，所以存在多重目标。中国人民银行可以直接干预人保公司的经营和管理，事实上形成了外部治理内部化现象。这个阶段委托代理问题并非企业治理结构中存在的主要问题，主要问题是企业所有权和经营权的分离问题。现代企业的标志之一就是两权分离，因此，转型之前（包括 1984 ~ 1992 年阶段）国有企业面临的两权分离、建立现代企业制度是主要问题。在 1992 年建立市场经济体制的改革要求提出来之后，经过多次放权让利、承包等政策调整，中国保险公司的所有权和经营权逐渐分离开来，产权逐渐清晰。这个时候，由于信息不对称而产生的委托代理问题才成为国有企业公司治理的核心和难点。2003 年上市浪潮以来，人保和人寿都聘请国际著名的管理咨询公司进行了公司治理结构的调整，引进了独立董事制度，以

更好地解决委托代理问题。

委托代理问题的解决涉及激励和约束机制的设计和构建，比如提高高管阶层的报酬、将报酬与业绩挂钩，长期报酬激励的设计及晋升等制度。让经营管理层分享剩余索取权和剩余控制权成为20世纪90年代末各保险公司逐渐开始采用的激励机制。在约束机制上，开始注意股东会、董事会、监事会的权力平衡，赋予董事会和监事会更多的权力，引入独立董事制度、外部监事制度等。这些措施促进了保险公司治理结构的优化和深化。

四、股份化和股权多元化成为公司治理的趋势

转型之前，由于计划经济对于市场力量的忽视，企业治理要么过多依赖内部治理（一般企业），或者干脆外部治理内部化，以行政干预弱化内部治理效率（国有大中型企业）。保险公司莫不如此。因此，在市场化进程开始之后，以平安、太平洋保险公司为代表的股份制保险公司抓紧机遇增资扩股，一方面使得资本金扩大以应对业务增长的需求，另一方面股权多元化使得公司治理建立在较好的产权基础之上。另外，由于平安和太平洋保险公司最初的股份制建立在国有股东基础上，这样的股份制一样存在严重的所有者缺位现象。股权多元化有效地解决了这些问题。同时，国际战略投资方的引进能同时引入国际化的治理经验，对企业发展有长期深远影响。

股份化和股权多元化在转型后成为多家内资保险公司在治理方面的突破方向，这一策略的优势得到了数据的支持。股份化后的保险公司，如平安和太平洋保险公司，在经营效率上明显超过了国有保险公司。股份化和股权多元化的经验，在20世纪90年代末和21世纪初被其他中资保险公司纷纷仿效，成为2002年以来蔚为壮观的治理结构改革浪潮。

五、现代治理结构调整得到法律法规的支持

从1995年《保险法》颁布实施以来，保险公司治理结构的问题逐渐受到监管机关的重视，并且一步一步纳入法律法规的调整范围。特别是加入世贸组织以来，监管高层对金融业风险的关注超过以往，一个良好的保险公司治理结构在风险管理中的作用越见显现。国际保险监督官协会于2002年通过了《保险公司治理结构指引》，据悉，中国保监会的第一份保险公司治理结构的指导性文件也在起草之中。

（一）《中华人民共和国公司法（1993）》

表3－1 《公司法》关于公司内部治理结构的若干重要规定

	有限责任公司	股份有限公司
股东权力	✓ 查阅股东会会议记录和公司财务会计报告(32) ✓ 分取红利;优先认缴出资(33) ✓ 转让全部出资或者部分出资,优先购买权(35)股东会(37) ✓ 选举和更换董事,修改公司章程(38) ✓ 按照出资比例行使表决权(41) ✓ 召开股东会议,召开临时会议(43、44)	✓ 股东、股东大会(102) ✓ 股东大会(103) ✓ 召开临时股东大会(104) ✓ 股东表决权(106、108) ✓ 对股东大会、董事会的诉讼(111)

续表

	有限责任公司	股份有限公司
董事会	√ 规模、执行董事可以兼任公司经理(45、51) √ 董事会与经理关系(46、50)	√ 董事会与经理关系(112、119、120) √ 董事任期(115) √ 董事会每年度至少召开两次会议(116) √ 董事责任(118)
监事会	√ 选举、任职资格(52) √ 任期(53) √ 职权(54)	√ 选举、任职资格(124) √ 任期(125) √ 职权(126)

注：括号内数字为公司法相应条款。

(二)《中华人民共和国保险法（1995)》

相对而言，《保险法》关于保险公司治理结构的规定比较薄弱，仅仅在以下几个方面做了一些原则性的规定：

①保险公司组织形式为国有独资公司和股份有限公司（69条)；②保险公司的组织机构适用《公司法》的规定（82条)；③国有独资公司必须设立监事会，以及监事会组成、职责（83条)；④保险公司的退出、接管机制，为外部治理建立了初步法律框架(84～90条)。

第四节　中国目前保险公司法人治理结构存在的主要问题

一、股权结构存在的突出问题

股权结构与公司治理之间存在着紧密的逻辑关联，它是决定公司治理机制有效性的最重要的因素。一般而言，股权结构在中国主要有三层含义：股权集中度（大、中、小股东的持股比例）高低；持股主体结构（国家股、法人股、公众股或非流通与流通股的比例)；股份种类结构（A股、B股、H股等的构成)。众多实证研究表明，其中前两者对公司法人治理绩效具有显著影响。合理的股权结构（产权构成）会提高公司的治理绩效，反之则会降低其预期效果。实证研究也表明，同股权高度集中和股权高度分散的结构相比，有一定集中度、有相对控股股东，并且有其他较大数量股东存在的股权结构比较有利于公司四种治理机制（即经营激励、收购兼并、代理权竞争、监督）作用的发挥①。除此之外，大量的研究结论也都在不同程度上支持上述观点。例如，就经济绩效而言，对中国上市公司的资料分析表明，企业的经济绩效与股权集中度呈现二次相关，在股权集中度35%～45%区间内，经济绩效达到最优②。

目前，中国保险公司从所有制的形态看主要表现为国有独资改制的股份保险公司

① 孙永祥、黄祖辉：《上市公司的股权结构与绩效》，载《经济研究》，1999（12)。

② 华锦阳：《转轨时期公司治理绩效的关联研究》，上海，上海财经大学出版社，2003。

（以下简称“改制保险公司”）和股份有限保险公司（以下简称“股份保险公司”）。对于中国保险市场所表现出来的保险公司股权结构的问题也就主要从这两方面分别进行阐述：

（一）改制保险公司股权结构存在的主要问题

过去，中国国有独资保险公司的产权制度实质上是产权主体单一、抽象且不能转让的自然人产权形式，传统的国有保险公司治理结构具有古典企业所有权与经营权高度统一的特点。目前，经过股改之后的公司股权结构仍然过于集中，国有股一股独大，由此造成单一产权结构以及国家所有者缺位和产权模糊，并导致了一系列委托代理问题，形成严重内部人控制的根源。

政府作为国有资产的所有者，尚未寻找到高效率地行使所有权的方式。在国有独资保险公司中，不设立股东会，董事会成员由政府委派，政府作为国有资产出资人对公司的人事安排干预过多，从公司总经理到部门经理都由政府主管部门任命。由于各级政府部门的利益不一致，又不能代表国家行使所有者的权利，最终导致所有者缺位。政府官员干涉和控制公司正常的经营活动，使保险公司的经营自主权得不到落实，国家的所有者权益得不到落实，国有资产保值增值的压力很大。

（二）股份保险公司股权结构存在的主要问题

虽然股份制保险公司已经实现了投资主体的分散化，但并未真正实现投资主体的多元化。例如，某财产保险股份有限公司拥有股东 63 家，大多是国有企业，但国有股东行使自己权力的积极性不高，股东大会表决流于形式，尚未成为对董事会强有力的制约机制。另一个问题是，有些股东通过关联股东，间接控制股份制保险公司。例如，某人寿保险公司有中资股东 14 家，外资股东 4 家，有些股东通过其附属公司的关联交易控制股份制保险公司的股份，已经远远地超过了国家对金融企业单一股东持股限额 10%的限制，这容易造成少数股东大权独揽的局面，而损害中小股东的利益。

非流通的国有股“一股独大”，对保险公司治理结构的影响是极其深刻的。首先，国有股份占的比重过大，而国有股股东仍是“没有人格化的产权主体”，不能有效地约束和监督经营者行为，分散的小股东又不能对公司实行有效监督，“内部人控制”问题严重，股东利益受到严重侵害；其次，国有大股东利用其绝对控股地位，进行关联交易，违规甚至违法经营，侵吞公司资产，损害了投资者的利益；最后，国有股、法人股不能上市流通，抑制了控制权市场的发展，这不仅违背了股份制经济的本质要求，而且扭曲了证券市场的本来面目，限制并阻碍了证券市场各种功能的正常、有效发挥。

根据以往的国有企业改制的经验，在新成立的股份公司中如果国有股占有超过 50%的比例处于绝对控股地位，在国有股的代理人问题没有有效解决的情况下，新的股份公司的治理机制往往不会有实质意义的改变，因为这种情况下公司的治理绩效更多依赖于控股股东的决策行为。

二、保险公司集团与内部成员公司的关系及其存在的问题

金融控股集团通常为以产权等为纽带，在母公司或核心机构控制和影响下，由多家具备独立法人地位的金融机构和多家非金融机构形成按照共同利益目标协调运作、

主营金融行业、规模庞大的联合体。中国保险公司集团存在的主要问题表现在：

首先，集团的组成基本上是按行政主导方式自上而下构建的。也就是说，中国保险集团公司的形成不是基于市场竞争、为顺应市场变化而由各个保险公司遵循外在效应内在化的原则自发组建起来的，而主要是由政府职能部门依据自身判断及调控需要而指令性组建的。同样，保险集团的撤销也主要不是自发的市场行为，而是最终由政府部门通过行政发文的形式实现。过去中保集团的短暂存在史就充分表明了这一状况。

其次，从公司集团与内部成员间的关系来看，集团的存在似乎主要是为成员公司的预期发展服务，这一点与国外具有显著的不同。因为大量实证研究表明，不管是公司集团还是集团中居于绝对控股地位的母公司，往往会通过各种各样的手段（如大宗的关联交易）侵害集团成员（往往就是被控股的子公司）的利益，在很多情况下，行业内实力较强的公司牵头组建企业集团的根本目的就在于通过垄断方式为自己攫取更大的利益，或是借助具有独立法人地位的子、孙公司规避债权人或其他经济法律的约束。虽说国外的这些情况并不是非常良好的市场行为，但毕竟仍然属于市场机制和法律规制所调整的范畴，具有其合理的一面。反观国内，保险集团（公司）却在一定程度上反过来成了控股子公司的"挡箭牌"和"保护神"，借此实现一些既定的政策目标，这在市场经济日益发展的今天就显得不太合时宜。

由此不难发现，中国保险公司集团与内部成员公司之间往往存在一种十分微妙的、千丝万缕的复杂关系，这集中体现在公司的治理结构安排上。例如，成员公司高管人员的产生常常由集团公司决定，这些高管人员反过来也可能是集团公司的某一负责人，由此造成二者在行为目标上的趋同现象，或者说二者缺乏实质上的相对独立性。本来从国外看，企业集团也存在这种独立性缺失的情况，但毕竟国外只在集团与成员之间具有交叉的委托代理关系，而国内却是在集团公司背后往往又多了一个国有股东及其代表，形成事实上的链式多重委托代理关系，使得集团公司没有足够的动力建立有效的公司治理机制，母公司的部分股东利益、子公司的股东利益以及其他相关者利益不能得到保护。

三、监事会及独立董事存在的问题

中国属于大陆法系国家，自1993年颁布《公司法》以来，监事会便成为中国公司内部治理的法定机构专司内部监督之责。此外，独立董事制度在中国的引入也不算太晚，最早可以追溯到1997年。这一年的12月，证监会在《上市公司章程指引》中以选择性条款的形式首次提及独立董事；1999年3月，证监会在《关于进一步促进境外上市公司规范运作和深化改革的意见》中明确要求境外上市公司都应逐步建立健全外部董事和独立董事制度；2000年11月，上海交易所发布的《上市公司治理指引》中建议上市公司"应至少拥有两名独立董事，且独立董事应占董事总人数的20%"；2001年8月，证监会发布了《关于在上市公司建立独立董事制度的指导意见》（以下简称《指导意见》），对上市公司建立独立董事制度以及独立董事的权利、义务、资格、比例、提名、任期、收入等条款作出了较为全面而明确的规定。

纵观中国近10年的法人治理实践，我们可以很清楚地发现，股份公司的监事会并没有起到预期的、实质性的监督作用，这其中有多种原因存在。例如，“老三会”的转化问题（很多股份公司的监事会由改制前的企业工会直接转任）导致监事会地位不高，实质上附庸于董事会甚至经理层；监事会成员的选任程序不合理，以及自身素质和能力不足，无法胜任监督之责；现行《公司法》规定过于泛化、缺乏可操作性，致使监事会监督方式的可操作性低；另外，《公司法》也未对监事会所必需的知情权有任何的哪怕是原则性的规定。关于这些因素，众多学者早已作了深入的研究，在此不予赘述。我们这里主要探讨的是以下两方面的问题：

（一）中国的独立董事制度与监事会制度暂不相容

中国现行《公司法》第一百二十六条对股份公司监事会的职权作了原则性规定：A. 检查公司的财务；B. 对公司经理执行公司职务时违反法律、法规或者公司章程的行为进行监督；C. 当董事和经理的行为损害公司的利益时，要求董事和经理予以纠正；D. 提议召开临时股东大会；E. 公司章程规定的其他职权。另一方面，对于独立董事的职权范围，证监会的《指导意见》规定，上市公司应当赋予独立董事以下特别职权：A. 重大关联交易应由独立董事认可后，提交董事会讨论；B. 向董事会提议聘用或解聘会计师事务所；C. 向董事会提请召开临时股东大会；D. 提议召开董事会；E. 独立聘请外部审计机构和咨询机构；F. 可以在股东大会召开前公开向股东征集投票权。

另外，独立董事还应对如下事项向董事会或股东大会发表独立意见：提名或任免其他董事；聘任或解聘公司高级管理人员；决定公司董事、高级管理人员的薪酬；决定上市公司的股东、实际控制人及其关联企业对上市公司现有或新发生的总额高于300万元或高于上市公司最近经审计净资产值的5%的借款或其他资金往来，以及决定公司是否采取有效措施回收欠款；独立董事认为可能损害中小股东利益的事项；公司章程规定的其他事项。

比较上述有关规定会发现，独立董事的职权与监事会的职权存在着明显的交叉与重叠[①]。

（二）独立董事并没有起到预期的监督作用

独立董事制度虽然起始于美国，但就美国来看也仍然存在诸多缺陷，正越来越受到来自社会各方面的怀疑与批评。这些缺陷主要表现在如下几个方面：一是独立董事并不完全独立。因为在美国公司里，总经理也时常兼任董事会主席，独立董事的当选往往是总经理的意图或是通过总经理对提名委员会施加强烈影响而促成的；二是独立董事的实际工作时间有限。根据科恩—法瑞国际公司的报告，1983年平均每个董事履行职责的时间是每年123小时，而到了1991年，这一时间缩短到94小时。正如美国《示范公司法》（1984年修订版）的起草人罗伯特·W. 汉密尔顿教授所指出的那样，“外部董事用来熟悉复杂的企业事务的时间是有限的，因而董事会实际上对相当广泛的公司业务是监控不到的”[②]；三是独立董事缺乏有效的激励与约束。美国著名的公司法学

① 周作斌、史卫民：《独立董事制度与监事会制度的冲突与协调》，载《当代经济科学》，2003（7）。

② 彭真明、江华：《美国独立董事制度与德国监事会制度之比较——也论中国公司治理结构模式的选择》，载《法学评论》，2003（1）。

者罗伯特·C. 克拉克指出，“独立董事缺乏为股东利益最大化而行动的充分激励”[①]，这表明独立董事不直接对股东或其他人负责，也就不存在对他们有效的监督或制约。因而有人批评独立董事“经常是一种虚设的闲职，为退休或下野的政要们领取车马费提供机会”[②]。

美国尚且如此，中国也绝不比之好多少。从中国前期独立董事的来源来看，主要表现出这样几个特征：一是相当部分独立董事是社会名流或经济学家，上市公司普遍注重理论型或学者型董事的选择；二是相当部分独立董事的人选来自知名大学，且多集中在北京和上海两地；三是与国外相反，中国对独立董事的企业管理和法律工作经验重视不够。在中国，利用独立董事追求广告效应、名人效应的上市公司大量存在，借机炒作也就成了上市公司设立独立董事的重要需求之一，严重影响了独立董事制度作用的真正发挥。再则，分析中国独立董事的选任及薪酬决定机制可知，独立董事是不能真正独立起来的。《指导意见》第四条规定：上市公司董事会、监事会、单独或者合并持有上市公司已发行股份1%以上的股东可以提出独立董事候选人，并经股东大会选举产生决定；第七条规定：上市公司应当给予独立董事适当的津贴，津贴的标准由董事会制定预算，由股东大会审议通过。也就是说，独立董事的选任和津贴标准的制定权均由董事会和股东大会控制。在这种背景下，独立董事的独立性会受到严峻的挑战。

四、职工持股及其存在的问题

（一）职工持股概述

按照美国职工持股协会（The ESOP Association）的定义，职工持股计划（Employee Stock Ownership Plan，ESOP）是一种使职工主要投资于雇主的职工收益计划，或者说，它是一种使职工成为本企业的股票拥有者的员工受益机制。有学者提出，中国实施职工持股计划存在四大问题[③]：一是资本市场发展滞后，妨碍股票期权定价的市场实现；二是现行法律法规的限制，使得职工持股的股票来源和兑现受阻[④]；三是会计财务制度缺陷，致使职工持股计划运作所需的信息得不到反映和披露；四是社会观念落后，制度实施缺乏群众基础。应当讲，这样的结论还是很有见地的，特别是第二点问题，如果短期内不加以解决，职工持股计划只能缓行。

（二）保险公司法人治理结构中职工持股计划的主要问题

---

① 彭真明、江华：《美国独立董事制度与德国监事会制度之比较——也论中国公司治理结构模式的选择》，载《法学评论》，2003（1）。

② 彭真明、江华：《美国独立董事制度与德国监事会制度之比较——也论中国公司治理结构模式的选择》，载《语学评论》，2003（1）。

③ 李映照：《我国实施ESOP的四大困境》，载《经济师》，2003（11）。

④ 《公司法》第一百四十九条规定：“公司不得收购本公司的股票，但为减少公司资本而注销股份或者与持有本公司股票的其他公司合并时除外”，这就大大限制了公司以回购方式从二级市场获得本公司股票用作ESOP股票的来源；同时，国有股和法人股事实上的不流通，使得国有股和法人股也不可能作为ESOP的股票来源。在股票出售方面，《公司法》、《证券法》规定，“公司的董事、监事、经理等高级管理人员任职期间不得转让其所持有的股份”，这又使得高级管理人员所获得的股票增值不能及时兑现，ESOP的激励机制效力降低。

除开上述职工持股制度普遍存在的问题以外，目前中国保险公司通过职工持股等员工薪酬制度来优化法人治理结构的做法也还十分鲜见，或者说问题还很突出，具体表现在以下几个方面：一是行业内仍然缺乏引入和贯彻人力资本观念的迹象，没有切实将人视做企业发展的根本原动力，也就没有充分调动人的积极性从而将人力资源转化为人力资本。原因在于，不管是经理人员还是普通员工，长期以来被“歧视性”地视做所谓“内部人”，在传统委托代理理论范式下，股东利益至上，“内部人”控制都被认为是不可接受的，“内部人”所得劳动之报酬，仍然基本上就是（也理应是）“劳动力价值”。因此，作为人力资本观念直接体现的现代员工薪酬制度创新在保险行业非常滞后。人力资本理论以及利益相关者理论认为，企业经理层及普通员工是人力资本（而非物质资本）所有者，其凭借人力资本所有权理应参与对公司剩余的控制与索取，因为物质资本所有者（股东）同人力资本所有者都是企业最终风险的承担人。也就是说，一定约束条件下的“内部人”控制是合理的和必需的，通过员工薪酬制度安排对其进行激励与约束、使其得以参与公司治理是必要的和可行的①；二是没有改变保险公司人员聘用的双轨制，“正式职工”与“招聘职工”的差别仍然存在，造成推行职工持股计划等员工薪酬制度的技术性障碍，因为是否对不同职工加以不同对待是难以决定的一件事情。所谓“正式工”与“合同工”的差别本身更是对部分员工的歧视，会挫伤员工的积极性，这种状况尤其在国有转制保险公司内部是普遍现象；三是广大保险营销员的处境尴尬。因为按照保险代理的相关法规，保险营销员本质上应当属于独立于公司的保险代理人，但长期以来保险公司实质上将其作为内部员工加以管理。如果推行职工持股等员工薪酬计划，如何对待这些劳苦功高的保险营销员？须知，近十年来中国保险业尤其是寿险业的发展完全离不开广大保险营销员的汗马功劳，有部分资深营销员在营销队伍中具有很高的号召力，处理不好很有可能导致整个寿险业的震动。

① 符家宁：《公司治理结构形成的根本原因的探索》，载《四川行政学院学报》，2003（4）。蔡声霞、李喆、王怀荣：《公司治理结构的最优配置——关于物质资本所有者主权、人力资本所有者主权和利益相关者主权的思考》，载《天津商学院学报》，2000（9）。郭金林：《人力资本产权特性与公司治理制度创新》，载《河北学刊》，2000（4）。

第四章　中国“十一五”期间保险公司法人治理结构调整的方针与政策建议

第一节　中国保险公司法人治理结构调整的基本原则和目标模式的确立

保险公司法人治理结构的调整是一个系统工程，是不可能一蹴而就的长远大计，应该将公司法人治理结构改革的一般规律与保险行业的具体特点相结合。为此，必须在政策制定过程中坚持以下几条基本原则：多方利益兼顾、突出保单持有人利益的原则；治理结构调整与产权结构调整相结合的原则；内部治理与外部治理相结合的原则；国外经验与现实国情相结合的原则；短期目标与长远战略相结合的原则。

由于经济体制、股权结构、资本市场监管等因素不尽相同，以及受法律与历史文化等制度变迁的“路径依赖”性影响，公司法人治理结构没有通用标准和一成不变的模式。随着经济的发展和企业内外环境的变化，治理结构模式会不断调整与重构，切不可照搬照抄，强求外在模式的一致，而是应当建立起适合自身特点、符合时代要求的模式架构。公司法人治理结构的目标模式一般都要涵盖四项内容，即股权结构模式、公司组织模式、经营者调控模式和职工调控模式。基于此，并结合前文的分析，我们提出未来中国保险公司5～10年的法人治理结构目标模式设想：

第一，公司股权结构模式。公司股权结构是公司法人治理结构的基础，选择和确定中国保险公司法人治理结构模式，首先要选择和确定中国保险公司的股权结构模式。纵观经济全球化、一体化背景下世界各国企业法人治理结构演进的潮流，一个共同的趋势是从绝对控股模式向相对控股模式逐步转变，这也将是中国保险公司股权结构改革的发展走向。因此，未来5～10年应遵照中央提出的国有资本“有进有退”的总方针，引导中国保险公司逐渐形成多元化、网络式的股权结构①，使国有股不再“一股独大”，允许保险公司股权由多种性质的所有制经济主体持有，包括公司的职工也可成为自己公司的股东，以及中资保险公司和大型企业（集团）之间可相互持股。

第二，公司组织模式。有效的公司法人治理结构的确立，关键在于建立一套与股权结构相适应的、权责分明的组织体系。中国保险公司法人治理结构的组织形式综合借鉴了日德和英美等国家公司的法人治理结构模式，先后引入了监事会和独立董事制度，但在目前看来，各自发挥的作用都很有限。今后中国保险公司法人治理结构的调

① 慕刘伟：《国有保险公司产权股份制改造》，载《金融与保险》，2003（9）。

整，应当进一步明确股东大会的最高权力机构地位，切实建立起以股东大会为核心的，董事会、监事会、总经理分工合作的法人治理组织模式。这其中，加强董事会和监事会建设是重中之重。为此，应在董事会的总体框架下逐步完善独立董事制度；应着力改善监事会的作用，提升监事会的地位及其监控权力；并且应想方设法搞好独立董事（以及整个董事会）同监事会的相互协调，使二者既有的职责冲突和功效缺位得到尽量的改善。

第三，经营者的调控模式。一般而言，企业经营者的调控模式主要通过外部约束与内部控制相结合来实现，可运用各种政策、市场力量、产权力量、企业机制等因素去影响和制约经营者的行为和业绩。在中国未来保险公司法人治理结构中，对经营者的调控模式可设计为：资本市场能对公司经营者施加压力，保证公司的正常经营以实现股东利益最大化目标；保险产品市场能给公司经营者压力，利于形成对经营者的市场性控制；竞争性的保险专业经理人市场能对公司经营者产生实质性的激励和约束；保险并购市场的外部监督机制能对公司经营者的决策产生重要影响。另外，通过对剩余索取权的合理分配、对股票的发放及股票期权的给予、对“在职消费”以及高额退休薪金等多种物质激励手段的鼓励，充分提高“代理人”的工作绩效。在处理公司经营者薪水问题上，把经营者、普通员工与公司的绩效整合在一起，按劳付酬、同涨同落，但要防止悬殊过大，影响普通员工的积极性。

第四，职工调控模式。德国和日本公司获得成功的一个奥妙，就在于它们的公司法人治理结构比较成功地实现了公司职工与企业管理的结合。随着人力资本治理理论的兴起，中国保险公司未来的治理结构模式也应向德、日两国学习，把公司职工放到一个重要的位置，力争实现职工与管理的有机统一，从而充分调动职工参与公司生产经营管理的积极性。但是职工主要应以参与形式为主，以控制形式为辅。中国未来保险公司法人治理结构中也将引入员工持股计划、期权计划、企业年金计划等方式实现对职工的激励与约束。

第二节　中国保险公司法人治理结构调整的政策建议

一、关于股权结构问题

结合前文的分析我们知道，股权高度集中是目前国内保险公司产权结构和法人治理结构安排中广泛存在的重大缺陷，而通过股权结构的多元化和分散化过程，可以在很大程度上解决保险公司法人治理和经营管理中的诸多问题。因此，保监会在“十一五”计划的实施中应当坚持引导保险公司走投资人多元化和股权结构适度分散化的道路，并遵循以下步骤逐渐实现这一目标：

（一）进一步制定宣示性和指引性文件，积极培养和吸引境内外的机构性战略投资者参股，引导保险公司规范上市，力争向国有股持续相对下降的股权结构靠拢。其中，引入战略投资者有着积极的意义，它们会更加关注公司的长期发展、关注公司的利润状况而非保费指标、注重改善保险公司的治理结构。配合引入战略投资者的计划，可以采取：第一，引导战略投资者从资本市场公开收购流通股；第二，集团公司出售给战略投资者部分非流通股；第三，由公司向战略投资者定向增发公司的股份；第四，股份公司发行可转股债券，并鼓励合格主体购买。

（二）会同国资局等机构，引导保险公司的国有股逐渐减持，将持股比例降至30%左右。在这一过程中，国有股必须通过合法的、规范的途径和程序实施转让，并且配合全局性的国有股减持方案有计划、有步骤地进行。

（一）、（二）两个步骤的有序实施，最终应使保险公司形成一个少数几个大股东（分别持股5%~30%，且持股总和不超过70%）占主导，其余众多中小股东相互制约的股权结构，以符合实证研究的最优结论。课题组认为，考虑到世贸组织保护期即将届满，步骤（一）应在“十一五”期间着力推行，且实施难度不大，因为证监会QFII和GDII制度也在同步推行，为保险公司股权结构的调整提供了外部环境；但是，步骤（二）的实施却不是一蹴而就的，因为从国有股减持政策的全局看，诸多深层次的矛盾与利益冲突并未得到根本解决，不会太早进入实质性的运作阶段，而保险公司的国有股减持问题显然不可能超脱于全局另起炉灶。换言之，步骤（二）的推行要受到国有股减持计划整体实施进程的制约，很有可能要留待“十二五”甚至“十三五”计划方能最终实现。在优化保险公司股权结构的过程中，保监会应致力于协助解决保险公司股份的流通问题，将实现股份的全流通作为一个长期的治理政策目标。不过，这一目标的实现也要受制于全局性股份流通改革计划的施行。

二、关于公司集团与成员公司的关系问题

我们认为，制定基于集团公司与成员公司相互关系的法人治理结构调整规划，保监会应当坚持并且只需坚持按市场化原则行事。因为在市场经济条件下，公司集团的形成、发展、解体或衰亡本应服从市场规律；市场竞争的激化要求组建企业集团适应形势，则集团兴；否则，集团的建立会因种种原因（如集团公司的“法人面纱”问题）不能降低平均成本及增强各个成员公司的核心竞争力，甚至引发种种难以克服的矛盾，则集团亡。也就是说，由于集团中的控股（母）公司和被控股（子、孙）公司都是依《公司法》建立起来的独立法人机构，只要它们的所有行为都符合《公司法》等各种民商法律的规范性要求，则无须对其实行过多的干预或限制；反之，只要其行为越过行政法规甚至国家法律的“红线”边界，则自应当依法对其实行合理的训诫及惩处。这其中，母公司或子公司的法人治理结构安排自然也应服从相关法律的规制，保监会作为国家行政监管部门，可以在法定权限下对公司集团的内部治理安排提供事前指导和事中监控，引导其按市场规律和法律规范从事各项行为。

正如前文所言，国内目前的保险公司集团的组建主要不是出于纯粹的市场动机，而是多少为了实现公司改制上市的目标。尽管中国人寿和中国人保两家最大的国有独资保险公司成功上市，但它们所走过的道路并不是其他公司可以效仿的主流，可以预见，未来几年内较大规模的新保险公司集团的组建不会出现，即使有，也是为适应市场形势变化所作出的市场化选择。因此，保监会只需按市场化的监管原则加以引导即可，既不鼓励公司集团的成立，同时也不加以特别的限制。

三、关于独立董事与监事会制度的关系问题

通过比较大陆法系和英美法系的公司法人治理结构模式，我们已经认识到独立董事（乃至整个董事会）制度和监事会制度都是当今社会不同法系国家所普遍采用的公司法人治理结构的重要组成部分，并且各自都存在明显的优缺点。结合对国外经验教训的分析，我们认为，从现在起的未来5~10年，保监会在独立董事与监事会层面指导保险公司进行法人治理结构调整的基本思路是：总体上不鼓励独立董事的发展，而是改善、优化董事会的人员构成和职权行使；同时改善监事会的监督职能实施机制，并在适当的时候，促成监事会法定职权的强化。

（一）改善、优化董事会的人员构成和职权行使，把独立董事制度建设总体纳入董事会建设的范畴

不可否认，董事会是公司法人治理结构的核心之一，董事会成员的素质高低和决策效率直接关系法人治理绩效和经营业绩。中国保险公司的董事会制仍然普遍存在一些突出问题。例如，董事长由上级行政主管部门或党委会任命，并且同时兼任公司总经理；董事会成员的选任不符合公司章程甚至公司法精神；许多公司董事综合素质和业务能力低下，不足以胜任公司的重大经营决策职责。这样，势必造成董事会并不能真正代表股东大会的意志，不能切实防止内部人控制现象的发生，也就不能维护广大股东的切身利益。为此，中国保险公司董事会制度建设应在现有法律框架下重点做好以下几点工作：第一，改革董事长的行政任命机制，切实转为由股东大会选举产生，并且尽量不要同时兼任总经理。应当说，这一改变的实现要有赖于股权结构调整的实现，只要国有股不处于绝对控股地位，股东大会是有可能充分行使自己的选举权的；第二，借鉴AIG的公司治理准则，在董事会中建立专门的提名委员会，负责对董事会成员（包括对独立董事）的提名和推荐，交由股东大会表决通过；第三，在选任董事会成员过程中，要注重对候选人综合素质和专业能力的考察，力争遴选出年富力强、业务过硬的董事。例如，英国公平寿险社的治理结构中，由于非执行董事缺乏必需的精算常识，无法对管理层给予指导，而过于依赖精算师的意见，对精算管理缺乏制衡，引发了潜在的利益冲突。

此外，鉴于证监会对上市公司独立董事制度的着力引入，保监会不大可能在5~10年的时间里改变此种现状，所以准备海内外公开上市的保险公司短期内只能依照证监会的要求设立独立董事制度。不过，整体上保险公司的独立董事选聘和任用应纳入董事会建设当中去，并主要承担咨询、顾问之责。事实上，关于这一点，也是符合国内学者对独立董事主要职能的定位的。众多学者提出，中国独立董事的主要职能，一是从专家的角度考虑企业重大决策的可行性和对企业长远业务拓展进行宏观规划；二是对企业经理层或控股股东可能侵害其他投资人利益和企业整体利益的行为进行专业性的预警与防范。

针对中国保险公司目前的状况，独立董事制度建设中应该注意的问题有：第一，对独立董事的人数和比例应有特别规定，人数应达到一定比例，这样才能够确保独立董事发挥应有的作用；第二，独立董事的提名不应当主要由公司的大股东和董事会进

行，这样可能无法保障中小股东利益的实现，因此再次说明董事会下设提名委员会的必要性；第三，独立董事的薪酬应该由专设的薪酬委员会作出制度性规定，而不能由董事会及股东大会决定和发放，否则很难让独立董事真正“独立”起来。

此处我们强调独立董事主要承担咨询与顾问的职责，目的是要引出以下第二个需解决的重要问题：

（二）调整保险公司监事会构成，强化监事会的职能

原因有四：

第一，中国是大陆法系国家，实行的是二元制的公司治理结构，现行《公司法》已经明确规定了股份公司监事会的地位和职权，而独立董事制度建设目前仅仅是证监会的一种方向性指引。由此可知，监事会享有比独立董事更高的法定地位，也可以断定，制度变迁的路径依赖决定了在相当长的一段时期内二者的相对关系不会发生法律意义上的逆转。

第二，从德国和美国的现实情况分析，中国股份公司股权结构的形成和治理框架的搭建更类似于德国，而与美国公司的股权结构大相径庭。中国绝大部分上市公司是由国企改制而成，1 000 多家上市公司中 80%～90%是国有股占主导地位，尚未上市流通的国有股比重高达 40%，有些甚至高达 80%以上。在保险行业内，情况也与之类似。所以说，中国的股份公司并不是股权极度分散，而是过度集中，存在大量的绝对控股股东。在这种情况下，所谓的“内部人控制问题”与美国公众公司中的内部人控制是不完全相同的，中国一股独大的“内部人控制”实质是控股股东的控制。同时，中国的证券市场还极不成熟，企业仍然主要依赖银行的间接融资，这恰恰与德国比较类似，不同之处在于中国银行不能持有公司股份，成为公司的股东和控股股东，而德国的公司股权结构和融资方式催生出的法人治理模式主要就是监事会制度唱主角。

第三，如前文所述，现行的独立董事制度与监事会制度存在职责交叉重叠，“搭便车”和“踢皮球”心理导致两个部门的工作效率同时低下。而独立董事本质上从属于董事会制度，要受董事会基本权限的制约，加之中国二元制治理结构的基本制度设定，独立董事的监督职责行使无论如何效果都会有限。

第四，就独立董事制度的引入初衷来看，也如前文所述，它的选任机制和薪酬决定方式使其不能真正享有“独立”地位，所以几乎不能达到解决国有股“一股独大”问题的预期目标，这就从根本上动摇了独立董事制度存在的基础。

具体来说，在保监会指导下对保险公司监事会的改革分以下几个步骤加以实施：

第一步，在现行《公司法》框架尚未有根本性改变的前提下，为改善监事会的监督机制，保监会可在“十一五”规划中着力倡导两件事情：首先是完善监事会监事的选聘机制，确保当选监事具备必需的专业知识和执业素养。正如董事会成员除了主要具备投资人身份以外，还必须具有决策与经营能力一样，监事会成员必须具备主要与财务监督工作相关的基本能力和职业操守，切实做到在其位、称其职、尽其力。保险公司业务经营具有不同于普通企业的特殊性，这就要求在保险公司监事会任职的监事更要具备较高的专业知识与执业能力，尤其是要具备一定的精算常识，这样才能胜任自己的监督纠核工作；其次，提出建立独立监事制度的意向性指南。历史地看，在公

司监事会中设立独立监事首创于日本，是在大陆法系架构下借鉴美国独立董事的制度创新，其根本目的在于使公司监事能摆脱大股东和董事会的不当控制，增强监事会的客观性和独立性。独立监事不同于现行监事会制度中监事的选任渠道，后者是由股东代表和公司职工代表充当，也就说从根本上看还是主要来自于公司内部，易受“内部人”和控股股东的控制，而前者则主要从公司外部选聘产生，具有相当的独立性和公正性。未来几年保险公司监事会中独立监事的聘任主要注重两个来源：一是业内具有一定专业水平和从业经验的中青年人士，而不一定非得是具有相当资历的学界名宿或业界名流。因为前者正处于创业阶段，知识结构、学习能力、工作能力尤其是敬业精神（和一股子冲劲）的搭配更为适中，敢说敢做；而后者虽然造诣高深、经验丰富，但往往社会事务繁杂、精力有限、顾及人情世故，不能充分胜任公司的监督职责；二是合格的保单持有人代表。因为保险公司的根本利益与保单持有人的利益共系一身，后者对于前者的正常运作和发展具有关注与介入的动机。如果能够通过一定的评聘机制筛选出同时具备相关专业能力的保单持有人代表参与公司独立监事，则对公司的经营运作将会是极佳的监督与促进。

第二步，会同证监会和银监会，向立法部门提出修改《公司法》的初步建议，旨在提高股份公司监事会的法定职权。如果监事会的法定地位得不到实质性的改善，法定职权得不到根本性的提高，则独立监事与独立董事就仅仅是概念上的差别，后者所存在的一切问题也会在前者身上重现。因此，保险公司以监事会为主体的法人治理结构调整必须要进入修法的实质性阶段，但这却不是三五年就可以实现的事情，所以可由保监会牵头在“十一五”期间贯彻思想、持续努力，争取早日完成。

《公司法》的修订（及相关实施细则的制定），应当确保监事会在以下几方面获得本质性的改变：一是监事会构成上，除了由股东代表和公司职工代表担任以外，还要明确规定外部独立监事的任职资格，并由保监会制定保险行业的实施细则，将合格保单持有人纳入独立监事的范围，从而确立独立监事的法定地位；二是明确赋予监事会临时股东大会召集权，而不是过去给予的提议召开权，因为后者没有任何实际意义；三是规定监事会在特殊情况下的公司对外代表权，例如董事与公司发生诉讼或进行关联交易时，监事会是公司的对外代表；四是赋予监事会一定的业务拘束权①，即对董事会业务执行权的实质性约束，以最大限度地防止后者滥用职权，损害公司整体利益；五是赋予监事会的单独诉权②，即当董事为自己利益而与公司进行交易或对公司提起诉讼时，监事会代表公司，或者监事会在董事（会）或董事长侵犯公司利益时，监事会可以公司名义对董事提起诉讼；六是将董事会中具有监督职能的下属委员会，如提名委员会、薪酬委员会和审计委员会转到监事会之下设立③。

第三步，将来可以考虑向立法部门提出对《公司法》的进一步修改建议，完全仿照德国模式，把监事会的地位升格到高于董事会，董事会成员的选聘由监事会负责。

---

① 梅慎实：《现代公司机关权力构造论》，北京，中国政法大学出版社，2000。

② 梅慎实：《现代公司机关权力构造论》，北京，中国政法大学出版社，2000。

③ 李哲、董海峰：《独立董事：在中国现实下的思考》，载《法学》，2001（7）。

当然，这样做是否必要、是否会矫枉过正，还需要学界与实务界的继续思考和研究，更关键在于对未来10~20年中国公司法人治理结构演进的判断是否准确。这也是本课题留给我们需要进一步深入探讨的问题。

四、关于职工持股问题

针对前文的分析，关于职工持股，保监会应在“十一五”期间作出如下的宏观指导：

第一，向业内发出建立健全职工持股制度的政策倡导，并适时制定保险行业职工持股计划的指引性文件。

第二，由于职工持股本身仅仅是激励性员工薪酬制度的一个组成部分，所以，不能使保险公司仅仅局限于建立职工持股，而是要鼓励其结合自身实际，因时、因地制宜地实行多样化的员工薪酬制度。例如，作为自愿性补充养老金制度的企业年金计划，就是保险公司必须要考虑引入的薪酬福利计划，因为大量研究表明它对于健全公司的长期激励与约束机制具有显而易见的功效。而且保险业一直以来都十分热衷于介入企业年金基金的运作管理领域，那么自身就应当率先实行该计划以对全社会起到示范作用。

第三，同前述独立监事制度的引入一样，保监会也须会同立法部门一起调研《公司法》和《证券法》等法律法规的修订问题，以期扫除职工持股制度发展的法律障碍。当然，这一步是一个中长期规划，需要在“十一五”期间逐步进行，同时要有留待“十二五”方能最终解决的打算。

第四，继续同学界保持密切联系，持续开展对职工持股制度引入保险行业课题的研究。因为职工持股制度虽然在国外已有较长的发展历史，但都存在一些明显的问题，如何把该制度恰当地引入国内保险行业就更需要花费时间加以跟踪研讨。

参考文献

1. 杨胜刚、安青松：《全球关注：公司法人治理结构的国际比较》，载《国际问题研究》，2002（5）。
2. 托尔斯腾·贝克：《法律、政治和金融》，载《法经济学》，2004（3）。
3. 毛亚敏：《公司法比较研究》，北京，中国法制出版社，2001。
4. 国务院国有资产监督管理委员会：《德国监事会制度评介》，2004。
5. 李姝：《公司法人治理与财务报告》，李维安：《公司法人治理理论与实务前沿》，北京，中国财政经济出版社，2003。
6. Gregory Jackson：《德国的公司法人治理与就业》。
7. 胡鞍钢、胡光宇：《转轨时期中国公司法人治理的回顾和展望》，北京，新华出版社，2003。
8. 马连福：《公司法人治理趋同化初探》，载《南开经济研究》，2000（2）。
9. Jeff Wrathall：《国际管理学——全球时代的管理》，北京，中国人民大学出版社，2001。
10. 韩铁：《试论美国公司法向自由化和民主化方向的历史性演变》，载《美国研究》，2003（4）。
11. 李维安、武立东：《公司法人治理教程》，上海，上海人民出版社，2002。
12. 田书华、崔仙玉，赵东奎：《公司法人治理模式趋同化研究》，载《当代经济研究》，2004（6）。
13. ［日］滨田道代、吴志攀：《公司法人治理与资本市场监管：比较与借鉴》，北京，北京大学出版社，2003。
14. 余剑伟：《美德公司法人治理改革法案比较研究》，载《当代管理科学》，2004（5）。
15. 彭真明、江华：《美国独立董事制度与德国监事会制度之比较——也论中国公司治理结构模式的选择》，载《法学评论》，2003（1）。
16. 胡鞍钢、胡光宇：《公司治理：中外比较》，北京，新华出版社，2004。
17. 孙永祥、黄祖辉：《上市公司的股权结构与绩效》，载《经济研究》，1999（12）。
18. 华锦阳：《转轨时期公司治理绩效的关联研究》，上海，上海财经大学出版社，2003。
19. 周作斌、史卫民：《独立董事制度与监事会制度的冲突与协调》，载《当代经济科学》，2003（7）。
20. 李映照：《中国实施 ESOP 的四大困境》，载《经济师》，2003（11）。
21. 符家宁：《公司治理结构形成的根本原因的探索》，载《四川行政学院学报》，

2003（4）。
22. 蔡声霞、王怀荣、李喆：《公司治理结构的最优配置——关于物质资本所有者主权、人力资本所有者主权和利益相关者主权的思考》，载《天津商学院学报》，2000（9）。
23. 郭金林：《人力资本产权特性与公司治理制度创新》，载《河北学刊》，2000（4）。
24. 刘震：《中国保险公司竞合战略初探——兼论其核心竞争力》，西南财经大学硕士论文，2003。
25. 梅慎实：《现代公司机关权力构造论》，北京，中国政法大学出版社，2000。
26. 李哲、董海峰：《独立董事：在中国现实下的思考》，载《法学》，2001（7）。
27. 熊海帆：《从“礼品经济”看保险企业的经营管理》，载《中国商业保险》，2004（3）。
28. 梁能：《公司治理结构：中国的实践和美国的经验》，北京，中国人民大学出版社，2002。
29. 中国保险学会《中国保险史》编审委员会：《中国保险史》，北京，中国金融出版社，1998。
30. 潘敏：《法人资产制度与国有保险公司的股份制改造》，载《保险研究》，2003（2）。
31. 慕刘伟：《股份制改造：国有保险公司产权制度改革的理想选择》，载《财经科学》，2003（4）。
32. 李开斌：《现代西方产权结构理论与中国商业保险经济改革》，载《中国保险管理干部学院学报》，2000（4）。
33. 张茵仙、王锦萍：《论完善国有保险公司的内部控制机制》，载《保险研究》，2004（5）。
34. 钱维章、何唐兵：《论保险公司的治理结构建设》，载《保险研究》，2003（10）。
35. 卓志：《入世三年来我国保险理论研究综述》，载《保险研究》，2005（1）。
36. 江生忠：《中国保险业发展报告》，天津，南开大学出版社，2003。
37. 孙永祥：《公司治理结构：理论与实证研究》，上海，上海人民出版社，2003。
38. Gregory Jackson Martin Hopner Antje Kurdelbusch：《德国公司法人治理与就业》，载《欧洲公司和人力资源管理》。

中国保险业空间布局研究

中国社会科学院保险与经济发展研究中心课题组

课题负责人：李　扬　王国刚
执行负责人：郭金龙
课题组成员：李　扬　王国刚　郭金龙　刘　菲
闫建军　朱俊生　张许颖　张　伟
罗　刚

第一章　中国保险业空间布局的现状

本报告中保险业空间布局是指保险业在中国各省、市、自治区或不同区域的分布情况。对中国保险业空间布局的分析应主要包括保费收入的空间分布、市场主体的空间分布和产品的空间分布等。

第一节　对中国各省区保险业发展状况的总体评估

我们首先对比和评价不同地区保险业务的总体情况。根据中国《保险统计年鉴2004》中的资料，对全国各地区（省、直辖市、自治区）保险发展的总体水平及其差异进行综合评价和分析研究，2003 年全国各地区保险发展状况主要指标见附录中表 1。

我们用主成分分析法进行统计分析，各个变量的定义参见表 2。

我们利用 SPSS 统计软件对数据进行相关性分析，得到相关系数矩阵和检验结果（见附录表 3 和表 4）。由相关性分析可知，各变量间存在较强的相关关系，因此有必要进行主成分分析。

附录表 5 中数据是各个变量因子的载荷平方和。由附录表 5 可知，变量相关矩阵有三个最大特征根，即 6.421、2.371 和 1.514，而且前三个因子可以解释总方差的近 86%，其余 9 个因子只占 14%，这说明前三个主成分提供了原始数据的足够信息。基于过程内定取特征根大于 1 的规则，因子过程提取了三个主成分。

由图 1 - 1 可以看出，前三个特征值间的变化很大，其余的变化很小。因为其他特征值均小于 1，取前三个因子是可行的。

附录表 7 是提取的三个因子的因子矩阵。行列交叉点的数据是对应因子在变量（省市）上的载荷，它体现了交叉点对应的因子（列）对应的变量（行）的影响程度（即相关程度），即：

$$全部保费收入 = 0.70619 \times Z_1 + 0.59711 \times Z_2 - 0.3643 \times Z_3 \quad (1.1)$$

$$全部保费收入同比增长 = -0.2451 \times Z_1 + 0.73971 \times Z_2 + 0.58902 \times Z_3 \quad (1.2)$$

其余的依此类推。

根据因子得分系数和原始变量的标准化值可以计算每个观测量的各因子的得分数，并可以据此观测量进行进一步的分析。旋转后的因子（主成分）表达式可以写成：

$$Z_1 = 0.234X1 - 0.114X2 + 0.168X3 + 0.433X4 + 0.247X5 - 0.193X6 + 0.855X7 + 0.822X8 + 0.858X9 + 0.946X10 + 0.797X11 + 0.918X12 \quad (1.3)$$

$$Z_2 = 0.965X1 + 0.03568X2 + 0.928X3 + 0.01054X4 + 0.953X5 - 0.0265X6 + 0.408X7 +$$

$$0.412X8 + 0.405X9 + 0.203X10 - 0.0715X11 + 0.258X12 \quad (1.4)$$

$$Z_3 = 0.04782X1 + 0.969X2 - 0.0919X3 - 0.202X4 + 0.08496X5 + 0.967X6 - 0.108X7 - 0.203X8 - 0.0861X9 - 0.0804X10 - 0.307X11 + 0.07541X12 \quad (1.5)$$

$$Z = 0.53512 \times Z_1 + 0.19761 \times Z_2 + 0.1262 \times Z_3 \quad (1.6)$$

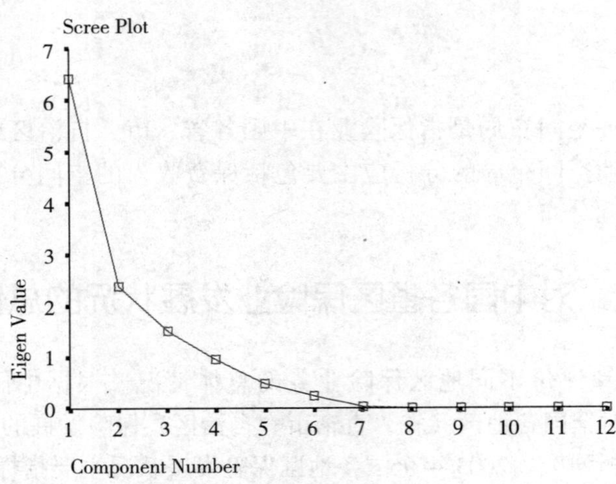

图 1－1　特征值散点图

通过计算表明，第一主成分 Z_1 是由 X7、X8、X9、X10、X12 确定的。它们在式中的系数大于其他变量的系数，这表明 Z_1 是这五个指标的综合反映，主要说明保险相对强度。

同样的道理，第二主成分 Z_2 是由 X1、X3、X5 确定的，反映的是保费收入的总量规模。

第三主成分 Z_3 是由 X2、X6 确定的，反映的是保费收入的增长速度。

上述分析的结论是，这三个主成分从保险业务的总量、增长速度以及各地区相对强度三个维度刻画了各地区保险发展水平的差异。用这三个指标来衡量全国各个地区的保险业发展水平具有 86%的可靠性。

以下我们分别计算全国各地区在第一、第二、第三个主成分以及综合发展水平方面的得分，以此作为评价全国各地区保险业发展水平差异的依据。经计算整理可得出各地区保险发展水平因子得分及其排序表（见附录表 9）。

综合上述分析，在保险发展水平的强度成分因子 Z_1 指标方面，北京、上海、江苏、广东、浙江等地水平较高，而青海、吉林、内蒙古、江西、海南等地水平较低。强度指标避免了各地区范围面积大小、国内国民生产总值以及人口多少等不可比因素。

在保险发展的总量成分因子 Z_2 指标方面，江苏、河北、安徽、山东、江西、黑龙江、河南、广东等地保费收入总规模较大，而贵州、天津、宁夏、青海、新疆等地保费收入总规模较小。

在保险发展速度成分因子 Z_3 指标方面，安徽、江西、北京、云南、河北、山西、黑龙江等地 2003 年保险业务发展较快，而江苏、湖北、浙江、山东、广东等地保险业务增长速度相对较为缓慢。

全面考虑上述三个指标的综合因子Z指标方面，北京、上海、江苏、浙江、广东等地的保险发展水平较高，而内蒙古、广西、贵州以及青海等地保险业发展水平较为落后。

第二节　对中国经济发展区域与保险发展区域的划分

一、中国按照经济发展水平划分的经济发展区域

为了对中国各地区保险业发展状况进行进一步的实证分析，我们按照2003年各地区经济发展水平的差异，把全国划分为四类地区（见附录表10和表11）。

1类地区为人均GDP超过万元的省市，包括上海、北京、天津、浙江、广东、江苏、福建、辽宁、山东9个省市，该类地区占全国人口比重为31.9%，居民消费占47.2%，GDP占52.5%。

2类地区为人均GDP在6 000~10 000元的省市，包括黑龙江、河北、新疆、湖北、吉林、海南、内蒙古、湖南8个省或地区，这类地区人口比重为24.3%，居民消费占23.0%，GDP占20.0%。

3类地区为人均GDP在5 000~6 000元的省市，包括河南、青海、重庆、山西、宁夏、西藏、四川、江西、安徽、陕西10个省或地区，这类地区人口比重为31.6%，居民消费占22.5%，GDP占21.5%。

4类地区为人均GDP低于5 000元的省市，包括云南、贵州、广西、甘肃4个省，其人口比重为12.2%，居民消费占7.3%，GDP占6.0%。

二、中国不同区域保险业发展的差异

类似于经济发展水平的情况，中国不同区域的保险业发展状况也存在较大差异(见附录表12)。

第三节　中国不同区域之间保险业发展差异的实证分析

一、各个地区的总保费收入比较

根据上面经济发展水平划分的4类不同地区的保险业发展主要指标见附录表12。从表12可以看出，2003年，经济比较发达的1类地区的9个省市的保费收入之和为2 102.79亿元，占全国保费收入的55.09%；保费收入平均增长率为23.17%，低于全国保费27.1%平均增长速度。

经济发展水平居中的2类地区的8个省或地区的保费收入之和为682.81亿元，占全国保费收入的17.89%；保费收入平均增长率为28.79%，略高于全国保费平均增长速度。

经济欠发达的3类地区的10个省或地区的保费收入之和为829.46亿元，占全国保费收入的21.73%；保费收入平均增长率为30.31%，高于全国保费平均增长速度。

经济不发达的4类地区的4个省的保费收入之和为201.76亿元，占全国保费收入的5.29%；保费收入平均增长率为23.43%，低于全国保费平均增长速度。

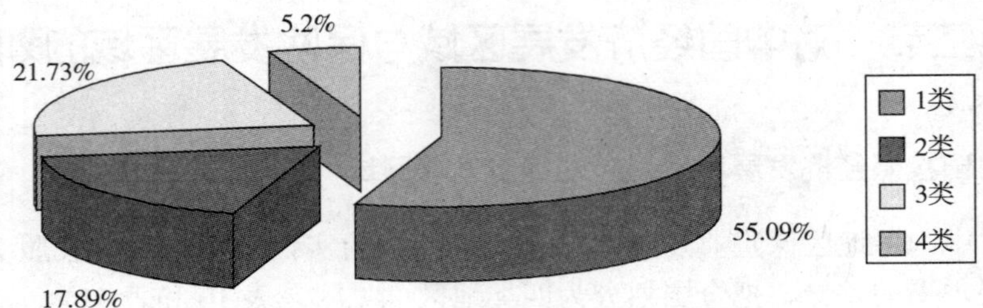

图1-2　四类地区保费总收入分布

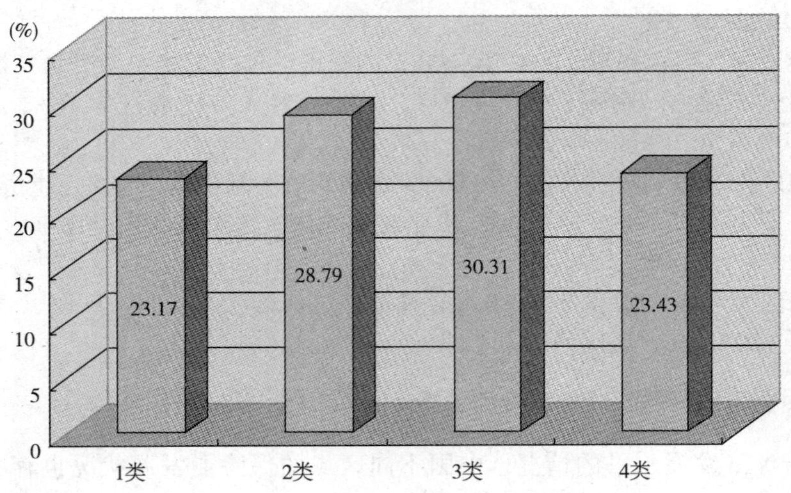

图1-3　四类地区保费总收入增长

从上述数据可以看出，四类地区之间的保费收入分布非常不平衡。经济比较发达的1类地区的人口比重仅为31.9%，但占全国总保费收入的55.09%；占人口比重高达68.1%的2、3、4类地区的保费收入却仅占全国保费收入的44.91%；3类地区与1类地区的人口数量相近，但保费收入仅占21.73%，相当于1类地区保费收入的39%；4类地区的人口相当于2类地区人口的50%，但其保费收入却仅相当于2类地区的30%。

同时，经济比较发达的1类地区和经济不发达的4类地区的保费收入平均增长速度低于全国水平，经济不太发达的2、3类地区的保费收入平均增长速度高于全国水平。

二、各个地区的财产保险保费收入比较

1类地区的财险保费收入之和为463.61亿元，占全国财险保费收入的59.88%；保费收入平均增长率为12.88%，略高于全国财险保费收入11.7%平均增长速度。

2类地区的财险保费收入之和为141.23亿元，占全国财险保费收入的15.20%；保费收入平均增长率为8.90%，低于全国财险保费收入平均增长速度2个百分点。

3类地区的财险保费收入之和为263.42亿元，占全国财险保费收入的28.34%；保费收入平均增长率为17.05%，高于全国财险保费收入平均增长速度近6个百分点。

4类地区的财险保费收入之和为61.12亿元，占全国财险保费收入的6.58%；保费收入平均增长率为10.91%，略低于全国财险保费收入平均增长速度。

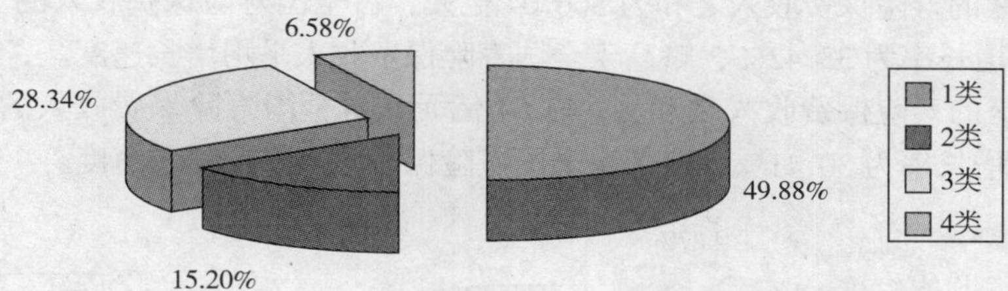

图1-4　四类地区财险保费收入分布

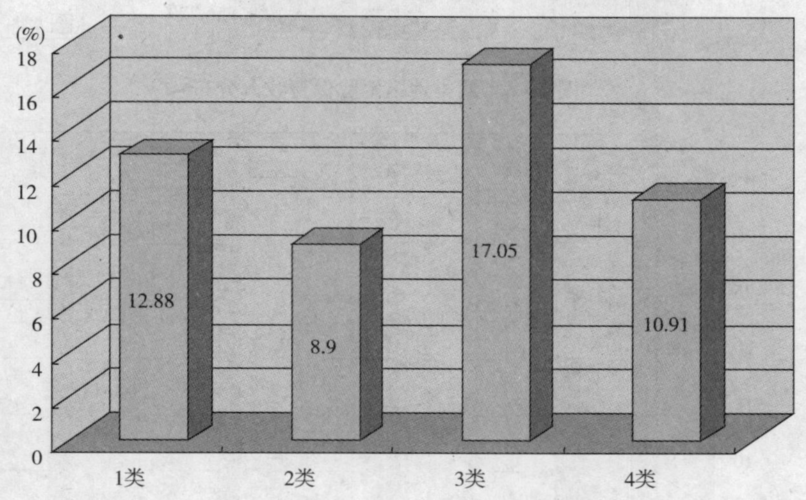

图1-5　四类地区财险保费收入增长

由图1-4和图1-5可以看出，四类地区之间的财险保费收入分布同样非常不平衡。1类地区占人口比重仅为31.9%，但占全国财险保费收入的49.88%；占人口比重高达68.1%的2、3、4类地区的保费收入却仅占全国保费收入的50.12%；3类地区与1类地区的人口数量相近，但财险保费收入仅占28.34%，相当于1类地区保费收入的56.82%；4类地区的人口相当于2类地区人口的50%，但其保费收入却相当于2类地区的43.29%。

同时，1类和3类地区的财险保费收入平均增长速度高于全国水平，其中3类地区增长最快；2类和4类地区的财险保费收入平均增长速度低于全国水平，其中2类地区增长最为缓慢。

三、各个地区的人身保险保费收入比较

1类地区的寿险保费收入之和为1 639.18亿元，占全国寿险保费收入的56.77%；保费收入平均增长率为26.74%，低于全国寿险保费收入32.36%平均增长速度。

2类地区的寿险保费收入之和为541.43亿元，占全国寿险保费收入的18.75%；保费收入平均增长率为33.16%，略高于全国寿险保费收入平均增长速度。

3类地区的寿险保费收入之和为566.04亿元，占全国寿险保费收入的19.60%；保费收入平均增长率为33.42%，略高于全国寿险保费收入平均增长速度。

4类地区的寿险保费收入之和为140.64亿元，占全国寿险保费收入的4.87%；保费收入平均增长率为30.41%，略低于全国寿险保费收入平均增长速度。

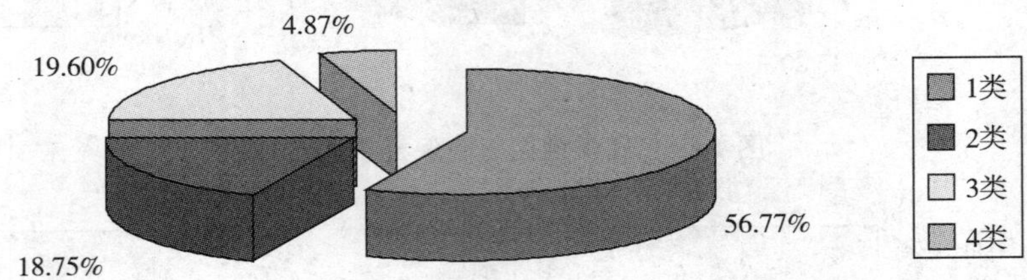

图1-6　四类地区寿险保费收入分布

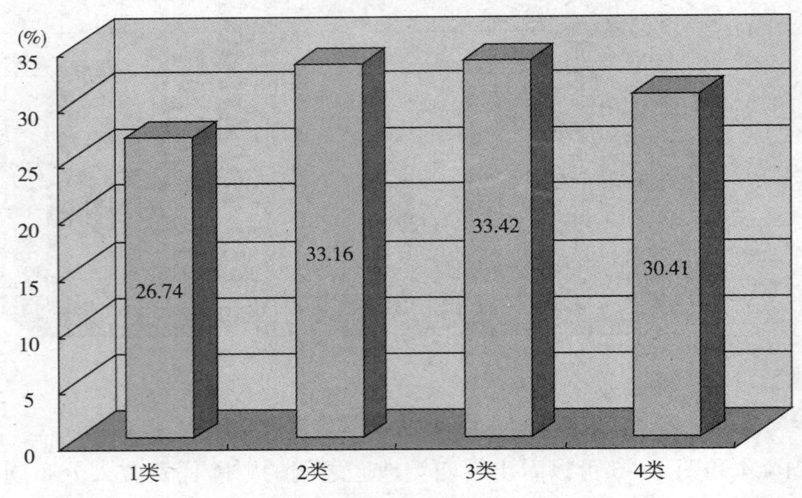

图1-7　四类地区寿险保费收入增长

由图1-6和图1-7可以看出，四类地区之间的寿险保费收入分布比财险更加不平衡。1类地区占人口比重仅为31.9%，但占全国寿险保费收入的56.77%；占人口比重高达68.1%的2、3、4类地区的保费收入却仅占全国保费收入的43.22%；3类地区与1类地区的人口数量相近，但寿险保费收入仅占19.60%，相当于1类地区保费收入的34.52%；4类地区的人口相当于2类地区人口的50%，但其保费收入却相当于2类地区的25.97%。

同时，2类和3类地区的寿险保费收入平均增长速度高于全国水平；1类和4类地区的寿险保费收入平均增长速度低于全国水平，其中1类地区增长最为缓慢。

综上分析，从总保费收入以及产寿险保费收入的分布看，四类地区的发展非常不平衡。1类地区经济较为发达，虽然人口仅占全国人口的30%，但保费收入却占全国的半壁江山；2、3、4类地区虽然人口占70%，但保费收入却不到50%；而且，其中3类地区虽然人口与1类地区相近，但保费收入却仅相当于后者的40%左右；2、3、4类地区之间发展也不平衡，4类地区的人口是2类地区的1/2，但保费收入却仅相当于后者的1/4。另外，和财险相比，寿险发展的地区差异程度更大。

四、各个地区保险发展水平比较

下面我们用四类地区的平均保险密度和深度两个指标来分析这些地区的保险发展水平差异。

从保险密度看，四类地区分别为837.88元、226.29元、170.2元和130.34元，其比例为6.43:1.74:1.31:1。可见，四类地区之间的保险密度差距也很大，特别是第1类地区和其他3类地区之间，差距达三倍以上。

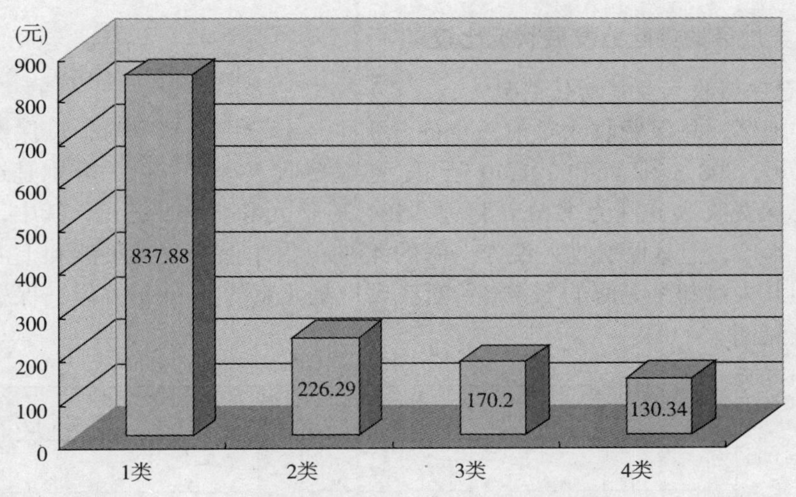

图1-8　四类地区平均保险密度比较

从保险深度看，四类地区分别为3.5%、2.32%、2.51%和2.6%，1、4、3、2类地区之间保险密度的比为1.51:1.12:1.08:1。

由此可见，从保险深度看，四类地区之间仍然存在一定的差距，特别是1类地区和2类地区之间，差距超过了50%。

第四节　中国同一区域内不同省份保险业发展差异的实证分析

在中国，不仅不同经济区域的保险业发展水平差异很大（见附录表13），同一经济

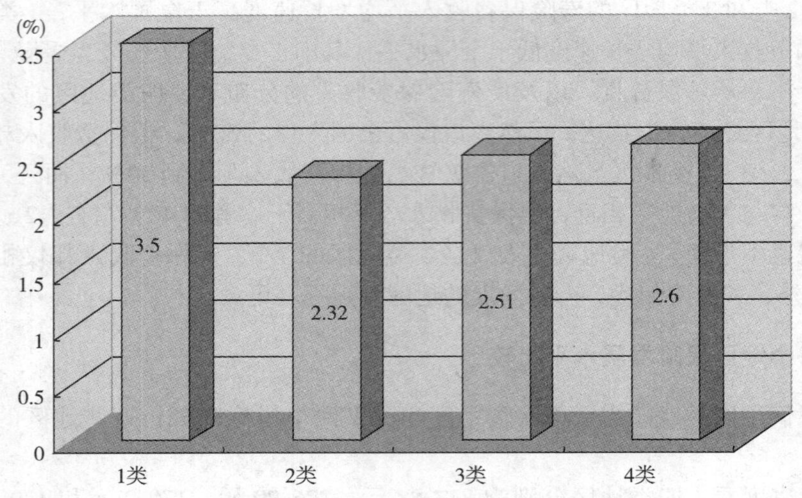

图1－9　4类地区平均保险深度比较

区域内保险业发展水平也有较大的差别。以下分别考察四类地区中不同省份保险发展水平的差异情况。

一、1类地区的保险业发展状况比较

(一) 总保费收入及其增长情况

在1类地区，总保费收入排前三位的分别是江苏、广东和上海，总保费收入分别为381.56亿元、298.34亿元和291.70亿元；总保费收入排后三位的分别是辽宁、福建和天津，总保费收入分别为126.57亿元、104.36亿元和75.31亿元。其中，辽宁人口是上海的2.6倍，但其保费收入仅为上海的43%；山东保费收入虽然和上海市保费收入接近，但其人口却是上海的5.6倍；浙江人口是北京的3.34倍，但其保费收入还没有北京多（见图1－10）。

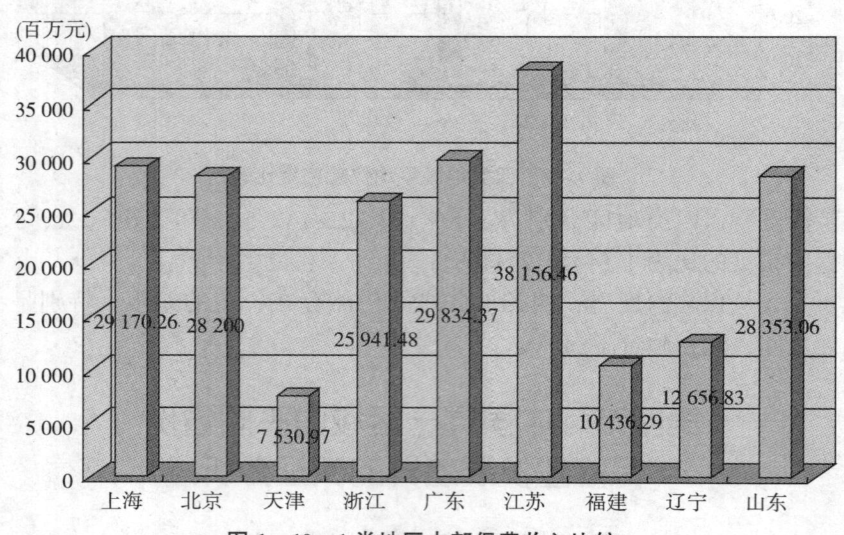

图1－10　1类地区内部保费收入比较

从1类地区各省市保费收入的分布格局看，上海市的人口占1类地区总人口的比重还不到4%，但其保费收入却占到13.87%；北京市的人口占1类地区总人口的比重仅为3.42%，但其保费收入却占到13.41%；相反，辽宁的人口占1类地区的比重为10.4%，但其保费收入却仅占6.02%；同样，福建的人口占1类地区的比重为8.5%，但其保费收入却仅占4.96%（见图1-11）。

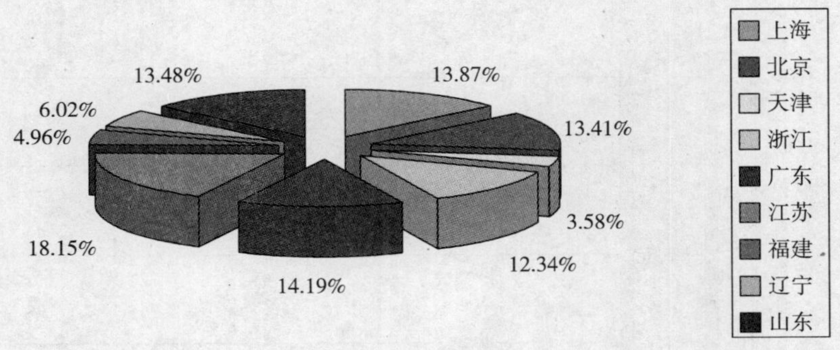

图1-11　1类地区保费收入的分布

从保险收入的增长速度看，2003年江苏和福建的增长速度较快，高于1类地区保费收入的平均增长速度（23.17%），也高于全国保费收入的整体增长速度（27.1%）；其他省市均低于全国保费收入的增长速度，其中，天津、辽宁和广东的增长速度相对较慢（见图1-12）。

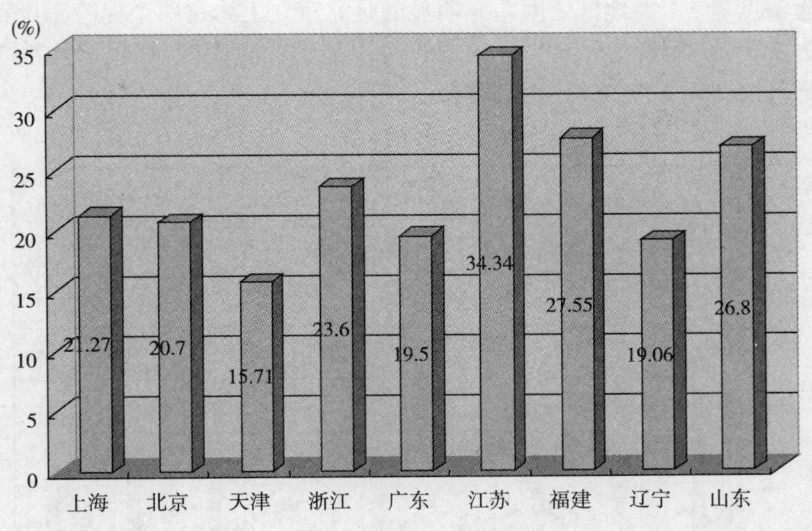

图1-12　1类地区保费收入的增长速度

（二）保险密度

从保险密度看，1类地区明显地存在三个梯度。北京、上海超过2 000元，为第一阶层；天津、浙江、江苏处于500~800元，为第二阶层；广东、福建、辽宁、山东为

400元以下，为第三阶层。可见，1类地区之间的保险密度差异主要在于第一阶层和第二、第三阶层，第二、第三阶层之间差异并不明显。取“保险密度:居民平均消费”为指标考察，同为第一阶层的北京（26.5%）、上海（17.3%）呈现出较大的差距；其他两个阶层则相对较平均。

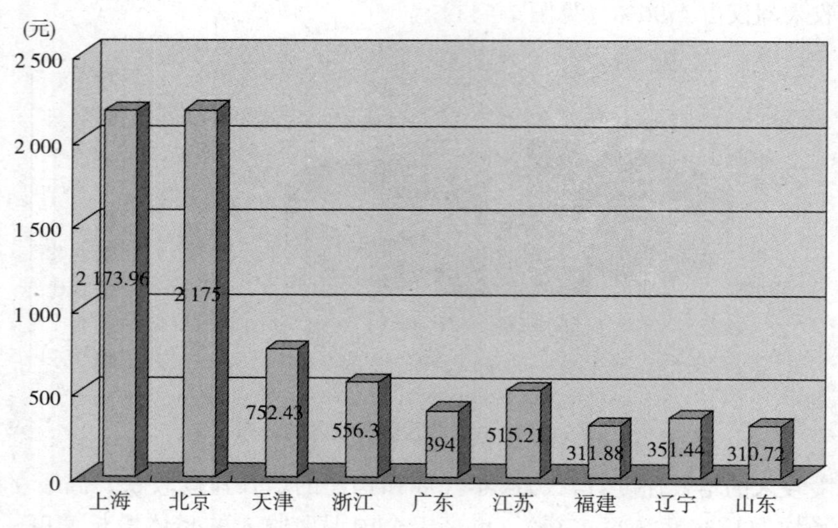

图1－13　1类地区内部的保险密度

（三）保险深度

从保险深度看，1类地区之间差异明显的是北京、上海这两个保险密度都较高的城市，前者为7.8%，后者为4.67%。这或许可以从“保险密度:居民平均消费”这一指标两地差异（26.5%、17.3%）得到解释。

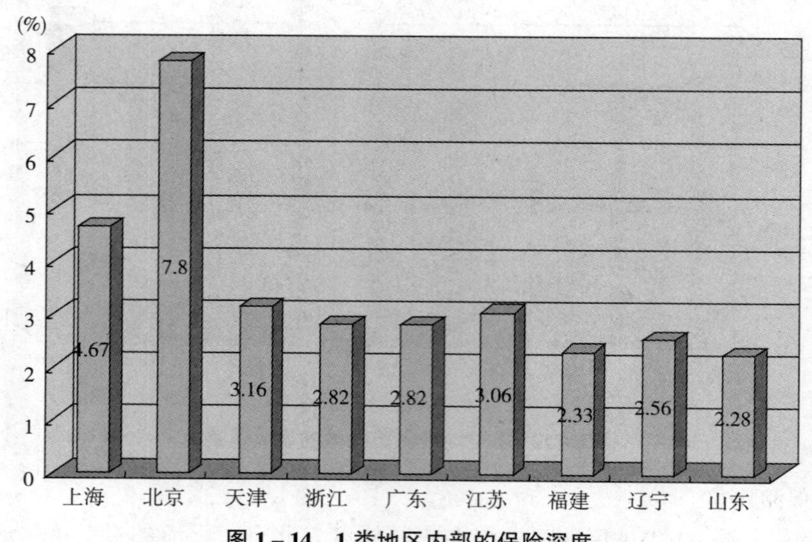

图1－14　1类地区内部的保险深度

二、2类地区的保险业发展状况比较

（一）总保费收入及其增长情况

在2类地区，总保费收入排前三位的分别是河北、黑龙江和湖北，总保费收入分别为167.10亿元、118.72亿元和106.89亿元；总保费收入排后三位的分别是新疆、内蒙古和海南，总保费收入分别为62.17亿元、42.61亿元和13.53亿元。从人口因素考虑，黑龙江人口为内蒙古的1.6倍，但保费收入为其2.78倍；保费收入接近的黑龙江、湖北，前者人口只占后者2/3弱；湖南保费收入为吉林的1.54倍，但人口为其2.45倍。

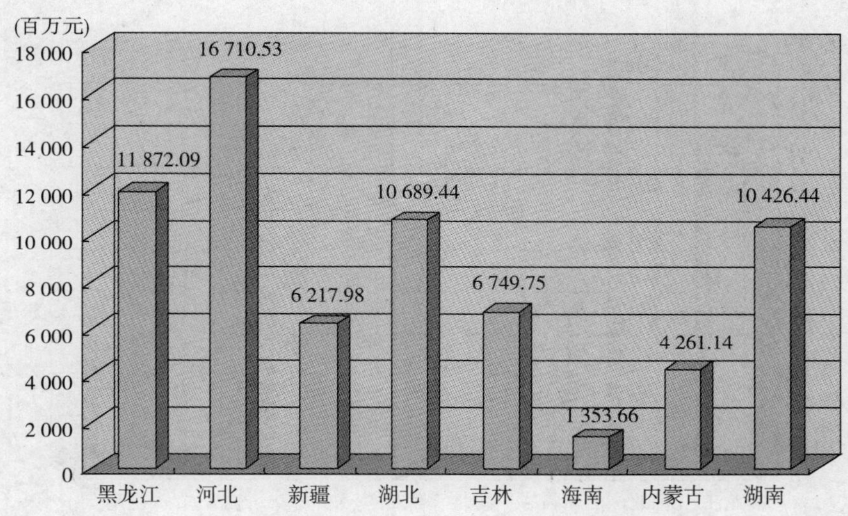

图1－15　2类地区内部的保费收入状况

从2类地区各省市保费收入的分布格局看，保费收入在该类地区所占比重大于人口在该类地区比重的有：河北（24.5%∶21.7%）、黑龙江（17.3%∶12.3%）、吉林（9.8%∶8.7%）、新疆（9.1%∶6.0%）；收入比重小于人口比重的有：湖北（15.7%∶19.4%）、湖南（15.3%∶21.4%）、内蒙古（6.2%∶7.7%）、海南（1.9%∶2.5%）。

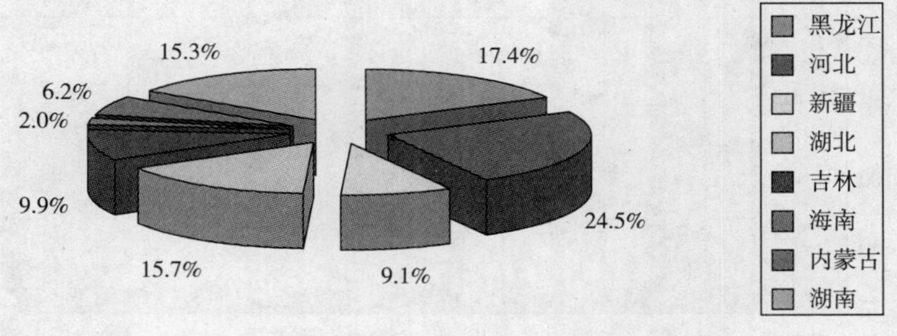

图1－16　2类地区内部的保费收入分布

从保险收入的增长速度看，2003年河北、黑龙江和吉林的增长速度较快，高于2

类地区保费收入的平均增长速度（28.79%），也高于全国保费收入的整体增长速度（27.1%）；其他省市除海南外均低于全国保费收入的增长速度，其中新疆和湖北的增长速度相对较慢。

（二）保险密度

从保险密度看，2类地区也存在三个梯度。新疆、黑龙江超过300元，为第一阶层；吉林、河北处于200～300元，为第二阶层；内蒙古、湖北、海南、湖南为200元以下，为第三阶层。与1类地区比较，各个梯度之间的差异明显缩小。取“保险密度：居民平均消费”指标考察，同为第一阶层的新疆（11.2%）、黑龙江（7.7%），同为第二阶层的吉林（6.9%）、河北（8.9%）呈现出较大的差距。

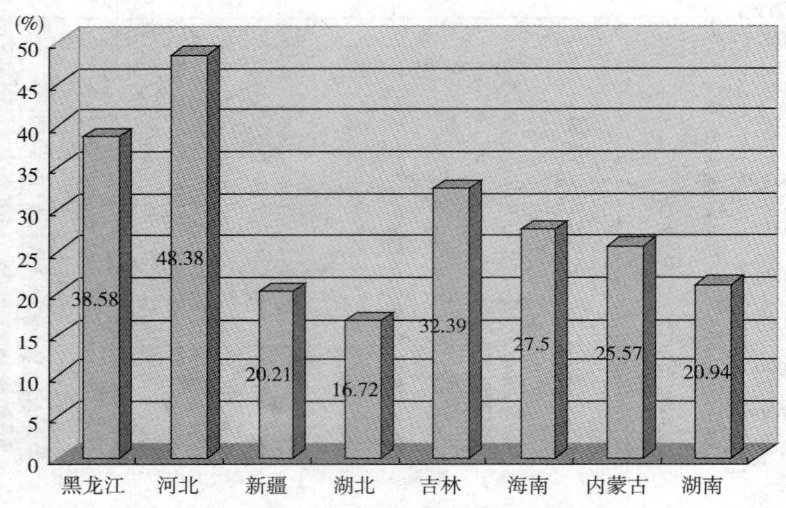

图1－17　2类地区的保费收入增长速度

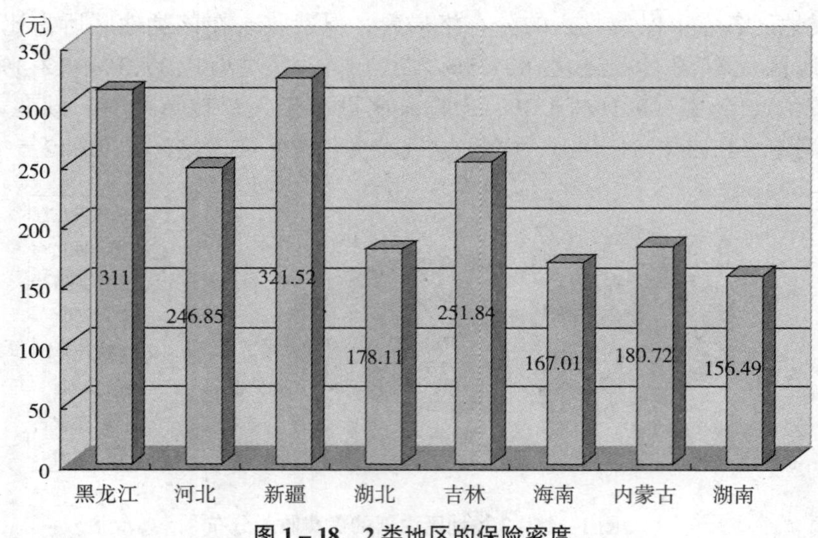

图1－18　2类地区的保险密度

（三）保险深度

与1类地区情况相似，新疆、黑龙江保险密度相当，但保险深度相差较大(3.36%∶2.68%)。相应的"保险密度∶居民平均消费"分别为新疆（11.2%）、黑龙江（7.7%）；其他省份保险深度相当。

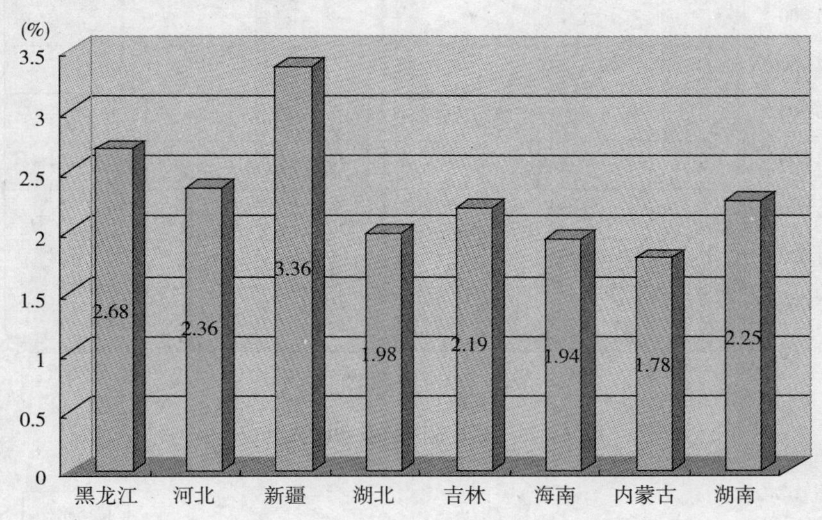

图1－19　2类地区的保险深度

三、3类地区的保险业发展状况比较

（一）总保费收入及其增长情况

在3类地区中，总保费收入排前三位的分别是河南、四川和安徽，总保费收入分别为166.74亿元、143.68亿元和103.78亿元；总保费收入排后三位的分别是重庆、宁夏和青海，总保费收入分别为57.95亿元、10.90亿元和7.61亿元。从人口因素考虑，人口接近的宁夏和青海，前者保费收入是后者的1.43倍；从一省GDP占该类地区GDP比重与一省保费收入占该类地区保费收入比重来看，两者相差较大的有：河南（11%∶20%）、青海（11%∶0.9%）、重庆（10.4%∶6.9%）、西藏（9.8%∶12.4%）、四川(9.6%∶17%)。

从3类地区各省市保费收入的分布格局看，除西藏（12.4%∶0.66%）外，保费收入在该类地区所占比重与人口在该类地区比重大致相当的有：河南（20.1%∶23.8%）、四川（17.3%∶15.8%）、安徽（12.5%∶15.8%）、山西（10.9%∶8.2%）、陕西（9.1%∶9.1%）、江西（8.4%∶10.4%）、重庆（6.9%∶7.7%）、宁夏（1.3%∶1.4%）、青海(0.9%∶1.3)。

从保险收入的增长速度看，2003年安徽、江西、四川、河南和山西的增长速度较快，高于3类地区保费收入的平均增长速度（30.31%），也高于全国保费收入的整体增长速度（27.1%）；其他省市均低于全国保费收入的增长速度。

（二）保险密度

从保险密度看，山西、陕西超过200元，为第一阶层；宁夏、重庆、河南、江西、

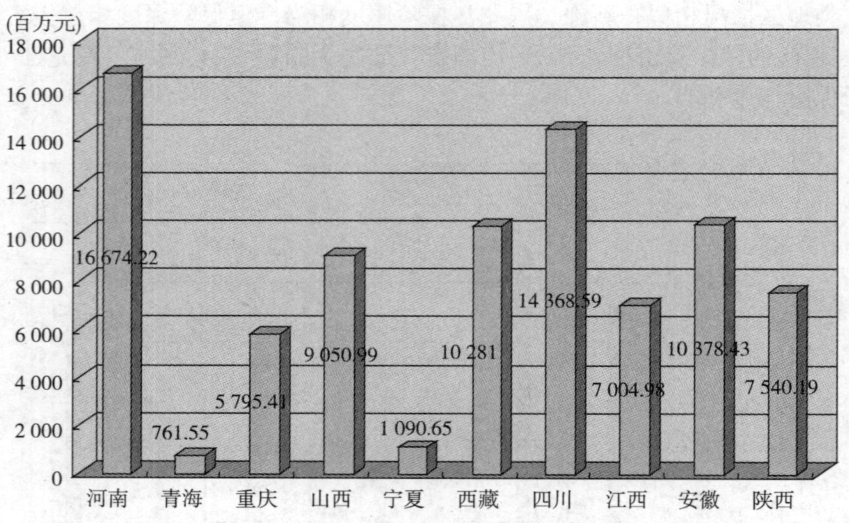

图 1－20　3 类地区的保费收入状况

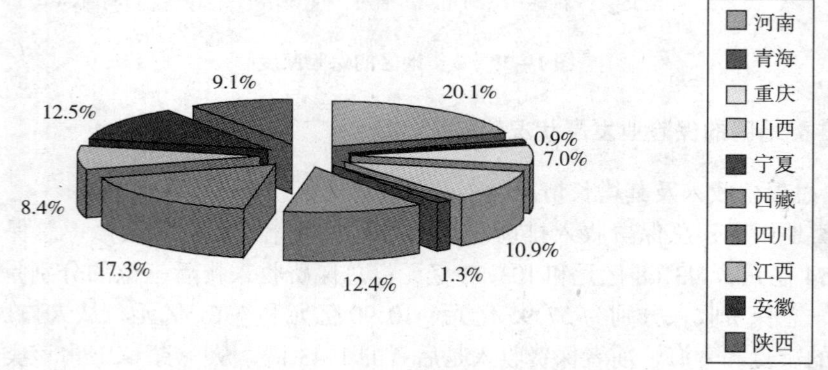

图 1－21　3 类地区的保费收入分布

四川、安徽、青海处于100～200元，为第二阶层；西藏 100 元以下为第三阶层。西藏在 3 类地区中很特殊，无论从保费收入、人均 GDP、职工平均工资、消费平均数来看，差异都不会很大，但保险密度和保险深度却有很大的距离。取“保险密度：居民平均消费”为指标考察，西藏（2%）与倒数第二的青海（5.8%）差距有 3 个百分点之多。

（三）保险深度

保险深度分布基本跟保险密度相同。西藏（0.56）同样值得关注，比最大的山西（3.7）差 3.14，比倒数第二的青海（1.95）差 1.39。

三、4 类地区的保险业发展状况比较

（一）总保费收入及其增长速度

云南、广西两省市人口相差无几，云南保费收入是广西的 1.3 倍；甘肃、贵州保费

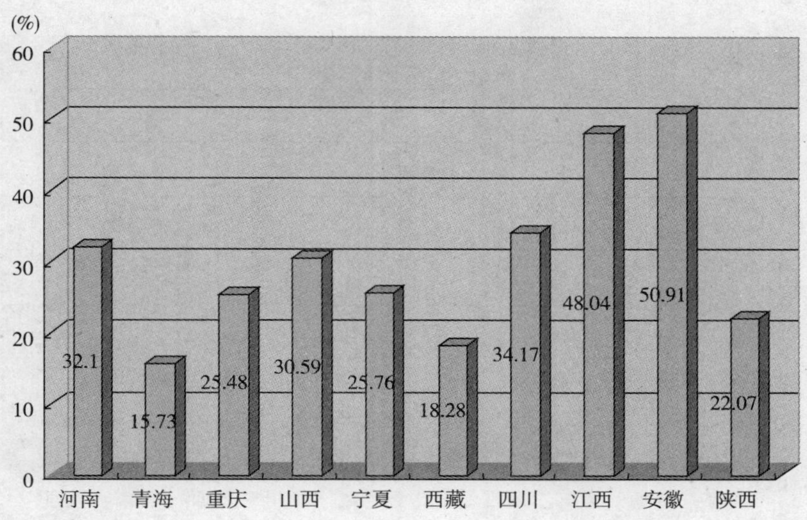

图 1－22　3 类地区的保费收入增长速度

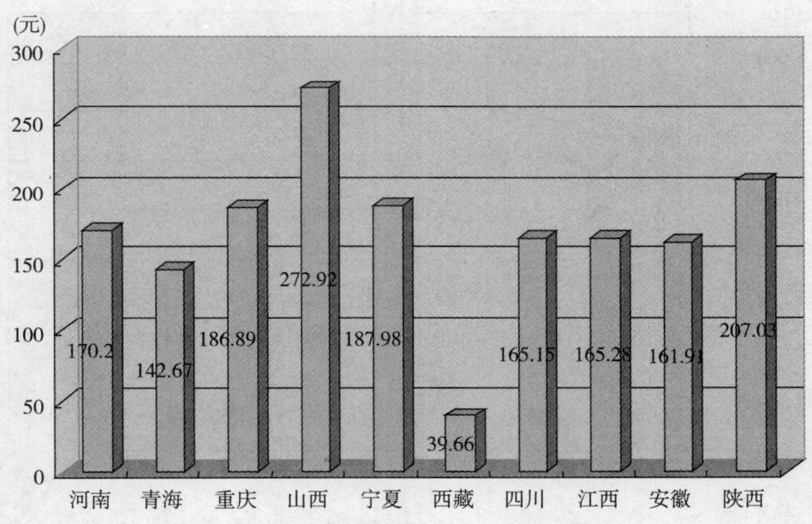

图 1－23　3 类地区的保险密度

收入比为 1.34∶1，人口比为 1.12∶1。

从 4 类地区各省市保费收入和人口的分布格局看，云南（36.4%∶27.7%）、贵州（14.8%∶20.6%）两地保费收入在该类地区所占比重与人口在该类地区比重相差较大(但前者是保费收入比重大于人口比重，后者是人口比重大于保费收入比重)；广西（28.5%∶28.4%）和甘肃（20.3%∶23.3%）大致相等。

从保险收入的增长速度看，2003 年云南（32.41%）的增长速度较快，既高于 4 类地区保费收入的平均增长速度（23.43%），也高于全国保费收入的整体增长速度（27.1%）；其他省市均低于全国保费收入的增长速度。

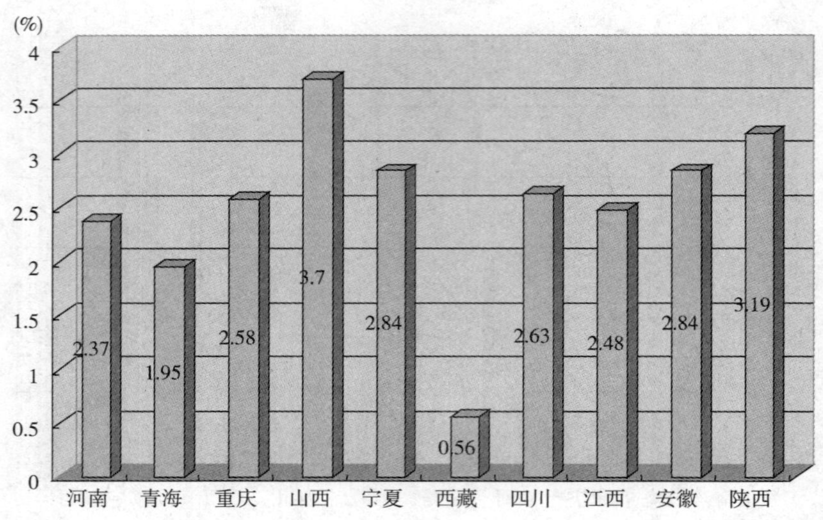

图 1－24　3 类地区的保险深度

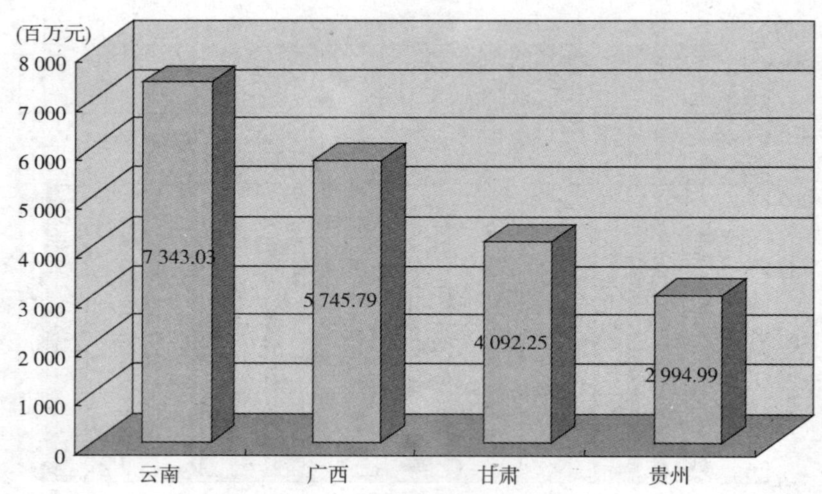

图 1－25　4 类地区的保费收入状况

（二）保险密度

从保险密度看，云南、甘肃超过 150 元，为第一阶层；广西 118 元，为第二阶层；贵州 77 元为第三阶层。取“保险密度:居民平均消费”指标考察，四省分别为：7.7%、8.5%、5.3%、4.7%。

（三）保险深度

跟保险密度情况有所不同，4 类地区保险深度并没呈现三梯度。本分属第二、第三阶层的广西（2.03%）、贵州（2.23%）在保险深度分布中却相差无几。

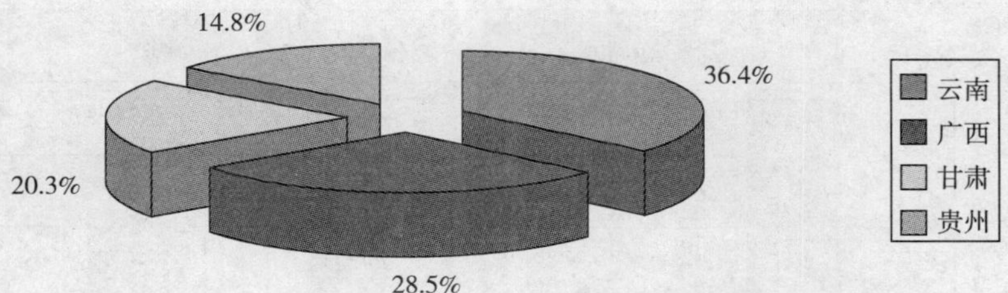

图 1－26　4 类地区的保费收入分布

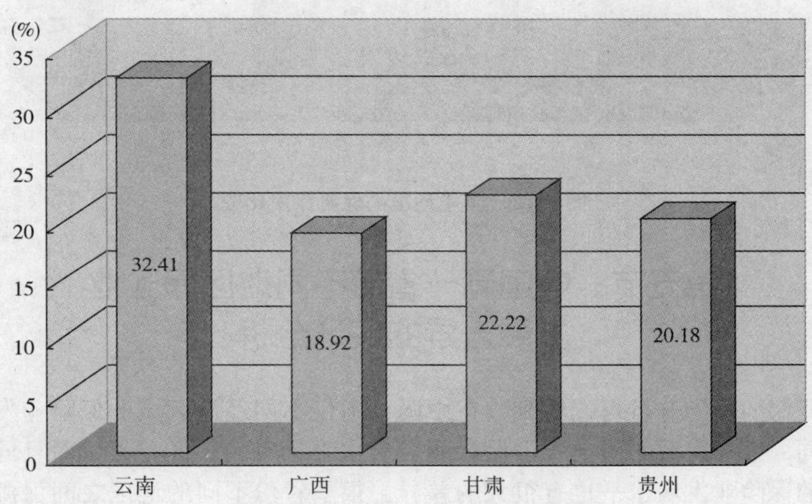

图 1－27　4 类地区的保费收入增长速度

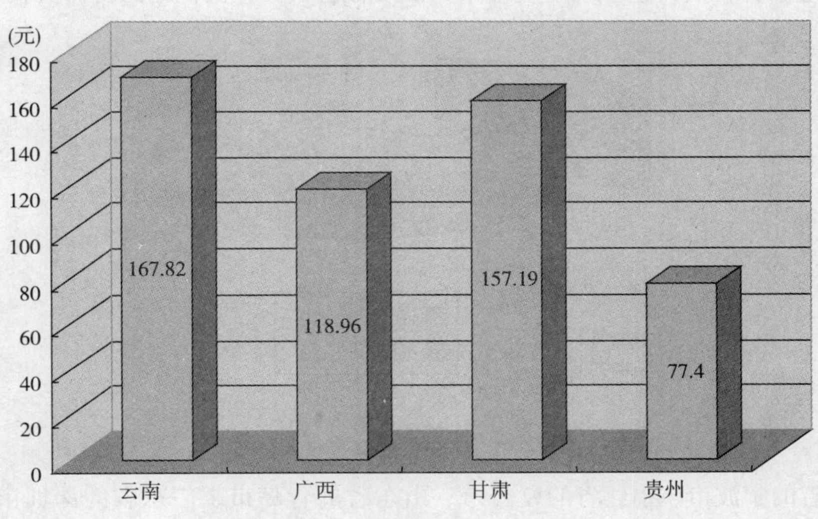

图 1－28　4 类地区的保险密度比较

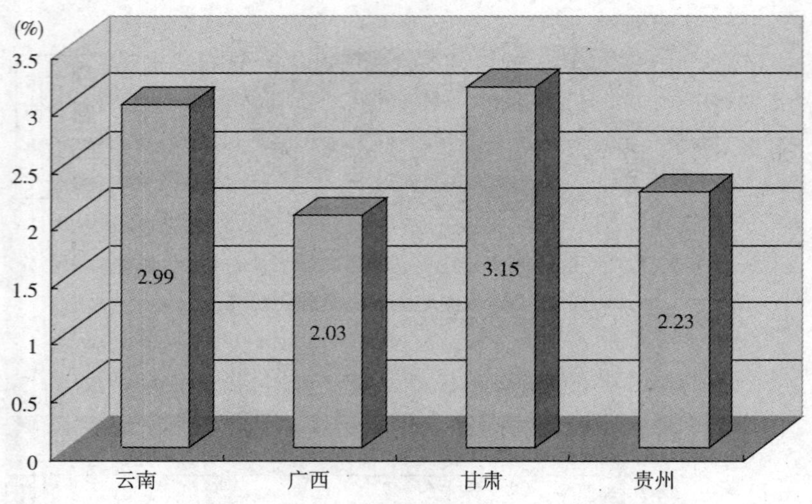

图 1－29　4 类地区的保险深度比较

第五节　中国同一省份不同地区保险业发展差异的实证分析

根据我们前面的分析可以看到，在中国，不仅不同经济区域的保险业发展水平差异很大，同一经济区域的不同省份保险业发展水平也有较大的差异，而且同一省份的不同地区的保险业发展水平也有很大的差异。很多省份不同的地区之间保源分布很不均衡，呈现保源相对集中于某几个大城市或某几个地区的特征。

如在辽宁省，仅大连市就占全省保费收入的近 31%，其他地区占保费收入的 69%。

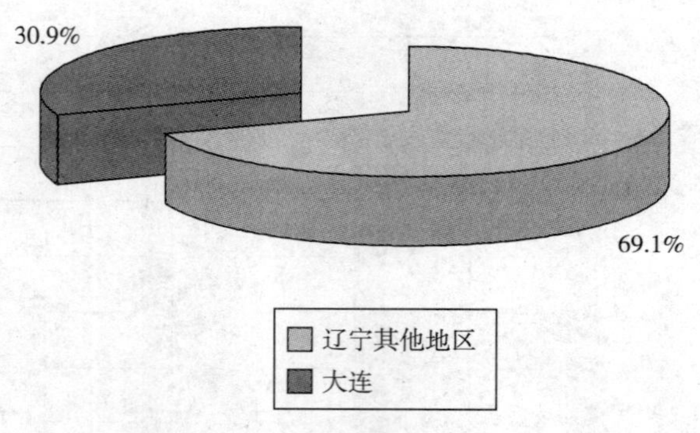

图 1－30　辽宁省的保费收入分布

浙江省的宁波市、福建省的厦门市、山东省的青岛市、广东省的深圳市情况也大致如此，分别占所在省保费收入的 13%、16%、14%、21%。

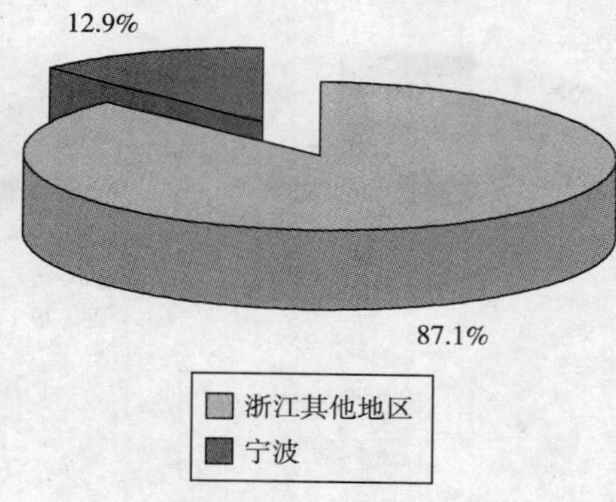

图 1－31　浙江省的保费收入分布

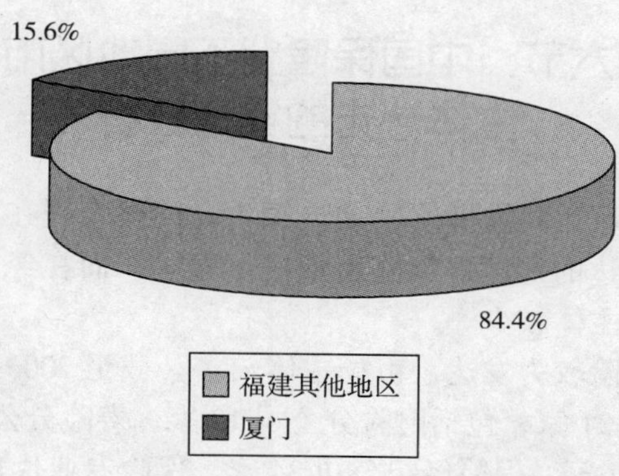

图 1－32　福建省的保费收入分布

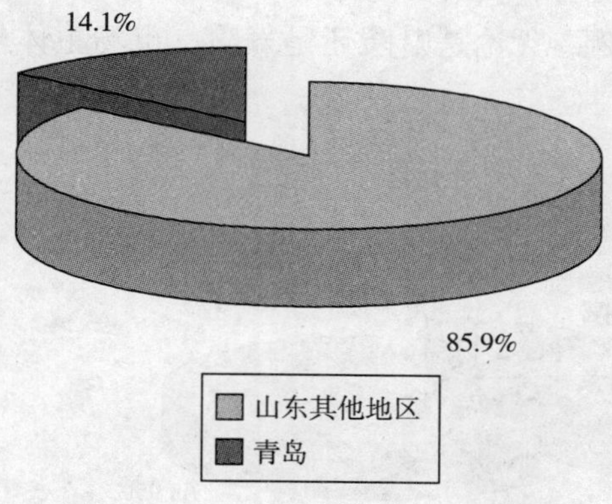

图 1－33　山东省的保费收入分布

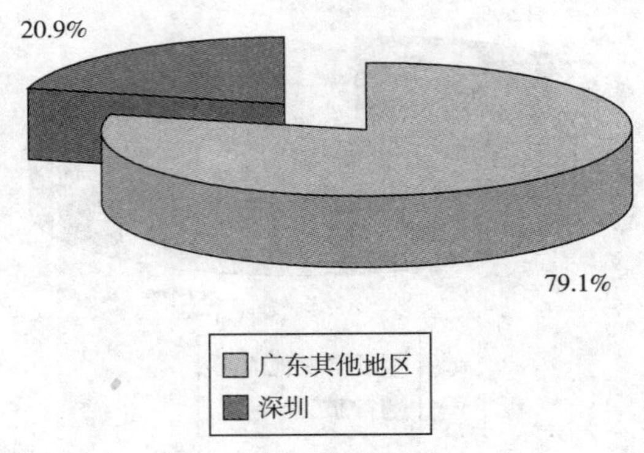

图 1－34　广东省的保费收入分布

第六节　中国保险业不同地区市场主体分布的实证分析

中国保险业不同区域之间发展水平差异很大，同样表现在市场主体的非均衡分布上。在经济和保险业发达的地区，保险市场主体较多；而在经济和保险发展水平较为落后的地区，保险市场主体较少。

如北京，经济和保险较为发达，市场主体较多。截至 2003 年年末，北京保险市场共有经营性保险分公司 21 家，包括财险分公司 10 家、寿险分公司 9 家、再保险分公司 2 家，政策性保险公司 1 家，保险经纪公司 34 家，保险专业代理公司 48 家，保险公估公司14家；外资保险机构驻京代表处 84 家。全市保险兼业代理机构 5 111 家，保险营销从业人员 50 558 人。

以保险供给主体为例，无论是财险还是寿险，市场主体较多，市场集中度相对较低。

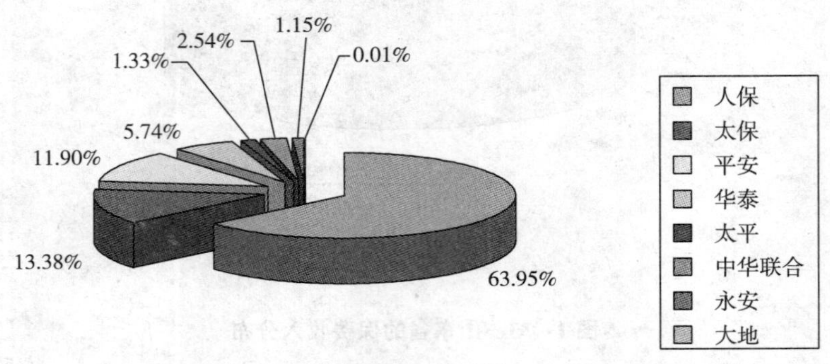

图 1－35　北京财险市场主体分布

如云南，经济和保险发展水平较为落后，市场主体较少。截至 2003 年年底，全省共有保险分公司 11 家，保险专业中介机构 9 家，各级保险分支机构 387 家，保险营销

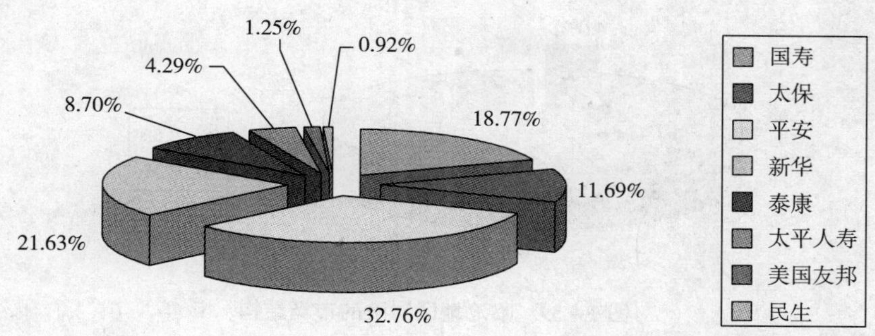

图 1－36　北京寿险市场主体分布

服务部506家，保险兼业代理机构 2 631 家。

保险业不发达地区的另一个特点，是市场主体主要集中于区域内经济发展水平较高的几个城市，在其他广大区域内，市场主体非常少，甚至只有中国人保、中国人寿一家公司垄断全部市场。

如云南财险市场，2003 年昆明有 5 家公司，曲靖等 6 个地区有 3 家公司，西双版纳等 3 个地区只有 2 家公司，昭通等 5 个比较落后的地区只有人保一家公司。相应地，除昆明地区市场竞争多元化格局初见端倪外，其他地区几乎是完全垄断市场（见附录表 15）。

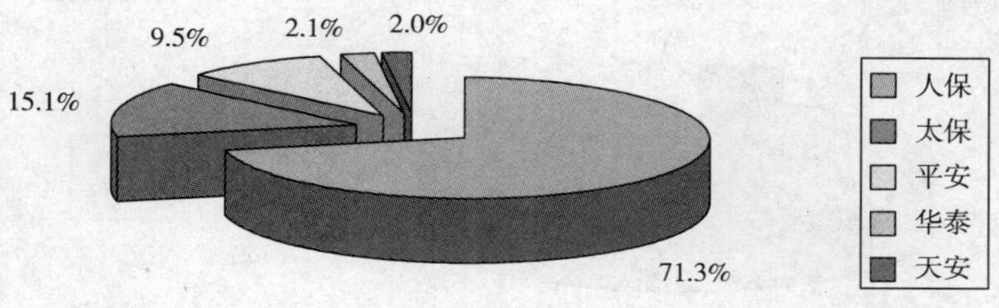

图 1－37　昆明地区财险的市场主体结构

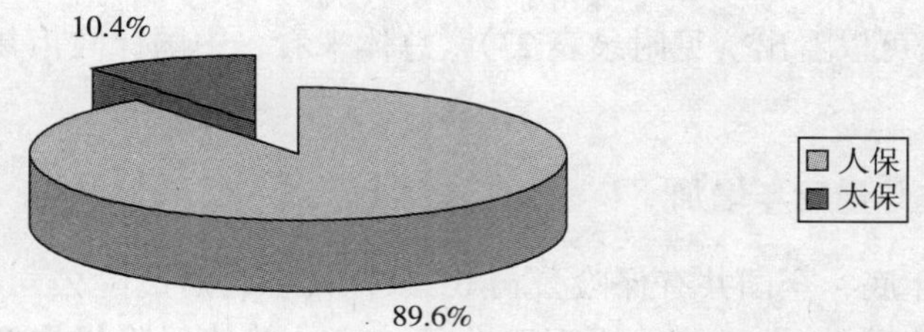

图 1－38　云南保山地区财险的市场主体结构

和财险市场类似，云南寿险市场的主体分布也非常不均衡。2003 年，玉溪、昆明两地有 5 家公司，曲靖等 3 个地区有 4 家公司，丽江有 3 家公司，西双版纳、思茅等地有 2 家公司，昭通、文山地区只有国寿一家公司。相应地，除昆明地区市场竞争多元化格局初见端倪外，其他地区几乎是完全垄断市场（见附录表 28）。

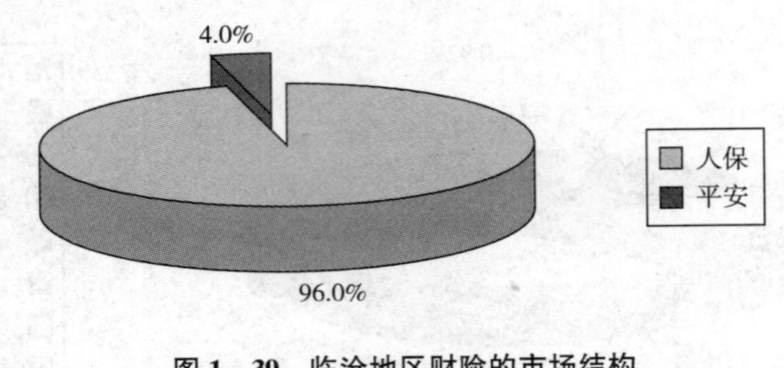

图 1－39　临沧地区财险的市场结构

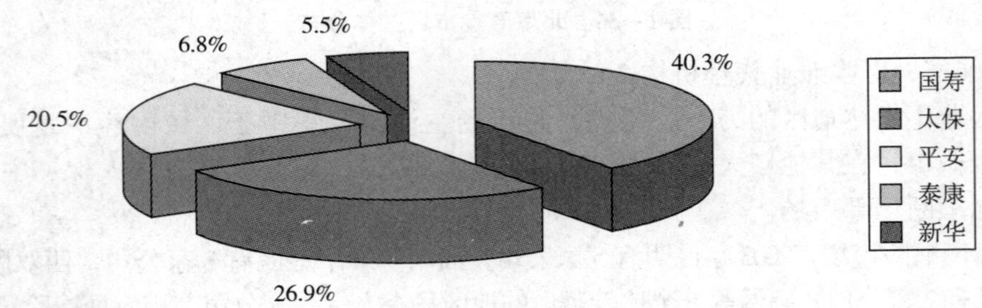

图 1－40　昆明地区寿险的市场结构

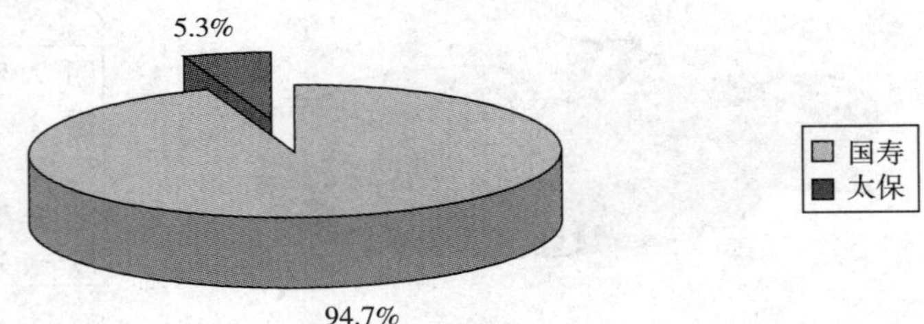

图 1－41　保山地区寿险的市场结构

根据有关数据可以看出（见附录表 23），总体来看，中国保险市场主体空间布局有以下特点：

一、市场主体总量逐年增加

截至 2003 年年底，全国共有保险公司 61 家，其中，财产险公司 24 家（政策性保险公司 1 家），人身险公司 32 家，再保险公司 5 家；其他保险机构 8 家，其中，集团（控股）公司 6 家，资产管理公司 2 家；保险中介公司1 037家，其中，已批准开业 706 家（经纪公司 83 家，公估公司 115 家，代理公司 508 家），待开业 331 家（经纪公司 82 家，公估公司 43 家，代理公司 206 家）。而 2000 年年底，全国共有国有公司 4 家，股份制公司 9 家，合资和外资公司 19 家，保险代理公司 43 家，保险经纪公司 8 家，保险公估公司 3 家。3 年间全国保险市场主体数量有大幅度提高，各省（市、区）除西藏外都在逐年增加。

二、市场主体仍集中在经济发达地区

（一）经济发达地区保险市场主体较多

从近几年保险市场主体分布情况来看，上海、广东、北京、浙江等东部经济发达地区市场主体较多；而西部经济欠发达地区的市场主体较少，有的地区只有1～2个市场主体。例如，西藏只有1家财险公司而没有人身险公司进入；宁夏分别只有2家财险公司和2家人身险公司。保险市场主体总的分布趋势是“东多西少”，与经济发展水平“东高西低”的趋势一致。

（二）新增市场主体仍集中在经济发达地区

近几年，除西藏之外的各个省（市、区）保险市场主体数量都有大幅度提高，很多地区的增长率都超过100%；但是，增长幅度较大的地区仍然是上海、广东、北京等东部经济发达地区。

（三）总部基本都设在经济发达地区

无论是老公司还是新公司，各保险公司的总部都设在上海、北京、广州、深圳等东部经济发达地区，这说明保险公司首先选择在经济发达地区开展业务，能够使其业务随着经济的发展而快速增长。

（四）保险中介主体与保险公司主体在数量上同步增长

在保险公司主体、分支机构大幅度增加的同时，全国各地区的保险中介机构数量也在大幅度上升。同样，中介机构的地域分布仍然是“东多西少”的局面。一般来讲，保险中介市场的发展与保险市场规模相互联系，保险业发展水平的“东高西低”就决定了中介机构数量的“东多西少”。从保险中介机构的市场结构来看，保险经纪公司、保险公估公司实现的保费收入分别占总保费收入的11%、16%，保险代理公司的代理业务占73%，也就是说，保险代理公司占据了近3/4的份额，保险代理公司是保险中介市场的主体。但是，一个完善、成熟的保险中介市场不仅要有代表保险人利益的保险代理人，还应有足够规模的代表被保险人利益的保险经纪人，而且保险代理人、经纪人、公估人之间要保持合理的结构比例。

三、寡头市场结构特征明显

1980年恢复保险业务以来，到1985年全国仅有一家保险公司——中国人民保险公司。1986年成立了新疆兵团保险公司之后，全国保险公司的数量逐年增加，2000年为31家，2003年为61家，2004年9月底发展到80家。相应地，中国保险市场结构也在逐渐发生变化，由1985年原中国人民保险公司独家垄断发展到2003年的中国人寿保险公司、中国人民保险公司、中国平安保险公司、太平洋保险集团公司和其他保险公司分别占市场份额的41.77%、15.65%、17.36%、12.25和12.97%。尽管中国保险市场一家垄断的市场格局被打破，但是从各公司的市场份额来看，市场结构仍属于寡头垄断型。

以人身保险为例，2003年，三大寿险公司——中国人寿保险股份有限公司、平安人寿保险股份有限公司和中国太平洋人寿保险股份有限公司占据了人身保险市场近

86%的份额，市场集中度很高。在某些业务种类和相当多的区域市场，这种现象更为突出，即便在竞争已经开始出现的地方，也存在由一家或几家企业主导市场的行为。随着市场主体在少数大中城市的增多，部分业务上的竞争日趋激烈，以价格竞争为主要手段的竞争方式削弱了各寿险公司的偿付能力，对代理人的争夺和相互挖脚也导致各寿险公司销售队伍的不稳定、营销成本和服务成本急剧升高等一系列问题。市场结构尚不完善，一方面导致消费者可供选择的产品相对有限，个性化的需求不能得到很好满足；另一方面也不利于保险市场资源的优化配置，不利于整个人身保险业的持续、健康、协调发展。因此，如何培育统一、开放、竞争有序的保险市场体系，在有效保障保险公司和消费者权益的前提下推动行业向前发展，是现阶段人身保险行业所面临的最大挑战。

第七节　中国保险产品的空间布局分析

一、财产保险产品的空间布局情况

（一）全国财产保险产品总体发展情况

从近几年全国财产保险市场各产品的市场份额来看（见附录表24），机动车辆及第三者责任险所占比重均在60%以上，仍是产险市场的主要产品；企业财产险保持在15%左右，且逐年略有下降；“其他”项所包括的短期健康险和意外险的占比逐年上升，由2001年的5.89%上升到2001年的9.42%，上升速度很快；建安工程及责任险由0.91%增长到1.42%，呈逐年上升趋势；其他产品占比较小且相对稳定。

（二）各种财产保险产品在各省（市、区）的分布情况

由附录表25可以看出，财产保险产品在各省（市、区）的分布有以下几个特点：

1. 机动车辆保险是财产保险市场的主导产品，在多数省（市、区）占财险市场60%左右的份额，其中占比最高的是四川省（76.11%），最低的是海南省（38.77%）。东部各省（市、区）机动车辆保险保费收入平均26.1851亿元，市场份额平均55.57%，赔付率平均62.53%；中部各省（市、区）机动车辆保险保费收入平均12.7046亿元，市场份额平均65.37%，赔付率平均62.99%；西部各省（市、区）机动车辆保险保费收入平均10.0077亿元，市场份额平均65.22%，赔付率平均55.97%。机动车辆保险在东、中、西部之间保费收入绝对量上有明显差距，但市场份额和赔付率没有明显差异。

2. 农业保险在财险市场中所占的份额最小，多数省（市、区）农业保险的占比在0.5%以下，占比最高的是新疆（12.47%），其次是海南省（0.95%），最低的是北京、上海、四川、陕西、内蒙古（它们都是0%）；几个农业大省四川、河南、山东、陕西、河北农业保险的占比分别为0%、0.4%、0.11%、0%、0.2%。这与中国农民占70%以上的比例，农业产值占国民生产总值14.78%的国情大相径庭。加之，加入世贸组织以后，中国农业面临的风险加大，农民迫切需要保证有稳定的收入，农业保险亟待发展。

目前，国内开展农业保险并有一定规模的只有中国人民保险公司和中华联合财产

保险公司（原新疆兵团财产保险公司）两家，而且中国人民保险公司也在调整农业保险结构，对一些风险大、亏损多的险种进行战略性收缩，使农业保险业务急速下滑。造成这种局面的主要原因是居高不下的赔付率，农业保险的赔付率一般都远高于其他险种。农业保险发展出现停滞和倒退的原因有需求和供给两个方面。需求不足是因为：农民风险意识淡薄，缺乏参加保险的主动性；农民收入水平低，保费负担能力有限；农民土地经营规模小且分散，客观上弱化了农业保险的经济保障功能。供给短缺的原因是：农业保险分散面广、工作难度大、业务费用高；农业灾害频繁且损失严重，保险公司需要承担的赔偿责任大；农业灾害损失统计体系不健全，保险业务经营缺乏基本可靠的数据；农业的扶持政策不适应现代农业的发展。

3. 企业财产保险在各省（市、区）财产保险中在的份额占15%左右，最高的是甘肃省（21.92%），最低的是北京市（0.78%）。东部各省（市、区）企业财产保险保费收入平均6.3055亿元，市场份额平均13.34%，赔付率平均46.77%；中部各省（市、区）企业财产保险保费收入平均2.9314亿元，市场份额平均15.23%，赔付率平均67.00%；西部各省（市、区）企业财产保险保费收入平均2.1354亿元，市场份额平均15.29%，赔付率平均46.04%。全国各省（市、区）企业财产保险平均保费收入仍是“东高西低”的态势，而平均市场份额差距不明显，平均赔付率中部偏高，东部和西部接近。

4. 信用保险的发展是与国际贸易的发展联系在一起的，一般来说，国际贸易量越大，信用保险的业务就越多。信用保险在财产保险中的份额全国各省（市、区）都不高，一般不到1%，最高的是浙江省（3.34%），最低的是宁夏回族自治区（0%）。信用保险的份额高低与国际贸易量和财产保险保费收入的多少有关。中国信用保险占份额较低的原因是：中国进出口信用保险业务发展较晚，许多外贸企业对信用保险的认识不够；企业为了降低交易成本，不愿参加信用保险；出口信用保险业务费用高、品种单一、审批程序繁琐、赔偿期限长等。

5. 各种财险的赔付率在各省（市、区）之间差距较大。赔付率的高低与该地区企业财产发生损失的比率和保费收入规模有关。

财产保险产品在各省（市、区）分布的总体特征是：机动车辆保险是各地区的主要产品；农业保险大多数地区都没有开展；企业财产保险和货物运输保险在东、西部之间没有明显差异；责任保险和信用保险明显“东高西低”，这与地区的国际贸易业务量多少有关。

二、人身保险产品的空间布局情况

（一）人身险产品在全国的发展情况

2003年全国人身险业务空间布局的主要特点（参见附录表26）：

1. 保费收入大幅上升。近年来，人身险业务发展迅速，在保险市场的占比呈逐年上升态势，且发展速度较快，近三年来的增幅分别为43.9%、59.7%和32.40%。2003年，人身险保费收入是财产险保费收入的3.46倍。人身险保费收入大幅度增加的主要原因，一是国家采取积极的财政政策上调工资使大部分城镇居民收入提高，以及银行连续下调存款利率和股市“低迷”的挤出效应，使城镇居民更加关注保险；二是保险公司在市场竞争加剧的压力下加快开发新险种，并加大销售力度；三是保险机构增设，保费来源增加。

2. 分红保险居销售榜首，是贯穿全年的主打产品。2003 年，各公司仍以投资型产品为主打产品。分红产品保费收入总计 1 681.22 亿元，比上年增加 559.50 亿元，增长 49.9%，占全国寿险保费总收入 55.84%。其中，分红险新单保费收入 1 464.55 亿元（含趸缴），占全部寿险新单保费收入（1 870.19 亿元）的 78.31%。

3. 健康险增长速度最快。随着中国社会保障体系和医疗体制的改革，社会公众对健康日益关注，保险公司适应市场需要，重视开发健康险产品，健康险保费收入有增长趋势。2003 年，健康险保费收入 241.92 亿元，比上年增加 120.37 亿元，增长 99.03%。2002 年 10 月《保险法》修订以后，财产保险公司可以经营短期健康保险，中国健康险市场供给主体增加到 50 个以上，健康保险产品种类达 300 多个，商业健康保险的业务也随之大幅增长，成为人身险业务中增长最快的险种。1997 ~ 2003 年，健康险的平均增幅达 64%，远超过传统寿险和意外伤害险。同时，全国 50 个城市的保险需求调查显示，居民对健康险的预期需求高达 77%，在人身险业务中居第一位。

4. 投资连结险小幅下滑，万能寿险大幅下滑。2003 年，投资连结保险保费收入比上年减少 7.88%，万能寿险保费收入却比上年减少了 50.26%。这两个险种在前两年增幅较大，在国外也很有发展前景，但其发展在中国受阻的原因是多方面的：投资功能在前两年被夸大，预期利益在市场上没得到实现；中国保险基金的投资渠道狭窄，阻碍了投资收益；中国居民承受风险的能力较低，投资偏于保守。

（二）各种人身险产品在全国各省（市、区）的分布情况分析

由附录表 27 可以看出，人身险产品的分布具有下列特点：

1. 分红产品的个人业务和团体业务差距不大，且在各地之间具有共同的趋势，即在全国各省（市、区）的寿险中都是明显的主要产品，平均市场份额为 50%左右，最高的是河北省（73.55%），最低的是重庆市（40.4%）。分红险个人业务在东部各省（市、区）的平均保费收入为 50.6284 亿元，平均市场份额为 63.49%；中部各省（市、区）的平均保费收入为 39.1603 亿元，平均市场份额为 64.15%；西部各省（市、区）的平均保费收入为 12.4568 亿元，平均市场份额为 53.73%。分红险团体业务在东部各省（市、区）的平均保费收入为 18.5103 亿元，平均市场份额为 50.95%；中部各省（市、区）的平均保费收入为 6.6750 亿元，平均市场份额为 49.90%；西部各省（市、区）的平均保费收入为 1.7115 亿元，平均市场份额为 35.07%。无论是个人业务还是团体业务，分红险的平均保费收入和市场份额都表现为“东高西低”。分红险在人身险中占比较大，说明人们在对保险产品有保障需求外，还要求它具有储蓄和投资功能。分红产品增幅较大的一个主要原因是，近几年中国证券市场不景气，存款利率逐年下调，使许多资金被挤进保险基金参与分红，以求有一个稳定的收益。

2. 投资连结保险在人身险中的平均市场份额是 2.12%。其中，个人业务份额最高的是上海市（8.89%），最低的是湖南省（0%）和湖北省（0%）；团体险业务份额最高

的是上海市（11.54%），其次是北京市（10.29%），其余的都较低，接近或等于0%。同是投资连结产品，在同一地区其个人业务和团体业务却差距很大，大多数省（市、区）没有开展投资连结保险团体业务。投资连结保险个人业务在东部各省（市、区）的平均保费收入为2.9463亿元，平均市场份额为3.07%；中部各省（市、区）的平均保费收入为0.3449亿元，平均市场份额为0.52%；西部各省（市、区）的平均保费收入为0.3411亿元，平均市场份额为1.13%。投资连结保险团体业务在东部各省（市、区）的平均保费收入为1.1995亿元，平均市场份额为1.91%；中部各省（市、区）的平均保费收入为0.0006亿元，平均市场份额为0.01%；西部各省（市、区）的平均保费收入为0.0082亿元，平均市场份额为0.31%。投资连结保险的发展表现为东部最快、西部次之、中部最慢的态势，中部各省几乎都没有开展此项业务。金融市场发育水平较高的地区，如北京、上海，投资连结保险的业务量较大。

3.意外伤害保险在人身险中的平均市场份额是3.31%，在多数省（市、区）中团体业务高于个人业务。其中，个人业务最高的是宁夏回族自治区（6.31%），最低的是黑龙江省（0.24%）；团体业务最高的是新疆维吾尔自治区（25.90%），其次是四川省（24.93%），最低的是河南省（2.22%）。意外伤害保险个人业务在东部各省（市、区）的平均保费收入为1.2773亿元，平均市场份额为1.15%；中部各省（市、区）的平均保费收入为1.1556亿元，平均市场份额为2.13%；西部各省（市、区）的平均保费收入为0.5545亿元，平均市场份额为2.50%。意外伤害保险团体业务在东部各省（市、区）的平均保费收入为1.7978亿元，平均市场份额为7.76%；中部各省（市、区）的平均保费收入为0.8101亿元，平均市场份额为10.21%；西部各省（市、区）的平均保费收入为0.9378亿元，平均市场份额为11.63%。意外伤害保险平均保费收入基本上是“东高西低”的局面，平均市场份额是“西高东低”，说明意外伤害保险在中、西部发展较快。

4.健康险在人身险中的平均市场份额是8.03%。个人险业务份额最高的是北京市（23.05%），其次是宁夏回族自治区（21.62%），最低的是山西省（2.26%）；团体险业务市场份额最高的是宁夏回族自治区（36.35%），其次是内蒙古自治区（35.78%），最低的是海南省（6.97%）。健康保险个人业务在东部各省（市、区）的平均保费收入为7.4184亿元，平均市场份额为8.45%；中部各省（市、区）的平均保费收入为2.3801亿元，平均市场份额为4.08%；西部各省（市、区）的平均保费收入为2.1972亿元，平均市场份额为7.91%。健康保险团体业务在东部各省（市、区）的平均保费收入为0.1149亿元，平均市场份额为11.49%；中部各省（市、区）的平均保费收入为1.5734亿元，平均市场份额为11.49%；西部各省（市、区）的平均保费收入为1.2497亿元，平均市场份额为25.06%。健康保险个人业务平均保费收入是“东高西低”，平均市场份额是“两边高中部低”；团体业务平均保费收入和市场份额都是“西高东低”。

5.其他险在人身险中的平均市场份额是30.7%，其中的30%是传统寿险，万能寿险和其他险只占0.7%。传统寿险中，个人业务市场份额最高的是重庆市（57.51%），其次是新疆维吾尔自治区（53.4%）、甘肃省（50.24%）、贵州省

(49.55%)等西部地区，最低的是北京市(24.71%)；团体业务市场份额最高的是海南省(57.54%)，其次是云南省(51.24%)，最低的是北京市(8.58%)。传统寿险个人业务在东部各省(市、区)的平均保费收入为27.3758亿元，平均市场份额为32.55%；中部各省(市、区)的平均保费收入为20.0824亿元，平均市场份额为34.17%；西部各省(市、区)的平均保费收入为13.6942亿元，平均市场份额为45.43%。传统寿险团体业务在东部各省(市、区)的平均保费收入为6.7743亿元，平均市场份额为27.89%；中部各省(市、区)的平均保费收入为2.0595亿元，平均市场份额为27.89%；西部各省(市、区)的平均保费收入为0.9378亿元，平均市场份额为22.65%。传统寿险平均保费收入是“东高西低”，平均市场份额却是“西高东低”，说明传统寿险在中、西部更受欢迎。

人身保险产品空间分布的总体特征是：传统寿险、意外伤害保险及健康保险在中、西部地区占的市场份额较高，投资连结保险、分红保险在东部地区占的市场份额较高，说明西部居民更注重保险产品的保障功能，东部居民更注重保险产品的投资功能。

第八节 中国东部、中部、西部地区保险业发展的区域差异分析

有关数据表明，中国保险业的发展在东部、中部、西部不同地区之间是不平衡的。按照《新中国五十年统计资料汇编》中的三大地区的划分方法，东部地区包括北京、天津、河北、辽宁、上海、江苏、浙江、福建、山东、广东、海南；中部地区包括山西、吉林、黑龙江、安徽、江西、河南、湖北、湖南；西部地区包括广西、内蒙古、重庆、四川、贵州、云南、陕西、甘肃、青海、宁夏、新疆。由于西藏自治区的保险业发展缓慢且数据不完整，因而这里将它剔除掉。同时，因数据可得性的限制，这里只对1997~2002年各地区各省(市、区)保险业发展的规模、深度、密度、速度几个方面进行比较。各地区每年的保费收入由其所包括的省(自治区、直辖市)每年的保费收入加总而得；将各地区每年的保险深度、保险密度和增长速度由其所包括的省(自治区、直辖市)每年的保险深度、保险密度、增长速度加总后平均而得。计算结果见附录表16。

第一，发展规模比较。保费收入可以反映保险业的发展规模。从附录表16中三地区保费收入的近六年平均值来看，各地区保险业发展规模差距较大，东部的年均保费收入最高，分别是中部的2.074倍、西部的3.398倍。

第二，发展水平比较。发展程度可以用保险深度和保险密度来衡量。保险深度是保费收入占GDP的比重。保险密度是人均保费收入。附录表16显示，三地区的保险深度差距不大，主要是由于三地区的保险业发展规模从东向西逐渐减小的同时，GDP基数也在逐渐减小；而三地区的保险密度差距较大，东部的保险密度分别是中部的3.489倍和西部的3.516倍，中部和西部接近。

第三，发展速度比较。保险业的发展速度可以用保费收入的增长速度表示，即本年保费收入与上年保费收入之差除以上年保费收入。从附录表16可知，三地区保费收

入平均增长速度有一定差距，东部最快，中部次之，西部最慢。但是，2002 年的增长速度是中部最快，东、西部的差距减小；如果按 2002 年的速度发展，中、西部有望赶上东部。这说明未来三地区保险业发展有趋同性。

第二章　中国保险业空间布局存在的问题和影响因素分析

根据我们调研的情况，目前中国保险业空间布局存在的问题主要是大多数保险公司按照行政区划进行分支机构的设立和区域管理。主要表现为按照行政区划设置保险机构、确定管理人员行政级别和职工的薪酬待遇、配备人力资源。不符合商业运营的规律和市场经济规律，不利于保险业资源的有效配置。例如，西部省会城市（如西宁、兰州等）的分支机构的负责人级别很高，而市场规模很小；而东部一些地级城市（如泉州、苏州）分支机构负责人在公司内部的级别相对较低，甚至不能参加总部的重要会议，但是其市场规模却超过西部中心城市。这种行政方式的管理模式显然不符合市场经济的要求。

另外，从上述分析可以看出，中国保险业空间布局存在的主要问题是不同地区之间保险业发展的不平衡，造成这一状况的原因是多方面的，其影响也是多方面的。

第一节　中国保险业区域发展不平衡的原因分析

一、经济区域发展不平衡

保险业的发展与经济的发展密切相关。经济发展的规模和水平决定着保险业发展的规模和水平。国内生产总值或个人可支配收入与保险需求呈正相关关系。同时，经济发展水平越高，社会财富的存量也就越多，保险资源也就更为丰富。因此，保险业区域发展不平衡的根本原因在于经济发展的区域不平衡。

在以上主因素分析的基础上，用 SPSS 软件对 Z_1（即表示保险发展水平的相对强度）和当地人均 GDP 进行回归分析的结果如下：

表 2－1　Z_1 和人均 GDP 的相关分析

		Z_1	AVER　GDP
Z_1	Pearson Correlation Sig.（2－tailed） N	1 0.30	0.863（＊＊） 0.00030
AVER　GDP	Pearson Correlation Sig.（2－tailed） N	0.863（＊＊） 0.00030	1 0.30

从表 2－1 可知，Z_1 和人均 GDP 的 Pearson 相关系数为 0.863，在 95% 的置信水平下该系数是显著的。

从逻辑上分析，首先，地区经济发展水平的高低在很大程度上影响了保险市场的需求。第一，经济发展水平较高的地区社会财富积累相对较多，使得客观上面临风险需要寻求保障的潜在保险标的相应也较多；第二，经济学上所说的需求指的是有实际购买力的欲望，而不仅仅是想要购买的欲望，而经济发展水平较高的地区居民可支配收入余额也较高，对保险的实际购买力也就较强；第三，经济发展水平较高的地区往往教育水平也较高，居民有更多的机会接触和接受新的思想和理念，更容易从被动到主动的形成对保险的需求。

其次，从供给的角度来看，经济发展水平较高的地区通常整个金融市场也相对较发达，而一个良好的活跃的宏观金融环境对于保险供给者而言是一个相当大的吸引点；经济发展水平较高的地区往往其政府部门在实施管理中有更多的机会并更容易去接受新的管理理念，为微观经济主体营造出相对更灵活的政策环境，这对保险的供给者同样是一种吸引。另外，经济水平较高的地区通过培育较大的潜在或实际的市场需求，也间接地吸引了供给者。所以，不管从统计分析还是从理论分析看，区域经济发展不平衡都是保险区域发展不平衡的重要原因。

改革开放以来，尽管各地区人均 GDP 均以较快的速度增长，但它们之间的差距却在持续扩大。1980 年，东部地区人均 GDP 分别相当于中、西部地区的 1.53 倍和 1.8 倍，1990 年则扩大到 1.62 倍和 1.90 倍，分别扩大了 5.9% 和 5.6%。2002 年，东、中、西经济发展水平的差距进一步扩大，东部地区人均 GDP 已经相当于中部的 2.08 倍和西部的 2.63 倍。与 1990 年相比，分别扩大了 28.4% 和 38.4%。这说明，20 世纪 90 年代以后，人均 GDP 差距扩大的幅度远远超过了 80 年代差距扩大的幅度。

从收入水平差异来看，与经济发展水平的变动趋势基本一致。无论是城镇居民人均可支配收入，还是农村居民人均纯收入，东部地区明显高于中西部地区。1980 年，东部地区城镇居民人均可支配收入分别相当于中、西部地区的 1.19 倍和 1.21 倍，1990 年上升到 1.38 倍和 1.27 倍，2002 年则进一步上升到 1.43 倍和 1.40 倍，与 1980 年相比分别扩大了 20.2% 和 15.7%。农村居民人均纯收入指标基本呈现同一变动趋势。

中国区域经济发展不平衡必然带来保险业区域发展的不均衡。以 2003 年为例，人身保险保费收入排前 6 位的是江苏、上海、北京、山东、广东（含深圳市）、浙江，全部在东部地区，这 6 个地区的常住人口为 3.17 亿，占全国人口的 24.70%，但人身保险保费收入合计为 1 453.04 亿元，占全国人身保险保费收入的 48.27%。

二、区域金融市场环境和金融资源的差异

保险，特别是人寿保险，虽然侧重于保障，可也是一种金融产品，或叫金融资产，其发展也要受到整个区域金融市场发展水平的影响。

中国经济发展的不平衡使中国的金融市场、金融资源（例如储蓄存款等，见附录中表 17）也呈现区域发展的不平衡性。与中国金融市场较发达的省份相比，中西部地区存在金融产品较为单一、融资渠道不多、金融市场政策尚欠灵活等不足，使区域保

险市场受到影响。特别是人身保险业与金融市场有密切的联系，其资产性业务和对地方经济的贡献程度影响到人身保险业的发展。

三、保险产业政策

目前，中国的保险产业政策滞后于金融业，没有将保险业发展的产业政策融入经济与金融政策之中。这突出表现在，中国的保险公司基本上都是采取总分制形式的全国性公司，同时资金运用权集中在总公司，分支公司不具有资金运用权，这样对非法人注册地，特别是对地方财政比较吃紧的中西部地区来说，客观上造成了建设资金外流的事实，不利于当地经济发展，也就不利于当地政府对保险业发展的支持。

四、区域人口发展不平衡

不同区域之间人口状况的差别也是保险业，特别是人身保险业发展不平衡的重要原因。人口状况包括三个方面：人口数量及密度、人口结构和人口素质。

在其他条件相同的情况下，人口越多，人口密度越大，购买保险的数量应越多。换句话说，人口众多是形成自发人身保险需求的先决条件，是潜在或可预见的人身保险市场的重要构成。同时，人口越多，人口密度越大，保源也就越集中，保险公司的展业、管理等成本相应降低。

这就解释了经济发达、人口数量多、密度高的东部地区以及中西部地区的一些城市的保险供给主体多、保险业发展水平较高的原因；反之，人口越少，人口密度越小，购买保险的数量就相应越少，保险供给也较少。

但另一方面，单纯的人口多而缺乏保险发展所必需的经济基础，那么人口的保险需求也不能最终得以实现。四类地区之间经济比较发达的1类地区占人口比重仅为31.9%，但占全国总保费收入的55.09%；占人口比重高达68.1%的2、3、4类地区的保费收入却仅占全国保费收入的44.91%。另外3类地区与1类地区的人口数量相近，但保费收入仅占21.73%，相当于1类地区保费收入的39%。究其原因，2、3、4类地区（主要是中西部地区），人口虽然众多，但人口密度并不高，很多居住在边远地区，交通不便，影响到保险公司供给的积极性。更重要的原因还在于，这些地区除一些地区经济相对较为发达外，相当多的地区仍很贫穷，而且很多地区属于丘陵和山区，没有更多的经济作物，对保险缺乏相应的支付能力。

人口结构主要指人口的年龄结构。一般来说25～45岁的人群是保险产品的主要消费者。由于东中西部经济发展不平衡，中西部的大量青壮年劳动力向所在地区的城市或东部经济发达地区流动，客观上抑制了中西部地区，特别是农村地区的保险发展。部分由于人口流动的影响，中西部地区的一些农村人口老龄化比较严重，保险购买力不强。

人口素质的一个重要方面是人们的知识水平。保险其实是一个复杂的合同，人们对保险合同的认识取决于人们的知识水平。另外，知识水平决定人们对风险的认识程度，也决定人们风险管理的结构。因此，人们平均教育程度越高的地方，保险业的发展就越发达。东部地区与中西部地区的教育发展水平和人力资本投资差异很大，这也影响了保险区域发展的不平衡。

五、社会保障的发展水平

社会保障与商业保险的关系是多维的。一方面，二者相互促进，强制性的社会保障有助于提高人们的保险意识，利用商业保险来提高自己的保障水平；另一方面，二者在某种程度上有一定的替代性，也即如果社会保障制度特别完善，保障水平非常高，将挤压商业保险的需求。国外学者对45个国家的人寿保险需求的国际分析表明，人寿保险需求（无论是人寿保险保费收入还是有效人寿保险保额作为被解释变量）与社会保障支出（用财富作为解释变量）是正相关的。

具体到中国，社会保障和商业保险的关系应该是相互促进的。中国东部地区由于经济比较发达，财政的实力比较强，对社会保障支持的力度比较大，社会保障制度的覆盖率较高，这有利于培养人们的保险意识。同时，目前的社会保障，无论是社会养老保险还是社会医疗保险，只提供基本保障，这样就激励人们通过购买商业保险来提高自己的保障水平。同时，在东部地区的农村，由于农民的收入相对较高，地方政府和集体的经济基础比较好，同时组织能力相对较强，这些地区农村社会保障制度，包括最低生活保障制度、农村社会养老保险、农村新型合作医疗等正在积极试点建立，这些都有利于当地商业保险的发展。

但中西部经济比较落后的地区，由于地方政府的财力薄弱，对社会保障的支持有限，城镇社会保障制度的覆盖率较低，再加上人们的支付能力有限，抑制了对商业保险的需求。同时，由于中西部地区农民收入较低，地方政府的组织能力较弱，农村社会保障制度基本缺失，农民除了土地保障、家庭保障以及亲戚朋友邻里之间的互助保障之外，没有任何制度性的保障，这同样不利于商业保险的发展。

六、经济体制改革进程形成的差异

改革开放以前，中国计划经济体制下的“大包办”、“大锅饭”政策，使得政府成了万能政府，从养老到医疗，从住房到教育，全部由政府承担，人们无需考虑风险因素。而改革开放后，中国进入了市场经济，政府的职能得以逐渐转变，人们开始承担一定的风险，而有些风险一旦发生，则会给家庭、社会、企业带来巨大的损失。此时，政府已不再承担微观主体的风险，这种风险就由微观主体通过购买商业保险而转嫁给保险公司。

但是人们由于长期处于计划经济体制下，已经养成了“依赖政府”的思想，而且经济越不发达，改革越不深入的地区，这种思想就越明显，很大程度地影响着人们对保险的偏好，进而影响保险业的发展。

中国经济体制改革采取的是先在经济发达地区选取少数城市进行试点，之后再逐步向全国各省市推广的方式。可以说，中国脱离计划经济体制的一系列社会经济体制改革都为商业保险的发展创造了广阔的市场空间。如在率先对国有企业进行现代企业制度改革的地区，以前老国企员工在“铁饭碗”不复存在而社会保险的保障水平较低不能满足经济发达城市消费需求的情况下，自然增加了对商业保险的需求。同样，医疗制度的改革也推动了健康保险的发展，社会医疗保险制度的低覆盖率以及保障金额的不足增大了对商业医疗保险的需求。总之，中国社会经济体制的改革，将以前国家承担的大量风险都释放到社会中的个人和企业身上了，微观主体面临风险的增大必然促使其从主观上增强风险意识，加大对商业保险的需求。而经济体制改革又是从经济发达地区试行进而全面推广的，仅仅从这一方面来看就使经济发达地区保险市场需求的快速发展要比经济相对落后地区早，这相当于进一步加剧了中国保险区域发展不平衡的程度。

七、地区文化观念的差异

现代社会发展理论研究表明，区域经济发展的落后，不仅仅是一种经济现象，而且也被看做是一种文化现象。保险的区域不平衡发展同经济本身的区域不平衡发展一样受到了区域文化观念差异的影响。

中国中西部地区是中华民族历史的发源地，并且较少受到近现代文明的冲击，几千年来自给自足的农业文明和家族血缘关系的社会结构较少受到破坏。这就造成了中西部居民在文化观念上存在一些不同于东部的特点，比如受传统的小农经济影响，人们对土地的依附性很强，并潜藏着听天由命的悲观心态；对家族血缘关系相当看重；商品货币意识的相对薄弱以及安于现状、容易满足；等等。而根据美国人类学家奥斯卡·刘易斯提出的“贫困文化论”，穷人由于长期生活于贫困之中，会形成一套特定的生活方式、行为规范和价值观念，这种类型的亚文化一旦形成，将会代代相传。

而东部地区较早接触了近现代西方文明，在西方工业文明的冲击下，个人独立性、商品货币意识以及开拓创新精神较强，同时也更容易接受新的事物和新的理念。

以上所列的中西部地区的种种文化观念对于保险需求欲望的培育来说都是不利的因素，而与之相反的东部地区的文化观念恰恰是有利于保险市场发展的。

东部地区人们思想观念比较开放，即便在计划经济时代，人们对商品经济和市场经济也比较接受。改革开放后，东部地区更成为经济发展的前沿地带，这使得东部地区的人们的风险意识以及保险保障的意识比较强，再加上收入增长比较快，有相当的购买力，因此保险有效需求旺盛。

相反，中西部地区的大多数人分布在农村，开放程度较低，长期以来较为封闭的自然环境使得这些地区的小农经济传统习惯尤为明显，不仅不少城镇地区保险意识不强，而且很多农村地区对保险转移风险的意识非常淡薄。

此外，在中国中西部地区，20世纪五六十年代发展起来的三线企业，几乎都属于国有企业。在计划经济体制下，这些国有企业的盈亏、职工的养老、医疗及其他劳动保障都由国家包揽下来，经济损失由国家财政负担，因此长期缺乏风险意识，再加上人均收入也较低，因此保险需求就很有限。总之，中国中西部地区农村人口多、观念滞后是制约这些地区保险发展的重要因素。

第二节　保险市场区域发展不平衡带来的问题

从上述实证分析可以得出一个基本结论，即中国保险市场区域发展非常不平衡。这反过来对保险市场结构、市场竞争和绩效产生深刻的影响，同时也会带来其他不良影响。

一、区域发展不平衡不能体现中国多层次的保险市场需求

在保险业发达的地区，市场主体数量较多，表现为寡头垄断竞争的市场结构；而在保险业落后的地区，除了人保公司和中国人寿，其他公司均没有设立分支结构，表现为完全垄断的市场结构。大部分保险业发展水平居中的地区，几家大公司占据了绝对的市场份额，市场呈现极为明显的寡头垄断格局。

下面以寿险市场为例，分析由于保险区域发展不平衡所导致的多元化的市场格局。

发达地区寿险市场的重要特征是：市场主体较多，市场集中度相对较低，呈现寡头垄断竞争格局。我们把北京作为发达地区的代表，比较北京寿险市场和全国寿险市场经营主体的市场集中度情况。

首先看全国市场，截至2003年年末，全国共有31家寿险公司。2003年各家寿险公司的市场份额如图2－1所示，中国人寿占54.0%、平安人寿占19.9%、太平洋人寿占12.7%、新华人寿占5.8%、泰康人寿占4.5%，其他26家寿险公司占3.2%。前三家公司占比86.6%，寡头垄断的特征比较明显。

再看北京市场，截至2003年年底，共有13家寿险公司。2003年各家寿险公司的市场份额如图2－2所示，平安人寿占32.7%，新华人寿占21.6%，中国人寿占18.8%，太平洋人寿占11.7%，泰康人寿占8.7%，其他市场主体占6.5%。前三家公司占比73.1%，比全国市场前三家公司占比低13.5%，而且北京寿险市场的保费收入排前三位的公司与全国的情况也大相径庭，这表明一些中小型公司在一些保险业发达的大城市业务发展迅速，获得了较大的市场份额。

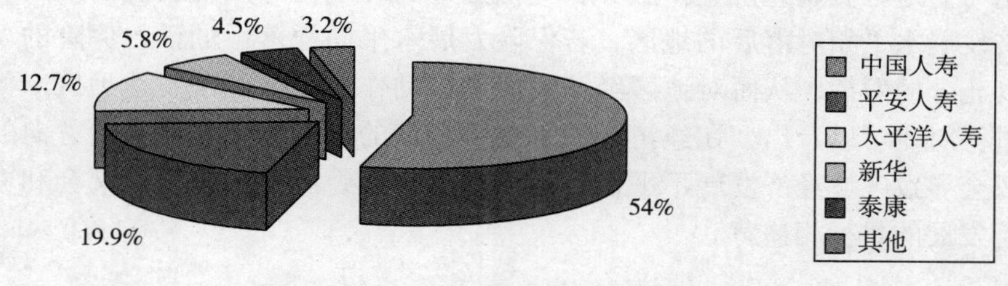

图2－1　2003年寿险公司全国市场份额分布

和保险业发达地区的情况正好相反，很多中西部保险业落后的地区，特别是农村地区，保险市场上只有人保公司和中国人寿独家垄断财险业务和寿险业务。有的地区，即便有其他公司开始设立分支机构，但市场份额微乎其微，不足以撼动人保或人寿绝对垄断的地位。

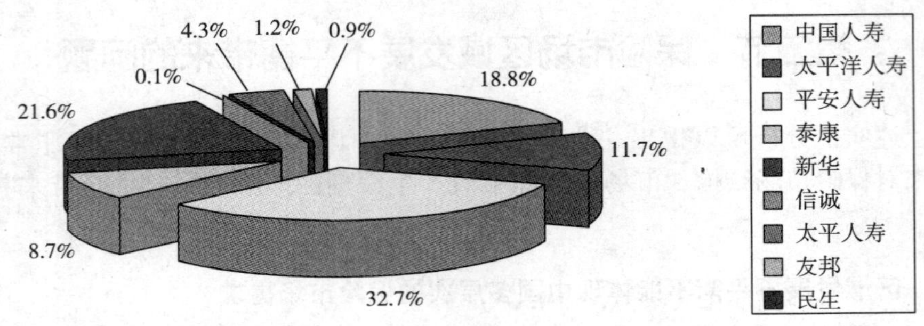

图 2-2　2003 年北京寿险市场份额分布

二、影响中国保险市场对对外开放的承受能力

按照国际贸易传统理论对国际金融自由化经济收益的分析，发展中国家对外开放金融服务业可获得静态和动态收益。但现实中存在不少约束条件，而国内金融市场的发育状况就是其中之一。如果市场化程度高，则开放收益是巨大的；如果市场化程度很低，则开放的收益有限。市场化高的区域可以在与外资保险公司的竞争中学习经验和技术，提高自身的经营管理能力；而自身经营管理能力的提高必将增强其对对外开放的承受能力。如果区域保险资源丰富，市场化程度却低，则对对外开放的承受能力却较弱将使该区域受到较大的外资保险公司的冲击。

三、不利于区域经济协调发展

保险的基本功能有三个，即经济补偿、防灾防损和融资功能。如前所述，经济发展水平较高的地区往往保险发展水平也较高，从而使保险在更大程度上发挥以上三大功能，对地区经济起到更大的推动作用。比如，保险对企业多种风险提供的保障可以减少发生风险事故给企业带来的经济损失，促使企业经济活动的尽快恢复；另外，保险功能在更大范围及程度上的发挥，可以在很大程度上减轻政府负担，使政府部门能够集中精力为地区微观经济主体服务，提供更好的环境促进当地经济的发展。与之相反，经济发展水平相对落后的地区，若保险发展水平同样落后的话，保险的功能作用将得不到充分的发挥，从而对地区经济发展的推动作用不如经济发达地区。将以上两种情况进行对比可以看出，在经济区域发展不平衡的背景下，若保险同方向的不平衡发展，只会导致区域经济发展不平衡程度的加剧，而经济不平衡发展又会和中国经济全面统筹发展的目标相违背。

四、不利于保险市场形成合理的风险结构

随着中国保险市场的逐步开放，市场的竞争程度日益激烈。对于某一家保险公司而言，在其实力允许的情况下，若能在全国多个地区建立起保险网络的话，则公司可以根据不同地区的具体情况发展与该地区相适应的险种，不同地区业务发展的侧重点可以有所区别，一旦由于外界经济金融环境变化或突发事故等影响使公司在某一地区

业务受挫时，还可以通过业务特点不同的其他地区进行弥补，从而达到在地区上分散公司的经营风险的目的。相反，若公司只是集中于某一个或几个同类地区发展，则不利于其更好地分散公司经营风险。

第三节　中国保险业空间布局影响因素的计量分析

根据我们前面的分析，中国保险业空间布局的最大特点是地区间保险业发展不平衡。分析我国保险业空间布局环境和影响因素，需要分析中国保险业发展的影响因素、推动中国保险业长期稳定快速发展的动力、中国不同地区的保险业发展是否协调、造成地区间发展不平衡的原因等问题。孙祁祥和贲奔（1997）研究了中国保险业的发展供需规模，栾存存（2004）研究了中国保险业的增长态势。然而，前一研究在保险数据的使用上忽视了统计口径的变化，并且用年度数据作为独立样本点进行统计分析，可能导致虚假回归（Spurious Regression）；后一研究却忽视了利率和社会保障福利费等对商业保险发展的巨大影响。另外，国内的研究大都没有考虑到中国保险业发展的区域差异问题。

这里我们首先将从理论上分析影响保险业发展的因素；其次，对这些因素用中国近 20 多年来的数据进行实证分析。在将变量引入模型之前，为了防止出现虚假回归现象，对这些变量进行了相应的单位根检验、协整关系检验、格兰杰因果关系检验，从而得出这些变量与保费收入之间的长期均衡关系，并对其进行了必要的解释；最后，用中国东、中、西部地区近几年的面板数据比较了地区间保险业发展的差异程度，并分析了造成地区之间保险发展不平衡的原因，以便下文以此为依据为保险政策决策提出一些建议。

一、影响保险业发展因素的理论分析

对于一般的商品，影响其需求量的因素有环境因素、供给因素和需求因素等。对于保险这种特殊商品而言，影响其发展的环境因素主要有：一是经济体制和法律法规。中国从计划经济向市场经济体制的转变、《保险法》的修订、新保险公司管理规定的出台、保险费收入相关税收政策的调整等制度因素都不同程度地影响着中国保险业的发展；二是金融市场发育程度。金融市场发育程度越高，人们从事金融活动越便利，保险产品的销售渠道越顺畅；三是利率。利率的变动对不同的保险产品影响不同。在一般情况下，利率变动不会对非寿险产品产生直接的影响，但会通过消费品市场间接影响非寿险产品的销售。例如，利率下调，则消费品市场需求旺盛，部分消费品投保而使保费收入上升。

在市场经济条件下，保险业发展状况主要是由市场决定的，即由市场供求双方决定。从市场的需求方来看，首先，不同的收入水平决定了不同的需求能力。一般来说，收入水平越高，需求能力越强。其次，不同的收入水平决定了不同的需求偏好。一般来说，收入水平越高，风险承受能力越强，对理财型保险产品的需求越多；收入水平

越低，风险承受能力越低，更偏好于保障型的保险产品。最后，不同的人口年龄结构有不同的产品需求结构。

从供给方来看，保险公司的产品开发能力、营销能力、经营成本，保险公司之间的竞争以及金融市场条件等决定保险市场的供给水平和质量。一方面，保险公司要开发出符合市场需求的产品，并让客户了解和购买这些产品；另一方面，金融市场的发展要能够满足保险公司投资和资产管理的需要。影响保险业发展的供给因素主要有：一是保险公司数量。保险公司的数量越多，其营业网点相应越多，人们购买保险产品越便利；同时，保险公司间的竞争越激烈，促销手段越多样化，越能刺激保险消费。二是保险产品数量。保险产品越多，越能适应不同的消费者，就有更多的消费者购买保险产品。

从世界范围来看，由于保险公司众多，保险公司之间的竞争非常激烈，保险市场基本上是买方市场，因而保险业发展规模、发展模式、空间布局和产品结构主要由保险的需求水平和需求结构决定。

另外，不论从理论上还是从国外的实证分析来看，影响保险业发展的因素还体现在如下几个方面：第一，在其他因素不变的情况下，人口数量的多少决定着保险市场的规模；第二，无论是财产保险还是人身保险都建立在较高的收入基础上；第三，收入结构是决定保险需求的关键变量；第四，人口的年龄结构对保险消费的影响；第五，城乡结构对保险产品的供给和需求都有明显的影响；第六，教育结构对保险需求的影响。此外，除了上述因素外，影响保险业发展的需求因素主要还有：风险意识、消费倾向、价格因素、替代因素等①。

二、影响保险业发展因素的实证分析

（一）指标解释和数据说明

根据前面的分析和统计数据可得性，本文在综合考虑上述因素的基础上，采用1980~2002年的数据进行分析：

保费收入（Premium Income），用符号PI表示，它包括在中国内地开展业务的所有保险公司的财产险和人身险保费收入。PI反映保险业的总体发展情况。

总人口（Gross Population），用符号GP表示，包括城镇人口和农村人口，将其引入模型用来反映人口数量对保险业发展的影响。

居民可支配收入（Disposable Income），用DI表示，它等于城镇居民人均可支配收入×城镇人口+农村居民人均纯收入×农村人口。DI反映居民的支付能力以及经济发展的整体水平，将其引入模型可以观察收入对保险业发展的影响。

城乡居民储蓄存款余额（Deposit of Citizen and Country Inhabitant），用DCCI表示。DCCI反映居民的储蓄倾向和金融资源数量，将其引入模型可以观察储蓄对保险的替代和收入效应。

社会保障福利费（Social Security Welfarism），用SSW表示，包括在职职工的社会保

① 郭金龙、张昊：《中国保险业发展的人口因素分析》，载《中国人口科学》，2005（1）。

险福利费、离休金、退休金、养老保险金、医疗保险金、失业保险金、工伤保险金和生育保险金等。SSW 反映社会保障水平，将其引入模型可以观察社会保障对商业保险的替代效应。

消费价格指数（Consumer Price Index），用 CPI 表示，用于对保费收入、城乡居民储蓄存款余额、社会保障福利费、城乡居民可支配收入的价格调整。

保险公司数量（Quantity of Insurance Companies），用 QIC 表示，它可以反映保险产品供给因素对保险业发展的影响。

居民活期存款利率（Interest Rate of Current Deposit），用 IRCD 表示。采用居民活期存款利率指标，可以反映政府货币政策变化对保险业的影响。

虚拟变量，用 Dt 表示。1993 年以前（包括 1993 年）Dt 取 0，1993 年以后 Dt 取 1。Dt 反映 1994 年以来中国保险监管政策变化对保险业的影响。

以上变量的数据来源是 1980～2002 年的《中国统计年鉴》、《中国金融统计年鉴》、《中国保险年鉴》、《中国劳动统计年鉴》和《新中国五十年统计资料汇编》。

（二）序列平稳性检验

为了得到变量间的长期均衡关系，首先要检验变量的平稳性。检验的方法是单位根检验中的 ADF（Augmented Dickey Fuller Test）方法。检验时，先根据其基本时序图确定截距项和时间趋势项是否存在，也就是确定 ADF 检验的基本形式，再根据赤池信息准则（AIC）确定滞后阶数，最后根据 ADF 统计量判定是否平稳。ADF 检验的判断准则是：如果 ADF 统计量的绝对值大于临界值的绝对值，则该变量平稳；反之则相反。检验结果显示，变量 PI、IRCD、GP、DCCI、DI、QIC 和 SSW 都是一阶单整的，即它们本身都是非平稳的，而它们的一阶差分都是平稳的。

（三）协整关系检验

我们对变量之间的协整关系进行检验。协整性检验既可以用 EG（Engle－Granger）两步法，也可以用极大似然估计法，但 Gonzalo（1989）的研究发现后一种方法优于前一种方法。这里用极大似然估计法（Johansen 法）检验 IRCD、GP、DCCI、DI、QIC 和 SSW 六个变量与 PI 之间的协整关系。协整检验的判断准则是：若极大似然比大于临界值，则拒绝原假设，接受备择假设；反之则接受原假设。结果表明，居民活期存款利率（IRCD）、总人口（GP）、城乡居民储蓄存款余额（DCCI）、居民可支配收入（DI）、保险公司数量（QIC）和社会保障福利费（SSW）六个变量与保费收入（PI）之间均存在协整关系，即存在长期均衡关系。

（四）格兰杰因果关系检验

经过协整检验，我们知道上述变量之间存在协整关系，但无法判断这种均衡关系是否构成因果关系及其方向，尚需进一步验证，这就需要进行格兰杰因果关系检验。该检验的判定准则是：依据平稳性检验中的滞后期选定本检验的滞后期，根据输出结果的 P－值判定存在因果关系的概率。检验结果表明，居民活期存款利率（IRCD）、城乡居民储蓄存款余额（DCCI）、居民可支配收入（DI）、保险公司数量（QIC）和社会保障福利费（SSW）这五个变量是保费收入（PI）的格兰杰原因，而总人口（GP）却不是保费收入的格兰杰原因。同时，保费收入也是上述六个变量的格兰杰原因。中国的总人口不是保费收入的格兰杰原因，这与国外的情况不一致，主要因为中国保险业发展在城镇和农村之间不平衡，保费收入大部分来自城镇，而占据总人口80%左右的广大农村地区的保费收入却占总保费收入的比例很小。

（五）各变量与保费收入的长期均衡关系

我们以保费收入（PI）为被解释变量，分别以居民活期存款利率（IRCD）、城乡居民储蓄存款余额（DCCI）、居民可支配收入（DI）、保险公司数量（QIC）、社会保障福利费（SSW）和虚拟变量（Dt）六个变量为解释变量，得回归方程结果如附录中表21。

从附录中表21可以看出，各回归方程中除第一个回归方程（PI和IRCD的回归关系）外都消除了自相关，且F和Adj – R^2的值都较大，方程拟合的程度较高，可以认为这些回归方程就是各变量与保费收入的关系形式。

附录中表21中显示的各变量的回归系数可知，居民活期存款利率（IRCD）、城乡居民储蓄存款余额（DCCI）、居民可支配收入（DI）、保险公司数量（QIC）和虚拟变量（Dt）对保费收入（PI）的影响与前面的理论分析基本一致，而社会保障福利费（SSW）对保费收入（PI）的影响与前面的理论分析不一致。附录中表21所反映的是中国的实际情况，理论分析是对市场经济国家经验的总结。尽管前面理论分析中指出，利率对保险业的影响是多方面的，但中国的实际情况是居民活期存款利率（IRCD）与保费收入（PI）呈反向变化，利率下调时保费收入不断上升，这除了是因为利率对非寿险产品不产生直接影响外，还有两个原因：一是为了减弱利率下调带来的不利影响，寿险公司积极开发新产品，如消费者不承担利率风险的利差返还保险、突出保障功能的福寿两全保险和重大疾病保险等；二是中国目前处在体制转型时期，以前由政府提供的保障现在正在转为由居民承担，人们的保险需求相当旺盛，对利率变动不敏感，保费收入的利率弹性较小，如保费收入的利率弹性2000年为0.535，2001年为0.406，2002年为0.201。社会保障福利费（SSW）与保费收入呈同向变化，说明中国社会保障与商业保险之间没有相互替代关系。主要原因有：一是中国目前的社会保障水平很低，人们对未来生活缺乏安全感，在需要社会保障的同时也需要商业保险；二是社会保障费用主要来源于国家财政支出和企业积累资金，不需要消费者直接承担，居民在收入增加时可以在不降低社会保障水平的基础上增加商业保险消费。

三、中国保险业发展区域差异及原因的实证分析

由于各变量与保费收入之间存在长期均衡关系，我们就可以进一步分析这些变量在东、中、西部保险业发展中的影响。根据面板数据参数齐性要求，在作各地区内部数据回归方程之前，我们做了相应的F检验，计算结果接受了回归斜率系数相同而截距不同的假设。所以，可以将1997 ~ 2002年各地区所包括省（市、区）的数据（东、中、西部的样本数分别为：66、48、66）组成面板数据（Panel Data）分别进行回归分析，反映各地区保险业发展不平衡的差异。

其中被解释变量仍为保费收入，解释变量是除了居民活期存款利率、总人口和保险公司数量外的其他变量。解释变量不包含居民活期存款利率是因为中国利率市场化水平较低，全国各地的金融机构执行的都是中央银行规定的统一存款利率；不包含总

人口是因为总人口不是保费收入的格兰杰原因；不包含保险公司数量是因为各地区的相关数据得不到。为了更能反映保险业发展集中在城镇这一特点，这里引入了城镇居民人均可支配收入（Per Capita Citizen Disposable Income），用PCCDI表示，以反映居民收入对保险业发展的影响。运用Eviews3.1计算得到东、中、西部地区的通过计量经济学检验的保费收入与各变量关系的回归方程。比较三大地区的回归方程可以发现，东部各省（市）城镇居民人均可支配收入（PCCDI）、城乡居民储蓄存款余额（DCCI）和社会保障福利费（SSW）对保费收入（PI）的影响比较显著，说明东部地区保险业的发展是这三个因素共同作用的结果；中部和西部各省（市、自治区）的社会保障福利费（SSW）对保费收入（PI）的影响不显著，而城镇居民人均可支配收入（PCCDI）和城乡居民储蓄存款（DCCI）对保费收入（PI）的影响显著，说明中部和西部保险业的发展是由城镇居民人均可支配收入（PCCDI）和城乡居民储蓄存款（DCCI）共同作用的结果。不同地区各因素对保费收入影响程度的大小可以总结如附录中表22。

从上述分析看出，造成地区间发展不平衡的原因是多方面的。一是经济发展水平的差距。这可以从城镇居民人均可支配收入的作用上体现出来，东部城镇居民人均可支配收入较高，其保费收入也就较高。二是城乡居民储蓄存款的差距。理论上说，居民储蓄额对保费收入有双重影响：收入效应和替代效应。居民储蓄额的增加，意味着收入水平尤其是可支配收入水平的提高，对保险发展具有促进作用，表现出收入效应；在居民收入一定的情况下，储蓄额的增加，意味着对保险产品尤其是具有投资保障功能的保险产品的替代，表现出替代效应。实际结果是，城乡居民储蓄存款余额（DCCI）与保费收入（PI）呈同向变化，说明居民储蓄存款余额的收入效应大于替代效应。东部居民储蓄存款余额较大，其保费收入相应较多。三是社会保障福利费的差距。东部地区社会保障福利费的作用较显著，说明东部居民的基本社会保障已经实现，再增加社会保障福利费，人们就会将它转化成商业保险，实现第三层次的保障需要。中部和西部的社会保障福利费对保费收入影响不显著，说明中、西部居民尚未实现基本社会保障，保障水平处在政府和单位提供的第一、二层次上，增加的社会保障福利费只能用于基本生活保障，尚不能转化成商业保险以实现其第三层次的保障需要。

还有一些因素，如金融市场发育程度、人们的风险意识、经济开放程度等不易量化，但是，它们又会对保险业的发展产生重要影响。东部的经济开放程度和金融市场发育程度比中、西部高（何枫，2004）。地区间经济发展水平的差异可以归因于经济开放水平的差异（罗汉、艾燕琳、毛锦云，2004）。中国首先开放的城市都集中在东部，因而东部的保险业发展相应较快。外资保险公司率先在东部开放城市设立分支机构，开展保险业务，一方面增加了保险产品供给主体的数量，另一方面也激励国内保险公司积极开发新产品、提高服务质量，这就加快了东部保险业的发展步伐。从金融资源（包括金融机构网点数、业务量、保险公司数量和居民储蓄存款余额等）的数量来看，东部金融市场发育程度高于中、西部，保险业的竞争激烈程度也高于中、西部，东部居民可供选择的保险产品多，实现购买的便利性强于中、西部，从而在一定程度上加速了东部保险业的发展。人们的风险意识与教育水平密切相关。东部的教育水平（高等院校数量、人均教育经费、每万人中在校大学生人数）高于中、西部，居民处理风险的手段（回避、转嫁等）就高于中、西部，购买保险（转嫁风险）的数量也就高于中、西部。

第三章　中国保险业空间布局的指导原则、总体思路和政策建议

保险业的空间布局问题，实际上是资源有效配置问题。也就是保险企业在市场空间的合理布局，实现资源有效配置，竞争适度有序，市场集中度逐步下降、保险服务水平逐步提升，保险产品的开发、提供与保险产品的市场需求总量、需求结构匹配，保险业发展与经济、社会发展的关系协调。从空间布局的视角看，中国保险业发展需要遵循以下原则和总体思路：

第一节　科学发展观的要求

保险业科学发展观是科学发展观在保险业的全面展现和深化拓展，是指导保险业发展方向的总体方针。坚持保险业科学发展观，其实质内涵就是要充分调动一切有利因素和各方面的积极性，尽最大的努力，实现保险业快速、协调、持续发展。在正确认识中国基本国情，全面分析国际保险业发展态势，科学判断中国保险业发展阶段，准确把握当前保险业面临的主要矛盾的基础上，充分发挥保险的功能和作用，逐步改变保险业与经济社会发展的需求不相适应的局面，为经济社会全面、协调、可持续发展服务。

第二节　市场需求引导原则

保险企业在市场空间的布局，通常考虑的是市场需求。这包括需求总量和需求结构。从资源有效配置的获利要求看，应考虑保险企业布局区域的 GDP 总量、人均 GDP、人均可支配收入、居民存款余额总量和区域内的人口数量和人口结构等与保险需求关联度高的指标。这些指标的统计与分析，直接显示了设点区域内潜在的保险需求总量和可能的保险需求结构。脱离市场需求的引导，简单地按行政区划来设置机构，不符合资源配置市场选择机制的效率要求。市场需求引导原则是保险企业布局应遵循的规则。

第三节　综合协调发展原则

市场需求是保险企业设点、布局考虑的首要规则，但还需综合考虑市场竞争状态、市场集中度和同业竞争主体数量多寡等综合因素；避免恶性竞争或寡头垄断等非常态

竞争格局的出现，导致保险企业资源的浪费或保险产品的供给不足、服务水平不高等压抑保险需求或过度开发保险市场等问题，影响保险业健康发展。保险企业的空间布局，既要考虑市场需求，又要兼顾协调发展，保险企业的设点、布局的顺序要符合各区域经济发展水平的梯度差异、地区文化、人口结构和教育水平等。将产品开发、客户服务和资金运用等关键业务部门集中在经济发达、人才集中的中心城市。保险企业的空间布局，要体现区域内的业务指导、客户服务的辐射功能。

第四节　财险、寿险区别对待原则

财险和寿险是保险业内的专业划分。它们保险的标的不同。财险是对物的保险，寿险是人身保障的服务。由于保险的对象不同，保险企业空间布局考虑的因素存在差异，应区别对待。寿险机构的设置，重点考虑人均可支配收入、人均储蓄存款余额和人口规模、人口结构和人口素质等。财险机构设置，重点考虑区域内财物总量，如车辆总量、机器设备、厂房等财物价值量，附带的因素是GDP总量、产业结构和人均可支配收入、人均储蓄余额等。财险、寿险因业务对象的不同及考虑因素的差异，决定了在机构空间布局上的各自特点，不能一视同仁，要体现出各自的专业特点和市场需求的不同。

第五节　总体思路

保险业空间布局的总体思路是：保险业发展必须置身于经济和社会发展的全局，紧紧围绕党和国家的中心任务，切实肩负起促进改革、保障经济、稳定社会、造福人民的社会责任，必须坚持以人为本、全面协调可持续的科学发展观，在推动建立统筹城乡发展、统筹区域发展、统筹经济社会发展、统筹人与自然和谐发展、统筹国内发展和对外开放的有效体制机制方面发挥积极作用。保险业要充分发挥自身保险功能，为提升人们生活质量服务，为城市化战略服务，为“三农”服务，为提高经济国际化水平服务，为民营经济服务。

保险业空间布局，需要在科学发展观的指导下，充分把握中国国情，综合考虑各种影响因素，依据经济发展的梯度差异以及竞争主体现有空间布局的现状和财险、寿险各自业务特点等综合权衡，既要考虑行政区划，又要充分考虑区域经济发展不平衡格局，在市场需求导向的指引下，兼顾财险、寿险的专业差别，统筹协调，机构、产品的空间布局要有全局性、前瞻性，符合保险业发展的自身规律。

第六节　统筹保险业区域发展，优化保险空间布局的政策建议

通过前面的分析，我们可以得出如下基本结论：

第一，自1980年中国内地恢复保险业务以来，中国的保险业得到了持续快速的发

展，已经成为世界上发展最迅速的保险市场，其根本的动力来源于中国经济的快速发展。

第二，中国居民活期存款利率与保费收入呈反向变化，利率下调时保费收入不断上升。其主要原因有两个：一是为了减弱利率下调带来的不利影响，寿险公司积极开发新产品；二是中国目前处在体制转型时期，以前由政府提供的保障现在正在转为由居民承担，人们的保险需求相当旺盛，对利率变动不敏感，保费收入的利率弹性较小。

第三，中国社会保障与商业保险之间没有表现出相互替代关系，主要原因有：一是中国目前的社会保障水平很低，人们对未来生活缺乏安全感，在需要社会保障的同时也需要商业保险；二是社会保障费用主要来源于国家财政支出和企业积累资金，不需要消费者直接承担，居民在收入增加时可以在不降低社会保障水平的基础上增加商业保险消费。

第四，居民储蓄额对保费收入有双重影响，即收入效应和替代效应。中国的实际情况是，城乡居民储蓄存款余额与保费收入呈同向变化，说明居民储蓄存款余额的收入效应大于替代效应。

第五，从近几年保险业发展规模、程度、速度来看，中国保险业发展具有地区不平衡特征。

第六，引起地区间保险业发展不平衡的原因是多方面的，其中主要原因是经济发展水平的差距、经济开放程度的差距、社会保障水平的差距以及人们风险意识上的差距。目前中国保险业发展非常不均衡，需要统筹区域发展，优化保险业空间布局，实现保险业资源（包括人力资源、技术资源、资本资源和政策资源等）的有效配置，使保险机构的设置和保险业空间布局与中国不同地区梯度的经济发展水平相适应。

一是按照市场经济原则，根据多层次保险市场需求结构，建立多层次的保险产品结构体系、市场主体体系、市场监管体系。

由于中国地区间经济差异较大，从而形成了不同层次的保险市场需求结构，因此需要建立多层次的保险产品结构体系、市场主体体系、市场监管体系。应鼓励保险公司根据不同地区的特征开发不同的保险产品。例如，中部地区保费收入对居民可支配收入的弹性较大，社会保障水平整体较低，可以适当开发养老、医疗保险等人寿保险产品；东部地区经济较发达，社会保障水平相对较高，居民消费水平较高，在开发多层次的人身保险产品的同时，还可以积极开发住房、汽车保险等财产保险产品。

二是建立与中国区域经济圈相适应的区域保险经济圈，发挥区域保险经济圈的辐射功能。

从目前中国经济发展的区域特征和未来经济发展趋势来看，中国已经基本形成经济发展水平较高的珠三角、长三角和环渤海三大区域经济圈，因此与保险的市场需求相适应就需要与之相匹配的区域保险经济圈。“十一五”期间，可以重点规划建立若干区域保险经济圈或区域性保险服务中心。区域保险经济圈或区域性保险服务中心的内容主要包括：机构聚集中心、制度创新中心、产品研发中心、技术服务中心、人才培训中心、资金运用中心等。

每一个区域保险经济圈都应该是机构聚集中心，但是不同的区域依其不同的经济发展水平、市场环境和各自优势，应具有不同的资源配置功能和特征。例如，华南地区的市场营销模式、公司治理制度、市场化的监管理念和方式较为先进，应发挥制度创新、市场营销和人才培训的优势，如可在华南建立全国性的保险人才培训基地、尝试建立全国性的市场营销中心（如电话直销中心等）等；华东地区具有保险业资金运用的优势和金融中心的地位，应成为资金运用中心、新产品研发中心和国际化人才培训基地；华北地区当然是保险业监管的中心，同时也可以依靠其技术服务优势成为全国性的技术中心。

由于每个区域保险经济圈都有若干的经济较为发达的城市，因此每个区域保险经济圈也可以建立若干个保险中心城市，不同中心城市之间也可以有不同的功能差异。

三是保险业政策需与国家区域经济政策和地方经济发展战略配合，充分发挥保险业在保持社会稳定和促进经济发展方面的功能。

根据影响中国保险业发展因素的区域特点，在大力发展东部地区保险业市场的同时，要配合西部大开发和振兴东北的区域经济发展战略和区域经济政策，适当加大中、西部保险市场的开发力度，鼓励保险公司开发适应当地市场需求的产品，促进中国保险业的协调发展。

其一，可以突破保险资金运用限制，实施中西部倾斜政策。保险业应站在服务经济社会发展全局的高度，适时修改《保险法》对保险资金运用的制度规则，对中西部地区加大保险资金投放力度，支持和促进中西部经济发展。主要思路有两条：

一是改变目前保险资金运用过分集中于资本市场间接融资的做法，允许更多的保险资金直接进入生产领域，支持各保险总公司对中西部地区加大投资，优先建设一批重点基础设施以及市场前景良好、具有地方特色的大型工业企业，同时由中央财政对这部分投资收益给予一定的税收减免政策。

二是在加强基础设施项目评估和风险控制的基础上，政府允许各保险总公司投资中西部基础设施的建设。将保险资金的运用与政府的中西部开发战略结合起来，一方面能提高保险资金运用效率，提高投资回报；另一方面，可落实政府扶持中西部开发的发展战略，实现保险行业与社会、中央与地方利益的共赢。

其二，加强中西部地区人力资源的开发与人才培育。保险业的发展需要具备专业知识和职业素养的员工。中西部地区经济发展不平衡，人们受教育的程度也参差不齐。中西部地区保险业的发展需要人才支撑，如何从长计议，引进、培养和培训人才也是加快中西部地区保险业发展的重要课题。

其三，建立起适应中西部地区人口状况的目标市场。随着中国保险业对内和对外开放，中西部地区的保险经营主体也在不断增加。但就目前而言，特别是西部地区，除中国人寿和人保业务遍布中西部地区主要城镇外，其他保险公司业务主要集中在区域中心城市和个别经济较发达的城市，而且各家公司的农村业务较少。中西部地区农业是非常重要的产业支柱，同时，相对集中在中心城市的国有大中型企业目前效益并不是很好。因此，各公司有必要考虑逐步将目标市场确定在城市中低收入者和经济情况较好的农村，从而建立起适应中西部地区人口状况的目标市场。

其四，鼓励保险公司对中西部地区的产品更新与设计。为适应中西部地区保险市场的需求，保险供给必须与之相适应，其中一个重要方面就是产品的更新和设计。由于中西部地区经济发展水平相对较低，人们收入水平普遍不高，对产品本身风险的心理承受能力较差。因此，在产品开发上，要优先考虑传统保险产品，通过提高服务质量，进一步提高市场占有率，在此基础上再有步骤地推出新产品，包括具有投资功能的产品。

其五，加强对中西部地区销售渠道的规范。目前，中西部地区的专业代理公司不发达，保险经纪体系也尚未建立。在一些地方还经常发生一些单位和个人越权代理和无权代理的现象。因此，代理人的素质有待提高，代理行为有待进一步规范。同时，保险公司要做好核保工作，以减少违规代理可能带来的长远的不良后果。

其六，支持农村保险市场发展，增强保险业在解决“三农”问题和促进农村社会稳定和经济发展中的作用。在以商业经营为主、以政策支持为辅的指导思想下，针对农村发展水平不平衡的实际情况，研究开发一些低费率、广覆盖的险种；开发一些农村、农民、农业急需的，关系到生产生活方面的大众型的保险产品；采取分类指导的办法，促进保险业为农业、农村、农民服务，在一些发展比较慢的、生活水平比较低的地方，重点开发一些保证生产能够正常进行的业务，如防灾、防水等保险；针对农民进城打工，农村劳动力转移，研究开发适合流动的农民工的保险产品。

其七，保险政策要适应不同地区经济发展的特点，配合经济发展战略的调整。中西部地区的发展关键要靠吸引省外、境外的投资。当前，东南沿海地区产业正在逐步升级，一些传统的制造业因其比较优势的丧失需要向中西部地区转移。保险业应增强大局意识，密切结合当地经济发展实际和方向，在产业承接转移中努力发挥作用，在求得自身快速发展的同时，支持和促进当地经济社会发展。例如，保险业应配合沿海劳动密集型产业向中西部地区的承接转移，大力拓展企财险和职工团体保险，为产业对接服务；配合铁路、高速公路、机场、港口等大型基础设施建设，大力拓展工程险，为交通对接服务；配合扩大出口和开展对外经济技术合作，大力拓展运输险、外出务工人员意外险，为市场对接服务。

其八，可以允许成立区域性保险公司，加大对地方经济的支持力度。目前，中国的保险公司基本上都是采取总分制形式的全国性公司，这样虽然有利于迅速做大公司规模，但是对非法人注册地，特别是对地方财政比较吃紧的中西部地区来说，客观上造成了建设资金外流的事实，不利于当地经济发展，这也是地方政府难以真正做到像支持商业银行一样支持商业保险发展的重要原因之一。因此发展区域性中小保险公司势在必行。

区域性中小保险公司有不少独特优势：一是保险产品具有更强的针对性。中国幅员辽阔，地区之间的自然条件差异显著，区域性保险公司可开展具有鲜明地方特色的保险业务，以满足当地特定的保险需求。二是更易形成差异化竞争优势。中国各地经济发展水平各不相同，区域性保险公司可根据当地经济发展的特点定位于不同的目标市场，例如，在农业省份可成立专门服务于农村和农民的保险公司，在民营经济发达的地区可成立专门服务于个体私营业主的保险公司。保险公司组织形式可采取相互保险社、保险合作社、股份有限公司等多种形式。三是可以更好地支持地方经济发展。

区域性保险公司运用积累的保险基金优先支持地方重点工程建设，可有效缓解地方经济发展与建设资金匮乏的矛盾，获得地方政府的重视和支持，地方政府的支持反过来又会促进地方保险事业的快速发展，从而形成保险业与当地经济发展的良性循环。

其九，实行适度倾斜的保险产业政策。为了实现保险市场区域发展的相对平衡，对那些经济发展水平比较落后，保险需求总量不能满足设立分支机构的地区，当地居民的保险需求无法得到满足。鉴于这种情况，政府有必要实行适度倾斜的保险产业政策。为了促进中西部地区保险的发展，保险监管部门要采取必要的措施，鼓励市场主体去中西部开展业务，如降低中西部地区保险市场准入的门槛、适当的税收优惠等，尤其应当在适合当地发展的保险险种上给予更多的政策优惠以对保险公司进行引导。

保险业为振兴东北老工业基地提供服务：配合有关部门做好东北地区企业年金试点工作，鼓励在企业年金、农业保险等方面有特长的外资保险公司进入东北地区；大力发展企业年金，保险业要积极参与东北老工业基地社会保障建设，特别是在为大中型国有企业提供企业年金方面要有所突破；继续鼓励和支持保险公司参与企业年金和补充医疗保险改革试点工作；鼓励保险业为东北地区调整改造提供资金支持，参与东北地区社会保障建设，支持解决东北地区“三农”问题；支持保险公司在东北地区等老工业基地开设分支机构，有侧重地批设专业性养老保险公司、健康保险公司、农业保险公司。

四是对保险业发展水平不同的区域实行分类监管和分类指导。从总体上来看，中国的保险监管基本上以全国作为一个整体来制定相关的政策，忽视了地区之间、城乡之间、不同社会阶层之间的差异，影响了监管效率。保险监管部门应该根据保险业在地区之间发展水平的差异性，结合中国经济区域的划分提供不同的政策支持，监管的重点应有所侧重。例如，经济发达地区保险业在市场化和国际化方面，步子可以迈得更大些。在保险业发展水平较高的地区，可以相对放松保险公司市场运作的过程管制，强化法规建设，规范偿付能力的监管，使得这些区域较早地适应国际化的发展。在保险业发展水平较为落后的地区，特别是对新公司的监管，要关注公司市场运作的过程监管以及基础管理规章的监管。对于费率、合同条款、产品等，应结合区域特点进行监督管理，避免因地区差异而难于推出相应的措施和标准。总之，应该在国家保险业发展的总纲下，针对不同区域保险业发展所面临的不同问题，制定不同市场的发展目标和监管模式，进行保险市场的细分，实行分类监管，这是应对保险市场非均衡发展的必然选择。

参考文献

1. 中国保险年鉴编辑委员会：《中国保险年鉴（2004）》，北京，中国统计出版社，2004。
2. 张保法：《经济计量学》，北京，经济科学出版社，2000。
3. 上海市保险发展规划项目研究室：《保险市场形态分析与市场细分》，载《中国商业保险》，2004（5）。
4. 卓志：《中国西部人身保险业现状与发展的简要分析》，载《中国商业保险》，2004（5）。
5. 朱俊生：《经济发达地区新兴寿险公司发展战略浅谈》，载《中国商业保险》，2004（5）。
6. 孙祁祥、贲奔：《中国保险业发展的供需规模分析》，载《经济研究》，1997（3）。
7. 栾存存：《中国保险业增长分析》，载《经济研究》，2004（1）。
8. 何枫：《经济开放度对中国技术效率影响的实证分析》，载《中国软科学》，2004（1）。
9. 罗汉、艾燕琳、毛锦云：《经济开放度与地区经济发展的相关分析》，载《湖南大学学报（社科版）》，2004（3）。
10.《中国统计年鉴》，北京，中国统计出版社，1980～2003。
11. 中国保险年鉴编辑部：《中国保险年鉴》，1980～2003。
12.《中国劳动统计年鉴》，北京，中国劳动出版社，1980～2003。
13.《新中国五十年统计资料汇编》，北京，中国统计出版社，2000。
14. 郭金龙、张昊：《中国保险业发展的人口因素分析》，载《中国人口科学》，2005（1）。

附　表

表1　2003年全国各地区保险发展水平指标

地区名称	全部业务		财产保险业务		人身保险业务		保险密度（元）			保险深度（%）		
	保费收入	同比增长（%）	保费收入	同比增长（%）	保费收入	同比增长（%）	全部业务	财产保险	人身保险	全部业务	财产保险	人身保险
	X1	X2	X3	X4	X5	X6	X7	X8	X9	X10	X11	X12
北京	28 200	20.7	5 200	13.26	23 000	22.56	2 175	357	1 818	7.8	1.4	6.4
天津	7 530.97	15.71	1 556.48	8.29	5 974.49	18.08	752.43	155.51	596.92	3.16	0.66	2.5
上海	29 170.26	21.27	5 899.34	29.77	23 270.92	20.28	2 174	439.65	1 734.31	4.67	0.94	3.73
重庆	5 795.41	25.48	1 574.31	14.57	4 221.1	29.9	186.89	49.17	137.72	2.58	0.68	1.9
河北	16 710.53	48.38	3 262.83	15.96	13 447.7	59.17	246.85	48.2	198.65	2.36	0.46	1.9
山西	9 050.99	30.59	2 076.95	26.92	6 974.05	31.77	272.92	62.96	209.96	3.7	0.85	2.85
辽宁	12 656.83	19.06	2 920.82	4.89	9 736.01	24.1	351.44	81.1	270.34	2.56	0.59	1.97
吉林	6 749.75	32.39	1 225.15	1.23	5 524.6	42.09	251.84	45.71	206.13	2.19	0.4	1.8
黑龙江	11 872.09	38.58	1 678.58	2.85	10 193.51	46.99	311	45.08	273.76	2.68	0.38	2.3
江苏	38 156.46	34.34	6 338.35	13.47	31 818.11	39.45	515.21	85.58	429.63	3.06	0.51	2.56
浙江	25 941.48	23.6	7 214.38	18.29	18 727.1	25.77	556.3	154.71	401.59	2.82	0.78	2.04
安徽	10 378.43	50.91	2 115.01	14.34	8 263.42	64.37	161.91	33	128.92	2.84	0.58	2.26
福建	10 436.29	27.55	2 388.94	8.9	8 047.36	34.39	311.88	71.39	240.49	2.33	0.53	1.8
江西	7 004.98	48.04	1 395.11	4.36	5 609.87	65.24	165.28	32.92	132.36	2.48	0.49	1.99
山东	28 353.06	26.8	5 882.58	6.37	22 470.48	33.34	310.72	64.47	246.25	2.28	0.47	1.81
河南	16 674.22	32.1	2 594.21	10.76	14 080.05	36.86	172.49	26.84	145.66	2.37	0.37	2
湖北	10 689.44	16.72	2 280.7	1.51	8 408.74	21.67	178.11	38	140.11	1.98	0.42	1.56
湖南	10 426.44	20.94	2 112.27	12.13	8 314.17	23.4	156.49	31.7	124.78	2.25	0.46	1.79
广东	29 834.37	19.5	8 960.55	12.7	20 873.81	22.7	394	118.33	275.66	2.82	0.85	1.97
海南	1 353.66	27.5	430.27	－0.34	923.39	46.58	167.01	53.08	113.93	1.94	0.62	1.32
四川	14 368.59	34.17	3 968.32	22.92	10 400.3	39.04	165.15	45.61	119.54	2.63	0.73	1.91
贵州	2 994.99	20.18	1 045.83	12.26	1 949.16	24.91	77.4	27.03	50.37	2.23	0.78	1.45
云南	7 343.03	32.41	2 296	6.75	5 047.03	48.68	167.82	52.47	115.35	2.99	0.93	2.06

续表

地区名称	全部业务		财产保险业务		人身保险业务		保险密度（元）			保险深度（%）		
	保费收入	同比增长（%）	保费收入	同比增长（%）	保费收入	同比增长（%）	全部业务	财产保险	人身保险	全部业务	财产保险	人身保险
	X1	X2	X3	X4	X5	X6	X7	X8	X9	X10	X11	X12
陕西	7 540.19	22.07	1 749.04	18.54	5 791.15	23.18	207.03	48.02	159.01	3.19	0.74	2.45
甘肃	4 092.25	22.22	1 082.6	10.8	3 009.65	26.9	157.19	41.59	115.61	3.15	0.83	2.31
青海	761.55	15.73	284.45	9.83	477.1	19.57	142.67	53.29	89.38	1.95	0.73	1.22
内蒙古	4 261.14	25.57	1 108.38	14.85	3 137.76	29.86	180.72	47.17	133.55	1.78	0.46	1.32
广西	5 745.79	18.92	1 687.36	13.84	4 058.43	21.16	118.96	34.93	84.02	2.03	0.6	1.43
宁夏	1 090.65	25.76	303.37	29.94	787.28	24.22	187.98	52.29	135.69	2.84	0.79	2.05
新疆	6 217.98	20.21	2 025.21	22.97	4 192.77	18.92	321.52	104.72	216.8	3.36	1.09	2.27
西藏	10 281	18.28	10 281	18.28			39.66	39.66		0.56	0.56	

表2　变 量 表

X1	X2	X3	X4	X5	X6	X7	X8	X9	X10	X11	X12
全部保费收入	全部保费收入同比增长	财产保险收入	财产保险收入同比增长	人身保险收入	人身保险收入同比增长	总保险密度	财产保险密度	人身保险密度	总保险深度	财产保险深度	人身保险深度

表3　相关系数矩阵（Correlation Matrix）

		X1	X2	X3	X4	X5	X6	X7	X8	X9	X10	X11	X12
Correlation	X1	1	0.062	0.935	0.142	0.995	−0.03	0.562	0.549	0.562	0.432	0.129	0.479
	X2	0.062	1	−0.05	−0.06	0.09	0.954	−0.22	−0.29	−0.2	−0.12	−0.37	−0.05
	X3	0.935	−0.05	1	0.195	0.896	−0.12	0.47	0.51	0.458	0.353	0.231	0.36
	X4	0.142	−0.06	0.195	1	0.125	−0.3	0.283	0.351	0.266	0.341	0.482	0.284
	X5	0.995	0.09	0.896	0.125	1	−0.01	0.574	0.547	0.577	0.444	0.098	0.501
	X6	−0.03	0.954	−0.12	−0.3	−0.01	1	−0.28	−0.34	−0.26	−0.21	−0.4	−0.14
	X7	0.562	−0.22	0.47	0.283	0.574	−0.28	1	0.98	0.999	0.846	0.571	0.857
	X8	0.549	−0.29	0.51	0.351	0.547	−0.34	0.98	1	0.97	0.789	0.612	0.778
	X9	0.562	−0.2	0.458	0.266	0.577	−0.26	0.999	0.97	1	0.855	0.558	0.87
	X10	0.432	−0.12	0.353	0.341	0.444	−0.21	0.846	0.789	0.855	1	0.774	0.988
	X11	0.129	−0.37	0.231	0.482	0.098	−0.4	0.571	0.612	0.558	0.774	1	0.664
	X12	0.479	−0.05	0.36	0.284	0.501	−0.14	0.857	0.778	0.87	0.988	0.664	1

表4 相关系数矩阵检验 Sig.（1-tailed）

	X1	X2	X3	X4	X5	X6	X7	X8	X9	X10	X11	X12
X1		0.372	2.00E-14	0.226	3.00E-30	0.438	6.00E-04	8.00E-04	6.00E-04	0.009	0.248	0.004
X2	0.372		0.405	0.367	0.318	2.00E-16	0.126	0.063	0.146	0.264	0.023	0.397
X3	2.00E-14	0.405		0.151	1.00E-11	0.267	0.004	0.002	0.005	0.028	0.11	0.025
X4	0.226	0.367	0.151		0.255	0.056	0.065	0.029	0.078	0.032	0.004	0.064
X5	3.00E-30	0.318	1.00E-11	0.255		0.489	5.00E-04	9.00E-04	4.00E-04	0.007	0.303	0.002
X6	0.438	2.00E-16	0.267	0.056	0.489		0.069	0.032	0.082	0.138	0.014	0.226
X7	6.00E-04	0.126	0.004	0.065	5.00E-04	0.069		2.00E-21	2.00E-39	2.00E-09	5.00E-04	8.00E-10
X8	8.00E-04	0.063	0.002	0.029	9.00E-04	0.032	2.00E-21		5.00E-19	1.00E-07	2.00E-04	2.00E-07
X9	6.00E-04	0.146	0.005	0.078	4.00E-04	0.082	2.00E-39	5.00E-19		9.00E-10	7.00E-04	2.00E-10
X10	0.009	0.264	0.028	0.032	0.007	0.138	2.00E-09	1.00E-07	9.00E-10		3.00E-07	2.00E-24
X11	0.248	0.023	0.11	0.004	0.303	0.014	5.00E-04	2.00E-04	7.00E-04	3.00E-07		3.00E-05
X12	0.004	0.397	0.025	0.064	0.002	0.226	8.00E-10	2.00E-07	2.00E-10	2.00E-24	3.00E-05	

表 5 总方差解释（Total Variance Explained）

Componen	Initial Eigenvalues			Ktraction sums of Squared Loading		
	Total	of Variance	Cumulative %	Total	of Variance	Cumulative %
1	6.421	53.512	53.512	6.421	53.512	53.512
2	2.371	19.761	73.273	2.371	19.761	73.273
3	1.514	12.620	85.893	1.514	12.620	85.893
4	0.939	7.822	93.715	0.939	7.822	93.715
5	0.463	3.859	97.574	0.463	3.859	97.574
6	0.244	2.036	99.610	0.244	2.036	99.610
7	729E－02	0.311	99.921	729E－02	0.311	99.921
8	642E－03	4.701E－02	99.968	642E－03	4.701E－02	99.968
9	874E－03	3.229E－02	100.000	874E－03	3.229E－02	100.000
10	619E－06	3.849E－05	100.000	619E－06	3.849E－05	100.000
11	113E－06	2.594E－05	100.000	113E－06	2.594E－05	100.000
12	715E－08	3.096E－07	100.000	715E－08	3.096E－07	100.000

Extraction Method：Principal Component Analysis.

表 6 因子负荷矩阵（Component Matrix）

	Component											
	1	2	3	4	5	6	7	8	9	10	11	12
X1	0.706	0.597	－0.36	0.059	0.054	－0.06	0.05	－0	－0	－0	－0	－0
X2	－0.25	0.74	0.589	0.201	－0.05	0.004	－0.02	－0.05	0.014	2E－06	－0	－0
X3	0.656	0.493	－0.47	0.176	0.175	0.158	－0.13	0.007	0.008	2E－06	2E－06	3E－05
X4	0.398	－0.26	0.071	0.84	－0.25	－0.07	3E－04	0.015	－0	－0	4E－06	2E－08
X5	0.704	0.612	－0.33	0.026	0.019	－0.11	0.097	－0	－0.01	9E－06	5E－06	1E－04
X6	－0.34	0.719	0.582	6E－04	0.036	0.152	0.023	0.047	－0.01	－0	1E－05	1E－08
X7	0.943	－0.05	0.133	－0.19	－0.22	0.069	0.005	0.006	0.019	4E－04	－0	4E－07
X8	0.935	－0.1	0.05	－0.11	－0.24	0.206	－0.01	－0.02	－0.04	－0	2E－04	－0
X9	0.94	－0.04	0.152	－0.21	－0.21	0.038	0.008	0.011	0.033	－0	0.001	－0
X10	0.888	－0.13	0.361	－0.04	0.195	－0.15	－0.03	0.003	－0.01	－0	－0	1E－06
X11	0.671	－0.48	0.224	0.226	0.401	0.219	0.071	－0.01	0.009	3E－04	7E－05	－0
X12	0.881	－0.03	0.37	－0.1	0.13	－0.24	－0.05	0.006	－0.01	0.001	3E－04	－0

表7　三个因子的因子矩阵（Component Matrix）

	Component		
	1	2	3
X1	0.70619	0.59711	-0.36430
X2	-0.24510	0.73971	0.58902
X3	0.65602	0.49277	-0.47340
X4	0.39751	-0.25580	0.07144
X5	0.70393	0.61212	-0.32610
X6	-0.34270	0.71912	0.58152
X7	0.94336	-0.04830	0.13338
X8	0.93453	-0.10330	0.05043
X9	0.93994	-0.03520	0.15153
X10	0.88779	-0.13110	0.36138
X11	0.67094	-0.48470	0.22366
X12	0.88104	-0.03360	0.37041

表8　旋转后的因子矩阵（Rotated Component Matrix a）

	Component		
	1	2	3
X1	0.234	0.965	4.782E-02
X2	-0.114	3.568E-02	0.969
X3	0.168	0.928	-9.19E-02
X4	0.433	1.054E-02	-0.202
X5	0.247	0.953	8.496E-02
X6	-0.193	-2.65E-02	0.967
X7	0.855	0.408	-0.108
X8	0.822	0.412	-0.203
X9	0.858	0.405	-8.61E-02
X10	0.946	0.203	-8.04E-04
X11	0.797	-7.15E-02	-0.307
X12	0.918	0.258	7.541E-02

Extraction Method：Principal Component Analysis.

Rotation Method：Varimax with Kaiser Normalization.

a．Rotation converged in 6 iterations.

表9　各地区保险发展水平因子得分及排序表

排序	地区	Z1	地区	Z2	地区	Z3	地区	Z
1	北京	3.58420	江苏	2.19948	安徽	1.92292	北京	2.021298
2	上海	2.88350	河北	1.76304	江西	1.82564	上海	1.510184
3	江苏	0.80928	安徽	1.42521	北京	1.74232	江苏	0.722262
4	广东	0.80914	山东	1.42490	云南	1.01606	浙江	0.36045
5	浙江	0.79624	江西	1.34515	河北	0.98753	广东	0.308849
6	天津	0.31820	黑龙江	1.00893	山西	0.86728	河北	0.278729
7	新疆	0.23924	河南	0.84461	黑龙江	0.74459	安徽	0.251986
8	山西	0.18571	广东	0.74810	海南	0.62472	山东	0.171321
9	山东	0.17010	浙江	0.57397	宁夏	0.62134	山西	0.103545
10	陕西	-0.09025	四川	0.41650	吉林	0.40961	江西	0.064053
11	辽宁	-0.10337	吉林	0.41170	甘肃	0.34068	黑龙江	0.053935
12	四川	-0.10682	福建	0.12613	新疆	0.15906	四川	0.038918
13	甘肃	-0.29764	云南	0.08267	重庆	0.12695	云南	-0.02997
14	宁夏	-0.31542	海南	-0.15884	四川	0.10915	天津	-0.07029
15	云南	-0.32616	上海	-0.18082	陕西	0.02889	河南	-0.07287
16	福建	-0.33739	辽宁	-0.24212	上海	0.02296	新疆	-0.14499
17	河北	-0.36308	湖北	-0.26607	福建	-0.14679	福建	-0.17414
18	河南	-0.37096	湖南	-0.30472	内蒙古	-0.19930	辽宁	-0.20887
19	重庆	-0.40421	内蒙古	-0.44205	贵州	-0.21643	陕西	-0.21490
20	湖南	-0.44272	山西	-0.53278	天津	-0.21972	吉林	-0.25337
21	黑龙江	-0.44739	重庆	-0.56474	河南	-0.32697	甘肃	-0.30963
22	安徽	-0.50890	北京	-0.58985	青海	-0.48273	重庆	-0.31188
23	湖北	-0.55198	广西	-0.84658	广西	-0.72522	宁夏	-0.35808
24	广西	-0.57969	陕西	-0.86154	湖南	-0.81155	湖南	-0.39954
25	贵州	-0.62912	甘肃	-0.97847	辽宁	-0.83767	海南	-0.45555
26	青海	-0.70622	贵州	-1.06064	江苏	-1.15245	湖北	-0.50722
27	吉林	-0.72212	天津	-1.07707	湖北	-1.26205	内蒙古	-0.51095
28	内蒙古	-0.74459	宁夏	-1.35472	浙江	-1.41883	广西	-0.56902
29	江西	-0.80759	青海	-1.42624	山东	-1.59491	贵州	-0.57356
30	海南	-0.93997	新疆	-1.48315	广东	-2.15507	青海	-0.72067

表 10　中国经济发展分类表

	地区	人均 GDP（元）	居民消费（元）			职工工资（元）	人口数（千万）
			平均数	农村居民	城镇居民		
1类地区	上　海	37 382	12 562	6 923	14 447	21 781	1 614
	北　京	25 523	8 197	3 831	10 150	19 155	1 383
	天　津	20 154	6 802	3 736	8 979	14 308	1 004
	浙　江	14 655	4 772	3 434	9 459	16 385	4 613
	广　东	13 730	5 038	2 882	9 730	15 682	7 783
	江　苏	12 922	4 322	2 867	7 267	11 842	7 355
	福　建	12 362	4 611	3 901	7 247	12 013	3 440
	辽　宁	12 041	4 789	2 540	7 366	10 145	4 194
	山　东	10 465	3 751	2 555	6 923	10 008	9 041
2类地区	黑龙江	9 349	4 029	1 823	6 616	8 910	3 811
	河　北	8 362	2 785	1 967	6 102	8 730	6 699
	新　疆	7 913	2 882	1 427	5 668	10 278	1 876
	湖　北	7 813	3 183	1 916	6 442	8 619	5 975
	吉　林	7 640	3 651	1 935	5 813	8 771	2 691
	海　南	7 135	2 961	2 230	5 033	8 321	796
	内蒙古	6 463	2 806	1 584	4 407	8 250	2 377
	湖　南	6 054	2 845	2 037	5 974	9 623	6 596
3类地区	河　南	5 924	2 385	1 699	5 358	7 916	9 555
	青　海	5 735	2 443	1 347	5 063	12 906	523
	重　庆	5 654	2 642	1 491	6 766	9 523	3 097
	山　西	5 460	2 232	1 331	3 907	8 122	3 272
	宁　夏	5 340	2 384	1 357	4 909	10 442	563
	西　藏	5 307	1 939	1 223	4 992	19 144	263
	四　川	5 250	2 466	1 750	5 535	9 934	8 640
	江　西	5 221	2 500	1 801	4 845	8 026	4 186
	安　徽	5 221	2 739	1 985	5 806	7 908	6 328
	陕　西	5 024	2 150	1 293	4 938	9 120	3 659
4类地区	云　南	4 866	2 192	1 646	5 137	10 537	4 287
	广　西	4 668	2 247	1 519	5 620	9 075	4 788
	甘　肃	4 163	1 839	1 054	5 064	9 949	2 575
	贵　州	2 895	1 631	1 137	4 529	8 991	3 799

表 11　各地区社会经济发展情况表

地区划分	国内生产总值的比重	居民消费的比重	人口的比重
1 类地区	0.525	0.472	0.319
2 类地区	0.215	0.225	0.243
3 类地区	0.200	0.230	0.316
4 类地区	0.060	0.073	0.122

表 12　中国全国保险业区域发展水平（2003 年）

	地区	总保费收入	同比增长（%）	产险保费	同比增长（%）	寿险保费	同比增长（%）	保险密度（元）	保险深度（%）
1 类地区	上　海	29 170.26	21.27	5 899.34	29.77	23 270.92	20.28	2 173.96	4.67
	北　京	28 200	20.7	5 200	13.26	23 000	22.56	2 175	7.8
	天　津	7 530.97	15.71	1 556.48	8.29	5 974.49	18.08	752.43	3.16
	浙　江	25 941.48	23.6	7 214.38	18.29	18 727.1	25.77	556.3	2.82
	广　东	29 834.37	19.5	8 960.55	12.7	20 873.81	22.7	394	2.82
	江　苏	38 156.46	34.34	6 338.35	13.47	31 818.11	39.45	515.21	3.06
	福　建	10 436.29	27.55	2 388.94	8.9	8 047.36	34.39	311.88	2.33
	辽　宁	12 656.83	19.06	2 920.82	4.89	9 736.01	24.1	351.44	2.56
	山　东	28 353.06	26.8	5 882.58	6.37	22 470.48	33.34	310.72	2.28
2 类地区	黑龙江	11 872.09	38.58	1 678.58	2.85	10 193.51	46.99	311	2.68
	河　北	16 710.53	48.38	3 262.83	15.96	13 447.7	59.17	246.85	2.36
	新　疆	6 217.98	20.21	2 025.21	22.97	4 192.77	18.92	321.52	3.36
	湖　北	10 689.44	16.72	2 280.7	1.51	8 408.74	21.67	178.11	1.98
	吉　林	6 749.75	32.39	1 225.15	1.23	5 524.6	42.09	251.84	2.19
	海　南	1 353.66	27.5	430.27	−0.34	923.39	46.58	167.01	1.94
	内蒙古	4 261.14	25.57	1 108.38	14.85	3 137.76	29.86	180.72	1.78
	湖　南	10 426.44	20.94	2 112.27	12.13	8 314.17	23.4	156.49	2.25
3 类地区	河　南	16 674.22	32.1	2 594.21	10.76	14 080.05	36.86	172.49	2.37
	青　海	761.55	15.73	284.45	9.83	477.1	19.57	142.67	1.95
	重　庆	5 795.41	25.48	1 574.31	14.57	4 221.1	29.9	186.89	2.58
	山　西	9 050.99	30.59	2 076.95	26.92	6 974.05	31.77	272.92	3.7
	宁　夏	1 090.65	25.76	303.37	29.94	787.28	24.22	187.98	2.84
	西　藏	10 281	18.28	10 281	18.28			39.66	0.56
	四　川	14 368.59	34.17	3 968.32	22.92	10 400.3	39.04	165.15	2.63
	江　西	7 004.98	48.04	1 395.11	4.36	5 609.87	65.24	165.28	2.48

续表

	地区	总保费收入	同比增长（%）	产险保费	同比增长（%）	寿险保费	同比增长（%）	保险密度（元）	保险深度（%）
3类地区	安　徽	10 378.43	50.91	2 115.01	14.34	8 263.42	64.37	161.91	2.84
	陕　西	7 540.19	22.07	1 749.04	18.54	5 791.15	23.18	207.03	3.19
4类地区	云　南	7 343.03	32.41	2 296	6.75	5 047.03	48.68	167.82	2.99
	广　西	5 745.79	18.92	1 687.36	13.84	4 058.43	21.16	118.96	2.03
	甘　肃	4 092.25	22.22	1 082.6	10.8	3 009.65	26.9	157.19	3.15
	贵　州	2 994.99	20.18	1 045.83	12.26	1 949.16	24.91	77.4	2.23

表13　4类地区保险业发展主要指标比较

地区	总保费收入（百万元）	占全国总保费收入（%）	平均增长（%）	产险总保费（百万元）	占全国产险保费（%）	平均增长（%）	寿险总保费（百万元）	占全国寿险保费（%）	平均增长（%）	平均保险密度（元/人）	平均保险深度（%）
1类	210 279.72	55.09	23.17	46 361.44	49.88	12.88	163 918.3	56.77	26.74	837.88	3.5
2类	68 281.03	17.89	28.79	14 123.39	15.20	8.9	54 142.64	18.75	33.16	226.29	2.32
3类	82 946.01	21.73	30.31	26 341.77	28.34	17.05	56 604.32	19.60	33.42	170.2	2.51
4类	20 176.06	5.29	23.43	6 111.79	6.58	10.91	14 064.27	4.87	30.41	130.34	2.6

表14　各省不同地区保险业发展的差异

地区	总保费收入	同比增长（%）	产险保费	同比增长（%）	寿险保费	同比增长（%）	保险密度（元）	保险深度（%）
辽宁	12 656.83	19.06	2 920.82	4.89	9 736.01	24.1	351.44	2.56
大连	5 664.96	21.61	1 193.83	7.9	4 471.13	25.89	1 011.31	3.47
浙江	25 941.48	23.6	7 214.38	18.29	18 727.1	25.77	556.3	2.82
宁波	3 840.83	23.22	1 339.34	19.53	2 501.49	25.29	701.35	2.15
福建	10 436.29	27.55	2 388.94	8.9	8 047.36	34.39	311.88	2.33
厦门	1 929.79	17.2	746.97	36.32	1 182.82	7.67	1 361.31	2.54
山东	28 353.06	26.8	5 882.58	6.37	22 470.48	33.34	310.72	2.28
青岛	4 657	20.5	1 159	6.4	3 498	25.9	644.25	2.6
广东	29 834.37	19.5	8 960.55	12.7	20 873.81	22.7	394	2.82
深圳	7 875	19.29	3 607	18.13	4 267	20.3		

表 15　云南不同地区财险市场的市场主体分布

人保	人保、太保	人保、平安	人保、太保、平安	人保、太保、平安、华泰、天安
昭通、支山、德宏、怒江、迪庆	版纳、保山、丽江	临沧	曲靖、楚雄、玉溪、红河、思茅、大理	昆明

表 16　近几年各地区保险业发展的规模、程度和速度比较

指标	区域	1997 年	1998 年	1999 年	2000 年	2001 年	2002 年	6 年平均
保费收入（单位：亿元）	东部	542.3	592.3	720.6	847.3	1 133.5	1 622.1	909.7
	中部	244.1	320.5	369.4	410.8	504.9	782.5	438.7
	西部	178.7	203.6	224.9	253.2	311.2	434.5	267.7
保险深度（单位：%）	东部	1.63	1.59	1.77	1.78	2.19	2.85	1.97
	中部	1.00	1.21	1.36	1.38	1.56	2.20	1.45
	西部	1.47	1.59	1.70	1.73	1.94	2.43	1.81
保险密度（单位：元/人）	东部	205.15	222.41	257.87	264.85	373.81	534.00	309.68
	中部	48.45	65.36	75.33	83.95	102.18	157.34	88.77
	西部	58.28	67.98	75.55	83.06	102.46	141.10	88.07
增长速度（单位：%）	东部	8.15	34.36	114.19	17.91	33.12	43.57	41.88
	中部	19.19	87.56	15.47	11.43	23.39	54.84	35.31
	西部	68.51	16.63	13.22	11.36	23.61	37.42	28.46

表 17　不同区域城乡居民储蓄存款余额

单位：亿元

区域	省\市\区	1996 年	1997 年	1998 年	1999 年	2000 年	2001 年	2002 年
东部	北京	1 706.98	1 966.49	2 277.73	2 681.3	2 923.13	3 536.32	4 389.69
东部	天津	724.91	863.36	1 020.14	1 130.2	1 172.4	1 284.95	1 486.38
东部	河北	2 288.77	2 685.1	3 208.07	3 681.2	3 957.07	4 364.51	4 808.29
东部	辽宁	2 291.02	2 726.39	3 190.46	3 555.8	3 790.6	4 131.55	4 665.04
东部	上海	1 868.34	2 729.57	2 372.94	2 597.1	2 524.05	3 001.89	3 891.45
东部	江苏	2 581.06	3 102.61	3 657.78	4 132.4	4 457.55	5 172.83	6 276.2
东部	浙江	1 844.74	2 292.9	2 846.81	3 262.7	3 594.65	4 262.38	5 212.69
东部	福建	1 106.33	1 324.37	1 565.18	1 739	1 767.59	2 030.93	2 430.46
东部	山东	2 817.71	3 246.54	3 728.79	4 109	4 466.72	5 063.42	5 803.52
东部	广东	4 505.99	6 312.78	7 541.1	8 183.8	8 665.79	9 930.12	11 813.33
东部	海南	327.13	360.83	414.25	397.9	404.19	427.32	483.51
东部	东部合计							
中部	山西	1 073.8	1 236.84	1 436.65	1 613.7	1 748.42	1 979.72	2 307.32
中部	吉林	955.48	1 140.38	1 287.72	1 422.6	1 512.52	1 676.06	1 878.45
中部	黑龙江	1 418.9	1 689.73	1 906.69	2 122.2	2 285.48	2 578.45	2 915.65
中部	安徽	884.07	1 036.47	1 175.11	1 302.5	1 446.45	1 700.47	2 047.51
中部	江西	777.04	928.24	1 068.6	1 161.1	1 243.15	1 429.52	1 706.63

续表

区域	省\市\区	1996年	1997年	1998年	1999年	2000年	2001年	2002年
中部	河南	1 855.28	2 230.16	2 657.23	2 940	3 182.07	3 634.51	4 196.01
中部	湖北	1 264.17	1 410.57	1 577.98	1 705.9	1 908.81	2 287.4	2 754.54
中部	湖南	1 179.52	1 303.8	1 506.29	1 688.4	1 874.22	2 183.73	2 576.4
中部	中部合计							
西部	广西	884.55	1 013.14	1 150.08	1 257.3	1 374.47	1 538.61	1 733.53
西部	内蒙古	505.38	605.01	705.72	796.6	875.74	986.74	1 137.93
西部	重庆	503.35	581.54	724.54	909.1	1 085.12	1 317.17	1 582.33
西部	四川	1 307.68	1 646.85	2 002.09	2 385.2	2 693.17	3 123.38	3 665.2
西部	贵州	311.19	362.87	423.07	484.5	539.48	641.67	758.65
西部	云南	671.2	806.08	912.89	1 028.9	1 138.22	1 298.52	1 499.75
西部	陕西	942.2	1 090.43	1 241.63	1 372.6	1 522.7	1 768.47	2 108.09
西部	甘肃	483.11	570.71	663.1	737.5	818.76	920.71	1 042.39
西部	青海	97.17	113.15	130.43	142.9	159.07	188.53	222.37
西部	宁夏	142.74	168.86	192.37	211.6	229.35	257.97	306.75
西部	新疆	575.79	676.13	759.14	824.7	908.55	994.3	1 137.64
西部	西部合计							

表18 不同地区历年人口数

单位：万人

区域	省\市\区	1995年	1996年	1997年	1998年	1999年	2000年	2001年	2002年
东部	北京	1 251	1 259	1 240	1 246	1 257	1 382	1 383	1 423
东部	天津	942	948	953	957	959	1 001	1 004	1 007
东部	河北	6 437	6 484	6 525	6 569	6 614	6 744	6 699	6 735
东部	辽宁	4 092	4 116	4 138	4 157	4 171	4 238	4 194	4 203
东部	上海	1 415	1 419	1 457	1 464	1 474	1 674	1 614	1 625
东部	江苏	7 066	7 110	7 148	7 182	7 213	7 438	7 355	7 381
东部	浙江	4 319	4 343	4 435	4 456	4 475	4 677	4 613	4 647
东部	福建	3 237	3 261	3 282	3 299	3 316	3 471	3 440	3 466
东部	山东	8 705	8 738	8 785	8 838	8 883	9 079	9 041	9 082
东部	广东	6 868	6 961	7 051	7 143	7 270	8 642	7 783	7 859
东部	海南	724	734	743	753	762	787	796	803
东部	东部合计								
中部	山西	3 077	3 109	3 141	3 172	3 204	3 297	3 272	3 294
中部	吉林	2 592	2 610	2 628	2 644	2 658	2 728	2 691	2 699
中部	黑龙江	3 701	3 728	3 751	3 773	3 792	3 689	3 811	3 813
中部	安徽	6 013	6 070	6 127	6 184	6 237	5 986	6 328	6 338
中部	江西	4 063	4 105	4 150	4 191	4 231	4 140	4 186	4 222
中部	河南	9 100	9 172	9 243	9 315	9 387	9 256	9 555	9 613
中部	湖北	5 772	5 825	5 873	5 907	5 938	6 028	5 975	5 988
中部	湖南	6 392	6 428	6 465	6 502	6 532	6 440	6 596	6 629

续表

区域	省\市\区	1995年	1996年	1997年	1998年	1999年	2000年	2001年	2002年
中部	中部合计								
西部	广西	4 543	4 589	6 433	4 675	4 713	4 489	4 788	4 822
西部	内蒙古	2 284	2 307	2 326	2 345	2 362	2 376	2 377	2 379
西部	重庆			3 042	3 060	3 075	3 090	3 097	3 107
西部	四川	11 325	11 430	8 430	8 493	8 550	8 329	8 640	8 673
西部	贵州	3 508	3 555	3 606	3 658	3 710	3 525	3 799	3 837
西部	云南	3 990	4 042	4 094	4 144	4 192	4 288	4 287	4 333
西部	陕西	3 514	3 543	3 570	3 596	3 618	3 605	3 659	3 674
西部	甘肃	2 438	2 467	2 494	2 519	2 543	2 562	2 575	2 593
西部	青海	481	488	496	503	510	518	523	529
西部	宁夏	513	521	530	538	543	562	563	572
西部	新疆	1 661	1 689	1 718	1 747	1 774	1 925	1 876	1 905
西部	西部合计								

表 19　不同地区历年社会保障福利费

单位：亿元

区域	省\市\区	1997年	1998年	1999年	2000年	2001年	2002年
东部	北京	48.1	54.5	161.5	205	225	165.2
东部	天津	28.2	20.9	87.9	78	86	70.8
东部	河北	38.3	45.86	146.8	126	134	109.3
东部	辽宁	51.88	47.67	284.6	191	212	191.8
东部	上海	84.26	82.39	234.3	214	182	217.8
东部	江苏	80.04	78.53	232.3	205	239	184.5
东部	浙江	47.83	50.26	121.5	126	159	112.8
东部	福建	20.27	21.65	75.3	53	63	41.2
东部	山东	56.3	57.52	170.5	164	187	135.9
东部	广东	93.71	98.95	185.8	171	185	125.4
东部	海南	5.77	5.57	29.8	15	18	132
东部	东部合计						
中部	山西	22.9	25.44	96.2	70	78	61.7
中部	吉林	24.11	25.95	112	83	92	72.1
中部	黑龙江	30.02	30.04	176	126	145	120.2
中部	安徽	27.91	28.33	118.8	91	95	72.4
中部	江西	15.71	16.94	81.2	50	72	44.1
中部	河南	34.9	33.18	163.2	122	138	97.9
中部	湖北	36.6	38.56	158.8	127	140	106.5
中部	湖南	32.52	32.58	149.7	103	117	81.4
中部	中部合计						
西部	广西	18.89	19.06	75.3	53	61	40.6
西部	内蒙古	12.24	12.67	69.7	55	58	38.7

续表

区域	省\市\区	1997年	1998年	1999年	2000年	2001年	2002年
西部	重庆	18.98	18.45	85.9	59	73	50.7
西部	四川	37.34	38.55	191.6	138	150	106.9
西部	贵州	12.15	14.44	60	49	57	39.3
西部	云南	27.93	30.74	84.8	90	99	61.3
西部	陕西	20.3	21.55	91.5	71	75	56.6
西部	甘肃	15.5	16.91	56.8	52	58	42.2
西部	青海	4.38	4.96	18.7	18	24	15.8
西部	宁夏	5.15	4.87	16.8	14	15	11.3
西部	新疆	21.09	21.95	53	89	60	70.1
西部	西部合计						

注：社会保障福利费包括在职职工的社会保险福利费、离休金、退休金、养老保险金、医疗保险金、失业保险金、工伤保险金和生育保险金等。

表20 不同地区历年城镇居民人均可支配收入

单位：元/人

区域	省\市\区	1995年	1996年	1997年	1998年	1999年	2000年	2001年	2002年
东部	北京	6 235	7 332.01	7 813.16	8 471.98	9 182.76	10 349.69	11 577.78	12 463.92
东部	天津	4 929.53	5 967.71	6 608.39	7 110.54	7 649.83	8 140.5	8 958.7	9 337.56
东部	河北	3 921.35	4 442.81	4 958.67	5 084.64	5 365.03	5 661.16	5 984.82	6 679.68
东部	辽宁	3 706.51	4 207.23	4 518.1	4 617.24	4 898.61	5 357.79	5 797.01	6 524.52
东部	上海	7 191.77	8 178.48	8 438.89	8 773.1	10 931.64	11 718.01	12 883.46	13 249.8
东部	江苏	4 634.42	5 186.79	5 765.2	6 017.85	6 538.2	6 800.23	7 375.1	8 177.64
东部	浙江	6 221.36	6 955.79	7 358.72	7 836.76	8 427.95	9 279.16	10 464.67	11 715.6
东部	福建	4 506.99	5 172.93	6 143.64	6 485.63	6 859.81	7 432.26	8 313.08	9 189.36
东部	山东	4 264.08	4 890.28	5 190.79	5 380.08	5 808.96	6 489.97	7 101.08	7 614.36
东部	广东	7 438.7	8 157.81	8 561.71	8 839.68	9 125.92	9 761.57	10 415.19	11 137.2
东部	海南	4 770.41	4 926.43	4 849.93	4 852.87	5 338.31	5 358.32	5 838.84	6 822.72
东部	东部合计								
中部	山西	3 305.98	3 702.69	3 989.92	4 098.73	4 342.61	4 724.11	5 391.05	6 234.36
中部	吉林	3 174.83	3 805.53	4 190.58	4 206.64	4 480.01	4 810	5 340.46	6 260.16
中部	黑龙江	3 375.21	3 768.31	4 090.72	4 268.5	4 595.14	4 912.88	5 425.87	6 100.56
中部	安徽	3 795.38	4 512.77	4 599.27	4 770.47	5 064.6	5 293.55	5 668.8	6 032.4
中部	江西	3 376.51	3 780.2	4 071.32	4 251.42	4 720.58	5 103.58	5 506.02	6 335.64
中部	河南	3 299.46	3 755.44	4 093.62	4 219.42	4 532.36	4 766.26	5 267.42	6 245.4
中部	湖北	4 028.63	4 364.04	4 673.15	4 826.36	5 212.82	5 524.54	5 855.98	6 788.52
中部	湖南	4 699.23	5 052.12	5 209.74	5 434.26	5 815.37	6 218.73	6 780.56	6 958.56
中部	中部合计								
西部	广西	4 791.87	5 033.33	5 110.29	5 412.24	5 619.54	5 834.43	6 665.73	7 315.32
西部	内蒙古	2 863.03	3 431.81	3 944.67	4 353.02	4 770.53	5 129.05	5 535.89	6 051
西部	重庆			5 322.66	5 466.57	5 895.97	6 275.98	6 721.09	7 238.04
西部	四川	4 002.92	4 482.7	4 763.26	5 127.08	5 477.89	5 894.27	6 360.47	6 610.8

续表

区域	省\市\区	1995年	1996年	1997年	1998年	1999年	2000年	2001年	2002年
西部	贵州	3 931.46	4 221.24	4 441.91	4 565.39	4 934.02	5 122.21	5 451.91	5 944.08
西部	云南	4 085.11	4 977.95	5 558.29	6 042.78	6 178.68	6 324.64	6 797.71	7 240.56
西部	陕西	3 309.68	3 809.64	4 001.3	4 220.24	4 654.06	5 124.24	5 483.73	6 330.84
西部	甘肃	3 152.52	3 353.94	3 592.43	4 009.61	4 475.23	4 916.25	5 382.91	6 151.44
西部	青海	3 319.85	3 834.21	3 999.36	4 240.13	4 703.44	5 169.96	5 853.72	6 170.52
西部	宁夏	3 382.81	3 612.12	3 836.54	4 112.41	4 472.91	4 912.4	5 544.17	6 067.44
西部	新疆	4 163.44	4 649.86	4 844.72	5 000.79	5 319.76	5 644.86	6 395.04	6 899.64
西部	西部合计								

表21 各变量与保费收入的长期均衡关系

解释变量	回归方程	F	Adj－R^2	D.W	迭代次数
IRCD	PI = 2 818.551 − 1 003.401IRCD (10.469)　(−8.749)	22.011	0.700	1.018	4
DCCI	PI = −17.081 + 0.024DCCI (−1.183)　(9.789)	152.082	0.962	1.457	10
DI	PI = −107.811 + 0.027DI (−3.049)　(10.439)	917.172	0.989	1.416	1
QIC	PI = −203.130 + 100.790QIC (−1.474)　(8.562)	164.869	0.940	1.650	1
SSW	PI = −14 176.24 + 0.478SSW (−0.022)　(7.240)	324.632	0.977	1.295	7
Dt	PI = 28.129 + 1 215.541Dt (0.358)　(5.890)	17.232	0.670	1.329	6

注：括号内的值为回归系数的t－统计量值；迭代次数是指为消除自相关而进行的柯－奥迭代的次数；各个回归方程的D.W临界值均为：$D_L = 1.26$，$D_U = 1.44$。

表22 三大地区保费收入的影响因素及其影响程度

区域	各因素对保费收入的影响		
	城镇居民人均可支配收入（PCCDI）	城乡居民储蓄存款（DCCI）	社会保障福利费（SSW）
东部	较强（0.01298）	较弱（0.0150）	最强（0.16219）
中部	最强（0.01407）	较强（0.01884）	较弱（不显著）
西部	较弱（0.00487）	最强（0.02219）	较弱（不显著）

表 23　2000 年和 2003 年全国保险市场主体在各省（市、区）的分布情况比较

单位：个、%

省（市、区）	财产保险公司数量		人身保险公司数量		中资财险公司市场份额（%）	中资人身险公司市场份额（%）	分支机构数量		兼业代理机构数量	
	2000 年	2003 年	2000 年	2003 年	2000 年	2003 年	2000 年	2003 年	2000 年	2003 年
北京	4	10	5	9	100	98.75	113	105	3 196	5 111
天津	3	7	3	6	100	100		369		824
河北		6		8	100	100		1 772		3 362
辽宁	3	7	4	9	100	100	244	493	1 814	3 987
上海	11	20	11	20	89.45	85.91		102		5 673
江苏	5	9	5	8	100	99.89		859		4 114
浙江	3	9	5	7	100	100	224	2 900	6 300	2 700
福建	3	6	3	6	100	100	224	278		2 699
山东	4	6	3	6	100	100		637		7 898
广东	5	13	5	14	98.84	92.31	675	831	7 000	13 704
海南	4	5	3	4	100	100	38		475	475
东部平均	4	9	4	9	98.94	97.90	320	759	1 708	4 595
山西	3	5	2	5	100	100	263	283		2 235
吉林	3	4	3	5	100	100	178	228	941	1 311
黑龙江	4	4	3	5	100	100	310	1 372	1 620	2 631
安徽	3	5	3	5	100	100	265	268	2 000	2 464
江西	3	4	3	4	100	100		286	833	2 005
河南	3	6	3	6	100	100	375	465	2 032	3 342
湖北	3	5	4	5	100	100		771		3 285
湖南	4	5	3	5	100	100	336	389		1 188
中部平均	3	5	3	5	100	100	216	508	928	2 308
广西	3	5	3	5	100	100	258	280		1 778
内蒙古	2	2	2	2	100	100	329	286	737	1 578
重庆	2	8	3	5	100	100	144	171		668
四川	3	9	5	6	100	100		425		668
贵州	3	4	3	3	100	100	243	276	2 200	237
云南	3	5	3	5	100	100		387		2 631
西藏	1	1	0	0	100	0				
陕西	5	7	3	5	100	100		341		1 922
甘肃	2	5	3	3	100	100	256	287		1 443
青海	2	2	2	2	100	100	115			319
宁夏	2	3	2	2	100	100	64	65	293	327
新疆	3	5	3	5	100	100		305		381
西部平均	3	5	3	4	100	100	117	235	269	996
全国平均	3	6	3	6	99.65	99.30	218	501	968	2 633

资料来源：根据《中国保险年鉴（2001、2004）》整理。

表 24　财产险主要险种市场占比变化对比

单位：%

险种＼项目	2003 年	2002 年	2001 年
企业财产险	14.37%	15.74%	17.69%
家财险	2.23%	3.04%	2.74%
机动车辆及第三者责任险	62.13%	60.60%	61.33%
货运险	4.70%	5.36%	5.90%
建安工程及责任险	1.42%	0.98%	0.91%
责任险	4.01%	4.73%	4.02%
信用险	0.96%	0.95%	0.43%
保证保险	0.23%	1.18%	0.61%
农业险	0.53%	0.61%	0.48%
其他	9.42%	6.79%	5.89%

注：2003 年“其他”项包括短期健康险和意外险。

表 25　2003 年财产保险产品在各省（市、区）的分布情况

单位：百万元，%

省（市、区）	指标	产品分类						
		企业财产保险	机动车辆保险	货物运输保险	其他保险	责任保险	信用保证保险	农业保险
北京	保费收入	463.02	3 507.14	271.41	843.38	124.61	13.1	0.2
	份额	0.78	44.27	3.89	2.52	1.63	0.32	0.00
	赔付率	8.78	65.92	74.88	15.62	68.18	129.54	0.00
天津	保费收入	197.3	777.86	117.17	387.18	93.59	13.99	1.79
	份额	11.89	49.11	7.32	23.68	5.97	1.03	0.00
	赔付率	30.32	72.81	43.24	68.79	61.13	109.22	17.94
河北	保费收入	378.05	2 357.97	108.57	287.16	116.57	8.1	6.41
	份额	11.59	72.27	3.33	8.80	3.57	0.25	0.20
	赔付率	53.24	58.68	48.10	23.69	75.85	105.31	72.39
辽宁	保费收入	494.3	1 769.01	186.3	306.61	133.98	28.38	2.25
	份额	16.92	60.57	6.38	10.50	4.59	0.97	0.08
	赔付率	53.00	65.12	30.10	12.01	59.20	73.71	112.4
上海	保费收入	1 152.4	2 527.66	489.6	1276.71	448.37	4.6	0
	份额	19.53	42.85	8.30	21.64	7.60	0.08	0
	赔付率	29.27	71.49	43.35	20.12	22.14	80.87	0

续表

省（市、区）	指标	产品分类						
		企业财产保险	机动车辆保险	货物运输保险	其他保险	责任保险	信用保证保险	农业保险
江苏	保费收入	936.24	3 889.92	333.61	841.16	270.54	64.04	2.84
	份额	14.77	61.37	5.26	13.27	4.27	1.01	0.04
	赔付率	59.23	66.18	36.30	26.57	54.93	82.29	176.4
浙江	保费收入	745.22	3 699.11	330.6	692.54	203.44	195.91	2.53
	份额	12.70	63.02	5.63	11.80	3.47	3.34	0.04
	赔付率	51.93	57.89	47.05	20.81	58.94	31.61	77.08
福建	保费收入	401.15	1 799.86	172.27	601.43	134.63	22.09	4.49
	份额	12.79	57.39	5.49	19.18	4.29	0.70	0.14
	赔付率	49.48	61.51	44.20	20.39	59.07	64.74	61.02
山东	保费收入	850.1	3 137.5	182.82	491.29	187.67	48.55	5.46
	份额	17.34	63.99	3.73	10.02	3.83	0.99	0.11
	赔付率	66.58	52.62	31.60	61.11	72.25	30.50	62.45
广东	保费收入	1 256.1	5 170.73	249.26	1 840.88	403.29	31.74	8.54
	份额	14.02	57.71	2.78	20.54	4.50	0.35	0.10
	赔付率	53.85	55.48	49.56	13.98	68.26	188.50	85.95
海南	保费收入	62.14	166.81	24.41	159.46	6.94	6.44	4.07
	份额	14.44	38.77	5.67	37.06	1.61	1.50	0.95
	赔付率	58.80	60.17	96.56	24.75	49.42	130.43	86.98
东部平均	保费收入	630.55	2 618.51	224.18	702.53	193.06	39.72	3.51
	份额	13.34	55.57	5.25	16.27	4.12	0.96	0.15
	赔付率	46.77	62.53	49.54	27.99	59.03	93.34	68.42
山西	保费收入	216.02	1 591.77	54.41	134.04	68.55	11.54	0.62
	份额	10.40	76.64	2.62	6.45	3.30	0.56	0.03
	赔付率	56.75	49.58	18.67	14.91	68.43	0.69	17.74
吉林	保费收入	225.11	687.25	71.45	144.43	53.05	4.78	8.79
	份额	18.84	57.52	5.98	12.09	4.44	0.40	0.74
	赔付率	89.78	84.12	43.25	37.78	146.03	96.86	175.5
黑龙江	保费收入	276.11	1 072.99	53.39	150.36	59.66	55.78	10.29
	份额	16.45	63.92	3.18	8.96	3.55	3.32	0.61
	赔付率	74.07	55.02	87.28	42.42	58.48	4.50	106.6
安徽	保费收入	322.46	1 455.95	55.91	200.79	72.14	3.54	4.21
	份额	15.25	68.84	2.64	9.49	3.41	0.17	0.20
	赔付率	94.52	64.72	50.78	31.07	59.33	3.67	173.2

续表

省（市、区）	指标	产品分类						
		企业财产保险	机动车辆保险	货物运输保险	其他保险	责任保险	信用保证保险	农业保险
江西	保费收入	176.04	935.29	44.82	150.44	63.75	22.65	2.12
	份额	12.62	67.04	3.21	10.78	4.57	1.62	0.15
	赔付率	58.46	68.65	44.15	21.48	79.40	2.65	54.72
河南	保费收入	443.91	1 734	72.55	194.3	105.8	33	10.5
	份额	17.11	66.85	2.80	7.49	4.08	1.27	0.40
	赔付率	47.92	58.66	45.18	21.09	70.55	33.67	104.8
湖北	保费收入	351.79	1 425.25	97.17	277.2	97.02	15.88	16.39
	份额	15.42	62.49	4.26	12.15	4.25	0.70	0.72
	赔付率	61.98	64.12	48.12	26.64	107.87	6.11	73.28
湖南	保费收入	333.64	1 261.19	129.69	232.49	90.23	57.59	8.9
	份额	15.78	59.67	6.14	11.00	4.27	2.72	0.42
	赔付率	52.54	59.01	25.80	25.68	59.33	13.67	49.44
中部平均	保费收入	293.14	1 270.46	72.42	185.51	76.28	25.60	7.73
	份额	15.23	65.37	3.85	9.80	3.98	1.35	0.41
	赔付率	67.00	62.99	45.40	27.63	81.18	20.23	94.41
广西	保费收入	323.87	1 034.97	82.96	169.4	56.12	10.83	9.21
	份额	19.19	61.34	4.92	10.04	3.33	0.64	0.55
	赔付率	36.79	54.26	45.85	19.93	38.17	26.50	64.23
内蒙古	保费收入	188.8	712.71	31.2	126.93	33.64	15.07	0.05
	份额	17.03	64.30	2.81	11.45	3.04	1.36	0.00
	赔付率	86.93	46.48	44.36	29.95	64.36	73.86	100.0
重庆	保费收入	139.71	1 095.75	68.88	222.99	45.41	0.73	0.84
	份额	8.87	69.60	4.38	14.16	2.88	0.05	0.05
	赔付率	32.12	65.86	39.62	22.47	75.60	10.96	44.05
四川	保费收入	329.31	2 802.62	109.45	253.91	128.27	58.95	0
	份额	8.94	76.11	2.97	6.90	3.48	1.60	0.00
	赔付率	32.14	57.25	29.64	15.38	55.61	11.74	0
贵州	保费收入	124.51	755.671	44.022	66.51	23.547	10.48	1.11
	份额	12.14	73.66	4.29	6.48	2.30	1.02	0.11
	赔付率	46.09	61.36	23.49	21.70	79.68	24.43	13.51
云南	保费收入	403.79	1 401.77	110.21	218.6	63.93	22.13	75.57
	份额	17.59	61.05	4.80	9.52	2.78	0.96	3.29
	赔付率	28.88	61.98	24.55	16.03	58.11	17.85	68.02

续表

省（市、区）	指标	产品分类						
		企业财产保险	机动车辆保险	货物运输保险	其他保险	责任保险	信用保证保险	农业保险
陕西	保费收入	243.71	1 142.25	46.31	245.21	53.68	17.88	0
	份额	13.93	65.31	2.65	14.02	3.07	1.02	0
	赔付率	45.26	56.41	27.66	35.28	25.99	17.84	0
甘肃	保费收入	237.31	630.39	69.6	104.8	29.6	7.04	3.86
	份额	21.92	58.23	6.43	9.68	2.73	0.65	0.36
	赔付率	59.59	57.48	25.20	27.58	65.61	12.22	94.30
青海	保费收入	54.63	184.1	6.78	26.29	10.14	1.69	0.82
	份额	19.21	64.72	2.38	9.24	3.56	0.59	0.29
	赔付率	50.05	50.93	22.71	18.37	57.69	0.00	65.85
宁夏	保费收入	51.28	219.42	2.48	15.16	13.07	0	1.95
	份额	16.90	72.33	0.82	5.00	4.31	0.00	0.64
	赔付率	54.62	43.58	114.11	17.02	19.13	0	65.64
新疆	保费收入	252.02	1 028.86	59.63	354.92	47.57	29.64	252.6
	份额	12.44	50.80	2.94	17.53	2.35	1.46	12.47
	赔付率	33.92	60.03	29.36	26.41	45.45	4.72	71.33
西部平均	保费收入	213.54	1 000.77	57.41	164.07	45.91	15.86	31.46
	份额	15.29	65.22	3.58	10.37	3.08	0.85	1.61
	赔付率	46.04	55.97	38.78	22.74	53.22	18.19	53.36
全国平均	保费收入	379.08	1 629.91	118.00	350.70	105.08	27.06	14.23
	份额	14.62	62.05	4.23	12.15	3.73	1.05	0.72
	赔付率	53.27	60.50	44.57	26.12	64.48	43.92	72.06

资料来源：根据《中国保险年鉴（2004）》整理。

表 26　人身险主要险种保费收入增减及市场份额

单位：亿元，%

	2003 年	2002 年	同比增减额	增幅	2003 年市场占比
传统寿险	906.21	847.70	58.51	6.90	30.10
投资连接产品	63.89	69.35	－5.46	－7.88	2.12
万能产品	16.93	34.03	－17.10	－50.26	0.56
分红产品	1 681.22	1 121.72	559.50	49.88	55.84
意外伤害保险	99.58	79.51	20.07	25.24	3.31
健康保险	241.92	121.55	120.37	99.03	8.03
其他	1.25	0.78	0.47	60.26	0.04
合计	3 010.99	2 274.64	736.35	32.37	100.00

表27　2003年人身保险产品在各省市的分布情况

单位：百万元，%

省（市、区）	指标	个人业务					团体业务				
		分红产品	投资连结产品	其他产品	意外伤害险	健康险	分红产品	投资连结产品	其他产品	意外伤害险	健康险
北京	保费收入	6 016.9	600	2 293.9	99	2 140.2	6 306.3	936.7	780.8	233.5	848.1
	份额	64.81	6.46	24.71	1.07	23.05	69.26	10.29	8.58	2.56	9.31
天津	保费收入	2 798.57	241.49	1 263.0	22.16	462.73	669.19	0.08	207.92	82.87	194.1
	份额	65.04	5.61	29.35	0.51	10.75	57.98	0.01	18.01	7.18	15.82
河北	保费收入	7 751.67	86.47	2 700.7	217.13	354.53	995.53	0	879.22	62.36	400.09
	份额	73.55	0.82	25.63	2.06	3.36	42.59	0.00	37.62	2.67	17.12
辽宁	保费收入	4 959.65	165.03	2 442.93	23.28	510.77	966.64	0	287.27	163.69	216.75
	份额	65.39	2.18	32.21	0.31	6.73	59.15	0.00	17.58	10.02	13.26
上海	保费收入	8 289.19	1 344.68	5 246.79	336.3	1 389.18	4 171.77	11.54	1 733.63	170.65	577.18
	份额	54.83	8.89	34.71	2.22	9.19	62.59	0.17	26.01	2.56	8.66
江苏	保费收入	1 480.31	42.46	518.75	6.19	100.77	320.35	0.71	198.89	32.74	54.54
	份额	72.51	2.08	25.41	0.30	4.94	42.29	0.02	45.47	4.85	7.36
浙江	保费收入	7 256.01	189.87	4 308.76	52.69	832.25	1 380.54	351.88	1 048.39	531.86	267.91
	份额	61.24	1.60	36.36	0.44	7.02	38.56	9.83	29.28	14.85	7.48
福建	保费收入	345.32	4.07	219.65	2.12	32.54	653.98	0	210.11	194.27	225.32
	份额	60.68	0.72	38.60	0.37	5.72	50.95	0.00	16.37	15.13	17.55
山东	保费收入	8 714.61	142.29	5 324.12	72.37	1 045.67	1 376.11	18.32	782.05	251.2	340.97
	份额	60.87	0.99	37.19	0.51	7.30	49.70	0.66	28.25	9.07	12.32
广东	保费收入	7 660.78	415.46	5 574.99	568.36	1 253.2	3 467.05	0.21	1 189.73	225.85	518.2
	份额	54.84	2.97	39.91	4.07	8.97	64.19	0.00	22.03	4.18	9.59
海南	保费收入	418.28	9.16	219.77	5.38	38.42	53.86		133.7	28.62	16.2
	份额	64.63	1.42	33.96	0.83	5.94	23.18	0.00	57.54	12.32	6.97
东部平均	保费收入	5 062.84	294.63	2 737.58	127.73	741.84	1 851.03	119.95	677.43	179.78	332.67
	份额	63.49	3.07	32.55	1.15	8.45	50.95	1.91	27.89	7.76	11.49
山西	保费收入	4 182.86	21.84	2 007.41	68.3	140.26	251.13	0	116.11	102.46	83.69
	份额	67.33	0.35	32.31	1.10	2.26	45.38	0.00	20.98	18.51	15.12
吉林	保费收入	3 138.29	48.01	1 368.42	11.67	175.39	371.99	0.1	224.41	87.87	98.54
	份额	68.53	1.05	29.88	0.25	3.83	47.51	0.01	28.66	11.22	12.59
黑龙江	保费收入	5 509.58	161.1	2 376.02	19.19	330.77	1 194.47	0. 50	203.79	164.57	233.51
	份额	68.31	2.00	29.46	0.24	4.10	66.49	0	11.34	9.16	13.00
安徽	保费收入	4 630.53	20.41	1 979.72	117.55	362.12	461.6	0	335.06	83.24	273.19
	份额	69.84	0.31	29.86	1.77	5.46	40.03	0.00	29.06	7.22	23.69

续表

省（市、区）	指标	个人业务					团体业务				
		分红产品	投资连结产品	其他产品	意外伤害险	健康险	分红产品	投资连结产品	其他产品	意外伤害险	健康险
江西	保费收入	3 488.19	22.16	1 367.89	257.9	118.79	119.86	0	105.8	51	78.28
	份额	71.51	0.45	28.04	5.29	2.44	33.77	0.00	29.81	14.37	22.05
河南	保费收入	5 646.2	2.4	4 242.8	210.1	376.3	2 680.4		528.1	80.1	314
	份额	57.08	0.02	42.89	2.12	3.80	74.40	0.00	14.66	2.22	8.72
湖北	保费收入	152.91		147.45	10.15	17.84	71.86		0.38	4.64	28.62
	份额	46.57	0.00	44.91	3.09	5.43	57.04	0.01	13.78	5.41	23.76
湖南	保费收入	4 579.65	0.00	2 576.23	229.65	382.57	188.68	0.36	133.93	74.18	148.92
	份额	64.00	0.00	36.00	3.21	5.35	34.55	0.07	24.53	13.58	27.27
中部平均	保费收入	3 916.03	34.49	2 008.24	115.56	238.01	667.50	0.06	205.95	81.01	157.34
	份额	64.15	0.52	34.17	2.13	4.08	49.90	0.01	21.60	10.21	18.28
广西	保费收入	1 910.34	26.66	1 242.08	82.51	157.48	147.73		121.58	110.69	199.95
	份额	60.09	0.84	39.07	2.60	4.95	25.47	0.00	20.96	19.09	34.48
内蒙古	保费收入	1 587.33	14.49	1 186.73	97.42	95.01	49.68	0	26.28	24.73	56.09
	份额	56.92	0.52	42.56	3.49	3.41	31.69	0.00	16.76	15.77	35.78
重庆	保费收入	1 283.35	66.49	1 826.73	23.72	303.57	302.87	0	140.98	160.22	113.11
	份额	40.40	2.09	57.51	0.75	9.56	42.23	0.00	19.66	22.34	15.77
四川	保费收入	5 038.41	66.64	3 136.22	50.84	727	349.66	0	219.91	344.27	467.34
	份额	61.14	0.81	38.06	0.62	8.82	25.32	0.00	15.92	24.93	33.84
贵州	保费收入	742.78	27.04	755.99	70.51	87.52	123.94	8.9	46.7	40.21	45.472
	份额	48.68	1.77	49.55	4.62	5.74	46.73	3.36	17.61	15.16	17.14
云南	保费收入	1 979.65	35.78	1 420.98	26.83	164.07	273.41	—	727.41	183.61	235.29
	份额	57.61	1.04	41.35	0.78	4.77	19.26	0	51.24	12.93	16.57
陕西	保费收入	2 824.16	51.13	1 977.23	126.55	228.56	261.89	0.08	178.54	46.97	96.03
	份额	58.20	1.05	40.75	2.61	4.71	44.88	0.01	30.60	8.05	16.46
甘肃	保费收入	1 309.59	8.6	1 249.57	64.3	71.67	187.43	0	38.03	21.58	94.98
	份额	52.66	0.35	50.24	2.59	2.88	54.80	0.00	11.12	6.31	27.77
青海	保费收入	253.44	2.27	155.38	10.41	33.84	7.66	0	6.49	2.64	5.97
	份额	61.65	0.55	37.80	2.53	8.23	33.66	0.00	28.51	11.60	26.23
宁夏	保费收入	296.15	8.5	298.46	38.08	130.41	1.97	—	4.24	3.77	5.7
	份额	49.10	1.41	49.49	6.31	21.62	12.56	0	27.04	24.04	36.35
新疆	保费收入	1 515.68	67.61	1 814.2	18.73	417.82	176.39		34.71	92.91	54.72
	份额	44.61	1.99	53.40	0.55	12.30	49.17	0.00	9.68	25.90	15.25

续表

省（市、区）	指标	个人业务					团体业务				
		分红产品	投资连结产品	其他产品	意外伤害险	健康险	分红产品	投资连结产品	其他产品	意外伤害险	健康险
西部平均	保费收入	1 245.68	34.11	1 369.42	55.45	219.72	171.15	0.82	140.44	93.78	124.97
	份额	53.73	1.13	45.43	2.50	7.91	35.07	0.31	22.65	16.92	25.06
全国平均	保费收入	3 408.18	121.08	2 038.41	99.58	399.86	896.56	40.28	341.27	118.19	204.99
	份额	60.46	1.57	37.38	1.93	6.81	45.31	0.74	24.05	11.63	18.28

资料来源：根据《中国保险年鉴（2004）》整理。

表 28　云南不同地区寿险市场的市场主体分布

国寿	国寿、太保	国寿、太保、泰康	国寿、泰康	国寿、太保、平安、泰康	国寿、太保、平安、泰康、新华
昭通、文山、德宏、临沧	思茅、保山	丽江	西双版纳	曲靖、楚雄、红河、大理	玉溪、昆明

中国保险产业组织研究

南开大学风险管理与保险学系课题组

课题负责人：江生忠

课题组成员：陈　璐　王成辉　蒲成毅　邵全权
裴　沛　李　龙　付宝丽　霍　娆
仝林括　崔海名　郭　颖　朱　磊

第一章　中国保险产业组织的现状与发展

西方传统产业组织理论① 提出的 SCP 范式认为：一定的市场结构会决定企业的市场行为，而企业市场行为的竞争性又会影响到产业的绩效。为此，本文将从保险产业的市场结构、市场行为和市场绩效三个方面来描述中国保险产业组织的现状与发展。

第一节　中国保险产业的市场结构现状

本文将在对世界各国保险市场结构的比较分析与对中国保险市场结构现状的考察基础上，提出未来中国保险市场结构模式的发展趋势和战略选择。

一、国际保险市场结构现状

进入 20 世纪 90 年代以来，全球保险并购活动加强，并购活动的总交易量迅猛增长。通过并购整合后，保险公司的实力得以增强，保险业市场集中度普遍有所提高。但是，各国保险业的发展历史和发展环境不同，各国保险产业市场结构的形成机制和演化路径具有明显差异，因而保险市场结构又各有其自身的特点。

（一）欧盟主要国家保险市场结构现状

欧洲各国保险市场通过并购整合，市场集中度有所提高，欧洲各国保险市场结构在经历长期的稳定后，近年来伴随着世界保险市场的总体变化也出现了集中度略微上升的趋势。总的说来，欧洲各国保险市场结构接近于完全竞争市场结构。

1. 英国

英国历来奉行自由放任的产业政策。在世界保险市场上，英国代表了一种自由开放的市场模式，并向来偏重于依靠行业自我管理。

2. 法国

法国的市场集中度相对较高。20 世纪 90 年代后半期，随着大型保险公司的私有化和并购浪潮的高涨，市场集中度迅速上升。

3. 德国

---

① 1959 年，贝恩教授出版了《产业组织》一书，提出了现代产业组织理论的三个基本范围：市场结构（Market Structure）、市场行为（Market Conduct）和市场绩效（Market Performance），并把这三个范畴与国家在这个问题上的公共政策（产业组织政策）联系起来，规范了产业组织理论体系。以新古典学派的价格理论为基础，以实证研究为主要手段，把产业分解成特定的市场，按结构、行为、绩效的三个方面即所谓的产业组织研究的“三分法”对其进行分析，构建了一个既能深入具体环节又有系统逻辑体系的市场结构（S）—市场行为（C）—市场绩效（P）的分析框架，简称 SCP 分析框架。

德国保险公司在20世纪90年代后期并购活动加强，市场集中度也有所增强。

4. 意大利

意大利保险市场结构长期比较稳定，但随着世界保险市场大环境的变化，市场结构也出现集中度略微上升的趋势（见表1-1）。

表1-1 欧洲主要国家的保险市场集中度

单位：%

年份	英国			法国			德国			意大利		
	$CR_5$①	CR_{10}	CR_{15}	CR_5	CR_{10}	CR_{15}	CR_5	CR_{10}	CR_{15}	CR_5	CR_{10}	CR_{15}
1981	42	62	76	36	44	59	24	37	44	36	44	57
1987	38	58	64	35	44	60	23	37	44	36	44	58
1994	38	57	66	35	42	56	23	38	48	37	46	62
1999	32	80	0	57	85	0	40	<70		<60		
占保险公司总数的比重（1994年）	0.6	0.97	0.7	1.9	7.3	11.7	8.8	22.6	14	14	16.8	43.4

资料来源：马明哲：《繁荣与危机》，1998。

（二）美国保险市场结构现状

美国保险业属垄断竞争的市场结构模式。与其他国家相比，美国的保险市场集中度相对要低一些。美国财险市场的集中度相对较低，寿险市场的集中度比产险市场更低。在寿险市场上，虽有垄断的倾向，但并没有真正形成垄断。

表1-2 美国财险业的集中度统计表

年份	美国财险业		美国汽车险市场		美国房主险市场	
	CR_4	CR_{10}	CR_4	CR_{10}	CR_4	CR_{10}
1992	25.50	40.70	38.40	49.10	43.00	55.00
1993	25.70	40.30	38.60	48.50	43.80	55.80
1994	25.90	39.90	38.40	49.50	44.40	56.40

资料来源：美国保险信息研究所编，袁力译：《美国财险市场报告1996》，北京，中国金融出版社，1998。根据书中市场份额等资料换算得出。

可以看出，西方发达国家保险市场均具有不同程度的垄断特征，而垄断竞争的保险市场结构模式是目前西方发达国家普遍采用的市场结构模式。

（三）东欧国家保险市场结构

在1990年以前，中东欧国家基本上都是国有保险公司垄断保险市场的格局。随着中东欧国家保险市场的开放进程加快，进入该地区的保险公司将会越来越多，从而导

① CR_n 即 Concentration Ratio，是研究市场集中度的主要指标之一。$CR_n=\sum_{i=1}^{n}S_i$，其中 S_i 为第 i 个企业的市场份额，n 为最大几家企业的数目。CR_n 指数能够形象地反映市场的集中程度，缺点是无法揭示最大的几个企业规模差异对市场集中度的影响。本文中 S_i 即市场份额，均以保费收入来计算。

致市场集中度下降。对于东欧国家保险体制改革的经验，我们应予以重视并注意加以研究。

表 1－3　1998 年中东欧国家保险市场集中度

	非寿险业		寿险业	
	公司数量	前 5 位公司市场份额（%）	公司数量	前 5 位公司市场份额（%）
克罗地亚	20	86	17	89
波兰	31	80	24	98
俄罗斯	1 398	24	—	52
斯洛文尼亚	10	97	11	93
斯洛伐克	20	88	17	88
捷克共和国	29	86	19	91
匈牙利	17	87	17	87

资料来源：国家监管当局，瑞士经济研究与咨询部。

（四）亚洲部分国家、地区与中国保险市场结构

亚洲部分国家和地区寿险与非寿险市场的集中状况如表 1－4 所示。

表 1－4　2001 年亚洲部分国家、地区非寿险市场集中度

国家	保险公司总数	前 5 位的市场份额（%）	非寿险保费收入（百万美元）	保费收入/保险公司数量（百万美元）
印度	5	100	2 573	514.6
中国大陆	17	98	9 928	584
越南	10	90	146	14.6
韩国	17	78	14 145	832.1
日本	57	54	87 392	1 533.2
中国台湾地区	27	48	7 299	270.3
泰国	71	39	1 239	17.5
印度尼西亚	104	39	1 070	10.3
新加坡	45	38	2 218	49.3
菲律宾	112	32	412	3.7
马来西亚	50	32	1 685	33.7
中国香港地区	125	28	1 975	15.8

资料来源：瑞士再保险公司：Sigma［J］，2003。

对上表综合分析可知：

1. 中国大陆地区无论是寿险还是非寿险市场集中度在表 1－4 中所列亚洲国家和地区中都是比较高的，1999～2001 年的情况没有变化，即使在近年来看也是如此。

2. 寿险和非寿险市场集中程度不同，表 1－4 中所列国家的非寿险市场集中程度均比寿险市场集中程度要低，一些国家还差别很大。在中国也具有相同的情况，即寿险

市场的集中度要高于非寿险市场集中度。

二、中国保险业市场结构现状

（一）中国保险业市场份额的变化

首先，中国人保（包括1996年分离出来的中国人寿）市场份额逐年下降；其次，太平洋保险公司和平安保险公司的市场份额迅速上升；再次，其他股份制保险公司和外资、中外合资保险公司由于成立较晚，所以尽管已经在保险市场上占有一席之地，但所占比重仍微不足道。中国保险业在过去十几年的历程中，市场份额虽然呈现了分散化的趋势，但仍然具有明显的垄断特征，与东欧国家保险市场结构相似。

（二）市场集中度（本研究采用绝对法）

现将保险市场细分为寿险市场与财险市场来做进一步的分析。

1. 财险市场集中度

从中国财险市场份额变动的态势看（见表1－5），1996～2003年基本没有发生异常的变化，中国人保、太保、平安三足鼎立态势很强劲。其他一些新兴股份制公司和外资保险公司的市场份额基本是此消彼长。

表1－5　中国财险市场份额及市场集中度统计表

单位：%

年份	1996	1997	1998	1999	2000	2001	2002	2003
中国人保	78.65	78.17	78.63	78.98	77.05	73.91	70.94	68.16
太平洋	12.45	11.56	10.93	10.47	11.26	12.43	13.19	11.94
平安	7.56	7.96	7.65	7.30	7.95	9.71	10.62	9.45
华泰保险		0.33	0.49	0.90	0.78	0.92	0.98	0.92
大众保险	0.32	0.43	0.51	0.47	0.56	0.47	0.66	1.05
天安保险	0.35	0.36	0.36	0.35	0.42	0.58	0.92	2.33
永安保险		0.07	0.05	0.10	0.14	0.24	0.43	0.88
华安保险		0.17	0.26	0.29	0.48	0.49	0.38	0.87
新疆兵团（中华联合）	0.46	0.44	0.46	0.48	0.51	0.52	0.67	1.91
美亚保险		0.22	0.26	0.23	0.28	0.32	0.34	0.35
东京海上	0.09	0.08	0.11	0.10	0.13	0.08	0.09	0.13
瑞士丰泰			0.08	0.12	0.15	0.05	0.04	0.05
皇家太阳				0.01	0.04	0.02	0.03	0.04
香港民安	0.13	0.22	0.21	0.21	0.25	0.26	0.22	0.21
太平财险						0.00	0.32	0.59
CR_4	99.12	98.13	97.57	97.65	97.04	96.97	95.73	90.46
HHI（1/10 000）	6 398.4401	6 308.2981	6 361.706	6 402.3507	6 128.483	5 713.6282	5 322.5417	4 891.33

资料来源及其备注：同表1－1。

表 1－5 反映出目前中国的财险市场仍属于高度垄断形态，前三强之间、三强之外的公司之间竞争激烈。

2. 寿险市场集中度

从总体上分析，中国寿险市场的集中度正逐年小幅下降（见表 1－6）；中国寿险市场仍属于高度垄断性市场形态；与财险市场相比，中国寿险市场集中度的下降趋势基本相同。从市场份额分布的均衡性看，寿险市场的 HHI 指数比财险市场要低一些，说明寿险市场主体的份额分布状况比产险市场分散。

表 1－6　中国寿险市场份额及市场集中度统计表

单位：%

年份	1996	1997	1998	1999	2000	2001	2002	2003
中国人寿	67.34	62.06	70.26	68.65	65.02	57.05	56.59	54.30
平安	20.66	21.70	17.21	20.25	22.39	28.13	23.54	19.75
太平洋	9.85	11.87	9.00	7.48	8.39	10.07	10.95	12.62
新华人寿	0.78	2.18	1.54	1.20	1.50	1.63	3.51	5.76
泰康人寿		1.30	0.63	0.71	0.72	1.17	2.89	4.47
美国友邦	1.19	0.78	1.22	1.50	1.70	1.46	1.14	1.06
中宏人寿			0.06	0.10	0.15	0.17	0.18	0.16
安联大众				0.01	0.03	0.04	0.05	0.06
金盛人寿				0.01	0.03	0.04	0.04	0.04
信诚保险						0.08	0.09	0.13
太平洋安泰						0.15	0.20	0.20
恒康天安						0.00	0.01	0.02
光大永明							0.01	0.06
中保康联						0.00	0.01	0.01
中意人寿							0.01	0.03
首创安泰						0.00	0.00	0.02
太平人寿							0.73	1.10
CR_4	99.04	97.81	98.01	97.88	97.50	96.88	94.59	92.43
HHI (1/10 000)	5 060.57	4 470.29	5 317.92	5 183.05	4 804.99	4 153.63	3 899.05	3 552.94

资料来源及其备注：同表 1－1。

三、未来中国保险市场结构模式的选择

目前，中国保险业的市场集中度比较高，保险市场基本上处于寡头垄断状态，整个保险市场的竞争程度相对较低。垄断竞争的保险市场结构是世界保险市场结构模式演化的趋势。

基于中国保险业的现状与发展态势，引导和建立垄断竞争的保险市场结构应该是中国保险市场结构模式的优选。在未来构建垄断竞争的保险市场结构过程中：

（一）中国保险业发展与其他国家不同，是国家垄断向市场经济转化，而其他国家是从竞争走向垄断

（二）中国保险市场集中度虽高，但具有国际竞争力的大公司的数量还是较少，可进行保险市场并购行为的改革

（三）逐步放宽保险监管，积极引导和建立垄断竞争的保险市场结构

第二节　中国保险产业的市场行为现状

本文仅从产业组织学的角度对中国保险市场行为进行分析和研究。

一、中国保险产业组织的市场竞争行为

（一）定价行为

保险产品的价格就是保险费率，费率应该是比较灵活的，更加适应市场需求。新《保险法》的颁布从字面含义来讲，中国保险业的费率已经由原来的以报批制为主改为以备案制为主，但是由于财险业和寿险业在实际定价过程中区别较大，因而不能一概而论。

1. 寿险产业的费率厘定

中国寿险产业的费率明为放开实为限制，而且是属于严格的价格管制，费率的设定稍有不慎就可能会对保险公司的偿付能力造成严重影响。在美国等保险业发达的西方国家，其费率也会受到监管机构的严格管制。在中国，如果费率过早地市场化，保险公司可能会过分追求短期的经济利益而在价格上进行恶性竞争，从而损害公司的长期偿付能力，最终对国民经济的健康发展造成恶劣影响。

2. 财险产业的费率厘定

中国的市场经历了由乱到治的历程，中国财险产业市场于2003年1月1日在全国范围内推行机动车辆保险条款费率改革。这次改革是中国保险业发展道路上的一次重要举措，为中国保险产业的全面市场化积累了丰富的经验。目前，中国财产保险市场的费率仅仅是“准”市场化，只是费率市场化的一个初级阶段。

保险发达国家的发展经验已经证明，保险业的费率市场化是国际潮流，但是同时也应该注意到这些国家的保险市场及其在实施费率市场化过程中的一些特点：一是费率市场化是一个渐进的过程；二是保险业发展时间较长；三是市场规模大、保险公司数量众多、市场集中度相对较低、可竞争性较强。中国保险业的现实环境决定了进行政府监管下的渐进式放松管制改革是更明智的选择。

（二）广告行为

中国保险公司的广告具有以下特色：

1. 广告宣传上的投入较少

2. 更新率极低

3. 产品开发行为

中国无论是寿险产品还是非寿险产品，各家公司的产品结构基本相同，同一类别的产品仅仅是在个别保障项目上有细微的差别。公司的产品创新需要适当的外部环境，这样的环境应该达到既保护创新者的积极性，又防止过度保护导致行业发展受阻的目的，在产品保护和成果共享之间达成均衡。产品的差异可以产生价格的差异，因而产品差异化可以在一定程度上缓解价格竞争。考虑到当前中国的保险业发展水平，所以鼓励公司通过产品创新来发展和竞争更加有利于中国保险业的培育。

二、市场协调行为

在中国的保险市场中，市场协调行为作为重要的市场行为而受到各家保险公司的重视。

（一）共保

共保是保险公司在承保巨额保险标的时为了分散风险而由数个公司按一定的比例共同承保，比较常见的有卫星保险、核保险等。中国已经形成了一些共保组织，如中国核共体。

（二）机动车辆集中承保

新车保险集中承保就是将新车保险业务由代理业务改为直销业务，由各家财险公司多网点分散承保改为同一网点集中承保。这种承保方式的出现可以遏制恶性竞争行为，是保险公司销售模式的创新，保险公司之间的合作效率会大于竞争行为。

分保或者再保险对于保险公司的风险控制具有极其重要的意义，尤其是现代保险的发展，风险的汇集要求保险业务进行再保险。中国的保险产业竞争不充分，保险公司偏重于量的增长，不太注重保险业务质量，因此不愿将获得的业务进行分保，这提高了中国保险产业风险的集中程度，也体现了中国保险市场行为的非理性、不成熟的一面。

三、中国保险产业市场行为存在的问题

（一）市场竞争不充分，销售方式单一

代理人销售是寿险业的传统销售方式，但是其他一些在西方已经普遍应用的销售方式，如直接营销、理财顾问式、雇主协助式，在传统的销售渠道竞争激烈的市场情况下也应该为保险公司，尤其是中小保险公司所考虑。

（二）各公司保险产品之间的替代率很高

保险产品的重复现象极为严重，保险产品差别很小，彼此替代程度很高，保险公司在低水平上搞重复“建设”，难以形成自身的竞争优势，从而造成资源的极大浪费。

（三）新产品开发的效果较差

保险公司所提供的险种相当有限，且集中在少数险种的经营上。各财险公司把竞争的焦点集中在财产、车辆、货物运输等少数几个大险种上，其他各类产品如责任保险、医疗保险、信用保险、保证保险的开发则较差；寿险公司则将经营重点放在投资类保险产品上，纯保障产品、医疗保险等公众真正需要的产品开发较弱。

四、中国保险产业市场行为的变化

有效竞争是保险产业健康发展的主题，中国的法制环境和保险业监管的方向是逐渐调整市场结构和监管方式，尽快由目前的寡头垄断转变为垄断竞争的市场结构，并且逐渐调整监管方式并辅之以产业政策配合，促使市场主体的市场行为随着市场结构的变化而进行调整，保险费率的竞争会趋于公平、理性。当价格竞争日趋激烈，一定会促进产品和服务竞争的升级，市场会出现众多的新产品和更加人性化的服务，从而日益趋向于形成保险产业的正常有序的竞争。

第三节　中国保险产业的绩效分析

一、保险绩效的含义

（一）保险绩效的概念及内容

保险绩效是指在一定的市场结构下，由一定的市场行为所形成的价格、产量、成本、利润以及在技术进步等方面的最终经济成果，是市场关系或资源配置合理与否的最终标志。

（二）保险绩效指标体系的构建

1. 构建保险绩效指标体系的指导思想

首先，根据产业组织理论，保险绩效指的是保险业的综合经济效果；其次，要和经济发展情况挂钩；再次，不但要用利润来衡量保险业的生产力水平，还要用宏观效益来衡量保险业对国民经济发展的贡献

2. 传统指标的缺陷

保费收入、保险深度和保险密度能在一定程度上反映保险业在国民经济中的地位以及进行国际间的比较，但是不能全面地反映保险业的经营绩效。用这几个指标作为衡量标准，不利于保险业的健康、可持续发展。

3. 保险绩效指标体系的构成

保险绩效指数可以从保险行业的绩效和保险公司的绩效加以考虑。保险行业的绩效可以分成三个层面：第一层面是保险业的经济绩效，可以用保险业的盈利能力、偿债能力和潜在发展能力来衡量；第二个层面是保险业在国民经济中的地位，可以用保险业的规模和社会贡献能力来表示；第三个层面是保险业的社会管理功能的大小。

保险公司作为微观经济主体，可以通过综合的五个方面的内容来反映保险公司的绩效：盈利能力、偿债能力、潜在发展能力、市场适应和控制能力、社会贡献能力。

（三）“保险绩效指数”的概念

保险绩效指数不同于一般的统计指标，有以下的特征：

1. 保险绩效指数是由一组不同的数量指标通过某种方法联系起来（加权计算）所构成的一个统一的数量化指标

2. 保险绩效指数具有近似性和动态性特征

3. 保险绩效指数属相对指数

（四）“权重”的生成

在保险绩效指数的研究与分析中，确定指标权重的时候，采用了国际计量经济学界普遍认可的“因子分析法”。

（五）保险绩效的应用

保险绩效指数本身表明了各类保险公司之间以及不同地区之间绩效水平的差距；可以作为保险业市场结构调整的依据；可以判断出保险业和保险公司发展的阶段和未来发展的空间；可以进一步分析中国保险业发展的动态变化过程，准确预测未来的发展趋势；可以用来分析更多的理论和政策问题。

二、中国保险产业的整体绩效分析

（一）保险业的经济绩效分析

1. 保险业经济绩效的指标体系

从盈利能力、偿付能力、潜在发展能力这三个方面来评价保险业的经济绩效水平。

表 1－7　保险业经济绩效指标体系

保险业经济绩效指数	盈利能力	净资产收益率	利润总额/所有者权益
		保费税费率	（总费用支出＋税金支出）/保费收入
	偿债能力	资产负债率	负债/资产
	潜在发展能力	未来发展支持率	人均可支配收入×总人口/保费收入
		总资产增长率	（本年末总资产－上年末总资产）/上年末总资产

2. 1999～2003 年财产保险业的整体绩效分析

（1）变动趋势

从财产保险业各年的综合经济绩效指数来看，在 1999～2003 年表现出非平稳波动的趋势，2000 年出现了轻微的下滑，2001 年迅速反弹，2002 年又出现了大幅度的下降，2003 年又表现出了强有力的上升趋势（见图 1－1）。

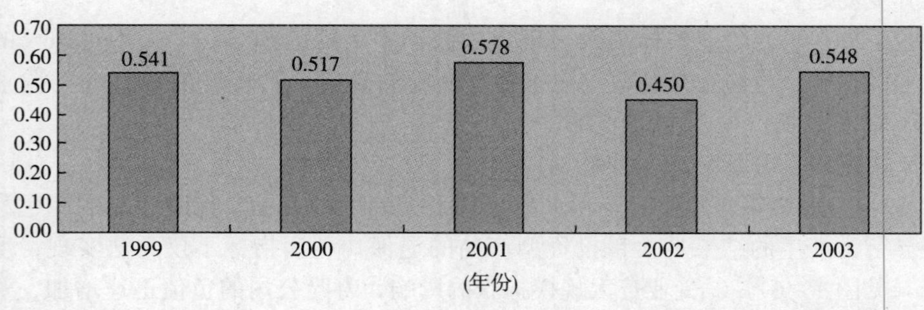

图 1－1　财产保险业各年的综合绩效

（2）影响因素分析

① 盈利能力变化。一是由于同类公司之间竞争的加剧；二是手续费的竞争使业务

员和代理人吃掉了一部分利润；三是资金运作不理想。三者导致了2000年和2002年财产保险业的较低盈利水平（见图1-2）。② 偿债能力。1999~2002年财产保险的整体偿债能力很稳定，在2003年还出现了一定幅度的提高。这体现了保险公司对风险的关注和稳健经营的思想（见图1-3）。③ 潜在发展能力。发展潜力的变动趋势与财产保险业综合绩效的变动趋势是一致的。这说明同类公司之间的过度竞争并不利于整个财产保险业的发展（见图1-4）。

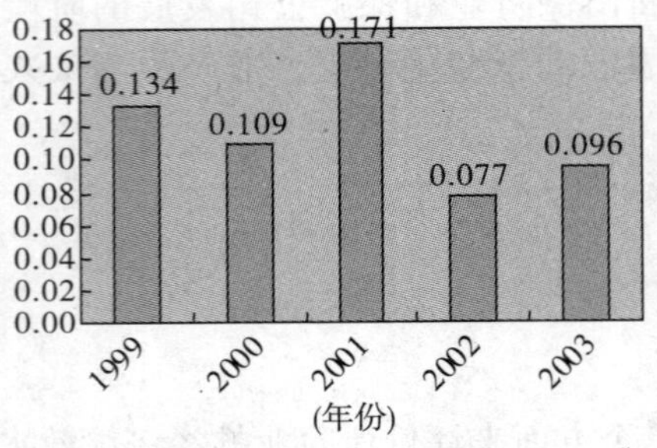

图1-2 财产保险业各年的盈利能力情况

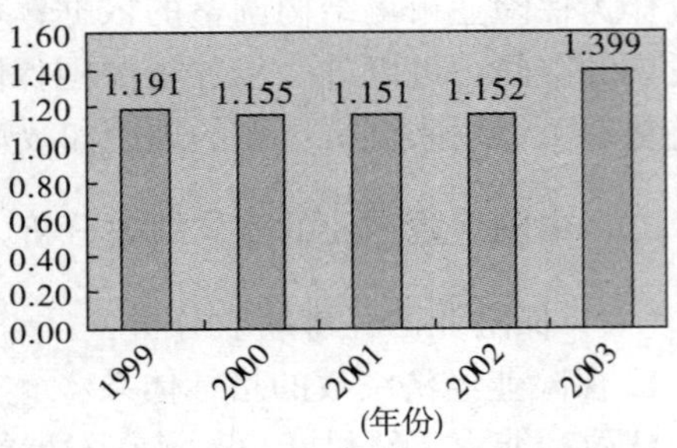

图1-3 财产保险业各年的偿债能力情况

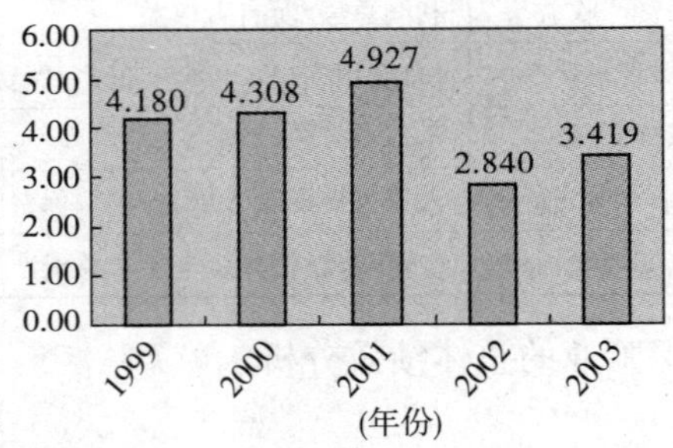

图1-4 财产保险业各年的发展潜力情况

3.1999~2003年寿险业的整体绩效分析

(1) 变动趋势

1999~2003年寿险业整体绩效表现出了波动中下降的趋势，令人不可思议的是随着保险业的增长，寿险业的绩效出现了背道而驰的倾向。尤其是在2001年寿险业的综合绩效下降了25%（见图1-5）。

(2) 影响因素分析

① 1999~2003年寿险业的盈利水平出现了大幅度的波动。保险产品的问题和代理人的误导行为产生的结果是大量投资型产品的退保，利润指标不仅无法实现，反而出现下降（见图1-6）。②受业务大规模扩张的影响，寿险公司的负债迅速增加，资产增长相对缓慢。2000年和2001年，寿险公司的偿债能力表现出了大幅度的滑落。尽管在2002年和2003年偿债能力有所回升，但是整个寿险业的资产仍然不够用于偿还负债。这给寿险业的经营带来很大风险（见图1-7）。③1999~2003年寿险业的发展潜力表现出直线下降的趋势。由于寿险业的创新和资本增长的速度满足不了保险业的快速发展，

低水平下同质产品的激烈竞争阻碍了寿险业的持续、快速发展（见图 1－8）。

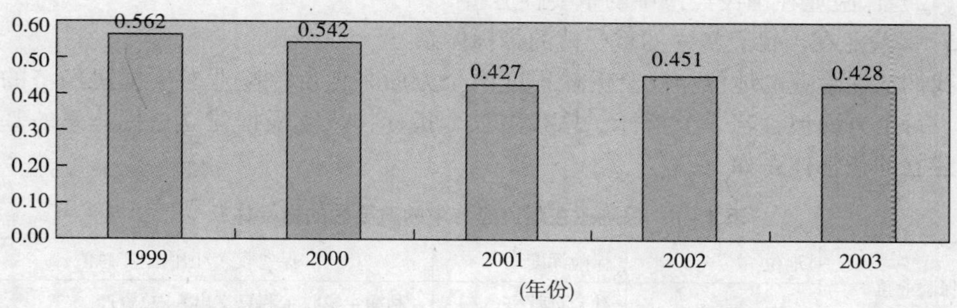

图 1－5　寿险业各年的综合绩效

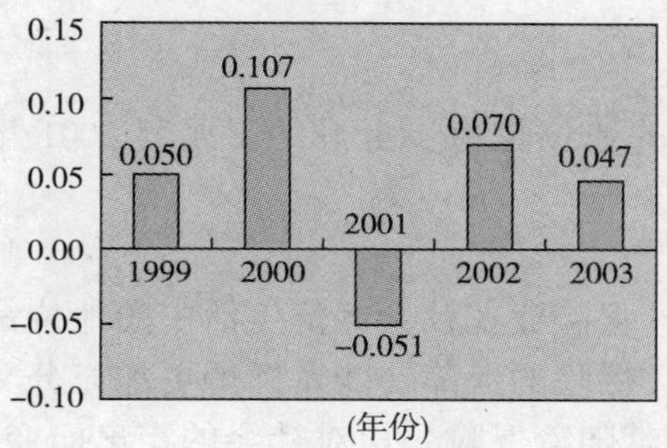

图 1－6　寿险业各年的盈利能力情况

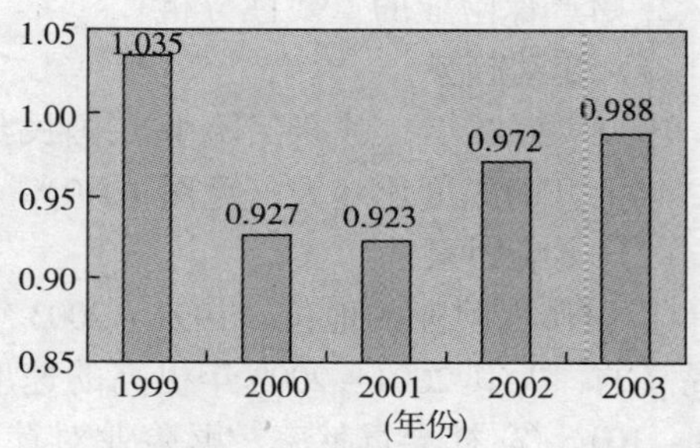

图 1－7　寿险业各年的偿债能力情况

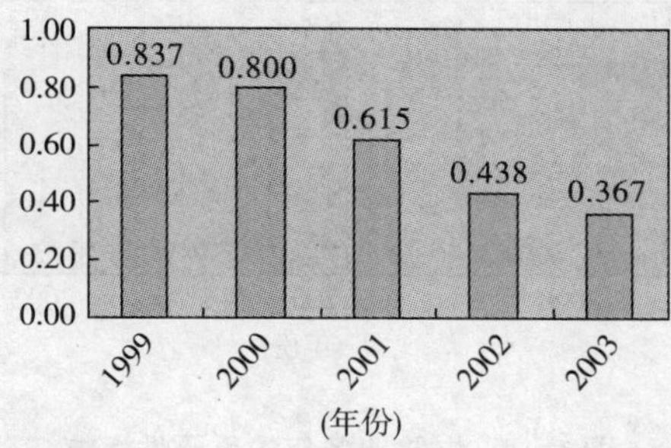

图 1－8　寿险业各年的发展潜力情况

4．保险业经济绩效的综合分析

根据数据，得出了上述不容乐观的分析。经过市场结构、经营管理机制、风险管控和行为规范化的调整，快速增长所积累的问题已经部分解决，并显现出经济效益的回归。

（1）效益观念日益深入人心，规范经营和理性竞争逐步成为行业共识

（2）保险业的产品结构不断得到改善

（3）风险控制逐步得到加强

（4）保险资金的运用有所改善

综上所述，保险公司的经济绩效水平不高只是暂时的现象，从 2004 年的部分数据

就可以看出，保险业的经济绩效必然呈现出大幅上升的趋势，并且会持续下去。

（二）保险业在国民经济中的重要性分析

1. 保险业在国民经济中的重要性的指标体系

我们从保险业的地位和社会贡献程度两个方面来评价保险业对于国民经济的重要程度。每个方面包含若干个指标，总共由三个指标构成。根据建立指标体系的基本原则，建立的指标体系如下：

表 1-8　保险业在国民经济中的重要性的指标体系

保险业重要性指数	地位	保险深度	保费收入/国内生产总值
	社会贡献能力	社会贡献率	（利润+税收+利息支出）/总资产
		参保率	保户/全国总人口

2. 财产保险业的重要性分析

（1）变动趋势

1999~2003 年，财产保险业在国民经济中的地位是稳步上升的，尤其 2001 年和 2002 年上升的幅度比较大（见图 1-9）。

（2）影响因素

① 财产保险业的地位。1999~2003 年，财产保险业在社会经济生活中的地位是不断提高的，尤其 2001~2003 年提高的速度很快。保险的保障功能发挥得更加充分（见图 1-10）。② 社会贡献率。财险业对社会的贡献随着保险公司对社会的支出而变化。受利润和税金支出的影响，对社会的贡献表现出了小幅度的波动（见图 1-11）。

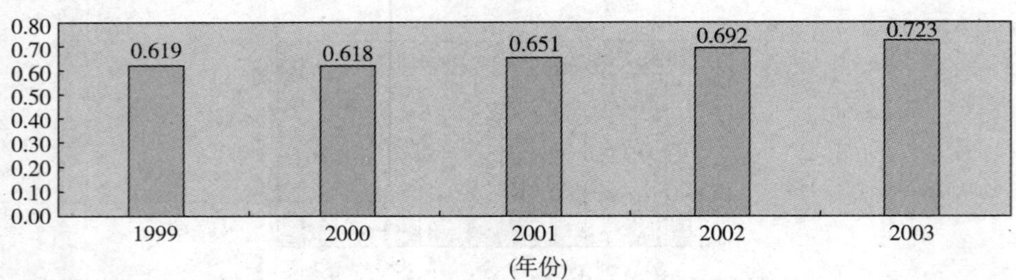

图 1-9　财险业各年的重要性指数

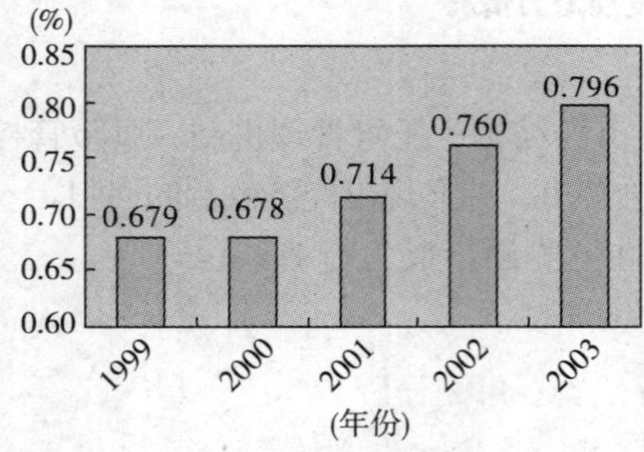

图 1-10　财产保险业各年的保险深度

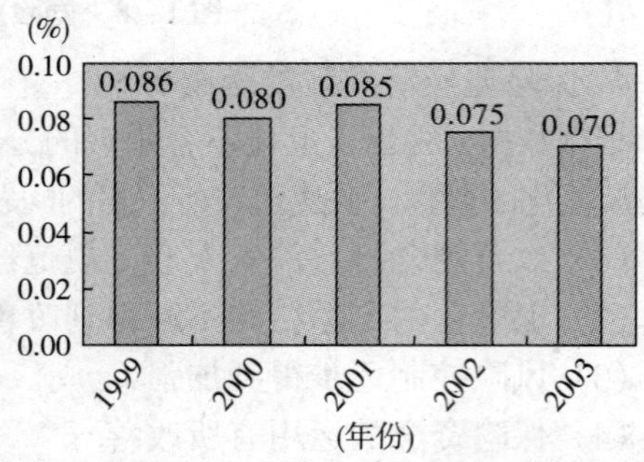

图 1-11　财产保险业各年的社会贡献率

3. 寿险业的重要性分析

（1）变动趋势

1999～2003年，随着寿险业的大规模扩张，寿险业在国民经济中的重要性飞速提升（见图1－12）。

（2）影响因素

① 寿险业地位。与财产保险业相同，寿险业在社会经济中的地位也逐年提升，2001～2003年增长的速度很快。人们的保险意识不断增强，保险的覆盖面越来越广（见图1－13）。②社会贡献能力。寿险业的社会贡献率在1999～2003年也发生了大幅度的波动，受经营利润和税金支出的波动的影响，2001年寿险业对社会的贡献出现了很大的落差。在2002年迅速恢复，但是2003年又出现了回落。很不稳定（见图1－14）。

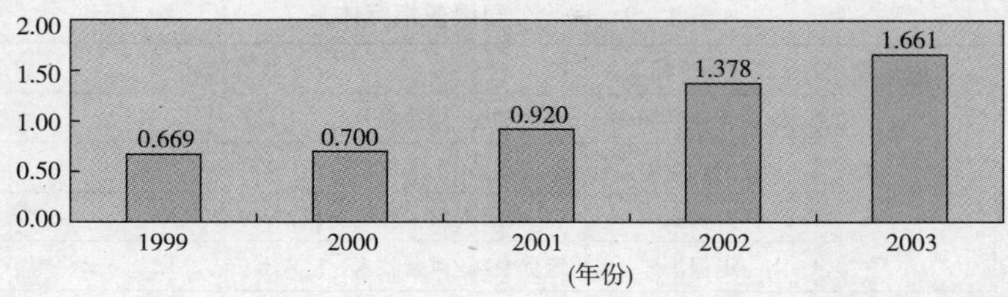

图1－12　寿险业各年重要性指数

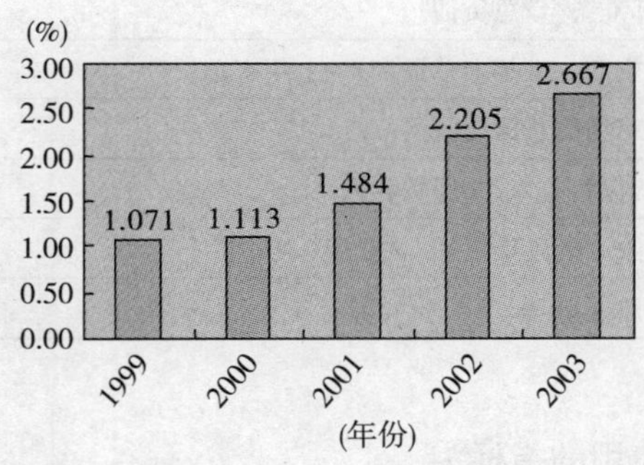

图1－13　寿险业各年的保险深度　　**图1－14　寿险业各年的社会贡献率**

4. 保险业在国民经济中地位的综合分析

从当前保险业的发展趋势来看，保险业在国民经济中的地位必定是逐步提升的。

（三）保险业的社会管理功能分析

1. 保险业积极参与到社会防灾防损中，成为整个社会防灾防损网络的重要组成部分

2. 保险业在稳定社会秩序、保障社会信用体系的健全和完善方面发挥越来越重要的作用

3. 保险业在提高社会保障、稳定社会方面的作用越来越重要

4. 保险业在促进社会生产方面的作用越来越明显

（1）在促进外贸和对外投资方面

（2）在防止经济纠纷、维护公共安全、促进经济运行方面

（3）在农业保险方面，在保监会的支持和指导下，农业保险迈出了坚实的脚步

（4）充分发挥保险功能，为东北老工业基地振兴服务

三、中国保险公司的绩效分析

（一）保险公司绩效的指标体系

根据前述保险绩效指标体系的设置基础，我们从盈利能力、偿付能力、潜在发展能力、市场适应和控制能力、社会贡献能力这五个方面来评价保险公司的相对绩效水平。每个方面包含若干个指标，总共由13个指标构成。根据建立指标体系的基本原则，建立的指标体系如下：

表1-9　保险公司绩效指标体系

综合指数	方面指数	分项指标	计算公式
保险公司综合绩效指数	盈利能力	保费营业利润率	营业利润/保费收入
		资产收益率	投资收益/年平均总资产
		保费税费率	（总费用支出+税金支出）/保费收入
		退保率	退保金额/保费收入
	偿债能力	资产负债率	负债/资产
		流动比率	流动资产/流动负债
		准备金提取率	提取的全部准备金/总负债
	潜在发展能力	总资产增长率	（本年末总资产-上年末总资产）/上年末总资产
	市场适应和控制能力	市场占有率	保费收入/市场的总保费收入
		业务创新率	创新业务的保费收入/总保费收入
	社会贡献能力	社会贡献率	（利润+税收+利息支出）/总资产
		参保率	保户/全国总人口

（二）2000~2003年财产保险公司绩效指数

由于数据的限制，对于财产保险公司目前使用的指标为：

表1-10　财产保险公司目前可用的指标体系

综合指数	方面指数	分项指标	计算公式
保险公司综合绩效指数	盈利能力	保费营业利润率	营业利润/保费收入
		资产收益率	投资收益/［（年初总资产+年末总资产）/2］
		保费税费率	（总费用支出+税金支出）/保费收入
	偿债能力	资产负债率	负债/资产
		准备金提取率	提取的全部准备金/总负债
	潜在发展能力	总资产增长率	（本年末总资产-上年末总资产）/上年末总资产
	市场适应和控制能力	市场占有率	保费收入/市场的总保费收入
	社会贡献能力	社会贡献率	（利润+税收+利息支出）/总资产

根据上述五个方面 8 个指标，计算分析如下：

2000～2003 年财产保险公司绩效变动的分析

（1）变动趋势

2000～2003 年，从整个市场来看，公司之间的相对绩效变动比较大：①超大型中资公司如人保的绩效处于中等水平，随着股份制改造的进行，绩效有所提升，但是并未充分体现出规模优势；②中小型中资公司的绩效更不理想，在财险市场上几乎都表现出下降的趋势；③外资或合资财险公司在绩效上表现出优势，给中资公司带来强大的压力。

（2）影响因素

①2000～2003 年，各家财险公司的盈利能力普遍呈现下降的趋势；②2000～2003 年，各家财险公司的偿债能力表现出上升的趋势；③2000～2003 年，新公司不断成立，新成立的公司表现出旺盛的生命力；④由于中资保险公司成立的时间比较早，具有网络和人员的优势，在市场控制能力方面一直处于遥遥领先的地位；⑤在社会贡献方面，中资公司的作用比较大，向社会回报了大量的利润和税收。

（三）2001～2003 年寿险公司绩效指数

由于数据的限制，对于寿险公司目前使用的指标为：

表 1－11　寿险公司目前可用的指标体系

<table>
<tr><th>综合指数</th><th>方面指数</th><th>分项指标</th><th>计算公式</th></tr>
<tr><td rowspan="9">保险公司综合绩效指数</td><td rowspan="4">盈利能力</td><td>保费营业利润率</td><td>营业利润/保费收入</td></tr>
<tr><td>资产收益率</td><td>投资收益/［（年初总资产＋年末总资产）/2］</td></tr>
<tr><td>保费税费率</td><td>（总费用支出＋税金支出）/保费收入</td></tr>
<tr><td>退保率</td><td>退保金额/保费收入</td></tr>
<tr><td rowspan="2">偿债能力</td><td>资产负债率</td><td>负债/资产</td></tr>
<tr><td>准备金提取率</td><td>提取的全部准备金/总负债</td></tr>
<tr><td>潜在发展能力</td><td>总资产增长率</td><td>（本年末总资产－上年末总资产）/上年末总资产</td></tr>
<tr><td>市场适应和控制能力</td><td>市场占有率</td><td>保费收入/市场的总保费收入</td></tr>
<tr><td>社会贡献能力</td><td>社会贡献率</td><td>（利润＋税收＋利息支出）/总资产</td></tr>
</table>

根据上述五个方面 9 个指标，计算分析如下：

2000～2003 年寿险公司绩效变动的分析

（1）变动趋势

2000 年和 2001 年，寿险市场的变动不是很大，中资寿险公司主导了市场的发展，在绩效方面具有明显的优势，尤其像中国人寿等大型中资寿险公司，占据了领先的地位，外资和合资寿险公司尚未表现出竞争力：① 超大型中资寿险公司从具有绝对优势向不具有优势变化，绩效呈现下降的趋势；② 中小型中资寿险公司 2000～2003 年表现出稳定上升的趋势；③外资或中外合资寿险公司 2000～2003 年的波动比较大，由于进入中国市场的时间还比较短，发展还不是很稳定。

（2）影响因素

①在盈利能力方面，2000～2003年各家公司在市场上的相对位置变化不大，相对于金融市场的平均利润率来说，各家寿险公司的表现都不理想；②2000～2003年，大部分寿险公司的偿债能力都有所下降；③无论中资公司还是外资公司，2000～2003年都表现出了强大的发展势头，尤其以2002年的表现为甚；④大型中资公司以先入为主的优势和良好的背景，表现出强大的控制力，占据了主导的位置；⑤2000～2003年各家寿险公司社会贡献率的变化不大。中资公司的表现好于外资公司，大的集团公司的表现好于经营单一业务的公司。

四、对中国保险业的综合绩效分析及建议

（一）目前中国保险业的综合绩效出现回转

（二）现阶段保险市场结构因素对保险业综合绩效的影响不具有决定性作用

（三）未来调整与优化市场结构具有特别重要的意义

（四）改革与完善保险监管制度有利于建立有效的竞争机制

（五）积极关注中资保险公司的发展

第二章　保险市场进入机制及中国保险市场主体数量预测

第一节　保险市场进入机制研究

一、确立与调整保险市场进入机制的必要性和主要内容

（一）确立与调整保险市场进入机制的必要性

目前，市场经济国家对保险市场主体进入方面都存在一定的进入门槛或进入机制，原因是保险业属于特殊的行业，对市场主体进入进行规定，有利于保证保险业的健康稳定的发展。

从行业内部角度，规模经济是其内在的进入壁垒之一；从行业外部看，设置保险市场进入门槛是政府部门监管的重要内容之一。要对保险市场的进入进行监管，就得考虑进入门槛的设置原则问题。

（二）保险市场进入机制的主要内容

保险市场机制的内容，主要体现在法律和政府所制定的有关规定上。从大的方面看主要包括以下几方面内容：第一，执照许可；第二，允许采取的组织形式；第三，所有权归属的限制；第四，分业经营；第五，对经营非保险业务的限制。各国保险市场机制的差异，主要体现在政府对保险市场主体进入的规定上所具有的差异。由于各国的经济体制、经济发展及保险业发展水平具有差异性，所以各国保险市场机制在具体内容上也是有差别的。

（三）保险市场进入机制与政府管制

由于保险业的特殊性，保险市场进入机制并非属于完全内在的、自我运行的系统。保险市场进入机制作为一种长效机制，政府依然发挥重要的作用。当然，政府对保险市场进入的管制有利有弊，能否达到监管的有效性，除政治的原因外，关键是取决于保险监管部门对保险行业发展的判断。

二、中国保险市场进入机制分析

（一）中国保险市场进入机制的主要内容

中国保险市场的进入机制主要由《保险法》、《保险公司管理规定》和《外国保险公司管理规定》等法规约定。在中国设立保险公司的原则有三：一是遵守法律、行政法规；二是符合国家宏观经济政策和保险业发展战略；三是有利于保险业的公平竞争

和健康发展。从内容上看，主要包括两个方面：市场主体资格的实体条件；取得主体资格的程序条件。

（二）如何看待国际上保险市场主体进入的“放松管制”

综观世界主要保险市场的发展，大约从20世纪70年代中后期就开始了放松管制的进程。“放松管制”一是放松对保险产品及其价格的干预；二是放松对市场进入的限制。发展中国家虽然普遍保证给予外国金融机构以国民待遇，但为了保护本国金融业，仍拒绝开放一些具体部门，并对市场进入规定了很多条件和限制。

事实上，各国保险市场在开放的过程中，出于发展民族保险业的初衷，起始阶段各国政府都会采取多种形式对本国保险业进行扶持，开放过程都是渐进式推进。迫于美国等政府的压力，日本政府开放了保险市场，但在开放过程中，日本主要运用了两种手段设置障碍：一是严格的费率和险种管制使外国保险人难以发挥优势。二是在开放的顺序上有利于本国保险人，不利于外国保险人。

近年来，中国保险市场进入机制也在不断地调整与完善。在保险市场对外资公司全面开放方面进行调整，外资保险公司的业务范围在扩大，除了已经开放的财产险和寿险之外，中国允许外资保险公司向中国居民提供健康险、团体险和养老金服务。

总的来说，随着《外资保险公司管理条例实施细则》、《中国保监会行政许可事项实施规程》、《保险公司管理规定》、《保险法》的出台和修订，中国保险市场将走向对内对外开放并重、发展壮大民族保险业与鼓励中外资竞争并举的格局，中外资市场主体会逐渐增加，进入机制也将在发展中进一步完善。

三、保险市场准入的国际经验

尽管保险市场的对外开放是世界保险业发展的必然趋势，但各国对待外资保险公司进入本国保险市场的观点仍有较大差异。

完全国民待遇的开放性市场。对外资保险公司进入本国市场不作特别限制，外资保险公司只要符合本国法律规定的条件就可以进入本国市场，并具有与本国保险公司相同的权利和义务。

发达国家和地区完全国民待遇的开放模式。大多数发达国家和地区对于外资保险公司的市场准入给予国民待遇，实行完全开放政策，如美国、香港特别行政区。

发展中国家和地区完全国民待遇的开放模式。一些发展中国家和地区为了促进自身保险业的发展，学习其他国家和地区保险公司的先进技术和管理经验，也采取了这种保险市场开放模式。韩国对外开放保险市场的基本立场是：第一，在不妨碍国内市场稳定及承保能力的情况下，对实力雄厚、业绩良好的外国保险公司放行入市；第二，对已经进入的外国保险公司，除国内不动产投资外，享有与国内公司同等的待遇。

经济区域化组织以外的国家若想在区域化组织范围内设立保险公司仍需得到特别批准。典型的经济区域化组织有欧盟和北美自由贸易圈。意大利和法国都是欧盟成员国，同时其保险业在国际保险市场上具有一定的影响力。欧盟成员国之间的开放度明显大于欧盟对其他国家的开放度。欧盟对成员国以外的国家的市场准入进行了限制，例如强制保险只能由在欧共体内建立的保险公司承保等。

对准入有所限制的市场。日本是世界第一流的保险强国，是对外资保险公司准入有所限制市场国家的典型代表。从 1993 年起，由于越来越大的压力，日本不得不逐渐允许外资保险公司包括寿险保险公司进入本国市场，但限制较多。

四、未来中国保险市场进入机制的政策建议

（一）调整保险税制和实行差别化的税收政策，有利于市场主体的进入；
（二）对于在西部设立保险公司的给予政策优惠；
（三）将资本金与业务相匹配；
（四）扩大民营资本在保险资本中的比例；
（五）扩大再保险公司的数量；
（六）增加市场主体的组织形式。

支持符合要求的市场主体进入，依靠市场机制的力量去实现优胜劣汰，这就使得进入后的监管显得更加重要。激烈的竞争使得保险公司的破产难以避免，完善市场退出机制已是迫在眉睫。

第二节 “十一五”期间中国保险市场主体数量预测

一、预测依据分析

对于“十一五”期间中国保险市场主体数量预测属于中长期预测，其变动影响因素很多。对保险公司数量预测的主要依据是：一是保险需求；二是保险供给；三是保险产业属性；四是中国保险产业市场结构的现状。

二、占有率预测方法的介绍

采用占有率法预测时，我们运用了计量经济学理论和 Eviews 软件。

（一）保费收入占有率预测法

1. 几点重要的假设

大公司与中小公司的保险主体保费收入增长的规模和速度是不相同的。目前占有市场份额排名前五家的保险公司，代表了大公司；五家之后的中小公司，则是竞争力量的代表。前五家大公司是相对稳定的，新增主体为中小公司，其保费收入水平相当于目前保险市场中的中小保险公司的平均保费收入水平。

2. 保费收入占有率预测法计算步骤

第一步，前五家大保险公司的保费收入总和作为一个标准，假设为 S，且大公司每年保费收入增长的速度为 TB。

第二步，计算中小公司的保费收入的平均值，假设为 A，且中小公司每年的保费收入增长速度为 TS。

第三步，对保费收入市场占有率 $CR5$ 分别进行假设。

第四步，求出五家大公司之外的中小公司保费收入总和，即 $M = S \times (1 - CR5) /$

$CR5$。

第五步，求出在假设市场占有率 $CR5$ 下，最佳中小公司的数量 $N = M/A$。

第六步，最佳新增主体数量为最佳中小公司数量 N 减去已有中小公司数量 H。即：

$$第\ n\ 年最佳主体数量 = \frac{S \times (1 + TB)^n \times (1 - CR5)}{CR5 \times (1 + TS)^n \times A} + 5 \qquad (2.1)$$

（二）资本金加公积金占有率预测法

资本金占有率预测法的原理是与上面保费收入市场占有率预测类似的。

1. 资本金加公积金占有率预测法假设

基本假设与上一种方法相似，并且依据中国人寿上市资本金的增长规模，假设平安、太平洋、新华、泰康在五年内上市，上市后资本金加公积金为现有的四倍。

2. 资本金加公积金占有率预测法计算步骤

第一步，我们将前五家保险公司的资本金加公积金的总和作为一个标准，假设为 KS。

第二步，计算中小公司的资本金加公积金的平均值，假设为 KA。

第三步，对资本金加公积金占有率 $KCR5$ 分别进行假设，如 90%，85%……

第四步，求出五家大公司之外的中小公司资本金总和，即 $KM = KS \times (1 - KCR5) / KCR5$。

第五步，求出假设占有率 $KCR5$ 下，最佳中小公司的数量 $KN = KM / KA$。

第六步，最佳新增主体数量为最佳中小公司数量 KN 减去已有中小公司数量 KH。即：

$$最佳新增主体数量 = \frac{KS \times (1 - KCR5)}{KCR5 \times KA} - KH \qquad (2.2)$$

三、占有率法的主体数量预测

（一）中国寿险业主体数量预测

1. 按保费收入占有率法预测

（1）大公司及中小公司保费收入增长速度 TB，TS 估计

由 1999～2003 年各保险公司保费收入状况分别计算前五家及五家之后中小公司的保费收入之和的平均增长速度，作为未来“十一五”期间大公司及中小公司保费收入的增长速度的估计。如表 2－1 计算结果，寿险业大公司保费增速 $TB = 36.3\%$，中小公司保费增速 $TS = 36.8\%$。

（2）寿险市场占有率递减速度估计

由寿险公司 1999 年及 2004 年保费收入数据，分别计算出 1999 年 $CR5 = 98.3\%$，2004 年 $CR5 = 94.6\%$，则寿险市场占有率的年平均递减速度为 0.7%，则我们估计在“十一五”期间寿险市场占有率依每年 0.7% 的速度递减，则 2010 年 $CR5 = 91\%$。

（3）“十一五”期间中国寿险市场主体市场数量预测结果

通过对寿险业大公司以及中小公司的保费收入增长速度以及市场占有率递减速度的估计，由市场占有率法公式计算，得出以下结果：2010 年，寿险市场 $CR5 = 91\%$，公司数量为 40 家，整个“十一五”期间，每年有 2～3 家新公司成立。

表 2－1 寿险主体数量

单位：万元

年度	大公司总保费	中小公司平均保费	*CR*5	主体数量
2004	30 198 238	82 169	0.95	
2005	41 170 961	112 375	0.94	27
2006	56 130 692	153 685	0.94	30
2007	76 526 136	210 180	0.93	32
2008	104 332 396	287 442	0.92	35
2009	142 242 237	393 107	0.92	38
2010	193 926 861	537 614	0.91	40

资料来源：根据保监会网站 2004 年 1～12 月数据计算整理。

2. 资本金加公积金占有率预测法

表 2－2 寿险公司主体数量预测表

单位：万元

前五家资本金加公积金	4 729 752.34										
五家后的平均数	35 513.94										
寿险公司数量	23										
假设 *CR*5	90%	85%	80%	75%	70%	65%	60%	55%	50%	45%	40%
应有主体数量	20	29	38	49	62	77	94	114	138	168	205
新增主体数量	－3	6	15	26	39	54	71	91	115	145	182

资料来源：根据保监会 2003 年数据计算整理。

由此预测结果分析，2010 年，如果前五家大公司的保费收入市场占有率降低至 80%，主体数量为 38 家。

（二）中国产险业主体数量预测

1. 按保费收入占有率法预测

（1）大公司及中小公司保费收入增长速度 *TB*，*TS* 估计

与寿险业主体数量预测类似，由 1999～2003 年各保险公司保费收入状况，分别计算前五家及五家之后中小公司的保费收入之和的平均增长速度，作为未来“十一五”期间大公司及中小公司保费收入的增长速度的估计。如表 2－3 计算结果，寿险业大公司保费增速 *TB*＝12%，中小公司保费增速 *TS*＝12.9%。

（2）中国财险市场占有率递减速度估计

由财险公司 1999 年及 2004 年保费收入数据，分别计算出 1999 年 *CR*5＝96.6%，2004 年 *CR*5＝91.6%，则财险市场占有率的年平均递减速度为 0.1%，则我们估计在“十一五”期间财险市场占有率依每年 0.1% 的速度递减，2010 年 *CR*5＝84%。

（3）“十一五”期间中国财险市场主体市场数量预测结果

通过对财险业大公司以及中小公司的保费收入增长速度以及市场占有率递减速度的估计，由市场占有率法公式计算得出以下结果：2010 年，财险市场 *CR*5＝84%，公

司数量为43家，整个“十一五”期间，每年有2~3家新公司成立。

表2-3 财险公司主体数量

单位：万元

年度	大公司总保费收入	中小公司平均保费收入	*CR*5	主体数量
2004	10 149 671	46 729	0.91	
2005	11 378 729	52 763	0.89	30
2006	12 756 619	59 577	0.88	33
2007	14 301 361	67 271	0.87	35
2008	16 033 162	75 959	0.86	38
2009	17 974 673	85 768	0.85	41
2010	20 151 288	96 845	0.84	43

资料来源：依据保监会网站数据计算。

2. 按资本金加资本公积占有率法预测

表2-4 财险公司主体数量预测表

资本金单位：万元

前五家资本金加资本公积金	4 161 696.00										
五家后的平均数	21 145.52										
财险公司数量	22										
假设 *CR*5	90%	85%	80%	75%	70%	65%	60%	55%	50%	45%	40%
应有主体数量	27	40	54	71	89	111	136	166	202	246	300
新增主体数量	5	18	32	49	67	89	114	144	180	224	278

资料来源：根据保监会提供2003年数据计算整理。

按此种方法预测的结果与寿险业类似，假设2010年产险市场前五家的资本金加公积金所占份额达85%，主体数量为40家（参见表2-4）。

四、短期主体数量预测的相关分析

由以上的占有率预测法，我们得出了相应的数量预测数值。当然，中国保险产业主体数量受到多重因素的共同影响。

（一）随着经济全球化和中国经济的快速增长，外国的跨国保险公司将更加看好中国的保险市场，所以“十一五”期间，外资保险公司将继续保持积极要求进入中国保险市场的趋势

（二）“十一五”期间，中国政府将履行加入世贸组织的承诺，进一步开放中国保险市场，保险公司的数量将继续增加

（三）国内投资者也看好保险市场，2004年新审批的18家内资保险公司，也表明了国内投资者的实力和决心

（四）新增的保险公司主要是中小公司

（五）中小公司将有相当一部分是成立专业化保险公司，它们将开发自己的市场，实现新的业务增长点，如成立专业养老金公司、健康险公司、农业保险公司等，成为“十一五”期间总体规划的重要方向

（六）由于中国保险市场尚不成熟，保监会将继续实行审批制度，总体控制保险公司数量

借鉴菲律宾经验：在对外资保险公司开放市场后，为避免公司数量过多发生混乱，菲律宾保险监管当局实行一种“维持总量”的政策，即让国内小公司的总量大致上保持在原有水平上，并尽量提供宽松的环境，扶持本国保险公司的生存。

（七）保险人才方面的限制，使得保险公司的总体数量应当保持稳定增加

由于中国保险业发展历史尚短，保险教育和保险的职业教育体系尚不完善，使得保险人才成为影响保险公司成立、发展的一个重要因素。

（八）保险公司的激烈竞争，必然带来一部分经营不力的保险公司退出保险市场，成为保险主体数量减少的一个原因

所以，“十一五”期间，保险公司的数量将有所增加，但是增加的幅度应是在可控的范围内适当的、有步骤的增加。我们在这里所作的尝试，目的一方面是为保险业的市场化进程提出我们的想法；另一方面也为保监会的审批进度提供一点相应的依据。

第三节　远期中国保险市场主体的预测

一、预测依据和思路

（一）保险市场供求的经济学分析

我们认为，中国的保险市场的最佳均衡状态应当是处于一种保险供给＝实际保险需求＝潜在保险需求的范式均衡当中。只有这样，一方面中国的保险资源可以得到充分的利用，所有的公司都可以通过自身的努力得到相应回报；另一方面，居民的保险需求也得到充分满足，不会出现最近阶段难于找到合适险种的尴尬情况。

（二）保险制度分析及改革路径依赖

对中国保险业目前远没有满足潜在需求的问题，按照制度经济学的解释是：一是从一家公司垄断到逐步引入竞争因素，其对传统体制影响很小，惯性是不易在短期内消除的；二是渐进式引入竞争机制和市场主体将体制改革攻坚的任务留在了后边，导致中国保险业制度变化滞后。从理论上说：第一，初始的体制选择会带来强化现存体制的刺激和惯性，因为沿着原有的体制变化路径和既定方向往前走，总比另辟蹊径要来得方便一些；第二，一种体制形成以后，会形成某种在现存体制中的既得利益的压力集团。他们力求巩固现有制度，阻碍进一步的改革，哪怕新的体制较之现存的体制更有效率。

综上所述，中国保险业当前的供给不能满足潜在需求的现象有其深层次的制度上的内涵。相对固化的制度尽管在中国保险业发展初期起到了很好的促进作用，但是没有随着经济环境的改变而变化，开始逐渐不能适应当前保险业发展的制度安排了。

二、中国保险市场主体数量远期预测

（一）供求缺口预测法

保险市场需求一方用保费收入表示，供给一方用保险公司资本金表示。预测 2020 年时保费自增长需要多少额外资本金来提供，以及预测新公司的资本金规模，以此求出新公司数目。关键在于找到中国保险公司资本金规模，就迎刃而解。本着资本金×乘数 = 承保能力（保险供给）= 保险需求的关系，用 2020 年的要求资本金减去现有公司资本金，再除以公司资本金规模。我们必须作一些假设，现有公司到 2020 年之内不增加资本金，公司资本金规模不变等。

根据保监会提供的数据，我们可以计算出各家财险公司和寿险公司的资本金和所有者权益，并以此作为预测的基础进行计算。根据相关规定，保险公司承保能力不能超过其所有者权益的 4 倍，单一风险单位不超过所有者权益的 10%。从中国保险市场当前发展阶段来看，若干年以后（比如说到 2020 年）保险市场经过初级发展阶段，到达基本均衡的状态，那时保险需求已经独立于保险供给发展到一个很高的程度，可以用保费自增长模型确定一个大致数额。而我们假设现有公司提供的保险产品的上限是由所有者权益的 4 倍决定的，这样一来，2020 年的保险需求和保险供给都有了，缺口就会出现，然后根据现有公司平均所有者权益和上述关系可以大致估计出从现在到 2020 年间需要新增的保险公司数量。

1. 财险公司预测

2003 年财险公司所有者权益总共 3 201 886 万元，承保能力是这一数值的 4 倍，为 12 807 545 万元，同年财险保费收入为 869 亿元。可以看出，2003 年财险公司提供的保险产品完全可以满足市场的需求。我们在这里严格假设市场上现有公司不增加资本金和所有者权益，尽管这个假设听起来过于苛刻。于是 2020 年财险市场现有公司提供的保险产品有 12 807 545 万元。财险市场最近十年的几何增长率为 11.1356%，按照这个增长率，从供给一方看，2003 年的 869 亿元的财险保费增长 17 年至 2020 年大致为 5 230.271亿元。因此，供求的缺口为 3 949.516 亿元。根据数据 2003 年财险公司所有者权益为 13.92124 亿元，当时缺口应该由 284 家财险公司补全，按实际保费收入与资本金（1:4）的关系，在现有公司不增加资本金和所有者权益的情况下，还要再新增加 71（284 除 4）家公司。从 2004 年新批设 8 家财险公司到 2020 年财险市场基本稳定为止，还要增加 63 家财险公司。

2. 寿险公司预测

2003 年，寿险公司所有者权益总共 3 429 890 万元。《保险法》并没有对寿险公司的承保能力与其所有者权益做出硬性规定，考虑到寿险公司经营的长期性和相对于财险公司经营的稳定性，我们认为寿险公司承保能力是资本金和所有者权益的 6 倍。结合保监会提供的相应数据，这一数值为 2 057.9342 亿元，同年寿险保费收入为 3 011 亿元，说明寿险存在过度发展，当前承办的业务已不是现有公司所能够提供的。可以看出，2003 年寿险公司提供的保险产品不能完全满足市场的需求，对保源有过度的开发。我们在这里严格假设市场上现有公司不增加资本金和所有者权益，尽管这个假设听起来过于苛刻。于是2020年寿险市场由现有公司提供的保险产品有2 057.9342亿元。寿险市场最近十年的几何增长率为38.2313%，这个增长率显然过大，并不能反映中国寿险业健康发展的正常趋势，因此，根据国际经验我们将寿险市场增长率调整到10%。从供给一方看，2003年的3 011亿元的寿险保费增长17年至2020年大致为15 219.01亿元。因此供求的缺口为13 161.08亿元。根据数据2003年寿险公司所有者权益为14.9126亿元，当时缺口应该由220家寿险公司补全，也就是在现有公司不增加资本金和所有者权益的情况下，还要再新增加220家公司。从2004年新批设7家财险公司到2020年寿险市场基本稳定为止，还要增加213家寿险公司。

（二）保费收入与保险公司数目回归预测法

用保费收入与公司数目回归关系预测法，求出国际上一般等式以后，将预测的中国2020年保费收入代入以此求出公司数。中国保险业落后世界一般水平很大一段距离，因此即使选择1998年的国际保险市场相关数据进行分析，对于未来中国保险业的发展仍然有重要的意义，并不会因为数据的相对陈旧而造成错误预测的情况。比如说英国已经连续很长时间市场主体数量没有发生显著变化了。

表2-5　保费收入与保险公司数目对比

单位：百万美元

国家	保费收入	公司数目	寿险保费收入	寿险公司数	财险保费收入	财险公司数
美国	798 922	4 766	397 546	1 490	401 376	3 276
加拿大	42 685	600	20 545		22 140	
英国	204 958	827	148 540		56 418	
德国	138 829	760	62 687		76 143	
法国	123 114	540	81 660	120	41 454	400
日本	500 037	90	396 582	39	103 455	51
中国	16 830		10 535		6 295	
澳大利亚	37 514	52	23 996		13 518	
阿根廷	6 509	193	2 279	63	4 230	130
巴西	11 203	216	1 933	103	9 270	113
智利	2 448	58	1 717	33	731	25
哥伦比亚	1 910	49	522	22	1 389	27
墨西哥	8 212	85	3 977	41	4 235	44
秘鲁	562	25	170	14	392	11
委内瑞拉	1 892	118	55	59	1 837	59
克罗地亚	610	37	96	17	513	20
波兰	4 660	55	1 749	24	2 911	31
俄罗斯	3 915		1 439		2 476	1 398
斯罗文尼亚	943	21	170	11	773	10
斯洛伐克	572	37	206	17	366	20
捷克共和国	1 825	48	576	19	1 249	29
匈牙利	1 254	34	507	17	748	17
印尼	1 502	164	695	61	807	103

续表

国家	保费收入	公司数目	寿险保费收入	寿险公司数	财险保费收入	财险公司数
马来西亚	3 263	71	1 805	18	1 458	53
菲律宾	1 031	144	573	38	458	106
韩国	52 280	45	39 935	29	12 344	16
台湾地区	19 977	60	13 968	32	6 009	28
泰国	2 827	98	1 619	25	1 208	73
新加坡	3 705	67	2 762	14	944	53

注：因为数据获得途径的限制，表2－5不包括再保险公司（1998年数据）。

资料来源：根据网上资料与西格玛杂志（Sigma）整理。

使用SPSS分析软件对上述数据进行分析。上述国际数据就分为四类，中国属于最大的一类，将美国、日本、法国和德国排除在外。进行聚类分析的目的是因为很多国家的保险市场在发展过程中经历了各不相同的环境、历史和经济因素。如果不对原始数据进行挖掘和分类而直接预测的话，很有可能造成不必要的问题。下面我们就可以对财险和寿险分别进行回归预测。

1．寿险回归预测

寿险公司去除不在同一组别的国家数据和数据不全的国家数据以后，对还剩下21个国家的数据进行回归。经计算，回归等式为：保费收入＝31.211×寿险公司数＋3 675.315。上文已经预测2020年寿险保费收入为15 219.01亿元，将其代入上述回归等式，可得2020年寿险公司数为370家。

2．财险回归预测

运用上述方法对财险市场进行回归可以得到：保费收入＝9.531×公司数＋2 577.261。将2020年财险保费收入5 230.271亿元代入，2020年财险公司为278家。

值得注意的一点是，上述回归分析由于数据获得途径的限制，变量的显著性并不是很强，在这里仅是作为一种可能使用的预测方法提出来，在后边加权平均时给予很小的权重。

（三）潜在保费收入等于自增长保费收入预测法

保险深度是保费收入和GDP的比率，在数字上反映了一国保险的重要程度。非寿险大概只有0.75%，而保险业发达国家保险的保险深度均在3%以上，一般国家也在1.5%以上；寿险只有2%左右，而国际上通常是5.4%。这里假设远期（比如说2020年）中国保险业发展水平会与国际取齐，保险深度也为国际上的一般标准1.5%。由于在GDP不变的情况下保费收入和保险深度成正比例变化，而且系数仅为1，这样就给我们预测保险公司数量提供了方便。保费收入是由市场上的全部保险公司提供的，如果保险深度从0.75%提高到1.5%，则保费收入应为当时国内生产总值的1.5%。这样二者的差额就是市场上现有公司没有满足的部分，也就是要由新公司提供的。再对新公司的平均保费收入做一些假设，就可以据此算出需要新增公司的数量。由于新批设的18家公司现在还没有开始营业，预测使用的又是以前的数据，因此将这18家公司也作为新公司。

中国GDP从1995年开始快速增长，增长速度比较稳定。根据中国整体经济环境的现状，我们可以得出结论：中国GDP在未来几年内还将保持每年7.5%～8.8%的速度快速增长。我们预测中国GDP的增长率大致为9.0438%，则2020年GDP按照此速度增长为509 365.7亿元。按照国际社会关于保险深度的定义，并假设2020年中国保险业发展已达到国际一般水平，财险深度1.5%，寿险深度5.4%，则相应的潜在保费收入应该分别为7 640.486亿元和27 505.75亿元。而根据上面计算可知，财险2020年按照保费自增长预测的保费收入为5 230.271亿元，寿险2020年按照保费自增长预测的保费收入为15 219.01亿元。因此，在2020年财险和寿险业潜在需求和现实需求的缺口分别为2 410.215亿元和12 286.74亿元。则财险和寿险业分别需要的资本金为602.55亿元和3 071.68亿元。财险权益为13.92124亿元，寿险权益为14.9126亿元，因此新增数量为财险公司43家，寿险公司206家。

综上所述，上述三种远期预测方法预测出来的新增保险公司数量按照财险和寿险的顺序分别为：63和213，252和342，43和206。因为预测假设很多，我们给予假设相对宽松和同级质变检验好的预测较多的权重，相反则给予较少的权重。综合考虑，给予第一种预测0.5，第二种预测0.1，第三种权重0.4。

按照权重对上述预测结果进行加权平均，可以得到财险公司新增$63\times0.5+252\times0.1+43\times0.4=74$家，寿险公司新增$0.5\times213+342\times0.1+206\times0.4=223$家。

第三章　中国保险企业组织形式的选择

本部分我们从产权和集团化及专业化两个角度来分析保险企业组织形式的选择。

第一节　从产权角度研究保险企业组织形式

一、保险企业组织的一般形式

保险企业大体可分为以下几类：

（一）政府保险组织

（二）公司保险组织

（三）相互保险公司

（四）合作保险组织

（五）个人保险组织

（六）专业自保公司

二、国际上主要国家和地区保险企业组织形态的变迁

（一）美国保险企业组织形态的变迁

1. 保险组织形式形成的初期（19 世纪 50 年代之前）

相互保险公司、互惠保险社和股份保险公司初现。

2. 相互保险公司大发展时期（19 世纪 50 年代 ~ 20 世纪 30 年代）

相互保险公司成为当时人们最常采用的形式。

3. 股份保险公司大发展时期（20 世纪 30 ~ 90 年代）

股份保险公司能够利用自身的优势拓宽融资渠道；在管理结构上，股份公司可以集团化。一些相互保险公司通过逆相互化过程转为股份保险公司。

4. 保险组织形式多样化时期（20 世纪 90 年代至今）

美国保险监管制度的变迁以及经济的发展，导致了今天美国保险市场的组织形式多样化。在寿险领域，主要采用股份公司和相互保险公司两种主要的形式；在产险领域，各种保险组织形式并存。以资产、保单持有人盈余和承保保费收入为基础对各种类型的保险公司进行比较，见表 3 – 1。

表 3－1　1993 年 1 月 1 日～12 月 31 日美国保险组织形式市场份额

单位：百万美元

	股份	相互	互惠	美国劳合社	合计
资产	437 802	193 119	40 071	546	671 538
保单持有人盈余	113 292	56 824	12 029	130	182 275
承保保费	146 079	87 611	19 911	246	253 847

资料来源：Best's Aggregates and Averages，Property－Liability 1994.

（二）日本保险企业组织形式的变迁

1. 初步发展（明治维新至第二次世界大战前）

最初外国保险公司只须在本国的法律许可下开展业务，而不必遵循日本的相关法律。第二次世界大战期间，外资保险公司停止营业，资产由政府选定的管理人进行管理。

2. 借鉴美国经验，规范发展（第二次世界大战后）

日本的保险法令规定，经营保险的组织仅限于股份保险公司和相互保险公司两种形式。日本政府也成立了政府保险机构。20 世纪 70 年代，日本的海运公司、商社开始成立自保公司。

（三）英国保险组织形式的变迁

英国的保险市场由两个功能性市场组成：一个是商业保险公司市场，另一个是个人保险市场。英国保险组织可分为三类：公司、劳合社和船东保险协会。

1. 保险组织的萌芽时期（17 世纪 90 年代之前）

英国的保险是从海上保险发展起来的，随着海上保险的发展，此时以死亡责任为特点的人身保险也产生了，同时保险组织的萌芽开始形成。

2. 各种保险组织的诞生时期（17 世纪 80 年代～20 世纪 90 年代）

（1）1688 年，世界上第一个保险人组织——伦敦劳合社宣布诞生。

（2）海上保赔协会（P&I Clubs）是由船东和承租人组成的相互保险协会。

（3）英国财产和人身保险公司的组织形式逐渐发展开来。

3. 保险组织的变革时期（20 世纪 90 年代至今）

进入 20 世纪 90 年代，整合的浪潮和聚焦核心业务的趋势影响到了英国保险市场。截至 2002 年 4 月，三种保险组织形式在英国保险市场的份额如表 3－2。

表 3－2　2002 年 4 月英国三种保险组织形式的市场份额

毛保费：百万英镑

	航空险、运输险	非水险直接保险和临分业务	非水险合同再保险	总计
保险公司	1 125	2 354	5 460	8 939
海上保赔协会	677	9	0	686
劳合社	2 510	3 864	1 972	8 644
总计	4 312	6 227	7 432	18 091

资料来源：英国保险公司协会。

（四）法国保险组织形式的变迁

1. 法国保险组织的形成初期（20世纪之前）

数世纪以来，法国保险一直不断地发展。20世纪70年代，在政府的帮助下，广泛成立了互保协会，以共同分摊损失和互助互济的形式对付灾害。

2. 在政府干预情况下，法国保险组织形式缓慢发展（20世纪~20世纪60年代）

3. 保险组织高速发展时期（20世纪60年代~20世纪90年代）

1969~1974年，法国政府逐步推行权力下放政策，扩大企业自主权。至1971年，仅寿险公司就达64家。近期，法国的保险公司达614家，其中寿险公司为467家。

4. 保险组织形式的调整时期（20世纪90年代至今）

各国保险公司整合的浪潮在法国也不例外。此外，法国国内的保险业务也进行了调整。

三、保险组织形态的变迁对保险产业发展的影响

每一次新的保险组织的出现，都使得在一定的时期保险公司的数量增加，市场集中度降低，新的保险组织形式降低了保险公司的进入门槛，增加了保险公司间的有效竞争。见表3-3。

表3-3 美国、日本、英国、德国、法国寿险领域相互保险公司所占比例及公司数目

国家	相互保险公司市场份额（百分比）			相互保险公司的数目（家）		
年份	1987	1992	1997	1987	1992	1997
美国	40	41	35	125	109	100
日本	93	91	89	16	16	15
英国	46	48	33	58	57	47
德国	31	27	26	66	61	53
法国	10	8	5	17	16	17
合计	57	57	52	282	259	232

资料来源：Sigma，1999（4）.

从表3-3我们可以看出，随着保险组织形式的变化，相互保险公司的数目有明显的下降趋势，相互保险公司的市场份额也出现了变化。在非寿险领域，这一趋势却表现得不是很明显，见表3-4。

表3-4 美国、日本、英国、德国、法国非寿险领域相互保险公司所占比例及公司数目

国家	相互保险公司市场份额（百分比）			相互保险公司的数目（家）		
年份	1987	1992	1997	1987	1992	1997
美国	31	35	33	293	427	389
日本	4	4	3	2	2	2
英国	14	14	8	24	25	17
德国	19	17	16	79	73	67
法国	40	37	37	113	110	109
合计	24	26	24	511	637	584

资料来源：Sigma，1999（4）.

保险组织形式的变迁本身就是市场行为、市场结构、市场绩效三者相互作用的结果。观察不同企业组织形式与运作成本的关系，我们认为，不同的企业组织形式从不同的角度看都降低了运作成本①。

四、主要保险组织形式对比分析

（一）相互保险公司与股份保险公司的比较

世界十大保险公司中有6家是相互保险公司，世界前五十家保险公司（其中6万亿的资产占整个全球保险业的一半）中有21家是相互保险公司，其资产总值为2.7万亿美元。相互保险公司在寿险市场占据了较大市场份额，在财险市场也有不俗的表现。主要国家相互保险公司的市场份额如表3－5。

表3－5 1997年相互保险公司在人寿健康和财产意外保险中的份额

单位：%

国家	人寿健康险	财产意外险
美国	35	33
日本	89	3
英国	33	8
德国	26	16
法国	5	37

1. 相互保险公司的特点

（1）是一种非营利组织；

（2）最高权力机关是社员代表大会，公司的表决权属于全体保单所有人；

（3）公司不按利润进行分配。

其优点在于：①可以避免保单销售过程中的不正当经营和道德风险；②被保险人的利益能够得到充分的重视；③保险加入者可以参与分配经营结果的剩余部分。

2. 相互保险公司与股份保险公司的区别

（1）相互保险公司没有股东，而由社员组成；

（2）相互保险公司的资金来源为风险基金，也可向外筹措；

（3）股份保险公司确定保费制，而相互保险公司在征收保费时以补偿风险为限；

（4）相互保险公司是不以盈利为目的的法人，在经营上对被保险人的利益较为重视。

3. 股份保险公司的优点

（1）所有者与管理者分离；

（2）股份公司融资渠道广泛；

（3）股份公司的大规模经营，能够广泛地分散风险；

（4）股份公司经营制度透明。

（二）保险合作社组织形式的优劣分析

① David Mayers（加利福尼亚大学），Clifford W. Smith，Jr（罗切斯特大学）：《产业的企业组织形式》。

1. 合作保险组织与相互保险公司的区别：

（1）合作保险不是法人组织，相互保险公司是法人组织；

（2）它不要求有注册资本，相互保险公司不但要求有注册资本，而且要求有盈利才能成立；

（3）合作社保险持有人任命个人或法人负责运营，相互保险公司则是由保单持有者任命一个董事会来管理；

（4）合作保险的管理者由保单持有者在一个咨询委员会的建议下任命；

（5）相互保险公司与会员之间如果保险契约终止，它们之间的关系即告结束，而合作保险与社员的关系比较长久。

2. 合作保险组织相对于相互保险公司的优点：

（1）合作保险组织不是独立法人；

（2）对管理者控制问题要比相互保险和股权高度集中的股份制公司要严格得多，公司经营更加规范和透明化；

合作保险组织的劣势同相互保险公司所遇到的问题基本一致。

五、中国保险组织形式的现状

根据中国保险法规，中国保险组织形式仅限于国有独资保险公司、股份制及中外合资三种方式。但是，在中国实践中，保险组织形式不仅仅限于上述三种方式。

现阶段中国保险公司组织形式主要是股份有限公司。具体见图 3-1、图 3-2、图 3-3、图 3-4[①]。

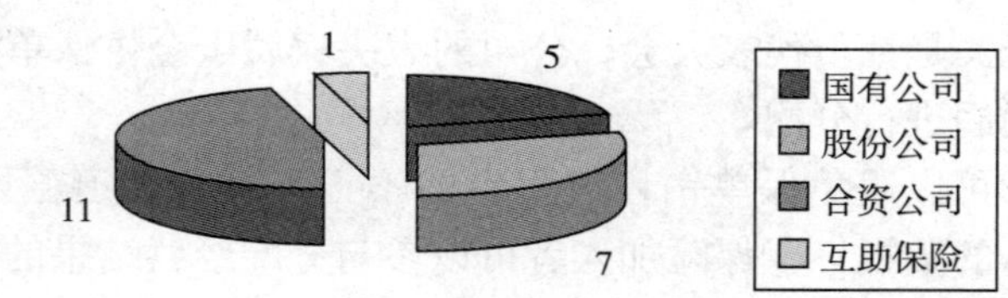

图 3-1　财产险市场各种组织形式的数量（2003 年）

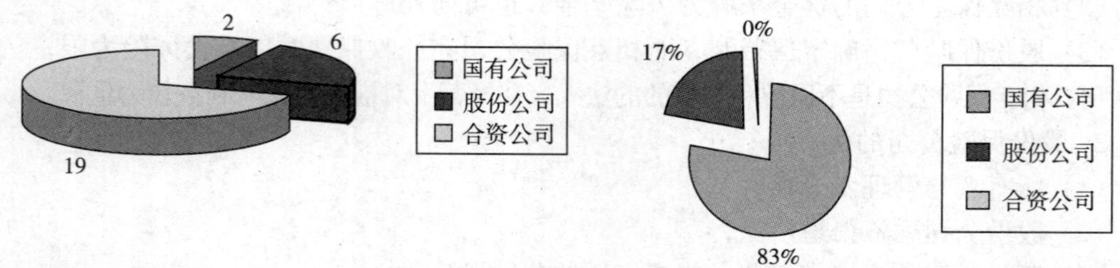

图 3-2　寿险市场不同组织形式的数量（2003 年）　**图 3-3　财产险市场各种组织形式的份额（2003 年）**

① 人寿、人保、中国再保险股份公司仍被看成国有保险公司，由于中国再保险的统计报表中产寿险未分别列出，因此未作统计。此数据根据《保险年鉴（2004）》整理。

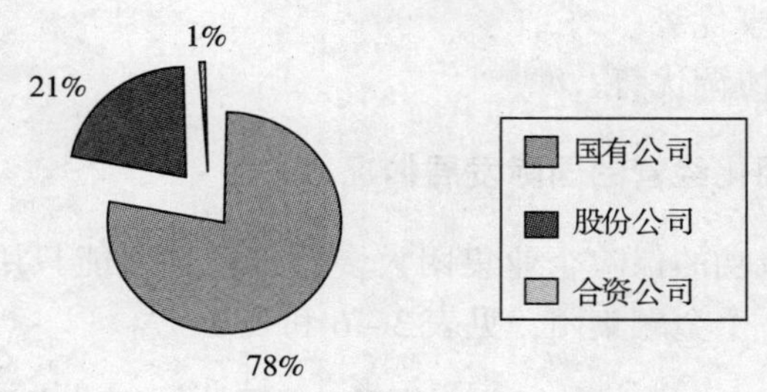

图 3－4　寿险市场各种组织形式的份额（2003 年）

资料来源：根据《中国保险年鉴（2004）》整理。

第二节　从集团化和专业化角度研究保险企业组织形式

保险企业组织形式可以分为集团公司模式与专业公司模式。保险集团化的实践背景——保险企业集中化：在发达国家的保险业中，一直存在着明显的集中化事实。集中化的方式有合并、建立康采恩统一管理、建立集团进行非统一管理、合作、奖励卡特尔、建立协会、建立联营。我们在本课题中重点研究的保险集团化是保险企业集中化的一种形式。

保险公司集团化经营是保险企业集中化的一种具体表现形式。保险集团化的理论依据是竞争优势、深度分工与合作优势、综合战略优势、组织扩张和规模经济优势、无形资产共享优势、市场主导与协调优势。

保险集团化的另一种形式是金融控股公司。控股可以分为经营型控股（Operating Holding）和纯粹型控股（Pure Holding）。

一、保险企业集团形成的内在动因

保险集团产生的动机主要分为两种：价值最大化（Value－Maximising）动机和非价值最大化（Non－Value Maximising）动机。

（一）价值最大化动机

与其他企业一样，保险公司的价值是预期未来利润的贴现值。

（二）非价值最大化动机

管理者的决策可能为了实现个人的目标而不是出于股东的利益。

二、保险企业集团竞争优势分析

保险集团作为保险业高度发展的产物，是一种适应市场经济发展而产生的独特的保险企业组织形态。综合来看，保险企业集团有以下竞争优势：

（一）深度分工与合作优势

（二）综合战略优势

（三）组织扩张与规模经济优势

（四）无形资产共享优势

（五）市场主导与协调优势

三、保险企业集团化经营的国际发展情况

当前国际上比较成功的保险企业集团大多数都已经不能只用保险集团的概念来界定，更多的是倾向于一个金融集团，见表3-6和表3-7。

表3-6　2003年全球上市保险公司营业收入前十名情况

单位：百万美元

排名	名称	国家	营业收入	是否集团
1	AXA	法国	85 249	是
2	ALLIANZ AKTIENGESELLSCHAFT	德国	80 054	是
3	AMERICAN INTERNATIONAL GROUP INC	美国	71 200	是
4	GENERALI ASSICURAZIONI SPA	意大利	62 646	是
5	AVIVA PLC	英国	53 157	是
6	MUNICH RE GROUP	德国	51 062	是
7	ZURICH FINANCIAL SERVICES GROUP	瑞士	48 060	是
8	ALLSTATE CORPORATION（THE）	美国	24 677	是
9	PRUDENTIAL PLC	英国	24 609	是
10	AEGON NV	荷兰	24 587	是

资料来源：根据OsirisInternet全球上市公司分析库数据整理。

表3-7　英国2003年上市保险公司营业收入排名前十名公司情况

单位：百万美元

排名	公司名称	营业收入	是否集团	
1	AVIVA PLC	53 157	是	
2	PRUDENTIAL PLC	24 609	是	
3	ROYAL & SUN ALLIANCE INSURANCE GROUP PLC	20 550	是	
4	LEGAL & GENERAL GROUP PLC	9 964	是	
5	FRIENDS PROVIDENT PLC	5 745	是	
6	HHG PLC	2 971	是	
7	BRIT INSURANCE HOLDINGS PLC	1 814	是	
8	ST. JAMES'S PLACE CAPITAL PLC	1 768	是	
9	AMLIN PLC	1 674	是	
10	BRITANNIC GROUP PLC	1 642	是	

资料来源：根据OsirisInternet全球上市公司分析库数据整理。

随着近些年来金融自由化与金融机构走向国际化与大型化，金融机构纷纷要求开放混业经营，传统限制金融机构混业经营管制理念已经逐渐改变。世界各国对混业经

营限制的普遍放松对保险企业集团化发展起到了重要的推动作用。

（一）国外保险公司与商业银行及投资银行的业务整合

1. 商业银行业务与保险公司业务的整合

（1）商业银行向保险业务的扩展；

（2）保险公司也在积极向商业银行业务领域拓展。

2. 保险公司与投资银行的业务整合

投资银行与保险业务之间也存在着众多的合作机会，例如，商业保险公司、再保险公司和投资银行之间可以在风险管理和风险管理系统的设计上进行合作。

（二）美国集团化和混业经营发展历程

1. 美国早期金融分业经营原则的确立是通过颁布两部法令逐渐实现的

2. 美国金融业集团化经营的发展模式

金融业的发展，出现了集团化经营的趋势：

（1）1956 年颁布《银行控股公司法》（Banking Holding Company Act，1956），对具有集团化特征的银行控股公司进行规范；

（2）1969 年又颁布了对保险控股公司进行规范的《保险控股公司法（模型）》（NAIC Model Insurance Holding Company Act，1969）。

表 3－8 反映了保险集团中所拥有的公司数量和比例分布。

表 3－8　保险集团中所拥有的公司数量一览表

在一个集团中的公司个数	集团的个数	所占比例	累计比例
2	232	42.26	42.26
3	113	20.58	62.84
4	68	12.39	75.23
5	36	6.56	81.79
6	22	4.01	85.80
7	17	3.10	88.90
8	9	1.64	90.54
9	1	0.18	90.72
10	6	1.09	91.81
11～20	19	3.46	95.27
21～30	13	2.37	97.64
31～40	8	1.46	99.10
40⁺	5	0.90	100.00

资料来源：Colquitt and Sommer. An Exploratory Analysis of Insurers Groups. Risk Management and Insurance Review，2003，6（2），pp. 83－96.

3. 美国金融业混业经营的发展趋势

美国金融业混业经营的发展也经历了渐进的过程。1999 年美国颁布了《金融服务现代化法案》，正式允许金融业混业经营，标志着美国金融业分业经营时期的结束和混业经营的开始。2003年，美国上市保险公司中按照营业收入排名，前十位的公司中只有一家不是集团公司。

四、中国保险企业集团的现状

由于目前中国相关法律的限制，保险公司的资金只可用于投资与保险相关的公司，因此，保险公司可以通过下设寿险子公司、产险子公司、资产管理子公司和销售代理子公司的方式来实现集团化经营。金融控股公司有纯粹型控股公司和事业型控股公司之分。目前中国的保险集团基本处于二者之间，可称作半事业型控股公司，也就是保险集团自身不直接从事主体业务的经营活动，但继续承担着前身公司非主营业务、不良主营业务等的经营责任。以平安保险股份有限公司为例，作为中国首家股份制保险公司，目前已形成以保险为主，集证券、信托业务为一体的准金融控股公司。2003年，中国人民保险公司、中国人寿保险公司、中国再保险公司相继完成了集团化改造，完成了产寿险在同一集团下的融合。三大国有保险集团的成立标志着中国保险业以集团化为主要模式的混业经营时代的重新开始。再加上平安保险公司和太平洋保险公司以集团的形式参与市场竞争，保险集团成了大型保险公司的共同选择。2003年中国财产和人寿保险公司按照营业利润排名，前五位中一半以上为保险集团。

五、国外专业保险公司发展特点与局限性

（一）国外专业保险公司发展特点：

1. 专业保险公司的范畴不断扩大，在诸多领域陆续出现
2. 专业保险公司大多采取互助合作的方式进行经营
3. 专业保险公司向其他领域不断进行扩张

（二）专业保险公司的局限性和面临的困境：

专业保险公司本身也有着许多局限性和不足

1. 专业保险公司的竞争力在市场竞争中弱化的可能性较大
2. 专业保险公司受周期、季节的影响较大，稳定性较差
3. 专业保险公司的资金规模较小，难以在资本市场取得优势

专业保险公司面临着许多来自政策和市场层面的困境，具体表现在：

1. 专业保险公司生存的政策空间仍然狭小
2. 专业保险公司经营的具体范围仍不明晰
3. 专业保险公司进行专业化经营的基础比较薄弱

六、中国专业保险公司的发展

（一）中国专业保险公司发展简况

在中国，专业化保险公司的发展经历了两个重要的发展阶段，第一阶段是在《保险法》产寿险分业经营、监管的思想下，专业经营更多体现在产寿险的分开经营上；第二阶段则是从2004年开始，一大批真正意义上的专业保险公司相继批准筹建或成立。第一阶段主要是政策推动式的专业化，第二阶段则是市场推动式的专业化。本课题把

专业保险公司的范围界定在第二阶段建立的这些公司上。

作为中国保险产业的重要组成部分，与实行多元化经营的集团化大公司相对应，在中国建立的专业保险公司在规模上一般属于中小型保险公司。此外，专业保险公司的发展面临着诸多的局限性和困境，需要政府部门相关产业、税收政策的支持，这两方面直接决定着专业保险公司能否在市场的检验中最终生存下来。

（二）专业保险公司在中国发展的因素分析

推动保险专业化经营的内外因素从根本上推动着专业保险公司的出现和发展。

1. 内部原因分析

（1）保险公司不断创新需要专业化经营；

（2）提高保险公司的工作和管理效率需要实行专业化；

（3）中国保险公司专业化经营程度不高的现状也要求实行专业化经营。

2. 外部原因分析

（1）中国保险市场消费者消费意识、消费水平的提高要求保险公司进行专业化经营；

（2）中国保险市场的对外开放需要保险公司进行专业化经营；

（3）改变中国保险业险种结构不合理的现象需要专业化经营；

（4）国际保险业对多元化、集团化经营的反思也推动了中国保险专业化经营的发展。

七、专业保险公司的出现对中国保险产业发展的意义

专业保险公司的建立为中国保险业带来了一种新的组织模式，同时也增加了中国保险产业的市场主体，对中国的保险产业有重要的意义：

（一）促进垄断竞争保险市场结构的形成。

（二）推动中国保险业市场行为的纵深发展

（三）提高中国保险产业的整体效率

第三节 “十一五”规划的保险企业组织形态的发展与选择

一、产权角度下保险企业组织形式的发展

（一）各国保险组织形式发展的演化总结及其借鉴意义

1. 演化总结

综观世界各国保险企业组织形式的发展历程与演化规律，不难看出，贯穿演变过程始终的是一条国家经济、政治发展变革之路，附加一系列偶发事件的共同作用，产生了当今世界上存在的如此丰富的保险企业产权组织形式。

2. 借鉴意义

通过研究其他国家保险业发展水平和与其相对应的组织形态来描绘出各国不同时期保险发展与组织形式的动态情景，然后研究中国保险业所处的发展阶段和时代背景，

再回过头去在别国组织形态里找与中国发展相似对应的组织形态。这样就将别国经验的若干条路径打破，只选用其中最符合中国保险业发展的一部分作为参考，一来可以避免别国保险组织形态时间过程中的弯路，二来可以避免路径依赖的不利影响。

（二）国际上保险组织的法律形式与变化

国际上保险组织的主要形式有股份有限公司和相互保险公司，相互转化的趋势在本课题其他部分都有详细论述，这里不再重复。近年来，出现了股份制保险公司和相互制保险公司互相转化的现象。这种转化是一种制度安排，是为了达到管控的风险和降低交易成本的目的而进行的。产权作为一种常见的制度安排现今已可以在相互制和股份制之间灵活转化而并不影响保险公司的经营管理。

近年来出现的保险企业同化的现象使国际上保险公司组织形象的差异性显得不再重要。同化是指保险企业的法律形式与企业的经济事务之间并没有严格的对应关系。同化的原因可分为外部化的效应和内部同化效益。外部化效应包括统一的法律、监管和投保人行为的作用；内部同化效益有经营目标、产品设计、经营技术等方面不存在法律形式上的区别。

（三）未来中国保险组织形式选择与改革的建议

1. 积极推进相互保险公司的发展

2. 继续大力发展股份保险公司形式

3. 积极探索股份公司和相互公司的转化

4. 进行自保公司设立的试点改革

5. 扶持政策性保险公司的发展

二、未来中国保险公司集团化的发展

混业经营主要可以分两种体制：一是业务交叉模式；二是金融控股模式。

（一）保险控股集团的模式选择和组织架构

从“十一五”期间中国保险业发展的未来趋势来看，近期中国保险业集团化经营还是主要考虑将纯粹型的保险控股集团作为发展方向。这和中国保险业现阶段国有资本为主体的产权结构和分业经营的监管格局密不可分。

在这样一种模式下的保险集团，由集团控股公司来负责整体的战略规划、计划制订、绩效评估、资源和人力的配备、盈余分配等重大问题。集团内部各子公司之间进行统一协调的资产管理。

（二）保险集团化模式国际经验借鉴

1. 兼并收购型

这种模式是通过兼并形成的金融保险集团，是比较普遍的一种集团化模式。

2. 行政干预型

这种形式的集团化一般出自前计划经济体制国家和发展中国家。

3. 自我成长型

这种保险集团是根据自身需要，通过不断自我积累而发展起来的金融集团。

（三）未来保险公司集团化发展的思考

1. 中国今后几年继续推进保险公司集团化的必要性

首先，保险公司销售体系的维护和发展对业务多元化提出需求；其次，中国保险企业集团化是中资保险公司迎接市场竞争的重要选择；再次，政策允许产寿险的融合及金融集团的存在；最后，保险集团是稳定保险市场乃至金融市场运作的需要。

2. 未来保险企业集团发展障碍

从长期趋势看，保险集团的发展将经历三个阶段，即单一业务阶段、综合保险业务阶段、综合金融业务阶段。目前，中国的保险集团正处于由第一阶段向第二阶段演进的过程中。在这一过程中，由于业务比较单一、业务集中度较高，集团公司会较多地关注主体业务的发展。

未来大规模的金融控股集团将是保险业乃至金融业企业形态的选择，但当前存在着各种障碍：

（1）监管角度

《在金融监管方面分工合作的备忘录》确立了对金融控股公司的主监管制度。根据全球化的金融混业经营和一体化监管趋势，改革中国的金融监管体制势在必行。下面就三种监管模式针对中国监管现状加以分析：①分业监管模式。在中国目前推行这种监管模式的组织成本是最低的（相对于同一监管与牵头监管），因为不需要对现有监管体系作较大变动，只需针对出现的新情况对监管机构的监管范围作出调整。②统一监管模式。另一种思路是对中国现有监管体系加以合并，一步到位，建立起应对混业经营的统一监管模式。如表 3－9 所示。根据被监管对象的特点，既可以采用以竖直方向为主的类似于分业监管方式，也可以采用水平方向为主的风险加总监管方式。③牵头式监管模式。在中国建立牵头式监管模式比较可行，即由银监会、证监会、保监会共同组成类似联席会议的机构，进行监管协调和信息的沟通。

表 3－9　统一监管风险评价表

统一监管机构	统一监管机构各分部门			对金融控股公司各项风险评价
各职能监管部门	银行部	证券部	保险部	
利率风险监管部				
汇率风险监管部				
股票风险监管部				
商品风险监管部				
期权风险监管部				
……				
对金融控股公司各业务部门评价				对整个集团评价

（2）法律角度

法律的障碍在很大程度上构成了监管的障碍。针对当前金融业混业经营、产业集团化的趋势，法律法规不健全也是当前中国保险金融控股集团发展的最大障碍。发达国家的金融监管都是立法先行，监管主体行使权有法可依，从而得以避免出现监管真空和监管混乱。目前中国保险业分业经营的法律规定所面临的问题有：兼营问题、兼业问题、专业经营问题。

(3) 相关法律制度改革的建议

通过修改《公司法》明确关联企业（公司）的法律特征；通过专项立法明确控股公司（Holding Company）和企业集团的法律特征；转变发展模式——由政府组织型企业集团向市场导向型企业集团变化。

3. 中国保险集团化发展的途径

首先，通过国家授权等行政方式组建保险集团；其次，通过资本市场组建保险集团；最后，自我积累、完善发展为保险集团。

4. 保险集团化发展战略

实施一体化战略是扩大保险集团规模、构建大型保险金融集团的有效途径。借鉴国内外大型企业集团的发展经验，中国保险业可采取水平一体化、垂直一体化和混合一体化这三种战略以形成大型保险集团。保险公司实现一体化战略主要通过并购和联合。并购是保险公司购买其他企业的产权，使其他企业失去法人资格或改变法人实体的一种行为；联合是指多家企业为抵御风险或实现互利而共同投资开发项目、分享信息或其他资源所结成的合作关系。两种方式的关键区别在于是否涉及产权关系的改变。

三、未来中国专业化保险公司的发展

专业化保险公司的特点在于对某一方面或某一领域的专业化经营和其业内某一领域专家身份经营的发展战略。

(一) 专业化保险公司发展的途径

“小而专、小而精”。特色经营往往可以为专业化公司提供意想不到的好处；积极寻找市场空白领域。

(二) 专业化公司发展战略选择

1. 专业化公司创业阶段的战略选择：资源战略和依附战略；

2. 专业保险公司成长阶段的战略选择：成长型战略；竞争战略；

3. 专业化保险公司成熟阶段的战略选择品牌战略：多角化战略；

4. 专业化公司停滞阶段的战略选择：继续发展壮大，成为大公司或集团公司；维持现状的稳定性；适应市场环境的紧缩性。

(三) 专业化保险公司的经营策略选择

1. 可供选择的策略

(1) 为最终用户提供专业化服务策略；

(2) 垂直层面专业化策略；

(3) 顾客规模专业化策略；

(4) 特定顾客专门化策略；

(5) 地理区域专业化策略；

(6) 产品或产品线专业化策略；

(7) 客户订单专业化策略

(8) 价格专业化策略;

(9) 服务项目专业化策略;

(10) 分销渠道专业化策略。

2. 发展的具体途径

(1) 找准建设核心竞争力的突破方向;

(2) 合理布局销售网络;

(3) 建立战略协作同盟;

(4) 建设信息化下的专业化管理和经营框架;

(5) 树立长期的发展观念;

(6) 抓紧本专业领域人才的培养。

(四) 专业化保险公司发展的政策建议

1. 产业政策

实施差别化的产业政策。考虑到大多数专业保险公司为中小型保险公司这一特点，政府部门应采取差别化的产业扶持政策，使其在发展中取得公平的竞争环境和竞争条件；实施多样化的产业政策；使用组合政策工具。产业政策的顺利实施和良性效果，一般是通过一系列综合的政策工具的推动来实现的。

2. 税收政策

改变专业化保险公司赋税过重的现状。与其他保险公司一样，中国专业保险公司特别是规模较小的专业公司在税收政策上处于不利的地位，要对专业保险公司实行差别化的税收政策。

(五) 中国专业化保险公司未来的发展趋势

1. 专业保险公司将在更多领域出现;

2. 信息技术将推动专业保险公司向纵深层次发展;

3. 相互制公司将成为专业保险公司的主流;

4. 一些专业保险公司可能成为首批市场退出者。

中国保险法律体系建设：完善制度　优化环境

对外经济贸易大学保险系课题组

课题负责人：陈　欣

课题组成员：王国军　杨鹏艳　汪　健　王艳萍
韩　丹　刘　彧　袁　辉

第一章 商业保险的发展需要完善的保险法律制度和良好的保险法律环境

《保险法》是对规范商业保险行为的法律的统称。虽然各国的法律体系、社会制度、历史背景和经济发展不同，《保险法》的立法时间有先有后，保险法律法规不尽相同，但直接规范商业保险行为的法律按照不同的规范对象，大致可以划分为两大类：保险行业法和保险合同法。前者是以商业保险的经营者为规范的对象，后者则是以保险合同当事人的行为为规范的对象。保险立法只是保险法律体系的一个组成部分，完整的保险法律体系应该包括保险立法、司法和执法。

保险作为风险管理的重要手段，对社会的政治经济稳定与和谐发展，对企业的持续经营和扩大再生产，对保障个人及其家庭的财产安全、生活安定、人身健康，都有着极其重要的意义。从一定的意义上讲，商业保险所关系的不仅仅是社会和个人资本的运用，而且直接关系到对公共利益的保障。因此，健全的保险法律体系本身是非常重要的。

保险公司也是一种公司，是一种经营保险的公司，它除了具有本身的特性外，也具有与其他公司相同的共性。一家股份制的保险公司，需要发行股票，有股东、股东大会和董事会，有公司章程，有各级行政管理人员等。保险合同也是一种合同，除了它的特殊性，也具有与其他合同相同的共同性。例如，要约与接受、对价、一致同意等。保险公司和保险合同除了要受保险业法和保险合同法的约束外，还要受《公司法》和《合同法》的约束。

此外，保险顾名思义是承保风险，它所承保的风险有财产风险、责任风险、人身风险等几大类。保险的标的也是千差万别的，每一种标的、每一种风险都会受到一种甚至几种法律的制约。例如，保险法规定投保人/被保险人必须对保险标的具有可保利益，可保利益是一种合法的利益，那么，投保人/被保险人与保险标的之间什么样的关系是合法的，什么样的关系是非法的，保险法本身并未对此作出规定，这就需要使用其他相关法律予以确定，如“财产法”、“公司法”、“继承法”、“刑法”等法律。再比如，对于各种责任保险来说，首先必须有比较完备的侵权法律体系，可以依法确定致害方应负的“财产损害”、“人身伤害”和“精神伤害”的责任，合理区分“补偿性赔偿”和“惩罚性赔偿”，否则，责任保险就失去了赖以存在的基础。

由此可见，对规范商业保险行为产生影响的不仅是保险合同法和保险业法，而且还包括对商业保险行为产生直接或间接影响的其他法律。这些法律包括：公司法、合伙法、合同法、代理法、仲裁法、海商法、交通运输法、财产法、家庭婚姻法、继承法、劳动法、环境保护法、侵权法、证据法、刑法等法律法规。可以说，每一部法律法规都可能从某一个角度这样或那样地影响商业保险。这部分法律虽然不是本书所讨论的内容，但它们也是商业保险发展的法律环境的重要组成部分，必须予以足够的注意。

第二章 “十五”期间中国保险法律法规制度建设取得了很大的进展

1995 年 10 月 1 日实施的《中华人民共和国保险法》对规范商业保险活动、保护保险当事人的合法权益、加强对商业保险业的监管、促进商业保险业的健康发展发挥了十分重要的作用。随着中国社会主义市场经济体制改革的深化，为了适应加入世贸组织以后保险业的发展形势，2002 年全国人大常委会对《保险法》进行了修改。修改的重点是《保险法》中的保险业法部分，修改共涉及原《保险法》中的 33 项条文，内容包括保险条款费率管理、财产保险公司的业务范围、偿付能力监管、保险代理人的代理行为、保险资金运用和法定再保险等。

2001 ~ 2005 年 4 月，保险监督管理委员会颁布了法规一部，保险规章 42 个，保险规范性文件 70 个。这些保险部门规章和规范性文件对保险公司的机构准入、高级管理人员、保险产品、偿付能力、市场行为、资金运用、保险中介以及保险监管的规章制定程序、检查处罚程序、保险行政复议程序等作出了比较全面详细的规定，已经形成了较为完整的保险法律监管体系。

但是，和保险业发达国家相比，考虑到中国保险业发展的实际需要，中国保险业发展的法律环境并不容盲目乐观，不仅《保险法》本身需要在认真研究和充分论证的基础上进一步修改，很多对保险业发展十分重要的相关法律在中国有些根本没有，有些需要完善。因此，“十一五”期间中国保险法律法规建设任重而道远。

第三章　借鉴保险业发达国家保险法律制度建设经验，推动中国“十一五”期间的保险法律法规制度建设

商业保险起源于文艺复兴时期意大利和欧洲大陆的城市国家。意大利城市国家的良好立法传统和采用书面成文法的形式，也是使得有关保险的法律法令最早出现于意大利的原因。

18 世纪下半叶，工业革命首先从英国开始。这是一个从农业、手工业和劳动密集型经济向以机器生产、专业化分工、信用金融和密集人口的城市为主的经济的过渡过程。18 世纪英国工业革命极大地促进了英国商业保险的发展。首先，工业革命使人类开始面临比以往任何时候都大的风险。一方面，生产资料的私人占有和大机器生产使得生产资料和生产人员面临着前所未有的风险；另一方面，人口大量地涌入城市，这一社会的城市化进程使人们的生活资料同样面临巨大的风险。这两个因素产生了巨大的保险需求，开始形成商业保险市场。其次，科学技术的进步和专业化分工使商业保险具备了独立经营的技术条件。概率论和死亡表为风险的量化提供了工具；先进的工业技术和通讯技术，不仅使保险人可以运用大数法则的理论集中和转移风险，而且为保险人提供了更好地完成这种金融服务的手段。通过使社会中相对最熟悉风险的人承担风险，保险成为现代商品经济高度发展的大工业社会中的一种分工方式。最后，具备了经营现代商业保险的适当商业组织形式和资本。英国经济学家亚当·斯密是最早指出这一点的人，他在《国富论》中说：适合使用股份公司形式经营的商业行为具有两个特点：一是有较固定或统一的操作方式；二是需要较大规模的资本。其中第二点更为重要，因为私人合伙组织通常不容易筹集到这样大量的资本。他认为当时最适合股份公司这种组织形式的商业行为有四种：银行、保险、运河开凿与管理和城市供水之类的公用事业。

随着英国保险业的发展，迫切需要以法律的形式对这种商业活动进行规范，因而完备的现代保险法和保险法律制度出现在英国就不是偶然的了。英国的保险立法过程始于 18 世纪中叶，并一直持续到 20 世纪。英国保险法律制度吸收了工业革命前欧洲大陆保险法律法令的基本原则，总结了英国为数众多的保险判例，形成了比较完备的保险合同法和保险行业法。尤其是 18 世纪中叶英国首席大法官曼斯菲尔德对英国保险立法的贡献最大，被人们称为英国保险法之父。英国的保险立法不仅为英国的保险业发展制定了规范，而且为世界其他国家的保险法律制度提供了借鉴。

在保险业发达的国家，保险法律体系的建立过程基本上以商业保险活动的发展为基础，逐步形成与这种发展相适应的各种保险法律法规，这些保险法律法规在规范当

时商业保险活动的同时，又通过司法实践不断地自我完善，形成新的更完备的书面保险法。这基本上是一条实践—法律—实践的过程。以英国1906年《海上保险法》为例，当时这部法律的制定正是在13世纪以来各国海上保险的习惯做法的基础上，总结了在此之前的书面海上保险法律法令和两千多个海上保险判例之后才完成的。由于中国经济发展的特殊性和保险业发展的特殊性，中国的保险法律体系的建立与世界其他保险业发达国家有所区别。我们是在商业保险活动的发展初期，直接通过吸收其他国家的保险法律法规，在此基础上制定了中国的保险法。这样做的优点在于可利用他人的成功经验，加快中国的保险立法工作，尽快为中国的商业保险活动提供了规范；但是也存在着明显的不足之处，即保险司法和保险执法工作相对滞后。因此，加快保险司法人员的培养，加强保险法理研究，统一对保险法中条文和词语的解释，是当前完善中国保险法律体系，保障中国商业保险健康发展的重要任务。

学习保险发达国家保险法律法规建设的经验，我们认为：首先，中国保险法律法规建设必须适应中国整个国民经济的发展和保险业的发展，并能促进而不是阻碍整个国民经济的发展和保险业的发展，制定适合中国国情的保险法律法规；其次，保险法律法规建设必须兼顾保险业者和保险消费者双方的利益，过分保护保险业者的利益，或者过分保护保险消费者的利益，归根结底都会影响保险业的发展，并且最终伤害到保险消费者；最后，保险法律法规建设必须坚持从宏观入手，着眼大局，不能仅局限于保险法本身，注意并影响相关法律法规建设，只有这样才能创造出一个有利于保险业发展的大环境。

第四章　在调查研究的基础上，为《保险法》中保险合同法部分的修改做好准备

《中华人民共和国保险法》于1995年颁布并于2002年完成了第一次修改。十年来，作为中国保险法律体系的核心，这部法律在中国保险业的发展进程中发挥了不可替代的作用。但是，第一次修改之后的《保险法》在很多方面仍无法适应中国保险业发展的新形势。保险合同法方面改动较少，虽然司法机关在努力通过司法解释解决审判实践中遇到的问题，但是它始终无法克服法律本身存在的缺陷。因此，在对《保险法》的进一步修改中应当加强对保险合同法部分的完善，牢固确立保险合同法作为合同法的特别法地位，体现保险行业本身的特殊性质。

保险合同是一种远期服务性的合同，它具有个人和碰运气的性质，附有先决条件，绝大多数情况下是一方拟订另一方接受的格式合同。这种有别于其他合同的特殊之处，使得其适用某些特殊的基本原则，如可保利益原则、最大诚信原则、补偿原则、近因原则等。现行《保险法》对上述原则的规定不十分完善，如补偿原则未明确规定适用于意外伤害保险和健康保险等短期人身保险领域，近因原则在《保险法》中也完全没有规定。其结果是使得保险合同履行过程中产生的争议或者无法可依，或者依据不充分。

对《保险法》中存在的问题和疏漏进行修改和补充应该经过充分的论证和研究。比如，作为具有约束力和可以强制执行的合同的首要条件是合同双方的一致同意（A-greement）。一致同意是由要约和对该要约的接受所构成的。中国《保险法》第十二条规定：投保人提出保险要求（Offer），经保险人同意承保（Acceptance），并就合同条款达成协议，保险合同成立。那么，保险合同是什么时间成立的？是否存在口头合同？现行《保险法》中的规定是否不够明确？要解决这个问题，首先需要解决保险合同订立/成立的时间为什么重要？保险合同是不是在出具保单时成立的？提出这些问题实际上是要解决两个问题：一是保险人何时开始承担保险责任，二是保险人是否应该承担保险责任。在通常的情况下，如果没有一个有效的保险合同，保险人是不应该承担保险责任的，至少不应该承担保险合同责任。但是，即使存在着一个有效的保险合同，保险人是否必然承担保险责任呢？实际上，仅仅存在着一个有效的保险合同，并不能保证保险人必然承担保险责任。保险人承担保险责任还要取决于其他的条件，这些条件包括：保险合同中规定何时保险人开始承担保险责任；是否发生了承保危险，并因此造成了承保损失；承保危险和承保损失是否发生在保单规定的时间内；是否存在着被保险人的不实陈述和不告知，被保险人是否违反了保证；被保险人是否履行了应尽的义务等。换句话说，没有一个有效的保险合同，保险人不应承担保险合同责任；但存

在着一个有效的保险合同，并不能保证保险人必然承担保险合同项下的责任。而且，没有一个有效的保险合同，也不能保证保险人一定就不承担赔偿责任。又如，《保险法》中没有明确人寿保险首期保费的性质。实际上，人寿保险的首期保费和投保书一起构成投保人的要约。如果投保人仅仅提交投保书而不同时缴纳首期保费，那么此时投保书只是投保人的要约邀请。在这种情况下，保险人出具的保单则构成要约。投保人收到保单后缴纳保费构成投保人的接受。严格地讲，人寿保险的保险人是否需要承担承保责任，在有合同规定的情况下，取决于合同的规定；在无合同规定的情况下，取决于《保险法》的规定。如果人寿保险合同中没有规定首期保费的缴纳是保险合同生效或保险人承担承保责任的前提条件，仅仅规定若出具保单或保险合同成立保险人就要承担保险责任的话，或者没有任何具体规定，则依照《保险法》保险合同若成立或已出具保单，保险人就应该承担承保责任，无论首期保费缴纳与否。再如，对保险人的说明义务和说明内容，中国《保险法》只规定了保单中的除外责任，但是，保险人除了对保单中的除外责任有说明的义务外，有时还有其他的说明义务。1977 年，英国保险协会（ABI）和劳合社共同制定了《保险惯例说明》（Statement of Insurance Practice）。这个说明不是法律，是一个提供给其成员的自律文件。这个文件分为两个部分，一个是用于非寿险的一般保险管理说明，另一个是用于寿险的长期保险惯例说明。这两个惯例都规定：①投保书必须在显著位置载明提醒投保人有如实告知的义务，同时需要说明违反时的后果。②将不告知和不实陈述的后果加以限制，保险人不能以投保人没有如实告知其不能合理预期予以告知的重要事实为理由拒绝承保责任，也不能以不实陈述为理由，除非是故意或疏忽对重要事实的不实陈述。但这点不适用于海上或航空保单。③续保时，保险人应在续保通知书中提醒被保险人相关义务。此外，中国《保险法》中也没有关于保证的规定，是否应该增加保证的法条呢？保险中的保证是指那些保险合同中以书面文字或通过法律规定的形式使被保险人承诺某一事实状态存在或不存在或持续存在或不存在，或者承担履行某种行为或不行为的保险合同条款。保证的事项本身不一定重要，但被推定为是重要的，被保险人履行保证的义务贯穿于整个保险合同期间，保证是保险合同的一部分，而且必须是书面的。被保险人违反保证，他则可能面临保险人终止整个保险合同或拒绝任何损害赔偿请求。在现代保险法中，除海上保险以外的其他保险均采取了逐步削弱保证作用的立场。做法基本上有两种：一是尽量限制、甚至取消保证的存在；二是限制并削弱保证的法律后果。这样做的原因：①保证是早期海上保险的产物，它是在科学技术、交通通讯不发达的时代，为了保护保险人的利益，作为保险合同成立的前提条件出现的。今天，这种情况已经发生了巨大的，甚至根本的改变（基础不同了）。②《保险法》对保险合同中的保证形式和内容并无十分具体和明确的规定。保险合同中既无保证的字样，也没有专门的部分载明保证。③普通投保人/被保险人并不能实际了解保证的法律后果，甚至不知道这种保证是什么。在保险发达国家正在逐步削弱保证作用的时候，如果我们强化保证的法律地位和作用，不仅不利于对普通保险消费者的保护，而且也不利于达到使保单通俗易懂的目的。同时，削弱保证作用并不会实际损害保险公司的利益。因为，如果保险人在保险合同中明确规定了投保人/被保险人的义务和违犯义务时的法律后果，符合法律的规定是可以强制执行的，而在法律上确定其是否属于保证就没有特别的实际意义。

经济是基础，法律是上层建筑，人们需要与经济发展相适应的法律规范来保障经济活动。法律条文是固定的，而经济活动是动态的，从这个意义上说，法律永远是落后于经济发展和社会实践的。修改《保险法》不仅仅是明确法律词语的含义，更重要的是填补法律中的“缺漏”。中国最初的保险立法是借鉴了国外的保险立法，而外国商业保险已经是后工业化社会的保险，因此我们迫切需要对国外保险法理的深入研究。填补法律中的“缺漏”不是恣意行为，而是“根据公认的学理和惯例”，确定什么是“公认的学理和惯例”的标准，不能是“我是怎么做的”，而应该在学习保险发达国家的保险理论和保险经验，认真研究保险发达国家的保险法律、法理和判例，并总结中国保险实践的基础上，通过消化吸收来确立。另外，修改《保险法》的目的必须明确。我们认为修改的惟一目的就是维护社会公正。公平和公正是我们立法、司法、执法时必须坚持的。《保险法》应该是建立在公平和公正基础之上的。如果过分保护保险人，保险消费者不相信保险，不购买保险，这不仅没有“保护”保险人，实际上是在伤害保险人的最终利益；相反，过分保护保险消费者，无原则地扩大承保范围，一定会损害保险公司的偿付能力，使保险消费者无处购买保险。平衡双方的利益是最重要的，也是最困难的。最后，任何保险立法不能代替当事人的约定。《保险法》是为保险行为的当事人规定法律允许的活动范围和活动空间。在不违反法律的前提下，合同自由包括当事人订立合同的自由和拟订合同条款的自由。充分理解法的精神是非常重要的。

第五章　从法律上确保形成多元化的保险主体组织形式，进一步完善保险业法

中国加入世贸组织后，保险市场的竞争主体急剧增加，采取什么样的组织形式才能取得最佳经营效果，才能与外资保险公司进行竞争，是一个值得研究的问题；对监管机构而言，随着保险业的发展和保险市场体系的不断完善，应当允许什么样的保险主体组织形式存在，以适应保险市场的有效需求，确保保险市场的健康发展，这是摆在中国保险业面前十分重要又亟待解决的问题。组织形式多元化是保险业发展的必由之路。本课题组系统考察了各国保险主体组织形式的法律规定，了解和研究了保险业主体组织形式多元化的内容及特点后，针对目前中国保险组织形式立法中存在的问题，对特殊保险组织形式，如相互保险公司、相互保险社、保险合作社以及自保公司，提出了具体的立法建议。

不同国家保险组织形式各不同，但都有一个共同的特点就是多元化的保险组织形式。这种组织形式的多元化，主要是由于经济发展的多元性产生了不同的保险需求，进而需要多元化的保险组织以满足不同的保险需求。在国际保险市场上保险主体的组织形式通常有以下三类：一是按照经营主体划分，可以分为国有保险公司和私营保险公司；二是按照是否采取公司组织划分，可以分为公司型保险组织，如国有独资保险公司、保险股份有限公司以及相互保险公司，也有非公司型保险组织，如相互保险社、保险合作社和个人保险组织；三是按照经营目的划分，可以分为营利性保险组织，如个人保险组织、保险股份公司，和非营利性保险组织，如相互保险社、交互保险社、相互保险公司、保险合作社。此外，随着现代风险管理技术的发展还产生了特殊的保险主体组织形式，如风险自担组织或专业自保公司等。

一、国有保险公司

它是由政府或公共团体所有并经营。根据其经营目的，可分为两类：一是以增加财政收入为营利目的，即商业性国有保险公司。这是中国保险公司重要的组织形式之一，在中国保险市场上占主导地位。它可以是非垄断性的，与私营保险公司自由竞争，平等地成为市场主体的一部分；也可以是垄断性的具有经营独占权，从事一些特别险种的经营，如美国国有保险公司经营的银行存款保险。中国国有独资保险公司就经历了从垄断性到非垄断性的转变。二是为实施宏观政策而无营利动机的，即强制性国有保险公司。通常各国实施的社会保险或政策保险大都采取这种形式。当前，国有保险公司在组织形式上发生了一些新的变化，国有保险公司并非都由政府出资设立，也并非必须由政府设机构经营。有的政府制定法律，规定某些公共团体为保险经营主体；

有的政府成为私营保险公司的大股东；有的政府与私营保险公司签订合同，授权其在一定的地区经营某种业务；有的政府对巨灾风险组织多家私营保险公司组成团体经营；有的政府给予保险公司补助金或接受再保险等。这些形式只要不改变其国家所有的性质都可以成为国有保险公司的组织形式。中国《保险法》规定，国有独资公司可以采取有限责任公司作为保险公司组织形式。

二、个人保险组织

其典型代表是英国伦敦的劳合社。劳合社是个人保险商的集合组织，它虽具公司形式，但实际上是个人保险组织，负责提供交易场所，制定交易程序，与经营相比更偏重管理，类似证券交易所。个人保险组织的主要特点是承担独立责任与无限责任。

三、保险股份公司

它最早出现于荷兰，而后由于其组织较为严密健全，适合保险经营而逐渐为各国保险业普遍采用。其主要特点是：①资本容易筹集，实行资本与经营分离的制度；②经营效率较高，追求利润最大化；③组织规模较大，方便吸引优秀人才；④采取确定保费制，承保时保费成本确定不必事后补交。保险股份公司是中国保险组织主要的组织形式，中国新成立的中资保险公司基本上都采取这种组织形式。

四、相互保险组织

相互保险公司不以盈利为目的，是非营利性的保险主体组织形式，它包括：

（一）相互保险社

保单持有人即为成员，成员不分保额大小均有相等的投票选举权。通常设一专职或兼职受领薪金的负责人处理业务并管理社内事务。其保费的收取采取赋课方式即出险后由成员分担缴纳。目前相互保险社在欧美仍普遍存在，其中欧洲的船东互保协会是相互保险社的典型范例。

（二）交互保险社

这是美国创立的一种介于相互保险组织与个人保险组织之间的混合体。它由被保险人即成员互相约定交换保险并约定其保险责任限额，在限额内可将保险责任比例分摊于各成员之间，同时接受各成员的保险责任。其业务委托代理人经营并由其代表全体成员处理社内一切事务，各成员支付其酬劳及费用并对其进行监督。其保费的收取采取赋课制。

（三）相互保险公司

这是保险业特有的组织形式，其经营方式是成员缴纳相当资金形成基金，用以支付创立费用、业务费用及担保资金，它是公司的负债，当公司填补承保业务损失后开始支付债务利息，同时在全部创立费用、业务费用摊销并扣除准备金之后偿还基金。近年来，在大规模的相互保险公司中，被保险人对公司的自理已不复存在，在经营方面与股份公司已无甚差别。其保费的收取采取确定保费制。此种相互保险公司多适用于寿险的经营，因为寿险期限比较长，会员间的相互关系能够长期维系。由于股份公司的经营目标往往以股东利益为优先而忽视被保险人的利益，尤其是保费计算中必须包括股息，利润使保费成本增加，加重被保险人的负担，因此各国股份保险公司出现了相互化的趋势。目前，世界上较大的人寿保险公司中，很多是相互保险公司。国际上相互保险公司的业务量约占保险总额的40%，与股份保险公司齐头并进。

（四）保险合作社

这是一种特殊的相互组织形式，它要求成员加入时必须缴纳一定金额的股本，并且合作社与成员的关系比较永久，成员认缴股本后即使不是保单持有人也具有成员资格，与合作社保持密切关系。目前这种组织形式分布于30多个国家，其中英国的数量最多。

五、自保公司

这是为公司节省费用及增加承保业务范围而投资设立的附属保险机构，其业务以母公司的保险业务为主，被保险标的的所有人也是自保公司资产的所有人。自保公司的设立地点多选择税负较轻的地区或国家。其优点是：①节省保费；②扩大承保业务范围；③减轻租税负担；④加强损失控制。其特点是：①业务规模有限；②危险质量较差；③不易吸引专业人才；④资金运用较少。

目前由于其存在的种种弊端，自保公司还不能广泛地被保险业所采用，但这种组织形式特别适合大型的跨国公司，因为其业务规模庞大，资产遍及世界各地，分散保险很不经济。在中国，随着经济的发展，大型跨国公司将日益增多，自保公司将成为保险主体组织形式的重要组成部分。在公司国际化发展的过程中，风险管理意识的增强，将逐渐成为中国大企业的避险和财务管理手段之一。

中国《保险法》规定了国有独资保险公司和股份有限公司是保险主体的法定组织形式，外资保险公司参照《中外合资经营企业法》的规定，可以采取有限责任公司的组织形式。应该说在保险市场刚刚开放发育尚不成熟的时候，这种政策选择是合适的，它对规范保险公司并对其实施有效监管起到了非常重要的作用。但是随着中国保险业的发展，这种规定显然已不能适应中国保险业国际化的需要。尽管《保险法》第一百五十六条还规定："本法规定的保险公司以外的其他性质的保险组织，由法律、行政法规另行规定"，但自颁布实施以来，一直没有关于保险主体组织形式的立法。虽然实务界和理论界一直在呼吁增加新的保险经营主体形式，可惜这一问题长期以来没有得到应有的重视，这已经给现在的市场发展带来比较大的障碍。主要表现在：

（一）制约了中国的保险业发展

如果法律规定的保险公司组织形式单一，势必使这些公司以同一模式进行运作，在同一条道路上不断重复已经存在的缺点和已经花费的成本，这不利于社会保险资源的最优配置。

（二）在一定程度上阻碍中国保险市场的发育

随着社会经济生活的不断发展，国民保险意识的不断增强，被保险人在消费保险产品的同时对目前中国保险公司存在的高额承保利润产生质疑，他们在关注保险产品价格的同时，会越来越关心保险费中所包括的股东分红、利润流向以及费用成本，过高的附加费率使被保险人宁愿自留风险，而不愿将风险转嫁给保险公司。从这一角度看，相互保险组织更加符合被保险人利益，目前已有的保险公司组织形式已不能满足中国保险市场进一步发展的需要。由于市场经营主体过于单一，仅限于公司形式的保险人，而公司实现股东价值最大化的特点使得保险公司忽略了利润相对低微的业务。而市场上确实存在着对这些业务的有效需求，忽视这些需求就无法真正实现保险的社会保障功能，农业保险就是一个典型的例子。其他国家的经验表明，相互保险公司、相互保险社以及互助合作社这些类型的保险机构的存在可以覆盖这类保险需求。

（三）降低了中国保险主体组织的竞争力

（四）不利于监管机构进行有效监管

随着国内经济的发展，一些中国企业已经成长为超大型的综合企业集团，对于这些企业，按照普通的模式进行保险安排并不符合成本最小化的要求，允许它们成立自保公司更有利于它们的发展，而国内尚无自保公司的法律。企业自保应该成为中国大中型企业比较普遍的一种分散风险的形式，是保险市场的重要组成部分。

根据英、法、美、日等国家的经验，一般有专门的法律或在保险法中设有专门的条款来监督保险组织形式经营行为，规定在接受其主管机关监管的同时，必须受国家保险监管机构的监管或指导，纳入商业保险的经营和监管范围。中国可以根据《保险法》第一百五十六条："保险公司以外的其他性质的保险组织，由法律、行政法规另行规定"，结合具体情况及时作出立法选择。随着不断发展变化的市场需要，确定现已存在的相互保险公司、保险合作社的法律地位和组织形式，协调、配合人大和国务院有关部门，加快配套法规的立法进程，抓紧研究制定有关特殊保险组织形式的行政法规或监管规章，允许设立自保公司、互助保险等其他性质的保险组织，鼓励发展多种类型的专业性保险经营主体，培育和完善保险市场组织机构体系。在相关行政法规出台之前，可设定几项基本的准入条件，选择一些条件相对成熟的省份进行试点。在总结试点经验的基础上，选择成熟时机颁布有关行政法规，并向全国逐步推广。这样做有利于防止因过多设立，严重冲击直接保险公司的业务和直接保险市场的发展，从而最终在法律层面上单独立法时，保证法的稳定性和连续性。

不断完善保险组织形式的立法十分重要，应该加强在以下几个方面的法律法规建设：①相互保险。在第一次修改《保险法》过程中，相互保险公司作为保险组织形式就曾被提出，但最终未被接受。最近经过国务院批准，黑龙江开始实验相互农业保险。现在这种组织形式已经吸引了越来越多省份的关注。此外，保险发达国家的有些险种就是从相互保险发展起来的，例如，医生职业责任保险、律师职业责任保险等。因此，应参照各国立法情况将对相互保险公司的法规写入《保险法》。②互保协会。中国船东互保协会作为全国性社会团体在中华人民共和国民政部注册登记，依法享有社团法人资格，接受交通部的业务指导和民政部的监督管理。因此，中国应在司法解释中承认其法律地位，归属于保险监管机构的监管范围。③保险合作社。中国职工保险互助会是中国最大的互助保险组织，已经在保险市场上存在10年之久。但是中国对互助保险的监管一直处于一种空缺状态。目前该会保险产品设计报批已归保监会监管，但保监会监管保险公司最重要的手段——偿付能力监管并没有适用互助会。在英国，对互助保险组织同样有偿付能力要求。④自保公司。自保公司产生于英美，从1893年美国第一家自保公司——纽约信用保险公司成立至今，已走过了百年历程。然而，自保公司真正的发展却是20世纪60年代。由于传统保险市场的容量有限且不能提供期限灵活的保险，自保公司作为承保母公司风险的分支机构，主要在传统的保险市场外提供补充保险。但随着经营业务的扩展以及母公司税收筹划的要求，许多知名的自保保险公司逐渐也向母公司外的其他公司提供全面的商业保险业务。到目前为止，全球有超过4 000家的自保公司，每年的毛保费收入超过20亿美元。应该通过立法明确规定自保公司的公司组织形式、保险业务经营范围、资本金要求、税收政策和监管方式。

第六章 促进《财产法》和《侵权法》的立法工作，保证财产责任保险的可持续发展

对私有财产权的保护、合同自由和侵权责任是现代工业化社会的三大支柱。换句话说，《财产法》、《合同法》和《侵权法》是现代工业化社会法律体系的三个支撑点。

《财产法》是保护个人或法人对财产的独占性权利不受他人的侵犯。《财产法》对财产保险至关重要。一方面，无论是个人还是法人所拥有的财产都面临着因为自然原因和人为原因遭受损失的不确定性，即风险，这就产生了保险的需求，这是存在财产保险的基础。改革开放以来，中国居民个人财产有了大幅度增加，购买房屋和汽车的人越来越多。中国宪法允许多种所有制并存，民营企业在国民经济中的比重不断增加，生产资料私人占有的规模越来越大。所有权人的财产越多，风险就越大，保险的需求就越强烈。因而，应尽快制定和颁布《财产法》以保护对财产的合法占有，使得人们有必要通过保险转移风险，以保障个人生活的稳定和企业经营的顺利。另一方面，《财产法》规定财产的性质、财产权的种类和优先顺序、对财产权的限制会对《保险法》产生重要影响。例如，可保利益的性质、程度、实际具有可保利益的时间，以及保险人的代位追偿权等。

侵权是指产生于合同关系以外的社会交往活动中，侵犯了其他人的合法权利、法律准许通过损害赔偿诉讼、给予救济的违法行为或不行为。侵权属于民事过错，不是刑事犯罪。同时，是违反合同以外的、对个人或法人造成伤害的民事过错。构成侵权的行为是违反法律的行为，而不是违反道德准则的行为，尽管违法行为常常也违反道德准则，但法律不是根据道德准则判定是非的。构成侵权有三个要素：①一项受法律保护的权利；②非法侵害这项权利；③侵害是造成损害的近因。《侵权法》是责任保险的基础。责任保险承保的是被保险人依法应当对第三方承担的责任，通常是指过失责任——非故意侵权，是致害人无意识情况下对他人的伤害，即一般所说的疏忽行为，这种对他人伤害是因为致害人没有对受害人尽到法律规定的对他人安全应尽的注意义务。有了《侵权法》才能区分故意侵权和非故意侵权，才能界定什么是合理注意义务。《侵权法》直接影响责任保险的险种和承保范围。《侵权法》和侵权损害赔偿的判决直接影响责任保险的成本，进而影响责任保险的费率水平，最终影响保险公司经营责任保险的决策。由于中国没有《侵权法》，也没有完整和完善的侵权法律体系，因此，对于什么属于侵权责任，如何界定“注意义务”，对于经济损害、精神损害和惩罚性赔偿的标准和计算在法律上并不十分清晰，这对责任保险的发展是十分不利的。还应特别注意的是，《侵权法》是一把“双刃剑”，它既为保险公司创造了市场，但如果对损害赔偿不加限制，可能会损害保险公司的偿付能力。以美国为例，它的侵权诉讼费用和

损害赔偿的总额在1950年仅占当年GDP的0.6%，1970年为当年GDP的1.4%，到1995年就达到当年GDP的2.3%。但是，赔偿侵权损害受害人的判决中只有46%用于补偿当事人的实际经济损失和精神痛苦，而54%则用于支付律师费用和法庭费用。这也是为什么布什政府将《侵权法》改革列为其任期内主要工作之一的原因。此外，由于责任保险尾期长、不确定因素多、费率很难以精算为基础，所以，在发展责任保险的过程中，如何防范保险公司偿付能力风险，必须要有相应的保险监管法律法规，对责任保险的保单条款、承保方式、保费计算、准备金提留等方面有不同于其他险种的详尽规定。只有这样，才能不重复像美国20世纪六七十年代出现的责任保险危机，并一直影响到今天的局面。

第七章　完成从传统医疗保险到“管理医疗”的转变需要相应医疗法律的支持

商业健康保险的规范有序并合乎经济规律的发展，不仅关系着商业健康保险业和整个保险业本身的发展，而且事关国家政治和经济的稳定与健康发展。学习和借鉴国外健康保险业的发展经验和教训，对完善中国健康保险体系是有益的。

美国的健康保险始于19世纪60年代，当时的健康保险并不是独立的险种，而是在其他人身保险中包含有某些健康保险的责任。现代商业健康保险作为独立的险种在美国始于1929年，当时有一批教师与达拉斯的贝勒尔医院订立了一个由该医院提供规定的就诊、治疗和住院等项医疗服务的合同，教师则按月向医院支付事先规定的费用。到了1930年，美国出现了一种与商业健康保险公司经营的健康保险不同的、独立的医疗保障方式——医疗模式（Managed Care）。第二次世界大战期间，美国很多的工厂企业工资冻结，作为员工福利的健康保险成为员工重要的无形收入。因为员工不需要为健康保险的保费缴纳所得税，而且这少量的保费所购买的是其数额几倍甚至几十倍的医疗服务。第二次世界大战之后，健康保险在美国迅速发展。这一方面是因为法律允许将包括健康保险在内的员工福利作为劳资关系谈判的内容；另一方面，医疗技术的进步、人民富裕程度的增加和人口的增加都促进了健康保险业的发展。到了20世纪50年代中期，美国有7 700万人有住院费用保险，6 000万人有手术费用保险，2 100万人有手术费用和医生诊治保险。这一阶段，商业健康保险公司虽然为成千上万的人提供了健康保险，但他们计算保费却仍然以营业经验为依据。20世纪60～80年代是美国健康保险业飞速发展的年代。60年代中期，美国国会通过了建立政府资助的老年医疗保险（Medicare）和低收入家庭医疗保险（Medicaid）。商业保险公司也开始为大众提供大金额的综合性医疗保单，并使用精算确定保费。由于集体健康保险的发展，保险人按照一个一个不同的群体确定费率，使得大型企业得以利用保险人的费率，采用自保方式自己为本企业的职工提供健康保险。一些实行健康自保的企业，甚至委托商业保险公司代管它们的自保业务，并缴纳管理费用。这一阶段，管理医疗也有了很大的发展。

商业医疗保险是一个非常特殊的险种。商业医疗险保单虽然是保险人与被保险人之间的合同，但就获得保险金而言，其受益者却是医生或医院。传统医疗保险有两个制约其发展的内在因素：逆向选择和道德风险。解决逆向选择的方法之一是发展团体健康保险；而要解决道德风险问题则需要通过立法鼓励将医生引入到医疗保险体系内。美国1973年通过了健康保障组织（Health Maintenance Organization，HMO）法，取消了原有对这种组织的限制，为这种组织的发展制定了统一的标准，促进了商业健康保险经营方式从单一向多元化发展。健康保险公司开始涉足管理医疗、经营健康保障组织。

实际上，这种转变改变了“你看病、我付费”的传统的健康保险方式，保险公司通过健康保障组织的形式直接介入对医生、处方、手术和医院的管理，这对降低健康保险的成本非常重要。健康保险公司通过为自保企业提供保险管理服务，提供再保险，拓宽收入来源。例如，在美国1997年保险市场中，FFS（传统医疗保险）占18%，健康保障组织（HMO）占33%，优先提供者组织（PPO）占32%，定点服务（POS）占17%。也就是说有82%的医疗保险脱离了传统的商业健康保险经营方式。我们应该从一开始就注重对健康保险经营方式的研究和规划，尤其是应该推动相关医疗组织法的立法工作，完成从“传统医疗”保险到“管理医疗”的转变。

医疗保险费用不断攀升的一个原因是医疗侵权责任诉讼持续增加。美国医生将其收入的三分之一用以购买医疗责任保险。1974年，美国国会通过了《雇员退休收入安全法》(ERISA)。根据该法的规定，如果医疗服务属于雇主为雇员提供的福利，医院或医生就可以取得绝大多数侵权责任的豁免。这无疑大大降低了团体医疗保险的成本。

不仅是商业健康保险，所有的商业保险都是一样，保险公司之间的竞争应当是保险服务水平的竞争，不应当是那种随意扩大承保责任、降低保险费率的恶性竞争。恶性竞争会降低保险公司的承保能力，损害保险公司的经济实力，一旦赔付能力出现问题，最终受到损害的是保险的消费者。因此，必须使保险公司的承保责任规范化，使用统一标准化的保单。对标准化的保单条款可以进行统一的解释，减少不必要的争议和诉讼，结果会降低保险的成本。应当制定相同险种的标准保险费率和调整幅度，保证商业保险公司的支付能力，最大限度地保护保险消费者的利益。

健康保险中的欺诈行为和滥用行为一直是各国健康保险管理中的重要问题。健康保险的欺诈和滥用会严重增加健康保险的成本。根据美国健康保险协会的估计，每年美国的健康保险费用中大约有3%～25%与健康保险的欺诈行为和滥用行为有关。因此，美国健康保险公司从技术上和管理上加强了对健康保险的欺诈行为和滥用行为的防范。据统计，1995年参加美国健康保险协会的健康保险公司通过打击健康保险欺诈共节约支出2.62亿美元。由此我们可以看出，存在于公费医疗中的滥用行为并不会随着医疗体制的改革而自动消失，它们会以其他的形式出现于健康保险和管理医疗当中。缺少相应的防范机制就会像危害政府医疗保障一样危害健康保险和管理医疗；使政府医疗保障变成沉重的社会负担的问题，同样可以使健康保险和管理医疗陷入经营困境，甚至被迫退出健康保险市场。所以，商业健康保险公司必须从一开始经营健康保险时起，就建立起一套行之有效的对付健康保险的欺诈行为和滥用行为的防范机制。

在医疗保险法律制度建设中，还要注意明确商业医疗保险和社会医疗保险的关系。医疗保险在本质上是一种补偿性保险。因此，被保险人应该同时享有商业医疗保险和社会医疗保险的保障，但保险只应补偿其实际医疗和护理费用，而不能使其额外获利。同时，哪一种保险应该承担首要赔付责任也是十分重要的。如果商业医疗保险是社会医疗保险的补充，就需要在法律上确定其“补充”地位。这样，即使被保险人首先从商业医疗保险公司获得赔付，商业医疗保险也可以通过代位追偿从社会医疗保险中得到相应的返还。

第八章　理顺保证保险的法律关系，加强保证保险立法工作

保证是一种信用交易。保证人（Surety）通过向其被保证人（Principal）提供保证合同，实际上是将保证人的信用提供给了被保证人，以使被保证人能够与权利人（Obligee）订立合同。保证人为被保证人保证就是创造一种“信用工具”，使用这种工具，保证人收取费用，将其自身的信用扩展给予被保证人。保证人认为这种信用授予并不会产生损失。保证人授予信用是基于这样的原则，无论按照法律还是诸如补偿协议（Agreement of Indemnity）之类的书面合同，被保证人或任何第三方补偿人（Indemnitor）将在保证人为被保证人履行保证合同而发生损失时补偿保证人。

我们说保险只有300多年的历史，而保证则有2 000~3 000年的历史。在产业革命以前，保证基本上不是作为一种商业行为，而是个人为了友谊或其他某些目的无金钱报酬的一种友善行为。产业革命以后，随着保险公司的建立，保证开始变成了一种商业行为。保证从个人行为到商业行为的演化既是产业革命的结果，又极大地促进了产业革命的发展。

保证是一种合同行为，合同的一方承诺对另一方的债务，未履约或错误履约将承担责任。这种合同包括三方：被保证人、权利人和保证人。被保证人或义务人承担了以某种方式履行对权利人或债权人的义务。保证人向权利人担保被保证人将履行规定的义务。

从以上的定义可以看出，保证和保证保险还是有差别的，其差别在于保证是任何个人或法人作为保证人从事符合上述定义的合同行为，而保证保险则是由保险公司作为保证人从事的保证行为。保险公司经营保证保险不仅收取费用——对价，而且必须遵循保险的基本原则。虽然，保证人之所以提供保证是因为相信被保证人会履约，不会发生损失；但是，从某种义意上讲，任何商业行为都有发生损失的可能性，存在着因各种原因不清偿债务、不履约、或错误履约的情况。保险人可以运用大数法则让被保证人建立共同基金，平均分担损失。这就构成了保证保险。

保证保险有其自身的特点：①保证有三方关系。保证合同是一个书面文件。在这个书面文件中，有两方——被保证人和保证人对一个第三方/权利人承担了在不能履行规定义务的情况下向其支付不超过合同规定的金额的责任。在这种意义上，保证合同不是一个独立的合同，它是建立在一个基础合同或基础义务之上的。②共同连带责任。保证合同不是一种一方义务合同。事实上，保证合同一般都是共同责任和连带责任的法律文件。这就是说，债权人既可以要求被保证人，也可以要求保证人，或者要求两方共同补偿其损失。如果被保证人破产，法院可以解除被保证人的责任，而要求保证

人承担全部责任。如果被保证人不履约，保证人采取措施完成了合同规定的义务，法律规定保证人可以代替权利人，拥有权利人对被保证人/义务人所具有的一切权利。被保证人并不因为有保证人的保障而逃避任何责任。如果权利人单独对保证人提起诉讼，保证人总是拥有在被保证人处获得补偿的权利，即使被保证人不具有偿还能力。但是，如果保证人采取了措施并支付了金钱，为此履行的义务不是被保证人依法应该履行的义务，他不能向被保证人追偿。从某种意义上说，保证人的保证只是给了被保证人一个否则无法得到的商业上的机会。除此之外，被保证人并无其他的好处，他要单独对保证人承担一切责任，或者对权利人和保证人都承担责任。在这里，真正得到保障的是权利人，而不是被保证人。保证合同的效力持续至基础合同终止时结束，不管基础合同是履行终止还是取消终止。保证人的责任可以只有几天，也可以持续数年，要根据法律或基础合同而定。在一般的情况下，保证合同一经生效就不能撤销。被保证人/义务人不能撤回自己的承诺，保证人也不能这样做。被保证人不向保证人支付保费不能成为保证人解除对权利人义务的抗辩。③补偿合同。保证合同是补偿性合同。保证人只在权利人因被保证人不履行而发生损失时赔付权利人。不论损失大小，保证人的责任以保证合同规定的责任限额为限，一般情况下不超过权利人的实际损失数额。

保证与保险不同。①保险。保险所承保的是纯粹风险，即或有损失或没有损失的一种状况。保险人运用大数法则、概率就是因为肯定会有损失发生，而要算出损失发生的频率和程度；保证则不同，当有人要你提供担保的时候，你要考虑被担保人是否诚实可靠，有没有能力完成工作，有没有经济实力，讲不讲信用，负不负责任，一切是否合乎担保的条件。当你认定合乎条件，你可能还会要求提供某种抵押物或拥有某种控制权，只有认为靠得住时才提供保证。理论上讲，保证人是在预期不会发生损失的情况下提供保证的。但是，天有不测风云，客观上存在着万一的情况，虽然保证人预期不会发生损失，实际上损失仍然会发生。在被保证人不履行的情况下，保证人赔付后通过行使其追偿权全部或部分补偿自己的损失，但还是存在被保证人破产等使保证人完全无法追偿或只能追偿部分，即保证人遭受全部损失或部分损失的可能性。保证保险就是保险人运用保险原理解决单个保证人不易解决的这个问题。②两方关系与三方关系。保险是保险人和被保险人的关系。被保险人在保险期间遭受了承保的损失，保险人按照保险合同的规定承担赔偿被保险人的责任。被保险人要按保单规定履行其对保险人的义务。保证保险是保证人、被保证人和权利人之间的关系。保证人在被保证人不履行时赔偿权利人，而不是被保证人。真正享受保证的是权利人。保险人赔付权利人之后，可以取得对第三方责任方的代位追偿权——非合同权力/衡平法上的权力。保证人赔付权利人以后，被保证人依保证合同必须补偿保证人，保证人同时享有对被保证人的代位追偿权，即同时有合同的和非合同的追偿权。③期限和撤保。保险合同都有明确的期限，如 3 个月、6 个月，或 1 年、2 年。这是双方约定的保险人责任开始和终止时间。在一般情况下，财产责任保险中保险人和被保险人都可以按一定的手续解除保险合同，即撤保；保证保险通常是在被保证人完全履行了其义务时终止，或是以基础合同的期限为准，而不是保证合同双方当事人自己任意约定的时间；如果基础合同规定被保证人用几年的时间履行义务，保证合同就要持续几年。同时，一般情况下保证合同是不能撤销的。这是因为，虽然保证合同的当事人是保证人和被保证人，可合同保障的是一个明确的第三方——权利人的利益。如果双方可以任意撤销合同，权利人实际上就得不到任何保障。任何权利人都不会接受可以撤销的保证。④合同形式。保险合同应该是书面的，但这并不排除法庭强制执行口头保险合同的可能性；保证合同只有书面的才具有约束力和可以强制执行。

保证保险也不同于责任保险。责任保险的实际受益人是不指明的第三方；保证保险的实际受益人是指明的第三方。在保费方面，财产被保险人缴纳的保费是为自己利益支付的对价；而保证保险和责任保险则同是为他人利益支付的对价。保证保险合同在表面上与责任保险单有相似之处，但它们有着实质的不同。如果保证人被要求补偿第三方，他会在以后要求被保证人归还这部分款项。责任保险则相反，它是代表被保险人支付赔偿。保证人在出具保证之前通常要求被保证人证明其拥有规定的有效保险。在出现涉及第三方的诉讼时，只有当损害赔偿请求不属于责任保险的范围，被保险人/被保证人才承担法定的经济后果。如果损害赔偿请求数额巨大致使被保证人破产，保证人才需要对此损害赔偿请求负完成责任。

保证保险基本上分为两大类：保证保险合同和忠诚保险合同。保证保险合同又分为合同保证和非合同保证两种。合同保证包括：①投标保证。投标保证是担保投标人将按报价达成合同，并按要求提供履约保证和付款保证。②履约保证。履约保证是担保补偿项目所有权人因承包商未能按合同全部条款和要件履行合同所遭受的经济损失。③付款保证。付款保证是在承包商不支付与项目相关的某些人工、原料、其他物资的款项或不付款给分包商时，担保由保证人付款。④维护保证。维护保证一般是在建筑工程完工后用以保障权利人对承包商错误施工或材料缺陷的救济，即错误施工能得以改正，缺陷材料能够更换。⑤预付款保证。预付款保证是担保被保证人能够归还权利人根据合同预付的款项。⑥供货保证。供货保证是担保供应商（被保证人）按照供货合同约定的价格和质量提供交付权利人采购的商品。

发展保证保险对于今天中国建立诚信社会和规范建筑工程市场有非常重要的意义。保证保险是信用交易，承包商或分包商利用保证人的信用获得工程首先就要通过保证人的资质预审，实际上保证是以其自身信用为基础的。此外，如果承包商或分包商购买了保证保险，不仅可以保障工程项目的建设，而且付款保证可以保障材料供应商的利益，保障民工的工资及时兑现，维护保证则可以更直接地保护购房者的利益。正因为如此，美国国会1894年就通过了“赫得法案”（Heard Act），要求承接公共工程的承包商购买保证保险；1935年又通过了“米勒法案”（Miller Act）代替“赫得法案”，进一步规定公共工程的分包商或材料供应商有权要求承包商提供付款保证，以保证其材料费和工人工资。此后，美国所有的州、县和市镇政府都通过了类似要求承包商购买保证保险的法律，称为“小米勒法案”。建筑业是美国传统三大支柱产业之一，上述立法活动构建了美国保证保险制度，保障了美国建筑业的健康有序发展。另外，现在除了保险公司从事保证保险业务外，很多担保公司也在从事保证保险业务。由于没有明确的法律规定，对体制外的保证保险业务缺乏必要的监管。因此，应该制定或修订现有法律，以便对保证保险主体进行监管。

第九章 推动农业保险立法

农业保险是农业支持保护体系的重要组成部分，与农业救灾共同构成农业风险管理中两个互补的工具。农业保险在中国起步较晚，发展缓慢，同时由于农业保险的一些特性，目前发展处于探索阶段。回顾世界各国农业保险发展的历史可以发现，很多国家均先制定农业保险法及其实施细则，确定基本法律依据。农业保险的立法是中国确立起多层次体系、多渠道支持、多主体经营的政策性农业保险制度的关键环节。

目前，专门的农业保险法在中国尚属空白，农业保险经营主体运营的法律依据仅为《中华人民共和国公司法》和《中华人民共和国保险法》。由于农业在中国的战略重要性地位、农业风险自身的特殊性、农业保险经营的复杂性，因而需要建立适应多层次体系、多渠道支持、多主体经营的政策性农业保险制度的农业保险法律体系。

农业风险本身具有很大的特殊性，如风险标的集中、风险破坏性大、受多重风险制约、农业经济区域性不平衡、风险差异大等，因此，要根据中国农业风险的特殊性及农业经济发展的阶段，区分农业自然风险和经营风险、农业可保风险和不可保风险，以实现农业保险提高农民灾后恢复生产和生活自救水平，在政府救助（基本保障）之上达到补充保障的目的。

中国农业保险的经营非常复杂，保险经营投入大、赔付率高。目前，为保监会推行试点的经营模式就有五种。根据现实的需要，未来可能会有其他的经营模式出现。因此，需要法律对每种模式进行概念的界定和区分，确立保险经营原则，规范其市场行为，实施不同的政府救助模式和风险分散机制。

国际上，农业保险体系主要有公有化主导型体系、公有与私有合作型体系和私有化主导型体系三大不同类型。研究不同农业保险体系下，不同的农业保险经营主体、不同的农业保险经营模式及立法，对中国建立起适应多层次体系、多渠道支持、多主体经营的政策性农业保险制度的农业保险法律体系具有一定的借鉴意义。

国际农业保险体系经营主体及经营模式主要有：

第一节 公有化主导型体系——国有保险公司

政府通过国有保险公司在一定程度上对农业生产实行宏观调控，即强制开办农业基本保险，以保证农业生产的基本损失得到补偿。希腊是一个典型的公有化主导型体系国家。希腊的农业保险制度包括公共保险和特别保险两个部分。公共保险对由于冰雹、暴风以及其他规定的自然灾害和家畜疾病给农民造成的损失提供强制性保险。特别保险则对公共保险没有涉及的险种，如水产业以及公共保险险种中的补充保险需求提供保险，是对公共保险的补充。希腊的特别保险主要靠保费收入，而公共保险的资金来源则不仅包括保费收入，还包括公共基金、风险管理基金以及保险投资收入等。

第二节　公有与私有合作型——私有制保险公司和互助保险社

国家主要提供保险补贴和再保险保障。

西班牙和葡萄牙采用公有和私有保险合作的形式，国家主要提供保险补贴和再保险保障，通过私有制保险公司来规避基本农业风险及实现风险管理。这一体系的主要代表是葡萄牙，分别由收成保险和农作物灾害基金对农业风险损失进行补偿。收成保险是指私有保险公司对火灾、冰雹、雷击、爆炸等所造成的农作物损失提供基本保险保障；农作物灾害基金提供没有包括在收成保险中的风险的保险援助，实施方式为贷款和利息补贴。

第三节　私有化主导合作型——私有保险公司

欧盟内部大部分国家都采用这一农业保险制度，由私有保险公司经营一国的农业保险。各个国家对农业保险的财政补贴政策则各不相同，但主要由私有保险公司承保风险。对于那些没有被涵盖在私人保险里面的自然灾害所造成的损失，政府以优惠利率贷款和担保提供公共灾害援助金。对于干旱给畜牧业造成的损失以及其他灾害所造成的损失，通过特别公共援助金进行援助。这类保险的资金来源主要是保费收入。

第四节　政府支持下的相互会社模式

由于日本农业是建立在分散的、个体农户小规模经营基础之上的，因而日本的农业保险体系采取了政府支持下的相互会社模式，即由民间的非营利保险相互会社——市、镇、村农业共济组合和都、道、府、县农业共济组合联合会，共同经营农业保险业务，政府补贴和再保险进行扶持。概括而言，这种模式是包括农业互助组合、农业互助组合联合会以及政府农业保险机构这三个层次的农业保险组织体系。在日本，农业保险采取强制性保险与自愿保险相结合的方式。根据立法规定，一旦某地区建立了互济组织，所有农作物耕种面积达到预定规模的农户即被强制参加农业保险；对水稻、旱稻、麦类等作物的多种风险和养蚕保险、大牲畜（牛、马等）保险属于强制保险范围，对其他作物及饲养动物实行自愿保险。小规模农作物种植农户，可以自主选择是否参加农作物保险、是参加当地互济协会还是参加商业性农作物保险。果树、园艺作物、家畜家禽养殖农户自愿投保。按政府指令种植稻谷、小麦以及养殖的农户，不用投保就自动参加了保险。同时，将农业保险和农业信贷结合起来，凡有农业生产借贷的农业保险标的，即使自愿保险项目也应依法强制投保，政府至少对法定保险提供保费补贴。根据日本立法规定，农户参加保险仅承担很少一部分保费，大部分保费由政府承担。

日本1929年颁布《牲畜保险法》，1938年颁布《农作物保险法》，1947年又把两个保险法修改合并为《农业灾害补偿法》。该法对农业共济组合的各方面，包括成员资格、加入、选举权、退出，组合的设立程序、章程，管理机构的产生、领导成员的民主选举及其职责、权限、组合的解散和清算等均做了详尽、具体、严格的规定。对联合会和中央政府的再保险关系、义务、分保方法、保额分配、财务处理等也做了同样细致的规定。此外，这种制度还受《农协法》、《农业协同组合法》等法律的指导和约束。

第五节　双轨制农业保险保障体系——国家和私营、政府和民间相互联系

美国由联邦农作物保险公司（FCIC）、私营保险公司、农作物保险协会共同参与开办农业保险。在美国农作物巨灾风险保险实行强制保险制度，其他都是自愿选择。1994年美国《农作物保险法》明确规定，必须购买巨灾保险，然后才能购买其他附加的保险；允许将农作物的火灾和冰雹灾害单独向商业保险公司投保，美国政府向承办农作物保险的私营保险公司提供20%～25%的业务费用补贴；巨灾保险补贴全部保费。

美国《联邦农作物保险法》自1939年颁布后，到1980年一共修改了12次。经第12次修定颁布后，结束了农作物保险长达42年的试验，自1980年正式在全国全面推行。1994年，美国国会根据13年实施《联邦农作物保险法》存在的问题，特别是连年赔付率过高的问题，再次对该法进行大刀阔斧的修订，产生了《克林顿农作物保险改革法》。

此外，加拿大的农业保险立法也很具特色。加拿大农业保险立法的目的主要是为了稳定农民收入，增进农场主的社会福利水平。1959年，联邦政府颁布了《联邦农作物保险法》，规定由省政府举办地方性的农业保险，各省是否办农作物保险则由各省自己决定。联邦为举办农作物保险的省份分担直接保险的保险费和（或）管理费，提供贷款。同时，根据联邦政府与省政府的协议，为该省的农作物保险提供再保险，并对其直接保险和再保险进行宏观指导和监管。1960年，曼尼托巴省首先通过本省农作物保险立法，在此后的14年中，全国10个省陆续通过各省立法，全部加入农作物保险行列，各省成立官方农作物保险公司。加拿大联邦没有农作物保险公司，也不经营农作物保险。各省成立的官方农作物保险公司均独立经营，自负盈亏。加拿大法定可保的农作物保险标的相当广泛，几乎包括了农、林、园艺、水产养殖等所有的农产品，多达35类。加拿大曼尼托巴省也允许将冰雹灾害单独投保。加拿大农业保险规定，在一般情况下，保障水平是记录和评定产量的80%，对低风险地区，保障产量可以提高到90%。联邦为举办农作物保险的省份分担直接保险的保险费和（或）管理费，并提供贷款。政府承担全部经营管理费和50%的保险费补贴。加拿大直接经营农作物保险的是各省农作物保险公司，省公司与联邦依法签约，由联邦政府（农业部）提供再保险。

中国正在进行试点的物种农业保险经营主体，商业保险公司代办的农业保险可以参考私有化主导合作型、私有公有合作型和双轨制农业保险保障体系的农业保险立法。

专业性农业保险公司可以参考私有化主导型的农业保险立法；农业相互保险公司可参考政府支持下的相互会社模式。对于外资或合资保险公司，一方面应考虑其外资的特点，履行加入世贸组织的承诺，另一方面要参考私有化合作型的立法。对于地方性政策性农业保险公司，我们可以参考加拿大的农业保险立法。

通过研究这些形式的农业保险体系，农业保险立法应遵循的原则主要有：

第一，无论采用哪种保险体系，都需要从组织结构、政府职责、强制与自愿保险范围到费率厘定、赔款计算以及再保险等，制定立法规定与实施细则。

第二，明确农业保险的政策性属性、各级政府管理和支持作用、政府支持及补偿体制、部门间的协调机制。

第三，明确农业保险中的农业种植业险、养殖业险、人身保险、责任保险的性质和相关法例条规。

第四，通过再保险的形式发挥商业保险公司的作用。国有农作物保险公司对参与农作物保险计划的各种私营保险公司、联营保险公司、再保险公司等直接提供再保险。

第五，将农业保险和农业信贷结合起来，凡有农业生产借贷的农业保险标的，即使自愿保险项目也应依法强制投保，政府可以对保险险种提供保费补贴。

第十章　改革税法，建立促进人寿、健康保险和年金保险的法律制度

税收政策尤其是针对保险行业的税收政策对于一国保险业的影响既广泛又深远。首先，税率的高低会产生不同的作用。一般来说，一国若对保险公司实行较高的营业税率或所得税率，将会减少其税后利润，从而也就降低了保险公积金的积累能力。由于保险公积金是保险偿付能力的重要组成部分，因此，长此以往必然会影响到保险公司的偿付能力，这有碍保险市场主体的培育和保险市场的稳定。其次，税收的歧视政策将会产生不同的效果。如果一国针对内外资保险企业实施不同的所得税率，那么这将破坏保险市场秩序的重要基础——公平竞争，竞争的不公平影响了规范有序的保险市场的建立；而一国若对所有种类保险业务实行统一的税率，那么将难以体现国家对各险种的政策导向，使保险产业发展政策难以配合国家经济发展计划，适应国家经济发展方向的需要，同时也不利于保险产业发展政策的完善。再次，对企业和居民购买保险有无税收优惠政策，将会影响保险需求的有效扩大。如果一国企业和居民购买保险的保费可以作为费用项目从其收入所得中扣除、保险金可以不列入其收入所得之中，这将会激发企业和居民购买保险的热情，从而扩大保险的有效需求。

从以上分析可以看出，保险与税收之间相互作用的结果主要影响到作为课税源泉的税源和作为保险业发展动力的保险需求两个方面。而保险业的税收政策则是这种相互作用的主要动因。若一国为了增加税收收入，则可能提高税率，但这样就会抑制保险业的发展，甚至可能在长期内对其他税源有影响；若一国为了促进保险业的发展，那么可能会降低税率，出台税收优惠政策，以刺激保险需求和保险业的发展，但这样可能在短期内会减少税收收入。由此可见，税源与保险业发展及保险需求之间存在既对立又统一的关系。从长远来看，二者之间存在相互促进的关系。因此，最优的策略是在保证一定税源的情况下尽量给予保险业以优惠政策，达到既促进保险需求和保险业的发展，又在保证保险业一定发展速度的前提下，达到尽量增加征税来源的目的。

如果国家为保险产品提供的税收优惠有利于纳税人的财务筹划，人们必然加大对该类产品的消费。在养老保险具有延期支付所得税的好处情况下，由于在大多数国家个人一般所得税率采用超额累进税率，通常一个人在工作期间的收入会高于退休的收入，因而他可能将部分收入存在个人退休金账户（IRA），而 IRA 的年金能够抵减应税收入，这就降低了个人工作期间的所得税应税收入。当个人退休后从该账户领取现金时，个人收入通常低于工作期间的收入水平，会采用较低的税率进行纳税。纳税人在为自己作财务筹划时一定会将资金用于购买养老保险，从而扩大了保险需求。关于投保方所获得的保险赔款是否纳税的问题，《中华人民共和国税法》规定，个人所获赔款

可以在计算应纳税所得额之前扣除，即对保险赔款免征个人所得税。中国不久即将开征的遗产税也会刺激人们对人寿保险的需求。遗产税与其他税收除了在性质上有所不同以外，其特殊性在于遗产税要求其纳税人必须具有缴纳税款的能力。所谓缴纳税款的能力是指遗产的继承人在接受遗产时就必须备有足够的纳税款项。也就是说，遗产继承人不能用所继承的遗产缴纳税款，继承人必须在全部继承财产过户登记办理完毕以后，包括缴纳遗产税税款之后，才有权处分其所继承的财产。因此，继承人必须先筹措一笔资金以缴纳税款，然后才能得到所继承的遗产。如果遗产被继承人生前购买人寿保险，便可以使这一问题迎刃而解。

一、中国现行法定的保险税制

中国现行的保险税制于1983年后逐步建立起来。根据现行税法，国家对保险业主要征收营业税和企业所得税两大税种，同时征收城市维护建设税、印花税等小税种。

（一）营业税

其计税依据为全部保费收入；实行分保业务的，初保业务以全部保费收入减去支付给分保人的保费的余额为营业税计税依据。保险业与其他金融业统一按8%的税率计征营业税。税收优惠体现在三个方面：第一，农业保险免税；第二，保险公司开办的一年期以上返还性人身保险业务的保费收入免征营业税；第三，出口信用保险业务不作为境内提供的保险，为非应税劳务，不征收营业税。

（二）企业所得税，中、外资适用不同税率

中资保险公司适用33%的税率，外资保险公司适用15%的税率，寿险公司免征企业所得税。

（三）印花税

财产保险业务按保险费收入的1‰贴花，农业保险合同免税。

（四）城市维护建设税

只适用于中资保险公司，外资保险公司免税。

二、中国现行保险业税法的问题

（一）税负不公平

中外保险公司在营业税、印花税方面差别较小，但企业所得税和城建税的税负差别却很大。外资保险公司享有“免二减三”的税收优惠，即使过了5年减免期，也按15%的所得税率征税；而中资保险公司所得税现在统一为33%。中、外资保险公司缴纳的所得税在计税工资、职工福利费、捐赠支出、业务招待费、固定资产折旧等方面的规定都有所不同。总的来说，对外资公司税收条件比较宽松，而对中资公司相对来说就比较苛刻。外资保险公司将从公司经营取得的利润直接再投资于该公司、增加注册资本或者作为资本投资开办其他外商投资企业，经营期不少于5年的，可退还其投资部分已缴纳所得税的40%税款。中资保险公司要缴纳附加于营业税的城市维护建设税，而对外资保险公司免征城市维护建设税。

（二）税负偏重

1983年税制改革以前，国家一度将保险业作为特种行业征收55%的企业所得税，一半上缴中央财政，另一半上缴地方财政，同时征收15%的固定资产投资方向调节税、5%的营业税。税制改革后，人保公司适用55%的企业所得税，太平洋保险公司适用33%的企业所得税，平安保险公司则为15%，同时征收5%的营业税和15%的固定资产投资方向调节税。1997年年初，中资保险公司统一所得税率为33%，但营业税相应地从5%上调到8%，实际税负依然居高不下。中国的税法和税收相关规定对保险产品的税收规定不明确。《中华人民共和国个人所得税法》自1980年9月通过，经过1993年的修订，对保险产品的相应税收规定只有第四条规定“保险赔款可免纳个人所得税”。从字面上理解“保险赔款”单指财产保险中由于保险标的灭失和损坏所获得的保险金赔付，而不包括寿险类产品给付性质的保险金，即对于寿险产品的保险金给付没有相应的规定。虽然在实际运作过程中，保险金的给付并没有收取所得税，即将其视为免税项目，但这并不是由于税收优惠政策造成的，而是由于法律上的不作为。含糊的条例形成了征税的灰色地带，这些都不利于政策引导，同时影响了保险需求。

美国是世界上最大的保险市场，以营业税为例，保险人需要缴纳的有州保费税和联邦特别销售税。州保费税实行的是属地纳税主义原则，各州政府对保险公司在本州内取得的保费收入征收保费税。各州税率不尽相同，有的相差还比较大。产寿险业务按照险种类别规定税率，分别计征。其中，各州对财产保险业务计征的保费税，综合平均税率为2%～3%；各州对生命和健康险业务征收的保费税，各不相同，但对在本州注册的保险公司在本州内取得的保费收入征收的保费税率在2%～4%之间，对在外州注册的保险公司在本州境内取得的保费收入征收的保费税率在0.75%～4.28%之间；各州对劳工赔偿保险业务征收的保费税，平均税率为6%。联邦特别销售税是指联邦政府对保险公司在境外取得的保费收入征收特别销售税（即消费税）。其中，对在美国境外再保险保费收入按照1%征收，而对在美国境外保险保费收入则按4%征收。从总体上来看，美国的保险营业税率较低，而且其针对不同种类的保险业务区别对待，体现了政府的保险政策。

更为重要的是，美国对于保险市场主体实施种种税收优惠政策，以此鼓励它们从事保险事业。以寿险税制为例，美国寿险市场上的应税主体有两类：一类是投保人，被保险人或受益人；另一类是保险人。我们在此仅介绍对第一类应税主体所采取的税收优惠政策。

第一，对人身保险金的税收优惠。人身保险金是指在人寿和健康保险中，根据保险合同条款的规定，保险人应对被保险人或受益人负责给付的预定的保险金或年金。在美国，保险金作为被保险人或受益人的收入所得是需要纳税的，但与其他收入相比可以享受很大的优惠。

美国对寿险保险金采取的税收优惠待遇表现在以下两个方面：

①对保险公司给付受益人的死亡保险金一般免征个人所得税，但属于保险金利息的那部分收入仍作为应税所得处理，但保险金利息通常只有在分期给付死亡保险金的情况下才存在。②在被保险人退保时，其所得的原保费返还部分免缴所得税，但保单中现金价值超过被保险人所缴全部保费的那部分收入仍应纳税。

第二，对年金保险给付的税收优惠。在美国，年金给付的优惠办法是按照总投资与总预期收入（即本人预期可领取的年金给付总额）的比例，即通过非应税比例来确定非应税收入。总预期收入是年金领取者每年领取的年金给付与美国国税局编制的年金生命表所列出的平均余命的乘积，平均余命是指年金领取者平均仍可生存的年数。

第三，对投保人缴纳寿险保费的税收优惠。按照美国税法规定，投保人参加保险，他所缴付的全部或部分保费是可从其应税收入中扣除的。在雇主为其雇员投保健康保险的情况下，雇主所支出的保费作为他的营业费用支出可以免税；与此同时，对雇员来说，这部分保费作为他们的收入也不需要纳税。因此，无论是从收入还是支出的角度来看，支付保费的那部分收入可以免征所得税。

据以上分析，美国的寿险税收优惠为纳税人转移财产提供了最好的办法：通过投保寿险，一方面可使自己的应税收入减少，另一方面其指定受益人对将来所领取的保险金无须缴纳所得税。正是这些优惠的税收待遇，使得美国在社会保障制度比较完善的情况下仍能维持发达的寿险市场。

三、中国保险税制改革的具体建议

中国保险税制改革的具体措施除了应考虑公平税负、统一中外资保险公司所得税和其他税种、为中外资保险公司公平竞争创造条件外，中国利用优惠的税收政策来促进寿险业的发展具有相当大的潜力。我们可以从以下几方面来借鉴美国寿险税制优惠政策的先进经验，加快相关税法的出台，缩小贫富差距，使保险潜在需求转化为现实需求。

（一）政府应通过立法完善税种。政府应加紧出台遗产税征收法规，为将来的税收调节做好准备。我们认为，从解决中国贫富差距加大的问题出发，遗产税应采用累进税制。鉴于中国个人家庭财产在百万以上的已达数百万户，故遗产税的起征点应确定在200万～250万元。可考虑五级超额累进，以20%为最低税率，以60%为最高税率。

（二）明确规定每个税种的具体减免、扣除、抵减优惠政策。国家通过制定倾斜性的税收政策法规来减少微观主体经济行为的税收负担，利用税收杠杆对社会经济运行进行调节。具体来说，应作为费用允许在所得税前扣除的项目有：基本养老保险的保费、企业补充养老保险的保费、个人储蓄账户在一定限额内的养老保险保费以及医疗保险的保费；应作为免税收入的有：保险赔偿、社会养老保险的保险金、医疗保险的保险金、指定受益人的死亡险的保险金、投资连结保险的保险金；允许延迟缴纳所得税的险种是：企业补充养老保险与个人投资的养老保险，国家在他们获得保险金时再征收所得税。政府也可以根据经济要求作出灵活的规定，但总的原则是尽可能兼顾纳税人的个人家庭情况，避免采取部门规章的办法，以提高税法的权威性，形成全国统一的规定。同时，要根据经济发展和物价指数变化的情况对基本扣除标准作追加调整，解决目前国家不调整、地方擅自调整的问题。

（三）通过完善税法规定促进保险产品的潜在需求转化为现实需求，促进保险业的发展。进一步完善中国的社会保障体制，提高人民的生活水平，激发社会公众参加投保的热情，引导城乡居民的保险消费，形成自己为未来作准备的社会风尚。

税务部门应允许合理避税的行为存在，把它与偷税、漏税加以区分。应该看到，微观主体的理性行为为宏观主体的政策制定和漏洞填补提供了动力和压力，为国家制定更健全有效的社会运作机制提供依据。

通过降低保险业税收负担、完善保险税制等措施，体现出国家的行业扶持政策，有利于把保险业建设成一个真正利国利民的产业。

第十一章　其　　他

第一节　加强全民保险法律意识的培育和保险人才培养

保险的发展不仅需要专业保险法律人才，而且需要对社会大众进行《保险法》的普法教育。全社会树立正确的保险法律意识非常重要。法律是权益的平衡，不能片面强调任何一方的利益，对保险公司是这样，对保险消费者也是如此。保险消费者既要懂得维护自己的权利，也要懂得必须履行自己的义务。比如，保险消费者有如实告知的义务、有订立保险合同后阅读保单的义务、有按时缴纳保费的义务、有损失发生后及时通知的义务、有避免损失和减低损失的义务、有保护保险人代位追偿权的义务。保险消费者要想获得保险赔偿就必须履行自己应该履行的义务，不能只要求权利而不履行义务。树立正确的保险法律意识还包括社会各界——媒体、法律工作者、教育工作者、保护消费者活动积极分子——正确理解保险的作用、了解保险合同、学习保险知识。例如，保险合同是一种“格式合同”，也叫做“标准合同”。但是，把“格式合同”等同于“不平等”、“不公平”、“损害消费者权益”的合同并不一定正确。“格式合同”是经济发展的需要，反映了社会的进步，促进了商品经济的发展。它的出现不仅降低了交易成本，而且合同的标准化使得对一个合同条款或词语的解释可以适用于其他同类条款，这就减少了不必要的诉讼，使合同条款容易实施。在保险的长期发展过程中，保险发达国家的保险合同往往是经过多次的法律诉讼、长时间的保险实践、专门的保单拟订机构推敲研究，最终成为标准合同的，它更多的是保护了保险消费者的利益，而不是相反的一面。

第二节　在保险法律建设和相关立法过程中建立完善的听证制度

保险法律法规需要广泛征求保险业界和社会的意见。由于还有众多的其他法律制度都不同程度地、直接或间接影响保险业的发展，因而当国家制定或修订某些法律时，听取保险监管部门、保险业界和保险消费者代表的意见十分重要。保险业发达国家在这方面有完善的听证制度。例如，美国克林顿政府的医疗健康保险制度改革，布什政府的《侵权法》改革都注重听取保险界的意见。在立法之前采取听证方式，顾及各方利益，避免在立法之后引起争议，然后不得不修改法律。只有在保险法律建设和相关立法过程中建立完善的听证制度才能体现法律的严肃性。

保险业信息化及相关制度建设研究

清华大学经济管理学院课题组

课题负责人：陈秉正

课题组成员：姜旭平　李　钲　高尔基　邱　硕

易　凡　汪志才　叶　桐　傅　杰

第一章　“十一五”期间中国保险业信息化建设的总体思路

第一节　中国保险业信息化建设的现状和问题

一、企业信息化建设取得长足发展，为提高保险经营管理水平发挥了重要作用

和国内其他行业相比，中国保险企业信息化建设起步较晚，但经过多年努力，已取得了长足发展。表现为：

（一）国内各主要保险企业均已建立了自身的计算机网络系统，配置了相关的硬件设备，基本完成了以硬件投入为主要标志的信息化基础设施建设阶段

国内成立较早的几家保险公司大多从1996年前后开始了企业信息化建设，并用2～4年的时间完成了以全面构架企业内部网和主要业务操作系统电子化为标志的信息化基础设施建设阶段。以平安保险公司为例，1996年就建成了公司局域网，1997年引入了小型机、大型数据库系统，并全面构架了企业内部网，1998年基本完成了信息化基础设施建设阶段，并开始了企业信息化建设的优化期，完善了人事管理、财务管理系统和业务操作系统。

（二）在应用系统建设方面，保险公司的信息化建设正表现为从单一业务处理信息化向集成业务处理信息化阶段的跨越

根据业务发展的需要，许多保险公司都已经建立了如核保管理系统、理赔管理系统、财务管理系统、代理人管理系统、人力资源管理系统、电话咨询中心等，部分企业开始尝试建立如客户关系管理系统这类信息资源综合性更强的信息管理系统，还有部分企业已经开始着手建立综合业务管理系统。这些应用系统的使用，是保险企业信息化建设进入新阶段的重要标志，从整体上提升了保险业服务水平和经营管理效率。

（三）许多保险企业充分利用社会信息化水平的提高所创造的外部环境，相继建设了自己的门户网站，并在不同层次上开展了保险电子商务，在树立企业形象、宣传保险知识、推进保险业务方面发挥了积极作用

此外，还出现了一些专门的保险网站，也在促进保险信息交流和业务发展方面发挥了重要作用。

（四）保险业务应用软件得到广泛应用

目前，国内保险企业已经在保险业务的很多环节上，如资产负债管理、保险产品设计、勘查定损等方面，广泛采用了计算机分析软件，为科学管理和决策提供了重要

的支持。

二、保险电子政务建设开始起步

根据中央政府关于电子化政府发展规划的要求，保险电子政务系统已见雏形。该系统的主体框架由中国保监会和各地保监局等机构构成，以行政交流和政企交流为主要形式。中国保监会和各地保监局已先后建立了各自的门户网站，初步实现了电子政务的部分基本功能。例如，宣传保险基本知识、及时公布保险行业相关政策法规、发布保险市场动态及保险行业相关重大事件和保险企业经营情况的相关信息、在网上接受并回复保险企业申报和报告、公开接受公众咨询和建议等。2004 年 12 月，中国保监会制定并开始实施了《保险政务信息工作管理办法》，对保险政务的信息含义、保险信息工作的基本任务、信息工作的主体、信息工作的开展方式等都作出了具体规定。该办法的出台，为进一步健全保险行业信息网络、拓宽信息覆盖面、提高信息质量、加快报送频率、加强行业内信息交流、更好地为各级领导科学决策提供参考、促进保险业持续快速协调健康发展提供了重要的帮助。

尽管保险电子政务系统建设已经取得了初步发展，但和其他一些发展较快的行业和部门相比，保险电子政务建设还相对落后，所实现的功能还非常有限，无论从广度还是深度上，都还有极大的拓展空间。特别是在如何利用信息化手段提高保险监管水平方面，仍有许多需要努力的地方，这正为“十一五”期间保监会系统自身的信息化建设提出了新的更高的要求。

三、保险信息共享平台建设初见成效

保险信息共享平台在中国是一个新生事物，不过 2 年左右的历史。随着保险行业信息化建设整体水平的提高，保险行业在信息共享平台和行业数据库建设方面也开始了有益的尝试，并取得了初步成果。例如，上海市保监局与上海市交通管理局、保险协会合作搭建的上海市汽车保险信息共享平台，北京市公安交通管理局与北京市保监局、保险协会合作搭建的北京市车险信息共享平台，为充分利用和保险有关的信息资源、提高行业整体经营管理水平、发挥保险的社会管理职能起到了重要作用，展现了良好的社会效益和发展前景。

此外，其他一些信息共享平台和保险数据库的建设也在积极展开。例如，在保险代理人信息共享平台方面，北京市保监局于 2003 年开发了《保险代理从业人员资格信息查询系统》，强化了对保险代理从业人员资格的社会监督，加强了对保险代理人的行业管理；还比如，中国人寿再保险股份有限公司开始筹建的中国健康险数据库等。

四、保险业信息化建设存在的主要问题

根据对中国保险业信息化建设现状的总体分析，我们认为，中国保险业信息化建设目前存在的主要问题是：

(一) 整体水平不高

表现为保险信息的综合开发利用不够、对经营管理决策支持不够、“信息孤岛”现

象较为普遍。

（二）发展不平衡

从保险企业方面看，一些主要的、大型保险企业的信息化建设水平较高，而一些新建的、小型保险企业相对滞后；从行业角度看，保险监管信息化建设相对滞后于企业信息化建设。

（三）对信息化建设的认识仍存有偏差

表现为信息化建设重硬件、轻软件；重技术、轻管理。

（四）尽管投入逐年增加，但和国际水平相比仍有较大差距，投入结构有待改善

（五）一些对信息化建设有普遍影响的问题尚未解决，如信息标准化问题、安全性问题、法律环境问题等

第二节 信息化建设的指导思想

根据中国保险业信息化建设的现状和存在的问题，结合新时期保险业发展对信息化建设提出的新问题和新要求，我们认为，“十一五”期间保险业信息化建设的基本指导思想应该是：

一、提高认识、转变观念、加大投入、稳步推进

中国保险业信息化建设的首要问题仍然是认识问题，只有正确认识信息化在提高保险业整体竞争力方面的保证作用，正确认识中国保险业信息化建设的发展水平，正确认识新时期保险业提高核心竞争力对信息化建设的要求，才能对信息化建设和发展作出正确的宏观定位。在解决了认识问题后，有的放矢地规划发展、加大投入、稳步推进。

二、信息化建设是中国保险业做大做强的重要保证

（一）信息化建设是新时期提升保险业核心竞争力的重要保证

中国保险业发展的一个新特点是，随着保险市场对外的全面开放，外资正在不断加快进入中国市场，加剧了中国保险市场的激烈竞争，向中国保险企业的经营管理和政府部门的监管提出了很多严峻挑战，信息化建设就是其中的一个重要方面。加快信息化建设是应对市场开放的必然选择，信息化建设的落后将会导致中国保险业在参与国际竞争方面处于劣势，甚至会导致巨大的经营风险。

（二）信息化建设关系到保险业的生存与发展

随着中国保险市场的迅速发展，竞争程度日益加剧，保险业传统的盈利模式已受到严重冲击，利润空间越来越小。在这种情况下，惟有通过加强管理、降低成本、挖掘新的市场和客户、加强新产品开发、深化客户服务，才能保证企业的生存和发展，而这些问题的解决和目标的实现无一不需要信息化建设加以保证。

（三）信息化建设可以引领和保障保险业经营管理的变革

现代信息技术发展的一个突出特点是和企业流程再造紧密结合。目前出现的很多

新型信息系统解决方案，不仅可以保障甚至可以引领企业对传统业务流程的改造，打造新型的管理平台。美国、日本和西欧发达国家的保险企业在推进企业信息化方面的一个重要经验，就是重视信息技术和企业管理改造的结合。20世纪90年代出现了企业资源计划（ERP）系统的概念，到90年代末，世界上许多大型金融保险企业都已建立了自己的ERP系统，极大地提高了企业经营管理效率和市场竞争力。

（四）信息化建设是保险业防范经营风险的重要保证

无论对保险企业还是监管部门来说，风险管理的重要性和复杂性都在不断增加，只有将先进的信息技术手段应用于风险管理，才能更及时有效地识别风险、评估风险和进行风险管理决策。

（五）信息化建设是保险创新的重要前提和保证

保险创新已成为保险企业在激烈竞争环境中生存和发展的必然选择，而保险创新离不开先进信息技术的支持和保证。例如，保险产品创新（险种与服务创新）离不开先进的产品开发软件、数据仓库和数据挖掘技术和客户关系管理系统的支持；保险市场与营销方式的创新，离不开互联网和保险电子商务系统的支持；保险管理创新离不开管理信息系统、企业资源规划系统的支持等。综上所述，只有大大提高了中国保险信息化建设水平，才能保证中国保险业的不断发展，实现做大做强的目标。

三、需要转变对信息化建设方面的某些传统认识

要搞好信息化建设，必须认识到信息化建设对全面提高企业经营管理水平的重要性，树立信息化建设是"一把手工程"的观念。信息化建设也不是单纯的技术问题，而是一个和改造现有管理流程、打造新型管理平台结合在一起的建设项目。尽管中国保险企业在很多业务流程处理方面已经实现了信息化，但是用了计算机、网络、数据库并不等于实现了信息化，信息化的核心在于注重对信息资源的开发和利用。因此，新时期保险信息化建设的重点应由过去偏重对信息的采集和简单管理，转向对信息资源的有效利用和新信息资源的开发。

四、保险信息化建设仍需加大投入

中国保险业在信息化建设投入方面的绝对数字已经有了很大改观，但绝对额相对于总资产来说仍然很少，与国外金融保险企业在信息化建设方面的投入水平相比还有很大差距。据不完全统计，中国保险企业信息化建设方面的投入在2003年和2004年分别为17.6亿元和29.1亿元，分别占当年保费收入的0.45%和0.67%。但同期中国银行业信息化建设的投入每年都在200亿元以上。从国际上看，美国保险公司在信息化方面的投入大约可以占到保费收入的3%~6%。除了整体投入规模需要加大外，在信息化建设投入方面需要注意的另一个问题是改善信息化建设投入的结构。由于近年来中国保险信息化建设仍以基础设施建设为主，硬件投入占有较大的比例，每年均在70%以上。未来的投入应明显向软件和服务方面倾斜，而软件投入通常要比硬件投入大得多，这是中国保险信息化建设未来投入可能必须加大的一个重要原因。企业信息化建设是一项复杂的系统工程，在建设、维护、更新方面需要长期投入大量资金。投入不足将

会使企业信息化建设的效率受到很大影响，信息化在增强企业核心竞争力方面的作用也将难以发挥。

因此，我们认为“十一五”期间中国保险业信息化投入特别是在应用系统建设及相关软件方面的投入应进一步加大，增长速度应高于保费收入的增长速度。

五、保险信息化建设必须稳步推进

保险信息化建设必须注意循序渐进。首先，国内在企业信息化建设方面已经有过很多经验教训。例如，MRPII/ERP 实际上是一种现代生产管理思想在资源整合方面的体现，但在国内一些企业中的应用却不很成功，为什么呢？没有与企业管理的改造相结合是一个重要原因。一些企业对经营管理现状和信息化的需求定位了解不够，盲目引进和建设，结果导致信息化反而成了企业管理进步的桎梏。相反，很多成功的案例表明，企业在对信息化需求进行了深入研究后再动手，不失时机地以流程再造为主导，不仅实现了信息化，同时也使企业自身的管理上了一个新台阶；其次，信息化建设要与企业经营管理的需要相适应、与企业管理改造相结合以及信息技术本身在不断发展等因素，决定了企业信息化建设必须从长计议，有长远规划，循序渐进；最后，信息化建设是一个高投入项目，企业必须根据自己的需要和能力，量力而行。

第二章　加快保险企业信息化建设，提升企业核心竞争力

第一节　“十一五”期间保险企业信息化建设的重点是实现三个转变

企业是市场的主体，保险企业信息化建设是保险信息化建设的主要内容。根据中国保险企业在信息化建设方面存在的共同特征和差异性，我们认为，在“十一五”期间，保险企业信息化建设的重点应该是实现三个转变：

一、从“单元业务管理信息化”向“集成业务管理信息化”的转变

实现了单元业务管理信息化的信息系统的形式表现为链状结构，即企业内部的人、财、物、产、供、销、设计、研发等环节分别以独立子系统的形式使用计算机及网络技术作为单一业务的支撑，其特点是各业务子系统间信息隔离，尚未集成。在链状结构的系统中，信息技术帮助企业大大提高了单一业务的效率，可以使企业管理的某一方面焕然一新。当这一方面正好是企业管理的薄弱环节时，链状结构系统的应用能给企业带来明显效益。但由于各子系统间的孤立性不是按照整体优化的要求来规划和建设的，所以链状结构系统的应用在提高企业整体管理水平方面的能力十分有限，特别是企业管理的瓶颈环节未能应用时尤其如此。在存在信息孤岛的情况下，尽管多数业务子系统的效率的确提高了，但企业管理的整体水平并未提高。

集成业务管理信息化体现为网状形式信息系统的应用。企业管理的各个环节都按统一规划、统一语言通过网络应用计算机来对业务进行处理，这个互联的信息系统网络是根据对企业整体经济指标的优化而建立的。信息技术在企业管理信息化建设中可以起到满足变革管理、集成管理、加强管理、参与决策、优化资源、安全运转、与时俱进等多方面的要求。

通过调研我们发现，虽然已经有部分保险企业开始了朝集成业务管理信息化迈进的步伐，但中国保险企业的信息化水平整体上还处于单元业务处理信息化阶段。以一个保险公司内部典型的理赔业务为例，单元业务管理信息化与集成业务管理信息化的区别是显而易见的（见图 2－1、图 2－2）。

网状结构的集成业务信息管理方式表现为各子系统之间复杂的交叉。如图 2－2 所示，理赔业务就会和很多方面发生关系。在进行一项理赔处理时，需要了解定损部门提供的信息，以确定理赔金额；需要了解并修改保单管理方面的信息；需要和精算部

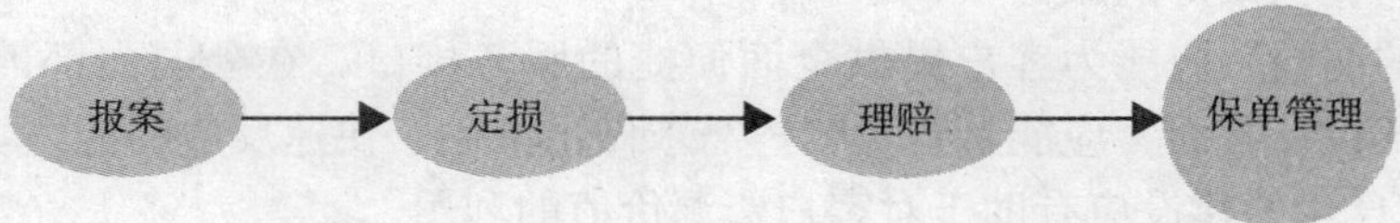

图2-1 单元业务信息管理方式：链状结构

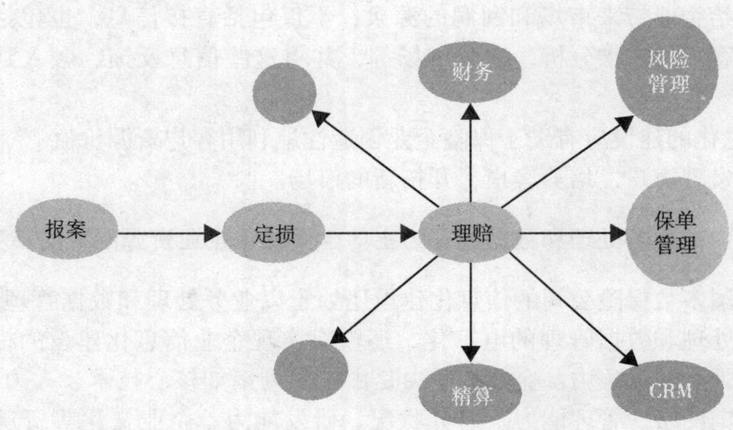

图2-2 集成业务信息管理方式：网状结构

门沟通以及时调整相应的损失准备金；需要和风险管理信息系统沟通，以掌握被保险人的风险变化、公司整体赔款的水平等；需要和客户关系管理系统（CRM）沟通，确定理赔方式和修改客户信息等。

保险公司信息化建设从“单元业务管理信息化”向“集成业务管理信息化”的转变，是信息化带来的企业管理变革的必然结果，是保险公司在市场竞争中求得生存和发展的必然选择。面对市场的变化，企业必须不断变革管理。在以网络技术和知识管理为特征的新经济时代，变革管理已成为企业管理最重要的内容。在市场经济条件下，企业经常要面对变幻的市场，包括顾客、供应商、技术、投资者、政府等各个方面，其中任何一方的变化都可能会转化为对企业变革的需求。能否管理好这些变革，尤其是重大变革，是企业在市场竞争中成败的关键。

二、从以业务为中心向以客户为中心的转变

中国保险企业以往的信息化建设基本上是围绕企业业务管理和发展的需要而展开的，这和中国保险企业以往特有的以产品为中心的经营理念而忽视以客户为中心的经营理念不无关系。在保险市场竞争日益激烈的今天，很多保险公司已经开始转变了这些传统的经营理念，开始从如何满足客户的需求出发来定位自身的经营和管理。为了适应和推动保险公司经营理念的这种转变，信息化建设也必须实现向以客户为中心的转变，具体来说应体现在以下几个方面：

（一）信息系统的规划和建设（包括必要的业务处理系统和管理体制的改造）应全

面体现为客户提供最好的服务

在系统的前端，应能为客户提供全面便捷的服务接口，在公司内部的业务处理和管理信息系统设计方面，应能具备对客户需求做出准确、快速反应的能力。

（二）信息化的建设应有助于对客户资源价值的利用

以客户为中心的重点是要重视“客户资源”的价值，并将这一资源最优地配置到企业经营活动的各个环节上。对“客户资源”的理解绝不能停留在“客户档案”层面上，它是能够给企业带来市场和利润的源泉，不仅包括直接信息，也包括可以挖掘的间接信息，如客户的需求分析、细分市场等，并将这些信息反馈、融入到产品开发和营销策略中。

（三）信息化的建设应有助于保险企业创造性地利用客户资源价值

即有助于发现客户、培养客户，开拓新的市场。

三、从以内部业务处理和数据管理为主向全面优化企业资源配置的转变

目前，中国多数保险公司的信息化建设还处于以业务处理和数据管理为主的阶段，注重的是业务处理和数据管理的电算化，还没有实现企业信息化建设的根本目的，即创造效益、增强企业竞争力。企业竞争力是由一系列诸如核心技术、人力资本、声誉、营销技术、营销网络、管理能力、财务状况、研发能力、企业文化等资源组合而形成的占领市场、获得长期盈利的能力，这些资源在为企业创造价值的时候应是相互制约和相互依存的，只有将它们进行有效组合，才能产生更强的竞争力。许多现代企业信息系统的解决方案，都可以使企业将这些资源进行最优配置成为可能。

第二节　积极推进新型信息系统建设，充分发挥信息化在提高保险企业经营管理和决策水平方面的作用

从保险企业的经营特点来看，信息化建设可以从两个层面去考虑：

①系统建设层面；

②应用软件层面（或具体问题层面）。

我们认为，从整体上看，解决好系统建设层面的问题更为重要。只有系统平台搭建好了，才能保证各类应用软件的有效开发和利用。另外，由于各保险企业在应用软件和技术方面的差异较大，因此本研究报告主要从信息系统建设角度出发，提出一些分析和建议。

一、适时推进企业资源规划系统（ERP）的规划和建设

（一）基本观点

1. 企业资源规划（Enterprise Resource Planning）系统代表了目前最先进的企业信息化系统解决方案，国际上主要金融保险企业大多已实现了自身信息系统的 ERP 改造。

2. ERP 绝不仅仅是一个信息系统的概念，它是一个先进的管理平台，体现了现代

先进的管理理念和方法，特别适合正在走向集团化或不断开拓新业务的保险企业的需要。保险企业实施 ERP，可以极大地提高自身的管理和经营决策水平。

3. 中国保险企业的管理水平和信息化水平仍处于较低阶段，采用 ERP 的还很少，这正好给了中国保险企业通过信息化建设提高管理水平的契机。我们建议有关主管部门在规划保险业“十一五”期间信息化建设时，有重点地指导具备条件的保险企业着手 ERP 方面的规划和建设。

4. ERP 系统的建设应本着立足长远、逐步推进的原则，不宜“一刀切”，更不能一蹴而就。

（二）企业资源规划系统的概念

企业资源规划（ERP）系统是对企业的所有资源进行有效共享和最优利用的系统。ERP 通过对信息的充分整理、有效传递，使资源可以在企业的购买、储存、生产、销售、人、财、物等各个方面能得到合理的配置和利用，从而实现企业经营效率的提高。

（三）保险企业建设 ERP 系统的意义

保险行业作为一个数据和资金密集型行业，是一个对信息化依赖程度很高的行业，越来越多的保险公司已经把信息化作为了公司工作的重点。在过去的几年中，国内已经有少数保险公司实施了 ERP 项目，而国外的保险公司大都在近 10 年中纷纷采用 ERP 系统来管理所有的关键性业务。目前，欧美主要保险公司中的 90% 已经实现了 ERP 改造，理顺了内部管理流程，建立了可以对资源进行优化利用的经营机制，提高了管理决策水平。ERP 正在走向保险行业。那么，它到底可以给保险企业带来哪些好处呢？

作为一套先进的信息化管理系统，ERP 的主要功能是可以将企业内部的各种资源与信息进行集成和优化；可以消除公司内部由于业务、部门的分割所形成的不同的“信息孤岛”，提高信息共享水平；可以结合管理流程的更新，理顺公司内部和外部的资金流、信息流和物流。

首先，对保险企业来说，ERP 可以理顺公司内部管理流程，实现资金流、信息流和业务流的统一。其次，保险企业产品的同质性决定了服务和成本对保险公司经营管理的重要性，通过引入 ERP，可以有效地解决信息集成和成本管控的问题。最后，保险公司的很多管理规划、业务设想（如人力资源规划、客户关系管理、风险管理等）也只有通过 ERP 这一基础化的信息管理平台才可以实现。

据中国保监会 2003 年组织的保险企业信息化建设情况的调查结果显示，中国保险企业在信息化管理方面最为迫切的需求是数据集中和客户关系管理。而 ERP 恰好可以帮助保险公司实现业务数据、财务数据、人力资源管理等方面的集中管理，打造先进的、集成化的保险公司信息化管理平台，为客户关系管理提供坚实的基础。

具体来说，保险公司实施 ERP 项目后，可以实现：

1. 建成高效的管理平台，为实现从粗放式管理向精细化管理的转变创造条件

目前，国内很多保险公司正处于一个快速发展时期，一些公司一年的新增分支机构就达数十家。面对这种快速的发展，要保证管理水平的跟进，关键是要建好一个管理平台。ERP 的作用是可以从总公司层面打造好这样一个管理平台，它包括了主要的流程、控制点和信息，可以保证这些基本管理要素向新设机构的渗透。

2. 建立面向未来的、统一的、集成化的保险公司信息平台

目前，各保险公司拥有的信息系统往往是在不同时代开发的不同业务类型的系统，从而形成了一个个“信息孤岛”。虽然不同系统之间可以通过不同的接口实现数据交换，但无法做到流程上的集成，所以经常会出现信息断层的情况。此外，一旦有新的应用要求，新开发出的系统又要考虑和以前系统的集成。而老系统的升级又会引发大量系统更新和检测工作。通过建立专业化、标准化的 ERP 管理信息平台，可以最大程度地避免这些问题。

（四）如何实施 ERP 项目

ERP 不是一个信息系统，而是一个管理系统，是典型的“一把手”工程。它的实施首先应该是来自提高经营管理水平、优化企业资源配置的需要，由 IT 部门和业务部门成立联合的 ERP 项目小组，听取专业管理咨询公司在管理体制和流程方面的改进建议，并在咨询公司的帮助下，对不同 ERP 软件进行比较和选择。在选定 ERP 软件提供商后，需要决定该软件的实施顾问，与顾问公司合作，共同进行 ERP 系统的实施，包括项目准备、业务蓝图设计、系统实现、系统上线前准备、上线及后续支持等工作。

表 2-1 保险企业 ERP 系统基本功能模块

企业管理	企业战略管理	业务分析	商务智能和决策支持	财务会计	
客户关系管理	客户接触	业务交易	合同履行	客户服务	
销售	销售计划	客户和合同管理	客户获取和销售管理	佣金管理	托收和支付
索赔管理	报案	主动赔付管理	索赔处理和调整	索赔会计	
保单和产品管理	市场研究	产品设计和管理	保单管理	大批量业务管理	
再保险	再保险承保	再保险索赔管理	再保险会计	再保险分保	业务统计和报表
资产管理	资产分配	投资组合管理	投资组合会计	投资组合监控	
业务支持	人事管理和人员发展	采购	资金管理	固定资产管理	

二、加快完善客户关系管理系统（CRM）

（一）基本观点

1. 客户关系管理系统对保险公司这类以服务为主、客户关系持久、目标市场特征明显的企业来说，具有非常重要的价值。

2. 目前国际上主要的金融保险企业大都建立了客户关系管理系统，对稳定现有客户群、增加新的客户发挥了重要作用，极大提升了保险公司的特有价值。

3. 客户关系管理系统的建设是一个系统工程，应放在企业信息化建设的总体框架中去考虑，一般来说，它是企业资源规划系统（ERP）的一个重要组成部分。

4. 中国保险企业建立客户关系管理系统的还不多，已有的 CRM 系统的功能也不够完善。但绝大多数企业已经认识到了 CRM 的意义，已经或准备开始建设客户关系管理系统。

5. 建议中国的保险企业在“十一五”期间将加快完善客户关系管理系统作为企业信息化建设的重点内容之一。

（二）客户关系管理的概念

客户关系管理是 ERP 系统的重要组成部分，其软件系统一般包括：系统设置模块、客户资料管理模块、客户跟踪管理模块、客户服务管理模块、业务知识管理模块、客户关系研讨模块、电子邮件模块，目的是帮助保险公司甄别、获得、发展并保留极具价值的客户。

（三）实施 CRM 对保险企业的意义

保险公司欲在激烈的市场竞争中生存并求得发展，就必须增强客户意识，提供高标准的服务，巩固同客户之间的良好关系。同时，还需要保险公司能鉴别和控制经营风险，也就是说能对客户进行精确定位和细分，这些要求都与 CRM 的功能不谋而合。

1. 保险市场的服务特性决定了 CRM 的意义

竞争的激烈使得几乎所有保险公司都在不遗余力地争取新客户。实际上，现有的老客户中也蕴涵着巨大商机。如何做到两者兼顾？就必须借助现代信息技术的帮助，通过 CRM，企业可进一步了解所有客户。

保险行业竞争的最大特点在于为客户提供优质的个性化服务，这一特性决定了 CRM 对保险公司的极端重要意义。如何加强对客户的把握、以客户为中心，如何为客户选择最佳的产品，如何进行有效的市场开拓，增强自身的竞争力，在激烈的竞争中领先于竞争对手，是各保险公司经常考虑的问题。一个适合行业特点、能真正与保险业务相结合的 CRM 是各保险公司所迫切需要的。

2. 中国保险企业在客户关系管理方面的缺失迫切需要实施 CRM

除保险业本身具有的服务特性外，中国保险公司在客户关系管理方面的缺失也使得 CRM 显得尤为重要。中国保险公司的服务过于群体化，缺少针对性和个性化。面对加入世贸组织后激烈的市场竞争，理念落后、管理落后、技术落后的中资保险公司如欲盈利，必须通过准确的市场定位和细分与外资公司展开错位竞争。

CRM 的一个主要特点，就是利用价值分析方法可以对客户进行准确定位和细分，通过对客户进行分析，对客户的需求进行归纳，把客户按群体进行分类，并区别不同的客户群体，实行差异化的营销和销售策略。

另外，中资保险公司传统上普遍重展业、轻服务，很多中资保险公司注重跑市场、拉客户，等客户买了保单后，后面的事情就少有问津。理赔机制也不健全，客户经常会因为赔偿事宜与保险公司发生争执，保险公司不能给客户安全感和信任感。而 CRM 强调的是客户服务和支持，通过保持高品质的服务来吸引客户并同客户保持稳固的关系。通过应用 CRM，可以扭转中资保险公司“重展业、轻服务”的错误认识和做法，培养中资保险公司提供优质服务的能力。

3. 实施 CRM 有助于全面改善客户关系

CRM 不仅是业务操作工具，而且可以从业务处理自动化、协同工作、客户关系提升、全面掌握内外部信息和提升管理水平五个层面辅助企业全面改善客户关系。

（1）CRM 实现了客户关系管理业务自动化；

（2）CRM 实现了企业的协同工作；

（3）CRM 帮助企业提升客户关系；

（4）可以帮助企业更完全地掌握内外部信息；

（5）CRM 可以帮助企业提升整体管理水平。

（四）CRM 的基本构架和功能

CRM 系统的实施主要体现在 CRM 数据集成系统、CRM 数据仓库、CRM 决策分析环境、基本信息服务接口四大部分。操作数据包括客户基本信息、客户账务信息和操作控制（客户个性化服务信息）。分析模型包括客户关系管理的所有分析模型、市场分析、客户信用度分析、客户满意度分析和销售行为分析。

表 2－2　保险企业 CRM 系统的功能模块

	市场分析	销售业务管理	服务支持
CRM 数据集成： 客户基本信息 客户账务信息 个性化服务信息	• 广泛搜集有关外部数据来源的信息 • 市场机会的早期识别 • 选择判据的确立和定义市场 • 客户及市场细分	• 险种销售业务情况监控 • 客户数据控制 • 客户对销售业务的反应	• 附加服务的定义和识别 • 潜在客户需求的识别和了解 • 客户新的需求趋势追踪 • 客户服务中心 • 问题处理及答复 • 保单维护系统
CRM 数据仓库： 客户基本信息 客户账务信息 个性化服务信息	• 客户的历史 • 潜在客户分析 • 客户评价	• 客户关系的范围 • 客户个人情况 • 客户数据的理解	• 客户状态控制 • 投诉管理 • 理赔进度管理和状态控制 • 客户愿望的掌握
CRM 决策分析：	市场分析	客户保险消费行为分析	客户忠诚度分析、客户满意度分析
信息服务接口：	• 产品设计反馈 • 保险或金融产品组合管理	• 保单销售的进度管理 • 销售项目安排 • 销售和服务指导	• 销售人员的支持和培训 • 客户预测 • 投入计划 • 保单售后服务计划

（五）保险企业实施 CRM 的策略和建议

将 CRM 看成为一种商业策略，CRM 体现的也是一种流程设计思想。良好的流程设计加上优秀的软件技术就可以形成“1 + 1 > 2”的效果。所以，CRM 方法论的创始者 Jay Curry 强调指出：CRM 是一种商业策略，是每家现代企业求生存和发展不可或缺的。

人、业务流程以及技术是 CRM 成为一个成功的商业策略的三大支柱，缺一不可。要正确实施 CRM，首先应制定企业的 CRM 商业策略，然后是人员培训、业务流程再造和数据库及软件系统的开发。

1. 集成化的开发方式

传统的 CRM 偏重于资源（人、财、物）的有效利用，而现代的 CRM 则需要从客户的初次联系到后期保单的管理、理赔、保费处理等方面，为整个保险业务链提供全方位的支持。保险业集成化解决方案需要提供端到端的解决方案，覆盖了客户关系管理、理赔管理和佣金管理，以及其他诸多后台管理功能，如财务会计、收付款、人力资源管理等。

因此，在设计保险业客户关系管理解决方案时，必须注重前台与后台的紧密结合，在业务拓展、销售和服务活动中更加接近客户，逐步采用完整的客户关系管理解决方案。在集成模型中，以信息架构为基础，管理潜在客户、投保人、证人、索赔人、公估人、医生等各类对象及他们之间的关系。利用数据仓库记录客户特征、承保金额和行为，为后续分析等业务做好准备。在活动/联系模块中不仅记录通过不同销售、服务渠道与客户进行接触的情况，还可以用于保险企业内部不同销售和服务机构之间的交互。

此外，保险公司还能够使用集成在 CRM 上的地理信息系统来定位最近的汽车修理商、租赁服务商等，以满足车辆事故理赔业务的需要。

另外，在集成化的 CRM 数据仓库中应嵌入分析器，能作出智能化决策。这不仅节约了成本，还可以增加销售。基于仔细分析得出的报告，保险人可以发现某一地理区域上理赔数额的大幅增加，从而为有关部门设计好后续行动方案。

2. 阶段式的开发策略

鉴于中国保险公司在 CRM 建设方面缺乏经验和必要的信息化基础建设，我们认为，中国保险企业的 CRM 建设应采取分步实施的策略，即可分为：

（1）尝试阶段：小投资、简易为主；

（2）发展阶段：建立 CRM 的核心功能；

（3）完善阶段：实现 CRM 的全部功能并和企业管理信息系统（如 ERP 系统）的完全集成。

三、积极开发风险管理信息系统（RMIS）

（一）基本观点

1. 风险管理是保险公司最重要的管理职能之一，非常需要利用先进的信息化技术和手段来提供支持；

2. 保险公司的风险管理已经由传统方式下单一式管理模式向整体化管理模式转变，因而需要建立一个可以对公司经营中面临的各类风险进行整体化管理的风险管理信息系统；

3. 风险管理信息系统可以使公司最高管理层及时、全面了解公司的整体风险状况，有助于满足来自所有者、债权人、监管部门、社会公众对公司实施全面风险管理的要求；

4. 中国的一些主要保险公司已经开始建立风险管理部门，但尚未建立相应的风险管理信息系统；

我们认为，为了提高保险公司内部风险控制能力，从而降低行业整体风险，应该要求各保险公司在“十一五”期间落实公司在风险管理方面的组织机构和人员配备，并积极开发公司一级的风险管理信息系统。

5. 风险管理信息系统的指标体系应注意标准化，这样便于上报和比较。

可考虑结合保监会已经公布的偿付能力管理指标体系和借鉴国际上业已成熟的风险管理信息系统的指标体系，构成中国保险公司风险管理信息系统的风险报告。

6. 建议有条件的保险公司借助风险管理信息系统，实现全面的风险管理。即不能仅关注承保风险、经营风险，还应关注市场风险、财务风险等，采用可以衡量整体风险水平的指标，如风险价值（Value at Risk）等。

（二）保险风险管理信息系统的概念和意义

风险管理是保险企业管理的重要组成部分，目前已经有越来越多的保险公司成立了或正在准备成立专门的风险管理部门，对公司各方面的风险实施统一的管理，目的是通过最小化风险成本实现企业价值的最大化。

有效的风险管理需要优化风险管理中的信息流程，就是在适当的时间把适当的信息传送到需要此类信息的管理人员那里。风险管理信息系统是一个对反映保险企业经营风险的信息进行收集、存储、加工、维护和使用的系统，可以作为风险分析和风险管理决策的重要依据。

（三）保险企业风险管理信息系统的基本构架和主要功能

现代保险企业的风险管理主要包括风险识别与分析、风险预警、风险管理方案的确定与实施、风险管理方案实施效果的监督等五个层面。为协助企业风险管理职能的实施，相应的风险管理系统应包含以下三个子系统：

1. 信息收集系统；

2. 风险分析系统；

3. 风险报告生成系统。

（四）风险管理信息系统建设的指导思想

风险管理信息系统的建设关系到企业经营管理活动各个层面，牵涉到以下多个方面的创新：

1. 制度创新

首先，需要建立以风险管理委员会（或风险与内控委员会）为核心，全方位、全过程的保险公司风险管理组织体系。健全的风险管理组织体系是实现全方位、全过程风险管理的组织保障，也是完备的风险管理制度和科学的风险管理流程的基础载体。只有通过加快建设以风险管理委员会为核心、风险管理部门协调组织、各主要业务部门贯彻实施的三位一体的新型风险管理组织体系，才能实现风险管理的三个重要转变：即从现实风险向潜在风险的转变、从风险的事后处置向风险的前期控制转变、从风险资产管理向资产风险管理的转变。

2. 技术创新

目前，国际上银行的风险管理技术已达到可以主动控制风险的水平，而保险业的风险控制水平还普遍不高。因此，风险管理信息系统的建设应借鉴国际商业银行风险管理信息系统的建设经验，采用易于量化、操作性强的风险分析和控制技术，真正发挥系统的风险监测和预警功能，提升保险企业的风险管理水平。

3. 文化创新

风险管理文化是一种融合现代商业经营思想、风险管理理念、风险管理行为、风险道德标准与风险管理环境等要素于一体的企业文化。风险管理系统的建设要着眼于培育企业的风险管理文化，倡导和强化全员风险意识、全过程风险管理行为，引导和推进风险管理业务的发展。

（五）建设风险管理信息系统的策略和建议

1. 风险管理是保险公司经营管理的重要组成部分，因此，随着业务的发展，建议中国的保险公司都应该将风险管理及风险管理信息系统的建设适时提到日程上来，并将风险管理的职能落实到部门和个人。

2. 风险管理信息系统的开发应纳入企业信息化建设的整体规划和建设，它是企业管理信息系统的重要组成部分，并且依赖于企业信息系统建设的程度。因此，应根据企业管理信息系统的建设步伐，及时推进风管理信息系统的建设。

3. 风险管理信息系统的指标体系应注意标准化，这样便于上报和比较。可考虑结合保监会已经公布的偿付能力管理指标体系和借鉴国际上业已成熟的风险管理信息系统的指标体系，构成中国保险公司风险管理信息系统的风险报告。

4. 建议有条件的保险公司借助风险管理信息系统实现全面的风险管理。即不能仅关注承保风险、经营风险，还应关注市场风险、财务风险等，采用可以衡量整体风险水平的指标，如风险价值（Value at Risk）等。

四、积极推进保险电子商务，实现保险经营的新跨越

（一）保险电子商务的概念

电子商务（Electronic Commerce）是指实现整个贸易活动的电子化。从涵盖范围来看，电子商务可以定义为：交易各方以电子交易方式而不是通过当面交换或直接面谈方式进行的任何形式的商业交易；从技术方面来看，电子商务可定义为是一种多技术的集合体，包括交换数据（如电子数据交换、电子邮件）、获得数据（如共享数据库、电子公告牌）以及自动捕获数据（如条形码）等。

从狭义上讲，保险电子商务是指保险公司通过互联网及其他电子化通信手段，为客户提供有关保险产品和服务的信息，并实现网上投保、承保、理赔等保险业务，直接完成保险产品的销售、服务和支付等活动。从广义上讲，保险电子商务还包括保险公司内部基于互联网技术的经营管理活动、对公司员工和代理人的培训、以及保险公司之间以及保险公司与公司股东、保险监管、税务、工商管理等机构之间的信息交流活动。

（二）开展保险电子商务的意义

电子商务正在全球快速发展，已经渗透到各行各业，对保险业的影响日益增大，极有可能成为推动未来保险业发展的一股重要力量。信息技术和互联网应用发展的日新月异，许多过去认为不可能通过网络开展的保险业务正在逐步成为可能和现实。我们必须用发展的、动态的眼光去审视电子商务给保险业带来的巨大冲击和商机，审时度势、抓住机遇、整合资源，实现保险经营的新跨越。

积极开展保险电子商务可以开拓保险销售渠道、改善对客户的服务、降低营销成本、改进公司的内部管理。具体来说，电子商务拓展了保险人的服务时间和空间，提高了保险销售效率，提供了更高附加值的服务，提高了客户的满意度，使企业可以引导客户将潜在的需求变为现实的需求。电子商务带来的自动化、专业化、个性化服务

方式，可以使保险公司之间的竞争由价格竞争转向技术与服务的竞争。保险电子商务还将影响到保险企业自身的组织制度和管理创新，建立新的组织结构和管理制度。保险电子商务的应用还增加了保险活动的透明度，为社会的监督和政府部门的监管提供了便利。保险电子商务的出现，进一步加剧了保险公司之间的竞争，有利于促进整个行业的不断进步。

（三）保险电子商务的主要功能

电子商务应作为保险公司的重要营销策略，其基本功能应包括传播保险知识、提高公众风险意识、模拟展示客户需要、培养顾客忠诚度、提供在线服务、提高服务效率、减少营销成本、与企业内部网相连、实现资源的共享和整合。

公司在构建电子商务时，应首先评估业务范围，综合自身能力和资源，确定互联网策略，并适当与内部资源接口，达到有效、实用的目的。开发所采用的技术工具应从易到难，逐渐为顾客提供网络化的便捷体验。

中国保险企业电子商务平台的建立可以参照图 2－3 给出的顺序，由内向外逐步发展，最终建成具有专业化、人性化的电子商务平台，方便各方面交流，并与企业内部的 CRM 系统、ERP 系统实现互动。

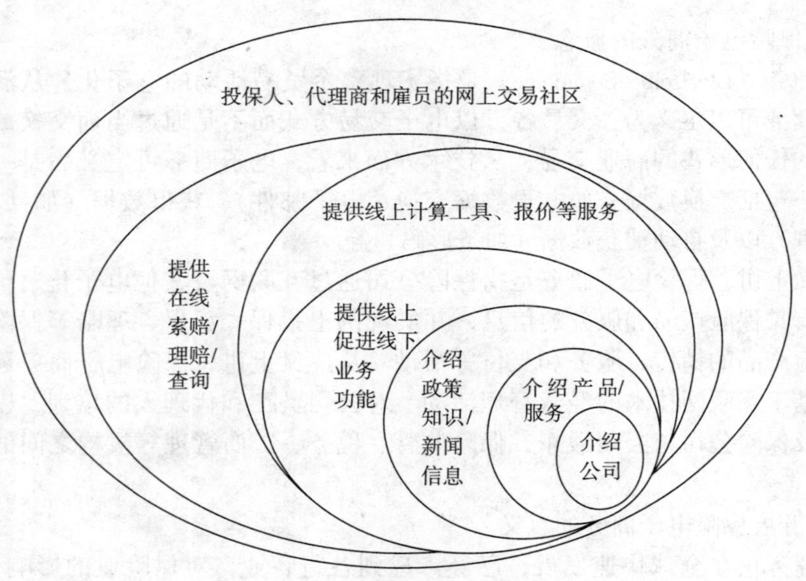

图 2－3　保险电子商务发展的不同层次

（四）保险电子商务开发策略建议

电子商务系统的开发和应用需要注意以下五个方面：

1. 制定好保险电子商务的发展战略；
2. 利用保险电子商务的培养性；
3. 提高保险电子商务的有用性；
4. 保证保险电子商务的安全性；

5. 推进保险电子商务的标准性。

(1) 制定好保险电子商务的发展战略

在对电子商务发展深刻认识的基础上，保险企业应从战略高度出发，对保险电子商务加以重视和研究。全面评估企业目前的业务范围、内部信息化建设情况、人力资源等多种因素，确立适合本企业的电子商务发展战略。

1) 确立企业发展电子商务的目标及时间进程，根据能力与需求逐步实现提高现有服务质量与效率、提高顾客忠实度、拓展服务空间、提高企业的管理水平、促进企业内部信息化发展等方面的目标。

2) 根据所确定的目标，加快保险公司内部的信息化建设。保险公司需要从经营战略的高度出发，调整企业管理模式，提高内部信息沟通效率；加强人力资源培训（如提高业务员在线处理客户需求的能力等），培养适合在网络环境下高效工作的员工；提高客户信息、产品设计及内部管理信息的数字化，并将此作为新时期的核心竞争力。

3) 组成以企业高层为领导，各职能部门参与的电子商务发展战略小组，在设计、建造、网站维护、使用和反馈等方面广泛征求各方意见，使电子商务业务与各职能部门业务相融合。特别地，保险企业需要了解建立电子商务平台后，对管理流程和业务流程的改进，在长期目标下对电子商务发展方案进行规划。

4) 保持与其他行业系统（如银行系统）的兼容性、信息共享的可实现性等，在兼顾未来发展的前提下，制定企业的电子商务发展战略。

5) 定期检测电子商务的收效与不足，根据企业整体发展战略作出适当调整。

(2) 利用保险电子商务的培养性

在开发保险电子商务时，应注意有利于提高顾客的忠诚度，并注意利用网络的普及性、时效性和深入性来创造新需求，培养新的消费者。保险公司应通过电子商务的开发来解决传统营销渠道不能解决的问题，创造市场，突破传统经营和服务的模式。

1) 提供全天候的营销服务，为在传统服务模式下想投保却因不方便而未投保的潜在客户提供服务。

2) 以快速、简便的方式提供保险市场和保险产品等信息，方便客户的咨询、查阅、选择，并可以完成投保等一系列功能。简化程序、提高效率、解决信息不对称等问题，以吸引潜在客户。

3) 以良好的交互性、自助式服务等功能为顾客提供家庭理财等服务，扩大保险服务的社会影响力，并将其渗透到人们的日常生活中。

4) 发挥在杜绝“假保单”、摆脱代理人素质不高等方面的优势，增加保险企业及行业的顾客满意度。

5) 建立保险社区，营造保险服务的温馨氛围，建立保险公司、代理人、客户之间的良好关系和交流平台，共同促进行业和企业发展。

(3) 提高保险电子商务的可用性

作为保险公司业务发展的一部分，电子商务必须发挥出作用，应在促进管理、提高效率、增加盈利方面显出效果。因此，在开发策略中，需要对可用性进行认真分析、研究和论证，使之真正成为公司核心竞争力和新增长点。

1）加强电子商务与企业内部信息系统的交互作用和资源整合。电子商务的优化服务必须与内部信息系统相兼容，实现信息共享，能按照需求在两者之间进行数据的自由调度，充分利用资源，并基于企业整体的信息系统为客户提供全面服务。

2）与内部管理方式相适应，起到相辅相成的作用。一方面，电子商务方案必须在现阶段管理模式下实行；另一方面，电子商务的发展也应逐步改进企业的管理模式。

3）加深企业员工对信息化建设的认识理解，加强员工对使用电脑、网络等方面技能的培训。由于保险业电子商务对数据处理的要求，企业员工必须熟悉并适应网络环境下的操作流程。

4）注意电子商务平台面向客户的实用性、便捷性。在明确电子商务平台目标群体的基础上，将注意力集中于为顾客提供增值服务。切忌制造噱头、又大又空、耗资巨大、复杂难用的工程。

5）保证电子商务平台的稳定性与时效性。作为企业的门户和与顾客交流的平台，电子商务平台必须保证稳定性。同时，信息的更新对网站的生存和吸引力也是非常重要的。否则，电子商务就可能失去其作用，成为华而不实的摆设。

6）由于保险电子商务实现网上购买保险、查询等功能，可以给保险公司带来大量可利用的信息。保险公司应充分利用这些信息主动分析消费者的需求和欲望，用来指导开发适合在网上销售的产品。通过对顾客资源的分析，还可以掌握更多的顾客特性和有效需求，增加有效供给和市场规模，扩大保险电子商务的效益。

（4）保证保险电子商务的安全性

安全问题会制约保险电子商务的发展，如果大量数据和信息不能处于有效监控，电子商务甚至企业内部的信息系统都不能得到发展。保险电子商务在运作过程中会涉及以下一些安全要素：

1）信息保密性。维护商业机密和个人隐私是保险电子商务的重要保障，必须预防信息在传输过程中被非法窃取，确保只有合法用户才能看到数据。

2）信息完整性。预防对信息的随意生成、修改和删除，以及在国际互联网传送过程中的丢失和重复，保证信息传递次序的统一。

3）信息有效性。保险人必须确认所接受的投保信息是投保人发出的，且发出的信息有效。双方不能抵赖其在保险电子商务活动中的作为。

4）身份真实性。由于保险电子商务中合同双方当事人并不见面，保险公司必须核实投保人的真实身份，以免假冒。

5）系统可靠性。作为保险电子商务基础的计算机系统必须安全可靠，要防止由于失效、软件错误、硬件故障、计算机病毒等产生的潜在威胁。

在保险电子商务中要充分利用防火墙、密钥加密、数字签名、CA认证中心、查毒软件、安全测试和灾难恢复等技术手段，保障电子商务中的信息安全。

（5）推进保险电子商务的标准性

由于电子商务的平台处于网络上，数据和信息的传输通常是以“端到端”形式实施的，所以统一的标准显得尤为重要。制定相关的标准规范，并在保险业内普及，有利于各保险企业电子商务的健康发展和行业信息共享系统的建设。

1）建立保险电子商务的主要安全技术及标准规范

①加密技术及标准。加密技术是电子商务采取的主要安全措施，贸易方可根据需要在信息交换的阶段使用。目前，加密技术分为两类，即对称加密和非对称加密。目前广泛采用的对称加密方式是由美国国家标准局提出的数据加密标准（DES），主要应用于银行业中的电子资金转账（EFT）。

②密钥管理技术及标准。贸易伙伴间可以使用数字证书（公开密钥证书）来交换公开密钥。国际电信联盟（ITU）制定的标准 X.509（即信息技术—开放系统互联—目录：鉴别框架）对数字证书进行了定义。该标准等同于国际标准化组织（ISO）与国际电工委员会（IEC）联合发布的 ISO/IEC 9594 - 8:195 标准。数字证书能够起到标识贸易方的作用，是目前电子商务中广泛采用的技术之一。目前，国际上有关的标准化机构都在着手制定关于密钥管理的技术标准规范。ISO 与 IEC 下属的信息技术委员会（JTC1）已起草了关于密钥管理的国际标准规范。该规范主要由三部分组成：第一部分是密钥管理框架；第二部分是采用对称技术的机制；第三部分是采用非对称技术的机制。

③数字签名。数字签名是公开密钥加密技术的另一类应用，通过数字签名能够实现对原始报文的鉴别和不可抵赖性。ISO/IEC JTC1 已在起草有关的国际标准规范。

④Internet 电子邮件安全协议。电子邮件是 Internet 上主要的信息传输手段，也是电子商务应用的主要途径，但它并不具备很强的安全防范措施。Internet 工程任务组（IEFT）为扩充电子邮件的安全性能已起草了相关的规范。

⑤Internet 的主要安全协议。SSL（安全槽层）协议是由 Netscape 公司研究制定的安全协议，该协议向基于 TCP/IP 的客户/服务器应用程序提供了客户端和服务器的鉴别、数据完整性及信息机密性等安全措施。该协议已成为事实上的工业标准，并被广泛应用于 Internet 和 Intranet 的服务器产品和客户端产品中；S - HTTP（安全的超文本传输协议）是对 HTTP 扩充安全特性、增加了报文的安全性，是基于 SSL 技术的。该协议向 WWW 的应用提供完整性、鉴别、不可抵赖性及机密性等安全措施。目前，该协议王由 Internet 工程任务组起草 RFC 草案。

⑥UN/EDIFACT 的安全标准。EDI 是电子商务最重要的组成部分，是国际上广泛采用的自动交换和处理商业信息和管理信息的技术。UN/EDIFACT 报文是惟一的国际通用的 EDI 标准。利用 Internet 进行 EDI 已成为人们日益关注的领域，保证 EDI 的安全已成为主要要解决的问题。联合国于 1990 年成立了专门的安全联合工作组，负责研究 UN/EDIFACT 标准中保证安全的措施。该工作组的工作成果以 ISO 的标准形式公布。在 ISO 9735中包括了描述 UN/EDIFACT 中安全措施的五个新部分。

⑦安全电子交易规范（SET）。SET 向基于信用卡进行电子化交易的应用提供了实现安全措施的规则，它是由 Visa 国际组织和万事达组织共同制定的一个能保证通过开放网络（包括 Internet）进行安全资金支付的技术标准。参与该标准研究的还有微软公司、IBM 公司、Netscape 公司、RSA 公司等。SET 主要由 3 个文件组成，分别是 SET 业务描述、SET 程序员指南和 SET 协议描述。

2）建立保险行业特有的信息储存、传输标准

①确保各数据指标名称、数据类型的一致性，有利于行业内数据共享和信息交流；②确保各数据指标名称、数据类型的连贯性，有利于进行全行业统计，以时间为尺度进行分析和比较。

第三节　企业信息化建设中需要解决的若干问题

一、保险信息标准化建设问题

（一）保险信息标准化的概念

保险信息标准化包括保险信息标准的制定和信息标准实施的过程。具体来说，保险业信息标准化应包括保险业务指标体系（保险术语）的标准化、保险信息分类编码的标准化、保险信息交换接口的标准化、保险信息系统开发的标准化，以及保险通用单证的编制规则等。保险信息的标准化不仅应保证保险信息在行业内的共享，还应实现保险信息与其他金融机构的共享。

（二）中国保险信息标准化的现状和问题

在2003年保监会组织有关中国保险信息化建设的调研报告中有一个涉及信息标准化的问题，内容是：公司人员管理和其他信息管理系统是否实现了标准化?

一共有29家公司回答了这个问题，其中有17家公司回答说已经实现了标准化，占58.6%，有12家公司回答尚未实现标准化，占41.4%，但其中大部分公司表示已经在考虑标准化的问题。

根据对该问题的回答可以看出，标准化问题已经成为中国保险公司信息化过程中引人关注的问题，但仍然有相当部分的公司在公司人员管理和其他信息管理系统方面还没有实现标准化管理。

更一般的来看，缺乏信息化发展所必需的基础性业务规范和技术标准是中国保险行业目前面临的一大问题。中国保险业信息标准化工作起步较晚，长期以来各保险公司之间的合作项目少，对数据交换的需求并不明显。但随着业务的进一步发展，保险公司之间合作以及和其他金融机构合作的深度和广度会逐渐加大。特别是中国保险市场和国际的逐步接轨、一些保险公司业务与外资保险公司和金融机构的融合（如合资企业、分保业务、银行保险、个人理财等)，使得行业信息标准化的问题已经开始受到更多的关注。

由于保险信息标准化工作的相对滞后，也使得信息化建设本身缺乏统一的信息规范与标准，存在各自为政的现象，导致不同信息系统（包括不同公司开发的同类型信息系统）之间难以进行信息交流和实现信息共享，产生了数据和信息重复采集和输入的现象。这不但增加了额外的数据和信息登录工作，而且容易产生数据的不一致性，严重制约了信息资源的有效利用，阻碍了信息共享的实现。所以，必须利用信息标准化来实现全行业信息共享，特别是要注意根据目前国际上已经通行的保险业信息标准，研究制定中国的保险业信息标准，实现信息资源开发和利用的标准化。

以中国再保险公司为例。中国再保险公司与国内各保险公司都有业务关系，对于标准化的需求也十分迫切。目前，各商业保险公司提供给再保险公司的业务报表的代码五花八门，有的根本没有代码，再保险公司拿到报表后需要重新手工导入数据，管理成本无形中增加了很多。而美国保险业有统一的 EDI 标准，各公司出口数据是一致的，节省了很多人力、物力和时间。

（三）国际上保险信息标准化建设的经验

国际保险信息标准化协会（ACORD）

ACORD 成立于 1970 年，是一个旨在向保险行业提供标准和规范的非营利性组织。早在 20 世纪 80 年代，ACORD 就率先创建了国际保险业的数据标准，目前已在世界许多国家保险业务中得到了广泛应用。它的第一个项目是为美国财产/人寿保险制定了通用的投保申请表格，于 1972 年首先推出并延续使用至今。

1981 年，ACORD 推出了第一个 EDI 标准，1984 年推出了 AL31 标准。

1999 年，ACORD 针对寿险、财产及意外险推出了第一部 XML 字典。2001 年，分别颁布了财产和意外险/保证保险的 XML 标准和寿险 XML 标准的 1.0 版本。

作为一个全球性的标准，ACORD 标准是由各大保险公司专家组成的工作小组经过研究讨论后，投票决定的。业务覆盖的全面性是该标准的最大特点，它涵盖了寿险、财产和意外险、保证保险和再保险业务的各个环节。

ACORD 目前已经建立了三类独立的标准体系：人寿保险和年金标准体系、财产和意外险/保证保险标准体系、再保险标准体系。每类标准都包括标准数据模型、数据结构表、标准交换模型三个部分。

ACORD 目前大约有 450 个会员，其中 44% 为承保人，50% 为解决方案提供商，此外还涉及贸易协会、用户团体、金融机构、风险管理者、服务部门和研究机构等其他相关领域。在美国，前 50 名财产险/意外险保险公司中有超过 35 家是 ACORD 的会员，前 50 名人身险/健康险保险公司中有近一半的公司都是 ACORD 的会员，此外还包括了全球顶级再保险公司中的 52%。据了解，中国目前还没有保险机构加入该组织。①

（四）统一的信息标准对保险公司的得失分析

1. 采用同一标准的好处

（1）可以快速实现与外部商业合作伙伴，特别是代理人与经纪人间的业务合作。

对保险公司的现实意义是：一方面，保险公司在寻找交易伙伴时，解除了对合作伙伴技术架构的顾虑，扩大了合作伙伴的选择范围，便于其发展新的分销渠道；另一方面，标准交易和数据模型的存在使得保险公司只需建立简单的连接系统即可以实现新分销渠道的添加，大大降低了开发的工作量，缩短了开发周期，使保险公司能以更短的时间将新险种推向市场。

（2）可以快速完成与外部技术解决方案提供商的技术交流。

由于越来越多的保险公司是将新的解决方案用于补充或更新他们原有的技术框架，因此，如何将新系统无缝地集成到原有系统是一个巨大的挑战。通过标准化并选择支持标准的技术提供商就可完全排除此障碍。

① 只有一家开发保险软件的公司“新保软件”加入了该组织。

(3) 易于实现内部各分散系统之间的集成。目前，大多数保险公司正在考虑实现公司内部数据的集中，实现统一的集中管理和有效的决策分析，采用标准可以使内部系统之间的信息交换更为容易。

(4) 有效降低建立新的应用系统时的费用。美国 Celent 咨询调查公司提供的数据表明，2002 年美国保险企业花在系统上的成本为 63 亿美元，其中有 23% 被 IT 部门和咨询顾问花在了系统集成上。

系统集成之所以花费如此之高，主要原因在于保险企业内部以及保险企业和合作伙伴之间缺少能被普遍采用的数据模型及协议。对于保险公司的 IT 部门来说，要想整合公司的原有系统、新的内部应用、中介数据平台等不同系统，费时又费力。而且，这些工作具有很强的独立性，难以复制到其他系统上。在这种情况下，惟一的解决办法就是建立一套业界公认的标准，所有机构的所有系统在进行数据交换时都根据该标准。显然，采用这种标准的企业越多，企业间数据交换的成本也就越低。

对保险公司来说，标准化的最直接好处就是可以降低成本。Celent 公司通过对多家采用了 ACORD 标准的保险公司调查后发现，它们的数据交换成本平均降低了 20% ~ 30%。在个别公司，这一数字甚至高达 80%。另有估计表明，如果美国所有保险公司都采用同一标准，整个行业每年将因此而节省 25 亿美元。

(5) 提高了效率。标准化的意义不仅在于降低成本，对一些大型综合保险公司的案例分析还表明，在采用了 ACORD 标准后，系统集成的工作效率提高了 20% ~ 50%。因此，这些公司已经开始要求软件提供商提供符合 ACORD 标准的产品，同时向其合作伙伴积极推荐采用 ACORD 标准。

采用统一的外部标准可以减少内部用于开发新标准投入的人力、物力和财力，同时避免了内部冲突。因为在大型保险公司内，每一分支机构都有各自的 IT 小组，而各 IT 小组的工作方式、规范都各不相同，若采用某一内部机构规范为标准，不一定完全适用其他分支机构的需要，还可能导致他们产生抵触情绪。完全采用成熟的外部标准，既减少了建立新标准的成本，又避免了内部矛盾的产生，有利于内部系统集成工作的“低成本和高效率”。

(6) 采取通用化外部标准的好处。一般来说，如果企业自行开发一套数据交换标准，往往费时费力，通常需要至少 6 个月的时间，而采用一套业已成型的标准则将大大减少研发时间。采用第三方标准还可以避免自行开发过程中各部门出于自身利益将本部门现有标准推广到公司而可能出现的纷争。同时，还可以使公司与软件提供商及合作伙伴之间的系统交流变得更为简单。

2. 保险公司的担忧

采用第三方标准不一定能完全适用各个公司的现有业务。但不少业界人士认为，现有的 ACORD 标准并不能完全满足保险公司的要求。这对于保险公司来说同样也是一个机遇。如果此时企业能够加入到完善标准的进程中，将来成熟的标准或许就会更可能贴近企业的需要。

保险公司还担心合作伙伴的技术标准问题。若其他保险公司、保险中介以及技术提供商尚未采用统一标准，保险公司在率先投资标准化方面可能得不到响应。

（五）“十一五”期间保险信息标准化建设的指导思想和主要内容

1. 指导思想

保险业信息标准化工作不是一个单纯的技术问题，而是一项涉及整个保险业发展的系统工程，要取得成功，必须得到各方面的重视和支持。

保险业信息标准化建设依赖于整个行业业务发展和信息化建设的水平，即要建立在对采用信息标准有一定需求和条件的基础上。同时，考虑到中国保险信息化建设起步较晚，但保险业务发展较快、信息化建设起点并不低的现实，信息标准化的工作应适当超前考虑和启动。

国际上保险信息的标准化主要是保险企业及其相关机构在业务和信息系统建设发展到一定阶段后自发形成的。对中国来说，应采取符合中国保险业发展现状和特点的信息标准化建设道路，但同时应尽量注意研究和参考国际上已经成熟的、已经为主要保险企业采用的保险信息标准。

2. 主要内容

（1）保险信息指标体系标准化

保险信息指标体系是指一定范围内所有信息的标准，按其内在联系所组成的科学的有机整体，是保险业监督管理委员会对整个保险业的发展进行宏观调控和各个保险行业从业机构进行经营管理的基础，它应具有目标性、集合性、可分解性、相关性、适应性和整体性等特征。在监管机关、保险公司、保险中介公司和广大从业人员形成的保险体系中，只有统一和规范指标体系，才能使各管理单位和各经营主体开发和实施的信息系统能够实现数据和信息的兼容与共享。因此，建立科学的、实用的、完善的信息指标体系结构是信息标准化工作的首要任务。

（2）保险信息分类编码标准化

保险信息分类编码是对一些常用的、重要的数据元素进行分类和代码化。信息的分类与取值是否科学和合理直接关系到信息处理、检索和传输的自动化水平与效率；信息代码是否规范和标准影响和决定了信息的交流与共享等性能。因此，信息分类必须遵循科学性、系统性、可扩展性、兼容性和综合性等基本原则，从系统工程的角度出发，把局部问题放在系统整体中考虑，达到全局优化效果。应遵循国际标准—国家标准—行业标准—机构标准的原则，建立适合和满足本单位管理需要的信息编码体系和标准。

（3）保险信息系统开发标准化

保险信息系统开发标准化主要指在系统开发中遵守统一的系统设计规范、程序开发规范和项目管理规范。系统设计规范定字段、数据库、程序和文档的命名规则和编制方法、应用程序界面的标准和风格等。在信息系统开发过程中，必须遵守软件工程的设计规范，实现信息系统开发的标准化。

（4）保险信息交换接口标准化

保险信息交换接口标准化是指对信息系统内部和信息系统之间各种软件和硬件的接口与联系方式以及信息系统输入和输出的格式制定规范和标准，包括网络的互联标准和通信协议、异种数据库的数据交换格式、不同信息系统之间数据的转换方式等。

信息系统的质量与接口的标准化密切相关，接口标准化是信息标准化的重要一环。

（六）保险信息标准化建设的实施策略和建议

1. 保监会的作用

中国保监会应加强对保险信息标准化工作的统一领导和协调。保险业信息标准化建设是一项巨大而复杂的系统工程，不仅牵涉到保险业内的各类从业机构，还牵涉到和保险业务有关的其他行业。惟有通过保监会的统一领导和协调，拟定保险业信息标准化建设的总体规划和实施方案，方可避免在信息标准化建设中各自为政的现象。

目前，制定保险业信息标准的时机已经成熟，保监会应组织由来自保险企业及相关行业企业、软件开发商的专家组成的专门小组，着手保险业信息标准的研究和制定。

在制定保险业信息标准时，要保持标准的科学性、规范性、延续性、可扩充性，避免信息标准发生重大变化造成对资源的重大浪费。

2. 行业协会等组织的作用

保险信息标准的制定和实施需要各保险企业之间的相互协调。保险信息标准的实施不是某一个企业的事情，而是对整个行业有益。因此，保险行业协会应起到督促和协助各保险企业参与行业信息标准的制定和行业信息标准的采纳。必要的话，也可以由行业协会出面，协调保险行业信息标准的制定。

3. 软件开发商的作用

专业的信息管理软件开发商在信息标准化建设过程中应该发挥重要作用，他们不仅是未来标准化的信息管理软件的提供者，需要对信息标准有所了解，而且还能够从多个角度对信息标准化的方式、规则提出参考意见，协助保险行业完成通用信息指标体系标准和信息编码标准的制定。

4. 保险企业的责任

保险企业应提高对信息标准化的认识，统一思想，明确标准化在信息化建设中的重要地位。要克服因信息标准化工作量大、耗时费力又不能立即收效等情况而产生的畏难情绪，还要克服由于某些单位在内部信息系统开发时没有进行信息标准化工作，也投入了应用并取得了成效，因而存在轻视标准化工作的倾向。保险企业的信息化建设必须在符合行业标准的原则下进行。

5. 对是否可参考国际标准的建议

中国保险信息标准化的工作是在不同于国外情况下提出的，表现为：

（1）刚起步，基本上还是一张白纸，在选择自主设计还是采用国际通用标准上有较大的余地。

（2）在市场上起主导作用的保险企业尚不多，如果自主设计的话，在将企业标准推广为行业标准方面的阻力相对小一些。

（3）中国保监会可以发挥相当的组织、协调乃至决策的作用。

但无论中国保险业的信息标准是采纳国际通用标准还是自主设计，都应该认真研究以 ACORD 标准为代表的国际上通用的保险信息标准，研究为我所用的可能性。

二、积极采用数据仓库和数据挖掘技术，充分利用保险数据资产的价值

（一）基本观点

1. 充分认识利用数据仓库和数据挖掘技术在提高保险经营管理决策水平方面的重要意义，将数据仓库建设和数据挖掘技术的应用和企业经营管理、信息化建设统一起来进行考虑。

2. 数据仓库和数据挖掘可以先从数据量较大、数据相对完善、对企业经营相对重要的险种开始，例如，车险就已经具备了建设数据仓库和应用数据挖掘技术的需求和条件。

3. 数据仓库建设和数据挖掘技术应用最好和相应的软件开发商合作，保险企业不宜自身独立开发。

4. 保险企业应十分注重经营管理决策分析人才的培养和使用。

事实上，这些年中国的保险企业已经积累了大量的经营数据，但大多未得到充分挖掘和利用，其主要原因不是我们缺少数据仓库和挖掘技术，而是经营管理者们没有意识到需要从数据中挖掘出有价值的信息，不知道如何从中提取出有价值的信息。

5. 加强对原始数据的质量管理，高质量的数据是建立数据仓库和进行数据发掘的基础。

（二）数据仓库的概念、特点和意义

1. 概念

20 世纪 90 年代初期出现的“数据仓库（Data Warehouse）”的概念是指一个面向主题的、集成的、稳定的、包含历史数据的数据集合，可用于支持经营管理中的决策制定过程。数据仓库是一种管理技术，它将分布在企业网络中不同站点的商业数据集合到一起，为决策者提供各种类型的、有效的数据分析，起到支持决策的作用。数据仓库的主要贡献在于，它提出了数据处理的两种不同的类型，即操作型处理和分析型处理，并且在现实中将它们区别开来，形成了 DB – DW 的主要结构。数据仓库是一个综合解决方案，是一个动态的概念，而数据库则只是一个现成产品的概念。

2. 数据仓库的主要特点

（1）数据仓库是面向主题、面向分析的；

（2）数据仓库是集成的；

（3）数据仓库是稳定的；

（4）数据仓库是随时间变化（增加）的。

3. 建立数据仓库对保险业的意义

保险公司的数据涉及保险业务、财务、精算、资金管理等各个方面，而且数据具有历史性和长期性。因此，使用数据仓库技术，充分利用数据的价值，将起到指导公司业务发展和决策支持的作用。在保险公司的数据仓库中，数据是围绕客户和保险产品这两个主题展开的。客户是保险业务的主导，保险公司的盈利、风险、负债都是围绕客户进行的。保险产品是保险公司与客户交易的桥梁，表明客户通过哪些方式与保险公司进行何种交易。客户和保险产品之间的联系就是投保关系：一个客户可购买多

种保险产品；一种保险产品也可以有多位客户购买。图 2－4 表示了客户、保险产品、保险公司之间的关系。一方面，利用数据仓库就可以对客户进行细分，为某些用户开拓新产品，扩大业务范围；另一方面，通过数据仓库对保险产品进行分析，可以更好地创造市场效果，减少风险。同时围绕这两个主题的分析，就可以为决策提供有力的支持。

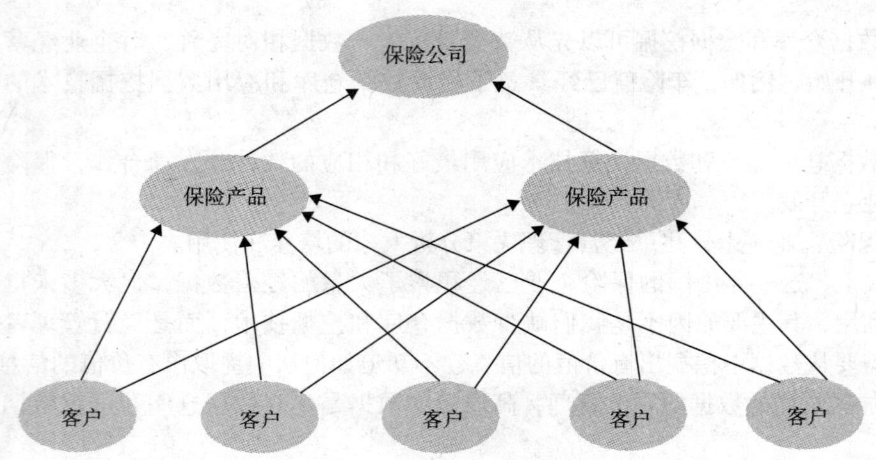

图 2－4　保险公司、保险产品、客户之间的关系

（三）数据挖掘的概念和意义

随着现代信息技术、通信技术和计算机技术的高速发展，使数据库的规模不断扩大，从而产生了大量的数据信息，为了给决策者提供一个统一的全局性视角，许多领域纷纷建立了数据仓库。然而，数据仓库中的大量数据往往使人无法辨别隐藏在数据中的、能对决策提供支持的信息。传统的查询、报表工具已无法满足发掘这些信息价值的需求。因此，新的数据分析技术、可以处理大量数据并从中抽取有价值的潜在信息的数据挖掘技术便应运而生了。

数据挖掘（Data Mining）是指按照既定的业务目标对大量数据进行探索，揭示隐含在其中的规律，并进一步将之模型化的先进有效的方法。它是从大量的、不完全的、有噪声的、模糊的、随机的数据中提取隐含在其中的人们事先不知道、但又是可能有用的信息和知识的过程。

1. 常用的数据挖掘技术

数据挖掘的技术基础是统计学和人工智能（AI）中一些成熟的算法和技术，例如：

（1）人工神经元网络（Artificial Neural Net）；

（2）遗传算法（Genetic Algorithms）；

（3）决策树（Decision Trees）；

（4）邻近搜索方法（Nearest Neighbor Method）；

（5）规则推理（Rule Induction）；

（6）模糊逻辑（Fuzzy Logic）。

2. 数据仓库和数据挖掘技术的应用流程

数据仓库和数据挖掘技术在保险企业中应用的一般流程如图 2－5 所示。

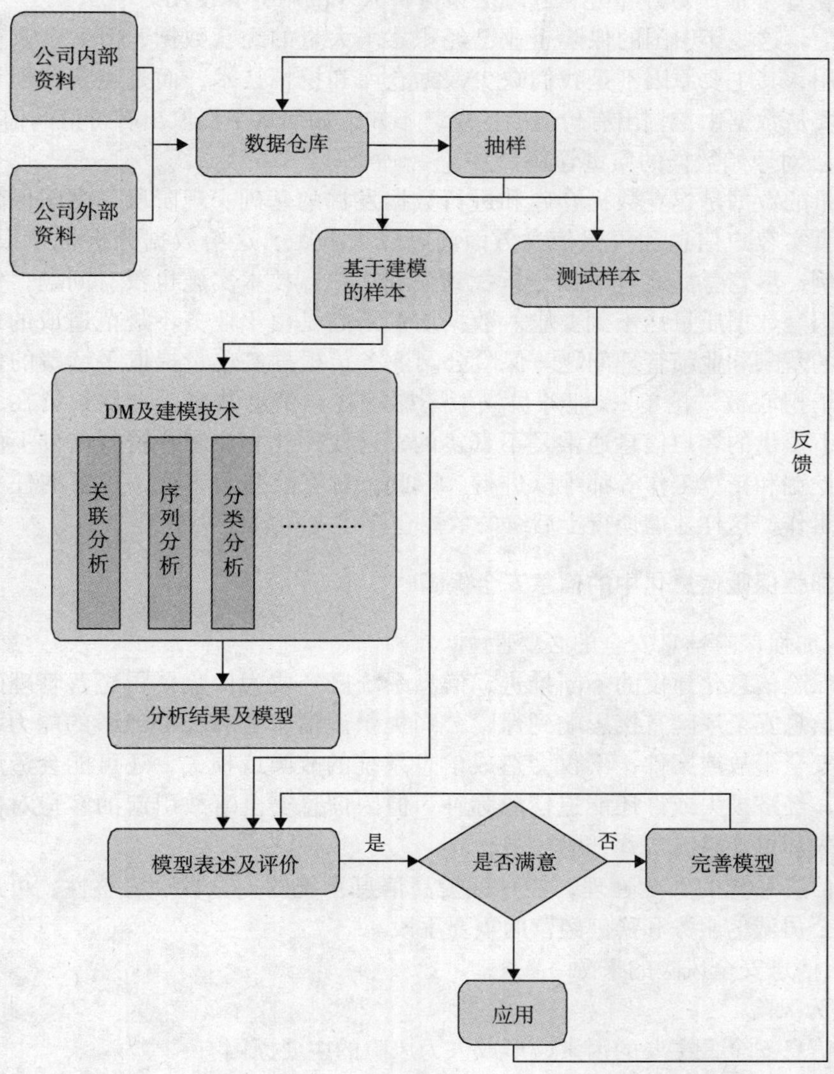

图 2－5　数据仓库和数据挖掘的流程图

（四）保险业采用数据仓库和数据挖掘技术的实施策略和建议

1. 充分认识利用数据仓库和数据挖掘技术在提高保险经营管理决策水平方面的重要意义，将数据仓库建设和数据挖掘技术的应用和企业经营管理、信息化建设统一起来进行考虑。

2. 数据仓库和数据挖掘可以先从数据量较大、数据相对完善、对企业经营相对重要的险种开始，例如，车险就已经具备了建设数据仓库和应用数据挖掘技术的需求和条件。

3. 数据仓库建设和数据挖掘技术应用最好和相应的软件开发商合作，保险企业不宜自身独立开发。

4. 保险企业应十分注重经营管理决策分析人才的培养和使用。

事实上，这些年中国的保险企业已经积累了大量的经营数据，但大多未得到充分挖掘和利用，其主要原因不是我们缺少数据仓库和挖掘技术，而是经营管理者们没有意识到需要从数据中挖掘出有价值的信息，不知道如何从中提取出有价值的信息。

5. 加强对原始数据的质量管理。

高质量的数据是建立数据仓库和进行数据发掘的基础。现阶段，中国保险公司在全面掌握真实客户信息和投保信息方面尚有较大差距，这给数据分析带来很大困难。以车险为例，尽管急需通过数据分析找到盈利客户，技术实施也没有问题，但目前做不到，原因是数据质量达不到要求。数据质量不高是由于业务不规范造成的，这涉及保险公司的薪酬和业绩管理问题。保险公司业务员根据签单量提取手续费的做法由来已久，由于担心被“抢单”，业务员一般不愿将客户信息共享。由业务员在“自我保护”意识下提供的客户信息通常是不真实的，这使得建立在客户资料基础上的数据分析、数据挖掘和精算工作等都难以进行。因此，对保险公司来说，首要的任务是做好数据采集工作，这样才能谈得上后续的数据仓库建立和数据发掘。

三、加强保险信息化中的信息安全保障

（一）加强保险信息安全的必要性

随着保险信息化建设的不断推进，信息系统已经成为保险公司经营管理的核心组成部分。信息安全风险直接影响到保险公司提供诚信服务和稳健经营的能力，个别重大的信息安全事故或案件，不仅会造成信息系统的故障或损失，还可能会造成不良的社会影响。经济损失或许还能追偿或弥补，但因信息安全事故引起的客户对保险公司的信心缺失却可能是无法弥补的。

实施信息系统的安全管理，能有效提高信息系统的安全性、完整性、可用性，是保障保险公司诚信服务和稳健经营的重要手段。

（二）信息安全风险的来源

1. 人为风险

人是信息安全最主要的因素，形成人为风险的主要原因有：

（1）不适当的信息系统授权，会导致未经授权的人获取不适当信息；

（2）操作失误或疏忽会导致信息系统的错误动作或产生垃圾信息；

（3）针对系统的恶意破坏行为，如恶意篡改数据、修改系统时间、修改系统配置、恶意导入或删除信息系统的数据，可能导致重大经济案件的发生。

2. 系统风险

系统风险包括系统开发风险和系统运行风险。

如果在项目开发过程中没有考虑必要的信息系统安全设计，或安全设计存在缺陷，就会导致信息系统安全免疫能力不足。

没有完善、严格的系统运行管理体制，会导致机房管理、口令管理、授权管理、

用户管理、服务器管理、网络管理、备份管理、病毒管理等方面出现问题，轻则产生垃圾信息，重则发生系统中断或瘫痪、信息被非法获取等。

3. 数据风险

数据是信息的载体，也是保险公司最重要的资产。对数据的存储、处理、获取、发布和共享均需要有一套完整的流程和审批制度。没有健全的数据管理制度，便存在导致数据信息泄露的风险。

4. 自然灾害、事故风险

这类风险会造成数据的灾害性损失和破坏，通常可以通过数据备份技术解决此类问题。

（三）信息安全的内容

1. 保密性

信息安全的保密性要求确保信息仅可让授权获取的人士访问，保险公司的信息安全保密性应当做到：

（1）严格分岗授权制衡机制，杜绝不相容岗位兼岗现象；

（2）严格用户管理和授权管理，防止非法用户、用户冗余和用户授权不当；

（3）加强系统密码管理；

（4）加强病毒防范管理；

（5）控制访问信息，阻止非法访问信息系统；

（6）确保对外网络服务得到保护；

（7）检测非法行为，防范道德风险；

（8）保证在使用移动电脑和远程网络设备时的信息安全，防止非法攻击。

2. 完整性

信息安全的完整性要求信息准确和具备完善的处理方法，具体要求包括：

（1）严格业务流程管理，确保业务流程与信息系统操作流程一致、完整；

（2）严格控制生产系统数据修改，防止数据丢失，防止不正确修改或错误操作；

（3）严格数据管理，确保数据得到完整积累与保全，使系统数据能真实、完整反映业务信息；

（4）严格开展合法、合规经营。

3. 可用性

信息安全的可用性，要求确保被授权人可以获取所需信息，具体要求有：

（1）加强系统运行管理，确保系统安全、稳定、可靠运行；

（2）加强机房建设与管理，如保障机房工作环境的温度、湿度、防火、防水、防静电等要求，减少安全隐患；

（3）加强系统日常检查管理，及早发现故障苗头；

（4）加强数据备份尤其是灾难备份，防止数据损失；

（5）严格系统时间管理；

（6）保障系统持续运行。

（四）信息安全保障的实施策略

1. 成立专门的信息安全保障部门

保险企业应成立专门负责信息安全管理工作的部门，制定信息安全管理制度和工作程序，设定安全等级，评估安全风险程度，落实防范措施方案，提出内控体系整改方案与措施，监督和评估信息安全管理成效。总公司和分公司之间还要有一个可以快速响应的信息安全事故收集、汇总、处理系统。

2. 建立信息安全管理制度与策略

信息安全管理制度应针对保险公司现状与发展方向来制定，要充分考虑可操作性。应制定系统运行管理办法，严格实行分岗制衡、分级授权，严格执行系统时间管理、备份管理、数据管理和口令管理。

3. 实施信息安全分级管理

信息安全分级管理是将信息资产根据重要性进行分级，对不同级别的信息资产采用不同级别的信息安全保护措施。国家已将信息安全等级保护措施划分为五个等级，分别为自主性保护、指导性保护、监督性保护、强制性保护、专控性保护。保险公司在实施信息安全分级管理时可参考上面的五级保护体系。具体方法是：分析危险源或危险点，评估其重要性，再分设等级，从而采用不同的保护措施。如根据数据的重要性程度，可分为公开信息、有限共享信息、内部一般信息、内部关键信息、内部核心信息等；对于信息安全事故，可分为重大事故、一般事故、轻微事故，采取不同的处置方法。

4. 信息安全的集中监控与处置

设立集中运行的信息安全监控、处置中心，及时监控、发现安全事故，做到反应快速、处置果断，并实施应急恢复。对保险企业来说，应对网络、服务器等运行设备进行集中监控，开展服务器容量管理、网络流量监控。对应用系统采取防范与监控相结合的方式，对信息系统的数据设置校检码，防止被非法修改；在开发应用系统时，应注意开发相应的审计检查监控程序，由总公司统一运行，及时发现数据信息存在的风险。

第四节　加强对保险企业信息化建设的管理与指导

一、建立保险企业信息化发展测评系统

（一）基本观点

1. 为了对保险企业信息化发展程度有一个整体上的把握，也为了便于在企业之间、行业之间进行信息化发展比较，有必要建立保险企业信息化发展测评系统，其核心是建立一套指标体系。

2. 国家信息化测评中心制定的《企业信息化基本指标构成方案》可以成为保险企业信息化评价指标体系的重要参考。

（二）必要性

1. 从国家信息化发展的外部环境来看

自2002年起，中国已经开始着手建立全国统一的信息化评价指标体系，对于科学评价国家及地区信息化水平，正确指导各地信息化发展及实现中央提出的以信息化带动工业化发展的战略目标具有重要意义。国家信息化测评中心于2003年对国内主要企业进行了企业信息化测评，并评选出了信息化500强企业。2003年11月10日，国家信息化测评中心发布《中国企业信息化500强调查报告》。500强入选名单中的保险行业公司只有中国平安、中国人寿等五家，前三十名中没有来自保险行业的。相比之下，银行业的情况就好得多，仅在前100名中银行就有六家，前三十名中就有三家。中国金融行业的外部发展环境对信息化的要求是较为急切的，保险业目前的情况虽然势头良好，但在指导和方向性上还需要更高效的管理。

2. 从保险企业的需求来看

随着各公司业务的拓展和深化，市场竞争日趋激烈，建设高效优质的企业信息和管理系统势必成为保险公司立足市场的必要条件。而为了了解整个行业以及行业中其他企业的信息化发展水平，有必要建立一个保险企业信息测评系统。一方面，很多保险公司积极寻找信息化之路，搞自己的数据集中、信息化战略咨询、系统设计，但在方向上往往会出现很多盲目性，缺少必要的指导。例如，只有数据没有利用、未深入考虑数据安全、缺乏信息化战略意识、缺乏信息化人才系统管理等问题；另一方面，为有效地实现保险的社会风险管理职能，需要对保险业的整体发展进行指导和监管。而作为金融服务业的一个重要领域，信息是其命脉，行业对信息资源的综合运用、监管部门对信息利用的监督和引导都需要通过一个公开的标准来反映。保险行业信息化标准指标体系就是对保险信息化发展的最简明的指导，这样一个指标体系也是保险业实现行业监管规范化、制度化、公开化的标志。

（三）可行性

如前所述，国家信息化测评中心目前已经开发了一个针对一般企业的信息化测评系统，该系统可以成为保险企业信息化标准的重要借鉴。建议在研究分析国家《企业信息化基本指标构成方案》的基础上，结合保险行业特点，制定《保险企业信息化基本指标体系》。

国家《企业信息化基本指标构成方案》从战略地位、基础设施、应用状况、人力资源、安全性和效益性六大方面对企业信息化状况进行评价，具体指标体系的设计参考了专家和业界人士的意见。应该说，该指标体系是具有较高权威性的，有较高的参考意义和指导意义。其中，除应用状况以外的五个部分的指标具有一定的行业通用性，对保险行业具有重要的参考意义。应用状况部分的指标需要根据保险行业自身的特点来设计，但该体系中有关办公自动化、业务处理、决策支持等方面的指标也是保险业所关注的。因而，设计保险业的《保险企业信息化基本指标体系》可以继承很多国家信息化测评中心已有的工作成果，结合保险行业的特点和未来发展趋势制定一个适合自己行业的指标体系并不困难。

另一方面，作为一个行业自己的发展标准，其设计会得到保险企业的支持和欢迎。指标体系的设立不是为了限制保险企业，而是为了提供发展方向的指导；一个公开的指标体系，对于信息化方面领先的企业是一种肯定，对目前方向仍不够明确的企业是一种激励。

（四）指标体系的基本构架

对于保险行业信息化指标体系来说，总体上（即在一级指标上）可以参考《企业信息化基本指标构成方案》，这样便于与国家的整体评价系统接轨。而在二级指标和具体指标及权重的设计方面，应体现保险行业的特点。

一级指标包括：战略地位、基础建设、应用状况、人力资源、系统安全和效益六类。在二级指标和具体指标方面，需要根据保险行业的特点，进行具体调整或重新制定。例如：

1. 应用状况类指标

如前所述，在指标项目的设计上需要重点研究和调整的是“应用状况”这一项。《企业信息化基本指标构成方案》中这一项下的二级指标包括：信息采集的信息化手段覆盖率、办公自动化系统应用程度（分）、决策信息化水平（分）、核心业务流程信息化水平、企业门户网站建设水平（分）、网络营销应用率（%）、管理信息化的应用水平（分）。就保险行业信息化而言，应结合目前存在的主要问题考虑改进和设计以下几个方面的指标：

（1）电子商务的状况

细化“网络营销应用率”，取消网络采购指标。分为业务效益能力、服务种类和范围、客户满意度、系统建设等几个子指标。

（2）数据收集状况

在“信息采集的信息化手段覆盖率”基础上，增加数据集中度、数据库数据范围指标。

（3）核心业务流程信息化

针对保险业可具体化为精算业务信息利用率、核保业务信息利用率、理赔业务信息利用率、保单管理信息利用率等。增加代理人信息系统相关指标。

（4）决策信息化水平

增加针对保险行业的“精算支持水平指标”、“投资决策和资产管理信息化支持水平”等。

2. 人力资源类指标

为解决目前保险行业信息化中的人才管理问题，可以通过指标体系传递加强人力资源管理的信号，适当提高这一部分的权重。

3. 按专业分类

可以考虑针对财产责任保险、人寿健康保险和再保险三类公司不同的业务特点，分别设计评分指标。一方面可以体现在某些指标（比如“核心业务流程”）的设计和提法上；另一方面，可以体现为对同类指标（比如电子商务的营销能力、资金流转速率、资产管理支持等）的不同评分参考系。

（五）如何组织实施

指标体系的设计和具体测评的实施工作可以分成三个层次：

1. 保监会牵头组织指标体系的设计

根据目前中国保险业的实际，保监会是行业管理者，所以有责任和权威出面组织指标体系的构建。具体组织实施可以委托保险行业协会。

2. 专家队伍负责指标体系的设计

由来自保险行业协会、保险公司、研究咨询机构的专家小组负责指标体系的设计。

3. 委托专门机构进行测评

建议委托专门的测评机构（例如保险协会）具体负责保险企业信息化的测评。

二、根据信息化给保险企业外部经营活动带来的新问题，推进相关制度建设

目前，信息化给企业外部经营活动（如网络营销、互动营销、在线服务、增值业务等）带来的影响已经越来越大，已经渗透到各行各业，对保险业的影响也越来越大。但由于观念意识、互联网硬件环境、金融电子化支付手段等方面的原因，中国保险信息化发展还面临着许多制约因素。研究信息化对保险企业外部经营活动的影响，对加快信息化建设步伐、深刻认识和把握互联网时代带来的机遇、完善中国保险电子商务环境具有重要意义。

（一）为保障保险电子商务的安全和迅捷，建立相关法律制度至关重要

法律的制定不但要保障电子交易活动的安全，而且要充分反映其在效率方面的价值。目前，中国的保险立法还不完善，有关保险电子商务方面的立法更是一个空白。为此，建议有关部门根据中国国情，针对保险电子商务的特点，尽快制定配套的法律法规，使网络上的保险业务运作和风险防范做到有法可依。有关保险电子商务方面的法律制度大致应包括以下几个方面：

1. 电子商务活动的法律规范

其中首要问题是通过电子数据信息传输形式形成的合同是否被法律承认的问题。对于这个问题，在联合国国际贸易委员会的《电子商务示范法》和中国的《合同法》中已得到确认。中国《合同法》第 11 条规定：“书面形式是指合同、信件以及数据电文（包括电报、电传、传真、电子数据交换和电子邮件）等可以有形地表现所载内容的形式”，这为中国电子保险合同的功能等同效用提供了法律依据。但保险行业仍然需要更详细的条例，针对保险业务的特殊性，对交易过程及其中涉及的合法性问题进行规定。

2. 数据电讯法律制度，涉及数据电讯概念与效力

数据电讯的收、发、归属及其完整性与可靠性推定规范等。由于数据电讯具有操作不当可能被抹掉、遭受电脑病毒的攻击和改动、伪造后不留痕迹等弊端，因此给保险电子化、网络化的立法和执法提出了巨大挑战。同时，对客户所传输的有关私人资料的保密性问题，也是有关保险数据电讯法律制度必须关注的一个重要方面，包括对泄密责任和相关方权利、义务的认定以及处罚依据等。

3. 电子商务认证法律制度

电子商务合同的成立及其有效的证据作用有赖于电子签字的有效生成，但由于数字形成的电子签字较之其他书面形式更容易被模仿或破译，因此，通过建立电子商务认证中心来承担对电子文书的真实性证明和鉴定的责任将是保证电子信息真实性的重

要手段。对此，在相关法律制度建设方面就涉及认证机构的设立和管理、认证机构的运行规范及其风险防范、认证机构的责任等法律规范的制定。

4. 完善的法律制度也是保证保险电子商务活动有序发展和加强监管的前提

作为保险业的监督管理部门，只有加强对这方面的研究，及时制定出保险电子商务管理及技术标准，才能依法实施有效的宏观监管，以达到切实防范保险电子商务应用过程中的风险。

（二）制定对保险电子商务的评价机制，指导保险电子商务积极健康发展

在对电子商务运行的评价方面，根据保险行业的特点及其在网络营销、互动营销、在线服务、增值业务方面的特有的目的性，可以研究制定保险电子商务价值评估系统，起到指导、分析保险电子商务活动的作用。

第三章　加快保险电子政务及保险监管信息系统的建设

第一节　建设高效的保险电子政务系统是保险信息化建设的重要环节

一、中央政府在发展电子政务方面的规划和要求

1992年，国务院办公厅就提出了建设全国行政首脑机关办公决策服务系统的目标和具体实施方案，并在全国政府系统推行办公自动化。1999年，中国电信和国家经贸委经济信息中心联合40多家部、委、办、局的信息主管部门共同倡议发起了“政府上网工程”，标志着中国电子政务从计划酝酿阶段走向了全面实施的阶段。

“政府上网工程”的总体设想是通过启动“政府上网工程”及相关的一系列工程，实现迈入网络社会的三步曲。第一步，实施政府上网工程，在公众信息网上建立各级政府部门的正式站点，提供政府信息资源共享和应用项目；第二步，政府站点与政府的办公自动化连通，与政府各部门的职能紧密结合，政府站点演变为便民服务的窗口，实现人们足不出户就能够完成到政府部门办事的程序，构建电子化政府；第三步，利用政府职能启动行业用户上网工程，如“企业上网工程”、“家庭上网工程”等，实现各行各业、千家万户联入网络，通过网络既实现信息共享又实现多种社会化职能，从而全面迈入网络社会。

随着信息技术的不断发展，中国中央政府对推进电子政务、加快政府信息化建设高度重视。2001年，国务院办公厅又制定了全国政府系统政务信息化建设的五年规划，对中国政府信息化的指导思想、方针、政策等作出了明确规定。

应当指出，中央制定的有关推动政府信息化和发展电子政务的政策和措施已经在实践中收到了显著成效，对各地区、各部门政府信息化工作也起到了重要的指导作用。

二、法制环境

信息社会的特点之一就是：信息社会是一个诉讼密集的社会，其原因是由于相互交往的迅速增加，必然引起诉讼案件的日益增多。相应地，与电子政务发展相关的法律问题和安全问题的重要性也日渐突出。为保证电子政务的健康有序发展，中国在电子政务的法律环境建设方面也取得了重要进展。

（一）信息化法制建设方面

自20世纪90年代起，中国在信息化法制建设方面已经取得了众多进展，包括：

1. 初步建立了较科学的电信行业管理法律体系

过去20年中，中国颁布了《中华人民共和国电信条例》、《无线电管理条例》、《通信行政处罚程度规定》等政策、法规，另外一系列规范电信市场竞争、维护消费者权益的法律法规也在制定之中，已经初步形成了一个开放、公平、有序的法制环境。

2. 初步形成了较完备的互联网管理法规体系

相继出台了《互联网信息服务管理办法》、《计算机信息网络国际联网管理规定》、《互联网电子公告服务管理规定》、《互联网上网服务营业场所管理办法》等一系列行政法规，初步形成了一个较完备的互联网网络管理法规体系。

3. 初步建立了有效的产业促进政策体系

包括信息产业市场主体法律体系、信息产业政府管理和服务法律体系、信息产业技术创新法律体系、信息产业风险投资法律体系、专门产业政策体系等。

4. 初步形成了较为合理的信息产业市场竞争法律体系

《公共电信网间互联管理规定》、《电信网间互联争议处理办法》、《电信业务经营许可证管理办法》、《互联网骨干网间互联服务暂行规定》等一系列规章、政策的出台，初步形成了较为合理的市场竞争法律体系。

5. 初步形成了促进信息化应用的政策体系

《国民经济和社会信息化专荐规划》、《上网银行业务管理暂行规定》、《上海市社会保障卡管理办法》等中央和地方在信息化应用方面的政策、法规的出台，使国民经济和社会信息化应用的政策体系初步成型。

6. 初步形成了较完备的信息安全法律体系

《计算机软件保护条例》、《计算机信息系统安全保护条例》、《计算机信息系统安全专用产品检测和销售许可证管理办法》、《计算机信息网络国际联网安全保护管理办法》、《全国人民代表大会常务委员会关于维护互联网安全的决定》以及新的《刑法》等法律、法规的出台，结束了中国在维护计算机信息系统安全和打击计算机犯罪领域无法可依的局面，完善了信息安全的法律体系，为打击计算机犯罪活动提供了法律依据。

（二）电子政务法制建设方面

与集中于信息技术领域的计算机立法和网络安全方面的立法现状相比，中国在电子政务方面的专门立法相对滞后，但也取得了一定进展，包括：

1.《中华人民共和国行政许可法》第三十三条规定：“行政机关应当建立和完善有关制度，推行电子政务，在行政机关的网站上公布行政许可事项，方便申请人采取数据电文等方式提出行政许可申请；应当与其他行政机关共享有关行政许可信息，提高办事效率。”

2.《中华人民共和国电子签名法》已经于2004年8月28日在十届全国人大常委会第十一次会议上表决通过，标志着中国首部“真正意义上的信息化法律”的诞生。这部于2005年4月1日开始实施的法律，将中国电子签名立法的重点确定为：“确立电子签名的法律效力；规范电子签名的行为；明确认证机构的法律地位及认证程序；规定电子签名的安全保障措施。”

3. 最近，国务院信息化工作办公室有关负责人表示，尚在修订中的《中华人民共和国政府信息公开条例》近期有望突破。

该条例将最大限度地公开政府信息，体现政府履行监管和服务的职能，并将对政府公开信息作出强制性规定。

三、市场环境

（一）互联网发展潜力巨大

2004 年 7 月 20 日，中国互联网络信息中心（CNNIC）在北京发布的“第十四次中国互联网络发展状况统计报告”显示，截至 2004 年 6 月 30 日，中国上网用户总数为 8 700 万，比上年同期增长了 27.9%；上网计算机达到 3 630 万台。这一结果表明，互联网已经渗透到人们的生产、生活、工作和学习的各个方面，将互联网作为社会公众服务以及政府公共行政的平台，潜力巨大，时机已经成熟。

（二）保险市场发展迅速，市场主体日益增多，社会公众对保险的日益关注以及对外开放的进一步深化，都对政府对保险行业的监管和行政服务提出了新的要求

传统的通过纸介质处理监管事务、通过平面媒体宣传保险的方式，已越来越难以满足保险行业中的从业机构、投保人以及监管部门内部工作的需要，也不利于中国保险业和国际的接轨。

第二节　加快保险电子政务建设的意义

第一，有助于树立保险业良好的社会形象。现代社会对政府行政工作的透明度提出了更高的要求，并将行政信息透明度作为评定政府工作的一项重要指标。

一方面，电子政务可以使保险监管机构借助现代信息和通讯技术建立各级监管机构之间、监管机构与保险公司之间，以及监管机构与广大消费者之间的广泛的沟通网络。这种沟通网络可以及时传达政府的施政意图、方针和政策，反映公民的要求和呼声，提高政府治理的反应能力；另一方面，政府可以借助互联网、电子邮件、电子布告栏等方式，与民众建立一个迅速有效的沟通途径和意见反馈机制，扩大公民对政府公务管理的参与程度。同时，公开政府信息，便于社会大众、新闻媒体监督政府施政，也有助于树立保险行业良好的社会形象。

第二，整体提升保险业的信息化水平。保险行业由各级保险监管机构以及大量的保险公司、保险经纪公司、保险代理公司及其他中介机构组成，它的快速发展使得社会对保险行业的信息披露以及信息处理效率提出了更高的要求。因此，建设一个保险行业的信息平台，加强保险公司经营情况的披露，保险监管部门的信息公布，保险行业法律法规的发布以及保险行业的规范指标的公开，完善保险行业监管者、从业者以及消费者的沟通机制，简化保险监管机构行政管理程序，已成为目前保险行业面对的共同问题。

保险电子政务作为保险业信息化中的一个重要环节，可以起到激励、规范、监督各类保险企业信息化建设的作用，有助于提升保险业信息化建设的整体水平。

第三，提高保险监管机构的工作效率。通过保险电子政务系统的建设，可以使监管机构及时了解保险企业的经营状况和各种要求，及时了解消费者的需求和建议，并迅速做出反应，从而大大提高了监管工作的效率。

通过保险电子政务系统的建设，还可以极大改善保险监管系统内各部门之间，以及保险监管部门和其他政府相关部门之间的信息沟通，加快业务处理的速度，大大提高监管部门自身的工作效率。

第三节　保险电子政务系统的建设目标和具体要求

根据对中国电子政务系统发展和保险电子政务系统建设现状的分析，我们认为，“十一五”期间应该特别注意加快保险电子政务系统的建设，其建设目标是：建成一个可以为社会提供保险信息服务，对保险企业进行指导、服务和监管的公开透明、运行高效的电子政务系统。

为实现上述目标，保险电子政务系统的建设应满足以下要求：

第一，建立各级保险监管机构之间以及与其他政府部门之间的电子化信息交流渠道，缩短政府内部工作流程时间，简化监管机构及政府部门日常事务的处理程序。

第二，建立保险行业信息发布平台，收集并及时向社会发布有关保险行业发展动态的信息。

第三，建立保险行业规范化体系，包括保险行业相关法律法规、监管部门提倡的行业规范、保单条款和定价规范等。

第四，建立保险行业数据库，包括保险行业宏观发展指标、各保险公司主要经营指标、保险中介的相关重要信息等。

第五，建立保险公司财务报表及经营情况报送系统，简化报送程序，提高报送内容的时效性、可靠性和完整性。

第六，建立面对公众的政府公共信箱或其他形式的受理窗口，以“7×24”的形式突破时空限制，方便公众对保险业的咨询、监督和举报。

一、保险电子政务系统面向企业的功能

政府可以通过电子政务，利用互联网等手段为企业经营活动提供广泛的支持。结合保险监管部门和保险企业之间的主要行政事务往来，参考国外保险监管部门的公共网站，可以将保险电子政务面向企业的功能规划为：

（一）规范保险业务

由于保险业务的信息不对称和技术水平的不对称，并且大多是通过格式合同完成交易，因此，对保险企业在规范经营方面的要求应高于社会平均水平。保险监管部门可以通过电子政务系统，颁布有关保险经营的法律和法规，特别是有关保单条款、精算标准等方面的规范，便于保险企业查询和遵守。

（二）企业的申报、批复事项及经营情况报告

保险企业可以通过电子政务系统完成业务申报、重要经营活动和结果的报告、规定的财务报告的定期报送等；监管部门可以通过电子政务系统对企业上报的各类信息进行分析，并以批复的形式进行反馈。

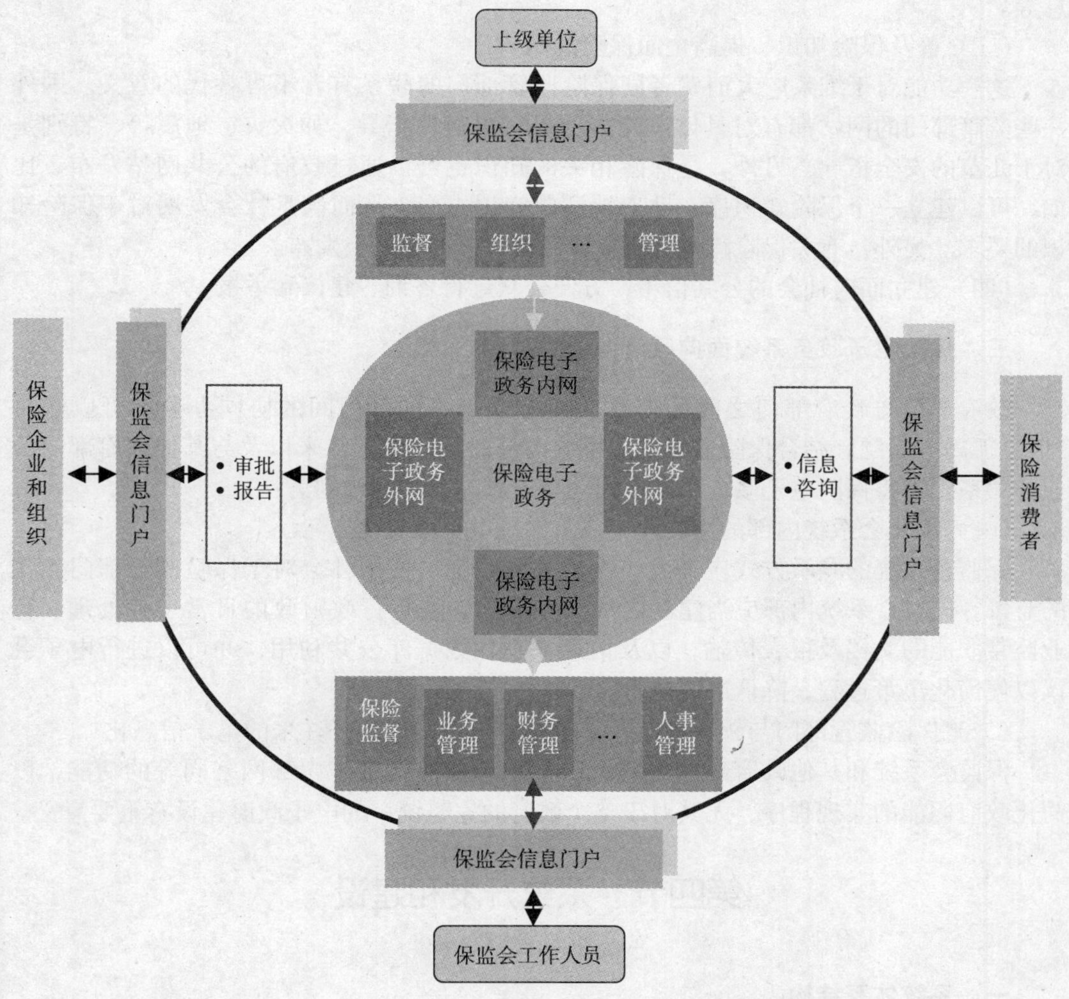

图 3－1　保险电子政务系统构架

二、保险电子政务系统面向消费者的功能

根据保险监管部门的社会服务和管理职能，可将保险电子政务系统面向消费者的功能划定为：

（一）相关法规及政策的发布

保险行业涉及的法律法规门类繁多，涉及社会生活的众多领域，对保险行业的规范发展具有举足轻重的作用。因而，发布法律法规应该是保险监管部门公共网站的重

要内容之一。需要注意的是，不能仅限于法律法规的简单罗列，还应注重对法律法规的解释，便于广大消费者理解和遵守。

（二）建立保险行业信息发布平台，及时向社会发布有关保险业发展的动态信息

如保险业各类主要发展指标、各保险公司主要经营指标、保险中介的相关重要信息等。

（三）普及保险知识、提高全面保险意识

这一功能对于维系广大消费者同保险监管部门的联系有着不可替代的意义。国外一些监管部门的网站都有对具体风险如何进行规避的指导，如火灾、地震等，特别是对于儿童的安全指导。另外，与保险相关的知识也可以通过政府的公共网站发布，比如，可以建立一个保险知识库，动态地调整知识内容，从而满足社会发展对于保险知识的要求。另外，有关保险行业的研究成果也可以在网站上发布。

（四）建立面向社会的公共信箱，方便公众进行咨询、建议和举报

三、保险电子政务系统面向政府部门的功能

政府部门与政府部门之间的信息交换有助于不同部门间的协同办公，可以解决“信息孤岛”问题。结合保险监管部门系统内部的行政事务往来以及与其他政府部门的业务关系，可将保险电子政务系统中面向政府部门的功能规划为：

（一）保监会系统内部的主要业务往来实现电子信息化

保监会系统的联系方式应当发布在公共网站上，便于社会对于保险监管部门工作的监督。同时，系统内部应当建立内部交互网络，进行行政财政的日常事务处理、行业监管职能的文档及报表传输，以及信息共享和数据库公共利用，并可以进行电子会议以便简化决策过程，降低决策成本。

（二）保险监管部门与领导部门及其他政府部门之间业务往来的电子信息化

保监会系统和其他政府部门之间可以实现和保监会系统内部网络同等的功能，以简化政府职能的实现程序，尤其对于整个政府的完整统一的电子政府建设有重要意义。

第四节　系统开发和建设

一、系统体系结构

保险电子政务系统的体系结构应该符合国家电子政务体系的基本要求，即从整体上来看是一个政府专网和应用系统，是一个三网合一的体系，即内网、专网、外网的互联互通。

专用网络专指政府部门之间的网络。出于保密和安全方面的考虑，政府部门之间的信息交换需要在与外部网络物理上隔离的专用网络上传输。

内部网络指政府内部的办公网络，以局域网为主，用于政府内部和政府部门间一般的信息交换，并能提供共享数据、远程访问、与外部网的连接等功能。

对于为公众提供的信息以及可以公开的信息，则可利用政府网站等形式发布到互

联网上。

二、资源建设

在电子政务工程建设的同时，信息资源的建设必须跟上，否则是有路无车。政府部门的信息内容可以大致分成两类：来自公文系统的文档型信息和来自数据处理系统的结构化数据信息。根据目前国内电子政务系统建设的经验，可以考虑以元数据管理和 XML 作为数据交换标准为核心的政府信息资源建设方案。

“以元数据管理为核心”自上而下贯穿各级行政部门，从元数据管理的角度，为行业的行政管理和行业信息资源的整合提供技术基础。采用分布式的数据存储形式，通过元数据实现各级部门之间的信息检索和内容调用。元数据管理采用科学的分类编目管理结构，对电子政务系统中的各类信息进行分类组织，从而达到知识管理和决策支持的目的。

在数据交换和共享的层面上“以 XML 作为数据交换的标准”。基于 XML 和统一信息平台技术，可以实现不同系统的联合和互联，它覆盖了信息处理的整个流程（从数据采集、处理和传输，到信息管理、分析和共享），将多年来常见的管理信息系统延伸到了数据分析和共享系统中，可以实现从信息中挖掘和提炼知识，为决策提供信息和支持。

三、应用建设

电子政务工程的应用建设是整个工程的关键。根据分析，保险电子政务系统的客户主要有四类，应用建设就应按照这四个方面的应用而展开。

（一）政府和公务员之间（G2E）

利用 Intranet 建立有效的行政办公体系，为提高工作效率服务，内容包括：电子公文、电子邮寄、电子计划管理、电子人事管理等。

（二）政府和企业之间（G2B）

利用互联网等网络手段为企业经营活动提供信息化支持，包括：电子商务、工商、税务、法规等基础性服务。

（三）政府部门与政府部门之间（G2G）

政府间的信息交换有助于不同部门间的协同办公，可以解决“信息孤岛”问题。

（四）政府和公民之间（G2C）

利用公共网络为公民提供范围广泛的服务。

四、安全保障

核心决策层、业务处理层、信息交换层和公众服务层是根据电子政务业务需求对其网络功能的划分，相应的安全要求也各不相同，从涉密存储到公众发布，信息安全的严格程度逐级递减，可相应地采取不同的安全保障措施（见表 3－1）。

表 3-1　电子政务安全结构

层	业务需求	网络安全域	安全设施
一	核心决策层（涉密存储）	Intranet	加密数据库、安全标签、安全隧道、安全网关
二	业务处理层（办公事务）		防火墙、代理服务器、访问授权、动态防护、防病毒
三	信息交换层（协作、友邻）	Extranet	加密传输、网闸（物理隔离、交换、共享、互操作）
四	公众服务层（社会、公众）	Internet	完整性保护、可用性保护

五、实施步骤

根据国家在电子政务系统建设方面的统一规划和保险电子政务系统自身建设的特点，我们认为，在“十一五”期间，保险电子政务系统的建设应分成以下几个阶段：

（一）尽快实现保险监管部门的办公自动化

尽快实现保险监管部门内部纵向和横向的信息办公网络，并根据电子政务系统建设的需要，对现行组织结构和管理模式进行必要的调整，实现业务管理的扁平化，优化政务处理流程，简化工作步骤，提高工作效率。

同时，加紧对监管部门内部所有相关工作人员进行电子政务培训，向保险公司以及相关社会团体公布电子政务进程表以及新的工作须知。

（二）完善政府门户网站的建设

在现有的政府门户网站基础上，逐步实现各地保险监管部门的网站建设，统一网站管理模式，组建专业工作人员队伍。

（三）全面实现保险电子政务的实质性应用

建成体系完整、结构合理、高速宽带、互联互通的电子政务网络体系，最终实现完备的电子政府交互体系和数据共享平台。

第五节　加快建设保险监管信息系统（MISIR）

保险监管信息系统（Management Information System for Insurance Regulation）是保险电子政务系统的重要组成部分，也是为保监会系统日常工作提供管理和决策支持的核心部分。自 1998 年保监会成立以来，已经在利用信息化技术进行业务管理和辅助决策方面发挥了重要的作用。“十一五”期间，为适应整个国家、政府信息化建设不断发展的需要，适应行业管理和监管工作的需要，保监会系统应进一步加快自身的信息化建设步伐，建设好保险监管信息系统。

保险监管信息系统由保险公司监管信息子系统、保险中介监管信息子系统和保险市场监管信息子系统组成，其主要功能模块如图 3-2 所示。

通过保险监管信息系统的建设，应该实现以下几个基本目标：

第一，充分利用信息化技术对保险监管的日常例行工作进行科学、有效管理；

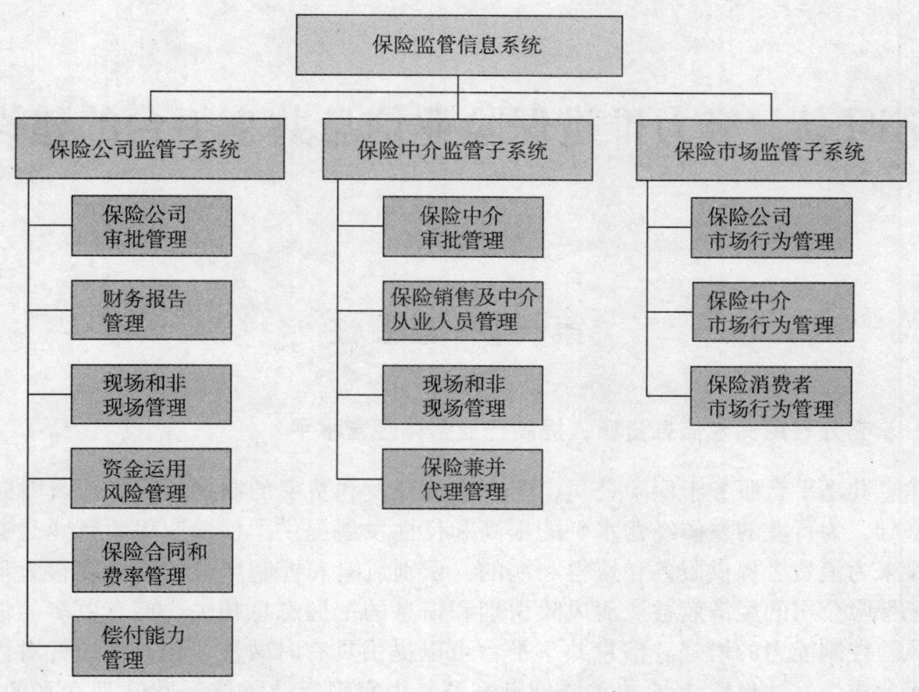

图 3-2　保险监管信息系统结构图

第二，能够及时反映市场运行整体状态、企业经营情况和偿付能力；

第三，可以对市场运行状态和企业经营情况进行深度分析，为保险监管决策提供支持；

第四，促进保监会系统各部门的协同工作；

第五，可以与其他金融监管部门实施协调监管。

第四章　努力推进保险业信息共享平台的建设

第一节　必要性

一、充分利用保险信息资源，提高行业整体经营水平

信息共享平台服务于保险公司，为产品的开发和费率的制定提供了最具时效性的信息基础，为行业的整体经营水平的提高和良性发展提供了保障。保险行业是通过转移风险来为消费者提供服务和获得利润的，识别风险和控制风险的能力在很大程度上决定了保险公司的经济效益。而风险识别和信息的把握息息相关，拥有更多的信息意味着风险控制能力的增强。信息共享平台可以提供具有时效性、代表性、针对性的信息，因此成为发达保险市场的重要信息来源。为实现行业整体经营管理水平的提高，十分有必要开展信息共享平台的建设。

二、跨部门的信息共享有利于充分发挥保险业的社会管理职能

保险公司在承保业务的同时，也为社会的稳定和发展提供了保障。为了实现这一目标，保险行业需要及时、准确的信息和数据，而信息共享平台的存在使得数据的动态管理得以实现。同时，信息共享平台和保险数据库的建设还可以为其他方面了解被保险人的保险信息提供方便，促进了保险业的社会管理职能的实现。

三、有助于消费者、保险中介、保险研究机构对保险业务运行和企业经营状况的了解

保险信息尤其是理赔信息，过去一度掌握在保险公司内部，形成“信息垄断”，使得消费者、保险中介和研究机构难以获得。保险信息共享平台的出现可以使广大消费者、保险中介机构和研究机构获得所需要的信息和数据，有利于减少保险消费者和保险人之间的信息不对称性，有助于保险研究部门获得研究所需要的更为全面的数据和信息。

四、有助于监管部门对保险市场、业务发展和企业经营的把握

保险监管部门在监管的实施中往往处于信息劣势，其信息大多来源于保险公司上报的数据。保险信息共享平台为保险监管部门提供了新的数据来源，而且是第一手数

据来源。通过对这些数据和信息的收集和处理，监管部门可以更好地掌握市场动态、制定行业标准、引导保险业的正确发展。

第二节 可行性

保险信息共享平台在中国是一个新生事物，尽管从整个行业的长期发展来看，它的建设具有非常重要的意义，但就目前国内的状况来看，它的发展还存在一定的障碍。主要表现为：

一、观念上的障碍

目前，在中国的一些保险企业中，对建设行业信息共享平台还存在某些认识上的误区，表现为：

第一，认为本公司的信息是商业秘密，不能公开；

第二，认为本公司具有市场份额、产品、技术、信息等方面的优势，没有必要和其他公司信息共享。

当然，绝大多数保险企业并不是完全反对建立信息共享平台，他们关心的问题是：

第一，本公司的信息如何保证不为竞争对手得到；

第二，本公司提供了信息，得到的回报是什么。

存在上述认识误区和担心的主要原因是：

第一，缺乏对信息共享平台意义的认识，缺乏合作竞争实现多赢的现代竞争理念；

第二，市场发展整体上仍处于初级阶段，各公司的主要关注点仍集中在量的扩张上。

二、体制上的障碍

中国保险信息共享平台建设方面存在的另一个重要障碍来自于体制方面。根据国际上的一般经验，保险信息共享平台（包括保险数据库）大多是由一些由保险公司组成的协会组织或一些保险信息中介机构建立的。而在中国，目前尚不存在这种具有“权威性”的协会组织或保险信息中介机构，因而很难由民间发起来组建保险业信息共享平台。

另外，中国也缺乏在建设保险信息共享平台时需要拟订哪些协议条款的经验，以便建立明确的激励机制，协调各方的利益。

三、运营模式上的问题

影响信息共享平台建设的另一个重要实际问题来自于运营模式。由于信息共享平台是一件新鲜事物，中国保险市场目前的情况和国外有很大差异，如何建设、运营、维护、使用和监管这样一个信息共享平台，从企业到政府有关部门都缺乏经验。

四、融资模式方面的问题

建设、维护保险信息共享平台的资金从哪里来，也是一个不好解决的问题。从国外的经验来看，这类系统通常是非营利性的，因而很难吸引投资者。国外此类系统的资金来源主要是通过会员制收取会费的形式筹集，这种方式可以为我们提供借鉴。

第三节　建设信息共享平台需要进一步研究的问题

中国保监会已经认识到了建立保险信息共享平台的重要性，并在上海、北京等地进行了车险信息共享平台建设的试点，取得了初步成效和经验。为在“十一五”期间进一步推动信息共享平台的建设，建议成立专门小组对以下问题作进一步专门研究和提出实施建议。

第一，管理体制问题。目前，主要需要讨论的是由保监会牵头建设信息共享平台还是由行业协会充当这一角色。我们认为，根据中国目前的实际情况，还是应由保监会/保监局作为主要组织方或至少是具有约束力的协调方，保险协会具体承担平台的建设、运营和维护，这样可以具有有效的权威性，保证信息共享平台的建设和实施。

第二，如何进一步发挥行业协会的作用问题。

第三，融资模式问题。借鉴上海、北京两地的经验，研究有效的、可实施的财务筹资模式：一是初始开发费用；二是日常运行费用。

第四，日常维护问题。目前，信息共享平台的规划主要准备在各省级单位组织实施，北京、上海都有专人运作和维护，但对信息平台如何实现远程控制和确保信息安全的问题还没有充分了解清楚。

第五，保证有效运作的监管模式。跨行业合作是数据库建设的重要一环，也是较难的一个环节。我们认为，跨行业合作应本着双方都获益的原则，如果只有单方获益，有效的激励和监管就会比较难，如车险的平台也可以为交通部门进行车辆登记提供便捷。

第六，信息来源的保障。我们认为，保险信息数据库系统还是应该以保险行业自主收集，相关行业辅助提供信息来源。也就是由保监会牵头、行业协会组建平台、各保险公司提供数据，同时医院、车管所等机构也可以以合作机构的身份提供相应信息。

第七，制度建设问题。一是权利和义务方面的规定；二是信息的准确性、时效性方面的规定；三是私有信息的保密性规定；四是数据标准方面的规定；五是如何保证遵守制度的规定。

第四节　实施策略要点及步骤

第一，基本原则：打破传统的束缚，结合行业特点，抓住主要方面，逐渐稳步推进。

第二，全面考察国际上保险信息共享平台（保险数据库）建设的现状、基本经验、发展趋势，找出可以为中国借鉴的地方。

第三，在上海、北京等地已有的车险信息共享平台基础上，进一步完善、拓展平台的功能，总结经验，发现问题。

第四，在试点成功经验的基础上，考虑车险信息共享平台向其他地区推广，并逐步考虑建立跨地区的车险信息共享平台。

第五，除车险外，建议考虑鼓励一些其他险种信息共享平台（或数据库）的建设，如健康保险、养老保险方面可以信息共享的数据库。也可以从某一地区开始试点，联合保险公司、有关主管部门、医院等机构共同搭建。

附件 国际保险业信息化建设现状调研报告

一、国外保险企业信息化建设现状及分析

（一）国外保险企业信息化的基本现状

目前，国外保险公司已经在内部管理、外部经营等方面全面应用了信息化技术，基本情况可以概括如下：

第一，信息化技术普遍应用于企业的综合管理，以降低经营成本。随着保险市场利润空间逐步减小，许多保险公司在运用信息化技术进行综合管理时，都将降低企业的经营管理成本作为了关键考虑因素，降低成本成为了企业应用信息化技术进行综合管理的重要动因。

第二，信息化技术广泛用于投保、理赔等环节。保险公司传统的投保、理赔等环节作为纸张和时间密集型的特点尤为突出，是保险公司应用信息化手段节约成本、降低开支、提高效率的首要切入点。使用计算机进行管理后，将纸张密集型过程转化为电子工作流程，使时效大大提高，减少了成本，改善了顾客满意度。

保险公司还可以通过 UML 等标准化模块语言创建保单、投保和理赔程序软件。在寿险和健康险业务中，自动、实时监控系统（如 Facts Claims & Enconters）已被广泛采用。这些系统通常还能与医院、医生、药房等保持联系，在线调整各种索赔业务，提供更全面、准确、灵活的服务，并且有节约成本、提高效率、使用方便等优点。

第三，为保险经纪人/代理人使用的软件系统。一些综合性模块结构化解决方案（如 Connecture Sales Automation Solutions）可以针对保险公司的特殊要求，满足顾客、经纪人、代理人、承销商等多个销售环节的信息需求，同时为各方提供销售支持、市场营销和其他销售环节的信息共享。

第四，保单管理系统。基于网络的保单管理系统（如 Ingenium）除了具有传统的保险保单管理功能外，还可以提供其他金融服务，包括用来定义和管理更广泛意义上的财产保护、积累和产品维护，从而在销售和服务支持方面的功能更强大，便于新产品的引入。

还有的保单管理系统则是和客户管理系统结合起来的，此类保单管理系统（如 Policy STAR）致力于加强与客户的关系，通过及时获得客户多种信息，可以减少培训成本，增加捆绑式保单的灵活性，使保险公司能掌握数据，及时应对市场变化，并提供了软件应用、学习和维护的平台。

第五，普遍采用精算软件。一些专业的保险软件（如 Product X press）获得了普遍

应用，这些软件具有一般的精算和定量分析功能。精算人员、IT工作人员和其他产品开发人员可以利用这些软件迅速构建产品原型，并使用这些软件对产品的经营效果进行模拟和预测，有效地降低了产品开发成本，缩短了上市时间。

（二）国外保险企业信息化建设的主要特点

国外保险企业信息化建设有以下一些基本特点：

1. 国外保险企业的信息化建设以适应市场为目的，信息化建设方案的实施以迎接挑战为主要动力

在整体趋势上，国外保险信息化建设主要考虑了以下三个方面的挑战：

（1）根据市场环境及时替换过时的系统，增强自身对政策、条例、法案的适应能力；

（2）致力于整合企业范围内的信息资源，提高资源利用效率；

（3）适应瞬息万变的市场环境，通过信息化改进公司对不断变化的环境的反应能力。

2. 国外保险企业信息化解决方案的采用具有的特点

（1）绝大部分系统方案由专业化公司设计；

（2）信息化方案市场发达，各类可供挑选的专业软件层出不穷；

（3）在制定自身信息化解决方案时注重引进具有动态数据收集和交互分析的方案；

（4）解决方案通过网络连接各式系统，在原有基础上进行改进，有效地利用已有资源；

（5）解决方案的选择注重在整合过程中加入特殊的报告系统，以适应可能出现的不同需求，信息化解决方案的应变能力较强；

（6）信息系统的开发注重与各保险公司不同业务特点和业务需求相结合。

3. 国外保险公司在引进信息化管理系统时的出发点

（1）改进企业对市场需求的反馈效率，增强创新能力；

（2）信息化建设与人结合，通过信息化环境提升员工的生产能力；

（3）以提供更好的客户服务为宗旨；

（4）改善企业管理，强调灵活性在提高效率和财务方面的作用。

4. 保险公司在信息化的各个环节上特别关注风险控制

从最初的精算、产品设计系统到销售、服务、监控环节，应用IT技术都与更好地进行风险控制紧密结合。

5. 系统安全是保险公司信息化建设过程中关注的焦点

一般保险公司会聘请专家和机构识别、评估并执行物理和逻辑上的安全标准，用以保证外部网站、内部系统和电子通讯的正常运行和安全。

（三）国外保险企业信息化开发策略和目标

图1表示了保险企业在信息系统和技术的开发使用中，始终将系统对电子商务策略环境的适应性和整个系统的安全问题放在首位考虑。保险企业的信息系统和信息技术的进步来自两个方面的驱动：一是商业驱动，业务发展对信息的需求和对数据的需求；二是技术驱动，基础技术建设的进步推动应用软件领域的创新和开发进而满足保

险公司对信息和数据的需求。

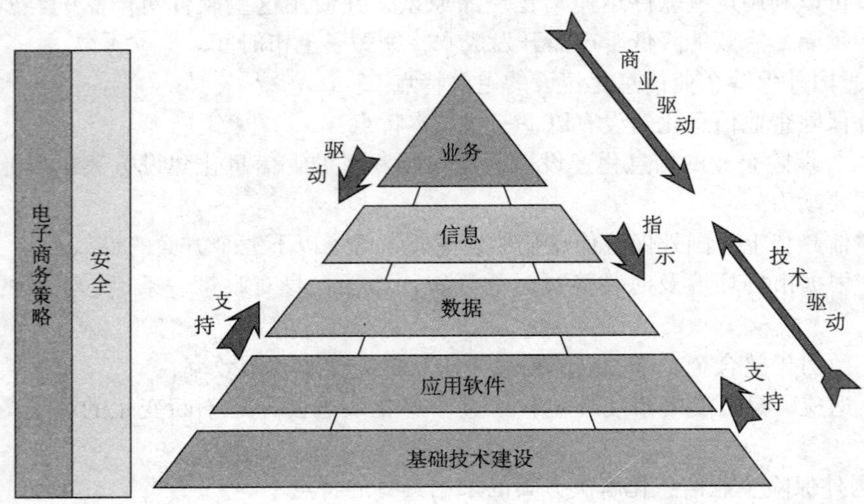

图1　保险企业信息技术开发的互动过程图

以下通过对国外保险企业 IT 发展策略和目标的说明，来展示它们对企业信息化建设的规划过程。

目标1

在不断变化的业务和技术需求下，保持稳定、可行、可升级的基础设施和结构。

①IT 投资策略的设计和实施，应可以保证现有技术基础设施的利用

②能够保持运行的可靠性和稳定性

③提供灵活的基础设施，使其能够支持人数变化的工作地点

目标2

IT 安全程序升级时，可以预先保证公司信息的完整性、机密性和可用性。

①通过不间断的定期评估，保持较强的风险管理系统，减少潜在风险

②确保公司规章制度与国家技术标准、相关法律、条文和标准的一致性

目标3

使用 IT 系统提供成本有效的方法，完成公司业务，改善运营效率。

①提高内部电子信息传递和外部无纸化环境下的营销

②加强企业对于商业智能系统的应用

③管理有效的系统开发、投资项目，并控制项目实施

目标4

提供授权的技术，用以改善公司的业绩。

①加快对业务改变的反应速度，使其能够更快地在功能和系统上得到实施

②使股东更及时地获得可靠信息

③创造 IT 研究和创新活动的环境，用以支持商业策略

二、国外保险公司电子商务应用状况的调研

保险公司已经逐步认识到先进的信息技术对公司的业务发展大有裨益。它们不仅可以借助信息技术来降低成本、改善管理，还可以通过互联网来进行保险营销。虽然互联网不能代替以人为基础的销售渠道，但互联网作为一种媒介手段，可以使保险公司的从业人员突破地域限制，为客户提供“面对面”的个性化服务。同时，为保险公司面对代理商/经纪人和投资者提供更加有效快捷的信息共享途径。电子商务网站作为一个公司最直观的信息化发展战略的体现，具有重要的映射作用。本部分试图通过观察多家国外保险公司电子商务网站的发展状况，总结其特点，为中国保险公司尚不成熟的电子商务发展策略、电子商务理念和构建形式提供一些参考。

（一）国外保险电子商务发展进程回顾

国际上保险公司大都在 20 世纪 90 年代末开始确立了电子商务策略，许多保险公司启动了半独立的内部网络机构，以与外部在线销售的电子商务公司进行竞争。这些电子商务部门一般与保险企业相结合，实现了网络的灵活性和保险的专业性的结合。

2000～2001 年，一些重要事件影响了保险电子商务的发展。首先是“. Com”泡沫的破裂，使保险公司投资于独立的电子商务部门的可能性大大降低，而保险公司可获得专业人员的资源也愈加丰富；其次，越来越多的保险公司开始意识到，互联网将成为它们开展业务的一个重要平台，除了在线销售，互联网还会有助于沟通和各种业务处理的流程化。

到 2002 年，网络已经成为社会生活中不可或缺的一部分，同时也成为大多数顶级保险公司进行业务拓展的标准方式之一。由于互联网的日益完善和保险公司总体预算的紧缩，一些保险公司开始抛弃了他们曾经投入巨大的电子商务部门，并把这些部门的内部功能分散到 IT 部门中。但这些专门从事电子商务的部门并没有全部消失，他们中的许多从提供“设计、建造、维护”的企业转变为间接的角色，形成了新型的电子商务部门。目前，保险公司电子商务的发展趋势是：利用更小、更高效的电子商务部门保证业务的一致性和协调互用性，并为各种各样的网络相关项目获得更好的绩效提供支持。

关于保险电子商务的进一步发展，国际保险界目前达成的共识是：首先保证电子商务部门在保险公司内部运作；其次他们应该在战略性、培养性、可用性、安全性和标准性五个关键领域发挥协调作用。保险公司的电子商务策略应该从仅仅是“设计、建造、维护”向“策略性知识管理”模式发展，更加重视可用性和教育性。

（二）对国外部分保险公司电子商务状况的调查

根据 2000 年度《财富》杂志对全球最受赞赏的公司的排名，我们分别选取人寿健康保险公司和财产意外保险公司的前 20 名保险公司开展保险电子商务的情况进行了调查。调查的方法包括：

第一，对各保险公司电子商务中所具有的面向对象、保单条款信息、在线服务功能、在线工具的提供、特色功能等方面的情况进行统计，概括这些公司电子商务网站的主要功能和实现方式，为中国保险公司规划使用完整的电子商务策略提供参考；

第二，对完整而有特色的几家公司的电子商务策略和网站进行详细分析，通过对这些网站功能的描述和特点的分析，为中国保险公司提供更详细的规划模型，使他们更清楚地了解互联网可以实现的功能和带来的效益；

第三，参阅相关论文和新闻报道。

表1　被调研的国外保险公司

财产/意外保险公司			
次序	公司名称	中文名称	国家
1	Berkshire Hathaway	伯克希尔哈撒韦	美国
2	Auto - Owners Insurance	美国汽车保险	美国
3	American International Group	美国国际集团	美国
4	Hartford Financial Services	哈特福德金融	美国
5	State Farm Insurance Cos	州立农业保险	美国
6	Swiss Reinsurance	瑞士再保险	瑞士
7	Nationwide Ins. Enterprise	全国保险	美国
8	Allstate	奥尔斯泰特	美国
9	Munchener Ruck	慕尼黑再保险	德国
10	Zurich North America	苏黎士北美保险	英国/瑞士
11	Allianz	安联保险	德国
12	Tokyo Marine&Fire Insurance	东京海上火灾保险	日本
13	Royal&Sun Alliance	皇家和太阳联盟保险	英国
14	Loews	洛斯	美国
人寿/健康保险公司			
排名	公司名称	中文名称	国家
1	Tiaa - Cref	美国教师退休基金会	美国
2	Metropolitan Life Insurance	都市人寿保险	美国
3	Axa	安盛保险	法国
4	Ing Group	荷兰国际集团	荷兰
5	Cigna	信诺保险	美国
6	New York Life Insurance	纽约人寿保险	美国
7	Prudential Ins. Co. of America	美国万全保险	美国
8	Fortis	福尔蒂	比利时/荷兰

（三）调研结果分析

1. 财产/意外保险公司电子商务的功能

根据统计我们发现，在财产/意外保险公司中，电子商务大多数都是面对股东和投保人，仅有全国保险公司与苏黎世北美保险公司主要是面对投保人，内容主要是简单介绍公司情况。在被调查的14家公司中，有5家公司仅通过互联网公布财务数据和新闻消息，并没有实现网络与投保人的互动。美国汽车保险公司和苏黎世北美保险公司的网站还设有专门端口面向代理商和经纪人，帮助代理商更有效地出售保单和管理客户。瑞士再保险公司的研究中心面向对象的功能中还包括向全行业提供最新的研究成果、统计数据等，他们制作的Sigma期刊受到广泛欢迎，极大地提高了瑞士再保险公司在业界的社会声誉。

所有公司的网站都提供了与公司有关的信息，但在保单知识、产品和服务方面，仅有64%的公司提供保单知识，71%的公司提供产品和服务。大部分网站均提供代理商信息（包括联系方式、地点搜索等），这一比例为71%。可见，各公司比较重视提供代理人信息，帮助顾客进行线下交易和咨询。

大约一半的财产/意外保险公司将网站作为公布消息的途径，仅有两家保险公司（瑞士再保险公司、东京海上火灾保险）提供行业研究报告。可以看出，这两家公司在财产/意外险方面都比较专业，因此，网站提供的行业研究报告能得到业界广泛的关注。

在在线服务方面，由于在线缴费是比较复杂的功能，仅有两家公司可以提供。申请索赔的功能有4家可以提供，并且获得了良好效果，功能很强大。3家公司提供了在线报价，帮助消费者对财产的价值和风险进行评估，程序简单实用。在14家公司中，有一半的公司为消费者提供了个人账户管理。在个人账户中，消费者可以查看保单及理赔情况，获得个性化的服务。特别的，苏黎世再保险公司还为代理商/经纪人提供了个人账户，稍后的案例分析中会对此进行详细介绍。

网站上提供的一些在线工具在吸引浏览者和投保人方面发挥了很好的效果。通过提供各式各样的计算器、专用工具以及表格下载等功能，顾客可以更容易地评估个人情况，选择适合自己的险种。计算器主要包括投保成本、免赔额、保费等的计算，专用工具则提供全面的个人风险评估、税收优惠、个人理财方案等。表格下载则是线上与线下业务的结合。虽然仅有4家公司提供了计算器、5家公司提供了专用工具，但这些功能显而易见地吸引了投保人，使他们更倾向于在这些公司对自身状况做出评估并进行投保。

其他有特色的功能，包括通过视频介绍各类保单、专业杂志、网上论坛等，以各种方法吸引有关的对象，使电子商务的功能更加丰富，以促进顾客的忠诚度。

2. 人寿健康保险公司电子商务的功能

人寿/健康保险公司在利用互联网方面的进展明显落后于财产/意外保险公司。据统计，所有公司的网站均设有为股东服务的功能，提供了有关公司的各类信息和报表。安盛保险公司、福尔蒂保险公司的网站完全是介绍性质的，除介绍公司外其他方面业务很少。可以看出，人寿保险公司对股东的重视程度较高，有75%的公司的网站具有面向投保人的功能，只有都市人寿保险公司的网站还同时面向代理商。美国教师退休基金会和都市人寿保险由于其特殊性和公司的规模，还进行了一定政策、行业方面的研究。全部人寿保险公司都提供了有关公司的信息，但仅有63%的公司将保单知识介绍给浏览者，75%的网站提供了产品和服务功能，还同时提供了向专业人士咨询的多种方式。

在在线服务功能的提供方面，缴费和索赔功能还很少见到，只有两家提供了这些功能。8家公司中有4家提供了保费报价系统，超过一半的公司提供了个人账户。这一情况与财产/意外保险公司大致相当。但由于险种的特殊性，过程比较复杂，报价、索赔系统提供的功能还比较简单，仍然要靠与代理商直接联系才能进行。

美国万全保险的邮件提醒功能可以自动提醒保单持有人有关缴费、理赔的信息，值得关注。

在线工具的提供注意了人寿/健康保险的特殊性，计算器主要包括：退休计划、学费计划、年金计算等，而专用工具的目的则在于为顾客提供更有效的理财规划和投资决策。

人寿保险的特点之一在于投保人可以将购买人寿保险作为投资的手段。因此，纽约人寿专门开辟了投资者专栏和账户，福尔蒂则开发了网上社区，便于顾客更专业和广泛地接触各个险种。

人寿保险公司因其关注人的生命和生活，所以电子商务的建设更倾向于人性化，力争在各个环节上模拟生命阶段，为顾客提供贴近生活的保险解决方案。纽约人寿保险公司在这方面的功能比较完善，稍后将在案例中作详细介绍。

3. 两类公司电子商务功能综述

将两类公司综合起来，91%的电子商务网站具有面向股东的功能，68%的网站具有面向投保人的功能，仅有3家网站同时面向代理商/经纪人，3家网站进行行业研究从而面向专业人士和研究人员。提供产品/服务并同时提供代理商信息的公司的比例为73%，相比之下，有63%的公司提供了有关保单知识来引导消费者。

在在线服务功能方面，提供个人账户的网站超过了一半，但提供索赔报价的网站较少，仅有6家和7家，提供缴费功能的更少，只有4家。在线计算器在41%的网站上出现，而专用工具仅有8家提供。表格下载作为线上线下的结合，有32%的网站触及到了这一点。

财产责任保险公司与人寿健康保险公司相比，由于其经营范围不同，互联网发展策略也有所不同。财产责任保险公司在此方面的发展更进一步，在线服务和工具提供得比较详细、专业。人寿健康保险公司则利用寿险关注人的生命、生活的特点和可投资特性，特别强调了人性化设计，并结合了各种理财理念的传播。在线服务功能由于它的复杂性，还没有发展得十分成熟，仍在改进之中。各公司均致力于使其网站成为消费者时常关注的社区，力争提供更多、更有效的信息和工具来保持顾客的忠诚度，并引导他们进行保险消费。

（四）个案分析

互联网时代的到来，使得很多保险公司开始在新兴销售渠道、营销手段的建设方面跃跃欲试。但由于公司在资源限制、发展需要和战略视角方面的不同，对电子商务的重视和建设程度也不同。在此，特别列举几家较典型的公司电子商务网站，通过对它们的分析得到一些值得借鉴的经验。

经过查询多家保险公司的电子商务网站，我们选取了东京海上与火灾保险有限公司、苏黎世北美保险公司、纽约人寿保险公司、美国农民保险集团作为典型案例进行介绍和简要分析。

1. 东京海上与火灾保险有限公司 http：//www．tokyomarine．co．jp

该公司网站的内容主要涉及：

(1) 有关东京海上保险公司的介绍

1）公司基本信息、经营数据；

2）公司经营理念。

(2) 产品和服务

1）世界贸易中的货物保险；

2）交易条款和货物保险；

3）信用证和货物保险；

4）保险的条件；

5）保险的期限；

6）保险价值和保险数量；

7）货物保险索赔处理的全球网络；

8）货物保险问题研究。

(3) 投资者关系

(4) 社会责任

1）社区照顾；

2）博爱行动；

3）环境保护。

(5) 东京海上保险的全球网络

(6) 最新消息

【分析】

作为全球海上保险的最大提供商，东京海上保险针对客户群比较特殊的特点，所有业务均在线下完成。根据其产品和服务专业性强的特点，提供了货物贸易、海上保险等方面各种指导性条款和文件。网站给出了全球服务网络地图，清楚地勾画出业务范围和联系方式。该网站的主要功能是介绍产品和对外宣传。

2. 苏黎世北美保险公司 http：//www．zurichna．com

苏黎世北美保险公司是一家领先的商业财产保险公司，为跨国公司、中小型企业在美国和加拿大提供服务。从该公司网站的结构图可以看出，苏黎世北美保险公司的电子商务规模十分庞大，对其的分析可以为中国保险公司电子商务的发展提供有益借鉴。它的电子商务网站结构图（Site Map）如下：

苏黎世北美保险公司主要是为企业提供广泛的商业保险产品和服务，其电子商务网站具有庞大的规模，主要针对：①经纪人和代理商——用户式在线工具为经纪人和

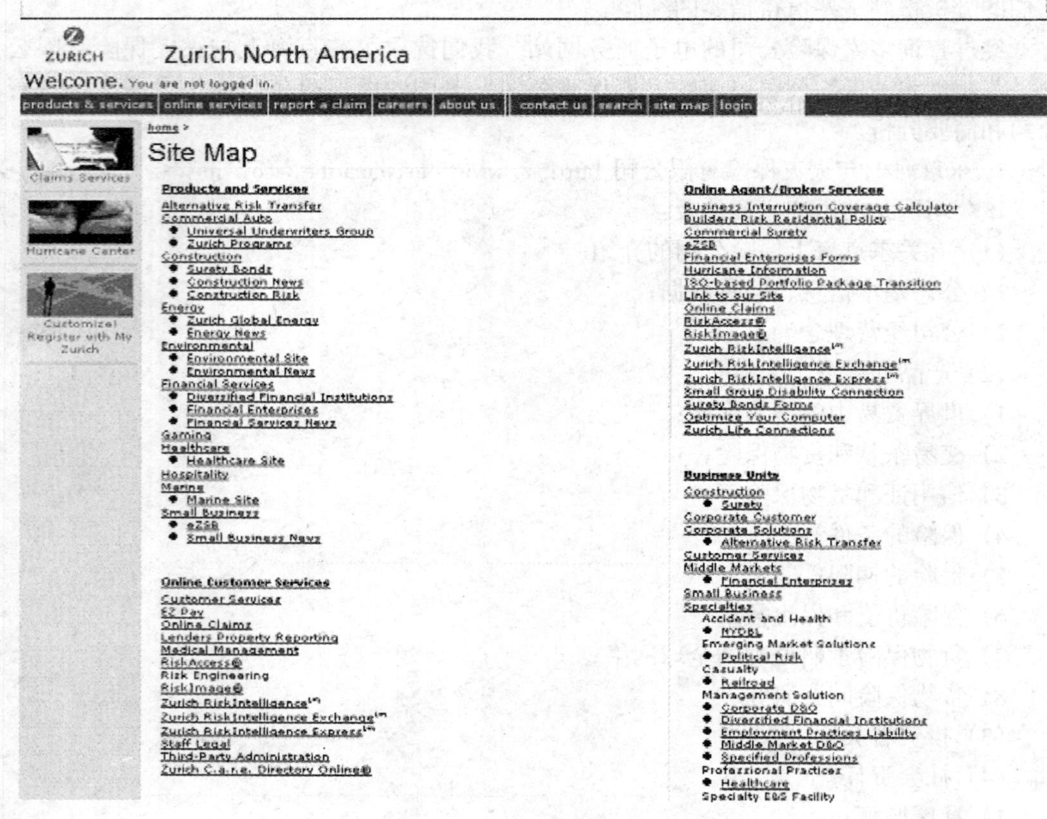

图 2 苏黎世北美保险公司电子商务网站结构图

代理商提供了他们为顾客服务的各种信息，使其更有效率。②顾客——创新式的在线资源，为顾客提供控制损失成本的各种信息，使其更有效地应用保险和风险管理决策。③在设计注册入口时，主要针对五类人群：Agent/CSR、顾客、一般访问者、经纪人、本公司雇员。

(1) 在线代理商/经纪人服务

针对代理商和经纪人，Zurichna 提供了各式各样的电子商务解决方案，用以提高运营效率。例如，指导他们如何进行线上索赔；如何优化计算机设置以更好利用 Zurichna 网站的优势功能；如何将代理商和经纪人的网站与 Zurichna 的网站链接等。

面向代理人/经纪人的在线服务功能还包括：

表2　更多电子商务选项（面向代理商/经纪人）

- 商业财务中心——专门针对小型企业的保险经纪人，包括可以访问150多家可以从事商业信贷业务的机构组成的信贷市场。
- 营业中断保险计算器——提供对营业中断损失的估计，可以减少误差，并计算所需要的保险数量。
- 建筑商（民用住宅）风险——住宅保单，具有可以在5分钟之内签发承保住宅建筑风险的保单。
- eZSB——为小型企业代理商提供最新、最快的报价系统。
- 金融企业附属保单库——可以访问苏黎世北美保险公司为金融企业提供的各种附属保单格式。
- 健康保险中心——为小型企业代理商提供的专门从事健康保险业务的平台。
- 小型企业伤残保险——为小型企业的代理人提供的伤残保险计划。
- 履约保证保险
- 虚拟咨询——可以提供创新式的风险工程解决方案和服务，以优化经营业绩和提高财务效率。
- 与Zurich Life的连接——帮助小型企业的代理商了解寿险产品的销售。
- Zurich RiskIntelligence Exchange™——利用这一工具可以对自身过去的损失数据、目前的承保状况进行评估。
- Zurich RiskIntelligence Express™——苏黎世北美保险公司顾客的服务目的在于有效地控制损失成本和索赔成本来降低顾客保险计划的总成本。利用这一工具可以有效便捷地达到这一目的。
- Zurich RiskIntelligence™——在线获得当前索赔和损失方面的报告。

（2）在线顾客服务

此网站提供大量的顾客服务项目，帮助顾客控制保险成本、减少损失发生、最小化索赔成本。同时，还提供了强大的旨在增加客户价值的工具，例如，风险评估工程、第三方索赔管理和医疗管理服务等。如果客户面临被诉讼，还可以提供苏黎世北美保险公司的“职员法律服务”，以帮助顾客进行诉讼管理。另外，还可以帮助顾客优化电脑设置，更好地利用网站功能。

表3　更多电子商务选项（针对顾客）

- 药房定位——运用Cypress Care Pharmacy Locator，可以帮助顾客或索赔中介利用邮编寻找最近的药店，该系统覆盖了全国范围内的60 000多家药店。
- ZLPRS——苏黎世贷款者资产报告系统。
- Zurich C.a.r.e.® Directory Online——该系统可以为员工赔偿保险计划中的客户、代理商、经纪人和被保险人在线提供可以点对点服务（PPO）的医疗服务提供商指南。使用者可以看到最新的医院、医生和相关医疗服务的列表。
- Zurich eZ Pay——使顾客可以浏览并支付保费。
- 虚拟咨询——提供创新式风险评估解决方案和服务，用以优化经营业绩和提高财务效率。
- 与Zurich Life的连接——帮助小型企业的代理商了解寿险产品的销售。
- Zurich RiskIntelligence Exchange™——利用这一工具可以对自身过去的损失数据、目前的承保状况进行评估。
- Zurich RiskIntelligence Express™——苏黎世北美保险公司顾客的服务目的在于有效地控制损失成本和索赔成本来降低顾客保险计划的总成本。利用这一工具可以有效便捷地达到这一目的。
- Zurich RiskIntelligence™——在线获得当前索赔和损失方面的报告。

（3）产品和服务的介绍

搜索产品和服务可以按照关键词，也可以按照行业、保险类别、产品/服务搜索。

特色解决方案包括多种，如商用汽车、建筑、公司D&O、设计专业网站、E－风险、雇主责任、能源行业、环境行业、金融服务、赌博游戏业、高尔夫球场设施、医疗、医院、生育、火车、小型企业等。在每一个项目下都为浏览者提供了总体内容介绍、顾客档案、保险范围、保单选择等信息。

浏览者可以接触到的信息有：样本保单、申请表、市场信息等。根据风险分类，浏览者还可以查找财产险、汽车险、一般责任险、员工赔偿的各项条款。

(4) 在线索赔

客户通过填写一系列表格，索赔要求和信息将会被发送至“Care Center”进行注册，并被分配至索赔办公室处理。苏黎世北美保险公司将会发送信息到用户填写的电子邮件地址中，通知用户已收到索赔要求，并且要求提供所需要的信息。更详细的损失信息应该在报告的索赔表格中显示出来。如果没有能够完整地填写索赔信息，可能会导致索赔注册的拖延。

在这一栏目下，用户需要选择报告的索赔类型，可供选择的包括：汽车险、一般责任险、财产险、员工赔偿保险。这一栏目下也可以使用其他途径报赔，如电话、传真、电子邮件、地址等信息。填写此类网上索赔表格简单易行，最后只要提交即可。

苏黎世北美保险公司同时提供各种附属保单，包括各种报告指南、行业标准化附属保单、各州员工赔偿保单。

(5) 特色服务

Zurichna专门建立了苏黎世飓风信息中心，用以提供与飓风损失有关的各种信息。例如，苏黎世北美保险公司致与飓风损失休戚相关的生产商的一封信，谈到了有关飓风来临时采取紧急措施的问题。另外，还提供其他阅读材料和资源，以及与相关网站的链接，如美国红十字飓风中心、全国飓风中心等。

【分析】

苏黎世北美保险公司对电子商务网站的建设花费了相当大的精力，无论从规模还是技术上看，都为财产意外保险公司在互联网发展战略方面起到了示范作用。它将几乎所有的线下活动都同时复制到了电子商务平台上，为代理商/经纪人、投保人和股东提供了各种信息和服务，增进了他们与公司的联系，并以公司的技术力量帮助他们更好地处理各项业务。

电子商务作为苏黎世北美保险公司的主要技术优势，面向多种风险，想顾客所想，竭尽全力推出实用、高效的工具，满足了不同使用者的需求。其中，很多工具都拥有注册专利，通过上文的简要介绍，能够吸引浏览者对其使用，并形成对这些工具的依赖，从而扩大了苏黎世北美保险公司的业务。

由于其针对的业务范围较广，电子商务平台采用了多种方式对行业、保险类别、产品/服务进行介绍，将规避风险的知识传达给个人和企业，帮助他们寻找最优方案。对于代理商/经纪人，公司为保持与他们的良好关系，专门设立了针对他们的端口，将资源整合，控制在整个公司大的互联网系统下。

在线索赔作为其特色，简单易行，顾客只需依照提示操作即可完成。这一功能可以提高理赔效率，并且方便了世界各地的投保者。

由于苏黎世保险公司的业务范围遍及世界各地，因而这一电子商务平台方便了各地的投保人、代理商和股东与公司的联系。网站简洁实用的结构及独具特色的功能/工具，对投保人的培养和对代理商/经纪人的关怀都是值得借鉴的范例。

3. 纽约人寿保险公司 http：//www．newyorklife．com/

纽约人寿保险公司作为美国最大的寿险供应商，建设了一个完整的电子商务平台，将几乎所有业务都展示在了该平台上，使人一目了然。

(1) 在“关于纽约人寿”栏目下，浏览者可以得到有关该公司的各类消息，包括职业机会、财务信息、传媒关系、互助力量、所得奖项、最近新闻发布、财务专家、评估机构评价等，使顾客和投资者能够全面了解公司，并有多篇相关文章可供参阅。

(2)“教育中心”为生命各个阶段上的寿险计划提供了解决方案。在生活事件栏目下，提供从新生儿、家庭成员死亡、新工作、离婚或丧偶，到失业的种种方案和相关文章。在理财目标栏目下，提供了评估资产或缺口的方法、提供计算工具等，包括累计退休财产、房地产、抵押保证、财富管理、学费理财等相关内容。这一栏目之所以起名为“教育中心”，旨在提供各种信息，为顾客普及保险知识，达到改善顾客福利的目的；

(3)“计划工具”提供相应的计算器，如寿险、IRAs、大学学费、房产税收、储蓄、预算、抵押、退休收入分配、长期医疗保险等方面的计算工具，顾客只需简单输入财务数据和相关信息，即可得到计算结果，并评估保单效果；

这一栏目同时提供了与外部计算器的链接，使顾客更好地计算有关内容，并进行比较。

(4)“商业解决方案”主要是为企业主提供的，包括员工福利、如何帮助企业成长、人寿保险、企业继承、退休及遗产计划等。这一项目主要面对企业设置，设身处地为企业主设想了种种情景，如合作方死亡等情况下如何依靠保险来解决问题的方法；

(5)“国际服务”提供各地代理商信息和纽约人寿所提供的可保范围及相关信息；

(6)“成为代理商”为注册和非注册的代理商提供与公司的联系的表格，并提供在线联系方式希望成为纽约人寿代理商的公司及个人可以通过该网页申请，并得到公司的反馈。纽约人寿非常重视其产品和服务的推销，因此以较大篇幅对寿险、年金、投资、长期护理保险和其他保险产品做了专门推介；

(7)“人寿保险”项目下，除了列举公司提供的各类寿险产品外，还介绍了定期人寿保险、长期人寿保险、遗属保险、企业人寿保险的可保范围、如何与代理人联系等。同时，还包括设计人寿保险计划时常用的一些计算工具、对常见问题的回答、如何根据生命的不同阶段来设计保险计划、纽约人寿的优势等；

(8)“年金”项目下则更重视知识的普及，除列举公司提供的年金产品及相关信息外，还提供了不同形式的年金每月领取金额的说明。在相关工具中，提供了账户设立、计算退休储蓄价值、税收递延额、一次性付清税收递延额以及退休计划的计算；

(9)“投资”项目主要针对以投资为目的的投保人。这一项目更接近资本市场，提供了标准普尔指数、纳斯达克指数等信息，并提供在线买卖和多种计划方案。对于普通投保人来说，这一项目的功能并不突出，但对于将寿险计划纳入理财计划的投保人来说，这是一个很好的消息集散地。纽约人寿提供多种产品帮助顾客更好地规划未来收入；

(10)“长期护理保险”项目按照所在州会有不同的内容，主要提供的信息与以上各项类似，同时也提供计算器和相关材料。网站的面向群体不仅是投保人，还有投资者以及各种计划的发起人、赞助商等。他们都可以通过在线注册、登录建立个性化的账户，对在纽约人寿的业务进行管理。顾客可以在线报告死亡，进行索赔。这一电子平台较有特色的地方来自它的寿险和年金服务体条款“图书馆”。在这里有各种各样的服务条款表单，顾客可以通过键入纽约人寿的保单号码以及所在州查找相关条款，并直接下载表单填写，通过美国邮政进行交易或修改。

【分析】

纽约人寿电子商务平台的特色在于其对业务分类介绍的清楚与详细。“教育中心”、“计划工具”、“商业解决方案”不仅体现了其产品/服务的专业性和人性化，同时展示了公司在在线工具方面的投入和为顾客利益服务的决心。这些项目在知识普及和情景模拟的条件下，能使顾客更好地认识和了解人寿保险的必要性和功能。“国际服务”、“成为代理商”等栏目则侧重于代理商方面的信息，特别是潜在的代理商可以在网上申请，成为公司扩大业务网络的方式之一。

关于寿险栏目和年金栏目所起到的知识普及作用在前面已有所描述，在投资栏目下，公司利用网络平台展示了这一功能的前景。

另外，在保单条款、表格下载方面，公司试图将在寿险方面的专业性展示给消费者，并将线上、线下业务相结合。关注生活、关注健康的大众可以通过这些服务形成对公司的信赖和依靠。

4. 美国农民保险集团 http：//www. farmers. com

(1) 产品和服务

下图是美国农民保险集团网站提供的有关产品和服务内容的页面：

1)“寿险”项目

包含有：寿险计划类型、常见问题回答、2001 年税收减缓政策的影响、索赔（联系代理商/网上索赔)、付款、寻找当地代理商。在索赔项目下，该网站详细列出了各种帮助信息，以及各类索赔情况的对应政策。在付款项目下，网站提供网上缴费程序，同时可以查看理赔情况。

2)“理财”项目

包括：退休计划以及为小型企业提供的养老金计划。这一项目主要帮助客户解决未来理财问题，理解并有效利用年金、IRA 和个人保险理财方案，同时还提供“人寿保险计算器”、“个人理财计算器”、“退休计划计算器”等。

3)“汽车”项目

包括：汽车保险相关信息、车险成本、安全教育、如何索赔，以及各种在线工具(“车险计算器”、“车险免赔计算”等)，及在线报价、在线登记新车或更新车辆登记等。这一项目下内容功能强大，提供多种在线查找、注册功能。

Life
Protect my family
What does Farmers Provide?
Retirement

Financial
How can I plan for the future?
What does Farmers Provide?
Much More...

Auto
What does Farmers provide?
Give me a quote.
Much More...

Healthcare
Farmers agents can now provide you with health insurance

&Fun Family
How can I protect my "Toys"?
How can Farmers help?
Games
Puzzles & Quizzes

Business
What does Farmers provide?
How can Farmers help me manage my risks?
Much More...

Farmers Value Added™
Providing you with products and services that make life easier

Home
What does Farmers provide?
Give me a quote
Much More...

Banking
Bank of America preferred account access

图3　美国农民保险集团网站页面

4)“企业”项目

包括：索赔、缴费、联系代理商、保险类型、可保范围、成本控制、商业相关服务（如员工赔偿、保证保险、企业人寿保险、雇主支持的养老金计划等），以及“责任险成本计算器”等。小型企业完全可以根据其中信息作出保险决策，并立刻实施。

5)“家庭”项目

包括可保范围、代理商信息、保费变更声明、家庭用车保险、报单缴费、风险评估工具、搬家相关信息（购买、地产抵押等）、成本和储蓄、家庭安全信息等，以及各种计算工具用以计算保费、免赔额、重新理财、租/买计划等。购买家庭保险的顾客可以从这一项目下得到完整的服务和信息。

6)“娱乐及家庭”项目

提供了假期和其他休闲生活信息，如可保范围中对于船只、旅行车、滑雪车等的保险信息，以及对儿童安全、教育的相关信息等。内容虽细碎，但是关系到生活中与保险有关的方方面面。

(2) 顾客需求

1)“生活事件”

包括对各种生活中可能发生事件的解决方案，如买车、买房、结婚、建立家庭、开始开车、为大学教育储蓄、为退休储蓄、重新装修房屋、开办自己的餐馆、开始自己的教育生涯、开始作为农民保险的代理商、规划梦想中的假期等。

2)“生活阶段”

列举了生活中各个年龄段的个例，生动讲述在每一个环节上农民保险集团可以为顾客提供的产品和服务，使他们的生活更加美好。从单身/刚开始工作、恋爱/工作/收入、新婚、已婚有子、离婚、到面临退休，农民保险集团为每一个个案提供人性化的

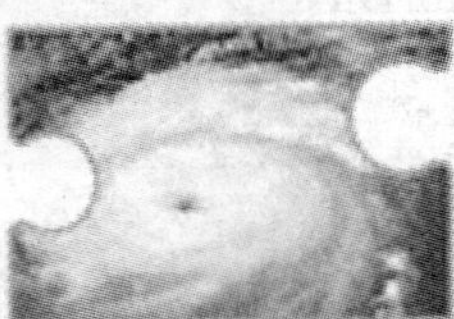

图4　美国农民保险集团网站页面

讲述，并提出解决方案。

3)“不测事件的发生”

项目下模拟了被盗、宠物伤人、汽车抛锚、地震、汽车事故、失业、员工赔偿、台风袭击、洪水破坏等的情形，并提出其中的可保风险和相关信息。

(3) 个人账户

在个人账户中，浏览者通过登录可以管理个人保单、进行保单缴费、申请索赔并查看索赔状况等。个人账户主要面对保单持有人，以求为公司顾客提供最便利的服务和信息。

(4) 保单报价

作为美国第三大家庭和汽车保险公司，农民保险集团十分重视车险业务，专门开辟这一栏目为顾客提供车险报价。

利用 Farmers FastQuote®，顾客可以通过填写信息在5分钟之内得到对自己汽车的保费估计。这一简单易行的服务受到如此重视，是因为网上估价可以提供与线下购买过程截然不同的体验。在得到保费估计后，顾客可以和最近的代理商联系购买保险。

(5) 索赔

在线索赔服务提供了各类保单的索赔，并提供保单持有人的索赔记录查询。

除了网上途径外，网站还提供各种帮助信息，为顾客提供代理商信息。

(6) 网上工具和计算器

这些在线工具专门为顾客设计，可以提高顾客计算各种保单信息的效率，成为顾客光临该电子商务网站的重要原因之一。

计算器：车险计算器、商业计算器、家庭计算器、投资计算器、出租计算器、寿险计算器、个人理财计算器、退休计算器。

(7) 新闻中心和电子杂志

新闻中心及时发布有关公司、政策、行业的各类信息和新闻。美国农民保险集团的电子杂志 Friendly 是各类信息的汇总，提供了友好的页面，维系与顾客之间的长期联系。

图 5 美国农民保险集团网站页面

【分析】

“互联网战略并不是指价格或一些组件，而是与那些愿意通力协作并找出解决方案的人有关。互联网商业模式的实施是非常艰难的任务，因为它对于我们而言是全新的”。

——农民保险集团首席执行官 Martin Feinstein

农民保险集团是美国第三大家庭和汽车保险公司，总部设在洛杉矶市，拥有近18 000名员工和15 000家代理商，在美国境内41个州开展业务，为1 100多万客户和家庭提供服务。农民保险集团还希望将其品牌拓展到金融服务领域。为了实现成功的业务扩张，需要采纳一种可以使代理人、员工和客户随时随地获取关键信息的互联网商业模式，同时又不丧失使农民保险集团成为世界一流品牌的人与人之间的直接接触。农民保险集团正在提供的互联网功能的目的在于使其15 000家代理商和近18 000名员工在新时代里更加高效地开展业务和提供服务。根据从其他公司了解的情况，农民保险集团正在将其战略计划和电子商务战略集成起来，力争在互联网经济中成为领先企业。凭借着互联网技术，农民保险集团现在能够随时随地的全面访问关键信息和各种资源，可以为客户提供突破性的服务，同时在整个业务领域中提高生产效率和利润水平。

经过努力学习和了解其他公司在开发互联网战略的过程中所获得的利益，农民保险集团与思科系统公司合作，决定建设一个可以为员工、代理商和客户提供服务的强大门户，并支持该公司实现成为客户关系管理型企业这一目标的综合性网络基础设施。

互联网的应用作为企业战略之一，可以通过四个方面发挥作用：传播保险政策知识，提高公众风险意识；模拟展示客户需要，培养顾客忠诚度；提供在线服务，增加效率降低成本；与内部网相连，整合并共享资源。国外保险公司在电子商务建设中也都是本着这些出发点。通过对部分国外保险公司电子商务网站的调查和分析，他们在互联网应用和电子商务开发方面的规划特点可以总结如下：

第一，在面向对象方面。公司根据需要一是旨在向公众介绍公司及其产品/服务；二是为公众提供保险知识、风险评估工具和规避风险方法指导；三是针对个人和企业设立账户，提供更进一步的个性化服务。

第二，在信息服务方面。主要以提供代理商线下信息和公司最新动态，结合产品/服务，形成信息源，以此吸引客户，并培养客户忠诚度。

第三，在线服务方面，国外保险公司发展参差不齐。有雄厚技术支持的公司倾向于开发多种工具、功能形成自身优势，并利用报价、购买、缴费、索赔的网络化，使整个交易流程完全通过网络实现。但大部分公司只能实现其中一部分功能，究其原因一部分是因为资源上不充足，还有一部分在于经营业务的特殊性。

第四，在线工具的提供方面。面向投保人的各保险公司，其技术若稍高级一些便会涉及此领域，这几乎已成为共识。但是否研发专利工具，各公司仍结合自身特点决定，并量力而行。

（五）对中国保险公司发展电子商务的启示

第一，保险公司应首先评估业务范围，综合自身能力资源，确定互联网利用策略，电子商务开发应该与自身实际情况和特点相结合，不能盲从。

第二，电子商务建设要正确定位电子商务面向的对象，并适当与内部资源接口，达到有效、实用的目的。

第三，开发技术工具从易到难，电子商务建设的宗旨应该是以客户为中心，逐渐为顾客提供网络化的便捷体验。

第四，在功能之外，通过服务和信息，使电子商务平台成为面向对象日常浏览的重要选择。

中国各保险公司可以根据自身电子商务发展阶段制定各自的策略，参考国外发展模式和经验，选择相对有效的方式展开业务。特别要注意的是：互联网的功能并不仅仅是出售保单、在线索赔，而是可以为公司、代理商、客户提供交流的平台和一系列广泛的功能。中国保险公司电子商务平台的建立可以按照图6由内至外发展，最终建成为专业化、人性化的电子商务平台，方便各方面交流，并与内部CRM（客户关系管理系统）、ERP（企业资源规划系统）等形成良性互动。

三、国外保险数据库和信息共享平台情况调研

（一）美国保险数据库的依托机构

1. 政府与监管机构

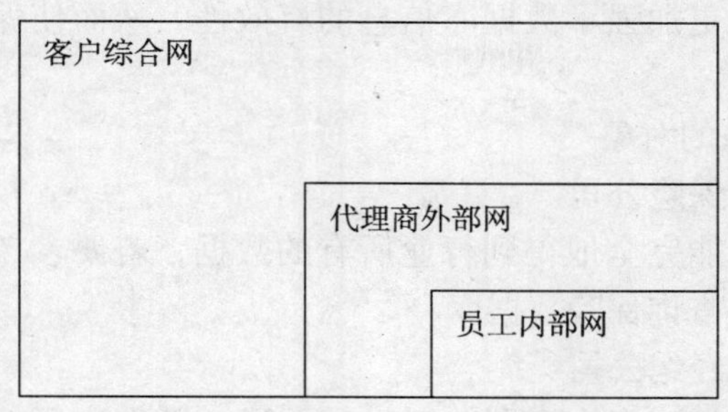

图 6　保险电子商务的发展阶段

政府和监管机构是保险数据库的重要拥有者，他们提供的保险数据库大多关注企业信息，如注册及执照情况（是否过期、是否有在本州开展某项保险业务的执照等信息）以及一些财务信息，典型的例子是亚利桑那州保险署的官方保险数据库：http：//app.az.gov/id/lookup/。

2. 保险行业协会

NAIC（National Association of insurance Commissioners）全称为全美保险监督官协会。NAIC 的一个基本功能就是维持一个全国范围的、关于保险公司财务状况的数据库，各州的保险监管部门以及其他数据使用者可以通过计算机网络从该数据库获取信息。该数据库包括了近 5 000 家保险公司最近 10 年的年度财务信息以及最近两年的季度财务信息，并且某些年度信息数据可以追溯到 20 世纪 70 年代中期。

NAIC 数据库得以建立的技术基础在于 NAIC 要求保险公司有统一的财务报表和会计准则，并且在数据存储技术方面实现了可以压缩。该数据库的网址为：http：//search1. naic. org/query. html？col = external&qt = + database&char set = iso - 8859 - 1&q1 = &x = 32&y = 18。

3. 独立咨询与评级机构

世界上几家主要的评级机构都对保险公司和保险行业有相应的研究和评级，其中对保险业信息掌握最全面的评级机构是 A. M. Best。该机构的数据库可以提供财务表现、管理运作、保费统计和原始的财务报表。数据可以光盘的形式提供，网址为：http：//www. ambest. com/sales/BIRInternational/。

（二）保险数据库的内容、服务对象和平台

1. 保险数据库的内容

保险数据库的内容一般包括：具体险种的保费和赔付数据统计、保险公司的管理信息、财务数据和保单数据。一些数据库还对保险公司进行了评级，部分数据库实现了统计分析和数据挖掘的功能。所有的数据和内容的实现形式大致可以分为：

（1）有权限地登录以获取有关数据

（2）数据光盘的有偿服务

（3）公开性的数据和信息（无需付费）

在美国，由于有成熟的行业协会组织和较强的自律性规则，保险数据库的数据收集和挖掘功能得以较为有效地实现，这一点在美国一些州的行业协会更为明显。跨行业信息共享平台的实现更加强了数据库信息的有效性，从而使保险数据库的内容更加完善和有吸引力。

2. 保险数据库服务的对象

(1) 保险公司和再保险公司

保险公司自身并不能完全地得到行业所有的数据，若要参考别的保险公司和市场整体情况，就需要通过查询保险数据库。

(2) 保险经纪人或经纪公司

经纪人为客户提供保险咨询和服务时，需要通过数据库了解保险公司和保险市场的资料。

(3) 保险代理人

保险代理人在进行保险销售时通过数据库了解保险公司的情况和当地保险深度、保险密度等方面的资料。

(4) 保险行业投资者

保险数据库中有关保险公司财务和业务发展情况的资料可以为投资者提供投资决策时的参考。

(5) 资本市场或研究机构的分析人员

分析人员要对保险行业或具体保险公司的情况做出分析和预测，原始资料来源中保险数据库是重要的一方面。

(6) 监管机构也需要利用数据进行分析和管理，这一般也会基于他们自身的数据库，对公司的财务情况作出评价和监督管理

3. 数据库的软件系统平台

世界上较大的软件公司，尤其是提供 ERP、ERM 系统的公司都可以为保险数据库建设提供专门服务，如 WIPRO.COM 软件公司和 SAP 软件公司等。另外，也存在一些提供专业化服务的小型软件公司。目前，软件业的发展趋向于专业化和个性化，从前通用化系统平台的情况已逐步被淘汰。根据我们的调研，大多数软件平台都是量身定做的，开发商提供了相当多的专家和技术支持。这部分得益于软件行业竞争环境的加剧，部分得益于数据库管理者意识的提高。

(三) 数据库的维护和数据来源

第一，主要数据库的发展历程。美国保险行业发展时间长，在信息化技术出现前已经有了比较完善的行业协会和研究系统，总的来说，保险数据库的发展伴随着计算机技术和网络技术而不断成熟。真正意义上依托于信息共享平台的数据库在 20 世纪 80 年代初露端倪，进入 90 年代，IT 技术为数据库产业注入了新鲜活力，保险数据库也随之得到较大发展，并得以在数据的收集、处理、传输和使用方面取得突破。

第二，主要的数据来源渠道。企业方面的数据主要来源于公司向保险监管部门的报告材料，评级机构的财务数据来源于上市公司信息披露和市场研究机构的评估。市场数据部分借助于共享平台合作单位的数据收集，如交通管理部门、医院等，部分来源于行业协会的统计和评估，以及上市公司的公开信息。也有一部分数据库是基于一些其他协会和调查机构的，他们的数据通过保险行业以外的调查和行业数据得到。

值得一提的是美国信息共享平台和数据库建设和操作中的标准化和安全措施。所有的数据收集都以统一的文档或数据格式实现，管理数据库的 IT 专家们会提供数据模板和技术支持，从而实现数据的有效传递和快速处理。在安全性方面，不仅有技术专家的支持和“防火墙”的防护，而且，完善的数据备份制度防止了破坏性事件可能造成的巨大损失。

（四）国外保险数据库和共享平台的建设环境分析

第一，国外保险数据库成功运作的市场环境。以美国保险市场为例，多年的经营发展造就了较为成熟的市场环境和行业道德规范。为了保险业的整体协调发展，规范性和标准化操作成为约定俗成的法则。而保险数据库和信息共享平台的实现也正是建立在规范性和标准化的基础之上的，从上市公司的信息披露和资本市场上投资者的评价客观上对保险公司的数据透明度提出了较高要求。国外保险数据库的数据来源渠道比较多样化，而且可信度高。随着中国资本市场的成熟，保险数据库的运作和资本市场可以得到互动发展。

由于国外保险经纪公司十分发达，客观上与保险公司形成了保单研究和市场信息上互相制衡的关系。保险经纪公司由于其经营的特殊性需要掌握大量市场数据，以支持行业研究和产品研究。这一方面形成了对保险数据库的强烈需求，另一方面，部分保险经纪公司也建立了自己的数据库。

第二，国外保险数据库成功运作的监管环境。美国保险业的发展和保险数据库的实现是在法律和监管部门双重监管下得以实现的。联邦和州政府的立法保障了数据的安全，最大程度地避免了违规操作。同时，美国各州独立的数据统计也十分发达与完善，这得益于美国以州为主的监管体系为保险数据库的建立提供了一个较好的环境。

行业协会的自律性在国外体现得比较突出，行业协会的要求对保险公司是有约束力的。因为行业协会对违规的处理直接意味着公司商誉的降低，有可能引发一连串危机。同时，行业协会也在保险数据库和信息共享平台的建设方面起到了主导作用，这对中国保险行业的信息化建设具有重要的借鉴意义。

保险业政策支持体系研究

财政部财政科学研究所课题组

课题负责人：贾　康

课题组成员：阎　坤　杨元杰　郑新华　刘军民

第一章　保险业政策支持体系的理论分析

本章以中国保险业发展过程中相关的财税政策支持体系为基础，探讨了影响中国保险业政策的因素及相关的理论基础，并从这些理论入手探讨了中国的经济发展环境对保险业政策支持体系的要求。

广义上的保险政策支持体系包括保险产业的组织政策和产业发展政策。所谓广义的保险产业的组织政策，是指促进保险资源在保险业内部各行业之间以及在保险业的风险保障功能、金融功能和服务功能之间的优化配置及由此形成的比例和结构关系的政策支持体系；所谓广义的保险产业发展政策，则是指促进保险业三大功能的逐步发挥、促进保险产业素质和中国保险业核心竞争力提高的政策。它主要是通过保险产业组织结构政策、保险产业布局政策、保险产业技术政策、保险产业对外开放政策、保险产业金融政策、保险产业财税政策和保险产业收入分配政策体现的。保险业政策支持体系应包括财税政策、保险产业政策、金融政策、社会保险等一个完整的框架，但鉴于对我们的要求，这里更多地涉及保险产业财税政策。

第一节　保险业财税政策的基本评价

对转型期中国保险制度变迁历程的考察，我们可以得出一些基本结论：

一、财税政策与保险业的发展历程

国家对保险企业的财政税收政策，直接影响着保险人的市场行为。从税收政策变迁的过程看，保险业的税收政策存在着营业税税基和所得税结构不合理、高税赋与宽税基和偷税漏税并存等问题，造成的结果是保险业利润转移支付严重、对保险业的高税赋阻碍了与其他金融业的竞争、保险业的充分竞争与高费率和粗放型税收政策互为因果而导致税收这一财政杠杆在保险业发挥作用不好等现象。事实上，由于国家财力有限，靠减免税提高保险业的偿付能力是不可行的，比如寿险和长期健康险是免税的，而寿险业的偿付能力不足是有目共睹的，这可以说是保险业经营和金融制度安排的问题。

二、目前保险业的偷逃税问题分析

改进征税方式，严打偷税漏税，才能有效地解决对保险业的高税赋和偷税漏税并存的问题。目前保险业存在着严重的偷漏税问题，偷逃税主要体现在三个方面：一是保险公司在产险业务和意外险及短期健康险业务中支付的退费、手续费和佣金，并以退费或挂账甚至有的保险公司根本就不开发票的形式予以处理，从而少缴纳营业税及所得税；二是投保补充养老保险的单位将超过规定的保费纳入成本逃税；三是投保团险储金的单位将保费纳入成本逃税。据估计（魏华林、李开斌等，2002），产险业的退费黑钱和少缴纳的营业税之和占保费收入的16.2%，少缴纳的所得税占保费收入的4.95%；短期寿险中的团险、意外险、健康险的退费黑钱和少缴纳的营业税之和占保费收入的10.8%，少缴纳的所得税占保费收入的3.3%；至于团险储金和补充养老保险则除了退费和相应少缴纳的营业税外，国家少收入的所得税占保费收入的13.5%。总之，这三种情况下无论哪一种，均大大地超过了营业税从8%降到5%引起的国家税收的减少，甚至足以弥补所得税从55%下降到33%后国家税收的损失额。保险供给主体和中介主体及保户的共谋，加上保险市场竞争不规范、保险业的法人治理不健全以及保险监管和法规不成熟，使得保险税收大量流失，并超过了国家对保险业的高税额部分。

三、财政政策与保费收入的定量分析

财政政策就是指由政府的各种活动引导总需求、总供给或价格，以达到充分就业、物价稳定、经济增长和国际收支均衡等既定目标的政策。财政政策对保险业有较大影响的因素，主要包括政府支出、税收处理、直接管制和道义劝告等。由于直接管制和道义劝告很难量化，故在定量分析中，只采用财政政策和税收政策的具体数据进行分析，即采用财政收入和财政支出作为近似指标，分别分析它们与保费收入的关系。可得出近似结论为（王祺、陈梅、张立华，2003）：

（1）一般认为，财政收入（主要指税收）的增加会引起保费收入的减少，而财政支出的增加则会引起保费收入的增加。在中国，财政收入和支出的规模基本一致，而保费收入与财政收支的关系主要为正相关的关系，相关系数约为0.99。

（2）财险保费收入对财政收支的弹性系数一般在0.19~4，寿险保费收入对财政收支的弹性系数则变化较大。这表明，寿险对财政收支的变化更敏感，财险对财政收支的变化表现更稳定。

第二节　保险业政策支持的影响因素分析

一、保险业发展与市场经济的发育呈正相关关系

经济体制的转型是中国保险业恢复和发展的直接契机。保险需求源于人们对于不确定性风险预期损失补偿的需要。市场经济体制建立的同时带来了许多不确定性风险，人们意识到许多风险难以避免且个人没有能力完全承担。于是，企业和个人不能不考虑风险的分散及转移问题。在这种体制背景下，保险业应运而生并日益发展起来。

二、经济发展战略

经济发展战略是对经济发展所作的带全局性的和方向性的长期规划和行动纲领，它是根据社会制度、经济发展状况、国际环境和前期经济发展战略来制定的，保险政

策是经济发展战略在保险业的具体化，经济发展战略规定了保险产业政策的指导思想和目标导向，决定了保险业的发展方向。

三、宏观经济政策、经济体制和法律制度

我们这里所谈的宏观经济政策主要指与保险业相关的货币政策、对外经济政策、社会保险政策和财政税收政策。宏观经济政策、经济体制和法律制度作为经济发展战略中战略措施的主要组成部分，直接影响保险产业政策的内容、模式、实施手段和运行方式；同时，它们还严重影响到国有资本在保险业发挥作用的方式和国家对保险业可能的财政税收支持边界。

四、国内保险业、金融业和社会保险业的状况及国际趋势

国内保险业、金融业和社会保险业的状况及国际趋势是保险业发展的约束条件之一，它们决定了保险产业政策调整对象的初始状况和发展方向，同时，这种状况也是上期保险产业政策和其他相关政策共同作用的结果。

全球多层次社会保障模式的确立和社会保障私有化的改革路径均在深度和广度上拉动了企业补充保险和商业人寿保险对保险业的强烈内在需求，保险业将发挥重要的社会保障职能。与此同时，世界保险业面临的风险日趋严峻，因此，风险管理将成为贯穿保险业传统业务和众多新兴业务的中轴。事实上，风险管理创新已成为保险经济增长的主要力量。

随着世界金融一体化和国际竞争的不断加剧，为了促进本国保险业核心竞争力的提高、保护本国保险消费者和维护国家金融安全，各国监管的侧重点都发生了一致性变化。所以，中国在政策体系方面也应做相应调整，为这种趋势创造公平的环境。

第三节　保险业政策支持体系的理论依据

一、市场失败论

市场失败论是指市场机制无法实现资源的有效配置，它尤其体现在外部性、公共产品、信息不完全、来自垄断的威胁和通货膨胀、规避经济发展中的风险、加速产业结构的转换和避免巨大的交易费用等方面。因此，为了促进保险业的可持续发展，国家通过适当的政策支持就十分必要。

二、有效供给不足论

发展中国家为了实现赶超战略，会出现过分的中央计划化，使得投资效益低下，在投资与已形成的供给能力之间出现缺口；同时，过分的企业国有化会出现效率低下，从而在已形成的供给能力和实际所提供的供给量之间产生了缺口；这些缺口要求资源投入总规模的进一步扩大，而这种扩大又面临社会总供给的限制，从而形成一种由追赶愿望——投资——有效供给不足——再投资——资源限制——难以实现追赶愿望等

数个环节的恶性循环。有效供给不足，既表现在供给对需求方面质的规定性的考虑不够上，又表现在供给没有充分注意到不同种类的需求的量的有限性上。为了解决有效供给不足的问题，达到有效供给与有效需求的良性循环，政府通过保险产业政策对保险业进行干预就很必要。

三、幼稚产业保护论

幼稚产业保护论属于重商主义的产业政策，其根本目标是为了保护国家战略产业或具有特别意义的产业，但这种产业政策的实践条件在加入世界贸易组织后尤其是在开放市场经济条件下已基本丧失，而且对产业的过度保护容易使其丧失国际竞争力，不利于今后的可持续发展。因此，以幼稚产业保护作为制定保险产业政策的客观依据应有保护时间和保护程度的限制。

四、规模经济和范围经济结合论

在国际经济和金融一体化的新形势下，规模经济理论的实践条件失去了其存在的基础，因为政府也会产生政府失败，况且规模经济效应应用在金融保险领域并不明显。例如，英国保险业在购并后，五家最大的保险公司市场占有率虽然由 1990 年的 22%上升到 1998 年的 38%，但费用率也由 29%上升到 33%；同样瑞士保险业购并后，最大的五家保险公司的市场占有率虽然由 1990 年的 41%上升到 57%，但费用率也由 20%上升到 25%。购并后的大公司的费用率都没有因为公司合并而下降，原因就在于保险业和金融业的复杂化管理以及客户需要的个性化服务使得保险业在其很多经营领域都难以实行标准化操作。事实上，规模经济要求市场可以容纳实现标准化产品经济规模标准的容量，而这在创新意识不断增强、创新速度不断加快、消费者意识不断提高的国际金融一体化条件下根本不大可能实现。

在市场经济尤其是开放市场经济条件下，规模经济在很大程度上已经为范围经济所取代，金融一体化及混业经营本身就说明了这一点。实际上，金融业的购并方更多地看中的是强强联合、优势互补和开发新的利润增长点，更多体现的是范围经济和规模经济的有效结合；而保险领域的金融购并，则更多地是为了在原保险、再保险、资产管理和投资银行四大领域创造新的盈利能力。因此，规模经济和范围经济结合论已逐渐成为保险发达国家制定保险产业政策的客观依据之一。

五、市场培育论

一方面，发展中国家的保险市场一般都不完善，市场失败论的问题比发达国家更为严重；另一方面，有效供给不足和有效需求难以有效拉动并存且形成恶性循环，为了促进保险业这一具有战略意义的幼稚产业的发展，必须注重对保险市场的培育。

六、比较利益论

即使是对发达国家而言，要使其保险业各方面都处于世界领先地位也是比较困难的。因此，为了在国际金融一体化背景下有效地参与国际及国内保险市场的竞争，根据本国保险业的现状，发挥本国的比较优势就成为一种可供选择的策略。由此产生的比较利益既表现为国际比较利益，又表现为国内比较利益；既表现为国内保险业与其他产业之间的比较利益，又表现为保险业内部的区域比较利益，还表现为保险业内部的不同行业和不同功能之间的比较利益。因此，比较利益理论也成为制定保险产业政策的客观依据之一。

七、金融深化和国家安全论

爱德华·肖和麦金农都认为，发展中国家经济增长差的主要原因为金融抑制，而人为压低利率、利用国内储蓄和国外储蓄是金融抑制的根本原因，因为它导致了金融市场无力调节资金的供给和需求，因此发展中国家应加强金融深化。世界各国的经济发展表明，随着经济的发展，金融深化和资本市场的发展成为一种不可避免的趋势，而在金融深化过程中，无论在资本市场还是货币市场，保险业都是一支重要的力量，并对发展和完善金融市场起到巨大的作用。

保险业在一定程度上具有公共产品的性质，其金融属性还涉及国家的金融安全。这不光是体现在风险保障的功能上，还体现在其金融功能上，因为它涉及全社会各阶层甚至每一个人，并会对整个经济、社会产生巨大的影响。同时，保险业的金融属性的发挥也涉及国家的金融安全问题，因此，在21世纪初社会保障体系不健全和金融市场不完善的情况下，保险产业政策更显其特殊，这种特殊性既表现为金融深化和保险业金融功能的发挥是一个循序渐进的过程，也表现为应在维护国家金融安全的前提下加快保险业金融功能的发挥。总之，金融深化和保护国家金融安全也是制定保险产业政策的客观依据之一。

第四节　中国经济发展环境与保险业政策支持体系

一、经济发展与对保险业政策支持体系的要求

中国高速增长的经济为保险产业政策发挥作用创造了良好的外部条件，例如，金融业的增加值占第三产业增加值的比重已由1978年的9%上升到1998年的18%，产业结构已得到了很大程度的改善，但服务业的结构性短缺现象还没有完全克服。“十五”期间中国的金融市场得到了很大的发展，例如，金融深化程度（M_2/GDP）已从1978年的0.241提高到2003年的1.889；股市上市公司从1991年的14家发展到2004年的1 300多家；国债和企业债券市场也得到了一定的发展；全国保费收入截至2003年年底已达3 880亿元。

但是我们也应该看到，金融行业面临着严峻的资本金不足的问题。中国商业银行的不良资产比例之高是有目共睹的，证券市场目前已成为国企直接融资的主战场，中国证券化比例过低、机构投资者实力过小、缺乏具有国际竞争力的大券商已成为证券市场发展的一个重要障碍，因此证券业也急需注资。事实上，目前对证券业的增资扩股和各种证券投资基金国家财政没注入资金，均是企业法人及个人的行为。总之，银

行业和证券业的状况说明了国家财力不足这一事实。

从资本平均水平来看，美国保险公司的净资产与总资产比率在15%以上（来自中国国际金融公司的研究报告），而中国保险公司的净资产与总资产比率只有9.99%，资本充足率水平与国际行业标准有较大差距。根据保监会公布的数据，中国保险业5年来收入年平均增长为24.8%，按中国保险市场未来5年发展速度20%估计，与此业务规模相应的资本金需求将达500亿元以上，再加上利差损失导致的500亿元资本需求，总资本需求将达1 000亿元。目前，保险业的资本总和只有250亿元，因此中国保险业未来5年的资本缺口将达到750亿元左右。在国家对银行业、证券业和社会保险业的问题都难以解决的背景下，依靠国家对保险业直接进行资本补充的可能性不大；再考虑到国家在西部大开发、公共产品的提供如教育投入和基础设施建设、通过增量资产盘活存量资产方面的压力都很大，因此探讨国家以何种方式支持保险业的发展就迫在眉睫。

二、新兴市场缺陷与保险业政策支持体系

在计划经济体制下，中国保险人的行为被严重异化，面对目前的市场经济体制，出现明显的“市场不适应症”。保险人恶性竞争、短期行为、保险条款有失公允、业务经营不规范等不规范的行为，使保险意识本来就低下的社会公众对保险业产生了不信任感乃至错误认识，严重阻碍了保险市场的健康、持续发展，研究、规范保险人市场行为成为保险业走出困境的重要步骤。

保险公司的投资在很大程度上依赖于资本市场的发育程度，而现在国内证券市场的不规范，很大程度上影响了保险公司的投资策略和投资收益。由于缺乏具有稳定回报率的长期投资项目，致使资金来源和运用不匹配，严重影响了保险资金的良性循环和资金运用效果。在西方国家，保险公司同时也是金融资产管理公司，其高超的资本运作技巧、丰富的投资经验再加上全球范围的投资机会，这些都是幼小的民族保险公司无法企及的。

三、保险业发展与保险政策支持体系

保险业务持续快速增长，但总体发展水平低下。中国保费收入近十年年均增长23.6%，但我国人均保费不足36美元，保险密度只有34.7美元，而发达国家达2 000美元以上，世界平均水平已达422.9美元；从保险密度结构上分析，中国寿险和财产险的保险密度远远低于世界平均水平；如果从保险深度考量，2003年中国的保险深度只有3.33%［《保险年鉴》(2003)］，而世界平均水平达8.14%。这说明保险业发展与中国拥有13亿人口、经济持续多年高速增长、人民生活水平大幅度提高的现实不协调，保险业的地位有待于提高。

此外，保险业还存在着偿付能力不足的问题。据测算，中国保险业整体偿付能力不足差额达32.69%（中金报告，2002），而且中国保险业利润率低，短期内不可能靠自身利润累积来满足资本需求，解决偿付能力不足问题。中国保险公司的平均资产收

益率只有1.19%，远没有达到2.1%的国际行业平均标准①。保险产品单一、投资收益率低和资本注入不足是影响保险公司利润率的主要因素。

在政策支持体系方面，保险产业政策环境不断改善，但保险投资渠道与税收政策仍是制约保险业发展的“瓶颈”。从税收角度看，国务院决定从2001年开始，将保险公司的营业税从8%逐步降到5%，这有利于提高保险企业自我积累能力。美国各州保险公司的营业税一般为2%～3%，与国外对比，中国保险公司的税负仍比较重。此外，中国尚未建立起对个人或团体购买商业保险特别是补充养老保险、医疗保险等实行延迟纳税制度或扣税制度，一定程度上制约了保险业的发展。我们应该看到，在政府政策支持体系上我们还有很长的路要走。具体做法包括：改善保险业发展的外部环境；进一步拓宽保险资金运用渠道；适当提高购买证券投资基金的比例；放开对保险业投资高信用等级企业债券、国家大型基础设施等的限制；允许一定比例的保险资金直接进入资本市场；允许保险公司成立专门的保险基金管理公司；完善保险税收政策，降低保险公司营业税率，建立对购买商业保险特别是商业性养老保险、医疗保险实行延期纳税制度。

四、加入世贸组织对于中国保险业的影响分析

我们认为，加入世贸组织对中国保险业是一个分水岭。外资管理经验、精算技术和产品创新将会加快国内保险业的发展；中国保险业在发展初期已引进改革，使国内保险公司避开了许多其他国家保险公司所犯的错误。因此，中国保险业将出现如下发展趋势（来自中银报告）：

（一）寿险增长速度明显快于非寿险增长

由于社会保障制度改革，寿险（尤其是养老和健康保险）在中国开始起步，因而寿险的增长潜力巨大，但这并不意味着中国的非寿险市场没有潜力。随着团体保险的重要性降低，分销渠道将会更依赖代理人。我们认为，银行将会凭借其巨大的分支机构网络优势及良好品牌在保险产品的销售中抢占一席位。中国的非寿险业务如同其他亚洲国家，仍然会集中于汽车险。然而，若想提高渗透率，非寿险公司应该尝试推出有储蓄含量的产品。其他亚洲国家，诸如日本、韩国和马来西亚，均借此成功提高非寿险保险的渗透率。

（二）中国保险业在20世纪90年代才起步，在1995年颁布《保险法》并在1998年实施，以及保监会在1998年的成立，中国保险业才开始有了稳定的发展。图1－1、图1－2和图1－3描绘了中国保险业在过去15年间的发展状况。从图中我们可发现，中国保险业的发展遵循着全球保险业发展的规则——寿险增长快于非寿险，这一趋势会因中国日益增长的收入和即将实施的养老制度改革而持续。

（三）保险为奢侈金融服务，随着中国城市化的推进，收入较高的城市人口上升，他们对于保险服务的需求也会相对增加。金融服务业的发展模式类似于马斯洛的需求层次理论：首先，最底层是基本的银行服务；其次是股票市场的发展（亚洲尤其如

① Loma, Accounting and Financial Reporting in Life and Health Insurance Companies.

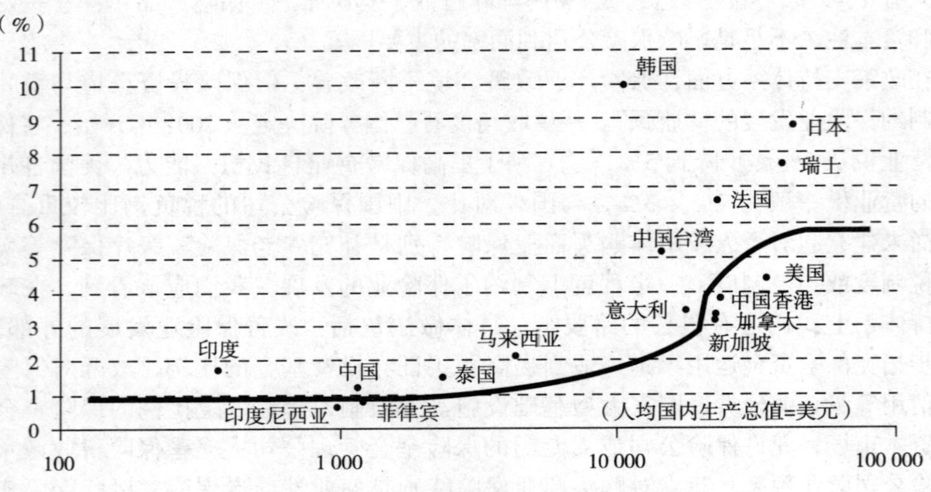

图 1－1　寿险深度（S 曲线）

资料来源：瑞士再保险。

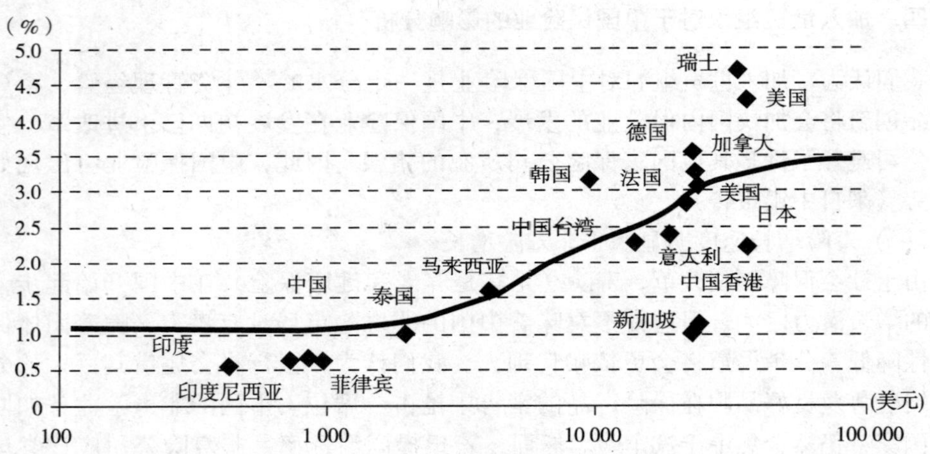

图 1－2　非寿险深度（S 曲线）

资料来源：瑞士再保险。

此)，最后才是保险基金和养老基金，需求的最高层是各种金融衍生产品。我们认为，保险产品不是一种基本性的金融服务，因为只有那些有额外收入的人才会去购买保险产品。我们可从S曲线总结人均收入 1 000 美元为会否购买保险的分界线。

(四) 银行连结保险

银行连结保险，即通过银行分支机构网络销售保险产品，并不是一个新事物。在法国，保险公司通过银行销售产品已经有了 30 年左右历史（从 20 世纪 70 年代早期)。然而，世界上多数国家禁止银行销售保险产品，直到 1990 年才逐步放松了这一限制。伴随着最近的金融自由化进程，银行连结保险的潜力将逐步发挥出来。银行连结保险的最大吸引力在于它充分利用了银行的机构网络，从而节约了成本开支。而且，由于代

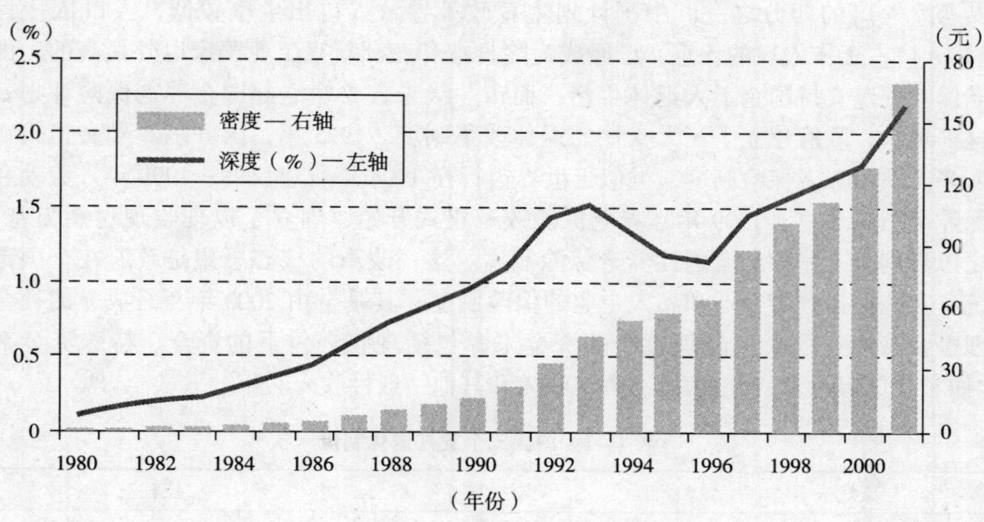

图1-3 保险深度和密度

资料来源:《中国保险年鉴》。

理费是出售新保单的最大的一笔费用,其节约成本的能力显而易见。银行连结保险最容易成功的方法是保险和银行现有产品的交叉销售,诸如火灾和财产保险(也许还包括住房抵押保险)。

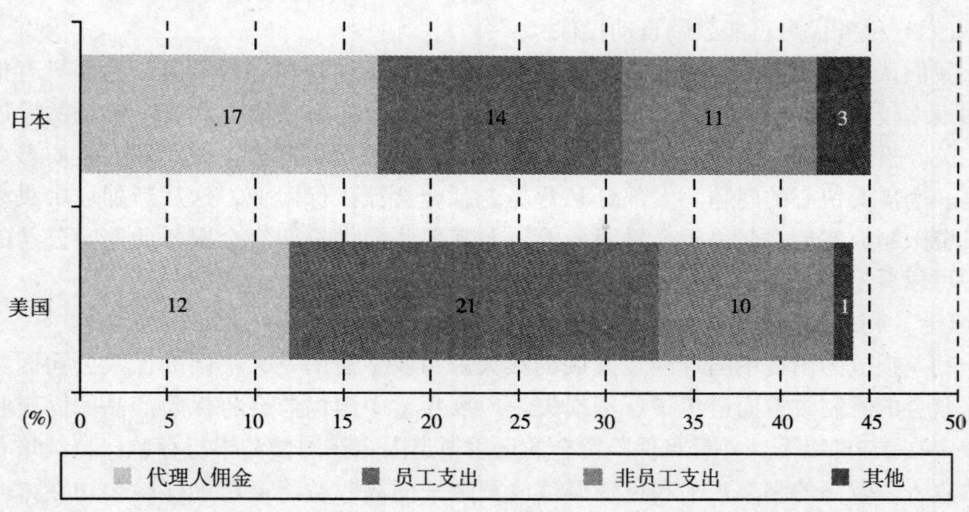

图1-4 非寿险营运支出(占保费百分比)

资料来源:日本保险研究局《保险年鉴》,瑞士再保险经济研究及顾问:*One Source*。

(五)人口老化增加国家退休金制度的压力

中国养老制度的改革将对中国保险业产生深远的影响。尽管中国老龄化比重较小,但中国是世界上老龄人口增长速度最快的国家之一,到2030年,中国的老龄人口将占世界老龄人口的四分之一。中国计划生育政策导致人口出生率较低，人口依赖程度(退休人口占工作人口的比重）已经成为除日本和亚洲新兴工业国家以外最高的。由于养老保险难以支持国企工人退休生活，而市一级未首先建立起国企养老保险计划，针对这一现状，政府建立了三大支柱的退休改革制度。1995年，国务院6号文正式宣布引入多支柱的养老保险制度，类似于世界银行在1994年所建议的；1998年，劳动和社会保障部正式成立；1999年，养老保险改革正式开始，确立了以现收现付制为基础、辅之以强制个人账户的全国性养老保险制度。这一改革的核心思想是政府在全国范围内统一实施包括国有企业和私人企业的保险制度，其基金由2000年9月成立的社会保障理事会管理；社会保障理事会的资金来源包括现收现付下的资金、特殊资金来源(比如彩票销售收入)、出售国有资产收入和其他一般性收入。

表1-1　中国三个支柱退休制度

支柱一	支柱二	支柱三
来自现收现付制下的收入，相当于全省平均工资水平的20%，其中13%由雇主支付（以后将会提高到16%）。显然13%的份额在长线难以维持一个稳定的支付，并会出现缺口。	强制缴纳的个人账户，其中7%来自于雇主（以后将会降低为3%)，4%来自于雇员（每两年提高1%，到2005年达到8%）。将个人账户缴纳比例从11%降低到8%的讨论正在进行中。	雇员工资的5%提计到个人账户中，可以享受免税待遇；雇主的相应缴纳的金额也可以享受免税待遇。可是保险产品最多保证2.5%的收益率大大降低了人们的缴费热情。

资料来源：中银国际。

（六）税务优惠可能鼓励自动投保

我们认为税收优惠可能导致类似于美国401（k）计划那样的效果，然而只有提供的回报率较高才能吸引较多的投资，因此，这一部分的增长潜力和资本市场的发展息息相关。投资型的寿险产品的成功显示了这类产品的增长潜力，但代理人素质参差不齐是一个需要留心的问题。大部分私营养老基金会流入保险业，这从新加坡中央将积金投资限制放宽后对于民间金融服务业，尤其那些提供长期年金服务的寿险公司的影响中可以看出。

（七）利差损问题

利差损成为困扰中国寿险业发展的最大障碍。幸运的是，中国的保险公司因为中国保监会的管制政策而避免了巨额损失。1999年，中国保监会将保险产品的固定收益率限定在2.5%以下，并且将保险资金的运用渠道限定在国债和银行存款。持续增长的保费收入、较高的利率水平和投资渠道放宽带来的高收益将会帮助保险公司在未来几年内消除历史利差损问题。

（八）寿险将会成为中外保险公司交锋的主战场

这一方面，因为寿险是增长速度最快的一块市场；另一方面，因为中国的养老制度改革将会为这个市场带来新的推动力。中国的保险渗透率很低，即使在较为发达的中心城市也是如此，这意味着中国的保险业在未来将仍然保持高于国内生产总值增长率的发展速度。非寿险领域通常盈利能力低于寿险，将仍然保持车辆险占主导地位的情形。

第五节　世界保险业发展趋势对中国保险业政策支持体系的影响

一、金融一体化趋势增强，保险业的购并潮加剧

在凯恩斯的政府干预主义失败后，保险全球化和金融一体化趋势日益明显。为了培育民族保险业的核心竞争力，尽快地在全球竞争中对外扩张，欧盟首先打破了分业经营的界限，接着美国也已于1999年年末通过《金融服务现代化法案》允许混业经营，日本新的《保险业法》也实施了“金融大爆炸”构想，这些都使得保险业内部、保险业与金融业之间的购并加剧，购并不仅突破了国界的限制，而且朝购并额巨型化发展。

二、风险管理和资产管理成为保险业最大的利润增长点

全球多层次社会保障模式的确立和社会私有化的改革路径，均在深度和广度上拉动了企业补充保险和商业人寿保险对保险业的强烈内在需求，保险业将发挥重要的社会保障功能。与此同时，世界保险业面临的风险日趋严峻：一方面，生态环境的继续恶化使自然灾害导致的巨灾损失成为困扰保险业的大敌；另一方面，20世纪90年代以来保险业的购并潮使极少数最大的跨国保险巨头控制着超巨额的保险资产，全球的可保风险日益集中在极少数最大的保险和再保险集团身上；同时，恐怖活动的威胁有增无减，因此，风险管理将成为贯穿保险业传统业务和众多新业务的中轴。事实上，风险管理创新将成为保险经济增长的主要力量，ART（Alternative Risk Transfer）技术的有效应用和寿险投资连接产品的成功推广就是明证。ART包括自保、限额保险、应急资本、巨灾债券、巨灾期货交易、财务再保险等，其实质是传统的风险转移方式的变化，即利用金融市场来分散、吸收和消化风险。例如，1999年全球资本市场总值为62万亿美元，而保费收入仅为2.1亿美元，风险转移方式的变化使保险业的承保能力大大增强。

与传统的保险业相区别，现代保险业在资产管理上扮演着十分重要的角色，资产管理业务已成为保险业最大的利润增长点。即使拿世界保险业最发达的美国为例，尽管其寿险业务本身的资产也十分庞大，但仍不及它管理的非寿险资产。目前，美国寿险业在资本市场的机构投资者中占第二位，保险业的利润基本来源于自身资产的投资收益和非自身资产的管理收入。

三、保险业组织结构面临变革

日趋激烈的竞争环境、高新技术的广泛应用和风险管理技术的不断发展使保险组织结构正经历着深刻的制度变革：一是专业自保公司的异军突起；二是收购和兼并风险加剧，保险组织结构变得不稳定；三是保险集团、相互持股公司、相互保险公司的股份化、保险公司的上市逐步成为保险组织结构的亮点。

四、高质高效的保险监管越来越受到重视

随着世界金融一体化以及国际竞争的不断加剧，为了促进本国保险业核心竞争力的提高，保护本国保险消费者和维护国际金融安全，各国保险监管的侧重点发生了一致性变化：一是注重对保险公司的偿付能力及信息披露的监管；二是在逐步放松混业经营限制的同时，注重对金融集团的监管；三是尽管混业经营及购并战的不断加剧培育了金融寡头，但保险监管机构仍致力于培育保险市场的可竞争性。保险监管的三个变化使人产生了世界保险监管有逐步放松的趋势。实际上，无论是保险发达国家还是新兴保险市场，保险监管并未放松，在保险监管形式放松的背后，隐藏着对保险业更加严格监管的实质。因为现行的监管政策更加注重高质高效，既注重保险公司偿付能力的监管，又注重保险市场主体创新能力的培育和核心竞争力的提高。尽管在现代保险市场中，各国均有不少保险公司倒闭，但并未对保险市场构成大的冲击，反而在保险供给能力、产品种类、交易费用的节省方面大大优于历史上的任何一个时期。

第二章　中国现行保险业政策支持体系、国际比较及存在的问题

从经济学理论分析，保险市场存在着大量的正外部效应、信息不对称、逆向选择和道德风险等市场失灵现象，同时，其发展又与整个经济环境、税收政策、金融政策、产业和监管政策紧密相连。因此，为规范和引导中国保险市场的健康发展，建立一套科学、有效的保险业政策支持体系十分必要。

第一节　中国保险业税收政策的沿革、国际比较及存在的主要问题

税收政策对保险业影响十分巨大，它直接关系到保费的列支和保险金的给付，关系到保险企业的经营成果，并直接影响着保险市场供给和产品创新。

一、中国保险业税收政策的沿革

在恢复保险业务伊始，国家对保险业采取了免税扶植的政策，但从 1983 年开始对保险业实行了高税赋的政策。在 1983 年国家实行利改税的财税体制改革后，逐步确立了国家对保险业主要征收营业税和所得税两大主体税种的保险税制，同时征收印花税、城市维护建设税、教育附加税等。中国不同时期保险业的税赋情况可归纳为表 2－1 所示。

表 2－1　不同时期中国保险业的税赋情况

年　份	税　种	税收规定
1983～1987	所得税	向中央财政缴纳 55%的所得税
	调节税	以毛利润为税基缴纳 20%的调节税，其中一半上缴中央财政，一半上缴地方财政，1985 年改为 15%
	营业税	缴纳 5%营业税
1988～1993	所得税	税率 55%，一半上缴中央财政，一半上缴地方财政
	调节税	税率 15%，一半上缴中央财政，一半上缴地方财政
	营业税	缴纳 5%营业税
1994～1996	所得税	中国人民保险公司适用 55%的税率，平安、太保适用 33%的税率，外资保险公司适用 15%的优惠税率
	营业税	寿险业务、农险（含牧业、林业、渔业保险）业务、从国外分入的再保险业务免征营业税，其他保险业务统一按 5%的税率征收营业税
	调节税	取消

续表

年　份	税　种	税收规定
1997	营业税	从1997年起，保险业营业税税率由原来的5%调整为8%
	所得税	中资保险公司统一执行33%的所得税率；外资保险公司所得税率继续为15%，享受两免三减半的税收优惠政策
2001	营业税	从2001年起，经国务院批准，金融、保险业营业税税率每年下调1个百分点，分3年将金融、保险业的营业税税率从8%降低到5%

总体来看，随着中国保险业逐渐发展成为国民经济的一个重要产业，中国保险业税收政策整体上延续了逐步规范、合理化的路径，税种、税目得到优化，总体税赋也有所降低。

二、保险业税收政策的国际比较与借鉴

（一）针对保险公司的税收政策

1. 保费税方面

在经济合作和发展组织成员以及大多数发展中国家，对寿险保费收入征收保费税的情况不尽相同。OECD国家中，有9个国家征收保费税，15个国家不征收。意外险和健康险通常不属于保费税或其他以保费为税基税种的征收范围，西欧个别国家对这两类险种完全免征以保费为税基的税收，加拿大和美国对这两类险种分别征收省级税或州级税。

税率方面：西方国家对财产保险公司多数征收保费税，而且税率高于寿险公司，税率从日本的低于1%到法国的高于30%不等。瑞典针对投保国外保险公司的保费征收15%的保费税。法国、德国、希腊和意大利等多数国家对不同险别实施差别税率，对有的小额保单则免税。在美国，除联邦政府的公司所得税以外，保险公司要向所在地的州政府缴纳保费税，美国各州有关税法不尽相同，但基本内容大体一致，保费税率一般在2%～3%。

税基方面：在征收营业税或保费税的税制下，大多数国家的保险公司费用、索赔、给付或各种准备金，不从计税基数中扣减；对保险公司承保的年金保险保费不征收保费税，允许在计税基数中扣除支付给保单持有人的红利；再保分入业务的保费一般可不包括在计税基数中；一般保费税的计税基数包括意外险和健康险的保费收入，但不包括投资收入。

2. 所得税方面

一般情况下，各国政府对保险公司征收所得税的政策同对其他类型的企业类似，但对计算纳税扣减的规定不同。

美国1984年在寿险公司所得税法修正案中规定：寿险公司纳税收入为其毛收入减去适当的扣除部分。毛收入包括保费、投资所得、资本所得、准备金数量下降部分等。国税法典第八百零三条规定，允许扣除项目包括：①普通商业企业允许扣除项目；②保险业特有项目，如死亡赔款、解约退保金、保单分红、再保险保费支出等；③对小规模寿险公司的税赋进行扣减。对于小规模寿险公司，为保证其在市场中的公平竞争

地位，美国税法规定，寿险公司应纳税所得在300万美元以下的，其中60%可以免征公司所得税，超过300万美元以上部分，按其15%从免税额中扣除。

在日本，第二次世界大战后至20世纪70年代末，寿险业处于高速发展时期，寿险公司除被允许提留普通责任准备金外，还可以把盈余金大部分形成保户分红准备金，转入未付支出变成负债，使大量数额的红利不计入利润，从而使法人税成为零值或负值。

法国、新西兰、西班牙和英国等国家对相互保险公司或其某些险种给予优惠的待遇；德国、日本、西班牙、荷兰、韩国和瑞士等国家则允许将巨灾准备金作为所得税扣减项目。表2-2列举了主要几个国家所得税税率方面的具体规定。

表2-2　主要国家对保险公司课税制度的比较

税种 国家	营业税	所得税
美国	(1) 州保费税。各州分险种征保费税；平均税率为：财产险2%~3%，寿险、意外险、健康险1%~4%，劳工赔偿6%；税基不包含分入业务；保费红利免税；绝大部分州规定合格的年金保险计划免保费税 (2) 联邦特别销售税。对保险公司在境外取得的再保收入和保费收入分别征1%和4%的保费销售税	15%~45%；对相互保险公司减免所得税
英国	按毛保费的4%缴纳；1996年11月新税法规定：寿险、养老险、健康险、水险、航空险、国际货运险、出口信用险免征营业税	根据公司的性质和规模为25%~35%
日本	(1) 法人住民税（地税）按资本金分档计收 (2) 事业税（地税）按1.5%纳税；寿险公司的个人保险、储金保险、团体保险、团体年金保险分别按保费收入的24%、7%、16%、5%为税基；船舶保险、运输保险、汽车第三者保险、地震险和其他财产保险分别按各自保费的25%、45%、10%、20%、40%为税基	资本1亿日元以下按28%，以上按37.5%
德国	火险为毛保费的7%，强制保险为22%，船舶保险为2%，其他产险为10%，寿险和健康险免税	NA
法国	按险种征收保费税，税率从5%~30%不等，家用汽车、海上航运、运输工具责任险、寿险、年金、团险、国际业务、农险和各种再保险免税	34%
加拿大	保费税：寿险为2%~3.5%；分保到境外则对保费征收10%的联邦特别销售税	超额累进税率15%~30%
新加坡	免营业税	30%
泰国	3.3%税率	35%
卢森堡	寿险2%，火险、健康险、汽车险为4%	34%
荷兰	寿险、健康险为0，火险、汽车险为7%	35%和40%
意大利	寿险、意外险2.5%，火险22.5%，汽车险12.5%	中央税30%，地方税16.2%

从表2-2可以看出，世界各国的营业税税率和所得税税率与中国税率相比较有以下异同：第一，多数国家营业税分险种规定税率，而中国保险营业税与其他金融业统一适用5%的税率；第二，对低利润或具有社会保障功能的险种，如寿险等的营业税实行低税或免税政策。在这一点上中国与其他国家的做法一致；第三，世界各国的所得

税税率均不超过40%，且各国都在努力降低税率。中国保险公司的所得税税率总体水平偏高，且不同性质的公司适用不同的所得税税率，形成了不公的竞争环境，没有体现税收的国民待遇。

（二）对投保人（保险购买者）的税收政策

1. 寿险给付所得税的减免

美国税法典（IRC）对寿险给付按其不同性质有详细的减免税规定：对于死亡给付，免征联邦个人所得税；对于保单分红给付，视为保费返还部分免征个人所得税，但红利在积累期内的利息收入要征税；对于年金给付，采用延期纳税方式，个人年金在保费积累期内其投资利息收益不纳税，直至给付期开始（一般65岁）才纳税。日本税法规定：一个家庭参加两全保险，领取死亡保险金，每人可以扣除500万日元不征税；领取满期保险金、解约退保金可扣除50万日元不纳税；领取全残保险金、住院给付金和手术诊治金可以不纳税。中国台湾地区“税法”规定：人身保险给付免纳所得税，不论是满期保险给付、死亡给付或医疗残疾保险给付，也不论投保人与被保险人是否为同一人，更不论保险契约为自己或他人的利益而订立，均免征个人所得税。

2. 寿险保费的所得税扣除

大多数国家对购买某些指定的寿险保单支付的保费，实行税收扣减，从而鼓励购买寿险。日本个人所得税法规定：人寿保险费支出，国家税免税最高额为5万日元，地方税免税额最高为3.5万日元。在美国，符合下述三种情况便可以在所得税中扣减：一是保单在投保时已明确用于捐赠慈善机构或教育组织的；二是经法院判决，保费支出金额包括在分居或离婚后男方负责给妻子或前妻的赡养费中；三是投保国内收入署认可的个人养老账户的年金保险，且投保人的年收入低于联邦规定的某一特定标准而且本人和家庭成员没有团体养老保险计划。

为鼓励企业为雇员投保团体人寿保险，各国一般在公司所得税法中规定，允许该项保费支出作为企业的营业费用在税前列支。如美国税法典规定：企业给雇员投保的团体定期人寿保险享受此种优惠，但以每个职工保额5万美元为上限；团体养老年金保险和健康保险项目只要符合联邦国税局的税收资格计划的定义规定，也可以从公司所得税进行税前扣减。

英国的投资连结保险和美国的401（k）都因有明确的税收优惠规定而获得较快发展。保险费税前列支或递延税收政策使保险消费者获得了好处，刺激了这类业务的发展。另外，由于寿险保单中的红利主要是保单持有人多缴保费的一种回报，而且确定红利中的超额投资收入比较复杂，所以一般不把寿险保单红利作为现金收入计税。

3. 对非寿险保费的所得税政策

国际上通行对个人投保非寿险所支付的保费不在应纳税所得中扣减。但在德国和卢森堡，允许从纳税所得中扣除所支付的个人责任险保费。多数国家不直接对保单现金价值或累计内部利息征税。加拿大、德国、挪威、美国规定，凡保单的死亡给付金具有高现金价值或保单期限过短的，将对累计内部利息征税。

（三）对保险营销员的税收政策

国际上对保险营销员的税收做法有两种：一种是将保险营销员看作是企业雇员，

把营销收入作为薪金征税，不征收营业税；另一种是低于设定的收入限额则不用缴纳营业税。而且许多国家对营销员的展业成本扣除率较高，或经税务部门审核单据，全额扣除属于展业成本的费用后计算所得税。

三、中国现行保险业税收政策的特征及存在的主要问题

（一）对具有正外部效应的保险施行高税赋和宽税基的政策

1. 高税赋，整体税赋偏高

高税赋做法虽然增加了财政收入，但却制约了中国保险业的发展。从长期来看，降低了保险企业自我积累和自我发展的能力，与中国大力发展保险业的政策相悖。

首先，营业税的税率偏高。在西方国家，考虑到保险业由于其具有正外部效应和一定的公益属性，政府一般都给予不同程度的税收优惠。根据 1994 年经济合作与发展组织的统计资料，美国、加拿大等 9 个国家征收保费税，其中，6 个国家税率在 4% 以下，英国、法国、德国、荷兰、丹麦等 15 个国家不征收保费税；中国台湾地区的保险营业税也只有 3%。中国营业税率目前虽已降到 5%，但仍属较高水平。

其次，保险业印花税税率较高。财产保险合同与仓储保管合同、财产租赁合同适用 1‰的印花税税率，比其他合同所适用的 0.05‰、0.3‰等税率要高，仅次于证券交易适用的 2‰的印花税税率。

2. 宽税基

典型的比如财产保险的营业税以保费收入为计税基础。由于在保单有效期间总保费收入的很大一部分是要以理赔的方式返还给被保险人的，也就是说，保费收入中很大的一部分并不是保险公司的实际收入，而是对保户的负债，因此与同样执行 5% 营业税税率的其他金融业相比，保险业所承担的税负也远远超过银行、证券等金融业。银行信贷业务是以利息收入作为计税基数（税法规定银行贷款以贷款利息收入为营业收入，转贷业务以贷款利息减去借款利息后的余额为营业收入），而保险业务则要以全部保费收入作为计税税基，这种税基设计无形中加大了保险业的税负。

另外，作为计税依据的保费收入包含“应收保费”，由于保险经营的独特性，“应收保费”对保险行业，尤其是对于经营长期寿险产品的寿险公司来说是常见而且数量巨大的，因为这种寿险产品往往需要分期缴付保险费，而延期缴付或中途退保致使保险公司“应收保费”比其他行业“应收款项”数目大得多。因此，把“应收保费”列入计税依据增加了保险公司的税收负担。

所得税税基不合理。现行税制中保险公司的保费收入扣除赔款和营业费用后的节余都被看做利润所得，忽视了各种责任准备金的负债性质，特别是对于寿险公司，其死亡给付具有必然性，保费收入的绝大部分要用于返还，因此不应将其法定责任准备金列为纳税所得。

3. 重复征税——对保险营销员双重纳税

根据现行规定，寿险营销员每月须按佣金收入总和的 5.5% 计算缴纳营业税及附加税，税后扣除一定比例的营销费用后需缴纳个人所得税，由此形成了双重征税。因为保险公司支付给营销员的佣金收入是从保险公司的保费收入中提取出来的，这部分佣

金作为保险公司保费收入的一部分已经由保险公司计提缴纳过营业税。

政策影响：高税赋的结果是增加了毛保费中的附加保费，将税赋通过提高保费的方式转嫁到消费者头上，投保价格上涨，保险需求下降，进而保险公司的保费收入下降，政府来自于保险公司的营业税收入也会减少；此外，保险需求减少也会降低整个社会的保障水平，使得一部分可保风险得不到保障，从而不利于经济的稳定发展。

（二）保险税收政策没有分险种差异化对待，没有体现出兼顾公平和效率的原则

不划分险种征税，营业税方面，除了一年以上的健康险和农险免税外，其余险种统一实行5%的比例税率，不能体现国家对不同险种的政策导向，导致了保险市场三个市场结构的滞后：社会保险业务滞后于商业保险业务、寿险业务滞后于产险业务、国际业务滞后于国内业务。

如商业性寿险和长期健康险都不缴纳所得税，即使考虑到目前寿险业在早期形成的巨额利差损，也不能从政策上界定寿险业不用缴纳所得税，体现不出对不同功能险种的区别对待。

（三）不同性质的保险公司税收政策有别，形成税收的超国民待遇

税收在市场经济中的重要作用之一就是公平税赋，创造平等竞争的市场环境。现行制度对不同性质的公司适用不同的所得税税率，不仅所得税税率中外资保险企业不统一，中资保险企业之间也不统一，对外资保险公司形成了税收超国民待遇，而对中资保险公司比较苛刻。

1. 所得税税率

外资保险公司享有“免二减三”的税收优惠，即使过了5年减免期，也按15%的所得税税率征税；而中资保险公司中人保集团和太平洋保险的所得税税率为33%，成立于特区的平安保险则为15%，中资保险公司在不平等的税收待遇中同实力雄厚的外资保险公司竞争，显然处于劣势。

2. 所得税税基

中、外资保险公司缴纳的所得税在计税工资、职工福利费、捐赠支出、业务招待费、固定资产折旧等方面的规定都有所不同，中资保险公司适用的税基比外资的宽泛得多。

3. 与中资保险公司相比，外资保险公司享受再投资退税政策

在现行税制下，外资保险公司将从公司经营取得的利润直接再投资于该公司，增加注册资本，或者作为资本投资开办其他外商投资企业，经营期不少于5年的，可退还其投资部分已缴纳所得税40%的税款。

4. 中资保险公司要随营业税缴纳城市维护建设税和教育费附加，而外资保险公司则免缴

这些不公平的税收政策不利于保险市场上中外资的公平竞争。随着中国加入世贸组织和保险市场的进一步对外开放，与进入中国保险市场的外资公司相比，中资保险公司在资本金、经营管理等方面处于劣势，而不合理的税赋又成为其前进中的障碍。

第二节　中国保险业金融支持政策的沿革、现状及存在的主要问题

一、中国保险业资金运用政策的沿革

(一) 计划经济时期的保险业资金运用（投资）政策

从1980年正式恢复保险业以来，伴随着国内宏观经济发展以及保险资金运用政策的不断变化，中国保险资金运用经历了一个从无到有，从启动到无序，后又到逐步规范的过程，这一过程大致可划分为以下三个阶段：

1. 基本无投资阶段：1980~1984年

1980~1984年，保险资金运用完全实行计划经济的管理模式，即保险资金由财政统收统支，要么作为财政收入的一个来源，由财政安排使用；要么存入银行，作为银行的信贷资金来源，由银行运用。在这一阶段，保险企业无权自主运用保险资金，基本不存在保险投资的问题。

2. 投资启动阶段：1985~1991年

1984年11月，国务院批转中国人民保险公司《关于加快发展中国保险事业的报告》明确："中国人民保险公司总分公司收入的保险费，扣除赔款、赔款准备金、费用开支和缴纳税金后，余下的可以自己运用。"1985年3月，国务院颁布《保险企业管理暂行条例》，规定保险企业可以自主运用保险资金，这样，中国保险投资才正式启动。

1987~1991年，国家着手对保险投资进行治理整顿，保险投资的范围被限定为流动资金贷款、企业技术改造贷款、购买金融债券和银行同业拆借，原有的固定资产投资和贷款业务被取消。

3. 投资无序膨胀阶段：1991~1995年

从1991年开始，保险投资政策又有了很大程度的松动，资金投资渠道非常广泛。但这一阶段由于经济发展过热，保险投资出现盲目性，投资面十分宽泛，房地产、证券、信托、借贷，无所不及，由于管理和风险控制跟不上，形成了大量不良资产。直到1995年，这一阶段中国保险投资还基本处于无序发展的状况。

(二) 1995年以来中国保险业资金运用政策

1995年6月，中国《保险法》颁布，其一百零四条规定，保险公司的资金运用，限于银行存款、买卖政府债券、金融债券和国务院规定的其他资金运营形式，保险公司资金不得用于设立证券经营机构和向企业投资。规定了金融分业以及产寿险分业的原则，对以往保险滥投资进行了全面整顿和强制性制度变迁。1998年10月，中国人民银行准许保险公司参与银行间债券市场从事现券交易；1999年7月，保险公司可以向中国保监会申请，在国务院批复的额度内购买信用评级在AA+以上的中央企业债券，并可在沪深证券交易所买卖该类上市的债券；1999年8月，保险公司获准在银行间同业债券市场进行国债回购交易；1999年10月27日，国务院批准保险公司可以通过购买证券投资基金间接进入股票二级市场，保险公司可在二级市场上买卖已上市的证券投

资基金和在一级市场配售新发行的证券投资基金，投资的比例限制为公司资产的5%以内；2000年5月，保险公司及养老机构可获准参股基金管理公司；2001年3月，保监会批复平安等3家寿险公司的投资连结保险品种在证券投资基金上的投资比例从30%放宽至100%；2002年10月28日，九届人大常委会通过了《保险法》修订案，新法自2003年1月1日起开始施行，将原法规定的“保险公司的资金不得用于设立证券经营机构和向企业投资”修改为“保险公司的资金不得用于设立证券经营机构，不得用于设立保险业以外的企业”，即原法规定禁止保险资金向企业“投资”，它排除了保险资金直接用于购买企业股票的可能，而新法取消了这一禁止性规定，只是说保险资金不得用于“设立”保险业以外的企业，而没有说不得向企业“投资”。虽然新法并没有赋予保险资金直接投资企业股票的权利，但修改了原先的禁止性规定，为国务院今后适时规定新的资金运用形式扫清了部分法律障碍。2003年6月，中国保监会公布新的《保险公司投资企业债券管理暂行办法》，暂行办法规定，今后保险业投资企业债券的范围，由只允许投资三峡、铁路、电力等中央企业债券，扩大到自主选择购买经国家主管部门批准发行，且经监管部门认可的信用评级在AA级以上的企业债券；保险公司投资企业债券的比例由原来的不得超过公司上月末总资产的10%提高到20%。2004年10月24日，证监会正式发布《保险机构投资者股票投资管理暂行办法》，允许保险机构投资者在严格监管的前提下直接投资股票市场，参与一级市场和二级市场交易，买卖人民币普通股票；可转换公司债券及保监会规定的其他投资品种；保险机构投资股票的比例按成本价格计算，最高不超过本公司上年末总资产规模的5%。

总体上说，1995年以来，中国保险资金运用政策处于一个渐行放宽的轨道之中。减少保险资金运用范围限制、提高投资比例，对保险业而言，有利于保险资金丰富投资组合、分散投资风险；有利于促进保险公司的资产负债匹配，从而有利于其稳健经营。

二、中国保险业资金运用政策存在的主要问题

（一）期限和信用结构不甚匹配，短期投资行为严重

一般来说，寿险具有保险期限长、安全性要求高的特点，寿险资金比较适合于投资长期储蓄、国债、不动产等项目；财产保险的保险期限相对较短，对资金运用要求流动性强，比较适合于同业拆借、票据、短期证券等流动性强的投资品种。但从中国目前保险资金的运用情况来看，由于比较缺乏具有稳定回报率的中长期投资项目，致使不论其资金来源如何、期限长短，基本上都用于短期投资。这种资金来源与运用的不匹配，严重地影响了保险资金的良性循环和资金使用效果。

（二）长期以来对保险资金运用渠道限制过严，投资效率不高，收益率偏低

1995年《保险法》出台，监管部门出于防范系统性风险的考虑，严格限制投资范围，实际上却可能产生“越俎代庖”的问题。严格限制投资范围虽然在一定程度上减少了保险公司资产的信用风险，但却造成保险市场和资本市场难以有效互动，特别在一个长时期的低利率市场环境中，过于狭窄的保险投资渠道对保险业的盈利能力、偿付能力、市场竞争能力形成了很大压力，“利差损”的形成与此不无关系。资料显示，

2002年保险公司的资金运用收益率为3.14%，低于2000年的3.59%和2001年的4.3%，2003年保险公司总资产中银行存款高达50%，凸显了保险资金运用存在的矛盾。

（三）投资环境尚欠规范、成熟，特别是资本市场欠发达

资本市场发育不充分，如长期债券市场、资产证券化市场、基础设施投资便利等发展滞后，使得保险资金运用空间狭小，投资组合难以有效实施，不能很好地实现收益和风险在不同期限结构上的匹配。保险资金应积极参与基础设施产业投资，但目前还没有实现有效对接，需要寻求合适的方式，如信托、产业投资基金或股权投资等方式介入国家大型基础设施项目。

（四）风险控制和管理手段欠缺

应该说，截至目前，中国保险资金运用的根本桎梏已大体解除，从各个领域、各种渠道拓宽保险资金运用范围和优化运用管理模式已经不存在大的法律和制度障碍，问题的关键是作为单个保险人，在市场化的环境下如何有效控制和管理资金运用过程中的风险。但是，在现行的市场条件下，各类风险对冲（如金融期货、期权、互换）工具还很缺乏，风险管理手段、风险管理技术和方法也尚不成熟，这是在保险资金运用限制逐渐松绑后亟待解决的问题。

三、其他金融政策支持——资本金补充政策和融资政策

随着中国保险业的迅猛发展，保险公司对资本金需求的增加与有限的融资渠道之间的矛盾日益突出。目前，中国保险公司补充资本金的渠道非常有限，除人保股份、中国人寿股份和平安保险集团通过海外上市筹集部分资本金之外，其他公司只能通过现有股东增资、吸引外资等私募方式扩充资本金，这种方式时间长、成本高，因此融资难已成为制约中国保险业发展的一个主要问题。

在融资政策方面，与其他行业相比，保险业的融资渠道还比较少，保险公司从货币和资本市场融资的渠道还未有效打开。2004年9月29日，中国保监会发布了《保险公司次级定期债务管理暂行办法》，允许保险公司发行次级债补充资本和提高偿付能力，从某种程度上说，是在这方面迈出的有着非常重要意义的一步。

第三节　保险业产业政策

一、保险业的准入和退出政策

中国保险市场尽管自1992年起逐步实行了对内和对外开放，但是时至今日，这种开放仍十分有限。无论对中资还是对外资，不仅保险市场进入壁垒很高，而且市场退出壁垒也很高。尽管《保险法》规定保险公司可以倒闭，寿险公司只要有人接管也可依法破产，但事实上，尽管部分寿险公司的偿付能力严重不足，但目前尚无一家公司退出市场。在国外，多数国家由政府出面或者保险行业协会组织成立的保险保证基金（Guarantee Fund），用于处理经营不善的保险企业退出问题，从而使整个保险行业能保

持一个动态的竞争优化格局。中国在这方面还远未起步，客观上也就造成了保险企业退出机制的障碍。

由于中国保险市场缺乏退出保障机制，客观上也导致市场主体难以依法退出；反过来，市场退出壁垒过高，也使市场退出保障机制存在的必要性不大，即市场退出壁垒过高和市场退出保障机制的缺乏之间形成了恶性循环怪圈。

中国保险进入壁垒过高和市场退出壁垒过高之间形成的怪圈，导致保险市场的市场化运行程度低。市场进入壁垒高，使市场的竞争性降低，在保险组织体系、市场体系、监督体系和调控体系不健全的状况下，不仅使得市场秩序混乱，而且使得市场主体和政府等保险产业政策主体更倾向于短期行为，从长远来看，又会使保险业加速陷入偿付能力不足和核心竞争力脆弱的陷阱中，也就迫使保险监管当局只能把更多的力量放在对现有市场秩序的整顿和市场主体的管制，而不是注重包括发展新市场主体和主体结构的优化上。

目前，在外资保险公司的准入政策和经营行为规范方面，已取得了很大进展，但仍存在一些限制。按照加入世贸组织承诺的时间表，中国逐步取消了对外资保险公司经营地域和经营范围的限制，从2004年12月起，允许外资寿险公司向中国居民提供健康保险、团体保险和养老金年金保险服务，并不再限制其经营地域，外资保险公司理论上可以在任何一个城市开设分公司，不过依然要履行审批程序，外资保险公司在市场准入上仍必须符合母公司总资产额不低于50亿美元、30年经营经验以及设立办事处满两年的“五、三、二”规定。在具体业务经营方面，对外资保险公司还存在一些限制。例如，目前外资保险公司尚不能开展机动车保险业务。应该说，加入世贸组织不是中国保险业开放进程的结束，而只是开始，今后需要继续创造条件，加大保险市场开放性和透明度，确保市场的充分竞争性。

二、由分业经营到适度混业经营的政策支持

中国在1993年的金融改革中确立了金融业分业经营和分业管理的原则，并在以后的立法工作中加以确立。但从20世纪90年代末开始，中国陆续出现了中信集团、光大集团、平安控股等大型综合性金融集团，他们通过资本运作将商业银行、保险公司、证券公司、基金公司等不同性质的金融机构招致麾下，搭建统一的业务平台，为消费者提供综合服务。

为避免监管真空和重复监管，银监会、证监会和保监会于2004年7月达成金融监管分工合作的备忘录，将建立“监管联席会议机制”，对监管活动中出现的不同意见通过及时协调来解决。同时，三方还将与财政部、中国人民银行密切合作，共同维护金融体系的稳定和树立金融市场的信心。

2004年10月24日，中国保险监督管理委员会联合中国证券监督管理委员会正式发布了《保险机构投资者股票投资管理暂行办法》，这标志着保险公司将正式以机构投资者的身份进入资本市场。中国人民银行和中国银监会也在2004年11月表示要积极推动中国商业银行发起设立基金管理公司。一系列事实表明，伴随着中国经济的高速增长和对外开放程度的不断提高，中国分业经营体制下银行、保险、证券等行业之间严格的分离制度已经出现明显的松动，中国金融业向混业经营转变的趋势已趋明显。

三、保险业监管政策

长久以来，我们的监管思路突出强调中国国情，政府制定保险条款和费率就是带有浓厚计划色彩的做法，也就是以传统的市场行为监管（业务经营监管）为主。业务经营监管在某种程度上限制了保险公司作为一个独立的商业机构应有的经营自主权。从资金运用角度来看，业务经营监管就是投资什么以及投资多少必须要由监管部门来决定，这种监管方式带有明显的计划经济色彩，由监管机构代替保险公司作出投资决定。监管部门的任务应该是制定科学合理的游戏规则以及科学设定有关项目的最高投资比例，使得各个保险公司能够公平竞争，同时监控保险公司的偿付能力指标，以化解可能出现的系统性金融风险，至于如何达到最低要求的偿付能力则应该由保险公司自己解决。因此，我们建议，中国的保险监管政策要逐步从市场行为和偿付能力并重的监管模式走向以偿付能力为主的监管模式，从对具体业务经营的监管转到合规性监管，在这个过程中，要适应金融混业趋势和加强协调监管等要求，促进保险业可持续发展，具体建议见第三章。

第三章　健全中国“十一五”期间的保险业政策支持体系

第一节　中国保险业政策支持体系的基本目标

一、推动中国保险业加快发展和做大做强

按照加入世贸组织协议的规定，中国保险市场正逐步实现对外开放。世贸组织框架下的中国保险市场对外开放，势必加剧外资与中资保险机构之间的竞争。虽然中国保险业经过改革开放以来20多年的发展，已经在一定程度上具备了与外资保险相抗衡的能力，但也不可否认，中国保险业总体上还是一个幼稚产业，与国外发达保险业之间仍然存在着较大的差距，如保险业整体规模较小、费率总水平偏高、管理手段落后、创新能力不足等问题。相比之下，外资保险机构则具有悠久的发展历史，在资本实力、管理经验、产品开发和市场营销等方面都具有明显的优势。因此，在国内保险市场对外开放加快、市场竞争日益激烈的条件下，需要一个科学、完善、有效的保险业政策支持体系，要考虑支持处于发展初期的中国民族保险业与“百年老店”、“深资巨富”、“高科技含量”的外国保险公司开展竞争，促进民族保险业的快速发展。

二、推动保险业“走出去”和实施全球化战略

随着经济全球化进程的加快和各国金融自由化的不断推进以及信息技术的迅猛发展，金融全球化也在深入发展。金融全球化的一个非常重要的特征是金融机构的跨国经营和金融业务的国际化。在这种条件下，支持本国保险公司等金融机构实现跨国经营、推动其实现全球发展，成为各国促进本国金融业发展、提高本国金融竞争力的重要内容。以欧盟为例，1994年7月生效的第三代保险指令，在推进欧洲保险市场一体化的同时，也促进了欧盟保险公司的对外扩张。因此，在金融全球化大背景下，完善中国保险业政策支持体系，需要采取有效政策措施，在支持民族保险业发展壮大的同时支持其不断走出国门，促进中资保险机构实现全球化发展战略和跨国经营。

三、推动保险业发展体制支撑力的形成和强化

在金融全球化进程中，传统分业经营的体制逐步被打破，银行、证券、保险混业经营的趋势越来越明显。就单一金融机构而言，能否提供多样化的金融增值服务，成为了是否具有竞争优势的重要条件。在这种情况下，各国为推动本国金融业的发展以

及促进其更好地参与国际竞争，也都采取了一系列措施以适应金融全球化和综合经营的趋势。例如，一向实行严格分业经营的美国也于1999年颁布了《金融服务现代化法案》，实行了混业经营。因此，应适应金融混业经营的全球发展趋势，从发展的角度积极为中国保险、银行、证券等混业经营创造有利条件，逐步形成有利于中国保险业发展的宏观体制，是完善中国保险业政策支持体系的重要内容之一。目前，中国正处于经济转轨的过程中，经济体制正在进行着深刻的变革，其中国有保险机构建立现代企业制度的努力已取得了一定的成效，在此基础上通过适当的政策进一步推动国有保险公司的股份制改造、不断完善其公司治理、在微观上形成有利于保险业发展的体制优势是保险业政策支持体系的重要内容。因此，在经济转轨和金融发展的过程中，通过系统化和强有力的政策促进国有保险公司建立现代企业制度以及形成有利于保险业发展的宏观体制，是保险政策支持体系的一项重要目标。

第二节 进一步健全中国“十一五”期间保险业政策支持体系的政策建议

一、努力完善以公共财政为基础的财政政策支持体系

建立与社会主义市场经济相适应的公共财政是中国财政改革与发展的重要目标。公共财政至少应具备以下四个方面的基本特征：一是以满足社会公共需要作为财政主要的目标和工作的重心，其要点是正确处理公共性与阶级性的关系；二是以提供公共产品和服务作为财政满足社会公共需要的基本方式，其要点是正确处理政府和市场的分工关系；三是以权力制衡为规范的公共选择作为理财决策的机制，其要点是走宪政化、民主化、法治化之路；四是以现代意义的具有公共性、透明度、完整性、事前确定、严格执行的预算作为财政管理运行的基本制度，其要点是以制度优先原则防止公权扭曲。

作为中国经济转轨和现代化过程中财政转型的基本导向，公共财政也是完善中国“十五”期间促进保险业发展的财政政策支持体系所应遵循的基本原则。以公共财政为基本出发点完善中国保险业财政政策支持体系，要正确处理政府与市场分工的关系，在此基础上高效提供市场机制不能有效供给的公共物品。因此，根据公共财政的基本特性，政府对于保险业发展的财政政策支持，首先要解决由于市场机制缺陷而不能有效提供保险险种的发展问题；其次是从保险业的行业特性以及中国保险业发展的宏观背景与客观需要出发，通过各种财政政策手段支持中国保险业做强做大。从支持方式和内容来看，财政政策应注重支持体制创新与机制完善，从政策上多支持、少干预，形成有利于保险业发展的财税环境，减少保险业发展对财政直接资金支持的依赖。根据公共财政的基本特性，支持保险业发展的财政政策应主要包括以下方面的内容：

第一，考虑支持由于保险市场缺陷不能有效供给而又具有明显正外部效应的险种，如各种政策性保险业务、巨灾险等的发展。从国际经验来看，政府对巨灾风险和政策性保险的支持都是促进保险业发展的重要因素。例如，日本建立了以政府为主体的地

震保险制度；美国建立了洪水、地震保险和农作物保险制度，这些都对保险业的发展起到了非常重要的推动作用。在中国短期内建立新的国有政策性保险机构以及直接提供政策性险种还不太成熟的条件下，可考虑以税收优惠、财政补贴等方式支持包括农业保险在内的各种政策性保险业务的发展。

第二，以科学的发展观为指导，根据保险行业特性以及中国保险发展所处的宏观背景，通过各种财税政策手段，进一步支持各种商业保险的发展。（鉴于税收和财务政策的重要性，本报告将其单独作为一部分来论述）

第三，从所有者身份出发，弥补国有保险机构的资本金不足，支持国有保险公司建立现代企业制度和健全公司治理。作为国有保险机构的所有者，政府财政的一项基本职能是通过一定的资本金投入来实现保险机构的正常经营，并以此获取所有者收益，同时承担因经营不善产生的亏损。在经济转轨过程中，公共财政为推动国有保险机构进行股份制改造和建立现代企业制度，还需要考虑国有保险公司的资产状况，一方面为国有保险机构的股份制改造提供必需的资本金；另一方面要切实强化所有者在健全公司治理方面的重要作用。截至目前，中国已有中国人民财产保险股份有限公司、中国人寿保险股份有限公司以及平安保险集团等在海外上市，而且其他一些保险公司也在积极筹备改制和上市。在这一过程中，财政部门提供了重要的资金支持，核销了一部分不良资产，直接弥补了国有保险机构的资本金不足，改善了资产质量，为国有保险机构建立现代企业制度提供了大力支持。在“十一五”期间，财政需要进一步强化对这一领域的支持。但财政作为国有保险机构的所有者进行的资金支持，也要考虑到客观上可能产生的负面效应，简单的资金支持可能使保险公司产生依赖心理，以致产生道德风险。对于国有保险机构以往产生的问题，需要分清责任，在此基础上再由财政从所有者身份出发进行必要的支持。

二、进一步完善保险税收和财务政策

在加入世贸组织以后，中国将形成一个开放竞争的保险市场。为了扶持中国保险业的发展，确保民族保险业与外资保险公司公平竞争，进一步调整和完善中国保险业税收政策，针对我国保险税收政策存在的问题以及充分考虑影响中国保险业政策支持体系的各种因素，建立一个与国际惯例接轨、并符合保险业行业特点的税收政策非常必要。

（一）完善中国保险税收政策的总体思路

作为税收政策的重要组成部分，中国保险税收政策的完善和调整，一方面要立足于整个税收制度，在保持税收制度总体稳定的基础上适应中国税收政策的总体取向；另一方面也要考虑保险行业自身的特性和发展需要，兼顾总体税收政策取向和保险业发展的客观要求。根据我国保险业税收政策存在的问题，适当借鉴国外保险税收制度，我们提出以下关于完善中国保险税收政策的总体思路：按照公平税负、合理扣除和适当优惠的原则，调整现行保险业税收政策，细化税制设计，完善和充实政策内容，充分发挥税收政策对保险业发展的宏观调控和政策导向功能，支持中国保险业做大做强。

（二）完善中国保险税收政策的几个着力点

1. 公平内外资保险企业税负

中国加入世贸组织以后，统一内外资企业所得税已成为税收政策调整所要考虑的一项重要内容。根据现行税法的规定，中资与外资保险公司在适用的税种、同一税种适用的税率以及准予扣除项目等方面并不完全一致。总体上看，外资保险的税收政策明显优惠于中资保险。这一税收政策的形成和实施，是与中国改革开放和吸引外资的政策相一致的。但随着中国加入世贸组织后保险市场对外开放速度的加快，外资保险公司在中国纷纷设立机构和积极拓展市场，中资保险公司面临着巨大的竞争压力。在目前中资保险公司与外资保险企业在适用税种、税率以及扣除尚不统一的条件下，为促进中国保险业的发展，应以统一内外资企业所得税为契机，统一中、外资保险企业所得税和其他适用税种，在此基础上对中外资保险公司适用税种中的各个扣除项目以及资产和财务的处理办法进行统一的规定，为内外资保险公司创造公平竞争的税收环境。

2. 根据保险市场竞争状况与市场结构的变化以及保费的市场化程度，适时适度下调营业税税率以及调整和优化营业税税基

为支持保险业发展，提高保险公司的自我积累能力，我国营业税税率从2001年起连续3年每年下调1个百分点，前两年营业税税率已降到5%，但与国外2%～3%的营业税税率水平相比，中国保险企业的税负仍然偏重。中国的营业税是以总保费收入计税，而保费收入中有一部分并不是保险公司的收入，而是对投保人的负债，过宽的营业税税基加重了保险企业的税负。因此，根据保险市场的竞争状况、市场结构的变化以及保费的市场化程度，适时下调营业税税率以及调整和优化营业税税基是非常必要的。从营业税税基来看，可考虑在现有免税规定之外，以保险机构取得的全部保费收入扣除已决赔款部分作为营业税应税保费；当发生储金返还和退费时，则由保险公司作为扣缴义务人扣缴有关税款。另外，由于寿险、财险公司运营机制上各有特点，对经济发展的促进作用和对社会保障的重要性以及与国计民生的关系程度也不同。所以，可考虑选择适当时机分险种实行差别税率，以更好地体现寿险与财险的差别，贯彻税收公平原则。

3. 调整准备金计提标准和优化所得税扣除项目

保险准备金的计提标准参照中国保监会的研究成果。中国目前尚未开征资本利得税（如果开征资本利得税，需要在确定其公司所得税税基时，将公司收到的股利和再保险分出业务获得的股利等从中扣除），在这种条件下，保险企业所得税可在对各种准备金制定合理提取标准的前提下，允许应纳税年度的合同项下的赔款支出（符合规定条件的留存保险准备金、营业损失、其他赔偿责任人支付的赔偿金等项目）据实予以扣除，尤其是对保险保障基金、巨灾保险、财务再保险和非比例再保险等保险准备金的提取进行严格的规定。通过保险企业所得税扣除项目的优化和调整，一方面可促进保险业税源的培育，另一方面可推动保险业的持续快速发展。

4. 适当扩大免税险种范围，并参照国际惯例对小规模保险公司予以必要的所得税优惠

目前，中国已对农业险、返还性人身保险和出口信用保险业务实行免税。除现行

免税规定外，可考虑对其他政策性、非营利性保险以及利润水平低但对社会稳定有重要作用的半政策性保险，包括国内实力难以承担的险种和部分再保险业务，如地震险、洪水险等实行适当税收减免，以充分体现国家的政策导向，发挥保险税收政策的社会保障杠杆作用。另外，由于小型保险公司相对大公司而言，资本实力相对较弱，保费收入较低且业务不稳定，所以纳税能力也相对较低，可参照国际上的通行做法（如英国、美国等），考虑根据小型保险公司的应税收入或资产规模，对限额以下的公司按照优惠税率纳税。

5. 根据保险资金运用政策的变化，适时调整投资收益税收政策，引导保险公司权衡风险—收益和选择投资组合

2004年10月24日，中国保监会和中国证监会联合发布了《保险机构投资者股票投资管理暂行办法》，保险资金获准直接入市。保险资金直接入市大大拓宽了保险资金的运用范围，国家需要根据这一政策变化对保险公司的投资收益税收政策进行相应调整。从美国的情况来看，保险公司出于获得稳定回报的考虑，在资金运用上主要投向了固定收益项目。因此，可根据保险基金的性质和特点，通过税收政策引导保险公司权衡投资风险与收益，慎重考虑其投资组合。除对保险公司投资政府债券等固定收益类项目免税外，条件成熟时还可允许保险机构扣除股票等风险性投资支出一定比例的投资损失准备金或对投资收益课税。

6. 完善针对投保人和被保险人的税收制度

扣除扩大保费支出的应纳税所得额，鼓励个人在社会保障之外建立个人商业保险保障，努力建立起鼓励居民购买商业保险，尤其是对购买寿险、健康险、医疗险等险种的适当税收优惠制度，如允许企业购买补充医疗保险费在工资总额一定比例内可直接列入成本，居民个人购买上述保险的支出从个人所得税应纳税所得额中扣除或延期纳税。当个人因购买保险受益时再进行适当征税。

三、进一步健全金融领域的相关政策支持

（一）不断完善和强化保险监管

应加强和完善保险监管工作，培育良好的保险发展环境。要逐步从市场行为和偿付能力并重的监管模式走向以偿付能力为主的监管模式。在这个过程中，适应金融混业趋势和加强协调监管等要求，积极培育良好的保险发展环境，促进保险业可持续发展。

针对保险市场存在的风险隐患和问题，保监会加强了防范化解风险方面的制度建设和监管工作，把偿付能力监管作为改善监管和防范风险的关键环节，不断加强偿付能力监管制度建设。目前，已经发布了《保险公司偿付能力额度及监管指标管理规定》，初步建立了偿付能力监管制度框架，在偿付能力监管方面迈出了重大步伐。“十一五”期间，要努力改进保险业监管方式和手段：

一是进一步突出对保险公司偿付能力的监管。要在坚持市场行为监管与偿付能力监管并重的同时，通过综合运用最低资本充足率制度、资产负债评价制度、保险保障基金制度等手段，完善偿付能力监测指标体系，逐步使严格的偿付能力监管成为保险

业监管的核心，维护保险行业稳定，切实保护被保险人的合法权益。

二是推进保险业信息化建设，建立和完善保险业监管信息系统。要制定和完善全行业信息化建设规划和具体信息标准，构建开放型的中国保险业信息网以及完善的保险监管信息系统，及时披露保险机构的业务经营情况和风险状况。要建立和完善保险风险预警指标体系，做到有严密的风险控制、经常的风险监测、及时的风险报告、审慎的风险评估，并按不同的监管责任提出防范和化解保险业风险的预备方案，妥善处置保险业风险。

三是根据国际审慎监管原则，严格保险机构市场准入，优化保险机构体系，严格掌握外资公司市场准入标准，合理把握外资保险机构的发展规模和发展速度；同时要建立严格的市场退出机制，坚决淘汰偿付能力严重不足的公司，防止行业性风险的集聚和爆发。

四是把道德风险的防范提升到应有的水平，突出对保险机构高级管理人员职责行为和职业道德操守的监管，严把保险机构高级管理人员准入关，建立保险机构高级管理人员退出机制，建立对保险机构高级管理人员任职期间的谈话与诫勉制度、业绩监测与考评的指标体系等，防止发生道德风险。

同时，保险业监管需要实现向法治化监管、政策导向型监管、市场化监管、专业化监管和技术型监管转变。

（二）加快保险信用体系建设

信用是市场经济正常运转的基石，是保险业发展的生命。信息不对称问题在保险合同、保险业务处理中表现得十分典型，因此信用问题对保险来说尤其重要。在中国保险业发展过程中，出现过很多保险公司及保险代理人、保险经纪人隐瞒与保险合同有关的重要情况，误导甚至恶意欺骗消费者的事件；也出现过投保人在投保前和出险后不履行如实告知义务，甚至制造各种保险欺诈、骗赔事件。

为此，要加快全社会信用体系建设，加强信用信息持有机构的合作与配合，建立起社会化的社会信用信息共享机制，保障守信者的合法权益，提高失信者的失信成本和处罚力度，形成全社会良好的社会风气和信用环境。同时，大力发展信用评级机构、信用记录系统、信用担保体系等，促进全国统一社会信用体系的形成。

（三）进一步完善其他相关金融政策支持

不断完善保险产业发展政策，努力形成市场化、自由化、公平化、透明化和国际化的保险产业政策；努力在分业经营体制专业化分工基础上为某些领域适当混业经营创造条件，如允许银行通过其集团或集团控股公司直接或间接控股保险公司，通过控股公司经营保险业务等；进一步完善保险资金运用政策，拓宽保险资金运用渠道，强化保险资金运用中的风险控制；积极为开展保险资产证券化提供必要政策支持，大力支持金融创新。

四、进一步健全中国保险法律、法规

自 1995 年《保险法》颁布实施以来，中国保险业法制建设不断加快，为保险业的规范、稳健发展奠定了法律基础。加入世贸组织至今，中国先后已发布近 20 个保险法规。这些法规或对各类保险机构的市场准入和经营管理制定标准，如《保险经纪公司管理规定》、《保险资产公司管理暂行规定》等；或为保险资金使用确立原则，如《保险公司投资企业债券管理暂行办法》、《保险资金运用风险控制指引（试行）》等；或对各种保险产品的精算、销售和信息披露进行规范，如《个人投资连结保险精算规定》、《人身保险新型产品信息披露管理暂行办法》等。2004 年 6 月 15 日施行新修订的《保险公司管理规定》，系统地对保险机构、保险经营、保险条款和费率、保险资金和保险公司偿付能力五个主要监管领域进行了规定。

目前还有一批保险法规正在制定和修订之中，包括《保险违法行为处罚办法》、《保险许可证管理办法》、《保险公司信息披露管理规定》和《非寿险责任准备金管理办法》、《保险代理机构监督管理规定》等。另外，根据 2004 年年初《中共中央国务院关于促进农民增加收入若干政策意见》，需要加紧研究建立符合中国国情的农业保险制度。

“十一五”期间，要根据中国国情和保险业现状，放眼于国际保险市场的变化和保险业未来发展趋势，制定保险业行为规范准则；尽快颁布与《保险法》相配套的关于保险业平等竞争、外资与中外合资保险企业管理、经纪人管理、再保险的实施、资金运用等一系列的法律、法规和条例。

参考文献

1. 冯晓增:《中国保险年鉴》，中国保险年鉴编辑部，2003。
2. 王祺、陈梅、张立华:《对影响我国保险产业发展宏观因素的实证分析》，载《江西财经大学学报》，2003（1）。
3. 魏华林、李开斌:《中国保险产业政策研究》，北京，中国金融出版社，2002。
4. 《中国国际金融公司保险发展研究报告》，2002。
5. 《中银国际保险产业研究报告》，2002。
6. 魏华林、李开斌:《保险发达市场和新兴市场保险业发展的政策特点和启示》，载《武汉大学学报》，2002（7）。
7. 罗慧媛:《经合组织国家保险准备金财税政策及对中国的启示》，载《金融会计》，2003（12）。
8. 张建军、刘璐:《保险公司所得税制国际比较研究》，载《上海保险》，2003（2）。
9. 李远平:《我国保险税收政策的调整与完善》，载《统计与决策》，2003（12）。
10. 刘建红:《论我国保险税收体系的构建》，载《中国财经信息资料》，2003（14）。

保险业重点领域的政策支持体系研究

北京交通大学课题组

课题负责人：叶蜀君
课题组成员：夏宇欣　李玉菊　崔　岩　金明华
刘晓光　贾彦玫

第一章 “十一五”期间国家对保险业实行政策支持的重点领域

国家对保险业实行有效的政策支持的前提是明确政府定位，把政府作用定位于推动保险业市场化进程这一基准点上。这样才能做到将各项具体的、分散的政策法规统一于共同的方向和目标之下，使政府政策的效用得到最大程度的发挥，并伴随市场化程度的不断提高，政府有选择、有步骤地实施市场退出或角色淡化，政府在退出或淡化的过程中，始终保持政府与市场之间的相对均衡，从而实现平稳过渡。

最近两年来，中国保险业的发展已逐步确立了分类发展的指导思想，在这一原则指导下的保险企业市场实践，也呈现出了向做大做强，以培育具有国际竞争力的大型保险企业集团和走专业化发展道路这样两个突出的趋势。

从扶持保险企业的专业化发展的角度出发，“十一五”期间，保险业重点支持的领域为健康保险、养老保险以及农业保险三个领域。这是因为：一个国家养老与健康保障体系的建设是构建完备的社会保障体系的必要条件，而基本的社会保险、企业的补充保险和个人购买的商业保险是组成养老与健康保障体系的三大支柱，这其中，保险尤其是商业保险尤为重要。此外，由于中国农业人口众多，三农问题至关重要，而大力发展农业保险将有助于为农业和农村经济发展提供有效的风险保障，因此，农业保险领域内的政策支持不可或缺。基于此，我们建立了“十一五”期间保险业重点领域的政策支持体系，见图1－1。

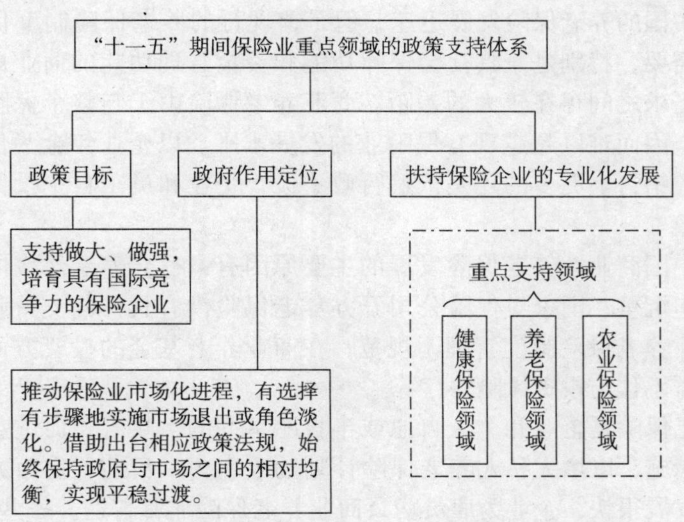

图1－1 “十一五”期间保险业重点领域的政策支持体系

第二章 养老保险领域的政策支持

养老保险是指劳动者在达到国家规定的解除劳动义务的劳动年龄界限，或因体弱、疾病等原因完全丧失劳动能力的情况下，能够依法从政府和社会得到一定的经济补偿、物质帮助和生活服务的社会保险制度。

当今许多西方国家的养老保险制度非常完善。基本养老保险、企业补充养老保险和个人储蓄性养老保险三种形式相互配合，构成了现代西方社会保险的“三大支柱”。

中国的养老保险于 1984 年开始建立，经过 20 多年的改革，一个适应市场经济体制、具有中国特色的养老保险制度已具雏形。目前，中国的养老保险体系包括基本养老保险、企业年金（即企业补充养老保险）和个人储蓄性养老保险三个层次。其中，基本养老保险是国家立法强制实行的政府行为，全体劳动者必须参加，具体事务由政府设立的社会保险机构负责经办，为劳动者年老丧失劳动能力后提供基本的生活保障；企业年金是在国家法律法规和政策的指导下，在企业和员工已经参加基本养老保险的前提下，由企业或单位与员工视企业经营状况，自主确定是否参保和确定保险水平，自行选择经办机构；个人储蓄性养老保险是一种个人行为，每位劳动者均可以按照自己的意愿决定是否投保以及投保的水平和选择经办机构。其中，第一层次采用以支定收、略有结余、留有部分积累的办法筹集基金，体现了员工平等的社会保险权利，第二层次、第三层次则因企业经济效益和个人收入不同而有差别，采用完全积累办法，设立个人账户，存款及利息归个人所有，体现效率原则。

近年来，中国的养老保险发展迅速，但是，现行的养老保险制度仍存在不适应市场经济发展的需要，特别是兼具社会保障功能和资金管理功能的商业性养老保险的发展现状和潜在需求之间存在较大的差距。商业养老保险由于与整个保险业以及社会保障捆绑在一起，因而难以超越现有保险业的发展水平。以企业年金为例，购买群体还限于国有企业，销售上更多的还是依赖行政手段，企业和员工自主投保参保的积极性不高。

目前制约中国商业性养老保险发展的主要原因有：社会养老保险体系存在替代率过高，企业负担沉重；国家对保险公司开办养老保险没有具体的支持政策；税收优惠激励不足；商业养老保险制度管理不规范；在商业养老基金的投资方面，投资渠道不合理、投资收益不佳与投资风险并存等。

商业性养老保险是企业和个人自愿或半自愿举办的，政府要促进它的发展就要采取一定的鼓励措施，以增大私人养老保险计划的吸引力。目前，在西方发达国家，商业性养老保险发展很快，企业为雇员购买商业养老保险非常普遍。一些国家（如英国、美国）自愿性补充养老保险达到较高的覆盖水平，这与政府的政策尤其是税收优惠政策的支持是分不开的。在西方国家，政府促进企业补充养老保险计划的发展主要有两种手段：一是实施较低的公共养老金替代率，以增加企业和个人开办或参与补充养老保险的压力；二是对补充养老保险计划给予一定的税收优惠，以增加补充养老保险计划的吸引力。

西方国家在对补充养老保险计划征税问题上多采用 EET 模式。E 和 T 分别代表免税（Exempting）和征税（Taxing）。政府对补充养老保险计划课税可以分为企业和个人缴费、取得投资收益和向退休者支付养老金三个阶段。EET 代表在前两个阶段免税，第三个阶段征税的模式。这与普遍遵循的综合所得税的课税方法相比，是对补充养老保险计划的一种税收优惠。部分西方国家企业养老计划税制类型见表 2－1。

表 2－1　部分西方国家企业养老计划税制类型

国家	美国	加拿大	英国	荷兰	意大利	法国	匈牙利	德国	丹麦	日本	新西兰	俄罗斯
税制	EET	EET	EET	EET	EET	EET	EET	EET	E（T）T	（E）T（T）	TTE	TTT

资料来源：K. Philip Davis. Pension Funds.

EET 模式的优点：一是缴费在税前列支有利于鼓励企业为员工举办补充养老保险，提高员工福利水平；二是投资收益免税有利于鼓励受益人将补充养老保险基金更长时间地用于投资运营，增加资本市场的资金供给，促进资本市场的发展，也有利于调动企业举办补充养老保险的积极性；三是在支取环节征税能够体现公平税负的原则；四是这种延期纳税模式有利于财富在员工退休之前有较快增长。

EET 模式的缺陷：使政府眼前的收入减少，给政府带来即期的财政压力。因而，这种征税模式在财政状况不佳的国家难以实行。

从各国实际情况上看，虽然大部分西方国家都选择了 EET 征税模式，但在具体的养老保险税收优惠政策上则有差异，见表 2－2。美国的 401（k）计划是最著名且实施效果最好的企业年金 EET 模式。自 1978 年推出以来，由于其在税收、管理、投资运作等方面的一系列优势而得到了迅速的发展，日益成为美国养老计划中一个重要的组成部分。到 2000 年年底，美国已有超过 30 万家企业和 4 000 余万名企业员工参与了 401（k）计划，为保障企业员工的退休生活发挥了重要的作用。

总之，不同的国家由于政府与市场在养老保险体系中的地位与作用的不同，养老保险没有统一的模式，也没有一成不变的模式。但受全球老龄化趋势的影响，各国政府在养老保险方面的负担越来越重，现在已基本达成一个共识：单纯的政府基本养老保险不应该也不可能为老年公民提供较高水平的收入保障，由政府主要负担的养老保障第一支柱应逐渐弱化，而由企业和个人自发设立、积累的第二、第三支柱应迅速普及发展；只有充分利用市场的手段大力发展补充养老保险市场，才能有效解决老龄化带来的社会问题。税收优惠是私人养老保险计划实施最主要的动力之一。

表 2-2 EET 模式的国际比较（以企业年金为例）

	中国	美国（401k 计划）	加拿大	英国	澳大利亚	荷兰	智利
缴费阶段	在北京、辽宁等有限的试点地区规定按工资总额的 4%从成本列支进入个人账户的资金作为即期收入征收个人所得税	个人可获得不受“最低投资起点”限制的优惠，并且可选择将个人账户的资金投资于专业化管理的基金 雇主向企业年金计划的缴费在雇员工资 15%以内的部分允许税前扣除，雇员向计划的缴费不能税前扣除，投资收益免税	缴费在限额内可以税前扣除，限额为雇员工资的 18% 和 13 500 加元中的最小数	允许税前扣除，但规定有扣除限额，缴费税前扣除比例为 15%	政府对雇主和雇员的年金缴费实行一定限额的税收扣减，这个限额随年龄的增加而递增	允许缴费税前扣除，雇员向计划的缴费在工资的 10%以内和 50 000 马克以下税前扣除	员工在税前按照工资的 10%缴费，不断补充个人账户
投资阶段	还没有出台关于企业年金的税惠政策，正常课税	保险公司在投资性活动中产生的一些费用可在计算应纳税投资所得额中扣除，有利于保险业的风险保障功能发挥。如财产保险公司，允许扣除免税利息、投资性支出、不动产支出、业务开支、已付利息、折旧、资本损失等	投资收益免税	投资收益免税	对企业年金投资收益课以 15%的所得税	投资收益免税	基金风险较小，一般优先提供给即将退休的员工
领取阶段	目前对领取环节没有任何税惠，应缴纳个人所得税	雇员退休时，可从以下三种办法中任选一种领取待遇：（1）一次全部支出，但要纳税，税率约为 25%；（2）按月支取，按月纳税，税率为 10%～15%；（3）转存入银行，不需要纳税。 对从企业年金计划领取的养老金征收个人所得税。但大约半数以上的州都对部分（有两个州市全部）养老金收入免征州所得税	年金收入缴纳个人所得税；但税前允许有 20 000 加元的扣除额作为购房和教育支出	对从企业年金计划领取的养老金征收个人所得税，但有明确的税收优惠	对从企业年金计划领取的养老金征收个人所得税，但是税率较低，有一定的税收优惠	对年金领取征收个人所得税，但课税的年金收入不超过最后工资的 60%	

据劳动和社会保障部统计，截至 2004 年 3 月，中国建立年金的企业有 22 463 家，参加计划的员工 703 万人，基金结余 492.8 亿元。随着中国养老保障体制改革的深化，企业年金的潜在需求加大。清华大学杨燕绥教授（2002）曾预测，企业年金每年增加的资产规模将达 1 000 亿元甚至 2 000 亿元。依此推算，到 2010 年，企业年金的市场规模会超过 10 000 亿元。但是目前我国只有上海、四川、江苏、辽宁、深圳等省市出台了企业年金的具体实施办法，在行业方面，只有铁道、电力、邮电等几个优势行业建立了自己的企业年金制度，大部分省市和行业还没有出台相应的办法和优惠政策，特别是在国外被称为企业年金发展过程中必不可少“催化剂”的税收优惠政策支持更是少而又少（见表 2-2）。企业年金的发展面临政策“瓶颈”，必然降低企业和员工自主投保参保的积极性，阻碍中国商业养老保险的发展。表 2-3 是企业年金面临的政策“瓶颈”及其引起的后果。

表 2-3 企业年金面临的政策"瓶颈"及其引起的后果

企业年金面临的政策"瓶颈"	引起的后果
1. 税收优惠政策缺失，员工福利安排非强制性	企业和员工投保意愿下降
2. 承办主体资格不明确	各利益集团发生冲突，降低市场效率
3. 资金运用渠道狭窄	收益水平偏低，减低了客户的购买欲望
4. 年金产品的附加金融服务空白	资金再配置效率低
5. 员工享有年金的政策缺失	员工收益权不能确保

中国的企业年金发展时间短、经验少，现行税制中对企业年金许多相关涉税问题还没有制定出明确的规定，而现有的某些法律法规也需加以修改和完善。如在企业年金缴费阶段的有关税惠政策上，至今各省市和单位仍然以国务院在 2000 年 12 月发布的《关于完善城镇社会保障体系的试点方案》为参照，其中规定：在国家试点省市，如辽宁省（2004 年，国务院又增加了吉林、黑龙江两省）和其他省市中的个别地区，企业年金缴费在员工工资总额 4%以内的部分，可以从成本中列支，享受免税待遇，即享受 4%的税惠比例。而对比国际上主要国家的税前可列支比例，德国为 10%，美国为 15%，加拿大为 18%，澳大利亚为 20%，4%的列支比例显然小了点；同时，随着国民经济的发展、人民生活水平的不断提高以及人民投资意识的转变，4%的比例已不能满足企业年金发展的需要。当初作为促进企业年金发展"助推器"的政策现在反而成了"挡水板"，提高税惠比例的呼声日益高涨。另外，中国的税收法规中，对保险公司从事养老保险业务的税收政策是：对保险公司的寿险业务免征所得税、对保险公司开展一年期以上（包括一年期）返还本利的普通人寿保险、（基本）养老年金保险免征营业税。

进一步分析可以看出，中国现行的养老保险税收政策在发挥对养老保险的调节和促进作用上存在两大症结，详见表 2-4。

表 2-4 中国现行养老保险税收政策存在的问题

问　题	具 体 内 容
一、税收优惠激励不够	1. 税惠比例不灵活 国发［2000］42 号文件规定的按工资总额的 4%从成本列支，没有考虑到不同企业、不同员工工资水平的差距，实践中 4%的比例比较单一，而且 4%的免税限额过低，不足以充分调动企业的积极性 2. 优惠地区有限 企业年金优惠政策在中国的试点地区有限，只有辽宁省和北京市的中关村地区，加上个别省份的试点地区，而对非试点地区的企业缴费没有相应的税收优惠待遇 3. 优惠结构不合理 （1）目前，根据国家有关政策规定，中国补充养老保险缴费只能来自企业的自有资金和奖励福利基金，这很大程度上抑制了企业建立补充养老保险的积极性 （2）对保户缺少明确的税收优惠政策
二、现有相关规定缺位和模糊不清	1.［2000］42 号文件，"工资总额"概念模糊。在实际操作过程中，很多单位分不清是按计税工资总额还是按企业实际工资总额扣除 2. 国家在各项文件中对保险公司开办商业养老保险多次表示鼓励与支持，但具体的支持政策却少有

根据国内养老保险政策现状，结合国外养老保险的政策支持及其成功的经验，要进一步推动中国养老保险的发展，“十一五”期间国家应该从立法、财税以及产业方面对养老保险领域进行综合支持。具体讲，在立法方面，政府应在总结试点省市经验的基础上，加快相关法律法规的完善和颁布《养老保险法》；财税方面，政府应进一步加大对养老保险的税收扶持力度，对商业养老保险的三个阶段实行税收优惠政策，建立中国特色的EET养老保险税收征缴模式；在个人储蓄性养老保险的运作中，应对个人所得税先免后征，降低领取阶段税收比例；产业方面，则应该扶持建立专业养老保险公司和养老金管理公司，形成商业养老保险的专业化经营主体，同时，成立养老保险基金的监管机构，对其市场运作实施严密的监督调控。其中，中国特色的EET税收征缴模式的政策建议包括：继续允许企业的年金缴费在工资总额一定比例内税前列支，并进一步提高列支比例和扩大试点地区，同时允许各地区各行业根据现有水平来确定各自的企业年金免税比率；对于企业年金的缴费应给予部分税前扣除的优惠；养老保险基金的投资运营收益部分应免税；领取养老金阶段应给予减免个人所得税的优惠。

福利经济学认为，任何一项政策作为一种政府的干预手段，都会对社会福利产生一定的影响。税收政策给社会总福利带来的变化主要由政府财政收入和消费者剩余、生产者剩余组成。上述EET模式的实施引起的税收政策变化必然会产生一定的影响。而且其影响是多层次的。下面我们分析EET模式的实施对财政税收、举办企业年金计划的企业和员工的影响。

第一节　对财政税收的影响

企业年金采用EET模式的直接影响是国家财政收入减少。那么，EET模式采用后，国家税收损失会减少多少？影响程度如何？下面在模型测算的基础上，结合现实预测对提高企业年金缴费阶段税惠比例进行定量分析。

假设：

第一，把实施EET模式以前的状态设为没有企业年金保险；之后，企业把原本以直接薪金方式发放给员工的工资改为以养老金方式发放；

第二，某年员工增加工资P元，员工原工资水平已经超过计税工资；

第三，企业税后净利润全部用于增加职工工资或为其投保企业年金养老保险；

第四，企业年金缴费阶段当前只涉及两种税：企业所得税与个人所得税；

第五，企业所得税税率为33%，缴费阶段个人所得税税率平均设为10%。

测算如下：

一、实施税惠前，政府的税收收入为：

企业所得税：P/（1－33%）×33%＝0.49P

个人所得税：P×10%＝0.1P

税收总额：0.49P＋0.1P＝0.59P

二、实施税惠后，免征缴费阶段企业所得税和个人所得税，政府的税收收入

企业的所得税：［P/（1－33%）－P］×33%＝0.16P

保险公司的营业税：P×5%＝0.05P

保险公司的教育费附加（3%）与城建税（7%）：0.05P×10%＝0.005P

当期税收总额：0.16P＋0.05P＋0.005P＝0.215P

当期税收损失：0.59P－0.215P＝0.375P

最终，税收损失：保费积累＝0.375:1

因此，我们可以理解为：免征缴费阶段的所有企业所得税与个人所得税后，意味着国家每减少0.375元的税收，可使企业年金约增加1元的积累。

由于税收减少幅度取决于企业年金保费收入的增长情况，因此，必须测算出企业年金保费收入的增长额才能估算税收优惠导致的具体税收损失额。我们以2005年为例，进行测算说明。

假定免征缴费阶段的企业所得税和个人所得税时，企业将员工工资的增加额全部用作企业年金的缴费，则我们可以将2005年员工工资的增加额近似看做企业年金的增长额。如果知道员工工资增加额，便知道了企业年金的增长额。表2－5是中国历年员工工资总额及增长率。

表2－5　中国历年员工工资总额及增长率

年份	员工工资总额（亿元）	工资增长	工资指数
1997	9 405.3	325.3	103.6
1998	9 296.5	－108.8	98.8
1999	9 875.5	579	106.2
2000	10 656.2	780.7	107.9
2001	11 830.9	1 174.7	111.0
2002	13 161.1	1 330.2	111.2
2003	14 743.5	1 582.4	112.0
2004（估算）	15 908.2	1164.7	107.9

资料来源：《中国统计年鉴（2004）》。

注：2004年的资料为估计数，根据前8年的平均增长率来确定。

“员工”是指在国有经济、城镇集体经济、联营经济、股份制经济、外商和港、澳、台投资经济、其他经济单位及其附属机构工作，并由其支付工资的各类人员，不包括返聘的离退休人员、民办教师、在国有经济单位工作的外方人员和港、澳、台人员。“员工”这一范围基本能涵盖企业年金保险所涉及的对象。

通过表2－5我们看到，由前8年的平均工资增长率7.9%可估算出2005年工资增长幅度约为1 256.7亿元。之前由于政府限制免税幅度、且免税限额低于工资增长幅度时，免税上限就会限制养老金增长。而提高缴费阶段的税惠比例之后，企业年金用于缴费的资金完全免征企业所得税和个人所得税，1 256.7亿元便基本上会全部转化为企业年金保费收入。则2005年的企业年金的保费增加额即为：1 256.7亿元。

在2005年年初十届全国人大二次会议上，财政部部长金人庆作的《2004年中央和地方预算执行情况及2005年中央和地方预算草案的报告》中对2005年国家财政收入的预计为29 255.03亿元。于是，据此我们算得2005年提高缴费阶段税惠比例以后，国家的税收损失额为471.3亿元（1 256.7×37.5%），所占国家财政总收入的比重为1.61%。

通过以上计算我们看到，2005年提高企业年金缴费阶段的税收优惠比例，使企业和员工享受到广泛的投保企业年金的好处后，要促进企业年金有1 256.7亿元的增长，需要国家减少471.3亿元的税收，这个损失，占到2005年国家总的财政收入的1.61%。

当然，我们算得的这个损失不是绝对的，因为商业性的企业年金养老保险发展的同时还降低了基本养老保险的压力，也就是说，尽管加大缴费阶段税惠比例减少了国家的财政收入，但是，也减少了国家的财政支出，因为国家财政每年都要拿出很大一笔资金用于社会基本养老保险。同时，商业性企业年金的发展带来的无法计量的社会总体经济效益也是很大的。例如，它的发展促进中国保险市场的完善、资本市场的积累，从而又为国民经济的发展增加了动力，使得国家经济作为一个整体处在良性的经济循环中。可见，只要国家愿意暂时让渡1%的财政收入，而后所带来的经济效益和社会效益是较大的。因此，EET模式的实施；对国家财政收入减少的影响是短期的。这种影响可以通过各种传导机制的作用，为国家带来远期的、持久的财政收益。因为，税惠政策的实施能产生一系列正外部效益：一方面，通过税收优惠鼓励了商业养老保险的发展，可以减轻人们对社会养老保障和社会福利等的依赖，相应减少社会养老保障和社会救济对政府财政造成的压力；另一方面，从表面上看，税收优惠政策会减少政府的即期收入，但实际上，随着企业年金的基金规模不断积累和市场化运作，将为资本市场不断提供资金，推动经济增长和政府财力的增强，促进经济的长期发展。如果社会资金能在经济有机体内实现有效运用，促进经济的良性循环，那么必将为政府带来更大的财政收益。因此，国家应提高商业养老保险缴费阶段的税收优惠。

提高企业年金缴费阶段税惠对中央和地方政府的影响程度不同。中国税法规定：中央直属企业的企业所得税属于中央政府财政收入，而且大多数金融企业都属于中央企业，因此，中央政府承担的所得税损失要比地方政府大；同时，考虑到个人所得税损失必须完全由地方财政承担，因此需要对资料进行调整。即我们假设在税收损失总额0.375P元中，中央财政负担占39.2%（0.147P/0.375P = 39.2%），地方财政负担占60.8%（0.228P/0.375P = 60.8%）。

表 2－6 调整后的税收损失中央和地方分担情况

项 目	总额	中 央	地 方
不免税下的企业所得税	0.49P		
免税下的企业所得税	0.16P		
免税下的企业所得税损失	－0.33P	－0.33P×59.62％＝－0.197P	－0.33P×40.38％＝－0 133P
缴费阶段免税后的个人所得税损失	－0.1P		－0.1P×100％＝－0.1P
免税后的营业税增加	0.05P	0.05P×100％＝0.05P	
免税后的城建税及教育费附加增加	0.005P		0.005P×100％＝0.005P
增加合计	－0.375P	－0.147P	－0.228P

表 2－7 调整前后 2003 年中央和地方政府企业所得税比例

	调 整 前	调 整 后
所得税税收总额（亿元）	2 919.51	2 919.51×（1－0.375）＝1 824.69
国税部分（亿元）	1 740.71	715.28
占企业所得税的比重	59.62％	39.2％
地税部分（亿元）	1 178.81	1 109.41
占企业所得税的比重	40.38％	60.8％

资料来源：《中国统计年鉴 2004》，307 页。

上述分析说明，调整后中央和地方政府均需承担一定的直接税收损失，且地方政府的税收损失要远大于中央政府。

第二节 对举办企业年金计划企业的影响

在中国，目前企业年金计划尚属于“自愿性”项目，没有一定的税收优惠就不会起到激励的作用。这里我们主要从微观角度分析税收优惠给举办企业年金计划的企业带来的影响。

一、企业员工完全承担企业年金的缴费

为了分析问题的方便，我们假设如下：

（一）企业税前利润为 2 000 元，给企业员工增加工资为 1 000 元。

（二）企业所得税为 33％，不考虑个人所得税的影响。

表 2－8 有无税惠时企业收益的情况

单位：元

	对 1 000 元工资 给予完全税收优惠	对 1 000 元工资 不给予税收优惠	若年金由企业（t％）和个人 （1－t％）共同承担（现实情况）
企业所得税	（2 000－1 000）×33％＝330	2 000×33％＝660	330
企业当期 税后利润	2 000－1 000－330＝670	2 000－1 000－660＝340	670－1 000t％

从上面的计算我们可以得出：

企业如果把增加员工的工资部分用于给这些员工举办企业年金计划，国家对企业举办企业年金计划也给予税收优惠，则与企业员工增加工资收入不给予税收优惠相比较，税收优惠将使得企业少缴纳所得税 330 元（660 – 330），税后利润增加 330 元（670 – 340）。可见，税收优惠将给举办企业年金的企业带来好处。

不过上面结论是在企业员工完全承担了企业年金的缴费下得出的。

二、企业承担一部分企业年金计划的缴费（t %）

通常，企业年金计划的缴费不可能完全由企业员工承担。首先，要考虑企业员工是否有足够的经济能力；其次，从后面分析中我们知道，仅依靠企业员工工资增加部分作为企业年金计划的缴费达不到中国企业年金替代率为30%的目标。因此，企业必须承担一定比例的企业年金计划的缴费，该比例的大小主要是看企业经济效益的好坏和企业员工的态度。

下面分几种情况讨论企业承担年金计划缴费的比例问题。为了方便分析，这里假设企业年金的税收优惠比例分别为 4%和 15%，员工的工资平均增长率为 7.9%，不考虑贴现和通货膨胀的影响。

（一）假设企业年金的税收优惠比例为 4%，企业如果不举办企业年金计划，那么该企业必须把工资增长部分全部发放给企业员工

在此假设条件下，由于企业年金的税收优惠比例小于企业员工的工资增长率，因此企业可能把员工工资总额的 4%用于企业年金计划缴费，剩余员工工资总额的 3.9%将用于增加员工的工资或福利。对企业员工来说，由于原来的工资水平没有下降，反而还有 3.9%的增加幅度或其他形式的福利收入，而且企业还为他们举办企业年金计划，该计划让企业员工看到了好处，在这种情况下，无论对企业还是企业员工，他们都乐于接受这样的企业年金计划，尽管企业年金计划的缴费完全由企业员工承担。

（二）假设企业年金的税收优惠比例大于 4%，员工的工资增长率是 7.9%

在此假设条件下，一般企业会在企业年金税收优惠比例 15%的上限内充分享受国家给予的税收优惠待遇，也就是说，企业会选择 15%的企业年金的税收优惠比例，那么企业年金缴费的资金来源只能有两种情况：一是高于工资增长部分的缴费缺口完全由企业承担；二是高于工资增长部分由企业和员工共同承担。

从上面的数据我们知道，企业承担企业年金计划的缴费比例越高，其损失的税后利润就越多，一般来说这会加重企业的负担。从国际经验来看，企业年金的缴费都是由企业和员工共同承担，其分担的比例在不同的国家是不同的。对中国来说，该比例的确定必须考虑企业和员工的承受能力。企业之所以要举办企业年金计划，它考虑更多的是企业年金计划会提高企业员工的凝聚力和企业员工对企业的依赖性，留住优秀人才以及提高企业的市场竞争力，而不是单纯地从当期利润损失的角度来考虑是否举办企业年金计划。因为如果企业不考虑其他方面的影响，只在乎当期利润的高低的话，恐怕没有一家企业愿意为员工举办企业年金计划。

从中可以得出，若企业举办企业年金计划，将会尽可能使用员工的工资来承担企

业年金计划的缴费，这有利于降低企业税后利润损失额。但现实中企业会根据本企业的实际情况找到一个平衡点，由企业和员工共同来承担缴费。应该看到，在近几年员工工资普遍上涨的条件下，企业提高年金比例的动力是比较强烈的。

第三节　对需求主体的影响

对企业的员工来说，一个能够享受税收优惠的企业年金计划可以给他们带来的经济上的好处有：员工当期的货币工资虽然会减少，但这笔缴费资金的所有权仍归员工个人所有，而且员工不用就这笔收入缴纳个人所得税，由于员工可以从企业得到一笔非货币工资，其适用的最高边际税率可能下降。

为了分析问题，假设：

一、国家对企业年金计划参加者在企业年金缴费环节和养老金领取环节征收的平均税率为10%、15%、20%三种情况，这里不单独考虑企业所得税、个人所得税、营业税以及城建税等的影响，而是综合加以考虑。

二、假设企业和员工的企业年金计划缴费为1 000元。

三、储蓄账户的利息率和企业年金计划的投资收益率为3%，国家对储蓄账户的利息税税率为20%，企业员工在工作30年后退休，不考虑通货膨胀因素的影响。

在上述假设前提下，我们讨论在不同税率情况下企业员工的收益情况，见表2-9。

表2-9　员工参加企业年金计划获得的收益情况比较

单位：元

	一般储蓄账户	EET模式		
实际数额	850	1 000	1 000	1 000
上缴国家的税额	150			
提款时的价值	$850\times1.024^{30}=1\ 731$	$1\ 000\times1.03^{30}=2\ 427$	$1\ 000\times1.03^{30}=2\ 427$	$1\ 000\times1.03^{30}=2\ 427$
退款时的税率		0.10	0.15	0.20
提款时的税额	0	242.7	364	485.4
30年后员工净提款额	1 731	2 427 - 242.7 = 2 184.3	2 427 - 364 = 2 063	2 427 - 485.4 = 1 941.6
比一般储蓄账户多		2 184.3 - 1 731 = 453.3	2 063 - 1 731 = 332	1 941.6 - 1 731 = 210.6
员工收益增值比率		453.3/1 731 = 26.29%	332/1 731 = 19%	210.6/1 731 = 12.2%

注：员工收益增值比率=（EET模式下企业员工的净提款额-储蓄账户下的企业员工净提款额/储蓄账户下的企业员工净提款额）。

上面分析说明：在EET的征税模式下，企业员工从企业年金的税收优惠中获得的好处是很明显的，而且如果退休后的征税税率低于退休前的征税税率，企业员工获得的收益将会更多。

总之，采用EET税惠模式，对国家财政税收、举办企业年金计划的企业和员工三方均有影响。首先，财政税收的即期收入减少，在一定条件下，分析得出国家每减少0.375元税收，可使企业年金约增加1元的积累（即减少1元税收，企业年金约增加

2.66元)。中央和地方政府均需承担一定的直接税收损失，其中地方政府要大于中央政府。但是，对国家财政收入减少的影响是短期的。因为，税惠政策的实施能产生一系列正外部效益，这种影响可以通过各种传导机制的作用，为国家带来远期的、持久的财政收益；其次，若选择EET征税模式，而且企业与员工共同分担年金计划缴费，企业将尽可能使员工承担更多部分缴费额，这有利于增加企业税后总利润。现实中企业年金的缴费都是由企业和职工共同来承担，企业承担企业年金计划的缴费比例越高，其损失的税后利润就越多。不过在近几年员工工资普遍上涨的条件下，企业提高年金比例的动力比较强烈。随着职工工资的增长，缴费阶段给予的税惠比例只有相应提高，才能促进企业年金的更大发展；最后，若选择EET征税模式，企业员工若干年后净提款额和收益增值比率都有明显提高。如果退休后的征税税率低于退休前的征税税率，企业员工获得的收益将会更多。

第三章　健康保险领域的政策支持

自1982年国内恢复开办人身保险业务以来，中国商业健康保险市场历经了二十余年的发展，但由于保险公司自身原因和缺乏外部环境的有效配合，商业健康保险市场一直得不到有效发展，保险密度和保险深度都远远低于发达国家，甚至低于许多发展中国家。

2002年，国务院经济发展研究中心在全国50个主要城市开展的保险调查显示，消费者对健康保险的需求明显偏高，超过76%的受访者表示将在未来三年内购买健康保险。未来中国健康保险市场的潜力很大。

按中国医疗卫生服务费用总支出的方法测算，据不完全统计，2001年个人医疗费用支出达3 113.5亿元，个人医疗费用支出可以视为商业健康保险的潜在市场资源。按2001年医疗服务费用5%的增长率测算，2008年中国健康保险市场潜力约为4 380.73亿元。

上述测算表明，商业健康保险市场有着十分广阔的发展前景，它将成为人们日常消费中必不可少的内容，成为中国保险业快速发展的新的业务增长点。但是，中国的健康保险自1982年恢复开办以来发展缓慢，长期处于“供给缺位”的状态。

第一节　阻碍中国健康保险发展的主要问题

一、国家的税收制度不支持健康保险公司的发展

造成健康保险市场长期处于“供给不足”状态的原因，主要是目前国内保险公司的创新不够，而缺乏鼓励创新和保护创新的市场环境又严重地制约了企业的创新能力的发挥。

在现在市场经济中，合理完善的税收制度是一个成熟市场的有机组成部分，没有完善合理的税收制度就谈不上鼓励创新和保护创新的市场环境的建立。税收制度上没有把创新性保险产品和已经成熟的产品区分开来，使国家税收对创新性保险产品的支持力度不够。因为企业创新活动本身会带来正的外部效益，其带来的社会收益往往大于保险公司的自身收益。如果政府不能进行及时有效的干预，无疑将挫伤保险公司进行产品创新的积极性，最终导致创新产品的市场萎缩，甚至消失。

二、保险公司对风险的控制能力不足

现阶段保险公司对健康保险风险的控制能力不足制约了健康保险的发展，其中的

主要原因有：

（一）缺乏和医疗机构的合作使健康保险公司面临巨大道德风险

健康保险和传统保险不同。健康保险的市场关系表现为三角关系，即除了保险公司、投保人，还涉及医疗服务的提供者，而且这三者的利益不同。现有的医疗制度缺乏对医疗机构和投保人的费用制约机制，保险公司难以得到医疗机构的有效合作，这种相互的信息不对称，使得保险公司面临巨大的道德风险。一方面，对于医疗服务的需求者，因为不是其本人付费，存在着盲目选择高质量医疗服务的倾向和投保人隐瞒病情、带病投保的现象；另一方面，作为医疗服务的提供者——医疗机构，也存在着利用信息不对称、医疗过程的专业化、夸大患者的病情、推荐患者使用一些不必要的医疗手段、滥用医疗资源，造成医疗费用虚高，最终增加了保险公司的赔付费用。在健康保险的风险控制中，医疗服务提供者起着决定性的作用。应该探索建立医疗与保险联合的利益共享机制，使保险公司与医疗服务提供者建立有效合作关系，增强医疗服务提供者的风险控制意识，使保险公司在保证投保人获得良好医疗保障服务的同时，能够有效控制自身的经营风险。

（二）健康保险精算发展水平严重滞后，使保险公司面临产品开发风险

商业健康保险的发展离不开健康保险精算师的参与。他们在产品开发、风险控制方面发挥着巨大的作用。目前，国外非常重视健康保险精算师的培养，同时，国外许多社会医疗机构和健康保险公司都在内部成立专门的健康保险数据处理部门，并建立专门的健康保险精算队伍。与发达国家相比，国内从事健康保险精算人员无论从数量上还是从经验上都有较大的差距。据有关统计，包括专职和兼职人员在内，目前国内总共有数十名精算人员在从事健康保险的精算工作，比例不到精算人员总数的10%。在上述保险精算人员中，只有少数取得国外或国内精算师资格。此外，开发健康保险产品所需要的基础数据的缺乏也是一个主要原因。

（三）社会医疗保险与商业健康保险之间界限不清

中国目前关于补充医疗保险的定位不明确。补充医疗保险作为基本医疗保险的一种补充形式，是单位和个人在参加了基本医疗保险之后，由单位或个人根据自身的特点和财力，在坚持自愿的基础上增加医疗保障项目，提高医疗水平的一种保险形式。补充医疗保险是社会保障体系的重要补充形式，是未来商业健康保险的发展方向。但是目前国家尚未在法律法规上对于补充医疗保险的业务性质、经营主体、商业健康保险公司如何开办等问题给予明确的规定，导致社会保险机构和商业保险公司从各自的行业利益出发，互相争办补充医疗保险业务，争抢医疗保险资源，造成现在医疗保险市场的混乱，在很大程度上阻碍了商业健康保险的正常发展。

（四）面向农村健康保险的市场空白

改革开放以来，农村不仅没有像城镇一样确立新型的社会保障制度，而且原有的农村合作医疗制度也不复存在，农民和农村的社会保障几乎是空白。在这种情况下，保险公司应该积极介入到农村医疗制度体系的建设，发挥自己应有的作用。富裕的农村对补充医疗保险和基本医疗保险的市场需求潜力巨大，如长江三角洲、珠江三角洲的农村经济发达地区，农民的收入水平较高，投保意识日渐强烈，对健康保险已形成

良性消费心理。

加快中国的健康保险的发展，需要采取一定的鼓励措施，以增大健康保险的吸引力。建立我国的健康保险体系，可以借鉴国外的成功经验。

第二节　国外医疗保险模式

国外健康保险制度历经百余年的发展与演变，已经形成了与各自经济发展和卫生事业相适应的特有模式。主要模式包括：社会保险模式、商业保险模式和全民保险模式。

一、德国

德国是现代社会保障制度的起源地，是世界上第一个建立医疗保险制度的国家。其模式是社会保险模式，如图 3－1 所示。其主要的特点是社会医疗保险体系与商业健康保险体系共存，费用主要由雇主和雇员缴纳，政府酌情补贴。西欧和南欧的许多国家都长期坚持这种强制（义务）性的医疗保险，它为保障绝大多数居民享有健康的权利起到了重要作用。

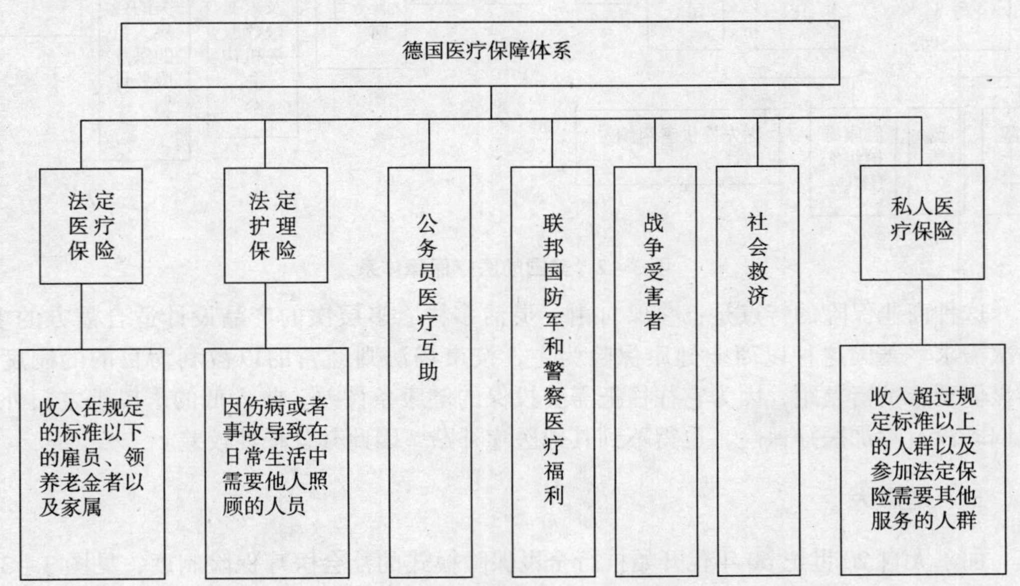

图 3－1　德国医疗保障体系

在德国，几乎人人参加义务医疗保险。保险金的再分配与收入无关，体现了社会的公平性。国家、企业和个人共同出资，体现了国家、企业对家庭的投入。在保险金的使用上，是由发病率低向发病率高的地区转移，高收入者向低收入者转移。

德国的这种社会医疗保险制度优点在于调动了社会各方财力，保证了高质量的医疗服务，为不同人群提供了更多选择，医疗费用上涨的趋势得到了抑制，达到了社会收入再分配。

二、美国

美国卫生服务制度的私立性质决定了其商业的医疗保险模式。许多医疗保险公司都是私营的，居民自愿参加，政府不干预、不补贴。60%以上的医疗服务费用开支由居民直接支付，政府仅为特殊人群提供医疗费用补助，因此，政府的经济负担很轻。美国的医疗保障体系如图3-2所示。

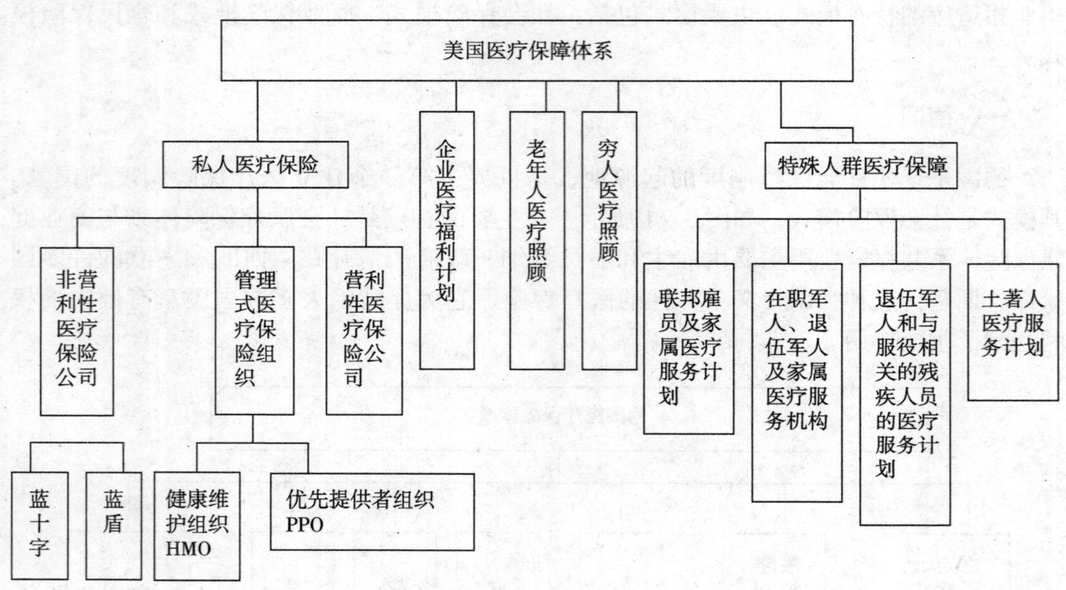

图3-2　美国的医疗保障体系

这种商业保险的特点是：参保自由、灵活多样、多层次的产品设计适合需方的多层次需求。美国这种以商业健康保险为主，按市场法则经营的以盈利为目的的制度，明显体现着贫富差距，因为它往往把需要投保的健康条件差、收入低的居民拒之门外，他们既没有参加医疗保险，也得不到其他医疗补贴，因此其公平性较差。

三、加拿大

加拿大自20世纪60年代开始推行全民保险模式的社会医疗保险制度，见图3-3，与德国的传统模式相比要简洁一些。这种全民保险模式的主要特点是：政府直接举办医疗保险事业，老百姓纳税，政府收税后拨款给公立医院，医院直接向居民提供免费服务。此外，还鼓励发展私营保险以及商业性补充医疗保险。凡非政府保险项目均可由雇主自由投资，其所属雇员均可免费享受补充医疗保险项目。但是这种模式必然会造成各级政府的财政紧张、医疗机构的无效率等。

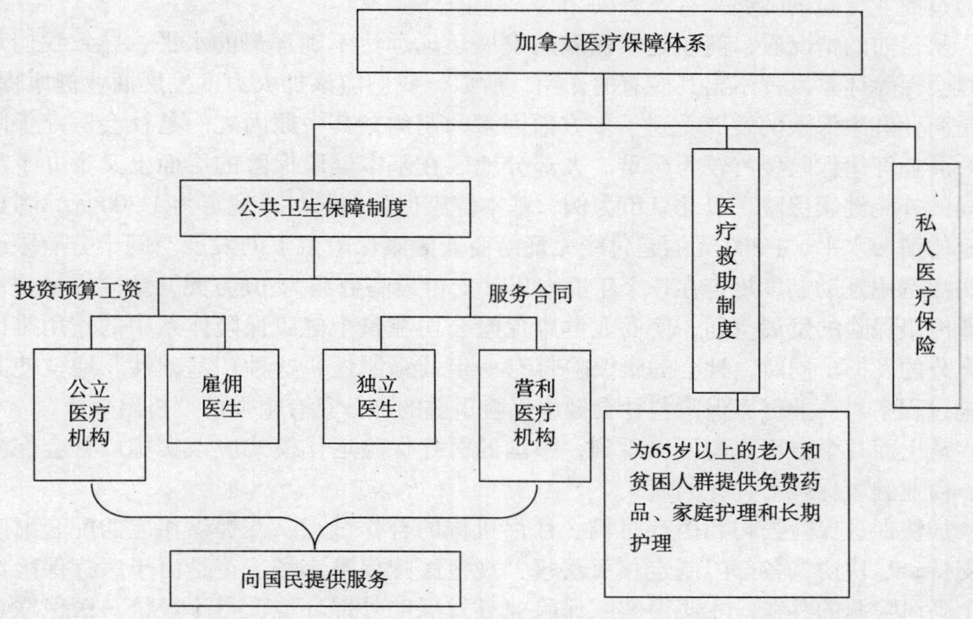

图 3-3　加拿大医疗保障体系

第三节　中国医疗保险模式建议

中国的健康保险应定位于补充医疗保险发展形式，最终形成“社会医疗保险为主、商业健康保险为补充”的社会保障形式。

在社会保障体系中，社会医疗保险是基础，商业健康保险作为补充医疗保险是社会保障体系的重要组成部分。一方面，在社会保障体系中它们有着本质的区别；另一方面，它们在社会保障体系中相辅相成，互为补充。

社会医疗保险是国家通过立法强制实施，为了解决劳动者及其家属因医疗、负伤、生育而暂时丧失劳动能力后的治疗和生活问题，由国家给予适当经济帮助和医疗服务的一种社会保障制度。它是一种政策型保险，由国家立法强制执行，不以盈利为目的，是为了提高全民的福利医疗水平，它只提供最基本的医疗保障。

商业保险是一种商品等价交换行为，一方缴纳保险费，另一方提供与保费规模相适应的医疗保障，其以盈利为目的，社会成员自愿参加商业保险，缴费越多，保障水平就越高，商业保险的保费完全由个人负责，强调权利与义务的对等。

商业保险和社会医疗保险的有效连接，对完善社会保障体系有着重要的作用。社会医疗保险体现了“低水平、广覆盖”的原则，但在人们的医疗需求中，依然有赔付范围限制及不予支付的医疗费用和项目。病人要接受这些高级的药品、医疗设施和服务，无法依赖社会医疗保险，商业保险的发展正好可以弥补这方面的需求。此外，广大的农村人口、城镇中未成年人以及一些社会群体还没有纳入到社会保障体系中，需要通过商业保险的发展来有效解决。

从目前的情况看，商业健康保险的发展还远远达不到理想的水平，导致我们现有的社会保障体系发挥不出其应有的作用，所以，我们应该加大力度发展商业健康保险。但是商业健康保险的发展受到了多方面因素的制约，其中原因之一是社会医疗保险范围对商业健康保险侵占较为严重。大部分地区在基本健康保险的层面上又举办了形式不同的补充健康保险。以北京市为例，基本健康保险的起付线规定为1 300元，考虑到北京的消费水平，1 300元的起付线无疑给商业健康保险留下的发展空间十分有限。大额医疗费用互助制度规定在一个年度内累计支付最高数额为10万元，这同样也侵占了商业健康保险的发展空间，使商业健康保险公司在整个健康保险体系中的作用难以得到充分的发挥。同时，社会健康保险带有一定的强制性，这种“基础性”地位使其在实施过程中对商业健康保险与社会健康保险重叠的部分具有很强的“挤出效应”。

从上面几个方面我们可以看到，中国的医疗保险运作模式应该实施以社会保险为主、商业健康保险为补充的模式。

加快促进保险公司和医疗机构、社保机构的合作试点，并提供相应的配套财政资金支持；尽快协调各部门制定相关法规，规范医疗保险市场。正是由于医疗保险市场这个高风险源的存在，才使得健康保险业务发展的外部环境变得不经济。医保联合无疑是解决这一问题的关键。

国外经验表明，只有医疗机构与保险公司处于合作关系时，才能以较低的成本使保险人享受到优质的医疗服务。在市场经济条件下，医疗机构与保险公司合作的基础是合作会给双方带来共同的经济利益。美国信诺保险集团以健康保险闻名于世，1998年信诺集团健康保险保费收入及服务费收入达到了230亿美元。其在美国与20万医生和3 797家医院签有合同，建立了完善的医疗管理信息系统，保证了其医疗保险服务的高质量。这种利益共享、风险共担的制约机制不失为控制健康保险经营风险的一个好的思路。

在推进医保联合的过程中，必须实现健康保险的风险管理，从事后管理到事前的保健管理，改变目前“核保宽、理赔严”的现状，实现风险控制与健康管理的结合，达到各方利益的“共赢”，实现“风险共担、利益共享”。

目前，就健康保险经营的内外部环境而言，保险公司和医疗机构进行协议合作应该是比较可行和比较实际的模式。在协议合作的模式下，保险公司与医疗机构签订定点医疗合同，定点医院为保险公司的被保险人提供医疗服务，而保险公司与医院信息合作，以便做到客户住进医院就立即得到消息，做到实时观察和监控治疗过程，减少不必要的过度消费，确保医疗消费的合理性与必要性。但在现有医疗体制环境下，这种模式的弱点是协议合作的基础较为薄弱，医院占有相对强势的地位，保险公司可能得不到医院对协议合作的重视。但从太平洋保险公司在厦门的成功经验来看，如果能够加强双方的沟通，协议合作的模式是非常适合现有的内外部环境的。

医保联合的模式还可以是保险公司以收购或参与股权形式，或者建立新的医疗机构，直接介入医疗机构的管理，实现真正意义上的保险服务和医疗服务一体化，减少以前在控制医疗风险方面投入的大量人力和物力，同时便于杜绝投保人的逆向选择和道德风险。但这种模式也面临着一些不足，例如相关法律的限制、参与医疗机构管理的模式受到数量上的限制，同时保险公司还会面临保户对保险公司如何保持公平和客观性的质疑。面临这些问题，我们可以采取以下措施：保险公司应该以收购规模适中的区级医院为主，这种医院设备齐全，医务人员的配套及医疗技术能够治疗常规疾病，现时不会花费太大的投入；有条件的保险公司可以在社区内建立简易的保健诊所．这样能使投保健康保险的客户随时得到医疗咨询、保健服务，一些疾病能够在设立的保健诊所得到解决，同时深入社区建立的保健诊所还可以产生良好的社会和经济效益。

由于农村医疗制度改革严重滞后，农村医疗保险的经办主体不明确，导致商业健康保险在农村的发展几乎是一片空白。在个人商业健康保险方面，大多数健康保险产品是为城市居民所设计，其价格水平高于农民当前的平均收入水平所能承受的范围，这就造成近些年来农民购买商业健康保险的比例很小。

借鉴以往农村合作医疗保障的成功经验，可以在中国各地区推广商业健康保险，采取区别对待的政策。各地区根据不同的实际情况采用与之相适应的模式。所以，我们借鉴刘远立、饶克勤、胡善联等人在2001年提出的农村医疗保险的分析框架，建议将中国的农村按照收入分为三个层次，即高收入农村地区、中等收入农村地区和低收入农村地区。这三个层次的农村地区的医疗保障可参考以下的模式。

一、高收入农村地区的医疗保障制度

高收入地区农村主要指东南沿海地区农村，例如长江三角洲或珠江三角洲。中国高收入地区的农村医疗保障制度的特征是强有力的集体和政府支持，报销比例高，而且这部分地区人均收入相对较高，已经接近城镇的人均收入，所以，在这些地区经营商业健康保险的模式可模仿城市的经营模式。有些保险公司如中国人民保险公司等商业保险公司已经开始向农村市场渗透。

二、中等收入地区的农村医疗保障制度

中等收入地区覆盖了中国的大部分地区，包括中部地区各省份和东北三省，这些地区在工农业发展及个人和集体经济的负担能力上都存在很大差异。因此，中等收入地区农村医疗保障制度的筹资和管理模式在地区间差别较大，但大部分资金都来自于家庭筹资。四川省简阳和眉山县的经验表明，合作医疗制度得到了农村居民的广泛支持。但在1993年和1998年却两度中断，原因是国务院强制性执行农民的减负政策，其中合作医疗经费筹资属于“乱摊派”之列，致使当地的合作医疗制度停办，甚至解体。现在为了将商业健康保险带进农村，推进中等收入农村地区的医疗保障制度改革，我们可以考虑重新开始这种合作医疗的模式，并由商业健康保险公司运营合作医疗基金，为日后商业健康保险进驻农村市场积累宝贵的经验。

三、低收入地区的农村医疗保障制度

尽管中国低收入地区医疗保障的需求大，他们却面临着发展农村医疗保障制度中最为困难的境地。一方面，因为资金和组织资源有限，低收入地区的居民其自身发起和维持医疗保障制度的能力最差；另一方面，同样数量的政府支持在低收入农村地区

所产生的边际效应要远大于其他地区。这主要有两方面的原因，即对农村医疗保障制度的初始期望值相对较低；低收入地区的人口流动性比其他地区低，从而有较高的社会凝聚力。如果有外来的支持，加上个人负担比例定在可接受的水平上，这些地区的人群参保率是很有弹性的。政府应该帮助低收入地区拓宽资金渠道，同时，各地政府应该合理地利用外来资金，建立适合本地区实际情况的医疗救助体系。

第四节　推动中国健康保险的发展应采取的措施

一、适当引进外资

国外的健康保险发展已经有了百年的历史，在健康保险的经营上有着很强的优势，其在产品开发、风险控制、市场运用方面的经验很值得我们借鉴。国外的专业健康保险公司对中国市场也很关注，也希望能以适当的形式进入中国市场。我们适当引进外资保险公司进入国内健康保险市场，可以引进他们先进的技术和管理经验，同时也可以带来巨大的资金，弥补国内保险公司在这方面的不足，加快健康保险市场的成熟完善，同时也能加速国内保险公司尽快发展。

二、加大财政支持，促进保险公司信息化建设

现在各行各业都在搞信息化建设，保险公司的信息化建设可以使保险公司有效地解决保险公司与客户之间因健康信息不对称带来的风险。同时，公民个人健康档案的管理也是社会信用体系建设的重要组成部分，保险公司的信息化建设对于促进社会信用体系的完善也有着重要的作用。

总之，国家对健康保险的政策支持应主要围绕三个方面展开：财税政策支持、城镇地区发展健康保险市场的政策支持、农村地区发展健康保险市场的政策支持。

（一）财税支持

国家对保险公司减税可能会蒙受一定的财税损失，但从福利经济学的角度进行分析，中国社会的总剩余增加了。实际上，这相当于国家对社会的一种转移支付，这样势必会极大地刺激健康保险在中国的发展。但均衡国家的财政减少，确定减税幅度应为多大，还需要进一步的统计与计算。

（二）城镇地区发展健康保险市场的政策支持

城镇地区健康保险发展建立政策支持体系的总体思路是：以城镇医疗保障体制改革为基础、以医保联合为切入点，推动商业健康保险的发展。具体来看，主要分为以下几个方面：

1. 划清社会医疗保险与商业健康保险之间的界线，界定社会医疗保险的保障范围，明确商业健康保险公司可以在社会医疗保险的保障范围之外开拓市场，避免两者的相互冲突，以利于形成以社会医疗保险为主、商业健康保险为补充的保障模式。

2. 政府应该支持商业健康保险公司采取收购、自办医疗机构、督导保户就医流程等多种手段开展医保联合，建立健全医院、医患与保险公司的三方联结体系，以降低

信息不对称给保险公司带来的风险，保证对经营风险的有效控制。此外，保险公司还可以定期对保户进行健康检查和预防保健。

（三）农村地区发展健康保险市场的政策支持

农村地区健康保险发展建立政策支持体系的基本思路是：在建设农村医疗保障制度体系的过程中，政府制定政策为商业健康保险的逐步介入奠定基础。

建议将农村地区按照收入划分为三个层次：高收入地区、中等收入地区和低收入地区，不同的地区要区别对待。

1. 高收入地区的政策支持和经营模式

由于其收入较高，可以等同于城镇，同时，如果采用中等收入地区的新型合作医疗的保障体系也会收到很好的效果。

2. 中等收入地区应大力发展新型的合作医疗

如政府应允许商业健康保险公司运营合作医疗基金。在这期间，商业健康保险公司可以熟悉农村市场、积累经验，为日后进入农村市场打下良好的基础。

3. 低收入地区

上级政府应该帮助低收入地区拓宽资金渠道，同时各地政府应该合理地利用外来资金，建立适合本地区实际情况的医疗救助体系。

第四章　农业保险领域的政策支持

农业保险是指专为农业和生产者在从事种植业和养殖业生产过程中，对遭受自然灾害和意外事故所造成的经济损失提供保障的一种保险，它属于财产保险的一部分。广义的农业保险包括种植业保险、养殖业保险和林木保险，而狭义的农业保险专指农作物保险。中国的农业保险是指种植业保险和养殖业保险。

中国开办的农业保险主要险种有：农产品保险，生猪、奶牛、耕牛、山羊，养鱼、养鹿、养鸭、养鸡等保险，对虾、蚌珍珠等保险，家禽综合保险，水稻、蔬菜保险，稻麦场、森林火灾保险，烤烟种植、西瓜雹灾、香梨收获、小麦冻害、棉花种植、棉田地膜覆盖雹灾等保险，苹果、鸭梨、烤烟保险，等等。

中国农业保险自1982年恢复试办以来，伴随着农村经济改革和农业市场化的进程，一度得到较快发展。1982～1992年，农业保费收入由23万元增加到86 190万元，年均递增127%。但1993年后，农业保险业务则迅速萎缩。2001年，全国农业保费收入39 800万元，仅相当于1992年的46.18%。在20世纪90年代，中国农业风险损失的范围和程度呈现加速扩大的趋势。但是，中国农业保险却呈现不断萎缩的态势，农业保险的深度低于0.05%，农业保险的密度不足1元。

第一节　中国农业保险存在的主要问题

一、农业保险业务及机构迅速萎缩

中国农业保险在1982年重新起步，1984年形成一定规模，1992年达到中国农业保险发展史上的最大规模，然后则迅速萎缩。1984～1992年，全国农业保费收入年均递增71.78%；1992～2000年却年均递减10.07%。与此同时，农业保费收入占财产保险公司保费收入的比重也由1992年的2.57%下降至2000年的0.66%。随着农业保险业务的萎缩，地方农业保险机构普遍被撤销。

二、农业灾害损失补偿水平很低

一方面，自然灾害对中国农业生产经营造成的损失很大，并有逐步加重的趋势；另一方面，通过保险和救济实现的农业灾害损失补偿水平却很低。根据测算，1998～2000年需要补偿的农业产值损失中，通过自然灾害救济平均每年补偿2.22%；通过农业保险平均每年补偿0.27%。合计补偿水平仅为2.49%。

三、商业性农业保险的性质凸显

自20世纪90年代中期中国人民保险公司逐步转换为规范的商业保险公司以后，中国农业保险经营的性质发生了变化，即由原来事实上的政策性农业保险业务逐渐转变为商业性农业保险业务。1995～2000年，全国农业保险平均赔付率为74.46%，比1982～1994年平均赔付率104.88%降低了30.42个百分点，这标志着中国商业性农业保险的性质已经确立。

农业保险是国家为稳定国民经济基础、加强农业保护而实行的一种政策，因此，农业保险属于政策性保险。中国是一个农业大国，但农业的发展始终离不开“靠天吃饭”的局面；从事农业风险较大，而规避风险的农业保险却严重滞后，与农业发展的趋势和目前保险业迅速上升的势头很不相称。农业保险面临着保险公司避而不开、农民投保无门的两难境地，其症结就在于没有国家的政策支持。

农业是中国的基础产业，农业稳定，受益者不只是农民，而是整个社会；农业歉收，受损的也不只是农民，而会波及全社会的每个成员。农民购买农业保险，保险公司提供农业保险，保证农业生产顺利进行，可使全体社会成员享受农业稳定、农产品价格低廉的好处，因而，农业保险是一种具有正外部性的准公共产品。它的正外部性体现在农民对农业保险的“消费”（或需求）与保险公司对农业保险的“生产”（或供给）两方面。正是这种供给和需求的双重正外部性，导致农业保险“需求不足，供给有限”。

正是由于农业保险既缺乏有效需求又缺乏有效供给，因此在竞争性市场下进行交易，就造成了需求曲线与供给曲线难以相交的局面。如图4－1所示。

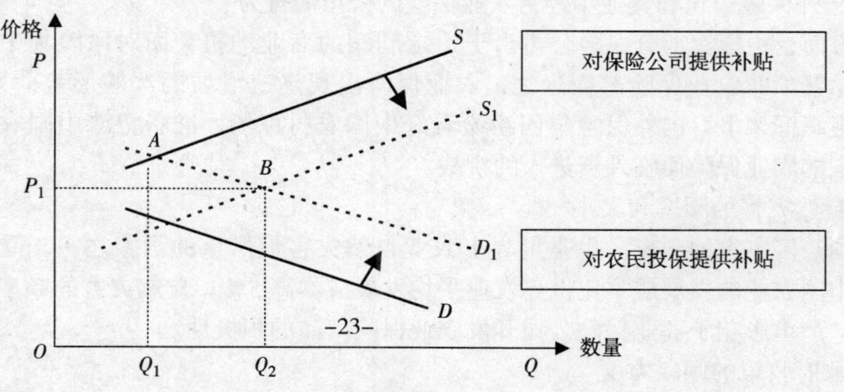

图4－1　在自愿投保的情况下，农业保险的供给、需求曲线示意图

农业保险的需求曲线和供给曲线相交，必然让需求曲线上移，供给曲线下移。解决需求曲线上移的方法就是政府愿意为农民提供一定的保费补贴；解决供给曲线下移的方法就是政府愿意给保险公司补贴经营管理费、减免相关税赋。

（一）政府对农民补贴的必要性分析

如图4－2所示，农民购买农作物保险后，由于农业保险有助于增加农产品的供给和降低农产品价格，必然使供给曲线向右下方移动。假定农产品需求是缺乏弹性的，

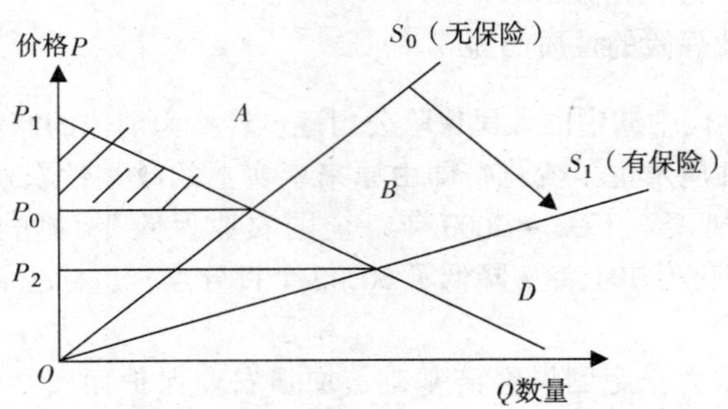

图 4-2 消费者剩余示意图

那么供给曲线的移动使农产品价格下降，此时，消费者剩余净增量为P_0ABP_2，而生产者剩余的增量可能为正，也可能为负。但对整个社会来说，社会福利即社会剩余（消费者剩余与生产者剩余之和）的增量（ABO 的面积）总是正值。这说明引进农业保险后提高了整个社会的福利水平，但生产者剩余却逐渐减少并向消费者剩余转移，最终导致农业的平均利益下降。

可见，引进农业保险，广大消费者是最大和最终的获利者。因此，公平的做法是将消费者剩余转化为生产者剩余，即政府要通过种种渠道对农民投保进行补贴，从而改变只对农民收取保费的错误做法。

（二）政府对保险公司补贴的必要性分析

影响商业保险公司从事农业保险业务的主要因素可以概括为以下四点：

1. 国外保险公司和其他不经营农业保险的公司的行为

一方面，中国大部分保险公司出于追求利润的商业动机，面对风险集中、收费困难、理赔繁琐的农业保险避而远之，农业保险出现迅速滑坡的严峻形势；另一方面，在世贸组织框架下，国外保险集团纷纷看好中国农村市场，准备抢滩中国农业保险空间，中国的农业保险面临外资进入的挑战。

2. 自然灾害的频率和大小

中国是多灾害的国家，也是世界上农业自然灾害最严重的国家之一，受自然因素影响，中国农业的发展成本比世界农业平均发展成本高 5%。自然灾害的频率之高、程度之深，严重影响了商业保险公司开发农业保险产品的积极性。

3. 政府政策的倾斜力度

政府对农业保险的政策倾斜力度是农业保险发展的重要支柱。随着金融改革的深化，人保公司逐步向商业性公司转轨。而农业保险原是政策性业务，转轨后得不到财政资金支持，因此受利润指标所限，导致农业保险规模逐年下降。

4. 保险公司预期收益的大小

保险公司对任何险种的经营都是要盈利的，这是基本出发点。国外早期也有私营保险公司经营农作物险种的经历，但都以失败告终。其原因之一就是农民支付能力有限、投保数量不多，造成农险价格昂贵而期望收益不高。可见，预期收益的大小直接影响保险资本的投入方向。

解决这些障碍的根本途径就是由政府对保险公司予以多种形式的补贴，激发保险公司开展农险业务的积极性。即政府要通过政策性支持措施，对保险公司从财政上给予资金支持，减免营业税和所得税，并建立有效渠道，稳定保险公司的经营指标。

总之，农业保险是政策性保险，不能像商业性险种一样，靠市场的调节机制来自由运行，必须由政府给予政策性支持。即必须对保险公司和农民都予以相应的补贴，才能有效发挥农业保险对转移风险、稳定国家财政收支、减少灾害损失的重要作用。

第二节　农业保险的政策支持

一、中外农业保险政策支持的对比分析

如表4-1所示，我们选择美国、日本、菲律宾三国与中国做比较。其中，美国的农业保险是政府主导下的商业保险公司经营的模式，日本是政府支持下的相互保险公司经营的模式，菲律宾是政府主办下的政策性农业保险公司经营的模式。这三个国家的农业保险体制各不相同，但都对本国农业保险的开展起到了推动作用，都不失为成功的农业保险体系，也是中国农业保险所要借鉴的主要经营模式。

表4-1　美、日、菲、中农业保险政策支持情况表

国别	立法	管理费及保险费补贴	税收方面	强制投保	再保险	其他政策支持
美国	《联邦农作物保险法》	38%~64%	免征一切税赋	原则上自愿投保，也有强制条件	联邦农作物保险公司提供	地方财政补贴；提供教育费用及其他支持
日本	《农业灾害补偿法》	50%~70%	所得税22%；营业税5%~6.5%，其他免征	主要家畜产品强制投保；其他自愿投保	由共济组合联合会和中央政府提供两级再保险	进行监督和指导及其他支持
菲律宾	《农作物保险法》	50%~75%	不详	有贷款农民必须投保；无贷款农民自愿投保	由世界各地分保	提供贷款及其他支持
中国	无	无	免征营业税	无	中国再保险公司提供	无

归纳而言，美国体制是由政府组建官方的农作物保险公司经营，经营管理费用由政府补助，免除一切税赋。日本体制是由区域性农业共济组合经营，政府通过提供部分经营费用和再保险，构筑全国农业保险体系，主要农畜产品的保险实行强制投保。菲律宾体制是由半官方的股份制公司及其分支机构直接经营，各有关金融机构为其代理人，政府在公司控股且提供管理费用，有贷款的农民必须投保，无贷款的农民自愿投保。而中国的农业保险没有立法做基础，没有政府的政策性支持，完全是商业保险公司独立经营的模式，这是中国农业保险始终没能普及下去的主要原因。

从表4-1中比较可知，中国的农业保险严重落后于国际农业保险步伐，必须借鉴其他国家的农业保险经验，建立中国特色的农业保险体系。

二、建立中国农业保险体系的政策支持

从上面关于农业保险的国际比较中可见，中国的农业保险没有立法支持，缺乏财

税支持，没有政策性农业保险公司作导向，也缺乏农业再保险体系，更没有风险基金为农业保险作保障。因此，中国的农业保险要走出困境首先要从以下几个方面提供政策支持。

（一）立法支持

中国农业保险尚无一套完整的法律法规和配套政策予以支持，因此，政府在支持农业保险方面存在随意性。为此，必须从法律的角度明确农业保险的政策性，对农业保险的法律地位、经营性质、管理原则、机构设置、优惠政策等予以法律确定，并借鉴发达国家的经验，对政府职责、强制与自愿保险范围、费率厘定、赔款计算以及再保险等，都加以规定。这是农业保险开展的必要的内部条件和外部环境。

（二）财税支持

由于农业保险经营主体是一种合作互助性质的、不以盈利为目的的保险组织，因而要求政府采用免税、低税、减税等优惠政策支持和促进农业保险经营主体的健康发展。

国家财政应对农业保险经营主体实行财政、税收方面的支持。具体讲：

1. 应免除经营种植业、养殖业保险业务的全部营业税和所得税；

2. 对农业保险经营主体的盈余，可在一定期间内不纳税或少纳税，以利于经营主体降低成本、增大保险费的返还比例、提高农民保险费的支付能力；

3. 应允许经营主体从经营盈余中扣除一定比例的资金作为保险准备金，并在税前扣除，以增加经营主体的资金实力；

4. 盈余的分红不应再纳税。

（三）组建国家政策性农业保险公司

组建国家政策性农业保险公司，是为了贯彻实施政府推动农业保险发展的各项政策措施，以带动整个农业保险市场的发展。其资金可源于财政预算拨款，包括中央财政和地方财政。国家政策性农业保险公司不直接参与农业保险的原保险业务，其主要职责就是贯彻实施国家对农业保险的各项支持政策。

（四）农业再保险支持

其他国家推行农业保险的共同特点是利用行政手段建立多层次的再保险体系，这也是制约我国农业保险发展的“瓶颈”问题。国家可利用再保险体系支持农业保险补贴农业保险的费用和经营亏损。中国可以利用政策性农业保险公司、中国再保险公司以及农业风险基金等几个机构建立多渠道、多层次的再保险体系，为农业保险体系的建立提供制度性保障。

（五）农业保险风险基金与巨灾风险基金支持

农业灾害的发生会加重国家财政负担。建立农业保险风险基金、通过农业保险风险基金补贴农民缴纳的保险，可提高农民投保的积极性，并能为国家减轻财政负担，它是为农民提供保费补贴的最好的措施。农业保险风险基金的来源于经营农产品的公司、保险公司、财政拨款以及在资本市场上以证券化的形式筹集的资金等。

建立政府主导下的巨灾风险基金，对遭遇巨灾损失的农业保险供给主体提供一定程度的补偿，是农业保险可持续发展的重要制度保障。农业巨灾风险基金的来源包括财政拨款、保险公司及采用巨灾风险证券化的方式从资本市场上筹集等。农业巨灾风险基金除了对遭遇巨灾损失的农业保险供给主体提供补偿外，还可用于巨灾风险的预防、建立农业风险预警系统、加强农业风险管理等。

第三节　中国农业保险政策支持模型

一、三种农业保险经营模式

以上述政策支持内容为依据，我们建立中国农业保险政策支持模型，用以说明政策支持对农业保险开展实施的有效性，如图 4－3 所示。

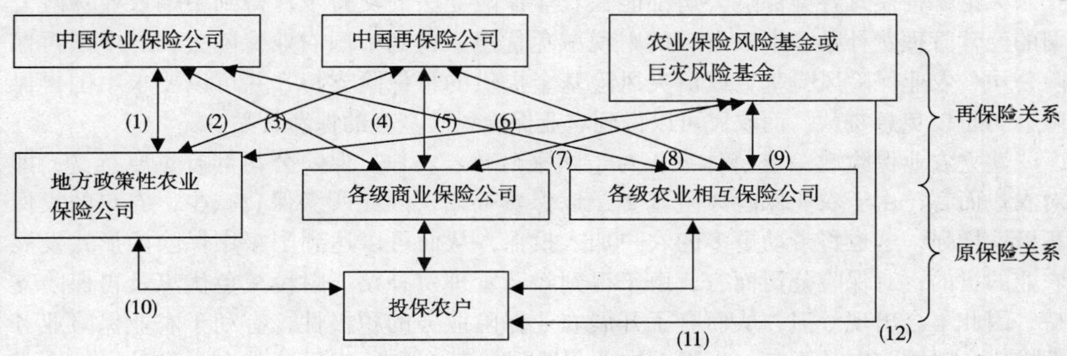

图 4－3　中国农业保险政策支持模型

注：1. 图中再保险关系中双箭头表示上下级之间为提供经营管理费补贴或提供再保险与缴纳准备金的关系；原保险关系中双箭头表示各类基层保险公司与农户之间是提供直接保险与缴纳保费的关系。图中（12）表示农业保险风险基金对农户提供保费补贴。

2. 图中各级商业保险公司、各级农业相互保险公司的上下级之间也为提供再保险与缴准备金的关系，为简化模型未画出。

在模型中我们借鉴美国、日本、菲律宾三国农业保险模式，并以三种模式为依据，成立或开设了三个主要政策支持部门，包括：成立政策性农业保险公司——中国农业保险公司、开设中国再保险公司农业保险再保险业务、成立农业保险风险基金与巨灾风险基金。

由于中国东西部地区经济发展不平衡，农业和农村经济发展也不平衡，因此，用一种模式经营农业保险业务不符合中国国情。为此，借鉴国外开展比较成熟的美国、日本、菲律宾三国农业保险经营模式，选择了具有中国特色的综合性农业保险经营模式。即在经济基础较好的地区成立地方政策性农业保险公司开展农业保险业务；在农业规模较大、农村有合作社基础的地区成立相互保险公司开展农业保险业务；在其他较落后地区由商业保险公司在政策支持下代办农业保险业务。这样，全国将有三种较典型的农业保险经营模式，既符合中国农村特点，也符合保监会提倡的建立多层次、多渠道农业保险制度的要求。这三种农业保险经营模式包括：

（一）地方政策性农业保险公司经营模式

即在有条件成立专业农业保险公司的地区，成立政策性农业保险公司直接经营农业保险业务。上海安信农业保险类似于这种经营模式。

（二）基层商业保险公司经营模式

即在地方财力不足的地区，由基层商业保险公司在政策支持下，以“不亏损、非盈利”的目标代为经营农业保险业务。

（三）基层农业相互保险公司经营模式

即在农业保险承保面积和承保数量足够大、农村有合作社基础的地区成立相互保险公司开展农业保险业务。保监会已于 2004 年 11 月 15 日批准筹建中国第一家相互保险公司，这是中国农业保险的一个新的尝试。

无论哪种模式各类保险公司都能在农业保险立法的支持下，得到中国农业保险公司的经营管理费补贴和中央财政的财税减免优惠，得到中国农业保险公司、中国再保险公司、农业保险风险基金或巨灾风险基金提供的再保险支持，并可以要求中国再保险公司予以免息贷款。而农民可以得到农业保险风险基金的保费补贴。

建立农业保险政策支持体系，对于国家财政、农户、保险公司都有重要意义。即对农户而言，由于农业保险风险基金予以保费补贴，因此所缴保费减少，农户的投保积极性增强，这也将带动更多的农户加入投保，从而可以达到国家用保险的形式发展农业的目的；对保险公司而言，由于得到经营管理费补贴、财税减免优惠及再保险支持，因此不会出现亏损，从而有了开展农业保险业务的积极性，有利于农业保险业务的推广；对国家财政而言，由于在农业保险风险基金和巨灾风险基金中发动了社会力量，从而减轻了国家财政拨款的压力，也有利于改善国家在农业方面缺乏制度性安排的局面。

总之，有了农业保险政策支持体系，可以极大地发挥农户投保的积极性，保险公司开展农业保险业务的积极性，也使国家财政压力降低，更有利于资本的合理安排。同时，农业保险政策支持体系的建立，也将改变中国农村地区的落后现状，对农业的可持续发展，乃至全国的经济发展起到不可估量的作用。

二、三种经营模式的政策支持

除了以上几个方面的支持为主体之外，政策支持还应从以下几方面加以注意。这对于健全农业保险政策支持体系也起着重要的支撑作用。

（一）技术支持

中国人民保险公司长期经营农业保险，有着丰富的业务经营和管理经验，应给予农业保险经营主体全面的技术支持。此外，也可借助于有农业保险业务经验的外资保险公司（如法国安盟等）为农业保险业务的开展提供技术支持。

（二）中央和地方财政支持

中央和地方财政有义务为农业巨灾损失提供拨款。在中国还没有建立并运作农业风险基金与巨灾风险基金之前，如果再保险公司负担不起巨灾损失，也要求中央和地方政府量力对个别出险地区实行财政补贴，补贴数额可由中央和地方财力浮动而定。

（三）实行强制投保与自愿投保相结合

实行强制投保与自愿投保相结合，是指对少数有关国计民生的险种实行强制投保，以避免逆选择和道德风险，降低项目的经营管理费用和便于风险在尽可能大的空间上分散。而其他险种的保险项目可以实行自愿投保。中国对于关系国民经济的重要农产品，如水稻、小麦、棉花等应实行强制保险，而对于涉及面较小的次要农产品，如果树、蔬菜等则适用自愿保险。但是强制保险和自愿保险都要给予政府补贴和再保险支持。

（四）金融支持

政府还可以利用金融手段支持农业保险，如以政府赠款、拨款、补贴、贷款、担保等形式，给予中国农业保险公司及中国再保险公司资金支持。

通过以上的政策支持，农业保险就能有一个比较可行的实施体系。目前保监会提倡的几种农业保险经营模式虽有成功的试点，但对于普及农业保险在全国范围内的应用还有很大的距离。因此，以上政策支持将会是中国农业保险走出低谷的必要措施。

第四节　农业保险政策支持体系的实施政策

在建立上述一般化模型之后，我们的目的就是测算和评价农业保险政策支持体系的实施效果。需要说明的是，这种模型仅是在笔者的假设前提下的一种运作方式，旨在说明有政策支持和无政策支持下，农业保险开展的不同效果。

在庹国柱、王国军所著的《中国农业保险与农村社会保障制度研究》一书中对中国农业保险有哪些选择，提出了四种经营模式，并给出了四种模式的运行框架示意图。本书在此基础上，构建了中国农业保险政策支持体系的一个简单框架，如图 4－4 所示，以此作为实证分析的依据。

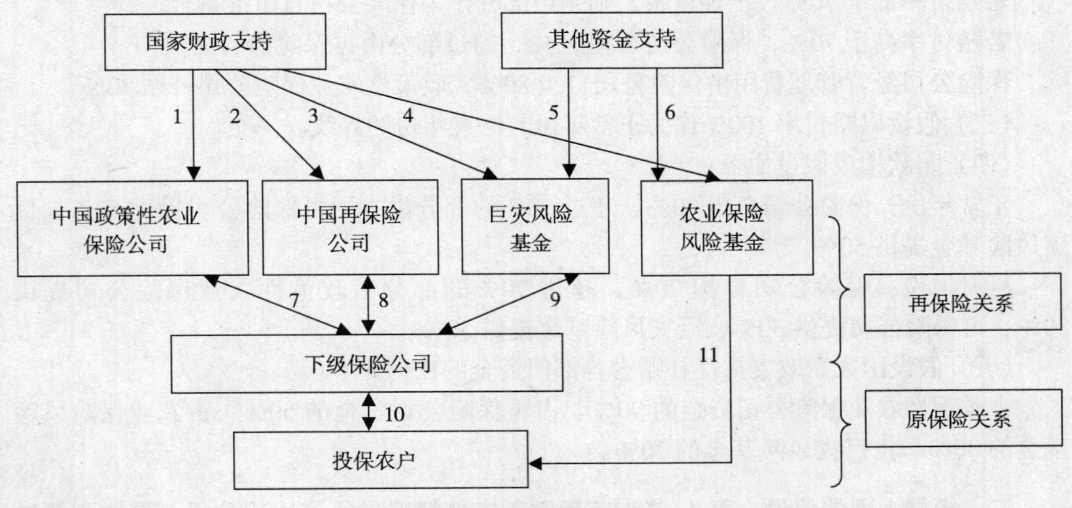

图 4－4　中国农业保险政策支持体系简单框架

图示说明如下：

第一，1、2、3、4 表示国家财政对中国政策性农业保险公司、中国再保险公司、巨灾风险基金、农业保险风险基金提供资金支持；

第二，5、6 表示巨灾风险基金与农业保险风险基金有其他资金支持来源；

第三，7、8、9 表示中国政策性农业保险公司、中国再保险公司及巨灾风险基金对下级保险公司提供经营管理费补贴或再保险或免息贷款等政策扶持，下级保险公司对他们有缴纳准备金的责任；

第四，10 表示下级保险公司为投保农户提供直接农业保险，农户对其缴纳保费；

第五，11 表示农业保险风险基金为投保农户提供保费补贴。

在这一框架下，保险公司能够得到中国政策性农业保险公司、中国再保险公司及巨灾风险基金的资金及其他政策扶持，农民能够得到农业保险风险基金的保费支持，而对保险公司和农民提供支持的上级部门又同时可以得到国家财政支持和其他资金支持。这样整个农业保险运行体系都将在制度性保障下开展农业保险业务，从而打破了过去有灾难补的局面。

现以上面的模型为依据，对农业保险有无政策支持进行比较，拟在得出农业保险政策支持的结果。

一、为实证分析提出相关假设：

（一）农民投保的保费

假定农民自担 70%，农业保险风险基金补贴 30%。

（二）模型测算以系统非盈利为目标

即：

保险公司保费收入 = 赔款（70%）+ 费用（30%）+ 利润（0）；

若赔付率低于 70%，出现盈余，则剩余部分作为保险公司自留准备金；

若赔付率高于 70%，保险公司负担 70%，超过部分由再保险部门提供；

保险公司经营管理费用由保险公司自担 80%，政策性农业保险公司补贴 20%。

（三）假设以赔付率 100%作为正常年份与巨灾年份的界线。

（四）赔款构成假设如下：

正常年份：保险公司自担 70%，超过 70%的部分由中国再保险公司提供 50%，巨灾风险基金提供 50%。

巨灾年份：保险公司自担 70%，超过 70%的部分由政策性农业保险公司提供 20%、再保险公司提供 30%、巨灾风险基金提供 50%。

（五）假设国家财政支持性补贴占各部门资金的比例如下：

占政策性农业保险公司资金的 90%、占再保险公司资金的 50%、占农业保险风险基金的 30%、占巨灾风险基金的 30%。

二、根据上面的假设，表 4－2 对有无政策支持情况进行了比较分析，具体测算过程如表 4－2 所示。运用线性模型法，预测 2004 年结果如下：

（一）有政策支持体系下

2004 年国家财政支持 = 204 882.60 万元；保险公司赔款 = 9 104.12 万元

（二）无政策支持体系下

2004 年国家拨款 = 485 676.53 万元；保险公司赔款 = 51 198.49 万元

可见，在有政策支持情况下，国家财政支出少于无政策支持的现有情况，保险公司赔款也少于原有经营模式下的数额，而农民所缴的保费因为受到风险基金的补贴，也只有原保费的 70%。显然，农业保险在有政策支持体系下运营，会使农民减少保费投入、保险公司减少赔款支出，而国家也能减轻财政负担。

表 4 - 2 中数据说明如下：

（1），（2）数据来源于［5］；

（3）＝（2）/（1）；

（4），（5）数据来源于［6］；

（6）＝（4）＋（5）；

（7）＝（1）×70%；

（8）＝（1）×30%；

（9）赔付率低于 70% 的保险公司赔款 =（1）× α；赔付率高于 70% 时保险公司赔款 =（1）×70%；

（10）赔付率低于 70% 的保险公司自留准备金 =（1）×（70 - α）%；赔付率高于 70% 时，无自留准备金；

（11）=（1）×30%×80%，其中 30% 表示经营管理费用所占比率，80% 表示保险公司自担经营管理费用比率；

（12）=（1）×30%×20%，其中 30% 表示经营管理费用所占比率，20% 表示政策性农业保险公司补贴经营管理费用比率；

（13）巨灾年份（α > 100%）政策性农业保险公司提供再保险，其比率为 20%，（13）=〔（1）×（α - 70）% +（6）〕×20%；

（14）α < 70% 的年份，中国再保险公司的再保险比率为 50%，（14）=（6）× 50%；

70% < α < 100% 的年份，再保险比率为 50%，（14）=〔（1）×（α - 70）% +（6）〕×50%；

α > 100% 的年份（即巨灾年份），再保险比率为 30%，（14）=〔（1）×（α - 70）% +（6）〕×30%；

（15）巨灾风险基金的再保险比率为 50%；

当 α < 70% 的年份，（15）=（6）×50%；当 α > 70% 的年份，（15）=〔（1）×（α - 70）% +（6）〕×50%；

（16）=〔（12）+（13）〕×90% +（14）×50% +（8）×30% +（15）×30%。

（三）农业保险政策支持模型评价

表4-2　关于我国农业保险政策支持的测算表

单位:万元

年份	无政策支持下的实际农业保险经营情况						有政策支持下的农业保险预测情况									
	农业保险保费收入	保险公司赔款	赔付率α(%)	自然灾害救济费	扶持灾民生产经费	农业灾害国家拨款	农户激纳保费	农业风险基金提供保费补贴	保险公司赔款	保险公司自留准备金	保险公司经营管理费用	政策性农业保险公司补贴经营管理费用	政策性农业保险公司提供的再保险	再保险公司提供的再保险	巨灾风险基金提供的再保险	国家财政支持合计
	(1)	(2)	(3)	(4)	(5)	(6)	(7)	(8)	(9)	(10)	(11)	(12)	(13)	(14)	(15)	(16)
1985	4 330	5 264	121.57	95 853	11 154	107 007	—	—	—	—	—	—	—	—	—	—
1986	7 802	10 637	136.34	107 026	11 688	118 714	—	—	—	—	—	—	—	—	—	—
1987	10 028	12 604	125.69	98 716	10 639	109 355	—	—	—	—	—	—	—	—	—	—
1988	11 569	9 236	79.83	104 051	12 112	116 163	—	—	—	—	—	—	—	—	—	—
1989	12 966	10 748	82.89	122 708	11 048	133 756	—	—	—	—	—	—	—	—	—	—
1990	19 248	16 722	86.88	130 717	11 919	142 636	—	—	—	—	—	—	—	—	—	—
1991	45 504	54 194	119.10	209 302	17 290	226 592	—	—	—	—	—	—	—	—	—	—
1992	86 190	81 462	94.51	171 418	15 942	187 360	60 333	25 857	60 333	0	20 686	5 171	0	104 245	104 245	95 807
1993	56 130	64 691	115.25	149 016	15 080	164 096	39 291	16 839	39 291	0	13 471	3 368	37 899	56 849	94 748	99 041
1994	50 404	53 858	106.85	177 204	18 341	195 545	35 283	15 121	35 283	0	12 097	3 024	42 824	64 236	107 060	110 036
1995	49 620	36 450	73.46	234 755	22 973	257 728	34 734	14 886	34 734	0	11 909	2 977	0	129 722	129 722	110 923
1996	57 436	39 481	68.74	308 271	28 548	336 819	40 205	17 231	39 481	724	13 785	3 446	0	168 410	168 410	142 998
1997	57 589	41 871	72.71	286 724	23 539	310 263	40 312	17 277	40 312	0	13 821	3 455	0	155 911	155 911	133 021
1998	71 472	56 304	78.78	411 559	36 420	447 979	50 030	21 442	50 030	0	17 153	4 288	0	227 126	227 126	191 993
1999	63 228	48 556	76.80	355 627	45 418	401 045	44 260	18 968	44 260	0	15 175	3 794	0	202 671	202 671	171 241
2000	40 000	30 000	75.00	352 024	36 903	388 927	28 000	12 000	28 000	0	9 600	2 400	0	195 464	195 464	162 131
2001	30 000	30 000	100.00	—	—	418 391.10	21 000	9 000	21 000	0	7 200	1 800	0	208 805	208 805	171 364
2002	50 000	40 000	80.00	—	—	440 819.58	35 000	15 000	35 000	0	12 000	3 000	0	217 224	217 224	180 979
2003	50 000	30 000	60.00	—	—	463 248.05	35 000	15 000	30 000	5 000	12 000	3 000	0	225 142	225 142	187 314
2004预测		51 198.49				485 676.53			9 104.12							204 882.60

注:由于我国的农业保险从1992年起体现出商业性农业保险的性质,因此我们的政策支持实证分析从1992年开始。

据上面的实证分析，对农业保险政策支持模型进行评价如下：

（一）对农户而言，由于农业保险风险基金予以30%的保费补贴，因此农户的投保积极性增强；保费减少30%将带动更多的农户加入投保，从而可以达到国家用保险形式发展农业的目的。

（二）对保险公司而言，由于以70%的赔付率为界线，因此不会出现亏损，保险公司赔付压力减轻，从而有了开展农业保险业务的积极性，这也是国家开展农业保险的必要条件。

（三）对国家财政而言，由于在农业保险风险基金和巨灾风险基金中有其他资金来源的支持，从而减轻了国家财政的压力，也有利于改善国家在农业方面缺乏制度性安排的局面，这也将标志着中国的农业走上制度性的发展轨道。

农业保险政策支持体系，可以极大地发挥农户投保的积极性、保险公司开展农业保险业务的积极性，也使国家财政压力降低，更有利于资本的合理安排。同时，农业保险政策支持体系的建立，也将改变中国农村地区的落后现状，对农业的可持续发展乃至全国的经济发展起到不可估量的作用。

从中国农业保险的问题和现状的介绍及关于农业保险的经济学分析中可知，在竞争性市场环境中农业保险不可能得到有效发展，必须依靠国家以立法和政策加以扶持。特别是要明确农业保险是政策性保险，而不是商业性保险，这样才能有效解决农业保险中出现的问题。而我国由于地域性差别和农村保险深度的不同，必须走多层次、多渠道的农业保险经营模式，这既有利于减轻国家财政负担，有利于激发保险公司开展农业保险业务的积极性，也有利于农民提高投保积极性，最终提高农民的收入和生活水平。

总之，从扶持保险企业的专业化发展的角度出发，“十一五”期间，保险业重点支持的领域为健康保险、养老保险以及农业保险三个领域。三个领域都应给予立法支持和财税支持。

在养老保险领域，建立中国特色的EET（Exempt - Exempt - Tax）养老保险税收征缴模式，继续允许企业的年金缴费在工资总额一定比例内税前列支，并建议将列支成本提高到5%～8%，扩大试点地区，同时允许各地区各行业根据现有水平来确定各自的企业年金免税比率；对于企业年金的个人缴费应给予部分税前扣除的优惠；养老保险基金的投资运营收益部分应免征个人所得税；领取养老金阶段应给予减免个人所得税的优惠，对年金领取给予所得税优惠；个人储蓄性养老保险应对个人所得税先免后征，降低领取阶段税收比例；扶持建立专业养老保险公司和养老金管理公司，形成商业养老保险的专业化经营主体；成立养老保险基金的监管机构，对其市场运作实施严密的监督调控。

在对健康保险领域，政府应重点对健康保险公司加大减、免税力度，并且对城镇以及农村地区的健康险应该采取不同的政策支持：城镇地区加快医疗制度改革，确立医保联合之路；农村地区则按高、中、低三档水平的收入，分别采取不同的政策支持——高收入地区参考城镇政策，中等收入地区允许开展新型合作医疗、允许健康险公司运作合作医疗基金，低收入地区则侧重帮助地方利用外来资金支援，建设医疗救助体系。

对农业保险领域，政府应该通过完善立法、实施财税优惠政策、帮助组建国家政策性农业保险（再保险）公司、建立农业保险风险基金与巨灾风险基金等手段，构建起一套完整的农业保险经营体系。在建立的农业保险体系下，允许商业健康保险公司运作合作医疗基金；对低收入地区的支持则应该侧重帮助地方利用外来资金支援，建设医疗救助体系；即使发生大的农业灾害，农民获得的补偿不会减少，而国家财政支出以及保险公司的支持要远小于前一种情况。

参考文献

1. 李克穆:《中国保险年鉴(2003)》,中国保险年鉴编委会编。
2. 信长星:《中国劳动和社会保障年鉴》,北京,中国劳动社会保障出版社,2003。
3. 盛亚峰等:《世界各国保险制度》,北京,中国大百科全书出版社,1995。
4. 朱青:《中国养老保险制度改革:理论与实践》,北京,中国财政经济出版社,2000。
5. 刘云龙、傅安平:《企业年金:模式探索与国际比较》,北京,中国金融出版社,2004。
6. 崔少敏、文武等:《补充养老保险——原理、运营与管理》,北京,中国劳动社会保障出版社,2003。
7. 钟仁耀:《养老保险改革国际比较研究》,上海,上海财经大学出版社,2004。
8. 江生忠:《中国保险业发展报告(2004)》,北京,中国财政经济出版社,2004。
9. 叶栩青、王方华:《企业年金计划中的税收问题研究》,载《上海会计》,2003(5)。
10. 朱青:《养老金制度的经济分析与运作分析》,北京,中国人民大学出版社,2002。
11. 王雍君:《中国公共支出实证分析》,北京,经济科学出版社,2000。
12. 李红军:《中国特色社会养老保险制度研究》,广东,广东经济出版社,2001。
13. 张洪涛:《中国保险发展报告(2004)》,北京,中国人民大学出版社,2004。
14. Olivia S. Mitchell and David McCathy. Annuities for An Ageing World. NBER Working Paper, August 2002.
15. Jeffrey C. Rankin. Annuities. New Designs for A New Century. Resource, June 2001.
16. 保监会网站,劳动和社会保障部网站,博时基金管理有限公司网站。
17.《什么是农业保险》,载内蒙古农业信息网,2002-07-26。
18. 史建民、孟昭智:《我国农业保险现状问题及对策研究》,载《农业经济问题》,2003(9)。
19. 谢家智、林涌:《论加快我国农业保险经营技术创新》,载《保险研究》,2004(5)。
20. 冯文丽、林宝清:《我国农业保险短缺的经济分析》,载《福建论坛》,2003。
21. 庹国柱、王国军:《中国农业保险与农村社会保障制度研究》,北京,首都经济贸易大学出版社,2002。
22. 龙文军:《谁来拯救农业保险——农业保险行为主体互动研究》,北京,中国农业出版社,2004。
23. 庹国柱、李军、王国军:《外国农业保险立法的比较与借鉴》,载北京农业信息网,2003-06-13。
24. 中国赴美农业保险考察团:《美国农业保险考察报告》,载《中国农村经济》,2002(1)。

25.《农民买保险消费者受益》，载中人保险网，2004－11－07。
26. 罗帅民、郭永利、王效绩译：《菲律宾的农业保险计划》，载《保险研究》，1997(5)。
27. 李军：《农业保险》，北京，中国金融出版社，2002。
28. 刘京生：《中国农村保险制度论纲》，北京，中国社会科学出版社，2000。
29. 张宏、唐君：《安信破题农业险》，载《经济观察报》，2004－03－08。
30.《中国第一家相互保险公司已于日前获得批准筹建》，载《国际在线》，2004－11－15。
31. 段家喜等：《中国健康保险体系：现状、困境与突破》，北京，首都经济贸易大学出版社，2001。
32. 李开斌：《中国保险产业政策研究》，武汉大学出版社，2001。

保险业人才队伍建设研究

国发资本市场研究中心课题组

课题负责人：张洪涛

课题组成员：张俊岩　王　敏　党　喆　曹海菁
曹志宏　王亚晖　唐　君　王烁然
吕　露　徐　森　韩　佳　佘创雄
仇雨临　周文祥　张美玲

第一章　中国保险业人才队伍建设现状

保险业人才队伍的发展为中国国民经济和保险行业的整体发展提供了强有力的支撑。在分析现状的基础上，分析问题、总结经验，是制定“十一五”期间中国保险业人才队伍建设规划的基础。

第一节　“十五”期间中国保险人才队伍建设总体情况

“十五”期间，中国保险业以年均30%的速度持续增长，保险市场主体大量增加。行业的快速发展必然对行业内部人力资源的数量和质量提出更高的要求，“十五”期间，中国保险业人才队伍建设以科学的人才观为指导，人才的总量和质量较之过去有很大提高，人才队伍管理的制度改革不断深化，市场在人才配置中的基础性作用逐步发挥，行业内的人才教育培训制度初步形成，为保险业的发展提供了强有力的组织保障和人才基础。

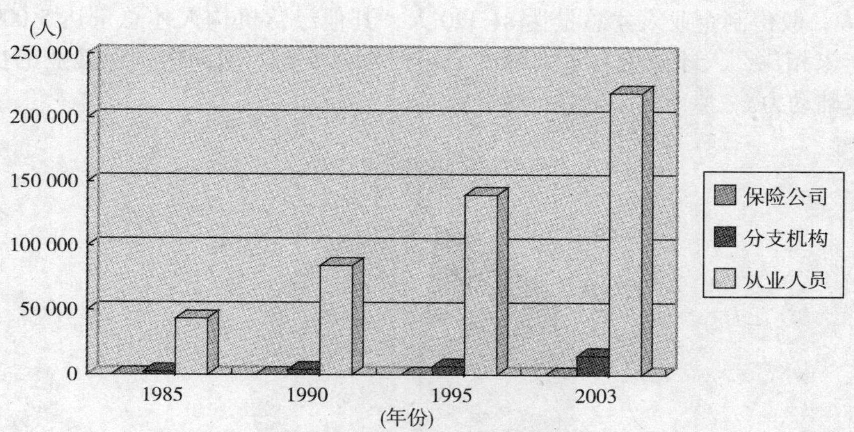

图1-1　不同时期中国保险公司及其从业人员增长情况

资料来源：《中国保险年鉴》。

一、逐步形成科学的人才队伍建设指导思想

科学的人才观是人才队伍建设良性发展的前提。“十五”期间，中国保险业以邓小平理论和“三个代表”重要思想为指导，深入贯彻党的十六大、十六届三中全会、四中全会和全国人才工作会议的精神，在行业内部树立起科学的人才观念：在新的历史时期，只要具备一定的保险知识或技能，能够进行创造性劳动，在做大做强中国保险

业的过程中作出积极贡献，都是保险行业所需要的人才。这一人才观念囊括了党政人才、经营管理人才和专业技术人才，克服了实际工作中惟学历、惟职称、惟资历、惟身份的倾向，从学历本位转变为能力本位，把人才置于经济社会发展的进程中去考察，以为社会创造价值的大小去衡量，形成了有利于人才作用发挥的公平、合理的社会氛围。在本课题中，保险业党政人才的范围涵盖保险监管部门的从事党政工作的人员以及设有党组织的保险经营机构中的党政工作人员；保险业经营管理人才和专业技术人才则指保险业中从事经营管理的人员以及从事某项专业技术工作的人员。在“政策建议”部分，一般是按照保险监管部门的人才队伍、保监会直管保险经营机构的人才队伍、商业保险经营机构的人才队伍为主线提出相应建议，其中，保险监管部门的人才队伍的范围涵盖保监会本部及其派出机构的工作人员。

科学的人才观明确了保险业人才队伍建设的指导思想，保险业着眼于行业的长期发展和人才的总体需求，以建设适应行业发展所需的高素质的保险人才队伍为目标，以改革创新为动力，积极做好人才的培育、使用和管理工作，人才队伍建设得以不断推进和完善。

二、不断完善人才结构，人才数量平稳增长

“十五”期间，中国保险业人才队伍建设有了很大提高，表现在：

（一）人才总量平稳增长

截至2002年年底，中国保险业人才总量超过22万人，其中国有企业人才总量达137 271人，股份制企业人才总量达81 120人，其他经营机构人才总量达5 009人。与2000年年末相比，人才总量有了大幅度增长，为“十五”期间中国保险业的快速发展提供了基础动力。

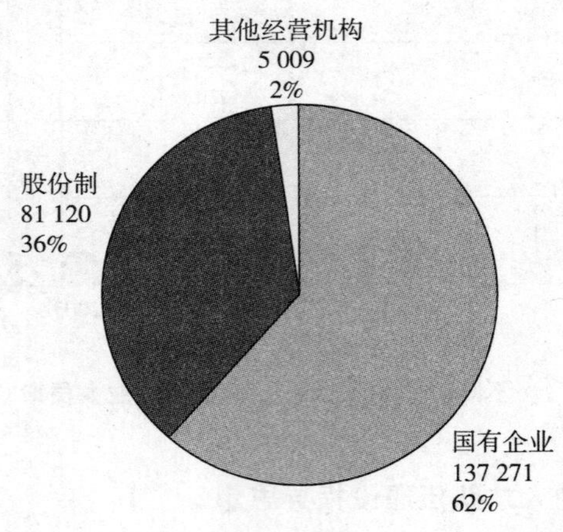

（单位：人，百分比）

图1-2　2002年年底中国保险从业人员构成图

（二）人才队伍结构

在人才总量平稳增长的同时，人才队伍的结构也逐步完善。形成了以党政人才、经营管理人才和专业技术人才为主体，其他保险从业人员为补充的人员结构，初步形成了党管人才的局面。

（三）学历结构

截至2002年年底，中国保险人才队伍中，具有本科及以上学历的达55 236人，占总量的25%，其中，博士、硕士学历人才都有较大幅度增长。在技术职务方面，具有各类专业技术职称的人员达96 685人，其中，具有高级职称的3 657人，中级职称42 481人，初级职称50 547人，中、高级技术人员增长速度较快。

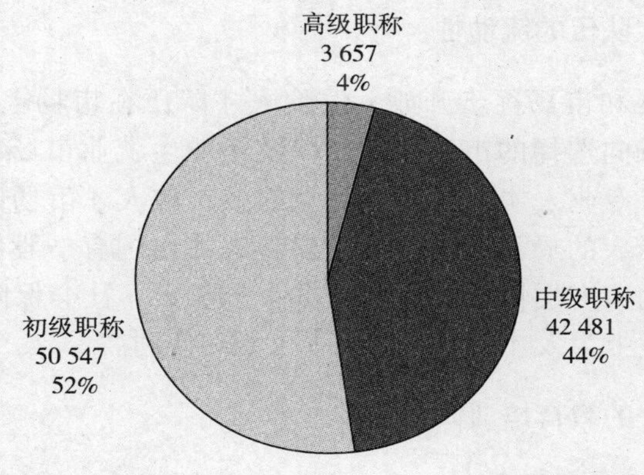

（单位：人，百分比）

图1－3 中国保险业各类专业技术职称人员比例

（四）年龄结构

35岁及以下人才111 934人，约占总量的50%，保持了保险人才队伍的年轻化。

人才结构的逐步完善有利于从根本上提升保险产品和保险服务的竞争力，推动保险业的发展。

三、初步建立人才队伍的管理制度

随着中国保险事业的不断发展，已经建成了包括保险监管部门、国有及商业保险经营机构组成的分层次、多元化的保险人才管理体制。目前，保险监管部门主要参照国家公务员的管理体制进行人事管理，国有保险经营机构以计划经济的人事管理制度为主，并适应市场经济，逐步向市场化方向改革，而商业保险经营机构主要采取市场化的人事管理制度。

保监会作为国务院直属的事业单位，主要是参照国家事业单位管理体制对监管人才队伍进行管理。“十五”期间，保监会深入贯彻党的人才工作精神，积极推进人事制度改革，深化工资和福利保障制度改革。同时，大力实施政务公开，继续推行行政审批制度和干部人事制度改革，在干部提拔任用的各个环节严格把关，并积极推行事业单位工作人员的聘任制，使监管人才队伍的管理向科学化、市场化方向发展。

中国国有保险公司的高层经营管理者主要由政府机关行政任命和委派，其他管理层和员工则基本实现按照现代公司制的企业治理结构进行管理。“十五”期间，中国人寿、人保及再保险等大型国有保险公司纷纷进行上市改制，逐步建立起现代企业制度，形成以董事会为核心的内部制衡机制，完善了对公司高层经营管理人员的任职管理，并通过市场化改革实现公司内部的人才优化配置。

在保监会的指导和管理下，中国基本形成包括保险公司、保险经纪公司、保险代理公司以及保险公估公司在内的各类保险经营主体，基本形成按市场化模式配置人员的管理模式，企业内控体系逐步建立，企业人才的社会保障体系逐步健全，人才管理体制、绩效考核与评价体系不断趋于完善。

四、不断增强人才队伍的流动性

随着经济快速发展和市场逐步开放，保险人才队伍在市场上的流动性逐渐增强。保险机构和保险人才双向选择的市场格局，以及毕业生就业市场、海外人才市场、企业经营管理人才市场等专业人才市场相互补充的多层次人才市场体系逐步形成，人才自主择业和单位自主择人的局面初步形成。保险人才在国有、股份制、合资及外资等各保险机构之间的流动速度加快，流动范围进一步扩大。社会保障制度以及养老保险的逐步完善在一定程度上为人才的流动提供了可能和便利。

五、初步形成人才的教育培训体系

“十五”期间，保险行业的人才观念逐步从人力资源观向人力资本观发展。各企事业单位开始将人才视为企业的一种内部资本，人力从“外部性”资源向“内部性”资本逐步转变。在新观念的指导下，人才的教育和培训作为一种福利性待遇在行业内部初步建立起来。

（一）基础教育水平有了明显提高

国内各高等院校纷纷设立保险专业，并初步形成本科、硕士、博士学历教育及在职教育等多层次的保险专业人才培养体系。一些大的保险企业与国内著名院校和高等科研院所联合设立博士后流动站，致力于基础理论和热点问题的研究以及精通保险、精算、投资及管理等企业发展急需的高级人才的培养。

（二）职业教育得到重视和加强

保监会及各保险公司和保险经营机构对员工的职业教育和技能培养逐步重视。特别是各保险公司（包括国有和股份制公司），纷纷为不同职位、不同层次的员工有计划地提供各种集体培训，如通过与高校联办或独自创办人才培训机构，或者以商业讲座方式聘请国外保险精英与业内人士交流，满足行业发展对各种专业人才和复合型人才的需要，同时也为员工知识和技能的增长不断储备力量。同时，各种职业资格考试和证书管理逐步推广和规范，一些保险公司和保险经营机构对员工的职业资格作专门要求和提供专业的培训。

（三）持续教育极大改进

知识经济的迅猛发展使监管队伍人员需要不断地更新管理知识和专业知识，保险公司和其他保险机构的员工需要不断学习新知识、新技能，以满足行业日新月异发展的需要，因而，行业内部持续教育异常重要。“十五”期间，监管部门及各企业纷纷通过企业培训与学校培养相结合、在职培训与脱产学习相结合等措施，如平安保险斥资3亿元，筹建平安金融保险学院，新华人寿出资在中南财经大学设立新华金融学院，使人员的知识和技能不断更新和提高。

第二节　中国保险业人才队伍面临的主要问题

“十五”期间，中国保险业人才队伍的发展为国民经济和保险行业的整体发展提供了有力的支撑，但要适应中国经济社会发展的格局和做大做强保险行业的目标，仍有许多不足之处需要改革和完善，主要表现在以下一些方面：

一、人才资源总量供给不足

“十五”期间中国保险业快速发展，市场主体大量增加，市场对外开放度不断扩大。大量内资保险公司及其分支机构的增设，以及外资保险公司的不断进入，使市场对保险人才的潜在需求急剧增长。仅2004年一年，中国新增内资保险公司18家，另有多个保险公司分支机构设立，以每家公司200人来估算，2004年中国保险行业新增职位5 000余个。截至2004年年底，共有39家外资保险公司在中国设立了70家营业机构。预计未来5~10年，这种快速增长的势头仍将得以保持。

与人才的高需求相比，中国保险人才队伍结构性不合理。行业内从业人员在22万左右。其中，学历较低、专业知识浅、业务能力单一的从业人员相对比较充裕，但是适应企业需求的高素质的监管人才和企业经营管理人才、精算师等精通业务的专业技术人才、熟悉投资、法律及信息技术的复合型人才，以及精通英语和保险知识的涉外人才等都相对缺乏。据统计，国内保险从业队伍中10%的明星业务员支撑着保险公司60%以上的保费收入，高素质保险业务人员的短缺状况由此可见一斑。有调查数据表明，目前中国保险业各个岗位人才的供需比例约1:4。在这种供需严重失衡的状态下，一些保险企业如人寿、平安、太平洋等纷纷制订人才引进计划，以高薪招聘海外人才加盟。

与总量不足并存的问题是保险岗位的高淘汰率。由于对保险岗位存在着意识上的偏见，大部分人都不愿意从事或不能胜任保险营销工作，这既不利于优秀保险管理、营销人才的培养和积累，也不利于吸引优秀的人才加盟。

二、人才队伍的结构和分布亟待调整

人才队伍结构的不合理体现在以下方面：一是高学历占比仍然偏小。虽然“十五”期间，本科及其以上学历的人才占比有所提高，但与保险业发展的速度和需求相比，其数量仍然偏小，需要进一步提高。二是在职称结构上，具有技术职称的人才总量仍显不足，尤其是具有高级职称的人员占比较小，远远不能满足市场需求，有待提高。三是专业知识结构需要调整。一方面，在整个保险人才队伍中，理论知识人才占比较小，保险基础理论发展不充分；另一方面，在整个从业人员队伍中，精算、投资、核

保人员所占比重偏低，难以适应行业健康发展的需求。

人才队伍分布的不合理主要体现在地区分布上。中国保险人才分布无论是在数量还是在质量上，其显著特点是东部地区优于中、西部地区，南方地区优于北方地区，这种地区之间不均衡的状态严重制约了中国西部地区保险业的发展。

“十五”期间，中国保险行业人才结构和分布的不合理导致保险从业人员提供的专业技能、素质等与企业的人员需求不能有效对接，成为制约中国保险业发展的“瓶颈”，因而需要在未来5年的发展中进行调整。

三、人才素质和职业道德水平有待提高

人才队伍的素质主要体现在两个方面：一是人才队伍自身的素质。中国保险业发展初期粗放式的经营战略和人海战术导致目前保险企业的人才队伍整体素质偏低，高学历人才占比较小，尤其是在目前约150万人的保险营销员队伍中，大专以上的人员不到30%，大部分是高中或者中专学历，普遍缺乏保险专业知识的支撑；二是人才队伍的知识更新速度跟不上知识经济时代的发展。一些保险企业员工对于知识经济和网络经济时代日益变化的保险市场显得难以适应，对各种新型的投资型产品缺乏专业化销售技能，更难以满足客户投资理财的需求，这也将影响保险业的未来发展。

受人员整体素质的影响，保险队伍的职业道德水准也有待提高。目前，保险从业人员误导、欺诈客户、“投保容易理赔难”的现象以及贪污、挪用保费和赔款的案件时有发生，展业规范不能得到有效执行，保险行业的社会诚信度受到影响。从近年来营销客户投诉和集体上访事件的增多可以看出，中国保险从业人员的职业道德水平依然有待提高。

四、人事制度改革需进一步深化

保监会是参照国家事业单位人事管理体制来进行人事管理的，这种人事管理制度在推行过程中仍然存在一些不足。首先是对人员的职能定位、身份定位与传统的干部制度不能满足市场经济发展的需要；其次是职位分类制度有待进一步细化，人员分类管理模式还没有建立；另外，保监会现阶段的薪酬水平与市场水平存在一定差距，不能满足吸引优秀人才的要求。

保监会直管的6家保险公司，部分虽已进行了股份制改造，但在高级管理人员的管理上仍具有较强的计划经济体制下的行政管理色彩，现代企业制度下的公司治理结构仍有待完善，人事制度的市场化改革需要进一步推行。

股份制保险公司及其他保险经营机构要进一步深化体制改革，建立和健全现代企业的人事管理制度。要建立和完善企业的法人治理结构，完善企业的股东大会、董事会、监事会以及独立董事制度，建立有效的内控管理体系，进一步推行人才的竞争上岗和聘任制，完善企业在养老、医疗、工伤、生育、失业等方面的保险保障制度，并为人员的流动提供充足的保障和支撑。

由于事业单位、国有企业和非国有企业之间在人力资源管理体制及方式上的差异，人才在体制内和体制外相互隔离，人才的所有权和使用权被单位所控制，同时各企业

的社会保障制度不够完善，在养老、医疗、工伤、生育、失业等社会保险方面还存在较大差异，导致人才队伍的合理流动受到一定限制。

五、人才流动的规范性、有序性有待加强

由于中国专业性的保险人才市场尚未建立，因而保险人才队伍的流动仍处于无序状态。目前，保险市场上各企业之间的竞争不够规范，新增保险公司的设立需要大量招揽业内人才，因此行业内互相挖掘人才的现象严重，甚至发展成对一些关键部门和关键岗位的破坏性“挖墙脚”，严重扰乱了行业秩序。一些高层管理人员和专业人才的流失使企业的商业秘密泄露、企业战略曝光、新品开发受挫，并导致原有客户的流失和企业的人事成本增加，企业的稳健经营也受到影响。而近年来保险代理人队伍的频繁跳槽以及各种不正当乃至恶性的人员流动更是引发了诸如“孤儿保单”等一系列问题，既严重损害了客户利益，也给保险企业带来客户服务和保单处理等方面的困难，影响了企业的正常经营运转，对整个保险业的可持续发展造成负面影响。因此，未来保险业要实现可持续发展，必须要对保险人才队伍的无序流动进行整顿和规范。

六、人才队伍的管理机制有待健全

（一）人才的选拔和考核、评价机制有待健全

人才队伍的选拔缺乏竞争机制和透明度。行业内部各部门、企业都需要根据自身的特点建立并推广一套社会和行业认可的选拔制度，充分挖掘和使用有潜质的优秀人才。目前，监管部门需要按照国家事业单位改革方案进一步深入调整人才配置机制，吸引优秀人才加入保险监管队伍；保监会直管的保险公司需要建立和完善职位和岗位管理，创新人才工作机制和优化环境；遵循人才资源开发规律，坚持市场配置人才资源的改革取向，加强和改善宏观调控，建立充满生机与活力的人才工作机制；建立科学的人才选拔、考核、评价体系。股份制保险公司及其他机构需要进一步建立和落实科学合理的选拔机制。

在人才考核、评价方面，公正科学的人才考核和评价机制有待建立。对监管部门来讲，一套符合事业单位特征的人才考核制度和考核指标仍然有待建立。如何结合监管部门各个岗位的工作责任和特征进行科学的、定量化的政绩考核，并如何在考核中进一步强化群众评议的作用等都是目前监管队伍亟待解决的问题。保监会直管的保险公司存在的主要问题是绩效考核和评价机制过于单一化，没有充分考虑党政人才、经营管理人才以及专业技术人才等不同考核对象的特点，对不同层次的经营管理人员缺乏不同机制的定量化考核，人才考核评价体系的透明度和公正性有待提高。同时，考核结果需要进一步与员工的晋升、奖惩以及薪酬调整等挂钩，增强分配的激励功能。股份制保险公司及其他保险经营机构急需要建立一套市场和出资人认可的企业经营管理人才评价制度。如何提高评价机制的技术性和专业性，建立符合股份制企业特征并综合反映企业偿付能力目标比例和人力资源投入产出比例等的考核指标体系，逐步消除与国际通行标准之间的差距等，都是股份制保险公司立足于未来开放和竞争的保险市场所需要解决的问题。

（二）人才队伍的薪酬福利保障制度有待完善

目前，中国保险行业的人才激励机制仍然有待完善，分配制度还没有真正成为经营管理的推动力。

1. 保险监管部门的分配制度仍然有待改善

现行保险监管人员的工资由基础工资、职务工资、级别工资、工龄工资以及津贴组成。1994年工资制度改革后，人员工资不再与专业技术职称挂钩。现行工资制度的主要问题：

（1）工资无法体现个人贡献作用；

（2）工资级别之间差别小，无法起到应有的激励作用；

（3）提高确定岗位和工资及津贴的科学依据；

（4）具有较强官本位倾向；

（5）工资总额支出调整缺乏弹性，不利于人才的激励。

2. 保监会直管的保险公司在薪酬制度和激励措施上也需要逐步改进

（1）由于缺乏科学合理的评估体系，薪酬水平难以正确反映不同职位价值的大小，不同岗位、不同职位、不同贡献者之间的分配差距尚不合理，造成激励体系缺乏针对性、公平性和导向性；

（2）经营管理人才的薪酬激励制度有待健全。作为现代企业的中层管理队伍，职业经理人的薪酬水平也需要实现市场化，并实现与其他不同层次职位薪酬的合理差距；

（3）在确立薪酬分配过程中，对资本要素参与分配比较重视，而对知识、管理、技术等要素参与分配的重视程度不够，难以体现经营管理工作和科学技术工作的价值；

（4）企业内部福利性待遇还未转换成经营性待遇，对员工提供的福利不是作为激励职工的手段，而是作为义务，不但影响了部分员工积极性的发挥，也造成在员工福利上的无节制支出。

对股份制保险公司和其他保险经营机构来讲，市场化的薪酬管理制度有待进一步建立。现代企业要在激烈的市场竞争中保持基本薪酬的竞争性，必须根据市场水平定期调整薪酬，并实现工资总额与企业效益挂钩，从而形成有效的约束和激励机制，以吸引和保留优秀人才。

（三）人才的教育和培训仍然不能满足行业发展的需要

日益激烈的竞争使得从业人员对保险教育和培训的需求日益强烈，保险行业基础教育和再教育的范围和层次仍然不能满足市场需求。

1. 基础教育未能跟上行业发展的需要

保险基础理论体系建设仍然存在许多空白之处，保险专业的教育框架不够完整，致使保险人才的培养与职业教育的持续性都受到影响。同时，各高等院校需要调整教学目标，更进一步地根据行业发展目标和市场需求来加强对高级专业人才和实用型人才的培养。

2. 提供行业培训的渠道仍然有限

目前保险从业人员接受行业培训的渠道主要来源于保险公司，其缺点在于规模小、力量弱、覆盖面窄。社会上专门为保险人员提供教育的途径极少，各类高等院校、科研院所等人才培养主渠道的力量没有得到充分发挥，大量从业人员尤其是基层保险人员的培训需求不能得到满足。目前具备保险人才培养能力的国内高校有60所左右，但高级保险管理以及新产品开发人才仍然相当短缺，而这些关键性的人才在很大程度上决定了企业的市场竞争能力。以保险精算为例，据“第五届中国精算年会”西安会议统计，目前全国共有中国精算师43人，准精算师79人；而专家预测，在未来几年内，中国精算师的市场需求缺口在4 000～5 000名。可是每年国内高校精算专业的毕业生仅仅几十人，远远不能满足市场的需求。

3. 行业内部没有形成继续教育和终身学习的体制

企事业单位对员工的培训流于短期化，未能根据企业的发展目标对不同层次、不同职位的人才进行有目的、有针对性的持续培养。在培训过程中也缺乏一套科学规范的质量评估和监督办法来提高教育培训的成效。此外，目前保险行业的执业资格认证体系和考试制度仍不健全，保险从业人员的学习积极性尚未有效开发。

七、人才队伍的信息化管理仍需完善

目前尚未建立全国统一的保险人才数据库，无法提供高效、全面、准确的人才信息服务。首先，人才市场有关供求、价格等各类信息的加工、处理、传递与交流没有实现网络化、信息化，造成用人单位和人才两类主体之间信息不对称，不能各取所需。其次，行业内部缺乏人才动态监测预警机制，对保险人才的市场进入和退出不能进行有效的信息化管理，对保险从业人员的资格状况和执业过程不能进行动态监管，对从业人员展业过程中遵守法规状况和业绩状况也不能提供定期的信息化监测。由于缺乏对人才进行定量和结构分析以及预测跟踪分析，难以为政府重大决策提供长期咨询和支持。

第三节　“十一五”期间中国保险人才队伍建设面临的形势

在分析现状、发现问题的基础上，还须认清形势，只有这样才能保证保险业的进一步发展。“十一五”期间，中国保险人才队伍建设的机遇与挑战并存。

一、人才队伍建设面临的机遇

（一）人才队伍建设的重要性得到党中央及社会的全面重视

党中央高度重视人才工作，人才队伍建设面临着良好的政治和社会环境。党中央十六大提出人才强国战略，把人才工作提升到国家战略层面。2003年年底，首届全国人才工作会议召开，中共中央、国务院就进一步加强人才工作做出一系列重大决定。新时期，人才观念实现历史性突破，高技能人才的培养得到全社会的重视，社会化的人才评价机制将逐步建立，制约人才流动的羁绊将逐步取消。一系列重大方针政策的制定和实施无疑为“十一五”期间人才队伍建设提供了难得的历史机遇。

（二）国民经济快速发展给人才的发展提供了良好的平台

“十一五”期间，中国进入加快推进社会主义现代化建设的新的发展阶段，国民经

济和社会发展进入重要战略机遇期。西部大开发战略深入实施，全国各地改革开放步伐加快，竞相实施优惠政策，对人才的吸引力逐步增加。在国民经济持续快速发展和做大做强中国保险业的战略指导下，中国保险业成为国民经济中发展最快的行业之一，保险市场经营主体不断增加，市场对保险人才的需求更为迫切。这些都为人才的发展提供了巨大的空间。

二、人才队伍建设面临的挑战

（一）经济全球化的发展使人才竞争日益激烈

世界经济的全球化发展使人才的全球化趋势进一步增强，高级人才已成为现代国际竞争的稀缺资源。随着中国加入世界贸易组织对外开放过渡期的结束，外资保险机构在中国开设分支机构将不受地域和数量的限制。外资保险机构大举进入国内市场并推行人才本土化政策，利用资本、技术及管理制度等方面的优势以及各种优厚的条件待遇广泛吸纳国内保险人才，国内保险市场上中外资保险机构对人才的竞争日益激烈。有资料显示，目前国内保险公司和众多的外资保险公司驻华机构，它们的高级管理者和骨干力量有60%以上来自原中国人民保险公司。可以预见，随着外资保险公司的加速进入，中国高级保险人才的流失状况仍将持续。

（二）经济结构调整和科技发展对人才素质提出更高要求

新科技革命推动了各国经济结构和产业结构的调整。中国保险业正从粗放型经营进入到稳健发展、重视经济效益的集约型发展的阶段，保险业在保持较快增长速度的同时，需要逐步调整和优化市场结构、区域结构和产品结构，不断改善增长质量。因此，传统的人海战术和低水平的数量扩张已经不适应行业发展的需要，新的发展阶段对人才素质提出更高要求。如何适应行业发展的需要，在未来5~10年积累和培养大量高层次的经营管理人才、专业技术人才以及具有广泛金融、投资、法律和信息技术知识背景的人才，是新时期保险人才队伍建设面临的巨大挑战。

第四节　保险业急需培养的人才类别

从发展现状及面临的形势出发，中国保险业应加强以下几方面专业人才的储备与培养：

一、高素质保险代理人才

随着保险业经营方式的转变，低素质的代理人将被淘汰出局。

二、保险经纪人

统计数据表明，随着国外保险公司的大量涌入以及国内保险经纪公司的不断发展，国内所需保险专业人员至少是目前的10倍，其中需求最多的就是保险经纪人。

三、保险公估人才

西方国家保险市场上，由保险公估人经手的赔案占整个保险公司赔案的比例达80%以上。目前中国保险公估人发展严重滞后，截至2003年年初，全国保险公估人员不足100人。一旦保险公估人进行理赔成为制度性安排，市场对保险公估人的需求无疑会更大。

四、高水平保险精算人才

目前国内的保险公司非常需要高素质、高水平的本土精算师。

五、复合型人才

银行、证券、保险和混业经营已经成为当今世界金融行业的发展趋势，中国金融业的混业经营只不过是时间问题而已。

因此，未来中国保险业需要的是既要精通保险业务，也要熟悉银行、证券等其他金融业务；既要了解中国的金融市场，更要懂得金融业的国际通行规则的复合型保险人才。

第二章　“十一五”期间保险业人才队伍建设的总体思路和政策建议

第一节　“十一五”期间中国保险业人才队伍建设的总体思路及目标

一、总体思路

“十一五”期间，中国保险业人才工作必须坚持“党管人才”的原则；以人为本，树立保险业科学的人才观；把发展保险事业，构建和谐社会作为保险业人才工作的根本出发点；创新和完善人才工作的体制与机制，借鉴国外保险业人力资源开发的成功经验，健全中国保险人才市场，鼓励人才合理流动。

（一）坚持“党管人才”的原则

在人才工作中坚持“党管人才”的原则，加强对各类人才的思想政治教育，促进其树立正确的人生观、价值观和世界观。“党管人才”的核心在于“聚人才、创条件”，这就要求保险业必须以与时俱进的时代精神，进一步解放思想，拓宽视野，把握新时期的用人标准，加快机构改革和人事制度改革，做到正确选人用人，努力建设一支能适应新形势、新任务的高素质的人才队伍。

同时，“党管人才”原则要求按社会经济发展规律办事，完善开放、灵活的人才市场配置机制，打破人才的单位、部门壁垒，鼓励人才合理流动；切实加快人才工作领域的法制建设步伐，努力使人才资源的开发、管理、服务等各个领域有法可依。目前，职业经理人市场、专业技术人才市场已经普遍存在，并在相关领域的人才配置方面发挥越来越重要的作用，但是保险监管人才队伍至今仍然是一个相对封闭而独立的人才系统，因此，要积极探索监管人才资源配置方式的改革。

（二）以人为本，树立保险业科学的人才观

1. 树立保险业科学的人才观，要对人才的界定有正确的认识

在当代中国，人才是指具有一定的知识和技能，能够进行创造性的劳动，对人类社会发展作出积极贡献的人。人才的外延也非常广泛，人才存在于群众之中，人人都可以成材。这种人才观念的确立有助于促进人的全面发展，营造有利于人才成长的体制、机制和环境。为此，必须打破传统人才观中的惟学历、惟职称、惟经历的认定模式，把品德、知识、能力和业绩作为衡量人才的主要标准，将正确的学习观、价值观、人生观、事业观和职业能力、专业水平、综合素质等结合起来，形成更加科学的人才

评价体系，建立合理的人才标准，形成保险业科学的现代人才观。

2. 保险业科学的人才观，应建立在对人才工作环境有全面的了解的基础上

知识经济所需要的人才，不仅表现为对知识的广泛占有，更重要的是对知识的创造和运用，因此必须重视人才的教育培训工作。另外，加入世贸组织以后，一个更加开放、便于人才流动的市场机制已经在中国初步形成。这就要求行业管理者和企业经营者努力构建人才高地，吸引和留住人才。树立"不求所有，但求所用"的用人观念，实现人才使用的多元化。

3. 在人才管理工作中应遵循"以人为本"的基本理念

在管理工作的每个环节中都要体现和尊重"人"的要求，以务实的思想、务实的方法和务实的工作去实践尊重人性、发展人性的指导思想。在人才的使用中要坚持"用人所长"的原则，防止"求全责备"。

（三）把发展保险事业、构建和谐社会作为人才工作的根本出发点

现阶段，中国人才工作的根本任务是实施人才强国战略，保险业也要把人才工作作为推进行业发展的关键因素。通过造就高素质的、具有创新意识的人才，塑造整个行业的保险文化和凝聚力，提升保险业的核心竞争能力；不仅要重视人才、培养人才，更要用好人才，挖掘其潜能，为整个保险业的发展提供智力支持和人员保障。

（四）创新和完善人才工作的体制与机制，鼓励人才合理流动

人才队伍的活力归根到底取决于体制和机制的完善，只有建立科学合理的人才工作体制和机制，才能保证优秀人才脱颖而出，才能充分发挥人才资源作为"第一资源"的作用。保险行业要以"是否有利于促进人才的成长、是否有利于促进人才的创新活动、是否有利于促进人才工作与经济社会协调发展"作为判断人才工作体制和机制是否健全的标准，建立科学的选拔任用机制和监督管理体制，借鉴国外保险业人才资源开发的有益经验，拓宽工作渠道和手段，形成更为灵活的人才管理体制；加强保险监管部门的宏观调控力度，尊重人力资源开发规律，坚持市场配置人才资源的改革走向。

二、总体目标

按照上述思路，扩大人才规模，优化人才结构，提升人才素质，拓宽来源渠道。

（一）监管人才队伍建设的总体目标

根据监管部门的职责及其人事制度的特点，"十一五"期间在保持监管队伍的规模和稳定性的基础上，着力改善人才结构，提高人才素质，实现人才来源渠道的多样化。

1. 人才规模

结合监管机构的人事制度改革，在人才队伍现有规模的基础上，按照保险行业发展规划确定人才队伍的规模；加强基层监管部门的人才队伍建设，保障保险监管工作在各地的顺利进行。

2. 人才结构

对监管人员按业务类别进行管理，分为党务工作人员、高级管理人员、普通管理人员和专业技术人员等。由人教部为相应类别的人员设计完整的知识结构、职业道德标准、业务规范等，并实行规范化管理。

加强对监管人员的继续教育，提高各类专业技术人员和高级管理人员在监管人才队伍中的比例。

3. 人才素质

在具备基本的科学文化素质和健康素质的基础上，保险监管人才应注重德才兼备，具有科学判断形势的能力、驾驭市场经济的能力、处理突发事件的能力和依法执政的能力；通过资格考试取得相应的执业资格。

4. 来源渠道

拓宽监管人才的来源渠道，加大向社会公开招聘人才的力度，在可能的条件下引进海外人才；探索监管部门人力资源的市场化配置方式。

（二）保险经营机构人才队伍建设的总体目标

随着保险业的不断发展，在保险企业的公司治理、保险资金运用、社会保障、产品创新等方面都对保险经营主体的从业人员提出了更高的要求，应扩大人才队伍规模，提高中高级人才的比重，加强对复合型人才的引进和培养。

1. 人才规模

保持与保险供给的正相关关系，并与监管部门对国内保险市场的培育速度相适应。

2. 人才结构

从以下两方面完善人才结构：一是提高具有本科及以上学历的人才的比重；二是扩大各类中高级专业技术人才的比例，尤其是保险业发展所急需的保险精算人才、保险经纪人才、保险公估人才以及熟悉各类金融业务的复合型人才。

3. 人才素质

促进保险经营机构从业人员从专业人才向复合型人才的转化，取得相应的执业资格，并符合下列素质要求：基本掌握外语；熟悉与保险业务活动相关的国际惯例；熟练使用电脑、通讯和其他办公自动化设施；熟悉业务知识，有良好的生理和心理素质。

4. 来源渠道

在落实国家复员转业军人政策、吸引社会其他行业优秀人才的同时，加大招收大中专院校应届毕业生的工作力度，有针对性地面向社会和海外公开选拔企业高级经营管理人才和专业技术人才。

第二节　加强保险业党政人才队伍建设

一、加强监管部门党政人才队伍的建设

党政人才关系到国家和社会的长治久安，保险监管机构的党政人才队伍又直接关系到整个行业的发展前景，因此，要搞好统筹规划，制定党政人才队伍的建设规划。从保险业发展的大局和全局出发，以可持续发展的思路，把握好党政人才结构的平衡，培养其战略思维和创新精神。

以加强思想政治建设和执政能力建设为核心，强化理论武装和实践锻炼，坚持立党为公、执政为民，着力解决领导干部理想信念、政治方向、政治纪律、宗旨观念等

根本问题；大力提高中高层党政人才科学判断形势的能力、驾驭市场经济的能力、应对复杂局面的能力、依法执政的能力和总揽全局的能力。

（一）进一步充实党政人才队伍

充分发挥党的思想政治优势和组织优势，加快人才队伍的建设步伐。通过党政干部公开选拔、竞争上岗、公务员考录、技术人才竞聘、后备人才竞争选拔等措施，推进监管机构党政人才资源的整体开发。第一，加大向社会公开招聘人才的力度，在可能的条件下还要引进海外人才和智力支持；第二，建立能上能下的党政人才管理体制，在已经实行的任期制下进一步完善轮岗、流动、问责、辞退、解聘等规章制度；第三，探索竞争择优机制在党政人才资源配置中的作用，强调工作的责任心、使命感和德才兼备的用人标准。

（二）制定吸引党政人才的用人政策

在新形势下，要加大为人才服务的工作力度，用感情留人、事业留人、待遇留人，把更多的优秀人才吸引到党政工作队伍中来，使其安心在党政岗位上创造性地工作。党政人才队伍建设必须以人为本，不仅要尽可能地把每一个人才放到最适合发挥其特长的位置，还要考虑为其全面发展创造机会以及在适当的时候轮岗、转岗的各种条件；同时，要服务于人才的工作环境和生活条件的需要，为他们的工作创造宽松和谐的环境，加大对人才的有效激励和保障。

（三）完善党政人才的选拔任用机制

以扩大民主、加强监督为重点，进一步深化党政干部选拔任用制度改革，不断提高科学化、民主化、制度化水平；完善选任制，改进委任制，规范考任制，推行聘任制；改进公开选拔、竞争上岗的办法；加大选拔任用优秀年轻干部的力度，为他们的成长提供“快车道”；逐步推行党政领导干部职务任期制，建立和完善党政干部正常退出机制，实行优胜劣汰，增强党政人才队伍活力。

二、加强保险经营机构的党组织建设

坚持党组织在保险经营机构中的政治核心地位，明确党组织的职责、工作目标和任务；把党组织的各项工作纳入到现代企业制度建设的轨道中去，建立健全企业党政联席会议制度、党组织参与重大问题决策制度、企业管理人员选拔任免制度、党员行政领导定期向党组织汇报工作等制度；党组织要积极参与企业重大问题的决策，管好发展思路、管好凝聚人心、管好自身建设，把党组织的政治核心作用和促进企业改革发展的功能具体化。

党管人才不是由党委取代其他职能部门的作用，而是要发挥其总揽全局、协调各方的领导核心作用；党委各职能部门要在党委的统一领导下明确分工，发挥各自的政治优势，力争形成党政齐抓共管的工作格局。

三、加强保险业思想政治工作和党风廉政建设

保险业人才的职业道德修养、行业行为规范关系到保险业的形象，直接影响到保险企业的经营效果、影响保险职能的充分发挥，思想政治工作绝不能放松。

为培养高素质的保险人才，应当改常规教育为素质教育，形成以政治思想教育为前提，以保险职业道德教育为基础，以保险专业知识和专业技能教育为重点，以保险人才综合能力培养为核心的教育体系。

保监会要大力加强行业的廉政建设，深入开展反腐败斗争；加强党组织的监督执行力度；始终按照“围绕发展反腐败、惩治腐败促发展”这个中心来开展工作；坚持把思想、组织、作风建设有机统一起来，推进反腐败工作的制度化进程；落实行政问责制度。

第三节　健全保险业人才管理体制

一、健全监管人才队伍管理体制

确立以加强监管能力建设为核心的保险监管人事管理体制改革走向，结合事业单位改革方向，以推行聘用制和岗位管理制度为重点，按照政事职责分开、单位自主用人、个人自主择业、政府依法监管的要求，建立符合各类事业单位特点的用人制度；推行聘用制和岗位管理制度，促进由固定用人向合同用人、由身份管理向岗位管理的转变；研究制定事业单位人事管理条例，规范按需设岗、竞聘上岗、以岗定酬、合同管理等管理环节，逐步做到人员能进能出、职务能上能下、待遇能高能低。

逐步实行双轨制的管理模式，监管部门的人才实行行政职务序列和技术职称序列两个体序并行，各序列内部按不同级别进行管理并与不同的薪酬标准相对应；两个序列可以交叉，在一定级别之上允许双跨，具体标准可以由保监会制定。

在保证监管队伍稳定的同时，通过制定选用标准、改善监管人才队伍结构、建立激励约束评价体系和风险防范机制，分阶段地逐步实现多种形式的市场化人才配置；提升以监管能力、决策能力、应急处理能力和公共服务能力为核心的监管人才综合素质。

（一）深化干部人事制度改革，努力营造良好的人才环境

推进和深化干部任用制度改革。进一步完善相关制度措施，重点研究改进竞争上岗的方式和综合考评、测评办法，提高人才甄别工作的科学性与准确性；建立并完善竞争上岗制度与干部任前公示制、试用期制的衔接，规范相关程序，把握好关键环节。

积极探索干部队伍的调整和退出机制。以解决干部能上能下为重点，贯彻执行《党政领导干部辞职暂行规定》，结合实际，研究制定干部辞职、调整不称职或不胜任现职干部的具体措施和办法；强化对专业技术人才队伍的动态调整，探索以岗位管理为主的专业技术职务评聘办法，逐步建立起能上能下、能进能出的竞争机制。

结合国家事业单位人事制度改革走向，稳步推进人事制度改革。建立和完善符合各自特点的人员任用、聘用、工资、奖励、保险等方面的制度，推进事业单位人员聘用制度改革，转变人事管理模式，实现由身份管理向岗位管理转变。

进一步加大培养和选拔优秀年轻干部的力度。结合班子调整和竞争上岗，及时发现和大胆选用优秀年轻干部；对特别有发展潜力的年轻干部，按规定的程序可以破格

提拔；加强后备干部队伍建设，通过民主推荐、认真考察，把素质好、有发展潜力的年轻人才及时补充到后备干部队伍中。

积极调整改善人才队伍的结构。在坚持“凡进必考”原则的基础上，按照专业结构目标要求，有计划、有重点地补充急需、紧缺及特殊专业人才；扩大人才选拔的视野和范围，探索高层次人才的选拔机制和办法，加大引进复合型人才的力度。

（二）改善监管人才队伍结构，提高监管队伍决策能力

借鉴西方发达国家政府机关的管理经验，建立由正式雇员、市场聘用专业人员以及临时借调人员等三类人员构成的保险监管人员结构，丰富监管队伍的来源，保持队伍精干，充分吸引社会一流人才为监管服务，提高监管队伍决策能力。

1. 以正式雇员为主体，保证日常监管工作的正常开展

参考国家公务员管理制度，为人才提供公开、平等、竞争的发展环境，保证监管队伍主体的稳定性。

2. 对于目前待遇难以吸引的特殊岗位高级专业人才，按照市场化标准给予薪酬

与正式雇员不同，市场聘用专业人员不占用正式编制，依据市场化原则，通过劳动合同规范雇员的权利和义务，按照合同提供薪酬，其薪酬具有较大的灵活性，不会对财政支出造成较大压力。这一做法适用于特殊的专业技术人才。

3. 临时借调是指通过向保险经营机构临时借调人员的方式，完成监管部门的一些临时任务

这一模式具有更大的灵活性，适合于完成各项时间紧、任务重的临时性工作，有利于监管部门与保险经营机构的非常规交流，也不会增加监管部门人员和工资预算编制。

（三）突出能力培养开发，积极适应形势发展变化的需要

注重在实际工作中提高人才队伍的能力素质。对有发展潜力和培养前途的中青年人才要多压担子、放手使用，有针对性地加强培养，促进其尽快成长；探索依托重大项目、重点研究课题培养锻炼人才，特别是培养高层次人才的有效途径。

通过轮岗交流为干部成长提供空间和条件。人员的轮岗交流以处级干部和有发展潜力的年轻干部为重点；积极创造条件推动各部门之间的干部交流。

充分利用基层锻炼等形式促进年轻干部增长才干。保监会新招录公务员凡没有基层工作经历的一般要在招录当年安排到基层锻炼；凡不具备两年以上基层工作经历的干部，要有计划地做出安排，对后备干部和有培养前途的年轻干部要优先考虑；基层锻炼要突出针对性，根据干部的不同情况，分别派往西部地区、经济发达地区及重大项目单位等进行培养锻炼。

围绕保监会的中心工作积极探索人才培养的方式和途径。通过组织中青年干部经济研讨会等形式，为广大干部提供相互交流、展现才华的舞台；鼓励和引导广大干部深入研究经济社会热点、难点问题，激发干部自我培养的内在动力；支持各类人才开展经常性的调研活动，组织中青年干部围绕重大问题、热点问题展开专题调研。

（四）建立科学考核评价体系，完善激励约束机制

建立重在行业认可的保险监管人才评价制度，建立以能力和业绩为导向、科学的

社会化的人才评价机制；坚持走群众路线，注重通过实践检验人才；完善人才评价标准，克服人才评价中重学历、资历，轻能力、业绩的倾向；根据德才兼备的要求，从规范职位分类与职业标准入手，建立以业绩为依据，由品德、知识、能力等要素构成的各类人才评价指标体系；改革各类人才评价方式，积极探索主体明确、各具特色的评价方法；完善人才评价手段，大力开发应用现代人才测评技术，努力提高人才评价的科学水平。

探索建立符合科学发展观和正确政绩观要求的监管人才考核评价体系，考核内容以“群众认可”为重点，按照岗位职责、业务标准和年度工作目标计划，重点考核德、能、勤、绩、廉五个方面的情况。保监会派出机构要结合实际情况，把直接服务对象的满意程度作为年度考核的重要依据，科学衡量监管实绩。

以推行聘用制和岗位管理制度为重点，深化人事制度改革。按照政事职责分开、单位自主用人、个人自主择业、政府依法监管的要求，建立符合保险业特点的保监会用人制度；推行聘用制和岗位管理制度，促进由固定用人向合同用人、由身份管理向岗位管理的转变；研究制定《保监会人事管理条例》，规范按需设岗、竞聘上岗、以岗定酬、合同管理等管理环节，逐步做到人员能进能出，职务能上能下，待遇能高能低。

完善科学的考核测评机制。充分利用人才考评的导向作用，综合运用定期考核、日常考核、定量考核等各种方式，提高干部考评工作的科学性；逐步建立起机关干部和派出机构领导班子考核情况及业绩档案，建立专业技术骨干管理数据库；对后备干部和新提任的干部要加强经常性考察和跟踪考察。

不断强化监督制约机制。建立干部监督工作联席会议制度，加强对各级领导干部和干部任用工作的监督；要从关心爱护干部出发，加强对干部的教育和管理，继续完善干部谈话制度、干部个人重大事项报告制度、个人收入申报制度、群众来信来访反映问题的回复制度等。

建立统一协调机制，完善交流制度和奖惩制度；逐步规范培养锻炼性交流、回避性交流、任职期满交流，实现制度化。

二、健全保监会直管保险经营机构的人力资源管理体制

（一）完善现代企业制度，推广职业经理人制度

以推进企业经营管理者市场化、职业化为重点，坚持市场配置、组织选拔和依法管理相结合，改革和完善保监会直管企业经营管理人才选拔任用方式。对国有资产出资人代表依法实行派出制或选举制；对经理人推行聘任制，实行契约化管理；按照企业发展战略和市场取向，拓宽选人视野，吸引国际、国内一流人才到企业任职；大力扶持能够整合生产要素、利用社会资源和聚集各类人才积极创业的经营管理人才。

形成符合现代企业制度要求的人才选用机制，完善公司法人治理结构，包括通过试点在国有独资公司建立健全董事会，逐步做到出资人决定董事会、监事会成员，董事会选聘经营管理者，经营管理者依法行使用人权；实施市场化选才办法，内部选才实行竞争上岗，外部选才实行公开招聘；建立科学选拔高级管理人员的机制；建立由主管部门、市场和出资人认可的企业经营管理人才评价制度。

（二）完善人才选拔、考核及评价机制

建立并推广社会和业内认可的人才选拔机制。推广建立定性考核与定量考核、领导考核与群众考核有机结合的科学考核评价体系，推进现代统计技术在考核中的运用，加快企业技能人才评价方式改革；形成绩效优先的人才评价机制，科学设置各类人才的评价指标体系，完善评价标准和手段，为科学合理使用人才提供客观依据；努力形成与市场接轨的人才激励约束机制，建立和完善以经营业绩考核为依据，以岗位绩效工资为基础，短期薪酬分配与中长期薪酬激励有机结合，资本、技术、管理等多种要素参与收入分配的新型薪酬激励制度。

逐步健全以职业标准为导向，以业务知识为基础，以工作业绩为重点，注重职业道德、管理及专业水平的科学人才评价体系。

对企业负责人的考核实行年度考核与任期考核相结合、结果考核与过程评价相统一、考核结果与奖惩相挂钩的考核制度。公司负责人承担企业法人财产的保值增值责任，负责企业全面经营管理；建立国有资产出资人代表的资质认证制度；围绕任期制和任期目标责任制，制定包括综合素质、经营业绩、社会贡献在内的考核评价标准，按照企业的行业特点、资产质量、业务类型实行分类考核评价。

由保监会同企业负责人签订年度和任期经营业绩责任书。签订责任书的程序包括：第一，预报年度及任期经营业绩考核目标建议值。考核目标建议值原则上不低于前三年考核指标实际完成值的平均值。第二，核定年度及任期经营业绩考核目标值。保监会根据宏观经济形势及企业运营环境，对企业负责人的年度经营业绩考核目标建议值进行审核，并就考核目标值及有关内容同企业沟通后加以确定。

对企业负责人年度经营业绩考核指标设定基本指标与分类指标。基本指标包括年度利润总额和净资产收益率指标；分类指标由保监会根据行业特点，综合考虑反映企业经营管理水平及发展能力等因素确定，具体指标在责任书中确定。

保监会依据年度经营业绩考核结果和任期经营业绩考核结果对企业负责人实施奖惩。对企业负责人的奖励分为年度薪酬奖励和任期中长期激励。企业负责人年度薪酬分为基薪和绩效年薪两个部分。绩效年薪与年度考核结果挂钩，绩效年薪的60%在年度考核结束后当期兑现，其余40%根据任期考核结果等因素延期到连任或离任的下一年兑现。依据任期经营业绩考核结果，对企业负责人实行奖惩与任免，主要手段包括：除按期兑现全部延期绩效年薪外，给予相应的中长期激励；或根据考核分数扣减延期绩效年薪，并根据具体情况，可不再对其任命、续聘或对其进行工作调整。

对于中层及中层以下管理人员，建立企业经营管理人才资质社会化评价认证制度和资质等级认证评价制度。探索职业经理人管理模式，在现代企业制度下，使经营者成为集职、责、权、利于一身的经营行为主体；以经理为职业，通过市场化配置，使职业经理人成为企业法人治理结构中的行为主体；逐步建立市场和出资人认可的企业经营管理人才评价制度，实现企业中层经理人市场化配置。

三、健全商业保险经营机构的人力资源管理体制

（一）完善现代企业制度，防范金融风险

1. 深化商业保险经营机构的体制改革，鼓励商业保险公司上市，完善现代企业制度

完善企业的股东大会、董事会、监事会以及独立董事制度，建立有效的内控管理体系，有效防范金融风险；完善授权授信管理办法，建立问责制度，使得董事会更能代表股东大会对高管人员进行问责，使得董事会更具有独立性。

2. 健全、完善决策约束机制

各保险经营企业必须建立明确的决策程序，每一业务经营的决策按规定的程序进行。在经营方面，应建立岗位责任制，明确各岗位职责；建立决策责任人考核制度，谁决策、谁负责，并根据审批和决策权限的各个环节，把风险责任制分解到个人；同时，建立正常的申报、反映、审计监察制度加以约束。

3. 研究探索对相互制保险企业、政策性保险企业以及自保公司等新型保险组织的人才管理模式，将其规范并纳入保险监管体系

（二）完善商业保险经营机构的人才选拔、考核及评价机制

建立市场和出资人认可的企业经营管理人才评价制度。与保监会直管保险经营机构相同，也要推广建立定性考核与定量考核、领导考核与群众考核有机结合的科学考核评价体系，推进现代统计技术在考核中的运用，加快企业技能人才评价方式改革；逐步健全以职业标准为导向，以业务知识为基础，以工作业绩为重点，注重职业道德、管理及专业水平的科学人才评价体系。

坚持以人为本，把好进人用人关。在进人用人问题上，首先要提倡高标准、严要求，即管理人员要具备较高的思想品德、高度的政治责任感、高度的敬业精神和工作责任心，并具有熟练的业务技能；其次，在管理人员的管理上要引入竞争机制。

优化考核指标体系。按偿付能力综合管理的要求，建立符合盈利性、流动性、安全性原则和适合企业特点的偿付能力目标比例，以及反映人力资源投入产出等比例相结合的考核指标体系，以达到整体优化的目的。

（三）加强劳动合同管理

高度重视，加强领导，切实做好加强劳动合同管理、完善劳动合同制度的工作。促使各用人单位把加强劳动合同管理、完善劳动合同制度作为深化劳动用人制度改革、依法用工、依法管理的重要工作切实抓好；通过加强劳动合同管理，进一步完善劳动合同制度，维护劳动合同制度的正常运行，有效发挥劳动合同制度的激励机制作用，从而调动职工积极性、促进企业深化改革、提高企业经济效益。

加强行业指导，在行业内树立样板劳动合同，规范劳动合同管理。制定行业劳动标准，指导用人单位大力加强实行劳动合同制度的基础管理工作，对本单位岗位进行测评和分类，按照精干、效能和科学合理的原则实行定员定额管理，合理确定劳动组织，制定岗位规范和考评标准，明确职工岗位责任，为劳动合同的顺利履行打下基础。

鼓励商业保险经营企业进一步完善劳动合同内容。督促用人单位自行检查已签订的劳动合同书，对其中不符合《劳动法》及有关规定的条款应当进行修改，必备条款不全的应当尽快补充；条款过于原则的，督促其与职工协商一致签订补充协议，也可将有关具体内容直接补充到劳动合同书中。通过以上措施，使劳动合同书比较全面、

细致地规定双方的权利和义务，使劳动合同易于履行。

第四节　完善保险人才队伍的薪酬福利保障体系

一、完善监管部门薪酬福利保障体系

（一）调整保监会及派出机构的工资制度，使之适应市场经济要求

根据国家事业单位薪酬制度的改革走向，进行保监会及其派出机构工资制度的调整。调整应致力于通过事业留人、感情留人和适当待遇留人，吸引最优秀的保险人才加入保险监管人才队伍，应遵循以下原则：

一是在科学分类的基础上，依据按劳分配原则建立体现保险业特点的工资制度，在强调财政负担能力（受预算规范约束）的同时，提供足以招聘、留用和激励员工的薪金，并与机关的工资制度脱钩；二是引入竞争、激励机制，加大工资中活的部分，通过建立符合事业单位不同类型、不同行业特点的津贴、奖励制度，使工作人员的报酬与其实际贡献紧密结合起来，克服平均主义；三是实施“阳光工资制度”，简化工资结构，精简职级数目，减少管理层级，缩小部门间工资差别；同时，将一部分物价、福利性补贴纳入工资；四是建立正常增加工资的机制，使工作人员的工资水平随着国民经济的发展有计划地增长，并与企业相当人员的工资水平大体持平；五是发挥工资的导向作用，对到艰苦边远地区及在苦、脏、累、险岗位工作的人员，在工资政策上给予倾斜。同时，通过建立地区津贴制度，理顺地区工资关系；六是保险监管部门在人才的管理方面应树立优秀雇主榜样，制定公正无私的薪酬政策，建立以绩效考核为基础的任用和晋升政策，为人才提供平等竞争机会；七是建立薪资调查制度，参考保险业平均薪酬水平、金融业平均薪酬水平以及国家平均薪酬水平等综合因素，制定保监会薪酬水平；八是通过不同形式的绩效奖励，将人员薪酬与其表现挂钩。

（二）完善保险监管部门薪酬管理制度

结合事业单位体制改革和人事制度改革，逐步建立符合各种类型事业单位特点、体现岗位绩效和分级分类管理的事业单位薪酬制度。积极探索符合本单位实际的收入分配形式，逐步建立以岗位绩效为主要依据的分配机制与办法。收入分配政策向关键岗位和优秀人才倾斜。对急需的特殊骨干人才和高层次专家的引进，要在工作条件和生活待遇方面采取一定的倾斜政策。

按照国家差额拨款单位薪酬管理办法，根据保险业发展状况，实行工资总额包干或其他符合自身特点的管理办法。建立职责、职务与职级相结合的薪酬制度，工资构成中固定部分应占60%，活的部分占40%，确定适当的收入差距，逐步建立起与行业发展水平相适应的收入增长机制。

制定根据所任职务及所在职位的责任大小、工作难易程度以及工作人员的德才表观、工作实绩和工作经历的人员工资级别管理办法。制定与考核结果挂钩的职务工资和级别工资的晋升管理办法；按照国民经济的发展水平、企业相当人员工资水平的增长情况和物价水平的增长幅度，建立定期工资调整制度；建立薪酬调查制度，通过薪

资调查、薪资政策及薪资设计等手段跟踪行业平均薪酬水平，在财政负担承受能力范围内，使监管人员的薪资水平与保险经营机构的薪资水平保持联系；制定有利于人员向西部地区、艰苦及边远地区流动的薪酬政策。

逐步建立符合监管部门工作性质和特点，综合体现工作职责、能力、业绩等因素，职务与职级相结合的人员奖励制度，进一步规范各类人才奖项。坚持精神奖励和物质奖励相结合，建立以政府奖励为导向、用人单位和社会力量奖励为主体的人才奖励体系，充分发挥经济利益和社会荣誉双重激励作用。对为国家和社会发展作出杰出贡献的各类人才给予崇高荣誉并实行重奖。坚持奖励与惩戒相结合，做到奖罚分明，实现有效激励。制定具体的人才奖励政策和措施，及时奖励在工作中成绩显著、贡献突出的各类人才。奖励的措施包括：一是对有突出贡献的专家、学者和科技人员，继续实行政府特殊津贴；二是研究对作出重大贡献的专业技术人员的奖励办法；三是结合年度考核，对优秀、合格的工作人员，年终发给一次性奖金。

建立优秀人才带薪学习制度。结合人才培养计划，每年选派若干名各类优秀人才，到国内外著名高校、跨国公司、科研院所脱产进修或培训3个月至1年。

（三）结合住房、养老、医疗、保险等制度的改革，逐步将福利分配货币化、工资化

津贴是事业单位工资构成中活的部分，与固定部分同时实施，津贴总额按照在工资构成中占40%的比例核定。按照国家对津贴实行总额控制方案，保监会在核定的津贴总额内，按照国家的指导性意见，根据本单位的实际情况，具体制定津贴项目、津贴档次、津贴标准和发放办法，简化津贴项目。津贴项目和名称要根据本单位的主要工作任务来确定；津贴档次要根据工作任务的特点和具体情况来划分；津贴标准要在认真测算的基础上来设置，并严格控制在核定的津贴总额内；津贴的发放要在考核的基础上按照工作的数量和质量，贯彻多劳多得、少劳少得、不劳不得的原则。

结合中国住房、养老、医疗、保险等制度的改革，合并或取消不适当的津贴，提高薪酬的透明度，完善人才住房补助办法，逐步将住房补贴货币化。正式人员在试用期满后即可申领住房津贴。研究建立住房奖励资金，给优秀人才提供购房贷款贴息。

健全人才保障制度，积极探索社会保障制度改革，进一步完善企业社会保障制度，为推进人才工作深入发展提供保障。逐步建立重要人才国家投保制度。完善人才流动中的社会保险衔接办法。加快福利制度改革，逐步实现福利货币化，不断改善各类人才的生活待遇。按国家有关法律法规的要求，为监管人员购买基本养老、医疗保险。并根据对保险经营机构薪资福利水平的调查，确定监管人员补充养老及医疗保险水平。

根据不同地区的自然环境、物价水平及经济发展等因素，结合对现行地区工资补贴的调整，建立地区津贴制度。地区津贴分为艰苦边远地区津贴和地区附加津贴。建立超时工作补贴制度，建立为吸纳和留用特殊技能或岗位人才的专项津贴制度。

建立高级人才定期疗养体检制度，安排高级人才每年疗养体检计划。

二、完善保监会直管保险企业的薪酬福利保障体系

保监会直管企业薪酬管理应遵循以下原则：一是坚持报酬与风险、责任相一致，

与经营业绩挂钩，促进国有资本保值增值；二是坚持短期激励与长期激励相结合，促进企业可持续发展；三是坚持激励与约束相统一，促进收入分配公正、透明、规范；四是坚持效率优先、兼顾公平；五是坚持薪酬制度改革与相关改革配套进行，推进收入分配的市场化、货币化、规范化。

结合深化国有资产管理体制改革和建立现代企业制度，逐步建立市场机制调节、企业自主分配、职工民主参与、政府监控指导的企业薪酬制度。坚持按劳分配与按生产要素分配相结合、短期激励与中长期激励相结合、激励和约束相结合的原则，将经营者薪酬与其责任、风险和经营业绩直接挂钩。不断改善收入结构，逐步建立与市场价格接轨、合理有效的激励机制。在分类指导、分步实施的基础上，进一步完善国有企业经营者年薪制。

在企业高级管理人员仍由保监会审定的同时，鼓励各保险经营机构建立董事会领导下的薪酬委员会，按市场化原则制定公司管理及专业人员的薪酬政策。鼓励各保险经营机构推行市场化的薪酬管理制度，制定包括综合素质、经营业绩在内的考核评价标准，按照公司特点、资产质量、业务类型实行分类考核评价。由社会公开选聘产生的总经理等企业负责人的薪酬水平，可在执行以上薪酬确定原则的基础上，通过协商方式确定。

企业高级管理人员薪酬由基薪和绩效年薪构成。基薪是企业负责人年度的基本收入。基薪主要根据企业所承担的责任、经营规模和企业平均工资、行业平均工资、企业平均工资等因素综合确定。基薪不与业绩考核结果挂钩。基薪由保监会每年核定一次。绩效年薪与经营业绩考核结果挂钩，以基薪为基数，根据企业负责人的年度经营业绩考核分数及考核级别，确定为基薪的0~3倍。

企业高管人员绩效年薪列入企业成本，根据保监会确认的企业经营业绩考核与奖惩意见，由企业一次性提取，分期兑现。其中，绩效年薪的60%在年度考核结束后当期兑现，其余40%实行延期兑现，企业须完成国有资产收益收缴任务，方可兑现绩效年薪；对于未完成国有资产收益收缴任务的企业负责人，暂缓兑现或扣减其绩效年薪；延期兑现收入与企业高管人员任期经营业绩考核结果挂钩。

企业高管人员的住房公积金和各项社会保险费，应由个人承担的部分，由企业从其基薪中代扣代缴；应由企业承担部分，由企业支付。

要保持企业基本薪酬的竞争性，以吸引和保留优秀人才，薪酬的定期调整必须掌握市场的水准。鼓励各保险经营机构对市场薪酬水平进行定期预测分析，将工资总额与企业效益挂钩，并依据企业的增长率、销售及市场占有率情况，及时进行薪金的调整，形成有效的约束和激励机制，保证行业整体人才素质。

在规范管理的基础上，逐步推进股票期权等中长期激励办法，鼓励和引导各保险经营机构创新分配制度。鼓励各单位积极落实技术、品牌、管理等要素参与分配的各种实现方式；积极探索股权、虚拟股、特殊贡献分红、协议工资、项目工资、年薪制、利润分享、年度奖励、风险收入、补充保险、福利待遇等多元化的分配形式。选择和跟踪分配制度改革的样本单位，及时总结和提炼样本单位的做法和经验，并进行宣传引导。把企业领导推动按要素参与分配和形成有激励作用的分配方法作为重要内容纳入职业经理人的考核之中。

三、完善商业保险经营机构的薪酬福利保障体系

（一）推行市场化薪酬制度

与保监会直管保险企业相同，鼓励各商业保险经营机构建立董事会领导下的薪酬委员会，自主决定公司管理及专业人员的薪酬政策。鼓励各保险经营机构推行市场化的薪酬管理制度，制定包括综合素质、经营业绩在内的考核评价标准，按照公司特点、资产质量、业务类型实行分类考核评价。

要保持企业基本薪酬的竞争性，以吸引和保留优秀人才，薪酬的定期调整必须根据市场的水准来定。鼓励各保险经营机构对市场薪酬水平进行定期预测分析，将工资总额与企业效益挂钩，并依据企业的增长率、销售及市场占有率情况，及时进行薪金的调整，形成有效的约束和激励机制，保证行业整体人才素质。

（二）引入风险报酬机制

在薪酬制度中引入风险报酬机制，使得薪酬成为一种激励与鞭策并用的措施，既体现出物质方面的奖励和处罚，又使不同层次的员工承担不同的风险。这就要求企业根据实际情况确定风险工资占全部报酬的比例，鼓励发展股权、期权及员工持股等激励性报酬。

应明确属激励性报酬的奖金和股权部分的发放方式和标准，在全行业推广行之有效的风险报酬模式，保证全行业薪酬的竞争性。

（三）健全劳动保障制度，保障保险人才的合法权益

各项福利与保险涉及各保险经营组织中的每一名员工的切身利益，不仅影响其当前的利益，而且直接影响其长远利益。所以，制定出适合企业发展水平的福利保险制度，是企业和全体员工共同关心的问题。

应结合国家有关养老、医疗保险的政策法规规定，促使各保险经营机构注重维护员工的合法权益，保证各保险经营机构员工参加基本养老、医疗保险，为员工提供失业保险和大额医疗补助；鼓励有条件的企业为员工购买补充养老、医疗保险；鼓励各保险经营机构提供多样化的福利项目，使福利效用最大化，以最终实现薪酬管理的支持和激励功能。

第五节　加强保险人才市场的管理

一、发挥用人单位和人才市场主体作用

遵循市场规律，进一步发挥用人单位和人才的市场主体作用，促进企事业单位通过市场自主择人和人才进入市场自主择业。针对人才资源的特殊性，按照人才的市场供求关系，通过实现人才自身价值与满足社会需求相结合，有效解决人才供求矛盾；引导国有企事业单位转换用人机制，积极参与市场竞争；努力形成政府部门宏观调控、市场主体公平竞争、行业协会严格自律、中介组织提供服务的运行格局；消除人才市

场发展的体制性障碍，使现有各类人才和劳动力市场实现联网贯通，加快建设统一的人才市场；健全专业化、信息化、产业化、国际化的人才市场服务体系。

二、完善保险诚信管理体系

从法律体系、职业道德规范、社会监督和诚信文化四个方面建立完善保险从业人员诚信管理体系。

（一）构建完善的保险诚信法律和法规体系

建立健全保险业诚信制度、保险机构及从业人员信用管理体系，协助立法部门制定反保险欺诈法律，强化失信惩戒机制，加强诚信检查和监督，加大对保险欺诈及不实承诺等行为的打击力度。

（二）加强保险业职业道德体系建设

通过建立并完善保险业职业道德指引，建立职业诚信与职业资格、职业活动管理相衔接的机制。

（三）加强社会监督

通过建立保险诚信信息网络系统，加强监管部门与保险公司的信息交流，充分利用各种宣传媒体，加大保险诚信和防止保险欺诈的宣传，充分发挥市场监督作用；动员社会力量，聘请社会义务监督员，对各保险公司的违法违规行为进行举报。

（四）培育保险诚信文化

大力倡导诚信观念，建立信用评价机制，建立人才诚信档案，并融入全行业诚信服务系统；加强诚信教育，提高保险从业人员的执业道德水平，使诚实守信成为保险从业人员的自觉行动。

三、促进保险人才的有序流动

制定有利于保险人才流动和人才市场管理的法律法规，完善人事争议仲裁制度；加强人才流动中国家秘密和商业秘密的保护，依法维护用人单位和各类人才的合法权益，保证人才流动的开放性和有序性。

突出保险监管部门应在人才流动过程中的主导作用，以保险业人才发展规划为主线，发展全国统一的保险人才信息系统，加强对人才流动的宏观调控，采取有效措施，引导人才向西部地区、基层和艰苦地区等社会最需要的地方流动，鼓励人才安心基层工作；充分发挥市场和各保险经营机构自身的调节作用，运用人才预测、规划制定、政策引导、市场调节、定向培养、教育培训等多种形式，积极推动人才资源重组，鼓励发展保险业急需的管理、销售、精算等专业人才，使人才的地域分布、专业分布趋于合理；鼓励专业技术人才通过兼职、定期服务、技术开发、项目引进、科技咨询等方式进行流动。

推动保险监管机构内部交流，有针对性地加强机关与派出单位业务交流与联系制度，建立跨地区岗位定期交流制度；促进保险监管部门与经营机构之间人才的双向流动，研究制定监管人才参与市场竞争到企业任职的办法，推动具有较好专业背景和较高专业管理能力的监管人才到保险经营机构任职或兼职，提高保险经营机构的管理水平；制定保险经营机构人才进入保险监管部门工作的管理办法，使保险监管部门得以吸纳优秀的保险经营管理人才。

通过业内培训、学术研讨会及人员交流等方式，促进保险业内及与国际间的业务交流。

四、充分发挥保险协会及学会和保险专家学者的作用

充分发挥保险行业协会及学会的引导作用，依据有关法律法规和保险业发展情况，组织制定保险行业的服务标准、技术规范和行规行约，制定从业人员道德和行为准则。加强保险学会的组织建设和完善，保证其人员和组织机构的相对独立地位。

充分发挥保险行业协会及学会对保险从业人员和中介机构自律管理作用；授权其对保险从业人员的培训、资格考试、执业、流动和奖惩等进行管理，组织有关职业道德、法律法规、专业知识、营销技能等方面的培训教育；探索保险代理公司、经纪公司、公估机构以及兼业代理机构的行业自律管理方式。

充分发挥保险行业协会及学会的自律惩戒作用。对于违反协会章程、自律公约和管理制度、损害投保人和被保险人合法权益、参与不正当竞争等致使行业利益和形象受损的会员，既可按章程或自律公约的有关规定，实施警告、业内批评、公开通报批评、扣罚违约金、开除会员资格等惩戒措施，也可建议监管部门依法对其进行行政处罚。

重视保险理论人才的培养，加强监管部门与大专院校、科研院所的联系和沟通，注重理论研究与实践的结合。

完善保险课题研究机制，设立保险理论研究基金，鼓励中国保险理论的创新和发展。

建立科学决策机制，建立重大决策的专家咨询制度，保证决策的科学与正确。

第六节　完善保险业资格管理和教育培训制度

一、完善保险业资格认证管理体系

建立统一高效的职业资格管理制度，与发达国家职业资格制度接轨。保险资格考试的管理应在保监会的领导下进行协调管理，以建立统一高效的保险职业资格管理制度。在此基础上，按照全国统一标准、统一教材、统一师资培训、统一命题、统一考务管理和统一证书核发的方法进一步规范和完善，使之逐步纳入国家职业资格管理体系，并逐步与发达国家职业资格制度接轨。

建立多层次、多方式、多渠道的具有中国特色的保险业专业资格认证体系，完善以能力为基础的从业资格证书制度和实行准入控制的执业资格证书制度。建立分细类的职业等级认证制度，增加中、高级资格考试的等级，以激励从业人员向更高的目标发展；鼓励保险专业人员参加国际通行的专业资格考试，促进保险专业人员与国际接轨。

完善保险专业人才管理制度，完善保险精算师管理制度；建立保险首席核保师、首席核赔师制度；建立保险业各类专业人才管理制度。

统一非保险特有专业资质认定。此类专业人才包括人力资源管理师、会计师、工程师等，他们不是保险行业所独有的，但在保险行业的运作和发展过程中又不可或缺的，对此也应有统一的资格认定办法，可由保监会会同其他人事管理部门加以设定和管理。

二、实现保险行业人才信息数据化管理

建立社会公共保险服务信息系统，确立保险行业人才队伍标准化建设思路，建立保险业人事管理信息管理系统，建立人才测评标准体系，加强对信息资源的开发利用，进行行业人才信息数据库的调研和建设；借鉴发达国家如美国等的经验，建立全国统一的保险业人才管理数据库系统、客户投诉数据库系统以及保险中介监管信息系统等信息管理平台，为保险人才管理的科学决策和依法监督提供依据。

三、建立人才储备体系

着眼于中国保险事业长远发展的需要，在保监会领导下，建设一支数量充足、素质优良、门类齐全、结构合理的省部级和地厅级后备干部队伍。同时，建立高层次人才库，直接联系一批优秀企业家和各类高级专家；设立和调整高层次人才专项资金，鼓励用人单位和社会各界在工作上、生活上为高层次人才提供保障，激发他们的贡献热情和创造潜能，充分发挥他们在人才队伍建设中的示范带动作用；形成监管部门、经营机构和学术研究单位三层次的人才培养体系，建设一支数量充足、素质优良、门类齐全、结构合理的后备人才队伍。

保监会在引进人才方面树立榜样形象，强化企业吸纳人才的主体地位，进一步完善人才引进的优惠政策，建立畅通的人才引进“绿色通道”，完善人才、智力、项目相结合的柔性引进机制；根据业绩、能力及战略需要，以专业一流、团队优秀、项目领先为标准，在保险经营企业中选定一批技术和管理领军人才，建立领军人才信息库；通过保监会组织重大课题研究，促进监管部门、保险经营机构以及学术界间的人才交流；由政府建立高级人才培养基金，鼓励企业和学术单位加大对高层人才培养的投入；研究和遵循学术带头人成长规律，建立跟踪管理制度，进一步破除科学研究中的论资排辈和急功近利现象，形成培养选拔高级专家的制度体系。

在保监会的指导下，加强各大专院校保险专业建设，指导并推进各大专院校保险专业课程改革，突出应用型人才的培养；缩小保险专业课程设置与市场需求的差距，推进保险专业课程与国际接轨，鼓励高校保险专业学生的专业实践，增强学生对保险业的感性认识，减少学生就业上岗培训的时间。

四、加强高层次人才队伍建设

把高层次人才队伍建设摆上重要位置。中高级领导干部、优秀企业家和各领域高级专家等高层次人才，是人才队伍建设的重点；实施保险业高层次人才培养工程，制

定符合中国国情和国际化要求的培养规划，针对不同特点，实行分类培养；不断推进制度创新，形成有利于高层次人才成长的机制和环境。

以提高战略开拓能力和现代化经营管理水平为核心，加快培养造就一批熟悉国际国内市场、具有国际先进水平的优秀企业家；遵循企业家成长规律，培养企业家职业精神，提高企业家职业化水平；建立完善企业家激励约束机制，调动和保护企业家勇于竞争和持续创业的热情；实施“走出去”战略，发展具有国际竞争力的大公司、大企业集团，鼓励企业家在更大范围、更广领域和更高层次上参与国际经济技术合作和竞争；加快建立健全现代企业制度，完善公司法人治理结构，为企业家的成长和创业提供广阔的空间和舞台。

以提高创新能力和弘扬科学精神为核心，加快培养造就一批具有世界前沿水平的高级专家；坚持自然科学和社会科学并重，基础研究与应用研究并重，依托新世纪“百千万人才工程”等国家重大人才培养计划、重大科研和建设项目、重点学科和科研基地以及国际学术交流与合作项目，积极推进创新团队建设，加大学科带头人的培养力度；建立开放、流动、竞争、协作的科学研究机制，进一步破除科学研究中的论资排辈和急功近利现象，抓紧培养造就一批中青年高级专家；坚持“双百”方针，形成鼓励创新、鼓励探索的良好氛围；努力改善工作条件，大力营造激发创新活力的工作环境；弘扬爱国主义精神，提高科学道德水平，激励各领域专家奋力攻关，勇攀事业高峰；注意发挥老专家、老教授的作用，改进和完善院士制度、政府特殊津贴制度、博士后制度以及其他高层次人才培养制度，进一步形成培养选拔高级专家的制度体系。

五、推进保险营销体系的改革

加强法律法规体系建设，完善保险营销员管理。建立并完善《营销员管理办法》，明确营销员监管职责，规范保险销售从业人员的保险销售活动，维护保险市场良好秩序，保护投保人和被保险人的合法权益，促进保险市场健康发展；完善保险销售人员的从业资格管理体系，建立并完善分细类的寿险、产险、投连或分红等的执业资格认证管理体系；完善职业资格认证的考试和注册管理制度。根据不同保险市场的要求，设置多种类、多层次的资格认定与等级考试制度，以确保营销人员具有基本的业务知识和营销能力。

加强保险营销员道德体系建设，在保监会中介部、寿险部等部门领导下，充分利用保险协会、保险学会力量，构建完善的保险营销自律机制；组织制定一系列行业自律条例及行为守则，对营销人员的专业水平、职业道德、日常行为规范等方面加以约束，并负责对保险营销人员从业资格审查、考试的组织、佣金的管理以及日常行为的监督；加强保险职业道德宣传，加强保险公司管理，强化保险营销员的行为规范。

强化社会监督，建立并完善保险中介监管信息系统。该系统包括以下五个子系统：一是专业保险中介公司审批管理信息系统。通过系统对专业保险中介公司及其分支机构的设立、变更、终止的审批报告事项，专业保险中介公司高级管理人员任职资格核准、变更、终止审批报告事项的登录管理，通过内网保监会和保监局及时信息共享，统计分析查询专业保险中介公司的基本情况；二是保险销售及保险中介从业人员监管信息系统。该系统是指对保险销售及保险中介从业人员进行考试管理和资格管理的监管信息系统。该系统包括考试管理、资格证书和展业证书管理、人员流动管理、执业情况管理等功能，涉及考点、协会、保险公司、保险中介公司、保监局和保监会多种用户，每种用户承担不同的管理功能；三是保险中介现场检查和非现场检查监管信息系统。该系统是为满足保监会进行保险中介现场检查和非现场监管，掌握全国保险中介运行情况的需要而设立的。该系统采取“保监局报送，保监会汇总”的方式，即由各保监局汇总辖区内保险中介现场和非现场检查数据向保监会报送，由中介部负责集中汇总统计；四是保险兼业代理监管信息系统。该系统是对保险兼业代理机构进行审批和管理的信息系统，保监局通过该系统进行审批和核发许可证，并对辖区内的兼业代理业务进行统计分析，各保监局汇总辖区内保险兼业代理监管数据，再向保监会报送，由保监会中介部负责集中汇总统计；五是保险中介监管信息查询平台。该平台集中汇总上述四个保险监管信息系统的监管信息，并将保险销售及保险中介从业人员、保险中介公司、保险兼业代理机构的监管信息向社会公众开放，提供网络、声讯查询平台。

加强营销员再教育工作，建立持续教育管理体系。通过岗前培训管理、后续教育管理、委托代理培训管理、培训机构资格认定管理以及再教育的监督管理等手段，通过坚持公开原则，明确培训机构应具备的资质条件、认证办法、培训课程和培训方式，接受社会监督，最终达到提高保险中介从业人员的整体素质，促进保险业健康发展的目标。

最后，稳步推进保险营销体系多元化改革，鼓励保险专业及兼业代理的发展，促进保险公司专属代理公司、保险代理人、保险代理公司等多种销售方式并存体系的形成。

六、确立保险业继续教育制度

(一) 要确立继续教育的内容和形式，构建全员职业终身学习、继续教育体系

加快构建终身教育体系，促进学习型行业的形成。在全行业进一步树立全员学习、终身学习理念，鼓励人们通过多种形式和渠道参与终身学习，积极推动学习型组织建设。完善保险业再教育首先要树立“接受终身教育，将学习与工作有机地结合在一起”的观念；制定科学规范的质量评估和监督办法，提高教育培训成效；要通过行业立法把对人才的培训列入法定范围，并对监管部门中的行政人员和经营机构中的技术人员、经营人员加以分类，分别规定培训要求、措施和经费来源等项目。

(二) 充分利用市场机制，整合各类教育培训资源

加强终身教育的规划和协调，优化整合各种教育培训资源，综合运用社会的学习资源、文化资源和教育资源，完善广覆盖、多层次的教育培训网络，构建中国保险行业特色的终身教育体系；加强各类人才的培训和继续教育工作。

加大对基础教育、基础研究、战略高技术研究、重要公益研究等事业单位的分配政策扶持力度；要建立合理的人才资本投资机制，为人才提供良好的发展环境；充分

利用社会办学资源，采取多种方式搞好人才的培训。

着眼国家发展和战略需要，促进深化保险高等教育体制改革，充分发挥高校的人才培养重要基地作用；促进各大专院校调整学科和专业结构，创新人才培养模式，建立教育培养与人才需求结构相适应的有效机制。

适应走新型工业化道路和优化产业结构的要求，大力推进职业教育的改革和发展；鼓励用人单位制定必要的培训计划，包括专业知识、技能、价值观、道德观、企业精神、经营理念等，使员工通过企业的统一培训实现自我价值的提升。

（三）明确培训目标和方向，提高培训有效性

1. 保险监管人才队伍的培训

加强政治理论和制度化培训。有计划、有重点地定期选派司级干部参加中央党校和行政学院的各类培训班，继续组织好司处级干部的党校轮训，定期举办机关开发中心级干部培训班、处级干部任职培训班、员工初任培训班以及派出单位领导干部培训班。

不断调整培训重点，及时补充更新专业知识。通过集中脱产培训、举办专题讲座、岗位自学等多种形式，重点抓好国内外经济、金融及科技新知识，先进的管理理念、方式与方法，公共管理、法律等方面知识的培训，加强外语和计算机应用能力的培训。

结合保险监管工作特点，突出核心能力建设。抓住人才能力建设重点，通过有效的培训方式和途径，全面提升人才队伍的整体素质，努力提高运用科学发展观开展各项工作的能力。

建立和完善培训工作体系。完善培训、选择、考评制度，探索多元化教育培训形式，把脱产与业余培训，短期、中期与长期培训，国内与国外培训，现场教学与网上培训，集中与分散培训等形式有机结合起来，增强培训工作的针对性和有效性。

2. 保险从业人员的培训

借鉴国外经验，建立保险从业人员培训系统模型：

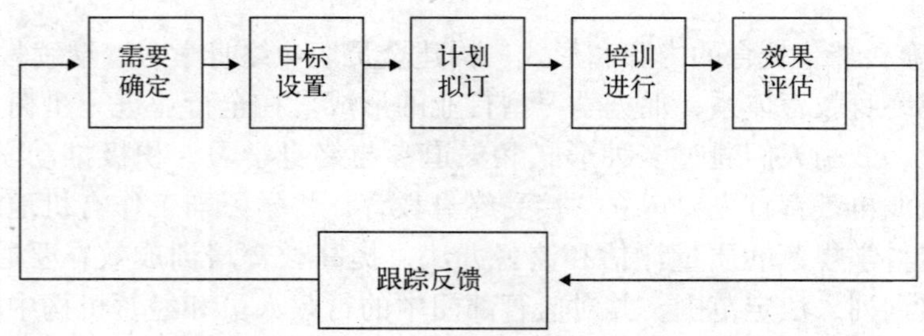

加强培训人员队伍建设，确保培训效果，注重培训的整体有效性。针对不同类型从业人员的特点，确定不同的培训要求。对于专业技术人员，一方面要抓好继续教育，更新专业知识，掌握新的工作技能；另一方面，专业技术人员应向复合型人才的方向发展。对于经营管理人员，要提高其政治素质、业务素质、风险意识和决策能力等，提高其驾驭市场经济、参与国际竞争的能力。

“十一五”期间，中国保险业人才队伍建设将在“党管人才”原则的指引下，遵循

“以人为本”的基本理念，把促进保险业发展作为人才工作的根本出发点，借鉴国内外保险业人力资源管理的成功经验，创新和完善人才工作的体制与机制，通过造就高素质的、具有创新意识的复合型保险人才，加快提升保险业核心竞争能力和整体实力，为建设一个诚信友爱、充满活力、安定有序的社会主义和谐社会作出贡献。

参考文献

1. 詹姆士·丁·海克曼：《提升人力资本投资的政策》，上海，复旦大学出版社，2003。
2. 杨柏华：《国外人事制度》，北京，劳动人事出版社，1987。
3. 谭健：《二十国人事制度》，辽宁，辽宁人民出版社，1987。
4. 曹志：《资本主义国家公务员制度概要》，北京，北京大学出版社，1985。
5. 曾湘泉：《构建新世纪现代人才管理体制》，北京，中国人民大学出版社，2004。
6. 于潇：《美日公司治理结构比较研究》，北京，中国社会科学出版社，2003。
7. 唐代望、叶志新、沈兆伍主编：《现代人事管理学》，北京，中国人事出版社，1990。
8. 曾湘泉：《劳动经济学》，北京，中国人民大学出版社，2003。
9. 王国良：《现代保险企业管理》，北京，经济科学出版社，2003。
10. 中国保险年鉴编委会：《中国保险年鉴》，2002、2003。
11.《联合国国际公务员制度委员会 2001 年度报告》。
12.《香港外国公务员薪酬管理制度最新发展的研究分析顾问项目中期报告》。
13. 吴定富：《推动保险理论创新　促进中国保险业持续快速健康发展》，载《经济科学》，2003（5）。
14. 吴定富：《加强学会建设　繁荣理论研究　促进保险事业蓬勃发展》，载《保险研究》，2004（10）。
15. 李克穆：《注重人才培养 进一步发展中国保险业》，载《上海保险》，2002（8）。
16. 薛生强：《论外国保险经纪制度及其启示》，载《宁夏大学学报》，2001（3）。
17. 周卫东：《开发人才资源提升保险企业价值》，载《中国保险》，1999（5）。
18. 林中才、王宗辉：《论中国保险业人力资源开发的现状与对策》，载《外向经济》，2000（6）。
19. 陈干全：《政府雇员制的背后》，载《决策咨询》，2004（10）。
20. 佟宝贵：《英国现行公务员绩效评估制度概述》，载《政治与法律》，2001（2）。
21. 赵蕾：《“十五”期间我国专业技术人才队伍结构优化问题研究》，载《科技进步与对策》，2003（9）。
22. 周德新、程利民：《论保险公司职业经理人的作用和素质》，载《保险研究》，2004（3）。
23. 吕秀惠：《浅谈事业单位人事制度改革》，载《北京水利》，2003（5）。
24. 李喜童：《完善和发展中国特色的公务员制度》，载《发展论坛》，2004（7）。
25. 陆志祥、石金涛：《国有保险公司长期激励方法对比研究》，载《技术经济与管理研究》，2004（4）。

26. 宋永生：《论建立市场经济体制下的用人制度》，载《保险研究》，2001（1）。
27.《中共中央、国务院关于进一步加强人才工作的决定》，2003（12）。
28. 吴冠锋：《浅析德国人力资源开发管理的特色》，载《人力资源开发与管理》，2001（3）。
29. 兰兴志：《美日企业人力资源管理模式比较》，载《中国人力资源开发》，2001（10）。
30. 姚壬元：《美国保险中介制度》，载《中国保险》，2001（12）。
31.《人才流动“六大限制”将被进一步消除》，载新华网，2003－12－24。
32.《现阶段人才测评存在的问题》，载中国人力资源网，2004－07－24。
33.《工资专家谈企业薪酬制度改革五大新特点和四大难点》，载中国人力资源网，2004－11－19。
34.《2002～2005年全国人才队伍建设规划纲要》，载新华网。
35.《人事部敲定三改革思路 工资福利制度囊括其中》，载中国人才热线，2004－01－30。

附件　国外保险业人力资源管理机制的借鉴与启示

一、国外保险监管队伍管理

国外保险业的人才管理体系中，对从业人员的划分有各自的方法，但大体上结构相似，可以归结为以下几种：政府文员及政府雇员、经营管理人员、专业技术人员以及临时雇员。不同的人员有各自的人力资源培养目标、培养计划和培养方案。

（一）国外保险业监管队伍结构

西方发达国家的保险监管队伍按照组织形式分类，可分为保险监管委员会、保险监督管理局以及保险协会或保险业联盟等管理形式。保险监管委员会及保险监管局一般作为政府下属部门采用西方文官管理体系，参照政府文官的管理模式进行管理；而保险协会或保险业联盟则通常作为非营利性组织，参照私营企业的人员管理模式管理。

在政府保险监管部门，其职员通常被划分为政务官、事务官和临时雇员等。政务官一般随政党共进退，而事务官则为常任，非有重大过错不被解职。例如，在美国，各州的保险监管部门及反保险欺诈部门总裁往往由州长直接任命。

由于常任事务官自身特性及其所处的体制的特点，容易导致他们循规蹈矩、缺乏创新意识等一系列问题。针对这种情况，西方国家采用政府雇员制加以补充，政府从社会上直接雇用法律、金融、经贸、信息、高新技术等急需的专门人才，以及打字、驾驶等普通技能型的工作人员。这类人员一般不占用行政编制，不直接行使行政权力，按照雇佣合同的约定享有权利、履行义务，在一段时间内服务于政府某项工作或某一政府工作部门，他们与实行常任制的人员共同完成行政机关所承担的行政管理职能和事务。在推行政府雇员制的英、美、澳、新等西方国家，政府雇员的人数大致占公务员队伍的10%～20%。政府雇员制在实际运行中具有人才选用及进出自由度大、灵活性强、人才使用的适应性强等特点。

临时雇员大多从事竞争性的岗位，其服务年限一般不超过一年，用以完成相应临时性工作，以增加用人机制的灵活性。通常在如下情况采用临时雇员完成工作：一是应付高峰期工作量；二是填补将来难以获得政府拨款的工作；三是顶替临时有事的正式雇员工作；四是填补那些将来可能外包的空位。在美国，临时雇员约占总员工的7%左右。

（二）国外保险业监管队伍管理体系

人才队伍管理体系建设的目标是提高人才素质和综合能力，进而提高工作效率。人才能力最核心的内涵是指其应掌握的相应职业岗位所需要的知识和技能。西方发达国家成熟的能力体系建设内容包括：制度建设、职位分类制度、适当的录用和考试环节，以及完善的评价和考核手段、有效的激励机制和持续不断的培训学习制度。

在当代发达国家，“功绩制”是政府文员制度的根本原则，即以能力和业绩为取向，依据实际工作表现来付酬的人事管理制度。以美国为例，其“功绩制”的主要原则包括：

第一，必须从合适的来源、合格的人员中招聘雇员；必须保证人人得到机会均等的公开、公正的考试；根据能力、知识及技术水平来决定录用与晋升。

第二，所有求职者及雇员在人事管理的各方面均应受到公正合理的对待。

第三，对价值相同的工作给付相同的报酬，对优异的工作业绩给予鼓励和承认。

第四，所有雇员应保持高标准的道德水平及对公众利益的关切。

第五，人才队伍的一切力量应有效地加以利用。

第六，表现好的员工应继续任职，表现不好的员工应加以改进，达不到工作标准的应免职。

第七，对员工进行有效的教育和培训。

第八，保护员工不会因进行合法的揭发而受到迫害。

1. 岗位管理

以美国为代表的西方发达国家政府部门大多因岗设人，岗位管理是人事管理的基础。对于每个新设岗位，都要进行该岗位的定义及分类，详细描述其岗位职能、在组织架构中的层级及位置、与其他岗位发生的联系、对人员的要求及素质等。

职位分类制度是人事行政工作的基础，也是人才队伍能力建设的重要前提。所谓职位分类，是指严格按照职务特点进行分类，而不考虑个人因素对职务的影响。职位分类的主要依据包括：工作性质、任务繁简、难易程度、责任大小以及所需要的资格条件等。其程序包括职位调查、分析评价、列等归级以及后续管理等。职位分类制度满足了分类分级、统一管理的要求，提供“因事求才”的用人标准，并为考核、培训、支付劳动报酬等管理活动提供依据。

目前发达国家的工作岗位分类实行“宜粗不宜细”的原则，由原来强调职位的区别转向强调职位的相似性，把职位相似但又被分为不同类别的职位进行合并，既减少了职位，降低了成本，又方便了人员的交流和变动。另一个趋势是部分职位的私有化，即在对部门职位进行重新定义后，把过去由政府提供的职位，转由为企业提供，政府间接监控的服务体制。例如，将培训项目转由大专院校或私营研究机构承包，将卫生、食品、车辆等服务单位对外转包等。

2. 人员录用

在以美国为代表的西方国家，人才录用的方式一般包括：选用制、聘任制、委任制和考任制。人员的录用须遵守“公平、公正、公开”的原则。人员的录用按照行政首长类、高级行政文员类和普通文员类等类别采用不同的录用方式。

在美国，保险监管主要由州管理，行政首长类文员由州长提名，并经议会批准后任用。

高级行政文员有明确的任职标准和条件，并注重职位分析。按照领导变革、领导人、追求结果、业务才干以及合作和沟通的标准要求，确定具体职位的资格及素质要求，通过公开竞争的程序进行考试，并经人事部门审查任职资格后，由相关部门负责人决定聘任。对于高级行政文员的任用，往往更注重其管理能力及面试结果。

对于普通文员的录用，通常需要达到一定的学历或从业经历标准，并经过考试、面试、能力测评等程序后任用，特殊专业岗位需要获得专业资格证书。考试内容通常包括：写作技能、沟通技能、数学能力、人际关系、分析能力以及决策能力等。虽然某些国家，如英国，强制规定“凡未经考试并持有合格证书的一律不得从事任何事务官职”。但许多国家或地区已不再单纯依靠笔试测验的方式录取员工，而更侧重面试、工作背景调查、推荐材料以及试用期表现等作为员工取舍的重要因素。新员工录用后往往需要经过一段时间的实习期，不同岗位实习期不同，通常分为3个月、6个月或1年三个档次。一些优秀人才或急需专业人才，经过特殊批准，也可不经过实习期而直接录用。实习期结束，必须由其主管部门或专门的考核委员会对其实习期表现进行评价合格后才能转为正式员工。

3. 评价和考核

(1) 考核的目的和指导思想

一是为了改进管理，充分调动员工的工作积极性，避免将考评用于惩罚目的；二是考评方案必须使员工能够接受。只有比较全面、充分和准确地反映个人的工作情况和业绩，才能调动其参与的积极性；三是考评内容应选择最重要的，而非最容易测量的指标；四是考评方案应有足够的灵活性，避免指标的僵化；五是以评促改。对考评中发现的问题应有明显的改进，否则被考评者将失去对下次考评的重视和信任。

考核的指导思想：一是人员考评应以实现本单位的未来目标为目的，把人员考评和单位考评相结合；二是把考评作为机构改进工作和个人发展提高的过程；三是考评应面向员工公务人员的服务对象，将他们的反馈意见纳入考评指标体系。

(2) 考核体系

考核的重点内容包括：工作业绩和内部协调情况；服务对象的反映；创新和学习情况；与工作相关的财务情况。

考核的过程包括计划、监测、提高、评定和奖励。计划是指制定集体和个人的工作期望目标，这些目标应该是通过努力可以达到的。员工应参与计划过程，并了解集体和自己的工作目标；监测是指为了掌握个人和单位的工作情况，收集服务对象的反馈信息；提高是指通过培训和考评意见反馈等途径，帮助员工改进工作方法、提高工作质量；评定是指对监测的情况进行比较，确定每个员工工作业绩的评定等级和薪酬增长幅度等；奖励是指对员工的工作业绩和对单位所作出贡献进行表彰和肯定。

(3) 考核计划与考核指标

考评指标包括考评要素和考评标准两项。考评标准从不合格至优秀分为若干档。考评要素是指员工最基本和最重要的任务和职责，包括评定要素、非评定要素和补充要素三项。每条考评要素是考评合格的必要条件，其考评结果也是被考评者去、留、升、降的主要依据。

制订考核计划是考评工作的核心，考评计划的制订分为八个步骤：第一，明确被考评者所在单位的长期目标和近期目标，回顾过去的考评情况，确定考评工作内容和考评重点；第二，确定部门及科室一级的业绩指标。由于各科室的工作性质、结构等不一致，确定业绩标准一般采用目标分解法、服务对象法和工作流程法等；第三，确定个人成果指标；第四，将期望成果表述为考核要素，明确要素类型，确定权重和分值；第五，确定如何测量，确定数量指标、评价依据及评价要点；第六，确定考评要素和考评标准；第七，确定如何收集考评信息；第八，复查考评标准、考评要素设立的准确性和必要性。

(4) 考核管理

成立由主管领导、人事部门、预算部门、工会等单位组成的临时委员会，负责考核各项事务，制定考核计划与安排。对单位的业绩考核由预算部门负责，对个人的考评由人事部门负责。

考核的形式包括年度总结、表格测评、述职报告和回答考评表问题等。考核委员会定期向机构的服务对象发放调查问卷，收集反馈信息。

对于考评中存在的问题，员工根据考评意见提出改进方案。设立专门的委员会处理考核过程中的各项投诉事件。

根据考评结果决定对员工的奖励或处罚。考核的奖励包括奖金、加薪、荣誉奖励和休假奖励等。对于考评不合格者，一般给予一年的改正期，而后仍不合格者给予降级或解职的处罚。

4. 员工晋升

员工的晋升一般不与考核结果挂钩。传统的政府职员较多采用品位分类，因此一般在晋升方面采用年资晋升制。这一制度易出现“论资排辈”的现象，不利于选拔优秀人才。因此，在美国政府文员制度改革后，实行以职位分类为基础、以功绩为主的晋升制度。在职位晋升方面采取了考试晋升制、功绩晋升制、年资晋升制和越级晋升制等四种晋级方式。普通员工的晋升一般必须通过专门的资格考试，达到岗位基本资格要求，并经过上级主管或考核委员会的评审合格。晋升高级文员，必须通过专门的考官委员会组织的面试，面试内容按照能力标准和职位要求进行，并要求场景模拟、现场模拟问题处理等能力测试达到合格。而越级晋升制是指对成绩特别突出、能力特别强、贡献特别大的员工，可以不受学历、年龄和资历的限制，也不需要进行特殊的考试，而依据其能力和贡献获得晋级机会的一种方式。

5. 改革和发展

以美国为代表的西方文官考核体系对于实现科学化岗位管理发挥了重大作用。但其更注重细节的管理模式，以及对各种法律条文的引用和名词解释过于繁琐，客观上不利于人们对方案本身的理解和把握。另外，其职位分类容易出现机械化、程式化的问题，往往过分强调以事为中心，忽略人的主观能动性。

因此，自 1993 年以来，美国对政府文员制度进行了改革，以提高制度的活力。改革的主要内容包括：一是简化法规和制度规定，增强人力资源管理的灵活性；二是下放人事管理权限，使一线管理者有更大的实际权力；三是精简机构和人员，保持队伍的活力；四是采用更多高效低耗的人事管理方法，包括将部分建制转化为企业，将部分职能转包给私人企业，以及加速人事管理的信息化等；五是调整职位分类和工资制度，采用以能力和业绩为基础的灵活的薪酬制度。

（三）国外保险业监管队伍的薪酬制度

1. 保险业监管队伍薪酬制度的主要趋势

（1）进一步把薪酬政策和管理职能下放给执行部门和机构

英国、新西兰和加拿大在这方面走在了前列，这些国家已在相当程度上淘汰了以往全国性的薪酬安排，而根据由政府统一制定的准则和指引，把大部分薪酬职能下放给个别机构和部门。新加坡和加拿大保留了一些较为集权化的制度，但两国也给予个别部门和机构一定程度的自主和灵活性。

（2）认为政府职员在某些领域内，如平等机会政策、雇员培训发展、以绩效考核为基础的任用和晋升政策等，可带头树立榜样

（3）以薪酬幅度取代固定薪级，致力于加强薪酬与表现（指个人表现与效率的提高）的联系

其目标在于提高员工队伍的效率和生产力，协助员工培养绩效文化，以及提高队伍的灵活性。在薪酬幅度下，每一薪酬幅度均设有最低薪点和最高薪点，政府职员的薪酬可根据个人表现在薪酬幅度内自由移动。各国在此方面的整体发展趋势，在于透过一系列以绩效为本的薪酬安排，包括灵活薪幅、表现花红以及其他奖励计划取代或补充传统上以自动增薪为主的固定薪级制。

（4）追求提供足以吸纳、留用和激励适合员工的薪酬，强调财政负担能力（受预算规范约束）

不强调薪酬与商业机构的明确联系，但仍力争使政府职员薪酬与商业机构薪酬水平大致相当。同时更着重强调将符合预算规范的财政负担能力、实现绩效目标、如何招聘、留用和激励员工作为主要的考虑因素。薪酬趋势和水平调查一般只用作职员按议薪准则订立集体和个人雇佣协议时的参考信息，并不会用来主导公务员的薪酬调整工作。

（5）通过不同形式的绩效奖励，致力于加强职员表现与薪酬的挂钩

绩效奖励制的推行主要取决于两个关键因素：发展一个可以信赖而且稳健的绩效管理架构，以及提供充足经费以便能有效分辨表现平庸与表现突出的员工。高级公务员是绩效奖励制的重点推行对象。究其原因，一方面是表现优异的高级公务员有必要得到适当奖励和激励；另一方面是高级公务员的工作一般要求他们运用较多的酌情权和监控力度。

（6）以较灵活的政策（如将津贴并入基本薪金）取代僵硬的统筹制度

2. 以薪酬幅度取代固定薪级的薪资政策

所谓薪酬幅度的工资制度，是指“以岗位为主确定薪点数、以绩效考核增减薪点数”为原则，每一薪酬幅度均设有最低薪点和最高薪点，每一薪酬幅度均有所属的职级或级别。以岗位贡献为依据，以员工贡献大小为基础，以员工所拥有的知识、技能和行为标准而确定的一种弹性工资分配制度。其主要内容包括：薪资调查、薪资政策、薪资设计等。

薪酬幅度内的薪级较传统的固定薪级更宽泛，各个薪酬幅度彼此重叠的情况也较多。薪幅工资制将职种划分、职层划分和薪职等级等因素结合起来，它呈现的是每个职种与薪职等级和职层的对应关系。职种薪酬等级的不同区间反映了企业对不同职种所具有的知识、技能和行为标准等因素的价值和判断。以较灵活的薪酬幅度取代固定薪级，有利于提高薪酬政策的激励性。

薪幅工资制通过薪资调查、薪资政策及薪资设计等手段跟踪行业平均薪酬水平，在财政负担承受能力内，使监管人员的薪资水平紧密跟踪保险经营机构的薪资水平。

薪幅工资制区分管理和专业两大薪资管理体系，其专业体系包含专业技术工资等级及专业技术职称等级制度。薪幅工资制有利于将专业技术职务工资重新纳入监管人员工资结构中，可以朝着正确的方向有效地激发公务员的积极性，留住优秀的专业监管人员。

3. 确定薪酬水平和薪酬调整的依据

西方发达国家普遍采用政府职员与商业机构薪酬水平大致相当的计算方式。在确定薪酬水平的过程中主要考虑如下因素：

（1）注重研究市场薪酬水平和动向

此类研究一般以商业机构为对象，并以各类调查和数据为基础，而且可供公众查阅。研究成果可用作统一厘定薪酬时的参考资料，并为其他部门和机构在厘定薪酬时提供重要指引；但一般而言，薪酬研究成果与薪酬调整幅度之间的任何公式化联系已被否定。个别部门和机构亦可自行进行薪酬研究，以探讨各自的薪酬水平在某类劳工市场上的竞争力。

（2）强调下放薪酬管理职权

由中央制定整体的薪酬架构及政策，而部门在确定薪酬方面享有更大的权责。这一措施的主要优点在于部门和机构在按本身实际需要制定薪酬政策和制度上，可享有更大的权力和灵活性。职能下放虽然能简化统一厘定的薪酬措施，但也会导致薪酬制度日趋复杂和繁琐。

（3）强调财务负担能力

在薪酬职能已在相当程度上下放给个别部门和机构后，预算拨款限额为政府控制员工薪酬的主要机制，财政负担能力的重要性更为突出。

（4）注重灵活性与反映力

以新加坡为例，鉴于20世纪80年代中期经济衰退的冲击，新加坡便逐步推行一系列影响深远的措施，以确保政府在调整公务员薪酬以反映经济状况方面具有相当的灵活性。目前，新加坡高级政府职员薪酬内酌情发放的部分约占薪酬总额的30%～40%，只有部分能并入基本薪金内（因而不可全部用来计算退休金）。

（5）提高薪酬的透明度

各国均已采取不同措施合并汲取公务员津贴，借此提高公务员薪酬制度的透明度、增强公务员队伍的问责性、减少行政开支。例如，据加拿大政府估计，处理政府文员津贴所涉及的开支约占人力资源服务总成本的三分之一以上。把津贴并入基本薪金内，能让公务员在运用薪金方面享有更大的自由度。

另外，一些必要的津贴项目仍得到保留。例如，执行艰辛或厌恶性职务；在偏远或生活指数偏高的地区工作；超时或额外工作；吸纳和留用人才以填补需要特殊技能但暂时人手短缺的职位等。

4. 高级管理人员的薪酬管理

许多西方国家，如英国、美国等，都制定了独立的高级管理人员的薪酬管理政策，包括薪级与薪级内档次的划分以及与绩效挂钩的增加薪酬的评估方法。政府通过设置薪级上限，规定薪级内薪酬档次划分标准以及年薪酬增长率来实现对各部门薪酬管理的统一控制，并设立高级管理人员薪酬管理委员会对其薪酬进行评估和管理。每年高级管理人员薪酬管理委员会对薪级与薪酬档次划分标准以及薪酬增长率以报告形式提出建议，政府根据每年新情况对建议加以确认或修正后颁布实施。

高级管理人员的主要特点是其薪酬不与官位、品级挂钩，而是依其所任职的工作量和重要性决定其薪酬。职位的工作量和重要性由专门的评估程序决定。一般情况下，高级管理人员的最终收入是合并收入，即包括一定比例的养老金等社会福利，合并收入将作为次年的初始薪酬。

高级管理人员采用较普通员工更宽幅度的薪级制，同薪级最高额与最低额之间的差距较大，拉开了薪酬差距，对高级管理人员的激励作用更明显。同时，高级管理人员取消按年自动调薪，采用动态调整的方法，增薪与绩效挂钩；各薪级的限值根据薪酬委员会的建议，按照当年通货膨胀，并参照企业相应职位的薪酬水平进行浮动，实现劳动力价格与市场接轨。

5. 绩效奖励制度

绩效奖励制是指对员工发放年终奖励的制度，是公营部门整体改革的一个重要环节。绩效薪酬制成功与否，取决于其绩效管理架构是否公开透明。在大部分推行绩效奖励制度的国家内，公务员的现行基本薪金一般都不会受到影响。

高级公务员一直是绩效奖励制的重点推行对象。高级公务员的绩效薪酬（属于不固定薪酬）在其薪酬总额内的比重，各国均有不同，而且分别甚大。以澳大利亚为例，大约 80% 的高级公务员有资格获发放某类年终奖励，平均约为个人总薪酬的 5%，但个别高级公务员的年终奖励比重可达 30% 以上；新加坡的高级公务员薪酬平均约有 40% 是按个人表现与整体经济表现发放的薪酬。至于职级较低的公务员，一般不到总薪酬的 10%（实际情况视个别国家而定）。

（四）培训制度

1. 培训的法制化

外国政府部门员工的培训制度是为了满足国家和员工个人的发展需要设立的。许多国家把对政府雇员的培训纳入到法律法规中。例如，美国的《乔治迪恩法》、《公务员培训法》、《政府间人员法》和《雇员综合培训法》；日本《职员教育训练法》；法国《公务员总章程》和《继续教育法》，以及德国的《公务员法》都规定了培训既是政府职员的权利，也是其义务。

2. 培训内容

在美国，其培训内容中既有宪法和法律等方面的知识，也包括专业能力。主要内容包括：一是对高、中级管理人员的培训内容以法律和管理知识为主；二是对专业人员的培训以专业知识为主；三是对非专业性人员的一般性培训；四是对新员工的上岗前培训。

员工的在职培训，原则上是监管部门行政人员由各部门负责，企业员工由该企业自行负责。对不同级别的员工，采取短期或长期离职培训，或送到国外进修等多种形式。培训内容结合各员工的实际工作决定，并制定出相应的职员教育培训计划。

培训机构通常分为几种，包括监督部门下设的人事主管机关、各保险经营机构下自行设置的训练机构以及代办训练的政府或民间学术机构。同时，也会与各大专院校进行合作，多以讲座和培训班的形式出现。

培训对象分为对行政管理的训练和专业职业技能训练等方面。前者主要对于行政管理的理论与实务培训，对象包括绝大部分监管部门的从业人员及经营主体中的管理人员；后者主要对于专业及技术训练，尤其对保险经营人员进行专业和技术方面的培养。

3. 培训方式

美国的《政府职员培训法》规定，由公务员委员会协调和规划各部门的公务员培训事宜。培训的地点包括机关培训、部门培训、大学进修和在职培训等。培训方式包括不脱产培训、脱产培训以及交流培训等。

人事管理局及廉政署等机构针对业务需要，制作大量的教材、录像带、录音带、计算机程序等，供政府职员进行不脱产培训。

脱产培训的主要目的是有针对性地增加员工必须的专业知识，使他们在各个领域及时跟上最新发展趋势。培训的重点对象是中级管理人员。

美国1970年《政府间公务员交流法》规定，联邦、州和地方政府之间，必须实行人员交流；而美国“总统人员交流委员会”则要求政府与企业之间也必须进行交流。这样的交流，时间为一年或更长。通过不同环境人员的交流，有利于增进了解，发现和处理好各类问题。

4. 培训渠道

各国都有相应的关于保险行业职业技术的培训组织，各国的培训机构的组织形式有所不同，但是所承担的都是为整个保险行业从业人员提供全面的职业素养和专业技术的培训工作。在美国，设立培训局负责制订培训计划，通过业务训练，提高从业人员的业务能力；研究培训方法，为培训机构制订课程，并协调保险监察部门的各个培训工作，提供培训机会等；在英国，保险监督机构设立培训教育司，在各部任命了培训官员，建立了保险行业联合培训委员会，统一解决从业人员的培训需求，并与各部门和保险公司协商培训事宜；日本的从业人员培训工作由人事院负责指定，并综合各个部门的进修计划，组织跨地区、跨部门的进修。各部门在人事院的指导下，制定进修计划，设立研修所，培训本部门的工作人员。

近年来，利用社会上的科研机构和大专院校进行培训逐渐成为趋势。通过与保险行业协会、保险学会和各类保险业联盟举办研讨会，或委托大学院校课题研究等方式，不但可以节约政府开支和成本，也充分利用了社会上的各种资源。

二、国外保险从业人员管理

（一）保险诚信体系建设

保险诚信问题是全球保险业都迫切需要解决的重要问题。在美国，保险欺诈事件给保险业造成了巨大的损失，每年因保险欺诈造成的损失金额达800亿美元，是美国第二大白领犯罪。因而，保险诚信体系建设与反保险欺诈紧密相关。

国外诚信体系建设，以法律为核心，以信息技术为手段，由保险监管部门、保险公司和消费者构成立体的监控体系。反保险欺诈监管当局收集并分类各类保险投诉，将其按不同程度定义为三类，包括：与资金无关的不需要处罚问题、与资金有关需要处罚的行为、保险欺诈犯罪的行为等。反保险欺诈当局将主要资源集中到打击欺诈犯罪而不是处理民事案件上。

1. 法律体系

以美国为代表的西方发达国家的保险监管，建立了由保险法、各项州法规以及保险监管部门规章构成的较完善的法律体系，以保护消费者的合法权益。以美国纽约州为例，根据保险法第二十一条规定，如果确信保险公司犯盗窃罪，将自动撤销其营业牌照。其第九十五号规章要求保险公司建立特别反保险欺诈调查小组；向反保险欺诈局递交符合标准的防范保险欺诈计划；有义务向公众宣传保险欺诈的耗费和频率；禁止不诚实或失信、或其他违反刑法第一百七十六条者从事保险业务。保险法修正案第二千一百一十一条规定，未经监管部门允许，禁止撤销保险营业牌照等。

2. 机构建设

20世纪80年代，美国各州纷纷立法，在各州保监部设立反保险欺诈局，该局负责人由州长亲自任命，负责调查各类保险欺诈案件，并教育大众改变保险欺诈不是犯罪的错误观点。其主要职责包括：

（1）归纳、总结、分类及定义保险欺诈。反保险欺诈局收集并将各类保险投诉分类，按不同程度定义为道德问题、需要处罚的行为、定义为犯罪的行为三类。

（2）联合调查。反保险欺诈局与检察官、警察局、保险公司、保险协会或联盟以及与保险案件相关的工作小组紧密联系，调查各类保险欺诈案件。

（3）对违法案件进行处罚或提起公诉。

（4）数据分享。

与保险公司、警察系统网络相连，快速查找欺诈嫌疑人。

（5）实施防范保险欺诈的措施。要求保险公司制订防止欺诈计划，并在网上公布。

（6）跨国案件调查。

3. 管理手段

通过电子信息技术，连通保险监管当局、保险公司、消费者，建立起立体的防护网络。

（1）通过电子信息技术建立"电子欺诈报告系统"，与州内各保险公司联网，保险公司能在网上发送数据，使保险欺诈报告更加及时；

当保险公司上报欺诈案件时，网络能提供与案件相关的嫌疑人资料，涉案财务资料等。反保险欺诈局力争实现信息100%的无纸化。

(2)要求保险公司建立基本的公众告知计划单位，并建立特别调查小组，向保户宣传保险欺诈问题，提醒保户注意自我保护，协助监管部门工作；

对员工补偿保险要求定期的持续合格证明等。

(3)聘请保险消费者作为外部监督员，监督对保险公司防欺诈计划的执行情况；

调阅结案的理赔案件，检查欺诈侦查和程序手册，检查保险公司在职培训情况，对涉嫌欺诈的核保与核赔员工进行证实和评价，检查保险公司有无未经保险监督部授权的经纪人。

(4)申请立法；

对于较为突出的问题，反保险欺诈局将向立法机关申请将其认定为保险欺诈行为定义罪。

(5)将反欺诈人员列为警察部门编制；

授权其直接与警察局事故报告数据库系统相连，能在案件发生后直接调出相关资料。

(6)通过多种手段加强公众教育。

利用报纸、收音机、电视和广告牌投放广告宣传，引导公众关注保险欺诈频率和耗费金额，该措施非常有效。在纽约州，广告投入后，咨询保险欺诈的热线电话上升了三倍。

(二)国外保险公司的员工培训工作

国外保险公司普遍比较重视对从业人员的教育培训工作。他们认为，加强对从业人员的培训，不仅是提高工作效率、培养人才的需要，更是在国际竞争下对人才的能力开发的需要。

从企业员工的角度来看，培训和发展可以增强员工自身素质和工作能力，帮助他们充分发挥和利用个人潜能，更大程度地实现自身价值。从企业本身的角度来看，对员工的培训和发展使企业在激发员工创造力和个人潜能的同时，增强企业的市场竞争力，使企业直接受益。同时，教育和培训跟上了，人才就具有了连续性，公司凝聚力也会大大增强，有效地减少人才流失。

国外保险公司对员工的培训是一项耗资巨大的工程。巨大的人力、物力和资金的投入，证明了企业对员工培训的重视程度，也对公司自身的发展起到了重要的推动作用。事实上，从国外各大保险公司的发展情况看，这种对培训上的投入是完全值得的。2000年度美国《财富》杂志评选出的全美十大保险公司企业中，员工的流动率最低只有4%。在这些企业中，几乎每一家都对员工提供免费的或者部分免费的培训。这些公司都十分重视人才的培养工作，普遍认为花大量财力、物力、时间培养人才是必须的，人才是事业成功的保证。关注人才成长，让企业内每个员工都建立起自己的职业发展计划，让员工不断面临挑战，不断进行人才评级，让员工满意、满足，以留住最好的人才。这种积极的人才策略得到了业内人士的一致好评。

1. 主要培训机构的设置和培训人员的构成

各国都有相应的关于保险行业职业技术的培训组织，尽管培训机构的组织形式有所不同，但是所承担的都是为保险企业员工提供全面的职业素养和专业技术的培训工作。

美国的许多国际知名的保险公司一般都有自己的公司大学或公司专门培训中心，基本自成体系。很多公司大学有自己独立的教学培训设施和住宿条件，并由专业队伍或专业公司承包负责校园维护、食宿供应、培训人员俱乐部等后勤性质的工作。保险公司内部设有专门的部门如培训局，其业务职能包括制订培训计划、研究培训方法、为培训机构制订课程、提供培训机会。通过业务训练，提高员工的业务能力。

日本保险公司的人员培训，一般由企业内的人事院负责制定，并综合各个部门的进修计划，组织跨地区、跨部门的进修。各部门在人事院的指导下，制订进修计划，设立研修所培训本部门的工作人员。

同时，国外各大保险公司还与国内各大院校及研究机构合作，经常聘请一些知名的教授学者来公司，以演讲或讲座的形式与公司员工进行交流。有的企业还不定期地举办辅导班，通过与社会力量的合作，提高本企业员工的素质和专业技术水平。

国外保险企业的人力资源管理中，对从事企业员工管理和培训的从业人员要求也十分高。例如，在美国，从事对保险公司员工培训的人员不仅需要具备相关的教育水平、培训经验，还要经过人力资源证书考试（一般分为人力资源专业人员和人力资源高级专业人员两级）。专门设有“保险业人力资源管理协会”，它是美国保险行业对保险企业人力资源专业人员的专门管理机构，它负责向会员提供教育和信息服务，组织研讨会，向政府和媒体表达心声，通过在线服务和出版物，把人力资源专业人员训练成其组织的领导和决策者。人力资源管理专业人员的管理与认证机构在美国是一个庞大而完善的系统，这对美国保险业人力资源管理的发展起了很大的促进作用。

2. 员工培训系统模型

保险公司对员工的培训是一项系统工程，即采用一种系统的方法，使培训活动能符合企业的目标，让其中的每一个环节都能实现员工个人、工作及企业本身三方面的优化。西方保险企业通过长期的摸索和实践，在这方面已经有相当的经验，形成了严谨的人力资源培训体系。

国外保险公司在这方面有一整套的、量化的科学分析手段来完成高质量的需求分析，以确定培训的方向、层次、规格等；在目标设置的时候不仅体现公司发展目标，更注重以人为本的精神；在拟订计划、设置课程的时候有精细的包装和先进课程及教材的引进；在培训过程中也有一些现代化的培训手段来配合；在最后的效果评估和跟踪反馈过程中，国外保险公司通常能够运用比较及时的、量化的评测手段来提高评估的客观性。

培训可以使受训者增长处理决策所需要的知识、经验，可以为受训者建立一个进行思考的框架，也可以向受训者传授公认的解决问题的方法，以及灌输其决策所依据的价值观等。因此，保险公司的培训作为一种组织影响方式，是以从内向外的方式来影响组织成员的，培训的结果会使组织成员依靠自己做出满意的决策。

3. 培训方式

国外重视通过教育和培训手段提升发展人力资源。许多保险公司的管理者都给予员工一块领域，授予他们必要的权利，让其为达到企业目标而发挥自己的潜能。从保险公司的情况看，不仅营业员和业务员，还有包括高级经理在内的管理人员都需要进行定期的培训。特别是核保、核赔和精算都是专业性极强的工作，必须结合工作实践进行岗位培训。

具体说来，培训有职前培训、在职培训、海外培训等多种方式。

（1）职前培训

职前培训是在新员工被录用以后到正式工作前的时间进行。新员工培训是新聘人员熟悉和适应工作环境的过程，它的目标是使新员工在进入工作岗位之前完成自身的“公司化”，并掌握必要的工作技能；同时，新员工培训也是公司树立员工品牌的开始。在新员工培训上花费较多的时间、精力、财力和物力是值得的。

保险公司除了经营风险，还经营服务。优质周到的服务是国外众多保险公司成功的钥匙，他们对于新招募来的员工，从一开始就灌输这种先进的理念，而且还要在今后的工作中不断强化这种意识，树立优质服务的员工品牌。这也是职前培训的一项重要内容。

首先，它将对新员工未来的工作行为和生活态度产生决定性的影响。由于员工来源的不同，在进入公司之前他们所处的环境存在差异，包括文化观、价值观的差异，还有不同国籍员工的沟通等问题。对新员工的培训目的是要使他们了解公司的历史，顺利地接受公司的文化、价值观和规章制度，要使他们对公司这个大家庭有一种初步的认同感。

其次，解决新员工的社交问题，消除障碍、提供机会，使他们尽快了解工作环境，熟悉与同事、上司的交往方式；另外，还要通过示范教育和实际操作，使新员工学会基本的工作技能，学会解决工作中的有关技巧问题，这对于一线工作人员尤为重要。

美国的友邦（AIG）在这方面做法比较独特。他们对新员工的专门培训至少 3 个月，多则 1 年。公司新聘综合素质较高的人员作为管理人员的候选，但并不让他们立即任职，而是要通过较长时间的公司培训。在培训期间，不仅给他们了解公司文化、业务背景的机会，同时公司付给他们薪水，让他们到各个部门轮流实习，给他们自己机会也给公司机会来发现他们究竟适合什么岗位的工作，培训期满之后，再重新选择职位。这是一种耗时耗财的培训投入，但是它却为今后资源的优化配置以及实现人才自我价值铺平了道路，这实际上是为公司减少了未来的成本支出。

（2）在职培训

在职培训是指国外保险公司的员工在工作一段时间后，需要不断地进行再培训，使他们能及时掌握新知识，适应工作发展的需要。

在职培训的内容非常广泛。在职培训计划应当首先对培训的需求进行综合评价，然后分析培训的内容，再确定培训哪些人。对不同的对象要采取不同的培训计划。采取短期或长期离职培训，或送到国外进修等多种形式。培训内容结合各员工的实际工作决定，每个员工都有自己独立的教育培训计划。

在保险公司的培训计划中，明确了对不同层次员工的不同的培训目标定位和内容，根据对象的不同，可分为对行政管理的训练和专业职业技能训练等。前者主要是培训行政管理的理论与实务，对象包括保险公司中各个级别绝大部分的管理人员；后者主要针对专业及技术训练，尤其对保险经营人员进行专业和技术方面的培养。

1）针对高级经理的培训。主要是为了加强他们的分析和决策能力而制订的一个计划，根据行业和公司实际运行的一些数据加以处理，采用计算机模拟形式，让受训者切身地感受到公司利润增长的主要驱动力，以及经营决策对经营利润所产生的影响等。

2）针对一线经理的“打造成功潜能”的计划。主要培养一线经理如何去领导团队和实际业务运作的能力。这个计划也是根据公司最好的实践经验和公司哲学而精心制订的。这种培训计划的实施无疑对员工解决实际问题的能力培养是很有帮助的。

3）针对诸如精算、理赔等保险专业技术人员的培训。国外保险公司具有先天优势，因为这些技术在西方保险市场已经非常发达，国外的保险公司往往已经形成了培训流程，丰富的培训资料都为这些专业人员的培训提供良好保证。

国外保险公司在对员工进行在职培训过程中，与大学教育有十分显著的区别，那就是它更注重实用性和操作性。以保险公司的保险业务员培训为例，由于公司的业务员或保险代理人不可能都是具有高学历的人，因此在培训内容的选择上要注意选择那些富于想象、便于理解、记忆和接受的理论或事实，这样才能促成培训目标的实现。培训时多采用案例教学和榜样示范等方式来加强技能学习效果，使学员产生对榜样的认同感，学习和效仿榜样的行为，从而加快培训速度，取得更好的培训效果。在培训开始后，要注意对受训者的目标进行激励，把理想行为和成功标准明确地告诉他们，并根据学习进展情况予以奖惩。如果目标很容易实现，受训者很容易满足，往往产生枯燥乏味的感觉；如果目标太高，大多数人即使努力也很难实现，那么无疑会打击员工的积极性。因此，只有当设计的目标既有一定的难度富于挑战性，又是努力之后可以达到的，受训者完成目标才会产生成就感。

国外保险公司往往善于将案例教学和模拟商业游戏等先进手段运用到对企业员工的培训过程中。这类手段可以使培训过程更加生动、有趣，并让企业员工能有机会接触到国外一些案例，学习一些新的理念和操作方式。这样可以让员工开阔眼界，相对于中国许多保险公司的员工培训更快、更方便，增加员工对世界领先的知识的接触，以便更快地提高员工自身素质。

(3) 海外培训

这项培训主要是针对国外保险公司中高层管理人员的。以美国为例，美国企业对经理人员的培训支持，主要通过提供课程、在岗培训、报销学费、资助参加管理研讨等形式进行。这些方式对于中国保险企业的员工培训是很有借鉴作用的。

国外大型保险公司，特别是那些规模巨大的跨国企业，往往都是跨越国界的学习型企业。全球性学习型企业的员工都应有足够的知识、技能和态度。特别是对于经理人，更要努力提高其全球意识。对于国外保险公司员工来说，出国培训的机会是十分难得的。从这个方面讲，那些跨国公司派遣雇员出国培训，从时间的安排和成本费用方面享有优势。像美国的许多大型保险公司与世界许多知名大学有密切的联系，有定期向这些学校的相关专业输送雇员进行培训的计划。另外，跨国保险公司还经常派遣雇员到其子公司或其他海外公司参加培训、参加重要会议，“以会代训”等方式来加强员工对国际环境的适应力。

（三）国外保险业专业资格认证体系

国外保险业界都十分重视与保险相关的教育项目的开发，其中一项重要的工作，就是对保险从业人员的专业资格认证体系的规范。由于保险行业的服务对象广泛，涉及包括经济学、法学、社会学等多种学科综合知识，同时保险本身的特殊运行方式还涉及精算、风险分析、赔偿给付、再保险、投资等众多的专业知识，因此对保险从业人员的专业性和技术性要求就非常高。长时期以来，为适应整个行业的发展，各国都形成了自己相对独立的、专门针对保险业从业人员专业资格认证体系，它们普遍具有相似的结构和特征。

1. 专业资格认证的分类

目前，国外保险业专业资格考试品种繁多，几乎包含了保险行业中各个部门、针对各种类型工作的从业人员的职业资格考试。从这个侧面也能反映出国外保险行业的规范性。通过各种职业资格的认证，可以保证保险整体行业各个职能部门从业人员的素质专业性，同时，对从业人员的资格认定也比较容易管理。

目前，国外保险专业资格考试认证体系主要分类为以下几种：

（1）保险监管人员资格认证考试

这类资格考试主要是针对保险监督管理部门的工作人员而设立的。凡涉及保险监管工作的员工（包括国家级或各级地区监管机构），都需要经过相应的专业资格考试，具备一定的保险基础以及监管知识，才能获得职业资格。

（2）保险中介人员资格认证考试

这类资格考试主要是针对保险经营主体的中介人员而设立，包括保险代理人、保险经纪人等不同种资质认定。同时，各种资质中还细分为人寿保险、财产意外险和人身意外险等不同的种类。从事保险工作的人员都需要取得相应的从业资格证书，不同类别的职业对应同种的资格认证考试。从业人员根据需要可以自由选择考试认证，当然也可以考取几种不同的资格证书。

（3）保险专业技术人员资格认证考试

这类资格考试主要是针对业内专业技术人员而设立，包括保险精算师、核保师、理赔师、特殊产品销售人员等资质认定。各种资质也同样细分为人寿保险、财产意外险和人身意外险等不同的种类。

2. 专业资格认证体系的构成

由于国外保险行业工作种类繁多，而业内对各个不同工作职能的从业人员都有比较完善和系统的资格认证考试系统，因而无论是监管人员还是专业技术人员，对于他们的从业资格认定，都有各自的工作机构，我们以美国为例分别来对此介绍：

（1）保险监管人员资格认证

美国的保险业实行联邦政府和州政府双重监管制度，联邦政府和州政府拥有各自独立的保险立法和管理权，各州保险局在州管辖范围内行使保险监管权，各州法院对保险法的司法审查也发挥一定的监管作用。因此，美国的保险监管体系基本上是以全美保险监督官协会（NAIC）和州保险监督机构为主的保险监督体系。

由于特殊的监管体系的设置，美国对保险监督人员的工作资格考试工作采用了统一标准、分层实施的方法。在美国保险监督官协会下设一个教育培训委员会，制定统一的标准，包括对各层监管人员的专业知识水平、职能水平等的考察。各州的保险监管局根据这个标准，自行制定对监管人员的职业考试内容。因此，可以说在联邦政治体制基础上建立的保险监管系统，全美保险监督官协会只起到了规范、协调的作用，出台统一的标准和规范，而不具体参与制定各州的监管人员的职业考核工作。

保险监管人员的资格考试时间和形式原则上由各州自行决定，一般来说每年进行一次，以笔试为主。

(2) 保险中介人员资格认证考试

美国采取政府管理和行业自律相结合的保险中介制度双重管理机制。在全美保险监督官协会下设有保险规定资讯系统，必要时为各州设计一些示范法规及建议来监管保险中介人，供各州采纳。各州政府通过设立专门的监管机构，实行对中介人的直接管理和监督，他们负责认定中介人必须具备的职业资格和条件。

1）保险代理人资格考试

保险代理人根据业务的不同分为人寿保险代理人、意外险代理人和财产责任险代理人等。代理人若想从业必须通过相应的考试获取专业资格，取得执照才能正式从业。个人领取执照以通过各个州的教育培训和资格考试或获取 CLU 或 CPLU（特性财产责任险经销商）资格为条件。

教育培训是由各州自行确定的，它确保保险代理人具有专业技术水平。根据保险专业代理人的发展阶段不同，确定为合同前代理人、代表、代理人、主代理人、高级主代理人五个阶段，每一个阶段都要接受为期 90 天到两年不等的系统课程培训，培训内容随等级上升而有所区别，包括职业介绍、销售程式、业务规划、财产规划、保险经营等。完成相应的课程培训后，需要经过由各州举办的保险代理人资格考试。

考试以笔试的形式，基本每年举办一次。考试合格者即可获得专业保险代理人的职业资格，以此申请执照。代理人的执照需要每两年续延一次。对于在这期间有违规违法行为的代理人，需要重新进行职业资格的考试，再次合格才可以继续工作。同时，保险监督管理局可就个人代理人的资格举行听证，以确定其是否具备从业资格。从这个意义上说，保险代理人的职业资格并不是终身制的。

2）保险经纪人资格考试

美国的保险经纪人可分为财产意外险经纪人和人寿保险经纪人。在一些州的法律上不存在人寿保险经纪人，而另一些州则允许保险经纪人同时作为保险代理人，只有少数州保险经纪人是纯粹的经纪人。多数的州法律规定保险经纪人要通过规定的资格考试，考试由各个州自己确定时间和程度，一般为每年考一次。其资格考试的难度存在较大的差异。有的州为保证经纪人掌握保险业务知识，规定申请人必须在规定时间内完成一个正规的学习计划或修完一门课程，在指定学分修够以后才能参加考试；而有的州则没有这样的规定，可以自学或不经过强制学习就能参加考试。

考试合格后，可以领取保险经纪人的执照。执照申请人必须符合职业素质的规定和年龄限制的规定。保险经纪人若违反法律或工作中违规违纪，则各州法律均有经济处罚和吊销执照的规定，再次获得执照则需要再进行考试。

3）保险专业技术人员资格考试

保险专业技术人员包含的种类比较多，按照不同的职业，可以分为精算师、核保师、理赔师、特殊产品销售人员等。国外保险行业对专业技术人员的从业资格认定比较严格，一般来说，都需要有相应的资格证书才能从事该项工作。由于不同职业的专业技术性比较强，所以，一般国外保险业专业资格认证工作是由相应的保险行业协会、行业学会或保险教育研究机构共同组织。这些机构大部分属于非营利性组织，它们具有近似的专业特点，自发组成群众性学术团体，吸收学员和会员，定期组织讲座和教学，并举办相关资格考试，对考试成绩合格者颁发资格证书。随着这些机构组织规模不断扩大，考试资格认证制度的不断完善，该学会或协会的资格认证也在相关领域具有了一定的权威性，逐步成为行业内普遍认可的职业资格认证，一般保险公司都给予认可。保险公司在聘用这方面专业员工的时候，往往只负责审核该人员的资质、有无资格证书，而不具体负责资格考试工作。

例如，美国的保险公司从事保险精算方面工作的人员，就需要获得保险精算师的资格认证。目前世界上比较著名的认证机构包括美国意外险精算学会（简称 CAS）、英国精算学会（F&IOA）等。各个学会会自己命题，举办相关资格考试；还设立不同的等级，包括初级、中级、高级等各个层次；在考试合格后，颁发相应的资格证书。

（四）国外保险营销员队伍体系建设

1. 国外保险营销模式及体系分析

国外保险营销人员，大体可以分为“员工制”和“代理制”两种模式。下面分别就两种模式作简要介绍。

(1)“员工制”营销人员的模式主要在日本保险业比较普遍

日本的保险协会针对营销人员定期进行销售资格的考试，一般来说每月举办一次。考试合格者，在保险监管部门登记后，保险公司方可与其签订劳动合同，成为保险公司的正式员工。

针对该员工的销售行为，保险监管部门采取指导和行业自律相结合的方式进行监督和管理。日本的《保险业法》对“保险销售人登记义务、促销宣传材料、禁止非法推销行为”等都有具体规定。同时，保险监管当局对各保险公司进行指导，并要求生命保险协会加强维护保险销售秩序、充实营销员教育制度、提高营销员的整体素质。

保险营销人员的教育体系，由生命保险协会统一实施的“行业统一教育制度”和各寿险公司独自的教育制度两种制度相结合。

营销人员的工资则分为固定工资和浮动工资，浮动工资与营销业绩挂钩。

(2)“代理制”营销人员的模式主要在美国等国家的保险市场适用

在美国，保险市场营销体系是以其代理人营销制度为核心内容的。在财产保险和责任保险市场营销体系中，保险公司主要有两类代理人营销制度：独立代理人营销制度和惟一代理人营销制度。在人身保险市场营销体系中，保险公司主要有三类代理人营销制度：总代理人营销制度、分代理人营销制度和个人代理人营销制度。

美国的保险营销员根据需要，在其开展业务的每个州获得执照。大多数州要求营销员领取执照前通过不同的资格考试领取相应的执照，如寿险执照、健康险执照等。有些州的营销员执照是永久的，有些则要求定期重新申请。约 1/4 的州采纳了保险监督官员协会（NAIC）代理人持续教育法规定的代理人教育模式，要求新领取执照者每年必须完成一系列的课程。

保险营销人员虽不是保险公司的雇员，但许多保险公司除佣金、奖金、管理津贴外，还为营销员缴纳社会保险金，并提供如补充医疗保险和补充养老保险等福利。

2. 国外保险营销人员管理体系的借鉴

(1) 培育系统的资格认证、考核和培养制度

国外保险行业为保证营销制度顺利运行，十分注重对保险营销人员的素质规范与培养，这是保险产品经营环节的基础与前提。国外保险营销人员的资格认定是由监管机构、行业协会和自律组织共同协作进行的。根据各自保险市场的要求，各国设置了多种类、多层次的资格认定与等级考试制度，以确保营销人员具有基本的业务知识和营销能力。对保险营销人员的培训一般由行业自律机构和保险公司共同完成。行业自律机构对保险培训进行规划并指导保险公司的教育培训，同时根据当地保险市场特点和需要组织多层次的保险培训。对保险营销人员的持续培训不仅能促进政策贯彻、规则执行，而且能够使员工知识更新、技能提高，适应消费者多层次的需求。通过对营销人员培训、业绩考评和职级晋升的结合，保险公司既能激励员工的工作积极性，又能增强其责任感与对企业的归属感，从而提高保险营销人员的整体素质和展业水平。

(2) 构建完善的保险营销自律机制

行业自律是保险营销管理的重要组成部分，对保险中介市场的规范运作具有不可忽视的作用。国外保险行业十分注重运用所设立的行业组织来实现对营销人员的管理。行业组织不仅通过制定一系列的行业自律条例及守则对营销人员的专业水平、职业道德、日常行为规范等方面加以约束，而且负责对保险营销人员从业资格审查、考试的组织、佣金的管理以及日常行为的监督。

除此之外，有的国家还专门建立了保险营销人员信息档案库，通过电子信息化管理，对其执业情况等进行全面记录，并接受社会公众对营销人员的查询和投诉。

(3) 合理安排与组织保险营销渠道

不同的保险营销渠道在不同的保险细分市场具有不同的效率和功能。国外保险公司进行营销渠道的选择时，总是结合自身公司的特点和当前市场的需要。在不同的业务领域，保险公司运用营销模式具有一定的规律，如保险经纪人的作用主要体现于产险业务上，尤其是大型商业险，较少涉足寿险业务；而保险代理机构的适用范围则较为广泛，既涉及寿险也涉及非寿险，营销员主要用于个人寿险的销售。不同的代理制度也存在选择运用的问题，如欧洲大陆的银行兼业代理在寿险中非常流行，而美国的独立代理人在产险中发挥重要作用。

保险文化建设研究

国发资本市场研究中心课题组

课题负责人：张洪涛

课题组成员：胡　波　唐金龙　邓红卫　黄　薇
殷　鹏　李　刚　方　欢　刘　迪
程　琳　陈明光　王文祥　胡　岚

第一章　保险文化的基本概念

第一节　保险文化的内涵

一、文化

迄今为止，关于文化的概念有多种。据不完全统计，人们关于文化的定义有四百多个，可谓见仁见智，莫衷一是。以下是具有代表性的三种定义：

《辞海》中对文化的理解是：人类社会由野蛮至文明期努力所得之成绩，表现于各个方面者如科学、艺术、宗教、道德、法律、风俗、习惯等，其综合体谓之“文化”。

《牛津现代辞典》对文化的解释是：人类能力的高度发展，借训练与经验而促成的身心的发展，锻炼、修养，或曰人类社会智力发展的证据，如艺术、科学等。

英国学者泰勒认为，所谓文化是指包括知识、信仰、艺术、道德、法律、习俗以及作为社会成员的个人所获得的其他能力习惯在内的一个综合体。

综合各个学者的研究，可以从广义和狭义两个层面来定义文化。从广义上看，文化是指人类后天习得的并为特定的社会群体所共有并认同的一切物质和精神财富的总和。广义的文化包括四个层次，即文化的物质层、文化的理念层、文化的制度层和文化的行为层。

从狭义上看，文化是指人类后天习得的并为特定的社会群体所共有并认同的一切观念和行为，即包括文化的理念层、文化的制度层和文化的行为层。

从上述的定义中可以看出，文化是以“人群”为单元的，它是一个群体特定的“生存样式”，生存样式是区分不同文化的尺度。所以，面对现代社会的发展，各行各业就是一个特殊的群体，他们在各自的群体中有着各自的生存样式，对于不同的行业，我们就把这种文化称之为“行业文化”。

二、行业文化

行业是一个宏观的概念，是指生产、销售同一类商品或提供同一类服务的所有厂商的集合。一个行业的参与者包括行业的监管者、行业产品的生产者和销售者，以及行业产品的购买者。行业文化就是指一个行业中，各参与者共同所拥有的行业价值观念和经营实践，是一种由从事经济活动的组织形成的组织文化，它所包含的价值观念、行为准则等意识形态和物质形态均为该组织的成员所认可。

如前文所说，文化是对某一个特定的群体而言的，不同的群体所产生的文化也不相同，行业文化也是如此。不同的行业是不同的群体，有着各自不同的行业文化，但是从总体上看，行业文化都包含着行业的理念文化、制度文化和行为文化。

三、保险文化

保险文化是现代经济文化，是保险行业发展的重要组成部分，是指保险业发展过程中所形成的相对稳固的一切内容、现象，是各种以保险业务活动为基础的理念文化、制度文化和行为文化的总和。

从保险文化的内涵和核心而言，它主要是指贯穿于保险公司经营活动始终的、长期形成的较稳定的思维模式、行为准则、道德观念和价值取向的总和。

在中国建设有中国特色社会主义的历史进程中，保险文化是中国和谐社会文化的鲜活要素和重要组成部分，保险文化建设是构建社会主义和谐社会的重要一环，对中国的经济发展和社会进步将发挥重要而深远的影响。

第二节 保险文化的层次

由于保险文化的抽象性，人们往往根据其表现出来的各种形态对其进行分类。而不同形态的保险文化主要表现为不同的抽象层次，因此，保险文化的形态也称为保险文化的层次。保险文化是一个具有多种形态或多种层次的体系，大体上，保险文化的形态可以分为理念层、制度层和行为层三类。

一、理念层保险文化

理念层保险文化包括保险行业或企业的观念、信念、价值观、行业准则和经营理念。理念层保险文化是各种形态保险文化中最为核心的部分，它的特点是：看不见，不易改变，但却是在长期的保险经营活动中逐渐积淀而成的，具有牢固的基础，所以是很难改变的。正如毛泽东所说：“观念形态的东西，不是用大炮打得进去的，要缓进，要用十年到十五年的时间来做这个工作”。

二、制度层保险文化

制度是一系列被制定出来的规则、守法程序和行为的道德伦理规范，它旨在约束追求主体福利或效用最大化的个人行为。[①] 制度层保险文化是保险行业或企业为追求一定目的而建立起来的一整套行业或企业制度规范。制度层保险文化通常包括保险行业及企业的经营方针、经营模式、内部机制、行业规范或管理制度等。

制度层保险文化对保险企业及从业人员的行为具有鼓励或抑制的作用。在既定的制度下，人们会根据趋利避害的原则积极地从事制度层保险文化所鼓励的行动，避免制度层文化所抑制的活动。如保险行业和企业通过对其从业人员进行资格认证等方式，建立行业规范或企业管理制度以监测和预防行业或企业中的违规行为等。

---

① 诺思：《经济史中的结构与变迁》，225～226页，上海，上海三联书店，1994。

三、行为层保险文化

行为层保险文化是指保险行业或企业为确立自身的特定形象，对保险企业形象识别体系、保险从业人员行为以及产品服务等经营行为的标准等进行规范和引导的一种现象。它包括：

（一）保险行业或企业为树立其形象而设立各种形象识别体系，如保险企业标识、企业标准字、标准色等保险企业形象的视觉识别系统以及保险文化传播网络（可以通过传播保险知识、风险意识进而影响到消费者的保险意识）等理念层保险文化的载体；

（二）保险从业人员的行为尤其是保险行业企业家的形象也常常影响到保险业的形象，如董事长、总经理、优秀员工等保险企业高层管理者的个人风格融入保险企业之后，就成为行为层保险文化的一个重要组成部分；

（三）保险企业为树立其形象对保险产品和服务等经营行为进行品质管理，如通过开发新型保险产品、为客户提供风险咨询、风险管理以及与保险相关的边缘服务等方式，对保险产品和服务进行创新，对保险企业的经营行为进行控制、管理等。

上述三种保险文化形态或保险文化的三个层次之间的关系简单来说，行为层保险文化处于最外层，看得见，摸得着；制度层保险文化处于中间层；理念层保险文化则处于最深层。从内到外来看这三个层次的保险文化，它们之间的关系是：内层是外层的根据；外层是内层的表象。说得明确一点就是保险业最根本的是理念文化，指导着保险行业或企业所制定和建立的种种制度文化；制度层保险文化影响着保险企业及保险从业人员的行为，进而影响着行为层的保险文化。

第三节　保险文化的内容

保险文化的内容非常丰富，可以按照不同的标准进行分类。但是，最为常见的是按照其主体（或参与者）进行划分。在中国，保险行业的参与者主要包括保险监管机构、保险经营机构以及保险消费者。相应地，中国保险文化的内容也就包括保险监管文化、保险经营文化和保险消费文化。

一、保险监管文化

保险监管文化是保险监督管理机构在对保险行业进行监管过程中形成的监管理念、监管制度和监管行为的总和。

保险监管的目的在于规范保险市场行为、保护被保险人的利益、促进保险业的健康发展。在不同的保险市场，为实现上述目标所采取的监管方式是不同的，有严格的实体主义监管，也有相对宽松的准则主义监管，由此也就形成了不同的监管理念。一般来说，在尚不成熟的保险市场，保险监督管理机构往往采取严格的市场监管，对保险经营者的市场准入条件、经营范围、险种设计都有着明确的规定；而在相对成熟发达的保险市场上，保险经营者的素质都比较高，保险行业协会将发挥一般的规范协调作用，此时保险监督管理机构的监督管理作用将被弱化，保险监管更多地体现为辅助和服务保险市场的发展。在中国这样的新兴市场国家，随着中国保险市场的不断发展与成熟，从长期来看，保险监管理念也处于从实体主义向准则主义的渐变过程之中。

保险监管文化在制度层面上主要表现为保险监管理念的制度化。具体来说，保险监管制度包括保险业的准入监管制度、机构监管制度、业务监管制度、人员监管制度等。这些制度集中反映在一系列与保险监管相关的法律、法规和部门规章中。

保险监管文化在行为层面上主要表现为监管机构的社会形象。监管机构的形象是监管理念的外在表现，并通过监管制度和监管行为得以具体化。一般来说，廉洁、高效、依法监管是保险监管机构追求的目标。

二、保险经营文化

保险经营文化主要是指保险企业在经营过程中形成的文化，保险经营文化的基础是保险企业文化，它体现为保险经营机构的经营理念、经营制度规范和企业形象，根据保险的行业特点，保险经营文化中最具特色的内容是营销文化和服务文化。

保险企业的营销文化是企业在执行一系列营销策略的基础上形成的一种文化现象，它是一种高起点、智力型的竞争手段。主要包含两个层面：从营销员这个层面来说，主要是以营销员综合素质的提高为核心，即营销员接受的专业化、技巧性的培训是建立在其良好的综合素质上的；从保险企业的层面来说，文化营销是使客户对整个企业文化，品牌形象的认同，是树立良好企业形象的过程。

保险企业的服务文化是以客户至上为出发点，以一切为了客户、使客户满意为核心，以赢得顾客忠诚度、提升企业核心竞争力为目标，以形成共同的服务价值认知和行为规范为内容的意识形态。服务文化主要包括以下三个方面内容：

（一）重视投保人（或被保险人）

投保人（或被保险人）希望被重视，希望认真对待和仔细倾听他们的需求，向他们提供详细的信息并正确解答提出的问题。要做到这一点，企业的员工需要真正认识到客户就是上帝，只有客户才能使企业能够继续生存下去。

（二）为投保人（或被保险人）“量身定做”

当投保人（或被保险人）要求不能被满足时，保险公司要尽力为其做出一些特殊的安排，从而满足其需求以赢得长期的信任。

（三）一次解决问题

当投保人（或被保险人）遇到难题时，保险公司要能够在一个地方一次解决保户的问题；即使问题超出了企业的能力范围，保险公司也要做到为客户出谋划策，联系有关方面。能否做到这一点，取决于保险公司是否能做到以保户为中心。

三、保险消费文化

保险消费文化是指保险消费者在对保险的认识，选择过程中形成的一种消费习惯和文化，在现实中主要表现为保险消费习惯和国民的保险意识。保险消费文化主要包含以下两个方面的内容：一是保险消费者对风险的认识；二是保险消费者对保险险种的选择偏好。这两方面的内容都与国民的保险意识有关，国民保险意识的强弱是决定整个保险业能否顺利、健康、持续发展的重要条件，它受国民经济的发展水平、社会传统的文化思想、社会经济制度等多种因素的影响。

第四节　保险文化建设的现实意义

一、有利于提高企业和行业的核心竞争力

2004 年 12 月 11 日保险市场全面对外开放后，外资大型保险公司将可能大量进入中国市场，不仅要与中资保险公司争夺优质的保源和保险人才，更主要的是以其良好的品牌形象、完善优质的服务质量来争夺市场的信任。而市场是行业和企业赖以生存的土壤，中国保险公司不仅要从广度上开发市场，抢占市场份额，还要通过长期投入、加强服务来培育和开发有潜力的未来市场，这就需要保险业培育其核心竞争力。

企业核心竞争力是一种企业进入各类市场提供潜在机会的能力，是借助产品为客户谋取更大利益且不易被竞争对手模仿的能力。对保险公司而言，核心竞争力不仅表现为险种的更新、保险资金运用的好坏，还表现为向客户提供最佳保险服务能力的提升。事实上，在保险市场竞争日益激烈的今天，真正能形成保险公司竞争优势和核心竞争力的，不再是那些有形的资本、产品等物质资源，因为这些资源很容易从市场中得到，你可以买到的，你的竞争对手同样也可以从市场中得到。而管理、人才、技术、市场、品牌形象等无形资源交易频率低，其他公司不容易从市场中得到，具有相对的垄断性，可以产生一定的垄断优势，诚信、服务、营销等文化资源就是这样一种重要资源。因此，优秀的保险文化可以提高行业和企业的核心竞争力。

二、有利于促进行业健康有序的发展

中国的保险业发展较晚，近年来随着改革开放的进一步深化，中国的保险业取得了飞速的发展，特别是加入世贸组织后，保险业对外开放程度进一步加大，这在对本土保险业提出挑战的同时，也给我们带来了发展的机遇，中国的保险业若能抓住这一机遇和挑战，将会取得更大的发展。但是由于中国的保险行业还很年轻，市场的发育还很不完善，这将会制约中国保险行业的健康发展。首先，保险知识贫乏、保险意识较弱是制约中国保险业发展的主要因素；其次，法制不健全、人为因素多，影响中国保险业的有序发展；再次，保险公司经营观念有偏差、服务不到位，影响国内保险公司业务的发展；最后，保险人才不足、员工的素质不高，不能满足保险业健康发展的要求。

中国保险业若能突破以上的“瓶颈”，其发展将会是另一番景象。通过分析上述的制约因素可以看出，这些问题虽然不是通过保险文化建设可以完全解决的，但是，加强保险文化建设将极大地有助于这些问题的解决：“诚信为本”、“注重服务”的理念是保险业发展的基础，只有在全行业普及诚信文化建设，保险市场才会井然有序，保险行业才能健康发展；而好的营销文化和服务文化，不但会提升企业的形象、规范保险公司的行为，同时还可以提高员工的素质和职业道德，更能在某种程度上提高消费者

的保险意识。

由此可见，保险文化通过理念文化、制度文化和行为文化的建设可以促进保险行业的健康有序发展。

三、有利于监管的有效实施

有效的监管依赖于行业的健康发展，保险文化的建设会促进行业的健康发展，诚信文化的建设将会在整个行业内建立一套完整的信用评级系统和透明的信息披露制度，从业人员的职业道德也将明显提高，各种相应的惩戒制度和法律将会更加完善；服务和营销文化建设将会规范保险公司的市场行为，提高国民保险意识，为监管创造良好的市场环境和行业环境。同时，行业自律需要保险文化建设，这样就会加快保险监管部门的职能转换，即从以“市场行为”监管为主转向以“偿付能力”监管为主，这样保险监管部门的职能更加专一，更加有利于监管的有效实施。

四、有利于构建社会主义和谐社会

坚持以人为本，努力构建社会主义和谐社会，是中国新时期社会主义建设事业的战略指导思想。社会主义先进文化是构建和谐社会的精神支撑，保险文化则是社会主义先进文化在保险业的具体体现和重要组成部分。保险业必须紧紧围绕如何实现社会主义和谐社会这一主题，与时俱进，开拓创新。全面推进保险文化建设，在整个行业内树立一种正确的价值观和凝聚力，在重视保险业经济效益的同时，强调保险业的社会效益，发挥其经济“助推器”、社会“稳定器”和社会管理的作用，更好地为全面建设小康社会提供风险保障，更好地为构建社会主义和谐社会贡献力量。

未来中国的保险市场将全面对外开放，保险业不仅面临日趋激烈残酷的市场竞争，而且处于中外文化互相交融、互相碰撞的中心。面对这种新形势，保险业必须大力加强保险文化建设，为保险业的持续健康发展提供源源不断的动力支持。

第二章 “十五”期间中国保险文化建设回顾

第一节 “十五”期间中国保险文化建设的成就

一、保险理念层文化建设

“十五”期间，中国保险业理念层文化建设取得了长足的进步与成就，人们对保险业的发展有了更加深入的认识。

（一）监管理念文化建设

1. 树立了保险业的科学发展观

“十五”期间，在党中央的倡导下，保险业掀起了一股学习、理解科学发展观的热潮。经过学习与探讨，全行业就科学发展观在保险业的应用达成了一些重要的共识。

首先，保险业科学发展观的本质是以人为本。以人为本，就是一切从人民群众的需求出发，促进人的全面发展，实现人民群众的根本利益。坚持以人为本，是保险业实践“三个代表”重要思想的具体体现，是保险业为全面建设小康社会服务、构建社会主义和谐社会的必然要求，是保险业实现自身发展的根本途径。以人为本是保险业科学发展观的核心和本质，是保险工作的出发点和归宿。

其次，保险业科学发展观的实质内涵是持续快速健康协调发展。发展观的第一要务是发展，离开发展，就无所谓发展观。坚持保险业科学发展观，其实质内涵就是要充分调动一切有利因素和各方面的积极性，尽最大的努力实现保险业持续快速健康协调发展。

最后，保险业科学发展观的核心内容是做大做强中国保险业。做大做强是在正确认识中国基本国情，全面分析国际保险业发展态势，科学判断中国保险业发展阶段，准确把握当前保险业面临的主要矛盾的基础上提出的。只有做大，才能充分发挥保险的功能和作用，逐步改变保险业与经济社会发展的需求不相适应的局面，为经济社会全面、协调、可持续发展服务。只有做强，才能使保险业在为经济社会发展服务的同时，不断提高自身实力，发展壮大。做大与做强作为保险业科学发展观的核心内容，是辩证统一的。没有大，无所谓强；没有强，大也没有意义。做大与做强是有机联系的整体。

2. 创立了现代保险的社会管理功能理论

改革开放以来，中国的保险业一直保持着快速发展的势头。特别是在“十五”期间，无论是市场主体、主营业务收入、资金运用渠道等方面，都得到了深入的发展。

中国保险业呈现出了蓬勃发展的良好局面。

新的形势下，随着中国保险业的持续快速健康协调发展，保险业作为中国金融业三大支柱之一，其功能也发生了一些变化。在保监会吴定富主席的倡导下，中国保险业界和学术界对新形势下保险业的功能定位进行了深入的探讨和研究，并达成了广泛共识：中国保险业具有经济保障、资金融通和社会管理三大功能。由吴定富主席首先提出的这一对现代商业保险功能的新阐述，是对传统保险理论和监管思想的重大理论创新，是对保险实践的新认识、新概括、新经验和新起点，它推动着中国的保险业在经济和社会的发展过程中不断发挥促进改革、保障经济、稳定社会和造福人民的功能。

（二）经营理念文化建设

“十五”期间，保险经营机构的经营理念初步实现了从以产品为中心向以客户为中心的转变，企业更重视自身的可持续发展和长远规划，在注重经济效益的同时，开始关注社会效益。

（三）消费理念文化建设

“十五”期间，随着中国保险业的快速发展以及社保体制的改革，消费者的保险意识得到了一定程度的增强，与此同时，消费者的维权意识也逐步提升。

二、保险制度层文化建设

“十五”期间，中国保险业通过加强制度建设，促进了保险制度层文化的形成。在法律制度建设、监管体制建设和市场体制建设方面都取得了较大的成就。

（一）监管制度文化通过加强法律制度建设取得成效

“十五”期间，中国的保险法制建设取得了很大的突破，其中最有代表性的是2002年10月28日，九届全国人大常委员会第三十次会议表决通过了《全国人民代表大会常务委员会关于修改〈中华人民共和国保险法〉的决定》，该决定从2003年1月1日起开始实施。《保险法》的修改顺应了加入世贸组织后中国保险业改革开放和竞争的新形势。随着新《保险法》的施行，中国保险业快步进入了依法监管、依法经营的新阶段，有力地促进了中国保险业的持续健康快速发展。同时，保监会还先后颁布了《保险公司管理规定》、《保险代理机构管理规定》、《保险经纪公司管理规定》、《保险公估机构管理规定》、《外资保险公司管理条例实施细则》、《再保险公司设立规定》、《保险公司营销服务部管理办法》等系列管理规定，对保险经营机构的经营活动进行了较为全面的规范和界定。此外，保监会还不断出台了各种配套法律法规，例如《中国保险监督管理委员会行政许可实施办法》、《保险公司偿付能力额度以及监管指标管理规定》、《保险机构投资者股票投资管理暂行办法》、《保险违法行为处罚办法》等。

目前已制定的各类法律法规从不同的层次和方面对中国的保险行业进行了规范和指导，使中国的保险立法越来越细化，并在一定程度上突出了保险文化建设的重要性。例如，修改后的《保险法》强调了诚实信用原则在保险业发展中的重要地位；又如，《人身保险新型产品信息披露管理暂行办法》规定，“不得对客户进行欺骗、误导和故意隐瞒”；《保险公司高级管理人员任职资格管理规定》中规定，高管人员不得“进行虚假宣传，误导投保人、被保险人、损害被保险人利益”等，这些规定都强调了诚信理念这一保险文化要义。法律制度的逐步建立和完善，促使中国的保险经营活动能够做到有法可依，并加快了行业的健康可持续发展。

“十五”期间，中国监管体制建设也进入了一个新阶段。1998 年，中国保监会成立，中国的保险监管开始走向专业化和规范化的新阶段。为了加强对全国保险市场的统一监管，保监会在全国设立了 31 个派出机构，并在 2001 年初步建立了全国统一的保险监管组织体系。2003 年，中国保监会调整为国务院正部级事业单位，并在大连、青岛、宁波等市设立保险监管局。保监会和各地派出机构的陆续建立和顺利运作，有力地维护了被保险人的合法权益，规范了保险市场秩序，进而促进了社会公平与稳定，推动了保险业的健康发展。

同时，在“十五”期间，保险监管强化了偿付能力监管，转变监管方式，清理了一些行政审批项目，逐步推进市场化改革。在培育和完善市场体系的同时，保监会确立了逐步建立企业内控、行业自律、政府监管和社会监管“四位一体”保险监管体系的目标，进一步发挥行业自律和社会监督作用。这些工作使保险监管朝着全方位、立体式方向发展，改进了保险监管的效果。

（二）经营制度文化建设主要是进一步深化市场体制建设

在市场准入方面，保监会根据中国宏观经济的发展和保险业发展的内在要求，本着积极稳妥的原则，逐步放宽市场准入，培育新的市场主体；在市场对外开放方面，根据中国加入世贸组织的承诺，中国的保险市场扩大了对外开放的广度和深度；在国有保险机构的管理方面，中国加大了对国有保险机构的产权制度改革，积极推动国有保险机构的股份制改造和公开上市。

“十五”期间，保险经营机构的制度文化建设也取得了一定的成效，建立了适合自身的内控制度，部分国有保险公司开始实施产权制度改革，顺利实现了股份制改造和公开上市工作，公司治理结构和管理机制的改革取得了一定的成果。

（三）消费制度文化建设方面，初步建立起了保险消费者的保护制度。

三、保险行为层文化建设

“十五”期间，中国顺利加入世贸组织，外资保险公司大量涌入，市场主体开始增加，面对保险市场日趋激烈的竞争，中国保险企业逐步树立起“改革、创新、拼搏、竞争”的观念，积极开拓保险行为文化建设的新领域，主要表现在：

（一）保险监管行为的效率逐步提高，监管透明度逐年增加，监管部门形成较好的对外形象

（二）保险企业树立独特的形象标识

面对压力，各大保险公司逐渐意识到竞争不但来自于经济实力，更来自于人的竞争和企业精神的竞争，纷纷着手提升自己公司的核心竞争力，大力开展企业文化建设。例如，中国人寿早在 2002 年就开始研究中国传统文化和企业经营的关系，提出了“成己为人，成人达己”的企业标识，并以此为基础建立了自己公司独特的企业文化；中国人保则提出“求实、诚信、拼博、创新”的形象标识；平安保险公司宣扬的经营特色是“人无我有，人有我专，人专我新，人新我恒”，而泰康人寿则把“专业化、规范

化、国际化”作为自己的核心发展战略，等等。

（三）培育全方位的优质服务模式

随着保险竞争的日趋激烈，客户增多，众多保险公司已经认识到未来的竞争不是销售额的竞争而是服务的竞争。近几年来，各保险公司积极致力于构筑高科技的服务平台，为客户提供专业化的产品和服务。例如构建由电话中心、互联网中心、门店服务中心、业务员直销四大体系整合而成的3A（Anytime，Anywhere，Anyway）服务网络，运行综合金融立体服务网络，使客户无论何时、何地、以何种方式，都可以享受到公司的满意服务。另外，理赔代表制度、限时兑现承诺制、一站式服务等，都是服务创新思维的体现。

（四）塑造保险员工统一的行为模式

企业的个性要通过员工的行为来体现，因此，与企业倡导的理念、价值观、职业道德相匹配，员工要有统一的行为模式。例如，“平安礼仪”执行力度较好，其员工的形象在社会上受认可程度较高。不少保险公司总部以员工手册为行动指南，同时加大各基层公司的执行力度，形成了员工统一的行为模式。

（五）形成特有的公关、公益活动模式

各种公关宣传公益活动往往是推广保险企业文化的有利途径。众多保险公司广泛通过庆功会、客户答谢会、客户宣传周、义务献血活动、敬老活动、环保活动等，凝聚人心、沟通情感，从而推进保险企业行为文化建设。

（六）保险消费者的消费行为开始转向成熟健康，保险理念初步深入民心

这些形象标识、服务模式、行为模式等的提出，标志着中国保险业的文化建设已经开始，这对于公司培育保险市场、树立企业形象和提高自身保险从业人员的素质起到了很大的作用。

第二节　目前保险文化建设存在的问题

“十五”期间中国的保险文化建设尽管取得了一定成效，但是我们应当看到，保险文化建设尚未取得共识，没有从系统和全局的高度认识其重要性。中国的保险文化建设还存在着以下问题：

一、行为层保险文化建设中的问题

中国的保险企业文化建设已经取得了一些成就，但总的来说，保险企业形象不佳和代理人行为有待规范的问题并未完全解决。保险经营者的服务理念和营销手段仍相对滞后。具体表现为：

（一）保险公司营销策略单一，存在恶性竞争

某些保险公司为了争夺保险业务，变相降低保险费率，或不考虑成本核算，任意提高手续费标准，在业务宣传中采取抬高自己、诋毁别人的不正当竞争手段，造成了市场的无序竞争和严重内耗。恶性竞争使市场正常规则被扭曲，从而导致保险消费者对保险本身意义、经营理念的怀疑，进而抑制了保险消费者寻求保险服务的积极性。

（二）保险理赔时效性差，流程不透明

部分保险公司理赔服务没有很好地遵循“客户第一”的原则，在理赔中寻找各种借口不承担本应承担的赔款或给付义务，或不履行赔款时限义务，从而导致“投保容易、索赔难，收钱迅速、赔款拖拉”的现象。“承保时热忱，理赔时冷漠”，已成为某些保户对保险公司的普遍评价。同时，内部理赔规定披露不充分，理赔人员对索赔时所需的各种手续和严密的计算，没有做到站在客户的角度耐心细致地宣传和讲解，严重损害了保险公司的形象。

（三）寿险个人代理人营销行为不规范，大量代理人素质不高

一方面是部分寿险公司对代理人只看营销业绩，疏于管理，致使代理人为追求自身利益最大化而纠缠、误导或诱导客户投保，或者在发现代理人有不诚信行为时不去及时纠正，而当保险事故发生需要赔款时却以代理人超越代理权限为由推卸责任，致使保险公司和寿险代理人的信任度普遍很差。

另一方面是寿险公司的部分代理人不具备良好的营销技巧和服务意识，自身专业素质较差，在展业过程中过于屈卑和主动，侵扰居民正常生活和单位正常工作，并运用不正当手段争抢保源，致使保险从业人员在某些保户中的声誉受到破坏。

二、制度层保险文化建设中的问题

在“十五”期间，中国保险业在保险法律制度体系、保险市场监督体系和保险信用评价体系等制度建设方面取得了重要的成就。然而，相对于中国保险业的迅猛发展势头和中国保险市场快速融入国际保险市场的步伐，中国的保险制度文化建设仍显滞后，突出体现为《保险法》尚待进一步完善和保险诚信体系尚待建立。

一是保险法律法规的滞后影响了保险文化建设的进程。保险合同法部分基本上没有修改，已经跟不上形势的发展，推行保险诚信评级缺乏必要的法律依据；二是综合的诚信管理机制没有建立起来，保险信用评价体系和信息披露体系缺失，使信息的不对称程度加大，为失信行为提供了条件，势必助长失信的歪风蔓延。失信惩罚机制缺失使保险供给者和中介者的诚信行为不具有控制性，削弱了对诚信的制约；三是保险行业和企业之间还没有建立起一整套统一的行业和企业制度规范。重保费规模、轻经济效益，重业务发展、轻经营管理，经营考核体系也突出强调保费收入，致使保险文化建设没有全局规划，效果不明显。

三、理念层保险文化建设中存在的问题

在理念层保险文化的建设中，当前最重要的问题就是保险理论研究工作发展相对滞后和国民保险意识不高。

（一）保险理论研究工作发展相对滞后

当前，保险理论研究在总体上滞后于保险业改革发展的实践，还存在许多问题，制约了保险理论研究水平的进一步提高，主要表现在以下四个方面：

1. 研究整体水平不高，对保险业长远发展有重大影响的基础性问题研究不够深入，对相关宏观经济金融形势研究不多，存在保险理论研究与保险实践脱节的现象；结合

中国保险实践的理论创新较少，没有形成一套符合中国国情、较为成熟和系统的保险理论体系

2. 保险理论研究，尤其是基础理论研究还没有得到足够的重视，在资金、人才等方面缺乏必要的支持和保障，保险研究机构和保险期刊杂志的影响力和权威性有待进一步提高

3. 一些保险公司虽然成立了专门的研发部门，但其所开展的工作主要是针对本公司的业务发展，对涉及全行业改革发展的重大理论课题关心不够，缺乏宏观意识和整体意识

4. 研究机制不健全

保险研究力量比较分散，各自为战，没有建立起有效的交流沟通机制，很少就一些重大课题联合开展研究。

（二）国民保险意识不强

“十五”期间，中国的保险业得到了很大发展，保险密度也有大幅度提高，但是相对于储蓄、证券等投资工具，居民对保险的投资偏好仍比较低，国民的保险意识还不是很强。主要有以下表现：

1. 缺乏自我保障意识

部分家庭，特别是在农村，仍抱有养儿防老观念，崇尚相互依存、对外封闭、躲避风险、固步自封的“小农”伦理观念；同时，受长期计划经济时代国家和企业一切兜底包办惯性思维的影响，使一些“职工靠单位、单位靠国家”的思想仍未消尽。

2. 缺乏保险基础知识

对保险职能、作用和原理的认识仍停留在感知阶段，甚者严重错位。有些消费者对保险重要性认识不足，对保险原理认识有失偏颇。对保险知识的不了解，在很大程度上影响了消费者的理性保险消费，限制了国民保险意识的提高。

3. 对保险服务的特殊性理解不深

保险服务是对预期风险进行转嫁的服务，而部分消费者却认为保险展业服务是“有求于人”的，做保险的是有“油水”可榨、有“回扣”可得的，而没有认识到保险行为的负债性、广泛性和互助性。

4. 保险消费行为还有不成熟、不健康之处

某些保险消费者在险种选择上没有树立正确的保险观，没有把风险保障职能视作保险的首要功能，常拿银行存款利率与保险损失预定利率做比较，以至险种选择不合理、不科学，或偏好某些险种造成保障不全、不到位，或重复保险，酿成保险浪费。

第三章 “十一五”期间保险文化建设的总体思路和政策建议

第一节 “十一五”期间保险文化建设的总体思路

一、“十一五”期间保险文化建设的指导思想

“十一五”期间保险文化建设的指导思想是坚持以人为本，牢固树立科学发展观，调动一切积极因素，发挥保险业政产学研各界的作用，推动保险业持续快速健康协调发展，为构建社会主义和谐社会贡献力量。

二、“十一五”期间保险文化建设的基本原则

（一）立足现实环境，建设有中国特色的保险文化

中国正处于并将长期处于社会主义初级阶段，面临着社会保障体系不完善、覆盖面窄、整体保障水平低、商业保险意识不强、行业文化建设对行业发展的推动作用尚待进一步发挥出来等问题。在这样的环境下建设保险文化，必须围绕中国保险业的中心任务，并针对不同发展阶段的特点采取相应的措施，才能使保险文化对保险业发展的推动作用真正发挥出来。

（二）以创新作为保险文化建设的持续动力

在经济全球化的大背景下，保险文化建设要善于大胆学习和借鉴人类社会创造的一切文明成果，以创新作为保险文化建设的持续动力。

（三）一般理论和具体实际相结合

保险经营活动是不断发展变化的，而“文化”在一定时期内又有相对稳定的一面。因此，保险文化要回到保险经营的实践中去检验，避免犯教条主义的错误，必须具体问题具体分析，只有不断发现问题、不断丰富完善保险文化，才能更好地实现保险文化的价值功能。

（四）以人为本，尊重群众首创精神

人是保险经营活动的主体，也是保险文化的创造者，保险文化要回到群众中去检验，就必须为他们所掌握和理解。保险文化一旦为群众所掌握，就会转化为一种巨大的精神力量，促进保险业务的健康发展。在保险文化建设过程中，要充分重视以人为本的原则，尊重群众的首创精神。

三、“十一五”期间保险文化建设的阶段性目标

保险文化建设是一个系统工程，应该循序渐进，采取分阶段、分步骤逐步推进的战略。“十一五”期间，保险文化建设的目标可分为“十一五”期间的总体目标和两年近期目标 。

（一）“十一五”期间的总体目标

“十一五”期间的总体目标是提高国民保险意识、完善保险法律法规、创建保险诚信体系、树立保险业良好的社会形象、打造具有国际竞争力及中国特色的保险品牌。

（二）两年近期目标

两年近期目标是在保险文化建设理念层方面，保监会出台保险企业文化建设指引，各类保险机构继续推进企业文化建设；在保险文化建设制度层方面，积极修改《保险法》，出台其他相关配套法律法规，以顺应加入世贸组织后中国保险业改革开放和竞争的新形势。各地保险行业协会主导当地保险信用体系建设，初步建立保险机构信用档案、营销代理人员和投保人诚信档案。加强保险行业职业道德建设，编写出台诚信建设的规章指南，使诚信建设走向制度化和规范化；在保险文化建设行为层方面，通过保险企业文化展评、树立行业文化建设标兵等活动，在行业内形成保险文化建设的良好氛围。

第二节　“十一五”期间保险文化建设的政策建议

为了实现保险文化建设的总体目标，课题从以下五个方面提出了具体的政策建议：

一、加强保险理论研究，夯实保险文化建设基础

在中国，经过几十年的努力，特别是改革开放后20多年的努力，保险理论研究有了重要的进展，取得了一批重大的研究成果。但总的来说，保险理论的研究仍滞后于保险业发展的实践。就保险文化建设而言，相关的理论研究还显得非常不足，有一些重大的基本理论问题仍有待于进行深入而细致的研究。因此，加强保险理论研究，特别是加强保险基础理论研究，是中国保险文化建设的基础，它将使快速发展的中国保险业得到强有力的思想保证、精神动力和智力支持。

“十一五”期间，中国的保险理论研究要以邓小平理论和“三个代表”重要思想为指导，立足于国内外保险行业发展的实践，探寻中国保险业的发展经验和发展规律，重点研究中国保险领域的重大基本理论问题。

面对当前难得的战略机遇期，保险业要本着积极参与构建社会主义和谐社会的目的，牢固树立和全面落实科学发展观，把保险业改革开放中出现的重大理论和实际问题作为主攻方向，努力使保险理论研究体现时代性、把握规律性、富于创造性。当前，保险理论研究要重点在保险功能理论、保险发展理论、保险风险理论、保险政策支持理论四个方面实现突破。

加强保险理论研究，要通过规划和引导，采取多种方式，充分调动广大科研人员

的积极性，坚持“双百”方针，促进学术繁荣。一是安排专项科研经费预算，切实加大经费投入。保监会可根据保险业改革发展的实际，跟踪国际保险理论研究的最新发展动态，定期确定一定数量的重点课题，安排专项科研预算，采取课题招标委托研究的方式，引导和集中保险行业协会、保险学术团体以及高等学校等相关机构和部门的科研力量进行深入研究；二是建立保险理论研究基地，以科研实力较强的高校和科研机构为基础，建设一批保险理论研究基地，整合国内科研力量和有效资源，给予重点扶持，多渠道筹措研究经费，将研究基地建设成开放式的研究平台，吸引各方面的研究人员和资源，形成合力，使其在保险理论研究方面起到标杆作用；三是切实发挥保险学会的作用。要加强对保险学会工作的指导和协调，使其成为研究机构与研究人员交流与合作的平台；四是建立保险研究年会制度，对年度理论研究的热点、重点问题以及保险理论研究的重大成果进行交流探讨，确定下一年度保险理论研究的重点和方向。同时，利用保险研究年会平台，开展年度保险理论研究征文活动，激发全社会各方面开展保险理论研究工作的热情。

二、加大宣传引导力度，提高国民保险意识

提高国民保险意识是保险文化建设的根本目标之一。只有国民具有较高的保险意识，才能推动整个社会的保险保障普及程度，推进全社会保障体系的运作和保险事业的健康发展，从而在整体上促进“十一五”期间保险文化建设的发展。

国民保险意识受到国民经济的发展水平、社会传统的文化思想、社会经济制度以及保险消费者的心理等因素影响。而中国绝大多数消费者长期受传统文化和计划经济时代国家和企业一切兜底包办惯性思维的影响，加之收入水平的限制，在保险意识和保险消费理念上尚不成熟。因此，在保监会的领导和支持下，如何发挥保险行业协会的作用，进一步唤起国民的风险危机感，提高保险意识，已成为“十一五”期间保险文化建设的一项紧迫工作。

（一）加强保险意识的宣传

1. 拓展保险意识的宣传对象

保险意识的提高不是一蹴而就的过程，因此，保险意识应该从小培养。保监会可借鉴一些国家在小学或中学开设金融保险课程的经验，把提高保险意识纳入国民教育之中，依托学校，以教育为切入点，建立完善的保险教育体系，把保险教育制度化、系统化和常规化。这样可以让金融风险意识渗透到人们的日常思维中，改变以往单纯依靠国家、单位的思想观念。

一方面，保险行业协会应当重视在校学生的风险意识教育，与教育部门协商，通过在中小学开设风险与保险类教育课程，或将保险教育融入自然科学教育、安全教育课程之中的方式，帮助学生以科学的态度认识保险，摆脱封建传统思想束缚，从小培养“积极正视风险、正确判断风险、合理转移风险”的思想意识。与此同时，保险行业协会还应当积极配合教育部门编写中小学保险知识读本、音像教材，与学校建立定向联系，定期选派“安全辅导员”，开辟符合学生成长需要、内容生动、形式灵活、融合风险防范、应急处理、保险安排在内的“保险课堂”，为保险教育提供丰富的教学资

源，以促进保险教育向低龄化、普及化发展。

2. 拓宽保险意识的宣传途径

保险业应充分利用包括网络在内的各种媒体进行普及性宣传，做到长期滚动性宣传与短期阶段性宣传的有机结合，为保险意识的形成提供由量变向质变转化的催化剂。

一是结合当前中国农村人口占比高的社会构成特点，宣传覆盖面应尽快由城镇向农村拓展，通过开展符合农村文化习俗、农民喜闻乐见的宣传形式，例如，编排反映保险题材的文艺小品，普及保险知识的广播与公益广告，编印融入保险知识的医疗卫生、农业科技知识读本、知识台历等，把保险意识送下乡，进一步平衡城乡保险意识差距。

二是根据经济收入和受教育程度的群体差异，开辟层次各异的保险意识宣传途径。对于低收入、低教育群体，宣传形式宜通俗易懂、简单明了，重在推动其保险意识的形成；对于高收入、高教育群体，可借助电视、网络、报刊、短信等宣传与通讯媒体，重在促进其保险意识的深化，全方位提升保险宣传对高端客户的影响力。例如，将保险知识融入智力测试类娱乐节目，开办保险在线论坛，在主要刊物开辟“保险知识”、“保险问答”专栏等。

三是在宣传的细节方面，注意丰富保险企业文化衍生出来的宣传载体。大到保险公司建筑、办公环境，小到信封、信纸、名片，从产品设计、包装、介绍到户外广告、影视广告，从员工的服装到各种交通工具，均可以构成一个有序的宣传整体，以期对受众产生一种强大的内聚力和外张力。

3. 注重保险意识的宣传内容

针对目前广大人民群众对保险认识还普遍停留在“感知阶段”和中国公众理财、生活和文化等习惯的“东方性”，在保险意识宣传上有必要积极倡导一种“健康科学”的保险意识。就中国绝大多数消费者的收入状况而言，投保时首先应该考虑的是充足的风险保障，然后再考虑保险投资。应当重视保险的无形保障，即保险为被保险人提供的心理安全感，看重长远利益。对自身面临的各种风险进行客观分析，认识自己的保险需要，然后再根据自身的经济实力进行保险方案的选择。只有这样才能使公众把保险当做生产、生活保障的靠山，为中国保险事业的持续发展奠定意识形态基础。

4. 把握保险意识的宣传时机

事实证明，每一次大灾、每一起大赔案在给保险业带来巨额赔偿责任的同时，也大大推进了全民保险意识的提升进程。2002 年“4·15”和“5·7”两起空难的接连发生，带动了航空旅客保险意识的迅速提升；2003 年 4 月，受 SARS 影响最为严重的北京、山西两地，保费收入同比分别增长了 38.4%和 82.5%，高于全国 32%的平均水平。保险行业应当把握好保险意识由被动接受到主动提升的有利时机，及时跟进，加强保险意识的宣传。

（二）推动保险法规及知识的普及教育

1. 注重保险法规的普及

宣传《保险法》是适用《保险法》的前提，是使保险市场运作、保险从业人员及其他参与者有法可依、有法必依、执法必严、违法必究的前提，是有效维护保险人合法权益、良好社会地位和形象、促进中国保险事业持续健康发展的保障。宣传《保险法》要重点突出其权威性、严肃性和适用范围，着重分析《保险法》与其他法律的界限和衔接情况。

2. 运用文化销售法，加大保险知识的宣传

事实上，当前人们之所以对各种保险知识知之甚少或对保险存在误解，相当程度上是由于保险公司宣传不力或宣传不当所致。只有投保人了解各种保险的意义和作用，真正认识到投保的必要性，才能产生相应的投保意愿。针对这种情况，保险企业必须在不断开拓服务产品的同时，充分认识到文化对人们的感召力，必须尽力以一种多元化的保险文化宣传来稳定人心。一方面，通过对保险知识的广泛宣传和对险种的精心设计来增强人们的保险意识，从而在不断的展业过程中形成保险的忠实客户群；另一方面，保险条款力求简洁化，保险产品介绍说明书、投保方案书力求通俗化、直观化、形象化、生动化。许多成功的跨国公司对保险内容的设计和推出都不遗余力，做到保险产品通俗易懂、言简意赅。这不仅可以帮助非专业投保人准确认识保险产品，而且增强了保险的可接近性，提高了公众的保险知识。

（三）强化政策法规的引导

加快强制责任保险的立法建设。在西方或发达地区，民众的保险意识如此普及，除了商品经济发达之外，国家对某些社会保险和责任保险通过法律形式强制实行是重要的原因。例如在香港，雇主若不为其雇员投保劳工保险则触犯了劳工法。法律的强制性、严肃性、权威性和长期稳定性，有利于形成民众牢固的保险意识观念，促进了保险保障制度的建立、巩固和发展。从为保户着想的角度、为社会负责的态度出发，保监会要加快机动车辆第三者责任险、航意险和抵押合同、债券合同、建筑合同的财产保险及涉外交往信用险等强制保险的立法建设，并加大宣传引导，这样一方面避免了强制保户到指定保险公司投保所造成的不良影响，另一方面提高了公众对保险的认知度。

（四）加强与政府其他各部门的配合，寻求政策支持和引导

保险业是政策敏感度很强的行业，相关立法、政策和制度等因素构成了保险业发展的社会、政治和法律环境。同时，社会保障政策、货币金融政策、财政税收政策等因素也对保险业发展和人们的保险意识产生直接影响。因此，保监会应努力促使政府在政策上给予保险业支持和鼓励。譬如，对参保企业给予一定的优惠政策，在现有财产保险费可列入成本的基础上，允许投保养老、医疗保险的保险费，在工资总额的一定比例内给予税前列支。又如，对于个人交纳保险费的收入部分免征所得税，且人寿保险单的赔付免征个人所得税和未来可能开征的财产继承税，以此激发人们的投保兴趣。通过思想教育和利益影响的有机结合，引导居民的保险消费，树立理性的风险保障意识。

三、推进保险诚信建设，构建保险诚信体系

保险公司是经营风险的特殊企业，保险产品是具有不确定性的特殊产品，保险关系是一种特殊的合同关系。因此，保险公司应当遵循最大诚信原则。加强诚信建设，

既是保险业持续快速健康发展、做大做强的迫切需要，更是保险业充分发挥其应有功能和作用的根本前提。《中共中央关于完善社会主义市场经济体制若干问题的决定》中指出：“要增强全社会的信用意识，形成以道德为支撑、产权为基础、法律为保障的社会信用制度”。在此背景下，作为社会信用制度重要组成部分的保险诚信体系，可以说迎来了一个新的发展契机。因此，大力推进中国保险诚信建设，构建保险诚信体系就成为保险文化建设的核心内容，是中国“十一五”期间保险体制改革和保险业可持续发展的一项主要工作。

（一）保险诚信体系的内容

保险诚信体系是指在保险经营活动中，以最大诚信原则为基础，通过一定的法规和制度安排，对保险当事人的资质诚信程度和行为诚信程度进行评价，并对违反诚信原则的组织和个人进行约束及惩戒的一种机制。根据2004年全国保险工作会议的精神，建立健全保险诚信体系应由保险法律制度体系、保险市场监督体系和保险信用评价体系三部分组成。

1. 保险法律体系

诚信体系本质是一种法制体系，保险诚信体系建设必然要涉及诸多法律问题，要完善保险诚信方面的法律体系，为推行保险诚信评级提供必要的法律依据。新颁《保险法》中大幅度增加了保险诚信方面的内容，但从保险诚信体系建设的法律需要来看，还远远不够。例如，发达国家都将政府监管、行业自律、诚信评级列为保险监管的三大组成部分，并且有十分明确的法律规定。而我们目前尚无类似的法规，以至推行保险诚信评级缺乏必要的法律依据。

2. 市场监督体系

保险诚信体系建设，必须整合“政府推动、行业自律、企业内控、社会监督”等多方面的力量，才可能真正建立起来。保监会应在整个社会诚信体系建设的框架下，着重抓好保险诚信建设的规划和实施方案，积极推动保险诚信立法和制度建设；行业协会应尽快成为行业自律的独立法人机构，做企业的头，而不是政府的手。通过签订公约等形式，对法律尚无规定，但行业又急需解决的问题确立共同的行为准则；保险公司应提升内控水平，健全法人治理结构，对失信行为负起必要的经济、法律责任。另外，要不断加强社会公众和媒体的监督作用，对业内不诚信行为及时曝光，充分发挥舆论的督导作用。

3. 保险诚信评价体系

建立保险诚信评价体系，是整个诚信建设中最基本、最主要的内容。它主要是对保险当事人双方的资质诚信、履约诚信与保险经营者（包括高管人员和从业者个人）及投保者个人诚信程度建立起等级评价体系。由于保险经营者一方处于保险活动中的主导地位，也是保险诚信体系中最容易发生失信问题的主要部分。因此，它应是保险诚信体系中的重点内容。

保险公司诚信，一是资质诚信，它由保险公司的偿付能力、经营状况、经营成果等核心指标组成。由于资质诚信是履行诚信的物质基础，因此国际上都将其列为诚信评级的基本要素和主要内容；二是履约诚信，主要是评价保险公司在履约问题上的以往诚信记录、现时诚信状况、未来诚信趋势，并做出一个合理的规范。

保险从业人员的个人诚信，主要是记录、评价、约束保险公司高级管理人员和从业者的诚信言行，监督他们不断提高职业道德水准，防范和遏制失信现象。其重点应规范以下行为：一是误导消费者；二是不履行条款费率的详细说明义务；三是造假；四是理赔（给付）失信；五是恶意诋毁竞争对手。

投保人方面的诚信评价，包括投保人、被保险人中的企业和个人诚信记录。需要重点解决的失信行为包括：一是不履行如实告知义务；二是不履行保险合同义务，例如，不按时交纳保险费、不遵守防灾防损约定等；三是骗保骗赔，情节严重的构成刑事犯罪，而情节轻微的投机心理及行为则是影响保险业发展的最大问题之一。

（二）中国保险业诚信建设的政策建议

保险诚信体系建设应当采取“不同主体，各司其职；总体规划，分步实施”的方针，从微观与宏观两个层面着手。

1. 在微观层面上，保险公司应加强诚信文化建设，既教育员工及代理人坚持诚信为本的原则，又要防微杜渐，切实防范保险欺诈行为的发生

具体包括：

(1) 创造诚信的企业文化理念，塑造保险公司的诚信形象

保险公司应将诚信理念作为企业文化的核心内容，建立一套以诚信为内容的价值体系，以服务立司，用道德立范，使诚信的思想不仅体现在服务条款中，更要落实在售前、售中、售后服务的全过程中，通过周到细致的服务体现诚实守信的服务理念。

(2) 加强对保险从业人员的诚信理念教育，提高职业道德水平

首先，教育保险从业人员恪守以“诚信先行、道德至上”为标志的“最大诚信原则”，使其认同和接受保险公司以诚信为核心的宗旨；其次，加强对保险从业人员保险法律法规、职业道德、保险监管和依法经营方面的教育和培训，使其更全面、更系统地掌握保险法律法规等方面的知识，提高他们自觉依法经营、诚信经营的意识；最后，建立诚信保证金制度，根据保险从业人员业务量大小，缴纳相应的信用保证金，当出现失信行为时，用其信用保证金部分承担责任，以经济手段制约他们履行诚信原则。

(3) 建立健全保险公司经营机制和自律机制

保险市场主体在从事保险活动时，往往在经济利益的驱动下丧失理性而违背诚信原则。产权不清、法人治理结构不健全，是诱发经营主体短期行为和失信行为的一个重要因素。因此，仅依靠市场机制和道德约束难以确保保险双方的诚信行为，必须借助于制度的外在强制力。明晰的产权制度是规范经济行为主体的诚信行为的制度保证。只有建立起明晰的产权关系制度，用现代企业制度完善公司治理结构、规范经营行为，才可能保证保险公司诚信行为的持久性，逐步改善个人收入只与销售业绩挂钩的短视做法，从“数字论英雄”向“有质量的增长”转变，实现企业长期稳定快速地发展。

2. 在宏观层面上，把诚信制度体系的建设作为保监会在“十一五”期间推进保险诚信建设的工作重点，并充分发挥保险行业协会及学会、社会中介机构及媒体的作用

具体包括：

(1) 完善保险信用管理法律法规体系建设，保障诚信体系发挥作用

法律是诚信机制的有力保障，建立良好的社会诚信体系，不仅要靠道义劝说、良心约束，更要靠法律规范，依靠严密规定且严格执行的法律和法规体系。通过立法，使中国保险诚信制度在建立的初始阶段就纳入法制化的轨道，以实现法律法规框架范围内的规范操作、有序运行和健康发展，在整个保险市场形成一种诚实守信的保险交往关系，使每一个市场参与者，都只有规范保险行为、注重诚信形象、不断提高自己的信誉，才能获得更多的交易机会，取得更大的收益，使保险诚信制度真正建立在法制化的轨道上。

为此，保监会应做好保险立法方面的相关工作，加快建立和完善保险监管的法律体系，以维护并规范保险诚信关系。现行《保险法》有关保险合同的部分有待进一步的明确和完善，从立法的角度减少保险合同纠纷产生的可能性。另外，应考虑尽快出台《保险信用评估标准》，从而使中国的保险诚信监管真正做到有法可依，保障诚信体系发挥作用。

(2) 推进信用信息化建设，发展保险征信和评价体系

信用信息是信用体系的基石，缺乏完整的信用记录，是不可能建立起科学的信用体系的，因此，信用信息化建设是整个保险业诚信建设的核心工作。

一方面，加强保险公司的信息披露制度建设，规范市场信息传递机制。即解决保险公司诚信缺失引致的信息不对称问题，保护保险消费者的利益，使其尽量掌握保险公司的相关信息，保证保险市场的有效运行。

一是确定业务数据、市场运行和监管信息的披露内容和办法，完善保险信息披露法律体系。深入分析现行保险信息披露法律规范，不难发现既有的规则、制度尚有不足，而且存在着不少疏漏及亟待补充的问题。比较突出的是监管机制过于强调法定权威监管机构的作用，疏忽了保险机构内部控制和行业自律、社会监督机制的约束功能，没有关于信息披露系统的实施细则，从保险信息披露的范围、内容到程序、方法，都还处在低级阶段，原则性强，但缺乏可操作性，与投资人、被保险人对保险产品信息的现实要求还有距离。完善立法，规范保险信息披露行为，是发挥市场约束效能，促进保险业向深度、广度发展的根本前提。

二是扩大监管信息披露的广度和频度，采用侧重偿付能力的保险考核体系。保险业信息披露的重点与一般行业不同。对于一般行业来说，人们更关注的是公司的盈利能力，但保险公司的社会分工角色就是集中管理风险，为人们的生活提供保障，因此，保险公司的稳健经营就具有特殊重要的意义。在保险业的信息披露中，不仅要关注公司的盈利能力，更要关注经营的安全性和流动性，也就是保险公司的偿付能力。中国应在要求保险公司向监管部门提供与其他行业具有可比性的一般性财务报告的同时，还应要求其通过新闻媒体、互联网等多种形式将基本背景情况、财务数据、受处罚情况、偿付能力等信息对外公开，使社会、信用中介机构和市场主体能够公平、方便、及时地获得必要的保险信息资源，提高信息透明度。

三是针对保险产品的信息披露。近几年保险公司开发和销售的创新产品层出不穷，绝大多数保单的条款在表述上专业词汇过多，晦涩难懂、模糊不清。保险公司从广告宣传、产品销售到保险期间的服务和理赔等各个环节，都应当如实、全面、准确地向

投保人告知保险产品的各种性质和特征，不能误导和欺诈。对各类带有投资性质的保险产品，保险公司都应当设立专项账户，并将账户的运作情况定期告知公众。保险产品的信息披露应当进一步强调时效性、准确性和权威性。可以考虑引进独立、权威的中介机构，如评级公司和注册会计师事务所，对保险产品信息进行审核评估，为广大保险消费者把关。

另一方面，确立保险征信制度，建立保险信用评价体系，建立从业人员（包括代理人）和被保险人的信用档案，建立起全方位的保险信用信息网络，实现保险机构、监管机关和社会间信息资源的共享。在此基础上，积极培育信用中介市场，遵循市场化的原则发展保险征信体系和保险信用评价体系。具体可分为三步：

第一步，保监会组织制定保险诚信信息的采集、使用和管理办法。明确保险诚信管理的部门，界定其性质、职能及权限；规定保险诚信数据开放的类型及范围；明确保险诚信征信行业的地位、作用及市场准入标准和退出通道；规定保险诚信调查报告的使用条件及范围。各地保监局督促辖区内各保险公司及分支机构根据各自的需要，详细记录违反诚信原则的投保人及各种保险关系人的名称、地址、事实经过、处理结果等情况，建立单个保险公司内的保险诚信档案信息库。

第二步，设立商业性的保险诚信服务机构，通过行业协会将上述各保险公司所提供的诚信档案数据库利用网络等手段汇总，建立起一个业内诚信信息平台，对有不良诚信记录的保险当事人双方的信息可以实现行业共享。这是保险业建设保险诚信体系的关键。

保险诚信服务业具有智力密集、技术密集、专业化程度高、市场集中度高的特点，承担着保险诚信信息收集、加工、处理和传递的功能，在防范信用风险、促进信用交易方面发挥着重要作用。保监会应大力培育和发展一批具备较高执业资质和道德水准的独立公正市场化运作的保险诚信服务机构。在目前保险诚信服务业发展的初期阶段，诚信评估服务体系的建立要坚持实行“政府推动、市场化运作”的模式，保监会主要发挥规划、指导、组织、协调、服务的作用，创造诚信服务企业公平竞争的市场环境，参与制定行业规范与标准，委托或授权诚信服务机构经营，监督管理诚信服务市场主体的行为。保险诚信服务机构待条件成熟后再完全实行市场化、商业化运作。

第三步，保险诚信服务机构将依托国家个人信用体系，与金融、公安、工商、社保、税务、房管、车管、公用事业、电信等多个部门、单位的诚信信息库联网，对数据库中的所有人的诚信状况进行进一步的调查登记，将有关记录资料输入电脑数据库，并一直跟踪调查客户的信用变化情况，通过互联网，24 小时不间断地提供有偿的在线服务。在保险机构需要调查某一位保险客户的诚信状况，或者在保险消费者调查某一个保险公司或保险中介人的信用时，向保险诚信服务机构购买信用记录资料。

通过建立此类的信用机制，能够区分和评判保险行为主体的信用状况，将有不良信用记录者列入“黑名单”，把失信者的形象公诸于众，既使保险消费者能够选择有良好诚信记录的保险公司及保险代理人，又使保险公司更便于审核投保人和被保险人。

（3）逐步强化失信惩戒机制，确保诚信体系的有效性

在建立健全诚信法律制度的同时，要充分发挥政府推动、行业自律、企业内控和

舆论监督等各方面的力量，共建保险业的诚信体系，强化失信惩戒机制，依法惩治失信行为，促使保险行为主体遵守法律法规。失信惩戒机制主要有五类：

一是由政府综合管理部门做出的失信公示。政府部门依靠上述征信制度中建立的征信数据库，采用联合征信平台的形式，把所有保险行为主体的失信行为记录下来制作成“黑名单”，向全社会乃至全世界“公示”。但这一过程要严格依法办事，讲究程序，避免侵犯个人隐私和商业秘密。

二是由保险监管部门做出的监管性惩戒。包括记录、警告、处罚、取消市场准入、依法追究责任等行政管理和处罚手段，建立和完善保险从业人员和保险企业的准入和退出制度，从而惩罚或制止违法违规或失信行为。

三是由各保险公司做出的市场性惩戒。保监会应鼓励各保险公司将投保人信用记录与保费挂钩。对信用记录良好的投保人给予保费和附加服务上的优惠和便利；对信用记录不好的投保人给予投保条件的严格限制和保费费率的相应上浮。

四是通过各种媒体渠道对诚信信息广泛传播，形成社会性惩戒。主要是使失信者对交易对方的失信行为转化为对全社会的失信，让失信者一处失信处处受制约。

五是由司法部门做出的司法性惩戒。通过建立和完善与失信惩戒要求相适应的司法配合体系，依法追究严重失信者的民事或刑事责任，使失信者付出各种形式代价，足以抵补其造成的社会危害。

特别要强调建立对保险诚信服务机构的惩戒机制。要明确保险诚信服务行业规则，提高其行业自律能力和自我管理能力。对那些不遵守行业规则、不讲信用的保险诚信服务机构，一旦出现失信行为而造成严重损失的，不仅要承担相应的民事或刑事责任，还要令失信机构或失信个人从行业中退出。

四、建设保险文化工程，树立保险行业良好社会形象

保险文化工程建设的目的，就是要发挥文化的能动作用和塑造功能，打造兼有国际竞争力和中国特色的保险品牌，突出专业和诚信品质，倾力建设中国保险“先进、高效、务实、开放”的行业形象，体现保险业的人文关怀和社会责任，以稳健而富于活力的面貌展示在国人和世界面前。工程的建设可以从保险从业人员、保险经营机构和保险监管部门三个层面入手：

（一）以培育高素质保险代理人为重点，加强保险从业人员队伍建设

行业的形象由从业人员的形象来显现。以人为本、加强保险从业人员队伍建设，是树立保险业优良形象最坚实的基础。中国保险业从业人员接近170万，其中代理人的数量为150万，占比90%。从某种意义上说，保险代理人既是保险业的业务代表，更是保险业的“形象大使”。因此，培育高素质的保险代理人，加强以保险代理人为重点的从业人员队伍建设，是保险业形象工程建设的基本切入点和着力点。

1. 强化保险代理人市场准入制度

保险代理是专业性强、信用度高的职业，保险代理人必须具备基本的职业操守和专业技能，才能进入这个行业开展业务。

一方面，要认真审视中国保险业在发展保险代理人过程中的经验教训，在现有保

险代理人资格考试的基础上，尝试将代理人专业技术划分为产险类、寿险类和综合险类；每个类别中区分初级、中级和高级三个级别，逐步建立保险代理人专业技术分类分级制度。保监会可组织成立保险代理人专业技术等级专家评审委员会，负责全国保险代理人职业资格的政策制定、资格考试、资格评审和管理工作。同时，明确规定各保险公司代理人队伍中各类各级代理人所占比例的最低标准，以此强化代理人的市场准入制度。保险行业协会则可根据保监会的授权，具体负责编制考试大纲、培训教材、组织考前培训等有关工作。

另一方面，在保险征信和诚信评价体系的基础上，组织保险公司专门建立保险代理人的操守档案，实行公正、公开的等级评定，对长期尽职尽责的保险代理人予以肯定，对存在重大问题的从业人员要实行市场禁入。

2. 加快保险代理人职业化进程

目前，保险代理人队伍归属感较差，要改变现有代理人队伍素质偏低、急功近利的现状，改善其社会形象，必须加快保险代理人的职业化和专业化进程。职业化的模式可以多管齐下，由各公司根据实际情况加以选择，形式包括保险公司留一部分转为正式员工加以管理；设立专业代理公司吸收一部分加以专业化管理，以及特别突出优秀者成立个人合伙制代理企业走自我创业之路。在职业化的过程当中，除了要确保代理人队伍的稳定和管理模式的平稳过渡，我们尤其要强调做好以下两个方面的工作：

一方面，要着重培养保险代理人的职业生涯的荣誉感。通过各种方式和途径，加大对保险代理人的宣传报道，开展系列保险宣传活动，培养和树立各类先进典型和楷模，不断提高保险代理人的社会认知程度和社会地位。同时，要加强对现有代理人的培训教育，提高代理人的文化、业务水平，提高综合素质，使越来越多的代理人能够以保险为业，以保险为荣，安职乐业，孜孜不倦。

另一方面，要着重培养保险代理人自我价值的实现感。将改革用人机制作为保险企业文化创新的当务之急，走培养、引进、使用相结合的企业人才发展之路。要打破用人框框，敢于在个人代理人队伍中发掘人才，向社会引进高、精、尖人才，并要为人才的成长搭好一个平台，建立一个用武之地，给予优秀的保险代理人更多的发展机会和更大的发展空间，鼓励优秀人才脱颖而出。同时，要在考核机制、激励机制、淘汰机制上进行创新，真正建立起一个富有行业特色的业绩考评与收益分配机制，实现自我价值与社会价值的统一。

（二）以提升竞争力为核心，推进保险经营机构的企业文化建设

保险机构在竞争中求发展，要依据客观规律、市场经济的要求和竞争的新形势，对保险企业文化进行创造性变革，充分发挥“文化力”的作用，使之切实成为企业效益的新的增长点，这是保险企业提高竞争能力、实现自我发展、迎接世界保险业挑战的必然要求。“十一五”期间，在原有企业文化建设的基础上，各保险经营机构还应加强以下几个方面的工作：

1. 在服务上进行创新

市场的竞争从根本上说就是服务的竞争，保险公司更应强化服务意识，进行服务内容的更新。保险公司的服务创新并不只是单纯的服务上的一两次改进，而是以形成

新的经济增长为目的，使公司能产生竞争优势，向顾客提供最佳服务能力的持续改进。这种服务创新应是全方位的，应贯穿于保险公司经营的各个环节，包括经营理念、组织机构、保险产品、信息技术、保险营销和保险理赔等方面。比如，保险公司利用自己的资源优势，扩大为客户提供保险责任以外的附加服务，如风险咨询、风险管理、防灾防损等。如欧美一些大型保险公司甚至有自己的急救医院、康复中心，客户可享受优惠服务，投保数额大的客户还可享受免费疗养，使保险的延伸服务成为各保险公司竞争的主要手段。

2. 在形象上进行创新

外部形象是竞争的实力所在，是保险企业文化内容的重要体现。当前，我们要从基础设施着手，从司容司貌、文体活动设施、办公营业场所等方面抓起，营造一个良好的企业文化空间。要高度重视CIS企业识别系统建设，坚持理念识别系统（MI）、行为识别系统（VI）和视觉识别系统（BI）的有机结合，树立企业良好形象和品牌资产。通过形象重塑，在企业内部和员工中树立起共同信念与价值观，从而最大限度地激发全体员工的创造力和积极性。同时，还要强化企业服务社会意识，参与社会公益活动，增强行业中的领军企业对全社会的影响力。

3. 在经营管理上进行创新

对于市场上原有的保险公司，经营管理创新的重点应是建立健全与公司目标高度一致的激励和约束机制，进一步完善“一级法人、授权经营”的管理体制，形成“各负其责、协调运转、有效制衡”的公司法人治理结构，搞好系统管理，改革组织机构体系，完善绩效考核办法，建立“权力制衡、岗位分离、职权明确、责任清晰”的管理机制，以提高客户满意度为导向不断改进业务流程，使之能够适应保险的信息化、网络化、全球化、一体化的要求，并持续提高标准化管理水平，大力强化和改善人力资源管理。从而实现管理者从简单命令到协商协调的转变，从职位权威到知识权威、能力权威的转变，使企业组织结构由“宝塔型”变为“网络型”，领导层由“控制型”变为“指导型”，员工由“被动保护型”变为“主动创造型”，进而使公司既秩序井然、雷厉风行，又生动活泼、充满生机，使每一个员工都有一个共同遵守的办事规程和行动准则。对于新设立的市场主体，经营管理要高标准起步，实行差异化经营策略，找准市场定位，走专业化道路，丰富保险市场的供给总量，扩大服务的层次和区域。

（三）以提高执政能力为指引，推动保险监管文化建设

如果说保险企业文化建设的主体是保险经营机构的话，那么保险行业文化尤其是监管文化和行风行纪的建设则是保险监管部门的主要任务。党的十六届四中全会提出加强党的执政能力建设的指导思想、目标和任务，为各行各业适应经济社会发展的新形势、应对各种错综复杂的国内国际新局面提供了指南，也为保险业监管文化和行业风纪建设指明了方向。

1. 与时俱进，转变监管理念

要适应市场开放和行业发展的趋势，加快监管理念的更新转变。树立以人为本的观念，从重“监管”转向重“服务”，转变原有的“保驾护航式”的监管模式。保险监管机构在加强对保险经营机构监管的同时，还应增强勤政为民的服务意识，提高服务

能力和水平，开展对保险经营机构的公共服务。监管模式由现行的从以市场准入、费率拟定监管为主转向以偿付能力、财务状况监管为主。

2. 构建保险监管的系统工程，加大企业内控体系的建设、完善监管组织建设、加强监管协调体系的建设

3. 强化监管基础制度建设，加强监管法制化水平，提高保险监管的信息化水平

4. 坚持依法行政，完善科学民主决策机制

按照建设社会主义法治国家的要求，“十一五”期间，应强化依法监管观念，完善科学民主决策机制，确保保险业发展的规范化、法制化。继续修订完善和认真执行《保险法》，贯彻落实《行政许可法》、《行政复议法》、《行政赔偿法》、《行政诉讼法》等相关法律法规，做到监管工作有法可依、有法必依。改进监管工作重大事项决策机制和程序，采取咨询制、公示制、听证制等多种行之有效的科学决策方式，提高决策的透明度和社会的参与度，加快决策的科学化、民主化进程。

5. 加强行风行纪建设，实现廉洁高效

坚持执政为民，增强保险监管部门的责任心，提高管理水平，树立公仆意识，改进工作作风，提高决策能力，树立保险监管部门良好社会形象。在全系统、全行业倡导求真务实、勤政高效，营造竞争与协作相结合的良好工作氛围，提高办事效率和工作水平。切实加强纪律教育和制度建设，严厉查处违规违纪行为，坚决打击各种不正之风，保持监管队伍的清正廉洁。发挥保险监管机构在保险行业的“旗帜”和“标杆”作用，正人先正己，坚持自我修养与监督机制相结合，全力以赴树立保险监管队伍的廉洁高效的形象。

五、调动各方积极因素，健全保险文化建设的组织体系

保险业的文化建设是一项系统工程，层次复杂、内容丰富。面对中国保险文化建设相对落后于行业发展的现状，保险监管机关、保险行业协会、保险学会、保险经营机构以及社会中介机构和媒体应该明确使命，分工协作，积极参与保险文化的建设。

（一）保监会应发挥其在行业文化建设中的监督管理者和监管文化实施者的职能

首先，保监会应指定专门部门负责保险文化建设，明确该部门在保险文化建设方面的职责和任务；其次，要从资金和人员方面为保险行业文化建设提供有力的保障；最后，保监会作为监管文化的主体，还应该承担起组织实施监管文化建设的任务。作为行业主管机关，一方面，保监会应对保险文化的建设起指导作用，尽快推出保险行业文化建设指引，提高国民保险意识，主持全国范围内的保险信息化建设，建立诚信评价体系，为行业文化形象建设提供标杆和示范。另一方面，保监会可以行使其在保险文化建设中的监管职能，加快建立和完善相关的法规或管理制度，规范保险文化建设工作，并对失信、误导、欺诈等损害行业形象的行为加强惩戒力度。

（二）作为保险行业自律组织，加强保险行业协会建设，发挥其在行业自律及行业文化建设中的实施主体功能，尤为重要

“十一五”期间，行业协会的建设和功能的发挥可从以下几个方面来完成：

1. 进一步完善保险行业协会的组织体系建设，明确协会的人员构成及管理模式，

推进协会工作人员的职业化、专业化、年轻化进程

2. 进一步加强行业协会的制度建设，健全规章制度，提高其作为行业自律组织的地位、威望和公信度

3. 进一步明确协会的职能定位，在《中国保监会关于加强行业协会建设的指导意见》的基础上，以服务为核心，不断调整和创新其“自律、维权、协调、交流、宣传”基本职能的履行方式，配合保监会做好与行业自律及保险文化建设相关的具体实施工作，实现协会在保险文化建设中的“宣传、教育、协调、实施”职能

保险行业协会可以通过各种宣传教育活动更新行业经营观念，组织和引导保险公司建立行业自律公约；通过建立和完善评选先进的机制，积极弘扬先进，在行业中引导诚实守信、不断创新的经营行为和经营理念。协会还可通过制定行为守则、编制诚信教育读本、设立诚信档案、建立诚信信息平台、实施违规处罚等各种措施对保险公司和保险从业人员的操守行为加以规范，使其价值理念日趋成熟，从而促进保险业稳步健康地发展。

（三）作为行业理论研究团体，保险学会应该明确认识到先进的保险文化是先进文化的重要组成部分，是保险业落实“三个代表”重要思想的具体体现。因此，保险学会应该组织力量，加强理论研究，以期对保险文化从理论上获得重大突破，为行业文化建设提供智力支持和理论支撑。

（四）作为保险经营机构，保险公司面向客户提供保险服务，将保险文化直接展现给社会公众，应成为保险文化建设的“第一责任人”。在保监会和保险行业协会的指导下，保险公司应根据企业自身的发展战略和实际情况，树立正确的经营理念，建立良好的企业形象，在公司内部积极培育和建设先进的企业文化，以教育和约束员工并激发员工的创新意识和原创力，推动企业持续健康发展。

（五）作为保险文化建设的社会监督者，社会中介机构和媒体应加强对保险文化的宣传和引导，利用社会舆论，对保险行业的各类不良行为进行媒体监督。符合标准的社会中介机构，还应承担对保险机构及从业人员进行诚信评估的职责。

随着保险文化建设进程的深入，保险监管机关、保险行业协会和学会、保险经营机构、社会中介机构及媒体在参与保险文化建设中的角色分工可能会发生一定的变化。例如，条件成熟时，保监会应逐步将部分监管权力下放到保险行业协会甚至保险公司，保监会可只负责主持制定相关管理制度和文化建设规范对保险行业的文化建设工作进行原则性指导，而对不规范市场行为的调查和惩戒工作可主要由行业协会和保险公司来完成。

综上所述，“十一五”期间中国保险业将处在市场深度对外开放，市场竞争日趋激烈，中外文化互相交融、互相碰撞的新阶段，作为社会主义文化的重要组成部分，在建设保险文化的进程中，必须牢牢把握住前进的方向，坚定不移地走具有中国特色的保险发展道路，做大做强中国保险业的核心竞争力和整体实力，为建设社会主义和谐社会提供保险保障。

后　记

《中国保险业发展“十一五”规划研究成果汇编》是中国保监会在编制《中国保险业发展“十一五”规划纲要》过程中形成的重要研究成果。《汇编》由中国保监会主席吴定富担任主编，中国保监会副主席李克穆担任副主编，中国保监会发展改革部发展规划处具体承担文集的汇编工作。房永斌、周道许、张雁云、高大宏、严振华、魏国强、王毅、董晓莉、姚飞、姜勇、罗胜、刘俊、王中合、贲奔、罗艳君、马兵、阎波、樊新鸿、吉昱华、舒高勇等同志参加了文稿选编工作。中国保监会主席助理袁力对文集进行了审定。

在规划编制工作启动伊始，中国保监会针对我国保险业在“十一五”期间需要解决的重大问题，确定了23个研究课题，涉及保险供求变动与总量研究、保险公司治理结构、保险市场保险业新增长点、保险综合经营、保险资金运用、保险业系统性风险化解、保险监管、保险政策支持等多个方面。这些课题由中国保监会发展改革部牵头组织，中国保监会机关各部门把关，中国保监会部分派出机构和保险机构配合，委托国内科研机构和高等院校共同研究完成。

编制《中国保险业发展“十一五”规划纲要》是保险业认真贯彻十六大和十六届五中全会精神，全面落实《国务院关于保险业改革发展的若干意见》的重要举措，是市场经济条件下保险监管部门履行行业管理职能的重要途径，是保险业落实科学发展观的具体体现。《纲要》的编制过程，是发扬民主、集思广益和科学决策的过程，凝聚了业内外各方面的智慧。中国保监会在编制《中国保险业发展“十一五”规划纲要》时，吸收了这些课题的一些研究成果。需要说明的是，这些报告的内容和观点只是课题承担单位和有关专家的学术成果，并不代表中国保监会的意见。

中国金融出版社第五编辑部的编辑们对本书的顺利出版给予了大力支持，付出了辛勤的劳动，在此，我们谨致谢意。

由于时间比较仓促，本汇编中不免存在疏漏之处，敬请广大读者指正。

编者

2007年5月